大明帝國

上 布衣天子

周建行 著

上海社会科学院出版社

目录（上）

第一章　**剪灭群雄** ······················· 1
　　朱元璋灭了陈友谅，掳其姬妾而归 ············ 1
　　巍巍钟山下，隐隐一股王气升起 ·············· 6
　　东吴君臣沉浸在声色犬马中 ················ 12
　　瓜步沉舟，皇帝韩林儿一命呜呼 ············· 20
　　方国珍屈膝求降，陈友定慷慨赴死 ············ 25

第二章　**大明帝国诞生** ····················· 32
　　大明朝建立，朱元璋登上皇帝宝座 ············ 32
　　理财高手李善长和军帅刘伯温的贡献 ·········· 39
　　留守二卿与手持密诏的监视者 ··············· 46
　　卖官鬻爵，李彬被斩 ····················· 52

第三章　**逃亡的末代皇帝** ··················· 60
　　元顺帝仓皇逃离大都 ····················· 60
　　扩廓和关中三将的覆灭 ··················· 66
　　常遇春军中染暴病身亡 ··················· 73

第四章　**朱元璋和他的皇子们** ················ 78
　　大明是我朱家的天下 ····················· 78
　　花园召对，刘伯温坚辞相位 ················ 85

二皇子把侍女们的衣服扒下来 …………………… 92
　　　十二年前，一个美貌的女俘虏 …………………… 98

第 五 章　**争夺相位的第一道血光** …………………… 107
　　　奸恶右丞陷害同僚 …………………………………… 107
　　　飞扬跋扈觊觎相位，杨宪被诛杀 …………………… 109

第 六 章　**域中奇事** ……………………………………… 117
　　　李思齐断臂，王小妹册妃 …………………………… 117
　　　朱升拒收皇上赐的美女 ……………………………… 123

第 七 章　**大封功臣** ……………………………………… 130
　　　大封功臣，计释相权 ………………………………… 130
　　　醉卧王府徐达表忠 …………………………………… 136

第 八 章　**大夏小朝廷的灭亡** …………………………… 143
　　　奇袭峡江明升投降 …………………………………… 143
　　　夜读《元史》，权奸燕帖木儿令他胆战心惊 ……… 150

第 九 章　**奸相崛起** ……………………………………… 156
　　　巧言令色博君欢 ……………………………………… 156
　　　皇上的桃林艳遇 ……………………………………… 160
　　　刘伯温遭"谈洋王气"之谗 ………………………… 168
　　　胡惟庸下毒，刘伯温父子身亡 ……………………… 173

第 十 章　**君臣联姻** ……………………………………… 183
　　　君相联姻，京城最显赫的婚礼 ……………………… 183
　　　桃园邂逅，小燕王一见钟情 ………………………… 189
　　　玄武湖赏雪提亲，燕王纳妃 ………………………… 197

第十一章　**赃官是谁毒杀的** …………………………… 203
　　　彰河水患，常谦淹杀告状举人 ……………………… 203
　　　杀人灭口，将军们怒揭奸相罪行 …………………… 210

第十二章　明代"红楼" ········· 219
　　淫歌艳舞拉官员下水的逍遥宫 ········· 219
　　燕王率兵抄检淫窟 ········· 227

第十三章　请君入瓮 ········· 234
　　惶恐与密谋 ········· 234
　　醇酒女人的下场 ········· 240
　　贪财好色落陷阱 ········· 248

第十四章　奸党伏诛 ········· 256
　　收买亡命，下海招倭 ········· 256
　　狗急跳墙，元宵子夜举事 ········· 262
　　叛乱失败，三犯被处极刑 ········· 268

第十五章　惶悚不安的元勋们 ········· 275
　　李文忠请辞大都督 ········· 275
　　面对亡父吐心曲 ········· 281

第十六章　太子的忧虑 ········· 288
　　燕王朱棣就藩北平 ········· 288
　　宋濂被连坐安置茂州 ········· 294

第十七章　跋扈将军与倔强县令 ········· 301
　　倔强县吏惩治豪强遭辱 ········· 301
　　朱亮祖父子死于鞭下 ········· 307

第十八章　战争和孔孟之道 ········· 314
　　明军远征云南，梁王自缢 ········· 314
　　"孟轲若活到现在，非严惩不可。" ········· 320

第一章

剪灭群雄

朱元璋灭了陈友谅，掳其姬妾而归

朱元璋灭了陈友谅，掳其姬妾而归。他在江上抒发豪情，憧憬一统天下。刘伯温聪明地化解了朱元璋对徐达的猜忌。镇守江西的朱文正被人举劾，他想借亲侄的头颅来震慑诸将。

长江流至江苏境内，江面宽阔无垠，船行中流几乎看不到两岸。刚刚升起的朝阳照射在水面上，泛起千万点金鳞。江水的流速看似平缓，然而它挟着从上游奔涌而来的巨大能量，让顺江而下的舟师飞速破浪前进。远处北岸的江边刚才还发现了一座高耸的宝塔，一会儿工夫它就在视线中消失了。

元至正二十四年三月，朱元璋亲率舟师围武昌，刚埋葬了父亲陈友谅登上汉王位的陈理，没做多少抵抗就投降了。朱元璋的舟师载着陈理和陈友谅的一名绝色姬妾，顺江而下，班师回金陵。

昨夜，朱元璋就命那名姬妾侍寝。灭其国而夺其妃姬，以显示征服者的神威，朱元璋的这种"嗜好"，正是从元朝统治者那里学来的。成吉思汗的铁骑每征服一个部落，总是把那里的男人全部杀死，而将其妻女占为己有。

朱元璋有早起的习惯，虽然陈友谅的宠妃娇小玲珑魅力难挡，害他辛勤征战了一夜，但天刚微微亮他就起来了，把那睡意沉沉的尤物撂在一边。

从征的侍卫宫女服侍他洗漱完毕。穿好衣服，他就来到船头上。宽广的船甲板上两列带刀侍卫威严肃立。江面上寒风劲甚，侍卫拿来一袭红色绣缎斗篷给他披上。他伫立船头，沐浴在初升的灿烂阳光里。

他身材高大健硕，脸膛黧黑粗糙，粗黑的眉毛下面长着一对威势逼人的眼睛，大鼻头,八字胡。最引人注目的是他那宽大突出的前额和肥硕的大下巴。虽然留有一撮浓黑的胡须,也无法将突出的下巴遮掩过去。这副奇异的相貌初见往往要吓人一跳。然而奇异与丑陋中隐含的是威猛与杀气,是不同凡响的帝王之相。

阳光照射在朱元璋刀砍斧削般的脸庞上,将他的目光映衬得更为坚毅和炯炯有神。他今年三十七岁,正值一个男人精力旺盛的年华,思绪亦如天马行空般敏锐无羁。他眺望着无涯无际的大江与奔流不息的江水,不由地想起苏东坡的那首《念奴娇·赤壁怀古》:

大江东去,浪淘尽,千古风流人物。故垒西边,人道是:三国周郎赤壁。乱石穿空,惊涛拍岸,卷起千堆雪。江山如画,一时多少豪杰。遥想公瑾当年,小乔初嫁了,雄姿英发,羽扇纶巾,谈笑间,樯橹灰飞烟灭!故国神游,多情应笑我,早生华发。人生如梦,一尊还酹江月。

戎马倥偬,朱元璋不可能读很多诗文,可是苏东坡这首豪放的《念奴娇》竟使他过目不忘。他喜欢词中抒发的那种英雄气概,特别是当他率部渡江攻下集庆,将其改名应天府,以彼为都城,陈兵江上,与上游的陈友谅、下游的张士诚直接对垒,千里长江成了他与强敌周旋鏖战的战场的时候。然而当时陈友谅强大的水军,拥有名为混江龙、塞断江、撞倒山、江海鳌的艨艟巨舰一百多艘,战舸几百条。朱元璋初创的舟师与之相比简直是小巫见大巫。曾几何时,陈友谅的汉军横行江湖之上,他与张士诚相约夹攻应天,一举攻陷太平,直扑金陵,几陷朱元璋于绝境;他以巨舰直抵南昌城头,围城八十五天。然而最后的鄱阳湖大战,朱元璋师法三国周瑜赤壁之战的战略,用灵活快速的小艇载满火器,冲击焚烧汉军连锁在一起的巨舰,骁勇的敢死队登上敌舰进行白刃战。湖面上顿时火光冲天,箭似飞蝗,炮如雷鸣,刀光飞舞,喊声震天。经过多日苦战,汉军死的死,降的降,汉王陈友谅在逃出湖口时被飞箭射死,部将载着他的尸首和太子陈理连夜逃往武昌。

回忆当时的情景,朱元璋豪气顿生,真个是"谈笑间,樯橹灰飞烟灭"啊!陈友谅是完了,还有下游的张士诚等待他去收拾。他们虽也算是豪强,但注定要被历史的洪涛所淹没,这如画的大好江山,只能属于顺应天意民心的真正的英主。自己是不是这样的人呢?一年前他心里还没有底,可是现在纵观天下形势,对于未来他已怀着无限的憧憬了。

一年前的形势对于朱元璋是相当严峻的。内部相继发生了大将邵荣、谢再兴叛变和投敌案,使生性多疑的朱元璋对并肩作战多年的部将产生了信任危机。而外部两大强敌对他加强进攻,张士诚部将攻陷韩林儿所在的安丰,迫使他不得不亲自驰救。陈友谅又以六十万大军围攻洪都达八十五日之久。幸喜在历时三十六日夜的鄱阳湖大战中,诸将奋勇当先浴血苦战,终于取得对强敌的决定性胜利。

由鄱阳湖返回应天,朱元璋即听到张士诚在太平自立为吴王的消息。李善长率群臣劝进,请朱元璋立登王位,名正言顺地讨伐僭位称王的张士诚。朱元璋故作谦逊,说自己犹未敢忘记当年朱升"高筑墙,广积粮,缓称王"之嘱。军师刘伯温道:"此一时彼一时也。设若枫林先生在,今日亦当劝明公即王位以顺形势之变。"朱元璋因为急着亲率大军去武昌征讨陈理，嘱刘伯温留守应天筹备即王位的诸多事宜。同时他以防张士诚乘虚偷袭为由，将大将军徐达留在应天。徐达、常遇春是朱元璋倚为左右臂的大将。徐达是谢再兴的女婿，由于连续发生了邵荣、谢再兴的叛变，他难免受到朱元璋的猜疑。

聪明的刘伯温有意化解他们之间的嫌隙，在朱元璋返回应天时，刘伯温呈上一大叠将帅、幕僚的劝进表。朱元璋拿过来看的第一份劝进表就是徐达的，写得热情洋溢，既充满兄弟般的肺腑之情又不失对主上的尊敬与顺从。这使朱元璋忆起了起事初期，他被孙德崖扣押，徐达亲赴德崖军营愿以自身作人质，朱元璋方得释放。徐达对自己的忠诚是毋庸置疑的，即使谢再兴之叛，也是由于朱元璋强将其二女配给其侄朱文正和徐达所致。在这件事上徐达是没有过失的。

由于刘伯温的善意调解，朱元璋恢复了对徐达的信任。在他即吴王位后设置百官时，李善长是文官之首自然为右丞相，但他推荐汪广洋为左丞相朱元璋没有答应，仍然任命徐达为左丞相，常遇春、俞通海为平章政事。武将们在新的吴王朝廷中占据了显要的地位。

战争虽然取得阶段性的胜利，但强敌仍然环踞四周。朱元璋首要对付的就是疆界与自己犬牙交错、就在几百里外僭称吴王的张士诚。这个狡猾透顶的私盐贩子，仗着盘踞江浙富庶之地与自己周旋了七八年之久。此枭不灭，何言取天下！

"主公，起这么早啊！"

"末将参见主公。"

身后响起常遇春与水军都督廖永忠的声音，把朱元璋从漫无边际的遐想中拉了回来。

朱元璋初登王位，臣僚对他的称呼没有统一，原来他是吴国公时部属们称他明公，按说现在应称"大王"或"明王"了。大家总觉得有些别扭。于是关系密切的部将仍称他为"主公"。他也觉得只要他们尊他为心中的主人，王与公无甚差别。他的终极目的并不在此，到那时他们自然都会统一称谓了。

他转过身来对二位爱将说："昨晚你们都睡得好吗？"

"嘿嘿嘿，睡得好，睡得好！"

朱元璋深知二人均有好色之癖，此次掳获汉宫姬妾美人不少，要不是小校通报吴王已起来了，他们这会儿还在温柔乡中呢。

"二位将军，陈友谅已灭，我们的下一个对手就是张九四（指张士诚）了。张士诚所据之地，南至杭州、绍兴，北有通、泰、高邮、淮安、濠、泗及山东的济宁。你们说说先取何处？第一拳先打到哪里？"朱元璋问。他在江面上的晨风与霞光中想了许多事，最后归结到眼前这个实际问题。

"擒贼先擒王。主公给我十万兵马，先打下平江，把张九四给你抓来，其余各地自然会树倒猢狲散。"大将常遇春有"猛张飞"之誉，素来快人快语，直来直去。

廖永忠也附和道："末将愿以舟师直下松江，支援常将军，断绝张士诚出海逃窜之路。"

朱元璋笑笑道："二位将军勇气可嘉，然平江张士诚经营已久，城高壕深，并非一鼓作气即可攻下的。且湖州的张天骐、杭州的潘原明都是张士诚悍将，一旦他们支援，内外夹攻，我军反有被其围歼的危险。要打，也得先断其臂。回应天后我们再与徐达、刘伯温他们一起商议吧。"

江面上刮起了强劲的西南风，舟师顺风顺水，破浪前行，一个时辰后就到达了应天城外的龙江码头。码头上锣鼓震天，鞭炮齐鸣，李善长、徐达、刘伯温率众臣僚迎接吴王的凯旋，军民饶有兴趣地观看投降的汉王陈理和他的妃嫔随从。

陈理在武昌请降的时候，朱元璋见他年幼孱弱，好言抚慰他道："你父恃强抗拒天命，自取灭亡，你年纪尚幼小是没有罪的，既已归降无需惧怕，我一定会善待你的。"当时即传令武昌城中府库储蓄任其悉自取之，文武僚属皆可携妻小装资出城，任何人不得惊扰。朱元璋的军队入城后，果然秋毫无犯。对城中饥民还以军粮赈济。消息传开，果然取得很好的收揽民心的效果。大汉国所辖汉、沔、荆、岳、潭诸州郡相继来降，朱元璋兵不血刃即取得了荆楚间的大片疆土。回到应天后，他封陈理归德侯，赐给府第，给予优厚的待遇，使这个幼弱的丧国之君得到了很好的安置。

朱元璋在与刘伯温及诸将回顾鄱阳湖大战时，既得意又有些困惑地说："自古水战，得天时地利者胜。三国时周瑜赤壁大破曹操，因得了天时，东风相助。陈友谅兵据鄱阳湖，先处上游，以逸待劳，占尽天时地利，且其舟师强大数倍于我，为什么居然落败呢？"

刘伯温笑笑说："俗语云'天时不如地利，地利不如人和'，这是有道理的。陈友谅的舟师虽然强大，但他指挥失当，上下不同心；且连年用兵，人马疲惫，受阻于洪都城下八十余天，军中弥漫着一种挫败感。在我军以一当十锋锐无比的攻击下，这样一支人心涣散之师哪能不败下阵来。"

朱元璋心有余悸地说："当时我不听先生的劝阻，执意领兵去援救安丰，解韩林儿之围。如果陈友谅乘我出击，后防空虚，以舟师顺流而下，袭取应天城，后果不堪设想啊！"

"我当时倒没想那么远，只是认为解救安丰之围是毫无意义的事。韩林儿对于主公已是一个鸡肋，我们劳师远征把他救出来有什么意义呢。"刘伯温道。

徐达以掌抚额说："依我说主公乃是天命所归，自能逢凶化吉。偏偏陈友谅那蠢驴没想到以舟师攻取应天，而要去围攻洪都，在那里和朱文正、邓愈他们顶牛。"

李善长附和道："陈友谅一个鱼贩子出身，村夫走卒之流，他能有什么远见？别看他闹腾得那么厉害，终究还不是落个国破身亡的下场。"

君臣们聊得十分高兴，随后朱元璋对鄱阳湖大战有功战将常遇春、廖永忠、俞通海等赐予厚赏。

有人将缴获陈友谅后宫的一架缕金床献给朱元璋。这架床通体用红木雕制，其中人物鸟兽山水均用真金缕雕，还镶嵌了许多珍贵珠宝。如此名贵的寝床，别人自然不敢享用，只能献给吴王。朱元璋却生气地说："如此淫巧之物，与孟昶七宝溺器何异？"

马王后问他什么是七宝溺器，朱元璋解释说："五代时后蜀君主孟昶穷奢极糜，连宫中用的马桶都用真金镶以珠宝，后来果然做了亡国之君。陈友谅窃称汉王，好此淫巧之物，哪能不亡国？你想我们还能用这张床吗？"

他随即命令将缕金床捣毁，拆下的金珠宝玉交马王后保管处置。

朱元璋回到应天之后，思索再三，克制了原想立即发兵征讨张士诚的冲动，下令徐达、常遇春等一鼓作气拿下湖广、江西各州郡，一则不致陈友谅余部死灰复燃，二则扩大自己领地，增加赋税来源，为今后的大战作准备。

这时，发生了一件令朱元璋深为震怒的事。按察使李饮冰从南昌归来，向朱元璋密奏：平定陈友谅之后，朝廷对诸将论功行赏，常遇春、廖永忠等均有升迁厚赏，而陈友谅军围洪都城八十五日，大都督朱文正及邓愈等阻击有功，朝廷未予赏赐，朱文正深为不满，故意喝得酩酊大醉，借酒耍疯，大声咒骂："应天当权的人都不是东西，要落到我手里全把他们杀了！"朱文正手下部将卫可达强抢城中富户财帛及子女，行省参政汪广洋惧于朱文正的威势，不敢过问。还有传闻去年谢再兴叛降张士诚时，正值陈友谅大举围攻洪都，形势危急，谢再兴曾派人潜入南昌城与朱文正联络（谢再兴与朱文正是翁婿关系），劝他引军出城，一同归降张士诚。此事只是因为陈友谅大军合围甚严，且朱文正惧于一同守城的邓愈、赵德胜的牵制而未果。

朱文正是朱元璋兄已故南昌王之子，朱元璋起兵时，其嫂携文正前来依附。朱元璋与马氏视其为己出，带在军中抚养，成人以后令其率领亲军打仗，立了不少战功。朱元璋曾问他的志向，想做什么官。文正乖巧地答道："将来叔父成了大业，侄儿何患没有富贵？如果叔父现在先封我的官，恐难以服众。"他答得如此识体，深为朱元璋喜爱。朱元璋即吴王位后，任命朱文正为都督府大都督。后因江西无人镇守，派他率赵德胜等出镇洪都，并以汪广洋、邓愈辅佐。

得到李饮冰的密奏，朱元璋随即召邓愈和汪广洋核实情况。邓愈是个正派人，对朱文正的骄奢横暴早有不满，但碍于大都督的面子，不便说他。至于谢再兴的策反他也仅限于传闻，朱元璋问起来只能如实以对。汪广洋却不识时务地大肆吹捧朱文正，只讲他在抗击陈友谅围城时作战如何身先士卒亲冒炮矢，至于朱文正平时的横暴和目空一切，汪广洋虽深有体会却故意为其掩饰。大概他以为朱文正身为王侄与大都督是绝不会垮的，这就为他以后惹来杀身之祸埋下了祸根。

朱元璋查明情况以后，立即登上廖永忠的舟师，溯江而上，直抵南昌城下。当他遣内侍去传唤朱文正登舟晋见时，朱文正正与他的僚属部将饮酒作乐，喝得满面通红，突然听到朱元璋袭击式地来到南昌，立刻慌了手脚，知是自己狂妄埋怨与谩骂朝廷事发了，或许还会牵连出别的事。到这时他才后悔没有笼络好那个不起眼的小小按察使。

朱文正随着内侍跟跟跄跄地登上了朱元璋的龙舟。此时酒意已吓醒了大半，但脑子里昏昏沉沉，一片空白。

朱元璋劈头就骂："混账东西，你想干什么？"

朱文正支支吾吾地辩白："侄……侄儿没做什么呀！"

"哼，你做坏事瞒得了别人，能瞒得了我吗？"

朱元璋喝令同来的汪广洋等回去，却将朱文正软禁在船上，立即起锚将他带回应天处理。

在鄱阳湖大战之前，朱元璋部属中连续出现大将邵荣、赵继祖叛变和谢再兴叛降敌阵营，使本性多疑的他对掌握兵权的部将疑心日重。他想以杀一儆百的手段来震慑诸将。他最想杀的是谢再兴——这个背叛他的亲家翁，可惜始终没能抓到。将朱文正带回应天后，他亲自审问谢再兴策反他的事，并不惜假借有人举报来诈他。少不更事的朱文正哪里是老狐狸朱元璋的对手，终于吞吞吐吐地承认了有这回事。

朱元璋下令将朱文正的大都督职务撤掉，并以通敌罪交刑部议处。吴王的侄儿犯了杀头的罪，大臣们谁也不敢说情，能说话的两个人中一个是右丞相李善长，李饮冰原本是他的亲信，他哪肯站出来说话；另一个人是刘伯温，绝顶聪明的军师深知吴王是想借桀骜不驯的朱文正的头颅来震慑诸将，既然连自己亲侄子都能杀，今后谁还敢以身试法与敌人勾勾搭搭！

唯一能为朱文正求情的人只有一个，那就是亲手把侄子抚养大的马王后。她一再在朱元璋耳边劝谏说："文正儿的性格自幼狂傲任性，谁叫你那么信任他，让他到江西去独当一面？"朱元璋恼怒道："照你说还是我的不是！他身为朝廷大都督难道不懂得私自与敌人交通是要杀头的！"

"文正儿是个顾念亲情的人，听说谢再兴派来的人是他的一个亲戚，难道他能一刀把他杀了！好在他并没有听谢再兴的话真的叛变投敌，这种事就是发生在别的将领身上也不至于犯死罪呀！"马王后仍不屈不挠地为侄儿辩护。

"哼，要不是身处围城之中，还有邓愈、赵德胜的掣肘，说不定他早跟谢再兴叛降了。"

"事情毕竟没有发生，也拿来治罪，以后只怕你的将军们都会人人自危。"

马王后终于说服了朱元璋，没有杀朱文正，而是将他免去官职，安置于安徽桐城。

朱文正在桐城过的是被软禁的囚徒生活，他的妻儿都被留在应天。生性狂傲的他哪里受得如此屈辱，不久就寻个机会自尽而亡。

朱文正死时其子朱炜方四岁，又由马王后抚育长大。洪武三年更名为守谦，被封为靖江王。可能是朱元璋对文正的获罪有几分歉疚，才会对他的后人做这样的安排。

巍巍钟山下，隐隐一股王气升起

朱元璋回到故乡濠州。"你们还认识我吗？我就是那个调皮捣蛋的朱重八。"巍巍钟山，云蒸霞蔚，隐隐一股王气升起。沈万三捐出万贯家财修筑新城，又买来牛酒劳军，却犯了朱元璋的忌讳，差点被他杀掉。

朱元璋的吴王宫由元朝浙江行省御史台衙门改建而成，这里既是朱元璋和他的后妃们居住的宫苑，也是他即吴王位后处理政务和号令三军的指挥所。在吴王府里有一个议事厅是专为朱元璋和他的将领们商讨军情用的，在这里，围绕着最高统帅朱元璋的王座，每个幕僚将领都有自己固定的座位，中央是一张大桌子，桌上摆有一幅布制的军事地图。这幅地图后来还改进成了立体的沙盘。

朱元璋由武昌返应天后即召集将领们研究讨伐东吴张士诚的步骤，首先由坐在他右首的大将军徐达报告东吴军的分布情况。徐达这年三十四岁，身材伟岸高大，颧骨凸出，他指点着地图用洪亮的声音告诉大家：东吴军在江北据有通州、泰州、高邮、淮安、滁州、濠州、泗州等地，其中以泰州与高邮的兵力最强，若能先攻此二镇，其余城镇可挥师而下。东吴军的主力在湖州、杭州与老巢平江的三角地带，三地互为犄角。湖州由平章张天骐镇守，近又有大将左丞李伯升增援。杭州守将是平章潘原明，又有张士诚养子五太子率舟师驻江口。平江老巢由其弟丞相张士信统领军事，城防经数年经营，十分坚固，轻易不能攻下，自然是敌我两军最后决战之所。

朱元璋照例先征求坐在他左首的军师刘伯温的意见。经过鄱阳湖大战，他对刘伯温参赞军事的能力已心悦诚服，他谦逊地说道："讨伐东吴看来千头万绪，当按何步骤进行方能克敌制胜，先生当有以教我。"

年已五十五的刘伯温比在座的将领几乎都年长一轮。他是至正二十年朱元璋礼聘来应天的，就在那一年，陈友谅攻陷太平，与张士诚联手夹攻应天。在此危急情况下，诸将惧敌人势大，有的主张降敌，有的主张弃城南逃。朱元璋问计于刘伯温，他笑称："你先把主降和逃的人斩了吧。"最终朱元璋用刘伯温伏兵邀击之策，诱敌孤军深入，一举破之，自此奠定了他在朱元璋军中的军师地位，每参赞军事，无往而不胜。此刻他摸着自己浓密的络腮胡子，胸有成竹地说道："臣以为讨伐张士诚宜分三步走。第一步发兵夺取淮东诸郡，肃清其外围势力。尤以通州、泰州毗邻我境，我军神速旦夕可至，围城之后或力取或谕降，一城既破，余皆望风披靡，快则两三月，至迟半年之内，淮东之地尽入我手，庶几再无后顾之忧。第二步分兵进取湖州、杭州，切断东吴的左右两臂。估计在我军强大的压力下，两地守军中必然有人率部归降。东吴诸将中像李伯升、吕珍等均为不可多得的将才，或可为吴王所用。第三步自然是平江的围城攻坚战。臣闻宁海人叶兑曾献锁城法，屯田固守，断其出路，此法为久困之计。想我大军压境，城内人人自危，我若四面攻城炮矢相加，再辅以分化瓦解，破其城而擒其首，亦应在旬月之间可定也！"

刘伯温一席话说得在座诸将心痒痒的，大家似乎看到了胜利的前景。朱元璋也抚掌赞叹道："军师此意，甚合我心，张九四盘踞淮东，始终是我的一块心病。濠州是我的家乡，亦是我等起兵之地，任其陷敌手这么多年，我也愧对父老啊！"

刘伯温道："是啊，濠州是吾王父母之邦，诸位将军发迹之地，最好是避免锋镝兵燹。若我军攻取泰州、高邮后，乘胜再下淮安、滁州、宿州，然后传檄濠、泗守将，其必然率部归降。"

"哈哈，到那时候我请先生陪我回濠州走一遭，看看那里的父老乡亲！"朱元璋高兴道。

"臣乐于从命。"

至正二十五年冬。

徐达、常遇春率师围泰州，不久攻下，但在围攻高邮时遇到了挫折，守将俞平诈降，诱使冯国胜派指挥康泰率三千人马入城，然后关闭城门围歼之，三千人无一生还。直到次年三月，徐达与常遇春才合力攻下高邮，俘获守将俞平，常遇春恶其狡诈，亲手将他一刀两段。

之后一个月之内，徐达大军兵围淮安城，守将梅思祖惧势请降。滁州、宿州、安丰相继皆下。最后徐达兵至濠州城下，他按照朱元璋的意思，修书一封，遣人送与城中守将东吴枢密院同知陆集，书中写道：

"……淮东郡县八处，盐场三十三所，已被吾大军次第克平，唯尔濠州，以其为吾王父母桑梓之邦，不忍兴师旅加兵，恐伤及乡里之民，汝若以城降，吾王将官复其职。"

陆集见书信后，知大势已去，立即识趣地率城内官员出城投降。朱元璋见兵不血刃地收复家乡，甚为欣喜，随即任命陆集为江淮行省参政，并赐黄金三百两慰劳。

淮东平定后，朱元璋果然率领一干文武官员回到家乡濠州。这时他虽然还没有当皇帝，但已经有了汉高祖衣锦还乡的那种感觉，只是他的故里钟离太平乡经过十多年的战争与水旱蝗灾，已是人烟寥落，十室九空！他自家的破茅屋早已灰飞烟灭，寻不到一丝踪迹，就是儿时雇他看过牛的大户刘家也只剩几间破屋，一堵残垣。他的父母和伯父早已在至正初年的一场瘟疫中死去，与他一同草草掩埋了父母遗骸的兄长朱重六也已在战乱中丧命。

濠州的地方官员好不容易在太平乡各个村落里找来二十几名老者，他们畏畏葸葸地咕咚咚跪下给吴王叩头，用结满眼屎的昏花老眼偷偷打量着昔日在乡里领着一帮孩子打架、偷东西，后来在村西头山坡上的皇觉寺出家当和尚的朱元璋，自然那时他不叫这个名字，元制庶人无职者不许取名，只以排行或父母年龄合计为名。朱元璋的父亲名朱五四，三个儿子就取名重四、重六和重八。重八这个名字倒是很吉利，三兄弟中只有他活下来了，而且有了这么大的出息。

朱元璋一个个扶起那些老乡亲，亲昵地凑到他们面前说："你们还认识我吗？我就是那个调皮捣蛋的朱重八呀！"老头们或许有的从尘封的记忆里闪过了他少年时的恶行，但人家现在已当了皇上（他们的意识中吴王就是皇上），谁敢认呀？朱元璋一个一个地盘问、辨认，终于从中找出两个熟人，一个是曾雇他放过牛的田主刘家的儿子刘英，一个是他一位远房亲戚家的后人汪文，分别赐给他们金银布帛，还令濠州地方官员给每个老人三斛粟米。在那个晚上，他备酒招待这些父老乡亲。席间，他颇动感情地说："我离开乡里已十余年了，幸得上苍保佑，经过艰难百战，方得有机会回乡来与乡亲父老见面。我本欲祭扫父母祖先的坟墓，但未能如愿，只能等待以后重建陵园，尽我的孝心。今日得与你们见面，亦不能久留欢聚。望你们能教子弟孝悌力田，善自钟爱，不要辜负我的一片期望。"

朱元璋离开故乡时终于找到了掩埋父母尸骨的地方，以及伯父、兄长的坟墓。他命令地方置守冢户二十家，岁给廪饩，并下令免濠州租赋三年，使其休养生息，恢复战争的创伤。

终于，他在极为惆怅地瞥了生养他的故乡土地几眼之后，带着他的大批臣僚启程回到应天。

回应天后，他的头一件事就是与右丞相李善长商量改建新城。原来朱元璋笃信风水，他选定应天为都城，是看中了这块龙盘虎踞的形胜之地。历朝历代那么多皇帝选这里为都城是有其道理的。但是他细细数去，在这里建都的朝代大都寿祚不长，有的甚至是短命皇帝。这是什么原因呢？有一次他站在聚宝门城楼上，远远朝东望去，只见远处巍巍钟山，云蒸霞蔚，隐隐一股王气升起。他方醒悟到：金陵之形胜，所谓龙盘虎踞，其势乃在紫金山。如今都城离山尚有十余里之遥，王气难续，因此他想到要再筑新城直抵山下。况且原来的石头城长不过十余里，作为一国之都也太小气了。别说与长安、汴梁相比，就是一些行省所在地的城垣也比它大。他把这个扩建都城的任务交给了右丞相李善长，要他赶快拿出一个章程来。

"百室，扩建新城的事怎么样了？"李善长比朱元璋年长十余岁，跟随起事最久，是他身边的第一谋臣，所以他在即皇位之前，依然习惯地以字相称。

李善长从袖中取出一卷图，呈给朱元璋。"臣已绘就一幅新城扩建图，主公请看。"

这幅图上新城由原有城墙向东及向南扩展，直抵紫金山下，使都城面积比原来扩大了两倍有余。需要新筑的城墙总长达到三十余里，加上旧城的培高，四周城门修建瓮城等，工程量是十分浩大的。

"这个工程不小啊！你预期在什么时候完工？"

"臣预期一年。若进展顺利，明年九十月或可完工。"

"现在要对东吴用兵，同时要进行这么大的工程，我们财力有限啊。"朱元璋皱起了眉头。

"臣亦虑及此。新辟州县，人心未定，一时收不到多少赋税，而军需用度，不可一日稍息，臣自知身上担子不轻，"李善长是朱元璋的财政总管，少不了要卖卖关子，"不过，扩建都城是涉及万年基业的大事，臣倒想出了一个开辟财源的法子。"

"什么法子？"

"金陵城中富户甚多，他们有的田连阡陌，拥有的土地占了半个县；有的整条整条街的房屋属他所有，每年的租金以百万计。我们修建都城保护了他们不受战火蹂躏和盗匪侵扰，他们不应该捐资筑城吗？"

"这倒是个法子，就像我们举事时没收乡下富户的浮财一样。"朱元璋想起往事，笑了笑。

"有一个富户叫沈万三的，多年在海外做买卖，聚敛了巨额家财，号称吴兴首富。据说他家的大门都是金子铸的。"

"那好呀，让他捐钱出来修一半城墙，修好了孤赐他一块'慷慨捐输'的金匾挂在门上，让他显摆显摆。"

"臣以为让他修三分之一好了。他虽富可敌国，也不能让他压过朝廷。"李善长建议说。

"好吧，就按卿的意思办。"

大凡天底下的富人都不是那么慷慨的，这个沈万三也一样。他聚敛了巨额家财，可以自己过着奢侈糜烂的生活，奴婢成阵，妻妾成群，连大门都用金子铸造，可是让他拿点钱出来为公家做事就难了。平日官府吃了他的嘴软，拿了他的手短，什么摊派都轮不到他头上。可这一次吴王一纸令下，又由当朝宰相亲自登门晓谕之，他不得不忍痛破财，答应了捐修城墙三分之一。于是那几天户部的官员们套着马车从他家开的钱庄银号里往外拉银子，一车一车地拉。沈万三眼睁睁看着自己辛苦积攒的钱财被人抢走，暗暗咬牙切齿地咒骂："杀千刀的朱和尚！"气得躺在家里大病了一场。

沈万三带了头，应天城里的其他富户哪能不慷慨解囊？朱元璋派了一帮检校们来做这件事。检校其实是用来监视官员动态的特务人员，他们官职不大，但直接听命于吴王，让这些人盯上了，京城里的富户们岂能轻易脱身？于是朝廷修筑另外三分之二的城墙经费也有了着落。

改筑应天新城的工程轰轰烈烈地开始了。李善长领导的工部官员征集了几千名工匠及数以万计的民夫，在城外设立了几十座烧制城砖的砖窑，按照图纸上的城墙路线，于十丈外应该是护城河的地方取土烧砖筑城，待一段城墙砌成，这段护城河也挖好了。

李善长进呈的图纸上，新城的城墙向东延伸，直抵紫金山麓，但在东门外仅两里地，即有一水面辽阔的燕尾湖，朱元璋虽身居吴王宫，但无时无刻不在盘算着不久后登基做皇帝的事。身为帝王自然不能栖身于区区一御史台衙门，因此他常常偕同精通天文地理的刘伯温在金陵城内外寻找合适的皇宫建址。一日他们于清晨来到城外的燕尾湖畔，站在土阜上朝东望去，只见湖面上雾气氤氲、袅袅上升，与紫金山麓的岚云相接。刘伯温当即兴奋地对朱元璋道："主公看见了吗？燕尾湖上有王气升起，上接钟山岚云，采其虎踞龙盘之灵气，这正是建筑宫殿再合适不过的地方了。"朱元璋皱着眉头："奈何这一片水域，如何建得宫殿？"刘伯温复以阴阳五行之说论证道："水生木，主公今年三十八岁，生肖恰好属木，居此必然大吉。听说此湖不深，可填湖建筑宫殿。"朱元璋大喜，回宫之后又密令堪舆师前经勘察，最后决定填湖造地，筑宫殿于钟山之阳，限令工部与新城同时完工。

应天城内外两大工程同时热火朝天地进行。朱元璋更关注的是宫殿的建筑。鉴于立国不久，国力维艰，且朱元璋出身微贱，不是那种喜好奢侈靡费的人，他在审查宫殿图纸时即注重规模而不重雕饰。比如大量殿基石材不许用汉白玉而以就近采集的青石充之；正殿的六根蟠龙大柱需到四川、云南采伐大木，数十名工匠精雕细琢经年方成。他生气地说："难道不用这几根蟠龙柱子大殿里就议不成军国大事吗？"责令有司修改图纸，勿得浮华靡费。

在李善长的得力督促下，新修的城墙先于宫殿完工。朱元璋在李善长、刘伯温等陪同下，亲自登上城墙绕城一周。新修的城墙壮丽雄伟、彩旗飘扬，士兵们荷枪执戟倚垛而立。城外的护城河一泓碧水，水波荡漾，垂柳依依。朱元璋十分高兴地对臣僚们说："这才像个固若金汤的都城啊！"他还与李善长、刘伯温为新修的城门一一起了名字，随行的官员立即拿来文房四宝，请吴王当众挥毫题写，镌刻于城门之上。

那沈万三捐出不菲家财修筑新城，却没有换来朱元璋答应给他的金匾。从小家贫，受尽财主人家白眼的朱元璋，从骨子里仇视富人，是不会给沈万三这个面子的。倒是应天府尹宽慰他道："沈大官人捐资修筑新城的善举，在应天府志里自会记上一笔，您将名垂千古啊！"沈万三哭笑不得，在心里骂道："老子心痛的是一马车一马车拉走的白花花的银子，谁稀罕你那破府志里写些什么！"

沈万三的厄运还不止于此，在捐资修筑城墙期间，那帮检校们在他家跑得熟络了，对他那满堂金玉眼红得不得了，总想让他破点财才遂自己的心意。城墙修好了，检校们又对沈万三说："吴王现正调集各路军马，准备誓师东征。吴王打下杭州、平江，沈大官人也好到那里做生意呀！现在大军在城外集结，你何不备些牛酒，去犒劳犒劳他们，吴王一定高兴！"

一听又是要破财的事，沈万三自然打心眼里不乐意，但他得罪不起那帮检校们，只好装着笑脸打听劳军需要多少牛酒，检校们说："城郊大概集结了十来万军队，你也管不了那许多，就备百来头牛、三百坛酒吧！"

沈万三没法，只得叫账房先生称了银子到牲口市上牵了一百头黄牛，酒肆中买来三百坛好酒，择个吉日，由检校们带路，将黄牛和一车车的酒坛披红挂彩，敲锣打鼓地送往京郊各个军营，犒劳出征将士。

此事传到了朱元璋耳中，犯了他的忌讳，他勃然大怒："自古只有天子劳军，沈万三是什么东西，竟敢堂而皇之地去犒劳皇家的军队，是何居心？非以极刑不可！"

这时，那些闯了祸的检校们吓得魂不附体，幸亏当时马王后在场，她问明原委，心平气和地劝谏朱元璋道："大王息怒。妾闻国家的刑法，只应诛不法，非以诛不祥。民富可敌国，他自为不祥，不祥之民，天必谴之，何用大王加以诛戮呢？"经她这样一劝，朱元璋怒气才消了些，考虑到沈万三毕竟在修城墙时出了力，若杀了他会引起京城百姓的惶恐不安，因此免了他的死罪，改判流放云南。

沈万三的遭遇，其实是朱元璋由幼年积下的对富人仇恨的一种释放。这类事朱元璋后来还干过不少。因为幼年时受的苦，他打骨子里仇恨那些乡下的豪门巨族，依仗着自己手中掌握的政权，借各种由头残酷地镇压他们。轻则没收财产，将其土地充公或分给"细民"；重则远谪他乡，甚至枷囚至死！后来他孙子建文帝的宠臣方孝孺曾经这样写道："当是时，浙东巨家故室，多以罪倾其宗。……富民豪族，划削殆尽。"

朱元璋心中的这种魔障至死未泯，后来频频以各种方式释放出来，让许多人吃尽苦头。

东吴君臣沉浸在声色犬马中

朱元璋传檄天下讨伐张士诚。东吴君臣沉浸在声色犬马之中。朱元璋密令坑杀四万降卒，徐达却只割了他们的耳朵。数十门襄阳大炮朝湖州城中射来，李伯升与张天骐对视一眼，谁也没敢说出"战"或"降"字。

至正二十年八月的一天早晨，应天城朝戟门外聚集着数万等待出征的士兵。徐达、常遇春麾下久经征战的军团，一个个方阵威武地排列着，黑压压地向远处延伸。士卒们甲胄鲜明，刀枪出鞘。在他们身后，一架架用于攻城的襄阳大炮、云梯和各种火器，显示这支装备精良的军队具有无坚不摧的攻击力。骑兵则紧挽着自己的骏马伫立阵前，那些棕黄色和灰青色的战马不时用前蹄踢踏着脚下的泥土，有的昂首咴咴长啸，急不可耐地等待着出发的号令。

龙江码头几百艘大大小小的战船也已升帆待发。经过鄱阳湖大战和围攻武昌战役，陈友谅的庞大舟师已归朱元璋所有，它们将顺江而下，直驶太湖，进攻张士诚的老巢。

辰时三刻，朱元璋在百官簇拥下登上拜将台，以兵符授予左丞相徐达和平章政事常遇春，拜二人为征虏大将军和副将军，率二十万兵马讨伐东吴。誓师大会开得简短庄严，朱元璋在全副戎装的徐达、常遇春二帅陪同下，骑马检阅出征将士，所到之处，战士们举枪高呼："吴王千岁千千岁！"欢呼声此起彼落，不绝于耳。他们威武雄壮的军容，更让朱元璋对即将到来的战役信心百倍，在马上笑对徐、常二帅道："有此威武之师，何愁蟊贼不灭！"

随后，朱元璋回到拜将台，对出征将士训谕再三。他要求三军用命，将帅和睦，不许欺凌军士；城破之日，不许烧杀掳掠，不许毁坏百姓庐舍，不许挖掘百姓坟墓。张士诚母亲葬在平江城外，其坟墓千万不可侵毁，以免刺激东吴将士作殊死抵抗。

约法三章之后，大军开拔。朱元璋亲送徐、常二帅登上战船，一路上询问他俩此役的进兵步骤。常遇春道："张士诚已将王府百官迁往平江，此行当直捣姑苏，毁其老巢。姑苏既下，其余诸郡必望风而降。"朱元璋见他想得如此简单，皱起眉头驳道："张士诚是盐贩子出身，他有所谓'十八兄弟'，守湖州的张天骐与守杭州的潘原明尤为强悍。我如攻姑苏，二人必全力援救，待其援兵四合，取胜就难了，那时我必陷于进退两难之中。最稳妥的是先攻湖州，剪其一翼。"

徐达对朱元璋的用兵是很佩服的，但素来勇猛直憨的常遇春仍固执己见。朱元璋脸色一变，恼怒道："你们若按我意先攻湖州，战争失利我自当负责；若你们执意先攻姑苏打了败仗，军法定然不饶！"

常遇春不再作声了，徐达忙道："我等自当按主公部署进兵，请主公放心吧。"

在攻取淮东诸郡后，朱元璋即准备大举讨伐张士诚。当时命宋谦、刘伯温等草拟了讨伐东吴的檄文，印刷数千份向全国散发，并且严谕各地州、府官（包括尚为张士诚所辖州府的官吏），必须将收到檄文及张榜公布日期记载于文后，作为示忠的凭据。这篇檄文论古证今，篇幅很长，但由于它是朱元璋从一个义军领袖蜕变为准封建帝王极为重要的里程碑，故赘录于后：

盖闻伐罪吊民，王者之师，考之往古，世代昭然。轩辕氏诛蚩尤，殷汤征葛伯，文王伐崇，三圣人之起兵也，非富天下，本为救民。近睹有元之末，主居深宫，臣操威福，官以贿成，罪以情免，宪台举亲而劾仇，有司差贫而优富。庙堂不以为虑，方添冗官，又改钞法，役数十万民湮塞黄河，死者枕藉于道，哀苦声闻于天。致使愚民，误中妖术，不解偈言之妄诞，酷信弥勒之真有，冀其治世，以苏困苦。聚为烧香之党，根据汝颍，蔓延河洛。妖言既行，凶谋遂逞，焚荡城郭，杀戮士夫，荼毒生灵，千端万状。元以天下兵马钱粮而讨之，略无功效，愈见猖獗，然而终不能治世安民。是以有志之士，旁观熟虑，乘势而起，或假元氏为名，或托乡军为号，或以孤兵自立，皆欲自为，由是天下土崩瓦解。

予本濠梁之民，初列行伍，渐至提兵，灼见妖言不能成事，又度胡运难与立功，遂引兵渡江。赖天地祖宗之灵，及将帅之力，一鼓而有江左，再战而定浙东。陈氏称号，据我上游，爰兴问罪之师，彭蠡交兵，元恶授首，父子兄弟，面缚舆榇。既待以不死，又列以封爵，将相皆置于朝班，民庶各安于田里。荆襄湖广，尽入版图，虽德化不及，而政令颇修。

惟兹姑苏张士诚，为民则私贩盐货，行劫于江湖，兵兴则首聚凶徒，负固于海岛，其罪一也；又恐海隅一区，难抗天下大势，诈降于元，坑其参政赵琏，囚其侍制孙撝，其罪二也；厥后掩袭浙西，兵不满万数，地不足千里，僭称改元，其罪三也；初寇我边，一战生擒其亲弟，再犯浙省，扬矛直捣其近郊，首尾畏缩，乃又诈降于元，其罪四也；阳受元朝之名，阴行假王之令，挟制达丞相，谋害杨左丞，其罪五也；占据江浙钱粮，十年不贡，其罪六也；知元纲已堕，公然害其丞相达识帖木儿，南台大夫普化帖木儿，其罪七也；恃其地险食足，诱我叛将，掠我边民，其罪八也。凡此八罪，理宜征讨，以靖天下，以济斯民。

爰命中书左丞相徐达率领马步军舟师，水陆并进，以取浙西诸处城池。已行戒饬军将，征讨所到，歼厥渠魁，胁从罔治，备有条章。且我遣逃居民，被陷军上，悔悟来归，咸宥其罪。其尔张氏臣僚，果能明识天时，或全城附顺，或弃刃投降，各赐爵赏，予所不吝。凡尔百姓，果能安业不动，即我良民，旧有田产房舍，仍归前主，依额纳粮，余无科取，使汝等永保乡里，以全室家，此兴师之故也。敢有千百相聚，抗拒王师者，即当移兵剿灭，迁徙宗族于五溪两广，永离乡土，以御边戎。凡予所言，信如皎日，咨尔臣庶，毋或自疑。

与朱元璋此前所有文告一样，这篇檄文开头也缀以"皇帝圣旨，吴王令旨"字样，文末的日期是"大宋龙凤十二年五月"。

谁都知道朱元璋是追随红巾军头目郭子兴起家的，他所供奉的大宋皇帝小明王韩林儿，其父韩山童是白莲教的传人。韩山童与刘福通等为了反抗元朝统治者的残酷镇压，揭竿而起，在这篇檄文中却被斥为以"妄诞"的"妖言"蛊惑百姓，结成"烧香之党"，犯下了"焚荡城郭，杀戮士夫，荼毒生灵"的罪行。这口吻与元朝的官府何异？这表明朱元璋在宋濂、刘伯温等江南儒士的影响下，在帝王宝座的诱惑下，已经完成了由一个义军领袖到准封建君主的蜕变！尤其是在他声讨张士诚的八大罪状中，除了第四款和第八款和西吴有关外，其余六款都是张士诚背叛元朝的罪状。这篇檄文若不看头尾，人们会误认是元朝政府的讨伐令，难怪张士诚读到这篇檄文时，对他的左右臣僚说："朱元璋这巴儿狗，我杀元朝的丞相、大夫关他屁事，何用他唁唁狂吠？"

其实，张士诚这是色厉内荏，强作姿态而已。过去，他凭借盘踞江浙富庶之地，对元朝廷称臣纳贡，扩地两千余里，故能与接壤的朱元璋互相攻伐，周旋七八年之久。自从他与元朝交恶，失去了外援，军事力量与朱元璋相形见绌。待朱元璋灭了陈友谅，举兵指向他时，已惶惶不可终日。淮东诸郡失守，他只能眼睁睁看着。如今朱元璋大兵压境，他内心的焦急是可以想见的。不过当着那班文臣们的面，他不愿失去一代枭雄的尊严，抓着朱元璋檄文的破绽奚落几句，也可为臣下和自己打打气。

这时张士诚所倚靠的是驻守湖州、嘉兴、杭州、绍兴等地的守将张天骐、潘原明、李伯升等。他们都是跟随他一同起事的所谓"十八兄弟"，患难与共多年，到此紧要关头，就只能依靠他们的忠诚了。担负守卫平江城重任的则是他的弟弟、丞相张士信和女婿潘元绍。

东吴承平日久，户口殷实，渐渐滋长骄奢淫逸之风。张士诚这个本来胸无点墨的私盐贩子，偏好附庸风雅，大肆延揽文人墨客，终日谈经论道，吟诗作赋，把正经政事撂在一边，回到后宫则沉浸在江南各处搜寻来的万千美女的温柔乡中，日夜行淫，花样百出。张士诚的妃妾多不胜数，最为他宠幸的是一个名叫瓷人的娇小女子。此女腰只盈握，皮肤嫩得似乎吹弹可破，长发过膝，又善歌舞。张士诚常对人吹嘘说："昔日听说赵飞燕能作掌上舞，我得到此女方信确有其事！"这样的女子侍寝时自然柔若无骨，娇啼婉转，不堪承受地呼痛。愈是这样，愈令他销魂难舍，遂得专房之宠。

张士诚沉浸在声色犬马中，便将军政大事一股脑儿交给张士信处理。偏偏这位丞相除了和兄长同样喜欢淫乐外，还有聚敛财物的嗜好。他位居丞相之职，下面的贪墨失职官员哪个不贿赂奉承他？因此他府中的金玉珍宝古玩字画多得没地方放。他在苏州大修花园府邸，把江南的名园胜景一一搬过来，水榭凉亭，假山奇石，美不胜收。他的丞相府奢侈富丽甚至赛过他兄长的王宫，其中有一套纯银打造的桌椅、橱柜，上面还镶有金玉宝石，熠熠生辉，令人眩目！

上有所好，下必效之。张士诚兄弟带头享乐，满朝文武无不趋之若鹜。文官在朝以琴棋书画狎妓嬉游自娱，武将出征还带着歌妓舞女乐队，打了败仗回来，张士诚念及兄弟旧情也不加以处罚。当时朝中帮丞相张士信出主意拉皮条的是黄敬夫、蔡彦文、叶德新三位参军。因此当时东吴地区曾有一首民谣流行：

丞相做"事业"，全凭"黄菜叶"，一朝西风起，干瘪！

老百姓以此讽刺张士信辈只知享乐，弄权误国，只待西吴大兵一到，就是他们的末日到了！

戟门誓师后，徐达、常遇春统军分水陆两路进攻湖州。八天后，舟师到达太湖。湖面上东西洞庭山驻有张士诚的水军营寨，作为平江城的外围防线。因为挨了朱元璋的训斥，常遇春压住一肚子的火，不去碰他们，径直领军直扑湖州城外的港口。第一仗就击溃了张天骐的水军，烧毁船只百余艘，擒获其战将两人。小试锋芒之后，徐达亲率的步军也到达湖州城北面，与西、南方向常遇春所率部队形成包抄之势。

张天骐是张士诚军队中少数几个不耽于享乐的战将之一。他官居平章政事，仅位于张士信之下。他一面派人向张士信告急，一面引兵分三路迎击徐达、常遇春。奈何手下的兵将因承平日久，疏于训练，哪里是西吴虎狼之师的对手！一仗即折损三百余人，只得慌忙撤退回湖州城里，紧闭城门拒守待援。徐达即令四面人马将湖州城包围，稍事休整，准备攻城。

常遇春在此次战斗中仍是他一贯的作风，身先士卒冲锋在最前头，不幸被敌军的乱箭射中。他的亲兵扶他下马，他咬牙拔出箭矢，喝令诸将不要管他，继续向敌阵猛攻，自己坐在担架上指挥直到战斗结束，这时箭伤流出的鲜血已经把担架染红了。

张士信派出的增援部队中，司徒李伯升率领的一万兵马最先到达湖州。这时城外鏖战正急，李伯升亦是东吴较有经验的将领，他估计那三路阻击朱军的部队必遭败绩，当下之策是，加强湖州城防要紧，于是他率军从荻港潜入城中，与张天骐会合，共商守卫湖州的大计。

张士诚深知湖州的重要性，若湖州失守，则平江城失去屏障，姑苏门户大开，徐达可挥军长驱直入，他的王朝将危在旦夕。于是他一面驰令杭州守将潘原明速发兵援救，发挥他们原来设计的三角牵制作用；一面又派大将吕珍率朱暹、五太子领兵六万由平江增援湖州。

五太子原姓梁，是张士诚收的养子。他短小精悍，平地能跃起一丈余高，又善潜水。大将吕珍能征惯战，曾多次与朱元璋所部对垒，经验异常丰富，是张士诚依靠的最后一张王牌了。然而战争打到这个分上，吕珍忖度东吴的气数势必将尽，自己何去何从，难免有他隐秘的打算。他率六万援军快到湖州时，对朱暹和五太子说："现湖州城外情况不明，不知道围城的有多少军队，我们若贸然扑上去，弄不好会被徐达和常遇春包了饺子，还是先在这里驻下吧。"朱暹和五太子自知战斗经验不如主帅丰富，也就同意了。

于是，吕珍的六万援军在距湖州三十里的旧馆停了下来，修筑了五座营寨固守，一面派出间谍试图潜入围城与守军联络。徐达见吕珍的援军停步不前，一时也不知他打的是什么主意，于是与常遇春商议。常遇春自告奋勇去截击援军，因为他知湖州城高壕深，一时难于攻下，围城不是一日两日的事情，现有送上来挨打的，又何乐而不为？于是徐达分兵十万，常遇春在姑嫂桥一带连筑十垒，他一改平时急躁的脾气，也不去攻打东吴军的营寨，而只留意断他们的粮道。果然张士信派潘元绍运粮至乌镇，常遇春探马得知，他连夜派遣一彪人马，对其发动夜袭，把数百辆粮车全都烧了，张士诚的"驸马爷"潘元绍只带了几个亲兵逃脱。

东吴军的另一路援军由徐志坚率领，在离旧馆还有约二十里的东阡小镇也遭遇到常遇春的伏击，数千人全军覆没，徐志坚也被生擒活捉。

东吴军连折两阵，湖州守军和旧馆援军又被围困，消息传到张士诚耳中，他非常着急，令内侍把尚在饮酒玩乐的丞相张士信找来，要他亲自率兵去救援湖州。张士信没法，亲自率领舟师，由水路往援。太湖地区水网纵横，港汊相通。东吴水师有一种赤龙船，船身狭长轻捷，船身上用红漆画两条赤龙，每条船载勇士二十人，个个骁勇异常，且水性娴熟，惯能泅水搏战。船上备有火炮，威力甚大。张士信遣徐义率百余艘赤龙船做先锋，由太湖直驶旧馆附近的皂林。他自己则坐在殿后的双层大舰高高的甲板上，一面与同行的幕僚弈棋饮酒，以示自己虽临大战处变不惊，指挥若定。大概他想学学蜀汉丞相诸葛亮，谁知他没有诸葛亮那么好的运气。常遇春见东吴的赤龙船汹汹而来，暗笑道："好小子，陈友谅的六十万舟师我尚且破了，还奈何不了你这几艘赤龙船？"他命都督王铭率百艘快舟藏在河湾高高的芦苇丛里，只待赤龙船驶近，一声号令，快舟满载各式火具直扑赤龙船。快舟上的硫磺焦油喷在船身上，士卒们投掷的火把、火弹、火箭立刻让几十艘赤龙船燃起熊熊大火。船上的东吴兵被烧得扑通扑通往水里跳，立刻成了快舟上弓箭手和勾矛手放肆屠戮的靶子。顷刻间一条十数丈宽的河湾中浮满了东吴军的尸首，河水也染成了红色。

张士信在后面见前面喊杀声四起，他的赤龙船队变成了一条绵延数里的火龙，知道大事不好，吓得他酒也醒了，连忙调转船头往太湖方向逃命。谁知他坐的大舰又笨又长，好不容易才在不太宽的内河中调过头来，收拾烧剩的十几艘赤龙船，急急如丧家之犬逃往太湖，直驶到宽阔的湖面才松了一口气。

吕珍等在旧馆的营寨中听到的全是坏消息：潘元绍粮车被烧；徐志坚全军覆没，被朱军擒获；丞相亲自出马也吃了败仗，夹着尾巴逃走了。自己的粮道被截断，军营里只剩下最后两天的粮食，吕珍根据自己与朱元璋军队的几次较量，当时朱元璋羽翼未丰彼此间互有胜负，现在情势完全不同了，朱军已占有压倒性的优势，自己所统六万兵马，已落入常遇春的包围之中，眼看粮饷难继，军心动摇，别说去救援湖州，只怕难以自保！他仔细研究过朱元璋的讨吴檄文，自己若率部归降，即使不奢求爵赏吧，起码身家性命是能保住的。这几天他用言语试探，朱暹也有降意，只是碍着五太子。实际上张士诚派五太子同来就有监督他们的意思。五太子是个愣头青，若跟他提起一个"降"字就会炸起来，说不定对你拔刀相向。这几天五太子老嚷着窝在营里闷得慌，要出去寻敌人决战，他对吕珍、朱暹道："你们都怕常遇春，难道他有三头六臂不成？老子偏要去单挑他，决杀一场，死了也无怨！"吕珍心中暗想：这个愣头青只有让他吃点苦头才好说话，于是同意他带本部舟师出战。五太子的舟师驻在江口，他为了显示自己的骁勇，居然在深秋十月里让士兵们个个打着赤膊，在船头上擂起战鼓，大声叫骂着："常遇春有种的出来！"五太子身先士卒，率领船队向常遇春的水军营寨冲去。常遇春也是火爆脾气，他身为主帅完全可派他将应战，但他一见那五短身材的五太子如此猖狂，肺都给气炸了，亲自率领舟师迎了上去。两军相接，顿时河面上箭似飞蝗，刀光飞舞，喊声震天。双方的船只一靠近，士兵们就纵身跃上对方船头，展开肉搏。如此胶着地战了一阵，双方死伤相当，都没占着什么便宜。

这时，忽见一支船队从上游疾驶而至，船上的火器"嗖嗖嗖"往五太子船队射来。顷刻间即有十几条船着了火，那些浑身赤膊的士兵被迫往快要结冰的冰冷河水里跳。常遇春乘势反击，追着五太子的船厮杀。眼看自己的船只烧的烧，沉的沉，手下的士兵只顾泅水逃命，五太子只得命令身边两只船上的划手集中到自己船上来，几十把桨拼命划动，侥幸冲出包围圈，落荒而逃。

五太子极为狼狈地回到旧馆，吕珍故意唉声叹气地说："五殿下逞一己之勇，如此损兵折将，我等在吴王面前怎样交代呢？"其实，吕珍和朱暹已经派人去常遇春营中请降获准，他偏要逼五太子一起行动。他俩还做好了准备，五太子若不肯服从就一刀把他宰了，取他首级献给常遇春，以示自己与张士诚决断的诚意。谁知五太子年轻气盛，吃了败仗羞愧难当，他涨红了脸结结巴巴地站起来说："我我我……愧对父王了！"抽出腰间佩刀就抹脖子。朱暹在旁一把抱住他的手臂，死死将刀夺下，劝慰道："五殿下何必轻生？其实战局如此，我们也没法去见吴王了。如今之计，我们只有放弃抵抗，以六万兵马转投朱军，方可免遭屠戮。你意下如何？"

五太子刚吃了败仗，又已是光杆司令一个，已没有本钱反抗他俩的决定，只得诺诺连声地答应跟随一起投降。第二天，旧馆东吴军五座营寨升起了白旗，寨门开处，吕珍、朱暹和五太子手捧军丁名册和东吴印信旗帜，献降于常遇春营前。

徐达、常遇春将此好消息驰报应天，朱元璋立差使者传来一书："吴王亲笔。差内使朱明前往军中，说与大将军左相国徐达、副将军平章常遇春知会。十一月初四日，捷音至京城，知军中获寇军及首目人等六万余众。然而俘获甚重，难囚禁也。叫将俘兵精锐勇猛者，留一两万，其余不堪任用之辈，就军中暗地去除了当，不必解来。但其大头目必须如数解至京城。"

徐达得到指令，即与常遇春商议。他认为对东吴用兵则刚开始，坑降卒之事一旦传出去，东吴将士必作殊死抵抗，宁死不降，大大增加克敌的阻力，但拖着六万饿得半死的降兵也是个极大的负担。于是，他令手下副将去降卒营中，将那些身体壮硕饿了三天还能站起来的青壮兵丁挑了近二万人入伍，其余老弱伤病之辈每人割去一只左耳遣散回家，并告诫他们只许沿途乞讨，不许聚众抢劫，更不许重投敌营，以后发现缺耳的俘虏一律斩无赦。东吴军兵丁多为江浙人，即使沿途乞讨，少则数日，多则十来天即可回家。徐达此举一下子挽救了几万人的生命，是他一桩大大的功德。

旧馆守军投降后，徐达一面紧缩对湖州的包围圈，复又命廖文忠、薛显攻占湖州以南八十里的重镇德清，歼敌千余，俘获兵将三百余名。德清是通往杭州的要道，至此，湖州守军指望杭州方向潘原明来援救的希望完全破灭了，成了陷入朱军重围的一座孤城。

徐达下达了总攻击令。清晨，他命将数十座襄阳大炮推至湖州城下，黑魆魆的炮口对准城内。二十万大军密布城下，云梯、榴木等攻城器具严阵以待。此时李伯升、张天骐等守将均登上城墙密切注视着朱军的动向，困守十数日之后，各路援军均遭败绩，他们也不指望有人来救援了。李伯升和张天骐均是东吴的高官重臣，了解朝廷和张氏兄弟的腐败内情，他们在城墙上一眼望去，那黑压压的攻城军队早让他们吓飞了魂。这时只见徐达、常遇春在诸将簇拥下来到阵前，接着又见吕珍、朱暹和五太子手执白旗前来参见徐达，徐达亲自将他们扶起，抚慰有加。因为距离甚远，听不见他们说些什么，但明眼人看得出这是做给城头上的人看的。要不，吕珍等投降已有数日了，为什么还要到城下来表演这一幕呢？

突然间一声炮响，朱军阵前闪出一队擎着鬼头刀的士兵，他们押解着用绳索拴在一起的百余名被俘的东吴兵将，喝令他们对着护城河跪下。然后只见徐达点点头，一名副将走出阵前，用土制的纸喇叭筒对着城墙上高喊："城上的东吴将士听着：东征大将军左相国徐达、副将军平章常遇春奉吴王敕令，晓谕你等知之。东吴将领吕珍、朱暹、王晟等临阵弃暗投明，率部归降。吴王敕令各赐爵赏，其士兵强壮者留部效力，羸弱者遣资回家，而负隅顽抗敢于阻击我军者，院判张虬等人即于阵前斩首，以儆效尤！"

只见徐达身边的副将令旗一挥，数万大军齐声呐喊起来："负隅顽抗者斩！斩！斩！"喊声未落，擎着鬼头刀的士兵举起大刀，向跪在地上的俘虏头颅砍去。一时血光迸溅，一颗颗人头滚落护城河里，令人触目惊心！

城墙上的李伯升等见此情景，早已吓得面色发白，不知如何是好。双方对峙这么久，他们既没有斥骂对方，也没有命守城士兵射箭放炮，果然心中已经有几分动摇了。

这时，忽见朱军阵后炮兵阵地火光迸现，随着一阵巨响，数十门襄阳大炮朝城中发射了一阵。李伯升回头看时，城内数处起火。他与张天骐互相对视一眼，似乎在探询对方：怎么办？可是两个人谁也没敢说出"战"或"降"字。

朱军阵地上常遇春早已等得不耐烦了，他夺过副将手中的话筒冲城墙上高喊起来："李伯升、张天骐听着，你们要么出城来和我们决战，要么举起白旗投降，娘儿们似的磨蹭什么？一定要我们打进城来，玉石皆焚，则悔之晚也！"

接着他又命令开了一阵排炮，以示威慑。

城墙上，张天骐看着城中着弹处起的硝烟，回过头来无可奈何地嗫嚅地说道："伯升，我们粮尽援绝，打也打不过人家，为了避免全城军民惨遭屠戮，还是……还是降了吧！"

李伯升长叹一口气道："唉！情势如此，我也知之，只是吴王待我甚厚，我不忍背叛他啊！"说罢，他"霍"地抽出腰间宝剑就要自刎。左右连忙把他抱住，劝慰道："平章之言有理，我们久困孤城，粮尽援绝，为黎民计，也只有投降一条路可走了，司徒就顺从众意吧！"

李伯升无可奈何，只得在城头上竖起了白旗，与张天骐二人捧着官印信，率全城官员士卒三万余人出城投降。

徐达以胜利者的姿态进驻湖州，旋即以吴王名义出榜安民。同时，遣使将捷报飞传应天，将李伯升等十余名降将送回京都。诸事已定，朱元璋任命华高为浙江省平章政事，率兵二万驻守湖州。徐达、常遇春大军乘战胜之余威，浩浩荡荡杀向东吴的最后一个据点平江城。

在湖州被围时，张士诚原来设计的三角防御链为何未能奏效？驻守杭州的潘原明为何未派援军来？原来朱元璋和刘伯温早已料及张士诚的这步棋，在围攻湖州的同时，命李文忠率朱亮祖以十万大军进攻杭州，牵制潘原明使其无暇顾及湖州。朱亮祖相继攻克桐庐、新城、富阳，当地守将大都是惧西吴势大，望风而降。朱亮祖随即与李文忠合军包围余杭，余杭是杭州北部屏障，攻占余杭即截断了杭州与湖州、平江的联系通道。

余杭守将恰是谢再兴的两个兄弟谢三和谢五。他们俩曾是李文忠的手下败将，又见张士诚政权风雨飘摇危在旦夕，有心献城投降，但总是顾虑乃兄谢再兴反叛之事，恐遭朱元璋杀害。他们遣人致书李文忠营前，大意是：我等若以城降，可否抵反叛之罪，保全身家性命？李文忠随即复信称："吾乃总兵官，若你等以城降，并不再叛，必不加害。"

可是，余杭降后，李文忠将谢三谢五解至京城，朱元璋却以反叛罪将二人凌迟处死。李文忠闻讯后仰天长叹道："如此诛杀降将，使我失信于天下，舅王做得太过了！"

余杭失守，杭州城内一片惊慌，其时，坏消息从四面八方传来：先是张士信皂林惨败，夹着尾巴逃回平江；接着是吕珍等在旧馆未曾接战即率部投降；随后湖州孤城被围，李伯升、张天骐被迫签城下之盟。潘原明这时不能不考虑自己的出路了，他日夜与其密切的僚属躲在密室里，名为谋划守城方略，实际上是在争论献城投降与弃城逃窜两条路孰优孰劣。争论了两天两夜之后，潘原明做出了一个出人意料的决定。

李文忠还在余杭休整，与诸将商讨攻打杭州的战略部署，忽报东吴平章潘原明差遣一名员外郎前来递降书。

李文忠即登堂接见那位员外郎，劈头就说："我的兵马还未至杭州，与平章尚无一兵一卒的接触，他此时即言请降，是不是太早了啊！抑或另有所谋？"

那员外郎却不慌不忙地说："平章所虑乃杭州百万生灵及古城文物景胜，恐其毁于一旦，故名声毁誉皆所不惜，望将军谅察。"

李文忠留那员外郎在军营住了一夜，设酒款待。当夜向他交待了纳降的诸多细节，命他返杭州后，传达与潘原明遵照执行。

余杭离杭州城仅二十余里，为了防止变故，李文忠先遣诸将分三路进军，完成对杭州的包围圈，然后自领中军仍以战斗行列直抵杭州城外。

此时，果然潘原明及同金李胜等官员数十人捧东吴所授行省、枢密院及道府印信、钱粮、簿册等伏道旁迎接。另外令潘原明得意的是：他将当年袭杀朱元璋爱将胡大海之元凶蒋英、刘震绑之献出，作为取悦受降者的额外礼物。不过令人啼笑皆非的是，潘原明还组织了一帮女乐相迎，其中甚至还夹杂着许多打扮妖娆的妓女，以此来取悦李文忠。

李文忠当即斥退了女乐，并以吴王的名义宣布了纪律："擅入民居者斩，索取商家一丝一缕者斩！"然后整军入城，秋毫无犯。侥幸得免战祸，杭州百万居民皆额手相庆。

李文忠兵不血刃占领了杭州，获降兵二万，粮草二十余万石，他将杭州降将潘原明等解往应天，并奉吴王之命在军中设立胡大海的灵位，将杀害他的凶手蒋英、刘震斩之，挖取其心脏祭奠亡灵。

瓜步沉舟，皇帝韩林儿一命呜呼

皇宫建好了，朱元璋命廖永忠去滁州迎接皇帝韩林儿回京城。韩林儿听到船底有沉闷的凿击声。龙舟一个侧滚翻，把韩林儿和他的后妃扣在江底。徐达杀入吴宫，发现张士诚已悬梁自尽。

前方捷报频传，浙西张士诚所辖各州县，几乎全部易手，只剩下平江一座孤城，被徐达、常遇春二十万大军围得铁桶一般。各地的降官降将不断地解到京城来（现在大家已不避讳把应天府称作京城或京都了），朱元璋心里非常舒畅。

时值至正二十年岁末。这一年江南的冬天特别冷，一连下了好几场大雪，吴王宫殿檐下的悬冰结了一尺多长，朱元璋体恤前方将士，数度写书信给徐达，要他暂时停止对东吴的军事行动，做好围城大军的防寒防冻，不能让一个士兵冻馁致死。同时严防张士诚突破重围与盘踞温州的方国珍会合，若纵虎归山，就功亏一篑了。

一日，朱元璋穿着裘皮袍服与刘伯温一同视察正在建筑的新宫。工程进度异常迅速，三大殿及后宫诸苑均已巍峨耸立，只待装点金饰铺陈御道等。二人巡视一周，刘伯温赞叹道："如此壮丽的宫殿，惟有德者可以居之。"

朱元璋知他话中有话，故意不露声色地答道："大宋皇帝现在滁州，吾将遣将将其迎归。"

"若如此，主公也该允臣告老归田了。"

朱元璋知道刘伯温说这话的意思。当初他遥奉韩林儿为帝，在中书省设御座令诸臣参拜，刘伯温每每借故回避，并公开扬言："韩林儿无能竖子，为什么要奉他？"后来，张士诚派吕珍围韩林儿所在的安丰，朱元璋亲往驰救，刘伯温坚决反对，认为把这傀儡皇帝救回来只能是一个累赘。这不，朱元璋即吴王位已两年了，所有文告上仍是重床叠屋的"皇帝圣旨，吴王令旨"，年号也还是令人尴尬的"大宋龙凤十二年"。

朱元璋回到吴王宫，立即遣使去姑苏前线，将水师提督廖永忠召回，令他去滁州将皇帝韩林儿迎回京城。

此举令满朝文武深感意外。朱元璋果然如此大度，又让那位对建国无寸功可叙的傀儡皇帝入主新宫吗？

廖永忠准备了一艘龙舟，自率舟师溯滁河而上，不数日到达滁州。他立即觐见了大宋

"皇帝"韩林儿，传达吴王之意：应天城新宫即将落成，吴王特命微臣恭迎圣驾进京。

韩林儿之父韩山童是白莲教的后人，元末大饥荒中他继承祖业，烧香惑众。颍州人刘福通等散布谣言说韩山童是宋徽宗八世孙，奉他为主，纠集香民数万，以红巾为号起兵反元。后韩山童为地方官捕杀，但红巾军却声势越来越壮大，朱元璋参加的郭子兴部即是其中一支。韩山童死后，刘福通等又找到逃入山中的韩林儿母子，将他们迎至亳州，奉韩林儿为大宋皇帝，其母杨氏为皇太后，堂而皇之地建立起一个小朝廷。可是好景不长，不久又被元朝军队驱赶到安丰。朱元璋初起时为了名正言顺地与诸雄争斗，承认了韩林儿这个傀儡皇帝，一直沿用他的国号及龙凤纪年，并在吕珍围安丰时亲自率兵将他救出，安置于距应天不远的滁州。

韩林儿对朱元璋建好新宫迎接他去那里登龙位将信将疑。天下哪有这样的好事啊，自己打下了江山让别人来做皇帝？不过他这个"皇帝"从来就是别人手中的棋子，他无法抗拒朱元璋的命令，连忙和皇太后杨氏及妃嫔们收拾细软准备上路。廖永忠给足了他面子，命滁州地方官吏煞有介事地排着队到码头上来跪送圣驾。滁州府除贡献了一批金银珠宝和珍馐美味外，还送了一班能歌善舞的女乐为皇上旅途解闷。

龙舟解缆启航，廖永忠的一队舟师前后保护，顺滁河而下。顺风顺水，第二天夜里即到达六合县的瓜步渡。这里是滁河汇入长江的出口，江面特别宽阔。是夜风狂雨急，但体积庞大的龙舟在江上行驶得很平稳。韩林儿命那班女乐献歌起舞解闷，在船舱里摆上酒肴瓜果请辛勤护驾的廖永忠将军一起来欣赏。

就在丝弦歌舞的热闹声中，韩林儿似乎听到船底有沉闷的"梆、梆"之声。因有廖永忠在座，他不便骤然令女乐停下来，只好自己侧耳细听，那声音竟越来越重，越来越密。

"停！停！快给朕停下！"他终于忍不住喊起来，"廖将军，你听见了吗？这是什么声音？"

"也许是这里河道过浅，船底碰着石头的声音吧！"廖永忠不动声色地说，"我出去看看。"

说着，廖永忠放下酒杯，走出了官舱，来到船头的甲板上。

这时，船底的敲击声停止了，但接踵而来的是"哗"的一声大量江水涌进底舱的声音。

这时廖永忠手挽弓箭，瞪眼注视着江面。一会儿，两个黑影"噜噜噜"吐着水泡从船尾处冒出江面，廖永忠"嗖嗖"两箭射去，只见那两个黑影惨叫着横尸江面了。

那两个屈死鬼冒着严寒潜入江中，在龙舟的中后部要害处凿开一个大洞，让江水涌进底舱。龙舟立即倒竖立起，接着一个侧翻，把韩林儿和他的皇太后、妃嫔连同那一帮女乐统统倒扣在灌满水的船舱内。过了好一阵，黑魆魆的江面上陆续浮起一些溺毙者的衣服、胡琴、板鼓等物。

廖永忠在龙舟即将沉没之际，站在船头上唿哨一声，黑暗中一艘快舟驶近，他纵身一跃，稳稳地落在船头上，然后与舟师会齐，从对岸的龙江港登岸，赶往京城。

朱元璋惊闻韩林儿遭遇风雨不幸沉舟的噩耗，匆匆地向群臣宣布废用龙凤纪年，以即将到来的春节为吴元年之始，而对"护驾不周"的廖永忠加以申斥，仍派至姑苏前线戴罪立功。

徐达奉朱元璋之命率二十万大军在姑苏城外围困张士诚，一直到来年春天，方开始军事行动，派华云龙率本部人马取嘉兴，俞通海攻太仓，两城守将皆不战而降，地处杭州西南的重镇绍兴也为李文忠平定，至此，张士诚的地盘只剩下平江和无锡二城。整个冬天，他一方面加强姑苏城的守备，另一方面四处联络争取外援。

张士诚在势单力孤时曾向元朝廷称臣纳贡，每年进献贡米二十万石。后来羽翼丰满了不但不纳贡了，还侵占了元朝管辖的许多城邑，杀了它的丞相和参政，现在形势危急，又只得厚着脸皮致信元朝新任相国河南王扩廓帖木儿，许以恢复纳贡献金，求他发兵南下攻应天，采取"围魏救赵"之策以解平江之围。谁知扩廓这会儿正忙着对付割据关中的李思齐和张良弼，自顾不暇，哪有时间来搭救张士诚这反复无常的小人？对他的求救信未予理睬。

张士诚又写了一封信给盘踞温州的方国珍，跟他讲唇亡齿寒的道理：朱元璋如灭了东吴，下一个打击目标肯定是你，不如我们现在联手以求自保。

方国珍是何等狡猾之人，他深知以自己的势力，绝不是朱元璋的对手，你张九四还想拉我陪葬吗？没门！于是，他派亲信带了张士诚的信，押运两万两黄金去应天府向朱元璋进贡。

张士诚和方国珍都是私盐贩子出身，尔虞我诈是他们的看家本领。这一次，作为老幺的方国珍把老大张士诚给涮了！

外援无望，将帅无能，张士诚把丞相张士信叫来狠狠地骂了一顿，勒令他摒弃一切男女享乐，兄弟俩重新拿出起事之初的劲头来，与朱元璋决一死战。为了给守城将士鼓劲，他把宫中积蓄的大量金银锦缎美酒，拿出去犒劳将士，果然一时士气大振，徐达在虎丘等处的几次进攻都给打了回去。

扫清外围郡县后，徐达下令对姑苏城发起总攻。他令常遇春攻虎丘，自攻葑门，郭兴攻娄门，华云龙攻胥门，汤和攻阊门，王弼攻盘门，张温攻西门，康茂才攻北门。另以耿炳文驻军城东北，仇成驻军城西南，何文辉驻城西北，防止城破时敌军外逃。他在城外阵地上架起十丈高的木塔，把城中守军动向观察得清清楚楚，又以沙包筑土台，将数十门襄阳大炮架设在台上向城内轰击。那时的大炮填塞铁砂霰弹，虽不能炸垮坚固的城墙，但亦能杀伤人员，使木质的建筑起火燃烧。

一日，张士信亲自去巡城。虽经乃兄教训，他仍脱不了往日的派头，带了参政谢节等一批随从，在城楼上摆设瓜果酒肴，还命两个士兵抬了他的银椅来，坐得舒舒服服地听取守城将领的汇报。为防城外敌阵木塔上的哨兵偷窥，他命人在城墙上张起幕布遮挡敌人的视线。谁知这样倒引起了攻城部队的怀疑，他们把襄阳大炮对准城楼，"轰隆"一声巨响，把正在吃桃子的张士信头颅炸得粉碎！

姑苏城被围半年之后，城中存粮储备再多也渐渐吃空了。官库中的储粮只能供守城军队食用，张士诚还以备战为名征用了一些大户的存粮。至于普通百姓，粮尽之后只能杀各种家禽、家畜，吃完猪狗牛羊，连猫儿也杀来充饥。最后，连地洞里的老鼠也难逃厄运，市面上的老鼠居然卖到一百文钱一只。

徐达从逃跑出来的降卒那里得知这些情况，知张士诚已陷入窘境，就把降将李伯升找来，叫他去城中说服张士诚投降。李伯升也是个滑头，他恐张士诚一旦翻脸，自己白白送了性命，于是派一个能言善辩的亲信前去说服张士诚。

这个人也是曾在东吴做过官的，他见到张士诚就说："殿下东据三吴，带甲数十万，有地千里，如不忘高邮之危，苦心劳志，收召豪杰，度其才能，任以职事。抚人民，御将帅，有功者赏，败军者戮，使号令严明，百姓归心，不但三吴可保，取天下亦不在话下。"

"这些话你为什么不早说？"张士诚沉着脸说道。

"我那时即使说了，殿下听得到吗？殿下的子弟亲戚罗列中外，锦衣玉食，歌妓舞女，日夕酣饮。提兵者自比韩信白起，谋划者自喻为萧何曹参，傲视天下不复有人。殿下深居内宫，败军不问，失地不究，而致有今日！"

张士诚深深地叹息道："唉，现在悔亦无及了！今后该怎么办呢？"

"我有一策，恐殿下不能从。"来客故意卖关子。

张士诚说："你且讲来听听，充其量不过一死罢了。"

"陈友谅地跨荆楚，兵甲百万，鄱阳湖一战终于兵败身死。殿下所恃者，湖州、嘉兴、杭州三城。现三城皆失，独守姑苏尺寸之地，若变从中起，那时虽求死也不可得。莫着顺应天意，遣使金陵，传达殿下之意：为拯救姑苏百万军民计，愿以城降。这样殿下尚不失为万户侯，朱元璋不是应允效法窦融、钱俶故事吗？若论殿下所辖之地，本来就不属你，就当它们是博局中赢来的，失去又有何损于你呢？"

张士诚沉默良久，说："足下不必说了，让我再仔细想想。"

他考虑了许多。陈理投降朱元璋封了归德侯。他不过一小孩子，他可以降；设若陈友谅未死，他肯降吗？我们三个人同样起兵为王，一时叱咤风云。陈友谅慷慨战死，我却爬在金陵的殿阶上向朱和尚屈膝称臣，身为七尺男儿哪能受此奇耻大辱！果真那样，陈友谅在地下也会嘲笑我的。

于是，他下定了与城共存亡的决心。

后来，有臣僚建议："困守孤城是死，不如趁夜向其兵力薄弱处突围出城，逃往海上，或可一生。"

张士诚采纳了这个建议，于是连夜收拾古玩细软，把宫中最值钱的东西能带走的都带走。他命徐义、潘元绍率领主力出西门，在夜色掩护下向张温部发起偷袭。张温围城已久，有些懈怠，东吴兵突然杀到，他猝不及防，乱了阵脚。张士诚趁张温兵败在精锐卫队保护下出城突围。

常遇春见西门战事突起，猜测肯定是张士诚孤注一掷地想由此突围出逃。于是调集兵力据守北壕一线，阻其出路。面临生死关头，张士诚豢养在身边的勇胜军"十条龙"奋勇搏杀，锐不可当。"十条龙"皆着银盔银甲，舞大刀，个个凶狠善斗，只见阵上一片白光飞舞，杀得西吴军人仰马翻。眼看张士诚就要逃脱，常遇春调来骁将王弼，拍着他的背说："军中皆称你是无敌健将，能为我败此敌吗？"王弼是有名的"双刀王"，他应声道：

"能！"说罢催动坐骑，挥舞双刀冲入敌阵，直取"十条龙"，顷刻间被他砍翻了几条，常遇春乘势发兵掩杀过去。毕竟西吴军势大，张士诚在部将掩护下节节败退，不巧他身后是个沙盆潭，人马陷在沙中动弹不得，被西吴军赶入潭中溺死不少，"十条龙"也死了九条。张士诚坐骑受惊吓坠入水中，他侥幸被将士救起，右腿脱臼，不能动弹，被将士们用肩舆抬着逃回城中。

朱元璋见姑苏久围不下，有些着急，按说他把徐达、常遇春等最精锐的师旅都投进去了，不应拿不下一座孤城，于是他派军师刘伯温去徐达军中。徐达领着刘伯温绕城视察一周，见各路兵马把个姑苏城围得铁桶一般。刘伯温心中豁然开朗，回到军营，他指着姑苏城地图说："诸位将军请看：姑苏之城墙，其外形肖似一只龟，开城门六处，即象征龟之头尾四足。这是筑城者采用阴阳家的设计，使其坚固难摧。若六处同时攻它，必然如乌龟紧缩壳中，使你无可奈何。当撤去合围的一面，然后急攻龟尾，其首必出。狠击其首，城立可破。"

徐达对刘伯温是很尊重的，尽管他对阴阳家之说将信将疑。他令各部撤围，退兵数里驻扎，独令常遇春强攻阊门。一阵猛烈炮击之后，阊门城楼火起，常遇春挥师杀过护城河，云梯、勾挠等蜂拥至城下，其势不可当。其时守城的东吴兵被炮火压得抬不起头，死伤枕藉。守城将领见大势已去，慌忙挂起白旗，开城投降以求自保。常遇春乘势指挥数万兵马杀入城中。这时城中守军已乱了套，战的战，降的降，没有了统一指挥。

张士诚得知城破，慌忙聚集了两万余名护卫亲兵，于宫门外筑起一道栅栏拒敌。这时徐达亦从葑门攻入，与张士诚部激战于万寿寺东街。眼看着东吴兵死的死、逃的逃，张士诚在几名亲兵的保护下，悄然离开战场，跑回宫中的一间屋子，把自己反锁在里面。

徐达率部攻入吴宫，带着东吴降将赵世雄在宫中四处搜寻张士诚。待杀尽守护的亲兵，发现张士诚已经悬梁自尽。赵世雄将其解下，因他上吊不久，居然还有一口气。

这时，吴宫中忽见烈焰冲天。原来是张士诚的王夫人刘氏闻知城破，在她居住的齐云楼下架满薪材，然后将张士诚后宫所有妃、妾、侍女全部赶上楼，令她的养子辰保纵火焚烧。一时间火势冲天，那班莺莺燕燕、国色天香尽皆挣扎于火海中，哭喊声惊天动地。刘氏及辰保随即于楼前自缢身死。

齐云楼大火烧了两天两夜，火熄后负责搜索吴宫的冯国胜命军士在灰烬中扒寻，竟搜得宝石半斛，黄金十余斤，净是嫔妃们头上的首饰所焚化的！

张士诚余部顽抗的均被消灭，大部分闻知张士诚身死即弃戈投降。至此，连同湖州、杭州、嘉兴等地官府及降兵降将共二十余万人，还俘获元宗室神保大王、黑汉等，一一解往应天。徐达领兵入城时严令将士道："掠民财者死，毁民居者死，离营二十里者死！"还以部分军粮救济城内已数月未沾粟米的百姓，因此迅速让心怀恐惧与敌意的东吴百姓安定下来。

张士诚自缢被救下后，士兵们用门板将他抬出葑门，送到舟师船上。徐达叫东吴降将李伯升及张士诚的女婿潘元绍去劝解他，他始终闭目不做声。解至金陵途中，潘元绍喂他稀饭也不肯吃。

到了应天，朱元璋有意羞辱张士诚，登正殿令其报门而进，此时张士诚已饿得奄奄一息，把他抬到朱元璋面前，他仍然双目紧闭，不发一言，弄得朱元璋很尴尬。面对一个无声抗议的囚徒，战胜者的威风也无从施展，只得厌恶地挥手让人把他抬走。

就在那天夜里，张士诚乘看守人没防备，用裤腰带自缢而死。这位叱咤风云的一代枭雄就这样终结了自己的一生。

大军凯旋，右丞相李善长大摆庆功宴，犒劳诸将。第二天，徐达、常遇春等入宫拜谢吴王。朱元璋问他们有没有参加庆功宴？他们说参加了，在酒席上大家高兴得很，遗憾的是未曾与主公同饮一杯。朱元璋道："我何尝不想和大家欢宴一天？但中原尚未平定，还不是宴乐的时候。大家都要记取张士诚的教训，他偏安一隅，不能居安思危，经常与将帅们饮宴、酣歌、玩乐，耽于淫逸，方有今日之败，我们要引以为戒！"

东吴的将领率部归降的有李伯升、张天骐、潘原明、吕珍、朱暹、潘元绍、李胜等数十人，东吴降卒二十余万大部编入朱元璋的军队。这是一支可以利用却又令人担心的力量。朱元璋特地召集所有降将，对他们讲话告诫说："你等均是张士诚的旧部，为将领兵计穷势屈，不得已降我。我厚待你们，仍令你们作将校。但我要给你们讲清楚，我所用诸将，多是濠、泗、汝、颍、寿春、定远诸州的人，他们勤苦俭约，不知奢侈。不比江浙地方富庶，容易耽于逸乐。你们其实也非富贵人家出身，只是一旦为将拥兵，就胡乱取人子女玉帛，干一些坏事。如今你们既然归附于我，就该革除旧习，像我的濠、泗诸将那样，才能保住爵位。人人皆想富贵，取富贵不难，想要长保富贵却是难事。你们如能尽心效力，和大军一起除暴平乱，早日统一天下，不仅你们自己得享富贵，子孙也可享福。若只逞一时之兴，不顾长远，虽保暂时的快乐，却难保日后之败。这是你等亲眼所见之事，不可不引以为戒！"

诸降将自然唯唯接受他的教诲。对于这些降将，朱元璋在使用的同时存有戒心。李伯升、潘原明等均任原职，但后来二人虽均食禄七百五十石，却是个"不治事"的闲官。张士诚降将中唯一受到朱元璋信任的是淮安守将梅思祖。他降朱元璋后，张士诚把他的兄弟全杀了。他跟随徐达大军伐吴，后又北伐中原，累立奇功，洪武三年被封为汝南侯。朱元璋渡江后归附的降将封侯者仅他一人。后来朱元璋还把宁国公主下嫁他的从子梅殷，对其倍加宠信，甚至成了他临终托孤之臣。

方国珍屈膝求降，陈友定慷慨赴死

方国珍在藏身的峭岩上想了一夜，终于决定请降。陈友定将朱元璋的谕降书撕个粉碎，喝令将使者拉出去斩首。"有敢于不以死拒敌者，凌迟处死！"明军冲入城中，直赴省衙，见陈友定直挺挺躺在地上。

至正二十六年九月，徐达、常遇春攻陷平江城，与朱元璋搏杀争斗了十来年的张士诚兵败被擒，悬梁自尽。这是继灭陈友谅的大汉国之后又一伟大的胜利。自此，朱元璋雄踞长江流域乃至淮北地区大片最肥沃的疆土，只待与四分五裂奄奄一息的元朝廷作最后的决战了。

朱元璋下令将平江改名苏州府，置官卫守之，又遣使将张士诚羁縻多年的元宗室神保大王等人送还大都，还给元朝的最后一位君主顺帝写了一封信。大意是：由于你的失德，导致天下大乱，群雄崛起，民不聊生。天下须有德者居之，我已收拾江南，旌旗到处，所向披靡。不日将挥师北上，与陛下共饮于燕山之下，你我相会有期也！

朱元璋一直是把元朝廷视为统治中国的中央政府而给予尊重的。虽然他拒绝了元朝廷对他的招安，还把其使者尚书张昶扣留，为己所用，但是每逢俘获元朝的皇室人员和官吏，他总是待之以礼，或将其遣送出境；对于战死的元将，如总管靳义、御史大夫福寿等均以礼安葬。相反，对陈友谅和张士诚辈的降将们就没有这么客气，一言不合或者看不顺眼就一刀杀了。这就是他对待贵族与草寇的不同态度。

其时，元朝廷正被内部的争权夺利、你砍我杀弄得焦头烂额，对朱元璋这封颇具挑衅意味的来信无暇置顾，任他讽刺揶揄也好，恐吓威胁也罢，连回信都没写一封就打发使者回去了。

朱元璋在下一个战役之前对伐汉平吴有功之臣进行了大封赏，封李善长为宣国公，徐达为信国公，常遇春为鄂国公，其他将领各有晋爵，皆大欢喜。

朱元璋下一个征讨的对象就是那个反复无常的方国珍！

方国珍是浙江黄岩人，世以浮海贩卖私盐为业。至正八年，朱元璋还在皇觉寺当和尚的时候，他就与兄弟国璋、国瑛、国珉等啸聚海上，打劫来往商船，与元朝地方政府为敌。因此他常自诩为诸雄中起事最早的老资格，但此人性格极为矛盾，外表孤傲自大，而骨子里却又异常怯懦和优柔寡断。他据有庆元（今宁波）、台州、温州三州，对元朝的战事胜多负少，但他沉迷官位，累累接受朝廷的招安，最后因每年用海舟将张士诚进贡朝廷的粟米二十万石运至大都，被元朝廷封为江浙行省左丞相、衢国公。

方国珍的行径俨如一个海盗，只知敛财，不思进取。他盘踞浙东南沿海近二十年，财富敛集了不少，兵力仍然以舟师为主，马步兵仅万余人。军事力量薄弱，而又三面与强敌张士诚、朱元璋、陈友定接境，使他不得不像个变色龙一样，虚与委蛇地跟诸强周旋。

朱元璋攻取婺州（今金华），与温、台是咫尺之隔。方国珍感到恐慌了，连忙向朱元璋称臣纳贡，并派其次子方关为人质，表示愿献温、台、庆元三州。朱元璋任命他为福建行省平章，他怕因此得罪陈友定，拒不接受任命。朱元璋谴责他"名献三郡，实阴持两端"，他害怕了，连忙又献上金宝饰鞍马来讨好谢罪。

朱元璋攻下杭州后，得知方国珍又在与扩廓帖木儿和陈友定勾结，希望得到他们的庇护和增援，朱元璋勃然大怒，差人致书方国珍，痛责他背信弃义、反复无常等十二宗罪，命他立即献纳军粮二十万石。方国珍集合僚属们商议对策，有人劝他不要言而无信，反复无常，徒惹杀身之祸。这时，方国珍性格中投机取巧和优柔寡断的一面又占了上风。他一方面仍然妄想扩廓帖木儿和陈友定不愿看到浙东三郡落于朱元璋之手，终会派兵来援救他；另一方面见朱元璋来信措词严厉，知道即使归降也难免为其加害。因此，他一门心思加紧打造战船巨舰，日夜赶运珍宝财富到海岛上秘密贮藏，准备一旦朱元璋发兵来攻，战若不利则泛海远遁，或由海上南窜福州，求陈友定庇护。

朱元璋平定东吴后，浙江全省只剩下方国珍盘踞的庆元、温、台三州了。卧榻之侧，岂容他人酣睡？何况又是方国珍这个孱弱而又狡猾、累降累叛的小人！于是命大将汤和为征南将军，吴祯为副将军，率师讨伐方国珍，进攻庆元。另一路由朱亮祖率本部人马进攻台州。

没过多久，朱亮祖率先攻占台州，继而势如破竹地由方国珍的老家黄岩进兵温州。驻守温州的是方国珍的儿子方明善，一经接战即仓皇败走，退入城中，随后乘黑夜携带家眷弃城而逃。朱亮祖开始攻城，城上随即出现了白旗，守城副将未作抵抗就率部开城门投降了。

台州、温州既得，汤和率大军渡过曹娥江，连克上虞、余姚诸镇，直逼方国珍的老巢庆元。兵至庆元城下，汤和摆开架势攻城，谁知方国珍的守城部队一点也不经打，攻城的大炮一响，就有一个城门上的守将开城投降。汤和率军攻入城中，只见方国珍的府衙中一片狼藉，他早带着他的家眷部属，在千余艘战船的掩护下，逃往茫茫大海之中。

浙东外海岛屿星罗棋布，仅庆元附近即有舟山群岛、嵊泗列岛及磨盘洋诸岛。方国珍盘踞这些岛屿终是个祸害，他可以随时侵扰沿海城镇，伺机反扑，也可以南下与福州的陈友定联合抗击明军。汤和早有准备，派出舟师到海上巡逻，又向每天出海捕鱼的渔民打听海上诸岛有什么动静。同时，朱元璋又派遣擅长水战的廖永忠率领强大舟师由杭州湾出海，会同追剿方国珍。

海域虽然辽阔，然而方国珍的千余艘战船毕竟不是个小目标，汤和终于侦得磨盘洋上的盘屿有庞大船队出现，这不是方国珍又能是谁？待廖永忠的舟师到达庆元，趁着西北风大发，数百艘精锐战船张帆直驶盘屿。

海上展开了一场攻防大战。廖永忠的战船来势凶猛，乘着风势始终没落帆，以致数百艘战船哗啦啦直插停泊在岛岸的方国珍舟师阵中。方国珍船上的许多士兵还没弄清是怎么回事就成了肉搏战中的刀下鬼。嗣后，带队的舟师部将见海上廖永忠的战船蜂拥而来，连忙下令所有战船上的士兵停止作无谓的抵抗，缴械投降。

廖永忠清查战果，发现方国珍及其家属早已逃往他岛。盘问投降的部将们，他们也不知其踪迹。大概老奸巨猾的方国珍早就预料有这一天，为自己准备了一个极其隐秘的藏身之岛。

廖永忠朝着茫茫大海恨恨地骂道："方国珍你这老狐狸等着，老子就是舀干东海的水，也要把你抓出来！"

这时，藏匿在海上隐秘之处的老狐狸方国珍又在开动脑筋了。他原来设想在陆地上无法与朱元璋抗衡，到了海上自己凭着茫茫海天的天然壁垒，朱和尚就莫奈何我。谁知朱元璋竟然有如此精锐的舟师，自己那些只会打劫过往商旅的海盗船根本不是它的对手。现在大势已去，自己的出路何在呢？

方国珍顶着海风，在藏身之处的峭岩上思索了一个晚上，终于做出了他一生中最重要的决定。他将手下一位得力的词臣詹鼎请了来，让他按照自己的意思写了一封降表。

第二天，他差遣其弟方国瑛和儿子方明善二人去汤和军营中请降。汤和海战得胜，正不知方国珍身藏何处，拟派战船逐岛搜寻。那浙东沿海岛屿大大小小星罗棋布，外海一千多个岛屿，峭岩洞穴无数，要把方国珍这老狐狸抓到绝非易事。虽然他知道朱元璋对方国珍反复无常的小人行径深恶痛绝，必欲杀之而后快，但当前最要紧的是把这老狐狸钓出来，防止他窜逃到福州陈友定那里去，于是他以总兵官的名义接受了方国珍的降表。

接着，方国珍又派遣两个儿子至军营，将元朝所赐衢国公及行省平章印信，两个弟弟的参知政事、枢密院金事印信交出，并纳银一万两，钱两千缗。只是方国珍自己始终不敢现身，他知道汤和即使允降，没有朱元璋的旨意，到了金陵，他的生命安全依旧没有保证。

汤和不敢怠慢，将方国珍先后遣来的人员印信和银钱等连同他的求降表章，派遣得力干将解送去应天。

方国珍的求降表章是这样写的：

> 臣方国珍惶悚再拜于吴王殿下陛前。臣闻天无所不覆，地无所不载，王者体天法地，于人无所不容。臣荷主上覆载之德久矣，不敢自绝于天地，故一陈愚衷，知必有以容臣者。
>
> 臣本庸才，遭时多故，起身海岛，非有父兄相藉之力，又非有帝制自为之心。向者王师之渡江左，霆击电掣，至于婺州，臣愚即遣子入侍，固已知主上有今日矣！将以依日月之末光，望雨露之余泽。而主上推诚布公，俾守乡郡，如故吴越事。臣遵奉条约，不敢妄生节目。子姓不戒，潜构衅端，猥劳问罪之师，用是俾守者出迎。然而未免浮海，何也？盖闻孝子之于亲，小杖则受，大杖则走，臣之情事适与此类。即欲面缚待罪阙廷，复恐婴斧钺之诛，使天下后世不知臣得罪之深，将谓主上不能容臣，岂不累天地大德哉！

这封求降书写得可怜巴巴的，将战胜者比作覆恩载德的天地父母，自己则是一贯忠驯的儿子。偶有不肖，都是子侄之过。王师问罪，本欲迎降，为何又逃窜海外呢？盖因古之孝子，父母用藤条教训一下则受之，若施以大棒有性命之虞就要逃走了。至于为什么没有主动面缚请罪，不是爱惜自己的性命，而是怕后世说主上您不能容人，有损于主上的名誉与天地之大德。

处处都是为战胜者着想，这样的求降者你能不怜而惜之，豁免其罪吗？

朱元璋看了求降书，并没有召见方国瑛等人，而是与刘伯温商量道："先生老家青田即在温州附近，必久受方贼之害，对方国珍这个人知之甚多。依你之意，如今我当准其归降，还是该灭其族以绝后患？"

刘伯温读过降书后，感慨道："人生真是奇幻莫测的一场戏啊！这方国珍彼时何等张狂，现在竟沦落到这般模样，可怜亦复可悲！"

朱元璋提醒他："先生莫忙慨叹，我在问你当如何处置他？"

"啊，啊！依臣之见，方国珍既已潜藏海上，若不允降，他必然会去投陈友定，给我平定闽省增加阻力。主公不如法外开恩，准其归降。"

朱元璋沉吟道："我恨的就是他反复无端，若令他仍领温、台或庆元之地，将来又是个祸害。"

"自然不能纵虎归山，只要把他从海上捞回来，主公恩典，免其一死，让他迁居京都，他就无从作祟了。"刘伯温从容建议说。

朱元璋点点头，随即请刘伯温代拟致方国珍的回信。伯温略加思索，一挥而就，其书大意是：

> 昔汝外示归诚，中怀谲诈，吾姑容之，待汝自省。岂意汝行狡智，愈肆奸宄，竟背前盟，致劳我师。汝尚不即敛手归命，乃逃于海上，犹欲观望成败，负恩实多。今者穷蹙无聊，情词哀恳。吾当以汝此诚为诚，不以前过为过。汝勿自疑，率众来附，悉从原宥。

方国珍在孤岛上读到朱元璋的回信，犹自狐疑不定，想起谢再兴两个兄弟投降被杀的事，他又对朱元璋"悉从原宥"的话有些信不过了。海面上影影绰绰看到有廖永忠的舟师扬帆驶过，汤和必然一面在等他出来投降，一面在各大小岛屿搜寻他的踪迹。他的四百多艘战船不是个小目标，迟早会被发现。迎战是必败无疑，那时汤和不必朱元璋发话就可杀了他。另一条路就是乘夜窜出海面，逃往福州，求陈友定收留。可是朱元璋收拾陈友定是迟早的事，陈友定孤立无援，自己投靠他岂不是去陪葬！到那时，想要投降也来不及了！

方国珍终于想通了，连夜将最值钱的珍宝在荒岛上埋藏好，第二天一早在四百多艘战船上挂起白旗，直驶庆元港口。他率领手下的几百名官吏，及步卒九千余名，水军一万四千余名，粮十五万石及大量银两缗钱，谒汤和军营投降。

汤和随即将方国珍及众降官降将以重兵押送应天。方国珍将朱元璋的回信紧紧揣在怀里，那将是他在紧要关头拿出来的救命符。

当方国珍叩拜在殿请罪时，朱元璋不阴不阳地说："你既云输城献款已久，如今不觉自己来得太晚了吗？"

方国珍顿时浑身战栗，好不容易才把早已想好的辩词吐出来："臣久负圣恩，百罪难赦，王师既至，仓皇逃窜海上，实群小所误，恐惧之心，得蒙主上圣谅，故尔率众来降，以全臣归附明主之望，余所不计也！"

朱元璋吓唬了他一顿之后，仍然不食前言，终于放他一马，授他广西行省左丞之职。

这项任命有些滑稽，此时的广西仍在元朝任命的地方官吏统治之下，方国珍得到的是一个"食禄不之官"的虚衔，他也永远到不了任，朱元璋给他在京师治了府第，把他圈养起来。这头折了翅膀的枭鸟，虽然不像陈友谅、张士诚那样惨遭横死，但谁能说他的下场不比前者更为可悲呢？

那位给方国珍草拟降表的宁海人詹鼎，被刘伯温誉为饱学而有奇才，能以笔墨救活其主子性命，实属难得。朱元璋把他从降官中找了来，授予上虞院判之职，后来调至京师，但因其才为当时中书省掌权的杨宪所妒忌，未能重用。他于郁郁中草万言书，拦御驾献上。朱元璋记得他的名字，命他立马诵读，甚为欣赏。杨宪败亡后他曾擢升刑部郎中，最后在胡惟庸党案中坐累而死。

平定方国珍之后，朱元璋立即分兵三路向福建进军。胡廷瑞、何文辉率步骑兵由江西攻杉关，李文忠由浦城攻建宁，汤和、廖永忠率舟师由海道取福州。陈友定和朱元璋是结怨已深的宿敌。三年前陈友定进犯处州，被朱元璋的守将胡深击败。胡深乘势轻进，深入敌后，中了埋伏被擒，被陈友定杀害。陈友定虽然和朱元璋一样是贫苦出身，但他一开始就被元朝的地方官吏招安，平叛讨"贼"，直至做到元朝的平章，成为统辖闽省八郡的土皇帝。

陈友定独霸一方，专横跋扈，凡是违抗他命令或批评他的官吏都被他杀掉。纵然如此，他对元朝廷却异常恭顺，每年由海路运贡粮数十万石到大都。因为海途遥远，风险浪恶，常常发生舟覆人亡的事，他却每年运粮不辍。因此得到元顺帝的嘉许，特地下诏褒奖他。

陈友定得知朱元璋三路来攻，胡廷瑞、何文辉的主力已越过杉关，进入福建境内。他在延平召集手下诸将及众官员宾客，设酒筵招待他们。众人都不知平章大人是什么意思，是不是他也惧敌军势大有意以闽省八郡降敌，请大家喝一顿散伙酒？

正在此时，朱元璋差遣一名使者前来谕降。陈友定将朱元璋的谕降书当众宣读一番，然后不动声色地问询道："诸公以为如何？"众人心怀忐忑，都不敢做声，偏偏那使者不识相，上前说："平章若以八闽降吴，吾主必将厚待之。陈理封侯，方国珍加官晋爵即是明证。"

陈友定坐在上面冷笑一声，站起来将谕降书撕个粉碎，劈头盖脸摔在使者脸上，厉声叱喝道："哼，你以为本平章是方国珍那样贪生怕死的孬种吗？来人，把这小子拉出去砍了！"

众人都知道陈友定的脾气，谁也不敢劝说他，帐下的刀斧手把使者拉出辕门斩首，陈友定命令将他的血沥入酒瓮中，给与会的官将宾客每人斟了一碗。

陈友定率先端起血酒，仰面一饮而尽，然后声色俱厉地说道："我等身受元室厚恩，若有敢不以死拒敌者，凌迟处死，妻、子皆戮！"众人闻之无不战栗。从此再也没有人敢动投降的念头。

陈友定亲往福州巡视防务，在城墙上每五十步筑一堡垒，置兵严守之。这时得知杉关已被攻破，朱军长驱直入。陈友定将军队一分为二，据守福州、延平二城。

汤和、廖永忠的舟师抵达福州外港五虎门，与镇守福州的平章曲出率领的舟师展开一场激烈的海战，结果曲出大败，数百艘战船被焚。汤和挥兵乘胜追击至福州城下，各种攻城工具早已准备好，福州低矮的城墙顷刻之间即被攻陷，攻城部队像蚂蚁一般蜂拥登上城墙，城墙上那些堡垒迅速被摧毁。守城官兵死的死，降的降，汤和的人马冲进城中，一路没遇到什么有力的抵抗，迅速占领了福州府衙。参政尹克仁、宣政使朵耳麻不肯投降被杀。还有一个金院柏帖木儿，见城破即在自己的楼下堆满薪柴，亲手杀死妻子及两个女儿，然后纵火自焚。

汤和攻克福州后，立即向延平进军。此时胡廷瑞也已攻克建宁，南下对延平形成包围。陈友定下令拆毁城外民房，准备困守孤城与城共存亡。他的一些部将觉得延平只这么大，困守不是办法，要求出城与朱元璋的军队接战。陈友定此时疑心愈重，猜疑部将会背叛他，一怒之下，杀了一名姓萧的院判，但这已无法收拢人心，许多下级军士仍然偷偷出城投降。

汤和在城外部署兵力，准备对延平发动总攻。这时城中的军器局突然发生火灾，噼里啪啦炮声震天，火光烟柱城外几里都能看见。汤和知城中有变，立即下令攻城。

陈友定见城中乱成一团糟，敌军又蜂拥登城，知大势已无可挽回，对部属们说："大势已去，我只有一死以报国，你们各自努力吧！"说完这段话，他从容退入省府大堂，整顿衣冠，朝北方跪拜毕，取出早已准备好的一瓶毒药，一仰脖子喝了下去。

陈友定服毒后，守城部将争相开城投降。朱元璋的军队冲入城中，直赴省衙，见陈友定直挺挺躺在地上，一摸他的鼻子，竟然还一丝气息。士兵们用门板将他抬出水东门。这时天降大雨，雨水一淋，陈友定居然苏醒过来了，汤和等不敢怠慢，迅速派人用马车将他送到应天。

陈友定被械送应天，朱元璋命将他抬到殿前，亲自审问他："陈友定，昔日你侵犯我处州，诱杀我天将胡深，今又抗拒天命，杀我谕降使臣，你知罪吗？"

陈友定在躺椅上微微睁开眼睛，瞟一眼坐在上面的朱元璋，厉声答道："国破家亡，有死而已，何必多说！"说完从容地闭上眼睛。

朱元璋恨恨地说："好吧，既如此，我就成全了你。"

他下令将陈友定和他的儿子陈海一并处死。

方国珍在他的府第中听到陈友定的死讯，呆呆地怔了一阵。此时，他对自己至今还活得好好的不知是庆幸还是羞愧，抑或对自己的行径有了几分悔意？

第二章

大明帝国诞生

大明朝建立，朱元璋登上皇帝宝座

徐达率二十五万大军北伐中原。一篇荡气回肠的讨元檄文。蒙古贵族把他们在草原上互相杀伐争权夺利搬到宫廷里来，四十年间换了九个皇帝。应天城里规模宏大的宫殿落成，经臣僚们再三劝进，朱元璋终于登上大明皇帝的宝座。

在王朝更迭之际，战争就像一部高速运转的机器，无法停止它轰隆隆前进的脚步。朱元璋不能让他的将军们闲着，将军们也不能让他们的士兵闲着。福建平定之后，朱元璋复命廖永忠为征南将军，朱亮祖为副将军，率舟师由海道取广东；湖广行省平章杨璟、左丞周德兴、参政张彬南下取广西。两广一旦戡定，则南方诸省除了龟缩蜀中的明升小王朝和蛮荒之地的云南，中华半壁江山尽入朱元璋之手。诸雄剪灭，后患既除，他有了与元朝廷作最后决战的底气。

至正二十七年冬十月的一天，吴王宫的议事厅举行了一次重要的会议，朱元璋召集诸将讨论北伐中原的军事部署。朱元璋首先分析北方的形势说："现在山东为王宣盘踞，河南扩廓帖木儿嚣张跋扈，关陇则是李思齐、张思道的地盘。他们互相猜忌攻讦，你打我，我杀你。元朝眼看就要覆亡，中原的老百姓却要遭受荼毒。现在我们将整军北伐，拯救生民于水火之中，大家看北伐军要采取怎样的进军路线方能取得胜利？"

平章常遇春不屑地说："那帮螽贼算什么？以我百战不败的精锐之师，去攻击元军安逸已久的乌合之众，还用选什么路线？挥军长驱直入，直捣大都，必如破竹之势，一旦攻下了大都，再分兵扫荡，其他城池自可不战而下。"

由于近期对张士诚、方国珍和陈友定的用兵太顺利了，有些将领们不同程度地产生了轻敌思想，也认为直捣大都是个好主意，但朱元璋事先与军师刘伯温仔细商定了作战计划，他立即指出直接进攻大都的危险性，他说："元朝建立已近百年，大都的城防一定很坚固。倘若我孤军深入，一时攻城不利，被阻于坚城之下，后方又离得远，粮饷接济不上，而敌人的援兵又从四面八方赶来，岂不陷入危险之境？那时我军就进退两难了。"

众将听他这么一说，尽皆点头诚服，纷纷赞道："主公运筹帷幄、深谋远虑，我等不及多了。"

朱元璋进而宣布他的作战计划："北方诸敌中，王宣势力最弱，我军挥师北上，可由淮入河，先取山东，拆掉大都的屏障，然后移兵河洛，攻下河南，破其藩篱，再攻拔潼关而扼守之，占领它的门户。这样天下形胜之地均在我掌握之中，对大都形成三面包围之势，然后向其进兵，那时大都势孤援绝，很可能不战而克。大都既下，乘势西进，云中、九原以及关陇均可席卷而取之。"

朱元璋说得很自信。长期的军事行动锻炼了他的指挥才能，尤其是得到了刘伯温这位军师的辅佐，他对每次战役的筹划部署相当细致。比如进军山东他就可利用运河漕运源源不绝地向前方转运粮草，以供军需。若孤军深入直攻大都则没有这样的便利，粮饷供应要艰难得多，而且有被敌军截断的危险。将领们明白了这些道理，都对他的部署异口同声地称赞，连常遇春也不坚持己见了。

进军路线确定之后，朱元璋宣布任命徐达为征虏大将军，常遇春为副将军，率领二十五万大军北伐中原。常遇春勇冠三军，冲锋陷阵，所向披靡，以他作先锋，与参将冯胜分领左右翼，将精锐进击。右丞薛显、参将傅友德各领一军，独当一面。大将军徐达自领中军，运筹决胜，指挥策励诸将。这是北伐军的主力。另以征戍将军邓愈由襄阳北略南阳以北州郡，作为偏师，以分散和牵制元军的兵力。

任务既定，诸将均摩拳擦掌，跃跃欲试。朱元璋却又告诫大家，这次北伐的目的与以往群雄之间攻城略地不同，而是要削平祸乱，拯救生民，推翻腐败的蒙元统治，打下的城池即是我们自己的城池，百姓即是自己的百姓，因此，所经过的地方和攻克的城镇，不可乱杀人，不可抢财物，不可毁坏民居，不可焚农具杀耕牛，不可掠人子女，收留弃婴要归还其父母亲人。总之，要以王者之师的形象出现在中原人民面前。

朱元璋对北伐做了精心的准备。北伐是对元朝的正式宣战，他要获取北方人民、特别是士大夫阶层的同情和支持，争取元朝各级地方官倒戈相向，瓦解元军的军心士气。因此他命手下的文士们为他草拟告北方官吏和人民的檄文。数十篇文草送到他面前，读了都不甚满意。最后还是请宋濂命笔写就，他一看果然精彩异常，即令印刷发布，在大军北征之前即已在北方广为散发。

这篇檄文是这样写的：

> 自古帝王临御天下，皆中国居内以制夷狄，夷狄居外以奉中国，未闻以夷狄居中国治天下者也。自宋祚倾移，元以北狄入主中国，四海之内，罔不臣服，此岂人力，实乃天授。彼时君明臣良，是以纲维天下，然达人志士，尚有冠履倒置之叹。
>
> 自是以后，元之臣子，不遵祖训，废坏纲常，有如：大德废长立幼，泰定以臣弑

君,天历以弟鸩兄。至于弟收兄妻,子承父妾,上下相习,恬不为怪。其于父子君臣夫妇长幼之伦,渎乱甚矣。夫人君者斯民之宗主,朝廷者天下之根本,礼义者御世之大防,其所为如彼,岂可为训于天下后世哉?

及其后嗣沉荒,失君臣之道,又加以宰相专权,宪台报怨,有司毒虐,于是人心离叛,天下兵起,使我中国之民,死者则肝脑涂地,生者则骨肉不相保,虽因人事所致,实天厌其德而弃之也。古云胡虏无百年之运,验之今日,信乎不谬。

当此之时,天运循环,中原气盛,亿兆之中,当降生圣人,驱逐胡虏,恢复中华,立纲陈纪,救济斯民。今一纪于兹,未闻有治世安民者,徒使尔等战战兢兢,处于朝秦暮楚之地,诚可怜悯。

方今河洛关陕,虽有数雄。忘中国祖宗之姓,反就胡虏禽兽之名,以为美称。假元号以济私,恃有众以要君,凭陵跋扈,遥制朝权,此河洛之徒也;或众少力微,阻兵拒险,贿诱名爵,志在养力,以俟衅隙,此关陕之人也。二者其始皆以捕妖人为名,乃得兵权。及妖人已灭,兵权已得,志骄气盈,无复尊主庇民之意,互相吞噬,反为生民之巨害,皆非华夏之主也。

予本淮右布衣,因天下大乱,为众所推,率师渡江,居金陵形胜之地,得长江天堑之险,今十有三年。西抵巴蜀,东连沧海,南控闽越,湖湘汉沔,两淮徐邳,皆入版图,奄及南方,尽为我有。民稍安,食稍足,兵稍精,控弦执矢,目视我中原之民,久无所主,深用疚心。予恭承天命,罔敢自安,方欲遣兵北逐胡虏,拯生民于涂炭,复汉官之威仪。虑民人未知,反为我仇,挈家北走,陷溺尤深。故先谕告:兵至,民人勿避。予号令严肃,无秋毫之犯,归我者永安于中华,背我者自窜于塞外。盖我中国之民,天必命我中国之人主安之,夷狄何得而治哉!予恐中土久污膻腥,生民忧扰,故率群雄奋力廓清,志在逐胡虏,除暴乱,使民皆得其所,雪中国之耻,尔民宜体之。

如蒙古色目,虽非华夏族类,然同生天地之间,有能知礼义,愿为臣民者,与中华之人抚养无异。故兹告谕,想宜知悉。

蒙古人侵占中原以后,元朝政府对汉人的统治是极其残酷的。他们把社会阶层划分为蒙古人、色目人、汉人和南人四个等级。色目人是蒙古贵族在元朝建立前征服的西域各国人民;汉人是金朝统治下的汉族、女真、契丹等族人民;南人则是南宋统治下的江南各省汉人。社会等级森严,中央和行省的长官必须是蒙古人或色目人,再有才能的汉人也只能任副职。兵权则更不让汉人掌管,就连在军队服役的汉兵,打完仗后就要将武器上交。民间不许藏铁尺和杖之类准武器,私藏甲仗者处死。经济上的压迫剥削更重,朝廷随意把江南富庶之地划做王公后妃的食邑,少者一县到十几县,多的竟达三个路(府)数十万户。食邑属民除了向政府缴纳赋税,还要向领主交纳钱钞、丝、茶等。就这样,土地高度集中在元朝贵族手中,广大农民和中小地主都失去土地,沦为佃户,他们经受不了残酷的盘剥,往往被迫逃往他乡。种田的人逃走了,土地自然荒废,因而引发大饥荒,元末的红巾军大起义就是在这种情况下引发的。

朱元璋自己就是在红巾军的一个分支里发迹的，虽然他在征讨张士诚的檄文里已经把红巾军称作"妖人"，且历数张士诚背叛元朝廷的种种罪行，然而现在到了举兵讨伐元朝的时候，他自然要捡起民族仇恨这个最有力的武器，以驱逐胡虏，恢复中华相号召，争取中原地区广大人民和汉族地方官吏的同情和支持，这样就可大大减少军事行动的阻力。

后来的事实证明，这篇文告产生了巨大的宣传效应。徐达率领的北伐军所到之处，山东、河南各州县的汉官、汉将纷纷降附，连济南、益都、汴梁等行省所在的名城都不战而降，蒙古人不是被胁降就是弃城逃窜。朱元璋闻讯异常高兴，因此更加对宋濂佩服得五体投地，认为他的一篇檄文可抵百万雄兵，做一个江南儒学提举显然是大才小用，遂聘请他为帝师，为太子讲经，并任起居注，常侍左右，充任自己的顾问。

宋濂的檄文历数了元朝历代皇帝的失德和废坏纲常的事例，诸如废长立幼，以臣弑君，以弟鸠兄，弟收兄妻，子承父妾，等等。其实这种事哪朝哪代都不鲜见，有些甚至还是习俗使然。纵观蒙古贵族把他们草原上互相杀伐争权夺利搬到宫廷里来的历史，自从第一个皇帝元世祖忽必烈死后到最后一个皇帝顺帝即位，四十年间走马灯似地换了九个皇帝，有一段时间竟在六年里六度易君！其中自然充满了血腥的杀戮与宫廷政变。

元顺帝即位后利用以毒攻毒的伎俩让专权的宰相互相攻杀，先后有伯颜、脱脱、哈麻等死于非命。但是顺帝和皇太子及太子生母高丽奇皇后之间仍存在不可调和的矛盾，双方又拉拢掌握军权的贵族相互展开了你死我活的皇权争夺战。

强悍的蒙古铁骑入主中原之后，立了功的贵族将军们封王封公，到各行省当土皇帝享福去了，中原的美女醇酒像锋利无比的蚀骨钢刀，把他们的强悍与野性剥蚀得干干净净，风驰电掣的数十万铁骑几十年间消失得无影无踪。这时元朝政府可以倚仗的军力竟是两个蒙古贵族手下的义军。一支是起自河南的察罕帖木儿部，另一支是占领襄阳、亳州的孛罗帖木儿部。在红巾军起义时，他们经常奉朝廷之命四处征讨。当察罕帖木儿大军东出与山东的王士诚作战时，孛罗帖木儿乘机进驻晋北重镇大同。晋冀之地原本是察罕的防地，被孛罗帖木儿强占，他自然不甘心，两军于是打起了内战。

察罕帖木儿被王士诚刺死后，他的养子王保保于军中继位，顺帝赐名扩廓帖木儿。扩廓领兵攻下益都杀了王士诚，回兵进驻太原，仍对孛罗虎视眈眈，严阵以待。

与此同时，元大都皇宫里的权力斗争愈演愈烈。丞相哈麻阴谋废顺帝立皇太子，事泄被杀。皇太子和他的生母高丽奇皇后拉拢丞相搠思监和宦官朴不花，仍然处心积虑地阴谋废掉顺帝，他们拉拢掌握部分兵权的扩廓帖木儿以为外援。顺帝和他的宠臣御史大夫老的沙也针锋相对地以另一个军阀孛罗帖木儿为后盾。

当时朝中皇太子党势大，搠思监和朴不花商议先除去老的沙，老的沙只好连夜逃往孛罗帖木儿军中避祸。搠思监和朴不花掌握了朝政大权，逼迫顺帝下诏历数孛罗帖木儿拥兵自重图谋不轨等罪状，解除他的兵权，削去官爵。孛罗帖木儿拒不奉诏，于是朝廷命扩廓帖木儿发兵征讨他。

扩廓驻太原，而孛罗在离大都更近的大同，这时，另一个得罪了皇太子的权臣枢密院使秃坚帖木儿逃到大同。他与孛罗合谋以清君侧为名率十万兵马杀向京城，进入居庸关，至清河列营，并扬言要朝廷交出搠思监、朴不花两个奸臣，方肯罢兵。

皇太子和元顺帝慌了，只得将搠思监、朴不花二人缚送军营谢罪，孛罗帖木儿当即把他们杀了。朝廷下诏恢复孛罗官爵，加封太保，秃坚帖木儿也升任中书平章之职，孛罗方回师大同。

皇太子不甘心自己的失败，他一直认为扩廓帖木儿军事势力比孛罗更大，也更忠于皇室，因此他化装成商人，悄悄溜出大都，绕道至太原，矫旨令扩廓发兵勤王，讨伐逼宫篡权的叛逆孛罗帖木儿。

这一回真把孛罗惹火了，还未等扩廓兵发，他抢先亲自统兵进入居庸关，把朝廷的京郊守卫部队打得落花流水。他亲自带领秃坚帖木儿和老的沙入城见顺帝逼宫。顺帝无奈，只得下诏，任命孛罗为中书左丞相，秃坚为中书平章，老的沙为御史大夫，同掌朝政。过了一个月，又下诏改任孛罗帖木儿为右丞相，节制天下兵马。

皇太子兵败逃往太原。至正二十五年，经过精心准备，太子调集扩廓帖木儿、李思齐、张良弼诸路军马进攻大都。孛罗帖木儿掌握朝政之后，对顺帝极为不恭，甚至与其宠妃私通，还公然在顺帝面前炫耀此事。顺帝养虎为患，深感忧虑，因此趁孛罗领兵抵敌战败、入宫奏事之时，在宫中暗伏壮士将他刺死。

孛罗死后，秃坚帖木儿兵败求降，但他和老的沙均被痛恨他俩入骨的皇太子下令处死。本来皇太子逃往太原时，以顺帝被孛罗等挟持为理由，想效法唐肃宗临武称帝的做法，要扩廓等拥立他为皇帝。谁知扩廓对元室忠心耿耿，称讨贼责无旁贷，废帝忤逆之事却不能干，他的大兵打到京郊时，高丽奇皇后又出主意，要他带重兵进宫，逼顺帝退位。扩廓又不从，离宫城三十里就命大军驻下，只带几个随从入朝觐见顺帝，顺帝对他抚慰一下，任命他为朝廷的二把手，中书左丞相，另一位老臣撒伯里为右丞相。

无论顺帝还是皇太子，都对扩廓帖木儿不满。顺帝疑忌他兵权太重，皇太子则怨恨他没有帮自己夺得皇位。扩廓本是汉人，与朝中蒙古贵族格格不入，他也不习惯宫廷中那种尔虞我诈争权夺利的生活，于是上书顺帝，请求出外带兵，于是顺帝封他为河南王，节制天下兵马，代皇太子出征。

至正二十六年，正当朱元璋出兵伐吴，攻下张士诚的淮东诸郡时，扩廓帖木儿回到河南军中，调度各处军马收复江淮。他用檄文调关中李思齐、张思道、孔兴、脱列伯会师于河南，共商南征大计。李思齐收到调兵令，勃然大怒，骂道："我与你父交往时，你还是乳臭未干的小儿，竟敢传檄调我！"下令所部一兵一卒不许出武关。张思道等三将也不受节制。

扩廓帖木儿见军令不行，只好暂时把南征的事搁下，派其弟脱因帖木儿领兵驻济南，防止朱元璋北上，自己则率领主力入关攻打李思齐，声讨他不听调遣之罪。李思齐等四将军也会兵长安，在唐宫含元殿旧基上歃血誓盟，合力抵抗。

扩廓与四将军之间的内战整整打了一年。元朝政府再三命令扩廓帖木儿停战，专事南征。扩廓帖木儿哪里肯听，他只想把关中诸将的兵力据为己有，壮大自己的势力，在朝中才有话语权。至正二十七年夏天，扩廓帖木儿派遣部将貊高率军渡河，从背后直捣凤翔，奔袭李思齐的老巢。貊高军中有些人原是孛罗帖木儿的旧部，半路哗变，胁迫貊高叛离扩廓帖木儿，并上书顺帝声讨扩廓违抗朝廷命令、拥兵自重图谋叛逆等罪行。元顺帝本来怀疑扩廓帖木儿是皇太子的党羽，又恨他不听命令与关中四将自相残杀，正想褫夺他的兵权，接到貊高的奏书，他立即升任貊高为知枢密院兼平章，总制河北兵马，并下诏解除扩廓帖木儿的统帅权，设立一个叫大抚军院的机构，由皇太子总制天下兵马。

扩廓帖木儿被解除统帅权后，心中十分愤怒，引兵据守泽州。貊高叛离后他的军力大减，偏偏又有部将关保背弃了他，率部投向元朝政府。顺帝见扩廓帖木儿势力大减，认为是消灭他的好机会，下诏令李思齐等军出潼关，与貊高合力围攻扩廓帖木儿，又令关保戍守太原，断其后路。扩廓帖木儿一怒之下，领兵直袭太原，尽杀元朝政府所任命的官吏，元顺帝因此以叛逆罪削除扩廓帖木儿所有官职，令诸军四面围攻他。

扩廓帖木儿毕竟不是等闲之辈，他首先擒杀了两个叛将貊高和关保，重整军威。这时徐达的北伐军势如破竹地下山东，取汴梁，元顺帝慌了，只好重新与扩廓讲和，把一切过错都算到皇太子身上，下诏撤销抚军院，恢复扩廓帖木儿所有官职，晋升左丞相，总制天下兵马。

然而，此时徐达已开始向大都进军，终于停止了互相残杀的元军已回军不及，大都沦陷在即！

至正二十七年十月，应天城里坐落于钟山之阳的规模宏大的宫殿群落成。宫殿的规划是依照唐朝法度，气势宏大。正殿名为奉天殿，其后为华盖殿，最后为谨身殿。三进大殿各翼带廊庑。奉天殿前有奉天门，殿左有文楼，殿右有武楼。谨身殿后面为内宫，前面是乾清宫，为皇帝起居理政之地，后面是坤宁宫，是皇后住地。两侧六宫依次排列。坤宁宫后有规模颇大的御花园，设有假山流泉，遍植奇花异草，为后妃宫人休憩之所。围绕诸殿宫室有坚固高峻的皇城，墙体厚四尺，上覆琉璃瓦盖，四角筑有角楼。环绕皇城开四张城门，正南是午门，东边是东华门，西边是西华门，正北为玄武门。

宫殿既已建成，自然要接纳它的主人。大宋"皇帝"韩林儿早已成了瓜步渡江底的冤魂，他自然是无福消受了。时间已到了至正二十七年年底，来春是否是一个新的纪元？应天大城里正在紧锣密鼓地筹备着新皇帝登基的事。

既然建了新城，盖了新宫殿，又去掉了韩林儿这个障碍，朱元璋顺应天命登基做皇帝是板上钉钉的事，需要考虑的只是选择什么时机。由于北伐进展神速，朱元璋想着能迅速攻下大都，把元顺帝赶下皇帝宝座，那时自己开国登基自然是最好不过了。但到了至正二十七年年底，徐达的北伐军尚在山东境内作战，按照朱元璋的部署，还要打河南，占潼关，即使进军顺利，入大都也是明年下半年的事了。朱元璋考虑到南征北伐的军队用吴王的名义去讨伐天子之兵，纵使以军势强压，也难免底气不足，若自己提前登基做了皇帝，以改朝换代一代新君的名义去招抚各地的守将官吏，恐怕会顺利得多，这样更有利于军事行动的进展。

考虑妥当之后，他将这一点暗示给筹备登基大典的大礼使丞相李善长。李善长立即加快了筹备工作的进度。十二月中旬，他第一次率百官上表劝进，朱元璋自然要谦逊一番，称自己才德不足以御天下，过去提兵起事不过是为解除百姓之困苦而已，并无他求。这种假惺惺的谦让谁都知道只是一个过门，于是，百官的劝进表锲而不舍地一而再、再而三地递上来，朱元璋不得不表示允其所请，但他仍然表示还要祷告于上苍，看上天是否批准他做皇帝。

甲子日，朱元璋在新建成的天坛祭告于上天说：

> 惟我中国人民之君，自宋运告终，帝命真人于沙漠，入中国为天下主，其君臣父子及孙百有余年，今运亦终。其天下土地人民，豪杰纷争。惟帝赐英贤为臣之辅，遂戡定群雄，息民于田野，今地周回二万里广。诸臣下皆曰生民无主，必欲推尊帝号，臣不敢辞，亦不敢不告上皇帝祇。

> 是用明年正月四日于钟山之阳，设坛备仪，昭告帝祇，惟简在帝心：如臣可为生民主，告祭之日，帝祇来临，天朗气清。如臣不可，至日当烈风异景，使臣知之。

经过李善长几个月的精心筹备，登基大典的各项礼仪，皇帝的冕服、卤簿、仪仗等尽皆准备停当。朱元璋和他的王妃们也已提前迁入新宫居住，只是几座大殿仍紧紧关闭着未曾启用，现在就等正月初四这一天到来。

正月初四这个吉日是太史令刘伯温选定的。江南的冬日不像北方，阴霾雨雪较多，到那天天老爷是否会放晴呢？吴王已经祷告上苍，届时如果老天不助兴，耽搁了他登基做皇帝可是要杀头的事，有人给刘伯温捏了一把汗。可他一点也不着急，因为他通晓天文地理，预测几天后天气的阴晴变化自然是容易的事。过去在战争中他对天气的预测屡试不爽，这让朱元璋敢于在祭告上天时豪赌一把，以增加自己当皇帝是受命于天的神秘感。

正月初四这一天果然天气晴朗，应天城内外张灯结彩，遍插旌旗。京都各卫的军马新盔新甲，禁卫森严。朱元璋在百官簇拥下由宫中出发前往钟山南麓的天坛，登坛祭告上天神祇，宣布登基，然后又转驾太庙，祭拜祖宗，追封其高祖考为元皇帝，庙号德祖；曾祖考为恒皇帝，庙号懿祖；祖考为裕皇帝，庙号熙祖；皇考为淳皇帝，庙号仁祖。

最后，朱元璋登上奉天殿御座，身着龙袍，头戴皇帝冕旒，接受百官朝贺叩拜，三呼万岁，在钟磬齐鸣雅乐吹奏声中，宣读了即位诏书：

> 朕本淮右庶民，荷上天眷顾，祖宗之灵，遂乘逐鹿之秋，致英贤于左右。凡两淮、两浙、江东、江西、湖湘汉沔、闽广、山东及西南诸部蛮夷各处寇扰，屡命大将军与诸将校奋扬威武，已皆戡定，民安田里。

> 今文武大臣及有司众庶合辞劝进，尊朕为皇帝，以主黔黎。勉循舆情，于吴二年正月初四日告祭天地于钟山之阳，即皇帝位于南郊。定有天下之号曰大明，以吴二年

为洪武元年。是日恭诣太庙，追尊四代考妣为皇帝皇后。立太社太稷于京师。

布告天下，咸使闻知。

朱元璋宣诏毕，群臣又一次欢呼万岁。接着任大礼使的李善长手捧金册、玉圭宝玺，奉于马王后和世子朱标之前。礼官宣读诏书，诏立马氏为大明皇后，册封朱标为皇太子。

接着，礼官根据朱元璋拟好的名单，宣布对文武大臣的封赏：李善长为中书左丞相兼太子少师，并封宣国公；徐达为中书右丞相兼太子少傅，并封信国公；常遇春为中书平章兼太子少保，并封鄂国公，其余文臣武将，一一封官晋爵，皆大欢喜。

新的王朝国号"大明"是经过一番斟酌的。朱元璋曾经供奉过的"大宋"皇帝韩山童自称明王，而他的儿子韩林儿继称小明王，朱元璋既然淹杀了韩林儿，为什么还要以"明"为国号呢？据说这是刘伯温的建议，因为元朝的覆亡，始于红巾军的兴起，各地的红巾军均是以明教为依托，以"明王出世"，改天换地相号召。虽然韩山童和韩林儿自称"明王""小明王"有点滥竽充数，但到朱元璋一统天下，他内心确有"明王出世"的自负，所以他不反对以"明"为国号。而且从阴阳五行来说，新朝是起于南方的，南方为火，属阳，奉祝融为神，北方为水，属阴，尊奉玄冥，新朝建都金陵，恰是祝融的故墟。那么，以火制水，以阳克阴，以明制暗，恰是新朝必将取代旧朝的象征。明又代表光明，象征日月普照众生，神话中的"朱明"一词恰恰又将皇帝的姓和新朝国号连在一起，这样的巧合也实属难得，可谓祥瑞之兆。

大明朝的政府机构，设有中书省，掌管行政。中书省除左右丞相外，置平章政事若干人，左右丞及参知政事若干人。大都督府，掌管军事，置左右大都督。御史台，负责纠察百官，置左右御史大夫及御史中丞若干人。

朱元璋原想任命刘伯温为御史大夫，但他坚决不受，朱元璋只好任命他为御史中丞兼太史令，而以汤和、邓愈为左右御史大夫。

大明王朝建立之初，由于朱元璋的信任，刘伯温得以施展才能，担任了许多重要工作，比如参与制定东征北伐战略，修建新城宫殿等。聪敏的他深知自己在得到朱元璋的赞许和褒奖的同时，必然招致李善长及其他淮西将帅的妒忌，他时时感到那位外表宽和、内心忮刻的李相爷在用一双鹰隼般的眼睛盯着他，决不会容忍他与自己平起平坐，一个御史中丞跟当朝宰相差了不少级别，倒也令他心安理得了。

理财高手李善长和军师刘伯温的贡献

他这个开国皇帝当得很辛苦："戴星而朝，夜分而寝"，无论身体和心理上的弦都绷得紧紧的。幸好还有一个为他分忧解难的助手，左丞相李善长是个理财高手，他创立的盐茶

法保证了国家赋税收入。朱元璋夜访御史中丞府，刘伯温趴在桌上绘制大明军卫图。

朱元璋登基做了大明朝的开国皇帝，自从他青年时投身郭子兴的红巾军，到后来提兵渡江，与群雄逐鹿江南，十几年的刀光剑影中，他脑海里由朦胧到清晰的那个目标终于实现了。当他身着衮冕登上奉天殿的御座接受百官朝拜时，当他驾临太庙给凤阳钟离太平乡的那几位农民先祖奉上皇帝尊号时，尽管当时面部的表情庄严肃穆，但心中的骄傲与自豪却油然而生，毕竟纵观华夏数千年历史，出身微贱而又在战乱中统一中国开创新王朝的能有几人？

但他并不能因为新王朝的建立稍许松一口气。相反，他这个开国皇帝当得很辛苦。每天从五鼓早朝至深夜仍在乾清宫秉烛批阅奏章处理政事，无论是身体和心理上的弦都是绷得紧紧的。正如他后来自己所描述的："吾自有天下以来，未尝暇逸。戴星而朝，夜分而寝，忧危积心，日勤不怠。"

大概每一个有为的开国之君都要经历这样的阵痛。新王朝从战争硝烟中诞生，统治一个国家的机构、职官、礼仪和规章制度，一切都要从无到有地建立起来。朱元璋有的只是一支强悍的百战之师和数十名功勋卓著的将帅。对于依靠他们打赢最后的北伐战争，消灭残元政权，朱元璋是蛮有信心的。他时刻关心着北方的战局，不时用信使对前方指挥官发出他的指令，比如他得知徐达在山东军中收留了一些元朝的降官降将，让他们仍领旧兵随军北伐的情况，他立即遣使书示徐达、常遇春："闻大军下山东，所过郡县，元之省、院官来降者甚多，二位将军皆留于军中。吾虑其杂处我军，或昼遇敌，或夜遇盗，将变生不测，非我之利。盖此辈初屈于势力，未必尽得其心。不如遣来，使处我官属之间，日相亲近，然后用之，可无后患。"

比较起来，这一时期朱元璋最操心的还是：选拔擢用合格的人才，建立和健全庞大的各级国家管理机构。当时人才的匮乏，从国家最重要的政权机构中书省官吏的任命可见一斑。朱元璋任命的中书省除了左丞相李善长外，右丞相徐达和三位平章常遇春、胡廷瑞、廖永忠和左、右丞赵庸、王溥均在军中领兵作战，他们仅是挂一个虚衔而已，实际上偌大的中书省只有左丞相李善长在唱独角戏，后来才陆续起用杨宪、汪广洋等为参政。

其实，朱元璋自引兵渡江之初，即深谙打天下靠武将、治理天下要靠文臣的道理，开始未雨绸缪地网罗江南文士为其所用。至正十五年，朱元璋攻下太平，即用名儒陶安参幕府事，用八十岁的李习任知府。十六年至应天，又在元朝的地方官吏和文士中选拔了夏煜、孙炎、杨宪等十余人，担任各种文职官员。以后每克一城，必遍访当地名儒隐士，以礼聘之，最著名的如陈遇、秦从龙、范常等老先生，朱元璋对他们非常尊敬，并不强其为官，却过从甚密，言听计从，以师礼事之。至于他久已仰慕的江南大儒宋濂和文武兼备的刘伯温、章溢、叶琛四人，多次遣使礼聘，至正二十年四人应聘至应天，朱元璋大喜获得贤才，在京都筑礼贤馆给他们居住。刘伯温善谋略，成为他的军师重臣。而宋濂任江南儒学提举，常侍左右，做他的文学顾问和太子的师傅。当时新辟州府缺乏称职可靠的官员，叶琛、章溢都被派出任知府、按察使，叶琛死于洪都叛将之手，章溢后来与刘伯温一道做了御史中丞。

随着大军南征北伐，新辟州府越来越多，都要派能干而又可信的官员去管理。洪武元年八月，中央定六部官制，各部的尚书、左右侍郎、郎中等高级官员缺额不少。朱元璋一再令各地有司举贤荐能，礼聘贤士到朝廷来。他颁发诏书说："天下的治理应由普天下的贤者共同承担。现在许多贤人隐居山林岩穴，不愿出来做官，这是因为地方官员敦劝不力呢，还是因为朝廷疏于礼待？抑或是朕德行有亏不能招徕贤士，而居于权位者阻塞不使上达？否则，自幼寒窗苦读的贤士大夫，岂有甘于没闻于世的？天下初定，朕诚心诚意地愿与儒士们讲明治道，若发现能辅佐朕治理国家的能人，各地有司一定要以礼遣聘之。"

幸好，朱元璋还有一个为他分忧解难的得力助手，就是开国第一功臣、中书左丞相李善长。

李善长是安徽定远人，比朱元璋年长十五岁，他年轻时书读得很好，后受徽商的影响，弃文经商，很快就发了财。朱元璋到滁州时，四十二岁的李善长特地赶去见他。朱元璋知他是定远的知名人物，就以天下兴亡问计于他。两人秉烛夜谈，李善长说："秦末天下大乱，汉高祖刘邦虽出身微贱，为人豁达大度，知人善任，起兵中不嗜杀人，五载即成帝业。当今元纲既坏，群雄崛起，天下土崩瓦解。主公家居濠州，距高祖家乡沛县不远，山川王气正应在主公身上。只要效法汉高祖所有作为，天下就不难平定。"一席话说得朱元璋极为高兴。他带领着徐达、汤和、冯胜等一批愣头青正试图脱离郭子兴自己打天下，正缺少一个年长的智者在身边时时点拨，于是留李善长为参谋，参与机画，主持粮饷，这正好发挥了李善长擅于管理经济的才能。嗣后的十几年，朱元璋有了李善长这个大总管，他和他的将帅们可以专心致志地攻城略地，转战南北，一切粮饷供给，军需后勤，全由李善长一手承担。对此，朱元璋评价甚高，把他誉为"汉初三杰"中的丞相萧何。萧何是汉高祖的第一功臣，李善长在战争中独当一面，处于举足轻重的地位，又率群臣劝进，将朱元璋捧上皇帝的宝座，自然就是大明王朝的第一功臣了。

李善长当了中书省左丞相，手握朝纲权柄，他为人处事小心谨慎。中书省官员匮乏，他也想提拔一些自己的亲信，然而，他深知朱元璋在用人上是大权独揽，对于大臣的任命绝不容他人置喙，因此，他在中书省只安排一些亲信当都事之类的小官。在人事问题上绝不去捋朱元璋的虎须，免遭皇上的忌惮。

他把自己的精力集中在国家财力的开发、各项赋税法规的建立和修订上。这是新的王朝赖以生存，国家机器顺利运转的根本。作为当朝宰相，国家的大管家，这也是他的职责所在。

朱元璋起事之初，他率领的红巾军也是靠杀掠富户抢劫官仓来维持军需供给。自从得了李善长这个大能人，随着势力范围的扩大，他开始在所辖州县建立正规的赋税制度，且比元朝政府杀鸡取卵式的苛捐重税略有轻缓，因而得到百姓的拥护，而使军食无匮。渡江定都应天以后，李善长先后在至正二十一年创立两淮盐法及茶法，实行盐茶专卖，商人纳币请引，凭引贩鬻盐茶。在各地遍设盐茶课，贩运私盐私茶者处以重刑；又设宝源局，铸制"大中通宝"钱与历代铜钱一并流通于市，对规范和促进繁荣市场起了很大的作用。

明朝建立以后，随着前方军事行动的进展，疆域日益扩大，新附州府征收赋税的工作提到议事日程，淮北、山东及浙江、福建沿海也增加了数十座盐场，且浙南处州一带历来是盐盗猖獗、私盐泛滥的地方。李善长对立国后的国家财政赋税各方面的法规政策做了通盘考虑，仔细修正厘定，整理了一个方案。他以一个理财大师的缜密和审慎，写成洋洋万字的奏折，准备进宫奏请朱元璋批准施行。

李善长入宫的时候，朱元璋正在批阅南征北伐的各路军情奏报。李善长跪拜行礼后，朱元璋高兴地说："丞相来得正好，我军各路皆传来捷报：常遇春攻下了东昌，与徐达会师济南；南征军杨璟取广西虽遭遇元军的顽强抵抗，但在东乡打了个大胜仗，歼敌千余人；周德兴、张彬等相继攻下全州，略定道州、蓝山、桂阳诸州县，广西全境指日可下了。"

李善长道："赖主上英明决策，前方将士英勇搏战，依臣看，消灭扩廓帖木儿、李思齐、张良弼等残元余部，收复大都，将元嗣君赶到塞外荒漠里去的日子，应该不远了。我大明建立不久，久罹战乱的中原百姓即能脱离苦海，过上太平日子，他们一定会交口称颂陛下的圣德啊！"

朱元璋若有所思地说："中原人民久经战乱，颠沛流离，如陷水火。我们纵使把蒙古人赶走了，把祸害他们的军阀消灭了，怎奈战争破坏太大，要让老百姓恢复元气，非有数年休养生息之功不可。朝廷必须花大力气加以扶植，你我君臣责任重大啊。"

李善长连忙恭揖道："微臣蒙主上委以中书重任，未敢稍有懈怠。近日已将新附州府粮赋征收标准及盐、茶法的修订，各地课司的设立方案等拟定写成奏折，请皇上御览。"

"卿家动作很快啊！"朱元璋赞许说。

李善长呈上那份厚厚的奏折，朱元璋仔细看起来。他一边看一边点头，有时拿起朱笔在奏折上做个记号。

"嗯，很好。"看完奏折，朱元璋评价说，"丞相所虑甚周，这个条陈若能付诸实施，国家赋税收入必能大大增长，朝廷的各项开支方保无虞。不过朕有一事要与卿家商量。近日，徐达于报告军情之余，说到他在山东某些地方所见，田亩荒芜得很厉害，简直是赤地千里，一个个庄子里寥无人烟。一打听庄里的人全到外面讨饭去了。他找到一户人家，老汉出来叩见他，其余的家人都瑟瑟地躲在被窝里，原来他家四口人才一条裤子！老百姓如此艰难，因此朕准备颁发一道恩旨，凡新附州县免交今年所有粮税，俾使乡民缓过一口气来，休养生息，重建家园。"

"陛下圣德宽宏，体恤民艰。此一举措必深得新附州府万民之心，有利于统一大业。只是臣粗略估算一下，仅此一举所征粮税要减少数十万石之巨。方今军需繁浩，朝廷百官廪俸所需亦不在少数，缺了这几十万石粮还真不行。臣以为，要想个补救的法子，勿因缺粮而引起时局动荡。"

"朕有什么法子？失之东隅，收之桑榆罢了。"朱元璋胸有成竹地说，"苏、杭、嘉、湖诸郡是盛产粮食的谷仓。张士诚在苏州城破时把征收赋税的鱼鳞图册全烧毁了，这龟孙子把当地人笼络得很好。朕听说至今还有人烧香纪念他。如此顽民岂能不加以惩罚？朕已下令将苏、杭、嘉、湖四郡诸豪族田籍收为官田，按沈万三家租簿课收税额，亩征税粮七斗五升。司农卿杨宪给朕算了一笔账，仅苏州一府即可增收税粮百余万石，岂有放着嘴边的肥肉不吃，反而求诸新附贫瘠之地的道理？"

"陛下圣明。只是臣恐吴地刁民心怀怨恨，会有聚众抗税之事发生。"

"他们敢！"朱元璋剑眉一竖，厉声说，"朕的官府军卫是吃素的？非但如此，苏杭地区人口稠密，朕还打算徙几万无业农户去濠州种田，让他们在朕的家乡自食其力。"

吴元年，朱元璋曾核定天下官田民田赋税标准，官田每亩税仅五升三合五勺，民田减二升，最高的也只有亩税一斗二升。苏、杭、嘉、湖惩罚性的重赋竟增加十余倍！加以负责征税的司农卿杨宪逢迎朱元璋，除吴地外又在浙西诸郡加课重税，亩税有重达二三石者，江浙百姓不堪重负，弃土地逃亡他乡者络绎不绝。洪武三年，酷吏陈宁任苏州知府，催征赋税时竟用烧红的烙铁烫人肌肤，被人恶称为"陈烙铁"。

这种惩罚性的重赋一直延续到洪武十三年才稍有缓解，朱元璋令户部裁减苏、杭、嘉、湖赋税百分之二十，但最低亩税仍有三斗五升，高出其他地区许多。直至朱元璋死后第二年，决心实行宽政的建文帝颁诏曰："江浙赋独重，而苏、松准私租起科，特以惩一时顽民，岂可为定则以重困一方。宜悉与减免，亩不得过一斗。"不过，江浙人民的宽松日子没过几年，燕王朱棣夺得皇位后，将建文朝实行的一切宽政全部废除，江浙两省的重赋依然如故。

李善长是理财高手，朱元璋对他奏疏中制定的国家财赋各种举措非常满意，尤其是李善长带来新铸的"洪武通宝"钱，这种铜钱较前朝的钱币厚实、漂亮，确能彰显新朝的新气象。朱元璋把那几枚"当五"、"当十"的大大小小的铜钱拿在手里把玩，爱不释手。高兴之余，他主动地跟李善长谈起遴选中书省官员之事。他有意让精明能干的司农卿杨宪入阁为参知政事，知吏、户、礼三部事。杨宪是朱元璋打下应天后提拔为官的读书人，与李善长毫无渊源。况且这个杨宪自恃受朱元璋赏识，又与刘伯温等江南文士集团经常有诗义往来，自不是李善长心目中理想的阁臣。他原想举荐太常寺卿胡惟庸担任这一职务，胡惟庸是他的定远老乡，朱元璋打下和州时即已归附。他从宁国主簿做起，历任宁国县令、吉安通判、湖广佥事。吴元年，经李善长推荐，召为太常寺少卿，随即升升卿。胡惟庸是李善长信得过的人，朱元璋也很欣赏他的口才。然而李善长在中书阁臣的任命上非常谨慎，深恐朱元璋怀疑他拉帮结党，此时眼看皇上要把他不喜欢的杨宪安排在他身边，他仍是不敢举荐胡惟庸任参知政事，而是采取迂回战术，提出了另一个皇上能接受的人选：时任山东省参政的汪广洋。汪广洋曾为常遇春参赞军务，也辅佐过朱文正治理江西，论政绩资历比杨宪强多了，完全可以压他一头，而且他也是淮西集团的人。

朱元璋果然同意了他的这个建议，自然以李善长接受杨宪的任命为妥协代价。至于胡惟庸入阁的事，只能慢慢来，他相信这个能说会道的年轻人，有能力最终获得皇上的信任。

李善长告退后，已是午牌时分，内侍禀告道："皇后娘娘请万岁回宫用膳。"

朱元璋果然感到有些饿了，他匆匆来到御膳堂，马皇后已令司膳将几十个食盒里热气腾腾的菜肴摆了满桌。皇上御膳正餐有三十六个大菜和十八个点心果盘，虽无传说中的龙肝凤髓，但东海的鲍鱼、海参，琼崖的燕窝、鱼翅，长白山的熊掌、狍足等山珍海味应有尽有。朱元璋看着满桌子的菜肴，皱起眉头对马皇后说："我们两个人哪能吃得这许多菜？只怕这一桌菜花的银子够老百姓一家子吃一年了！"

马皇后道："臣妾也觉得太浪费了。可尚食司太监说这是皇家御膳的规矩，他们也不敢擅改其制。"

"规矩！规矩！规矩是人定的嘛！"朱元璋生气地说，"国家初建，物力维艰，朕就是要破这样的规矩。以后御膳正餐只许上八个菜，把多的都撤下去！"

"奴才遵旨。"两名司膳诺诺连声，准备把多余的几十道菜往食盒里搬。

"等等，"马皇后阻止道，"陛下，撤回去还不是让御膳房那班奴才们偷偷吃了，不如把这些好吃的菜肴分送到各个宫里去，赏给各位宫妃娘娘吃。宁妃妹妹怀了孕，我给她挑几个清润养胎的送去。"

"嗯，就照皇后娘娘吩咐办，"朱元璋道，"传朕的旨意：以后御膳从简，御膳房的用度必须减下来，有蓄意奢侈浪费者，朕绝不轻饶！"

"遵旨。"

朱元璋每天大部分时间待在乾清宫处理政务批阅奏章。由于中书省阁臣配置不齐，各部、寺卿重大不决的事都要直接奏请皇帝，加上国家初建，政令未通，各地州府官迟滞未决之事甚多，频频上疏朝廷，因此朱元璋的御案上每天都堆集了数十份甚至上百份奏章等待他批阅。也许是初登帝位，他对每一份奏章的批阅、每一件政事的处理都非常谨慎，往往要细查其原委，甚至揣度奏事者的心理和目的，然后细细加以批复。平时他对出征将帅写信发指示，往往直截了当地用口语信笔为之；而对文臣们的奏折，在批阅时既力求通达，又讲究文采，且字迹都十分工整，似乎是怕臣下们瞧不起他这个出身微贱的布衣皇帝。

因此，他每天都要辛勤工作到深夜，待一切政务处理妥当，才回后宫休息。

这一天，兵部一封言及某些行省卫所辖区指挥紊乱的奏折被留中了，朱元璋想起他委托御史中丞刘伯温草拟军卫法的事。按说军卫法的创立应该是大将军徐达与大都督府的事，但徐达与诸将统军北伐，一时回不了，而朝廷颁布军令政令等又刻不容缓，朱元璋想起刘伯温博古通今，对军事体制和韬略素有研究，于是将拟定军卫法的任务交付于他。刘伯温慨然答应了，现在进展如何？朱元璋突然想去刘伯温那里看看。

"来人！速为朕备驾，去御史中丞府。"他吩咐内侍。

"奴才遵旨。"

御史中丞府就在出皇宫不远的地方，朱元璋只带了一班侍卫，微服简从，一会儿就到了。

刘伯温仓皇出迎，跪拜在地："不知陛下驾到，微臣有失远迎。"

"先生请起。"朱元璋笑着扶起他,"朕夜不能寐,特来看看先生。"

"陛下请。"

刘伯温陪同他步入府内。朱元璋见刘伯温书房内灯火通明,便径直走了进去。只见桌上铺着一张大纸,上面密密麻麻画着一些大圆圈、小圆圈、三角、小旗等符号,以及交叉辐射的线条和说明文字。朱元璋猜到了他的所作为何,却故意问道:"先生这是在干什么?想学诸葛孔明摆一幅八阵图吗?"

"老臣受陛下之托,对我朝的军卫制度思考再三,心中已有了一个轮廓。只是因兵源、建制、隶属关系等头绪太多,想用一个图表勾画出来确乎其难。因此搞成了这样一个蜘蛛网式的东西,惹陛下见笑了。"刘伯温有些不好意思地说。

"蜘蛛网?啊,有趣!那么朕就是盘踞在蛛网中心的那只大蜘蛛了。请先生试为朕说说。"

"纵观历代兵制,从先秦、两汉、魏晋、南北朝迄于宋、元,从兵源上说无出于征兵制与募兵制两种。二者各有优劣,臣力图创立一种可集两种兵制优点于一身的新制,姑暂名其为'卫所制'。军队的建制分卫、所两级。以五千六百人为卫,设指挥使统之。每卫辖五个'千户所',每所一千二百人,'设千户'统之。千户之下为'百户',领一百二十人。百户下属二总旗,每总旗辖六小旗,每小旗领军十人。这些基层单位大体如我军现行之制。不过战后诸将所部需统一编制,统一调配于各省卫所戍守,屯军操练。而大将则归于京师,在大都督府充职。战时由朝廷指派大将任主帅,就近调取各卫所驻军出征。待战争结束,各卫仍回原驻地,将军交纳帅印,仍复原位。"

朱元璋对最后这一点特别满意,他赞赏道:"先生此制,其创意在将不专军,军无私将,可解决自唐宋以来历代之痼疾:将军拥兵自重,飞扬跋扈,朝廷莫可奈何,常常导致叛乱祸国之事丛生,百姓深受其害。先生可谓为国家社稷做了一件大好事。"

刘伯温笑了笑,说道:"臣之设想,只是纸上谈兵,说起来容易,实施起来只怕还有不少难处啊!"

朱元璋知道他所虑的是自己手下那班骄悍成性的功臣战将能否听话地交出自己的军权,因而解释道:"朕举事之初,即与诸将相约:患难与共,富贵相依,打下江山来共享尊荣,以战功之多寡论赏,该封公的封公,该封侯的封侯。人生在世拼搏一生,无非求个封妻荫子,安享尊荣富贵。若还有谁存心存非分之念,拥兵自重,那他就是自绝于朕了。先生尽管按此思路草拟兵制,不用怕它得不到实施。"

"另各行省设都指挥使司。都司统率境内各卫、所,上听命于大都督府。大都督府虽有统军权,军令权则归兵部。凡都督、都指挥使以下统兵官概由兵部任命、升迁、调动。兵部自然要秉承圣意。国家有事,中书省和大都督府请旨于皇上,皇上下诏,兵部方可驰令调动都司卫所军队参战。"刘伯温继续阐述他的设想。

"兵者凶也,军队的调动必须慎之又慎。历史上发生过不少权臣矫旨调兵造成祸乱的事例,先生有何万全之策?"朱元璋又问。

"陛下听说过虎符吗?"

"秦汉时调兵皆用虎符,符的一半置于统兵将帅之手,那仍是将有专兵的年代,到后来逐渐形成唐代的各地节度使拥兵割据的局面。我朝无论是各省都司还是镇守关隘的总兵官,朕都不想让他们拿着那铁疙瘩,产生拥有一半兵权的感觉。"

"臣以为可以仿虎符之意,造一种调发走马符牌,分别藏中书省及大都督府。有诏发兵,省、府以牌入内府请皇上宝印之后,地方都司验过符牌方可发兵。"

"如此则甚为妥当。"

朱元璋和刘伯温就军卫法的方方面面详加商讨,不知不觉外面已闻"梆梆梆"更鼓三敲。刘伯温连忙惊呼谢罪道:"啊呀,已经三更了,耽搁了陛下的休息,老臣死罪!"

朱元璋哈哈笑道:"没关系,没关系。与君一席话,胜读十年书,何况我们君臣还议成了这么一件大事呀!烦先生尽快将军卫法草拟成章,交付廷议。这也是先生对我朝的一大贡献啊!"

"老臣领旨。"

"来人!摆驾回宫。"

朱元璋车驾驶出御史中丞府时,街上已经寂寥无人,只有远处传来打更人时断时续的更鼓声。

留守二卿与手持密诏的监视者

北伐军势如破竹。徐达攻下沂州,将反复无常的王宣父子斩首示众。洛水河边的一场恶战,脱因帖木儿的五万精兵全军覆没!定都金陵的都是短命王朝,朱元璋要驾幸汴梁考察。临行时他托付李善长、刘伯温留守,却又密诏杨宪,令他暗中监视朝政。

北伐军势如破竹。

徐达、常遇春按照朱元璋的部署,由淮安北上,直逼鲁南重镇沂州。镇守沂州的就是山东的土皇帝王宣。王宣原是一名治河的小官,战乱中招募乡兵万余,割据一方。后受元平章也速招抚,率兵从朱元璋手中夺回徐州,被元朝廷封为义兵都元帅,与他儿子王信一同镇守沂州,所以朱元璋对他恨之入骨,视为必须拔除的第一颗钉子。

徐达兵至城下,先将一封谕降书射入城中。王宣父子见到谕降书,秘密商议了一番,第二天即直接对大明皇帝朱元璋写了一封极为卑恭的求降表,遣使送到徐达军营,并带来犒劳王师的牛酒金帛。徐达随即停止了攻城的部署,将王宣的降表飞送应天。朱元璋没想到山东第一仗这么顺利,随即派使臣徐唐臣至沂州,授予王宣江淮平章政事,准其归降效命。哪知王宣父子并不是真心归降,而是缓兵之计,王信已秘密潜出沂州,前往莒州、高密等地招募义兵前来救援解围。由于王信的救兵还未赶到,王宣将徐唐臣迎入驿馆住下,夜间调集甲兵准备劫持使臣。幸亏徐唐臣警觉，从王宣支支吾吾的言语中发现有诈，连夜化装逃出驿馆，缒城而下潜至徐达军营告变。徐达勃然大怒，随即命令冯胜大举攻城。冯胜驻地的沂水河堤高过城门，他命令扒开河堤，使河水倒灌入城。王宣盼儿子的援兵未到，却被倒灌的河水淹得七零八落，无奈只好竖起白旗投降。徐达令他写了一封信让王信停止抵抗，但是一条道走到黑的王信反把徐达派去招降的镇抚孙惟德杀了。徐达怒斥王宣父子反复无常，立命将王宣斩首示众，以为敢于抗拒王师者戒。

王宣被杀，周边其他州府军事力量均不足以抵御明军，于是在徐达的招降攻势下，峄州的赵蛮子、营州的周辅、海州的马骊，以及沭阳、日照等地的守官守将，纷纷不战而降。

然而，在山东中部重镇益都城，徐达的大军遭遇到元宣慰使普颜不花的顽强抵抗。益都城墙颇为坚固，守城官吏也是清一色的死硬派。明军架起火炮、云梯强攻了三天三夜，终于将城攻破。普颜不花诀别母亲和妻子儿女，上城决战，终于被明军擒获，不屈被杀。城破之后，元总管胡睿、知院张俊自杀。普颜不花的妻子抱着一双儿女跳井身亡。

徐达乘胜向胶东进军，连克东平、东阿、济宁、莱阳诸城，而此时常遇春也另率一师拿下了东昌，与徐达在济南城会师。至此，山东全境只剩下北部一座孤城德州，那是通往大都的咽喉，元朝设有重兵把守。徐达遵循朱元璋的战略部署，暂时不去攻它，转而还师南下济宁，马步舟师溯黄河而上，攻入河南境内。

河南是元丞相扩廓帖木儿的老巢，虽然扩廓此时还在太原与皇太子党及李思齐等关中四将杀得不可开交，但其弟脱因帖木儿的五万精兵仍驻守在洛河北岸。扩廓的外祖父、河南行省平章梁王阿鲁温驻守洛阳。另外一支不可忽视的力量是镇守汴梁城的元朝大将李克彝，他联络驻守陈州的另一骁将左君弼和左丞竹贞，互为掎角之势。

徐达进入河南境内后，首先攻下永城、归德（今商丘），进而与陈州的左君弼军对峙。左君弼原是巢湖的盗魁，在朱元璋起事之初即曾勾结元中丞蛮子海牙与朱元璋、俞通海等有过一场恶战。徐达不敢轻视他，将此情况报告给朱元璋。有人向朱元璋献计说："左君弼的母亲妻子住在合肥，左君弼是个孝子，只要把他母亲、妻子抓来，就能逼左君弼归降。"

朱元璋果然遣将到合肥将左君弼之母请到应天，将老太太安排在驿馆优礼厚待，且给其妻送去许多金帛首饰等物，同时遣使致书左君弼道：

> 曩者兵连祸结，非一人之失，予劳师暑月，与足下从事，足下乃舍其亲而奔异国，是皆轻信群下之言，以至于此。今足下奉异国之命，与予接壤，若欲兴师侵境，其中轻重，自可量也。且予之国乃足下父母之国，合肥乃足下丘陇之乡，天下兵兴，豪杰并起，岂惟乘时以就功名，亦欲保全父母、妻子于乱世。足下以身为贾，而求安于人，既已失策，复使垂白之母，糟糠之妻，天各一方，以日为岁，足下纵不以妻子为念，何忍忘情于父母哉？功名富贵，可以再图，生身之亲，不可复得。足下能留意，盍幡然而来？予当弃前非，待以至诚，决不食言！

朱元璋写这封信的时候，已经登基称帝，但他并没有以皇帝的身份谕降左君弼，而是以父母亲情劝他，表现了对左君弼的相当尊重。可是左君弼接到书信之后并无回复，但也未为难使者。朱元璋知道他在犹豫，一面命徐达暂缓进攻，一面派人将左君弼之母送往陈州，令其母子团聚。朱元璋此举终于感动了左君弼，在军力对比悬殊的态势下，他终于放弃了殊死一搏的打算，邀同竹贞率所部万余名士卒前往徐达军营投诚。

镇守汴梁的李克彝得到左君弼、竹贞叛降明军的消息，心里顿时凉了半截。汴梁虽是古都，城垣完好，但他失去了左君弼那支训练有素的部队为自己的屏障，汴梁以东是一片开阔的平原，根本无法阻挡徐达的虎狼之师。于是，在得到明军已向汴梁进军的谍报后，慌慌张张地收拾辎重弃城而逃。徐达不费一弓一矢顺利占领了汴梁城。

大军在汴梁休整了两天。由于进入河南以来一直没打什么大仗，常遇春等将领求战心切，随即整军出虎牢关，向河南首府洛阳扑去。

脱因帖木儿的五万精兵是奉其兄扩廓之命阻击明军的主要军事力量。原来扩廓将其布防在济南阻止明军北上。但由于山东战场全线崩溃，脱因帖木儿为了保存实力，在徐达、常遇春合围济南之前撤往河南，企图守住自己的老巢。现在明军追踪而至，脱因帖木儿退无可退了，于是在洛河北岸摆下背水之阵，准备在这里与明军决一雌雄。

徐达率诸将登上城北的伊阙山视察地形，只见洛河北岸元军连营十里，旗帜整齐，刀矛林立，知脱因帖木儿并非等闲之辈，因此嘱咐率先锋部队冲击敌营的常遇春道："看来扩廓帖木儿让他弟弟脱因在济南阻击我军北上未果，又派他在此守卫他的老巢，此番必有一场恶战，常将军小心。"

常遇春道："脱因这小子在济南溜得快，在这里逮着他了，这番老子绝不让他跑了！"

战斗中脱因的部卒训练有素，左右翼卷杀过来，并将常遇春率领的数百精骑围在中央，惨烈的白刃战在洛水河畔展开。

徐达见先锋部队受阻，令旗一挥，冯胜、傅友德各率一军掩杀过去，又把脱因帖木儿的数万步骑分割成几段，在洛水河边展开激战。毕竟明军势大，龙门山下，洛水河边地势狭窄，脱因帖木儿见自己士卒死伤惨重，只得在部将保护下涉过洛河浅滩仓皇退往城中。可怜他的五万士卒在河滩上死的死、淹的淹，没了主帅指挥之后，更是如丧家之犬，不是丧生在洛河滩上，就是弃戈跪地向明军投降。

金戈铁马杀声震天的战场，顿时平静下来。这时的洛阳城里却已乱开了锅。逃回梁王府的脱因帖木儿秉承兄长之命，要保护他的外公、梁王阿鲁温逃往关中。但是年届八十、步履维艰的梁王无可奈何地说："孤家宗室这么一大帮子人逃得了吗？况且关中李思齐、张良弼等人又是你兄长的对头，他会收留我们？你还是收拾残部找你兄长去吧，别管我们。"

梁王是个老滑头，他久闻朱元璋过去待元朝宗室很客气，他是当今元主的叔父，他若放弃抵抗以洛阳降明，使这座历朝古都不受兵燹，保存住历代帝王十分尊重的城郭典籍，岂不是一大功劳？当此性命攸关之时，他也顾不得什么忠君气节了。他自己躺在床上动不了，命人捧了河南行省平章印信和梁王宝玺，以及留守汴梁的官员名册前往徐达军营请降。

徐达接受了降表，代表朱元璋对梁王抚慰了一番，然后在全城发布安民告示后，亲率大军进驻洛阳城。

洛阳城的陷落标志着明军北伐取得了阶段性的胜利。徐达立即遣使向朝廷奏捷，并将缴获的元室重宝、梁王及其宫妃官属等解送应天。可怜风烛残年的梁王阿鲁温，在受了战争的惊吓之后，经受不住路途的颠簸劳累，在还未到达金陵的半路上就一命呜呼了！

朱元璋接到前方的捷报，自然是非常高兴。

现在，山东河南两省已尽入大明版图；广西战事进展顺利，周德兴攻下了全州，乘胜向梧州、南宁进军；廖永忠、朱亮祖率舟师由海道入广东，经营广东多年的元左丞竹贞率部归降，岭南各州俱下。南方的战事已无后顾之忧，朱元璋已在盘算对元军残余势力作最后的攻击，实现改朝换代一统天下的大业。

作为马上得天下的皇帝，过去无论是与群雄逐鹿江南，还是与元室分庭抗礼，每一次重大战役朱元璋都是亲自指挥，运筹帷幄，现在正是毕其功于一役的时候，他有一种强烈的冲动，要亲自去前线指挥他的将军们，不能让他们有任何闪失，另外，北伐大军横扫鲁豫两省，取得辉煌战果，他也应对将士们亲赐犒赏，鼓舞士气，因此，他决定于四月下旬驾幸汴梁。

朱元璋定都金陵，是取其襟江（长江）带湖（太湖）、龙盘虎踞之形胜。无疑，与江南群雄逐鹿，这里有地形上的优势，是再好不过的根据地；但是以金陵做一国之都，他一想起历史上在这里定都的那些皇帝，不论是东晋的司马氏和后来的宋、齐、梁、陈及南唐李后主，都是国势衰微，不得不偏安一隅。他朱元璋雄才大略，临御天下，岂能与那班窝囊皇帝类比？所以终其一生对于建都在哪里始终没有定见。他久慕汴梁是宋太祖开国后欣欣向荣的都城，亦是华夏文明的策源地之一，早就想去考察一番。自然这个意图他不便向他的臣僚们透露，免使朝廷人心浮动。

在北巡之前，他召见左丞相李善长与御史中丞刘伯温，将国务托付他们两人。他说："朕此次去汴梁，因太子年幼，无监国之能力，但有两位卿家留守，朕可以放心地去。朕离京之后，凡朝中事务，丞相可全权处理；御史中丞则负责督察百官，处理刑案。重大事件两卿商酌办理，若不决者可驰报，由朕批决之，幸勿草率从事。"

李善长与刘伯温是文臣之首，两人受此重托，自然叩头领旨谢恩。不过这时刘伯温隐隐感觉到：皇上对将国务交付李善长是否有些不放心，要他这个御史中丞从中监督。这样，本来心胸狭隘，对江南文士集团怀有敌意的李善长会如何想？也许今后他俩的关系更难处了。

不过，李善长和刘伯温万万没有想到，朱元璋在临行之前，又将中书省参政杨宪密召入殿，让他暗中监视朝廷之事，若有他认为处理不当的，可直接驰报。朱元璋还当场写了一张手谕赐给他，许他超越中书省相机行事。这样，皇上离开后的京城，形成了互相制约的奇怪的三头统治。

　　皇帝的圣驾浩浩荡荡离开了京城，踏上了北巡之路。一路上，朱元璋巡视州府，了解民情，还以他敏锐的洞察力提拔或处分了一些地方官吏。数日之后，车驾抵达河南境内。早有北伐军留镇归德、陈州等地的将领前来请安护驾。

　　车驾行驶在一望无垠的广袤平原上，车辚辚，马萧萧，旌旗猎猎，烟尘滚滚。朱元璋的眼前仿佛重现两千年前诸侯们驱着排山倒海的战车逐鹿中原的情景。每到一处历史遗迹，他就命车驾停下来，在随行侍臣们的陪伴下去凭吊一番，与冥冥中千百年前逝去的历史人物作一次心灵的对话。

　　当车驾阻滞在一处黄河渡口，他在将军侍臣们的簇拥下登上高高的黄河大堤，眺望浑浊的黄河水滚滚向东流去。此时正是黄河涨水时期，河水几乎平了两边的河岸，水势汹涌，但是远处仍是有人驾着羊皮筏在中流搏击，这让他忆起四年前兵围武昌灭了大汉国，他在长江舟师上壮志抒怀的情景。那一次的前后两年，他征服了江淮流域，现在他又把黄河的中下游收归自己的版图。这一次，他又将统帅自己的百战之师扫荡蒙元余孽，直捣大都，一举完成统一华夏的大业。望着滔滔远去的大河，胸中豪情激荡，可惜这次宋濂、刘伯温等词臣们未随驾前来，否则一定要在他们帮助下，吟咏一阕比苏东坡的《赤壁怀古》更为慷慨激昂、具有帝王气概的绝妙好词。

　　车驾到达汴梁城，整齐的城垣和高大的城门给朱元璋留下气势恢宏的印象。街道房屋平正宽阔，布局井然，很有帝都的气派。只是所有建筑都显得陈旧，有些灰头土脸，商铺市肆更显凋零冷落，比起应天城的繁华景象差远了。

　　汴梁地处华夏的中央，它头枕黄河，足踏中原沃土，自然是建都的理想地点。然而，朱元璋以一个军事战略家的眼光打量它，觉得它最大的缺点就是一马平川，无险可守，缺乏地理上的屏障。加之，悬在它头顶的黄河简直是一把利剑，在战争中随时有被敌人扒开口子淹没都城的危险。因此经过几天考察之后，他初步打消了迁都到这里的念头。

　　其实，还有一层历史的原因。北宋的徽宗、钦宗二位皇帝就是从这里被金人掳去的，亡国之都给他抹上一层挥之不去的心理阴影。朱元璋是很迷信的，他笃信阴阳风水，他要让自己开创的朱明王朝千秋万代地延续下去，不能让继任之君生活在历史的阴影之下。

　　朱元璋下令将汴梁路改为开封府，设置州府官吏。徐达、常遇春等将领相继从各个战场回到开封，在行宫朝见了皇上。朱元璋对立了功的将军们一一嘉勉，按照他们的战功赏赐了数十斤不等的黄金。

　　接着，他在行宫召开了御前军事会议，商讨下一步的战略部署。大将军徐达首先报告说："臣与常将军率师北上，先平定齐鲁，继回师下河洛，扩廓帖木儿虽令其弟脱因领兵五万驻守济南阻击我军，但为了保存实力，始终不敢与我接战。直至我军进逼洛阳，脱因才被迫背水一战，终至全军覆没，仅以只身逃遁。现在扩廓帖木儿在太原逡巡观望，而李思齐、张良弼等辈，龟缩在关中，自知势力不济，畏我如虎，谅他们不能成为我军的威胁。至此，元大都已不能指望外面的救援，人心慌乱。我军挟战胜之余威，趁此北上进兵，臣估计攻克大都只在秋风扬起之时。"

朱元璋点头道："徐皇兄所言固是，现在战场上的力量对比，我军已占据绝对优势。只是朕要通报你们的是：元朝廷内部的纷争已经停止，顺帝撤销了太子的抚军院，重新任命扩廓帖木儿为左丞相，总制天下兵马。扩廓擒杀了背叛他的关保和貊高，再也无人掣肘。他这个人是个难得的将才，朕久欲招降他终不可得。如今他与元朝廷和好，虽暂驻军太原作逡巡观望状，难免有朝一日成为我军北上的最大阻力。"

常遇春对皇上屡屡提及扩廓如何了得，心有不服，忿忿地说："臣愿率一军入山西与王保保那厮决一高下，就算不能将他擒来见陛下，再不济也要让他一兵一卒也出不了娘子关！"

朱元璋知道常遇春的脾气，也不怪他莽撞，只是解释说："常将军勿躁。朕忖度扩廓帖木儿在山西按兵不动，一则对元朝廷反复无常有怨气，另外也有保存自己实力的想法。也许我们打到了大都城下他仍然会袖手旁观，那又何必主动去惹毛他，自树强敌呢？"

徐达及诸将连连点头附和说："还是皇上想得周到。"

朱元璋又道："朕此次北巡，发现北方土地平坦辽阔，宜以骑战为先。应选骁勇战将作为先锋，徐皇兄亲率水陆两军，作为后应。以运河漕运供给粮饷，再调集益都、济宁、徐州诸军，会兵于山东境内最大的水陆码头临清。德州是守卫大都的第一重门户，元必驻有重兵，朕拟遣常将军领兵五万先拔去这个钉子，然后进兵青州和通州，直捣元都。那时他孤城一座，外援已绝，自然会内部崩溃，惶惶然作鸟兽散。这样，大都可不战而下。"

听了皇上的部署，众将皆心悦诚服赞道："皇上圣明，皇上圣明。"

朱元璋又命大将冯胜道："明日，冯将军即率部向潼关进发，仍按原定计划袭取潼关，得手之后，若张良弼、李思齐西逃，不必穷追，我们不要陷在对他们的战事中。可选将分兵守关，你仍回汴梁，随大将军北征，毋得有误。"

"臣领旨。"

冯胜率部西袭潼关。潼关是陕西关中的门户，李思齐与张良弼两军久驻关中，他们均是元朝廷倚重的边将，因朝中太子与扩廓的宿怨，他们与扩廓帖木儿互相拼杀势力削弱了不少。明军攻占洛阳后，离潼关仅数百里，形势顿时紧张起来。李思齐与张良弼均在潼关外构筑了外围防线，连营数里，声气相连。

冯胜兵至，在十里外扎营，并未马上进攻，只是故意闹出很大的动静，人马喧嚣，旌旗蔽日，给敌军造成恐惧与威胁。等到下半夜，冯胜派遣一批军士携硫磺火箭等火具，借着青纱帐的掩护悄悄接近张良弼的军营，"嗖嗖嗖"火箭直向营帐射去，顿时十几座营帐噼噼啪啪着起火来。

张良弼从梦中惊醒，只道是明军前来劫营，立刻点起兵马迎敌。黑暗中遇到李思齐派来支援的骑兵，以为就是袭营的明军，双方厮杀起来。一直杀到天明，李思齐亲自赶到，方才明白是自家人杀自家人，双方伤亡了数百名兵勇。眼看拂晓后明军就要发起进攻，张良弼自知立营不住，匆匆拔营退入关内。那边李思齐见明军势大，自料无法抵敌，也慌不择路地绕关而过，移驻四十里外的葫芦滩。

黎明，冯胜指挥大军对潼关发起攻击，守关的李思齐部将抵抗了一阵，眼看明军如潮水般涌上来，实在抵挡不住，只好弃关而逃。结果，李思齐弃下辎重营帐，向凤翔逃窜，而张良弼则远走鹿城。冯胜入关后向西追击了一阵，一直追到华州，那里的守将也已闻风逃遁。这时，冯胜的副手都督郭兴提醒他，皇上已下令不要穷追，方才收兵回潼关。

冯胜遵照朱元璋的旨意，留下郭兴与金兴旺两位都督率部镇守潼关，阻止李思齐等向山西、河南蠢动，以免牵制北伐大军的行动。然后，他率部返回汴梁，向朱元璋复命。

潼关既已拿下，李思齐、张良弼溃逃远窜，北伐军已无后顾之忧。这时朝廷中有事待朱元璋处理，于是他准备起驾回应天，临行前他召集徐达、常遇春等大将，郑重地告诫他们说："中原的老百姓久为群雄所苦，流离失所，备遭磨难。故朕命你们率师北征，拯救人民于水火之中。元朝其祖宗入主中原，统一天下，有一定的功德，惜其子孙不能爱惜人民，滥施横暴，故受到上天的厌弃。元朝的暴君有罪，他治下的人民却是无辜的。在以前改朝换代的战争中，往往对战败者肆行屠戮，这种违天虐民之事，朕实在不忍为之。今后诸将凡攻克一个城池，不许肆行焚掠和胡乱杀人。俘获元朝的宗戚，均要保障他们的人身安全，不许虐待，更不许滥杀。这样才能上达天心，下慰人望，以符合朕伐罪安民的本意。以上诸项，若有恣意违抗，不遵朕令者，朕将严惩之，决不轻赦！"

诸将自然异口同声地答应："臣等谨遵陛下圣训，决不违犯，请陛下放心。"

洪武元年闰七月，朱元璋从开封起驾返回应天。

卖官鬻爵，李彬被斩

皇上不满意中书省完全置于李善长个人掌控之下，杨宪感到责任重大。小小七品都事李彬竟敢卖官鬻爵，他身后是什么人？杨宪夜访刘伯温，亮出了皇上的密诏。李彬被捕，丞相府里乱成一团。李彬被斩在祈雨台前，刘伯温跟李善长结下梁子，被迫告老还乡。

杨宪受朱元璋的赏识，升任中书省参知政事，这是从二品的大官，地位居于左右丞、平章之下。由于上述官职均由在外征战的武臣兼任，而另一位参知政事汪广洋尚未到任，所以在中书省杨宪应是仅居左丞相李善长之后的第二号人物。不过杨宪到任以后，发现中书省完全是铁板一块，全是李善长的人。那些大大小小的官员，左右司的郎中、员外郎、都事、检校、照磨等，碰到杨宪总是恭恭敬敬、垂手侍立一旁，向"参政大人"请安问好，可始终没有谁来向他请示汇报什么。李善长本人并不在中书省衙门内，他除了上朝就待在新修的丞相府里，可是杨宪分明感觉到，偌大的中书省完全是按照他的意志在运转，这里的每一位官员都服膺于李相爷的铁腕之下。

杨宪隐隐地感觉到，皇上正是不满意这种现状才派他来中书省的。以皇上的英明神武，他是不愿意看到中书省这个国家行政首脑机关，完全置于李善长个人掌控之下；它所体现的只是丞相李善长的意志，而不是居于国家权力顶峰的皇帝的意志。朱元璋在他北巡之前，将杨宪安排到中书省来，还特地赐给他相机行事的密诏，足见皇上对他寄望之深，也说明自己的责任重大，若不能在中书省站稳脚跟，做出一番事业来，岂不有负皇上的厚望。

杨宪上任之初，也曾亲去丞相府拜谒他的顶头上司李善长相爷。李善长明知朱元璋让杨宪出任参知政事，是来中书省掺沙子的，但他身居丞相高位，根本没把初出茅庐的杨宪放在眼里，官样文章似地应付了他几句，就哈欠连天地示意他可以告辞了。对于李善长的故意冷落，杨宪恨得牙发痒，这时他差点忍不住把皇上那份密诏亮出来，杀杀李善长的威风！

杨宪在中书省管不了事，但皇上命他监视朝廷的官员，若发现不当即可密报，他必须履行自己的职责，于是他不动声色地命令几名亲信分头到中书省各个部门去打探情况，每天详细向他汇报。那几名亲信的身份是中书省的衙役，他们在各个部门走动不会引起别人的怀疑，虽不能刺探到什么机密，但了解哪个部门的动向和人员进出情况却绰绰有余。

几天后，杨宪得到了一条重要的信息：有一名叫李彬的左司都事，他的视事处每天有不少人来往。那些人个个衣着光鲜，有的是地方官员，有的是商贾模样，一打听原来这些人都是来找李彬都事求职的。当时京城里正进行大规模的营建，六部衙门、八大亲王府、国子监、功臣庙等都在陆续兴建。李彬管的大概就是这些工程的营缮监管人员的任命。这自然是一些可以大捞银子的肥差，所以人们趋之若鹜，其中自然免不了有卖官鬻爵的猫腻勾当。杨宪的那名亲信不经意地打听一下，果然证实那些求职的人无不是拿着大把大把银票来的。

杨宪决心把这事作为突破口。他心中暗自思量，李彬纵使是李善长的亲信，但他小小一名七品都事，哪有那么大的权力，敢于卖官鬻爵？在他身后必然有一条张着血盆大口的大鳄！为了拿到他们的犯罪证据，他不能不投入一些本钱来进行试探。

一天，中书省左司都事李彬的视事处外面来了一位锦衣华服富商模样的人，他出手阔绰地从袖筒里拿出一锭银子塞给值班的衙役，对他说道：“麻烦贵价通报一声，在下应大张朝奉求见都事大人。”

衙役见钱眼开，道声：“官人稍等片刻，小的即去通报大人。”

没多久，那个张朝奉就得到了都事李彬的接见。他开门见山自我介绍道：“在下祖居应天，世以营缮工程为业，在京都业内颇有些声望，前几年沈万三承修水西门到玄武门之间的城墙即由在下承包。近闻朝廷有扩建王府一条街、新盖十座王府的浩大工程，都事大人身居要津，总揽工务，不知在下能否有幸为大人效犬马之劳？”

李彬瞥一眼这个衣着光鲜的人，冷冷地道：“大官人也许弄错了，下官身为左司都事，只是负责选拔任命各项工程的营缮和监理官员，承包工程的事下官是管不着的，你要去找别的人。"

张朝奉心想：当了工程监理官员还怕揽不到活吗？那还不是一码事？于是进一步地说道："不瞒大人说，在下虽不算富甲一方，但也广有资财，对赚钱已经没多大兴趣了。只是世以营缮为业，颇具这方面的才干，有心为朝廷效力做一番事业，也为自己留点名。若大人不弃，玉成在下这点小小的心意，在下自当感恩图报。"

这样的人李彬见得多了，世上没有不想赚钱的商人，要赚钱就得先投资，你若"玉成"了他，他自会感恩图报，这就是直接要你报价了。李彬考虑这个人的资历才能做一个王府工程的营缮总监自然是胜任的，这就有了和他谈判的基础。不过李彬不想让他太顺利地满足愿望，借口还须向上司禀报，约他过两天再来谈。

经过再三接触，李彬以营缮总监责任重大，需要缴纳适量的保证金为由，让张朝奉交付了十万两银票的保证金，另外五万两银票则是对都事大人玉成此事的孝敬，换取到一纸"王府工程营缮总监"的任命书。

往后的几天，京城里一些在李彬那里获得官职的人相继失踪了，杨宪亲自审问了那些人，在严刑追讯下，他们一一签字画押承认了向李彬行贿买卖官爵的事实。

杨宪要对李彬下手了，他以"张朝奉"名义付出的十五万两银票不能白交。于是他带着一干证据连夜造访御史中丞刘伯温，因为只有负责督察百官的刘伯温才有下令逮捕李彬的权力。

刘伯温对杨宪夤夜造访感到有些惊讶，他们同朝为官，平日也有些诗文交往，但杨宪是山西人，并未完全融入江南文士集团这个圈子内，且杨宪、夏煜、高见览等人均为"检校"起家，专司"伺察搏击"，告发朝廷官员的阴私取得朱元璋的信任。刘伯温、宋濂等人从骨子里看不起他们，但也从不敢得罪他们，彼此相敬如宾罢了。今番杨宪来访必有重大事故，刘伯温不敢怠慢，首先开口祝贺他道："宪公蒙圣上恩宠，荣升参政，伯温未曾造府恭贺，失礼失礼！"

杨宪谦让道："中丞大人说哪里话来？大人乃国之重臣，皇上北巡付以监国重任，只因学生初到中书省，诸事繁杂，没有及时来向中丞大人请示讨教，望乞恕罪。"

"哪里哪里？宪公过谦了。"刘伯温知他是有事而来，直率地问道："参政连夜来此，必有重大事件相告伯温。府中无外人，但谈无妨。"

"学生近日闻悉，在中书省有人接受贿赂，买卖官爵，贪贿犯罪达数十万两之巨。御史台可曾与闻此事？"

"啊！"刘伯温大吃一惊，面部表情有些尴尬，"皇上北巡不久，竟有这等事发生！中书省乃国家行政首脑机关，何人如此胆大妄为？杨参政仅是听闻此事，还是已经拿到贪贿犯罪之人的证据？"

杨宪把一干人犯行贿买官的供状拿了出来，同时向刘伯温讲了自己为取得证据，派遣亲信伪装营缮商"张朝奉"花了十五万两银子买了个"王府营缮总监"的经过。他这样做为的是结案后能要回那些银票。

刘伯温看着那张十五万两银票换来的任命书，不禁惊异这位平时不显山不露水的杨参政竟然如此有心计。此人在皇上出巡之前调到中书省，行事又如此出格，莫非他身负某种秘密使命？

这时杨宪开口说道："据学生查悉，左司都事李彬负责京城各大营缮工程的官员任免事宜，他不过一七品小官，竟敢如此肆无忌惮地卖官鬻爵，其身后必然有人撑腰。学生以为，要查清此事，御史台应立即将其拘捕严鞫。"

刘伯温对李彬这个人不甚了解，只知道他是李善长的亲信之一。他隐隐地感觉到了这件事可能牵涉到李善长或他家的什么人。刘伯温深知李善长在朝廷中的地位是任何人不能撼动的，皇上北巡虽然委托他与李善长共同监国，但作为丞相的李善长享有处理朝中事务的全权，自己仅负督察百官的责任，处于辅佐地位。李彬这个案子如果与李善长有什么关联，身为御史台的负责人在采取行动之前就必须特别谨慎从事了。

"中书省内部有人买卖官爵，参政大人可曾通报李丞相知晓？"刘伯温将了杨宪一军。

"啊！学生这几天急于查清案子，还没来得及去相府禀报。"杨宪颇有些尴尬，不过他马上理直气壮地说，"学生以为，御史台负有督察百官之责，现李彬贪贿犯罪证据皆在，是中丞大人该采取行动的时候了。"

"杨参政所言极是，纠察百官惩治贪贿下官责无旁贷。只是万岁出巡，委托左丞相全权处理朝中事务，此事下官还需与李相爷通气。"

杨宪见刘伯温屡屡拿李善长来压他，心中十分愤怒。他知道刘伯温是投鼠忌器，恐此案牵涉到李善长本人，影响他与李善长的关系，故此要先与李善长通气，使其有回旋的余地。他们如此官官相护，这案子怎么能查个水落石出？自己的一番苦心岂不白费了。

心里一急，他凑近刘伯温，压低声音说道："学生请中丞大人看一样东西。"

"什么？"

杨宪不慌不忙撕开内衫衣襟，取出皇上手谕递给刘伯温。刘伯温看了大吃一惊：杨宪如此有恃无恐，敢于藐视李善长的权威，原来他奉有监视朝政的密谕！他强自镇定地将皇上手谕交还给杨宪。

"参政大人请将圣谕收好。"

"学生这也是不得已啊！"杨宪解释道，"一干人犯均已抓到，暂时羁押在兵马司。这李彬若任其逍遥法外，一旦他们串供翻案，学生怎么向皇上交代啊！"

刘伯温心想：皇上既有手谕许他便宜行事，只怕他的密奏此时已在驰往汴梁的路上，此案无论牵涉到什么人也得办了。于是，他与杨宪相商，御史台派中丞章溢与杨宪共同查办此案。当夜即由御史台派出官兵抄了李彬的家，将李彬及相关官员缉捕到案。

李彬被捕，丞相府里乱成了一团。刘伯温虽在第二天及时知会了李善长，并且暗示此案另有通天的神秘人物参与其中，御史台不得不履行自己的职责。这时李善长才醒悟过来，自己虽位高权重，却不该漠视了那位不起眼的参政杨宪的存在！

李彬被捕之时，在他家里抄出了十余万两赃银，这距杨宪掌握的他买卖官爵所得赃银总数八十余万两相差甚远。御史台继续讯问时，李彬闭口不答。

丞相府里，李善长气急败坏地把他的长子李祺叫来，劈头就一顿臭骂。

"你和李彬，你们干的好事！目无王法！"

李祺还硬着脖子强词夺理："父亲，李彬他卖官鬻爵，与孩儿何干？"

"与你无干？不是你在后面撑着，他有那么大胆子吗？再说，八十余万赃银只抄得十余万两，其余的到哪里去了？"

"那谁知道？他们去审，去问好了，谁敢说是落我们家了？"

"混账！你知道李彬落谁手里了吗？大刑伺候之下，他能不一五一十地招出来？到那时我们这个家全让你毁了！"

"这……"

父子俩的对话是在李善长的书房里秘密进行的，但却没有避开另一个人：李善长的定远老乡——太常寺少卿胡惟庸。他见李善长急了眼，忙出面安抚道："相爷勿躁，李彬不是御史台抓的吗？我想刘伯温顾及他与相爷的关系，也许不会逼得太急。"

"你只知其一不知其二，刘伯温滑头得很，他把这案子交给章溢和杨宪去办，自己在一边坐山观虎斗。"

"杨宪不是中书省的人吗，他会与相爷作对？"

"哼，看来皇上北巡之前是有意把他安排到中书省的，我没把他当回事，太大意了！看来这个案子就是他挑起来的。"

胡惟庸开始意识到问题的严重性，他沉思片刻后说道："如今之计，只有暗中稳住李彬，要他一个人把此事担起来，不要牵涉到大公子。"

"万一他为了逃脱罪责，不想一人承担呢？"

"如今能救他的只有相爷了，不怕他不答应。"

"可是，他交不出八十万两赃银。"

"那倒好办，只需如此便可。"

胡惟庸附在李善长耳边悄悄授计，李善长听了心方稍定。少顷，他叱喝李祺道："还不快去办？"

在杨宪的严刑审讯下，得到李祺授意的李彬巧舌如簧地为自己辩护道：他虽官卑职小，但任命京城工程营缮官员是他职责范围，无需报上司批准，所收八十万两银子大部分是交纳的保证金，现存在京城的某钱庄里，自己接受十余万两孝敬银子是实。御史台果然派人到他所说的钱庄，提取到六十余万两银票，钱庄老板还画押具结，称银票确是李彬存在他那里的，他自然不会透露这些银票的真正来历。

刘伯温十分庆幸这个案子圆满结案。一年前，以李善长为首，由刘伯温、陶安、傅献等参与制定的大明《刑律》已颁布施行。朱元璋有鉴于元律的弛纵，力主以严刑峻法治国，对于官吏的贪墨更是严惩不贷。比如官员监守自盗者，赃银四十贯（折四十两银）者绞；官员受贿六十贯者斩，甚至还附加剥皮实草等酷刑。李彬贪污达数十万两之多，自然难逃一死。

结案后刘伯温于静夜仔细将此案破获经过字斟句酌地草拟奏折上奏汴梁行在。对于案犯李彬自然要求明正典刑，流徙家属，抄没家产，其余人犯一一量刑不等。他在奏折中强调此案的破获全赖中书省参知政事杨宪发现犯罪苗头后明查暗访，应居首功；而御史台负有监督百官之责，理应予以配合。刘伯温深知此事明里暗里涉及左丞相李善长，杨宪这个政治权势的暴发户在与老谋深算的李善长较量中虽然赢得了第一回合，但将来鹿死谁手未可预料。睿智的刘伯温不想卷入权势斗争的浑水中去。

这时，管家进来通报："太常寺少卿胡惟庸大人来访。"

刘伯温不觉一愣：这胡惟庸为何黉夜来访？他估摸必与李彬一案有关。吩咐道："请他在后堂相见。"

"是。"

这胡惟庸是李善长的定远同乡，至正十五年归附朱元璋于和州。因为他口齿伶俐，能说会道，授元帅府奏差之职。后任宁国知县，得李善长的赏识，荐为太常寺少卿。刘伯温知道他是李善长的心腹，难道李善长特意派他来为李彬说情，让御史台给皇上题奏时从轻拟罪？

"中丞大人晚上还在书房操劳，真是个忠勤王事不辞劳苦啊！"胡惟庸一脸谄笑地恭维刘伯温。

"哪里，哪里！伯温才疏学浅，蒙皇上错爱，委以御史台的重任。李彬一案纷繁复杂，下官不得不详细拟奏向皇上报告此案的经过，因此在书房待晚了。"

胡惟庸单刀直入地问道："在中丞大人给皇上的奏折里，李彬该定何罪？"

"这桩案子是我大明建立以来第一大案，李彬卖官鬻爵，涉案金额已达数十万两之巨，按照新订大明刑律，主犯李彬必须斩立决，并抄没家产，流徙家属。"

"中丞大人也知道，这李彬虽是一小小都事，却是李丞相李大人所提携的亲信下属，此案虽与李丞相无涉，但若斩了李彬，李相爷面子上也难看。万岁出巡期间，大人与李相爷同受圣命肩负监国重任，大人能不顾及自己与李相爷的关系吗？"

"依太常卿之见，伯温应如何为李彬定罪？"刘伯温眯缝着眼睛问道。

"依学生之见，大人可以此案涉及面广、头绪未清为由，将李彬定为斩监侯，一切待皇上回京后再做决定。这样，大人在李相爷面前也说得过去了。"

胡惟庸屡屡以李善长的权势相要挟，反而激怒了刘伯温，他愤而起立说："大明刑律是左丞相领衔制定的，伯温不过是参与者之一。难道丞相能因私而废法吗？伯温身为御史台官员，只能按律定罪奏明皇上。丞相若有不同意见，他自可直接向皇上奏闻。"

胡惟庸讨了个没趣，只得怏怏地告辞而去。

胡惟庸走后，刘伯温怔怔地坐在书案前看着那份已经拟好的奏折。天明奏折就要寄发了，现在屈从于李善长的意志将李彬的定罪改一下还来得及。不过此时他身上那种士大夫刚直不阿的本性占了上风，终于长叹一声，将那份奏折一字不改地盖上了御史台的大印，并用蜡丸密封妥当，只待天明以六百里加急发出。

朱元璋先后收到了杨宪和刘伯温的奏折,自己北巡才几个月,京城里就发生了这么大的贪污案,抄没赃银竟达八十余万两,这个胆大包天的狗奴才李彬真是罪该万死!朱元璋若在京城,盛怒之下会下令剥了他的皮。刘伯温按照新定的刑律给有关罪犯的定罪恰如其分,他没有理由不准奏。可是杨宪的密奏中却说:"李彬区区中书省小吏,竟敢公开卖官鬻爵,贪贿银达数十万两,臣以为其身后必有后台,乞陛下明察。"李彬的后台是谁,杨宪所指分明就是左丞相李善长!然而御史台的审讯记录李彬一口咬定卖官系他一人所为,赃银也是从他家中和寄存的钱庄抄得。刘伯温的奏折中自然不会提胡惟庸夜访求情之事。可见刘伯温在处理此事时极为慎重,极力维护国家重臣的威望不受损害。而杨宪却不管不顾,矛头直指李善长,此人野心不小!

本来朱元璋可以提前返京处理此事,但他转念一想:朝廷中的权力争斗终归会有的,历朝历代概莫能外。让他们闹去,闹得越凶越好,到时候自己可以以高屋建瓴之势,轻而易举地收拾残局,把至高无上的皇权掌握得牢牢的。

因此,他批准了御史台对案犯的定罪,准予立即执行。而对破获此案有功的杨宪予以褒奖,并且暗示回京之后将对他更加重用。

其时,京城正遭大旱,五六月间连续三十余天未降滴雨。江浙一带本来常年雨量充沛,为何出现此等怪现象?于是有人风言风语说是灭东吴触犯了天怒。自然这话不会传到朱元璋耳里。老天爷不下雨,京城有关的部门唯一的办法就是搭起高台祈雨,皇上不在就由皇太子率领丞相百官在台前一一行礼,祈求上苍施降甘霖普救众生。一连三天,天空仍然只见火辣辣的太阳高悬着,旁边没有一丝云彩。官员们见祈求无望,也就不再来行礼了,只令高台下那班僧道们好好地诵念经文,看他们的佛祖爷能不能去雨师风伯那里求求情。

正在这时,皇上对李彬案的批奏到了。刘伯温突发奇想,祈雨中宰杀牺牲不足以感动上苍,现有皇上的批奏,我何不在祈雨台前杀个活人去冲一冲,兴许能感动上苍。于是他下令将李彬一干人犯从大牢中提出,牵至祈雨台前,诵经的僧道们顿时被那班荷枪执刀的士兵们吓呆了,一个个目瞪口呆停止了诵经。刘伯温喝令他们继续诵念。御史台的官员大声向围观的民众宣读了李彬的罪状及皇上批准斩立决的御旨,监斩官一声令下,擎着鬼头刀的刽子手手起刀落,跪在地上的李彬一颗首级顿时滚落一旁,鲜血从脖腔子里喷涌而出。吓得那班僧道们连忙用宽大的袍袖遮住面孔,嘴里喃喃地念着:阿弥陀佛!阿弥陀佛!

这时,坐在轿子里的刘伯温下意识地探头望望天空,骄阳下仍无一丝云彩。他摇摇头,喝令起轿回署。那班陪斩的同案犯早已吓得面无人色,有的竟已瘫倒在地,屎尿都被吓出来了。

朱元璋安排好北伐军事部署,于七月中旬回到京城。李善长率领百官至龙江码头迎驾,李善长和刘伯温为首参拜,朱元璋扶起二人,和颜悦色地说:"朕忙于北方军事,二卿留守京师，数月之间，朝中事务处理得当，京都秩序井然，二卿为朕分忧，辛苦了！"李善长见他丝毫未提李彬之事，也暂把一颗忐忑不安之心放了下来。

不过，朱元璋回宫之后，又秘密召见了杨宪，杨宪主动交回了那份密诏，朱元璋当即把它在灯上烧了——这种东西自然不宜留下。朱元璋对杨宪的忠诚能干褒勉有加，答应在适当的时候将他由中书省参政提升为左丞。朝廷废除平章一职后，左右丞就是通向丞相最近的阶梯了。杨宪心里美滋滋的，他深知朱元璋表面对李善长客客气气，但他俩君相之间的矛盾已深，总有一天会爆发，那一天就是他取代李善长相位的时候！刘伯温匆匆忙忙把李彬斩了，企图断了活口，使皇上回銮后难于深挖卖官案的后台。可是杨宪仍不死心，往后的几天他又设法查明：李彬供称存在钱庄的六十万两赃银纯属子虚乌有。经过杨宪的一番拷问，钱庄老板供出那六十万两银票是李彬被捕后数日由相府大公子李祺亲自送过来的。李彬卖官的后台如果不是李善长，至少他的儿子李祺难逃干系。

杨宪把这一爆炸性的消息匆匆报告给皇上，朱元璋当时脸上有些愠怒，但他当即令杨宪把钱庄老板放了，一切审讯记录都烧掉，此事绝对保密，不许外传。

在由汴梁返回京都的路上，朱元璋就仔细想过，大明朝建立伊始，刑律初定，就出现涉案数十万两的贪污案，按照他的脾气，不借这桩案子杀一批人抄一批家，不足以体现他的严刑峻法震慑朝纲的本旨。可是偏偏这桩案子明显涉及的不是别人，而是他的当朝宰相，第一功臣李善长。现在新朝虽已建立，但北方的军事征伐还未完成，自己的大部分精力仍然集中在军事指挥上，国家的管理重担仍然靠李善长一个人挑起来，他制定的一项制度或颁行的一个政令，往往涉及国家每年百万、千万两银子的税收，数十万、百万担粮赋的收入。可以说，朱元璋现在仍然和几年前与群雄逐鹿江南时一样，后勤粮饷完全依靠李善长经营筹划，没有他国家就会瘫痪！罢罢罢，如果李善长真的在李彬案中有什么不干不净，弄了几十万两银，就当朕把某项赋税的一个零头赏给了他吧！古语云"窃钩者诛，窃国者侯"不是没有道理的，投鼠还须忌器，李善长就是国家的大器，千万动不得。

李彬案很让李善长没面子，杨宪得到皇上的褒奖，他一时也奈何不了他，于是把怒气撒在刘伯温身上。京城一直没有下雨，李善长在朝堂上公开上了本，说刘伯温戮人于求雨坛墠之下，触犯了天怒，是大不敬之罪。李善长带了头，一些怨恨刘伯温执法过严损害了自己利益的朝臣也相继在皇上面前诋毁刘伯温。

一时间风雨飘摇，使本来淡泊名利的刘伯温对朝政彻底灰了心。纵使朱元璋念及他过去的功劳没有处分他，他也不愿在京都这是非之地久留了。他本来是一个文人，由于战争的原因误入了官场。辅佐朱元璋立了一些功绩，人们将他比作汉初三杰的留侯张良，他为何不学张良激流勇退隐入山中呢？

正好这时刘伯温的原配夫人死了，家乡来人告丧。他立即毫不犹豫地修本以妻丧告老还乡。朱元璋考虑到他目前的处境，批准了他的奏章。于是，刘伯温迅速打点行装，静悄悄地离开了喧嚣的都城，回到了浙江青田老家。

第三章

逃亡的末代皇帝

元顺帝仓皇逃离大都

戒备森严的最高军事决策会议。徐达飞檄各路兵马，攻下通州，直逼大都。元顺帝竟还聚精会神地在木工车床上干活！木工房里的御前会议在吵吵嚷嚷中无果而终。顺帝最后看一眼黑暗中的皇宫，无奈地登车驶出建德门，直奔居庸关而去。

朱元璋在启驾返回应天前，在汴梁行宫单独召见大将军徐达，摆下丰盛的酒筵慰劳他。在这次酒宴上，君臣俩谋划了北伐军的最后，也是最重要的一次战役——攻取大都，倾覆元王朝。

由于这是最高的军事决策会议，连副帅常遇春都没有参加。行宫中戒备森严，禁卫军们荷枪执戟远远地守卫着，大将军的随行军校都安排在殿外喝酒，待在殿中斟酒递菜的竟是两个又聋又哑的侍者。

饮了几杯酒后，朱元璋引上正题说："朕不日就要返京了，对于北伐大业，徐皇兄有何打算？"

徐达从容禀奏道："自北伐以来，我大军相继平定齐鲁，复转师下河洛，取潼关。李思齐、张良弼辈狼狈西窜，而王保保驻军太原，逡巡观望，不敢前来救援。现在的形势是元室后援已绝，大都顿成孤城，我军沿运河北上，直捣元都，臣估计不会遇到太多的抵抗，可不战而克之。"

朱元璋频频点头道："对，对，朕也是这个主意。"

徐达又奏道："若我军攻克大都，估计元主早闻风北逃塞外，我军是否要穷追出去，请主上明示。"

朱元璋略加思索道："元室运已衰颓，今失去都城，逃往荒漠塞外，自会渐行渐灭，不烦我穷兵追剿。我军出塞之后，只要固守边关，严防其侵轶骚扰即可。"

徐达顿首受命。

七月下旬朱元璋御驾返京后，徐达即开始部署北征。他首先飞檄驻守益都、济宁、徐州的张兴祖、韩政、孙兴祖诸将，令他们迅速会集东昌，听候调遣。然后亲率大军北渡黄河，与副将军常遇春会师河阴。这时，先期派出的先锋傅友德已进逼河北卫辉城下，不数日间，北伐军连下卫辉、彰德、广平。大军进驻运河上的水陆码头临清。

徐达在临清大会各路前来增援的诸将。他要攒紧铁拳，以雷霆万钧之势击溃元军最后的抵抗，直取元朝立国百余年的大都。这时，临清城里，铁骑纵横，运河上下，战舰旌旗林立。徐达指挥笃定，他命先锋傅友德从陆路以步骑兼程北进，都督顾时等率舟师沿运河北上。这时副帅常遇春早已出奇兵以迅雷不及掩耳之势攻占鲁北重镇德州。至此大都门户大开，京城只有通州城一个屏障了。

通州是大运河的终点，距大都不过百里之遥。这里元军必设重兵，徐达估计必有一场恶战。徐达兵马到后，亲自立营河东岸，常遇春立营河西岸，对通州城形成钳制之势。

通州守将卜颜帖木儿率敢死军一万余人出城迎击明军。那一天天降大雾，徐达命小将郭英率三千兵马进攻，自己则伏兵于山丘之后。郭英与卜颜帖木儿交战不久即伴作败走，卜颜率军来追，正落入徐达的埋伏圈。卜颜在大雾中苦战不得脱，郭英又率军转身杀到，卜颜猝不及防，被郭英一枪刺中坠落马下，随即被明军擒获。

主帅被擒，元军顿时失去了斗志，除了战死的千余人外，其余军卒尽皆弃械求降。徐达随即率军进占通州城，将擒获的卜颜帖木儿枭首示众。明军经过十几天长途奔袭，均已相当疲乏了，徐达下令在通州休整三天，然后一鼓作气，攻取大都。

通州失陷的消息传到大都，元朝廷的文武大臣们都慌了。几天以来，明军由河南打到河北，又由河北打到山东、天津，锋芒越逼越近。朝廷里的达官贵人开始把几十年来在中原掠夺的金银珍宝等贵重物品一车一车送出城去，派得力亲信护送回蒙古草原。通州失陷的消息无异晴天霹雳，许多官员连家眷也送出城了，有的甚至自己也装扮成平民混出了城。

平时饱受蒙古人欺凌压迫的汉族老百姓目送他们开溜，心中好不痛快，也有不怕死的愣头青追上去骂几句他们听不懂的汉话，以泄心头之愤。一些跑山东和天津卫做买卖的传过来各种消息：朱元璋的军队占据了德州城；运河里挤满了挂着明军旗号的战舰；通州城外打了一场恶仗，结果那个叫卜颜帖木儿的守将被砍下头颅挂在城门上示众……在蒙古人统治下过了将近一百年屈辱日子的老百姓对元军的失败欢欣鼓舞，预感他们的生活即将发生翻天覆地的变化。

这时，在元宫高高的宫墙后面，老皇帝元顺帝在干什么呢？使人无法置信的是：这位身处战火硝烟中的皇帝，身上围着厚厚的皮围裙，聚精会神地在一架木工车床上干活！他在用结实的胡桃木车制一个形象奇特的零件。因为要同时脚踏飞轮使车床转动，他干得手忙脚乱，脸上沁出了密密的汗珠。最近，他迷上了制作宫殿模型和一些别的奇巧的东西，因而在宫廷内外得了一个"鲁班天子"的美誉。

堂堂天子却要做鲁班，这真是莫大的讽刺！

年近五十的元顺帝，孛儿只斤妥欢贴睦耳，这几十年皇帝当得既惊险又辛苦。自从十三岁他以亲王身份从广西回京当上皇帝，他没有重复以前几代皇帝成为朝廷权贵牺牲品的命运，他成了历次阴谋政变的胜利者。当位居太师的丞相伯颜与皇太后密谋废黜他的时候，他与御史大夫脱脱用计趁伯颜出城行猎时夺掉他的兵权，将其安置外地，逼伯颜自杀。而当脱脱权势极盛时，他又利用宠臣哈麻，趁脱脱出外征战时，诬其师老无功，将他贬谪并于途中毒杀。而哈麻最后的结局也与两个前任一样。

最近，他又杀了拥兵自重的孛罗帖木儿。在与朝廷权贵的较量中，他是唯一值得骄傲的胜利者。但是，无休无止的尔虞我诈和勾心斗角使他身心俱瘁。他要寻求一种解脱。他曾经热衷于房中术和无休无止的淫乐。哈麻引进的西番僧以十六位天魔女进献，堂堂皇帝在魔女们引诱下，在无边的淫乐中麻醉自己，这和他后来沉迷于造龙舟、制造设计精巧的宫漏、搞宫殿模型设计的目的是一样的，他想远离战事，远离权贵们的尔虞我诈、勾心斗角。他自知无治国之才，只能把权柄交给自以为能够信任的宰相，然后在他们野心膨胀，无法控制时再把他们杀掉。在如此循环往复间，朝廷已经极度腐烂，导致与占据了半壁江山的朱元璋的战事到了不可收拾的地步。

左丞相失烈门与知枢密院事黑斯慌张闯进宫来，他们推开企图拦阻的宫人和卫士，气喘吁吁地冲到顺帝的面前。

这时，皇帝手里拿着一把卡尺，正在木屑飞扬的车床旁忙碌着。他很满意自己刚车制好的一个零件的精确度，甚至轻轻地哼起了遗忘已久的蒙古小调。

两位大臣扑通跪在车床旁的刨木花里。

"启禀陛下，通州失陷了，卜颜将军以身殉国！"

"徐达、常遇春的贼军就要打进大都来了！"

两位大臣平时是意见相左的政敌。在这危急时刻倒也齐心协力，企图把他们的皇上从无聊的痴迷中唤醒。

顺帝解下皮围裙，遗憾地看了一眼车床上刚装上的新部件，无奈地说："好吧，宣诸位大臣御前议事。"

御前会议在一片惶恐与混乱中进行。大敌当前，参与议事的大臣们仍然不忘攻击自己的政敌。以左丞相失烈门为首的一派埋怨皇上不该听信谗言，褫夺了河南王扩廓帖木儿的兵权，当今能与朱元璋的军队抗衡者，唯有扩廓帖木儿。若令他陈兵京畿，通州还会失陷吗？徐达、常遇春还敢这样猖狂吗？

顺帝道："朕不是撤了抚军院，诛杀了孛罗帖木儿，仍令他总制调度天下兵马吗？"

朱烈门又奏道："陛下纵然从善如流，可是朝廷的诏令到了下面就不管用，关中四将李思齐、张良弼他们不但不服从扩廓的调遣，还联合起来围攻他，使他腹背受敌。"

另外一派的大臣反唇相讥道："左丞也不必把河南王扩廓说得那么好，他若能抵挡明军,为什么连自己的老巢洛阳也让人家端了?连他外公梁王阿鲁温都被捉了?眼看着明军攻河北,占山东,他却缩头乌龟一样躲在太原不出来?"

"不要吵了!"顺帝不耐烦地制止道,"朕让你们献御敌之计,谁让你们扯这些陈芝麻烂谷子?"

左丞相失烈门灵机一动,献计道:"臣以为大都城高壕深,兵民充足,陛下与太子亲自率众臣固守之,贼军一时难以攻下。臣愿奉急诏去太原令扩廓帖木儿发兵来援。明军孤军深入,粮车辎重后续困难,待援军一到,其败必然。"

知枢密院事黑厮一眼看穿他这是金蝉脱壳之计,微微哂笑道:"左丞之计诚妙,但臣以为扩廓驻军太原,距大都千里之遥,他纵然奉诏发兵,关山阻隔,路途遥远不说,又岂料朱元璋未设重兵阻击?只恐左丞率军抵达之时,我等君臣皆已成明军阶下之囚了!"

他这一说,顺帝不禁不寒而栗。嘴里喃喃道:"不可,不可,扩廓那小子朕终究信不过他,哪能把命运系在他身上。"

顺帝又问黑厮:"爱卿你有何计?"

黑厮从容对道:"以臣之见,中原土地、城池俱已沦入贼军之手,仅仅守住大都一座孤城,让我朝廷悬于敌人剑锋之下,战战兢兢,朝不保夕,又有何益?我蒙古人的根基在草原,请陛下速作决策,朝廷宫室暂时迁居上都。待我蒙古骑兵重振雄风,何时不能重回大都?"

顺帝心里是倾向于迁居之策,只是他老谋深算,并不明白表露,反而令众臣各自献策。于是大家七嘴八舌,一会儿又成了互相攻击,把战败的原因往对方身上推。一些乱七八糟、鲜为人知的隐私纷纷被揭露出来:有的昏庸颟顸,沉溺酒色,不理政事;有的中饱私囊,克扣粮饷,致使军无斗志;有的早就把眷属和资财细软偷偷运往关外,全无与国共难之心……

木工房里的御前会议在吵吵嚷嚷中无果而终。这时,军方传来消息,数万明军的先头部队已离开通州,浩浩荡荡朝大都杀来,沿途的守军据点摧枯拉朽般地被一个个拔除。至此危急时刻,大臣们也等不及皇上做出守或撤的决定,一个个瞅着机会利用各种借口混出城门溜之大吉。

到了七月二十八日晚,顺帝终于与皇后、太子秘密议决撤离大都。第一个得知这个消息的是曾服侍几代先帝的老太监伯颜不花,这位对元室忠心耿耿的老太监平时不问政事,这时听说皇帝要舍弃宏伟的宫殿,逃到沙漠中去,他伏在顺帝脚前苦谏道:"天下是世祖的天下,陛下当以死守,奈何轻易放弃?就是贼兵打进宫来了,老奴率领内臣们也可抵挡一阵呀!"顺帝一脚把他踢开,叱斥道:"蠢奴,人家十万雄兵是你们几个宦官抵挡得住的?你想让朕重蹈徽、钦二帝的覆辙吗?朕意已决,休得多言!"

深夜,顺帝召淮王帖木儿不花、丞相庆童入宫。令淮王监国,庆童辅佐,统领文武官员加强城内外的防御,掩护皇帝率后妃、太子撤往上都。

淮王帖木儿不花是最早被张士诚夺去封国赶回大都的,长期以来他无权无势,在朝廷里看别人的眼色过日子。猛然间皇上召幸，委以监国重任，使他很兴奋。"监国"不就是准皇帝么？皇上圣驾离开京城，偌大的大都城岂不唯我一人为大，谁还敢小瞧我？此时，这位落魄已久的藩王岂能料到两天后就要为他的权势欲付出血的代价。

夜半三更，皇宫里一片漆黑，数十辆蒙着黑布的马车一溜停在宫门外，神色慌张的皇后和几位地位高的妃子，被她们的随身宫女扶上车，在车座下面塞满了一包包能够带走的金银珠宝。太子爱犹识里达腊一家也从东宫汇集到这里。顺帝并没有登上为他专备的宽大车辇，他站在宫门外指挥士兵们把他那些宝贝木工车床和制成的建筑模型搬上车，甚至连一根根笨重的胡桃木都不肯落下。因为这些胡桃木是江南进贡来的，到了草原上它们可就是宝贝了。

笨重的木头塞满了最后一辆车。这时负责宫内起居注的太监抱着一大叠文书图册慌慌张张地跑过来，对顺帝说："陛下，那边府库里还有我朝十三代皇帝的实录等重要图籍，这几本是陛下这一朝的，臣勉强抱过来了。"

顺帝看看车辆均已塞满，降旨道："这些就放到朕的车里去吧，十三朝实录满满一屋子，哪能都带走呀！"

"那——那岂不会落入贼军之手？"

顺帝无奈地苦笑一声："修《元史》原本是下一朝的事，把它们留给朱元璋正好。"

这位对天下社稷已经心灰意懒的皇帝，现在想的是如何轻装快马逃离这个危险的地方，哪里还顾得上那些破烂的祖宗图籍。

顺帝最后看了一眼黑暗中的皇宫，这个他待了三十五年的地方，他的眼光里已经没有留恋，而只有茫然和无奈。

车队在禁军士兵们火把的照耀下静悄悄地驶出皇宫，驶上无人的街道，驶出黑暗中高耸的建德门，直奔居庸关而去。

一日后，徐达率大军抵达大都城外，见城门上尚有元军守御，为了避免伤亡，徐达没有急于攻城，反而令大军退后三里，调集三万余条麻袋，铲平了附近两座小山丘，将泥土装满袋中。次日凌晨，一声号令，数万士兵车载肩扛，更雇用附近村庄几个大胆的青皮后生助力，用骡马车转运麻包。顷刻之间，将齐化门外原本不深的壕沟填满，进而往城墙根填土。城上元军微薄的兵力被强大的火炮和弓弩手压制住，这时一贯身先士卒的常遇春大喝一声："随我来！"纵身从炮火轰垮的城墙缺口一跃而上。明军顿时潮水般涌上城头，没有来得及逃跑的守军一个个把枪械高举头顶跪地投降。

杀上城头的先锋部队打开了齐化门的城门，徐达亲率大军进入大都城内。立刻有几个衣衫褴褛的汉人自告奋勇带路前去清剿城内负隅顽抗的元军，不到两个时辰，守卫几座城门和数处官衙的元军悉数皆被歼灭。经过清点，擒获的元朝官员有：监国、淮王帖木儿不花，左丞相庆童，平章迭儿必失，平章朴赛因不花，右丞张康柏，御史中丞满川等。这些人都是拒不投降的死硬派，徐达喝令将他们处斩，其余投降官兵一个都不杀。至于那个苦谏顺帝的老太监伯颜不花，早已在宫中悬梁自尽了。

明军包围了皇宫。元朝的皇宫占地不大，仅及清廷紫禁城的三分之一。听说元宫里一些太监很顽固，纠集一些守宫的禁军士兵誓死抵抗。常遇春一听就火了，亲自带领明军就要杀进宫去。这时只见徐达身边的指挥张胜飞马赶来，大声喊道："常将军且慢，大将军有令：不许进攻元宫。"

"为什么？宫内还有一批坏蛋没有消灭。"

"大将军说，少数顽固分子不足为虑。倘若打进宫去，把这个地方打烂了，责任由谁来负？大将军请你回去议事，皇宫这边就由末将负责守卫。"

徐达考虑得很周到：倘若听任常遇春打进宫去，如果杀人过多，或者宫内珍宝器物发生毁损丢失，宫女甚或公主妃子遭受掳掠奸污，那时就难于向皇上交代了。

小将张胜带一千精兵，在皇宫四门严密布防，没有大将军手令，任何人不得入宫。他派人向宫内太监送去招降书。不久，几个老太监带领两位年幼的王子前来献降。张胜令宫内禁军抬着武器出宫，其余人等悉数回宫，他令宫人们仍然服侍各自的公主、王子，严禁士卒对其骚扰、侵犯。

徐达派人入宫，封了大内的府库，所有珍宝玩物一一造册清点，任何人不得私拿强占。徐达听说顺帝逃走时来不及带走的元代各朝皇帝实录等珍贵典籍散落一地，惊呼道："这正是皇上修《元史》所需的珍贵材料啊，顺帝老儿数典忘祖，连自己祖宗的家谱都不要，焉得不败？"他连忙在军中挑选了两个文士，进宫去忙乎了好几天，把那些典籍收拾清理，一一造册，准备将来奏明圣上，运回应天修史之用。

大都平定之后，徐达出榜安民，大意是：我军奉大明洪武皇帝之命，挥兵北上，驱逐统治我中华百年的匈奴异族。自此之后，我汉族不再沦为匈奴、色目之下的三等贱民，扬眉吐气，重做主人。至于羁留我境的蒙古等族人，只要其不再欺压汉人，奉公守法，我亦大度容之。各族人民均安己业，毋得滋事生扰。庶几市廛繁荣，百业兴旺，人民安泰。

这通布告虽然是针对老百姓的，但元朝的蒙汉官吏，见明军并未滥杀滥捕，几天后也都从各自躲藏的地方出来自首，徐达亦令其各安原职，服从明军指派的地方行政长官领导，维持地方秩序。

至于经过战事惊扰的老百姓，看到明军的布告后，果然有了一种异样的感觉。他们看到过去作威作福的蒙古人都销声匿迹了，偶尔碰到一两个都是低着头匆匆而过，这可是近一百年来没有过的事。他们在私下里议论：过去听说的南边那个朱元璋果然了不起，他的军队这么会打仗，纪律又这么严明，看来祖祖辈辈盼着的改朝换代，到咱这一代果然要实现了。

大都城里的买卖人怀着试探的心情，首先只打开了半边门面，果然既没有士兵闯进来强索财物，也没有路人哄抢事件发生，于是他们的疑虑消除了，高兴地把整门门面都敞开来，摆出了各种新进货物。街上推车、挑担做小买卖的也渐渐多起来，不过一两天，大都的街市恢复了往日的繁华与喧闹。

大都既平，徐达一面遣将飞赴应天报捷，一面按照朱元璋原定战略部署，派傅友德、薛显、曹良臣、顾时诸将率兵夺取古北口等边关隘口。徐达指示他们夺取边隘后可出关北巡百里，但不得深入沙漠追击敌人。

朱元璋在应天得到攻占大都的捷报，心中的喜悦可想而知：终于把元朝的皇帝老儿赶出去了，现在自己已成为中国国土上唯一的皇帝。自然，他也清醒地认识到顺帝虽然已逃到上都那个他们原来发迹的地方，但他的政府建制还在，西北还有扩廓帖木儿、李思齐、张良弼等大量仍然效忠于元室的军队。要消灭那些剽悍的军队仍是极为艰难的任务。

朱元璋极为憎恨大都这个地名，他已定都南京应天，又以开封为北京，并准备敕封他的老家凤阳为中都，北方还要什么都？因此他下诏改大都为北平府，在它周围设置六个卫，令都督孙兴祖率三万人守之。而徐达仍率大军继续西征，完成他心中未竟之大业。

扩廓和关中三将的覆灭

元顺帝下诏封扩廓帖木儿为总制天下兵马的左丞相。扩廓竖起勤王复国的大旗杀奔大都。徐达"围魏救赵"，回救太原的扩廓只剩下十八骑。李思齐天明时在城头竖起了白旗。张良臣父子满身血污泥水，往日的横蛮狡诈不知跑到哪儿去了。

元顺帝在明军兵临城下之时，其实只有两种选择：一是北逃塞外，把小朝廷安在祖宗发迹的上都，以图东山再起；另一种选择就是亲自率领臣民与明军决一死战，保卫大都。经过仔细掂量之后，他选择了前者。因为他深知，纵使自己有决心与大都共存亡，他的臣下，那些整天锦衣玉食养尊处优的蒙古将军，还能带兵打仗吗？朝廷重臣、最高军事长官知枢密院事黑厮就第一个提出了逃跑的建议。指望这些人抗击如狼似虎的明军，难免城破国亡，靖康之耻重演，自己将像徽、钦二帝一样被掳去南方，做亡国之君！

他在决心北逃之前，依然把复兴国家重返大都的希望寄托在盘踞西北的扩廓帖木儿、李思齐、张良弼等人身上。尤其是扩廓帖木儿，他虽是汉人出身，但他对皇室的忠诚不亚于任何一个蒙古人。

顺帝在出逃前，没有忘记派信使给扩廓帖木儿送去一道诏书。在这道诏书里，他诚恳地自责过去优柔寡断听信谗言，对扩廓不够充分信任。现在他已断然处决了扩廓的死敌、篡政乱宫的孛罗帖木儿，决心从此将总制天下兵马的权力，永远交付给他最忠诚勇敢的臣子左丞相扩廓帖木儿。希望他以祖宗社稷为重，率兵夺回大都，为复兴伟大的元帝国建立不朽的功勋。

扩廓帖木儿原名王保保，是元平章察罕帖木儿的外甥，从小被他收为养子，带在身边南征北战。察罕遇害后顺帝即在军中拜扩廓为太尉、中书平章政事，继续统辖察罕军。因此他自视为纯正的蒙古人，对元室忠诚不贰。

收到顺帝的诏书，老皇帝的幡然悔悟使他深为感动，将过去顺帝曾下诏褫夺他兵权之事全都忘到九霄云外去了。他立刻号令三军，点齐十万兵马，把勤王复国的大旗高高竖起，连夜出榆林，兵发雁门关，杀奔大都而去。

徐达攻占大都之后，按照朱元璋的战略部署，挟战胜之余威，率师西征。因为，一直盘踞西北的扩廓帖木儿和李思齐、张良弼等部元军最精悍的军队，始终是朱元璋的一块心病。他们一天未被消灭，西北大片的土地一天未能纳入大明的版图，他在皇帝的宝座上就会惶惶不安，如坐针毡。

西征军分两路向山西进军，常遇春顺利攻下保定、中山、真定，冯胜、汤和率军下怀庆，穿越太行山，攻泽、潞两州。但在泽州城下，遭遇扩廓派来驰救的猛将杨札儿，被他大败一场。

西征军受了挫折，扩廓帖木儿收到杨札儿的报捷，不禁冷笑一声：看来徐达、常遇春也不过尔尔！于是，他就放心地整兵出雁门关，经保安州攻打大都去了。

得知扩廓帖木儿去攻大都的消息，徐达召众将计议，有些将领恐北平有失，建议分兵驰救。徐达镇定地说："北平有孙都督在，前有居庸关阻隔，后有百丈坚城，定能抵挡得住。此番扩廓帖木儿倾全力而出，他的老巢太原必然空虚无多少兵力，我若乘其不备，直捣太原，使其进不得战，退不可守。这在兵法上叫作批亢捣虚之计，古人的'围魏救赵'亦如此。扩廓若还救太原，回兵已来不及了。那时他进退失利，必然为我所擒获。"

众将皆叹服主帅的分析精确，计议已定，徐达亲率大军主力经由井陉、阳城，攻占重镇榆次，直扑太原城下。

扩廓帖木儿带着他的勤王之师到达保安州，他的先头部队已侦知前面居庸关明军有重兵把守。但他也是个善啃硬骨头的悍将，立即下令做好强行攻关的准备。

正在这时，明军在徐达的率领下进逼太原的消息陆续传来。扩廓留在太原的守兵确实没有多少，而且那里留有他与所有部将的家属和财物。未待他作出决定，那些部将们就都鼓噪起来。

"皇帝老儿撒丫子一溜烟跑了，却叫我们去给他收复都城。一座居庸关都难过去，大都是那么好打下的？"

"我们还是先顾一下自己的窝吧！我一家老小都还在太原城里，若是生生让明军掳去了，我还有什么脸面见人？"

"丞相，赶快回军去救太原之险吧！"

扩廓帖木儿从小在养父教导下，熟读兵法，他也明知徐达这是围魏救赵之计，为了大家的妻儿老小，明知是计也得往里钻呀！再说，自己能不能攻下大都还是没影的事。

于是，他不待诸将再请求，立刻做出了决定：连夜拔寨而起，后军改作前军，火速返回太原。他恐大军行动迟缓，还派了一名得力的将领，率一万名骑兵先行。并叮嘱他如遇明军阻挡，必须不顾伤亡奋力冲入城中，增援守城部队。待他亲率的大军都到时，内外夹击明军，克敌制胜。

徐达率军到达太原城下，还未完成部署，忽见有骑兵冲杀过来，他知这是扩廓帖木儿部回救太原来了，当时情况不明，只见敌军是清一色的骑兵部队，其目的是往太原入城的方向冲去。徐达心想：若让扩廓的援军进了城，将会对明军攻城部队形成夹击之势。

当时正是黄昏，暮霭将临之际，徐达果断地命令傅友德、薛显各率五百精骑从斜刺里杀出，将敌人的骑兵冲为三段。

双方的骑兵在干涸的汾河上战斗多时，直至夜色完全笼罩了平原。对方的骑兵主将也不清楚明军到底有多少，恐落入明军埋伏，远远望见黑魆魆的城墙也不敢往前去了，后退了一步，在太原城西扎下营来，并派遣一队骑兵循原路去迎接扩廓帖木儿的大部队。

扩廓的主力四五万人也于夜半赶到，于是皆扎营城西。扩廓传令各营休整兵力，准备天明即与明军决战。

双方剑拔弩张，一场恶战不可避免。

徐达手下有一员年轻将领郭英，按说他还是朱元璋的小舅子。朱元璋尚未发迹时到他家去，他父亲郭山甫是个极会相面的人，他一见朱元璋就称他将来贵不可言。于是老人叫他的两个儿子郭兴和郭英跟随朱元璋渡江，还将爱女许配朱元璋做侍妾，这就是后来著名的宁妃。

郭英因为年仅十八岁，朱元璋留为亲兵，每晚值宿帐中，并亲昵地叫他"郭四"。征武昌时，陈友谅的一员降将突然持枪闯入朱元璋大帐，谋刺朱元璋，朱元璋情急大喊："郭四快来救我！"郭英冲入帐中，拔出宝剑与刺客格斗，直至将其杀死。朱元璋感激地脱下自己的战袍赏给了他。以后，郭英因战功累累晋级，当上了指挥佥事，成了大将军徐达手下的一名得力战将。

当晚，郭英所部扎营在山上。深夜他出来观察敌情，遥望敌营的灯火，见其布营零乱疏散，毫无章法。马匹也放在外面任其四处觅草吃。观察完毕，他回营把这些情况禀告副帅常遇春说："敌兵虽多，人马疲乏，立营也很散乱，如我们乘夜去劫营，定能制胜。"常遇春当即去与徐达商量，徐达高兴地说："郭英这孩子很有头脑，是个将才！"

明军指挥部正在筹划劫营之事，忽然士兵们从大帐外绑进来一个探子。徐达正要下令推出去砍了，那探子高叫他是奉主将豁鼻马之命前来约降的。徐达接过降书来看，原来这豁鼻马本是孛罗帖木儿的重要将领之一，孛罗被顺帝诱杀后，他走投无路，只得投奔扩廓。但扩廓帖木儿对这种投机分子素来看不起，将他降职使用。豁鼻马怀恨在心，于是趁现在两兵相接的机会，下决心脱离扩廓，叛归明军，并愿作内应。

徐达令将来人好好安置后，与常遇春商量此事。

常遇春道："王保保素来诡计多端，这莫非是他诈降之计，我们要谨防上当。"

徐达道："豁鼻马原非王保保嫡系，这一点应属可信。况且蒙古将领作战崇尚勇猛，诡计不多。我们回信可许他归降，也不告知我们劫营的计划，只让他在双方对垒中反戈一击即可。"

常遇春再无异议，遂进一步商量好劫营计划。

初冬时节的晋中平原早已下过了几场雪，天寒地冻，朔风呼呼。扩廓帖木儿刚刚巡视完军营回到大帐，他卸下带甲的战袍，换上一袭汉人的狐皮大氅。大帐里早已生起熊熊的炭火，比外面暖和多了。

巡视军营的结果令他很不满意，数万人经过一天半夜的长途奔袭，早已人困马乏，大家胡乱扎好营，外面装模作样搁几个哨兵，吃过饭后倒头便睡。当他巡视经过各个军营时，听得帐篷里一片鼾声。许多马匹没有人照料，散放在野地里觅草吃。

这些都让他不满。他是个治军很严厉的统帅，搁在平时他就要用鞭子打那些失职的下属了。但是现在不能，首先是自己犯了战略性的错误。在皇帝已经弃都而逃的情况下，凭着他的赦诏一时冲动，就千里迢迢地企图收复大都，结果反叫人家抄了老巢！

大帐里点起了照明的油灯，他那两个美丽多姿的侍女知道他有深夜读书的习惯。这次战略性的失误他更要从兵法上找找原因，于是他拿起随身携带的《孙子兵法》仔细阅读着，力图从那些艰深的文字中印证自己的失误。

夜，静悄悄的，他读着读着兵法，似乎有些困倦，书几次掉到桌上。那两个伺候茶酒的侍女也站在两旁不时打瞌睡。但他强撑着又拿起书来。

不知过了多久，他似乎听到远处的军营有人马喧嚣。"不好！"他的瞌睡顿时惊醒，他本能地抓起身边的佩剑，"有人劫营了！"

大约三鼓时分，早已作好准备的郭英率领三百精骑轻悄悄地接近敌营，直到他们砍翻那几个正在瞌睡的哨兵，敌人的营帐里仍是鼾声一片。郭英一个手势，战士们齐声呐喊，冲进了敌营各个营帐，见人就砍，见帐篷就烧，霎时间火光冲天，杀声遍野！

这时，常遇春率领的后续部队也散开队形扑向敌营。正在这时，忽见敌营中也有一支蒙古骑兵呐喊杀到。这是元军中唯一有准备的部队，常遇春正准备迎敌，忽见那一彪军人人颈际都围着一条白毛巾，为首的正是那个面相奇特的豁鼻马！

豁鼻马打了一个暗号，带领明军直向扩廓帖木儿的大营杀去。

这时，从睡梦中惊醒的元军见四面火起，不知有多少明军杀到，纷纷弃营而逃，见到明军就跪地投降，不做任何抵抗。往往几个明军战士往营帐上投一个火把，营帐里的元军就统统爬出来，高举双手投降。

等到扩廓穿好战靴袍甲赶出帐来时，外面只见四处奔逃的元军。他愤怒地挥剑砍倒了两个，仍然无济于事。他的部将都不见了，无法组织起有效的抵抗。眼看大队的明军呐喊着朝他这个方向杀来，"活捉王保保"的喊声清晰可闻。他意识到可能被人出卖了，于是只好聚拢自己营帐中的卫队，他数一数刚好十八骑。

这些人都是跟随他久经血战的精英，有了他们我扩廓帖木儿还会东山再起！于是他不再留恋这个已经失控的战场了，他在马上用嘶哑的声音高喊一声："跟我来！"

十八骑马踏过火光灼天的战场，避开了后面的追兵，以极快的速度向东北方向疾驰而去。

天渐渐亮了，东方的地平线现出了鱼肚白。徐达派部将打扫战场，这次夜战除少数敌将乘乱逃逸外，共俘获元军将士四万人，缴获战马四万余匹。那些逃逸的敌将大多是趁乱潜回了太原城内与自己的妻儿老小会合。徐达趁热打铁，天明即向城内射去了谕降书。

太原守军势单力薄，被明军俘获的扩廓部将也一一到城下劝降。告诉他们扩廓帖木儿只剩十八骑逃走了，于是守军完全绝望了，只得举起白旗献城投降。

后来，常遇春还率轻骑去追击向东逃跑的扩廓帖木儿。因为朱元璋屡屡称赞扩廓帖木儿如何了得，使他很不服气。

"狗日的王保保，你逃到天边老子也要追上你，除非你跳到东海里喂鳖！"

可是他没料到的是，扩廓帖木儿知道有人追击，他往东逃了一阵，忽然拐了一个大弯，经由晋北地区往甘肃去了，让常遇春扑了一个空。而且，甘肃还有元军部队，他可倚仗皇帝颁给他总制天下兵马的诏书，在那里重整旗鼓。

太原既下，徐达乘胜攻取晋北重镇大同。同时令冯胜、傅友德等分兵前往猗氏、平阳、介休诸县。没有了扩廓帖木儿军队的保护，这些郡县的元朝政权立刻土崩瓦解。有的在明军到达时即于城头举起白旗，有的由守卫县衙的元军士兵将元朝的官吏缚送军前。

至洪武元年腊月底，山西全境皆平。捷报传到应天，朱元璋派使臣携来御酒、文绮、金帛劳军，徐达和他的将领们在太原过了一个欢乐的春节。

洪武二年春天，徐达奉朱元璋之命，进图关陕。这时，没有了扩廓帖木儿的牵制，关中诸将倒还能团结起来，他们公推李思齐为统帅。李思齐驻兵凤翔，张良弼驻庆阳，而孔兴、脱烈伯等分驻鹿台、奉元，互为掎角之势。

朱元璋为了尽量减少伤亡，曾多次谕降李思齐，均未得到回报。在这次战役开始之前，他再一次寄给他一封谕降书。

前者朕遣使通问，至今未还。岂所使非人，忤足下而留之欤？抑元使适至，不能隐而杀之？若然，亦事势之常，大丈夫当磊磊落落，岂以小嫌介意哉？夫坚甲利兵，深沟高垒，必欲竭力抗我军，不知竟欲何为？昔足下在秦中，兵众地险，虽有张思道，专尚诈力，孔兴等自为保守，扩廓以兵出没其间，然皆非勍敌。足下不以此时图秦自王，已失其机。今中原全为我有，与足下为掎角者，皆披靡窜伏，足下以孤军相持，徒伤物命，终无所益，厚德者岂为是哉？朕知足下凤翔不守，则必深入沙漠以图后举。然非我族类，其心必异。倘中原之众，以塞地荒凉，一旦变生肘腋，妻孥不能相保矣。且足下本汝南之英，祖宗坟墓所在，深思远虑，独不及此乎？诚能以信相许，幡然来归，当以汉窦融之礼相报，否则非朕所知也。

李思齐看到这封信，心里有些动摇。扩廓那么强悍，一夜之间灰飞烟灭，强大的明军岂是自己能阻抗得了的？朱元璋既然应许以窦融之礼待我，至少妻儿老小下半世衣食无忧了。但李思齐有个养子赵琦，也是他手下悍将，他坚决不主张降明。他说朱元璋对投降的元朝宗室很客气，因为人家把江山让给他了；但对汉族降将特别苛刻、鄙视，认为你没骨气，你看哪一个有什么好下场？我们实在撑不住还可以西逃到吐蕃去，在那里占山为王。朱元璋总不能追到外国去吧？

李思齐正在迟疑不决中，徐达的大军已渡过黄河，进入陕西境内。兵至鹿台，孔兴、脱烈伯闻风而逃，奉元（今咸阳）城的守将哈麻图在明军尚未到达时即弃城而逃，结果被乡下的民兵杀死。

明军占领奉元后，常遇春率部直取李思齐盘踞的凤翔。李思齐不敢与常遇春硬碰硬，他听从赵琦之言，连夜带领部队和家小逃往临洮。因为那里靠近吐蕃边境，若有不测可以实施他的外逃计划。

徐达随后也到达凤翔。这一年关中闹大饥荒，徐达传达朱元璋的命令，饥民每户赈米两石，由河南湖北调运粮食充之。这样一来，关中民心完全倒向明军这一边，负隅顽抗的元军各部，更加得不到老百姓的同情和支持，他们的零散部队，往往受到乡下民兵的袭击。徐达率领的各路大军层层逼进，更使他们惶惶不可终日。

徐达在凤翔召开了军事会议，商讨下一步的军事部署。有的将领说："李思齐现在已逃往临洮，张良弼尚踞泾阳。临洮远，庆阳近，张良弼的军力和才智不如李思齐，应该先把庆阳这钉子拔了，再集中力量去攻临洮。"

徐达听大家说完，不慌不忙地说："按常理应该先近后远，先易后难。但据我所知，庆阳城地势险峻，恐难轻易攻下，如果我们在那里耽搁太多时间，则李思齐在临洮待久了必然根基稳固。临洮这地方西通番戎，北界河湟，李思齐根基稳了为害匪浅。若乘他初去那里，我们即以重兵攻击之，他若不西逃，只有束手就擒。只要攻下临洮，其他地方就容易了。"

大家都觉得主帅讲得有道理，于是议定由指挥金兴旺据守凤翔，徐达自率大军西出甘肃向临洮进军。

大军顺利地攻克秦州、宁远，至巩昌。这时，徐达分遣顾时、戴德去攻兰州，冯胜率军奔袭临洮。兰州没费多少力气就拿下了，冯胜到达临洮城下时，李思齐作出了一个固守的架势，在城外挖了深壕，严阵以待，似乎要与明军决一死战。

可是当李思齐晚上巡视城防工事回来，家里却传出令人震惊的消息。原来他的养子赵琦趁他不在时，将家中的珍宝金银席卷一空，连他的两个宠姬也一并拐走，逃往城外的深山幽谷中去了。

李思齐气极大骂："这畜生要我到临洮来，原来早就打了坏主意！"这时他万念俱灰，眼看着明军悍将冯胜率领的军队黑压压扑城而来，自己到此不久，连吐蕃在哪个方向都不清楚，何谈外逃？若待整军拼命抵敌明军，城破家亡只是一二日之事。到那时，那个凶悍嗜杀的冯胜会饶得过我吗?

他在睡榻上翻来覆去地想了一晚,又让丫环剔亮了灯,把朱元璋那封谕降书拿出来看了又看。终于长叹几声,下了决心,天明时在城头竖起了白旗。

正准备拂晓攻城的冯胜见李思齐举旗乞降,啐骂一句:"这老小子倒还识趣,你要是在凤翔就降了多好,省得老子追到这里来!"

李思齐怀里揣着那封谕降书战战兢兢地匍匐道旁,迎接胜利者入城。冯胜倒还是大度地把他扶了起来,道一声:"将军受惊了。"李思齐连声:"惭愧,惭愧!"

冯胜将李思齐送往徐达军前,对他这样级别的降将徐达也不敢自专,随即遣将将他解送南京。朱元璋以战胜者的姿态奚落他几句后,却也以礼相待,赏了他一个江西省行省左丞的官衔。当然与其他投诚者一样,这只是个留居京城不用赴任的虚衔。

解决了李思齐,要集中力量对付张良弼兄弟了。果如徐达所料,庆阳城虽小,但所处地势险峻,一时难以拿下,且多生变故,使明军折损了不少兵将。

当徐达领兵出萧关,攻占平凉城,逼近庆阳的时候,狡猾的张良弼叫弟弟张良臣守城,自己去宁夏搬援兵。当时宁夏确是还有忠于元朝的许多兵马,可他没有想到他的死对头扩廓帖木儿虽然兵败,但仗着顺帝敕赐总制天下兵马的权柄,把甘肃宁夏元军统统置于麾下。张良弼刚刚进入宁夏境内,就被他活捉了去。至于扩廓怎样处置这个跟他打了几年仗的死敌,那就不得而知了。

张良臣见其兄一去不回头,徐达又兵临城下,还用箭将谕降书射上城头,叫他识趣点早点投降,以免大军攻进城来玉石皆焚。一日之后张良臣遣使出城,表示愿献城投降,还假惺惺地提出些条件,要保证城中将士及其家属人身财产安全等。

徐达答应了张良臣的条件,派都督薛显入城接受投降慰谕军民。薛显进城时,张良臣带领文武官员夹道相迎,匍匐马前,态度极为恭顺。

薛显入城之前,徐达告诫他说:"张氏兄弟是极为狡诈的人,凡事要小心些。"薛显因此留了个心眼,受降完毕他以城内地方逼仄为由,将他带的五千兵马驻扎在城门之外。

狡诈的张良臣果然是诈降,他原想诱使薛显将兵马驻扎城中,至夜间关闭城门劫杀,先挫明军一阵。他见薛显没有上当,将兵马在城外安营,仍不甘心,待到夜深人静时,他偷偷打开三面城门,领兵杀向薛显营地。

幸亏薛显派出的哨兵警惕,及早发出信号,薛显从睡梦中惊起,上马执枪带领五千兵马奋勇冲出敌军重围。因为夜间昏黑,仓促应战,待撤回大营检点人马,几乎折损了一半。薛显又羞又恨,拔出剑来就要自刎,被众将死死拦住。

徐达咬牙恨恨地说:"张良臣你这贼子,他日我叫你死无葬身之地!"

于是,他安排了周密的部署,令顾时、冯胜、傅友德、陈德等几员大将率部急趋庆阳城下,将庆阳团团围住。但果如他所料,庆阳城地势险峻,易守难攻。且张良臣早在城中贮备了充足的粮草。那时扩廓帖木儿已开始四处袭击明军所占的城池,元丞相也速等部也在觊觎进攻北平,朱元璋不得不将常遇春调往北平御敌。张良臣的如意算盘是,徐达在庆阳久攻不下,可能会知难而退。

徐达以无比的耐性，围攻庆阳数月。张良臣数次企图突围，出东门被顾时堵住，不得不撤回城里；出西门又被冯胜截杀，几乎全军覆没。他派出到兰州、宁夏求援的人，不到半路就被明军擒获。

眼看城里兵员骤减，粮草也日见枯竭。士兵们已经开始捕杀城中小儿为食了。张良臣手下有位偏将叫姚晖，他私下里与几个要好的军官一起议论道："我们张帅诈降伤了明军数千人，那徐达对他恨入骨髓，必欲杀之而后快。眼下城中粮尽援绝，破城只在旦夕。我等岂甘与张良臣垫背同死？"

于是，他用箭将降书射入北门外的明军阵中，约定拂晓时分开城门纳降。徐达得到这个信息，将兵马集中于北门外。果然天刚蒙蒙亮时，姚晖递给城外明军一个暗号，宽大的城门骤然大开，早有准备的明军一拥而入，齐声喊杀，在姚晖的士兵带领下，直扑张良臣住的府衙。

府衙虽布有重兵守卫，但那些饿得有气无力的士兵，哪里抵挡得住猛虎下山般的明军，一刹那工夫都成了刀下鬼。张良臣在他七个养子的保护下仓皇往府衙后院撤退。他那七个养子号称"七条枪"，平日十分了得，但在这种情况下枪也举不起来了，腿也打颤了。这时明军已冲入府衙，四面喊杀之声不绝于耳。张良臣情急之下，带着七个养子跳进后院花园中一个半干枯的深井，各自贴着井壁凝神屏气躲藏起来。

明军攻入后院，在花园中四处搜索不见人影。但见那口枯井井沿似有人践踏的痕迹，士兵们在井口喊了几声"出来"，见没有人答应，一个弓弩手跑过来，弯身搭箭朝井底射去。只听得井底有人"哎哟"一声。士兵们齐声高呼"井下有人！张良臣躲在井底下了"。

这时，都督佥事薛显赶到后院，士兵们向他报告张良臣藏在井底。薛显一想起张贼诈降使他损兵折将，恨得牙龈发痒，恨不得下令将他一通乱箭射死，再用石头将井口填死。但一想这样怎么向大将军交差呢？于是命令士兵用钩镰枪将张良臣父子一个个从井底钩了上来，押送到徐达面前。

这时，张良臣父子已是满身血污和泥水，往日的横蛮狡诈不知跑到哪儿去了。徐达素对降将能贯彻朱元璋的优抚政策。但眼前这个让他围困数月的狡诈之徒再也不能轻轻放过了。

于是他义正辞严地历数张良臣的十大罪状之后，喝令立即将张良臣父子八人推出斩首。于是狡诈的张良臣从此只能到地狱里施其诈术，而那威风凛凛的"七条枪"也必成"七条鬼"了。

常遇春军中染暴病身亡

常遇春抄了顺帝的老巢，元顺帝连夜带着他的小朝廷逃往和林。常遇春身染无名暴疾，一代名将遽然辞世！朱元璋遣使赴军中拜李文忠为征西将军。望着那黑魆魆的山林，李文忠心里不踏实。脱列伯全军覆没，李文忠亲自为他解缚。擒他的正是这位明军主帅。

元顺帝逃往了上都开平，这个元世祖忽必烈称帝时定的都城，自从世祖进驻大都九十年以来就没有做过元朝的都城了，本来就很简陋的宫室早已破败不堪，以至顺帝的小朝廷初来时只能在帐篷里安身。这使过惯了穷极奢华生活的顺帝极不适应，他无时不在怀念大都的繁华和灯红酒绿，宫廷中的锦衣玉食、霓裳歌舞。他还有些不服气，就在离大都不远的地方，他还有丞相也速和大将江文清的十多万军队。扩廓帖木儿虽然桀骜不驯，但只要笼络得法，他始终会忠于皇室的。有了这些力量，何愁大都不能收复？

于是，他暂时舍弃了木工车床和宫殿模型那些玩意儿，督令他的大臣和将军们乘徐达大军西征的有利时机，赶紧集中兵力收复大都。

于是，正当徐达在庆阳城下鏖战正酣的时候，北平府周围明军防守力量薄弱的几个县镇相继失守，元丞相也速的大军直逼通州城下。

驻守北平的孙兴祖、华云龙天天用六百里加急向朱元璋禀告军情。

北平告急！

这时，西征军远袭临洮，李思齐被迫投降。张良臣凭借庆阳坚固的城防仍在负隅顽抗。朱元璋立即调常遇春率部驰救北平，另调浙江行省平章李文忠为偏将军，常、李二员大将共率军九万，去解北平之危。

元丞相也速见势不妙，为保存实力，迅速撤兵出山海关。李文忠离京时，即得到朱元璋指示，令他相机行事，如未遇元朝重兵阻挠，可直捣上都，擒获元主，彻底毁灭蒙古人复国的希望。常遇春是个猛张飞，这个指示正合他的心愿，于是二人见也速逃窜，立即驱兵北上追赶。在锦州打了一仗，元将江文清全军覆没。

这时，元丞相也速兵屯全宁。这里已深入内蒙腹地西拉沐沦河流域，也速摸准了明军的习惯，朱元璋不许他的军队深入蒙古腹地。因此他在这里休整很放松，战马都放到草原上去吃草，士兵们也趁机钻进附近的蒙古包寻快活去了。以致常遇春和李文忠率数万步骑突然来袭时，也速仓促应战，哪有不败之理？他折损了二万多名兵将，自己也只好夹着尾巴逃往沙漠深处去了。

常遇春、李文忠乘战胜之余威，进攻大兴州，守将闻风弃城而逃。这里离上都已经不远了，常遇春兴奋地说："这回我们要抄了顺帝老儿的老巢！"于是全军马不停蹄，渡过闪电河，直扑元上都开平府。

元顺帝早已得到大兴州溃兵报告明军来袭的消息，得知来将是常遇春，他叫苦不迭：这个杀人不眨眼的魔王，他可没有徐达那么讲政策，不管你皇帝宗主，给他逮着就有你的苦吃。至于后宫的王妃公主们，难免遭其凌辱。

于是，他不得不连夜带着他的小朝廷往和林方向逃奔。和林在沙漠深处的鄂尔浑河上游，是他的先祖窝阔台汗建都的地方。这一次奔逃他不得不又遗弃了一批辎重。连他那心爱的木工车床也没法带去了，大概他心里也知道，未来几年他再也没心思弄那些玩意儿了。

在路上，顺帝懊恼地说："朕连上都也待不住了，一下子回到老祖宗发迹的地方。朕这一辈子是不行了。看什么时候我的哪一辈子孙中又能出一个铁木真窝阔台那样的英雄，带领他的铁骑打回中原去？"

常遇春得知元顺帝逃窜，亲率轻骑追赶了数十里远，撵上了那些给顺帝掩护断后的人。元宗王庆生、平章鼎珠被擒获，当即被他斩了。投降士卒达万人，缴获车万辆，马三千匹，牛五万头。有了这些缴获，常遇春高兴地还军，没有再向前追击。

常遇春、李文忠北征获得全胜，朱元璋令他们回军往西，协助徐达攻下庆阳，对付扩廓帖木儿。此时正是洪武二年七月下旬，大军南行至一叫柳河川的地方。辽河平原上空的太阳火辣辣地照在头上，因为打了胜仗凯旋，将领们一路谈笑风生。突然，常遇春在马上双手抱头，连呼："痛，痛！"差点从马上栽倒下来。

李文忠忙命卫士将他扶下马，躺在一棵大树的阴凉处歇息。开始还以为他中了暑，命随军郎中给他刮痧，掐人中，忙乱了好一阵，仍未见好，常遇春痛得在地上不住地翻滚，面色煞白，额头上冒出豆大的汗珠。

要知常遇春是一名以猛勇著称的铮铮铁汉，战斗中往往身先士卒，冲锋在前。攻宁国时被敌人的箭矢射中面颊，他拔出箭矢，血流满面地带领士兵冲锋，直至战斗结束。些微一点病痛是打不倒他的。李文忠忙令就地安营，将常遇春扶入帐中。

这时，常遇春知道自己身染无名暴疾，不仅全身疼痛不已，就连以前医愈的刀箭创伤，也无端溃裂开来。这时他脸色蜡黄，连呼痛的力气也没有了，只是仰着头大口大口地呼气。

他知自己已不久于人世了，忙将李文忠叫到跟前，断断续续地将当前军事要务嘱托给他。年轻的李文忠噙着眼泪，不住地点头。最后，只听见他喉咙里咕噜咕噜几声，脑袋一歪，双睛暴凸，一代名将就此辞世而去！

常遇春勇猛过人，冲锋陷阵，无往而不胜。他虽没研习过兵法，但用兵暗合古法。他曾大言不惭地说，自己将十万兵能横行天下，因此军中称他"常十万"。他的暴卒对朱元璋是个沉重的打击。朱元璋接到噩耗非常震惊。因为常遇春随他征战甚久，立功甚多，在军中的地位仅次于徐达。从此以后，徐、常二将缺一，好似断了他的一只臂膀。在天下战争还没结束的时候，他能不痛惜吗？

当常遇春的遗体被送回京都时，朱元璋仿照宋太祖礼葬赵普的故事，亲至龙江祭奠。赐葬钟山原，追封他为开平王，谥忠武，配享太庙，极尽尊荣之至。他同时遣使至军中，传旨令李文忠代常遇春之职，升任征北副将军，率师与徐达会合，攻下庆阳。

李文忠是朱元璋的外甥，十二岁时母亲死后随父亲李贞投奔朱元璋，辗转于军中。朱元璋和马皇后都很喜欢他，抚为义子。十九岁时命他带领亲军，以后屡立战功，成为独当一面的年轻将领。

这次常遇春暴卒，朱元璋遣使赴军中拜他为征西副将军，率领这支大军西去与大将军徐达会合。甫一统军，他以纪律严明著称，令行禁止，绝无徇私宽宥之处。他认为，只有这样，才能使那些年长于他的手下部将绝对服从他的命令。

大军行至山西境内，前面的哨探得知，元将脱列伯、孔兴正在围攻大同。防守力量薄弱的大同岌岌可危。李文忠忖度：关中四将虽然互有矛盾，但在危急时仍互相支援。脱列伯他们企图用这种办法牵制徐达以解庆阳之危。

他当即召集手下将领，商量改变行军路线，挥军北上直趋大同。有的将领说："皇上治军素严，他命我们赶赴庆阳，不违其令为好，免犯专擅之罪。"当时军中职位最高的将领是左丞赵庸，李文忠对他说："将在外，君命有所不受。如我们的行为有利于国家，专擅又何妨呢！目前大同危急，若我们熟视无睹，一定要皇上发令才驰援，岂不会贻误战机？令其陷入敌手？"赵庸是个有经验的将领，点头同意他的看法。

于是，李文忠率军由代郡出雁门关，到了一个叫马邑的地方，突然，元平章刘帖木儿的数千骑兵冲杀过来。李文忠见敌阵就那点人，在马上冷笑一声："找死！"旋即布下阵式，将那数千骑兵裹在阵中，钩镰齐举，箭矢骤下，不到一个时辰工夫，将敌军消灭殆尽，那仓皇失措跌落马下的刘帖木儿也被生擒活捉。

初战获胜，李文忠率军继续前进。到了白杨门，因天色已近傍晚，且突然下起雨来，雨中还夹着冰雹雪粒。时值八月，夏末秋初即降冰雪，确是奇事。大军不得不选择高处之地安营扎寨。

扎营之处附近即一林木茂密的山岭。望着那黑魆魆的山林，李文忠心里不踏实，于是带着自己的亲兵循着山间小径上山察看。他看得很仔细，山径上似有人马践踏的痕迹，他立即回营召集诸将，告诉他们说："此地山岭上有敌军活动痕迹，我们在此驻营，若遇伏兵，后果不堪设想。"

于是，他当即下令全军从原地拔营而起，往前走了五里，才选择有利地形阻水立寨。

李文忠告诫全军将领："我军初到，这里的敌军不管是脱列伯还是孔兴所部，他们都是经验丰富的战将，必然乘我立足未稳夜间前来劫寨。饬令全军只准据寨严守，不准出战，违者军法从事！"

深夜，果然有敌军兵马前来劫营，这边早有准备，营门闭得紧紧的，只待元军接近，箭矢火炮如飞蝗般射去。元军知营中早有防备，只得悻悻退走。

闹腾了一夜，很快就东方发白。李文忠下令各营兵将吃饱后抓紧休息，只派出昨晚未曾御敌的两营精锐前去挑战元军。

元军统帅正是脱列伯，他见明军数千骑趁他们正在晨炊之际前来挑战，忙整军应战。元军人多势众，明军渐渐不支，但李文忠稳稳地坐在中军帐中，并不发兵去支援。

直到战了两个时辰之后，李文忠徐徐地站起来，跨上他的追风驹，一声号令，亲率两翼重兵一齐杀出。此时元军已经鏖战了半日，又没有好好吃上一顿饭，人饥马乏，哪里耐得住这支生力军的冲击，纷纷抱头鼠窜，只恨爹娘没给自己生一双翅膀。实在跑不动的面对明军刺棱棱的长枪，亮闪闪的大刀，不想做刀下鬼的就只好跪地投降了。

脱列伯见部队溃败，自己再怎么也无法止住，眼看大势已去。忙令身边的十余骑亲兵保护他向北窜逃。谁知此时明军已从四面八方杀来，将他们包饺子似地团团围住，身边的卫士也一个个倒下。这时，一位年轻将领跃马骤至，他还没来得及看清来者的模样，那员将领一枪刺中他的马首，那马眼睛被刺瞎了，顿时马蹶前蹄，把他掀翻在地。明军一拥而上，把他绑了个结实。

剩余的元军见主帅被擒，再也无心恋战了，于是尽皆跪地乞降。李文忠命令不许滥杀无辜，派人收集降卒，共有一万余人，马匹辎重不计其数。

脱列伯全军覆没，回营后，李文忠亲自为他解缚，这时脱列伯才看清，擒他的正是这位明军主帅。后来，脱列伯被解至南京，朱元璋同样待他十分优厚，给了他一个行省佥事的虚衔，让他在南京安度晚年。

与脱列伯一同攻打大同的孔兴，见脱列伯被擒，自己兵力弱于脱列伯，显然不是李文忠的对手，于是脚底涂油，走为上计。他率部北撤至绥德，于惶惶中被他的几个部将杀死，携了他的首级投降明军。

李思齐、张良臣、脱列伯、孔兴等"关中四将"死的死，降的降，扩廓帖木儿孤立无援，元朝廷想要收复大都的希望彻底破灭了。

第四章

朱元璋和他的皇子们

大明是我朱家的天下

批阅奏章倦了,朱元璋在皇宫庭院中舞剑。三皇子朱㭎和四皇子朱棣奉命比式。大明是我朱家的天下,那些异姓功臣毕竟不和我们一条根。他把事先准备的小旗一一插在地图上。"你们就藩之后,有你们镇守边庭,藩屏帝室,我大明江山就能坚如磐石。"

江南三月的和煦阳光从乾清宫高高的雕花窗棂中照射进来,斑斑驳驳地洒在御书房的大红地毯上。偌大的宫室里出奇地安静,宫女们一个个低眉敛目垂手肃立,连粗气儿也不敢出一声。宫门外的侍卫们更是神情警惕地紧握刀柄注视着周围的异动,在他们警觉的目光下,恐怕连一只苍蝇也没法溜进宫里去。

前方捷报频传,徐达降服李思齐之后,终于攻下庆阳,斩张良臣;李文忠解大同之围,擒获脱伯列,献孔兴首级于阙下。"关中四将"皆灭,西北的晋、陕、甘诸省尽入版图。元朝派驻各地州府的官吏有的投降,有的死节。唯一还能抵抗明军的就只有盘踞宁夏的扩廓帖木儿了。

对扩廓帖木儿,朱元璋始终抱着爱惜之心。刘伯温曾对他说过:陛下绝对不可轻视王保保。的确,无论是他的忠诚品格(虽然是忠诚于元室),还是作战的勇敢和韬略,扩廓都是一个不可多得的将才。若能降服他,令其镇守北部边疆,则大明边境无忧矣!

随着元室澌灭无望,朱元璋相信总有一天能说服扩廓帖木儿归降大明。毕竟他只是改了一个蒙古人的姓而已,他的血管里流的还是汉人的血。

在前方军事活动沉寂的时候,朱元璋要集中精力做几件刻不容缓的事。其一是大封功臣和封建藩国,将他的儿子们封为藩王。另一件事就是整顿中书省,解决使他忧心忡忡的相位问题。

不用指挥前方作战，朱元璋坐在御案前批阅奏章的时间就多了。这天他于早朝后回到乾清宫，坐在御案前批阅奏章将近两个时辰。眼瞅着御案上已批阅的奏折渐渐堆高，而没看过的所剩无几时，他下意识地用中指和食指揉揉太阳穴，在御座上舒展了一下身体，伸了个懒腰。

批阅奏章是每一个当皇帝的人的必修课。已经当了三年皇帝的朱元璋，当他二十四岁脱下身上的袈裟投奔郭子兴开始打天下时，当然没有想到自己将来要做这样的功课。一旦登基做了皇帝，一切都不同了。他必须遵循天子礼仪按时上朝，必须天天坐在御案前批阅中书省送呈的六部、大都督府及地方官员上奏的奏章。开始时，自幼少习文字但聪明好学的他很热衷于这门功课，在处理国家大事的同时，他可以借以提高自己的文字素养，甚至慢慢写得一手龙飞凤舞的行草了。他为此暗暗得意，且因自己是一位"宵衣旰食，日勤不息"的好皇帝而深感自豪。

侍立一旁的大太监刘会见皇上有了倦意，他一招手，一名宫女连忙捧上刚沏好的一盅香茶跪献上来。刘会亲手接过茶盅放在御案上，细声细气地禀奏道："皇上，您批折子已经坐了两个时辰了，该歇歇啦，保护龙体要紧呀！"

朱元璋端起茶盅喝了一口，说："好，歇歇。刘会，给朕宽衣。"

"皇上，您要……"

"坐这么久了，活动活动筋骨。"

刘会连忙服侍皇上脱去龙袍冠带，挽好发髻，露出里面杏黄色的素缎软袍。

朱元璋一身素白步出御书房，刘会和宫女们远远地跟在后面。乾清宫外面有一块方砖砌的地坪，长宽各数丈。坪中两侧摆放有香炉宝剑，外面植有郁郁葱葱的松柏。

朱元璋刚从室内出来，还有些不太适应户外的阳光，但是和煦的春风吹在身上感到非常舒适。他伸伸胳膊伸伸腿活动几下后，吩咐道："刘会，取朕的宝剑来。"

"是。"刘会连忙屁颠屁颠地跑进去取剑。

朱元璋接过刘会呈上来的宝剑，"唰"地一下从镶有宝石的鲨鱼皮剑鞘中抽出剑锋，随即将剑鞘扔给了刘会。刘会见皇上要舞剑了，忙示意宫女侍卫们统统退到宫墙边远远地侍候。

中午的阳光在剑尖上炫出耀眼的光芒。

朱元璋敛目凝神，以一个徐缓优美的姿势，开始舞动手中的宝剑。作为统帅他早就不用在战场上披坚执锐操戈拼杀了，现在舞剑只是一种健身休息的方式。但他不愧为马上皇帝，剑术非常娴熟，腾挪纵跳，忽疾忽徐，上下翻飞，剑风呼呼，顷刻间只见一片剑光包围着他杏黄色的身影。

大太监刘会和内庭侍卫们毕恭毕敬地看着，他们断不敢出声为皇上喝彩。

这时，宫门外长长的甬道里走来吵吵嚷嚷的一群人。

什么人如此大胆，敢在宫中喧闹？原来是设在宫中的大本堂放学了，十五岁的皇太子朱标带着他的几位皇弟——二皇子朱樉、三皇子朱棡、四皇子朱棣和五皇子朱橚，进宫给父皇母后请安。朱标体态丰硕，脑袋也很大，弟弟们背地里常常戏称他为"大头太子"。这会儿他稳重地走在前面，几个少不更事的皇子们却一路嬉笑打闹。

刚满八岁的五皇子朱橚是这群兄弟中最小的，他走路不好好走，蹦蹦跳跳地从这块方砖蹦到那块方砖，接着又趴在四皇子朱棣身上问："四哥，你猜父皇这会儿在干什么？"

"好好走路。"朱棣把他从肩上扒落下来，"父皇打登基后，每天五更起来上朝，然后回乾清宫处理政事，批阅奏章，一直要干到很晚才能回后宫休息。真正是'宵衣旰食，戴星而出，夜分而寝'，这会儿他老人家还不是在批阅那些永远也看不完的奏折。"

朱橚顽皮地伸了伸舌头，叫道："啊哟！做皇帝这么辛苦，父皇怎么受得了啊！"

十四岁的二皇子、长了一脸骚疙瘩的朱樉接过话说道："老五，你只看见做皇帝的辛苦，可是父皇一回到后宫，就有那么多年轻的嫔妃娘娘服侍他。他愿意宠幸哪一个就到哪一个宫中去过夜，多舒服啊！"

太子听见这话，正色训斥道："二弟，不许这么议论父皇！"

三皇子朱棢也凑过来说："二哥，你才十四岁就如此好色，将来妃子一定比父皇还多。"

"难怪他读《诗经》别的诗不上劲，一读到'关关雎鸠，在河之洲；窈窕淑女，君子好逑'就眉飞色舞。我看，快叫父皇母后给他娶几房老婆。"朱橚说。

朱樉立刻怒目圆睁，扬起了拳头，说："小五子，看我不捶你！"

朱樉追过去要揍朱橚，朱橚泥鳅一样跑得远远的，口里还不依不饶地逗他："三哥说得对，你就是好色的登徒子，好色！好色！"

太子正色道："五弟，不许乱说。你们这样打打闹闹，宫门口太监侍卫们看见成何体统？"

见太子动怒了，众皇子方才稍有收敛，不再打闹了，说话间已经来到宫门口，值班的侍卫官忙上前向太子行礼。

"卑职给太子殿下和各位皇子请安。"

太子摆摆手，"免礼。父皇在宫中吗？"

"皇上正在舞剑呢，难得有这样的机会，你们快进去看。"

"真的？"朱橚兴奋地说，"我从没见过父皇舞剑，真棒！快去快去。"

他性急地撒丫子直往宫中跑去，众皇子急急地跟在后面。

乾清宫前坪里，朱元璋的剑法渐入佳境，他的动作加快时几乎只见剑光不见人。太监和侍卫们聚精会神地看着不敢出声，可是皇子们一到就情不自禁地为父皇的精彩剑技鼓掌叫好。小朱橚更是又蹦又跳一边学着比画一边叫好不停。

"好！好！父皇剑法无双，真带劲！"

朱元璋收住剑势，微微气喘，额上也沁出了汗珠。众皇子忙跪地叩头。

"儿臣等给父皇请安。"

朱元璋将宝剑插入鞘中，交给刘会，说道："大本堂放学了？都起来吧。"

"谢父皇。"

太子不胜钦羡地说:"父皇,您久未征战,还有如此精湛的剑术,真令儿臣羡慕。"

朱元璋待喘气稍平了些,教诲太子说:"标儿,现在虽然四海太平,万方归顺,朕的心里还是常悬着一把剑啊!国家的武备万万不能稍有懈怠,所以朕叫你们在大本堂不仅要读经史,明礼义,还要勤学兵法和骑射。文武不能偏废,将来方能成为安邦定国之才。"

众皇子连忙点头,毕恭毕敬地说:"儿臣等谨记父皇教诲。"

大太监命宫女捧来面盆毛巾,给皇上净手。朱元璋一面擦着额头上的汗,一边关心地询问皇子们。

"你们兄弟几个大本堂功课学得怎么样?哪一个的文章写得好?哪一个的武功强些?"

皇子们一个个挤眉弄眼不敢作声,太子只得出面如实奏报:"启禀父皇:要论经史文章,儿臣与五弟略有长进,经常得到师父们的褒奖;要论骑射武功,莫过于四弟和三弟,大本堂比试角力拳术,就是与大好几岁的勋臣子弟过招,他俩都不落下风。"

"噢,真的?"朱元璋兴趣大发,"枫儿、棣儿,你们兄弟俩今儿就在朕面前比试比试,朕给你们当裁判,谁若得胜,朕就将这把宝剑赏给谁。"

小朱橚立即跳起来鼓掌,"好!好!父皇这主意妙!我早就想看三哥四哥正式比一回武了。"

"你净瞎起哄!"太子横他一眼,担心地说,"父皇,若是三弟四弟谁失手伤着谁了,怎么好?"

朱元璋不满地说:"你担心什么?他俩又不是动刀动枪,拳头是肉做的,点到为止,若这样的比武还害怕受伤,将来怎么能统兵打仗?"

太子朱标受到申斥不敢再作声,早已跃跃欲试的朱枫、朱棣连忙上前道:"儿臣遵旨。"

朱元璋嘱咐道:"朕令你俩比试武艺,自家兄弟,千万不要出黑拳下毒手,点到为止。武功的高下朕自会判断,听见没有?"

"听见了。"两人自然齐声答应,然后各自脱去外衣冠带,互相抱拳施礼。

朱棣:"三哥请。"

朱枫:"四弟请。"

话音未落,朱枫猛然施行突袭,一记"黑虎掏心"直取朱棣胸前,站在旁边观战的小朱橚惊叫"四哥小心"!话犹未了,朱棣早已侧身避过来拳,然后进行反击。兄弟俩你来我往各施绝招,打得拳风呼呼,一招一式颇见功力。

这时,二皇子朱樉和小五子朱橚不停地为双方叫好鼓励。朱樉自然偏向一母所生的朱枫,而小朱橚也是因为同样的理由站在四哥朱棣一边,朱棣每打出一记好拳他就兴奋地跳起来。朱元璋冷静地观察几个儿子的举动,心中若有所思。唯有太子朱标却把心提到嗓子眼,浑身颤抖着,生怕两个兄弟谁失手伤着了谁。

朱枫大朱棣两岁,个头却高不了多少。他见久攻不下,心里愈益烦躁起来。他取胜心切,以一个饿虎扑食之势朝朱棣猛扑过去,谁知朱棣机灵地接过来拳顺势一带,朱枫收势不住,重重地摔倒在一丈开外的方砖地上,差点儿撞倒摆放在那儿的铜香炉。

太子朱标掩面惊呼："啊！"

朱棣忙上前扶起朱楓，朱楓的前额隐约有些青肿，朱棣略含歉意地安慰道："三哥，你没事吧？"

朱楓又羞又恼地摔开他的手，气呼呼地站了起来。

朱棣连忙施礼道歉："小弟失手，请三哥海涵。"

朱元璋说："没什么，一点点擦伤，让太医给上点药，过两天就好了。楓儿，你知道自己为什么会落败吗？本来你年长两岁，论力气应占上风，可是你心浮气躁，只顾向前攻击，不顾后路防御。棣儿就是抓住了你的弱点，方能取胜于你。两个人比武是这样，将来你们领军打仗也是这个道理。千万别顾头不顾腚，有勇无谋地蛮干，听到没有？"

朱楓比武落败，又挨这顿教训，心里实在不舒服，但在威严的父皇面前断断不敢发作，只能低着头答应："儿臣谨聆父皇教诲。"

小朱橚见四哥比武赢了，自然分外高兴，乐滋滋昂起小脑袋拍父皇的马屁："父皇，您不愧为我朝第一军事家，连打架都能讲出个策略来。难怪连百万军中能取上将首级的徐达、常遇春都服了您。"

朱元璋怜爱地摩挲着他的脑袋，说："所以，五儿你不仅要熟读经史，会写文章，还要勤习武功，听说你连骑马都怕，还要人扶着，羞不羞？"

朱橚撒娇地为自己辩护："父皇，儿臣还小嘛！"

朱元璋叫大太监："刘会。"

刘会连忙跑过来，答："奴才在。"

朱元璋宣谕："君无戏言，将朕的宝剑赏给朱棣。"

刘会取来宝剑，朱棣连忙跪地叩头："儿臣叩谢父皇恩赐。"

朱元璋庄重地说："棣儿，这把剑随朕征战多年，累立殊功，朕赏赐给你，你要好好珍惜它。"

朱棣将宝剑举过头顶，道："儿臣见此剑如见父皇，将来誓以此剑保卫大明江山！"

朱元璋捋捋胡须，含笑说道："好儿子，有志气！你们都随朕进来吧，朕有话跟你们说。"

众皇子齐声说道："儿臣等遵旨。"

朱元璋将众皇子带到乾清宫的一所偏殿里，他挥挥手令宫女侍从退出，只留下刘会一个人服侍，然后将皇子们带到一幅巨大的布绘地图前。

"皇儿们，你们知道我大明江山有多大吗？你们看，这是大明疆域全图，东起高丽，北抵蒙古大沙漠，西至嘉峪关与吐蕃诸国相邻，南至安南交趾。东西一万一千七百里，南北一万零九百里，这偌大的疆土，四周强敌环伺，海上还有倭寇侵扰。你们说，大明江山将来靠谁来镇守保卫？"

二皇子朱樉抢着回答父皇的提问："父皇殿前有那么多身经百战的大将，像大将军徐达，都督府大都督李文忠，左都御史邓愈，都督汤和、冯胜、沐英等，父皇派他们各领兵马镇守四方，哪怕敌国侵犯？"

朱元璋听他这样说，立刻皱起了眉头，"唉！真是鼠目寸光，小儿之见。告诉你们，这些帮父皇打天下的功臣，他们戎马一生都累了，朕要论功行赏，给他们封官晋爵，营建府邸，让他们在京城享清福，万一边疆有事，临时派一两位挂帅领兵，仗打完了立即交回兵权。这样方能避免大将拥兵自重，危及社稷。"

小朱棣仰起头来问："那父皇靠谁来镇守四方呢？"

朱元璋摸摸小儿子的脑袋，故意问他："那你想想看，谁与父皇最亲？最靠得住的人是谁？"

小朱棣答道："那还用说，自然是儿臣们。"

朱元璋点头道："对啰。大明江山是我朱家的天下，那些异姓功臣毕竟不和我们一条根，历史上就有许多功臣居功自傲，反叛朝廷。最近，朝廷在议论封藩之事，朕要封你们弟兄为藩王，在京城为你们建王府，等你们满了二十岁，各自就藩去镇守一方，管理自己封国的臣民，藩屏帝室，永保我大明江山不落入外人之手。"

小朱棣拍手叫道："那我们都要当王爷啰！父皇，什么时候封我们呀？"

朱元璋捋须一笑。

"快了。不过，你们要当藩王了，还不知道自己封国在哪里行吗？今天朕给你们上上地理课，你们看地图的西边，这里是西北重镇西安，也就是古代的长安，强秦盛唐都建都于此。樉儿！"

朱樉："儿臣在。"

朱元璋郑重地说："太子之外，你在诸兄弟中最为年长，朕准备将你封于秦国，作为秦王镇守西安。强秦为诸侯之首，你应知自己责任重大。"

朱元璋说着将一面写有"秦"字的小旗插在地图上。

朱樉立即眉飞色舞地给父皇行礼，道："谢父皇！儿臣将来一定要像秦始皇嬴政那样，要不，就像唐太宗李世民那样！"

朱元璋一听这话立刻剑眉倒竖，叱喝道："混账东西！那你不是要篡位当皇帝？你眼里还有朕吗？还有太子吗？"

朱樉吓得连连退缩，结结巴巴地辩解："儿……儿臣不敢。我……我是说，我要以他们为榜样，励精图治，创造他们那样的功绩。"

"这还差不多。"朱元璋继续说，"你们再看这里——山西行省，古晋国所在之地。这里盛产煤炭，非常富饶。棡儿，朕准备封你为晋王，永镇太原。"

他又把一面写有"晋"字的小旗插上。

朱棡道："儿臣谢父皇封赏。古时候有个赫赫有名的晋桓公，儿臣要学他那样把晋国治理好。"

"嗯。你们的本分就是当好诸侯王，藩屏中央，千万不能有非分之想。"朱元璋深知他们对朱标太子有些不服，因此谆谆告诫他们。

朱棡道："儿臣谨记父皇教诲。"

朱元璋指着地图的北面，说："你们再看这里是燕山脚下的北平，元朝建大都于此。

这里背靠长城，长城以外就是塞北荒漠，元朝余孽盘踞在那里与我为敌。北平是抗元前哨，无疑是最重要的边关重镇。棣儿，朕准备封你为燕王，永镇北平。只有你才能当此重任。"

他又把一面写有"燕"字的小旗插在地图上。

朱棣虽然少年老成，此时也显得特别激动，说道："儿臣谢父皇封赏。儿臣将来就藩之后，一定守好北方大门，拱卫中原，让朝廷永无忧患。"

"好儿子，有志气！"朱元璋对他这番话赞赏有加。

小朱橚见几个哥哥都有了自己的封国，发急地拉着父皇的袍角道："父皇，他们都封了，还有我呢。"

太子朱标见他猴急的样子，笑道："嘿嘿，小五子急了！"

"你还小嘛，急什么？"朱棣故意逗他，"再说，你手无缚鸡之力，骑马都要人扶着，将来怎么能领兵打仗？"

"哼，你们不用骗我。"朱橚小嘴噘起老高，"我听人家说，这次封藩，只要是父皇的亲儿子，连还抱在怀里的老九老十都要封王。我已经八岁了，难道不如他们？父皇，我不嘛！"

小朱橚竟然抱着父皇的大腿撒起娇来。

朱元璋让小儿子的憨态逗笑了，说道："好好好，乖儿子。你呢，读书还可以，就是不爱习武。朕就不让你去镇守边关，把你留在不需打仗的地方。朕封你为吴王，驻在风景优美的杭州，这总行了吧！"

小朱橚破涕为笑，自己抢着把那面写有"吴"字的小旗插在地图上注有杭州的地方。

朱元璋把一面写有"大明"字样的大红旗插在地图上的应天府。

"皇儿们，朕和太子坐镇京都。除了你们几个封藩在北方各地，将来几个小的，朕都有安排。老六封楚王，驻武昌；老七封齐王，驻山东青州；老八封潭王，驻湖广长沙；老九封赵王，驻河北邯郸；老十封鲁王，驻兖州。还有皇侄孙守谦封靖江王，驻广西桂林。"

他把事先准备的小旗一一插好，十几面小旗在地图上星罗棋布煞是好看，他歪着头得意地欣赏着，对众皇子说："这样，你们就从四面八方与朝廷成掎角之势。你们就藩之后，把各自的属国治理好了，全国就都安定了。有你们镇守边庭，拱卫中原，藩屏帝室，我大明江山就能坚如磐石，千秋万代地传下去。"

太子朱标："父皇的宏图大略，儿臣们深为感奋。父皇圣明！"

"好了，众位王爷，退朝！"朱元璋兴高采烈地把手一挥，"你们给母后请安去吧，朕的奏折还没看完呢。"

众皇子调皮地学大臣们一样一字排开跪下三呼："吾皇万岁万岁万万岁！"

朱元璋开心地笑了："哈哈哈哈！去吧去吧。"

花园召对，刘伯温坚辞相位

朝野上下对封藩利弊议论纷纷，朱元璋想检验自己的帝王权威，索性发下"廷议"。本来反对封藩的声音已被压下来，偏偏冒出这个狂徒来搅局！刘伯温花园召对，他坚辞相位，却又一一否定了杨宪、汪广洋和胡惟庸，唯独推荐他的政敌李善长为相。

朱元璋精力极为旺盛，终其一生，众多的妃嫔为他生了二十六位皇子和十六个公主。他尤为看重的是战争期间出生的五位皇子。与他一起打天下的结发妻马皇后一直没有生育，这五个孩子打生下来就被认作马皇后的嫡子，他们的亲生母反而成了"乳母"。朱元璋自己没读多少书，却极为重视儿子们的教育。他在宫中设大本堂，礼聘天下宿儒宋濂、孔克仁、李希颜等为诸皇子讲授经史，同时令徐达等将领传授兵法骑射。还选了一批勋臣子弟做他们的伴读，目的就在培养这些皇子们成为文武兼备的人才。

皇子们一天天长大，朱元璋在登基的第二年编的《祖训录》中就定下封建诸王制，但是朝野上下对封藩的利弊议论颇多，也许是想检验一下自己在文武臣僚中的帝王权威到底怎样，他索性将此事发下"廷议"，一面却紧锣密鼓地筹备封藩大典，连皇子们受封时穿戴的衮冕都由内府集中数十名工匠赶制出来了。

这一天早朝前，文武官员陆续齐集朝房候朝，几位平时比较熟稔的官员聚在一处闲聊。

"皇上说今天有重大事情交付廷议，三令五申不许告假，下官因染疾久已未朝，这一阵朝中有什么大事啊？"

"这一阵朝中大事还不是封藩建国之事吗？皇上登基以后早放出风要大封功臣。那班跟随皇上打天下的功臣，谁的功大谁的功小，谁封公谁封侯需要仔细平衡，乱来不得。可是封藩王倒很简单，只要是皇上的儿子一律封王爷，没有平衡的问题。只有一个需要权衡封藩利弊，该不该封的问题。"

"那于大人认为封藩有利还是有弊？"

"这个……嘿嘿嘿，下官考虑的还是不成熟，不成熟。"

"哈哈哈！于大人不愧八面玲珑啊！下官记得半月之前，于大人揭起此事，曾经广征博引地痛陈前朝封藩导致内乱的事例，慷慨激昂地反对封藩。只是近日来风声不对，才变得不成熟了，是吗？"

"嘿嘿嘿，下官……惭愧！惭愧！"

"列位大人不必自惭形秽，其实不仅我等四五品官，就是李相爷等宰辅大臣，开始时也是反对封藩者居多，只是见皇上主意已定，发付廷议不过是走走过场。在此情势下，当臣子的胳膊拧不过大腿，再讨论什么利呀弊的岂不是自讨没趣？等会儿上朝你们就能看到，李相爷拥戴封藩会比谁都积极。"

"唉，他这也是顺变以求自保，识时务者为俊杰，无可厚非，无可厚非……"

恰在此时，外面净鞭三响，御前太监在丹墀前宣布："万岁驾临，众臣早朝！"

闲聊的官员们立刻噤声，一个个整顿衣冠，按官职大小鱼贯步出朝房列队上朝。他们中大多只能跪在殿外的丹墀下，只有以左丞相李善长为首的十几位一、二品文武大臣在御前太监引导下进入殿内。

朱元璋端坐在大殿宝座上，太子朱标侍立一旁，众臣跪拜三呼："吾皇万岁万岁万万岁！"

朱元璋摆摆手："众爱卿平身。"

殿内外跪成黑压压一片的文武官员纷纷站立起来，拍拍膝头上的尘土，顿时一片袍服窸窣之声。

朱元璋胸有成竹地说："朕将封藩建国之事交付廷议，已有一段时间了，今日朝会再听听诸位爱卿的意见。自朕率大军反元，历十六载艰难征战，幸赖苍天保佑，众爱卿戮力同心，得以剿灭群雄，一统天下。然以天下之大，大明疆域幅员之广，必须广建藩屏，上卫国家，下安黎民。现朕的皇子们日渐长大成人，应当各有爵封，令其分别镇守封国各地，以与中央成掎角之势，使我大明长治久安，江山永固。众爱卿以为如何？"

朱元璋声音洪亮，这番早有准备的话他说得极为顺畅，殿内外的文武臣僚都听得清清楚楚。皇上既然要大家表态，殿内外的官员们少不了交头接耳议论一番。大多数人都在点头，但有的似有不同意的意见，但慑于皇上的威严，谁也不敢出班陈述己见。

皇上既然问"众爱卿以为如何"，怎能让朝会冷场？时年已五十七岁，略显老态的左丞相李善长只好出来打圆场，他出班奏道："皇上圣明！此事陛下曾召臣等多次商议，辅臣们已达成共识，鉴于前朝历史经验，周朝实行封建制度，裂土封疆，广建诸侯藩国，得以延祚数百年；秦朝废除封建制却二世而亡。孰优孰劣，不辩自明。臣以为此事不必多议了，可令钦天监即择吉日，举行册封大典。"

这番话自然令朱元璋听着舒服，他在宝座上不禁频频点头。然而这时殿外丹墀下突然发出不和谐的声音，班尾有人在"嘿嘿"发笑！

李善长回转头来，厉声问道："何人发笑？"

丹墀下一阵骚乱，一个个头矮小衣衫蔽旧的六品小官被众人推了出来。他就是上书数千言反对分封和繁刑而被召来京的山西平遥训导、国子生叶伯巨。他虽心有准备，但面对金殿这样威严的场面成为众矢之的，不免吓得瑟瑟发抖，匍匐在冰冷的石阶上自报家门："微、微臣叶伯巨。"

李善长早知叶伯巨就是那个因上书言事触及了朱元璋痛处，召他进京来要"亲手射杀"的家伙，他已经是个活死人了还浑然不知，真是可气，于是厉声叱喝道："大胆！小小国子生你竟敢反对皇上分封之举？"

这时叶伯巨从最初的慌乱中逐渐镇定下来，他虽仍然匍匐着不敢仰视皇威，但却有条不紊地奏道：

"微臣岂敢！裂土封疆，虽为古制，然纵观历史：汉高祖非刘氏不王，冀借藩卫之势，永保刘汉万年江山。然不出三代即成尾大不掉之势，终于导致吴王濞等七国叛乱，使汉室元气大伤。至西晋时司马氏重蹈覆辙，分封子弟二十余人，赋以兵权，终致'八王之乱'，绵延十六载之久，自此国势顿衰，导致西晋覆亡。史鉴不远，当以为诫！臣斗胆吁请皇上舍一时之私恩，废封建藩国之刍议，创万世久安之制，消动乱而安社稷，则万民幸甚，宗社幸甚！"

叶伯巨奏罢以头撞地连连叩首，引得群臣窃窃私议。

这时李善长察觉朱元璋在宝座上坐立不安，气色遽变，忙走到殿前叱喝这不知死活的愚生。

"大胆叶伯巨，你一个小小国子生，竟敢在朝堂上借古讽今，妄议朝政，离间圣上骨肉亲情，该当何罪？"

叶伯巨这时也豁出去了，他挟着一股书生磊落之气，把矛头指向了叱责他的李善长："丞相，圣上不久前颁诏，要我等臣民直言时政，以匡正过失。'惟冀臣民，许言朕过。'学生不过奉诏进言，何罪之有？丞相身为首辅，明知封藩事大，朝野议论纷纷。你却一味阿谀奉承，蒙蔽圣聪。封藩若无万全之策，必将贻祸后世，臣敢断言：不出三代，必显其害。到那时，你将成为千古罪人！"

李善长气急败坏，回转身来奏道："陛下，叶伯巨妖言惑众，侮慢大臣，请圣上治罪。"

这时朱元璋着实气坏了。本来反对封藩的声音已被他压下来，朝臣们都不敢出声了，偏偏冒出叶伯巨这么个狂徒来搅局，甚至说"不出三代，必显其害"这样令人心惊肉跳的话来，这厮真是不想活了！

朱元璋铁青着脸从宝座上站起来。

"将叶伯巨打入天牢，交刑部议处。退朝！"

朱元璋怏怏不乐地回到后宫。作为至尊无上的皇帝，没有什么人可以做他倾诉心中块垒的对象。唯一能和他平等对话的只有马皇后——与他同甘共苦一起打下江山的结发妻子马秀英。平时下了朝，他就急着去御书房批阅奏章，处理政事，直到晚上才到某个宠幸的妃嫔宫中放纵一夜，熨帖自己疲惫的神情和满足他异乎常人的极强的性欲。但这一次，他急需有人跟他说说话儿，只有到坤宁宫去找马皇后了。

时年三十五岁的马皇后听宫人报皇上驾临，赶快从织布的机房里出来，麻利地脱掉身上的布衣出来迎驾。

"臣妾恭迎陛下。"

朱元璋摆摆手："皇后不必拘礼，你我坐下说话。"

马皇后察言观色，款声软语试探地问道："陛下今日退朝似有些不快？"

朱元璋喝了一口马皇后亲手奉上的香茶，皱着眉头道："嗯。朕今日上朝与群臣商议建藩之事，可恨一个姓叶的国子生竟敢当堂与朕作对，借古讽今反对朕的封藩决策。要依朕早年的脾气，恨不得一箭射杀他！"

马皇后习惯地走到朱元璋身后，轻轻为他按摩，一面劝解道："皇上息怒。依臣妾愚见，那姓叶的一介儒生，封藩建国之事与他必无利害冲突。其所以冒死进谏，无非有鉴于前朝封藩导致的战乱，也是出于对陛下的一片忠心。有些士子也可笑，希图以一些标新立异的论调引起注意来博个仕途，谁知反而冒犯了天颜，动了圣怒。这种人杀了他反而给他扬了名，臣妾以为不如从轻发落为好。"

朱元璋不愿与她讨论此事，省得引发她喋喋不休又来劝谏自己省刑罚施仁政，这些话把他的耳朵都磨出茧子来了，道不同不与谋，于是他转开话题说："皇后对封藩之事有什么想法？眼看皇儿们一天天长大，你总不能长期把他们留在身边啊？"

马皇后道："是啊！标儿今年已十五岁，樉儿、棡儿也十三四岁了。前年陛下立标儿为太子，那时他们年纪尚小，兄弟们在一起嬉闹惯了，并无尊卑之分。陛下为了树立太子的威望，强令他们遵守宫廷礼仪，每天除了朝拜父皇母后，还得去东宫给太子请安。樉儿生性顽劣，棡儿脾气暴躁，听内臣们说他俩不但不愿给太子请安，还经常讥笑作弄他，背地里叫他'大头太子'。标儿生性忠厚羸弱，奈何他们不得，只怕将来各自封藩就国，他们有了护卫兵权，更不会听皇兄的节制了。"

朱元璋鼻子里哼了一声："他们敢！"

"自然，现在陛下春秋尚健，皇儿们即使长大成人，封藩就国，他们慑于陛下的威严，断不敢蔑视太子的权威。但人总有一老啊，臣妾担心的是你我百年之后，我们的十几个皇儿能否相安无事？"马皇后担忧地说。

"所以，朕在宫中兴建大本堂，礼聘天下宿儒为皇儿们讲经论道，务使他们从小正心明礼，谨守君臣之道。等他们长大了学业亦有成了，然后回到自己的藩国，镇守一方，节制地方驻军官吏，抵御残元外侮，以图大明江山永固之业。至于前朝因封藩导致的内乱，朕不是不知道，也多次和大臣们商议节制之策。只是……唉，现在中书省全是一班唯唯诺诺之徒，拿不出什么好的办法。真想把他们全都谪贬发配去戍边！"

"左丞相李善长随陛下征战多年，他德高望重，老谋深算；他又居于领袖群臣的位置，不能为陛下分忧吗？"马皇后小心翼翼地问。

朱元璋袍袖一甩，差点把桌上的茶杯打翻："哼，这个老狐狸，朕烦透他了……不说也罢！"

朱元璋和李善长之间的矛盾，马皇后也隐隐约约知道一些。战争期间，朱元璋东征西讨，征尘仆仆，一切军需供给内务政事统由李善长领导处理，他自己无暇内顾。立朝以后，虽然他仍需指挥徐达、汤和等大将北征西讨，驱逐残元势力，但他这位以"忧危积心、日勤不怠"自负的皇帝已经把大部分精力关注于国事内政。他愈是事必躬亲，日理万机，就愈加不能容忍李善长这位"能相"擅权和专横跋扈的作风，尤为不能容忍他有意无意地在朝廷和地方州府培植自己的党羽。长此以往，岂不会把他这位皇帝架空，变朱家天下为李家天下？因此君相之间已经形成了不可调和的矛盾，等待着总爆发的那天到来。

马皇后见朱元璋不愿她提李善长，为了帮他解忧，便想起了托病致仕回乡的另一位能臣，与李善长、徐达一起被誉为"明初三杰"的御史中丞刘伯温。其实他们三人中马皇后最为尊重和器重的还是他，于是她恳切谏言道："御史中丞刘基饱读诗书，足智多谋；且善观人象，决断阴阳，自归附以来，为陛下参赞军机要务，多所建树。他因年老不愿在朝为官，现已致仕回乡。陛下何不降旨召见，听听他的意见呢？"

朱元璋点头道："多亏皇后提醒朕了。俗话说'当局者迷，旁观者清'，伯温对天下大事素来高瞻远瞩，必能有助于朕。来人！"

大太监刘会忙出来奉旨："奴才在。"

朱元璋道："立即令兵部以六百里加急颁诏，宣刘基入朝。"

刘伯温的家乡青田离京城不算太远，数天后，年已六十一岁的他奉召进京。朱元璋特地在御花园的听雨亭接见他。为了缓和气氛，他令太监摆下棋局，君臣俩一面弈棋一面谈话。

朱元璋问刘基道："刘爱卿，你在乡间过得如何？"

刘基躬身作答："托陛下洪福，老臣回到青田乡下，开始时尚有州府官员前来拜谒打扰，让我一一托故挡了驾。他们知道在我这老朽身上得不到什么举荐升迁的好处，后来再也不来烦我了。我终日野鹤闲云，与几位乡间老学究喝酒弈棋，吟诗作对，有时甚至喝得烂醉如泥，睡在青石板上长卧不醒呢。"

朱元璋捋须笑道："听卿家说得如此优哉游哉，朕也恨不能脱去龙袍，回到濠州故里去享享清福哩！"说话间他突然举起一粒棋子，断喝一声："将！"

刘基看了看棋面形势，这竟是一着无法解脱的杀着，只得推枰认输道："哎呀，陛下故意让老臣谈起乡间之事，分散老臣的注意力，然后实施杀手，老臣只得认输了。"

朱元璋得意地笑起来："哈哈哈！刘爱卿不是故意失手于朕吧？"

刘基认真地说："陛下折杀老臣了！俗云棋艺系于人气。老臣年逾花甲，气若游丝，而陛下春秋正盛，且贵为天子，奄有天下，自然气势如虹，胜在情理之中啊！"

朱元璋道："先生不必过谦。昔日朕每有疑难之事，先生总能为朕运筹谋划，累操胜算，不由得人不佩服。今日宣召先生进京，朕又有要事求教于先生，望勿吝赐教于朕。"

刘基听见这话，连忙惶恐地离席伏拜："为主分忧是做臣子的本分。老臣不才，蒙圣上知遇之恩，虽肝脑涂地，万死不辞！"

朱元璋亲自起身将他扶起。这时内侍见棋已下完，忙奉上香茶。朱元璋示意他们退下，然后使君臣间的谈话转入正题。

"朕的皇子们日渐长大成人，先生以为，朕应该把他们留在京城呢，还是分封各地，建立藩国？"

封藩之事京城内外已吵得沸沸扬扬，刘基也明知朱元璋早已打定主意，瓜早已熟了，还来问他这路人丁嘛？他捋着自己那几根稀疏的胡须，不经意地问道："陛下请恕老臣年迈昏聩，请问陛下现在有几位皇子？"

朱元璋心想这老家伙是不是真昏聩了？人家问他正事他却瞎扯一气。没办法，谁叫你召他来？于是耐着性子说："太子朱标以下，朕已有十位皇儿。"

刘基诡谲地笑了笑："噢，陛下春秋正盛，只怕后宫众多漂亮的妃子还会给陛下再生出不止十个皇子啊。将来应天城里盖的王府恐怕比有司衙门还要多呢！"

朱元璋琢磨他的话意，若有所思地问："先生之意是……"

刘基正色道："臣以为我朝虽海内初定，然残元未灭，元主流窜漠北，勾结戎羌窥视中原。燕辽秦晋地处边陲，一旦有事，朝廷鞭长莫及，若得贤明亲王镇守，平时督察有司，抚恤黎民；战时统驭驻军，转达圣命，一则可为朝廷分忧，二则锻炼了诸王御敌治国的能力，不是比让他们留在京城声色犬马斗鸡走狗强吗？"

"先生主张正合孤意，然反对封藩者认为，一旦藩王势力壮大，朝廷受其掣肘，终必生乱，如汉景'七国'、西晋"八王'之乱，危及宗室社稷，先生以为有何节制之法？"见刘基亦赞同建藩，朱元璋欣然向他问计。

刘基从容对答道："臣以为，按我朝律法，藩王在自己的封国，虽贵为皇室宗亲，亦不能擅自干预当地有司行政。藩王只拥有数千护卫亲兵，未奉朝廷之命无权调动指挥当地驻军。如此藩王的贤能者能抚镇一方，成为朝廷的有力屏卫；个别孱弱无能者亦不过庸庸食禄而已，于朝廷亦无大害。纵有如吴王濞之流的蓄志谋逆，只要朝廷防患于未然，勤察其动态，一旦发现其谋逆迹象，先削其护卫及封号爵禄。若再执迷不悟，举全国之兵讨之，何愁不能敉平叛乱，保国安民？"

朱元璋闻言甚为欣喜。朝中文武百官浑浑噩噩者多，阿谀奉承者更众，能条分缕析地说出这样一番道理的没有几个。尽管他也常用这些道理来支撑自己封藩的决心，但那个狂生叶伯巨一句"三代之后，必显其害"说得他心惊肉跳，此时，他极需要刘伯温这样的智者出面为他壮胆打气。

"先生一席话，令朕甚为宽慰。刘爱卿，你我君臣多日未聚，今日当浮一大白！内侍，拿酒来！"朱元璋兴奋地喊着。

大太监刘会迅速令宫人们在听雨亭摆下酒菜瓜果，他知皇上有要事与刘伯温密谈，令侍从们统统退下，只留两个木头人似的宫女斟酒侍候。

朱元璋举起酒杯："先生请。"

刘伯温慌忙起立举杯过顶："老臣惶恐，祝陛下圣体康健，万寿无疆！"

"坐下，坐下！"朱元璋说，"今日君臣小酌，先生就不必拘礼了，我们随意说说话儿。先干了这一杯。"

"臣遵命。"刘伯温举杯一饮而尽。

"先生，今日召见，令朕想起十年前朕慕名礼聘爱卿及宋濂、叶琛、章溢等人和初次见面的情景。当时正是战事紧要关头，你我一见如故，先生陈'时务十八策'，为朕定征取天下之大计。后陈友谅率军攻陷太平，因惧其势大，诸将或惊恐议降，或准备弃城退奔钟山。先生独排众议，力主伏兵邀击，结果大破陈友谅。后又用先生之计捣其巢穴。鄱阳湖大战，陈友谅走死，朕还兵取张士诚，然后北伐中原，奠定帝业，一切悉如先生谋划。想起当年你我君臣合作，所向披靡，那是多么愉快的日子啊！"

刘伯温淡然一笑以对昔日的辉煌，他从容谦恭地道："一切皆因陛下天命所归，合当取天下；且赖诸将骁勇善战，三军戮力。微臣既投明主，自当参赞军事，尽一己所能罢了。"

朱元璋喝下几杯酒后，犹自沉浸在亢奋的回忆中："经过那几仗，朕的大将们都服了先生，说卿是朕的诸葛军师。哈哈，唯一不同的是诸葛武侯出师未捷身先死，未能辅佐刘后主取得天下，而朕却统一了大明江山。朕登基之后，先生又草拟'军卫法'，并参与领导'大明律'的制定，表现了卓越的治国才能。遗憾的是立国不久先生即因丧妻告假还乡，直至今日。如今朝政日繁，辅臣不力，朕有意召先生回京，委以相位重任，先生意下如何？"

刘伯温闻言，惶恐地离席叩拜道："陛下，千万不可！臣已年过花甲，体弱多病，陛下不是定下例规：官员年满六十者一律致仕，岂可因臣而异？即使臣年轻几岁，因我生性梗直，疾恶太甚，不耐繁杂之事，若任相实恐有负圣恩啊！"

朱元璋见他辞意坚决，知不可强求，无可奈何地说："先生请起，依卿之见，丞相之位，朝中诸臣究竟任谁为宜？"

刘伯温心里纳闷，中书省大权独揽的左丞相李善长不是干得好好的吗？看来这位外表宽和、内多忮刻的李相爷日子也不好过了。刘伯温当时就是在治国和立法上和他有分歧，屡遭其劾诉被迫致仕的。对于李善长的失宠早在他的预料之中，以他在朝中的跋扈专断，若贪恋权位，更大的凶险还在后头呢！不过目前朝中确实没有谁可以代替他。因此刘伯温稍作沉思之后慢条斯理地奏道："臣以为更换宰相犹如更换大厦之梁柱，须用大木，若束一捆小木代之，则大厦即将倾覆了。"

"大木？何人为大木？"朱元璋说，"朕的大臣中声名显赫的多为武将，他们长年征战在外。徐达挂了个右丞相的虚衔，实际上并未参与朝政，邓愈身为御史大夫，却没有几天在京城里。再论文臣，中书省这班人中，除了李善长，你觉得谁是可堪造就之才？右丞杨宪如何？"

刘伯温知杨宪是朱元璋眼下较为宠信的人，颇有取李善长而代之的势头。但是他对此人自有看法，他不能昧着良心逢迎上意。因之他郑重地说道："杨宪有相才，却无相器。为相者应持心如水，公平处事，不存私念。杨宪私心太重。"

朱元璋皱起了眉头："那左丞汪广洋呢？"

"此人廉明持重，善理繁剧，只是……"刘伯温欲言却止。

"只是什么？"朱元璋紧问一句。

刘伯温只得明述自己的看法。"他谨小慎微，是非莫辨。圣人有言：'乡愿，德之贼也。'可以说，他的浅薄较杨宪更甚。"

"那么，李善长新荐入中书省的胡惟庸呢？"

刘伯温鄙夷地哼了一声："哼，此人阴鸷如劣马，用之驾辕难免翻车之祸。"

朱元璋着实生气了："照你这么说，朕这宰相没人可当了！"

刘伯温极为冷静地奏道："臣细观朝中诸人，当今相弼之职，仍以留任李善长为宜。他是开国勋臣，且能调和诸将。方今天下甫定，朝政以稳定为首务，由他任相，方可服众。"

朱元璋眯缝起眼睛:"奇怪!李善长数次谮害于你,甚至逼你告病下野。先生不以为仇,反以德报怨,力荐他主相,这是为什么?"

刘伯温从容答道:"老臣蒙陛下召见,理当为了大明江山社稷,外举不避仇,内举不避亲,岂敢以个人恩怨乱国家大事?"

朱元璋不由得以掌击桌,感叹地说:"先生不计恩怨,不思报复,真是襟怀坦荡的忠贞之士啊!"

二皇子把侍女们的衣服扒下来

淫邪的二皇子朱樉命令:"把她的衣服扒下来!"那丫头伏在地上遮盖,露出全裸的后背。小霸王玩得兴起,把几个丫环全扒光了衣服,浑身泼上墨汁油彩,赶到大街上去游街。遍布京城的耳目不敢对皇上隐瞒这件丑闻,小霸王差点挨了杖责。

刘伯温应召进京,御花园应对称旨。朱元璋见他不肯入阁为相,也未相强。一则自己立下官员年满六十岁致仕(即退休)的规矩,为的是不让功高德重的老臣们贪恋权位。朝政长期为一班颟顸昏庸的老者把持,就会因循守旧,了无生气。身边现有一个老迈而又野心勃勃的李善长要打发,再弄一个比他更老的刘伯温来未免说不过去。其次,朱元璋决意起用一批资历较浅的年轻官僚。管他私心重也好,谨小慎微也罢,只要他们听话,一切秉承圣意,不试图挑战皇上的无上权威就行。

召对之后,朱元璋满心高兴地赏赐了刘伯温一套御用的文房四宝:歙砚、宣纸、湖笔和徽墨,并嘱他不要急着回乡下去,等参加了封藩大典再走不迟。刘伯温无奈,只得领旨谢恩。

刘伯温捧着赐物出了宫门,等候在宫门外的随行小厮见老爷出来了,满心欢喜地接过皇上的御赐,搀扶着他回驿馆去。刘伯温致仕回乡后,中丞府久未住人,已经破败不堪了。一路上,不满十六岁的小厮得知皇上在御花园接见老爷,一个劲地问他喝了什么酒,吃了什么菜?刘伯温心里却乐不起来,叱喝他:"少聒噪!"然后默默无声地走路。

主仆俩走到后来被称为十三王府街的拐角处,忽听前面人声鼎沸,一伙乱哄哄的路人差点把他们撞倒。小厮忙扶着刘伯温躲到路旁:"老爷,小心点。"

刘伯温拦住一路人问:"这位老哥,前面发生了什么事情,大家如此慌乱?"

那路人说:"大人有所不知,前面王府里的差吏捉人游街哩!"

"游街?"

"嗯。王府里有几个丫头不知犯了什么事,二殿下让人剥了她们的衣服,浑身上下浇上墨汁油彩游街示众。街上自然有人围观,谁知小王爷玩得兴起,看见人堆中标致些的姑娘就叫人捉住，同样剥去衣服浇上油彩取乐。您看，那车上站着的就是二殿下。"

刘伯温踮足望去，果见十四岁的二皇子朱樉站在车上哈哈大笑，车前有几名女子被剥光了衣服，满身浇得乌黑和花花绿绿，在府丁的威逼下扭摆跳舞。

刘伯温气愤地说："岂有此理！光天化日之下如此恶作剧，地方有司怎不管管？"

路人伸伸舌头："二殿下是个小霸王，除了皇上谁敢管他呀！不想要命了？"

刘伯温愤愤地摇头叹气。随行小厮忙拉着他走开："老爷，大公子交待过，您在京城里千万别管闲事，我们走吧！"

原来，二皇子朱樉得知自己要封王了，心里异常兴奋，夜里做梦都梦见骑着高头大马，在数千名护卫簇拥下进入长安古城，接受封国臣民欢呼拥戴的场景。册封大典即将举行，他这皇子府邸马上要改为"秦王府"了，他心血来潮，要亲自题写王府的匾额。于是，命服侍他的侍婢们铺好纸、磨好墨，差人到京城有名的笔庄买来一支大毛笔，煞有介事地在大张宣纸上书写"秦王府"三个大字。怎奈平时习字不用功，"秦王府"三个字写得歪歪扭扭的，大小不匀，毫无笔力，他生气地责骂侍婢们，不是怪她们墨磨得不浓就是怪她们纸牵得不好，把废纸揉成一团扔到她们脸上。折腾了好一阵，终于把这三个字写得差强人意了，站在旁边观看的仆从们一阵奉承阿谀地叫好。小霸王好不得意，仿佛自己一下子成了当代书圣。他令两个小丫头把那刚写好字的宣纸牵着，歪着头一步一步往后退着欣赏自己这幅"杰作"，他退着退着，端砚的那个侍婢避让不及，将半砚池墨汁洒在了他的锦袍上！

那侍女见闯了祸，立刻吓得面无人色，扑通一声跪下："奴婢该死！奴婢该死！"

另外三个侍女也一齐跪倒。朱樉见自己鲜亮的锦袍被污染得不成样子，顿时大发雷霆："该死的奴才！给我把她的衣服扒下来！"

立即有两个府丁上前将那侍女的衣服扒得只剩里面的小肚兜。那丫头还只十四五岁，只好哭泣着趴伏在地上遮羞，露出全裸的后背。

朱樉又吼着命令："把墨水全都泼到她身上！"

那班穷凶极恶的府丁们把砚池里装满墨水，泼得那丫环脸上背上一身漆墨。另外三个丫环跪在地上吓得直打颤，谁知小霸王气犹未消，又对她们动了恶念。他吩咐家丁到修园子工程处提来几桶红绿颜料。

"把她们三个的衣服也扒掉，给我一个染红，一个染蓝，一个染绿！"

几个平日无恶不作的府丁听到如此恶作剧的命令，岂不乐得执行。在几名丫环的哀哭声中，她们的衣服全被扒掉，每个人只留下个小肚兜遮羞。那班恶奴还乘机猥亵她们，最后把颜料强行涂在她们脸上和身上。

顽劣成性的朱樉见几个侍女浑身涂得花花绿绿，开心地跳起来："哈哈！有趣，有趣！快给我备车，我要带她们到外面去游街示众。"

皇上给朱樉委派的师傅闻讯赶来。老夫子不敢正面看那几个裸身的侍女，只得背着身规劝朱樉："二殿下，二殿下！万万不能让她们出去游街。这样有伤风化啊！有司会出来干涉的。"

朱棣眼睛一瞪："有司？看哪个马王爷长了三只眼敢来干涉老子！"

老先生只得摇头叹息地退至后堂，听任他肆意胡闹。

恶奴们押着那四名裸身的丫环上了街。市民们不知出了什么事，纷纷挤拢来围观。朱棣对自己的恶作剧很是得意，他站在车上高声吆喝：

"叫她们给我跳舞！"

为首的恶奴像赶牲畜似的挥动鞭子。

"听到没有？王爷叫你们跳舞！"

"奴婢们不会跳……"丫环们声音像蚊子一样细。

"什么会不会？给我扭屁股，扭腰肢就是！"

可怜的侍女们只得跟跟跄跄地乱扭。她们赤裸着身体在料峭的春风中冻得瑟瑟发抖，扭扭倒可以增加点热量。

朱棣看到围观的人群中有两个姑娘长得有几分姿色，陡生恶念，他指挥恶奴们："把那两个小娘儿们也给我抓来！"

恶奴们扑上去抓住那两个姑娘。他们气势汹汹，围观的路人们谁都不敢劝阻。那两个姑娘吓得脸色煞白，哭号着说："干什么？你们抓我干什么？"

朱棣阴冷地笑着："嘿嘿！我们不是还有两桶颜料吗？让这俩娘们也来凑个数，多两个人热闹些。"

恶奴们不用吩咐，三下五除二把两个姑娘的衣服扒掉，也倒上一身黄蓝颜料。那两个姑娘哭喊着想逃，一个恶奴亮出利刃横在她们颈上。

"王爷叫你们来陪着玩玩，你想抗命，老子一刀宰了你！"

围观的群众见状，纷纷摇头叹息地散开了。

小厮搀扶着刘伯温回到驿馆，小憩了一会，驿馆的门人前来禀报，说御史大夫邓大人差人求见。

时任御史台左都御史的邓愈是朱元璋手下赫赫有名的大将，地位仅在徐达、常遇春和李文忠之下。他原本在外征战，只因染疾方回京休养。身为御史中丞的刘伯温致仕前原是他的副手，二人私交甚笃。

"御史大夫差人来了？快请他进来。"

一名校尉走进刘伯温房中，叩拜道："参见中丞大人。"

刘伯温忙道："免礼。是邓大人差你来的吗？"

"是。我家大人请中丞大人过府一叙。"

"邓大人找我有什么事吗？"刘伯温问。

校尉笑着说："大人应召进京，驿馆生活清苦，我家大人请您过府，为您接风叙旧。"

"哈哈，难得邓愈如此顾念我俩的友情，这酒不得不喝了！"刘伯温高兴地说。

校尉道："卑职备车在外，大人请吧！"

邓愈虽名义上是刘伯温的顶头上司，但由于他比刘伯温年轻许多，他和朱元璋一样尊称刘伯温为先生，他备了一桌丰盛的酒筵招待刘伯温。

"此次皇上召见先生，想是为了封藩建国之事吧？"喝了几杯酒，邓愈直率地问。

"正是为此事。皇上想听听老夫的意见。"

"先生高见如何？"

"天下既定，裂土封疆，势在必行。其实皇上早打定了主意，征求臣下意见不过走走过场罢了。朝中大臣我想谁都会有自己的看法，但除了那个不识时务的叶伯巨谁敢公开出来反对？"在邓愈面前刘伯温可以坦陈心曲。稍停，他又问邓愈道："邓大人你和徐达常给皇子们教授兵法骑射，你看他们中有几个是可造之才，将来可以担当起藩镇一方、守土卫民之责？"

这个问题很让邓愈难于回答，他不得已摇头搪塞道："他们年纪尚小，还看不出来啊！"

刘伯温道："今天我在回驿馆的路上，看到二皇子朱樉驾车在街上追捉妇女，剥去她们的衣服，浑身浇上墨汁油彩取乐。堂堂皇子居然做出这等不堪之事！将来这十来个皇子都长大了，谁也不敢管他们，还不会把这个京城闹翻天吗？"

邓愈也为此事摇头咋舌，他说："先生所虑甚是。不过，他们封藩就国之后，天高皇帝远，更会肆无忌惮了。那时他们羽翼丰满，恐怕什么事都做得出来啊！"

刘伯温淡淡一笑："御史大夫是恐将来藩王势大，朝廷难于制约，难免有谋篡叛逆之事发生？"

邓愈正色道："叶伯巨之虑，绝非子虚乌有。当今太子殿下仁慈懦弱，诸皇子从小就不把他放在眼里。好在目前皇上春秋正盛，太子是他立的，只要皇上健在，诸王就不敢有什么违抗朝廷之举。不过，圣上千秋之后，诸事就难料了。"

"皇上在召见老夫时，从他的话里也听得出不无此虑。不过他没有明说，而是借反对建藩者的口气说，一旦藩王势大，酿成'七国''八王'之乱，危及宗室社稷，问老夫有何节制之法。"

"先生是如何应对的？"

刘伯温狡黠地笑笑，说："你与皇上共事十余载，还不清楚他的脾气吗？他认定了要做的事，你只能顺着他的意思说事。嘿嘿，他不是李世民，我也做不了魏征。老夫自然用我朝律法藩王不得干预有司行政和边卫驻军只受朝廷节制，一旦有事举全国之兵讨之来宽慰他啊！"

邓愈道："先生这么一说，必令龙颜大悦。来来来，下官代皇上犒劳先生。喝酒，喝酒！"

刘伯温举杯道："惭愧，惭愧！"

邓愈将座椅挪近刘伯温，压低声音说："先生通晓阴阳，善断未来，此处只有你我二人，你掐算掐算，我朝三代之内，是否有篡权夺位之事发生？"

刘伯温正色道："老夫幼读经史，历朝历代，杀父弑兄、篡权夺位之事层出不穷，未尝稍歇。盖因帝皇宝座乃不可抵御之诱惑。当今圣上马上得天下，以他的精明强干，自然希望他创下的帝业顺顺遂遂，永固千秋。然而子孙之贤愚，世事的变幻，岂可逆料？他日谁主天下，此乃天意使然。我纵能料得，大人请恕老夫：天机不可泄也！"

听刘伯温这么说，邓愈连忙抱拳谢罪："愈一介武夫，愚钝无知，请先生见谅。其实你我臣子，唯有恭谨事主，纵有一世英名，但求功成身退。什么时候我能像先生一样告老还乡，隐归故里，过着野鹤闲云与世无争的日子就满足了。"

刘伯温会心地笑了："哈哈哈！喝酒喝酒。"

地方有司不敢干预朱樉的恶行，但皇上遍布京城的耳目却不敢对皇上隐瞒这件丑闻。朱元璋闻讯勃然大怒，他让大太监刘会把太子朱标叫来，劈头盖脸一顿臭骂。

"哼，你身为东宫太子，朕叫你管束你的弟弟们，你知道他们干了什么坏事吗？"

朱标连忙跪下："儿臣有罪，儿臣不知……"

"有人报告朱樉把府中丫环剥去衣裳赤身裸体浇上墨汁拉去游街，还在大街上捉了几名女子，同样浇上油彩取乐。"

"二弟怎会这样？"朱标惊诧地说，"儿臣以为，也许传闻有误……"

朱元璋一掌拍在御案上："大胆！你竟敢为他开脱！"

朱标匍匐在地："儿臣不敢。"

"皇皇国都，众目睽睽之下，谁还冤枉他不成？"朱元璋怒气未消，"今日邓愈对朕说，刘伯温在街上亲眼看到。堂堂皇子居然在光天化日之下做出这等丑事，把朕的面子都丢尽了。来人！"

内侍应声而至："奴才在。"

"宣诸皇子火速来见朕！"

"遵旨。"

太子朱标恐父皇一气之下，会重重责罚朱樉，连忙婉转求饶："二弟行为乖僻，有违法度，请父皇治儿臣督促不严之罪。只是恳请父皇还念二弟年轻无知，不要过重责罚，给他一个改过自新的机会。"

朱元璋为他们兄弟情谊所感动，说："你起来吧。"

"谢父皇。"

不一会，内侍传呼："诸位皇子到。"

朱元璋规定年满六岁以上的皇子公主每天都要进宫给父皇母后请安，还要到东宫给太子殿下问安。因此朱元璋宣皇子进宫，除了朱樉、朱枫、朱棣、朱橚四个在大本堂上学的皇子，稚气未脱的老六朱桢、老七朱榑也都来了。他们跟在兄长们后面给父皇行礼叩拜。

"孩儿朱×叩见父皇，参见太子殿下。"

朱元璋端坐御座，脸色铁青："枫儿、棣儿、老五、老六、老七，你们起来。"

"谢父皇。"众皇子怯怯地站起来，偷眼看着仍然跪在地上的二哥朱樉，不知他犯了什么事。

朱元璋厉声喝道："朱樉，你知罪吗？"

朱樉吓得伏在地上连连叩头："儿臣……知罪，儿臣该死！"

"当着你这些兄弟，说说你所犯何罪？"

朱樉深知父皇耳目众多，自己干的坏事看来是瞒不过去了，只得老实供认："儿臣府里几个丫环伺候儿臣习字，磨墨时她们不小心打翻了砚台，把墨水泼在儿臣衣服上，儿臣想惩罚她们一下……"

"于是你就把她们的衣服剥了，浇了满身墨水拉出去游街是吗？"

"儿臣不过想吓唬吓唬她们……"

"一派胡言！你为何又纵容下人抓捕街上的女子，同样剥去衣裳浇上油彩取乐？"朱元璋站起来厉声喝问，"小小年轻，竟如此淫邪作恶，将来你若做了藩王，你治下的臣民还想活吗？"

朱樉情急，把责任推到别人身上："那……那是下人所为，儿臣管束不严，罪该万死。"

朱元璋吩咐太子："将那班狐假虎威的东西统统送刑部治罪，重者问斩，轻者发配充军。"

朱标连忙回道："儿臣遵旨。"

朱元璋又宣谕道："朱樉身为皇子，不知自爱，有辱皇室尊严，杖责二十，傅、相各罚俸半年。"

朱标跪下为弟弟求情："父皇，二弟有过当罚，但请父皇念其年幼受下人教唆之故，且封藩日近，亲王受杖，有失国体，儿皇恳请父皇从轻发落。"

他同时示意诸皇子一同向父皇求情，于是他们扑通一齐跪下。

"恳请父皇从轻处罚二哥。"

朱元璋挥挥手让他们都起来，然后训斥朱樉道："看在太子和你弟弟们的份上，给你留点面子。杖责免了，罚你在宫门口跪诵朕颁的《祖训录》三十遍，并遣府中长史赍礼向被辱女子登门谢罪。今后令傅、相严加管教，若有再犯，仔细你的皮！"

朱樉如逢大赦，连连叩头："儿臣叩谢父皇恩典。"

诸皇子也一同叩头谢恩："谢父皇恩典。"

朱元璋语重心长地告诫他们："你们都听着，你们身为皇室贵胄，必须自尊自爱。今后无论身在京都或是封藩就国，你们做了任何坏事，休想瞒过朕的耳目。朕会随时处置你们，轻则责罚，重则废黜，你们小心就是！"

诸皇子齐声道："孩儿牢记父皇训诫。"

朱元璋："下去吧。"

众皇子退下后，太子扶父皇坐下，亲自从内侍手中接过茶盅奉上，引咎自责道："二弟顽劣，惹父皇生气，母后担忧，儿臣深感不安。"

朱元璋喝了一口茶，谆谆教导太子："标儿，你这几个大弟正是开始识事的年龄，必须万分留意他们的品行。一旦让人教坏了心术，将来他们不但不能藩镇一方，拱卫朝廷，反而会威胁你的皇位和国家的安全，尔须慎之慎之！"

朱标欠身道："启禀父皇，儿臣不才，如果将来哪位皇弟贤德胜过儿臣，儿臣愿意让位于他，北面称臣。"

朱元璋立刻剑眉倒竖，厉声斥责道："胡说！我朝有鉴于元室久未立储引起皇位纷争之弊，朕及早立你为太子，就是要在臣民中树立你的威信。你的兄弟再贤，也只能做一个辅佐你振兴大明王朝的藩王，岂有禅让皇位之理？何况你这几个兄弟多是庸碌无为之辈，只有你四弟稳重识礼，尚堪造就。朕让他将来独当一面镇守燕地，可以成为朝廷屏障和你的得力助手。"

朱标见父皇如此看重自己，心中十分感动，他情真意切地说："儿臣但愿父皇圣躬康健，在位百年，儿臣就是当太子当到老都愿意。"

"又胡说了！有谁听说过哪位皇帝能在位百年？朕让你从现在起就学习批阅奏章，参加朝会，就是让你增长见识，锻炼处理朝政的能力，及早能接朕的班，做一个勤政爱民的好君主。"

朱标惶恐下跪宣誓道："儿臣谨记父皇教诲，永志不忘。"

朱棣这件事让封藩大典的进程放慢了许多，因为一旦举行大典，按照诸皇子年龄长幼，第一个受到册封的将是朱棣。刚刚发生的这种丑闻让朱元璋很尴尬，他恨恨地发泄道："孺子不可教！"

十二年前，一个美貌的女俘虏

筹划已久的封藩大典终于举行。两位小王爷去见"乳母"中妃——十二年前，朱元璋攻下婺州，那个美貌的女俘虏。他轻舒猿臂将她拦腰抱起，一会儿，中氏的衣裙全都散落，露出粉妆玉琢般的胴体。

洪武三年夏初四月，一个朝阳绚烂的早晨，筹划已久的封藩大典终于举行了。这天早朝，文武百官不论品级尽都肃立殿外丹墀之下，等候大典开始。在大殿的东西两侧，各设披红挂彩的钟鼓架和两班乐手。仪式开始时，两名身穿彩服的钟鼓手击鼓三遍，鸣钟九响，然后笙乐齐鸣。

在礼乐声中，朱元璋身穿绣金衮袍，头戴旒冕，在宫女内侍的簇拥下登上御座。群臣远远地在殿外跪拜三呼："吾皇万岁万岁万万岁！"

寅时，皇太子朱标率领诸皇子由奉天东门进殿，站在丹墀前。诸皇子以朱樉为首，按年龄依次是朱㭎、朱棣、朱橚，他们后面是五六岁的朱桢、朱榑，不满两岁的朱梓、朱杞和出生才两月的朱檀由宫人牵或抱着，最后是年已十六岁的皇侄孙朱守谦。他们不论大小均穿着色彩斑斓的衮冕。

皇太子朱标首先至墀前跪拜行礼如仪："儿臣朱标恭请圣安，祝父皇万岁万岁万万岁！"

内侍引导太子至御座前一侧侍立，然后向众皇子使个眼色，皇子们纷纷抢至御前跪拜，一片稚嫩的声音在大殿中响起。

"儿臣恭请圣安，祝父皇万岁万岁万万岁！"

皇子们平时是不上殿的，现在见他们跪成一片，朱元璋满心高兴，含笑说道："皇儿们听宣。"

他将制诰的老夫子们字斟句酌精心撰就的诏书交给内侍，承制官——一名礼部侍郎接过诏书，走到殿前高声宣读。

朕承天地百神之灵，祖宗之福，起自布衣艰难创业。惟时将帅用命，遂致十有六年，统一四海，功成治定，以应正统。考诸古昔帝王，既有天下，子居嫡长者必正位储贰。若其众子，则分茅胙土，封以王爵，盖明长幼之分，以固内外之势也！朕今有十子，前岁已立长子标为皇太子，爰以今岁四月初七日，封第二子樉为秦王、第三子棡为晋王、第四子棣为燕王、第五子橚为吴王、第六子桢为楚王、第七子榑为齐王、第八子梓为潭王、第九子杞为赵王、第十子檀为鲁王、侄孙守谦为靖江王。皆授予册宝，设置相傅官属。凡诸典礼，已有定制。众建藩辅，所以广磐石之安；大封土疆，所以眷亲支之厚。古今通谊，朕何敢私？尚赖中外臣邻，相与维持，弼成政化。故兹诏示，咸使闻知。

承制官朗声宣读完毕，复将诏书跪奉于御案上。这时内侍高呼："诸王谢恩。"

众皇子在乐声中匍匐叩首谢恩，那几个小家伙觉得叩头挺好玩的，跪在那里叩个不停，内侍不得不一一把他们拉起来。

接着授册宝大礼开始。在音乐声中，赞礼官首先引秦王朱樉至丹墀前跪下，捧册官将陈列在御案前的一份黄金册书（两片金页以红丝绦缀合而成，册文用楷书镌刻于金页上），一颗金光灿灿的宝印，递给另一名读册官，读册官复走到殿前宣读册文："昔君天下者，必建屏翰，然居位受福，国于一方，岂易事哉？第二子樉，今命尔为秦王，永镇西安。朕起布衣，与群雄并驱，艰苦百端，张皇师旅，伐罪吊民，时刻弗念，以居大业。今尔有国，当恪敬守礼，奉祀宗社，谨兵卫，恤下民，必尽其道。体朕训言，尚具慎之。"

宣读完毕后，由抱病出席典礼的左丞相李善长将册宝授予朱樉。此时的朱樉未必听懂了册文里说些什么，但从此以后他是一国之尊的王爷却是实实在在的。明天他还要在王府里接受百官的朝贺，兵部为他配备的三护卫官兵也要逐渐到位。今后他出门就不是带一班府丁家奴，而是要启用威风凛凛的亲王仪仗了。

想起这些，朱樉心满意足，将不久前父皇对他的责罚全都忘到九霄云外去了，在叩拜谢恩时结结实实地给朱元璋叩了几个响头。

朱樉受封之后是朱棡，册封仪式一个个亲王循序进行。这时，站在丹墀下候封的小皇子们不耐烦了，五六岁的朱桢和朱榑打闹起来，年长的朱棣连忙制止他们。

"六弟七弟，快别闹了。你们都是要封王的人了，下面的文武百官看见成何体统？"

朱㭎动手把两个小家伙拉开，然后对朱棣说："四哥，下一个就轮到你了。父皇封你为燕王，燕国大吗？"

"燕国不算很大，那里有长城，长城外面就是大沙漠，元朝蒙古人的残余势力就盘踞在那里。"

"四哥，你长大了就要带兵和蒙古人打仗，多威风！"老六朱桢插嘴说。

"我要把元朝残余势力通通降服消灭，使我大明江山一统。"

"三哥下来了。四哥，快做好准备，轮到你受封了。"朱㭎说。

在乐声中，赞礼官引着朱棣朝丹墀前走去。

册封大典后，按照礼制，受封的亲王要到坤宁宫拜谢皇后。宫女们见众皇子到来，连声高呼："诸位小王爷驾到！"

马皇后盛装端坐，众皇子跪拜高呼："臣朱×，兹受册命，谨诣母后殿下恭谢。"

马皇后慈祥地一脸堆笑："皇儿们起来吧。"

众皇子围在马皇后身边，马皇后一一抚爱着他们，语重心长地教诲道："皇儿们，你们已受册封，今后是一国的藩王了。你们在大本堂要更加勤奋学习，听从那些宿儒的教诲。同时要跟大将军勤习兵法骑射，使自己成为一个文武全才、有本事的人。等你们长到二十岁，就藩各自的封地，做一个受臣民爱戴的藩王，这样才不负父皇的恩典和期望啊！"

"谨遵母后教诲。孩儿们记住了，请母后放心。"众皇子异口同声地说。

"好了，你们先去东宫拜谢太子殿下，然后回各自宫中把好消息告诉母妃和姊妹们，她们一定等得着急了。"马皇后叮嘱说。

"是，谢母后。"

拜谢太子后，小燕王朱棣和小吴王朱㭎捧着册宝锦盒回到他们居住的后宫，刚到宫门口就有宫女跑去报告他们的母妃（名义上是乳母）申氏。

"娘娘，两位小皇子回来了。"

申妃道："你们听着：两位小皇子今天封王了，以后要叫千岁殿下。"

宫女们连忙一本正经地行礼："叩见千岁殿下。"

小燕王庄严地摆摆手："罢了，起来吧。"

顽皮的小吴王朱㭎却首次启用他的王玺在一名宫女的胖脸上盖了个大红印，顿时引得宫女们大笑起来。

两位小王爷拜见申妃："儿臣叩见皇阿娘。"

申妃慈爱地扶起他俩："你们累坏了吧，快起来歇着。"

两位小王爷依偎在申妃两侧。

申妃吩咐宫女："快给小王爷宽衣。"

宫女们一边给他俩脱卸衮袍，一边打趣说："两位千岁殿下的衮服好漂亮啊，我们远远看去，还以为是御花园里的两只花锦鸡来了哩！"

申妃笑骂道："尽胡说！孩子们，让我看看父皇赐给你们的册宝。"

朱棣连忙把锦盒呈上去："皇阿娘请看。"

申妃看过金册，又拿起宝印辨识玺文："'燕王之玺'，棣儿，父皇封你于燕国，幽燕形胜之地，距残元帝国最近。你长大就藩之后，身负拱卫北疆的重任，父皇寄厚望于你啊。"

小吴王朱橚插嘴说："是啊，父皇说我们出生太晚，没赶上打仗。当了藩王不会领兵打仗怎么行？他让徐大将军教我们兵法和骑射，四哥的骑术最好，还得到大将军的夸奖呢。"

申妃高兴地说："是吗？真想看看棣儿在马上的雄姿，是不是和你父皇当年一样？"

"皇阿娘，你看到过父皇打仗吗？"朱棣问。

申妃抚摸着赖在她身上的小朱橚的脑袋，回忆把她带回十多年前充满硝烟的战场。她慢悠悠地说："我在你父皇军营里待了一年，经常看到他和将士们出征和战斗归来。嗯，我第一次见到你父皇也是在一次大战之后……"

十二年前，朱元璋亲率大军围攻元将石抹厚孙盘踞的婺州城。经过一番恶战，元军死伤枕藉，石抹厚孙被俘获，缴获军马粮草无数。朱元璋在众将簇拥下兴高采烈地巡视战场，来到石抹厚孙的官衙前，适逢一队军士从衙内押出一队男女眷属仆役等。朱元璋忽然眼睛一亮，目光顿时为队中一个身着绿裳的妙龄少妇所吸引。他勒住马头痴痴地凝望，直到那少妇快要走出他的视野，方如梦初醒地喝道："来人！"

随行校尉上前揖禀："国公爷，有何吩咐？"

朱元璋用马鞭指指那少妇："去将那穿绿衣的妇人带来问话。"

"是。"校尉心领神会地去了。

朱元璋向部将们部署完进城安民等各项措施，带领亲兵走进石抹官衙，在大厅里坐定。这时校尉带着那少妇怯怯地走进来。

"禀国公爷，妇人已带到。"

朱元璋吩咐道："叫她进来。"

那妇人婷婷娉娉地走到朱元璋座前低头站定。朱元璋近距离地打量她那俏丽的脸庞和窈窕身姿，愈觉得妩媚动人，勾心摄魄。他顿时看呆了，半晌才开口问她："你姓什么？多大年纪？"

妇人战战兢兢地回答："禀帅爷，妾身姓申，今年十八岁。"

她的声音虽然怯怯的，却银铃般地悦耳动听。朱元璋不禁又问："你是何方人氏，在府里干什么？"

"妾乃高丽人氏，世居长白山下，去年被地方献给石氏军中，被……石将军收为侍妾。"

"嗯。"

朱元璋主意已定，唤过随从校尉耳语一番，随即离开府衙上马飞驰而去。

晚上，申氏在几名丫环仆役的服侍下，在府衙的卧室里对镜梳妆。镜子里映出的是一张容颜俏丽但却忐忑不安的脸。她明白自己虽然避免了被押去修河塘服苦役的差事，但从那位相貌丑陋的帅爷色眯眯的眼光中，她看到了另一种危险。

与众将一起参加完庆祝大捷的庆功宴，喝得微醉的朱元璋在亲兵扶持下回到石府内宅。丫环使女们忙为他解甲脱袍，申氏参见后羞怯地退往一旁。朱元璋醉眼蒙眬地打量着灯下的美人，愈加觉得娇艳万分，动人心魄。他打着酒嗝儿叫了一声："过来！"

申氏畏畏葸葸地走近，朱元璋伸出大手在她薄施粉黛的俏脸上捏了一把："别怕，我的小乖乖。"

丫环使女们识趣地退出去，把房门关上。朱元璋乘着酒兴，一把搂过申氏，在她俏脸上狂吻起来。申氏含羞带怨地抗拒着，然而一个身为房奴的柔弱女子，怎能抵敌带着三分酒意的彪形大汉？朱元璋哈哈笑着，任她的小小粉拳在他胸前乱捶，轻舒猿臂将她拦腰抱起，放在卧榻之上，此时申氏只得任其摆布。

后来，朱元璋结束了浙东的战事，将申氏带回应天（今南京）国公府，让她拜见大夫人马氏和二夫人李氏。

二位夫人见朱元璋带回这样一个美艳绝伦的尤物，不免心中有些嫉妒。马夫人与朱元璋是患难夫妻，深知他好色的天性；况且朱元璋身为国公爷，哪有不娶三妻四妾之理？她扶起下拜的申氏，爱怜地打量她道："好一个漂亮女子，我们国公爷好艳福啊！"

朱元璋在一旁有些赧颜，忙作揖打拱讪讪地道："本帅戎马倥偬，未曾先征得夫人恩准，惭愧惭愧！"

"嗳！有道是：将在外君命有所不受，何况纳一女子呢？听说她是高丽人？"

"是。"申氏恭谨地回答。

"妾常听人说高丽女子不但容颜姣好，且生性温柔娴淑，恭顺有礼。你要好好服侍国公爷，日后自有你的好处。"

"贱妾谨遵夫人教诲。"

这时，女仆牵着刚满三岁的世子朱标进来。

马夫人道："标儿，快来拜见你父帅。"

世子彬彬有礼地向朱元璋叩拜："孩儿向父帅请安。"

朱元璋抱起儿子："大半年不见，标儿长高了。标儿，见过三夫人。"

朱标的眼睛骨碌碌地望着申氏，李夫人推他上前，他只得怯怯地叫了声："三夫人好。"

"世子安好。"申氏敛妆道福。

马夫人吩咐道："来人，摆酒为国公爷接风。"

那申氏入了国公府，过着优裕的生活。举府上下，均以夫人身份待她，比起在石府那种凄惨的性奴生涯，自是天壤之别了！她在府里住久了，见朱元璋兵多将广，雄踞一方，虽然暂奉宋主韩林儿为王，将来必取而代之，说不定还有帝王的气候。身为女人，跟定这样一个男人也算三生有幸了。至于相貌，相处久了也越来越习惯了。而且她也相信他应对了帝王异相之说。于是在她的眼中，丑陋变成了威猛刚毅，那种白面书生式的男人倒不如他可爱了。她对朱元璋产生了真正的感情，枕席间更是软语呢喃，风情万种，每每使朱元璋兴趣大增，日间军旅上的许多烦恼都忘到九霄云外去了。申氏因此常得专房之宠，她不得不隔三差五地劝国公爷到两位大夫人房里去应应卯，以使雨露均沾，免得她们骂她狐媚惑主，独占了朱元璋的恩爱。

至正二十年夏初，战事骤然紧张，朱元璋与其幕僚部属李善长、刘基、徐达、常遇春等在国公府商讨紧急军情。大将军徐达用马鞭在地图上指点解说，众人皆一脸严峻焦灼之状。

徐达说："现在陈友谅挟二十万之众，兵困太平，情况万分危急。我驰援的胡大海将军被阻于博望。张士诚在江西亦蠢蠢欲动，陈友谅约其以舟师沿江而下，合攻应天。若二贼合力，我军形势危急。如何应对，望帅兄速作定夺。"

朱元璋紧锁眉头，焦灼的目光紧盯着地图上的某一点，仿佛看见那里有万千敌军在集结逼近。

此时，一阵急骤的马蹄声传来，一名探马急驰入帅府，直到堂前才滚鞍下马，冲进议事堂报告。

"报——贼兵攻陷太平，朱文逊将军战死，花云、王鼎将军及知府许瑗被俘，生死不明。"

徐达命令："下去再探！"

闻知此讯，众人交头接耳议论开来。心高气躁的虎将常遇春满脸涨红地嚷道："元帅，情势危急，我先率本部兵马北上太平阻击陈友谅。这狗日的是老子手下败将，待我去收拾他！"

朱元璋望望有"军师"之誉的刘基，征求他的意见。"先生以为何如？"刘基摸摸他的虬髯胡子，不紧不慢地道："常将军少安勿躁，贼军势众，不可力敌。依我之见，陈友谅新胜必骄，我当诱其深入，伏兵邀击之。主公以为如何？"

朱元璋冷静地听着刘基的建议，锁紧眉头思虑再三，然后接过徐达手中的马鞭，指着地图决断地部署道："急令胡大海且战且退，然后乘夜急撤，迂回至信州，截断贼兵后路。俟陈友谅南下，遇春兵伏石灰山，徐达布阵应天城外，杨璟屯兵大胜港，张德胜以舟师出龙江关，本帅与丞相、伯温督师卢龙山。克敌制胜，在此一役！"

诸将一齐高呼："遵命！"

朱元璋开完军事会议，一路思考着即将来临的恶战，面色凝重地回到申氏房中，面对强敌，未来是吉是凶，他颇为忐忑不安。

申氏忙笑脸相迎："国公爷回来了。来人，看茶！"

她一面观察朱元璋的神色,一面亲自为他宽衣,小心谨慎地问道:"国公爷,何事有些不快?"

"嗯。前方战事吃紧……罢了,说给你听也不懂。"朱元璋有些烦恼地摆摆手。

"是,这些军国大事贱妾不懂。"申氏安慰他道,"不过,国公爷天命所归,纵有一时艰难,终会逢凶化吉。何况国公爷麾下有那么多能征善战的猛将,兵来将挡,水来土掩,您何必为之不快呢?来人,快安排点心酒菜,为国公爷解乏消闷。"

仆从们连忙捧上瓜果酒菜,申氏扶朱元璋坐在软椅上,亲自为他把盏布菜。

她笑吟吟地举起盛满琼浆的酒杯:"国公爷,贱妾敬您一杯,祝您运筹帷幄,克敌制胜!打个大胜仗!"

这话朱元璋爱听,是个好兆头!他端起酒杯缓缓饮尽。

申氏又道:"容妾再敬您一杯,祝您挥师所至,所向披靡,把陈友谅、张士诚打得体无完肤!"

朱元璋更爱听这话,他面露笑容举杯一饮而尽。

"妾再敬您第三杯,这一杯最重要。"申氏笑靥如花地卖着关子。

朱元璋笑问:"为什么?"

"这一杯呀,祝您早成帝业,一统天下!"

"哈哈哈!知我者爱妃也!爱妃与我同饮这一杯!"

朱元璋干杯后,搂着申氏响亮地亲了一下。申氏从他怀抱里挣脱出来,又躬身道:"今日国公爷如此高兴,容妾唱一曲家乡小调,跳一个高丽舞为您佐酒助兴。"

朱元璋连连拍手:"好好好!久闻高丽歌舞曼妙非常,难得爱妃有此雅兴,让我一饱眼福。"

申氏嫣然一笑,闪入帏帐后面。待她重新出来时,只见她头戴花环,身着一袭薄如蝉翼的透明纱裙,宛如出浴的仙女,浑身的玲珑曲线显露无遗,直把朱元璋看呆了。

申氏轻启朱唇,曼展歌喉,唱出一曲悠扬悦耳的朝鲜小调,同时轻移莲步,跳着婀娜多姿的高丽舞。舞步时而徐缓,时而迅疾,俯仰间玉臂横陈,酥胸毕露。

朱元璋忘情地击掌伴奏,同时不忘举杯畅饮,连声叫好。

由于申氏的舞姿太惹火了,朱元璋一股情热直涌心头。当申氏舞至他面前做一个极为挑逗的献吻姿势时,他情不自禁地一把揽住她的细腰,把她抱到自己腿上,一面猛喝一杯酒,大声叫嚷道:"爱妃真妙人也!"

他放下酒杯,一面忘情地亲吻她的樱唇,一双大手伸至薄纱下抚弄着她的双峰。申氏脸泛潮红,笑喘吁吁,伸出玉臂搂着他的颈脖,迎着他的嘴唇,将丁香舌尖伸到他的口中。朱元璋哪禁得住这样的撩拨?早已玉粱高擎,欲火难耐,急急地将她横身抱入帏帐之中……

侍女们见状吃吃偷笑,也来不及收拾桌上残肴,急急地退出去,关好房门。

室内红烛高照,朱元璋搂着申氏在卧榻上起伏翻滚,申氏娇喘吁吁,发出阵阵呻吟……

云收雨散，二人相拥而卧。申氏小鸟般依偎在朱元璋怀里，把他的胡须缠绕在葱葱玉指上玩弄着。朱元璋则抚弄着她温软挺拔的双乳爱不释手。这时，申氏在他耳边轻声说道："帅爷，妾有一事相告。"

"什么事？"

"妾已经……有了。"

"有了什么？"

"妾已有身孕了。"

"真的？"朱元璋翻身而起，忙去摸她的肚子。

申氏羞涩地说道："帅爷天天守在我这里，天天要……还能没有吗？"

"那太好了！你要能给我生个胖小子，我当以嫡子厚待之。"朱元璋郑重地说。

"你不要食言啊！"

"君无戏言，我的小乖乖！"

第二年四月，挺着大肚子的申氏即将临产，在卧榻上辗转呻吟，额头上沁出颗颗豆大的汗珠。一阵阵痛之后，她连忙断断续续地交代身旁的侍女："快去……报告……国公夫人……"

侍女急忙急火地穿过游廊，毫不理会仆从们的问询，径直闯入马夫人的房间："启禀国公夫人，三夫人要生了！"

"慌什么？不是早已做好准备了么，随我来。"

马夫人带着丫环稳婆一干人等，捧着红漆托盘里的接生用具、婴儿衣物，来到申氏房中。马夫人指挥丫环们生火焚香，烧温水。安排停当，她走近榻旁，执着申氏汗津津的手，安慰道："妹妹，你要挺住。为国公爷增添子嗣，上天会保佑的。"

"夫人……我……哎哟……痛死我了！"

马夫人接过女仆手中的毛巾为她擦拭额头的汗，一面安慰道："你不要怕，不要怕，忍住一会儿就好了。"

她示意侍女们好生服侍产妇，然后自己走到正厅的祖宗神龛前焚香祝祷，念念有词。产房里炭火熊熊，红烛高照，不时传出申氏时高时低的呻吟声。稳婆丫环们端着准备好的候产用物出出进进。

随后，只听得申氏撕心裂肺地一声大叫，产房里红光一闪，突然传出了初生婴儿洪亮的啼哭声……

正在祷告的马夫人连连向神位叩头，感谢祖宗庇佑。

接生稳婆抱着高声啼哭的婴儿向申氏道喜："恭喜三夫人，是个虎头虎脑的小子。"

经过生产濒临虚脱的申氏透过婆娑泪眼看看儿子，露出了疲惫的笑容，说："快去报告夫人和帅爷……"

朱元璋正在校场点调准备出征的兵马，一名帅府亲兵飞马冲进校场，在点将台前跪下大声禀报："恭喜国公爷，三夫人生了……"

朱元璋急切地问："生了？！"

"禀国公爷：三夫人生了个八斤重的小公子，那啼哭声我们在外面都听到了。小少爷出生的时候，满室五色祥光，异香扑鼻。府里师爷说，此乃祥瑞之兆，小少爷必非凡人之辈。"

点将台上诸将齐声道贺："恭喜主公，贺喜主公！"

朱元璋欣喜异常："哈哈哈！今得虎子，吾又添了一个臂膀，何愁天下不能平定！"

过去的一幕幕在申妃的脑海中闪过。年届三十的她经历了两次生育，已不复昔日的美丽娇艳，然而天生丽质，风韵犹存，更显雍容华贵。她看到自己先后生下的两个皇子逐渐长大，今日封藩建国，不禁唏嘘泪下……

"皇阿娘，我们封了王，您应该高兴啊，为何哭了？"朱棣依偎在她身边安慰她。

申妃用绣花手绢拭去泪花："高兴，高兴！孩子们，我是高兴得流泪啊！"

"皇阿娘，您是不是又在思念家乡了？"朱棣仰起头问道。"孩儿将来去燕国就藩，一定接您同去。燕京离高丽不远，我一定亲率大军，护送您回家乡去探望那里的山川父老。您说好吗？"

这时申氏咳嗽的老毛病又犯了，朱棣连忙为她捶背。她咳了一阵，叹息道："难得棣儿如此孝心，只是我病歪歪的，怕是等不到那个时候啊。"

申妃近年身体一直不好，她担心不能长寿。朱橚年纪虽小，但也懂得岔开这个令人伤感的话题，他故意问道："皇阿娘，我和四哥长得都像您，跟几位皇兄都没有一点相像，有人说我们是您生的，是吗？"

涉及这个敏感的话题，申妃惊悚不已，连忙斥责小朱橚："胡说！你们俩和三位皇兄都是皇后娘娘一母所生，只是你们从小跟着我，吃我的奶水长大，所以长得有点像我。别跟着别人瞎胡说，小心你父皇听见，怪罪于我。"

"五弟，不要乱说！"大两岁的朱棣知晓此事的利害，忙制止朱橚。他又安慰申妃道，"皇阿娘，我们兄弟纵不是您亲生，但从小受您的哺乳教诲，您的恩德胜似亲娘啊！我们会把您当亲娘侍奉终生的。"

孩子们的懂事使申妃得到些许慰藉，她带着深深的寄望感叹道："但愿你们兄弟将来能像你父皇那样，做出一番轰轰烈烈的事业，我也就死而无怨了。"

朱棣和朱橚发誓道："请皇阿娘放心，我们一定牢记您的教诲。"

申妃站了起来，说："孩子们，你们今天奔忙了一天，明天还要接受百官众卿的朝贺，早点歇息去吧。"

"孩儿遵命。"

第五章

争夺相位的第一道血光

奸恶右丞陷害同僚

觊觎相位的杨宪阴谋把左丞汪广洋从中书省挤走，胁迫监察御史刘炳举劾汪广洋偏袒妻妾，事母不孝，至令其母疾愤自缢。"你若参倒了汪广洋，定会声名大著，那时老夫保荐你升任副佥都御史。"

朱元璋心情不好的时候，就会轮到某个官员倒霉了。这回触霉头的是中书省左丞汪广洋。

汪广洋是苏北高邮人，在前元政权中当过小官。他归附朱元璋较早，因此后来大封功臣时文臣中只有他和刘伯温赐了伯爵的封号。汪广洋办事干练，且颇具文才，常与宋濂、刘伯温等诗赋唱和。丞相李善长告病，中书省实际上是由他与右丞杨宪两人领导。虽然还有胡惟庸、陈亮、侯世善等几位新进的参政，仍然都是他们的僚属。胡惟庸的崛起是后来的事。杨宪是个权位欲极强的人，对自己屈居汪广洋之后耿耿于怀，他窥测到朱元璋迟早要对李善长动手，解除他的相权，若能把汪广洋从中书省挤走，这丞相之位就非自己莫属了。

也是活该他的图谋得逞，这天，有一个高邮籍的地方巡道御史提了些土特产来中书省看望汪广洋。地方上的小官到了京城的中书省衙门难免有些畏葸胆怯，他对大堂中值班的官员谦卑地自报家门说：

"下官浙江道监察御史刘炳，和汪广洋左丞大人是同乡。借问大人，左丞大人的视事处在哪里？"

值班的官员告诉他："你从左边的游廊走过去，经过中庭，到第三进的西花厅，问那里值班的签押官就知道了。"

"多谢大人，多谢大人。"

这时大堂中有个叫塞应昌的中书舍人听到他讲的是高邮地方口音，知是汪广洋的同乡，有心去为他引引路，但他跟进去就不见人了。

原来监察御史刘炳提着土特产进入府内，一面念叨着"左边的游廊……第三进……西花厅……"转来转去就分不清方向了。他看到一处雕梁画栋的建筑，外面有卫士守护，心想大概这里就是左丞大人视事的地方了，他怯生生地走进去，问坐在大堂里的官员：

"请问大人，这里是不是左丞汪大人的视事处？"

那官员警惕地望着他："你找左丞大人？你求见他有什么事吗？"

"下官和左丞大人是同乡街邻，特来看看他。"

"同乡街邻？你等着，待我通报一下。"

过一会儿，那官员出来了，把刘炳带到中书右丞杨宪的面前。刘炳一见上面坐的这位大官似乎不像幼时曾见过的汪广洋，他有些迟疑地下拜：

"卑职浙江监察御史刘炳叩见大人。"

杨宪微微一笑："刘大人请起。来人，给刘大人备座奉茶。"

"卑职不敢。"

"哎！有什么不敢的？下官与汪大人是中书省的同僚，他的客人就是我的客人嘛。请坐，请坐。"

这时刘炳才意识到自己找错地方了，看来这位气宇轩昂的大人就是与汪广洋一同执掌中书省的右丞杨宪。

"卑职谢大人赐座。"

杨宪笑容可掬地问："听说你和汪大人是街邻，你对汪大人家很熟悉啰？"

"嘿嘿，卑职对汪大人家的事略知一二。"

"听说汪大人滕妾颇多，与他母亲关系处得不好。汪大人有些偏袒妻妾，事母不能称孝。最后他母亲病笃身亡，汪大人都没有回去奔丧，有没有这事？"

刘炳顿时目瞪口呆，不知如何应答。

这时，门口的签押官提着刘炳带来的土特产进来，在杨宪耳边悄悄说话。

杨宪顿时跌下脸来，一拍桌子：

"浙江道监察御史刘炳！"

"下官在。"

"你带来这么多礼物，是不是想贿买汪左丞，谋求升迁官职？说！"

"这……这……下官……"

"按我朝律法，卖官鬻爵者视同贪赃枉法，最轻也是斩监候，情节严重者斩首剥皮实草。"

刘炳吓得浑身直冒冷汗，扑通一声跪下，话也说不利索了。

"大大大……大人！卑职不不不是这个意思，求大人救卑职一命。"

"我救倒可以救你，我把这些东西赏给下人吃了就没事了，谁也不知道你刘炳送礼行贿之事。"

刘炳连连叩头:"多谢大人救命之恩,刘某愿执鞭随镫,报效大人。"

"我倒不图你报效什么,不过你是个巡道御史,又是高邮人,最了解汪广洋家的情况。有人反映汪广洋偏袒妻妾,一贯奉母无状,至令其母疾愤自缢而死,死后汪广洋还不及时回家奔丧。我朝以仁孝治天下,圣上最恨不孝之人。你作为御史,不应该上表参劾他吗?"

"这……"

杨宪冷笑一声:"你为难了是不是?告诉你,你若不答应举劾汪广洋,等会儿就会在你送给他的土特产里面搜出几千两银票来。那你就死定了!"

刘炳恐惧地瞪大眼睛,额上汗珠直滚。

杨宪又说:"你若举劾了他,汪广洋也不过外迁调职而已,并害不了他的命。那时老夫出任丞相,一定保举你升任四品副金都御史,调你到京都任职。"

"大人,这是真的?"

"老夫身为宰辅,岂能戏言?杀头还是升官,两条路你自己选择吧!"

刘炳又惊又喜,下决心道:"好,卑职一定举劾汪广洋。"

杨宪又告诉他:"你的举劾表章要经行省上报御史台,直呈圣上。你若参倒了汪广洋,一定会声名大振。那时老夫保荐你升任副金都御史就是一路坦途、铁板钉钉的事了。"

刘炳似乎看到了自己官运亨通的情景,喜滋滋谄媚道:"卑职前程全靠大人栽培。"

"罢了。你快回去办事吧。"

"卑职告退。"

"且慢。我派人送你出府,不要让别人看到。"

这时,窗外的冬青树一阵簌簌响动,一个人影悄悄地溜出了树丛。

飞扬跋扈觊觎相位,杨宪被诛杀

汪广洋被贬流放海南。朱元璋从前代帝王学来的驭臣术。他洞察怵实,觊觎相位的野心,迅速提拔胡惟庸来牵制他。一个拦轿为汪广洋辩冤的小吏。锦衣卫连夜赴高邮密捕刘炳。权力欲急速膨胀的杨宪已为朱元璋所不容,又遭胡惟庸的暗箭,只能落个身首异处的下场。

不久御史台果然收到刘炳参劾左丞汪广洋事母不孝的奏章。

朱元璋出身贫贱,深深懂得下层百姓对贪官污吏的痛恨,吏治不清往往是激起百姓造反的根由。因此他于立朝之初,集中刘伯温、章溢、叶琛等一批精英,创建和制定《大明律》,冀图以严刑峻法来震慑贪官污吏。同时完善御史台的机构配置和职能,除了各行省设置按察院，另设十三道巡道监察御史数百名，这些巡道御史虽仅为八品小官，但却可以随时随地秘密调查地方官吏的劣迹和阴私，也有权草拟奏疏参劾任何一级官员。

朱元璋的父母是在元末的大饥馑中饿死的，他为了掩埋父母的骸骨，不惜沿门乞讨甚至卖身为奴向豪强讨得一块坟地。发迹后他还在濠州为三代先祖修建了宏大的皇陵，所以他完全有资格标榜以仁孝治国。有人参劾自己驾前的大臣事母不孝是他不能容忍的，加以杨宪从旁一再挑唆说汪广洋的坏话，一怒之下他下了一道谕旨，撤销汪广洋中书省左丞的职务，谪贬回乡里，后经杨宪一再撺掇，更将他流放海南。

汪广洋遭贬后，杨宪得以升任左丞，独揽中书省大权，进而觊觎丞相之位。朱元璋是何等精明之人，他自然洞察杨宪的野心，他迅速提拔精明能干的后起之秀、时任参知政事的胡惟庸为右丞，以此来牵制野心膨胀的杨宪。在臣下彼此之间设置对立面，让他们彼此牵制和约束，不使权力过分集中，这就是朱元璋从前代帝王学来的驭臣之术。

不过，老资格的杨宪却不把胡惟庸放在眼里，他对自己的一班亲信说："胡惟庸是什么东西？一个小小的县令出身，不是李善长提携能到中书省来？他不过是巧言令色一味阿谀奉承圣上，讨得圣上的欢心。有谁见过谄媚之臣能成大器？"可就是这个在他面前低眉敛目谦恭万分的胡惟庸，暗地里却在搜集杨宪审理事案中严刑逼供拷杀五名官员以及贪赃枉法的罪证。他在等候时机置不可一世的杨宪于死地，自己取而代之。

杨宪的飞扬跋扈也遭到朝中许多大臣的嫉恨。特别是那班功臣武将，他们出生入死打下江山，现在却在家闲人一个，朝廷中管事的全是那班文臣。他们气愤的是：一介刀笔吏出身的杨宪，凭什么在朝堂之上颐指气使，睥睨一切？

也是杨宪活该霉运来临。一天，御史大夫邓愈早朝后回府，轿车后面跟着数名士兵护卫。邓愈刚下车，从府墙下闪出一名官员拦住轿车叩头。

"卑职中书舍人蹇应昌叩见御史大夫。"

邓愈一惊："啊！蹇大人请起。你见我有什么事？"

"卑职官卑职小，求大人向皇上或太子转呈一本。"

邓愈皱起眉头，说："你既是中书省的官员，应该懂得规矩，为何不循章由通政司递本？"

"卑职并非不知规矩，因此事涉及中书省大臣，卑职恐奏本被中书省扣押，不得不出此下策，请大人见谅。"

蹇应昌将奏折递上，邓愈粗略地看了一下，表情严峻地说道："此事干系重大，你敢担保你说的都是事实？"

蹇应昌道："如有失实，卑职甘当诬告大臣之罪。"

"好。本官赞赏你这种主持正义的胆量，我会帮你将奏本立即呈送皇上或太子。"

"谢过御史大夫，卑职告退。"

蹇应昌那天在中书省大堂见到刘炳提了些土特产求见汪广洋，听他说话是高邮口音，知是同乡人，便想带他到汪广洋视事处去拜见左丞大人。但当他将手头事务处理之后跟着出了大堂，却找不到那人的踪影了。蹇应昌一则是汪广洋的同乡，二则素来敬重他的诗文和人品，虽然因官阶悬殊太大，无缘做朋友，但能为他做点事也是好的。他见刘炳不见了，猜想他是在中书省偌大的府内走错了道。蹇应昌循着游廊走进去，却突然发现那人提着礼盒，在东花厅右丞杨宪的视事处前面向值班的官员问讯，接着那官员把他领进了杨宪的房间。

"咦！这人明明是来看汪广洋的，为什么杨宪把他叫了进去？"蹇应昌暗自思忖，杨宪与汪广洋勾心斗角是中书省大小官员人尽皆知的事情，难道这位杨右丞又有什么阴谋诡计？他得为同乡和上司汪广洋留神着点。

于是，他装作在府内递送公文，在东花厅的游廊上绕了一个大弯，悄悄绕到杨宪房间的窗子下面，借着树丛的掩护，屏息凝神地偷听屋里的谈话声。

杨宪和刘炳的对话令蹇应昌异常震惊：这是一个足令他所敬重的汪广洋遭到灭顶之灾的阴谋！他本想把自己听到和看到的偷偷向汪广洋告密，但杨宪在圣上面前日益得宠，他那如日中天的权势烈焰使他不敢造次。杨宪在中书省耳目众多，万一自己向汪广洋告密的事让他知道了，心狠手辣的杨右丞想弄死一个小小的中书舍人比捻死一只蚂蚁还容易！

在那一个月里，蹇应昌怀揣着这个秘密忍受着内心的煎熬，直到皇上降旨将汪广洋谪贬还乡。他忘不了汪广洋离开中书省的凄凉景象：那日天上下着霏霏细雨，整个中书省数百大小官员中只有寥寥几个人来送他，而且那几位官员不久就从中书省销声匿迹了——杨宪岂能容得了汪广洋的同情者！

数月后，蹇应昌偶然从接近胡惟庸的下层官员处得知，已经攀至权势顶峰的杨宪似乎有了麻烦。朝中隐隐约约传出许多他在审理事案中草菅人命贪赃枉法的丑闻。又有消息从宫内传出：杨宪将从汉王宫中得到的一架镶嵌无数珠宝的龙床献给皇上，朱元璋却叫人把那架床烧了。此事足以印证杨宪圣眷日衰的传闻并非空穴来风。

在这种形势下，深藏在蹇应昌心中的秘密又开始煎熬着他。他深为在杨宪步步紧逼下又被流徙海南的汪广洋抱屈，自己毕竟是个读书人，古人云"士为知己者死"，难道我蹇应昌就不能舍身为自己的老乡汪广洋一雪沉冤？

打定了主意，他就偷偷在夜深人静的时候开始草拟奏章。几易其稿之后，终于寻了一个机会，躲在御史大夫府门前拦住了邓愈的轿车。他深知只有邓大人才有可能将奏章转呈皇上，汪广洋的冤情才有可能得到昭雪。

深夜，太子朱标急匆匆来到乾清宫，将那份奏折呈送朱元璋。

"父皇，这份奏折是御史大夫邓愈差人到东宫叩阁，直接递交儿臣的。事关重大，儿臣不敢自专，请父皇御览。"

"奏本者何人？"

"一个名叫蹇应昌的中书舍人。"

朱元璋把奏折仔细看了一遍，愤而击案道："阴谋！汪广洋被谪一事果然是个大阴谋！杨宪久居汪广洋之后，不得专权决事，居然阴结汪广洋原籍地方御史诬告汪广洋奉母无状，令其被谪还乡，后又逼朕将其流徙海南，达到他独揽中书省大权的目的。昔日刘伯温曾提醒朕：杨宪私心太盛不可重用，孰料他弄权手段竟如此毒辣！此人不除，必为我朝心腹大患！"

太子道："杨宪最近才升迁中书左丞，因李善长告病，汪广洋被谪，朝野均认定他是父皇选定的相位继承人。儿臣以为，若要处置他，恐怕仅凭一个中书舍人的举劾难以服众。"

"哼！朕要杀他，自然让他死得心服口服！"朱元璋斩钉截铁地说，"传旨令锦衣卫连夜急赴高邮，密捕浙江道监察御史刘炳，交大理寺严鞫。传朕的谕旨，刘某到京之后，必须严加看管，不得与任何人见面。"

"儿臣遵旨。"

锦衣卫指挥蒋献带领一队士兵星夜兼程赶赴高邮，秘密地将正做着升官发财美梦的刘炳抓获，缚在马背上连夜押解回京。一路上，刘炳被在驿道上飞速奔驰的马匹颠得差点连肠子都呕了出来。打尖吃饭歇息的时候，他想问问带队的长官他们究竟是什么人，为什么要抓他。那人厉声地制止他开口，他刚啰嗦了两句，那人一使眼色，两个凶神恶煞的士兵马上结结实实赏了他一顿鞭子。他只好忍气吞声，他发现这是去京城的驿道，只要到了京城里，他那位高权重的杨相爷自会解救他。

刘炳押解到京后，大理寺卿杨辅奉旨连夜对他进行突审。在戒备森严的大堂上，杨辅坐在中间的主审官座位上，两旁是刑部的官员，手持刑杖的衙役站立两厢。灯光暗淡，气氛异常紧张。

两名衙役将披枷带锁的刘炳带上堂来，喝令他跪下。

杨辅道："下跪何人？自己报来。"

刘炳偷偷用眼一溜堂上，那架势顿时令他心虚胆怯。他只得硬着头皮回答："下官浙江道监察御史刘炳。"

杨辅又问："刘炳，你犯了什么罪，自己从实招来。"

刘炳小眼睛骨碌碌四周乱转："启禀大人，下官不知所犯何罪？"

杨辅一拍惊堂木："刘炳，你看清楚点，这里是大理寺大堂，不是犯重罪你还没资格到这里来。本卿告诫你：你不要以为有什么大人物可以保你，你们互相勾结干的坏事人证物证俱在，你若想保住项上人头，把自己干了什么从实招来。"

刘炳心想他所说的大人物是不是暗指杨宪？是不是杨相爷出事了？不会呀！他不是刚升任左丞，极受万岁爷的宠信吗？也许朝中有人想陷害杨相爷，自己必须挺住。于是，他装糊涂说："下官实在不明白大人说的是什么。下官只是个小小的地方巡道御史，除了顶头上司，并不认识什么大人物。"

"好一副伶牙俐齿！"杨辅冷笑一声说，"你说不认识什么大人物，本卿问你：你去过中书省吗？中书省你认识谁？"

刘炳猛然一惊，额上的汗珠在灯光的照耀下清晰可见，他下意识地停顿了一下，强作镇定地说："中……中书省？噢，我去过一次中书省，那还是在半年前，去看当时的左丞汪广洋。汪大人也是高邮人，我们有同乡之谊。"

"好个同乡之谊！你本来是去看同乡，想跟汪广洋攀附攀附，图个升迁之路是吗？"

"下官承认是有这个意思，这也是人之常情嘛！下官与汪大人是街邻，关系历来不错，那次我还给他捎去一些家乡的土特产。下官讲的句句是实。"刘炳心中暗自得意，原来他们所指的"大人物"就是汪广洋，反正他已经被贬谪到天涯海角，说不定现在连命都没了，人死无对证，其奈我何？

"本卿承认你讲的是实话。也有人看见你到中书省时提了些土特产，还向值班的官员打听左丞汪广洋大人在哪里视事。可是后来发生了什么事，令你突然改变主意不去看你的同乡了，还参了他一本。其中有什么玄妙，你从实招来！"

刘炳顿时慌了，结结巴巴地说："啊！没……没……没有，下官没有见别的什么人……"

"哼，你见了什么人，你们说了些什么话，自有见证人的证词作证。"杨辅厉声说，"刘炳，你不要妄想什么人能保你，要知道是皇上亲自下令密捕你的，还有什么人能胜过皇上的权威吗？"

正在此时，大堂外传呼："皇上驾到！"

杨辅等官员慌忙下座跪接圣驾。在几盏宫灯的引导下，朱元璋微服由几名侍卫拥着走进大堂。

"微臣等恭迎圣驾。吾皇万岁万岁万万岁！"

"各位爱卿平身。"

"谢陛下。"

朱元璋走到案前坐下，杨辅等恭立一旁。朱元璋瞟了一眼跪在下面的刘炳。

"下面这个人就是刘炳？招了吗？"

刘炳偷偷抬头看了一眼皇上，皇上的威严使他不寒而栗，他的精神防线一下子就垮了。

"罪……罪臣愿招。"他匍匐在地浑身颤抖，再也不敢看皇上。

"杨爱卿，朕不过是想看看这个卖友求荣的刘炳是个什么模样，你们继续审吧。"

"臣等遵旨。"

朱元璋走后，审讯继续进行。刘炳把那天去找汪广洋误见杨先，在他的威逼利诱下答应参劾汪广洋事母不孝，杨宪承诺事成后举荐他升任副佥都御史等一一供认不讳。

书记将写满供词的供纸呈到杨辅案前。

"启禀大人，犯官已如实招供。"

"拿下去叫他画押。"

书记将供纸送到刘炳面前，让他按了指印。

"退堂！"杨辅宣布审讯结束。

这一切都是在严密封锁消息的情况下进行的，杨宪浑然不知。汪广洋被谪贬后，杨宪升任左丞，独揽中书省大权，他忙着在中书省"清理门户"，把汪广洋的势力排挤出去，代之以自己的亲信和党羽。在这一段时间里，朱元璋显然对他言听计从，凡是杨宪上表奏报的人事任免一概恩准。因此他认为自己在朝中的地位已臻稳固，取代老迈的李善长成为相国只是时间问题了。

这天早朝之前，一干朝臣在朝房里闲谈，刚好这天杨宪到得较早，圣眷正隆的他穿了一袭崭新的朝服（他正期待着早日把朝服上的补子由代表二品的锦鸡换成一品的仙鹤），红光满面、意气风发的他自然成了谈话的中心。

"诸位大人，"杨宪捋捋胡须道，"学生昨晚得一怪梦，不知吉祥否？"

"啊！宪公梦见什么，说来听听。"

"学生梦见携眷驾车陌上出游时，辕马忽然奋蹄狂奔，快如风驰电掣。吓得车夫大声惊呼，刹那间马车竟然离地而起，直奔云端而去。此梦不知主何吉凶？"

一位朝臣谄笑着说："此梦之意再明白不过了，宪公仕途前程有如宝驹飞驰，直上云霄。如今万岁对宪公恩宠有加，这次升任左丞，独掌中书，相国之位指日可待也。"

"哪里，哪里！"杨宪故作谦逊道，"学生虽蒙圣上眷顾升任左丞，但我上面还有左丞相李善长李大人，右丞相大将军徐达；下有参知政事陈亮陈大人，胡惟庸胡大人等，下官不过在中书省上传下达跑跑腿罢了。"

"谁不知道大将军长年征战在外，他这右丞相始终是挂个虚衔；李相爷告病在家，而且万岁对他……哈哈哈，眼看李相爷致仕之后，这相位还不是宪公继任吗？"

杨宪志满意得地说："若得如此，还望诸公提携啊！"

此时，听得外面净鞭三响，朝臣们纷纷整顿衣冠，拥至殿前排班，三呼跪拜。

朱元璋端坐在宝座上，慢条斯理地说："朕自登基以来，虽有开国勋臣们的辅佐，诸位臣工各尽职守。然泱泱大国，政务繁剧，故朕对于提拔人才，奖掖后进，一直不遗余力。选贤任能为吏治之根本，为吏者必须德才兼备。有德无才，难任繁剧，政令不行；然有才无德必乱我邦国，贻害无穷！朕最近查获一起触目惊心的窃国弄权大案，诸位爱卿，你们想知道吗？"

群臣不知皇上说的是谁，惊诧之余，各自胆战心惊，唯恐祸事落到自己头上。

这时，左班一位大臣出班奏道："臣大理寺卿杨辅，奉旨查勘左丞杨宪阴结浙江道监察御史刘炳诬陷汪广洋一案，经臣等与万岁亲自参与严鞫刘炳，据其供认，原中书省左丞汪广洋因忠勤王事，母病未能及时返家，其母病笃身亡。杨宪阴招刘炳进京，威胁利诱他参劾汪广洋一贯奉母无状，至令其母疾愤自缢。杨宪许事成之后，保举刘炳升任副金都御史。"

未待杨辅说完，杨宪出班匍匐奏道："陛下，臣冤枉！此案纯属子虚乌有，刘炳与汪广洋是同乡，显然他受汪指使陷害微臣，妄图为汪广洋翻案。刘炳说我许他升迁，有何人为证？"

杨辅奏道："启奏陛下，因此案涉及大臣，干系重大，臣仔细勘问过举劾此案的中书舍人蹇应昌，他说在中书省汪杨二丞有隙人尽皆知，那日刘炳来中书省找汪广洋，误入杨宪的房间。蹇素来仰慕汪广洋的诗才和为人，因此多了个心眼，杨宪与刘炳谈话时他躲在窗外细听，听见了杨宪威逼利诱刘炳举劾汪广洋的全过程。刘炳临走时说：'卑职前程全靠大人栽培。'随即匆匆离去。此情节经臣等详细诘问该日中书省当值诸人，均证实确有其事。经审讯，刘炳本人对杨宪与其密议及许诺升迁原话供认不讳，均已记录在案。请陛下圣裁。"

此时，又有一名大臣从班中闪出奏道："臣中书省参知政事胡惟庸有本参劾杨宪：该员奉旨清查事案中滥施刑罚，草菅人命，致令五名官员死于酷刑之下，而杨隐瞒不报，有欺君之罪。另外他在查抄犯人家产时隐匿大量浮财据为己有，贪赃枉法令人发指。以上臣所奏附有苦主及相关证人证据，请陛下圣断！"

朱元璋听罢勃然大怒："大胆杨宪，勾结地方御史，陷害大臣，草菅人命，欺君罔上，篡权乱国，无复其极！你还有何话说？"

杨宪伏在地上连连叩头："臣……罪不容赦，求陛下饶臣一死。"

朱元璋阴笑一声："哼，你这阴鸷小人，竟敢耍弄奸谋，篡权乱国，几陷朕于不义。你还想活命吗？传朕的旨意：杨宪、刘炳两犯斩首弃市，籍没家产，全家流徙海南；中书舍人蹇应昌举劾有功，越级递升五品郎中；颁诏宣汪广洋回京复职。钦此！"

众臣齐声欢呼："陛下圣明，吾皇万岁万岁万万岁！"

此时杨宪已吓得瘫倒在地，两名武士立即把他拖下金銮殿。

杨宪伏诛后，汪广洋奉诏回京，朱元璋为了安抚他，任命他为中书省右丞相。羁居驿馆无所事事的刘伯温来相府看望他，向他道贺。

"广洋兄，恭喜啊恭喜。"

"伯温兄，你我以诗文交友，这些宦海沉浮之事，本该看淡些，有何可喜之处？"汪广洋不以为然地说。

"不然，你是一个读书人，背一个奉母不孝的罪名被贬海南多难堪啊！幸赖皇上圣明，诛杀了杨宪，使你的冤枉得到昭雪。又蒙圣恩提升你为右丞相，与李善长同掌中书省。你本是善理繁剧的高手，现在相权在握，更是一展平生抱负的好机会啊。"

汪广洋摇摇头，说："伯温兄，你辅佐皇上取得天下，大明朝建立之初又参与创制立法，表现了卓越的治国才能。皇上欲拜你为相，你为什么又急流勇退，躲到乡下去呢？"

刘伯温有些语塞了："这……老夫贫病，不堪驱使啊！不像你们年富力强，正是为国效力的好时候。"

汪广洋叹息一声，说："伯温兄，经过此番贬谪，使我更加感到仕途的凶险。虽云皇恩浩荡，提升我登上右丞相之位，看似十分风光，然而伴君如伴虎啊！你说我们皇上是好伺候的吧？不定哪天又会为了一点小错，又给贬到海南去。"

"《后汉书》云：峣峣者易折。位高权重，自然担的风险就大，这是没有办法的事。广洋兄谨行慎为，好自为之罢了。"

"罢罢，我们不谈这些烦心的事，"汪广洋转换话题，"我给你看看在海南写的一些诗笺，向你这行家讨教讨教。"

"我料定你到了海南，一定会写出许多好诗来，就像当年苏东坡被贬琼州一样。快拿出来给我看。"

汪广洋取出自己写的一叠诗笺，刘伯温一张张看过，不断地点头赞赏。"好，好！这首不错。这首更佳，更切合你那时的心境。不平则鸣，诚哉斯言也！"

"惭愧，惭愧！"汪广洋道，"只可惜我汪广洋永远也成不了出色的诗人，又要回到浊世中来混日子！正如伯温兄在青田乡下野鹤闲云过得好好的，又被皇上召到京城来。皇上是为封藩的事召你来的吧？"

"正是为了此事。"刘伯温承认，"其实此事皇上早就定了主意，征求臣下的意见不过是走走过场而已。好在钦天监已择定了吉日，等封藩大典行过，我就可以回去了。"

"到时候告诉我一声，我来为你饯行。"

"岂敢劳动相爷。"

"伯温兄取笑了！"

第六章

域中奇事

李思齐断臂，王小妹册妃

朱元璋派降将李思齐去宁夏招降扩廓帖木儿。"要我去给他送信，岂不是有去无回吗？"扩廓并没有杀他，只是在派人送他回塞上时，让他留下一只胳膊。朱元璋要册封王保保（即扩廓）之妹为秦王妃。"王保保始终不肯降明，是个有骨气的奇男子！"

扩廓帖木儿，这个战败后浴火重生的汉子就像一只不死鸟，统领着他的军队游弋在宁夏、甘肃两省，不时攻城略地，让朱元璋新派往西北各地城邑的官员们叫苦不迭。

徐达攻克庆阳后，奉诏奏凯班师南还，只留下右副将军冯胜率三万兵马驻庆阳，总制西北军事。冯胜打仗是员猛将，却惯于自由散漫，"不由汰度"。他嫌庆阳是偏远山城吃的玩的都不称心，没多久就擅自引兵移驻西安。这事惹恼了朱元璋，下诏将他痛骂了一顿。只是因为他过去的功劳大，才未予处分，仅把他西征应赏赐的金币扣减了一半。

扩廓帖木儿见徐达率明军主力南还，心想自己施展游击战术的大好时机来了。他这个昔日的河南王现已自命为"西北王"，虽然西北大多数城邑都被明军攻占，明朝政府派有守城官吏，他扩廓帖木儿还不是想打哪儿就打哪儿，但也是令那些明朝新任命的府尹知县们闻风丧胆。最近元顺帝又派特使带了许多金银珠宝和两名绝色美女前来慰问他，加封他太子太保的荣誉爵位。他得闹出点动静来报答他的皇上。

果然，扩廓帖木儿的数万步骑突然奔袭兰州。兰州是西北各省最重要的城市之一，徐达派指挥佥事张温驻守这里。张温是个很有胆识的将领，他一面趁扩廓立足未稳，主动出击挫其锋锐，一面派人向附近城市及西安的冯胜求援。

扩廓知兰州守兵仅数千人，于是将兰州城密密麻麻地围了两三重。他准备了云梯于夜间偷袭攻城，都被防备严密的张温率部奋勇击退。

离兰州较近的巩昌，守将于光收到张温求援信，随即点起本部兵马星夜赶赴兰州驰援，谁知行至马兰滩，狡猾的扩廓帖木儿早已有伏兵埋伏在滩涂险地，一声呐喊，芦苇丛中的钩镰枪、绊马索齐出，于光当即被绊倒的坐骑掀下马来，元军一涌而上将他活捉，他手下的士兵除了少数逃脱，尽皆被元军杀死。

第二天，扩廓帖木儿将于光绑到兰州城下，令士兵用刀尖抵着于光的背部，逼他向城中喊话，叫守将张温投降。

这时，张温在士兵们的簇拥下来到城头，他见元军绑着于光，知他是前来驰援自己被擒，心中非常难过。这时，他忽然听见于光用洪亮的声音大喊道："城上的张将军听了，我是巩昌守将于光，昨晚不幸遇伏被擒，为国捐躯，死而后已。大军即将到来，将军等但坚守好了！"

他的话音未落，元军士兵早将他按倒在地，一顿拳打脚踢。站在后面的扩廓帖木儿脸色铁青，他努一努嘴，身后的一排亲兵凶神恶煞般呐喊一声，一齐跃上将长枪刺入于光的身体，将他刺猬般钉在了黄土地上。

"于光都督，我的好兄弟！"张温目睹这幕悲壮的惨剧，泪流满面地高喊着。接着城上的火炮箭矢齐下，逼使扩廓帖木儿不得不仓皇后退。

以后的几天，张温和他的部将们夜不解带地在城上严密布防，城中居民也送来瓜果酒肉慰劳守城士兵。兰州附近城市守将陆续前来驰援，而冯胜得知兰州被围，于光殉难的消息，顿时急出一身冷汗。倘若兰州失守，再死一个张温，皇上对他的责罚就不止扣一点钱了。冯胜是个平时懒散，打起仗来雷厉风行的悍将。不消一天工夫，他和他率领的三万军队已越过宝鸡，不分昼夜地向兰州挺进。而且他在进军途中，不时发出命令，要各地守军对兰州城下的扩廓帖木儿施行反包围。

精明的扩廓帖木儿得知这个消息，知道与冯胜正面冲突难免两败俱伤。为了保存自己的实力，他不得不割舍了兰州这块肥肉。趁冯胜还未对自己形成反包围之前，迅速果断地从安全地带撤回了自己的根据地宁夏。

降将李思齐在南京的日子过得还算惬意。领着江西行省左丞的薪俸，每天在家里养些花花草草，闲来看蛐蛐儿斗架。他是个武夫出身，不会吟诗作画；而且身为降将，在京城那班高傲的士大夫面前难免自惭形秽，因此没有交得什么朋友。

最近他得知徐达西征奏凯班师，经历一年多的艰苦战斗，终于将他们"关中四将"尽行剿灭。自己和脱列伯算是幸运的，投降或是被擒都留下一条命。而张良弼、张良臣兄弟和孔兴都在这场残酷的决斗中命丧黄泉。回想当年他们在关中叱咤风云、纵横捭阖的情景，不免令他唏嘘感叹！

最近李文忠将战败被擒的脱列伯解送来京，朱元璋真是个胸怀宽广、言而有信的人，不杀降将也罢，对他这样在战场上擒获的敌军将帅不仅赦其一死，也一样以礼相待，赐以官爵养起来。他不禁大胆地想象：如果今天坐在金銮殿上的不是朱元璋，而是他李思齐皇上，他会赦免战败被擒的徐达、李文忠之辈吗？他会封朱元璋一个临濠王的头衔吗？大概也会的，因为这是帝王应有的宽宏大量。

不过，李思齐竟被自己这样虚幻的假想惊出一身汗来。这种想法让人知道了那还了得吗？死罪！死罪！

脱列伯被安置在李思齐同一条街上。李文忠还将他的家眷都送了来。李思齐很想去看看他，一则叙叙旧，二则打听一下关中许多部属的下落。可是一想到经常出没在他家附近的那些检校们的身影，他意识到自己并不是完全自由的。这些检校们鼻子特别尖，如果他们嗅到李思齐和脱列伯这两个老搭档在一起互通声气的味道，汇报到皇上那里，岂不是凭空惹来一场灾难？

因此，他打消了去拜访脱列伯的念头。

一天，李思齐正在院中浇花，宫中两个太监突来宣旨，说皇上召他即刻晋见。

李思齐慌忙扔下浇花的水壶，换好锦袍冠带跟随太监进宫。

他见到朱元璋惶恐地跪拜行礼："降臣李思齐叩见陛下，吾皇万岁万岁万万岁！"

"平身。"朱元璋念他年老，令宫人赐座。

朱元璋见李思齐惶恐不安的样子，有意缓和气氛，很随意地问他道："李将军，近日在家里做些什么？"

"禀陛下，微臣犬齿徒增，不会干什么，不过看看书，浇浇花草而已。"

朱元璋心想：你李思齐一介莽夫草寇出身，大字不识几个，看什么书啊？不过，毕竟帝王大度，朱元璋也不揭他的短，微笑着说："李将军，朕有一事托付于你。现在是你为国建功立业的时候了。"

李思齐听说让他建功立业，以为要他领兵打仗，心里暗暗高兴，嘴上却故作谦逊道："臣食皇家俸禄，理应为国效劳，只是老迈无能，难堪大任啊！"

"不不不，李将军别误会了。"朱元璋打断他的话道，"朕不是叫你去领兵征战。朕是叫你去给一个人送封信。"

"送信？"李思齐顿时惊愕不已，"给谁送信？"

"这人也是你的老朋友。他就是现在宁夏的元左丞相兼兵马大元帅扩廓帖木儿。"

"啊！"李思齐惊得差点从绣墩上跌倒。他口齿不清地说："陛，陛下也知道啊，我们关中四将和扩廓打了几年仗，冤仇结深了。我要去给他送信，岂不是……岂不是有去无回吗？"

"嘿嘿嘿，这个朕也知道，这次张良弼逃到宁夏就被他宰了。不过，这次你是朕的使臣，扩廓不敢杀你的。两国相争不斩来使嘛！"

"这可说不准。扩廓这小子浑起来，哪管这一套！"李思齐似已感觉到刀锋贴着脖子的飕飕凉气。

"呵呵呵，李将军蜗居家中，哪知天下事。朕已与扩廓帖木儿结成秦晋之好了。朕已册封他的妹妹为次子秦王朱樉正妃，你去报告这个喜讯，他总不会难为你吧？"

李思齐将信将疑地接过朱元璋令内官递给他的那封书信，无可奈何地叩头谢恩："臣领旨。"

李思齐以明朝使臣的身份，怀着忐忑不安的心情出使宁夏。一路上他想象着自己见到扩廓帖木儿的恐怖情景：扩廓端坐中军帐，喝令将使者带上来。他撕开朱元璋盖有火漆金印的信封，抖开那两页信，不待看完就把它撕得粉碎，勃然大怒道："贼秃驴，竟敢污辱吾妹，把来人给我拖出去砍了！……"

　　幸运的是，这样的场景并未出现。扩廓帖木儿果然对他以礼相待，设宴用宁夏的手抓羊肉招待他。还问他现在官居几品、所任何职，话语间隐隐地流露出几分奚落。

　　李思齐尴尬地说："我侪老而无能，朝廷只是养着罢了。但皇上对将军惜才之心朝廷上下无人不知。他尝问诸将：'天下奇男子为谁？'大家都说常遇春横行天下无敌，可谓奇男子。他笑着说：'遇春虽为人杰，我得而臣之；而我却不能臣王保保，他才是天下的奇男子呢！'此次册封令妹为秦王妃，显见皇上对将军的敬慕和重视。古云：良鸟择木而栖，良臣择主而事。元室衰颓已无可挽回，将军还要图他那点虚名作甚？"

　　扩廓帖木儿听着听着，忽然脸色骤变，拂袖而起，吓得李思齐再也不敢说下去了。

　　过了几天，扩廓帖木儿派几个骑兵送李思齐回去。他没有给朱元璋复信，李思齐也不敢问。他知道自己此次说降扩廓之行已无果而终，能保住一颗脑袋没丢已属万幸了。

　　骑兵们送李思齐到塞上的边境，过境就是陕西省明军统辖的地盘。李思齐暗自庆幸终于捡回一条老命了，没把尸骨留在塞北的荒沙中。他拱手向护送他的骑兵们告别。

　　骑兵们忽然一字排开，挡住他的去路。为首的一位说道："丞相有令，请将军留下一物以为告别。"

　　李思齐愕然道："我从中土远来，身边别无长物可送给丞相啊？"

　　那骑士冷冷地说："珍珠财宝均非丞相所爱，丞相说'愿得将军一只胳膊，以为纪念'。"

　　李思齐下意识地摸了摸自己的左臂，这玩意怎么能送人呢？他懵了。

　　这时那几名骑兵在马上齐刷刷弯弓搭箭瞄准他的胸膛，他知道这遭厄运在所难免了。只得下马来抽出腰间佩剑将左臂搁在道旁的一棵白杨树干上。只见雪亮的剑光在太阳的余晖中一闪，他的半只胳膊"噗"一声掉落地上。

　　鲜血顿时从断臂处喷涌而出，他痛得晕死过去。

　　那几名骑兵下马为他包扎好创口，敷上金疮药，然后将他扶上马，让他伏在马背上，抽了一鞭子。

　　幸好边境那边不远处的巡逻兵发现了他，听说他是朝廷使者，火速将他送往西安救治。

　　李思齐回到南京后，整天抱着他那伤口尚未痊愈的半只断臂站在天井中的假石旁发愣。

　　门外监视他的检校们不时露出半张脸来窥探他的一举一动。看来他虽然在塞外丢掉了半只胳膊，却没有换来朱元璋对他的信任。

　　一代枭雄竟落得如此可悲的下场，还活个什么劲？不久，李思齐就在抑郁痛苦中死去。

扩廓帖木儿兵败太原城郊时,他手下的一些将领趁乱潜回了城内。扩廓的弟弟脱因帖木儿也是其中一人。眼看太原孤城守不住,趁那时徐达的军队忙于打扫战场,尚未合围,脱因帖木儿带领亲兵保护他们兄弟俩的家小从明军的隙缝中突围而去。一些不愿投降的将领也拖家带口地跟随他们一直逃奔宁夏,与扩廓帖木儿会合。扩廓帖木儿有一个幼妹却没有与他们一起行动。

察罕帖木儿死后,元顺帝器重王保保领军的才能,给他赐名扩廓帖木儿,他的兄弟也改名脱因帖木儿,同为元室效命。他们的幼妹那时年纪尚小,仍为王姓。可是这王小妹天资聪慧,从小在阿哥军营中厮混,竟也继承了家中的传统,不喜脂粉,专爱刀枪剑戟。识字以后,也常偷偷拿着阿哥的兵书看得有滋有味。

这一年王小妹已经十六岁了,太原城被围时,她竟然带领一班毛丫头扛着真刀真枪去守城,她们的飒爽英姿还真令人不敢小觑。脱因帖木儿潜回城内接家小时,怎么也找不到这个疯丫头。据说她自作主张打扮成村姑到城外打探军情去了。时间紧迫,无奈脱因帖木儿只好把她扔下不管了。

太原守军投降后,徐达领军进城,当他派人到扩廓帖木儿的住处搜查时,好几个明军大汉经过好一阵搏斗才制服这个持枪抵抗的女娃。因为有人说她是扩廓帖木儿的妹妹,无论她怎么辱骂挣扎,明军士兵都不敢伤她,直接把她带到了徐达的面前。

徐达马上喝令把她松了绑。小姑娘眼睛骨碌碌溜着四面站着的军士,她知道跑也无益,马上就会被抓回来。

"你是扩廓帖木儿的妹妹,是吗?"徐达和颜悦色地问她。

"本姑娘行不更名,坐不改姓,俺就是王小妹,你们要把俺怎样?"

"嚼!火气还很大哩。"徐达和他周围的将领都笑起来。

"你就是徐达?俺哥老和你打仗,俺还以为你是三头六臂的天神呢!"

"也不过如此,对吗?"徐达微微笑着说,"王小妹,我们要送你去见皇上,咱们讲好:路上你不许跑,也不许刁难护送你的人,好吗?"

"皇上?朱元璋要见俺干吗?"

"咱们皇上其实很器重你哥,虽然他屡屡战败。皇上对你们家的人都很感兴趣。"

王小妹被送到了南京,朱元璋听说了这个小姑娘的事,慨叹果然是将门虎女。朱元璋接见她时安慰她说,朝廷已派人去宁夏招抚扩廓帖木儿,不久他们兄妹就可见面了。小姑娘毕竟心地单纯,也就安下心来。

因为她是个女娃,朱元璋把他交给马皇后,让她在宫里居住,并令宫人像待公主般待她。王小妹果然和宫中那些十多岁的公主们很玩得来,公主们教她读书习字,她就教公主们舞刀弄剑和拳脚功夫。

朱元璋是个马上得天下的皇帝,他要求他的皇子们文武兼备。一方面在大本堂跟随硕儒名师学习经史;另一方面不时差遣徐达等武臣讲授兵法骑射。可对他的那些公主们就顾不得那么多了，顶多是宫中的女史为她们讲授一些《女诫》之类。突然得到这么一个女教习，教她们舞刀弄剑，使柔弱的公主们平添几分刚强，朱元璋自然很高兴。因此常常降旨对王小妹给予赏赐。

得到皇上的肯定，王小妹更加来劲。她请马皇后在宫中挑选十名忠诚可靠的宫女，每日教习武艺，由拳脚擒拿功夫到刀枪剑戟，因为宫中除了侍卫们谁都没有武器，因此在她们练习时侍卫们的兵器都被她们强行"借"来了，成了徒手侍卫，弄得他们非常尴尬。

就这样练了十来天，宫女们的武艺突飞猛进。王小妹以检验成绩为名，奏请马皇后让习武的宫女们与宫中侍卫进行一场比武，由拳脚功夫到刀剑兵器一一比到。这场饶有兴趣的比赛不仅有后妃公主们在旁观看助威，连刚刚下朝的朱元璋也被吸引来了。结果双方战了个平手。朱元璋大为高兴，对马皇后说道："自此宫室无忧矣！"他当即批准给那十名宫女配备武器，担任保卫皇后娘娘的重任。而王小妹则被委以五品宫廷女武官之职。朱元璋和马皇后都益发喜爱这位长相娟秀、内心刚毅的姑娘了。

这时正值朱元璋为他的十位皇子皇侄孙封藩大典举行之际。封藩后十六岁的太子朱标册封了太子妃。在众多候选的侯门淑女中朱元璋选择了已故开平王常遇春之女为太子妃，这自有几分对这位为他打下江山的战友给予嘉奖之意。太子次妃选了太常卿吕本之女，她就是后来的建文皇帝的生母。

太子册妃之后，年已十五岁的秦王朱樉再过两年就要去西安就藩了，朱元璋和马皇后急着筹办他的婚事。朱樉性情乖僻暴戾，在封藩前就因胡作非为凌辱侍女之事遭到父皇惩罚。朱元璋和马皇后为他找媳妇之事伤透了脑筋。皇子册妃一般都选公侯权贵家的千金。可是如果朱樉秉性不改，哪家的千金跟着他都要受委屈，这样就会影响君臣关系。因此朱元璋对此事难以决断。

一日，朱元璋忽然想起了马皇后宫中的王小妹。此女已届及笄之年，老搁在宫中也不是办法。将她配给朱樉行不行呢？她年长朱樉一岁，人生阅历强过他；且有一身武艺，不怕朱樉对她动粗。再说她娘家无人，即使伉俪不和也得罪不了什么人，而对扩廓帖木儿，有了这层亲戚关系可是自己派人去说降的好由头。

朱元璋禁不住为自己的主意拍案叫绝。可是当他与马皇后去商量时却遭到了反对。

"樉儿娶王小妹？臣妾虽然喜欢这个姑娘，但她毕竟是元伪丞相之妹，这个王保保始终与我为敌，不肯降明。陛下居然与他通秦晋之好，朝野上下能不议论吗？"马皇后忧心忡忡地说。

"你千万别小看这王保保，他可是个奇男子。徐达、常遇春天下无敌，可算英雄人杰吧，都服服帖帖听朕的号令；可王保保与朕交手累战累败，常被朕打得弃甲而逃，可他始终不肯臣服于我。朕就是欣赏他这种铮铮骨气！朕册封其妹为秦王妃，就是想让我们帝王家也生出几个这样的奇男，永葆大明江山稳如磐石。"

"再说，樉儿在宫中名声颇不好，人家姑娘乐意吗？"马皇后又有她的担心。

"哈哈，像她这样一个女子，上无爹娘，下无兄弟姐妹可以依靠，现在靠着皇后娘娘，年纪大了怎么办？有这样的机会嫁给一位藩王，哪怕是一只吃人的老虎她都会答应的。"

"好吧，让臣妾先去跟她说说，陛下可以让下面准备册封大礼。"

皇子们每天都要进宫给马皇后请安，王小妹见过那位秦王朱樉多次，倒是一表人才，只是满脸生的骚疙瘩。他那些乖戾淫荡之事她也有所耳闻，王孙公子大概都在所难免吧，王小妹相信自己过了门能笼络制服住他，因此她大方地答应了马皇后。

册封王妃的典礼很快举行，令礼部官员们尴尬的是王小妹没有娘家，无法行纳彩礼。马皇后虽是新娘的保护人，可以代女方父母受礼。但她又是新郎官的母后，总不能自家女儿嫁给自己儿子做媳妇吧。于是迎亲仪仗只能从宫中另辟的一间静室里将新娘接出去，出来迎接新郎的也只是宫中几个年纪大的太监。自然其中少不了那班曾跟王小妹习武的公主和宫女们，她们一个个假装泪眼婆娑地与师傅在轿前告别。马皇后还让那十名女侍卫全副戎装跟随在花轿后面，成为一道独特的风景。

王小妹过门以后，果然用她的娇柔美貌把小她一岁的秦王朱樉笼络得服服帖帖。他脸上的骚疙瘩悄然不见了，再也不动辄让丫环们脱掉衣服接受各种惩罚了。秦王本来不爱读书，刀枪骑射在诸皇子中也是二流。有了王妃在身边点拨，他的武艺倒是大有长进。洪武十一年就藩之后，曾奉命率师平定洮州叛藩。

只是朱元璋想借王家根脉生几个奇男的愿望却没有如愿以偿。王妃虽有生育，但秦王府丁口不旺，仅得一王子，后来也没多大出息。

朱升拒收皇上赐的美女

沈儿峪徐达大捷，李文忠直捣元"上都"，克应昌，缴获元宗室重宝及降卒数万。朱元璋决定开科取士，刘伯温奉命设计科举考试制度及八股文定式。朱元璋送一美女给曾授他"高筑墙、广积粮、缓称王"九字真言的朱升，吓得老先生连呼："臣年已古稀，消受不起，得罪，得罪！"

李思齐拖着断臂回到南京，无疑这是扩廓帖木儿传给朱元璋的信息：无论你给他奉上高帽子也好，与他秦晋通好也罢，他扩廓是吃了秤砣死了心不会降你的。这使朱元璋非常恼怒，他对徐达、邓愈等将领说："难道你们就没法逮住这个王保保，就这么任他在宁夏继续胡作非为吗？"徐达领了圣命，决定采取步步进逼的办法，寻找扩廓帖木儿的主力决战。

洪武三年四月初，徐达率大军越过冰凌初化的黄河，进入宁夏境内。见未遇扩廓军抵抗，大军兼程疾进，直抵扩廓老巢安定（今宁夏固原）。结果又扑了空，扩廓早已整军退屯附近险要之地车道岘。那里地势窄逼，大军展开不易。徐达命左副将军邓愈步步进逼，步步立栅，直达扩廓营垒引其决战。

扩廓帖木儿不敢与明军决战，一夜之间拔营而起，退驻一个叫沈儿峪的地方。

沈儿峪两边光秃秃的山岭，中间一条十里长沟倒长了些树木。明军赶到后与扩廓军隔沟立垒，互相戒备着等待决战的时刻到来。

谁知当晚夜半时分，熟悉地形的扩廓帖木儿从间道越过沟口，突袭明军东南营地。驻扎那里的是左丞胡德济部数千人，因为日间行军人马困乏，该部安营后未作任何防范。突遭夜袭，许多营帐被元军点燃起火。胡德济和他的部将们张皇失措，元军乘势杀入，一时明军营垒一片混乱。

地处高处中军帐的徐达深夜还在运筹明天的战事，突见东南方向火起，知是敌人劫营，立刻亲自带领一标精锐人马顺着山谷冲下来，正好遭遇前来劫营的元军，奋勇将其杀退。事后清点，胡德济部被烧掉十多座帐篷，烧死、杀伤官兵一千余人。

徐达顿时勃然大怒，把全军将领都召集到中军帐中来，喝令将左丞胡德济绑至帐中。这时胡德济胡须被烧焦了半边，脸亦被烫伤，模样十分狼狈。

胡德济是明初名将胡大海的养子。胡大海及其子被东吴杀害后已无后人，徐达不能不顾及这一点。于是对他说："左丞胡德济临敌不备，张皇失措，违律当斩。念他是功臣后裔，权寄头颅于颈上，械送京师，请皇上自行发落。"

说完，他又命令将德济部将赵指挥等数人统统推出营外，斩首示众，为临阵失措者戒。顿时吓得诸将瞠目结舌，内心十分震悚，没有一个人敢出面求饶说情。

接着，徐达作了明日越沟与扩廓决战的部署，他神情严肃地说道："明日越沟作战，无论敌人有多少箭矢滚木，攻坚者必须一往无前地冲上去，临阵退缩者斩！迂回包抄者必须限时到达，延误军机者斩！如有擒获或杀死扩廓帖木儿取得首级者，本帅将向皇上保举官升三级，士兵立刻擢升五百户。"

第二天清晨，诸将向士兵们传达了徐帅的讲话，果然大大振奋士气，战斗开始后，全军奋勇当先，不消片刻就在十里长的战线上纷纷越过深沟，冲向元军的阵地。扩廓帖木儿还未布置有效的抵抗，杀进敌营的明军已经一阵风似的把他的部队分割成三段。而从山后迂回奔袭的明军也飞速达到，袭击了他的辎重和他保护的那些元朝官吏。刹那间，元郯王、济王、国公阎思孝、平章韩扎儿、虎林赤、严奉先、李景昌、察罕不花等，统统做了明军的俘虏。

扩廓帖木儿抵挡一阵之后，见自己的精锐伤亡惨重，而明军的包围圈缩得越来越紧，只得令身边的卫队，保护着他与妻儿数人落荒而逃。慌忙中他也不辨方向，狂奔了一日一夜仿佛耳边犹闻明军呼喊"活捉王保保"之声。

忽然，前面有一条大河阻路。扩廓张目四望，想找一条船给些金锭让船老大渡他过河，怎奈河上连船影儿都没有。这时，后面似有追兵喊杀之声。扩廓仰天长叹道："前有大河，后有追兵，天绝我也！"话音刚落，他忽见上游有一段浮木随水漂来，他忙命一个会水的士兵游上去，把木头拢住带回岸边，他让妻儿几个抱住大木，自己与士兵们用手中枪戟当成篙，往河心划去。

后面追赶扩廓的是明军都督郭英，他追到河边，只见水势湍急，河上已无人影。原来扩廓上岸以后，再也不敢在宁夏境内逗留，带着妻儿径直逃奔和林去了。

扩廓逃跑之后，元军没了主帅，纷纷缴械投降。徐达下令打扫战场，清点战果。结果这场大战，明军共擒获元王公、平章以下文武僚属一千八百余人，将士八万四千五百人，马万余匹，骆驼杂畜亦以万计。

与徐达西征的同时，左副将军李文忠率十万人由居庸关出兵，分道北征。首先出野孤岭至兴和，降其守将。然后进兵察罕脑儿，擒元平章竹贞。入骆驼山，击走太尉蛮子和平章沙不丁等，乘胜直捣开平。开平守将上都罕见明军忽从天降，自度无力抵敌，只得率领文武官员，捧开平图籍乞降于李文忠军前。

自从上次李文忠常遇春北征袭击开平之后，元室小朝廷在这个"上都"也待不稳了，迁往了沙漠深处的和林。这时李文忠派出的谍报人员传回消息：元顺帝在应昌驾崩，太子爱犹识里达腊继位。李文忠忖度：元室新主嗣位之际，必有权力之争，趁其闹得不可开交之际，正好进兵。于是自率精骑万余直扑应昌。

元嗣君爱犹识里达腊立朝未稳，手中根本没有兵马可以抵敌明军，于是仓皇带领还没来得及封为太子的皇子买的里八剌以及后宫后妃、诸王将相等数百人开城门出走。可是明军先锋骑兵来得迅速，竟将他们这大队人马截为两段。

幸亏明军以为元嗣君一定坐在龙辇内，骑兵们直向那一队行走缓慢的车辇扑过去。谁知这是爱犹识里达腊使的金蝉脱壳之计，车辇里坐的全是后宫宫娥，他与他的皇后早已在几名侍卫的保护下骑马跑了。

李文忠率大队到达后一清理，抓获的人中间没有元嗣君，只有他的嫡子买的里八剌和一些后宫妃嫔、诸王将相官属等数百人。李文忠率军进入应昌城内，又搜得宋、元玉玺、金宝玉器、镇圭、大圭、玉斧等物。

李文忠又派了一队精骑去追赶元嗣君，在茫茫沙海中追了数百里，直至北庆州还没有追到，只得返回复命。李文忠回军道经兴州，又击败了元国公江文清，将其擒获，降其众三万七千人。至红罗山，又降元将杨思祖之众一万六千人。

李文忠此次北征直捣元庭，缴获元朝宗室重宝、降卒数万，使新继位的元嗣君爱犹识里达腊仓皇逃窜，仅以身免。后来在大封功臣时，朱元璋举贤不避亲，认为李文忠此战功劳最大。只是他的资历和在战争中总的作用不如徐达、常遇春，爵位居于他们之后。

西征和北征大捷使朱元璋大大松了一口气，现在元顺帝死了，元室小朝廷虽然残喘犹存，但已经躲到了远远的沙漠深处。它所依靠的最重要的军事力量扩廓帖木儿部已被消灭，这只遍体鳞伤的不死鸟怕是再难复活了。

综观中华各省，均已归入大明版图。唯有大夏小皇帝明升，依仗蜀道天险盘踞于四川。朱元璋虽屡屡降诏谕降，明升小朝廷始终虚与委蛇地应对，看来这一仗还得打。只是大夏权臣间的内讧正闹得不可开交，等他们自己消耗得差不多了再动手不迟。

战事暂时停歇，朱元璋可以将更多的精力顾及文治方面的事情。

刘伯温在告老还乡三个月之后又被召了回来。朱元璋决定从洪武三年起开科取士，通过科举选拔一批青年才俊充实各级国家机关。为此，他下令在鸡鸣山下修建规模宏大的国子监，通过各种途径选拔监生入学，还任命了宋纳、吴颙等饱学儒士担任国子监的祭酒、司业。这一系列措施都有利于教育培养有才有德的青年学子。但令朱元璋担心的是：一些有才学的士子在写文章时为显示自己的才华博得考官赏识，往往喜欢标新立异，天马行空，把一些锦文绣句写得不着边际。他想找人为科举考试制定一个行文规范。

按说朱元璋身边就有一个现成的儒学大师宋濂，让他做这事岂非轻而易举。可是宋濂一听就大了头，忙道："臣写文章从来没有什么定式。若让臣用某种定式去写文章只怕连个举人也考不上。"朱元璋没办法，这才想起刘伯温，连忙下诏召他进京做这件事。

遭李善长排挤被迫告老还乡的刘伯温始终心里有疙瘩。他不贪恋权势，但却不甘被人踢出历史舞台，收到朱元璋的诏书他立即欣然承命。对于此事，他想得倒很简单，不过是个科举应试文章的体制，这有何难？

刘伯温在家时就打好了腹稿，回到京城即具文上奏。他为大明朝设计的科举考试制度为：不论府、州、县的生员考秀才，三年一次各省乡试考举人，第二年进京会试及廷试考进士，皆在《四书》《五经》中取命题，考生要根据指定的几种疏注和程朱理学来解题。行文体制亦须遵守严格规定，即第一段破题（以一句话破题者为佳），第二段承题，第三段起讲，第四段入手，第五段起股，第六段中股，第七段后股，第八段束股。文章共分八个层次。其中破题与承题要准确地点明并引申题义。起讲、入手为转入议论的过渡。之后才是议论的正文，分为起股、中股、后股、束股四个段落。全文合称八股文。刘伯温还举例以明之，自己按照这个格式做了一篇八股文附之于后。不过在做这篇文章的时候他自己也觉得别别扭扭，全无过去写文章那种潇洒自如妙笔生花，至于好文章中应有的磅礴激情更不知哪里去了。

于是他开始怀疑自己制定的这种试制能否为国家选拔英才。但转念一想，乡下的读书人能读通《四书》《五经》就很不错了，能正确地发挥解析更属难得。至于八股文体制的设立，这是一种应试机制，可以防止考官凭自己的爱好仁者见仁、智者见智以及营私作弊。

他把奏本呈送皇上御览，心想如果皇上不满意再改不迟。谁知朱元璋一看大为赞赏，因为在这种试制下选拔出来的人才必然维护正统思想，决无离经叛道者，极有利于王权的统一。

刘伯温想得很简单，八股文只是科举考试的一种形式而已，不过是他一时心血来潮或者卖弄自己的文字才华的小试验。谁知因为它契合了统治者的需要，居然在明清两朝流毒整整五百年之久！在这五百年间，千千万万的寒门学子为了求仕进不得不悬梁刺股苦心钻研，甘做正统思想的驯顺奴才，远离了读书做学问探求真理的正道。

刘伯温这次进京，一看朝廷政局，颇有山雨欲来之势。首先，自己受李善长排挤，告老还乡才过了三个月，皇上即以科举试制这样一个小借口召回他，不是暗示丞相李善长已经失势么？再看中书省的人事安排，杨宪升任中书右丞（当时杨宪还没有出事），刘伯温第一次在朝堂上见到他，因李善长告病缺朝，他俨然以首辅自居。而没过几天，皇上又从陕西把汪广洋召回任中书左丞，而且当着众臣的面宣布汪广洋位居杨宪之上。皇上这又下的是哪一着棋呢？再说那个胡惟庸悄然入阁，也很让人不解，按说胡惟庸是李善长的人，皇上为什么又忽然赏识他？这中间又有什么玄机？

政坛局势的纷纭多变使刘伯温这个睿智的人感到迷惑，他告诫自己千万别卷入这场政治漩涡之中。回京以后朱元璋没有宣布让他复职，他也就没回御史台去，选择了做一个在京城里游游荡荡，临时应召做点杂事的闲官。

这样他就有时间去拜访一些文字之交的老朋友。在这政坛波谲云诡之际，大概只有和这些舞文弄墨的老先生交往，才没有危险。他首先去拜访的就是朱升。

元至正十六年，朱元璋攻下集庆，改其名为应天府。从此他有了一个像样的根据地。面对周围陈友谅、张士诚等强敌，他要采取何种策略才能不断地壮大自己以自保，进而徐图王业，这是他周围的徐达、李善长等人没法帮助他的。这时，邓愈推荐了一个隐居石门山中的老先生。此人名朱升，号枫林，曾任元代的学正，学识极为渊博。朱元璋一见这位长须飘飘的本家，就极为谦逊地向他讨教。朱老先生略一沉吟，就以后世极为出名的"高筑墙，广积粮，缓称王"九字真经授他。朱元璋得此秘诀大喜，以后的几年就在应天城按此诀去做，一直到八年后灭了陈友谅的大汉国才自立为吴王。

朱元璋登基后多次请这位本家老先生出山，授以侍讲学士、翰林学士等职，但他在做些制诰、编修《女诫》等文字工作之后，便借老病告假回乡，青灯黄卷下做他的学问去了。后来，朱元璋始终忘不了老先生授他九字宝诀之恩，在京都为他修建了一座雅静异常的院落，硬是把他接了来，让他享几年清福。还从宫里挑选一名美女去侍候他，吓得老先生连连摆手道："臣年已古稀，消受不起了，得罪得罪！"终于把那美女给辞退了。

刘伯温访得朱升所居之地，果然是一所甚为幽静的院落。在那简朴的黑漆门楼两旁，竟有朱元璋亲笔所书对联一副：

春我同宗之老
实为耆哲之英

皇上亲笔题联，这在应天城里大概是唯一的处所了。应门童子问明刘伯温是主人老友，将他请了进去。经过一片茂密的竹林，鹅卵石铺就的小径直达主人的读书堂前。老先生一袭简朴的布衣，正在书案上潜心读经。

"哈哈，枫林先生真是闹中取静啊！熙熙攘攘的京城里竟有如此僻静处所，真真难得。"

"伯温兄别来无恙啊！听说你在为皇上草拟科举试制，这可是造福千万学子之事呀。"

"惭愧，惭愧。"

刘伯温看到朱升书案上摆的是厚厚的几本《诗经》，每本书里都夹有写着密密麻麻批注的字条。朱升告诉他，他在做原来在家中未做完的《诗经》旁注，现已快要杀青了。

就像富人爱炫耀他的财富，仕途中人爱炫耀其官爵，读书人也爱炫耀自己的著述。朱升告诉老友，这几年他断断续续完成并刊行的著述有：《周易》旁注二卷、《尚书》旁注一卷、《诗经》旁注七卷（现正做第八卷）、《性理字训》等"小四书"注五卷以及他自己的诗文集《枫林集》十二卷。并拿出那些刻印装帧都十分精美的著作，一一指点其中或得意或遗憾之处。这时的朱升已与那个城府深沉的谋士毫无相似之处，完全是一副真性情的流露。

刘伯温钦羡地看着他那些著作，心想：此老才是个一心一意做学问的人，难怪皇上每每召见他总是借故辞归。他已达到视利禄功名为草芥的境界了。反观自己，也算是个读书人吧，可这么些年，只是赋闲在家玩耍似的写了十二卷名为《多能鄙事》的农家书和一册《天文秘略》，一册《三命奇谈》。拿它们和朱升的著作比较起来，真令他直觉汗颜无地！

一个下午，刘伯温和朱升对坐书斋，品着童子送来的清茶，纵情地谈诗论文，完全远离了尘世的喧嚣，感到心情无比的畅快。

第二天，刘伯温又去拜访宋濂。

宋濂出身于文学世家。元末战乱之际，他隐居金华山中，著书立说，诗词歌赋均有很高的造诣，被尊为"一代词宗"。他和刘伯温、章溢、叶琛一起被礼聘到应天来后，历任儒学提举、儒讲学士、翰林院学士、知制诰兼赞善大夫等文职。与刘伯温参赞军事不同，他始终待在朱元璋身边，做他的儒学顾问和皇太子的老师。后来，又令他做起居注。由于宋濂文名卓著，四方士大夫纷纷上门乞求他的墨宝，一时洛阳纸贵，致令外国使臣以重金收购他的文集，并祝他安康长寿。朱元璋对其人品的评价极高，曾公开称赞他说："朕闻太上为圣，其次为贤，再次为君子。宋景濂事朕十九年，未尝有一言为伪，诮一人之短，始终无二，非止君子，抑可谓贤矣！"

对于宋濂这样经常给自己一些道德劝谏，而无任何权力欲的文臣，朱元璋是最放心不过的。他们经常在一起饮酒吟诗，常常闹到深夜。有宋濂这样一位儒学大师在身边，耳濡目染，朱元璋的文字功夫大大有长进。他有一首《醉赞善大夫宋濂歌》就是他们君臣俩闹酒后写的：

  西风飒飒兮金张，特会儒臣兮举觞
  目苍柳兮袅娜，阅澄江兮洋洋。
  为斯阅而再酌，弄清波兮水光。
  玉海盈而馨透，泛琼液兮银浆。
  宋生微饮兮早醉，忽周旋兮踉跄。
  美秋景之乐，但有量于彼兮何伤！

宋濂对刘伯温的来访感到很高兴，忙命家人准备酒菜，意欲与其小酌一番。

"宋学士最近有何大作，可赐伯温一读？"

宋濂摇头苦笑："潜溪自从做了起居注，终日得伴君侧，记叙皇上的一言一行。你想其间哪会有值得吟咏之事？即使有也不过应景唱和之作，哪里值得拿出来看。"

刘伯温很同情宋濂的烦恼，这起居注不是好做的。身为大儒，总不能专去记些皇上的吃喝拉撒的琐事吧？再说，帝王也有喜怒哀乐，许他说错做错，可不许你记错。总之这起居注太难做了。

趁宋濂去内堂张罗酒菜，刘伯温随手翻了翻宋濂近日的笔记，大概这也是他写起居注的素材之一。

三月十五日，臣卧病京师之官舍，不得入侍者六日。皇上顾宦官曰：老宋起居何久不见耶？宦官以病对，皇上忧形于色：宋起居纯饬之士，不参以分毫人伪，未料得疾。时越一日又问：病热稍损否？越二日，又问。越三日，皇上恻然曰：尔往传命，俾归养于金华山中，父子祖孙欣然同聚，疾必易愈。愈且速造朝，国家文翰，庶有赖哉！并敕黄门内使出大府金，藉以束帛赐之。自后，候问之使相属于道。特命中书造安车，给健丁六人。

读了这段笔记，刘伯温更能体味宋濂的苦恼了。他是一支何等文采飞扬的如椽巨笔，却只好用来记叙这类琐屑之事，这不是文人莫大的悲哀么？

有什么办法为他解脱吗？刘伯温想起近日大将军徐达遣人送回所缴获的前元皇宫中文物，其中元十三朝实录秘本及其他诸如皇室世系等书籍，满满地装了几大车。朝中已有人提及修《元史》之事，这对宋濂不是一个脱离宫廷极好的机会吗？

在饮酒间，刘伯温提及此事。宋濂一听大喜过望，忙央求伯温速向皇上奏本，鼎力举荐他担任《元史》编修之职。

刘伯温慨然答应了。两位老友不免为此浮一大白，喝得醉醺醺地才分手。

第二天，刘伯温用心地写了奏章，建议朝廷组织班子编修《元史》，并提议由大学士宋濂任总裁，主持此事。

刘伯温的奏章正契合了朱元璋的心意。古人不是说"盛世修史"么？虽说西征北伐的军事行动刚刚结束，四川的明升小王朝尚待征讨，洪武朝还有许多事情要做，还远远谈不上盛世，但是继承大统已是铁板钉钉的事了。为上一个皇朝修史就意味着下一个皇朝的兴旺发达。朱元璋是个极为好强的人，这种事是他极为乐意做的。

于是他立即批准着手编修《元史》，任命李善长、宋濂、王玮为总裁，由宋濂主其事。

朱元璋任命李善长为《元史》总裁编修，名义上是因为历朝皆由重臣主修正史。其实他心底还有个小算盘，万一要让他从相位上下来，这里不也是个好去处么？

朝廷随后在翰林院等处遴选了十几个编修官。于是宋濂选择了一个吉日，满心高兴地带着他的编修队伍，浩浩荡荡地开进了京郊的天界寺，在那个僻静处所开始了旷日持久的《元史》编修工作。

第七章

大封功臣

大封功臣，计释相权

　　徐达、李文忠北征大捷班师，朱元璋亲至龙江迎接。朱元璋兑现共享荣华富贵的承诺，大封功臣。被封为第一功臣的李善长感激涕零，朱元璋话锋一转，准其致仕告老还乡。李善长没想到皇上手段如此毒辣，轻而易举就剥夺了他的相权，这与宋太祖杯酒释兵权何异？

　　洪武三年十一月，朱元璋下诏令大将军徐达、左副将军李文忠率北征军班师，并决定亲自去龙江迎接王师凯旋。
　　十一月的一天，南京临江门户龙江镇秋阳高照，驿路口搭起了迎凯祝捷的彩楼。彩楼上张灯结彩，旌旗猎猎，四周肃立的甲士手中的兵器在阳光照射下熠熠闪光。以丞相李善长为首的文武官员，齐集在彩楼前恭候朱元璋圣驾来临。这一天大本堂放假，爱热闹的小藩王和他们的陪读们也早早来到这里，站在另一旁。
　　过了一会儿，御前太监飞马前来宣告："皇上驾到，百官跪接圣驾。"
　　文武官员们立刻跪成一大片，山呼："吾皇万岁万岁万万岁！"
　　朱元璋的仪仗临近，掌玺官及总管太监骑马前导，随后是皇太子的龙驹，皇太子下马后趋前扶出龙辇中的朱元璋，此时跪在地上的文武百官又一次山呼："臣等恭迎圣驾，吾皇万岁万岁万万岁！"
　　朱元璋以手遮阳，道："众位爱卿平身。"
　　"谢万岁！"
　　朱元璋在鼓乐声中登上彩楼，在正中的龙椅上坐定，皇太子侍立一旁。此时，彩楼下的指挥官令旗一举，四周数千军士齐举兵器高呼："万岁！万岁！万岁！……"雄壮的呼喊声此起彼伏，在浩瀚的江面上回响。这雄浑威武的场面令朱元璋颇为自得地拈须微笑。

皇太子朱标问李善长："丞相，徐大将军、李文忠将军班师兵马现至何处？"

"启禀千岁殿下，二位将军已从浦子口登上舟师，现在江中，不久即可登岸。"李善长恭敬地回答。

朱元璋又问："此次大将军与文忠北征凯旋，俘获元皇孙以及王公后妃、文武官属千数百人，缴获元室重宝无数，一切接收安置是否准备妥当？"

"启禀万岁，一切均已安排定妥。"李善长奏道，"惟礼部奏请以文忠将军所俘元皇孙买的里八剌行告庙献俘礼，布告天下以震慑残元，请陛下定夺。"

朱元璋略事沉吟道："昔日武王伐纣归来曾行献俘礼吗？"

"武王伐纣无此记载，"礼部官员奏道，"不过，大唐武德四年，伪郑王世充降唐，高祖曾命献俘告庙，可援此例。"

"那是对待割据一方的王世充，若是遇到隋朝的子孙，高祖和太宗都不会那样做的，"朱元璋道，"买的里八剌乃嗣君之子，堂堂皇室后裔，岂可以草寇叛逆视之？传朕的旨意，自元皇孙以下，所有妃嫔王公官属一律安置驿馆，明日着本族俗服上殿觐见，朕自有封赏。"

"臣遵旨。"李善长唯唯而退。

"徐、李二帅报捷的奏章呢？拿来朕看看。"

李善长呈上礼部拟好的捷奏："请陛下御览。"

朱元璋一边看一边皱起浓眉，看毕气呼呼地将捷奏往地下一扔。众臣顿时惊呆了。

"这捷奏是谁拟的？着即罚俸一年，官降三级！"朱元璋厉声说道。

李善长与礼部官员惶恐跪下："臣等万死！"

朱元璋怒气稍平，叫他们起来，然后语重心长地说道："众位爱卿，元朝入主中原近百年，朕与卿等祖辈父母均赖其生养，受其庇荫，得以生息不绝代代相传。今元室衰亡，我等只能引为鉴戒，岂能妄加侮辱轻谩之词？今日迎凯盛会，朕命曾在前朝为官者不要前来祝贺，意即在此，为何尔等总不能体会朕的一片苦心？"

众官员齐声称颂："吾皇圣明。臣等愚钝无知，有负圣恩。"

皇太子吩咐道："丞相，命礼部从速重拟捷奏，立即报来。"

"臣遵旨。"

这边李善长与礼部官员们慌了手脚，赶紧几个花白脑袋攒在一起按照皇上的旨意重拟捷奏。那边大道远处尘烟骤起，旌旗蔽日，凯旋王师已由舟师登岸，浩浩荡荡地向京城开来。

徐达、李文忠在诸将簇拥下策马徐行，身后"徐""李""征虏大将军""征虏左副将军"等旗幡随风飘扬，精锐的亲兵卫队军容严整，甲仗鲜明，每一个士兵的脸上都洋溢着胜利者的骄傲和喜悦。

被俘的蒙古王公将相官属，穿着五花八门的衣服，在两旁刀枪出鞘的明军士兵看押下，耷拉着脑袋走着。在他们后面，另一队士兵捧着缴获的元室重宝，计有两枚元帝玉玺、十三枚诸王金宝、两本玉册及镇圭、大圭、玉斧等。

随着凯旋将士的缓缓前进，驿道两旁早已挤满了迎接的文武官员和士绅百姓，鼓乐和鞭炮声不绝于耳。站在两边山头上戒备和维持秩序的甲士们高举枪矛欢呼："王师凯旋，吾皇万岁！"雄壮的口号声使凯旋的将士们更加精神抖擞，神采奕奕，连他们胯下的战马也不时昂首咴咴长啸。

小燕王朱棣、小吴王朱橚与跟他们年岁相当的陪读李景隆（李文忠之子）在一起，他们站在驿道旁的一处高坡上，可以清楚地看到缓缓前进的凯旋大军，大将军徐达和李文忠在马上的威武神采令他们欢呼雀跃，不胜羡慕。面貌清秀的李景隆见父亲驰近，兴奋地高声喊道："父帅父帅，孩儿在这里。"李文忠在马上看到了他们，微笑着向他们招手。父亲打了胜仗归来，使李景隆平添了几分骄傲，他兴奋地说："二位舅王，你们看父帅在马上好威风啊！"

朱棣道："父皇常说文忠表兄十四岁就跟他辗转于战阵中，后来带领亲军，立下不少战功。去年常遇春将军不幸病逝，父皇命他接替其位，与大将军分道北征，把元新君赶入了沙漠，连皇孙重宝都缴获了，立了第一大功哩。"

"四舅王，徐大将军夸你小小年纪文韬武略，颇有大将风度。只可惜天下太平，我们这一辈恐怕没有仗打了。"李景隆见小燕王夸赞自己的父亲，也不忘投桃报李。

"不然。"朱棣说，"元君虽逃入沙漠，残元未灭，说不定又会勾结羌戎，卷土重来，扩廓帖木儿被徐皇叔大败于沈儿峪，仅只身逃脱，但他是个始终不肯降明的硬汉子，父皇说只要他一天没死，跟他还有得仗打呢。"

小吴王叫着李景隆的小名道："九江，你想将来跟你父帅一样执掌兵符挂帅征战，没本事可不行啊！你现在连马都不敢骑，射箭成绩还不如我，更别说跟四哥比了。哼，将来打起仗来，你准是我们手下的败将。"

李景隆被揭了老底，颇为尴尬："嘿嘿，我怎么会跟舅王打仗呢？"

"父皇下彩楼了，我们快过去看。"小燕王说。

那边，朱元璋在太子、丞相等陪同下走下彩楼去亲迎逐渐驰近的凯旋队伍，彩楼下鞭炮齐鸣，鼓乐声大作。

徐达、李文忠见朱元璋御驾亲迎，慌忙滚鞍下马，单跪叩见："陛下，恕臣等甲胄在身，不能全礼。吾皇万岁万岁万万岁！"

朱元璋笑容可掬地扶起他俩："徐皇兄、文忠，你们辛苦了。起来吧！"

"谢万岁！"

"徐皇兄，沈儿峪一役，你把王保保这狗儿打得丢盔弃甲，只身逃窜。这回，派人去问问看，他肯不肯降我大明？"朱元璋笑着说。

"陛下，您不是说王保保是天下第一硬汉子吗？要他认输投降难啊！"

"文忠，你这次又打了大胜仗，俘获了元室皇孙重宝，为朕立了第一大功啊！"朱元璋又表扬自己的外甥。

"托舅皇和太子殿下的洪福，文忠不敢有负圣恩。"李文忠躬身答道。

李善长率领百官向徐达、李文忠行礼："大将军辛苦了！文忠将军辛苦了！"

"丞相辛苦了！"

"两位将军今日凯旋，陛下圣驾亲迎，这是何等荣耀！你看，满朝文武排班迎接，瞻仰你们的丰采。应天城的绅商百姓全部出动了，真个是万人空巷，壶浆箪食以迎王师啊！哈哈哈哈！"

这时，小燕王他们从人丛中挤了过来。李景隆忙给父亲行礼。

"孩儿叩见父帅。"

李文忠笑着摸摸他的头："一年不见，九江又长高了。四殿下，五殿下，九江和二位舅王在一起读书，有劳二位舅王管教。"

徐达："两位千岁殿下安好。"

小燕王和小吴王也忙施礼："徐皇叔辛苦了！文忠表哥辛苦了！"

徐达笑问："大半年不见，你们的兵法、骑射有长进吗？过几天，我可要考考你们啊！"

这时，李善长道："陛下起驾了，我们走吧！"

朱元璋的龙辇在前，徐达、李文忠复又上马，披红戴彩，在文武百官和小王们的陪同下，向城门内外夹道欢迎的人们走去。街市上早已悬灯结彩，鞭炮齐鸣，呈现出前所罕见的热闹景象。

朱元璋以一介布衣得天下，依靠的是帐下出生入死浴血奋战的一班虎将。他们多数和朱元璋一样出身贫贱，有赤贫的农民、樵夫、屠夫、小贩，甚至剪径劫道的强人，不一而足。他们辅佐朱元璋的目的就是一旦夺得天下，大家共享荣华富贵。在长达十六年的残酷战争中，他们中的许多人早已血洒疆场，成了无头鬼。朱元璋对这些为他夺取江山捐躯殉难，来不及共享荣华的部属，内心深为歉疚。登基以后即下令工部在京郊鸡鸣山修建功臣庙祀奉他们的亡灵，并从优抚恤他们的亲属，给予一定的官职和俸禄。洪武二年功臣庙落成，当时塑像供奉的阵亡武将有胡大海、赵德胜、华高、俞通海、吴良、曹良臣、吴复、孙兴祖、冯国用、耿再成、丁德兴、张德胜、吴桢、康茂才、茅成等人。以徐达为首的在世功臣则虚位以待。大明朝建立的前几年，兵事繁多，无暇对在世的功臣进行封赏。随着徐达、李文忠率师分道北征，取得对残元政权的决定性胜利，至此四海基本平定，将领们得胜回朝，该是论功行赏、大封功臣的时候了。

对于这件事，朱元璋做得非常谨慎。帐下部属将帅的功过，他不仅自己心里有一本册，而且自从郭子兴死后，他自立门户，当上元帅以来，就命幕府陶安等建立了正规的功劳簿。每次大小战役的胜败、斩获或损兵折将，均一一记录清清楚楚，并以此作为赏罚的根据。现在朝廷的兵部和大都督府更是有了健全的战绩考核制度，大封功臣之前，他命兵部及大都督府叙报诸将战功及拟议封赏爵禄名单，由他亲自平衡裁定后，定于封赏当日由中书省及礼部张榜公布天下周知，并随后制成精致烫金的《大明功臣簿》，以使受赏功臣永远名垂青史。

《大明功臣簿》经朱元璋最后斟酌，排序如下：

功臣第一：李善长，晋封韩国公。授开国辅运推诚守正文臣、特进光禄大夫、左柱国、太子太师、中书左丞相。岁禄四千石，予世券。

功臣第二：徐达，晋封魏国公。授奉天开国推诚宣力武臣，特进光禄大夫、左柱国、太子太傅、中书右丞相。岁禄五千石，予世券。

功臣第三：常遇春，殁。谥封开平王，追赠翊运推诚宣德靖远功臣、开府仪同三司、上柱国、太子太保、中书右丞相。子茂袭封郑国公，岁禄两千石，予世券。

功臣第四：李文忠，封鲁国公。授奉天开国辅运推诚宣力武臣、特进荣禄大夫、右柱国、大都督府左都督。岁禄三千石，予世券。

功臣第五：冯胜，封宋国公，授开国辅运推诚宣力武臣、特进荣禄大夫、右柱国。岁禄三千石，予世券。

功臣第六：邓愈，封卫国公，授开国辅运推诚宣力武臣、特进荣禄大夫、右柱国。岁禄三千石，予世券。

功臣第七：汤和、杨璟、唐胜宗、陆仲亨、周德兴、华云龙、顾时、耿炳文、陈德、郭兴、王志、郑遇春、费聚、吴良、吴桢、赵庸、廖永忠、俞通源、华高、朱亮祖、傅友德、胡美、韩政、黄彬、曹良臣、梅思祖、陆聚、薛显等二十八人均封侯爵，授开国辅运推诚宣力武臣，岁禄一千五百石，予世券。

朱元璋对功臣们的封赏是很丰厚的，岁禄公三千石至五千石，侯一千五百石，而当时正一品的丞相和御史大夫岁禄仅千石以下。当然他们无法和藩王们比垺，朱元璋那些寸功未立的儿子们岁禄高达五万石（后减为一万石）！

功臣们还赐给了"丹书铁券"，上面镌刻了他们的功绩和封赏爵禄，背面则为免罪、减禄的条款。以韩国公李善长为例，除叛国谋逆罪外，本人可免两次死罪，子免一次死罪。不过到后来这些免死金牌都不起作用了，上述这班功臣十之八九在胡、蓝党案中惨遭屠戮，能得善终的没有几个。

朱元璋在封赏仪式之前，在华盖殿召集上述三十四名受封的功臣宣谕此事，他说："自王师凯还，兵部具奏诸将功绩，中书省集六部论定功赏奏请朕裁定，凡今爵赏次第，朕皆斟酌再三而定，至公无私。平章李文忠，总兵应昌，逐元嗣君，获皇孙、妃嫔、重宝，悉归朝廷，此功最大。左都御史邓愈，自幼从朕，屡更任所无怨，此次克河州，擒斩元将，招谕吐蕃酋长，功大。右都督冯胜，袭兄职典亲军，随朕征战屡立奇功，此次从大将军破扩廓，分兵征略阳，擒元平章，功大。以上三人宜列公爵。已故大将常遇春之子常茂，亦应袭公爵。汤和、杨璟、唐胜宗、陆仲亨、周德兴等二十八人久随朕征战，均以军功宜列侯爵。右丞相徐达，与朕同乡里，朕起兵时即从征讨，累立大功。此次率师北征，大破扩廓，擒王公平章以下数万人，功至伟。左丞相李善长，虽无汗马之劳，然事朕最久，参与谋划，供给军食，功甚大。此两人已列公爵，宜进封大国，增岁禄，以示褒奖。左丞胡济德此次从征临阵失措，本应立斩，徐大将军念其系功臣之后，械送进京。今释之，不再袭爵，降为陕西都指挥使。以上朕所定如爵位不称，酬劳不当，卿等宜当庭议之，毋得有后言。"

受封的功臣们一个个俯伏在地，异口同声地说："皇上秉公决断，臣等心悦诚服。"

他们果真个个心悦诚服吗？也不尽然，被封为二十八侯之首的汤和对自己不得封公始终想不通。他与朱元璋同乡里，朱元璋投奔郭子兴还是他引荐的。若与邓愈比较，他俩封前都是御史大夫，征战功勋也相差无几，为什么一个封公，一个封侯，竟有这么大的悬殊？朱元璋在对他的诰敕中说："和与朕同乡里，且结发相从，屡建殊勋。然其……嗜酒妄杀，不由法度。"表面上朱元璋是对部属赏罚分明，不以功掩过，实际上是因为汤和在守常州抗拒张士诚时，酒后放肆狂言："吾镇此城，如坐屋脊，左顾则左，右顾则右。"这句话朱元璋始终记恨在心，这次仅得封侯就是对他狂妄自大的惩罚。

见大家都没有异议，朱元璋又告诫说："自朕起兵以来，卿等随朕征讨，转战南北，今日得以定鼎天下，卿等功不可没，论功行赏，国之常例，今后卿等宜各安职守，忠勤王事，切勿居功自傲，飞扬跋扈，做出有违法度之事，到那时国法无情，勿谓朕言之不预！"

对于皇上的胡萝卜加大棒，众功臣自然又是俯首帖耳地应承："臣等谨遵圣训。"

李善长近来病体稍愈，朝中接连的几桩大事：封藩、迎凯、大封功臣，都需要他这位丞相出任大礼使，在朱元璋的要求下，他抱病复出，不辞辛苦地做了许多事，此次又得封功臣第一，使他甚感意外，心底在想：也许朱元璋顾念自己以往的功劳，冰释前嫌，仍然会把中书省的大权委任于他了。心中感激之余，他扑通一声出列跪下，老泪纵横地奏道："此次征战，老臣无寸功而得加封晋爵，陛下知遇之恩，老臣虽肝脑涂地无以为报！"说罢竟呜呜咽咽哭了起来。

朱元璋在座位上微微欠身道："丞相起来吧。这一向封藩迎凯，诸事均赖你操劳，把你累坏了。你本来有病在身，朕甚为过意不去。你早就请求致仕告老还乡，今日略得宽余，朕就恩准你了。朕已令工部在临濠为你修筑府邸，并赐庄园地五百亩，置守冢户百五十户，佃户千五百家，仪仗士二十家，让你在家乡安安静静地颐养天年。"

李善长闻言顿时一怔，他没想到朱元璋手段如此毒辣，竟一面封赏他，一面不动声色地解除了他的职位，轻而易举就剥夺了他的相权！这与宋太祖杯酒释兵权何异？

事已至此，他有什么办法抗争？此时，他唯一能做的事就是叩头谢恩。

朱元璋若无其事地宣布："众爱卿对以上封赏苟无异议，朕明日即举行封赏大典，周知天下。"

"臣等叩谢皇恩。吾皇万岁万岁万万岁！"

封赏大典之后，朱元璋回到后宫，马皇后对他说："陛下，臣妾闻陛下此次大封功臣三十余人。缘何御史中丞刘基没有受封？"

朱元璋解释说："此次封爵的六公二十八侯，均是随朕征战最久，战功卓越的武臣。唯一的例外是左丞相李善长，他虽不领兵打仗，但自起兵以来，为朕谋划战略，供给军食，功不可没。皇后不也是常常称道他的宰辅之才，要朕重用他么？"

马皇后坚持劝说道："李善长自当封赏，然刘基自归附以来，为陛下策划军事累献奇谋，诸将无不叹服。陛下可曾记得：昔日与陈友谅大战鄱阳湖，若非刘伯温促陛下仓促更舟，陛下所乘之御舟旋即为贼军炮火击成碎片。皇上能有今日，伯温救驾有功啊。"

"嗯，"朱元璋不得不颔首点头，"伯温论功应赏，因他归附较晚，是朕考虑不周。不过伯温淡泊名利，上次召见，朕意欲拜他为相，执掌中书，他却执意不从，依然告老还乡去了。"

"刘基不愿为相，自有他的理由。或许他不是宰辅之材，或许他有意避位让贤。然昔日之功，陛下不予封赏，会令天下为臣者心寒啊！"

"皇后所虑极是，"朱元璋点头道，"朕当另行颁诏，封刘基为诚意伯，予世券，你以为当否？"

"陛下圣明，臣妾谢罪。"

几天后，朱元璋又封了两名功臣：中书右丞汪广洋封忠勤伯，刘基封诚意伯。

醉卧王府徐达表忠

朱元璋在吴王府宴请徐达，以其功大要将吴王府赐他居住。徐达惶恐不敢受赐。他醉卧吴王寝宫床上，第二天醒来连呼"死罪"。胡惟庸拜访蛰居的李善长，请教如何取得皇上的信任。老狐狸李善长指点他的韬略竟是让胡惟庸反对自己。

朱元璋大封功臣之后，又赐宴三日，君臣同庆。席间，功臣们一个个来向皇上敬酒。极善言辞而又记性特别好的朱元璋往往提及某次战役该臣骁勇善战的细节以及当时艰难环境中的趣闻乐事，引得大家呵呵大笑，宴会的气氛极为活跃。推杯换盏之间，朱元璋即席发表了后来载入史册的一段话，他说：

"朕年轻时遭遇丧乱，最初起兵于乡里，本图自保，及渡江以来，观群雄之所为，徒为生民祸患。而张士诚、陈友谅尤为巨蠹，士诚盘踞江浙，钱粮富足，友谅自恃兵强马壮。唯独朕无所恃，所恃者仅是不嗜杀人，广布信义，与卿等同舟共济。士诚离我们近，有人建议先攻他。可朕分析这两个人的性格，友谅骄傲自大，士诚器量狭小，故决定先攻打陈友谅。鄱阳湖一战，张士诚坐视友谅被消灭，龟缩在苏州不来救援。倘若朕先攻张士诚，他必然坚守城池，而目空一切的陈友谅必倾全力来救援，使我腹背受敌。张、陈二寇既除，我军就要谋划北伐中原了。朕的策略是先下山东、河南，暂时把盘踞陕甘的扩廓、李思齐、张思道放在一边，因为他等皆身经百战之师，如若他们联合作战，一时难于取胜。故我置其不顾，反旗而北，直取燕都，驱逐元帝，然后西征，这样张思道、李思齐心存绝望，不战自溃，扩廓势力就单薄了。倘若未下燕都就与他们决战，胜负很难预料啊！"

他说此番话的意思再明白不过了：虽然你们骁勇善战，拼杀沙场立下不朽功勋，然而还仗我这位三军统帅运筹帷幄，制定正确的战略决策，才能取得最后的胜利！若论平定天下的功绩，他朱元璋远在诸将之上，只可惜他已经做了至高无上的皇帝，整个天下都是他的，没法再对自己的不世之功加以封赏了。

时序正值冬季，京城瑞雪飘飞，楼台亭阁银装素裹，煞是好看。这个冬天应天城一片升平景象，家家户户煮酒宰豚，共庆太平。

这天，朱元璋在玄武湖畔的吴王府旧邸设宴款待新封魏国公的大将军徐达，徐达每年春天率师出征，年末方返京，年年如此，他在外征战厮杀，保得自己在京城稳坐江山，所以朱元璋想要特别酬谢他。如在新建的宫中设宴，拘于礼数，君臣皆不能尽欢，于是他下令在原来居住的吴王府旧邸摆下丰盛的酒筵，单独宴请徐达，并召来乐工舞女献舞佐酒。

君臣俩对坐而饮，见徐达显得有些拘谨，朱元璋道："徐皇兄，今日风雪满天，朝堂无事，朕召你来陪我饮酒，你我君臣要一醉方休！"

徐达忙欠身答道："陛下赐饮，微臣敢不从命？"

"皇兄乃我朝第一功臣，此次又进封大国，位极人臣，可喜可贺。来来来。先痛饮三杯，为皇兄祝贺！"

"皇恩浩荡，达感激涕零，无以为报，陛下请。"徐达举起酒杯，一饮而尽，他们君臣均是海量，一连饮了三杯玉液琼浆。

"徐皇兄，你猜朕为何要在此与你饮宴？"朱元璋故作神秘地问。

徐达环顾四周，有些不解地说道："这不是陛下旧邸吴王府的议事厅吗？"

"是啊，往昔我们经常在这里共商征讨大计，桌上铺着军事地图，探马军校出出进进，一派紧张肃杀之气，可以说，大明江山就是在这里打出来的啊！"

"赖陛下洪福，现在这里摆的可是美酒佳肴，一派歌舞升平了。"

朱元璋开怀大笑："哈哈哈！来来来，再为我们打下的大明江山痛饮三杯，徐皇兄请！"

徐达端起斟得满满的酒杯："陛下请！"

这时，一名伴舞的绝色女子来到了徐达席前翩翩起舞，婀娜多姿，眉目传情，徐达一面饮酒吃菜，一面禁不住多看了她几眼。

朱元璋笑着说："徐皇兄，你看这跳舞的女子，肌肤似雪，眉目生情，真乃一绝色的尤物啊！朕将她赐予你，以慰帐前寂寞如何？"

徐达一听慌了，连连摇手："陛下使不得，使不得！"

"哈哈哈！你是怕皇嫂揪你的耳朵吗？"朱元璋道，"不怕，有朕替你做主。"

"不是啊！臣军务在身，毋容稍有懈怠，况且还要给诸王子传授兵法骑射，未敢图一己之欢娱，有辱皇命啊！"

"徐皇兄真君子也！不过这一次抗旨不遵，该怎样罚你？"

"臣认罚三杯酒。"

朱元璋命令道："内侍，快斟酒。"

徐达把席上的三杯酒一饮而尽。

"徐皇兄，你自随朕起兵，战功累累。每次受命而出，均能奏凯而归。不矜不傲，不伎不求，妇女无所爱，财宝无所取，真可谓忠心耿耿，功昭日月啊！"朱元璋用早已想好的一段话来称颂徐达。

"陛下过奖了，臣愧不敢当。"

"你功最大，府第却最小。朕迁入新建皇宫后，这座吴王府已空置无人居住，现拟赐予皇兄，好吗？"

徐达一听，吓得慌忙跪倒席前，汗流满面地说："死罪，死罪！臣岂敢住王府，臣不敢受，臣不敢当！"

"皇兄是我朝第一功臣，这座王府你不住谁还配住？你不要朕只得把它烧了。"

"陛下，万万不可暴殄天物，何不将它赐予刘伯温？"

"伯温已告老归林，何需巨邸？皇兄有四子三女，正合适嘛。"

徐达仍然坚辞："臣不敢受，臣不敢受！"

"好啊，你又抗旨了，该再罚酒三杯。"朱元璋玩笑地说。

徐达说："臣情愿罚十杯，也不愿受赐府邸。"

"内侍，大杯斟酒！"

徐达一喝完面前的酒，开始口齿不清地嘟囔："臣……情……愿……受……罚……"他终于打翻了酒杯，醉倒趴在桌上。

朱元璋吩咐内侍："将魏国公扶到寝宫歇息，尔等好生侍候。"

"是。"

朱元璋看了看沉醉不醒的徐达，暗自笑着起驾回宫。

内侍们将徐达扶着送至寝宫，给他脱了袍服，盖上锦被，还留了两名宫女在床边伺候。徐达酣然入睡。

第二天早上，徐达一觉醒来。发觉自己睡在吴王寝宫的龙床上，床边踏凳上还有两个宫女在打瞌睡，顿时惊出一身冷汗，连忙翻身爬起，胡乱穿上衣服，跪地惊呼："死罪！死罪！"

这时，朱元璋从外面走进来，见状开怀大笑："哈哈哈！徐皇兄夜来无恙否？"

徐达一个劲地叩头："臣死罪！死罪！"

朱元璋将他扶起："起来，起来。皇兄，朕已降旨，将吴王府旧邸改为魏国公府，并在府外敕建'大功'牌坊，刻石勒铭：王公以下文武百官到此均须下马。赶快谢恩吧！"

徐达无奈，只得叩头谢恩："臣惶恐死罪，谢主隆恩！"

李善长和徐达是朱元璋的左右臂膀，也是辅佐他打下江山最大的功臣，有人将李善长、徐达和刘伯温与"汉初三杰"萧何、韩信、张良类比，现在他的"张子房"刘伯温已经识趣地退出权力斗争的舞台告老还乡。丞相"萧何"李善长虽然老谋深算高深莫测，也让他打发回老家享福去了。唯有领兵的"韩信"仍然掌握兵权，身为大将军的徐达在军中的威望一点也不比他这个皇帝差，要命的是他不像李善长和刘伯温好打发。眼前四海未平，残元未灭，在未来的十年之内朱元璋还要靠他领兵打仗，因此徐达对自己的忠诚和敬畏就极其重要。不过，从昨晚他不愿受赐吴王旧邸和醉卧龙床惶恐失措看来，徐达丝毫没有恃功自傲和僭越之心,他对自己是忠诚的。这令朱元璋心中的一块大石头蓦地落下地来。只要笼络住了徐达,他麾下数十万大军中的将领都会乖乖听命于他这位皇上。朱元璋经历过大将邵荣、谢再兴叛变的惨痛经历,所以徐达对他的忠心不二弥足珍贵。他不但赐给他府第,还动了与他结成姻亲的念头。只可惜他的皇子们都太小,暂时还不到婚娶的年龄。

李善长在封赠大典之后病倒了,劳累、愤懑和委屈使他病得不轻。他原以为拖着病体卖力地为朱元璋抬轿子,办好封藩、迎凯祝捷、大封功臣这几件大事,足以消除这位难以伺候的皇上对他的不满,重新把中书省的大权委任于他。可是事与愿违,朱元璋一面笑吟吟地封他为第一功臣,加官晋爵,赏赐世袭罔替的免死金牌;一面却发动突然袭击,当着众功臣的面批准他"致仕",把他从宰相的宝座上彻底撸下来!

令李善长想不明白的是中书省的人事大变动。左丞杨宪问斩,汪广洋又被召回,但连遭两次谪贬的他还能有什么作为?不过尸位素餐而已。四名参知政事调走了三位:陈宁去任苏州知府,睢稼任弘文馆学士,李谦为一点小过左迁广东参政。现在偌大的中书省只剩下一个胡惟庸。这小子是李善长见他能说会道从太常寺卿提拔上来的,现在又不知道他用什么招数迷惑住皇上,让他在中书省独掌大权?

李善长喝完药,躺在书房的软榻上闭目养神,人老了往往喜欢回顾过去,他过去的一生又是和朱元璋紧紧联系在一起的。他是在滁阳见到朱元璋的,他们二人一见如故,以后他就留在朱元璋身边参与谋划,利用自己的所长忠诚地为朱元璋效力。他在战争中最大的功绩就在于巩固后方,供给军食,使朱元璋及其部将能专注于攻城略地而无后顾之忧。为了增加财政收入,他建议和制定两淮盐法、茶法,开铁冶、定渔税,恢复制钱法,使"国用益饶,而民不困"。朱元璋在赐给他的"丹书铁券"上制词将他比之萧何,褒称甚至。可让他这位"萧何"不明白的是,为什么立国才三年出头,百废待举,他的"高皇帝"就如此无情地把他弃之如敝屣?这中间到底有什么玄秘呢?

他想得脑袋发疼,扭动了一下身体,在旁边为他轻轻捶背的使女以为相爷不高兴她了,慌忙跪下请罪。

这时,相府管家进来报告:"启禀相爷,中书右丞胡惟庸赍礼前来祝贺相爷荣升晋爵,相爷见不见他?"

胡惟庸?他来干什么?难道我亲手提拔了他进中书省,他明知我被朱元璋撤了职还要来奚落我吗?

李善长深知皇上耳目众多,因此他与朝中官员的交结非常慎重,凡是有劣迹和皇上不喜欢的人他绝不接近,以免招惹是非,但这个胡惟庸听说最近深得皇上信任,他为什么要来见我呢?

李善长想了想,吩咐管家道:"贺礼免收,请他来书房一叙。"

"是。"

少顷,管家领胡惟庸进来,胡惟庸身材清瘦,瘦削的脸上蓄着两撇鼠须,因此有点獐头鼠目的味道。他是李善长的定远老乡,由于这点渊源,他由一个小小的宁国县令被提拔为太常寺少卿。太常寺卿是个管祭祀的闲职，李善长有心让他进入中书省成自己的助手和接班人，选择了一个适当的时机让朱元璋赏识胡惟庸的卓越口才，继而拜为中书参知政事。胡惟庸深知自己能进中书省是李善长的举荐，因此平时对他总是以师礼事之，他见李善长慵懒地躺在软榻上，眼睛半睁半闭，连忙躬身施礼道："学生给恩师请安。恭祝恩师晋封大国并荣膺'太子太师'尊号。"

"那是皇上的恩典，老夫受之有愧。"李善长借助使女的扶持坐了起来，吩咐道，"给胡大人看座。"

"哪里哪里！恩师乃我朝开国元勋，辅佐吾主取得天下的第一功臣。此次晋封韩国公、荣膺'太子太师'称号，乃实至名归，理所应得。恩师为国操劳，鞠躬尽瘁，远的不说，近几个月来，封藩、迎凯庆功、安置残元王公官属，哪一桩不令恩师殚精竭虑，寝食难安！恩师的病，完全是操劳过度所致呀。"胡惟庸滔滔不绝地为李善长评功摆好。

"哼，就这样，有人却在皇上面前说我的坏话，说我恋栈权势，把持着相位不肯放手。"李善长说这话的时候，眼睛瞟着面前这位学生。不过胡惟庸脸皮厚，装着一副与我无关的样子。于是李善长又忿忿地说："唉，人家都只知做宰相的风光：一人之下，万人之上，生杀予夺，权倾朝堂。殊不知这一人之下的难处，皇帝老子是那么好伺候的？自打陛下称吴王起，我就是他的相国，原来尚右我是右丞相，现在尚左我是左丞相。老实说，这么多年宰相我也当厌了！"

胡惟庸明知这话是负气之说，吃不着葡萄说葡萄酸。但他也只能凭自己三寸不烂之舌说好话安慰他。他从容说道："恩师为大明立下不世之勋，圣上顾惜您的病体，让您从繁琐的省务中解脱出来安享尊荣，用意是好的。只是这中书省离开了您，好比一艘大船缺了掌舵人。综观朝野除了恩师确实很难找到一个能当宰相的人。圣上当初倒是器重杨宪之才，他却因设计弄权丢了性命；汪广洋虽敕令回朝复职，升任右相，几经贬谪之后他也锐气全无，整日奉行公事无所建树。学生蒙恩师栽培，忝列参知政事已有一年，勉力从公未敢稍有懈怠，然居位微末，不足为人道也。唯望在恩师庇荫下，逐渐在中书省站稳脚跟，徐图后进罢了。"

李善长果然爱喝这碗迷魂汤。他想自己"致仕"的事已经无可挽回了，退而求其次的是在中书省留下自己的影响，看来这个热衷于权位的胡惟庸是唯一适当的人选，必须在他身上赌一把。老谋深算的他故意施展欲擒故纵之计，说道："据老夫所知，圣上对你的才具颇为欣赏。你看，中书省的几名参知政事，陈宁、李谦先后外放苏州、广东，睢稼出任弘文馆学士，只留下你和侯世善二人。杨宪伏诛后，圣上有意在你们二人中提拔一位出任左丞，曾在不经意间征询老夫的意见。"

"恩师是怎样回复圣上的？"胡惟庸急切地问。

"我对圣上说，惟庸虽是老夫惜其才荐入中书省的，但他年轻好胜，处理事务独断专行，常对我有所依违，并不是我所希望的人才；而侯至善老成持重，似更堪信任。"

胡惟庸顿时面色煞白，说话也结巴了："恩……恩师怎么这……这么说？不害苦学生了吗？"

李善长不慌不忙地拿起水烟袋"咕噜噜"抽了两口，嘿嘿笑着说："我说你呀，毕竟年轻少阅历啊！要知道在这微妙的时刻，我若捧你即是害你。在圣上面前我并不说你才智上有缺陷，而只说你不是我意中的接班人。这正是圣上所希望的，他怕的就是我致仕后仍然在中书省留下自己的党羽。"

　　"啊！原来如此。"

　　李善长压低声音，继续说："现在圣上对你的能力已不再怀疑，你要在奏对中故意与老夫唱反调，且尽量少与老夫往来。这样，你的升迁就指日可待了！"

　　"这……不是委屈恩师了吗？"胡惟庸小眼睛眨巴眨巴，假惺惺地说。

　　"老夫无碍。要知道圣上只要我的权，不会要我的命。只要我将相权交出，就什么都解脱了。"李善长叹口气说，"俗语云：'伴君如伴虎'，信矣哉！惟庸，老夫把权力的交接棒递给你，你要好自为之啊！"

　　胡惟庸感动地跪地下拜："恩师如此用心良苦，学生感恩戴德，没齿不忘。"

　　"起来，起来。你还有什么要问的吗？"

　　胡惟庸想了想，问道："学生原为宁国小吏，未尝得近天颜，来中书省后静观圣上所为，颇有天威莫测之感。恩师与圣上同起兵，久居君侧，当有以教我：圣上到底是怎样一个人？"

　　"当今圣上虽出身微贱，读书不多，然其英明天纵，是个绝顶聪明的人。他马上得天下，权力来自艰难，自然格外珍惜，不能容忍任何人觊觎皇权。他平日读得最多的书是记录历朝宫廷政变篡权夺位的史书，从中汲取经验教训，预防任何谋反叛逆的苗头。他对一同打天下的功臣袍泽，封赏是慷慨的，然而绝不会给任何人实际的兵权。天下之兵遍置于都司卫所，大将居守，并无调遣兵马之权力。方今海内甫定，但残元未灭，武臣们仍邀圣宠。而宰辅文臣在承平年代权柄日重，他择人自然要慎之又慎，因此中书诸臣调来调去，现在只剩下你们三位了。老夫致仕之后，谁能取得圣上的信任，今后几年便能稳居相位，号令天下了。"

　　"恩师教诲有如醍醐灌顶，学生获益匪浅。"胡惟庸谦恭地说，"学生今后自当谨慎事君，努力获取圣上的信任，不负恩师一片苦心。另外恩师以为朝中能够影响圣上的是哪些人？学生应该广为交结，以为援手，方能立于不败之地。"

　　"能够影响圣上的人，宫内莫若皇后与太子。皇后谨遵祖训，除了维护老臣，对朝政很少干预。太子年轻，尚无定见。朝臣中唯一能影响圣上的人就是大将军徐达，他与圣上是生死之交，兄弟相称，此人憨直，若得到他的支持无疑是有分量的。另一个是已告老还乡的刘伯温，因他善观人相会断阴阳，圣上若有不决时喜欢召见他。此人对你的仕进是最危险的，听说他曾在圣上面前把你比作必将偾辕的劣马，不堪重用。"

　　胡惟庸咬牙切齿恨恨地说："这厮如此可恶，吾与他势不两立！"

　　"刘伯温老病之躯，除非应召老待在乡下不出来。连他的子侄都不愿在朝为官，你也奈何他不得。"

　　"哼，这老狗与我作对，有朝一日，我让他在乡下也不得安生。"

胡惟庸报复心如此之重，也使李善长颇为吃惊。好在他想报复的也是与自己有宿怨的刘伯温。因此他谆谆嘱咐胡惟庸："今日你我的谈话，幸勿为外人知晓。"

"学生自当谨记。"胡惟庸起身说，"恩师好生保重，学生告辞了。"

"来人！"李善长吩咐管家，"将胡大人车马驶至后门，你从后门走吧。"

不久，胡惟庸果然博得朱元璋的信任，升任中书右丞。他记着李善长的话，为了巩固自己的地位，在一个大雪天驱车前往魏国公府，拜谒大将军徐达。

车行至"大功"牌坊前，他毕恭毕敬地下车朝牌坊行礼，然后令随从到魏国府门房前，对守门的福寿道："劳烦通报，中书右丞前来拜谒大将军。"

福寿道："请大人稍候。"

徐达正在议事厅与僚属们谈话，福寿进来通报："启禀大将军，中书右丞胡惟庸前来拜谒大人。"

徐达早就声闻胡惟庸惯会溜须拍马，哄得皇上团团转，提升了他做中书右丞。他素恶此类小人，厌烦地道："胡惟庸？我与他文武不同僚，他来见我干嘛？"

一位僚属说："他呀，还不是见大将军圣眷正隆，想来巴结巴结。"

"这胡惟庸就任中书右丞，现丞相李善长李大人已致仕，相位空悬，若大将军在圣上面前为他美言几句，这相位不就是他的吗？"另一位僚属一针见血剖析胡惟庸的来意。

徐达勃然怒道："我素鄙视这等钻营苟且之徒，不见！"

福寿悄然退下，徐达继续与僚属们闲谈。

"诸公有所不知。"徐达说，"这胡惟庸原为宁国县令，他是李相爷的同乡，奔走于相门之下，得以荐入中书省。昔日圣上召见时，刘伯温说，他是一匹必将肇事翻车的劣马，不可重用。此人若在朝中得宠，必将乱国。"

福寿来到府门外，对候在那里的胡惟庸行了个礼道："大将军说文武不同僚，大人请回吧！"

胡惟庸碰了钉子，只好自我解嘲地笑着说："嘿嘿，也许大将军军务繁忙，下官来的不是时候。"

他于袖中取出一锭金子，塞到福寿手中道："大将军晋封大国，荣升太子太尉，下官无以为贺，留下西凉产雪青千里驹一匹，将它拴在'大功'牌坊上。烦劳贵架通禀大将军，下官告辞了。"

福寿为难地："大人……这……"

胡惟庸上车离去。福寿忙又进府去禀报："启禀大将军，胡大人留下一匹西凉产雪青千里驹，拴在'大功'牌坊上，说是祝贺大将军晋封大国荣升太尉的贺礼。"

徐达闻言勃然大怒："好个宵小之徒，居然想贿买我徐某！什么千里驹？分明如它主人一样是匹劣马！快把它赶走，别污了我的马厩！"

福寿吓得屁滚尿流地跑出府门，到"大功"牌坊下解开那匹青花马，在马屁股上狠抽一鞭。那马嗷嗷奔逃。他忽然想起怀中的金锭，连忙掏了出来，朝马身狠狠掷去……

第八章

大夏小朝廷的灭亡

奇袭峡江明升投降

朱元璋发兵征伐盘踞四川的明升小王朝。峡江上的横江铁索使明军舟师受阻。傅友德暗度陈仓攀援古栈道占领阶州文州。廖永忠遣青衣敢死队奇袭峡江水寨，焚毁铁索飞桥。舟师直袭重庆，明升被迫投降。傅友德破了蜀军的大象阵。攻下成都，四川全境平。

洪武四年正月，朱元璋决心派兵征伐大夏，端掉盘踞四川的明升小王朝，拔除最后一颗钉子，以使国内江山一统。

五年前，年仅二十六岁的大夏国王明玉珍病死，遗位给他的独生子明升。这位十岁的稚子与其母彭太后同掌国柄，权臣们立即互相攻杀。中书右丞相万胜使人刺杀司空张文炳，而明玉珍养子明昭又以皇太后矫旨缢杀万胜。一时朝廷内腥风血雨。驻在保宁的统兵大将吴友仁以"清君侧"为名传檄发兵。小皇帝慌了手脚，下诏令左丞相戴寿发兵讨逆。吴友仁致书朝廷："不诛明昭，国必不安。明昭朝诛，吾当夕至。"戴寿与皇帝皇太后密议，只有杀了明昭这个祸根，朝廷才得安宁，他们诱杀明昭后，吴友仁入朝谢罪。但他仍统兵驻在保宁，朝中则由戴寿掌权辅佐小皇帝定都重庆。另一派势力则拥皇太后彭氏居于成都。

明玉珍和明升登基时，都曾遣使与朱元璋通好。随着朱明王朝势力扩大，朱元璋曾多次派遣杨璟出使重庆，谕降明升。但大夏君臣倚仗蜀道大险，总是虚与委蛇地应付，不肯做一个明确的答复。

杨璟回来后，朱元璋命文臣以杨璟的名义给明升去了一信，晓谕祸福利害，促其降顺，免动干戈。那封信这样写道：

古之为国者，同力度德，同德度义，故能身家两全，流誉无穷，反是者辄败。足下幼冲，席先人业，据有巴、蜀，不咨至计，而听群下之议，以瞿塘、剑阁之险，一夫负戈，万人无如之何。此皆不达时变以误足下之言也。昔据蜀最盛者，莫如汉昭烈。且以诸葛武侯助之，综核官守，训练士卒，财用不足，皆取之南诏，然犹朝不谋夕，仅能自保。今足下疆场，南不过播州，北不过汉中，以此准彼，相去万万。而欲藉一隅之地，延命顷刻，可谓智乎？

我主上仁圣威武，神明响应，顺附者无不加恩，负固者然后致讨。以足下先人通好之故，不忍加师，数使使谕意。又以足下年幼，未历事变，恐惑于狂瞽，失远大计，复遣璟面谕祸福。深仁厚德，所以待明氏者不浅，足下可不深念乎？

且向者如陈、张之属，窃据吴、楚，造舟塞江河，积粮过山岳，强将劲兵，自谓无敌。然鄱阳一战，友谅授首，旋师东讨，张氏面缚。此非人力，实天命也。足下视此何如？

友谅子窜归江夏，王师致伐，势穷衔璧，主上宥其罪愆，剖符锡爵，恩荣之盛，天下所知。足下无彼之过，而能幡然觉悟，自求多福，则必享茅土之封，保先人之祀，世世不绝，岂不贤智矣哉？若必欲崛强一隅，假息顷刻，鱼游沸鼎，燕巢危幕，祸害将至，恬不自知。璟恐天兵一临，凡今为足下谋者，他日或各自为身计，以取富贵。当此之时，老母弱子，将安所归？祸福利害，瞭然可睹，在足下审之而已。

可是明升得信，仍然不作答复。朱元璋知这一仗是不可避免的了。他想：全中国偌大的版图我都打下来了，还奈何不了你小小的巴蜀吗？于是决心以武力征服大夏。

这一次用兵，朱元璋没有派遣徐达和李文忠、冯胜等大将。也许是怕这几位国公爷太辛苦了，抑或不想让他们积功太多权柄日重。他先命徐达去北平练兵，冯胜去陕西修筑城池，邓愈往襄阳督运粮饷。伐蜀则由几位侯爷领军：他诏令中山侯汤和为征西将军，江夏侯周德兴为左副将军，德庆侯廖永忠为右副将军，率领舟师由湖北溯江而上，进攻重庆。又令颍川侯傅友德为征虏前将军，济宁侯顾时为副将军，率领步骑由秦、陇间道入川，进攻成都。朱元璋晓谕诸将："今命诸卿率水陆之师，分道并进，首尾攻之，使彼疲于奔命，势当必克也。但师行之际，必须肃队伍，严纪律，以怀降附，毋肆杀掠，宜慎之。"

大夏国经过明升即位初期的混乱，政局逐渐趋于平稳，朝政归一文一武两位铁腕人物掌控。左丞相戴寿和平章吴友仁都是扶助明玉珍建立大夏国的功臣，他们对小皇帝明升也是忠心耿耿，一个在内主持朝政，一个在外统领兵马。对于朱元璋派遣杨璟多次入川谕降，老谋深算的戴寿自知国小势微，无力与朱元璋相抗，因此对杨璟总是以礼相待，希望通过谈判争取类似今天的自治领地的地位。而吴友仁却是个火暴脾气，对朱元璋咄咄逼人的态度满不服气，他说："过去朱元璋势微时，拼命拉拢我先王，称我们是唇齿之邦，要以三国时孙权刘备相互吞噬为鉴戒。今天他自食其言，竟派人苦苦逼降。岂不是欺人太甚吗？"他主张给杨璟那小子一点教训，让朱元璋知道巴蜀不是好欺的。

得知朱元璋已发兵，吴友仁邀戴寿一同去瞿塘峡巡视江防，共商御敌之策。他们乘船至峡江之上，只见水流湍急，上行船筏逆水而行，船工们高声喊着号子，岸边还有十余名纤夫弯腰曲背拉着纤绳，他们的船筏却如蚁走般艰难向前挪动。见此情景，吴友仁对戴寿说："这湍急的江水就是朱元璋舟师的大敌，我们若以铁索为链，截断瞿塘峡口，他的舟师至此，必然寸步难行。我们再于峡内羊角山旁，凿穿石壁，系以铁链，架起飞桥，上载炮石，抵御敌船，更让他有来无回！"

戴寿仔细观察峡江形势，认为此法甚妙，足可御敌。令守将莫仁寿从速在峡口铺设铁链锁江，为了防止明军派遣间谍渗入峡内以为内应，断绝一切船只往来。羊角山上的飞桥炮垒也架设起来了。峡江之上，顿时战云密布，平时舟楫穿梭般往来的承平景象消失得无影无踪。

征西大将军汤和与右副将军廖永忠率领庞大舟师从宜昌出发，近千艘大大小小的舰船在江面上摆成黑压压的一片，江水为之阻塞，气势蔚为壮观。汤和等坐在鄱阳湖所缴获陈友谅的艨艟巨舰上，一路毫无阻碍地扬帆前进。进了西陵峡口，廖永忠下令前锋舰船做好战备，防止大夏水军的阻击。可是江面上寂寥无声，连打鱼的小划子都没有一只。

见江面没有敌军抵抗，汤和心想：大概明升这个小皇帝见我大军浩浩荡荡杀来，早已吓破了胆，只等我兵临重庆乖乖投降罢了。舰船过了南津关进入西陵峡，江面顿时变窄，舟师绵延十余里塞满了整个峡江。见江中和岸上竟无大夏一兵一卒，汤和等悠闲地欣赏起两岸的风景来。只见峡江两岸峭壁巉岩，什么灯影峡、黄猫峡、牛肝马肺峡等。经身旁的师爷一一解说，果然惟妙惟肖，栩栩如生。汤和饶有兴趣地对诸将说："我们皇上最爱欣赏美景，等我们降了大夏，说不定御驾要亲来一游哩！"

舟师驶近瞿塘峡口，前锋船只向廖永忠报告："前面有粗大铁链锁住江面，无法前进。"廖永忠下令："拆了它！"他立即调集了军中铁匠，在船上架起铁砧炉火，准备熔断那些碗口粗的铁链。忽听一声炮响，从江北岸的牛角山、江南岸的南城寨涌出许多大夏兵将，他们站在从岩上搭出的飞桥上，俨如两座坚固的炮台。刹那间，火炮、礌石、铁铳和如蝗的箭矢从空而降，明军舟师的船只有的着火燃烧，有的被砸断桅杆，船上士兵死伤无数，那些架起炉火准备熔断锁江铁链的铁匠们连同铁砧火炉全都倾覆到江底去了。

廖永忠恼羞成怒，命令士兵们跳进江中攀援江岸的岩壁强行登陆，可是湍急的江水把那些可怜的士兵十成淹死了八成。侥幸有几个水性好的游到了岸边的岸壁上，叵那陡峭的岩壁长满湿滑的青苔，他们哪里能站稳脚跟，徒然成了大夏弓箭手的活靶子，一个个脑门着箭惨叫着跌进湍急的江流中。

廖永忠只得鸣金收兵，舟师后队改做前队，退往大溪口。

汤和见舟师受阻，复命左副将军周德兴率步骑绕至江北连绵大山中的一座山寨，那里虽无大夏士兵防守，但山寨中的苗民极为强悍，他们用蘸着毒汁的弓弩和大砍刀奋力抵抗，至死不屈。结果山寨中的数百名老幼寨民全都被杀，明军将士死难者也不在少数。据领路人说，这一带民风强悍的苗寨极多，而连绵不绝的穷山恶岭没有尽头，周德兴只得无功而返。

瞿塘峡战事不利的消息传到京都，朱元璋心里暗骂汤和：你这老东西，朕让你有机会建功立业，谁知你这般不济！不过朱元璋不是那种不讲道理，一味蛮干的统帅，他深知若非蜀道之险，三国时刘备也无法与曹操、孙权三分天下。南线不利，他命令北线的傅友德加紧进攻，以牵制大夏的兵力，然后令汤和、廖永忠相机行动，攻克夔门。

傅友德是个有勇有谋的老将，初起兵时曾投过明玉珍，不为其所用。这次他率兵来灭大夏国，明玉珍泉下有知，怕是也会后悔吧。傅友德在京都得到任命之际，朱元璋曾向他授计说："大夏君臣闻知我军西征，必然将其精锐之师坚守瞿塘，同时北阻金牛山入川之道，以抗击我军。如我军出其不意，直捣阶州、文州，他的门户便会落入我手，其心腹地带自会溃散。兵贵神速的道理谁都知道，就怕领军者没有那样的勇气。"傅友德唯唯受命。

兵马集结于陕西后，傅友德大张旗鼓地宣扬要向金牛山进军，并派出前锋部队向那里佯动。其实他已遣精锐五千人暗度陈仓，攀援岩壁上的古栈道，日夜兼程到达阶州城下。前路既开，大军随之跟进。等到据守阶州的大夏守将丁世珍发现，已经来不及向后方求援了，被明军一击即溃，失掉了阶州城。

丁世珍在后撤时烧毁了白龙江上的桥梁，企图阻止明军前进。傅友德命士兵们砍伐山间大树，一夜之间阻塞江流把桥修好，大军一涌而过，在五里关打了一仗，歼灭大夏军数千人，又夺下文州城。

阶、文两州地处陇蜀之间，地势险峻，岩涧险仄绵延，境内有阴平道为入川捷境。傅友德为了声援汤和的舟师，由文州渡白水江，直趋绵州。其目的是把川北重镇汉州拿下，然后直取成都。

时值汉江水涨，傅友德命人削了数千块木牌，用黑漆书写明军攻克阶州、文州及绵州的日期，顺流放下。这样，既可与下游的我军互通声息，鼓舞友军斗志；而敌军见到了则必然大为恐惧，许多大夏士兵定会逃亡，纷纷解体。

大夏丞相戴寿闻知傅友德攻克阶、文两州，直捣江油，成都危急，急忙自率守卫瞿塘的重兵前往成都救援，遣大将邹兴留守瞿塘。

汤和、廖永忠从江上浮来的木牌得知傅友德攻占阶、文等州的消息，心中非常着急。自己的舟师被阻瞿塘峡口，贻误了皇上水陆并进的旨意，可是要掉脑袋的事。

汤和与他的两位副将军商议后，首先由周德兴率军从白盐山砍伐荆棘树木铺道，强行攻打夔州，败邹兴于城下，取得了入川第一场胜仗。

这时大夏军江上的防御相对松弛了。廖永忠经过缜密计划，密遣精壮军士数百人携带干粮水筒，乘小船越过山渡关，出现在大夏守兵的上游。峡江两岸草木茂密，他们人人身披青草编织的蓑衣，侧身贴着岩壁行走，准备神不知鬼不觉地出现在大夏守军的背后。

这天晚上，廖永忠估计他的青衣敢死队快要到了。五鼓时分，他亲自率领精锐分水、陆两路向大夏的水陆寨发起攻击。水军的船头裹了厚厚的铁皮，船上尽载火箭、硫磺等易燃物，从横江铁索缝隙中奋勇穿过，直冲敌军水寨。其时，他的青衣敢死队恰好到达，廖永忠身先士卒，率领他们冲入敌营，见人就砍，见营帐就烧，水陆两路上下夹攻。一时间，两岸敌营烈焰冲天，呐喊声在峡江高耸的岩壁间回响。

敌军守将邹兴在睡梦中被惊醒，未待他穿好战靴披挂停当，明军已呐喊着冲了过来。他的中军帐被明军的硫磺火把击中，燃起了熊熊大火。他在几名亲兵保护下冲了出去，试图夺路而逃。面前突然出现一伙身披青草形如鬼魅的人，挡住他们的去路。这伙人忍饥挨饿穿越山林荆棘奔袭至此，他们的刀头早已嗜血了，不由分说一拥而上，一阵乱刀将邹兴和他的随从砍死。

廖永忠破了蜀军牛角山和南城寨的营垒，杀伤大夏将士一千余人，俘获同佥、蒋达等官员八十余人。牛角山的飞桥被一把火烧掉。这时铁匠们重新架起炉火，熔断了横江铁索，廖永忠指挥舟师入夔门，过万县，一路畅通无阻。

汤和在大溪口焦心地等待前方的战报。若是这次廖永忠再出师不利，他们就要面临皇上严厉的惩罚了。突然，一艘挂着红旗的快船从上游疾驶而来，廖永忠差遣的一员偏将未待快船靠岸，一个箭步跃上码头，直奔大将军营帐，递上廖永忠的捷报。

汤和看了捷报，一颗忐忑不安的心才放了下来。廖永忠报告说他已全歼瞿塘大夏守军。现正率舟师乘胜前进，期与主帅会师于重庆。汤和满心高兴地与诸将相视而笑。立刻吩咐赏赐报信者一百两银子。

第二天，汤和率领舟师主力溯江而上，在经过瞿塘峡之时，那位得了重赏的偏将指着被熔断的锁江铁链和焚毁的飞桥遗迹，绘声绘色地向主帅讲述那晚的战况。汤和虽然口中不断向诸将夸赞廖永忠有勇有谋，称他是"我朝水军第一将"，可心里却在酸溜溜地想：这些战功要是能记在我汤和的功劳簿上多好。

廖永忠率舟师溯江而上，出了瞿塘，江面骤然宽阔，水势平缓。廖永忠心想，大夏立都重庆，重庆是长江和嘉陵江的汇合处，伴江而都，岂有不重水军之理。于是他时时警惕着敌人舟师的袭击，远远地派出搜查船，疑心江岸停泊的船只是大夏水军的伪装。结果却一无所获，那些乌篷大船全是商民运送桐油、柑橘等物的货船。直到离重庆不远的涪陵，才有挂着大夏旗帜的近百艘战船在江面一字排开，拦住去路。

大夏的水军早已得到瞿塘兵败的消息，眼看大明水师的数百艘战舰黑压压地从江面开过来。自己这些从未经过战阵的水军哪里是人家的对手？不过此刻朝廷里已经乱作一团，也没人指示他们是战还是降。他们在江上排开阵势不过是虚应故事罢了。等到廖永忠指挥他的舟师火炮弓箭齐发直冲过来，大夏的水军头领慌了，连忙叫水兵在指挥舰的桅顶上升起白旗。接着其他舰船也如法炮制，一时间只见江面上白晃晃的一片。可笑的是有些船上没有白旗，临时把水兵们的白褂子、白裤头凑合着升上去。

廖永忠把投降的水军头领叫过来抚慰了几句，让他们把各艘船的武器全都收缴了，然后将船上的桅杆砍了停泊岸边。以砍桅杆代替砍头，这是水军缴获敌船的规矩。

廖永忠的舟师浩浩荡荡驶过铜锣峡，前面就是大夏的都城重庆了。远远望去，山城的屋宇宫室鳞次栉比，异常静谧，似乎对这支入侵的大军毫无反应。大夏国的君臣究竟作何打算，是准备在敌人登岸时浴血苦战与城共存亡，还是像他们的水军一样扯起投降的白旗？

廖永忠下令舟师在嘉陵江和长江上布防，封锁水道，对重庆形成钳形包围。

这时，大夏的皇宫中，十五岁的皇帝明升和他的亲属大臣们，已如热锅上的蚂蚁，慌作一团。原来他们指靠着瞿塘天堑能将大明水师阻于江上，大夏的主要兵力由戴寿、吴友仁带去成都，抗击傅友德去了。重庆已是一座不设防的空城，现在明军庞大的舟师陈兵城下，他们随时可以登岸。一旦敌兵杀入城中，岂非皇室贵胄及官员百姓玉石皆焚！

大臣中有右丞刘仁主张趁明军尚未登岸，由他保幼主和皇太后奔往成都，与戴寿、吴友仁等会合，徐图大计。明升身为皇帝，但还是个十五岁的孩子，此时心乱如麻，哪里拿得定主意，只得问皇太后彭氏道："母后以为如何是好？"

彭氏对着孱弱的儿子垂泪道："我们出奔成都或许可以达到，但也仅能苟延残喘而已。明军所过之处势如破竹，今城中兵民百姓，虽有数万人，尽皆胆战心惊，视敌人如虎豹。若驱之拒守，必然死伤惨烈。依哀家之见，陛下宜定计早降，以免生灵涂炭。"

明升也眼泪一把鼻涕一把地对彭氏说："母后，儿臣也正是这样想的啊！"

刘仁拗不过他们母子俩。其实他也不清楚成都那边的战况，如果他们奔逃过去，成都又失陷了，更是上不着天，下不着地。于是他只好奉皇帝之命亲自草拟好求降表章，派一个使者到廖永忠的军门乞降。

廖永忠这时倒很机灵，主帅汤和尚未到达，他若擅自做主受降，一则有违体制，同时回朝后皇上若以行动迟缓斥责汤和，自己岂不结下一个冤家？于是他装模作样挑了降表字眼上的毛病把它打回去了。

第二天，汤和率大队舟师赶到朝天门码头。虽说他乘坐的艨艟巨舰因川江水浅留在了大溪口，未能让大夏君臣一见其威严，但他所率千艘大大小小的战舰塞满了长江宽阔的江面，也令重庆人为之咋舌。

只等汤和一到，大夏皇帝明升率领文武官员到明军军门请降。他按照规矩，身上象征性地捆了几道绳子，口中衔着象征皇权的玉璧，垂手侍立于军门之外，等待受降者出来。

汤和全副戎装，踏着威严的步伐出来了，后面跟着廖永忠、周德兴等一干将帅。汤和笑呵呵地扶起明升，接受他的玉璧，廖永忠亲自为他解缚。汤和代表大明皇帝对明升抚慰一番，并当着他的面，下令明军不得侵掠皇室财物，不得惊扰民居等等。

嗣后的几天，汤和以最快的速度向皇上报捷。同时他以胜利者的姿态巡视大夏皇宫。他让明升提供一个他的宫属及文武臣僚的名单，共计三十二人，这些人是必须解送南京由圣上处理的。在这些人用舟师的快船押送走后，汤和、廖永忠等进入大夏皇宫中。他们久闻巴蜀多娇媚丽姝，果然名不虚传，那些妃嫔、宫女一个比一个娇美动人。况且明升还是个孩子，她们中很多人连皇上是什么样还没见过，遑论得其宠幸？

在这里汤和他们犯了个错误。他等被此刻的艳福冲昏了头脑，只顾自己享受，忘了把最美艳动人的宫妃带回南京献给皇上。这可是过去战争中的惯例啊！朱元璋虽然哑巴吃黄连，没法因这件事责罚他俩，但这两员莽将怎么如此不能善体圣心呢，到后来难免有他们苦头吃的。

在戴寿驰援成都之前，傅友德一路破关斩将，直抵汉州城下。驻守汉州的向大亨是大夏名将，他欺明军跋山涉水，远道而来必然疲惫，于是整军出战。他口出狂言，让家里备好庆功酒等他打了胜仗回来喝。谁知久疏战阵的蜀军在城外摆开阵式很好看，但与明军一接战就不经打，傅友德的战士从南方打到北方，再转战西征，经验何等丰富，没几个回合就把向大亨的豆腐军打得稀里哗啦。他连城也不敢回，索性领着残军直奔成都去了。

这场战斗刚刚结束，戴寿的援军赶来了，傅友德对正在打扫战场的将士们说："大夏的援军远来，立足未稳。并且他们得知向大亨兵败只怕也吓破了胆，我们可一鼓作气战而胜之。"

他安排副将军顾时率领刚才接战向大亨的部队进入汉州城，自己率数千生猛而求战心切的预备队迎击大夏援军。戴寿身为丞相，本来不善用兵，仓促来援，还没有摸清楚大明统军将领是谁就让傅友德一阵猛冲猛打，死伤了千余名士兵，损失数百匹战马。他见势不好，只好下令援军调转方向，向成都撤退。傅友德也没有再追赶，随即令部队入汉州城休整。

成都是大夏国的另一个政治军事中心。现在戴寿、吴友仁、向大亨等重要人物都聚集在这里。此地也集结了蜀军最重要的军事力量。

傅友德和老将顾时在汉州休整的两天内商定了围攻成都的计划。他们预料戴寿、吴友仁等会在该城作殊死抵抗。但在他们抵达成都发起攻城时却发生了一个料想不到的情况。

傅友德像往常一样，在距城门不远的地方指挥准备了云梯火器等的攻城先遣队。忽见城门突然大开，蜀军驱赶着十多头大象一涌而出，直朝明军阵地冲过来。

傅友德听说云南缅甸曾有过驱使大象助战的事，自己身经大小百余战却从未遭遇过。若让这些庞然大物闯进自己阵地不知要踩伤多少人，阵势也必然大乱。眼看蜀军驱赶大象出了城门冲过来，怎么办？傅友德急中生智，他想一切牲畜都怕火，何不用火攻它。于是命令将攻城火器和强弓弩箭直朝象群射过去。那群牲畜突然被这一阵猛打吓住了。虽然箭矢穿不透它们的厚皮，但那一团团蘸着硫磺焦油的火球却无情地烧灼它们的皮肤、眼睛，吓得它们再也不听蜀军叫唤，转头就往城门洞跑去。

大象们负痛反走，这一卜害苦了跟在后面的蜀军，被它们踩踏踩蹦死掉许多人。只好闪开队伍，让这些请来助阵的象大爷先逃回城里。

在攻城的战斗中，傅友德像往常一样身先士卒，在阵地前沿指挥战斗。不幸他的左臂被敌军流矢射中，他咬牙拔出箭头，裹伤再战。战士们都被主帅的这种精神感动，一个个奋勇当先，在成都城下打了个大胜仗。

此时，重庆陷落，明升已降明的消息传到成都。且汤和有意抚慰戴寿、向大亨等将领留居重庆的家属，令其子弟带了汤和的亲笔信来成都诏谕他俩。这着果然有效，既然明升已降，社稷无主，他们困守孤城何益？于是在城头上打出白旗。傅友德下令停止攻城。只见城门开处，戴寿、向大亨率领文武官员，恭恭敬敬手捧府库图籍，面缚请降。

傅友德率军一路厮杀，历尽艰险，连自己都挂了彩，能不经恶战大大减少将士的伤亡而拿下成都，自然极为高兴地接受戴寿他们的请降。他很尊重戴寿的身份，亲自将他扶起抚慰道："丞相体恤成都数十万百姓，使其免受兵燹，行此义举，友德甚为钦佩。吾当上奏大明皇帝陛下对二位将军及所有弃暗投明的官员优抚嘉奖，量才使用。"

当晚，戴寿、向大亨在成都府衙设宴款待傅友德和他的将领们。傅友德询问他们未下州县的兵力布置等情况，作为降将，戴、向等人不得不一一如实回答，极为尴尬地做了一次叛徒，帮助趾高气扬的战胜者去屠戮自己过去的同僚。

大夏国的最后一名战将、平章吴友仁是坚决不降明的死硬派。在大夏全线溃败时，他率领自己的亲信部队退守最后一个据点保宁。保宁是川西重镇，当傅友德挥军将保宁团团围住，派人到城下去谕降时，吴友仁竟将使者的耳、鼻全都割去。在他嘴里塞了一个信封，将其逐出城门。

那个满脸血淋淋的信使回到明军营帐，傅友德打开他嘴里的信封一看，信笺上仅有七个大字："吴友仁誓不降明。"作为一个在残酷战场上冲杀出来的将军，傅友德心底里是非常佩服这种宁死不屈的气节的。

他暗说一声：好样的吴友仁，我一定要把你抓住，献俘于金陵丹墀之上，看你降不降！

攻城开始了，傅友德晓谕全军：城破之后，必须生擒吴友仁，不许杀他。大夏军毕竟谁都知道四川全境皆落敌人之手，军心早已涣散，哪是如狼似虎的明军的对手。经过一天一夜的激战，保宁陷落。明军冲入府衙，吴友仁身边的卫队均已战死，他犹自舞着一杆枪与包围他的十多个明军作殊死斗。明军因为事先得到不许杀他的命令，所以只是围着他缠斗，慢慢耗尽他的体力，然后一拥而上，把他压倒在地，五花大绑捆个结实。

保宁既下，四川全境皆平。

夜读《元史》，权奸燕帖木儿令他胆战心惊

两位大夏的降将在川江上凿舟自沉。朱元璋读《元史》，翻云覆雨弑帝立帝的燕帖木儿令他胆战心惊。他决心未雨绸缪，把可能威胁朱明皇朝的"燕帖木儿"清除掉。胡惟庸面不改色地看着刽子手将梵琦僧凌迟处死，他没想到十年后自己也要受同样的酷刑！

明升投降之后，汤和即遣将用一条大船将这位大夏君主与皇太后彭氏，以及其他宫属文武臣僚共三十二人押送至南京。这是朱元璋登基后第一次灭掉一个国家，降服它的君

主，的确是一件大事。礼部的官员们引经据典地上奏道："明日皇帝御奉天殿，明升等俯伏待罪午门外，有司宣制赦之，如孟昶降宋故事。"朱元璋摆摆手说："明升年幼孱弱，都是他的臣下挑动他对抗天朝，与孟昶还是不同的，伏地上表待罪之仪还是免了吧。"

结果，他在第二天早朝时召见了明升，竟对他抚慰一番，赐爵封为归义侯，像陈理一样在京师赐给住宅，和其母彭氏住在一起。

不过，过了两年，那班负责监视明升和陈理的检校们无孔不入地找到了他们的过错，说这两位降王平日家居时均有怨言。按说昔日为君者，如今落到如此地步，他们心情能好得起来吗？谁能没有怨艾之情？检校们只怕是监视得也烦了才打小报告。如何处理他们？朱元璋想了想，叹口气道："他们童稚无知，原本不应苛求，但恐被小人蛊惑，不能保全始终，不如将其徙居远处，免生衅隙。"于是下令将陈理、明升两家，都转徙到万里之外的高丽国去了。

傅友德到冬十月才攻占成都和保宁两座城市，到这时四川全境皆平，朱元璋下令班师。傅友德押解着投降的戴寿、向大亨等人沿川江而下。对戴、向二人仍是以礼相待，他们在船上能够自由走动，但甲板上守卫的兵士仍不许他们靠近船舷，唯恐他们投江自尽。而拒降被擒的吴友仁却被锁在另一条船的底舱里。这个倔强的汉子自己也知道，到了南京他将必死无疑。

船过瞿塘峡，戴寿和向大亨看到被熔断的锁江铁链和牛角山焚毁的飞桥遗迹，心里很不是滋味，两个老男人竟相拥而泣。

他俩亲手参与创建的大夏国永远消亡了，作为力主抗明的降将，面对那个诡异莫测的朱元璋，等待他们的将是什么命运？也许葬身于故国汹涌的波涛中是他们最好的选择。

当晚，当船上的士兵们都进入梦乡时，他俩用事先准备好的凿子凿穿了船底，汹涌的江水在刹那间灌满船舱，带着两个决心赴死者不屈的灵魂沉入江底。

征灭大夏，显示了大明王朝的强盛国力。朱元璋兴奋地亲自撰写《平西蜀文》，文中论平蜀之功，有"傅一廖二"之句。大军班师之后，傅友德、廖永忠俱获上赏，周德兴亦因功获赏，而在这场战争中无所作为的主帅汤和却受到朱元璋的"面责"。汤和是朱元璋的开裆裤朋友，甚至还是朱元璋投奔郭子兴的引荐人，可是在是非功过面前，朱元璋却如此铁面无私，令汤和十分狼狈。

朱元璋在发大军伐蜀，完成一统江山大业的同时，也在着手进行人事的调整。大明王朝沿袭了宋元两朝的宰相制，中书省左右丞相是皇帝管理国家的左膀右臂。然一旦用人不当，这双臂膀也能反过来，扼住你这位皇上的喉咙。历朝历代贤相鲜有出现，而那些奸相弄权跋扈的事例却是那么触目惊心！

元朝有一段极为黑暗的时期，九年间换了五个皇帝。最近朱元璋令正在编《元史》的宋濂把那段时间元廷中发生的大事抄录呈上。他看着看着，一个翻云覆雨弑帝立帝的人物跃然纸上，令他胆战心怵。

元朝第六代皇帝泰定帝崩于大都,镇守大都的金枢密院事燕帖木儿拥兵入宫,发动政变,拥立第三代皇帝武宗之子图帖睦尔即位,威胁文武百官入宫朝贺,如有不从立即处死。蒙古人虽有在老皇近支中择贤立帝的规矩,但这图帖睦尔隔得也太远了。于是另一些蒙古王公不服,他们聚集上都拥立泰定帝幼子阿速吉八登位为帝。这两个皇帝都只在皇帝宝座上待了三个多月。经过一场血腥内战,燕帖木儿攻入大都,阿速吉八成了他的俘虏。可是另一些蒙古王公又把泰定帝的长子和世㻋送到大都,他应是名正言顺的继位人,燕帖木儿只好奉他为帝,是为明宗。

明宗迫于燕帖木儿的威势,封他为中书右丞相,兼任太子太师,可谓尊荣之极。然而这时燕帖木儿做了一件极为出格的事,他看上了已故皇上泰定帝的皇后,强娶她做自己的夫人。这样一来,明宗岂不成了儿皇帝,自然反对此事。燕帖木儿一怒之下,索性在一次酒宴上下毒毒死明宗,仍然立图帖睦尔为帝,庙号文宗。

文宗在歇了大半年后重新登位,既非宗族推举,自知这个皇位完全是燕帖木儿赏赐给他的。投桃报李,凡是燕帖木儿想要的封爵他都慷慨赐予:拜他为中书右丞相(并破例不设左丞相,任其独相专权),加封太师、太平王、开府仪同三司、上柱国、答剌罕、录军国重事、大都督、领龙翔亲军都指挥使司,并监修国史等职。朝廷中一切号令、钱粮、刑名、选举、营造,均由其总裁,百官不得有所违反。总之,朝廷的一切权力都归于燕帖木儿一身,任何人不得染指。

燕帖木儿的恣意专权,等于是在当皇帝。且皇帝还不能像他这样任意胡来。他生性好淫,只要看到美艳女人,不管是什么辈分或已婚未婚,他统统要搞到手。据统计,两三年时间内,他共霸占的皇室之女达四十人。在他的淫威之下,宗室及文武官员,争相把自己的女儿献给他以邀宠。

权力到了极顶的人往往是偏执狂和虐待狂,到了后来,燕帖木儿对文宗这位自己扶植起来的儿皇帝也不容了。文宗身体虚弱,他竟指使太医对其下虎狼药。于是这位窝囊皇帝不久即撒手人寰,死时才二十九岁。

跋扈一生的燕帖木儿没有来得及扶立另一个傀儡皇帝,他过度的纵欲终于遭到了报应,竟至脱阴而死。

燕帖木儿这个大魔头死了,蒙古王公经过一阵混乱的争夺,先是立了懿璘质班为宁宗,半年后又从广西召回明宗之子妥欢帖睦尔,由太后卜失里主持立为元朝的最后一个皇帝惠宗(后世称为元顺帝)。

朱元璋仔细咀嚼这段逝去不过四十年的历史,心想燕帖木儿这样可怖权相的产生,第一是因为他手握兵权,第二因他对付的尽是些孱弱无能的皇帝。幸喜自己不是这样的皇帝,但是下一代的继往之君呢?谁能保证他能驾驭那班功勋卓著的猛将能臣?眼前他的太子,仁弱有余、刚猛不足的朱标就十分让他发愁。

他不能不未雨绸缪,设法把那些可能威胁朱明皇朝世世代代传下去的"燕帖木儿"排除在权力中心之外。

他的第一功臣李善长，在晋封魏国公、太子太傅等一串荣誉头衔之后，终于在洪武四年正月告病致仕，被迫交出了中书省左丞相的权柄。

大将军徐达正值盛年，身强体壮，没有理由要他退休。但这次征讨大夏这么重要的军事行动，第一次没有要他掌帅印，而是让他去北平练兵备边。这就表明今后的征战并非一定让你这位大将军领兵不可。他在中书省所兼右丞相一职也无形中被撤销了。

另一个在朝廷中颇有威望的人物，他战时的军师刘伯温，此人是智慧与狡黠的化身，他对权势的获得存在戒心，屡屡辞去要职。这年三月底，经他苦辞，朱元璋终于准其告老致仕回乡。

至于那个谋篡相位的野心家杨宪，在他的阴谋败露后已经伏诛。经过这一事件，朱元璋对阁揆人选非常慎重。李善长致仕后丞相一职空悬已久，中书省仅设下一级的左右丞，分由汪广洋、胡惟庸担任。胡惟庸是李善长荐入中书省的，朱元璋本来对他心存警惕。可是仔细观察却全不是那么回事，他对失去相权的李善长颇有落井下石之嫌。依朱元璋的经验，他是属于有奶便是娘的白眼狼那一类。

朱元璋不赞同以仁德治天下，因此对胡惟庸这样的白眼狼并无反感。只要他干练而且矢忠于皇上，我就敢用他。至于刘伯温提醒他劣马偾辕之说，那就要看你这驾辕之人的本事了。

于是，他将越来越多的重要事务放心让胡惟庸去处理，反而把职位居他之上的汪广洋晾在一边。

最近浙江处州（今丽水）发生一起佛寺僧众武装对抗官府的恶性事件，朱元璋派胡惟庸率刑部官员前去处理，许其按新订《大明律》便宜从事就地处置罪犯，不要惊动京城百姓，破坏大明王朝建立初期的祥和气氛。

胡惟庸以御命钦差大臣的身份到达处州。当地州府官员向他详细汇报了案情的经过。原来当地有一个著名的天宁万寿禅寺。该禅寺不知是宋朝哪代皇帝敕封过，源远流长，香火鼎盛。寺产也十分广阔。据说方圆十数里的农户全是耕作庙里的田。该寺管理庙产的和尚就有十来个。到了秋收过后，山路上吱吱呀呀全是往庙里送佃租粮的手推车。禅寺敞开数十座大仓收租粮，景象蔚为壮观。

朱元璋年轻时在皇觉寺待过，知道寺产的一些黑暗内幕。些寺庙里当家的住持长老们，借着丰盛的庙产，过着比当地的地主富户还舒适的生活，花天酒地，无所不为。所以他在吴元年就曾发布限制庙产的法令，其中心内容就是所有寺庙必须按其僧众人数重新核定庙产数量，超过两倍以上者其多余部分划为官田，佃户按官田租税标准向地方当局纳租。这个法令后来因为阻力太大，在执行中有些虎头蛇尾。胡惟庸在去处州的途中就估计会是因此引发的冲突。

果然，他到处州一查，天宁万寿禅寺的住持，一个叫梵琦的和尚出身很不寻常。在浙西群雄争夺时，他组织了一班僧兵护寺，因为与刘伯温、章溢等曾有诗文交往，关系甚洽，所以在朱元璋攻打处州城时曾助过一臂之力。梵琦僧仗着这份功劳，对地方官府限制寺产的做法深为不满。尤其后来听到别处的寺庙已经停止执行限产，而这里的地方官吏为了私利，把一些划出的寺产良田据为己有。梵琦僧勃然大怒，依旧把过去那班僧兵组织起来护庙。

梵琦僧在寺中组织僧兵操练，打造武器，并多次与地方前来没收田亩的人发生冲突，把他们打得鼻青脸肿，落荒而逃。

偏偏当地的地方官不肯宁人息事，一面上报说梵琦僧组织僧兵蓄谋造反；一面派一些兵丁皂隶扮做香客进寺，乘机抓走一些僧众回去审讯报功。这一下惹得梵琦火起，索性带领僧兵，乘夜杀进县城，杀死官兵十余人，并洗劫了府库，掠取库银数十万两，那些地方官幸喜溜得快才保全了性命。

这完全是明目张胆的举兵谋反了，官府立即调集附近卫所的官军前往清剿。围住天宁禅寺攻了几日，终于攻破寺门，将那班胆敢抵抗的僧兵一个不留地杀死。梵琦僧凭借自己的武功，在大殿中腾挪飞跃，一杆禅杖击碎了不少官兵的头颅。终因寡不敌众，遍体鳞伤之后被活活捉拿。

胡惟庸在刑部官员陪同下亲审梵琦僧。这个倔强的僧人毫不服罪，反而大声指斥某些地方官员借限制庙产霸占大片良田，才引发这场冲突。当胡惟庸问他组织僧兵袭击官府是否企图谋反时，梵琦僧仰天大笑道："我反的就是欺压百姓无恶不作的官府，反的就是那些忘恩负义之人！"这句话不仅供认了谋反之罪，还直接攻击皇上，犯了侮蔑圣躬的"大不敬"罪。

当时的《大明律》规定：凡谋反、谋叛、谋大逆、杀父、杀一门三口等大恶罪者处以凌迟极刑。胡惟庸与刑部官员装模作样按律商议一番之后，下令将梵琦僧凌迟处死。

行刑是在县衙前的大坪中进行的。胡惟庸与刑部官员高坐在衙门前的监斩席，两边是刀枪出鞘的卫兵。梵琦僧赤身裸体被绑在坪中央的行刑柱上。因怕他武功高强运功挣脱，捆绑他的都是两头焊死的铁链。

天宁寺那些未参加造反的年老僧人都被迫前来观刑，他们被允许在行刑前为梵琦僧念经超度一番。大坪里聚集了许多前来看热闹的百姓，围了个里三层外三层。

午时三刻，县府的衙役至监斩台前禀告："启禀钦差大人，时间已到。"胡惟庸满脸杀气地掷下令牌："行刑！"

排在两旁的衙役们一声拖长的呐喊："威武——"

刽子手将一个盛了水的木盆端到罪犯身前，然后接过别人递来的一碗酒，自己喝了一口，把剩下的大半碗酒全部倒进梵琦僧口里。这是刽子手们的行规，也是他们对行刑对象的一种怜悯吧，因为酒精的麻醉或能使肉体的痛苦感觉迟钝些。

刽子手从水盆里捞起一把水淋淋的柳叶尖刀开始行刑。他先从梵琦僧的臂部和大腿一条条地割肉，刀法快如风，嘴里还一五一十地报着刀数。梵琦僧并未因那碗酒的麻醉而减少疼痛，他双睛突凸，嘴里嗷嗷地惨叫，身子拼命地挣扎，弄得那些铁链哗哗作响。不一会他浑身上下成了一个血人，刽子手还不断从盆里舀水把喷涌而出的血冲掉。

这时，那些天宁寺的僧众们早已吓得双目紧闭，哆哆嗦嗦地念着"阿弥陀佛"，那合十的双手颤得老高，有的胆小的僧人僧袍里竟流出了尿液。至于围观的百姓见此惨状，没有几个还敢看下去。"哗"的一声掉头就跑。可是因为围观人太多，那些妇孺老幼，互相挤踏，呼娘叫爹乱成一团，伤者甚众。

　　刽子手不为周围的骚乱所动，继续一五一十地在梵琦僧身上下刀。按规矩先割四肢等不致命的部位，然后是胸背部及头颅。其实梵琦僧不多久已因失血过多再不挣扎喊叫了，但按照他们这行的行规，只要胸膛里的那颗心脏还在扑扑跳动，就算人还没有死。直到他割掉罪犯脸上所有的肉，只剩下一对黑眼珠吓人地挂在没有肉的头颅中。这时刽子手口里已念完一千刀的刀数，他最后一刀轻轻点在那颗扑扑跳动的心脏上，宣告行刑完毕。

　　一千零一刀，最为惨酷的凌迟之刑。古代又称为"寸磔"，意思就是一寸寸地割，以偿其罪孽之深重。所以后来骂人有"你这杀千刀的"之句，意思就是他该遭"寸磔"。

　　行刑的惨状和梵琦僧撕人肺腑的喊叫，使衙役和士兵们都心惊肉跳，他们手中的刀枪棍杖都不住地颤动，有的几乎脱手。坐在监斩席上的刑部官员大概也没有亲临过这样的刑场。一个个吓得面色惨白。他们偷偷瞟一眼身旁的胡惟庸，只见他面不改色地端端正正坐着，双眼一眨也不眨地紧盯着刽子手行刑的全过程，好像一点也不为这样的酷刑所动。与这位铁石心肠的右丞大人同行，不禁使他们不寒而栗。

　　这时的胡惟庸，想的只是如何迎合朱元璋严刑峻法、以猛治国的心意，以巩固自己在朝廷的地位，一步一步向权力的顶峰攀升。可他万万没有想到，十年之后，他自己也会因谋反罪被绑在金陵市曹的行刑柱上，遭受与梵琦僧同样的酷刑！

第九章

奸相崛起

巧言令色博君欢

胡惟庸在朱元璋面前诚惶诚恐，极尽逢迎阿谀之能事。"微臣在吾皇面前，犹如蚁蝼之见太阳，小草之朝圣岳"。他建议恢复前朝廷杖之刑，来惩罚敢于顶撞皇上的臣子。宋濂谏废廷杖差点挨了板子，终被罚戴铁镣编《元史》。

杨宪伏诛后，汪广洋事母不孝之罪得以平反昭雪，复从流徙之地召回。汪广洋是文臣中跟随朱元璋较早的，曾经主持过江西、山东两行省政务，均有所建树，因而为朱元璋赏识，调入中书省，由参政而升任左丞。他因杨宪陷害而无端谪贬，朱元璋也觉得有些对不住这位老臣，不仅在大封功臣时与刘伯温同赐伯爵，还任命他继李善长之位为中书省右丞相。

汪广洋本是个善理繁剧的好手，在右丞相这个职位上本应该有所作为。然而卸任的李善长表面上看上去是个很宽厚的人，内心却极为忮刻，他不甘心让汪广洋这无名小卒取代自己的相位，在中书省安下胡惟庸这颗钉子。虽然胡惟庸当时还是一名参政，本应对身为丞相的汪广洋构不成威胁。然而朱元璋驭臣之道是不让任何人大权独揽，总要在他身边找一个制约他的人。他找的这个人就是野心勃勃而又能说会道的胡惟庸。作为右丞相汪广洋的副手，他利用李善长原来在各部及地方行省的老关系，居然大包大揽中书省的重要政务，干脆把右丞相汪广洋晾在一边。汪广洋在杨宪得宠时吃过亏，一看这位胡惟庸的阴险比杨宪有过之而无不及，他天天围着皇上转，万一给你来个小报告，岂不又得遭贬？因此他主动交好胡惟庸，绝不与他争权，自甘做一个甩手丞相。自己终日与一班文人雅客，泛舟玄武湖、秦淮河，携妓夜游、诗酒唱和，乐在其中。在这一段时期，他居然写出了许多好诗，得到宋濂、刘伯温等人的赞赏，也结识了秦淮河上的许多名妓。有这样一位风流儒雅的丞相大人做红颜知己谁不高兴呢？一时间，汪大人那笔漂亮的行草题写的"××书寓"的招牌遍布秦淮河上。

与此同时，胡惟庸在攫取权力的道路上纵横捭阖，一路高歌猛进！

这天，朱元璋在乾清宫书房召见胡惟庸。

"微臣胡惟庸叩见皇上，吾皇万岁万岁万万岁！"胡惟庸在朱元璋面前永远是那么诚惶诚恐，叩头请安一点也不马虎。

"胡爱卿平身，赐座。"

"启禀皇上：微臣在吾皇面前，犹如蚁蝼之见太阳，小草之朝圣岳，诚惶诚恐而犹为不及，岂敢贸然端坐？皇上您就赐微臣站着回话吧！"胡惟庸这套阿谀奉上的颂词说得极顺溜，一点也不觉得脸红。

"好好好，你愿意站着说就站着说。"朱元璋也觉得身为大臣，这种过分的谦卑有些可笑，"朕来问你，现在中书省两名参知政事，宋冕调到江西去了，侯至善又免了职，中书省只剩下你和汪广洋两个人，忙得过来吗？"

胡惟庸一脸谄笑，得意地禀奏："禀皇上，做臣子的只要心里时时不忘圣上的恩典，自然会事半功倍，再忙也忙得高兴啊！这一阵子微臣不但把两位参政撂下的许多事担了起来，还开始着手改革李相爷时代的一些积弊，以求政通人和，使皇上的政令顺畅下达，六部及各地行省的奏闻迅速上达圣聪，以供皇上决策。"

这话使朱元璋听了很高兴，他说："嗯。朕没有看走眼，卿家确是个干才。幸亏李善长把你举荐到中书省来，不然你还在太常寺管那些礼乐祭祀之事呢。"

听朱元璋这么说，胡惟庸马上警惕起来：皇上是不是怀疑我和李善长的关系。他得赶紧撇清自己："启禀皇上，微臣早于至正十五年就在和州归顺了皇上，比李相也只迟两年。李相虽因是定远同乡举荐了微臣，但微臣对李相许多做法深不以为然。天下乃皇上的天下，中书省只应是皇上的走狗和应声虫。李相独立特行的做法实不可取。微臣现在正把他实行的那一套纠正过来。所以微臣最近裁撤了李相安插在中书机要部门的一些亲信，代之以皇上亲自选拔的一批国子生。为了维护皇上的权威，微臣也顾不得开罪李相了。"

"时下很多人说，大明的江山是靠一大批功臣勋将打下来的，朕虽然封了一批功臣为公侯，但却把手无寸功的皇子们都封了王，高居功臣之上，似乎不太公平。你怎么看？"朱元璋似乎在考验胡惟庸的忠诚度，又提出了新问题。

"臣以为这简直是一派胡言！元末群雄割据，陈友谅、张士诚雄霸一方，兵精粮足，地方富庶，谋臣猛将如云，为什么他们都失败了，唯有皇上能扫荡群雄定鼎天下？一则是天命所归，再则全赖皇上英明威断，指挥若定，把一干将领团结在自己麾下，逐个地剿灭群雄。就拿徐达、常遇春等来说，要是没有遇到皇上，他们不过一介莽夫而已，哪能建功立业、封公拜侯？不瞒皇上说，微臣对一些功臣居功自傲飞扬跋扈早就看不惯了。"

"嗯。是有这些现象。"朱元璋说，"比如在朝会上，有些人毫无君臣之礼，对朕的旨意置若罔闻。有时甚至还倨傲不恭地与朕对抗。朕处罚他们似乎又找不到什么理由，有违纳谏进言之约。卿家以为怎样才好？"

一听皇上征询自己的意见，胡惟庸受宠若惊，小眼睛骨碌碌一转，顿生急智，想出了一个歪主意。他不慌不忙地奏道："微臣倒有一个建议，皇上可以恢复前朝的廷杖之刑。此刑专门惩治那些当庭侮谩冲撞圣上、强词夺理公然抗旨之徒。虽然他们没有犯什么法，但皇上可以不经刑部法司诘讯，以侮谩罪当庭施以杖责。轻者十杖二十杖，以儆效尤；重则八十至百杖，令其皮开肉绽直至杖毙。此刑若设，不仅大树皇上权威，更有诛心禁口之妙效。"

"嘿嘿，这倒是个好法子！"朱元璋会意地点头，"诛心禁口，妙，妙！把他们当众拖翻脱了裤子打屁股，打不死也要羞死他！看以后谁敢侮谩顶撞朕，以后胡爱卿有好的建议，可以直接条陈给朕。"

"遵旨。为皇上效劳是微臣莫大的荣耀。"

"你可以走了。"

"谢皇上，微臣告退。"胡惟庸躬着身一步一步退向宫门，他那奴颜婢膝的滑稽相让宫女们掩口而笑。

每天早朝前，文武官员分别齐集朝房等候上朝。"候朝"早已形成一种规矩：官阶越低的人到得越早，一、二品的大员要挨到临上朝之前那一刻才来。候朝的这一段时间，往往是官员们互通信息悄悄议论朝政的机会。这一天，大家议论的焦点集中在皇上重设廷杖之刑一事上。

一位矮个子官员首先发话："诸位大人，昨天皇上宣布恢复前朝的廷杖之刑。学生孤陋寡闻，元朝的皇帝真的在朝堂上打官员们的屁股吗？"

"嗯。那是蒙古人的习惯，犯了事的人往往赏一顿马鞭子。"

"可我们是大汉礼仪之邦，皇上为什么也搞这个？"

"没听见皇上说的吗？有些人毫无君臣之礼，公然在朝堂上侮谩顶撞他，或强词夺理、出言不逊、抗旨不遵，廷杖打的就是这种人。这种人要说犯法又没触犯《大明律》的哪一条，下到刑部也问不出什么罪名，不过是顶撞了皇上。就像我们小时候读书顶撞了先生，挨他几下板子一样。"

"我们毕竟不是三尺顽童，都是朝廷有头有脸的官员，当着这么多人面在大殿下脱了裤子打屁股，这是多大的耻辱啊！"

"对，士可杀不可辱！皇上要认为谁犯了事，打入天牢，发到刑部大理寺去审讯，甚至开刀问斩都可以，为什么要用这种侮辱人格的办法？以后大家都怕在朝堂上惹恼了皇上挨杖责，谁还敢直言谏事？岂不会个个噤若寒蝉？"

朝臣们你一言我一语，越说越气愤。不过毕竟还有明眼人看到了事情的症结，冷冷地道："诸位大人别天真了。皇上设廷杖你道为何？他要的就是打掉士大夫们的傲气，就是要羞辱你啊！"

此时，翰林学士宋濂慢条斯理地走进朝房，朝臣们又对他发问。

"太史公来了，您正在编撰《元史》，请问元朝皇帝为什么要设立廷杖之刑？其效果又如何？"

"您对皇上仿前朝之制重设廷杖有何看法？"

宋濂见大家都冲着他来，好像这事是他干的一样。因此气愤地说："此乃亡国之兆也，老夫当力谏皇上。你们满意了吗？"

不久，外面净鞭三响，早朝开始。朝臣们开始排班，鱼贯进入大殿。今日果然与往昔不同，大殿门廊边八名杖吏撑着红色的杖具，凶神恶煞般站在那里，令官员们不寒而栗，不敢仰视。

文武官员三呼跪拜之后，朱元璋在御座上朗声道："今日早朝，诸位爱卿有什么要启奏的吗？"

朝臣们沉默半晌，一头白发的宋濂果然出班跪奏。

"臣侍讲学士宋濂斗胆启奏：陛下仿前朝之制设立廷杖之刑，百官深恐在陛下面前应对失当，无端遭受刑杖之辱。因之自此而后，人人将噤若寒蝉，致令朝堂之上无人敢于议政，实有违陛下纳谏进言之初衷。因此臣奏请陛下立废此刑，以广开言路，宽慰群臣，方为国家之幸，社稷之幸！"

朱元璋没想到首先出面反对廷杖的竟是太子的师傅，人称"儒学宗师"的宋濂。这老东西倚老卖老，也太不给朕面子了，因而跌下脸来道："朕刚刚颁立此刑，还从未用过，也无从看出它有什么弊病，有什么理由就要废掉它？"

宋濂有些耳背，也没听清朱元璋说些什么，只顾引经据典奏道："圣人曰：'刑不上大夫。'廷杖之刑明显不合先哲之法，请陛下三思。"

"大明的律法，朕不可以自己订立，一定要依什么圣人的规矩吗？"朱元璋最恨别人拿圣贤先哲来压他，忿忿地说。

宋濂依旧坚持己见："再说，廷杖之刑始于元朝，陛下欲恢复汉官威仪，当不用元朝之法。"

"哼，朕的大统都是继承元朝的，还拘泥于什么是它用过的，什么不是它用过的这些小节吗？"

"臣以为，廷杖之事，关系君臣之礼，并非小节。"

朱元璋顿时火了："你是说朕不懂君臣之礼吗？胆大宋濂，你倚老卖老，强词夺理，侮慢讥诮君上。来人，拉出去杖责二十！"

几名杖吏立即一捅而上，老鹰叼小鸡般将宋濂拖出殿外，按在丹墀上，准备施刑。

朝臣们都惊呆了，一个个面面相觑。德高望重的宋濂都要挨打，谁还敢做声。正在危急间，诚意伯刘伯温挺身而出。

"慢！臣请陛下息怒，听臣一言。"

"先生有什么话要说？"

"陛下设立廷杖，第一次施刑必须力求准确，以施于该杖之恶人。翰林学士明显不属于这种人，因此对其施刑起不到惩戒的作用，反而贻笑大方。臣请奏陛下，姑念宋濂辅教太子诸王之功，免于刑杖。"

朱元璋也见好就收："先生之言似亦有理，但宋濂当殿言语不敬，令其戴镣视事十日，以为惩戒！"

"谢陛下恩典。"

朱元璋气呼呼地宣布："退朝！"

京都天界寺的斋房里，编撰《元史》的编修二十余人在此办公。总裁官宋濂因忤旨受了皇上的处罚，脚上戴了一副铁镣，因而行动不便，只能高坐总裁席位上，提着笔审阅和修改编修们递上来的史稿。天气有些燥热，他一边看着史稿，一边摇着鹅毛扇子。每动一动，脚上的铁镣就叮当直响，引起属下的编修们一阵窃笑。

大家都知道宋濂是因为仗义执言带头反对廷杖而被皇上处罚的，因此在善意的嘲笑中又带着几分钦敬。不过几名好事的年轻编修一听老夫子脚下的镣铐叮当叮当响，不免你一言我一语来几句黑色幽默。

"诸位大人，自从太史公司马迁受宫刑后发愤修史，编写了《史记》之后，恐怕还没有哪个朝代修史的总裁官是受过刑的。到了我朝，宋大学士居然戴着铁镣来修《元史》，真可谓千古奇闻啊！"

"宋大学士在我朝也算个人物了，将来我们的后代修《明史》时少不了给他立传。你们说宋学士戴镣视事会不会写到他的传记里去？"

"依晚生之见，比起宋大学士的道德文章和教化之功，这算不了什么大事，一桩趣闻而已。后代的编修们纵然知道此事，也该为尊者讳，不会把这丢面子的事写到宋大学士传记里去的。"

宋濂叮叮当当拖着脚镣走下座来，神情严肃地说："你们在说老夫吗？老夫因忠言谏君而获罪，别说是戴镣视事，就是真给皇上扒了裤子打屁股，后人要把这事写到我的传记里，老夫不会引以为耻，反而会以此为荣呢。"

一听这话，后生们乐了。

"太史公高风亮节，铁骨铮铮，真乃我们读书人的典范啊！要是您昨天真的给皇上打了二十板屁股，晚生倒要在文天祥的《正气歌》里续上两句。"

"续什么？"

"'在明宋濂股，铁骨何铮铮'呀！"

"哈哈哈哈……"众编修乐不可支，一齐大笑起来。

皇上的桃林艳遇

胡惟庸请皇上游桃园。他家的鹦鹉和猴子都会恭维皇上"万寿无疆"。茅舍中有妙龄女郎在木桶中洗澡，朱元璋排闼而入，与其一同入浴，水面上漂出缕缕血痕。吴侍郎媚上献金牛，反遭胡惟庸讹诈，被逼上了陷害刘伯温的贼船。

胡惟庸为了巩固自己的权势，进而攫取相位，挖空心思博取皇上的欢心。他深知朱元璋以一代英主自居，就拼命地给他戴高帽。说什么皇上以布衣取天下，堪比斩蛇起义的汉高祖刘邦；平定四海、统一宇内之功，虽秦皇汉武犹有不及。在朝堂上，他不放过任何歌功颂德的机会，"功高岱岳，德被四海"之类的颂词从他口中随口而出。有时令朱元璋也觉得有些过分，叫他多奏实事，"毋滥用侈辞"。除此而外，他还不断地揣测皇上喜欢什么，削尖脑袋投其所好，以期博得朱元璋的宠信，给自己的升迁增添筹码。

要说朱元璋喜欢什么，除了至高无上的皇权，再一个就是女色了。有人说朱元璋喜欢女色，是因为他二十来岁当了和尚，清心寡欲的寺庙生涯使他积聚了太多对女人的渴望。郭子兴将义女马秀英许配予他，这个不太漂亮的糟糠之妻满足了他对女性最原始的渴求。随着军威日壮，他在攻城略地的同时攫取各式各样的美女，以满足他异于常人的旺盛性欲。当了皇帝之后，更是名正言顺地三宫六苑，妃嫔成群。皇上正在盛年，宫中有专职的内官每年到各地遴选秀女，成群成队地选进宫来，供皇上享用。这些妙龄的女孩子偶尔被皇上"临幸"之后，怀上了龙种的往往被封为美人、妃嫔甚至贵妃。也有朝中一些大臣为了邀宠把自己长得标致的女儿献给皇上当妃子，比如豫章侯胡美之女胡顺妃、巩昌侯郭兴之妹郭宁妃即是。胡惟庸也想走这条道让自己与皇上的关系更紧密些，无奈自己长相不佳，生出的女儿也尽是些歪瓜裂枣，不堪入皇上的龙目。因此他只好多动点脑子另辟蹊径了。

这天，胡惟庸在御前奏事之余，瞅着朱元璋高兴，试探地奏道："时下春暖花开，京郊一片春色盎然。陛下整日在宫中操劳国事，忧国忧民。依微臣之见，该抽暇备驾到郊外去巡游放松一番，以慰圣心。"

朱元璋道："朕在宫里也闷得慌，想到外面去看看，只是车驾一动，一大堆人马前呼后拥，你还能看什么？再说，朕也不想仅仅为了看看景致去惊动老百姓。"

"陛下心中时刻记着百姓，真仁君也！"胡惟庸时时不忘给朱元璋戴高帽子。他又奏道："微臣倒有一法，既令吾主得阅春色又不劳师动众，惊动太多的人。"

"噢，卿有何法？"

"微臣府后有一桃园，数百株夭桃开得甚为茂盛。臣斗胆请皇上驾幸桃园一游。"

"妙，妙！这倒是个好主意。"朱元璋满心高兴地说，"朕明日就去游园，卿家回去准备准备。"

"遵旨。"

第二天早朝后，朱元璋果然只带数十名侍卫内官，来到胡惟庸的府上。胡惟庸早在府前迎驾。朱元璋身着杏黄色的常服在胡惟庸的陪同下来到胡府的后花园。花园门口的架子上停着两只色彩斑斓的虎皮鹦鹉，它们一见穿杏黄色衣服的朱元璋就扯着嗓子叫起来："皇上驾到！""皇上驾到！"倒把朱元璋吓了一跳。他对胡惟庸说道："胡爱卿，怎么你府上的鸟儿如此通灵性，连朕也认得出来？"殊不知这是胡惟庸为了取悦皇上花了不少工夫才把这对畜生教会的。

进了花园，迎面耸立着一座猴山，十来只大大小小的猴子在假山石上跳蹦翻滚。胡惟庸扔过去几个苹果，只见两只老猴眨巴眨巴眼睛，从假山石洞中扯出一条红幅挂在山石上，上书"万寿无疆"四个大字。众猴们还一本正经地朝朱元璋作揖打躬。有两只小猴只顾抢苹果吃没有认真作揖，老猴一个巴掌扇过去，打得他们吱吱直叫。

胡惟庸领着朱元璋来到府后的桃园，果然见数百株桃树红色白色的桃花开得极为茂盛。流连桃树下，闻着灿烂夭桃散发出的淡淡暗香，令人心旷神怡。

桃林深处有一小巧的茅舍，里面似有人声。朱元璋警惕地问："胡爱卿，那茅舍里没有外人吗？"

胡惟庸笑道："陛下放心，臣这园子里决不会有外人。也许是因为皇上驾临，传说中的美貌狐仙也来恭迎圣驾吧？"

"啊，若是狐仙朕倒要会她一会。哈哈哈！"

这时，胡惟庸借口准备酒筵离开了，朱元璋隐隐听到茅舍内有女孩在唱歌。他令侍卫们远远地停在视线所及的地方不得前移一步，独自一人仗剑向茅舍走过去。走近十数步，转过几株高大的桃树，他忽然听到茅舍内传出女孩清脆悦耳的歌声——

　　说凤阳，道凤阳，凤阳本是好地方。
　　自从出了朱皇帝，家家户户不纳粮
　　……

朱元璋自即吴王位以后，随即恩旨蠲免了濠州的粮税，让家乡人民休养生息。现在家乡的人编了歌谣来歌颂他，令他深为振奋。这唱歌的女孩声音如此清悦，她到底长得什么样子呢？怀着好奇心，他蹑手蹑脚地走近茅舍，拨开遮挡在低矮的窗户上的笆篱叶朝里望去。开始时还不甚习惯屋里的黑暗，听见里面传出"哗哗"的舀水声。继而定睛一瞧，竟让他大吃一惊！

原来茅舍中央摆了一个硕大的木桶，木桶里盛满了温水，水面上漂浮着红白两色的桃花瓣，一个大约十五六岁的妙龄女子正在桶中沐浴。她把发髻盘在头顶，用纤纤玉手抓着花瓣在身上擦洗。当她站起来时，玲珑的香肩和酥胸清晰可见。那女子面貌姣好，此时此地，如此美色对朱元璋是极大的引诱，他猛吞口水，径直寻着茅舍竹篱门，排闼而入！

那女孩突然发现闯进来一个男人，尖叫一声，忙把浮在水面的花瓣拢到胸前遮羞。

"你是什么人？快出去！"她瞪大眼睛叫道。

"哈哈哈哈！"朱元璋大笑着走近木桶，"小美人，朕游园出了汗，正想洗个澡，我们两人一起洗好吗？"

说话间他几下抓掉身上的衣服，把自己脱个精光，跳进了木桶中。他的庞大身躯立刻让桶中的水溢了出来。

只听得那女孩锐叫一声，两只手胡乱地拍打着水面，哭喊起来。朱元璋经历过无数次将处女变成妇人的快感，这一遭更为特别。此时，桶中的水已溅出大半，水面上漂浮着缕缕血痕……

朱元璋在桶里歇了一会，爬上来披好衣服，又把那眩晕了的女孩抱上来，放在旁边她那同样铺满花瓣的床上。妙龄少女玲珑剔透的玉体在红白色的花瓣衬托下煞是好看，朱元璋免不了又抚摸玩弄一番。见那女孩醒了，朱元璋向她道："你是什么人？为什么在这里？"

那女孩见自己赤身露体，忙抓过旁边的衣服来遮羞。她怯怯地答道："奴家是看园子的女儿，我姓张。你把我……你是谁啊？"

朱元璋笑笑说："是胡大人叫你在这里洗澡的吧？朕就是当今皇上。朕今日临幸了你，自有你的好处。赶快谢恩吧。"

那女孩果然在床上叩了个头，轻声说道："谢皇上。"

朱元璋整理好衣冠，走出茅舍。站在远处的侍卫们虽然听到茅舍中传出女孩子的哭喊声，他们知道皇上神威盖世，一个弱女子断不能威胁他的安全。若是贸然上前坏了皇上的好事，岂不要掉脑袋？他们见皇上潇潇洒洒地出来，知是好事已毕，放下心来护卫着皇上往回走。

走不多久胡惟庸远远地迎上来，见朱元璋满面红光，他那刀条脸上堆满了谄笑："陛下，桃林春色如何？"

朱元璋知道他话中所指，率性问道："胡爱卿，那小妮子是你安排的吗？"

"微臣恐陛下在宫中久食珍馐有些厌了，故而备点山野小吃，陛下还满意吗？"

"那姓张的女子朕已临幸了，明天把她送到宫中去吧。"

"启奏陛下：臣以为若将她送到宫中，必与一般美人妃嫔无异，莫若陛下将她留在这园子里，陛下若有暇驾幸，岂不可重温山野村姑之雅趣吗？"

朱元璋一想也有理，马皇后对胡惟庸素怀不满，若不明不白从胡府带回一个女人，很难解释清楚，这姓张的女孩在宫中也难有地位。倒不如留在胡府，让胡惟庸给养着，自己抽空来临幸几次，花园茅舍，泉傍树下，岂不平添几分乐趣？于是他就点头答应了。

胡惟庸有他自己的打算。这次费尽心机以女色取悦皇上虽然成功了。可惜张女不是自己的女儿，否则即使冒着无耻媚上的骂名，将她送进宫去，一旦册封为妃，自己就是皇亲国戚了。胡惟庸对他的皇上了解得很透彻，宫中粉黛三千，长期得宠的能有几个？倒不如把张女养在府中，皇上图个新鲜野趣多来临幸几次，每来一次就将他与皇上的关系拉近一些，这样，中书省悬着的相位不就非他莫属了吗？

功夫不负有心人，到了洪武六年，胡惟庸终于深得朱元璋的信任，升任右丞相，而汪广洋在他的排挤下，在中书省终无所建树，时值广东行省缺一个参政，胡惟庸在朱元璋面前力奏汪善理地方行省政务，他原来在江西山东都干得很好。朱元璋也知一山难容二虎，终于迁就越来越得宠的胡惟庸，将汪广洋调到广东去了。

从此，胡惟庸独掌中书省大权，他那占地甚广的府邸门口，也名正言顺地挂上了"丞相府"的镏金匾额。

胡惟庸有豢养动物的嗜好，这会儿府里的游廊上挂着几只精致的鸟笼，一只笼子里停着一只虎皮鹦鹉，另一只笼子里是一对黄色肚皮的画眉。

当胡惟庸走近游廊时，那一只鹦鹉突然开口叫起来："相爷你好！相爷你好！"

胡惟庸对跟在身后的师爷说："你看这畜生也会阿谀奉承，府中这么多人，它就会叫'相爷你好''夫人你好'，别人都不会叫。"

师爷挤出一脸谄笑说："别看这扁毛畜生，它灵性着呢！知道只有相爷和夫人是主子，其他的人都是奴才。"

胡惟庸给鸟儿们喂了一点粮食，那对画眉啾啾欢唱起来，胡惟庸心情舒畅，吩咐道："来人！"

一贴身家奴跑过来："奴才在。"

"叫书房里那俩丫头笔墨伺候。"

"是。"

胡惟庸浏览完府中豢养的猴子、小狗等动物，来到书房里。两名绝色的丫环侍书、墨香早已磨好墨，在案上铺好宣纸，伺候相爷写字。胡惟庸的隶书颇有功力，他歪着头想了想，提起大号羊毫在宣纸上写下"英雄行险道"五个苍劲有力的大字。他让两个丫环牵着纸，站在远处看了看，自己觉得满意，又题上"惟庸于辛巳八月书"一行小字。

"侍书、墨香，你们说相爷的字怎么样，写得好不好？"胡惟庸得意地问两个丫环。

"奴婢不懂。"侍书老实地回答。

"相爷，这几个大字是什么意思呀？"墨香又问。

"哈哈！这你们就更不懂啰！"

这时，府中管家进来回话："启禀相爷，新任刑部侍郎吴大人求见。"

"请他在内厅稍候。"

"是。"

官场上的规矩，凡是下级僚属拜见上司，必然让他久等一段时间。这吴云原任处州知府，是什么原因突然被朝廷看中，从那不毛之地调入京城任刑部右侍郎，他自己也懵然不知。及至到京城上任后，方才打听到是独掌中书大权的胡相爷在万岁面前力荐所致。胡相爷到底看中自己哪一点：是清明廉正，还是抚民有方、官声卓著？吴云忖度自己哪一条也挨不上，也许真是祖上积了德，该他官运亨通吧？不管怎样，胡相的知遇提携的大恩大德总是要报答的。相爷传话让他到内厅等候，显然不把他当做外人。他在厅堂里欣赏着满目琳琅的字画，耐着性子等候相爷接见。胡惟庸在书房里磨磨蹭蹭地踱着方步出来，吴云慌忙抢上前行礼："卑职吴云参见相爷。"

"吴大人，你我同僚，何必如此拘礼？请坐。上茶！"

相府仆人奉上香茗。吴云虽入京不久，然早已打听到胡惟庸的为人，远非施恩不图报之辈，故奔走相府求官觅职者大有人在。因此他此次前来拜谢是早有准备的。他满脸堆着卑恭的笑容说道："卑职蒙相爷在万岁驾前力荐，得以调入京都，委以刑部重任，知遇之恩无以为报。适逢相爷五十大寿，相爷属牛，谨以金牛一尊为贺，请相爷笑纳。"

他取过随身带来的包袱，层层解开，露出里面一尊金灿灿的卧牛。他小心翼翼地捧献于胡惟庸面前。

胡惟庸将那黄澄澄、沉甸甸的金牛拿在手中把玩良久，嘴角露出一丝狡黠的笑容。

"敢问吴大人，这尊金牛价值几何？"

"嘿嘿，卑职铸这金牛，不过花千儿八百两银子罢了。区区薄礼，不成敬意，万难酬答相爷提携之恩。"

"嘿嘿！嘿嘿嘿！"胡惟庸狞笑几声，脸色突变，一拍桌子，"吴云，你身为刑部侍郎，应知我朝典律，官员凡贪赃银六十两以上者，斩首剥皮实草，以惩效尤！你不仅自己贪赃，还想贿赂本相，该当何罪？"

吴云孰料如此风云突变，顿时慌了神吓得扑通跪下，话也说不利索了："卑……卑职该死！卑职该死！卑职原想对相爷表一点忠心，孰知相爷如此高风亮节，实令卑职汗颜……"

"罢了，起来吧！这让外人看见，成何体统？"胡惟庸忽然转了一个一百八十度的弯，变得和颜悦色起来。他煞有介事地叹口气道："你我在朝为官，都要秉承圣上的旨意，忠勤王事。本相念你一片忠心，知恩图报乃人之常情，这次就不参劾于你，以后你只要尽心为本相办事，我一定在万岁面前举荐你升任尚书，加官晋爵。"

"谢丞相。卑职今后惟相爷马首是瞻，相爷有什么要卑职做的只管吩咐，卑职当赴汤蹈火，万死不辞！"

见这位侍郎乖乖就范，胡惟庸用不着跟他兜圈子了。他淡淡地说："今有一事，你原任处州知府，青田县是处州所辖吗？"

"青田正是处州所辖一县。"

"朝中有大臣致仕回青田老家，他的情况你知道吗？"

"相爷是说御史中丞刘基吗？这个倔老头，自恃是圣上驾前功臣，致仕回家后全没把地方官员放在眼里。卑职特地去拜访他都吃了闭门羹，青田县令无奈，只好乔装农夫去见他，最后还是让他赶出来了。"

胡惟庸不耐烦地皱起眉头："谁爱听他那些破事？朝廷关心的是这些致仕的功臣在乡间有无不法之事？"

吴云顿时语塞："这个……卑职倒没听说过。"

"去年刘伯温奏请设立谈洋巡检司，激起军民哗变是怎么回事？"

"这……与刘伯温有关吗？"

"哼，看你这个知府当的！刘伯温看中了谈洋那块地方王气聚敛，想占为自己的墓地，因此奏请巡检司，驱赶当地的边民，以致引起一场哗变。是不是这样？"

"是……是这样。"吴云连忙附和，"相爷明察秋毫，卑职有失职守。相爷的意思是……"

胡惟庸把吴云叫过去附耳私语，吴连连点头。

"相爷放心。卑职即返处州,与处州府和青田县联合奏本,参劾于他就是。"

"你下去对他们说,刘伯温准备参劾他们与盐盗勾结贩卖私盐,欺压百姓,让他们先下手为强。"

"是。卑职就此告辞,这金牛……"吴云还在担心落在胡惟庸手里的把柄。

胡惟庸又拿起金牛抚弄一番:"嗯。它就暂放在本相这里,看你事情办得怎么样吧。"

"是,是。卑职知道了。"

不久,吴云与处州知府、青田县令和县丞联名举劾致仕御史中丞刘基的奏章到了朱元璋的御案上。此时年近弱冠的皇太子朱标奉命协助父皇阅览奏章学习处理政事,他看到奏折中说刘伯温去年奏请在谈洋设巡检司,以驱赶当地居民,是看中了谈洋某处有王气,想占为自己的墓地,因而激起了当地军民哗变,刑部侍郎吴云与当地官员联名举劾刘伯温有谋逆之心。太子生气地想道:这吴云不是胡参乱劾吗?父皇召刘伯温进京要任他为相,他却坚辞不受,一定要隐归故里做一个彻底的平头老百姓。如此淡泊名利的人,怎么会有谋逆之心,何况还在自己入土之后?不过关系到如此重大事情的奏折他不得不呈给父皇御览。果然猜忌心重的朱元璋拿起那奏折看了半天不放手,还特地把太子叫过来问道:"标儿,这事你怎么看?"

太子直率地说出了自己的看法:"依儿臣之见,这吴云简直是胡参乱劾,哪有这样的事?"

"刘伯温去年奏请在谈洋设立巡检司,结果引起军民哗变,好不容易才弹压下来,他是有责任的。"

"谈洋在处州和温州交界处,向为盐盗之渊薮,又是倭寇易于登陆骚扰之地,刘伯温奏请设防,是有道理的。"

"哼,他既已致仕赋闲在家,还管这些干嘛?他长子身为监察御史而不到任,次子刘璟已经二十一岁,迄今不肯入朝为官。他们父子都不与朕合作,是不是留在家乡静待'王气'?"

"父皇,儿闻古训'父母在,不远游',他二子不肯出仕,情有可原。况且刘伯温自己淡泊名利,当年他与宋濂等应聘出山是为父皇求贤若渴的诚意所感动。他担心儿子们年轻气盛,倚仗功臣之后无所顾忌给他惹祸啊!"

朱元璋恼怒地说:"你为什么老为刘伯温辩护?刘伯温精通天文地理,以往朕命他测天择地,从未失误过。'王气'之说在别人未必可信,在他朕是宁信其有、毋信其无。前几天刘伯温派他长子来京,不经中书省直呈于朕一份奏折。他可能发觉当地州府要参劾他,先发制人,说处州府青田县的官员多为残元旧吏,与当地盐匪沆瀣一气,以哗变来要挟朝廷。这不是明明心里有鬼欲盖弥彰吗?"

太子当时看过那份奏折,他胸有成竹地说:"儿臣以为,刘伯温此举更能证明他是被人诬陷的。"

"何以见得?"

"凡谋反叛逆的人，没有不笼络当地官吏以为自己的党羽，哪里会反其道而行之，参劾当地命官自剪羽翼？刘伯温回乡以后，闭门谢客，谢绝州县官员的拜访，凡骑马坐轿者一律避而不见。如此看来，定是州县官员在乡民中声誉不佳，见他没法笼络，就借口墓地之事陷害于他。"

朱元璋恨恨地指着太子说："你呀你！和你母后一样，总是把别人想得那么好。哼，如此妇人之仁，将来怎么治理天下？"

太子只得唯唯而退："儿臣知罪。"

"传朕的旨意：令刘伯温长子刘琏羁留馆驿，交待实情，劾发其父。并移文切责刘基，夺其俸禄，看他如何动作。"朱元璋发布命令。

"儿臣遵旨。"太子无奈只得奉旨。

其时，小秦王朱樉、小晋王朱棡和小燕王朱棣进宫请安，在一旁听父皇与太子争论多时，他们不敢插嘴。朱元璋此时不忘就此事对儿子们进行教育，他语重心长地对四个儿子说："皇儿们，你们兄弟不知道父皇苦心孤诣、忧危患亡的心情啊！李善长、刘伯温是扶助朕打天下的开国功臣，在朕的勋臣将领中有很高的威望。他们年迈致仕之后，朕给予他们很高的俸禄和荣誉，让其安度晚年。但是树欲静而风不止，若其有什么异谋，他们都有一呼百应危及邦国的能力。刘伯温的曾祖叫刘濠，据称是汉高祖刘邦的后代。汉高祖起事的沛县距濠州不远，所以有人举劾王气一说，朕不得不防啊！"

小秦王应声说："对，父皇说得好，宁信其有，不信其无！"

"父皇，依儿臣之见，管他有也好，无也好，把刘伯温一家杀掉就一了百了。"鲁莽的小晋王开口就是杀人。

皇太子斥责道："三弟，国家大事岂能如此儿戏？父皇，儿臣以为，刘伯温和李善长一样，深得将心，牵一发而动全身，此事的处理千万不能草率从事。"

朱元璋思索道："嗯。这吴云是胡惟庸举荐上来的，这事或有胡惟庸的背景。朕自当深究查明此事，不会随便处置刘伯温的。此事尔等不可让母后知晓，懂吗？"

小秦王、小晋王一齐答道："懂。"

"标儿，你呢？"

皇太子低头答道："儿臣遵旨。"

唯独小燕王扬起脑袋问道："父皇，儿臣不懂此事为何不许禀奏母后？"

朱元璋说："你母后以妇人之仁，一向偏袒老臣。父皇怕她从中作梗，走漏风声通风报信。"

小燕王歪着脑袋说："儿臣觉得走漏风声倒也有利无害？"

"胡说！你想让刘伯温闻风逃匿？"

"他若真的畏罪逃了，则其反心毕露，也不必令其子交待劾发了。这在兵法三十六计中叫作欲擒故纵之计。"小燕王得意地说。

朱元璋笑着抚摸他的头说："四儿学习兵法倒是很用心。好，就依你计而行，欲擒故纵吧！"

刘伯温遭"谈洋王气"之谗

> 刘伯温被举劾谋夺谈洋墓地，朱元璋夺其俸禄，移文切责。马皇后爱护老臣，遣太监暗令刘伯温速逃，刘坦然进京为自己辩冤。刘琏被迫揭发父亲，他的"交代"令马皇后松了口气。朱元璋仍将无罪的刘伯温扣留在京都驿馆居住。

数天后，朱元璋派的钦差到达青田县武阳村，向刘伯温宣读了降罪的诏书。这诏书有点语焉不详，既没明说刘伯温犯了什么事，也未将他逮治问罪，大概这就是朱元璋所说的"移文切责"之意。诏书的开头说：

> 朕曾引古人有云：君子绝交，恶言不出；忠臣去国，不污其名。尔刘基，本有显功于大明，当敕归老于桑梓，以尽天年。何其祸生于有隙，至是不安。若明以宪章，则轻重有不可恕。若论相从之始，则国有八议。故不夺其名而夺其禄，此国之大体也。

朱元璋素来颇为敬重刘伯温，言谈中均以老先生称之。因此"切责"他的诏书语气也颇为文雅，甚至比之于"君子绝交，恶言不出；忠臣去国，不污其名"。既然如此，对他加之以"夺禄"的处罚就有点莫名其妙了。既然仅是"祸生于有隙"，别人对他的举劾还在调查落实阶段，为什么要急于夺去他那二百四十石岁禄？好在刘伯温家是青田县有名的殷实富户，也不在乎那点岁禄。只是京城传来的消息挺吓人的：人家举劾刘伯温犯的是谋逆之罪，在刘伯温亲自参与制定的《大明律》中，谋逆为十恶之首，首犯寸磔（即凌迟）族诛。加之大少爷刘琏又被扣留在京城，刘家妇孺老小哪能不慌了手脚？刘伯温却异常冷静，他让夫人给他收拾了一些行李，只带一个书童亲自到京城去查明真相为自己辩冤。

"老爷，皇上只是颁诏斥责于你，并未降罪，你反而要自己找上门去，不是自投罗网吗？"夫人情急地劝着他。年仅四岁的幼女和六岁的长孙则一人拽着他的一只胳膊不放手，哭喊着："爹爹，你不要去！""爷爷，我不让你走！"

一家人正闹得不可开交，忽见一骑快马从村口飞驰而至，在堂屋前停下。一个年轻的太监跳下马，手捧一个食盒至堂前大声宣告："皇后娘娘懿旨，御史中丞刘基接旨。"

刘伯温连忙率领全家跪倒在地："罪臣刘基祝皇后娘娘千岁千岁千千岁！"

太监狗儿将食盒递给刘伯温，道："皇后娘娘赐你寿桃一个，剩枣一枚，钦此！"

"臣谢主隆恩。"

刘伯温叩首谢恩毕请狗儿进屋用茶。狗儿一揖道："娘娘命我立即回京复命，不得耽搁。告辞了！"

太监走后众人立即围拢来看所赐食盒里的东西，小夫人章氏不解地问道："老爷，皇后娘娘老远派人赐你一个桃子和一枚枣子，是什么意思？"

刘伯温看着盒中食物，会心地说："皇后娘娘素来顾念老臣，她恐万岁要将我下狱问罪，叫我趁早（剩枣）速逃（寿桃）。"

章氏道："是啊，老爷此去京城不是自己送死吗？还是听娘娘的旨意，赶快逃走吧！"

"逃走？我刘伯温清白无辜，问心无愧，为什么要逃？"

"父亲，不走可以，可在家静观其变，也没有必要进京去啊！"二少爷刘璟说道。

"璟儿，你想想看，皇上将你兄羁留馆驿而不逮捕下狱，移文切责为父而不遣锦衣卫缉拿，这就表明他对此案未做定论，要看我如何动作。我倘若逃走，那是明明畏罪潜逃，倘若待在家不做申辩，皇上会以为我有罪心虚，不敢面君。只有进京去看是何人陷害于我，为自己力辩清白才是上策。"

"父亲，是否让孩儿陪你同去？"

"不，你留在家里陪伴母亲，照顾全家，不要轻举妄动。"

"孩儿知道了。"

刘伯温又把夫人叫过一旁，嘱咐她速将书房中已怀有身孕的丫环翠莲送回江西老家去。夫人心知肚明：那孩子必是老爷的，他是怕自己与两个儿子若有不测，为给刘家留下一条血脉。大难当前，夫人也不与他计较这风流旧账了，便含着眼泪答应了他。

一家人泪眼婆娑地与刘伯温惜别，目送他与书童渐行渐远，消失在视线之外。

太监狗儿一回京城，就被宫里忠于皇上的眼线告了密，朱元璋怒气冲冲地命宫中太监齐集后宫院坪中，狗儿被捆了个结实推过来。

朱元璋怒喝："大胆奴才，竟敢私自出宫报信，给朕乱棍打死！"

狗儿被掀翻在地，顿时乱棍齐飞，打得他皮开肉绽，哭喊连天。

早有宫人报知马皇后，马皇后带着宫女们迅速赶到，狗儿已是血人一个，连忙喝令行刑的人："停住！快给我停住！陛下，这是怎么回事？"

朱元璋见皇后出面作梗，也无可奈何："怎么？宫人违禁私自出宫，不该罚么？"

"该罚。速押送宫正司议罪。"

"为什么要送宫正司？朕堂堂天子，还不能处分一个宫人么？"

马皇后并未被他唬住，义正词严地说："帝王若以喜怒加刑赏，难免畸轻畸重，我朝典律：宫人犯罪一律交宫正司议处。若不依律办事，臣妾何以治后宫？"

朱元璋无言以对，只得自己找台阶下，对狗儿说："罢了，看在皇后娘娘的面上，饶你不死。"

狗儿已被打得遍体鳞伤，奄奄一息，宫人们扶着他磕头，勉强从嘴里挤出几个字："谢……谢主……隆恩。"

朱元璋回到坤宁宫，马皇后见他余怒未息，亲手给他奉上一盏香茶。

"陛下，请用茶。"

朱元璋赌气道："不喝！"

马皇后赔罪道："臣妾有罪，不该私遣内侍出宫，望陛下宽宥。"

"算了，下不为例，休憩去吧。"

"臣妾还有话讲，陛下愿不愿听？"

朱元璋无可奈何地叹了口气："唉，讲吧。"

由于帝王的威严，朱元璋有一种高高在上的孤独感，唯一能与他平等对话的人只有马皇后一人。所以尽管他们之间经常有争论，这种争论也就弥足珍贵，能为朱元璋所容忍。

马皇后从容不迫地说："当年李文忠镇守严州，杨宪诬告他纵兵扰民，不守法纪，陛下欲召其还都切责，臣妾说：'严州濒临敌境，不宜轻易更换守将，况且文忠素来治军严明，杨宪的话不可信。'后来果然应验。陛下累赞刘伯温忠心，还封他为诚意伯。胡惟庸和刑部那些人的话就那么可信么？况且，为父母择墓地是儿孙辈的事，刘伯温本人也许并不知情呢。"

"朕现在就是要他儿子交待劾发嘛，这有何不当？"

"臣妾以为不当。我朝典律明文规定：凡诉讼者，告人祖、父不得令其子孙为证。弟不证兄，妻不证夫，奴婢不证主。让刘伯温的儿子劾发其父，这也有悖于陛下倡导的'原父子之亲，立君臣之义'啊！况且，依臣妾看来，王气一说虚无缥缈，陛下不宜看得太重。"

马皇后有理有据的辩驳让朱元璋恼羞成怒，他气呼呼地说："哼，涉及宗社存亡，大明安危的事，怎能小看！你也管得太多了！"

"臣妾……"

"不用说了！"

朱元璋起身气冲冲地拂袖而去。

小燕王朱棣正在府中临摹黄庭坚的书法，一名宫人匆匆走进来报信："启禀小王爷，不好了，皇上要打死狗儿公公，您快去看看。"

朱棣放下笔问道："皇上为什么要打死狗儿？"

"听说皇后娘娘派遣狗儿去青田给刘伯温通风报信，让他逃走。狗儿公公回来就让锦衣卫抓住了。"

朱棣在心里想：此事还因我而起啊。因道："快带我去看看。"

小燕王急忙赶进宫去，正好看到宫人们在为打伤的狗儿敷药疗伤，他忙上前察看。

"怎么打成这样？狗儿，很疼么？"

宫人们对狗儿说："四殿下看你来了。"

狗儿趴在床板上动弹不得，口中含糊不清地呻吟："四……四殿下……啊哟！"

小燕王吩咐宫人们："你们要好生伺候他。传我的话，到御药房拿些上好的金疮药来给他敷上。"

宫人们齐声道："四殿下仁明，谢四殿下。"

接着，小燕王赶到乾清宫去见父皇。刘伯温这件事使这个初涉朝廷政治斗争的少年深感兴趣，他是朱元璋皇权至上的绝对崇拜者，战争在他不识事的幼年过去了，他对刘伯温并不了解。既然有人举劾他，他在少年朱棣的眼里就成了心怀叵测的"贰臣"，只是他的"欲擒故纵"之计造成了狗儿几乎被打死的后果使他略有不安。

朱元璋问他："四儿，你去应天驿馆了吗？"

"去了，刘琏正在遵旨交待劾其父。只是刘伯温并未闻风逃匿，业已主动进京。"

"啊，朕又未叫他进京，他来干什么？"

"也许是想看看朝廷如何动作？"

朱元璋想了想，说："好，他既来了，朕明天召见他。你速去驿馆催刘琏交劾发书，切记不要让他知道刘伯温已经进京。"

"儿臣遵旨。"

朱棣随即来到应天驿馆，有人看守的刘琏正把一个信封封好。

年已三十岁的刘琏因是功臣之后，早已是一名监察御史，刘伯温致仕后更放了一个江西参政的要职。但他一直没有到任，这使朱元璋非常恼火。过去也曾有一些士大夫因为不肯出仕被他杀了。他的观点是：率土之滨，莫非王臣，寰中士大夫不为君用，是自外其教，诛其身而没其家，不为过。他碍着刘伯温的面子没有处罚刘琏，这次可不会轻易放过他了。

三十岁的刘琏对十三岁的朱棣倒是谦恭有礼："罪臣刘琏恭迎四殿下。"

朱棣板着脸问道："刘琏，你的交代劾发书写好了么？"

"启禀四殿下，微臣已经写好，并已密封。只是微臣斗胆请求殿下答应一件事。"

"什么事？"

"微臣此书中写明了有关家父墓地坟茔的详情，请四殿下直呈皇上，在御前拆阅，事先不得私自启封。"

"为什么？"

"天机不可泄露。往日家父奏疏都不经中书省直呈皇上，微臣也不敢例外。"

"嗬，你刘家的派头不小啊！"朱棣想：怎么刘家的人都是如此倨傲脾气？刘琏的弟弟刘璟曾在大本堂伴读，二十岁的刘璟在朱棣兄弟面前虽也叙君臣之礼，但临到学术上的争论总是执拗于自己的观点，就连下棋也不肯稍让一二，看来不答应他是不会把劾发书交出来的。

"好吧，小王答应你，一定将书信直呈父皇御览。拿过来吧。"

当朱棣拿了刘琏的劾发书进宫时，见母后正为刘伯温之事劝谏父皇，他只得暂时退下回避。

马皇后语重心长地说："陛下，恕臣妾直言，大明王朝建立之初李善长、徐达、刘伯温被誉为功比萧何、韩信、张良的'明初三杰'，今李善长已罢相，若再因无中生有之事罪究刘伯温，徐达会怎么想？唇亡齿寒，他能心安吗？众功臣会心安吗？希陛下三思。"

朱元璋素以雄辩著称，他岂肯示弱，理直气壮地说："朕对有功之臣决不亏待，给他们高官厚禄，一些武官没有仗打，也让他们去干些监修皇陵训练御马之类的闲差。但为臣下的必须尽臣子之道。若谁敢欺君罔上，生篡逆之心，无论你多大的功臣，就是徐达，朕也要查处的。真金不怕火炼,刘伯温若无反心,就不怕朕查究此事。"

"陛下,不久前天呈凶象,日中现二三黑子,陛下手书问刘伯温如何化凶为吉?刘伯温上书称:霜雪之后必有阳春,大乱之后必有大治。今国威已立,宜少济以宽。令臣妾担忧的是,陛下对待臣下的罪错处罚似有过严之处。"

朱元璋不耐烦地说道:"哼,元朝以宽纵而失天下,朕登基之后,务尽除前朝积弊,治国驭臣,势非严猛不可!"

马皇后见他固执己见,摇头叹息:"唉……"

朱元璋也不愿太让马皇后没面子,又道:"你放心,刘伯温是有功之臣,朕不会因小过严惩他,但王气之说,关乎社稷安危,兹事体大,不可不究。查明之后,朕自会秉公处置。"

这时,内侍入殿禀奏:"刘伯温殿外求见。"

朱元璋道:"怎么?朕没有抓他,他倒自己送上门来了。宣!"

一会儿,内侍领刘伯温进殿。

"老臣刘基叩见陛下,吾皇万岁万岁万万岁,娘娘千岁千岁千千岁!"

见了面,朱元璋倒还客气,赐座之后,带着讽刺的口吻道:"刘老先生,你远道进京,是前来谢罪的么?"

"老臣有心谢罪,却不知罪犯哪条。"

"有人劾发你相中谈洋之地有王气,想夺为墓基,可有此事?"

"谈洋有王气?谈洋不毛之地,素为盐盗渊薮,只有匪气,哪来王气?如此荒诞无稽之说,陛下也肯相信?"

朱元璋冷笑道:"朕本当不信外人之言,怎奈令郎刘琏也已劾发于你。"

刘伯温莫名惊诧:"啊!刘琏?哼,老臣不信。"

"好,朕叫你亲眼见之,宣燕王进殿。"

内侍连忙传呼:"燕王进殿!"

小燕王与太子同时进来。

"儿臣叩见父皇万岁!母后千岁!"

"平身。刘琏的劾发书呢?"

燕王呈上书信:"儿臣业已取来,请父皇御览。"

朱元璋得意地望望刘伯温,命令道:"当殿念来,请刘老先生也听听。"

"儿臣遵旨。"

朱棣拆开粘得很严实的信封,开始念道:

罪臣刘琏为父亲择地造坟,确有其事,不敢隐瞒,如实交代于后……

此时,气氛突然紧张,马皇后几乎晕厥欲倒,太子忙近前扶住母后。

殿中静寂无声,只有小燕王朱棣清脆而略带稚气的声音:

坟地是父亲所择，不在谈洋，而是在武阳村南约一里的夏山，那里山岭俊秀，青溪环绕，绿草如茵，是父亲经常与山间野老流连忘返之所，于是，罪臣草就坟茔图纸送呈父亲。谁知父亲一怒而将其撕毁，并斥责罪臣道："百姓连年战乱元气未苏，如此耗资修墓，岂不为人谩骂？"又说："墓字上草下土，古人造字，大有讲究，简陋土墓，芳草萋萋，方能承受阳光雨露，若建造巍巍石墓，如何生草？今人沽名钓誉。死后不惜巨资大造其墓，以显富贵权势，岂不违背古训？人要流芳百世，靠的是为国为民，不是靠造墓立坊，试问古之贤者如张良、诸葛亮，真坟又在哪里？国贼秦桧，身为宰相，墓宇轩昂，却遭万世唾骂！"父亲的教诲，实令罪臣愧颜，自此不复再提修墓之事，更遑论什么谈洋王气无稽之谈……

小燕王念到这里，马皇后和太子松了一口气，露出欣慰的笑容。朱棣没想到刘琏的"劾发"竟是这样的，念毕竟呆呆地站着，若有所思。

刘伯温望望皇上，见他默默无语，知道此事已有转机，但他深知朱元璋的性格，他是从来不会承认自己做错事的。

"启奏陛下，老臣年迈体衰，不能继续忠勤王事，有负圣恩，本来想致仕后归隐山林，终老田间，怎奈奸人逸诉，竟获莫名之罪。若陛下终不放心老臣，老臣愿留居京城终老，将来到紫金山的功臣墓地里找一块方寸之地栖息。"

此提议正合朱元璋的心意，他尴尬地咳了两声说："刘老先生不必介怀，此事朕一定查明真相妥善处理，你在家乡既与州县不睦，不如留居京都，朕在驿馆为你修一个新的馆舍，你可把眷属接来相伴，无事时你可为朕分析一下钦天监送的天象实录，以备灾险之虞，卿意以为如何？"

刘伯温只得接受这样的条件，以换得目前的安全无虞。

朱元璋又命令朱棣："棣儿，送刘老先生回驿馆，让刘琏过来照顾父亲。"

"儿臣领旨。"

胡惟庸下毒，刘伯温父子身亡

胡惟庸权势日重，丞相府前车水马龙。被参劾的大名知府献名马。六十五岁的刘伯温在驿馆中度过了两年凄惨的日子。胡惟庸带了御医来为他诊病。他服了御医的药腹中渐结硬石。朱元璋恩准他回乡咽气。刘琏进京献上父亲遗稿，被胡惟庸威胁堕井身亡。

谈洋"王气"一事真相大白，刘伯温得到宽释之后，事件的始作俑者刑部侍郎吴云惶惶不可终日，唯恐皇上查明此事纯属子虚乌有，将治他诬陷大臣、扰乱朝纲之罪。他想，解铃还靠系铃人，此事原是胡惟庸指使他干的，出了事还得傍着他这棵大树。

由于做贼心虚，吴云不敢公然到相府里去。他借了一位诰命夫人的车辆，乔装打扮一番在傍晚时分溜进相府，恰逢胡惟庸有事出去了，他在内厅中踱来踱去，把墙上挂的那些字画的题词读得滚瓜烂熟了，好不容易才等到胡相爷回来。

"相爷。"胡惟庸刚落座，吴云心急火燎地说道，"圣上已查明谈洋王气之事，刘伯温父子已得到宽宥，还为他修葺馆舍，把他的家眷也接来了，万岁是否会追究卑职妄参大臣之罪啊？"

胡惟庸啜了一口香茶，慢条斯理地说："吴大人，你为何这般沉不住气？告诉你，此事本相心中有数，当今天下甫定，皇上最忌惮的就是这些在统兵将领中有威望的功臣，巴不得有人参劾他们，即使查不出什么来，也可借此警告他们不得妄动，显示皇上的无上权威。你想他还会治你妄参之罪吗？"

"果真如此，卑职就放心了。"

胡惟庸调吴云进京的第一件事弄砸了，好在皇上把刘伯温留居京城，以后还可以相机对付他。其实胡惟庸招降纳叛在各部安置亲信还有他深远的目的，吴云初战虽不利，以后还有用得着他的地方。

"吴大人，你到任已有不少时候了，刑部下属诸司的官吏你都要掌握清楚啊。那些不能为我所用的人要设法调遣罢黜，代之以我们信得过的人。刑部是朝廷的重要部门，必须牢牢掌握在我们手里。"

"禀相爷，卑职到任后一直在做这方面的工作，遴选了相爷的许多故旧亲信到各司所任职，唯左侍郎陈蕃是李相爷调到刑部的老人，素有铁面包公之誉。此人身居要职，对卑职多有掣肘，相爷看能否……。"

"唔，陈蕃？"胡惟庸小眼睛眨几眨，顿时出了一个主意，"他不是铁面包公吗？好，待本相在万岁面前举荐他任大理寺少卿，让他这铁面包公跟张辅那玉面阎罗斗法去。"

"如此甚好，"吴云喜形于色，"此人一去，可谓刑部一切均在卑职掌握之中了。"

"还有，贵部刑名案件中凡有涉及朝廷重臣、宗室、功臣勋将者，务必及时报告本相。看案件的处理能否为我所用，知道吗？"

"卑职遵命，"吴云诺诺连声，"一切听相爷盼咐。"

"你去吧。"

胡惟庸权势日盛，原来御史台是独立的监察机构，负责"绳愆纠谬"的地方监察御史参劾各级官员的过失，可经御史台直接"上达圣聪"。后来在中书省设立了通政司，所有的奏章都要在胡惟庸这里过滤一次，这样就为他招降纳叛和敛财提供了绝好的条件，那些贪赃枉法或犯有其他过失的官员，无不争走其门，寻求解脱。

于是，丞相府门前车水马龙，求见者络绎不绝，而胡惟庸恰像一只盘踞在蛛网中央的毒蜘蛛，虎视眈眈地打量着那些粘在蛛丝上徒劳挣扎的小昆虫，盘算着把哪一只当作自己可口的午餐!

这天,胡惟庸刚刚巡视完他的画眉、鹦鹉,管家就来禀报:"相爷,大名府知府求见。"

"叫他在大堂里等着。"

"是。"

这是一个明确的信号,看来那位倒霉的知府又难逃蜘蛛毒吻。

好不容易等到胡相爷来到大堂,大名知府常谦战战兢兢地朝高高在上的胡惟庸行礼:"卑职大名府常谦参见丞相。"

胡惟庸用他惯常的尖厉嗓音呵斥道:"大名府,地方监察御史参劾你挪用河工币帑,擅修楼馆,日夜笙歌,致令漳河河堤失修。今春漳河水发,数十万灾民流离失所,这是杀头的罪,你知道么?"

胡丞相这一顿喝骂,令常谦豆大的汗珠从额头上滚下来。他不敢申辩,只是口中喏嗫着:"卑职该死!卑职该死!"

"大名府,你自己所作所为,触犯哪条刑律,仔细去掂量掂量。"胡惟庸阴阳怪气地说,"你是一个人进京的吗?哼,我看你也不用回去了!"

心里早有准备的常谦躬身答道:"丞相,卑职并非独自一人进京,我还有一个同伴,丞相请看——"

常谦走到大堂窗前,推开通往前庭的窗户,只见庭院中拴着一匹毛色全白的骏马。马身高大,线条优美,白色软缎似的皮毛在太阳照射下熠熠生辉。马身上配有金光灿灿的纯金马鞍、铃铛和镶珠嵌玉的辔缨饰物。

生性酷爱良马的胡惟庸顿时眼睛放光,不由自主地连呼:"好马!好马!"

这时常谦深深一揖,得意地说:"卑职久慕丞相酷爱名马,不惜万金从塞外购得这匹追风赛雪千里驹,并邀请名工巧匠为其打造黄金鞍辔。如此名马,我想普天之下也只有丞相的威仪才配乘骑,故将其带至京都,呈献于丞相驾前,望乞笑纳。"

胡惟庸的目光久久未从那匹马的身上收回来,听了常谦这番话,极度膨胀的虚荣心使他在国法与私欲的缠斗中明显倾向于后者,他脸上的表情也骤然由阴转晴。

"嗯。大名府到京都千里之遥,你既然已经送来,就放在相府养着吧。"

他随即吩咐管家,派人把马牵到马厩去好生喂养,将黄金马鞍拿下来,好让他暇时细细品玩一番。

常谦趁着他兴浓时涎着脸道出了他此来的目的:"这……言官参劾卑职一事,还望丞相周全一二。"

"此事嘛——"胡惟庸拖长声调说道,"也是你的造化,地方御史的参劾本章,尚在本相手中,未曾转呈皇上,姑念你不远千里进京谢罪,待本相相机奏明圣上,就说河工仓促,堤坝失修,导致灾情发生,并非吏治之过。并请圣上恩准加拨赈灾银两,派员抚恤灾民,以平民怨。"

常谦听他如此说,乐得屁颠屁颠地:"若能如此,卑职乌纱得保,性命无忧。丞相恩同再造，容后定当重谢！"

"罢了。回去以后忠勤王事，本相警告你：休想再打那些赈灾银子的主意。若是再有什么把柄落在别人手里，本相也救不了你。"

"卑职谨遵丞相教诲就是。"

"你去吧。"

"卑职就此告辞。"

胡惟庸得到朱元璋的宠信，独相数年。正当他的权势炙手可热、如日中天的时候，刘伯温却在驿馆中度过了凄凄惶惶的两年！此时他已六十五岁了，须发斑白，眼花耳聋，两脚无力，连走几步路也很艰难了。

他每天待在驿馆的那两间斗室里，看看书，写写字，有时饶有兴趣地看看刚满五岁的幼女在台阶上跳房子玩耍。在寂静的夏夜里，从驿馆的天井里看得到星空的一角。可是现在他再也懒得去分辨那些星座了。他苦笑着想：那个善观天象能断未来的刘伯温已经逝去了。他更不愿意回顾过去那些叱咤风云的日子。人家不是把他誉为辅佐汉高祖定鼎天下的留侯张良吗？那个因博浪沙椎击秦皇而扬名天下的昔日英雄何在？他后来不也是急流勇退隐入山中吗？那时，汉留侯每天都在冥冥中劝告他：刘伯温，权势与富贵都是不可留恋的东西，和我一样地归隐山林吧！以刘伯温的睿智岂能不懂"兔死狗烹、鸟尽弓藏"的道理，他终于如愿地致仕了。武阳村中的田园生活是多么美妙啊！然而人算不如天算，他的"汉高祖"似乎不想让他的得力谋臣在山野间过得太舒适，而是更愿将他置诸自己监视之下。人的命运就是这样，他有什么办法呢？

这天，刘伯温心血来潮，感触良多，挣扎着病体坐在桌前的藤椅上，用颤颤巍巍的枯手援笔写了一首五言诗——

　　病身如朽木，蝤蚁辟莘之，
　　生意已无多，雨沾空相滋。
　　晨兴步庭余，足弱几不持。
　　论年应未尔，胡为遽如斯？
　　……

这时，一阵突发的咳嗽猛然袭来，他身子一歪，墨笔从手中脱落，涂污了诗笺，藤椅轰然倾覆，他重重地跌倒在地上！

刘伯温五岁的幼女巧莲正在台阶上跳绳，两支小辫一翘一翘，口里唱着："二五八，二五八，二八二九三十一。三五八，三五八，三八三九四十一……"

这时，小姑娘听到房中一声异响，她从窗户中探头望去，见父亲跌倒在地，连忙奔进房中。

"爹爹，你怎么啦？娘，快来呀！"小姑娘的喊声里带着哭声。正在后面煮药的小夫人章氏闻讯连忙跑进房来，娘儿俩合力扶起刘伯温。

刘伯温睁开眼睛，嘴边吐着白沫，他已经中风不能动弹了，章氏母女费力地把他扶到床上躺下，为他抹着胸口舒气。

刘伯温病重中风的消息由驿丞报告给朝廷，朱元璋很久没有得到刘伯温的信息，闻知他病重，随即对身旁奏事的胡惟庸说："你明天带个御医去看看他吧。"

第二天，胡惟庸果然带了御医去探视刘伯温。走进那间充满霉味的屋子，他假惺惺地问出来迎接他的章氏道："诚意伯的病体好些了吗？"

章氏噙着眼泪答道："禀丞相，我家老爷前天中了风，已经卧床不起了。"

"本相奉皇上圣谕，特来探视诚意伯的病情。皇上命御医前来为诚意伯诊脉，吃了药就会好的。"胡惟庸轻描淡写地说。

"谢皇上和丞相的恩典。"

胡惟庸带来的御医为躺在床上的刘伯温号了脉，随即开了药方，叫驿丞派人到御药房去取药。

胡惟庸始终没有和刘伯温见面。不知为什么，他这位权倾朝堂的宰相，竟然从骨子里害怕那个缠绵床榻骨瘦如柴的刘伯温，那个在皇上面前指斥他为劣马的人！

他对章氏说："本相公务在身，不便久留，请转告诚意伯，好生休养吧。"

"谢丞相。"

刘伯温服了药，病情似乎见好了一些，中风的症状减轻不少，也能开口说话了。

然而，三天以后，刘伯温把章氏叫到床边。

"夫人，我这里……不舒服。"

章氏撩起他的衣裳一摸，大吃一惊。"老爷，你肚子里好像有一块硬如石头一样的东西。"

刘伯温仰天长叹道："啊，老夫知道了！"

"莫非是因为服了那个御医的药？"聪慧的小夫人章氏猜想道。

刘伯温叹了口气："那还用说吗？"

章氏垂泪道："老爷，那御医是胡惟庸带来的，他说奉皇上谕旨来为你看病。这……害你是皇上的旨意呢？还是相爷瞒着皇上干的？胡惟庸不是早就忌恨老爷吗？"

刘伯温冷静地说："两者都有可能。唉，人为刀俎，我为鱼肉！"

"老爷，胡惟庸作恶多端，何不拼着一死上表劾发他？"

"胡惟庸现在圣眷正隆，即使是他瞒天行事毒害于我，劾发他的奏折根本到不了万岁御案之上。倘若是万岁有意赐死，看了奏折，祸就大了。那就不止死我一个，而必殃及全家了！"

"那……老爷怎么办？"

刘伯温费力地抬起身："给我拿纸笔来。"

章氏拿来纸笔，刘伯温倚在病榻上，草草写了一张字条：

刘某病危，请徐公转奏圣上，可否恩准回乡咽气？

刘伯温颤颤巍巍地写完，嘱咐章氏道："速叫书童将这张字条送到大将军府上去。"

"是。"

这一年北方无战事，徐达、李文忠、冯胜等均被召还。徐达接到书童送来的字条一看，不禁潸然泪下。

"夫人，你看，刘伯温病危了！"

"老爷，既如此，你快进宫转呈皇上，求皇上恩准他回乡去。"

徐达想了想，摇摇头说："刘伯温突然病危不知是何缘由，万一与圣上有关，我岂不是自寻猜忌？不妥！"

徐家大女儿妙秀出主意道："爹爹，四弟与燕王交情甚笃，何不让四弟去找燕王，求他将字条送进宫去。只要能送到皇后娘娘手中，娘娘素重老臣，有她力谏，万岁就会恩准的。"

"好，速叫你四弟进来。"

徐家老四增寿将刘伯温的字条交给小燕王朱棣。经历了谈洋"王气"事件，朱棣对刘伯温父子平添了几分敬仰，他不明白父皇为什么一定要让刘伯温留居京都，既然事实证明人家无罪，为什么不能还他以清白？显然，一个十几岁少年，纯洁的心灵还无法理解权势斗争的残酷，尽管他是一个天资敏慧的皇子，却始终猜不透父皇那硕大而高贵的脑袋里到底想些什么？

这件事，他只有求助于母后，他拿着字条，急急地走进坤宁宫。

"禀母后，刘伯温在驿馆病危，他托徐皇叔捎来字条，恳请父皇恩准他回乡咽气。"

马皇后看着那写得歪歪扭扭的字条，不禁悲从中来，她拭泪道："唉，一代贤臣，落得如此凄凉身后，可悲可叹！皇儿放心，母后一定在你父皇面前力陈，恩准其回乡落土。"

朱元璋对于已死或将死的人是很宽容的，是啊，人死了百了，无论他有多高的威望和号召力，一具骷髅总无法对他的皇权构成威胁了，对刘伯温也是这样的，他亲自制文赐书，遣使护送重病的刘伯温回青田老家，还赏赐了一些金帛等物。

刘伯温回乡后只一个月就不行了，弥留之际，他把家人都召集到病榻前，这时，他只剩下游丝般的气息，他勉强睁开眼睛环视家人，然后用一只干枯的手指了指大儿子刘琏。

刘琏连忙跪到床前，噙着眼泪问："父亲，孩儿在，您有什么吩咐？"

刘伯温指指堆在桌上的文稿，也许是回光返照。这时他说话的声音突然清晰了："这些，是我的天文、兵法手稿，将它们全部封存于石室中，等我入土之后，悉数上交万岁，千万不可让后人学这些东西！"

刘琏拭泪道："父亲，这是您一生的心血，为什么不传后人？"

刘伯温在枕上叹息道："唉，倘若为父不知天文地理，没有术数之长，哪会招致谈洋王气之谶？即使有之，皇上也不一定会信啊！"

"父亲放心，孩儿一定照您吩咐的做。"

刘伯温又叫："璟儿。"

"孩儿在。"

"为父死之将至，然而我心仍牵萦着朝政，牵萦着黎民百姓。当今皇上治国以严猛，为父也尝劝谏。文武之道，一张一弛，宽猛宜相济而行，循环交替。当务之急要修德省刑、祈天永命。还有，国中形胜之地，宜与京都声势相连，方保安全无虞，咳咳……"

"这些父亲何不遗表奏呈圣上？"刘璟问。

"哼，现在胡惟庸一手遮天，遗表何用？一张废纸而已！只有等他垮败后，皇上自然会想起为父。到那时，你就把这几条密奏皇上。"

"胡惟庸会垮败吗？"

"多行不义必自毙！记住，胡惟庸不败，尔等不许入朝为官！"

刘伯温激奋过度，一阵猛咳之后，头一歪，溘然长逝。

"老爷，老爷，你不能走啊！"夫人哭喊着昏厥过去，小夫人章氏忙叫下人去救醒她。

刘琏、刘璟兄弟哭唤着"父亲"！孙儿辈趴在爷爷身上叫唤着"爷爷"！一家人陷入极度悲哀之中……

刘伯温死后月余的一天，小燕王朱棣抱着一个蓝布包袱进宫见父皇和太子。

朱元璋问他："棣儿，你抱的是什么东西？"

"启禀父皇，刘伯温死后，他的大儿子刘琏遵照老父的临终嘱托，亲自带着亡父生前所撰天文、兵法著作的手稿进京，请中书省安排时间面圣。可是不知为什么，他在驿馆里等了五六天，中书省今天推明天，明天推后天，始终没给他安排面圣的时间。他不是朝廷现职官员，又没有参加朝会的机会。实在无奈只好回去，叫他弟弟刘璟进京来找儿臣，托儿臣把这包东西转呈父皇。"

朱元璋面呈诧异："这是怎么回事？中书省只报告刘伯温病逝，并没有提手稿和刘琏进京之事啊。"

"据儿臣揣测，也许有人怀疑刘伯温手稿中夹带着不利于他们的密奏遗疏；而刘琏抵死也不肯将手稿交中书省转呈御览，他们愈益疑心。其实儿臣仔细检查过，包袱中并没有什么夹带，那些不让刘琏面圣的人，不过做贼心虚罢了。"

"岂有此理！这一类事情累累发生，这岂不是存心阻断朕与下面的联系吗？朕查出是何人所为，一定要治他欺君之罪！"朱元璋生气地说，"刘琏现在还在京城吗？朕对刘伯温之死心有歉疚，朕不该把他留在京城驿馆里住那么久。朕很想见见他的儿子们，赐给一定的官爵，以慰亡灵。"

朱棣奏道："刘琏现在仍住在驿馆中，他要等儿臣把手稿送呈父皇后，才回青田父亲坟前禀告亡灵，让老人家在九泉之下得到安慰。"

"如此甚好，速宣刘琏进宫见朕。"

"儿臣遵旨。"

小燕王领着刘琏匆匆进宫来见朱元璋。

刘琏从未见过皇上,但是他从父亲的遭遇中对皇上已经有了相当深刻的认识。他是一个性格孤傲的青年人,他不明白父亲为什么非要把手稿呈交皇上。不过亡父遗命是不能违背的,他必须完成这个任务。

"草民刘琏叩见皇上。"

"贤侄请起,赐座。"朱元璋对刘伯温的遗孤倒是很客气。

"谢皇上。草民不敢坐。"

"朕叫你坐你就坐嘛,有什么敢不敢的!昔日朕跟你父亲有时还争得面红耳赤呢!那时朕对他言听计从,亲密无间。朕对你父亲非常敬重,因为他年纪比朕大十几岁,朕总是叫他老先生,而不直呼其名。"

"皇上恩典,草民父亲非常感激,常对我们兄弟提起。"刘琏的语气仍然是那么平淡,并无半点受宠若惊的意思。

"他临终时说了些什么?对朕没有怨言吗?"

"父亲临终时嘱咐草民,将他平生所著天文、兵法著作手稿,全部封存于石室中。等他入土后,悉数上交万岁,千万不能让后人学这些东西。"

"那是为什么呢?老先生关于天文和兵法的著作,在助朕打天下时起过很大的作用。它们是国之瑰宝啊!正应发扬光大,怎么不让后人学呢?"

"父亲说……"刘琏欲言又止。

朱元璋好奇地催他:"刘老先生是怎么说的?你照说无妨。"

生性耿直的刘琏豁出去了:"父亲说,倘若他不知天文地理,没有术数之长,就不会招致谈洋'王气'之谗。即使有之,皇上也不一定会信。"

"唉,老先生算是说到朕心里去了。惭愧,惭愧!他还说了别的吗?"

"父亲临终时心里还牵系着朝政,他老人家嘱咐草民之弟几件将来要奏闻皇上的事,让他牢记心上。我等问他为何不遗表上奏,他说……"

"老先生是怎么说的?"

"他老人家说,现在有人一手遮天,遗表何用?一张废纸而已。他说要等到某人垮败之日,皇上一定会想起他。到那时,我们才可将这几条密奏皇上。"

朱元璋黯然良久,心中暗自欣慰:纵使如此遭际,刘伯温至死还是忠于他的。因此喟叹道:"刘老先生真是用心良苦啊!刘琏。"

"草民在。"

朱元璋郑重地说:"尔父是我大明的开国勋臣,朕已在吊唁他的诏书中明示由你承袭诚意伯的爵位俸禄。尔弟刘璟也可入朝为官,朕当量才擢用,以慰尔父英灵。你们兄弟可奉母进京,朕当令工部为你们营造府第。尔可继承父亲的遗业,继续研习天文、兵法,将它们发扬光大。尔意如何?"

刘琏离座叩谢道："皇恩浩荡，草民衷心感谢。父亲在世之日，就交待我们兄弟只许在家读书务农，不准入朝为官。今老父辞世，草民更应遵循他老人家的遗训，决不再碰这些东西，更不能入朝为官。请皇上恩准草民即返青田为亡父谨守墓庐，侍奉慈亲。"

"朕若不准你所请呢？"

"草民唯有长跪不起，有死而已。"

"放肆！有这样跟朕说话的吗？"

太子朱标见父皇愠怒，忙出来打圆场："父皇息怒。儿臣觉得刘伯温既临终遗言不许儿子们入朝为官，他们若违拗亡父的遗训是为不孝。我朝以忠孝立国，请父皇恩准其回乡吧。"

燕王朱棣与刘璟素睦，怕他兄弟因忤旨受到惩罚，也委婉地规劝道："刘伯温对父皇忠心耿耿，他认为刘琏等不宜入朝为官一定有他的理由。或许是因为他们生性耿直，缺乏通变能力，恐其耽误了国家的大事。所以儿臣也请父皇不要勉为其难，恩准他回乡下为父守庐，侍奉慈亲。"

朱元璋拂袖而起："好吧，就依你们的。刘琏你回青田去吧，不要让朕再看到你！"

"草民谢皇上恩典。"

刘琏回到驿馆收拾行装，准备回乡。这时，胡惟庸带了一群随从闯进驿馆，刘琏只好出来见他。

"草民刘琏参见丞相。"

胡惟庸一拍桌子，喝道："刘琏，你好大的胆子，竟敢越过中书省，私自去找皇上！"

"禀丞相，草民只是托燕王把父亲的手稿呈交皇上，是皇上自己宣草民进宫的。"刘琏并未被他吓倒，振振有词地回答。

"哼，你是不是在手稿中夹带了什么东西，企图诬害大臣，扰乱朝纲？"

"手稿中没有夹带任何东西，这一点燕王可以作证。"

胡惟庸仍然想以高压手段制服刘琏，"刘琏，你不守法纪，绕过中书省去见皇上。皇上让你留在京城，就是怕你兄弟对朝廷心怀不满，在乡下勾结党羽图谋不轨，你却出言不逊公然抗旨，该当何罪？"

生性刚烈的刘琏忍无可忍，他悲愤交加地指着胡惟庸骂道：

"胡惟庸，你血口喷人，是何居心？难道你害死了我父亲还不够，连我们兄弟也不肯放过吗？"

"大胆狂徒，竟敢污蔑辱骂本相。你等着，我明日就去请旨，治你抗旨和侮骂大臣之罪！驿丞，给我把这狂徒看好，不要让他跑了！"胡惟庸带着随从怒气冲冲地离开了驿馆。

午夜，月光如洗。阴冷的寒光照射在驿馆的天井中。刘琏披着衣在驿馆中这头走到那头，脑海中不停地交替着皇上和胡惟庸叱责着他的影像——

"放肆！有你这样跟朕说话的吗？"

"刘琏，不要让朕再看到你！"

这句话在他耳边不停地轰鸣，声音越来越严厉。皇上的脸也越来越显得怒气冲冲，隐含杀气。

胡惟庸那狼嗥似的尖厉的声音更加刺耳："你等着，我明日就去请旨，治你抗旨和侮骂大臣之罪！"一闭上眼，他就看到胡惟庸面色狰狞，像一只张开血盆大口的狼，想要一口把他吞下去！

刘琏抱住头蹲在地下，但那恶狠狠的声音在他耳边炸响。他像一头走投无路的困兽，撕扯着自己的头发，跟跟跄跄地在天井这头奔到那头。他昏昏沉沉地跌倒了，额头砸在麻石井栏上，立刻沁出了鲜血。

他用手一抹，结果弄成满脸血污。他趴在井沿上，看见井中有一轮皎洁的明月，和自己满是血污变得可怖的脸。

他悲愤交加，跪在井沿上朝南方磕了三个响头。

"父亲，权奸当道，孩儿无能，斗不过他们，孩儿陪伴您来了！"

说完，他把心一横，"扑通"一声从井口栽下去，只剩下一件撕破的衣襟挂在井沿上，在月光下白得吓人。

第十章

君臣联姻

君相联姻，京城最显赫的婚礼

朱元璋为长女临安公主择驸马，竟挑了李善长的长子花花公子李祺。马皇后不解和李家联姻的玄机。"朕既要打他，又要拉他，使他难生篡逆之心。"京城里最为隆重显赫的婚礼。胡惟庸前来祝贺，李善长告诫他"月盈则亏，水满则溢"的道理。

朱元璋很重孝道，登基以后即命在家乡凤阳大建皇陵，把父母、伯父、祖父和曾祖父原来湮没在荒草中的坟墓都找了出来，按照帝皇陵的格局大加修缮。从至今留在凤阳田野中的那些石人石马和神道遗迹即可窥见当时皇陵的盛大规模。

除了修皇陵，朱元璋还想把临濠建成中都，与南京应天、北京开封并称"三都"。他的这一设想曾遭到刘伯温等人的反对，刘伯温认为临濠地瘠民贫，无论地理位置和山川形势，都不具备成为都城的条件。他认为北京应在北平，开封应为中都（后来明成祖朱棣采纳了这一建议，并迁都北平）。但朱元璋固执己见：难道出了我这真龙天子的地方不能建都么？于是他下令迁江南富民十四万户到濠州来种田，并委任赋闲在家的李善长负责营建都城宫室。这对有治国之才的李善长岂非小菜一碟？他陪同朱元璋勘定了宫殿地址，迅速绘制出整套图纸送呈皇上"圣裁"，等到一年后朱元璋率领诸皇子驾幸临濠时，一座占地数千亩包括三大殿和行宫别苑的都城已巍然耸立在濠河之滨，只不过规模略逊于南京的都城而已。朱元璋龙颜大悦，当即对这位被他罢黜的丞相大加赏赏。郁闷了数年的李善长自然为自己与皇上的关系得到改善感到欣慰。颇有讽刺意味的是：他在设计和建造这些宫殿时不时有这样的幻觉，将来坐在殿上的不是朱元璋而是自己！

在临濠都城还发生了一件大事。有一天，朱元璋坐在大殿中，恍惚间似乎听到殿脊有兵刃碰击的厮杀声，颇为迷信的朱元璋以此为不祥之兆，问身边的臣僚他们是怎么看的。

李善长随即奏道："臣闻民间造屋时工匠常使厌镇法，在屋脊安纸人纸马，使屋主不得安宁，不得不许以重金求其解之。陛下是否不吝数千金以效田舍翁？"朱元璋闻言大怒道，"朕把他们的头砍下来，将血洒在殿脊上，还破不了厌镇法吗？"他随即下令将所有营建宫殿的工匠尽都逮捕斩杀，一个不留。圣旨一下，众臣惊骇莫名，但谁都不敢作声。时任工部尚书的薛祥是工程的直接领导人，他从心里埋怨李善长多嘴多舌，导致当地的数千工匠无辜被杀，这是一个多么骇人听闻的血案啊！但圣旨既下他也不能违抗，他只能在造有罪工匠名册时把建殿时交替歇工者和铁、石匠剔除在外，这样侥幸活下来的匠人近千名，而其他数百人则在亲人百姓的哀号痛哭声中被斩在濠河之滨，河水都被染成了红色！

薛祥后来任北平承宣布政使，任职三年政绩斐然，但为胡惟庸所忌，借营建扰民的由头降为嘉兴知府。胡惟庸败亡后，他又被召为工部尚书，可见朱元璋是看重他的才能的。然而一年之后，他竟然因为应对不当被朱元璋当殿杖毙，成为大臣中受廷杖而死的第一人。

李善长因逢迎皇上致令数百名工匠被杀，他在家乡也有些待不住了。此时朱元璋对他的态度突然有了个一百八十度的大转弯。也许是因为胡惟庸权势的无限扩张，"生杀黜陟，或不奏径行"，有些不把他这皇上放在眼里。朱元璋想找一个能制衡胡惟庸的人，他把李善长接回京城，将他的韩国公府修得比原来的丞相府还富丽堂皇。继而在朝廷内外，很多军国重事都让李善长这致仕的丞相参与，更令李善长想不到的是皇上竟然要和他结成儿女亲家。

洪武九年春，朱元璋的长女临安公主年满十六岁了。公主们每天都要到坤宁宫给马皇后请安，这一天临安公主一到，马皇后就搂着她说："唷，真是女大十八变，我们的宝贝女儿越长越漂亮了！"

临安公主羞得满脸通红："母后，你……"

"母后夸你漂亮还不好吗？"马皇后风趣地说，"幸亏你长得像你死去的亲妈，要是像母后这样就嫁不出去了啰！"

"母后，女儿不嫁！女儿永远留在宫中伺候父皇母后。"

"你这孩子又说傻话了！男大当婚，女大当嫁，你今年满十六岁了，是所有公主的老大，你父皇早已在为你挑选驸马。按制要由礼部榜谕，在京官员军民弟子年满十六岁，容貌齐整，行止端庄，有家教者均可报名，司礼内臣于诸王馆会选，然后报由皇上钦定。"

一宫女插话说："唷，娘娘，照这样说，平民百姓也可以当驸马啊！"

"说是这么说，皇家嫁女哪能不讲究门第？戏文里招驸马呢总是选新科状元，金榜题名，洞房花烛，那是何等荣耀！新科状元若是个苦读寒窗数十载的秃顶老头，家里还有糟糠之妻怎么办？照我看，你父皇还是会在众王公大臣的孩子中给你选个出色的女婿，然后办一场盛大的皇家婚礼。"

临安公主哭泣道："母后，无论选什么人，女儿都不愿嫁！母后，您就让女儿终身服侍您吧！"

马皇后见状一惊，忙问道："怎么？临安，你告诉母后，是不是……你心里已有了意中人？"

"不，不是。女儿是觉得……觉得那些王公大臣的少爷，个个是养尊处优，游手好闲惯了，没有什么真才实学；有的经常在外面花天酒地，嫖赌逍遥。要是摊上一个这样的驸马，女儿这一生怎么过呀？"

"不会的，女儿放心。"马皇后安慰她说，"你父皇会认真挑选，选一个家族门当户对、又有真才实学的孩子做你的驸马。你是我们嫁的第一个公主，我们能不慎重吗？"

"母后……"临安公主仍然伏在马皇后身上泣不成声。

"好了，好了！乖女儿，还没嫁就哭成这样，母后真舍不得你离开了。"马皇后替她擦了眼泪，"来，看母后给你准备的嫁妆。"

两天后，朱元璋兴冲冲地走进坤宁宫，弄得马皇后来不及行礼迎接。

"陛下什么事这般高兴啊？"

"临安的婚事终于定下来了。"朱元璋得意地搓着手说。

"陛下选的驸马是谁？"

"李善长的大公子李祺，他将来要承袭韩国公的爵位，总算配得上我们的大公主。"

马皇后担心地说："李善长今年六十三岁了，他的长子年龄已经很大了吧？"

"李祺年龄是偏大了些，但他没正式娶妻，人也长得仪表堂堂。况且他承袭了父亲的文才学识，当了驸马都尉，将来可以为朕所用，办一些特殊的事，比如代表朕外出巡视、赈灾等。"

"臣妾十分不解：陛下不是甚为忌惮李善长在朝臣中的威望，逼他早早告病致仕，解除了他的相权。为什么现在复又恩宠有加，还要和他联姻呢？"

"这你就不懂了。解除他的相权，是为了不让他继续在朝中培植自己的势力。但李善长这个人，即使不在位下面仍然有他的党羽。说句不好听的，他若要谋反仍然有许多人响应附和。所以朕既要打他，又要拉他。与他联姻，给他家一些好处，可以消除他一些怨气，使他难生篡逆之心，老老实实地安度他的余年。"

"难怪陛下不顾李祺的年龄偏大，在外面的名声也不太好。"马皇后埋怨道，"可我们也要为女儿的终身幸福着想啊！"

"放肆！朕为临安选了这样一个富贵之家，将来可以当上一品诰命夫人，难道她还不满意吗？"

"前天臣妾对临安说起这件事，女儿泣不成声，一再说不愿出嫁，要终身服侍父皇母后。后来，我带她去看嫁妆，她对那些珠宝首饰一点也不动心，只是哭个不停。"

朱元璋皱起眉头："是不是她心里有什么人了，又不敢说出来？"

"臣妾也是这样怀疑。后来我找来宁国公主和太子妃常氏盘问，才稍稍问出一点头绪。"

"果真有那样的事？"

"公主府对面就是国子监,宁国说有一名监生和她们渐渐熟了,经常过来和临安讨论学问,还写诗相互唱和。一来二往,临安可能对那监生产生了好感,所以臣妾一提起选驸马的事,她就哭着说不愿嫁;要是知道嫁给李祺,她会更加伤心的。"

"岂有此理!堂堂皇家公主,能嫁给一个监生吗?惹恼了朕,马上降旨将那小子问斩,看谁还敢勾引公主?"

"陛下千万不能这样做,那临安会恨我们一辈子的!"马皇后连忙劝谏道,"还是让臣妾慢慢去说服她忘掉那监生。如果有可能,陛下量才提拔他当个翰林庶吉士什么的,这样临安才会安安心心嫁到李祺去。我们要为孩子着想啊!"

"好吧,朕答应你的要求。临安是个知书达理的孩子,要让她懂得以国家利益为重,不要拂逆父皇的意思。"

"陛下请放心,臣妾会劝慰好她的。但是陛下答应的事一定要做到,千万不能难为那个监生。"

"行了!君无戏言,朕答应你就是。"

夏初的一个吉日,韩国公府门前张灯结彩,鼓乐喧天地迎娶皇家公主。这是京城里最为显赫热闹的一场婚礼。嫁女的是当今皇上,娶媳的是大明第一功臣、重邀圣宠(皇上与他联姻便是明证)的老太师,满朝文武官员哪个不来巴结奉承送上一份厚礼?那些五六品的小官想送礼还轮不上呢。李善长由两个侍女扶着,在大堂里接见前来祝贺的官员们。一旁,管家高声吆喝着报出他们的礼单:

"中书省右丞相胡惟庸贺礼:金钗一对,夜明珠一颗,礼金两千两。"

"吏部尚书刘大人贺礼:珍珠一斛,玉钏一对,礼金五百两。"

"户部左侍郎于大人贺礼:翡翠一双,绣屏一幅,礼金四百两。"

"魏国公徐大将军府贺礼:绫缎四匹,礼金四百两。"

"大都督府李文忠大都督贺礼:玉镯一对,礼金四百两。"

"宋国公汤和将军贺礼:金鸳鸯一对,礼金五百两。"

"工部尚书薛大人贺礼:苏绣彩屏四幅,礼金二百两。"

……

执事的家人抬着那些贺礼,一件件送到李善长面前请他过目。一会儿,大堂中陈列客人贺礼的长桌上。珠光宝气,璀璨生辉,炫得人睁不开眼。

婚礼的高潮是在迎亲队伍回到韩国公府的时候。在震耳欲聋的礼炮声和喜庆欢乐的音乐声中,以公主金册、玉圭及敕封驸马都尉的全套仪仗卤簿为前导,新郎李祺披红挂彩神采奕奕地骑在高头大马上。临安公主的喜轿前后由数十名侍卫保护,两旁各一列宫女随轿。皇后娘娘陪嫁的嫁妆更是琳琅满目,数不胜数,由数十名太监宫女捧着,吸引着满城追着看热闹的妇女羡慕的目光。喜轿后面皇太子前来送亲的车驾更是威风凛凛,尽显皇家风范。燕王朱棣因与临安公主年岁相近,感情深笃,也在王府卫队的护卫下骑在马上来为妹妹送亲。

迎亲队伍到达府门前，经过一套繁琐隆重的唱礼告谢天地祖宗仪式后，新郎至轿前用一根大红彩绸牵出盖着喜帕的公主。公主两边各有一名伴娘（公主的两位大妹妹）扶着。这时礼乐大作，公主轻移莲步跨过一个火盆，步入韩国公府的大门，算是成了李家的人。

接着是更为隆重的拜谒天地祖宗，拜见舅姑及夫妇对拜合卺之礼。李善长夫人早丧，众多的姬妾也没有扶正一个，所以只能孤身一个由两个侍女扶着坐在大堂上接受新夫妇的叩拜。当临安公主娉娉婷婷在他面前跪拜行礼的时候，他那布满沧桑的眼角竟沁出了几滴隐约可见的泪珠。也许此时，他正经历着权势失而复得的喜悦和前途艰难莫测的忧虑交相撞击的复杂心路历程。因为他深知那位喜怒难于捉摸的亲家皇上，始终是他命运的主宰者。

李祺的婚礼之夜，李善长因白天累了，因此没有陪客人饮宴，独自躺在书房的太师椅上休息，只留一名侍女给他捶背。

管家轻悄悄地进来通报："启禀老太师，中书省右丞相胡惟庸求见。"

李善长微微睁开眼睛说："他不是在陪皇太子参加婚宴吗，怎么又进来求见老夫？"

管家说："太子爷坐了一会儿就起驾回宫了，胡相爷起身如厕更衣，借此机会来求见太师。"

李善长想了想："嗯。让他进来吧。"

"是。"

胡惟庸随管家走进书房，侍女奉茶后，李善长示意她们退下。

胡惟庸满脸堆着笑说："学生恭贺恩师与皇上联姻，这在我朝还是头一份荣耀啊！"

李善长不冷不热地回答："多谢相爷光临，又送了那么重的礼，老朽领当不起啊。"

"惭愧，惭愧！要没有恩师的栽培，学生能有今天吗？区区薄礼，聊表心意，不足挂齿。"

"几年未见胡相爷的面了，这些年你独掌中书大权，日理万机，怎还会记得老朽？犬子完婚，要不是碍着皇家的面子，只恐难得相爷大驾光临啊！"李善长说话仍是那么刻薄，丝毫不给胡惟庸面子。

"恩师这样说，实在是折杀学生了。这几年学生蒙圣上宠遇，主持中书省的事务，但无时无刻都是如临深渊，如履薄冰。少来您这里走动，也是遵照恩师的告诫，以免皇上猜疑。学生的苦衷，还望恩师体谅一二。"

"老夫不过说说罢了。不在其位，不谋其政。你要事事来问我，老夫还嫌烦呢。不过我要提醒你，目前你虽圣眷正隆，深得皇上信任，但须知月盈则亏，水满则溢的道理。要知道我们这位皇上可不是省油的灯，高兴时他可以把你捧上三十三层天，但也能一夜将你打入十八层地狱。"

"恩师如此教诲，学生牢记不忘。所以在皇上面前，学生总是诚惶诚恐，谨慎事君。专门拣他爱听的话说，拣他喜欢的事做，以此博得他的信任。"

"喜欢听阿谀奉承歌功颂德的话，这是朱元璋的弱点。你算是抓到了他这个痛处，得到了你想要的东西。不过你背着他做的一些事，比如卖官鬻爵，结党营私，这一切都是埋在你脚底下的火山，一旦爆发就会把你炸得粉身碎骨！"李善长深知在精明的朱元璋面前，胡惟庸是走着危险的钢索，他不得不警告他。果然一听这话，胡惟庸就紧张起来了。

"恩师听到什么风传吗？皇上有没有说过对学生不利的话？"

"哼，朱元璋可是个不露声色的人，吃他的苦头，老夫可说是过来人了！对他你可要多长个心眼，要不哪天掉了脑袋还不知道是怎么回事。"李善长教训胡惟庸一通之后又转换话题道，"听舍弟存义说你将侄女许给了他的儿子李佑，这事定下没有？"

"已经下聘了。恩师觉得此事不妥吗？"

李善长摇摇头："没有。其实此事存义事先也曾和老夫打过招呼。不管怎么样，我们也算是儿女亲家了。今后我们成了拴在一根绳子上的蚂蚱，一荣俱荣，一毁俱毁。老夫只有盼你谨慎行事，好自为之。"

胡惟庸谦恭地答应："学生牢记恩师教诲。"

"婚宴中耳目众多，你不宜在此久留。今后有什么需与老夫商议之事，你通知存义就是，他自会告诉我的。"

"学生记住了。学生告辞。"

李善长告诫胡惟庸"月盈则亏，水满则溢"的道理，不久就戏剧性地在他自己身上得到了应验。

朱元璋操办完临安公主婚礼之后，又抽空驾幸了胡惟庸的相府，在那桃林茅舍之内，与那姓张的看园女孩荒唐了一夜。他毕竟是奔五十岁的人了，桃林野趣固佳，身子骨却受不了，回家即因感染风寒病倒了，一连数日辍朝在宫中休养，一切政事均由皇太子处理。太子朱标已年满二十一岁，朱元璋有意培养他的治国才能，命臣下"政事启太子裁决奏闻"，虽然如此，举凡军国大事和中书省、大都督府、御史台的重要奏疏，朱标总要恭谨而慎重地上奏父皇，酌请圣裁，从不擅作主张。

这天，朱元璋病体稍愈，他又习惯地来到乾清宫御书房。太子朱标忙扶父皇在御座上坐好，并亲自取了一个软垫给他靠背。

"父皇，今天好些了吗？您病体初愈，该多在后宫休息调养，莫太操劳了。"

朱元璋咳嗽两声，说："标儿，国事繁剧，你太年轻了，父皇放心不下啊！今日有什么特别重要的奏疏吗？"

"启奏父皇，今日御史大夫陈宁面呈儿臣一疏，他与汪广洋联名参劾致仕丞相韩国公李善长，说自临安公主下嫁其子李祺，善长狎宠自恣，父皇染病未视朝达十日，他不来问候，有违臣礼。驸马都尉六日不朝，宣于殿前，又不引罪，大不敬。汪广洋还在奏疏中夹有密奏父皇字条，说李善长致仕后心有不甘，利用胡惟庸操纵朝政，胡以侄女嫁善长弟存义之子，联姻后朋比为奸，内外诸司的直呈密疏，胡常先阅与李密商后再呈御览，对他们不利的隐匿不报，蒙蔽圣聪，等等。"

朱元璋有意考验太子的处事能力，问道："标儿，你对此疏是怎样看法？"

太子答道："父皇，陈宁为人素来严刻冷酷，昔日坐事被贬往苏州，他竟移愤于民，尝烧铁烙人肌肤，吏民苦之，人称他为'陈烙铁'。其子孟麟劝谏他，竟被他怒鞭至死，父皇深恶其无情无义。而汪广洋在中书省时与李、胡素有过节，再度被贬之后，对他们自然更生怨恨。故此二人之言，私心重于公愤，难免有夸大之处。儿臣以为，不可全信。"

"唉，标儿呀标儿，你也太老实了！身为储君，你应懂得驭臣之道。你既知父皇深恶陈宁之为人，那么朕为什么还要用他做御史大夫呢？朕就是要利用他的冷酷严刻来劾发他人，发奸举逆，肃清异己。关于汪广洋，他几度进出中书省，显然是受李、胡辈的排挤。难得他对朕不生怨恨，谪配千里之外仍然关心国事，所以朕将其召回，暂任御史大夫。他说的这些决非空穴来风，朕定当设法详察之。必要时朕将恢复其相位，让他仍回中书省，看胡惟庸如何动作。"

生性仁厚而又深受宋濂、孔克仁等礼教熏陶的朱标，确实很难理解这些颇为艰深诡秘的"驭臣之道"，他颇有些无奈地说："儿臣愚钝，难测父皇圣虑。李善长父子失礼之过该如何处理，请父皇圣裁。"

朱元璋略事沉吟，降旨道："尔妹临安公主初嫁李家，谨修妇道，回凤阳谒祖，驸马都尉六日不朝情有可恕。李善长虽已致仕，朕久病不致问候，有失臣礼，可罚削岁禄八百石，以示惩戒。"

"父皇圣明，儿臣即令颁旨。"

桃园邂逅，小燕王一见钟情

秋狩教场比武，小燕王朱棣射落长空飞雁。徐府为爱女妙秀议婚。小增寿邀朱棣花园赏梅，妙秀解诗舞剑，朱棣在假山石后饱餐秀色，一见钟情，"父皇后宫粉黛三千，没有一个比得上她的。"朱棣急着去说服父皇为他向徐达提亲。

朱元璋的儿子们渐渐长大成人了。太子朱标年已二十出头，朱元璋对他的教育培养不遗余力。他登基后即在宫中建大本堂，礼聘四方名儒为太子及诸皇子讲经授史，还选取不少功臣子弟充当伴读。大学士宋濂作为太子师傅更是朝夕相伴耳提而命，是太子成长道路上影响最大的儒臣。朱元璋还任命许多朝廷重臣兼任东宫官，意在他若有事出巡，太子即可临朝监国。洪武四年，朱元璋册封已故大将常遇春之女为太子妃，算是对这位叱咤风云的肱股之臣一种报偿。朱标满二十岁后，朱元璋即诏谕群臣："今后政事并启太子处分，然后奏闻。"他还以自己的勤政不息来教训太子朱标，说："我自有天下以来，丝毫不敢懈怠或贪图安逸，惟恐处理朝廷大事有失当之处，辜负了上苍的托付。我每天顶着星星上朝，直到夜深才能就寝，这都是你亲眼看到的。你若是能照这样做，就是天下百姓之福！"

对于其他皇子，朱元璋花的心血固然没有花在太子身上多。但眼见他们年岁日长，很快就要到自己的封国就藩了。他们的学识、品德如何？有无治国的本领？都是他极为担心的。尤以北方秦、晋、燕三藩，地处边陲，担负着抵御蒙元余孽、拱卫边疆的任务，他们自身的武功、骑射本领如何，都是至关重要的。作为一个马上得天下的皇帝，他不能不担心因为承平日久，他的武臣们会在骄奢淫逸的生活中丧失领兵作战的锐气。而他们的后代，那班从未经历战斗的少爷公子能否继承父辈的家传，为国效命疆场更是一大疑问。在大本堂，皇子们和伴读的功臣子弟都要练习骑射，他们学习的成绩到底怎样，朱元璋要仿效古代"大射"之礼，搞一次校场比武来检验。

一个深秋的上午，秋风萧瑟，京郊演武校场旌旗密布，数以千计的士兵排列在校场四周，甲仗鲜明、军容严整。

这一天，朱元璋一身戎装在徐达、李文忠等将领陪同下来到校场，士兵们立刻高举兵器欢呼："万岁！""万岁！""万岁！"那此起彼落、排山倒海的欢呼声，令朱元璋仿佛回到昔日的战场，心情极为昂奋。他在阅兵台中央的御座上坐定，一挥手，示意诸王及功臣子弟骑射比武开始。

三声号炮响过，在四面龙幡和六面王旗的引导下，太子朱标率领秦晋燕吴楚等五位藩王戎装骑马鱼贯入场，后面跟着参加比武的其他功臣子弟。进入青年期的皇子们在马上个个英姿勃发，着实令朱元璋感到高兴，接下来就看他们在比武中有什么出色的表现了。

校场北面设有祭坛，比武前，礼官引导太子诸王依次行礼致祭。祭礼毕，诸王及参加比武的功臣子弟齐集阅兵台前听令。

大都督李文忠在恭请圣谕后，至阅兵台前大声宣布："太子诸王及功臣子弟骑射比赛开始，成绩优胜者皇上钦赐重赏！"

参赛者一齐躬身高呼："领旨！"

比赛开始，在校场左侧设有箭靶，射程为九十步。箭靶的鹄饰按等级分为：太子熊鹄五彩，亲王虎鹄五彩，一、二品功臣子弟豹鹄四彩，三至五品狐鹄三彩，以下布鹄无彩。鼓乐声中，太子朱标率先骑马登场。士兵们立即有节奏地高呼："太子殿下，千岁千千岁！"为他壮势助威。朱标身着杏黄色袍甲，头顶缨冠，英武中透着几分儒雅之气。他先是勒马徐行，继而由慢跑到急驰，在校场跑一圈之后，在插有两面标志小旗的发射区内弯弓搭箭，朝远处的箭靶射去，只见靶旁擎着护盾的报靶官举起了白旗，表示此箭未中。

太子尴尬地摇了摇头，纵马又跑一圈，引弓再射，又是一面白旗！太子红着脸朝阅兵台父皇那边看看，又跑一圈，这次他不敢再在驰骋中施射，在发射区勒马站定，瞄准鹄靶将箭射出，总算射中靶边，报靶官立即高举红旗，士兵们爆发出一阵欢呼。太子受到鼓舞，最后一箭居然在引缰慢跑中射中靶心。士兵们随即高呼："太子殿下千岁千千岁！"站在校场中待命的诸皇子和功臣子弟也鼓掌叫好。

太子四箭射完，驰至阅兵台前下马，至父皇御前红着脸复命道："儿臣学艺不精，四箭中二，请父皇责罚。"

朱元璋摇摇头道："什么四箭中二？你那一箭只沾一点边。身为储君，武备不修，将来如何治国？"

大将军徐达连忙出来打圆场："太子殿下少年儒雅，与儒臣们讲经论史的时候多些，又兼到中书省见习视事和批阅奏章，骑射疏于练习，这也难为他了。"

朱元璋道："徐皇兄，文忠，以后你们出征，叫太子跟你们到战场上去见见世面，也让他见识见识打仗是怎么回事。"

李文忠欠身道："臣遵旨。以后甥臣出征，就请太子殿下去监军。"

"下去吧。"朱元璋对太子说，"看看弟弟们射得怎样。"

"儿臣遵旨。"朱标赶紧红着脸下了阅兵台。

第二个上场的是秦王朱樉，他武功娴熟，射术甚精，校场上不时响起士兵们的欢呼声。不一会儿，他到阅兵台上来复命。

"启禀父皇，儿臣四箭全中。"

徐达在一旁夸赞说："秦王射术甚精，武功娴熟，这是吾主之福啊！"

朱元璋道："罢了，下去领赏去吧。"

"谢父皇。"

接下来是晋王朱棡表演骑射，性子急躁的他把马骑得飞快，前三箭均射中靶子，满场的喝彩声让他冲昏了头脑。他心想射这种竖在那里的死靶有什么意思，一闪念间他弯弓搭箭，恶作剧地瞄准了靶鹄旁的报靶官，箭矢"嗖嗖嗖"直奔他的面门而去！

"不好！"在士兵们的惊呼声中，报靶官慌忙举起盾牌遮挡。"当"的一声，箭矢深深地钉在盾牌上，那报靶官顿时吓得脸色煞白。

朱棡满不在乎地来到阅兵台复命。

"启禀父皇，儿臣四箭中三。"

"哼，四箭中三，还差点射杀一个活人！顽劣如此，你还有个藩王的样子吗？"看了刚才那惊险的一幕，朱元璋显然很不高兴。

徐达也语重心长地说："晋王殿下，为将者必须爱兵如子，将士才能用命。我等跟随圣上征战十余载，大小数百战，要不是士兵们舍命拼杀，血洒战场，哪有今日之天下？所以贤侄一定要爱惜下人，千万不能草菅人命啊！"

"听到没有？"朱元璋气呼呼地说。

"儿臣……知罪。"朱棡只得认错。

"下去吧。"

"儿臣告退。"

这时，燕王朱棣开始表演。他已年满十七岁，少年英俊的他骑在马上一亮相，立刻博得满堂喝彩。他纵马疾驰三圈，连连射中靶心。报靶官红旗频举，士兵们欢呼不绝。第四圈，他于疾驰中背对箭靶，反身一箭，居然又中靶心。全场顿时欢声雷动，李文忠和徐达也鼓掌叫好。

燕王骑马至阅兵台前，刚要下马上台复命，恰好天空一阵雁鸣，一群秋雁排成人字队形从校场上空飞过。朱元璋一时兴起，说："棣儿，你能射那头雁么？"

燕王在马上抱拳领命："儿臣领旨。"

说话间他催马急驰几步，追赶飞过头顶的雁群，快到校场西头，只见他把弓张得满满的,"嗖"的一声,箭矢恍如流星直上云霄。只见那只领头的大雁像断线的风筝在空中翻了几个筋头,"噗"的一声掉在校场边上的壕沟里。

几个士兵抢着跳进壕沟里捞起那只带箭的大雁,刚爬上来就被带队的士官一把夺过来,提到阅兵台前去报喜。

"恭喜万岁,燕王殿下射中头雁。"

李文忠命令道:"拿上来,下去领赏。"

这时,燕王下马前来复命。

"启禀父皇,儿臣四箭皆中,还射中一只飞雁。"

李文忠笑着对朱元璋说:"舅皇,燕王表弟少年英雄,武艺出众,可喜可贺!"

徐达也说:"是啊,四殿下不仅骑射精湛,平日还勤读兵法,将来一定是个文武全能的帅才。"

朱元璋捻着胡须,颇为得意地说:"朕将他封于燕地,那里是抗击残元前哨,若不能领兵御敌行么?徐皇兄,我就将棣儿交给你了,你要能把他调教成才,朕将重重地谢你。"

徐达躬身道:"皇恩浩荡,微臣敢不从命?"

"棣儿,下去领赏吧。"

"谢父皇。"

魏国公府的花厅内,十四岁的四少爷徐增寿在跟姐姐妙秀下象棋,徐夫人一面督促丫环做着女红,一面慈爱地看着一双儿女。

姐弟俩在棋盘上摆好棋子,增寿伸手拿掉红方的双车,赖皮地说:

"姐,这一盘你让我双车,我一定要赢你!"

"耍赖!哪有下棋让双车的?"妙秀竖起好看的双眉,娇嗔道,"爹爹教你兵法是怎么学的?把两个主将去了,这仗还能打吗?"

"谁叫你比我大呀!大一岁让一车,大两岁让双车,正好。"

"不行!最多让一车一卒。耍赖不跟你玩!"

增寿涎着脸软磨硬泡:"好姐姐,你是女诸生,琴棋书画样样行,闭着眼也能赢我呀!好好好,让一车一马,就这么定了。"

"小赖皮!"妙秀无奈地一笑,俏脸上露出一对浅浅的酒窝。

姐弟俩开始弈棋,徐夫人在一旁端详着长得如花似玉的女儿,越看越爱,但一想女儿年已及笄,尚待字闺中,不禁又为她的婚事犯愁。

"四儿,你爹爹今天去哪里了?"夫人问增寿。

"妈!别打岔!"增寿不耐烦地直摇手,"二姐她车马双炮都杀过来了,二鬼拍门呢!"

"看你老帅往哪里逃?"妙秀得意地说,"母亲,爹爹奉万岁旨意,今天去大都督府商议军事,一时半会不回来了。将!"

增寿目瞪口呆:"这……这一步不算,我重走。"

"看你怎么耍赖?再将!"

眼看自己老帅走投无路了，增寿赖皮地拨乱棋子，涨红着脸说："这盘不算！这盘不算！"

徐夫人慈爱地笑着说："四儿，你爹爹都下不过你姐姐，你那几步猫抓的棋差远去了。别下了，过来陪妈说说话儿。"

增寿对姐姐做个鬼脸："哼，我斗不过你，赶明儿给你找个厉害的姑爷，制你！"

"你个混蛋小子！"妙秀羞得满脸通红地追打增寿，增寿躲到母亲身后。

"好了，别闹了。四儿，娘正为你姐姐的婚事发愁呢！"

"娘，你！"妙秀娇羞地对母亲不依。

徐夫人爱怜地牵着女儿的手说："男大当婚，女大当嫁，这没什么好害羞的。乖女，你也到议婚的年龄了，你爹说要给你找一个般配的好人家，可他却老没动静，把我都急死了。"

妙秀赖在母亲身上："娘，女儿不嫁，我在家里陪你多好！"

"胡说！娘担心的是你择非其人。像我们这等人家的女儿，嫁的不是皇室就是公侯世家。四儿，在你们皇家学馆里，有什么出类拔萃的男孩子？"

"照儿子看，只有四殿下和姐姐最般配了。"提起好朋友小燕王，增寿就来劲了，"他浓眉剑目，身材魁梧，仪表堂堂。在学馆里，爹爹讲的兵法他学得最好，骑射也数他最精。上次在演武场还射下一只空中的大雁。馆里的老先生都夸他文韬武略，有帝王之才。"

"四殿下今年几岁了？"

"十七岁。正好大姐姐一岁。"

"皇上可曾为他册妃？"

"还没有呢。不过……"增寿迟疑了一下，"糟了！若姐姐跟皇室议婚，还轮不到四殿下。"

"为什么？"

"娘，你想想看，姐姐是我们徐家长女，若与皇家联姻，从长不从幼。现太子妃已册常遇春之女，秦王已娶王保保之妹，以下就轮到晋王了。他呀，可是个脾气暴戾、喜怒无常的小霸王，王府里的下人经常被他打得半死。姐姐若被册封为晋王妃，那可有罪受了！"

妙秀一听花容失色："娘，女儿就是不嫁！"

徐夫人愁容满面地说："一旦皇上册封了，你爹爹决不敢抗旨不遵。这便如何是好！"

妙秀又羞又恼地掩面跑回自己的闺房去了。

"秀儿……"徐夫人忙叫身边丫环，"快去照顾小姐。"

这时，调皮的增寿倒卖起关子来了："娘，若要促成姐姐和四殿下的婚事，孩儿倒是有个主意，你爱不爱听？"

"小祖宗，你快快讲来。"

"四殿下对孩儿说过，他若选妃，一定要选一个既美貌又有才气的女子，最好是文武全才。这样的条件，除了姐姐还有谁配？但四殿下从未见过姐姐，若他一见倾心，必然全力求皇上赐婚。四殿下处事刚毅有谋，只要他想做的事，没有办不到的。"

"那你哪一天请四殿下到我家来，让娘仔细看看他。以前皇上驾临时，身旁一大堆皇子，我也闹不清谁是谁。"

"娘，是让他来相姐姐，不是让你相女婿。"

"那还不是一码事。不管他什么龙子龙孙，像你说的那个脾气暴戾爱打人的晋王，我还看不上呢！"

"四殿下保准您一见就喜欢，不信你问爹爹。"

"如此就好，快去请他来。不过四儿，此事不能让你姐姐知道，她会难为情的。"徐夫人狡黠地说，"他俩只能在花园里偶然碰上，知道吗？"

"娘，谁都没有你狡猾，嘻嘻！"

第二天，在皇家学馆里，徐增寿对燕王朱棣说："四殿下，今日宋老夫子染疾缺课，让我们自习经文。我家花园里红梅盛开，煞是好看，你想去看看吗？"

"噢，还是原来吴王府那个花园吗？"燕王问。

"是的，是的。"

"小时候，父皇带我在假山旁植了两株梅树。"燕王回忆道，"就在那鬼脸石旁边，不知开花了没有？"

"开花了，开了！是两株红梅，开得可旺呢。"增寿兴奋地说。

"好，我们马上就去。"

跟班小厮给他俩牵过马来，二人一同上马离开了学馆。

魏国公府花园原来是吴王宫的御花园，面积很大，有荷池、亭榭、回廊、假山等。还有一片很大的梅园，几十株梅树错落有致，红梅白梅开得异常绚丽。徐增寿陪燕王径直来到花园，在梅林中徜徉观赏。

燕王果然在假山的鬼脸石旁找到他幼时栽植的梅树，他抚着粗壮的树干动情地说："看，我栽植的就是这两株梅树，当年我在树下埋了颗石头做记号，果然还在呢。亭子旁那几株是父皇亲手植的，花开得多茂盛啊！哪天要徐皇叔奏请父皇前来观赏。"

"四殿下有好多年没到这园子里来了吧？"

"是啊，我是在这园子里长大的。自从洪武二年新宫建成，我们从这旧王宫里搬出去，将近八个年头了。以前虽随父皇来过几次，只是在议事厅与徐皇叔叙谈议事，很少来园子里。今日可要好好看看。"

"啊唷！"徐增寿突然皱起眉头按着小腹叫了一声，"四殿下，今日我不知吃了什么东西，有点闹肚子，要去方便一下。还要去膳房交待一下，做几个你喜欢的菜，中午等爹爹回来，我们好好陪你喝几杯酒。"

"好，你去吧。我自己在园子里走走就是。"

"要不要派个小厮侍候四殿下？"

"不用了。大白天的，这园子里总没有什么仙狐鬼怪吧？"燕王笑着说。

增寿调皮地做了个鬼脸："说不定啊！也许梅园里有个动了凡心的梅花仙子在等着殿下呢。"

"梅花仙子？那正好啊！我就把她带回宫去，奏请父皇册封为梅妃。哈哈哈！"

"四殿下，那我告辞了。"

增寿匆匆离去，燕王独自在园子里各处溜达，追寻自己儿时的踪迹。行至假山后面的荷池边，他瞧见池边亭子里有三个穿红着绿的女孩子。他意识到自己闯入了人家闺阁女儿活动的地盘，让她们发现岂不失礼？于是选一个假山的隐蔽处藏身起来。

原来凉亭里是徐家二小姐妙秀在教五岁的幼妹妙锦阅读《诗经》，另一个是她的三妹妙玉。

小妹妹扎着一对羊角辫子，捧着书本，摇头晃脑地吟诵着："关关雎鸠，在河之洲。窈窕淑女，君子好逑……姐姐，这是什么意思，你讲给我听听。"

"这首诗是《诗经·国风》的首篇，《国风》是春秋时流行的民谣总集。你看，这寥寥四句话，看似平淡，却用比兴手法，写出了很美的意境。所以流传千年不衰，被历代文人引为经典。"妙秀认真地给妹妹讲解，她的声音远远传到燕王耳中，宛如莺鸣燕啭，令人陶醉。

"关关雎鸠是什么意思？"小妙锦抬起头问。

"雎鸠是一种水鸟，大概指鸳鸯鸟吧。这种鸟总是成双成对地在河流中嬉戏，唱歌鸣叫互相吸引。后面两句就是用求偶的鸳鸯比喻世上的美丽女子，总是得到男子的追求。"

妙锦天真地问："女孩子可以和女孩子玩嘛，干嘛要男孩子来追呀？"

情窦初开的妙秀被她问得脸红了，只得搪塞道："你还小，不懂这些。"

"姐姐，你已经长大了，又长得这么漂亮，有君子来求你吗？"

"不许瞎说！"妙秀打了她一下，"快把这首诗背熟，晚上娘要考你的。"

妙锦无奈，继续咿咿呀呀地背诗，刚背了两遍就哈欠大作。

"姐姐，困死了！休息一会儿。要不你舞一回剑给我看好吗？我最爱看你舞剑了。"

听说舞剑，在一旁看书的妙玉也来劲了："大姐，你教给我吹箫，我也学会几个曲子了，你舞剑我给你伴奏。"

妙锦立即拍掌叫好："好好好！二姐吹箫，大姐舞剑，待会儿我学青蛙叫给你们听。"

妙秀无奈只得答应："唉，缠不过你这调皮鬼。妙玉，你去取剑来。"

妙玉跑回闺房，不一会取来宝剑和管箫。她们来到凉亭外的空地上。妙玉试了一下音，吹奏一曲岳飞的《满江红》，妙秀和着乐声舞起了宝剑。她由徐而疾，腾挪纵跃，舞姿刚健优美，全无脂粉气息。剑光闪闪，剑风飒飒。小妹妙锦跺着脚鼓掌叫好，燕王躲在假山后面也看呆了，情不自禁地跟着鼓掌叫起好来。

"好！好剑法！"

听见一个男人的声音，妙秀连忙收好剑，警惕地问："什么人？"

燕王尴尬地从假山后走出来，深深一躬道："小王……朱棣，令弟增寿约我来赏梅，偶见小姐舞剑，多有唐突，望乞恕罪。"

妙秀慌忙拉了妙玉一把，两人行万福礼道："民女徐妙秀（玉）叩见千岁殿下。"

"两位小姐免礼。这位小妹妹是……"

"这是幼妹妙锦。小妹快来见过四殿下。"

"四殿下？"小妙锦仰视着高大的朱棣，天真地问："你就是燕王哥哥？我四哥常说起你，你真的能从老高老高的天上把大雁射下来吗？"

"嘿嘿嘿。小王惭愧。"朱棣讪讪地和小妙锦搭话，一双眼睛却只顾朝妙秀这边看。她因为刚舞罢剑，满脸红晕，娇喘吁吁，酥胸起伏，显得格外娇媚动人。燕王朝妙秀一揖，道："朱棣久闻小姐饱读诗书，是个女诸生，今日见你解诗舞剑，堪称文武全才，更令小王折服。"

"承蒙殿下夸奖，民女实在汗颜。"妙秀红着脸低头万福，却不忘秋波流转，暗地偷偷打量朱棣。

这时，增寿突然像从地底里冒出来一样出现在他们面前。

"二姐，你们见过四殿下了？好好好！四殿下，你也见过不少王公贵族小姐，你觉得我二姐长得如何？"

"四弟！你……"妙秀娇嗔地打了增寿一下，脸上又泛起了红晕。

"令姐天生丽质，无人可及啊！"燕王由衷地赞叹说，"哪怕父皇后宫粉黛三千，我敢说没有一个比得上她的。"

"如此就好！如此就好！"增寿一连叠声地说，"四殿下，爹爹已经回府，请你到前厅叙话。"

"两位小姐，小王告辞了。"朱棣恋恋不舍地看着妙秀，久久不舍离去。

"喂，还有我呢！"见燕王没跟自己打招呼，小妹妙锦不高兴了。

朱棣忙回头跟她搭话，可眼光仍留在妙秀身上："啊，小妹妹，改日我再来带你到宫里去玩，皇后娘娘一定会非常喜欢你。"

"燕王哥哥，你说话可要算数啊。"小妙锦伸出胖乎乎的指头，"来，我们拉钩。"

"小妹，别胡闹！"妙秀过来拉住小妹，含情脉脉地对燕王说，"四殿下好走。"

小妙锦仍不依地说："燕王哥哥，你什么时候再来看我们？"

"小妹放心，我一定会来的。"朱棣这话与其是对天真的妙锦说，不如说是讲给旁边那个心仪的美丽少女听的。

心有灵犀的妙秀扶着小妹，含情脉脉地目送燕王离去。

转过花园小径，伊人倩影已从眼帘消失，朱棣急切地问增寿道："你二姐今年几岁？"

"她今年十六岁，刚好比四殿下小一岁。"

"令姐可曾许配人家？"

增寿见他这般猴急，故意卖关子说："因二姐素有文名，王公大臣多有来向父亲求亲的，像信国公汤和的公子、大学士宋濂的令侄，等等。只是阿姐眼界甚高，一定要找一个倜傥不群、文武全才的夫婿，因此委而未决，至今尚待字闺中。"

朱棣情急也顾不得辞令了，直挺挺地问："你看小王配得上令姐么？"

增寿受宠若惊地说："啊呀，若得四殿下青睐，阿姐幸甚！我们全家幸甚！"

"那小王回去就奏请父皇向徐皇叔提亲啰！"燕王兴致勃勃地说。

"啊呀不好！"增寿故意一惊一乍，弄得朱棣一颗心七上八下地悬着。

"怎么啦？"

"三殿下晋王尚未册妃，皇室议亲，哪有先幼后长之理？若是许配给晋王，阿姐是不会愿意的。还不如答应了宋家或汤家的好。"

"不，不！我自有办法说服父皇为小王提亲，你们静候佳音就是。"

"四殿下可要快些啊，若收了人家的聘礼就不好办了。"

"你放心，我即去奏明父皇，尽快到你家来求亲。"

玄武湖赏雪提亲，燕王纳妃

朱棣求父皇向徐府提亲，朱元璋与马皇后商议此事。徐达陪皇上游玄武湖赏雪下棋，朱元璋为朱棣求亲，徐达感激涕零谢恩。朱元璋令朱棣拜见岳父。燕王亲率王府官属往魏国公府迎亲。洞房之夜，燕王捧起新娘俏脸，深情地吻着。

时值隆冬岁末，室外已是瑞雪飘飞，一片银装素裹的世界。乾清宫帷幕低垂，挡住由宫门外袭进的寒风。几个有盖的大铜火炉里燃着熊熊的炭火，宫室内温暖如春。朱元璋披着轻裘软服，忙着在御书房里批阅奏章。

燕王朱棣在宫内外仔细抖掉朝靴上的积雪，走了进来。

"儿臣给父皇请安。"

朱元璋头也没有抬，随口说："罢了。一旁坐下，等朕看完这件奏疏与你说话。"

"是。"

朱棣坐在一旁观察戴着老花眼镜认真阅读奏章的父皇，见他两鬓斑白，突出的额头皱纹明显增多，背也有些佝偻。这位叱咤风云的皇帝这两年已明显见老了。

朱棣候父皇读完奏章，认真写好了几行朱批，（因为批的奏章太多，他也顾不得字迹工整不工整，一路龙飞凤舞写下去。不过大体能让人看得清，不致发生讹误）他才开始说话。

"父皇，您不是已颁令今后政事启皇太子裁决然后奏闻，这些奏章让大皇兄批阅好了。近来父皇圣躬违和，毕竟岁月不饶人，您已经是五十岁出头的人了。儿臣以为，父皇还多注意休息，少操心国事，保养圣体安康才好。"

朱元璋把批好的奏章放好，揉揉眼角。儿子对他的关怀体贴使他甚感欣慰。

"四儿，父皇自登基以来，勤于政事，未敢稍有懈怠。每日戴星而出，夜深方寝，防微杜渐，如履薄冰。纵如此犹恐未尽到君主之责。你大皇兄虽渐年长，然其毕竟缺少处理军国大事的经验。且他秉性仁厚，对臣下难免宽恕有余而严厉不足，容易为屑小所乘。所以朕不得不亲自处理一些重要的政务，以免贻误国家大事。"

朱棣歉疚地自责道："父皇殚精竭虑为国操劳，儿臣不能为父皇分忧，深感惭愧。"

朱元璋叹了口气，说："唉，父皇只盼你们兄弟迅速长大成人，年满二十岁就藩自己的封国，以为朝廷的屏卫。"接着他转换话题说："四儿，你今年已十七岁了，册立王妃之事也该提到日程上来了。皇家择媳，自然要讲究门第，依父皇之意，最好能与跟朕一起打天下的功臣将帅联姻。像你大皇兄已娶已故开平王常遇春之女为太子妃。这是朕最为得意的一桩婚事，只有这样方堪慰开平王英灵于地下！你二哥娶了前元丞相王保保之妹为妃，这是一个特例，朕仍然准备册封邓愈之女为其次妃。以下就轮到你了，你自己在诸王公大臣的千金中看中什么人没有？父皇可尽量选你所爱予以册封。"

朱棣原本为此而来，正在忖度如何启齿，难得父皇主动提及此事，他那份高兴就不用说了，忙开口奏道："儿臣久闻徐皇叔长女贤淑识礼，且酷爱读书，有女诸生之称。儿臣武备尚修，而文采稍逊，若得此女为妇，相得益彰，必有助儿臣未来之藩业。有此亲缘关系，父皇与徐皇叔及诸将的君臣之谊也会更加密切。"

"徐女你可曾见过？长相如何？"朱元璋问。

"儿臣曾在徐府花园见过一面。其端庄秀丽，举止温柔，颇具大家风范，令儿臣甚为心仪。"

听朱棣这样说，朱元璋颇为高兴："如此甚好。待与你母后商议过后，朕亲自向徐达提亲。你徐皇叔素来看重你，一定会高兴地承旨结下这门亲事。"

父皇这一关轻易地过了，朱棣兴奋得朝他叩了一个响头："儿臣叩谢父皇恩典。"

这天夜里，朱元璋没有临幸诸宠妃，径直来到坤宁宫马皇后这里。整日辛劳使他神情怠倦，疲态尽显。马皇后极尽温柔地亲自为他奉上香茗，关切地说道：

"陛下为国事日夜操劳，未尝稍歇，臣妾心甚不安。"

朱元璋抿了一口茶，笑笑说："皇后总摄六宫，还要为我们众多皇儿之事操心，也不比朕轻松呀！忆往昔战争年月，你我出生入死，历尽艰辛。谁知今日天下既定，仍然难得有清闲的日子。看来我们是天生劳碌的命。"

"确实最让臣妾操心的是我们的这些皇儿们。眼看他们一天天长大成人了，婚姻大事是当务之急。三儿四儿已经十七八岁，该为他们册妃了。"

"朕正为此事要与你商量呢。"朱元璋说，"徐达长女比四儿小一岁，自幼文静贤淑，喜爱读书，人称'女诸生'，且端庄秀美，与四儿极为相配。朕有意册封徐女为燕王妃，你觉得怎么样？"他有意未提是朱棣自己看中徐女的，怕马皇后不高兴。

"今年春节魏国公夫人率合府女眷进宫贺拜时，臣妾曾见此女，礼仪举止确有大家风范。但徐达功高，为众将之首，其长女应为皇家长媳，才不屈待了她。"

"此理固然不错。"朱元璋点头道，"但标儿已娶常遇春之女为太子妃，樉儿也已娶前元丞相王保保之妹，总不能让徐女屈居偏房吧？"

徐家姑娘马皇后固然满意，但她又有所顾虑："皇家择媳，从长不从幼，三儿不是还未册妃吗？"

"枫儿？他性情暴戾，动辄打人杀人，决不能让他娶功臣之女，以免伤了君臣和气。"

马皇后点头道："陛下所虑极是。不过毕竟长幼有序，还是从速为三儿册妃为好。"

朱元璋胸有成竹地说："朕正为他物色民间淑女，届时一并册封就是。"

元宵临近，乾清宫内张灯结彩，喜气洋洋。朱元璋心里记挂着提亲的事。开春以后，他在太子的陪伴下用过早膳，推开窗户一看，外面天气晴好，雪景盈窗。

"标儿，今日天色放晴，玄武湖的雪景一定很美，你传谕四弟五弟，陪朕去玄武湖赏雪。"

难得父皇有兴致出外走走，朱标自然高兴，立即命内侍速传旨备好御辇及仪仗侍卫，皇上要驾幸玄武湖。

朱元璋又下一道口谕："宣魏国公徐达父子至玄武湖伴驾赏雪。"

内侍忙去传旨。太子说："儿臣去宣四弟五弟。"

朱元璋道："去吧。"

皇帝御辇在仪仗护卫下驾临玄武湖，太子乘轿，燕王、吴王骑马跟随其后。

雪后晴空的玄武湖银装素裹，风光绮丽。沿湖四周站满了荷枪执戟的士兵。皇上要来游园，所有的闲杂人等都驱走了，只有魏国公一家人在湖畔亭候驾。御辇到达时，徐达率三个儿子跪在道旁。

"臣徐达率犬子恭迎圣驾，吾皇万岁万万岁！"

朱元璋命内侍扶起徐达。

"徐皇兄，今日雪后初晴，景色如此赏心悦目，你我难得有闲，今日定要好好放松放松。"

徐达扶朱元璋步至亭内坐下，奏道："托陛下洪福，今冬江南普降瑞雪，来年定是个丰收年。五谷丰登，百姓的日子就好过了。"

朱元璋点点头，道："民富则国强，这几年府库逐渐充盈，蓄贮亦略有余。虽间有水旱为虐，亦能及时赈济。又赖卿及诸将勤勉备边，拒敌于国门之外，百姓得以安居乐业，令朕甚为欣慰。"

徐达欠身道："为国效劳，忠勤王事，微臣责无旁贷。"

"徐皇兄，我们很久未曾下棋了。面对此银装素裹的雪景，朕心情格外舒畅，今日喜得宽余，你我对弈一局何如？"朱元璋兴致勃勃地说。

"臣乐于从命，只是如此良辰美景，让太子殿下和两位王爷陪我们下棋，岂不太枯燥了。"

于是，朱元璋对皇子们说："你们自去观赏雪景吧，不必陪着我们。"

众皇子自然高兴地承旨。徐达随即对他的儿子们说："允恭、增寿、膺绪，你们陪三位殿下去湖上赏雪，小心服侍太子。"

"孩儿们知道了。"

年轻人离开后，内侍在亭内的石桌上铺上绣垫，摆上纹枰棋子，焚香伺候。朱元璋和徐达君臣二人开始对弈起来。徐达运棋如行兵，时有杀着，弄得朱元璋调兵遣将穷于应付，严冬之际居然急得浑身燥热起来。徐达看在眼里，皇上争强好胜的脾气他是知道的，于是在不经意间下了两步臭棋，棋势立刻大变。朱元璋顿时神采飞扬，运子咄咄逼人。徐达稍做抵抗后，适时推枰认输。

"哈哈哈！徐皇兄就认输了，这回该不是故意让棋于朕吧？"朱元璋趾高气扬地说。

徐达连连扬手，说："不，不，陛下棋艺精进，气势如虹，臣已不是陛下对手了。"

内侍奉上银耳燕窝、香茗瓜果。君臣二人一面赏雪，一面看燕王等在雪地里游玩嬉戏。

这时，朱元璋开始了此次游湖赏雪的主旨谈话。

"徐皇兄，朕有一事欲与你相商。朕与皇兄，布衣之交，故乡同里。自古以来，君臣相契便可结成姻亲，卿之长女与朕四儿年貌相当，朱棣又是卿之爱徒，朕有意册封汝女为燕王妃，不知卿意下如何？"

闻听此言，徐达深感意外，他一面嗫嚅着答话，一面起身谢恩："如此甚好！如此甚好！臣遵旨谢恩。"

朱元璋一把将他扶起，大笑道："哈哈哈！从今以后，朕与卿不仅是兄弟、故交，更是儿女亲家了。"

徐达受此宠遇，不禁老泪纵横："承蒙陛下抬爱，臣感激涕零！"

朱元璋命内侍："宣众皇子。"

不一会，太子率众皇子及徐氏兄弟鱼贯进入亭内。

朱元璋宣布："四儿，你徐皇叔已答应将长女妙秀许配与你为妃，快叩见岳父大人。"

年轻人一听此消息惊喜莫名，调皮的增寿一把将朱棣推出来，"快叩头呀！"

朱棣有些腼腆地叩下去："徐皇叔……"

朱元璋立即叱道："怎么，还是徐皇叔？"

朱棣面红耳赤地更正道："不……岳父大人，请受小婿一拜。"

在大家欢乐的哄笑声中，徐达忙将爱婿扶起，又命他的三个儿子道："允恭、增寿、膺绪，还不叩谢皇恩？"

允恭等连忙跪倒在地，"谢主隆恩！"

"哈哈哈！都起来吧。"

增寿把朱棣拉到一旁说着悄悄话。

"四殿下，以后小弟要改口叫你姐夫了。"

朱棣附在他耳边说："我说过父皇会答应的，如何？"

"嘻嘻，姐夫料事如神，小弟心悦诚服。"

燕王婚期定在春光明媚的三月天。这天清晨，燕王亲率王府官属前往魏国公府迎亲。从燕王府到魏国公府的街道两旁，插着彩旗，站满卫兵。迎亲队伍以王旗、仪仗、执事为前导，燕王冠冕披红骑在高头大马上，在左右相、傅及长史等臣属簇拥下缓缓徐行，两旁有数十名勇俊威武的护卫护驾。后面紧跟着迎亲乐队，迎娶王妃的凤辇、奉礼、司仪、宫人等，浩浩荡荡逶迤一里有余。

皇家娶亲，沿途的官衙店铺，谁敢不来奉承？迎亲队伍一到，家家张灯结彩，燃放鞭炮以示庆贺。市民们均拥立街道两旁，摩肩接踵地争看皇家迎亲盛典，瞻仰燕王威仪。

迎亲队伍终于来到魏国公府前，徐府迎候的司仪傧相早已肃立府门外等候。一阵鞭炮响过后，徐府司仪朝迎亲队伍最前面的执事官高唱："敢请事？"

这是按礼制规定问来人何事。执事将其引至燕王马前跪禀，又问一句："敢请事？"

燕王在马上高声答道："燕王朱棣奉制迎亲。"

徐府司仪再度叩拜之后，请迎亲队伍稍候，他与众傧相一同转身向府内高唱："启禀国公爷，燕王殿下奉制迎亲。"

这时，徐达率夫人、诸子及官属由大堂降阶出迎。在礼乐声中，燕王下马由王府左右相、傅陪同，在徐府引进官引导下进入府门。王府的执雁随从抢前一步，将一只系着红绸的大雁跪献给徐达，徐达转交左右。此时燕王趋前向徐达夫妇跪拜道："小婿朱棣奉制迎亲，叩见岳父母大人。"

徐达脸上笑开了花："贤婿请起。有劳各位官属，请！"

燕王府的相、傅、长史等均抱拳施礼："恭喜魏国公，恭喜国公夫人！"

众人随徐达进入大堂。徐达夫妇居中上坐，燕王府相、傅、长史相陪侧坐，新郎官燕王仍在傧相陪同下侍立一旁。

迎亲礼进行到下一环节，司仪向内堂高声唱道："恭请王妃出阁！"

徐府女眷及一大群丫环傅姆从清早起就守在小姐闺房中，为妙秀梳妆打扮。妙秀本是天生丽质，做新嫁娘喜得如意郎君的喜悦更令她平添妩媚。皇上和皇后娘娘钦赐的凤冠霞帔及各种珠宝饰物，更把她装扮得仪态万方，光艳夺目。宝贝女儿要出阁了，母女俩少不得相拥泣别。徐夫人走后，傅姆们连忙替妙秀补妆，生怕新娘子脸上露出泪痕。

一切准备停当，众人在闺房里耐心等候。听见外面的鞭炮声，知是迎亲队伍来了。妙秀倒有些紧张起来。直到外面一声传唱"恭请王妃出阁"，众人一窝蜂站起来，将红缎盖头盖在妙秀头上，扶着她准备步出房门，谁知这时小妹妙锦见姐姐盖上红盖头，刚才还在嬉笑的她突然吧嗒吧嗒掉下几行眼泪，她一下扑到妙秀身上，哭叫着说："大姐，我不让你走！"

二姐妙玉赶紧把她拉开，连哄带哓道："小妹，别胡闹！你燕王哥哥在外面等着呢。"

"要燕王哥哥住到我家来好了，凭什么要大姐到他那里去？我舍不得大姐走嘛！"

一个快嘴丫环逗她说："要不你也坐到凤辇里，跟二小姐一起嫁给燕王殿下。嘻嘻！"

妙锦嘴巴噘得老高："我才不嫁他呢。他那么高，那么大，我才这么小。"

妙秀只好揭开红盖头安慰她道："好小妹别闹了。姐姐经常回来看你们，还带你到宫里去玩。好吧？"

妙锦依恋地拉着她的衣裙，可怜巴巴地哭道："大姐，你明天就回来啊。"

"好，好。别哭啊，小妹。"

妙秀盖好红盖头，在众傅姆丫环的簇拥下步出闺房，走进大堂，朝徐达夫妇跪下，泣声道："女儿妙秀拜辞爹爹母亲，感谢二老养育之恩。"

徐达把一只手放在妙秀盖头上，按照礼部规定的辞语为女儿祝福："戒之戒之，夙夜恪勤，毋或违命。"

徐夫人一边拭泪，一边为女儿祝福："勉之勉之，尔父有训，往承惟钦。"

新郎倌燕王朱棣接过牵引妙秀的大红绸带，临行前再次向徐达夫妇叩拜行礼："小婿拜辞岳父母大人。"

燕王牵引妙秀至凤辇前，两位迎亲的伴娘（均是燕王未成年的妹妹）将新娘子迎进凤辇，顿时鞭炮鼓声大作，庞大的迎亲队伍按部就班地出了徐府。

路上行人争相追着凤辇，想有幸一睹王妃玉容。但可惜凤辇上珠帘重重，两旁护卫戒备森严，哪里能容你近身？大家只好将目光投向骑在高头大马上容光焕发的新郎官燕王，一饱眼福。一路追送迎亲队伍到王府。

入夜，妙秀顶着红盖头静坐床前，听到王府中客人们渐渐散去的声音，她稍微松弛的心情又紧张起来。少女紧张而又幸福的一刻——洞房花烛夜即将来临。她仔细聆听着，一个男人稳重的脚步声走过来了，随即有内侍传呼："亲王殿下驾到！"妙秀站起来恭立床前，燕王朱棣笑盈盈地走近，情意绵绵地为她揭去红盖头。

妙秀羞涩地行了一个万福礼："臣妾恭迎王爷，给王爷请安。"

"爱妃免礼。"燕王怜惜地说，"劳碌一天，爱妃辛苦了。"

"王爷辛苦了。"

燕王随即命令宫女为王妃娘娘卸妆。

宫女们引妙秀到梳妆台前为她卸去凤冠霞帔和满头珠饰。妙秀内着一袭丝绣锦袍，淡雅天成。她洗去铅华之后，更显天然风韵，楚楚动人。

燕王目不转睛地盯着自己的新娘子看，越看越爱，等她梳好晚妆，他急不可耐地挥手命宫女们退下，情不自禁地拉着她的纤纤玉手，同至床前坐下。

燕王附在妙秀耳边，说着悄悄情话："妙秀，小王自从在你家花园见到你，魂儿就随你而去了。真个是一片相思，魂牵梦绕，做梦也梦到同你在一起。今日终于得遂其愿，但日间经历的一切，好像是在梦境一般。妙秀，此刻你是不是真的待在我身边，成了我的爱妃？让我抱抱你，亲亲你好吗？"

妙秀见宫女在旁，羞涩地推开他的手："王爷……"

燕王使了个眼色，宫女们迅速整理好鸳床，铺好锦被，撤去宫灯，跪禀道："请王爷王妃娘娘安歇。"然后悄悄地离去。

寂静的寝宫中只剩下一对新人，在摇曳的烛影中，燕王紧紧地抱住妙秀，一双手急不可待地在她身上游弋着。妙秀沉醉在他的臂弯里喃喃低唤："王爷，王爷……"

第十一章

赃官是谁毒杀的

漳河水患，常谦淹杀告状举人

漳河水患，河堤溃决，灾民流离失所。大名知府常谦却在狎妓行乐。生员们在太庙聚会，声讨常谦吞没二十五万两修河赈灾银。府兵们凶神恶煞地抓走为首的吴举人，将他抛入江中杀人灭口。河南道监察御史谢塱拦太子车辇告状。朱元璋密令北平都司抓捕常谦解送进京。

朱元璋将长女临安公主下嫁李善长之子李祺后，不久又册封徐达之女为燕王妃。两大开国功臣都与他结成儿女亲家，此举使马皇后大为高兴，她是一贯主张善待功臣的。皇后娘娘给临安公主的丰厚嫁妆自不必说，燕王新婚次日即偕徐妃入宫朝拜翁姑——当今皇上与皇后。朱元璋一见妙秀，几乎惊为天人，自忖多次驾幸徐府怎么没见过她呢？马皇后更是拉着儿媳的手久久不放。当宫女把原来准备好的赏赐搬出来，琳琅满目摆满一桌子。马皇后犹嫌不够，随手把自己头上所戴镶嵌了珍贵珠宝的金簪拔下来，又要皇上摘下一块随身所带的玉佩，作为给燕王夫妇的见面礼。

自古以来，帝王与臣子的联姻常常具有功利目的，否则朱元璋哪会将爱女临安公主嫁给比她大十多岁的花花公子李祺？他年富力强时，鼓励臣子们将漂亮的女儿或妹妹献给他做妃子，著名的就有豫章侯胡美之女胡顺妃、巩昌侯郭兴之妹郭宁妃。朱元璋的公主们也大都选择功臣之子为驸马。先后有宁国公主下嫁汝南侯梅思祖之子梅殷，汝宁公主下嫁吉安侯陆仲亨之子陆贤，寿春公主下嫁颍国公傅友德之子傅忠，南康公主下嫁东川侯胡海之子胡观，永嘉公主下嫁武定侯郭英之子郭镇……他又册封邓愈之女为秦王次妃，冯胜之女为周王妃，徐达次女为代王妃，郭英二女为辽王及郢王妃。朱元璋这样做的目的就是用君臣联姻、亲藩一体来笼络手下的功臣将帅，编织一个皇亲国戚的大网来为他的王朝统治服务。平心而论，朱元璋在他统治的前期并没有想到要诛戮功臣。就拿吉安侯陆仲亨为例，洪武十三年胡惟庸谋反时即曾拉陆仲亨入伙，朱元璋下令将他从军中逮回，却随即释放了，且于洪武十五年将汝成公主嫁给他的儿子陆贤。直到洪武二十三年追治胡惟庸逆党，陆仲亨才被诛杀。晚年的朱元璋思想明显起了重大的变化，否则他怎会将女儿嫁到叛逆之家，让她遭受如此悲惨的下场？

这些都是后话，暂且不提。

洪武十年春天，北方的漳、洮、永定诸河及江、淮、湖广相继发生水灾。

这一年气候反常，北方暴雨成灾。发源于山西的漳河，挟着上游的泥沙如一匹失控的野马冲进河北境内，无情地冲刷着年久失修的漳河堤岸。这时天空乌云翻滚，电闪雷鸣，倾盆而下的暴雨在翻滚奔腾的河水中激起一个个漩涡。河水扑向堤岸时发出"嘭、嘭"的吓人的声音，河堤上的石块泥土一块块崩蚀，旋即被湍急的浊流卷走。

在狂风暴雨中，堤上一个茅草搭成的窝棚被揭去了顶。一个穿着蓑衣的河工从窝棚里钻出来，他顶着风雨蹒跚地走至迅速崩塌的堤边一看，经验告诉他这处堤防已岌岌可危。于是他转身拔腿就跑，一面狂喊着："不好了！漳河要决口子啦！"

他的呼喊声被怒吼般的雷鸣和风雨声淹没了，河工无奈钻进窝棚中抄起一面铜锣，一面"当、当"地敲着一面在堤上狂呼："决口子啦！快逃命呀！"

不久，河堤终于"哗啦"一声决开一道丈余的大口子。顷刻间，排空浊浪以雷霆万钧之势扑向河堤下的村庄，扑倒一座座民房。一些侥幸未被洪水冲走的灾民绝望地爬上屋顶、树梢。房塌之后，又有许多灾民抱着屋梁、门板等物在洪水中随波漂流……

风雨过后，泛着泡沫的河面上飘浮着茅草屋顶、风车、家具和一具具发胀的人畜尸体。侥幸脱险的灾民聚在尚未坍塌的河堤上忍受着饥饿和寒冷，欲哭无泪，哀鸿遍野！

与此同时，大名府繁华闹市中最负盛名的风月场所天香楼生意正红火。楼上灯笼高挂，大门口车水马龙，一拨拨达官贵人、巨商富贾被龟奴、老鸨迎进楼去，那班打扮得花枝招展的妓女一个个莺声浪语地迎接客人。

楼上花厅中，大名府尹常谦在师爷的陪同下，正搂着两名天香楼的头牌妓女一面调笑一面喝酒。

一妓女给常谦斟了一杯酒。

"大人，这是我们妈妈特地为您准备的三鞭酒，您喝了保证精神焕发，越战越勇，金枪不倒。"

"哈哈哈！老爷我越战越勇，金枪不倒，还不是你们受用了吗？"常谦说着把她搂在怀里亲着，一只手却伸进另一个妓女的衣襟里摸着。

"大人，你好坏啊！"妓女举起杯子要把酒灌进他的口里。

"且慢，这三鞭酒是哪三鞭？"

"一是鹿鞭，二是虎鞭，三是蛇鞭。"

"蛇还有鞭呀？本官倒未听说过。"

妓女终于把酒倒进常谦口里，顺势倒在他身上说："大人没见过蛇相交么？两条蛇紧紧缠在一起，要一个时辰才分开，不像大人你……哧！"

"好哇。待本官喝了这瓶酒，也干你一个时辰，看你受得了受不了。"

"只要大人有那本事，我们姐妹俩轮流伺候您呀！"

"哈哈哈哈！"常谦猥亵地狂笑着，伸手插进妓女的裙子里摸索。

这时，府衙的主簿急急忙忙撞了进来。

"大，大人，不好了！漳河又决口子了，淹了十几个村庄，死了好几百号人。"

常谦松开了怀中的妓女们。

"慌什么，慌什么？死几百号人什么要紧？哪朝哪代不死人？河工局的人呢？"

"有几十名生员百姓围了河工局。河工局的官员说，朝廷的赈济银子大人没发下来。河工受阻……"

"放屁！本官不是发了五万两银子给他们吗？"

"启禀大人，早儿天河工局来人说，百里漳河堤待修，五万两银子杯水车薪无济于事，要求大人增拨银两，还说……"

"还说什么？"

"他们说朝廷明诏拨银三十万两赈济漳河水患，怎么到大名府只剩下五万两了？一些生员纠集太庙，扬言要联名上书参劾大人。"

"哼，他们懂个屁！知道这三十万两银子本官孝敬了一半给谁吗？他们爱参让他们参去吧，劾发书到得了皇上面前吗？"

"大人，河南道监察御史谢翌前年曾上表参劾大人擅修楼台堂馆，幸被胡相爷压下了。"主簿担心地说，"今年漳河水患死了这么多人，只怕那些生员又会鼓动他与大人作对啊。"

"先给我把带头闹事的生员抓起来！"常谦恶狠狠地说，"他们不是要治水吗？本官让他去跟龙王爷打打交道。"

第二天，在大名府太庙破旧的墙根下，一群衣衫褴褛的灾民席地而坐，向过往行人乞讨。庙内，一群生员在府学大堂里聚会，为首的一位姓吴的举人正在慷慨激昂地讲演：

"诸位，诸位！漳河失修已经很多年了，大名府这班赃官只图自己享乐，不管百姓死活。去年皇上明诏拨付济漳赈银三十万两，可兄弟去河工局打听，他们只收到五万两。漳河百里长堤，五万两银子管什么用？于是今年洪水一来，河堤就决了，十几个村庄一下子冲走几百号人。现在满街都是流离失所、乞讨为生的灾民，连这太庙墙根下都是，多可怜呀！"

一名生员振臂高呼："我们要去质问大名府尹常谦，朝廷拨的那二十五万两赈银哪去了？"

"哪去了？这班赃官拿了朝廷的银子修楼盖馆，花天酒地，夜夜笙歌。听说前年河南道监察御史谢翌参了他们一本,却被中书省压下了。"另一位生员气愤地说。

一位颇知内情的举人发话说:"据学生所知,中书省右丞相胡惟庸收了常谦的重贿,轻轻巧巧就在万岁面前给常谦开脱了罪名,还赚得朝廷拨发三十万两修河赈灾银。可这些银子还不是又给他们侵吞了,水灾依旧肆虐,百姓仍然流离失所。"

一生员愤愤地说:"要不,我们大家一齐到京城大殿前去击鼓鸣冤,到皇上面前去告御状,告倒这班赃官!"

"对,我们直接闯金銮殿,击登闻鼓,哪怕横尸阙下,也要告倒赃官!"立刻有许多生员振臂附和。

吴举人连忙扬手劝慰大家:"诸位!诸位!万万不可冲动。我朝典律民不告官,况且你还在路上就会被他们抓回来,治你一个聚众滋事之罪。依学生之见,河南道监察御史谢翌是个耿直的好官,我们到河工局收集州府克扣赈银的证据交给他,另外合府生员联名上书都察院,吁请朝廷严惩贪官为民做主。诸位看这样做行不行?"

众生员纷纷点头响应:"好!吴兄高见。请吴兄为头,我们就这么办。"

吴举人慨然答应道:"承蒙诸位抬爱,学生在所不辞!"

这时,只听见太庙外一阵喧闹呼喊声,一队府兵气势汹汹地冲进太庙大堂,把生员们团团围住。

带队的官员指着生员们叱喝道:"好大胆!你们竟敢聚众闹事,煽动灾民暴动。给我把为首的拿下!"

府兵们凶神恶煞般扑上去,把吴举人按倒在地,五花大绑地带走了。

受到惊吓的生员们半晌方回过神来,纷纷议论着。

"狗官如此凶恶,我们怎么办?"

"同他们硬拼恐怕不行,扣你一个煽动灾民的罪名受不了。"

"我等为民请命,决不能为狗官的凶焰所吓倒。仍然要联名上书,托监察御史上京告状!"

"好,大家走!"

漳河的一处偏僻码头。府尹常谦的轿子停在这里,远远就有荷枪执刀的府兵警戒,四周阒无人声,只听见河水拍击堤岸的"啪啪"声。

府兵们把五花大绑的吴举人押到常谦面前,喝令他跪下。吴举人傲然直立不跪。

常谦喝问道:"下面何人?"

"癸丑乡试第一名,举人吴进。"

"哼,你既是举人,应知朝廷法度。你为首聚众闹事,企图煽动灾民暴动,该当何罪?"

吴进并没有被他的威胁吓倒,义正词严地说:"学生不过为民请命,罪从何来?贵府身为朝廷命官,大难当前,不管灾民死活,犹自秦楼楚馆,恣意淫乐,此罪之一;圣上明诏拨发的三十万两济漳赈银被你克扣只剩五万两,导致河工弛废,水患横行,此罪之二。

你既知律法，贪污克扣赈银是什么罪你知道吗？"

"好一副伶牙俐齿！不愧为乡试第一名。"常谦阴险地嘿嘿笑着，"举人老爷，你想知道那二十几万两银子到哪里去了吗？本府告诉你到一个地方去问。"

他立即变了一副狰狞面孔，命令府兵："来人，把这狂徒给我抛入江中祭河神！"

府兵们一拥上前抓住吴进，他犹自拼命挣扎，一面大骂："狗官，你想溺杀举人，杀人灭口吗？"

常谦阴恻恻地狞笑："哈哈哈！吴举人到此观赏江景，一不小心，自行失足落水，怪得了本官吗？"

"狗官！赃官……"

兀自骂声不断的吴举人被府兵高高举起，掷进滚滚的波涛之中。水面上立刻激起一阵漩涡。

常谦踱至江边，看着漩涡渐渐消失，冷笑了一声。

清晨，河南道监察御史谢翌天未亮就来到东宫门外。这里是皇太子上朝必经之路。

一会儿，宫门口传出喝道之声，太子车辇在侍卫们的护卫下驶出宫来。谢翌突然从道旁闪出，迎至车驾前跪下。护卫们立刻紧张地把他团团围住。

太子在车辇中问："什么人？"

谢翌俯伏在地奏道："微臣河南道监察御史有本启奏太子殿下。"

太子道："你有本章为何不循例由中书省转奏？"

谢翌不慌不忙地说："微臣前年曾奏本参劾大名府尹常谦私挪河工币帑，擅修楼堂馆所，日夜笙歌。导致河工弛废，漳河水发，灾民流离失所。此本太子殿下可曾看到？"

"啊，此本本宫似未曾见到。不过中书省称漳河堤坝年久失修，父皇已颁诏拨付济漳赈银三十万两，此款早已由户部拨发下去。"

见太子语气和缓，谢翌的紧张情绪松弛了许多，抬起头来慷慨陈词："启奏殿下，朝廷拨付的三十万两济漳赈银只发下五万两，现有河工局银库的收据为证。其余银两均被府尹常谦及庇护他的朝廷要员所侵吞。河堤浚修只是虚应故事，做做样子而已。致令今年洪水来时漳河大决口，淹了十几个村庄，数百人死于非命。现州府境内灾民流离失所，哀鸿遍野。更有甚者，州府生员联名上书，常谦竟将为首的举人吴进抛入江中杀人灭口。微臣冒死进京拦驾奏本，请殿下奏明圣上，惩治赃官，救万千灾民于水火之中！"

太子显然为谢翌所奏震惊，他走下车辇将谢翌扶起，赞扬道："卿家不失为一个敢为百姓代言的好御史。朝廷一定会彻查此事，严惩奸贪，伸张正义！你将本奏章及一切证据呈上来，在京城切勿声张此事，暂至御史台静候听宣。"

谢翌将奏章及大名府生员联名上书的长卷呈上，复又叩首谢恩："微臣遵旨，叩谢太子殿下。"

"卿家去吧。"

"谢殿下。"

乾清宫。

朱元璋看罢谢翌的奏章和大名府生员联名上书长卷，顿时怒从心起，在御案上猛击一掌，侍立一旁的太子和燕王都吓得怔住了。

"皇皇国中，竟有这等事！这常谦胆敢侵吞二十五万两赈银，还杀人灭口。朕要灭他的满门！"朱元璋气得站起来在室内打转转，"标儿，谢翌前年参劾大名府的奏章你查到没有？"

太子奏道："儿臣已在中书省案卷中查过，未见此本。"

"父皇，儿臣以为此事是中书省有人做了手脚。"燕王在一旁插话。

"何人敢如此大胆。"朱元璋悻悻地说，"就不怕朕治他欺君之罪？"

燕王年岁渐长，朱元璋有意让他多留心政事，协助太子处理一些朝政，以为就藩后治理藩国做准备。朱棣是个绝顶聪明的人，加以与岳父徐达等朝臣接触较多，朝政的弊端也就日见端倪了。今天既谈到了中书省的问题，他想这是一个向父皇进谏适当的时机。于是接着朱元璋的话说："胆子大都是惯出来的。就拿中书省来说，以前设置了左右丞相，还有左、右丞，参知政事多名。他们互相间有所制约，难于独断专行。可自洪武六年至今，中书省只剩下胡惟庸独相数年之久。一个人的权力若失去了制约，难免恣意独行。臣闻胡惟庸是个贪欲极强的人。相府门前每日车水马龙，趋炎附势者甚众，其中也难免有被言官参劾的失职地方官员。他扣下一道本章，被参的官员谁会舍不得孝敬几万两银子来保住头上的乌纱？他还可趁此网罗一个为他效命的死党，何乐而不为？"

太子见燕王大胆进言，也连连点头道："父皇，四弟讲得有理。就眼前这件事说，前年谢翌弹劾常谦的奏本不见了，是否因为常谦行了贿被人扣下？今年二十五万两赈银又是给谁侵吞了？只要把常谦抓来严鞫，一切皆可水落石出。"

朱元璋沉吟片刻，随即做出了决定。

"传旨令锦衣卫急赴大名府，密捕常谦进京严鞫。"

燕王又进谏道："身居台省者耳目甚广，若由京城派锦衣卫去抓常谦，难免打草惊蛇。儿臣建议：可由大都督府以六百里加急密令附近都司卫所派兵抓捕常谦，快骑押解进京；罪犯到京后也不交刑部审讯，可在大都督府密审，务令其交待事实真相和二十五万两赈银的下落。"

朱元璋点点头："棣儿此计可行。朕就命你即去大都督府传朕的口谕，要文忠亲自传令北平都司，派兵赴大名逮捕常谦，限期押解进京，不得走漏风声。"

"儿臣遵旨。"

数天后的一个深夜，大名府衙四周阒无人声。突然，一队擎着火把的骑兵急驰过黑暗中的街巷，至府衙前纷纷勒马停住。为首的军官令士兵们去叫门。

"开门，开门！"士兵们一边叫一边把门环敲得一片响。

门房内值更的衙役从小窗口露出半张睡眼惺忪的脸。

"什么人胆敢半夜来府衙敲门，找死啊？"

军官亮出令牌："北平都司有紧急军情下达。"

"深更半夜的，什么鸟军情？"

衙役不情愿地慢慢把门打开。士兵们一拥而入，把刀架在他的脖子上。

"你们是……"

"奉命捉拿钦犯常谦。"军官冷冷地说，"走，给我带路。"

在衙役的带领下，士兵们冲进寂静的府衙后院，在卧室内将衣冠不整的府尹常谦抓了出来。府中的女眷丫环吓得大声惊叫，在士兵们闪着寒光的刀锋威逼下瑟瑟发抖。

带队军官询问一脸愕然的被捕者："你是不是常谦？"

"本官正是大名府尹常谦。"常谦强自镇定地回答，"你们是什么人？竟敢深夜撞进府衙，劫持朝廷命官。"

军官亮出令牌："奉北平都司之命，捉拿你这赃官，连夜押解进京。带走！"

这时，留着两撇鼠须的师爷带领一班府衙赶至，但他们在士兵们的刀枪威逼下不敢动作。

常谦对师爷使了个眼色，故意大声叫嚷道："我是朝廷命官，没有中书省的命令谁敢抓我？中书省……中书省……"

常谦被士兵们推推搡搡地带走时，兀自回过头来嚷叫"中书省"。老奸巨猾的师爷领会了他的意思，他与府尹夫人商量了几句，将一名精干的衙役唤到书房里，递给他一包银子。

"你每个驿站换一匹快马，速去京城丞相府报告胡惟庸相爷，说我家老爷被北平都司逮捕，即将押解来京。"

"小的知道了。"

那衙役接过银子，打了一个包袱斜挂肩上，骑上一匹快马从后门飞驰而去，消失在沉沉黑夜中。

胡惟庸刚下朝回府，就被夫人神色惊慌地拉进房中。

"老爷，大事不好！"

"慌什么？宽衣！"胡惟庸神色自若地让夫人给他脱卸朝靴补服，换上家居常服。方问："什么事？"

"大名府尹常谦家派人送来急信，说常谦已被北平都司抓去，即日押解进京，请老爷设法营救。"

胡惟庸皱起了眉头："咦！北平都司隶属大都督府。常谦是个文官，犯了罪也要由刑部行文逮捕，为何大都督府要抓他？莫非这个贪得无厌的家伙克扣了都司卫所的粮饷？"

"老爷别替自己宽心了。你不记得那十五万两赈银的事啦？如果皇上怀疑老爷受了贿，故意绕开中书省和刑部，让大都督府去抓他来京审讯，常谦这人贪生怕死，一审连赈银和送老爷名马的事都会招出来，这……如何是好？"

胡惟庸眼睛一瞪："慌什么？兵来将挡，水来土掩。北平都司押解常谦进京必走驿路，常谦一路也会给他们制造麻烦延误行程。本相自有办法。"

"老爷打算派人去劫救他？"

胡惟庸阴险地哼了一声："哼，自然让他去个安全的地方。"

杀人灭口，将军们怒揭奸相罪行

解送常谦进京的军官途中被两名"客商"灌醉，醒来后发现常谦已被毒死。燕王朱棣怀疑是胡惟庸杀人灭口。朱元璋为了牵制胡惟庸，复调汪广洋任右丞相。将军们齐集徐达府喝酒，席间纷纷向朱元璋怒揭胡惟庸专权乱政罪行。

北平都司派了两名军官押解常谦进京。囚车太慢，无法在朝廷所限日期解到，他们让常谦戴着手镣脚铐骑在马上，用鞭子赶着他的马疾驰。那常谦为了拖延时间，好让家里派人赶在前面去京都给胡惟庸报信，故意刁难押解他的军官说："本官平日出行一贯坐官轿，不惯骑马，更何况还戴着镣铐呢？"甚至不顾摔伤的危险，马跑快一点他就摇摇晃晃地一头栽下来。军官没法只得给他打开脚镣手铐，只用绳子把他的一只脚拴在马镫上，让他自己握缰骑行。这样倒也无碍，也不怕他逃跑，不过速度毕竟慢下来了。

这天傍晚，一行人来到江苏境内的一处驿站投宿，军官们下马后，解开常谦系在马镫上的绳子，仍给他戴上脚镣手铐，对上前迎客的驿丞说："驿丞，我们押解的是朝廷要犯，给我们安排一间宽大的房间。"

"是。"驿道上经常有押解各式犯人的解差经过，驿丞也习惯了。

军官们在看好的房间安顿下来，把常谦铐在床脚上。这时驿丞进来说道："二位将爷辛苦了，请到外间用饭。"

军官们来到外面的饭堂里，驿卒给他们送上茶水饭菜，在军官的示意下，又给房间里的犯人送去一罐水一碗饭。

军官们出的是官差，驿站里供应的是标准伙食，一荤二素一汤。那碗茭白炒肉里只有零零星星的几点肉，葱花豆腐汤里面也不见一颗油珠子，军官们皱紧眉头埋怨起来。

"他妈的，又是这等饭菜，咱们这官差真不是人当的！喂，给爷们来一斤高粱烧酒。"

"还是不喝吧！反正只有一天多的行程就到京城了，咱们把钦犯交割了，回程再喝不迟。"另一个军官谨慎地说。

"不碍事，反正今天不用赶路了，喝完倒头就睡。"

驿卒送过来一瓶高粱烧酒。

"二位将爷，酒来了，十五串钱。"

军官不耐烦地从褡裢中掏出钞钱付了酒资，满腹牢骚地骂道："他妈的，喝酒还得自己掏钱！"

邻桌两位客商模样的人也在吃饭，满桌鸡、鸭、鱼、肉和美酒散发着诱人的香味。惹得军官们低声念叨着。

"他妈的！你看人家吃的是什么！喝的是什么！"

"好了好了，那是有钱的客商，咱们吃军粮的怎能跟人家比。"

也许他们的话让邻桌听到了，那位客商举起酒杯邀请道："二位将爷辛苦了，一起过来凑个热闹如何？"

军官们有些尴尬："这……萍水相逢，怎好叨扰二位客官？"

"出门在外，有什么客气好讲的？"另一位客商笑盈盈地说，"这一桌酒菜反正我们也吃不完。"

"如此我二人就叨扰了，"军官们说着挪过客商这边来，同时吩咐驿卒道，"小二，把我们这些饭菜给犯人送去。"

"二位将爷押的是什么犯人？"客商好奇地问。

"啊啊，咱们是北平都司的把总，奉命押解朝廷钦犯进京。"

"啊，千里迢迢，一路辛苦啊！来，喝酒，吃菜。"

"二位客官怎么来驿站投宿？"

"我们送一批绸布去兖州，这一路间有强人出没，在驿站投宿安全些。况且这里的酒菜比城里便宜多了，晚上还可找个乡间小妞消遣消遣。哈哈哈！"

两位客商轮流给军官们布菜劝酒。平时在军营难得享受如此丰盛酒菜的军官扯开肚皮大吃海喝，顷刻之间二人都喝得醉意朦胧了。他们好像听得客商在问："将爷，你那钦犯是什么人？"

"他……呃！他呀，是……是个犯……犯了死罪的知……知府，押到京城就要……"一军官边打着酒嗝边说，最后做了一个割颈砍头的姿势。

"啊，也怪可怜的，他可是享受惯了的老爷呀。大热天的，也给他喝杯酒吧。"

"别……别！他……他是朝廷钦犯，上……上面有交代，不……不能……乱……吃乱喝。"

"没事，这酒我们大家都喝过没事！来，给他掰个鸡腿儿，我们不能亏待了知府大人不是？"

二位客商端了酒和一只鸡腿离席到房间里去，军官们想要阻拦，却已烂醉如泥，身子动弹不得，只得让他们去。

客商们刚转身就把一包粉末倒进酒中，端进了房间里。

"大人，您这饭菜太清淡呀，小的孝敬你一只鸡腿，"一客商凑近常谦，故意低声问道，"大人是不是大名知府常谦？"

常谦心头一热，以为搭救自己的人来了。他点了点头，接过鸡腿，却又狐疑地望着他们俩。

"你们是什么人？"

"我们是路过的客商，见大人受累，特来敬一杯酒。"一客商笑眯眯地说。

常谦顿时警惕起来，"你这是什么酒？本官不喝！不喝！"

客商狞笑起来："喝不喝可由不得大人您啊！"

二人按住常谦的头，将下了药的毒酒灌进常谦的喉咙里。常谦双脚被铐住，动弹不得，只见他拼命挣扎几下，头一歪，立刻七孔流血死于非命。二人撕下他的衣襟，擦去他嘴角的血污，冷笑着走了出去。

这时两名军官均已醉得趴在桌上，不省人事，两个"客商"拨一拨他们的头，从容走出驿站，跨上马疾驰而去，消失在茫茫夜色中。

朱元璋在乾清宫焦躁地等着燕王去大都督府的消息。少顷，燕王匆匆而入，脸色很不好看。

"启禀父皇，北平都司派两名把总押解常谦来京，在半路驿站上常谦被人毒杀了。"

朱元璋大为震惊，问："押解他的人干什么去了？"

"两人均服了歹徒下的蒙汗药失去知觉，待他们醒来，发现常谦已被毒杀。文忠已将他俩付诸军法。"

"常谦这厮死有余辜，朕还要抄没他的家产，发配他的家人。"朱元璋恶狠狠地说，"只是他一死，朕想追查的这条线索断了。到底是谁毒杀他的呢？"

"儿臣以为这又是杀人灭口。"燕王分析道，"因为常谦一旦押解到京，严鞫之下，必然供出他前年被参得脱的内幕，及二十五万两赈银的下落。这二十五万两银子不可能是常谦一人独吞，他还没有那么大的胆量。这牵涉到中书省、户部某些有权势的人，侵吞了赈银的人一定害怕父皇追查此案。"

"又是一起侵吞赈银案！"朱元璋忿忿地说，"这些人为什么如此猖狂，如此肆无忌惮？朕自登基以来，律法不可谓不严，治国不可谓不猛。对有罪的人诛杀得还少吗？为什么弄权误国贪赃枉法之徒越来越多了？"

朱元璋陷入了沉思，他的思绪天马行空似的由眼前这一案子转到了自己治国方略的得失。燕王想：是时候了，该把自己对朝政的观察和判断向父皇进谏。一则以尽臣子之道；二则，他也有意投身到纷繁复杂的政治斗争中，锻炼自己的能力。于是他接着父皇的话说："儿臣以为，父皇施行严政，诛杀的只是那些心怀异志、篡权谋逆之徒，而一班善于揣测圣心，工于逢迎之辈往往易于得到信任。又兼中书大臣调动频繁，除了一个胡惟庸，谁也在相位上待不稳。这样，权柄过于集中，就难免使其野心膨胀，以为父皇是可以欺瞒架空的阿斗。儿臣久闻胡惟庸贪婪成性，他这几年聚敛的钱财，其富可敌国！儿臣昨日查过档案，赈济漳河灾患是他与户部联名上奏的，父皇当即批拨了赈银三十万两。按照他的习性，他不可能不染指这笔巨款，只是常谦一死，此案就查无对证了。因此儿臣分析，常谦被毒杀，胡惟庸有很大的嫌疑。"

使燕王意外的是他这样指名道姓地怀疑胡惟庸，话语中有批评父皇宠信非人的意思，父皇并未动怒。相反朱元璋仿佛对此胸有成竹地说:"哼,朕要处置一个胡惟庸,岂不易如反掌。朕担心的是这些年他在朝廷六部及各地州府培植的势力盘根错节,甚至还听说有功臣将帅被他拉拢。须知京城弹丸之地,一个指挥、千总谋逆可率兵占领皇宫,倾覆君国!朕不管他只是贪财,还是确有篡国谋逆之心,现在暂时还不会动他,必须先把其党羽一一查清。棣儿,朕命你负责此事。你务须秘密行事,喜好勿形于色,务令彼等不生怀疑之心。"

"儿臣领旨。"燕王很乐意接受这一任务,"父皇,一旦处置胡惟庸,中书省无相岂不面临瘫痪?汪广洋回京已久,父皇任命他为御史大夫,但汪广洋这个人律己不严,毛病又多,实在不是当御史的材料。儿臣以为,倒不如仍令他回中书省,对胡惟庸也是一个牵制。"

朱元璋道:"哼,汪广洋虽有断事之才,然而在大是大非前始终是个无用之人,不是同流合污就是无所作为。不过让他回中书省倒是个不错的主意。中书省是国家行政首脑机关,不能让它沦为胡惟庸的私家后院!"他停了停又说:"可是汪广洋原来在中书省当丞相时,胡惟庸还是个右丞,这次让他回来是居胡惟庸之上呢,还是居其下?"

"儿臣以为父皇可以任命汪广洋为中书省右相,同时将胡惟庸升任左相,以骄其志,使他得意忘形,暴露得更快。"燕王建议说。

朱元璋高兴地说:"嗯。吾儿深得孙子兵法的精髓啊,骄其兵以堕其志,取胜之道也!"

燕王谦逊地说:"儿臣远学先贤的书本知识,近学父皇的治国韬略,俾得有所长进,不负父皇期望。"

朱元璋叮嘱燕王:"棣儿,你现在最紧要的任务就是迅速清查胡惟庸的党羽及其秘密活动。此举关系国家安危,必须谨慎从事,万万粗心不得。"

"父皇圣虑甚周,儿臣记住了。"

洪武十年九月,汪广洋调回中书省任右丞相,到任之日,一班僚属故旧都来请安祝贺。

"恭喜丞相!贺喜丞相!"

"僚属们早就盼着汪大人回来了。"

汪广洋仍然是那副玩世不恭的模样,微胖的脸上挤出几分莫测高深的笑容,慢悠悠地说:"诸位大人,宦海沉浮本是极平常的事,广洋起起落落几度进出中书省,已经够尴尬的了,有何可喜可贺?"

"哪里哪里?这说明皇上器重相爷的治国之才。下官听到宫内传出的小道消息,说是太子殿下向皇上汇报说:中书省政令不通,各地州府纷纷抱怨其效率低下,每每下情不能上达。于是皇上叹口气说:'看来中书省缺了汪广洋还玩不转呢,让他回来吧!'于是就把相爷调回来了。"一位官员绘声绘色地说。

"无稽之谈,无稽之谈!"汪广洋哈哈一笑,"这几年广洋去了广东,又当了一年多御史大夫，中书省在胡惟庸相爷领导下政通人和，卓有成效嘛。这次广洋回来，不过是协助胡惟庸相爷做些具体工作，使他能专注于军国大事，各位大人仍然要唯胡相爷马首是瞻啊。"

一官员赞叹道："诸位看看，这才是宰相的肚量！不计前嫌，和衷共济，宽以待人，严于律己。汪相爷的这种襟怀我等学也学不来啊！"

"哪里哪里！过奖了，过奖了！"汪广洋连连摆手，"各位大人都是满腹经纶的饱学之士。广洋不才，也偶尔胡诌几句歪诗。今后我也多向各位讨教讨教，我们在这方面多切磋切磋，少谈论些人事方面的事情，以免招惹是非，惹些不必要的麻烦，诸公以为然否？"

一位僚属顺风扯旗地附和道："汪相爷高瞻远瞩，卑职至为钦佩，中书省本是个是非之地，牵扯到朝廷上下的方方面面，言行不谨，徒惹是非。我们还不如像汪相爷所说的，闲来写几句歪诗，互相切磋切磋。国家俸禄、名士风流均可兼得，岂不乐哉！"

"不不不，诸位别误会了我的意思。"汪广洋提防隔墙有耳，连忙解释说，"我只是说为人处世多管管自己，少褒贬别人。我等身居高位，是非曲直，政绩如何，自有后世的史家评论。既食国家俸禄，就应忠勤王事，不能因循苟且。广洋今日赴任，有劳各位前来致贺，广洋深为感谢。改日在寒舍备水酒邀请各位小酌一番，互相唱和几句如何？"

"汪相爷赐宴，哪有不去叨扰之理？我们一定来，一定来！"众人齐声附和。

"如此大家都去处理政务吧。我们以后再聊，以后再聊。"

"卑职等告退。"

在胡惟庸的相府里，胡相爷站在鸟笼前，一面为鸟儿们喂虫子，一面听身后毕恭毕敬站着的一位中书舍人汇报。

"你说说，汪广洋这几天都干了些什么？"胡惟庸看也不看对方问道。

"卑职遵相爷之命，自汪广洋到任之日起即对其进行监视。他第一天接见那些去奉承祝贺的官员时，讲话极其慎重，对相爷您也极为尊重，丝毫没有恃宠傲上的表现。"中书舍人点头哈腰地回答。

"嗯，谅他也不敢。"胡惟庸嗤笑一声，"皇上虽让他回中书省，仍然是我的下属。他在家里呢？"

"汪广洋很好色。离开了御史大夫的位置，不怕别人的议论了。他又买了个才十八岁的小妾，没事就带她到玄武湖、秦淮河去玩。有点恣情声色的味道。"

"汪广洋这个滑头！他这是故意做给老夫看的。表明他虽奉圣命回中书省，并不想与我争权，让我对他放心。"

"还有，昨天汪广洋宴请了中书省几位翰林出身的官员。"

"什么？宴请中书省的官员？"胡惟庸警惕地转过身来，"他们席间谈些什么？"

"卑职在汪府安排了一个眼线。据他说汪相爷和客人喝了一整天的酒，还让他的小妾作陪。那些官员给黄汤一灌，一个个都疯疯邪邪，讲了许多不堪入耳的荤段子。饭后他们在院子里摆了几张桌子，各据一张摇头晃脑地写诗作赋，把写好的诗贴在壁上互相讨论褒贬。我那眼线也略识些文字，据他说那些诗都是风花雪月之作，有的还暗指女人身体的某个部位如何如何，下流得很。"

胡惟庸恨恨地说："这个汪广洋！他倒会享乐啊。不过他越是这样，我越不能掉以轻心。继续给我监视他的一举一动，哪怕他和女人睡觉都要在本相的视线之内。"

"是，卑职从命。"中书舍人卑躬地点头，但并没有退下。

胡惟庸用夹子夹了一条大青虫喂给架子上的虎皮鹦鹉。鹦鹉用爪子抓着青虫并不忙着吃，那通灵性的畜生脑袋直点，叫着："谢谢丞相！谢谢丞相！"

胡惟庸转头看了身后的中书舍人一眼，从袖中拿出一小袋金子掷给他。

"拿去吧！"

中书舍人连连叩头："谢相爷恩典。"

那鹦鹉马上跟着学舌："谢相爷恩典！谢相爷恩典！"

每逢冬季徐达在外征战备边回到京城，朱元璋总喜欢微服去吴王府旧邸，同徐达喝喝酒、下下棋。有时也邀几位功臣一起喝酒，联络感情，显示他做了皇帝之后不忘故旧。他深知将帅们对胡惟庸的专权积怨颇多，也有意来听听他们的意见，就要徐达约了几位公爷。

卫国公邓愈与宋国公冯胜是近邻，他俩双双骑马来赴大将军之约，行至徐府前的"大功"牌坊前，邓愈道："冯将军，前面是圣上敕建的'大功'牌坊，你我得下马行礼啊。"

"嘿！邓愈你当上那劳什子御史大夫，也学得像那班文臣一样酸溜溜的。马上一揖得了。"心直口快的冯胜道，"皇上，冯胜这厢有礼了。"

邓愈开玩笑道："冯胜，你别把我这御史大夫不当回事，小心我参你一本，治你一个欺君之罪！"

"嘻嘻，我冯胜反正没少挨皇上的处罚，只要他别来个斩立决，能保住我这吃饭的家伙就行。"

二人说说笑笑来到魏国公府门前，门房福寿忙命人牵过两位公爷的马匹。

"二位将军来了，国公爷正等着呢。"

邓愈说："劳烦你通报一声。"

"不用通报！我们进去就是！"

他俩径直来到前厅，徐达和李文忠迎了出来。

"哈哈，大都督比我们还先到了。"

冯胜和邓愈行礼道："参见大将军、大都督。"

徐达把他们让进里面，说："二位将军请就座，皇上一会儿就到了。"

邓愈问道："大将军，皇上宣我们来你这里，没什么事吧？"

徐达说："近来边关无事，想来是许久未聚，皇上想同我们一起喝喝酒。"

"哈哈，皇上赐宴，却让大将军你作东，皇上也够抠门的。"冯胜故意逗笑。

李文忠认真地解释："冯将军有所不知，皇上若宣你我等人进宫，哪怕只喝喝酒、叙叙旧，中书省那班人就会紧张猜疑：'这么些将军聚在一起，不知有什么事发生。'"

邓愈发泄不满道："胡惟庸独揽中书大权这么多年，一人之下，万人之上，生杀予夺，好不威风！也不知我们皇上为什么那么器重他？"

冯胜撇撇嘴，不屑地说："这小子有什么真本领，还不是一贯会溜须拍马、阿谀奉承那一套。我学学他在朝堂上的丑态给你们看。"他撩起袍服，做了个要下跪的姿势，然后学着胡惟庸沙哑的公鸭嗓子唱颂道："吾皇以布衣取天下，张皇师旅，吊民伐罪，救万民于水火之中。功盖嵩岳，德被四海，虽秦皇汉武、周武成汤不及也！"

他学得惟妙惟肖，众人为之捧腹。

李文忠为他的舅皇辩护说："皇上也不全信他的，不是也曾斥责他：'数典忘祖，滥制侈词'吗？"

"话虽如此说，但歌功颂德的话谁不爱听？架不住这小子整天'吾皇盛德，万寿无疆'地灌迷魂汤。皇上再精明也让他灌迷糊了。要不他一个宁国小吏，凭什么位居首辅，把你们这些开国元勋全不放在眼里？听说，刘伯温就是他给毒死的……"

涉及这敏感话题，徐达连忙制止他："冯胜，不许乱说。"

"传闻虽不尽可靠，但胡惟庸飞扬跋扈，劣迹昭彰却是事实。今日舅皇来此，我等为了江山社稷，也要相机进谏才是。"李文忠嘱咐大家。

徐达也说："文忠所言极是。皇上召见我等是信得过我们这些一起打江山的部将。对于朝政之弊，我们不说话，谁还敢说？诸位将军既有意见，还须直言进谏才是。"

"说就说，我不怕！大不了皇上不爱听，一发脾气把我这公爷撤了，我仍回老家当我的乡绅去！"脾气火暴的冯胜一拍大腿说。

这时，他们听到外面大声传呼："皇上驾到！"徐达等忙出庭至阶前跪接："臣等恭迎陛下，吾皇万岁万万岁！"

身着常服的朱元璋降旨道："众爱卿平身。"

"谢万岁！"

徐达将皇上请至大厅中坐下，朱元璋兴致盎然地说："徐皇兄，朕因国事缠身，难得清闲，今日到你这里来喝酒，你拿什么招待朕？"

徐达奏道："臣启陛下，昨日臣率孩儿们去鸡鸣山打猎，猎得野鹿一头及雉鸡山兔等物，堪为陛下佐酒。"

"如此甚好，诸位将军，朕带来了上好的御酒，今日我们不拘君臣之礼，大家开怀畅饮如何？"

"好呀！皇上赐酒，我等定要一醉方休！"嗜酒如命的冯胜第一个响应。

"黑胜，最近可曾酗酒滋事？"朱元璋问他。

冯胜尴尬地傻笑着："嘿嘿！皇上累加惩戒，黑胜怎敢胡闹，不过每天在家喝几盅闷酒而已。"

"那好吧，今日朕准许你喝个醉，让徐皇兄弄个猪笼子把你抬回去。"

众人哈哈大笑。

徐达吩咐摆席，不一会儿，徐府家人仆役端上热喷喷的鹿脯山鸡等野味及各种菜肴。皇上居中，左边徐达、邓愈，右边李文忠、冯胜各踞一席，厅后一干乐队吹奏着丝弦细乐。

徐达作为主人首先举杯祝颂道："祝吾皇圣躬康泰、国运隆昌，大家干一杯！"

"好好好！"朱元璋喝过一杯酒，环顾四周，回忆道，"徐皇兄，记得当年每次打了胜仗之后，朕都要在这里设宴犒劳大家，痛饮一回。那时可没有鹿脯山鸡吃，不过皇后亲自下厨烧的大块肥肉和红烧肘子大家吃得挺香的。"

徐达说："陛下，那时强敌环伺，除元军外，陈友谅、张士诚、方国珍，无不视我为眼中钉、肉中刺。那时我等一门心思辅佐陛下战胜强敌，一统天下，每逢打了一次胜仗，别提有多高兴了。"

冯胜刚啃完一只鸡腿，抹抹嘴说："启奏陛下，现在海内承平，元鞑子也让我们赶到沙漠里去了，看来没多少仗打啦。我等是不是也可像那些文臣一样，致仕回乡，打打猎，抱抱孙子，过过悠闲的生活。"

"胡说！残元未亡，元嗣君犹在，其部将累犯边塞，西域戎羌亦成心腹之患，东南犹有倭寇、洞蛮，不时骚扰、叛乱。你们这些大将每年均须备边练兵，岂容稍有懈怠？"

"陛下，臣等食国家俸禄，自应忠勤王事，秣马厉兵、枕戈待旦，一旦边疆有事，只待陛下颁诏，立即领兵出战。虽血洒沙场，马革裹尸，在所不辞！"邓愈慷慨激昂地说，"然而令臣等感到忧虑的是：千里江堤，溃于蚁穴，陛下率我等千辛万苦创下的江山基业，会毁在一班专横跋扈的宵小之徒手里。"

邓愈是武将中最有头脑和学识的，所以朱元璋任命他为御史大夫兼太子谕德。他对邓愈的话极为重视，旋即问道："邓爱卿所指为何？试为朕说之。"

不待邓愈开口，急性子的冯胜抢着开炮："说就说！我等看不惯的就是陛下那么宠信胡惟庸，让他独掌中书大权达数年之久。这家伙不过一宁国小吏，靠舐李善长的袍角提拔到了中书省，如今小人得志便猖狂，在朝廷里专横跋扈，不可一世，简直就像秦时的奸臣赵高。"

"大胆！照你这么说，朕成了昏君秦二世啰？"朱元璋发起火来。

徐达连忙出面劝慰奏道："陛下息怒，冯胜虽出言鲁莽，然其嫉恶如仇，忠心可嘉，请陛下恕其失言顶撞之罪。胡惟庸初任右相时尚能谨慎从政，然其野心勃勃，自赶走汪广洋之后，他羽翼日丰，渐渐擅自专权，生杀黜进，有时不奏明皇上径自行事。四方躁进之徒及失职有过之臣，争相奔走其门，馈献的金帛名马古玩，不计其数。望陛下明察！"

朱元璋仍然有些生气。他说："徐皇兄，侮辱诽谤大臣罪可是不轻的！你们举劾胡惟庸，须有事实根据。你先说说，失职有过之臣奔走其门是怎么回事？"

"此类事情言官时有举劾，只是全给胡惟庸扣下了，到不了陛下御案之上。"徐达坦然说道，"先别说那班贪污渎职的地方文官争走其门，就拿臣属下的武官来说，去年吉安侯自陕西归来，大讲排场靡费国帑。陛下责其奢侈，降其俸禄。他内心不服，胡惟庸特地过府安慰他，并馈赠金帛。又如平凉侯出抚苏州，因贪恋酒色贻误公事，受到陛下处罚，胡惟庸竟投其所好，赠以美女。这二位憨侯爷经常去相府喝酒，已被胡惟庸笼络倚为心腹了。"

这些事例说得朱元璋心惊肉跳，他平生最怕的就是文官武将沆瀣一气算计他。但他这时故意轻描淡写地说："奇怪，你们说胡惟庸贪受别人馈赠贿赂，他又花钱笼络这些武将干什么？"

邓愈暗讽道："哼，有备无患嘛！"

李文忠也乘势奏道："舅皇，非但如此，胡惟庸还在六部安插自己的心腹，刑部尚书吴云、吏部主事赵乾等就是他举荐提拔上来的。他甚至还把手伸到甥臣的大都督府来，有几位参军司马经常到相府去喝酒，甥臣正密切注意他们的动向。"

朱元璋终于坐不住了："喔，此事非同小可！文臣决不许干预军旅之事。"他降旨道："文忠，立即查明这几名参军司马之事，轻则降职流徙边卫，重则立斩勿赦！"

"甥臣遵旨。"

其实朱元璋今日宣这班将帅来一同喝酒，就是要听取他们对胡惟庸的意见，但他又怕他们到外面乱讲一气，扰乱了自己的部署。于是谨慎地嘱咐他们道："朕今日与你们所谈之事，一句话也不许外传。特别是冯胜，你要是灌多了黄汤在外面胡呲乱说，朕定饶不了你！"

冯胜嘟囔着说："不让说不说就是。大不了让他胡惟庸成了气候，老子又带着我那帮兄弟反他娘的！"

朱元璋安慰道："你们放心，朝政之事朕自有妥善安排，不可操之过急。朕与卿等辛辛苦苦打下的江山，决不会让谁篡夺了去。"

众人齐声道："陛下圣明。"

"徐皇兄，不要让此事坏了我们的兴致。"朱元璋又举起酒杯，"来来来，我们还是继续喝酒吧。"

第十二章

明代"红楼"

淫歌艳舞拉官员下水的逍遥宫

胡惟庸相府求官贿赂者门庭若市,他恐树大招风。总管献计另辟蹊径,由商人文富和李佑出面招待进京的官员。旧相府成了逍遥宫,文富以纯银餐桌、精美菜肴招待京都官员,更以色妓淫乐拉他们下水。燕王为探知逍遥宫内幕,差遣王府官员携五万银票前去买官。

胡惟庸下朝回到相府,看到书房里的桌上摆着一只精致的锦盒。锦盒上粘着一张字条,上书"送呈胡惟庸相爷雅玩"。看那字迹,他依稀猜到了这礼物是谁送来的。

胡惟庸打开锦盒,取出里面的两轴古画,把它们挂在书柜上反复把玩观赏,还仔细研究画面上的落款和印章,终于露出了欣慰的笑容。

"真迹!果然是宋徽宗的真迹!难得这小子一片孝心,看来得提携提携他了。"

胡惟庸把两轴画幅仔细卷好,准备藏入他在郊外的秘库里去。胡惟庸爱好书法,也酷爱收藏历代书画珍品。他知道,黄金有价书画无价,若干年后,即使他不当丞相了,这些价值连城的书画珍品仍然可以让他过着奢华的生活,几辈子也享用不尽。

这时,相府总管进书房来回事:"启禀相爷,山东行省司有一个姓陈的候补道员求见。"

胡惟庸皱起眉头打官腔道:"一个候补道员?他有何事要见本相?"

总管是胡惟庸的亲信,胡惟庸一切敛财之事都是经他之手,所以他在主子面前可以实话实说,不用遮遮掩掩。他道:"此人在山东候补实任多年,他称山东济宁府尹丁忧出缺,想请相爷关照吏部举荐他出任此职。"

胡惟庸的眉心又皱起一颗枣核,他摆摆手说:"罢了!现在朝野风传相府门庭若市,地方失职有过之臣竟相奔走，甚或还有诬我卖官鬻爵者。真是树大招风啊！幸赖万岁宠信有加，对这些传言未予理会。然本相应自多加检点，以后像这类求职或地方有过之臣，一律令其直接向有关部司申报，尔等不得接待。听见没有？"

"禀相爷：该员在本省候补实任多年，补缺合乎情理。相爷只需向吏部关照一声，举手之劳。"总管显然得了求职者的好处，仍然不屈不挠，压低声音道："该员愿孝敬相爷十万两银子，何乐而不为？"

胡惟庸烦躁地申斥道："哼！你眼睛里只看见银子。不想想这十万两银子与本相的声誉孰轻孰重？"

总管抽了自己一个耳光："小人该死！相爷所虑极是。不过小人有一办法，相爷可以不必放弃这类到手的钱财，又使人无所察觉。"

"嗯？"胡惟庸将信将疑。

"小人有一故交，姓文名富，是应天城里有名的富商。他与李丞相的公子李祺私交甚笃。李相爷那年因相府火灾，经万岁恩准建了新相府，那旧相府归入了李祺名下，文富以重金购得此处产业。此人虽不从政，但深知结交权贵的重要。李祺现为皇上的驸马，不便抛头露面，通过李祺他又结识了李相爷的侄儿，相爷您的女婿李佑。"

"啊，他认识佑儿？"

"文富说，只要李佑与他合作，把旧相府利用起来，在那里招待京城权贵，和一切有求于相爷的官员人等，就是个日进万金的生财之道。文富是个商人，李姑爷也不是现职官员，由他们出面帮别人办事收取酬谢天经地义，别人也无法攻击和非难相爷。"

胡惟庸沉吟良久，方说："嗯，此为暗度陈仓之策，尚可一试。不过最好由文富一人出面，佑儿隐于幕后。万一将来出了事，万岁责怪下来，本相也有个退路。"

"启禀相爷：李姑爷完全不出面亦非良策，文富一介商贾，谁会相信他在官场上有能耐？"

"不是说利用李相爷的旧相府吗？李相爷是我朝第一功臣，他虽已致仕，但仍得圣宠，况且当朝权贵无不出其门下，他在百官中还没有号召力吗？"

"唯其如此，若李姑爷在必要时露一露面，他既是李相爷的令侄，又是相爷您的乘龙快婿，谁还能不相信他的能耐呢？即使出了点纰漏，万岁怪罪下来，事情发生在李善长的旧邸里，也只会责怪他教子无方，与相爷无涉。"总管真是一条三寸不烂之舌，把事情说得滴水不漏。

胡惟庸终于同意了："好吧，此事尔等妥为谋划，千万别太张扬，以免惊动御史台的人。万一有什么风吹草动，也要姓文的一个人扛着。告诉他只要李佑没事，逮到哪儿都能把他给弄出来。"

"相爷放心，小的一定关照他。"

总管走了出去，小心地把书房门关好。他刚走进外面的客厅，那位求职的候补道一脸谄笑迎上来。

"总管老爷，卑职所托之事，丞相大人是否恩准？"

总管故意把脸一板:"哼,我家相爷国务繁忙,哪有时间管你这点屁事?"

候补道急傻眼了:"这……这……还望总管老爷鼎力玉成,在丞相面前说说好话。事成之后,卑职另外孝敬您这个数。"他偷偷做了个手势。

"一万两?"

"这个……"候补道没想他宰得那么狠,差点哭出来,"好吧,一万两就一万两。"

"你去驿馆候着吧,三天之后我带你到一个去处,保管事成。"

"如此谢过总管老爷,卑职告辞了。"

"不送。"

李善长的旧相府占地面积不大,是前元朝集庆路一位官员的府邸。洪武二年朱元璋的新宫建成以后,李善长见皇宫如此巍峨气派,相比自己的相府却是陈旧逼仄,殊不相称。于是后来有了相府失火事件发生,李善长上奏皇上,朱元璋令工部按制建了一座新的相府供他居住。新相府建成后,那处旧邸经过修葺,成了长公子李祺呼朋唤友集会游乐之处。后来李祺当上了驸马,住进了皇上赐建的驸马都尉府,他就索性把旧相府给卖了。

李佑和文富的计划经胡惟庸首肯之后,旧相府立刻粉刷装饰一新,四处张灯结彩,极尽豪华。这座宅邸的大门外虽没有什么标志,但门额上"丞相府"三个大字故意没有刷掉,仍然可见。到了内院,只见雕梁画栋,髹漆一新。按照文富的设想,要把这里办成京城官员们休息享受的最好去处,所以他在内堂的门额上题了"逍遥宫"三个大字。

开张的这天,李佑和文富经过慎重筛选,邀请了京城里十余位官员前来赴宴。入夜,这些达官贵人的车马在府前停住,几个衣履鲜明的仆人立刻上前打起轿帘迎接:"欢迎大人光临,请!"

更使这些官员们惊诧的是,当他们步入内堂大厅时,立刻有一群妖艳的美女拥上前来迎接客人。灯火通明的厅堂里,衣着极为奢华的李佑、文富和他们一一寒暄作礼。

"张大人,欢迎光临寒舍!"

"吴大人,我还怕请不动您呢!"

"哪里,哪里!李公子相约,下官哪敢不来,呵呵呵!"

"李公子,幸会,幸会!"

客人们陆续到达,他们纷纷夸赞这里的装饰华丽精美,有的则色眯眯地盯着那群美女,眼皮都不眨一下。

等约请的客人都到齐了,文富笑眯眯地开口道:"诸位大人,今日蒙各位拨冗赏光,赴李公子的宴会,希望大家喝得开心,玩得尽兴。大家知道这里原是李相爷的府邸,当今圣上多次来这里喝酒。今日邀请的诸位大人,又都是我朝股肱之臣。诸位于辛勤王事之余,来这里放松放松,原是应该的。文某能为诸位大人效劳,深感荣幸,诸位大人现在请入席,请!"

文富将客人们引至宴会厅。仆人们撤去雕花屏风,展现在客人眼前的是一张硕大的纯银餐桌和十把银靠椅,银光灿灿,炫得人睁不开眼。桌上的餐具器皿也全是银器,里面盛满了山珍海味，美酒佳肴。众人都惊呆了，不约而同发出"啊——"的一声。

等客人们按官职高低就座之后，文富问道："诸位大人，你们知道这套纯银桌椅的来历吧？"

一客人道："愿闻其详。"

文富不无卖弄地说道："这原是张士诚东吴王府的宝物，鄙人以重金购得献给李公子，今日宴请诸位大人还是第一次启用呢。"

"啊，原来是东吴王府的宝物，果然名不虚传。"一客人咋舌道，"张士诚盘踞苏吴富饶之地十余年，其宫室器物，穷极奢靡。他睡的是金床，坐的是镶嵌无数宝石的龙椅，还有这套纯银餐桌椅，连马桶都是纯金的，要几名宫女才抬得动。"

客人们一面喝酒，一面议论着。

"可叹张士诚如此惯会享受的一世枭雄，被徐达、常遇春围困十余月，最后落个悬梁自缢。"

"咦，张士诚宫里的这些宝物，为什么没有缴获献给皇上，充实皇宫，竟让它们流入民间了？"

"吴大人为何如此之迂？你想想城破之日，张士诚后宫中有那么多如花似玉的妃嫔宫女，将军们还顾得上这些又粗又笨的器物吗？哈哈哈……"

"幸亏如此，要不我等今日哪能享用？"

"我等全托李公子的洪福啊！"

"哪里，哪里！"李佑端起酒杯，"诸位大人请！"

"李公子请！"

等客人们酒都喝得差不多了，一个个面红耳赤时，文富诡秘地宣布道："诸位大人，下面我们还有节目为大家助兴。"

文富一击掌，原来在大堂里迎接客人的十余名美女身穿薄纱至庭前献舞。令人惊异的是，她们边舞边脱卸身上的衣饰。这时被美酒灌醉了的客人们瞪大眼睛盯着她们的动作，有的扯开喉咙亢奋地叫好。

这些妖艳美女是文富从秦淮河各大青楼召来的妓女，原已不识羞耻为何物。她们在文富的调派下拥向餐桌旁，各自搂住一位客人，坐在他们的大腿上劝酒。

此时，这些平日满嘴礼义廉耻的高官均已原形毕露，色眯眯地肆无忌惮地在妓女们身上又摸又捏，和她们调起情来。

文富见火候已到，宣布道："诸位大人，酒喝得差不多了，请到客房休息如何？"

众客人一怔："休息？啊，好好好！"

于是，赴宴的官员一个个在妓女的搀扶下进了两厢的客房。客房中灯光幽暗，异香扑鼻，墙上装点着袒胸露背的美女和赤裸裸的春宫画。

在一个客房里，妓女嗲声嗲气地对那位年岁已不小的官员说："大人，请宽衣。"

"啊啊，这……"

妓女为有点不好意思的客人脱卸冠带，将他引到床边坐下，然后开始脱卸自己身上仅有的遮羞物。

她一丝不挂地站在大张着嘴的官员面前，笑着说："大人，献舞时我看到大人眼睛瞪得那么大地盯着我们，恨不得把我们一口吞下去。现在，我让你看个够！"

说着，她猛地扑进客人怀里，搂着他滚到床上，发出一阵阵浪荡的笑声……

夜已阑珊，已经尽欢的客人们陆续告辞，只有少数几个大胆的敢于在这里过夜。

李佑和文富坐在厅堂中相视而笑，庆祝"逍遥宫"开业活动的成功。

李佑问文富："今日请了这么多客人，我们花费了多少银子？"

文富诡秘地一笑："公子不必过虑，宴会的开销连同那班妓女，最多不过千余两吧。可是这些客人个个位居要津，我们要在他们身上捞回一万两也不止啊！"

"是吗？那你明天准备请柬再邀第二批客人来。不过邀请的对象要好好斟酌，千万别请那些泥古不化的道学夫子，这种人既没油水又容易坏事。"李佑指示说。

"哈哈，子曰：食色性也。只要他有用于我，再泥古不化的人到了这里，我们的美酒女色也要把他化了。"文富蛮有信心地说。他又用嘴努努两厢的客房。"你看那几位，都是三四品的朝廷命官吧，明知官员狎妓律所不容，竟敢在这里搂着妓女通宵淫乐。色壮人胆，他什么事不敢做呀！"

李佑阴险地笑着，低声说："就凭这一点，这些人以后就让我们牵着鼻子走，想让他干啥就干啥。"

第二天晚上，相府总管带着那位求职的候补道来到逍遥宫，把他介绍给李佑。

"这位就是李丞相的令侄，咱们胡相爷的女婿李佑李公子。"

候补道连忙深深一揖："卑职拜见李公子。"

相府总管与李佑耳语一番。李佑见开张伊始，就有送银子的来了，自然异常兴奋。但他故作矜持地说："陈大人，你所托之事就与这位文人人谈吧，今晚皇上召见家伯，本公子要去陪伴见驾，失陪了。"

候补道一时惊愕得合不拢嘴，居然在这里见到一个就要面圣的人物！他连忙哆哆嗦嗦地打躬作揖："卑，卑职遵命，公公公子好走。"

文富打铁趁热，直截了当地说："陈大人，你是想谋个济宁府尹的实缺是吧？小事一桩！我们这里别说是外省州府，只要你出得起银子，就是天子脚下的应天府尹也拿得下来。银票带来了吗？"

"带来了，带来了。"候补道听他这么一说，心中不禁一阵狂喜，窸窸窣窣从官服夹层里把十万两银票拿了出来递给文富。

文富装着不经意地把银票随手撂在桌上，对候补道说："好，陈大人放心，三五天之内，大人就可接到吏部的文书，准备走马上任了。"他接着诡异地一笑，"陈大人是个聪明人呀！谁不知道三年穷知府，十万雪花银！济宁这地方还不怎么穷是吗？"

候补道尴尬地应也不是，不应也不是，只得张开嘴傻笑。

看在十万两银票份上，文富让这位乡下佬开开洋荤。他说："陈大人今晚就不必回驿馆了，就在这里歇着吧。来人，好好招待这位大人。"

立刻有一名妓女花枝招展地走上来，挽住目瞪口呆的候补道进了客房。

旧相府里不啻人间仙境的宴乐很快在京城的官员们中间传开来。首先是那些参与享受过的官员忍不住隐隐约约地在同僚中炫耀一番。当然为了安全他们不会明明白白地说自身参与了（那岂不授予政敌攻击与参劾的口实？）。更多的人听说此事自己却无缘参与，怀着妒忌的心理把它渲染得绘声绘色，活灵活现。总之，它成了官员们时下最流行的话题。

每天朝会前，四五品的官员们往往来得最早，他们在朝房里三个一堆五人一伙聚在一起闲谈。候朝的这段时间是他们叽叽喳喳互相交流信息的快乐时光。

一位矮个子官员也不知他是前面说的哪一类人，总之是他挑起了话题。

"诸位大人，近日闲来做何消遣啊？"

"我等文人，既不会骑马狩猎，又不会蹴鞠投壶，能有什么好玩的？还不是在家逗逗孙子，下下棋什么的。"

"啊呀呀，李大人你可是亏了，京城里可有好玩的去处呢！"

"无非是夫子庙秦淮河那些风月场所罢了。去的次数多了就会令人生厌，那些粉头妓女姿色平常不说，还一身的暗病，一不小心染上就麻烦了。"李大人继续压低声音说，"再说，皇上三令五申，文武官员不许狎妓嫖娼。锦衣卫那班人无孔不入，要给他们在妓院里逮住，岂不枉送了前程？"

"呸，谁叫你去那些破地方？"矮个子官员鄙夷地说。

"徐大人想是有个绝妙的琼瑶仙境，也带我们去见识见识嘛。"另一位显然癖好此道的官员插了进来。

见有人响应，矮个子更来劲了："你们说，如果那地方是堂堂相府，地方有司敢去骚扰吗？锦衣卫没有皇上的谕旨也不敢进啊。"

"相府？咱们左丞相胡大人的府第？"

"不，是李善长李相爷的旧邸。现在卖给了一个姓文的富商。他与李相爷的一位公子合作，在那里开了个逍遥宫。里面的装饰金碧辉煌，不啻皇宫，连桌椅都是东吴王宫里的宝物。招待客人的佳肴美酒、山珍海味，应有尽有。更妙的是宴席间有一队妙龄女子歌舞助兴。你道她们那舞是怎么跳的？跳一圈脱一件衣饰，跳着跳着就脱光了。"

"啊，妙哇！然后呢？"他们这个小圈子围的人更多了，一听这话，大家齐声叫好。

"然后就一个女孩子服侍一个客人，坐到你膝头上劝酒。"

"嘿嘿，如此甚妙，如此甚妙！喝完酒呢？"癖好此道的官员继续穷追猛打。

"喝完酒嘛，大厅两厢有十来间小巧玲珑、装饰考究的卧房，墙上镶嵌着一面面镜子。那些女子搀扶着客人进房，以后的事情就不用我说啦。诸公可以尽情想象。是吗？"矮个子官员也自知再说下去就不堪入耳了，连忙打住。

"妙妙！竟然有如此人间仙境，就是一日花上百两银子，也不虚此行啊！"一位姓李的郎中跃跃欲试地说。

"如此享受，恐怕不止一百两吧。"矮个子又以过来人的身份说道，"不过诸位大人既感兴趣，李公子看在相爷同僚的面上，免费招待一回，也未可知。"

"不过，李大人，你那杆老枪还行不行啊！"

"哈哈哈……"众人捧腹大笑。李郎中还想申辩他的功夫不减当年，一眼瞥见左丞相胡惟庸走进朝房，连忙把话缩了回去。

"万岁即将临朝，诸位大人还在此嬉笑戏谑，成何体统？"胡惟庸没听见他们说些什么，照例板着脸申斥一番。

"启禀丞相，刚才徐大人讲了一个极为有趣的故事，我等忍俊不禁，故而发笑。"

"皇上快到了，都上朝伺候圣驾去吧。"

乾清宫书房内，太子朱标正在伺候父皇批阅奏章。

从这一年起，朱元璋有意培养太子处理政务的能力，在朝廷上公开宣布：大臣们一切政事启奏太子裁决，然后由太子奏闻皇上。在此之前，他又出人意料地宣布由韩国公李善长、曹国公李文忠"总中书省、大都督府、御史台、议军国重事"。其意是在权柄日重的丞相胡惟庸头上加两个婆婆，可这一举措终究未起作用。

此时李善长与胡惟庸之间虽已生嫌隙，但老迈的李善长斗不过年富力强的胡惟庸，他想干预中书省的事务已是针插不入水泼不进。而李文忠原本不是好斗的性格，见胡惟庸如此强悍，又得皇上的宠信，他也就只图守住大都督府自己这六亩三分地。所以这一举措在历史上成了笑柄，奉命"议军国重事"的李善长不过成了营缮中都的总工头罢了。

燕王朱棣匆匆走进书房，他向父皇及朱标行礼道："儿臣给父皇及太子殿下请安。"

朱元璋见他行色匆匆，问道："棣儿，有何事禀奏？"

朱棣从容禀奏道："儿臣奉父王之命，侦视胡惟庸及其党羽的动静。奇怪的是，近日胡惟庸相府门前车马渐稀，门庭冷落。而李善长废置的旧相府入夜灯火通明，笙歌不绝。一连数日，京城许多文武官员、富商巨贾麇集在那里饮宴。据说，官级低微者不得入门，而时有外地官员献纳巨金入内，以求升迁官职。闻者称只要舍得出银子，这里没有办不到的事。"

朱元璋眉头紧皱，拍案怒道："大胆！难道李善长在临濠待不住了，又回到京城干起卖官鬻爵的勾当？"

太子朱标插话道："李善长老谋深算，又是皇亲国戚，这种有失身份的事他是不会做的。听说那座旧邸早已归了驸马都尉李祺的名下。"

驸马都尉李祺是有名的浪荡子，难怪太子对他有些怀疑。可是朱元璋却要维护女婿的声誉，他说："李祺现住在朕赐建的驸马都尉府，他与汝妹临安公主感情甚笃，想也不会去那里胡闹。"

朱棣献计道："父皇，儿臣以为，可选取一名面生可靠的人，乔装外地官员去那里以巨金求升迁，看他们是否真的卖官鬻爵，或还有哪些别的勾当，弄清情况再行定夺。"

太子赞成说："四弟此计甚好！"

"嗯。棣儿可于王府官属中挑选一人乔装前往。"朱元璋拍板道，"为了消除其顾虑，朕赐他手书'免罪'两字，令其相机便宜行事。"

说毕，朱元璋在一张窄窄的纸条上用朱笔书写"免罪"二字交给朱棣。

"儿臣遵旨。"

华灯初上时，一辆装饰颇为华丽的马车驶至旧相府门前。仆役们照例上前打帘迎接，车上下来的是一位穿着土气的地方官员模样的人。

来人下车后畏畏缩缩地走近门房。

"劳烦贵介通报，山西平阳府通判王俞求见。"

门房斜睨了他一眼："去去去！一个小小通判也来凑热闹，也不瞧瞧这是什么地方？"

来人识趣地塞过去一锭银子，觍着脸说："劳烦贵介通报一下，俺有事求见公子。"

门房掂了掂银子，心想这个土佬倒还懂规矩，便说："你等着。"

门房进去禀报，一会儿出来说："算你造化，公子让你进去。"

来人东张西望地走进去，像是被里面的华丽装饰惊呆了，特别是对那雕花门额上"逍遥宫"三个字呆望了好一阵。

在厅堂里，文富用怀疑的眼光打量着来人，问道："你是哪里来的？"

"俺是山西平阳人，在本府任通判，分管钱粮。"

"唔，那倒是个肥差。难怪衣着车马如此光鲜，看来搜括得不少啊！"文富问道，"你到相府来，是慕名来玩玩呢，还是有事相求？"

"不瞒公子说，俺久居仕途，年纪也不小了，意欲图个升迁，故此前来有求于公子。"

"哈哈！你欲图升迁，勤勉奉公，巴结上司不就得了，怎知本公子能帮助你呢？"

"相府冠盖如云，朝中权贵云集于此，下官故知公子必能有助于俺。"

文富心想：这土佬想升官想疯了，大概揣的银子不少，不用跟他兜圈子。于是对他说："罢了，实说吧，你想求个什么官职？"

那通判觍着脸说："若能得个实缺知府干干，下官于愿足矣。"

"嘀，胃口还不小啊！"文富道，"通判升同知犹可说，若要越级擢升知府，少不了十万两银子，你出得起吗？"

通判以商量的口气说："下官只带来五万两银票，其余一半待吏部迁调令下来再交如何？"

"看不出你这小地方来的人还会留个心眼啊！"

"不是俺留心眼，俺还敢不相信公子吗？"

"好吧，你还算懂规矩，本公子就交了你这个朋友。今晚就不用回驿馆了，在这里见见世面吧。"

文富吩咐道："来人，领这位大人去歇息。"

立即有仆人将通判领至花厅奉茶。花厅装饰非常讲究，厅前挂有一个鸟笼，一头虎皮鹦鹉见有客人走近，猛然叫道："大人发财，大人发财！"

通判笑了笑，将一块碎银扔进笼子里，鹦鹉用爪子抓住，连连点头欢叫："大人发财，大人发财！"

通判想：有意思，这里的畜生都晓得要钱。

这时，一个艳妆妓女走到他身边，嗲声嗲气地说："大人，请到我屋里坐坐吧。"

通判连连退缩："这……这，小姐，下官不敢……"

"有什么不敢的？大人来吧！"

妓女软磨硬拽，终于将通判拖进她的卧房。

房间中异香扑鼻，墙上那些春宫画吓得通判连忙把眼睛闭上。

那妓女在小圆桌上的酒杯里倒了两杯酒。

"大人，奴家陪大人喝酒好不好？"

通判与她搭讪道："小姐芳名怎样称呼？"

"大人就叫我小红吧。房子里暖和，大人宽宽衣吧。"

"这……"

小红帮通判脱去官服，顺势坐在他膝头上，解开衣襟露出雪白的胸脯在他脸上蹭着。

"小姐，下官不敢作此苟且之事。"通判满脸通红挣扎着站起来。

"大人何必如此拘泥？"小红泣声道，"大人若不要小红，小红必受主人责罚。大人可怜可怜小红吧！"说着扑通跪在通判脚下。

"啊，起来，起来。"

小红顺势倒进他的怀中。这时，他刚才喝下掺有春药的酒性顿时发作，二人互相撕扯衣物，滚到床上疯狂起来……

燕王率兵抄检淫窟

逍遥宫以色相淫乐招待官员，暗地卖官鬻爵，文富一介商人，哪有这么大的能耐？朱元璋怀疑胡惟庸不仅敛财，还借此纠结党羽。燕王率兵抄检逍遥宫，缴赃银十五万两，捕获在那里淫乐的官员十多名。赈济荆斩水灾的都事赵乾丢了脑袋。

燕王朱棣带着侍卫随从来到离王府不远的驸马都尉府。他来此的目的，一则问清楚李祺将相府旧邸卖给文富的情况；另外还想打探他是否涉足卖官鬻爵之事。他对这位身为驸马爷的姐夫其人品还是不大放心。

临安公主对弟弟的到来异常欣喜，把他拉在自己身边坐着问东问西。朱棣说是奉母后之命前来探视阿姊。听说她最近偶染小恙，是否找京城最好的郎中看过，母后十分挂念。他们姐弟俩说得热闹，李祺在旁边插不上话。朱棣怕冷落了他，借口要去看他新修的园子，和李祺二人走了出来。

"驸马都尉，愚弟有件事情想问你一下。"朱棣直截了当地说。

"我们去书房里说话吧。"

李祺将朱棣引到他的书房。朱棣知道这位姐夫是不怎么读书的人，可看他书房里的摆设，什么歙砚湖笔、名家字画、百家经史应有尽有。只是样样都显现出久未动过的痕迹。

朱棣开门见山地问他是否把旧相府卖给一个姓文的商人了。驸马爷脸上立现窘迫之状。

"燕王殿下，愚兄也知这事做得不甚妥当。只是你看，父皇赐我偌大一个驸马府，里面空空如也，一切装饰摆设都得花钱呀。光是景德镇订做的大花瓶和日用瓷器就花了我数千两银子。嘿嘿，那座旧邸空着也是空着，还得派人打理照料。愚兄跟爹爹说了一声，就把它卖了。"

"是谁帮你卖的？"

"此事愚兄自然不便出面，一切都是由我堂弟李佑代为操办的。怎的？旧相府那边出了什么事吗？"

燕王再追问一句："驸马爷你从没到那边去过，也不知道那边的事是吗？"

"愚兄确实不知。"李祺一脸茫然，"我每日上朝，还经常奉父皇之命外出宣旨赈济，忙得很呢。那边真出事了？"

"出大事了！"燕王警告说，"你不知道就不要去过问，是谁的事该谁负责。"

这场严肃的谈话过后，燕王装着没事一样回到临安公主身边。姐弟俩拉了一会儿家常，燕王借故匆匆告别。

燕王朱棣匆匆来到乾清宫向朱元璋报告。

"父皇，儿臣遵旨派人混入李善长旧邸查看，那里出面的是个姓文的商人。他们的确在做着卖官鬻爵的勾当，一个实缺知府卖十万两银子。姓文的把旧相府装饰得富丽堂皇，美其名曰逍遥宫。其中豢养了一班妖艳妓女，以不堪入目的歌舞淫乐招待前来赴宴的官员。因此京城权贵趋之若鹜，其中不乏各部大臣。由于结交了有权势的朝臣，故此卖官鬻爵之事也容易做成。儿臣派去的那个王府参军交了五万两银票，就让他等候知府的实缺，说三五天之内吏部就会有迁调令。"

朱元璋一听这些，气不打一处来，他拍着御案说："这还了得，堂堂国都，竟有如此藏污纳垢之所！朕三令五申文武官员不得出入风月场所嫖娼宿妓。是谁竟敢明目张胆聚众淫乐，还肆无忌惮地拿朕的州府官职做交易？那姓文的不过一介商贾，他哪来这么大的能耐？他背后一定有什么人撑腰，一定要查出这个人来！"

燕王从容奏道："启禀父皇：儿臣已查明，那座相府旧邸李祺确已卖给了姓文的商人。儿臣昨日借口奉母后之命探视临安公主去了驸马府，相机询问此事。李祺说他碍于驸马身份不便出面卖房子，是托他叔父太仆寺丞李存义之子李佑出面卖的。那姓文的是应天府有名的富商，人极奸猾。是他借着相府的名头招摇撞骗呢，还是与李善长家什么人合伙作恶，尚不得而知。"

朱元璋站起来踱了几步，沉思良久，然后问道："棣儿，你看此事与胡惟庸有关联吗？"

燕王道："儿臣以为，此事虽发生在李善长旧邸，与他的子侄干系甚大，但李善长致仕已久，虽云他在各部尚有一定影响，但若真要卖官鬻爵，只有现任吏部和中书省手握实权的人才有此能耐。胡惟庸这些年没少干这类事，敛聚了不少钱财。以前相府门庭若市，为什么最近突然冷落下来，儿臣觉得很奇怪。"

"唔。这倒是个值得注意的反常现象。"

"胡惟庸与李善长本来就是儿女姻亲，李善长的侄子李佑不是胡惟庸的女婿吗？李祺说旧相府是李佑经手卖给文富的，如果他俩沆瀣一气，打着胡惟庸这块金字招牌，什么官员招不来？"

朱棣冷静分析道："此事若与胡惟庸有关，儿臣以为还不仅是聚众淫乐和卖官鬻爵那么简单。他们还可借此纠结党羽扩大势力以为谋逆的资本。声色犬马，人之所欲。听说他们有选择地发请柬邀请有地位的官员去饮宴玩乐，我们的文臣武将一旦坠入那温柔乡中，必然为其裹胁。其危害之大，不可不防。"

燕王能分析得如此深刻，倒是朱元璋没想到的。他点头赞许道："嗯。汝能居安思危，防微杜渐，令朕甚为欣慰。棣儿，兹事体大，不能放纵过久，朕命你全权处理此事。不管这帮蠢贼的后台是谁，先把那姓文的抓起来严鞫，不怕他不招！"

朱棣自然感激父皇能委自己以重任，但他考虑很全面，说："儿臣以为此事涉及官员风纪，宜由御史台出面抓人。可左御史大夫陈宁是他们的党羽，难免走漏风声，弄得不好可能扑个空。"

朱元璋道："朕许你便宜行事，传朕口谕于镇抚司提兵，选取他们聚会人多的一天行动，临时知会御史台值班官员配合，将其一网打尽。届时将逮捕的人犯押送大理寺，由朕指定专人审理。"

朱棣领旨道："父皇圣明，儿臣遵旨。"

这天晚上又是旧相府大宴宾客的日子，府内灯火通明，笙歌不断。文富胆子越来越大，居然把原已凋敝的"丞相府"三个大字粉饰一新，在灯光照映下金光闪闪。府内的花厅前竟又仿效秦淮青楼挂出一串红灯笼，灯笼上"逍遥宫"三个字磁石般吸引着来访的客人。

应邀前来的官员们在厅堂中互相寒暄。最后进来的刑部侍郎韦皓大概是今晚宾客中官职最高者，大家都到厅前迎候。

"韦大人，难得您大驾光临啊！"户部主事赵乾抢先问候韦侍郎。

文富以主人身份欢迎道："李公子嘱咐过我，说今日难得韦大人赏驾，要我好生伺候。只可惜因为胡相爷小恙，李公子前去问安，不能亲自陪韦大人喝酒，请大人海涵。"

韦皓挺着大肚腩环视四周："好说，好说。老夫早就听说这里是其乐无穷的人间仙境，诸位大人先知先觉，给老夫介绍介绍吧。"

赵乾逢迎地说："韦大人既知这里是人间仙境，那仙机不可泄露啊！韦大人待会儿亲历其境就知道了。哈哈哈……"

文富在前面引路道："诸位大人请入席吧！"

进入宴会厅，雀屏开启，纯银餐桌上摆着格外丰盛的珍肴美酒。

"韦大人请上座。各位大人请入席。"文富殷勤礼让客人入席。

韦皓坐在上首的银餐椅上，摸摸这，摸摸那，惊异地说："这就是东吴王宫的那套银餐桌椅吗？啊，果然名不虚传！老夫花了上万两银子，遍访江南买了一堂名匠制作的红木家具，自以为得意，可比起这王宫宝器，我那只能算破烂了。只是这东吴王的器物，按理只有当今皇上才能享用，我等在此饮宴似有僭越之嫌啊。"

一位官员不无讽刺地说："韦大人不愧为刑部侍郎，万岁面前的宠臣。诸位大人，今日这桌酒席我们不吃了也罢，以免落个欺君之罪。"

"李大人言重了！老夫不过玩笑罢了，哪有放着这等珍馐美味不吃之理。既来之，则安之，皇上怪罪下来，还有老夫在前面顶着呢。"

"诸位大人，请！"文富端起酒杯。

酒过三巡，文富一击掌，照例是妓女们献上艳舞。须发皆白的韦皓面对几乎脱光的妖艳妓女们发了呆，夹着一块鹿脯的银箸停在了半空中，张大着的嘴边流出涎水。在官员们顿足叫好的鼓噪声中，他刚张口喊出一串"妙！妙……"竟然因兴奋过度一头歪倒在银椅上。

文富顿时急了："韦大人怎么啦！停，停！你们快过来。"

两个半裸的妓女忙跑过来，像两枚肉弹左右夹持着他，又是揉胸口，又是掐人中，好不容易才把他弄醒。

"大人，大人，您把我们吓死了！您不醒过来，谁疼我们呀？"险境刚过，那俩妓女缠着韦皓撒起娇来。

"啊，小乖乖，别怕，老爷我是逗你们玩儿的。你们俩这么白白嫩嫩的，老爷我怎舍得呢？今晚你们俩都陪我好吗？"

一妓女坐到他膝上，揪着他的白胡须："老爷子，你行吗？"

"谁说老爷我不行？待会儿给你们一点厉害瞧瞧！"韦皓一面在妓女身上大动手脚，一面夸着海口，众官员也给他捧场。

"韦大人老当益壮，真神勇啊！"

"哈哈哈哈……"

这时，一队京营兵勇举着刀枪跑步穿过夜深寂静的街道，后面是骑在马上的燕王和临时召来的御史台官员。

兵勇们来到相府旧邸前，燕王一声号令，士兵们一拥而入冲了进去，把刀架在守门仆役的颈脖上。

燕王率领御史台官员走进旧邸，一抬眼看见那串红光闪烁的红灯笼。他立即命令士兵："把那串写有逍遥宫的灯笼给我摘下来，作为罪证。"

"是。"

燕王又问守门仆役："赴宴的官员都在哪里？"

"在，在宴会厅。"

"给我冲进去搜查，一个人也不许跑掉。"

御史台官员率领士兵冲进宴会厅，妓女们一见明晃晃的刀枪，吓得尖叫着往餐桌底下钻，官员们一个个呆若木鸡。

文富强作镇定地问："你们是什么人？竟胆敢明火执仗地闯进来，知道这是什么地方吗？"

御史台官员说："我们是御史台的，奉命查抄嫖娼宿妓的不法场所。"

韦皓一拍桌子："放肆！这里是皇上敕建的丞相府，老夫是刑部侍郎，没有刑部的命令，谁敢来查抄？"

"本藩在此，谁敢抗旨？"燕王在王府护卫簇拥下走进来厉声说。

韦皓等连忙跪下叩头："恭迎四殿下，臣等罪该万死！"

燕王命令道："都给我拿下！"

一名李佑的亲信仆役在查抄旧相府时侥幸漏网，连忙赶到胡惟庸的丞相府报信。此时已是下半夜，丞相府大门紧闭，仆役只得"砰砰"地敲门。

"门房里有人没有？开门！快开门！"

睡眼惺忪的门房从门洞里探出头来。

"什么人敢在此吵闹？"

仆役急道："大爷，你快开门，旧相府出事了，小的要报与相爷知道。"

"相爷早睡了，你敢吵醒他，不想活了吗？"

仆役又问："李公子在府中吗？"

"哪个李公子？"

"就是相爷的女婿李佑李公子呀！你赶快放我进去找他，御史台要派兵来抓他了！"

门房终于打开门让他进来。

不一会，李佑衣冠不整地站在胡惟庸卧室外，焦急地等待胡惟庸起床。

胡惟庸披着衣走出卧室。

"什么事这么紧急，要把我叫起来。"

"爹，不好了！御史台派兵抄了旧相府，把文富和在那里饮宴的十余名官员都逮走了，还收缴了十五万两银票。"

"御史台派兵抄旧相府？怎么我一点风声都不知道？今天下午陈宁刚到我这里来过，他是御史大夫，怎么他也不知道有这次行动？"胡惟庸诧异地问。

"跑出来报信的奴才说,是燕王亲自带兵来的。不过涉及官员嫖娼风化案,由御史台出面捕人。听说他们还四处搜寻我,幸亏我今晚没在现场,要不也让他们逮走了。"

"燕王?官员风化案关他什么事?莫非是皇上……"胡惟庸想了想,说,"你待在相府也不安全,燕王要过来向我要人,我也没法保你,你赶快走吧!"

李佑发急道:"孩儿到哪里去好呢?"

"如今之计,你只有连夜动身,躲到临濠你伯父家中去。"胡惟庸决断地说,"我早已向文富交代过,要他无论在什么情况下,都要矢口否认逍遥宫是与你合伙开的。只要他抵死不供出你来,我们就能设法营救他。"

"燕王不会追到临濠去吧?"李佑担心地问。

"我估计不会。拿贼要拿赃,他没有在现场逮到你,即使知道你在临濠,也不至于到那里去抓你,对你伯父他们还是要给面子的。你赶紧去吧!我吩咐给你备车,从相府后面走。"

李佑无奈地说:"如此孩儿去了,京城里有什么消息请爹爹及时通知伯父。"

"知道了,赶紧走吧!"

经过几天的忙碌,旧相府案头绪已清,燕王朱棣赶到乾清宫向父皇及太子汇报查抄旧相府的情况。

"启禀父皇、太子殿下:李善长相府旧邸一案,经儿臣配合御史台查抄,一举抓获嫖娼淫乐的官员十名,妓女十二名及该府管家仆役人等。缴获赃银十五万两,僭用宫廷银餐桌椅一套及诸多违法器物。经儿臣初审刁民文富,他供认自己蓄谋收购相府旧邸,借其名头开办风月场所逍遥宫,招摇撞骗牟取暴利。还说连他自己也想不到京城的官员如此经不起女色的诱惑,竟相趋之若鹜,令其欲罢不能。他矢口否认是与李府合伙同谋。不过大理寺审讯赴宴的官员,都说他们并不认识文富,是慕李公子之名而来。李公子是指李善长之侄、太仆寺丞李存义次子李佑。"

朱元璋问道:"这个李佑是否就是胡惟庸的女婿?"

"正是他。李佑现不在京城,估计是躲到临濠李善长那里去了。因为他当日不在现场,文富亦未招供指证他合伙犯罪的事实,儿臣未便抓他。对其如何处置,请父皇定夺。"

这时,正在批阅奏章的太子朱标走过来说:"启禀父皇,今日韩国公李善长差人急呈一疏请罪,请父皇御览。"

朱元璋接过太子呈递的奏折,草草看毕,生气地扔在御案上。

"哼,这个老狐狸他请的什么罪?他只承认他教子无方,驸马李祺不该将相府旧邸随意卖给他人,致令其借此招摇撞骗牟利。至于李佑,他推托其弟太仆寺丞李存义疏于管教,致令其结交非人,出入风月场所。他还暗示李佑并非朝廷命官,按律无法给他论罪。"

朱棣愤愤地说:"儿臣猜想一定是他把李佑保护起来了。哼,这样的人亏他还算皇亲国戚,老给朝廷找麻烦!"

太子朱标说:"四弟查处此案很得力,没有让罪犯逃脱。此事已在京都传开,影响很大，依儿臣之见，必须先把祸首文富及抓获的官员以淫乐嫖娼罪处置。至于他们卖官鬻爵之事尚未查获已成事实的证据，儿臣想即使有亦不便公诸于众，以免有损朝廷威望。"

"你总是畏首畏尾，怕这怕那。"朱元璋申斥太子道，"只有以铁腕清除腐败，朝廷威望才能建立起来！再说，那缴获的十五万两银子不是证据吗？"

朱棣禀道："文富一口咬定那只是求官者的定银，他还没有来得及结交吏部及有关官员谈交易。至于谁是他的后台，无论怎样用刑他都不肯招认，只说大明的官员谁不要钱，他有钱就能买到一切。"

"如此狂徒，死有余辜！"朱元璋恨恨地说。

"文富现在只剩一口气了，看来从他口里榨不出什么来，还宜及早斩决才是。"

朱元璋说："传朕的旨意，刁民文富着即枭首弃市。抓获的官员是些什么人？"

朱棣道："十人中官职最高的是刑部侍郎韦皓。这老东西是刑部尚书吴云的亲信，自仗权势竟敢当场拒捕，气焰嚣张得很。另一个户部主事赵乾，据儿臣查实，他二人均是胡惟庸的党羽。"

"户部主事赵乾？胡惟庸举荐去赈济荆蕲水灾的是不是此人？"

太子禀道："正是他。荆蕲灾情紧急，父皇命他即日告庙离京。他身负王命，擅自逗留京师，延误赈灾，罪不可恕。"

朱元璋一听此言，怒不可遏，站起来拍案道："哼，湖北地区的水灾，千里泽国，哀鸿遍野。朕命他即日离京，代朕宣慰赈济灾民，他竟敢逗留京师，流连风月场所，置万千灾民于不顾！如此渎职逆臣，要他何用？传旨：户部主事赵乾以严重渎职罪斩立决，另派他人前往赈灾。"

朱棣："父皇圣明。杀他一个，给贪赃渎职的人敲个警钟。他既是胡惟庸的党羽，也可起敲山震虎的作用。"

朱元璋又道："其他涉案官员，经大理寺审明后，一律削除官职，流徙一千里。所有缴获银两器物，相府旧邸及文富所有家财，一律籍没入官。"

太子一一记下道："父皇圣裁，儿臣遵旨颁诏。"

第十三章

请君入瓮

惶恐与密谋

　　惶恐不安的胡惟庸隐隐感觉朱元璋要对自己下手。"英雄行险道"条幅后面的密室。陈宁、涂节向他表明了心迹，三人密谋起事，以从险境中求生。胡惟庸宴请陆仲亨、费聚两位侯爷，赠重金让他俩去联络部属。陈宁负责策反锦衣卫指挥毛骧，适逢其生日，备厚礼前去贺寿。

　　逍遥宫事发，党羽赵乾、韦皓被诛杀和流放，令胡惟庸心里非常郁闷。幸亏自己棋高一着，叫李佑躲到临濠去，才没有把火烧到身上来。通过这一事件，胡惟庸隐隐约约感觉到：他与朱元璋的长达六七年的蜜月已经完结。种种迹象表明，这位诡异莫测的皇上，在那帮功臣宿将的撺掇下，已经准备选择适当的时机对自己下手了。

　　焦急与恐惧俱来，他在书房里像笼中的困兽般不安地踱来踱去。

　　冬日的阳光暖洋洋地照在书房外的游廊上。鸟笼里的画眉见主人这会儿还未来喂食，在笼子里叽叽喳喳叫个不停，那头用链子拴在花架上的虎皮鹦鹉也不停地说着："丞相，开饭啦！丞相，开饭啦！"

　　鸟儿们的聒噪更使心烦的胡惟庸火冒三丈。

　　"该死的畜生，我让你们叫！"胡惟庸冲到游廊上，摘下画眉鸟笼往地下摔去，还狠狠地踩上一脚。他又去拉拴鹦鹉的铁链，鹦鹉知大祸临头，"扑哧哧"高高飞起躲开了。

　　受伤的画眉犹自在破鸟笼里惨叫不停，一个家人恐惹相爷生气，赶忙将摔破的鸟笼拿走。

　　胡惟庸气咻咻地回到书房里，相府总管小心地进来回事："启禀相爷，御史大夫陈宁、中丞涂节来了。"

陈宁和涂节是他最信得过的心腹，他俩随着总管进了书房。

胡惟庸警惕地问："你们从哪里进府的？"

陈宁道："相爷放心，我们是从后花园绕进来的，没有人看见。"

"此地不宜说话，请随我来。"

胡惟庸领着两人走进与书房相邻的起居室。起居室里挂有一些名人字画，他自己手书的那幅"英雄行险道"的中堂也挂在这里。他掀起这幅中堂，按了一下机关，字幅后面的墙体竟慢慢移动，露出通往密室的暗门。三个人钻进门内，墙体重又慢慢复原，丝毫不露痕迹。

胡惟庸领着陈宁、涂节在暗门内摸索着走下数级阶梯，拐了一个弯方才进入一间极为隐蔽的地下室。这间密室陈设简单，仅一张桌子和几把椅子。墙上挂有照明的油灯。也挂有出鞘的刀剑和黑乎乎的毒药瓶，这些东西的作用不言自明：若大事不济，锦衣卫进相府来缉拿他，他可以从容躲入密室自寻了断，免受"寸磔"之苦。

陈宁是朱元璋从一个小文书提拔上来，最终成为二品大员的。朱元璋也曾因惜才赦免了陈宁的死罪，将他从"冬尽将决"的死刑台上拉下来。陈宁担任过司农卿、山西行省参政、中书省参知政事等要职。他初名陈亮，朱元璋赐他改名宁，可见对他非常赏识。他是贯彻朱元璋的"严刑峻法"最得力的人。在苏州有"陈烙铁"之称。后来他的严酷过了头，连劝谏他的儿子孟麟都被他打死。恰巧朱元璋是个最疼爱儿女的人，闻知此事，深为反感地说："陈宁对自己的儿子尚且如此，何况君父呢！"这话传到陈宁耳中，他十分恐惧，因而与心怀异志的胡惟庸一拍即合，上了贼船。

胡惟庸的这间密室陈宁他们以前从没有来过，他俩四周浏览一番，不禁叹服丞相准备的缜密。

他们在椅子上坐定，渐渐习惯了密室的幽暗，陈宁问道："相爷叫我们来，有何事吩咐？"

胡惟庸说："目前李善长旧邸事发，皇上降旨斩了户部主事赵乾，流徙了刑部侍郎韦皓等人，幸未继续追究李佑和本相的责任。此案是燕王一手操办的，别看燕王年纪轻轻，他的为人行事和皇上一样诡谲莫测。他一定拷问了赵、韦两人和我等的关系。现赵乾已死，韦皓流徙中都，看管很严，无法见到人，也不知他们到底招了些什么？"

陈宁道："燕王是用御史台名义去查抄抓人的，可我们御史台根本不知内情，只去了几个值日的都事。人抓到大理寺后，审讯也未让御史台参与。那几天燕王黑着脸厮守在大理寺，谁敢往那里闯？"

涂节插话说："不过相爷尽可放心，燕王即使怀疑赵乾、韦皓是我们的人，也无法从他们口里挖到什么东西。时候未到，相爷没布置他们做什么事，他们能知道什么机密？"

"我估计皇上杀赵乾意在敲山震虎，想看看我们是不是慌乱而有什么动作。幸亏丞相沉得住气。"陈宁分析说，"燕王虽然年轻，但其诡诈不在皇上之下，我们须小心对付。"

胡惟庸冷静地说："燕王尚不足虑，关键是皇上。李善长追随皇上二十余年，真是把他看到骨子里去了。他说皇上一生，无时不在谋算别人。天下未定时是谋算他的对手，结果令陈友谅、张士诚、方国珍、明玉珍，一个个枭雄都败在他的手下。群雄争霸，这无可厚非。但瓜州渡凿沉帝舟，溺杀韩林儿及其后妃，足见其手段之毒辣。登基以后，他一门心思谋算对付的就是手下的臣子。李善长被迫告病致仕，又借本相之手除去了刘伯温，只有一贯对他恭顺的徐达没事，还整年在外戍边，不让参与朝政。老夫得邀圣宠，独相六七年之久，实缘于皇上对功臣们的忌惮。不过看来我们的好日子也快到头了。这几个月皇上连发两道诏书：一是命臣民言事者实封直达御前，一是各地州府奏事毋需关白中书省。二位大人对他这些举措有什么看法？"

"哼，这摆明是对中书省对相爷的不信任。这样的诏书一发，那帮对相爷有积怨的人必然争相谤劾，以邀圣宠。然后皇上就可以借某件事大做文章，以为罢黜相爷的借口，甚至……"陈宁欲言又止，大概意识到那话不甚吉利。

涂节附和道："是啊，卸磨杀驴是皇上一贯的伎俩，相爷必须预为防范啊！"

"防范？本相一介文人，手无缚鸡之力。这京城里统领兵马的大都督是皇上的外甥，加上那班横行无忌的锦衣卫，皇上要杀我，除了引颈就戮，我还有什么办法？"胡惟庸故意装得可怜巴巴的。

陈宁不以为然地说："下官素来佩服相爷临危不惧、处乱不惊的气魄，今日何出此颓唐之言？莫道我辈身居要津，尚有一定权柄可以利用，就是那些山野草寇，在斧钺交颈之际他也要拼死一搏，哪有引颈就戮的道理？"

"是啊，兔子急了还咬人呢。"涂节也跟着说，"我等位列公卿，手下也有一班人，就那么心甘情愿地任人宰割？皇上一贯心狠手辣，从杀赵乾开了头，他要找茬杀我们还不容易？什么卖官鬻爵、贪污受贿、结党营私、弄权误国，哪条他都可判你死罪！照我说，反正是个死，还不如咱们早点动手，兴许还有个活路。"

听他俩这样说，胡惟庸心里笃定了。他说："二位大人既已表明心迹，本相也实对你们说了吧。时至今日，我等已别无出路，只有密谋起事，推翻朱明王朝。他朱元璋羽翼丰满之后可以溺杀韩林儿自行称帝，现在各部及州府多是我们的人，难道我胡某就不能取而代之？"

陈宁、涂节不约而同地表忠道："我二人一定拥戴丞相改朝换代，荣登大宝。"

"若得二位大人鼎力相助，事成之后，当以天下共享之。"胡惟庸也信誓旦旦。

"谢丞相！我想此事丞相早已深思熟虑，不知有何定鼎之计。"陈宁问。

"想得天下光靠我辈文人不行，必须要有兵马。朱元璋这几年想尽办法解除他手下将领的兵权，弄得那班侯爷们人人自危，怨声载道。像平凉侯费聚、吉安侯陆仲亨他们就经常到相府来喝酒泄愤。这些侯爷若许事成后任其掌握兵权，不难为我用命。还有一些将领因过失被谪贬，如陕西指挥使胡德济等，亦可联系以为外援。另外，明州卫指挥林贤是我外甥，卫所兵力虽少，但他们久与海上倭人周旋，令其下海招倭，许以财帛，不出三日即可抵达京城。"

陈宁点头说："外援不可不备，然一旦举事，远水难救近火。我以为最好能于京城诸卫中策反一支队伍。届时矫旨宫中内变，令其率兵杀入皇宫之内，大事即可成矣。我目前在中书省翻阅天下军马籍，见现辖京城诸卫都督指挥中多有定远老乡，如现掌管锦衣卫的都督佥事毛骧即是。相爷是否认识此人？"

"认识。毛骧是毛骐的儿子，毛骐与李善长同乡里，朱元璋从濠州引兵至定远，毛骐时为县丞，他挟县令出降，因此为朱元璋器重，委以文书机密重任。后毛骐病逝军中，毛骧因父功得典亲军，后因战功升至都督佥事。此人性贪婪，曾因抄犯官家财时私匿珠宝奇珍被言官参劾。当时本相以其位居机要，曾曲意维护之。陈大人可以乡里之情接近他，然后投其所好，多许金帛。若得此人为内应，锦衣卫的动向均为我所掌握，必要时他还可率部倒戈，则大事不难成矣。"

陈宁道："谨遵丞相吩咐，吾当尽快与之联络。只是多许金帛之事……"

胡惟庸知他二人并不宽裕，而自己却早有准备。他说："陈大人勿虑。二位大人离府时，本相命管家以金锭充实车座，估计不下万金，以为二位大人活动之资。为图大事，本相财帛在所不惜，然而最紧要者是千万不能泄密。一旦被人发觉，你我九族皆灭矣！"

陈宁和涂节齐声说："丞相请放心，我等一定谨慎从事。"

他俩在夜色掩护下上了停在后花园外的轿车。放下车帘，二人不约而同地掀开车座看看，果然里面塞满了明晃晃的金条。

与此同时，胡惟庸加紧了笼络侯爷们的活动。这天，他在相府花园的阁楼上设宴招待吉安侯陆仲亨和平凉侯费聚。

明初武臣们的地位很高，徐达、李文忠、邓愈、冯胜等公爵的岁禄均在三千石以上，侯爷们岁禄一般为一千五百石，而当时文官中的一品丞相岁禄仅八百石。所以即使胡惟庸这样的当朝宰相，对赋闲在家的侯爷也要尊敬三分。至于他另有其他目的，自然更加殷勤伺候了。

席间丰盛的珍馐美味，上等的御用美酒，胡丞相得体的奉承话语，不用多久，两位侯爷就醺醺微醉了。这时胡惟庸开始挑起他们的牢骚。

"二位侯爷，近来边关多事，北有残元骚扰，南有云贵洞蛮蠢动，皇上没有派你们出去统兵征伐的意思？"

"说起这事就来气。"陆仲亨狠狠撕下一条鸡腿说，"哼，现在皇上信任的是沐英、蓝玉那班年轻将领，有仗打就派他们统兵出征，怕是嫌我们老迈无能了。"

"嫌我们老了就干脆让我们在家享享清福嘛，大热天他偏要我们跟信国公汤和到临清那鬼地方去练兵。我们这老胳膊老腿还练个什么劲？"费聚附和说。

胡惟庸打哈哈说："皇上大概是怕平凉侯老待在家里，三妻四妾缠着耗费了身子骨。上次本相送侯爷两名妙龄女子就受到了皇上的申斥，说我助长了侯爷的淫逸之风。"

这话把费聚的心头之火"窜"地一下点着了："他自己占着后宫三千佳丽，光是有名份的妃子就有十五六个，给他养了四十多位皇子公主。我们出生入死地跟他打天下，纳两个女子就算淫逸之风，真他妈的只许州官放火，不许百姓点灯！"

胡惟庸连忙喝令服侍他们的家人退下。待家人走后，他故意压低声音说道："二位侯爷说话可要小心啊，皇上的耳目无孔不入，连我这些家人中都不知有没有皇上派来的奸细。平凉侯这些话让皇上知道了，岂不是犯了大不敬罪？"

费聚叹口气说："唉！早知落得这样窝囊，当年何必跟他干？我父子自己拉个山头，兴许也把江山打下来了。一样的南面称王，一样的三宫六苑，好不快活！"

见费聚发火，胡惟庸暗自得意，但他还要往火上浇油："实对二位侯爷说了吧，你们的诸多不法事，比如嫖娼纳妓、强占民田，还有吉安侯在临清犯事被缚送京都，当时皇上赦免了你，现在都要拿来算总账。甚至本相请二位侯爷喝酒也被安上个朋比为奸图谋不轨的罪名。"

二人顿时紧张起来，问道："相爷是如何知道的？"

"皇上派人监视我，本相自然也要收买宫人打探他的一举一动。"胡惟庸从容说道，"我的内线曾听到皇上在宫中与太子、燕王这样议论你们。皇上准备惩处一批他看不顺眼的将领，除了你们俩还有延安侯唐胜宗、南雄侯赵庸等侯爷，你们还记得洪武八年他找个茬赐死德庆侯廖永忠的事吗？"

陆仲亨又紧张又气愤地说："他娘的！我们帮他打下了江山，现在却来收拾我们了！你们读书人那句顺口溜怎么讲？什么飞鸟、兔子什么狗的？"

"飞鸟尽，良弓藏。狡兔死，走狗烹。历代的开国皇帝都是这么干的。秦皇杀白起，汉高祖诛韩信、陈豨、彭越，宋太祖杯酒释兵权算是最仁慈的了。皇上自打登基起就在处心积虑褫夺你们的兵权，看来现在要一个个收拾你们了。李善长是我朝第一功臣，被迫告病致仕；刘伯温是怎么死的你们也应该能猜到一些；徐达看似得宠，其实皇上最忌惮的是他，现在再也不让他带兵征战。连这几位开国元勋都落得如此下场，何况你们这些车前马后的小侯爷呢？"

胡惟庸的这番话更加激起两位莽侯爷的气愤，脾气火暴的费聚按捺不住跳了起来："朱重八真不是东西，惹火了老子反了他娘的！"

陆仲亨也响应道："对，我们总不能坐等他整死啊！"

胡惟庸见火候到了，遂向他们摊牌说："不瞒二位侯爷，我胡惟庸多年来深受皇上宠信，李善长致仕后让我独相六七年之久。我按照皇上的旨意把他想整的人都整够了，如今他却干起了卸磨杀驴的勾当，要拿我开刀了。连请你们二位侯爷喝喝酒都成了我的罪名之一。看来他这个暴君是没法服侍下去了。我已联系了好几位大臣，还有各地的封疆大吏，准备跟他拼个鱼死网破。若得二位侯爷加盟。事成之后，这大都督府统领天下兵马的大权就是二位的。我不会像他那样朱家独霸天下，我要论功行赏，大封异姓王，那时二位侯爷就成王爷了。"

陆仲亨、费聚二人相视一顾，下了决心。

费聚抱拳说："我等愿追随丞相。"

陆仲亨接着说："执鞭随镫，万死不辞！"

见此情形，胡惟庸极为兴奋："好！此事极为机密，二位侯爷千万不能在人前提及。当务之急是前往各地广招兵马。二位可与仍在领兵的部属联络，许以金帛和高官厚禄，若得一二名指挥、千户率部反水，本相在京城自有内应。届时义旗一举，何愁大事不成？"

费聚道："我们的部属虽然有的仍在各地都司卫所任职，但调动兵马需中书省及大都督府的用宝金符及大内的走马符牌，丞相须预为准备。"

"二位侯爷放心，这难不倒本相。用宝金符及走马符牌中书省均存有样本，届时仿铸一套，还怕哄不过那些都司卫所的昏庸之辈？"胡惟庸道，"今日二位侯爷均是骑马来的吧，我已令管家于鞍鞯腹带中暗置千两黄金，以为二位联络部属广招兵马之需。"

侯爷们见有金子，自然笑逐颜开。陆仲亨道："难得丞相如此用心，我等必将尽心竭力，共偕大事。"

胡惟庸再三叮嘱道："此事只有我等三人知道，我胡惟庸即使事情败露，也不会供出二位侯爷，也请二位切勿泄露给任何人。"

陆仲亨说："这个自然，丞相勿虑。"

胡惟庸亲自为二位侯爷斟酒："来，干了这一杯，预祝大事成功！"

"干！"

陈宁接受了策反锦衣卫都督佥事毛骧的任务，这几天在家里冥思苦想如何接近他。他在翻阅天下军马籍时只注意他是定远老乡，未留心其年岁。这两天他派到毛骧家探听其动向的人说，毛都督正在筹办他的四十岁寿辰。陈宁闻讯暗自欣喜：接近毛骧的机会来了！

婚庆寿诞是接收贺礼敛集钱财的好机会，古今中外，概莫能外。毛骧四十寿诞这一天，平日冷清的府内骤然热闹起来。府内布置了寿堂喜幛，还雇了一班鼓乐吹吹打打营造喜庆气氛。家人们在大门外燃起了鞭炮。毛骧亲自在厅堂外迎接前来赴寿宴的客人。因为他官职不高，来客多是一班指挥、千户之类的武官同僚。他们多是骑马来的，因此府门外拴了十来匹马。

这时，在一片喝道声中，一辆饰有金色螭绣带的八人抬官轿停在了府门前，轿旁跟着一群随从侍卫。显然是有一位显要官员前来庆寿。管家连忙跑进去向毛骧禀报。

"大人，府前来了一位乘一二品官轿的客人，是不是胡相爷来了，大人快去迎接。"

"胡说，胡相爷日理万机。哪会降尊纡贵来给我一小小佥事祝寿？"

"那会是哪位大人呢？您快去府门口迎接吧。"

毛骧不敢怠慢，忙三步并两步跑到府门前，果见一辆二品大官轿停在那里。他连忙亲自上前打起轿帘。见下来的是左御史大人陈宁，他受宠若惊地拜见道："卑职不知御史大人驾到，有失远迎，请大人恕罪。"

陈宁满面笑容："哪里，哪里！下官是来给毛都督拜寿的，怎敢劳动寿星公亲来迎接呢？"

"毛骧官卑职小，御史大人光临茅舍，是我莫大的荣耀啊！大人请进。"

毛骧将陈宁请进厅堂上坐。陈宁吩咐道："来人，将下官的寿礼抬上来。"

随从们旋即抬上四大盒礼物：一盒是用红绸扎好的金锭银锭各四锭，一盒是上等绫绸四匹，一盒是珊瑚、珍珠、宝石；一盒是宫廷出产的寿桃食品。礼物的丰厚贵重，使周围观看的人发出一阵赞叹声。

陈宁道："区区薄礼，不成敬意。"

毛骧连连称谢道："毛骧何德何能，敢蒙大人如此厚赐？礼太重了，太重了！"

"哎，快别这么说。你我是定远老乡，令尊当年深得皇上信任，他对我这个老乡也颇多照顾提携。所以下官听说今日是你四十岁寿辰，也聊备薄礼前来祝贺。"

"原来还有家父这点渊源，我道大人怎能记得起我这小字辈呢？"

"哪里，哪里！同朝为官，无分职位大小高低，都应相互提携，同舟共济。说不定老夫什么时候也用得着贤侄帮忙呢！"陈宁倚老卖老，顺势和他拉上了叔侄关系。毛骧也巴不得和他这样的大人物套上磁，连声道："世伯有用得着小侄的时候，只需您吩咐一声，小侄赴汤蹈火，在所不辞。"

这时，毛府管家前来禀报酒席齐备，是否马上开席。

"开席。"毛骧道，"请世伯首席上坐。请！"

陈宁谦让道："贤侄还有这么多亲戚朋友，老夫忝居上席，不太好吧！"

"不瞒世伯，来的这些贺客，多是我的同辈或下属，至多四五品官。世伯无论官阶资历均属至尊，哪有不居首席之理？"

"如此，老夫恭敬不如从命吧。"

醇酒女人的下场

汪广洋处在皇帝与丞相权力博弈的夹缝中，因循苟且，醇酒女人以求脱祸。他带着小妾在玄武湖上喝酒，醉落湖中。朱元璋要借处置汪广洋打草惊蛇，引蛇出洞。他将汪广洋贬谪前往海南，半途中又令锦衣卫在长江船上追赐他自裁。

"朕罢丞相，设府、部、都察院分理庶政，事权归于朝廷。嗣君不许复立丞相。臣下敢以请者置重典。"

这是朱元璋于洪武二十八年立下的规矩。以后明朝的十五位皇帝没有谁敢破坏这个规矩。即使像嘉靖朝的严嵩、万历朝的张居正这样权倾朝野的宰辅也只能称××殿大学士，再加以太子、太傅、太师、上柱国等荣誉称号。所以，终明之世，真正有丞相称号的只有李善长、汪广洋和胡惟庸三人。

明初的三位丞相中，汪广洋的仕途最为坎坷，可以称得几上几下。他任中书省左丞时，遭右丞杨宪陷害，流徙海南。杨宪伏诛后，朱元璋将他召回，封为忠勤伯，不久晋升中书右丞相。谁知他命运多舛，又遇上了一个比杨宪更厉害的胡惟庸。一年多时间就将他取而代之，他被左迁到广东省任参政。后来不知为什么朱元璋又想起了他，召回任左御史大夫。洪武十年，朱元璋对独相五六年的胡惟庸不放心，仍旧把汪广洋调到中书省任右丞相，以期对胡惟庸进行牵制。

然而，从上任的第一天起，汪广洋就发现中书省已处于胡惟庸的绝对控制之下，就连自己的一举一动也有人监视，时刻向胡惟庸汇报。朱元璋对他的态度也很暧昧：既未见亲信，又过于苛责。皇上对胡惟庸和中书省的不满，板子总是打在他的身上。他意识到在皇帝与野心勃勃的丞相的这场权力博弈中，自己处在两头受气的尴尬地位。朱元璋在伺察和怀疑他是否为胡惟庸的党羽或帮凶，而胡惟庸却时刻提防他是皇帝的耳目。

这时，一个精明的政治家应该明辨形势，坚定地站在势力更为强大的一方发奸远祸，以求自保。而不应像他这样终日在惴惴不安中因循苟且，寄情声色。这样，即使你没做什么坏事，得势的一方也会认为你是在徘徊观察，首鼠两端，因而遭受灾难性的惩罚！

一个晴朗的秋日，汪广洋带着他名叫月儿的小妾，和两个帮闲文人在玄武湖上泛舟。

他们租了一艘较大的游船，带篷的船舱中摆着一张茶桌，茶桌上几色瓜果，两壶上等好酒。汪广洋搂着小月坐在茶桌的一边，两位帮闲文人坐在另一边。游船由船娘荡桨在湖心慢慢地游动，秋日的艳阳暖洋洋地照射在船头上。

饮了几杯酒，两个文人照例对汪广洋奉承一番。

"相爷日理万机，难得清闲。今日得宽余，携美眷泛舟湖上，一定要多饮几杯。"

"是啊，难得这样的好天气，湖光潋滟，水波不兴。小夫人又是这样美艳动人，相爷好福气啊！干杯，干杯！"

汪广洋苦笑了一下。"什么福气不福气？我汪广洋几度浮沉，早把这些看开了。人生如戏，说不定今日官居高位，明朝厄运临头！还不如醇酒美人，图个眼前的快乐。唉……"汪广洋叹了一声长气，吟唱起来："何以解忧？惟有杜康——来来来，让我们浮一大白！"

小月娇声地劝他道："老爷，老爷，您别喝那么急呀！小心喝醉了。"

汪广洋搂着她说道："喝醉了好呀！俗话说'千金难买一醉'。月儿，老爷我就怕清醒的时候，既要诚惶诚恐地服侍皇上，又要小心翼翼地应付上司。连那些点头哈腰来巴结你的人，都要提防他给你下套子。做人难哪！二位年兄，我这丞相当得好窝囊啊！"

"相爷说哪里话来？就算您上头还有皇上和胡惟庸相爷管着，那您也是二人之下，万人之上啊！"

"哈哈哈！你道在朝中我只居二人之下，他们俩哪是人啊，简直就是张开血盆大口随时准备把我一口吞下去的虎豹狼罴！"

见他说出危险的醉话，文人们连忙低声劝他："相爷，不要想那些烦心的事，我们喝酒吧！来，我敬你一杯！"

三个人推杯换盏，不一会汪广洋就全醉糊涂了。他撕扯着颈项下的衣襟道："船舱里好气闷，小月，扶我到船头吹吹风去！"

小月担心地说："老爷，你行吗？小心掉进湖里去。"

"掉进湖里好呀！可以痛痛快快洗去这一身浊气！"

小月拗不过他，只好扶他走出船舱。汪广洋在船头上被小风一吹，感觉忽悠悠地。他一面吟唱着："何以解忧？惟有杜康——"一面趔趔着手舞足蹈起来。

"老爷，小心……"

小月话犹未了，汪广洋身子一歪，一只脚在船沿上踏空，"扑通"一声掉进了湖里。

"老爷掉进湖里了，快来救人哪！"小月和两个文人顿足狂喊。

立刻，湖上几只游船划了过来，船上有人跳进水中，把呛了几口水的汪广洋湿漉漉地捞上来。

经历了那次溺水事件，汪广洋不再出去游玩了。下朝回来，经常是几碟瓜果小菜，一壶洋河老酒，在自家厅堂里独自喝着闷酒。

这天，他若有所思地呆呆坐着，嘴里嚼着花生豆，时而望着壁上挂的那幅"君子坦荡荡，小人长戚戚"的条幅。那笔隶书字很有威势，是他初入中书省时写的，很能反映他那时的心态。

"嘿，'君子坦荡荡，小人常戚戚'，我汪广洋是君子还是小人？"望着望着，他不由得自言自语起来。

小月端了一盘酱鸡爪进来，见状扑哧一笑："老爷，你一个人神经兮兮地念叨什么呀？"

逮着个说话的对象，汪广洋问她道："小月，你说老爷我是君子还是小人？"

小月嫣然一笑："老爷是丞相，丞相自然是大大的君子啰，怎么会是小人？"

"可是我的心怎么坦荡不起来呢？"汪广洋像是问自己，接着又吟唱道："我心常忧戚啊！"

小月安慰他道："我知道，老爷上面有皇上管着，下面有胡惟庸胡相爷压着，老爷在朝廷里很不得意。可是您回到家里，还是蛮舒服的嘛，有酒喝，还有月儿我侍候你。来，别愁了，月儿敬老爷一杯。"

小月撒娇地坐到他腿上，端起一杯酒灌到他嘴里。

"是啊，醇酒女人，没有这两样，我汪广洋还有什么活头！管他什么君子小人，乐得一时算一时吧！"汪广洋搂着酥胸袒露、娇媚可人的小月，又亲又摸，顿时酒助淫兴，抱起她向卧室走去。

"哎呀老爷，你这么大年纪不要命了？你今天午后才要过的呀！"小月在他怀抱里挣扎着说。

"老爷不管那么多，今朝有酒今朝醉啊！"

在卧室里，汪广洋赤裸着上身，搂着小月在床上翻滚。一番云雨过后，汪广洋终于疲倦了，搂着小妇人酣然入睡，渐渐进入了梦境。

在一个幽深黢黑的森林里，汪广洋发觉自己迷了路，左冲右突，总是藤萝缠绕，荆棘挡路。正在惊惧间，突然在他的身后，响起胡惟庸鬼魅般的声音。

"汪大人，你到这里来干什么？"

"我……我……迷路了……出不去了。"

"嘿嘿嘿！什么迷路了？你分明是在跟踪本相，窥探我的秘密！"

"不不不！胡相爷，我没有窥探你的秘密，我不敢……"

"嘿嘿嘿！你不敢？你是想在皇上面前讨好，想告发我谋逆。你想扳倒我，取代我的位置！"

"不不，胡相爷，我不要取代你的位置，我不想当左丞相。我只想退休致仕，回乡安度晚年。"

"不管你想不想当左丞相，你既已知道了我的秘密，就别想活了，我要杀了你！"

胡惟庸大吼一声，化作一头黑熊，扑向汪广洋。汪广洋情急之下连忙钻进旁边的荆棘丛中，在里面左冲右突，终于逃脱了黑熊的追捕。可是当他从荆棘丛中钻出来时，突然发现朱元璋兀然站立在他面前！

"汪广洋，你在这里干什么？"

"皇……皇上，微臣……没干什么。"

"哼，没干什么？你到这里来，是不是想和胡惟庸串通谋反？"

"皇上圣明，微臣和胡惟庸不是一路的。"

"那么，你是想自己谋反，篡朕的位是吗？"

"皇上，臣有罪，臣不敢！"

"哼，你们都不是好东西。朕要杀了你！"

朱元璋抽出佩剑，朝汪广洋逼来。汪广洋惊恐地后退。忽然朱元璋化作一头白额吊睛猛虎，张牙舞爪朝汪广洋扑来。

"救命！救命……"

汪广洋从噩梦中惊醒坐起来，额上的汗珠滴到赤裸多毛的胸脯上。

小月也忙坐起来，她意识到自己赤裸着乳胸，忙扯一角被子遮掩。她抚着江广洋的胸口安慰他："老爷，你怎么啦？做噩梦了？"

"我梦见胡惟庸变成一头黑熊直朝我扑来，刚刚逃脱它，又碰到皇上化作一只猛虎要吃掉我。"汪广洋惊魂未定地说。

"老爷，你整天提心吊胆防着这两个人，这官也当得太辛苦了。常言道：伴君如伴虎。依我看，你不如赶紧辞了官，回家乡过几年太平日子。"小月轻声软语地劝道。

"唉！妇人之见啊！你想想皇上现在正怀疑这个谋逆，防备那个造反，我在这节骨眼上辞官，不正遭他猜忌吗？他会想：你放着宰相不当回你那老窝去，是不是另有异谋？现在各地因为吏治腐败，又兼水旱灾不断，不少洞蛮草寇铤而走险反叛朝廷。我们这些大臣回去了，弄不好被人当傀儡抬上去。皇上当年就是这样把韩林儿捧上帝王宝座的，我不能不防这一着。"

"依老爷这样说，辞官也辞不得，当官也当得这样提心吊胆，这日子没法过了！"小月哀怨地说。

"唉，过一天算一天吧！"

这时，一名丫环急匆匆地推门进来，见二人赤身裸体相拥，连忙低下头。

"奴才该死！老爷……"

汪广洋披衣下床。

"混账东西！什么事这样慌慌张张的？"

"禀相爷，刚才宫中来宣万岁旨意，命相爷立刻进宫。"

"知道了，下去吧！"

小月起床穿好衣服，担心地问："老爷，皇上会有什么事要召见你？"

"看来没什么好事。也许只是皇上为什么事不如意，想找人去骂一顿。"

小月为他准备好朝靴朝服，叮嘱道："老爷，应对间你可要小心些啊。"

汪广洋无可奈何地摇摇头："唉，有什么办法？他就是这会儿要我脑袋，也得送去啊！"

就在这天上午，朱元璋在御花园召见燕王，父子俩边走边谈，内侍们远远跟随着。

"棣儿，近日调查胡党之事有何进展？"

"启禀父皇，自处决赵乾、流徙韦皓之后，胡惟庸有所警觉。每天他除了上朝，视省事之外，整日闭门谢客。和他来往的仍然是陈宁、涂节那班人。另外，陆仲亨和费聚两位侯爷又去他那里喝过一回酒。"

"混账东西！"朱元璋骂道，"这班粗人就是缺脑子，也不看现在是什么时候，还图那点吃吃喝喝！"

燕王深思熟虑地说："父皇，儿臣倒以为要防备胡惟庸利用他们在军中的影响图谋不轨。"

"哼，这两个草包，别看他们气壮如牛，其实胆小如鼠。什么事也不敢做。他们要真有什么动静，朕马上把他们的脑袋揪下来！"朱元璋又问，"胡惟庸在中书省与汪广洋的关系怎么样？"

燕王奏道："据儿臣了解，汪广洋对胡惟庸始终心存芥蒂，既惧且畏。看来胡惟庸亦无心拉拢他。汪广洋过去以处理政事决断著称，现在却变得因循苟且，什么事都不拿主意往上面推，弄得太子殿下案前奏章成堆，应接不暇。"

"他成天都干些什么？"

燕王鄙夷地说："他还能干什么？无非终日醇酒女人混日子。"

"朕原想让他去中书省钳制一下胡惟庸，看来刘伯温说对了，汪广洋是个十足的'乡愿'，一贯虚与委蛇，是非不明。在江西，朱文正干的那些坏事他都知道，朕怎么问他也不肯说。他跟杨宪共事也不揭发其奸恶，跟胡惟庸又是这样，实在叫朕不能忍受。"

燕王问:"父皇以为汪广洋清楚胡党的奸谋吗?"

"胡惟庸干得很诡秘,我们还始终拿不到他的实据,汪广洋或许也不清楚其内幕;不过他内心定有察觉。这个人即使清楚他们要干什么也会假装糊涂。看来汪广洋这人没什么用处了。"

御花园柳色葱茏,荷池边的柳枝上有几只雀儿在叽叽喳喳叫得烦人,燕王从地上拾起一颗石子击去,一只黄肚皮雀儿应声落地,其他雀儿忽喇喇飞散开去。

"父皇既认为汪广洋在中书省没什么用处,何不借个他与胡惟庸有瓜葛的由头,先把他处置了。胡惟庸那伙人必然紧张,或许会跳出来的。"

朱元璋点头道:"嗯,此计可行。你明日宣汪广洋来见朕。"

"儿臣遵旨。"

汪广洋怀着忐忑不安的心情随着传旨内侍进宫,他猜不到朱元璋在这个时候召见他干什么。也许是他恋情声色让人打了小报告,这样最多是受到一次严厉的申斥。那还算是万幸的事。

到了乾清宫,一见朱元璋板着脸正襟危坐,燕王侍立一旁,汪广洋战战兢兢地跪下了。

"微臣汪广洋叩见陛下,吾皇万岁万万岁!燕王殿下千岁千千岁!"

朱元璋并未让他平身,而是厉声责问:"汪广洋,你知罪吗?"

汪广洋伏在地上直打颤:"微臣……不知所犯何罪。"

朱元璋厉声道:"大前年诚意伯刘伯温死后,其长子遵照父亲的临终嘱托,带着刘伯温生前所撰天文、兵法著作手稿进京,请中书省安排时间面圣。你们为什么一直压着不禀报朕,这不是欺君之罪么?"

汪广洋定了定神,回奏道:"启奏陛下,前年臣尚在御史台供职,未曾来中书省,故不知此事,请陛下明察。"

朱元璋并不承认自己打错了板子:"哼,不是你就是胡惟庸。你们深恐刘伯温手稿中夹着不利于你们的密奏,压了一年多不报。后来刘璟委托燕王亲自呈上来,朕看了这些手稿,命刘琏子承父业,继续研习天文方舆之学。谁知你们是怎样威胁刘琏的,他不但不谢恩遵旨,竟然在驿馆中坠井身亡。这是你担任右丞相以后的事,你总无法推托吧!"

汪广洋叩头如捣蒜:"臣有罪,臣该死!臣知道此事是胡惟庸所为。陛下要刘琏子承父业被他婉拒,胡惟庸借此威胁他,说陛下要治他抗旨之罪。刘琏生性刚烈,愤然坠井而死。臣因私心未曾劾发此事,罪该万死!"

"哼,你与刘伯温原为诗友之交,只因他曾在朕面前说过你不宜为相,故而对他怀恨在心。现有人举劾刘伯温之死与你有关。朕记起当时刘伯温病在驿馆里,朕要胡惟庸与你二人代朕去看望过他。之后刘伯温的病情恶化,回乡不久就死了。是否你与胡惟庸狼狈为奸,合谋毒害于他?"

这事幸亏汪广洋当时留了一手,因而推托道:"陛下圣明!当日陛下命臣与胡相同去探视刘伯温的病,只因臣先去钦天监查看天象实录,故而他一人去了驿馆。听说……"

"听说什么？"

"听说胡惟庸给刘伯温带去一包草药，还说是皇上赐予的。刘伯温吃了以后就腹胀如鼓，不久就死在乡下。"

朱元璋一拍御案，震怒道："大胆狗官，蓄意毒害大臣，竟敢瞒过于朕，这还了得！都与我拿下，打入大牢治罪！"

汪广洋吓得浑身哆嗦。他把求救的目光投向站在旁边的燕王。

燕王奏道："启奏父皇，刘伯温父子之死，经查明确系胡惟庸一人所为。汪广洋虽非合谋，但其知情不举，难辞欺君之罪。"

汪广洋伏在地上额头都叩出血来："臣有罪，望陛下饶臣一死！"

朱元璋凛然申斥道："汪广洋，刘伯温虽非你所害，但你明知胡惟庸毒害他，既不阻止也不向朕举劾。纵一己之私怨，置良臣挚友之生命于不顾，犯有朋欺之罪。昔日你在江西，曲庇朱文正，在中书省又不发杨宪之奸。像你这种阳奉阴违的小人，朕要你何用？你滚到海南去自省吧！"

燕王在一旁又说："汪广洋听见没有？父皇饶你不死，免去你的右丞相职务，谪为庶民流徙海南。"

汪广洋用袍袖揩拭着额头上的冷汗，忙连连叩头："罪臣领旨，谢主隆恩。"

燕王招了一下手，立刻有两名侍卫押着摘去冠带的汪广洋走出宫去。

汪广洋又一次谪配海南，他在京都租了一只船，顺江而下，到松江再乘海船去广东。戴罪之身，家室已经顾不上了，只有小妾月儿与他同行。

船行到太平附近的长江江面上，汪广洋坐在船头望着滔滔江水，呆呆地想着心事。

不离他左右的小妾月儿劝他道："老爷，你在想什么？外面风大，还是回船舱去吧！"

汪广洋摇摇头说："我在想这人生世事无常。我汪广洋当年从江西升迁中书省参政，后为杨宪所谗害，谪贬海南。不久又蒙圣上召回，官至右丞相，可谓荣耀已极。谁知一夜之间，又遭谪贬，成为一介庶民。这些年我在这长江上走了几个来回，江水依旧，可人事已非，怎不令人唏嘘感叹？"

小月劝慰他道："老爷，你要想开一点。你虽说丢了官，但总算保全了性命。这也是不幸中的万幸呀！朝中有的大臣连脑袋都丢了。万岁一旦开了杀戒，不知道还要杀多少人呢！"

"是啊，皇上生性多疑，我不知道他会不会最终放过我？"

"皇上既已将你流放，就不会再动杀念了。"

"难说啊。"汪广洋心事重重地说，"他说我在江西曲庇朱文正，我就是为这事放心不下。"

小月问："朱文正是谁？"

"朱文正是皇上的侄子，曾任大都督，当时与我同守江西。他因居功自傲，皇上疑其有异志，将他囚禁在桐城，后来不明不白地死了。皇上可能心有内疚，不知将来史家怎样评判这件事。"说起这段往事，汪广洋心有余悸，"他如果要把朱文正定为谋逆，我这个知道内情的人就没法活了。"

小月没想到他和皇上还有这层关系，因问道："老爷，万岁指责你明知胡惟庸毒害刘伯温却知情不举，人家干的坏事你为什么要隐瞒呢？"

"这只怪我一时的私念，心想刘伯温在皇上面前说我坏话，胡惟庸要弄死他关我屁事！其实胡惟庸给刘伯温下毒还不定是谁的主意，没有皇上的暗示和默许，他哪有那么大的胆子？你说这事我当时除了站开还有别的办法吗？"

小月不懂："既然皇上也有那意思，那么他为什么还要查办胡惟庸？"

"那只是在我面前说说而已。皇上要杀胡惟庸决不会提这件事，会赶着他往别的套子里钻。胡惟庸犯的事多着呢，可谓是恶贯满盈啊！"

小月问道："那老爷你为什么不在皇上面前举劾胡惟庸，将功折罪呢？"

汪广洋一声苦笑："哼，月儿你太天真了！举劾什么？如果我将知道的都说了，今天还能在这儿？早没命了！"

这时，江面上驶过来一艘挂有巡江水师的快船，船上有人呐喊呼叫："前面官船，下锚停航！"

小月惊慌失措地问："老爷，出了什么事？"

汪广洋望了望迅速逼近的巡江船，绝望地说："大事不好！月儿，我若有不测，你雇一只小船速回老家，那里我给你留了一些田产积蓄，可供你过日子。切记，切记。"

小月哭泣道："不，我死也要和老爷死在一起。"

经过水手们一阵忙乱，两艘船靠在了一起，一名锦衣卫军官率领士兵们跳过船来。

锦衣卫军官高举圣旨道："圣旨下。汪广洋接旨。"

汪广洋连忙跪伏船头："吾皇万岁万岁万万岁！"

锦衣卫军官宣读圣旨："前中书省右丞相汪广洋有罪，朕赐其自裁。钦此！"

宣读毕，他将圣旨和一柄短剑递给汪广洋。

"罪臣……遵旨。谢主隆恩。"

汪广洋捧着圣旨跟跟跄跄站起来，走向船舷边，士兵们立即用明晃晃的刀枪将他逼回。

"哈哈哈哈……"

汪广洋突然仰天长笑。笑毕他"霍"地抽出宝剑往颈项上一抹。

寒光一闪，血溅船头。

"老爷……"

小月伏在江广洋尸身上痛哭不止。士兵们上前要把她拖开，她突然站了起来，捡起甲板上带血的宝剑，高喊一声："老爷，月儿随你来了！"

士兵们还来不及阻止，她已将宝剑插入自己胸膛。顿时香消玉殒，倒在汪广洋的尸身之上……

贪财好色落陷阱

汪广洋被杀顿使胡惟庸、陈宁紧张起来。他们不惜奴颜婢膝称臣致书元主求援。陈宁在妓院中找到锦衣卫都督毛骧，为其支付嫖资，并以他隐匿犯官珠宝监守自盗之罪讹之，逼他上了贼船，答应收买亲信卫士和亡命之徒参与叛乱。

马皇后缠绵病榻已有一些日子了，朱元璋挂念她的病情，只要处理完政事有点空暇时间就到坤宁宫来看望她。

听到内侍传呼："皇上驾到！"马皇后挣扎着要从病榻上起来迎驾，朱元璋忙阻止她说："别起来了，就歪在榻上和朕说说话儿吧。这几天身体好些了吗？"

马皇后咳嗽了两声后说："还是老样子，时不时有些胸闷、咳嗽。臣妾这也不是什么大毛病，陛下不必挂念。"

朱元璋皱起眉头说："既不是大毛病，怎么老不见好呢？这些御医如此无能，他们不想要命了？"

马皇后连忙说："陛下千万别责怪御医，他们每天都进宫来为臣妾诊脉，已极尽臣子之道。陛下若因此而处罚他们，臣妾更会于心不安，病也会益发难以痊愈了。"

"朕身为一国之君，就不信倾天下之财力，会治不好朕的皇后？"

马皇后叹口气道："人之生死，自由天定。臣妾跟随陛下由布衣而至定鼎天下，虽死亦不足惜矣！时光飞逝，陛下登基至今已整整十二年，陛下为国事日夜操劳，眼看须发皆白。幸得皇儿们一个个长大成人。依臣妾之见，陛下不必像过去那样事必躬亲，宵衣旰食，还是要注意保养圣体才好。"

朱元璋道："皇后所言极是，朕现已将批阅奏章、巡视省部等日常事务交付太子。棣儿也可做朕的帮手，调查处理一些大案。但国家正值多事之秋，奸佞未除，宵小蠢动，因此朕也未敢稍有懈怠。"

"听说陛下又将右丞相汪广洋贬谪到海南去了。既如此，当初何必将其赦回呢？汪广洋颇有文才，文人是最顾面子的，如此打击叫他如何承受？"马皇后素来维护老臣，她又关心起汪广洋的事来。

朱元璋向她解释道："胡惟庸独相数年，日益恣肆无状，百官多有怨言。朕原想让汪广洋回中书省对其有所制约，谁知他不仅无所作为，有些事还与胡惟庸沆瀣一气，刘伯温之死他负有不可推卸的责任。当年在江西，朱文正不也是在他包庇和纵容下犯事的吗？身为辅臣，尸位素餐，整日流连风月，不能为主上分忧，要他何用？"他越说越生气。

"提起文正之事，臣妾心甚恻然。当年陛下起兵，皇嫂王氏携文正来归，妾怜其幼年丧父，将他视为己出。及长大后文正跟随陛下征战，屡立大功。他镇守江西时，念及妾身抚养之恩，还要接我去游滕王阁。谁知后来竟落个那样的下场！"马皇后越说越带哽咽之声。

朱元璋警惕地说："皇后是否因此事对朕有所不满？试想当时正值与陈友谅的战事紧张时刻，若诸将均像朱文正那样恃功自傲，甚至心怀异志，与敌人勾勾搭搭，朕不予惩处，何以服众？朕将他安置在桐城，意欲令其反省自己的过错，杀杀他的傲气。谁知他脾气狂暴，也不知怎么糊里糊涂就死了。"

马皇后拭去眼角的泪水，叹口气道："唉！已经过去的事，不提也罢。不过臣妾常听陛下说起，汪广洋在山东和江西任职时廉明持重，甚有德政。文正生性刚拗，且其身为大都督，手握重兵，又是陛下至亲，汪广洋虽任参知政事，在他面前与幕僚无异。所以说他曲庇文正有些说不过去。"

朱元璋想了想，点头道："嗯！此事朕似有些操之过急。汪广洋虽有过错，但罪不至死。"

马皇后一听此言甚为惊吓："怎么？陛下还要杀他？"

朱元璋忙用话掩饰："皇后放心，朕自会妥善处理此事。内侍，宣燕王来乾清宫。"

"遵旨。"

朱元璋回到乾清宫，燕王不久就应召到了。

"儿臣给父皇请安。"

朱元璋急急地说："棣儿，赐汪广洋自裁的谕旨颁了没有？朕考虑再三，仍宜赦其不死。"

"启禀父皇，锦衣卫奉旨连夜乘巡江快船追赶汪广洋，至太平江面将其截获，汪广洋已奉旨自裁。"燕王没想到父皇的主意有变，但他仍镇定自若地如实回奏。

"啊，是这样也就罢了。"朱元璋自我宽解地说，"汪广洋并非无罪，只是朕不愿令你母后病中为此伤感。他既已自裁，你去对你母后说明汪广洋是自己羞愧自尽，并叫地方有司将其运回京城厚葬，不得籍没其家产。"

"儿臣遵旨。"燕王又禀奏道，"汪广洋在江上自裁后，他身边一小妾竟然从死，刎颈自戕而亡。"

"这小妾多大年纪？"

"大约二十岁左右。"

"这倒是个烈女子，汪广洋九泉之下有这样一个女子为伴，也不会寂寞了。"朱元璋唏嘘感叹一番，"棣儿，令有司查明此女身份，朕意欲予以旌表。"

燕王道："父皇圣明，儿臣遵旨。"

朱元璋毕竟是个铁石心肠的硬汉，不会沉浸在这意外的伤感中。他定了定神说："汪广洋一死，胡惟庸必然紧张起来，加快其谋逆活动。这段时间，对其党羽要严密监视，有什么异常情况随时向朕禀报。"

燕王道："父皇，值此非常时期，儿臣以为父皇要饬令大都督府对京郊诸卫所的情况严密注意，防止逆党的策反活动。父皇曾说过，只要有一两名指挥、千户从逆，率兵占领皇宫，则君国危在旦夕，我等皆成阶下之囚！"

"嗯，朕明日即召见文忠，商议此事。"

这几天，平凉侯费聚在家里抓耳挠腮，坐立不安。自从胡惟庸在他坐骑鞍辔腹带中塞了千两黄金带回家之后，他拿那些黄灿灿的金条不知如何是好。既不敢交给妻妾们收藏，自己又没个好的藏处，揣在身上太沉甸，藏在马厩里又怕被马夫们发现。后来他终于乘家人不备把它们埋在花园的一个僻静角落里。才稍稍安下心来，但仍然担心他家的猫儿狗儿哪天不小心给刨出来。

这天，吉安侯差人过府请他去喝酒赏梅。他很奇怪这陆仲亨居然像个没事人一样，还有闲心对那些红梅白梅评头论足。难道胡惟庸给的那些金子没有一点令他不安？

喝过几杯酒，陆仲亨见他神情郁郁，故意问他道："老哥，最近有没有到外面去消遣啊？"

费聚没好气地回话："哼，老子戎马一生，封侯拜将，风光倒是挺风光的，可每年这一千五百石俸禄，养了一大家子老老少少，哪有多余的银子到外面去消遣？"

"老哥，你别跟我哭穷装蒜。"陆仲亨压低声音说，"上次胡惟庸给我们的金子你也花完了？"

接下来的谈话变成只有他们两个人听得见的低声耳语。毕竟这是让别人听见了要掉脑袋的机密。

"那些金子哪敢花？"费聚说，"胡惟庸不是让我们去下面活动和收兵买马的么？"

"嗨，我的憨侯爷！你还把这事当真啊？皇上耳目多灵，我们别说去下面收兵买马，就是和过去的部属们叙叙旧喝喝酒，马上就有小报告到他那里，让你吃不了兜着走。轻则挨一顿申斥，重则问你一个'联络旧部，图谋不轨'之罪！"

"啊，这么凶险！那我们得赶紧把金子退还胡惟庸去，省得将来抄出来成了勾结逆党的罪证。"

"你道胡惟庸那小子的贼船那么好上？你退给他金子说不想干了，他难道不害怕你去举劾他？他不差人杀了你灭口才怪呢？"

"嗨，就怪那天灌多了黄汤！"费聚捶胸顿足，"那你说该怎么办？"

"我们就这么跟他耗着，哪儿也不去。胡惟庸不是说过吗，即使事情败露他也不会供出我俩。供出我们来只会增加他的罪。"

费聚问道："那这些金子如何处理？搁在家里危险啊。"

"花呀！你不是缺钱花吗？把它们花掉不就没事了。我告诉你一个好玩的去处，那里的小娘儿们一个个才十七八岁，白白嫩嫩的，你塞上一根金条，包管把你服侍得舒舒服服的，在那里喝上三天花酒，连家都不想回。"

"真有那样的好地方？"好色的费聚心动了。

陆仲亨怂恿道："走！在家里喝闷酒多没意思，揣上块金子，我们老哥俩秦淮河潇洒潇洒去。"

以后的日子，这两位过去驰骋沙场的老将就经常出没在秦淮河畔的"书寓"里，花船上，搂着与他们孙女辈年岁相当的雏妓们恣意行乐，忘乎所以，直到把他们腰里揣的金子花光。

汪广洋被谪贬海南，后又被锦衣卫追杀于江上之事在京都传得沸沸扬扬。其中又有绝色女子自杀殉死的情节，使故事增添了凄艳浪漫的色彩，更为人们津津乐道。御史大夫陈宁得知此事后，立即潜入丞相府，与胡惟庸在密室中会晤。

"相爷，皇上原来把汪广洋谪贬海南，昨日又派锦衣卫追杀了他，相爷知道是什么原因吗？"刚一落座，陈宁就急急地问胡惟庸。

胡惟庸道："汪广洋回中书省后，本相不与其合作，令他在这一两年内毫无建树，整日寄情风月，难免为人所弹劾。但这仍不足成为杀他的理由，我怀疑另有别的事情触怒了皇上。总之这不是个好兆头，皇上连他这样无关紧要的人都要杀，还会放过你我吗？"

陈宁顿时紧张起来："如此看来事已急矣！我们必须加紧行动，抢在他们出手之前举事。不知吉安侯他们下去联络兵马有无着落？"

"哼，这两个混账侯爷，说话时气壮如牛，真要他行动却胆小如鼠。他们得了本相给的金银，就成天到秦淮妓馆中厮混去了。"胡惟庸气呼呼地说。

陈宁焦急地说："他俩靠不住，我们必须自己立即动手才行。"

"陈大人勿慌。本相已派人去明州卫，叫林贤速即下海招倭，期于十日后由杭州湾登陆直扑京都。许以事成之后，任倭人在应天城内掳掠三日。只是届时我们在京城内必须做好接应准备。"

陈宁道："日前毛骧四十寿辰，我以同乡身份备礼往贺。那些前来祝寿的多为官职卑微者，我这御史大夫亲临使他受宠若惊。据我所知，此人不仅贪财，尤为好色，经常流连秦淮妓馆，仗着自己的身份吃霸王鸡。只要他有此嗜好，就不难入我彀中了。"

胡惟庸不满陈宁慢条斯理的作派，皱眉说："事已迫在眉睫，你要不惜金帛在近日将此人拉过来。一定要在宫廷卫队中收买一批人以为内应。否则纵使有外援也打不进宫里去，朱元璋可以任意调动兵马消灭我们。"

"是，我一定在这两天把毛骧拉过来，听从丞相指挥。"

胡惟庸又想起了另一件大事，他说："我们要改朝换代，要争取朱氏以外其他开国勋臣的支持。徐达不可指望，李善长因罢相对皇上素有积怨，且由于本相是他举荐入中书省的，一旦举事朱元璋绝饶不过他，我们要逼迫他就范。"

陈宁出主意道："丞相可令其弟太仆寺丞李存义去游说他，对其晓以利害。只要他点一点头，届时我们将他推出，传檄天下，历数朱元璋杀戮功臣、私分天下等罪恶，可令百官臣服。"

"嗯。此事就这么办。另有一事也须未雨绸缪。现元嗣君屯兵塞外，若我举事后，现在北平的徐达和秦晋二王可能起北方诸都司精锐之师南下勤王。此时，必需元军大举犯边，牵制住他们。请陈大人以我俩的名义拟一封致元嗣君的密信，约其同时策应举兵。"

陈宁不由佩服胡惟庸老谋深算，想得周到。他说："此举实有必要，否则我们纵使占领京城，也难以抵挡举国勤王之师。不过……丞相致书元嗣君如何称谓呢？"

"这倒有些作难。我们既为反明,就不能称大明丞相和御史大夫了。"胡惟庸略一沉吟,"老夫原为前元旧吏,就暂执臣礼吧。"

陈宁颇不以为然,他说:"这样不太妥吧?皇上几次致书元君,令其臣服大明。丞相反而对其称臣,恐为天下人耻笑啊!"

胡惟庸厚着脸皮道:"如今事已急矣,大丈夫能屈能伸,待借其力助我登基之后,再遣使与其议和,划地为界好了。"

"这也无可奈何。"陈宁妥协道,"不知丞相差遣何人前往致书?"

"元故臣封绩与我过从甚笃,此人忠诚元室,誓不仕明,可资助盘缠令其前往塞外投书。"

"如此甚好。请丞相派人送笔墨绢帛来,我就在此拟书。丞相看过后务令封绩将书缝入冬衣棉絮内,一路之上方保无虞。"

胡惟庸出去不久,即遣心腹送来笔砚和一方绢帛,磨好墨,剔亮桌上的油灯,然后悄悄退出密室。

陈宁拈笔凝思片刻,开始在摊平的绢帛上写上:"臣伪明左丞相胡惟庸御史大夫陈宁再拜致书元嗣君脱古思帖木儿皇帝陛下……"略加思索之后,他开始龙飞凤舞地草完全书。

陈宁第二天还有一个重要任务就是去找毛骧。他打听到毛骧这两天都泡在秦淮河畔的妓馆月香楼里。

月香楼是京城达官贵人经常出入的风月场所,陈宁进去的时候,老鸨连忙笑脸相迎。

"唉呀,好久不见陈大人光临,都把我这些女儿们想死了!乖女们快来见陈大人呀,看你们哪个有造化让陈大人看中了,今儿个好好陪大人。"

陈宁制止道:"且慢,妈妈先陪我说说话儿。"

鸨母是何等机灵人,连忙转舵:"那好吧,陈大人请先到内堂用茶。"

妓馆的内堂布置同样媚色添香,陈宁落座后问道:"妈妈,这一向生意可好?"

"哎呀,大人别提了。自打皇上明谕禁止文武官员嫖娼宿妓,老身这里生意清淡了许多。以前大凡要求你们这些当官的办事,谁不大把大把的银子往这里送,请你们这些大人喝花酒、包粉头。那时秦淮河上笙歌不绝,好不热闹。可现在,有钱的人不敢来了,可那些没钱的主却赖在这里厮混,仗着手里的权势吃霸王鸡。"

陈宁故作惊讶:"啊,竟有这等事情!这些人好大胆子,也不怕你们告发他?都是些什么人呀?"

鸨母压低声音说:"隔壁阿红房间里就有一位大都督府的毛都督,腰里没几个子儿,还醋劲挺大,霸着阿红不许她接别的客人。就算老身图个安宁不敢收他银子,这姑娘陪你玩陪你睡,脂粉钱总要给几个吧?这不,那边又在闹了。"

隔壁传来妓女的哭闹声。不一会,妓女阿红蓬头散发地冲出来,扑到鸨母的怀里。

鸨母安慰她:"乖女,怎么啦!"

阿红没有发现旁边的客人，一面哭一面诉说："毛都督今儿个不知吃了什么药，特邪乎，在床上一会儿要我这样，一会儿要我那样，这还罢了，他问前两天他没来，我是不是接客了，我说：我的爷，你一个子儿不给，买盒胭脂都没钱，我不接客怎么办？一提钱就揭了他的短，一个大巴掌就扇过来，呜呜……"

阿红话还没完，毛骧衣冠不整，敞胸露怀地追了过来，破口大骂：

"你这臭婊子，敢嫌老子没钱！老子睡你是看得起你，惹火了老子让锦衣卫来砸了这婊子窝！"

陈宁徐徐站起来，笑着说："毛大人别来无恙？怎么火气这么大啊？"

毛骧一眼看见陈宁，极为尴尬地把衣襟扯过来遮掩赤裸的胸膛，结结巴巴地说："啊，御史大夫，您……您怎么了也来这儿了？"

"哈哈哈！七情六欲，人皆有之嘛！毛大人放心，老夫在圣上面前不会提及在这里碰到你的。"

"这个，还请陈大人遮瞒一二。"

"毛大人日夜为皇上辛劳，偶尔到这里来放松放松无可厚非。"陈宁带着讥讽的笑容说，"只是这里的姑娘们也不容易，她们温香软玉地服侍你，图的还不是几个钱么？毛大人怎么偏爱吃霸王鸡呢？"

毛骧被他揭了短，不安地搓着手："只因一时囊中羞涩，她们提起钱就让我心烦。"

陈宁大方地对鸨母说："这样吧，毛大人是老夫同乡，以后毛大人在这里的一切花销都记在老夫账上。"

他又从袖中取出一块金锭，"阿红姑娘，这锭金子你拿去买粉吧，以后好好服侍毛大人，不要接别的客人了。"

阿红接过那块沉甸甸的金子，破涕为笑地给陈宁行礼："谢大人！"

"快去梳洗梳洗，打扮一下，待会儿好好给毛大人赔个礼，哈哈哈！"

毛骧重给陈宁行礼道："御史大夫如此慷慨，毛某实在惭愧！以后陈大人有什么用得着毛某的地方，尽管说话。"

"哈哈哈，毛大人一时手头窘迫，你我既是同僚又是同乡，区区小数，何足挂齿！"陈宁复又对鸨母道，"妈妈，忙你的去吧，老夫借你的房间与毛大人说说话儿。"

"好好好，待我领两位大人去老身的房间。"

鸨母把陈宁和毛骧领到楼上她自己的房间里，这里清幽私密，正是谈话的好去处。鸨母走后，陈宁关上房门，用长者的关切态度对毛骧说："毛大人，你毕竟年轻气盛啊！你在这种地方犯横多有不当。你想想，这地方什么人不来？老鸨结识的人有比你我更接近皇上的，秦王晋王就藩前就常到这里来。你把她惹急了，托人在皇上面前告一状，说你惯常嫖娼宿妓，又兼欺压百姓。岂不坏了你的前程？"

一席话把毛骧的强横压了下去，他低头认错道："多谢御史大夫教诲。"

陈宁不经意地转换了话题。他笑着说："毛大人怎么手头如此窘迫呢？去年你在苏州抄犯官家得的那颗夜明珠，少说也值上万两银子呀。还不够你在风月场中花吗？"

此话一出，毛骧顿时瞠目结舌："大……大大人，此事您是听谁说的？"

陈宁见他面色煞白，脑门也冒出了冷汗，知他这一下吓得不轻。他要的就是这个效果。

"嘿嘿，实话对你说了吧。去年你抄家时隐匿犯官珠宝之事，已有当事人举劾。你知道我们皇上最恨这种事，监守自盗者必定杀无赦！是胡丞相与老夫顾念你是定远老乡之后，令尊在世时与李相爷相交甚笃。于是我们就把这封举劾信压下了。"

毛骧扑通一声跪下，感激涕零地说："两位大人如此关怀晚辈，毛某不才，当结草衔环以报！"

"起来，起来！"陈宁将他扶起，"唉，毛大人你呀，毕竟太年轻了，竟不知危险已经临头，尚在这里流连风月，还惹事犯浑呢！故而老夫赶紧拿银子稳住老鸨。不然借这种小事为由头，你把命丢了还不知道是怎么回事！"

"大人此话怎讲？"毛骧顿时紧张起来。

陈宁道："其实你我是同病相怜啊！过去我们秉承皇上的旨意，举劾抓捕的人太多，朝野怨声四起。近来皇上装模作样地令臣民言事实封直达御前，允许告御状。说锦衣卫坏话的人太多了，连你的顶头上司李文忠都劝皇上撤销锦衣卫。皇上虽然嘴硬，但他一贯的做法是抛出几个替罪羊来平息民愤，为他的严刑酷狱代罪受过。这样你我都在所难免了，轻则流放，重则杀头，还不知什么下场等着我们呢？"

"难怪近来锦衣卫的事都把我撇开了，大都督前天还申斥我'多有不法'，让我自己去跟皇上交待。皇上面前有我说话的吗？"毛骧越想越怕，急得团团转，"看来我真是死定了！大人，这如何是好呀？"

"你也是久经征战的将领呀，怎么这个熊样？"陈宁训斥道，"告诉你：你一个都督佥事算什么，皇上连我和胡相爷都不肯放过呢！皇上这次要处置的还有五六位侯爷，他们可都是开国勋臣呀！怎么办？我们不能坐着等死。大家都拥戴胡相爷领头跟皇上斗个鱼死网破。朝廷里六部长官和许多州府官吏都是胡相爷的人。我们准备择期起事，闹好了，我们就是新朝的开国元勋。毛大人你怎么样？"

"择期起事？那不是谋反吗？现在京郊驻有重兵，你们有把握吗？"

"一旦举事，我们自有外援，只需你在锦衣卫内部拉一些人做内应即可。"

毛骧为难地说："现在锦衣卫由皇上的亲信直接指挥，奉上谕领内府铜牌行动，诡秘得很。大都督李文忠都管不了。"

陈宁听了有些失望，但仍说："你不是掌管过锦衣卫之事吗？在各镇抚司头目卫士中没有自己的亲信？"

"一朝天子一朝臣，都给换得差不多了。"毛骧埋怨地说道。但他不愿让陈宁失望，又说："不过，现在还有几个卫士是我当管军千户时的部属，尚与我过从甚密。有个叫刘遇贤的卫士手下有十几个人或可图之。"

陈宁知道只有银子才能买通这些人，于是说："我这里带有十锭金，你拿去兑成银子，让刘遇贤给他手下的人每人发五十两安家银子，随时待命听你的调遣。你还有什么可依仗的力量吗？"

毛骧道："我知道有一班亡命之徒，盘踞在鸡鸣寺一带，为首的是一个叫魏文进的配军，他们累与京城巡捕为患。这班人若以重金收买，也可利用。"

陈宁指示道："你速与那姓魏的联系，让他开个价。不管多少银子，让他听命于相府，届时大闹京城，让他们顾此失彼。"

"这些亡命之徒素来无法无天，只要有银子给他什么都敢干。我明日即去与其联系。我在什么地方和大人会面呢？"毛骧问。

"还是在这里吧，以便遮人耳目。但你千万不能对鸨母和阿红走漏风声。婊子无情，她们若去告发，可是千百颗人头落地的事。"陈宁一再叮嘱他。

"大人放心，卑职小心就是。"

第十四章

奸党伏诛

收买亡命，下海招倭

  鸡鸣寺里的泼皮亡命，毛骧用一千两银子收买了头目魏文进。胡惟庸差李存义去游说李善长，许事成封他为淮西王。"这可是灭九族的事啊！等我死了，随你们怎么干去"。明州卫指挥林贤去海岛上联系倭人头目平濑，约定三天后率船队从杭州湾登陆。三千两黄金在东海里打了水漂。

  鸡鸣寺坐落在玄武湖之南，是京城里最著盛名的寺庙之一。这里香火鼎盛，巍峨的大殿里佛像庄严，和尚们在佛座下盘腿坐着，一面敲木鱼，一面念诵着经文。虔诚的善男信女一排排跪在蒲团上许下各自的心愿，祈求菩萨保佑。殿外焚香炉四周也有许多人手举燃着的香烛叩头作揖。一些香客在向水池中的石龟背上投掷钱币。

  寺外广场上聚集了许多做小买卖的。有大声吆喝卖香烛纸钱的，有卖水果花生的，还有南京的地方小吃：豆腐脑、五香蛋、麻油干丝、锅贴水饺等不一而足。

  这时，广场上一阵骚动，只见脸上刺有配军刺纹的魏文进在七八名泼皮的簇拥下走进广场中央。

  "老少爷们都给我听着：来这里赶场做买卖的，每个摊担给大爷我交地皮钱二十文，交了钱的受我们保护，不想交钱的趁早给我滚！"大冷天魏文进袒露着多毛的胸脯，凶相毕露地吆喝着。

  泼皮们分两路挨着摊担去收钱。做买卖的摊主们一见他们那横相，都不敢反抗，乖乖地每人交了二十文钱。

  一个卖香烛的老头向泼皮们哀求："大爷，您看老汉我的香烛没卖出几支，哪来钱交呀？大爷您行行好，免了我孤寡老头这一遭吧！"

泼皮眼睛一瞪："老杂毛，你不想交是吗？去你的吧！"

泼皮们当即把老头的摊子掀翻，香烛滚落一地，被他们肆意践踏。老头忙爬到地上去捡拾，口里不停地喊着："作孽呀！作孽呀！"

泼皮一脚把他支摊子的木架踢飞，威胁道："快给我滚，再让老子看到你在这里做生意，我废了你这老杂毛！"

毛骧领着几个卫士站在广场边上的大槐树下，冷冷地看着魏文进这一伙人。

见他们折腾得差不多了，毛骧命令一个卫士："去，把那个为头的给我请过来。"

"是。"

卫士走近那班泼皮。他们一见这穿皇家卫队制服的人一怔。

卫士问道："你们哪位是为头的？我们大人请你过去叙话。"

魏文进问："你们大人是谁？"

"大都督府都督佥事毛骧毛大人，他在那边等着您，请吧。"

别看泼皮们横，他们见了当官的还是心怯，魏文进乖乖地跟随那卫士走到大槐树下。

"小的魏文进见过都督大人。"

"免礼。魏文进，看来你在这一带是个人物啊！"

"岂敢。弟兄们抬举，混口饭吃而已。"

毛骧道："魏文进，本督有心与你交个朋友，愿意吗？"

"大人说哪里话来？小的怎敢说跟大人交朋友。若是大人看得起小的，有什么事只管吩咐。"魏文进拍着胸脯说，"我这伙兄弟都是号子里混过三趟两趟的，什么事不敢干？"

毛骧看看四周，说："这里不是说话之处，能不能找个僻静的地方，我们好好聊聊。"

魏文进道："大人若不嫌弃，就到小人下处去吧。"

魏文进领着毛骧往寺庙后面走，一路上他对魏文进说："你得嘱咐一下你那班哥们，对有些做小买卖的孤寡老人别做得太过分了。为了几个小钱让人告到有司衙门去，惹麻烦何必呢？"

"大人说的是，以后小的让弟兄们注意。"

魏文进的"下处"是鸡鸣寺后面的一个小经堂，他把原来看守这里的小沙弥赶走了，就在菩萨的神龛下搭床而居。自然这里也成了他手下那班亡命聚会的地方。鸡鸣寺的住持方丈拿他们没办法，干脆把这小经堂放弃了，用一堵短墙把它围在了寺外。

走进经堂，毛骧选了个稍干净一点的地方坐下，劈头就问："魏文进，你手下有多少弟兄？"

"那得看怎么算。鸡鸣寺这一拨就三十多号人。"魏文进颇为骄傲地说，"我要在整个京城里一呼啦，冲着我魏文进的名头，几百号人都能呼啦拢。"

"好，人越多越好。"毛骧又问，"你们是不是什么事都敢干？"

"嘿嘿，我们都是死过几个来回的人了，还有什么不敢干的事？就看值当不值当了。"魏文进不知道这位毛大人葫芦里卖的什么药，狡黠地回答。

"好。魏文进，你给我收编三五百号人，都要有一定本事能打能杀的。本督每人先发安家银子二十两，事成之后还要重赏。这够值当了吧？关于你自己，相爷说：让你开个价。我想这价码你也不好怎么开，一千两银子够了吗？"

毛骧的一席话说得魏文进瞠目结舌，他那刺有配军字样的黑脸涨得通红，他结结巴巴地说："够了，够了！谢……谢大人恩典！"

他又满脸疑惑地望着毛骧："相爷？相爷是怎么回事——"

毛骧把他拉近，附在他耳边悄声细语一阵，魏文进终于弄清了是怎么回事。他顿时揎拳捋臂地说："大人放心，我魏文进是天生的反叛性格，为了相爷的大事，掉几个脑袋又怎么样？别说还有这么多银子哩！"

太仆寺丞李存义因为与胡惟庸联姻，早已成为胡党的中坚分子。他受命去说服李善长参加推翻朱元璋的反叛联盟。其实说要李善长参加，他已是风烛残年，已经做不了任何事情。胡惟庸要的就是李善长这个名字，以其领衔传檄天下，历数朱元璋的罪恶，其号召力无疑比他胡惟庸要强得多。

这一年李善长已经是六十七岁的高龄了，按说已是心如止水，无欲无求，但愿平平静静安度余生。但李存义知道，他这位兄长自从朱元璋大封功臣时解除他的相权后，他无时无刻不是在抱屈和怨恨的心境下度过的。尽管朱元璋给他极高的荣耀爵禄，甚至后来还将临安公主嫁给他做儿媳，一度还曾任命他与曹国公李文忠同"总中书省、大都督府、都察院、录军国重事"。所有这些都消除不了一个深怀政治抱负的人被无端剥夺相权的屈辱！这是他心中的隐痛，也是李存义认为自己有把握说服他在垂暮之年出面反朱元璋的理由。

冬日的阳光照射进宽大的书房，须发皆白的李善长坐在藤椅上看一本《左传》。看着看着精神倦怠，书掉到地上。服侍他的丫环把书拾起来，走到他的身后轻轻为他捶背。

李存义走进书房，见善长假寐，打个手势叫丫环不要惊动他，兀自在一旁坐下。

李善长似有察觉，他仍闭着眼睛。

"存义，是你吗？"

李存义忙站起道："是我见兄长假寐，不敢惊动。"

丫环给李存义献茶，存义示意她和站在门旁的书童退下。

"你们去吧，我和相爷唠唠家常。"

"是。"

李善长这时睁开了眼睛，他在藤椅上挪动一下身子，问道："存义，近日朝中有何动向？"

李存义自然要把最能震动他的消息告诉他。他说："几天前皇上召见汪广洋，将刘伯温之死迁罪于他，仍将他谪贬海南。后复又追罪他在江西曲庇朱文正和不发杨宪之奸，派锦衣卫追至太平江面上将其赐死。这事兄长知道吗？"

"知道了。"李善长冷冷地回答。

"此事朝野震惊，百官不安，都认为是皇上将大开杀戒的一个信号。"李存义一面说一面观察李善长的面色表情。

"嘿，皇上要大开杀戒，他要杀谁呀？"李善长冷笑着，"总不会杀到归隐田园与世无争的老夫头上吧。你我管他做甚？"

李存义压低声音道："刘伯温中毒而死，实是胡惟庸秉承圣意所为。现在皇上重提此事，矛头实指胡相。现中书省已人心惶惶，据传皇上欲借此一举端掉中书省，废除打周朝起延续两千余年的宰相制。"

李善长重重叹了一口气："唉！我早料到会有这一天到来。天下是他姓朱的天下，他想怎么办就怎么办吧，与我何干？"

"可是胡相爷却首当其冲。胡惟庸是兄长举荐入中书省的，他若获罪，难免牵连兄长。"

"胡说！胡惟庸虽是我举荐入中书省的，但别忘了让胡惟庸连升三级、独相六七年之久的正是皇上自己，皇上何以罪我？况且现在皇上待我不薄，洪武四年我因病致仕，皇上赐临濠地五百亩，给佃户千五百家；九年又以临安公主下嫁祺儿。功臣国戚之荣耀集于老夫一身。即使皇上要降罪胡惟庸，料也牵连不到老夫头上。"

李善长虽然说得头头是道，但李存义深知他的这位兄长内心深处到底是怎么想的：在他心里，现在朱元璋纵使不是恶魔，也绝不是什么天使！因此他从容劝谏道："兄长不是说过，皇上登基后要做的第一件事就是仿效宋太祖杯酒释兵权。你在开国不久就被迫告病致仕，交出相权。以后又是刘伯温被毒死，徐达、李文忠小心翼翼才没出事，现在也岌岌可危。依兄弟看，勋臣国戚的荣耀也保不了皇上不会动你。他这个人一贯无情无义，一旦翻脸连亲儿子也不认。去年秦王刚去西安就藩不久犯了事，就差点被他废了。后宫里的妃嫔才人，没什么动静就赐死了也是常有的事。兄长可不能大意啊！"

李善长不愿谈自己的事，他认为一切祸事都是胡惟庸惹出来的。他说："胡惟庸也太过跋扈了，不仅在中书省为所欲为，连六部堂官全都换成了他的人。你想皇上能容许他这样做吗？他这是自作孽不可救啊！皇上要处置他，即使牵连到我也是没有办法的事。"

"可是胡相爷并不想坐以待毙。"李存义试探地露出口风，李善长立刻紧张起来。

"他想怎么样？谋反吗？"

"皇上既已起了杀心，事急了我们也不得不如此啊。"李存义这话已经表明自己是胡惟庸一伙的。李善长急忙从藤椅上站起来，摸索着旁边的手杖在地上顿了几顿，指着存义颤声地说："你知道自己说的什么话吗？告诉你，这事只要露出一点风声，把你抓去一审，这可是灭九族的罪啊！"

李存义冷笑一声说："嘿，灭我九族，兄长自然也在劫难逃了。反也是死，不反也是死，兄长何不选择一个轰轰烈烈的死法，也出出你被迫致仕，在临濠窝囊了这么些年的恶气！何况胡相爷已做好准备，一旦举事，外有援兵，内有策应，且广得六部与诸省的支持，并非必无成功之望。一旦事成，兄长以大明第一功臣的身份领衔檄告天下，历数朱氏暴政。胡相登基之后，答应以淮西六郡之地封兄长为王，尊为太师。兄弟我也可位列三公之职，我当这六品的牧马官也当厌了！"

巨大的震撼使李善长一屁股瘫坐在藤椅上，猛烈地咳嗽不止。李存义忙为他捶背舒气。待到缓过劲来，李善长摇头叹气道："唉！我老了，不中用了！等我死了，随你们怎么干去。"

李存义趁热打铁说："过两天胡相爷会亲自来拜见兄长，就此事聆听您的意见。"

"不，要他来见我，不要他来……"

老人气息陡弱，瘫坐椅上。

李存义打开书房门吩咐道，"来人！速送相爷回卧房休息。"

李存义向胡惟庸汇报了游说其兄李善长的情况。胡惟庸一面仔细听着，一面在想象李善长当时的神态。

"看来，你兄长还是有些心动了。其实他已风烛残年，做不了什么事。我们只需要借重他的名字领衔传檄天下。他德高望重，一言九鼎，由他出面，一定会有更多的人响应。"胡惟庸说。

"丞相是否亲自出马，去和他谈谈？"

"我现在行动很扎眼，去见他多有不便。"胡惟庸想了想，"有一个叫杨文裕的人，是他的老朋友。他们之间好说话，我想差他去和你兄长谈谈。"

"如此甚好。"

后来，杨文裕领命去了临濠，再一次游说惊魂甫定的李善长。这时的李善长可以有两个选择，其一就是站在维护国家安定的立场上，去向朱元璋举劾这场骇人听闻的叛国阴谋。他没有这样做，只能说他已深深地陷于泥潭中而不能自拔。

这就造成了他十年后的悲剧。在那一次，他的一个家奴指证：胡惟庸在举事前曾亲自来拜访李善长。他俩东西对坐，说些什么听不清楚。胡惟庸一边说，李善长一边点头。这自然成了李善长勾结胡惟庸谋反的罪证。

数日前，相府的俞管家带着胡惟庸的密信，快马加鞭地驰骋在京城至明州的驿道上。

他在两日内赶到明州卫的驻地。这里是海防前线，守卫颇森严。他说明来历，军士立即入内向指挥林贤报告。

"禀将军，京城相府派人来明州，现在营外等候。"

林贤道："快请他进来。"

军士领管家进来，林贤情知有不寻常的大事，令军士退下。

"俞管家，你怎么亲自来了？"

"相爷有重要家书给您，不放心让别人来，我只得亲自跑一趟。"

管家撕开衣襟，从里面取出封有火漆的书信。林贤拆开书信一看，面露震惊之色。但他随即强作镇定，笑对管家说：

"俞管家辛苦了！舅舅近来身体怎么样？还那么忙吗？"

管家道："相爷日理万机，哪得不忙？不过身子骨倒挺结实的。"

"全赖你们细心照料呀。"林贤客套地说，"俞管家先去驿馆休息吧，明日再启程回京，请跟舅舅说，他交代之事我会办好的。"

"相爷交代过，让我早些回去，好让他放心。请将军吩咐给我换一匹脚力健的马就是。"

"如此有劳管家了。我吩咐他们给你备马，我们去酒馆，你尝尝明州的海鲜再动身不迟。"

胡惟庸的密信自然是叫他立即下海招倭，必须招得三五千倭人，叫他们绝不要攻打沿海城池和抢劫，务须直扑京城。京城内有人接应，城破之后许他们任意劫掠宫室及富户三日。胡惟庸要林贤亲率明州卫五千余官兵，装着追剿入侵倭寇，尾追他们进入京城，成为叛乱集团的中坚力量。为此，他必须事先以高官厚禄笼络好手下统兵的千户、把总，只要这几个人归顺了，士兵们就会懵懵懂懂跟着行动。

胡惟庸为了分散自己的巨万资财，早已将百余万两金银运到明州交林贤秘藏。他信中指示林贤可以动用这些金银，作为收买部下和通倭之用。

至于林贤本人，胡惟庸许诺事成之后立即擢升大都督府都督之职，成为自己军事上的得力帮手。

浙江、福建沿海岛屿上盘踞的倭人，大多是日本国内驱逐的罪犯和浪人。他们最初以劫掠沿海商船进行海盗活动为生。从元朝末年起开始不时入侵大陆，劫掠州县，闽浙人民恨之入骨，呼之为"倭寇"。倭寇有的一帮数百人，最多亦不过千人，他们往往选择地方防御力量薄弱的县城突然袭击，烧杀抢掠，以劫掠财物为主要目的，抢了就跑，并不长期占领某地。他们的根据地就在沿海星罗棋布的小岛上。

明州卫的设立主要是为了防卫倭寇的入侵。但是林贤和倭人交锋几次之后就发觉牛皮癣似的倭寇是永远无法根除的。往往卫所得到倭寇入侵某地的警报，等到他们赶到该地，倭寇早已洗劫一空遁入海中。时间久了林贤也清楚明州沿海有多少股倭寇，盘踞在哪些岛屿，甚至连那些倭寇为首的叫什么名字他都叫得出来。作为明州卫的指挥，他既然无力去剿灭这些倭寇，倭寇们也绝不会主动来袭击他们。久而久之二者就相安无事了。

胡惟庸知道这些情况，所以在别处外援无望的情况下，只得孤注一掷叫林贤下海招倭。在他的眼睛里金钱是万能的，倭人专以抢掠为生，为什么不能以巨大的诱惑驱使他们来冒一次险呢？

这几天林贤可忙坏了，他天天乘船出海，去探视那些盘踞在沿海小岛上的倭人头目。他有时还要受些皮肉之苦，让放哨的倭兵用黑布蒙上眼睛带到他的头目面前。这些头目都与他打过交道，自然不会难为他，更不会拒绝他带去的金银珠宝。可是当他提出让他们远离沿海入侵数百里外的京城时，几个倭寇头目用日本话叽里咕噜商量一番之后，一致摇头拒绝了这个蕴藏着巨大危险的建议。

只有在灰鳖洋的西霍山岛，一个叫平濑的倭人首领对此事颇感兴趣。平濑是日本东京都的一个黑社会头目，因犯了杀人罪流亡海外。他的手下啸聚了千多名罪犯和浪人，拥有十几艘大小不一的海盗船，专门截击沿海过往商船，杀人越货。由于冬季到来，海面船只稀少，平濑又打算上岸去偷袭劫掠一番。恰逢明州卫的指挥意欲引狼入室，而且是去袭击京城，此举成功，他平濑一郎就可树立起在倭人中的领袖地位。在国内他也会声名鹊起，把他视为民族英雄。

平濑就是这么一个偏执狂的疯子，他全然没想到自己这千多名乌合之众如何能打到南京去。他对明朝的皇宫里的财宝和女人充满了向往。

"林将军，听说你们的朱皇帝，漂亮妃子大大的有？"

"朱元璋有十六个妃子，还有后宫三千佳丽。你可以把她们中最漂亮的抢回来做压岛夫人。"林贤投其所好地谄媚道。

"哈哈哈哈！唷西，唷西！"

平濑和林贤约定，三天后他率领船队从杭州湾登陆，在明州卫部队的掩护下直扑京城。为此，林贤答应立即送三千两黄金过海来，给他鼓舞士气之用。

谁知三天之后事情发生了变化。正当林贤派人来联络，催促平濑发兵时，忽见大霍岛上一片喊杀之声，停泊在岛边的海盗船上也冒出了浓烟烈火。原来平濑与盘踞在四平头岛另一伙倭人为了争夺七姊八妹列岛的地盘打起来了。双方势力相当，一场残酷的厮杀严重地摧毁了平濑匪伙的战斗力。他自顾不暇，哪里还能去攻打京城？林贤送的三千两黄金白白在东海里打了个大水漂！

胡惟庸谋反事发后，由于他没有供出下海招倭之事，林贤得以隐匿脱身。直至洪武十九年大肆清查胡党，林贤在锦衣卫严刑逼供之下，才把这一下海招倭通敌的严重罪行大曝于光天化日之下。

狗急跳墙，元宵子夜举事

胡惟庸公子酗酒驾车坠死车下，胡惟庸痛子心切，一怒之下杀死车夫，民众抬尸告状，朱元璋怒斥胡惟庸，命其偿命。胡惟庸秘密通知陈宁元宵节子时起事。被迫进行的叛乱与镇压者势力悬殊的角斗。朱元璋借口占城国使臣来朝事件将胡惟庸和六部堂官打入天牢。

洪武十三年正月，春节刚过，又近元宵。京城里张灯结彩，热闹非凡。秦淮花街柳巷的妓女们，也在这喜庆节日里打点起十二分精神，花枝招展地迎接前来喝花酒和嫖宿的客人。

月香楼的鸨母今天非常得意，因为当朝宰相胡相爷的公子在她这里玩了整整一天。她叫妓女们使出浑身解数，让这位胡公子在她们的温柔怀抱中神魂颠倒，精气泄尽，最后喝得醉意醺醺地回府——因为京城形势紧张，胡相爷不许他在外面过夜。

鸨母不知情，还在殷勤地劝他："公子还是在这里歇息了吧。"

胡公子跟跟跄跄地站起来："胡……胡说！回……回家！"

鸨母连忙见风使舵，吩咐道："快给公子备车，车夫呢？"

车夫忙从门廊里出来："小人在。"

众妓女搀扶着步履蹒跚的胡公子出了月香楼。

车夫恭顺地说道："公子请上车吧。"

他扶胡公子在车上坐好。

妓女们装着依依不舍的样子："公子明儿个一定再来啊，我们想死你了！"

"那你们跟我……回回府去……去好了。来，上……上车！"

"让我们都跟你回府去？你敢吗？你家那醋罐子不把你阉了才怪。嘻嘻！"

鸨母嗔责妓女们："逗他干嘛？走吧走吧！"

车夫摇动鞭子，轿车驶上大街。

胡公子醉意未醒，口齿不清地叱喝着："快——快跑！"

车夫转过身来说："启禀公子，街上人这么多，跑得太快会压着人了。"

"压、压着人才好玩呢。叭唧！脑浆子撒一满街。"公子蛮不讲理地催促，"快给我跑！"

车夫无奈一甩鞭子，马车疾驰，行人慌忙避让，一个果贩的摊子被撞翻，果子撒满一街。

胡公子高兴地站起来："哈哈哈，再跑快些！"

车夫央求道："公子，再快真要压着人了。"

胡公子蛮横地叱喝道："他妈的，下去！本公子自己来驾车。"

他不由分说夺过鞭子，把车夫推下车，自己站在车上左右开弓猛挥数鞭。

马匹受惊狂奔，公子立不稳，摔下车去，车轮恰好从他头上碾过。

车夫见状狂呼："快拦车，快救公子！"

几个路人奋力将马车拦住。这时胡公子已经毙命，脑浆撒满一地。路人将血肉模糊的尸体搬上车。

马车驶到丞相府，车夫跌跌撞撞地跑进大厅报信。

"相……相爷，公子他……"

胡惟庸惊问道："公子怎么了？"

"公子喝醉了酒，从车上摔下来……"

"胡说！既然喝了酒，就该躺在车厢里，怎么会摔下来呢？"

"公子抢着要驾车，把小人推下去，猛甩鞭子，马匹受惊狂奔，把公子给摔下车，刚好压着了脑袋。"车夫只得如实禀报。

这时，家人们把公子血肉模糊的尸体抬进来，府中内眷们立即围着号啕大哭。

胡惟庸怒不可遏地逼向车夫："你这狗奴才，还我儿命来！"

车夫连连叩头："小人该死，小人该死！"

胡惟庸在狂怒中拔出壁上的挂剑，一剑将车夫刺倒，当即毙命。

胡惟庸余怒未息地叱喝道："来人，将他的尸体扔出去喂狗。"

胡府的家奴将车夫尸体抬出府门。车夫的妻子儿女闻讯赶来，抚尸痛哭。

路人们围了拢来，议论纷纷。

"这不是相府的车夫吗，怎么被人杀了？"

"听说是胡相爷的公子喝醉了酒抢着驾车，从车上摔下碾死了。胡相爷一气之下就把车夫杀了。"一个了解内情的人悄悄告诉大家。

"唉，这世道当朝宰相杀了一个车夫，还不像捏死一只蚂蚁一样，有什么说的？"

"不，公子是一条命，车夫也是一条命。王子犯法与庶民同罪，当朝宰相就能随便杀人吗？"一位读书秀才模样的人忿忿不平地说。

"这位秀才说得对，我们平民百姓也是人，看他妻室儿女一家子多可怜啊！我们到有司衙门告他去！"

立刻一呼百应。有人扶起抚尸痛哭的车夫妻女。

"走，我们抬着尸体告他去！"

"大家走啊！"

民众抬尸告状惊动了京城，有司衙门不敢怠慢。因为告的是当朝宰相，他们不敢到丞相府去拿人。但是当官的政治嗅觉非常灵敏，他们从皇上近来的几道诏书中觉察到胡惟庸失宠的趋势。于是把这个案件直接上报到了代皇上处理日常事务的东宫太子朱标面前。

太子详细询问了案情经过后，匆匆进宫向朱元璋禀报。

"启禀父皇：今日有司衙门报告，胡惟庸的儿子酒后驾车坠死车下，胡惟庸一怒之下将车夫杀死，并将尸体抛出府门。路人忿忿不平，拥着苦主抬尸游街告状，要求惩办凶手。"

"是胡惟庸亲手杀的吗？"

"儿臣已查问明白，是他一怒之下抽出堂上所挂宝剑亲手将车夫刺杀。"

"好！这回胡惟庸算栽定了。按照我朝律法，杀人者偿命，王子犯法与庶民同罪。"朱元璋异常兴奋，"速命刑部饬令有司缉捕凶犯审讯定罪，毋得有误。若有胆敢徇情者以蔑视王法论处。"

这道谕令是对太子发的。可是朱标有些犯难：胡惟庸是当朝宰相，就这样下令有司衙门去逮捕他，行吗？他看了一眼站在旁边的燕王朱棣。朱棣似在思考另一个问题，只见他从容禀奏道："父皇，据儿臣观察，胡惟庸的党羽近日活动频繁，似准备有所动作。若此时拘捕胡惟庸，彼等必然销声匿迹。纵使以杀人罪处置了胡惟庸，其党羽无所撼动，祸根依然存在，国家仍将不宁。依儿臣之见，父皇佯装震怒，命其偿死，但并不急于拘捕他。胡惟庸必然因恐惧命其党羽开始行动，届时即可以谋逆罪将其一网打尽。"

朱元璋虽对儿子的成熟感到很欣慰，但他仍有顾虑，沉思良久方说："这可是一着险棋啊！京都虽然禁卫森严，然而万一内部出现叛逆，或有人被胡党收买，只要有小股叛军闯进皇宫，后果即不堪设想。"

燕王安慰他道："父皇勿虑。胡惟庸及其党羽重要成员已在我监视之下，只要京城出现异常情况，随时可以拘捕他们。大都督府已饬令兵马司加强四城巡逻，防止发生骚乱，不给逆党以可乘之机。另外，锦衣卫近期暂不出京缉捕，一律留守待命。万一有变，儿臣与五弟六弟的王府护卫也可增援皇宫卫队。儿臣即使血洒丹墀，也要保护父皇母后的安全。"

燕王说的这些措施使太子朱标稍觉安心，他慨叹道："这些年父皇对胡惟庸恩宠有加，他现在可说是一人之下，万人之上，还从没有哪个宰相有他这么大的权柄。他还有什么不满足，竟敢冒天下之大不韪，铤而走险地谋逆呢？"

朱元璋正色道："正是对权力的贪婪使他不满足受制于朕的地位。最近直达御前的实封密奏中，有几名地方官员联名举劾胡惟庸，说他处心积虑排斥异己，培植党羽，把六部和许多州府堂官都换成了他的亲信。他们列举的名单有百数十人之多。他这样做意欲何为？还不是在为改朝换代做准备？标儿，你身为太子，只顾与那些儒臣讲经论道，对社稷安危全然缺乏忧患意识，朕百年之后，如何治理国家？"

太子顿时面红耳赤，惶恐下跪："儿臣不堪教诲，反惹父皇生气，请父皇责罚。"

燕王见状，连忙跪下为太子辩护道："启禀父皇，太子殿下协助父皇处理日常政务，殚精竭虑，日夜操劳，功不可没。胡惟庸老奸巨猾，不但太子被他蒙蔽了，前几年父皇也对他宠信有加，致使其日益专横跋扈，渐生谋逆之心。父皇经常教诲我们要懂得驭臣之道，可胡惟庸这种奸猾之徒确实难于驾驭。"

听儿子这样一说，朱元璋叹口气自省道："唉，都起来吧。胡惟庸对朕确实是个沉痛的教训。朕当时起用他是为了对付手握重权的勋臣宿将，谁知竟然养虎为患。这次他既然跳出来了，一定要彻底清算他的罪行。自即日起，你二人都要投身到胡党一案中来。标儿负责清查过去胡惟庸结党营私、欺君罔上的罪行，对那些举劾一一落实，棣儿负责监视胡党当前的活动和保卫皇宫安全，皇宫卫队和各王府护卫暂由你统一指挥。你们各司其职，毋得懈怠。"

太子和燕王同时响亮地回答："儿臣遵旨，请父皇放心。"

在丞相府里为暴毙的公子举丧的同时，胡惟庸时刻在担心民众抬尸游街告状的后果。见有司衙门终于没敢来拘捕他，第二天上朝时他主动请罪，说自己丧子情急之下，失手"误伤"车夫，愿以巨额赔偿金安抚其妻子儿女，请圣上原宥他莽撞之罪。

朱元璋义正词严地斥责他道："人死不能复生，你即使赔偿一个金子铸的人，它能与他的妻子儿女说话吗？它能安抚他们的哀痛吗？你身为宰相，难道不知道我朝律法，杀人必须偿命，王子犯法与庶民同罪。就是朕的皇儿杀了人也需偿命，何况你胡惟庸？"

朱元璋一席话说得胡惟庸在下面瑟瑟发抖，只能一遍一遍地喃喃请求宽恕。他又怂动六部大臣出面为他求情，朱元璋只是冷冷地听着那些为胡惟庸评功摆好的谀词，一一记住他们的面孔。

终于，这个案子没有做最后的决断。御座上的朱元璋既没有吐出一个"斩"字，也没有说一个"赦"字就草草退了朝。捡回了一条命的胡惟庸，揣着颗战栗不已、惴惴不安的心回了相府。

杀人案侥幸得脱，胡惟庸在府内心急如焚。他明显地觉察到府门外对他的监视加强了，陈宁、涂节已无法潜入府内与他相商密谋，他只有独自做出生死存亡的决断，设法通知他们。

冬日的清晨，雾气迷蒙。菜市场里人头攒动，熙熙攘攘。

一处菜摊的摊主大声的吆喝："大白菜，新鲜的大白菜！哎，红白萝卜，水灵灵的萝卜！各色新鲜蔬菜，应有尽有哎——"

相府伙房总管从马车上跳下来，拎着一个大菜筐，走到摊前。摊主见大主顾来了，连忙笑脸相迎。

"哎，大总管这么早呀？相府今天要些什么菜，小的给您备着啦！"

"喏，这是菜单子，你好好拾掇拾掇，拿筐里的白布盖上，别弄脏了。瞧！你们这菜场脏兮兮的，简直跟猪圈一样。"

"您好说。不过小的这些菜倒是蛮新鲜水灵的，小的给您备好，您回头来拿？"

"我先去那边取河鲜海味，回头再来。"

"好嘞！您走好。"

总管走后，摊主揭开筐内的白布，筐底躺着两个信封，封皮上分别写着"御史大夫陈府收"和"御史中丞涂府收"的字样。摊主警惕地左右瞧瞧，将书信揣入怀中。

陈宁收到胡惟庸的密信，一大早就赶到月香楼，他径直走到阿红房前，推门进去，毛骧果然卧床未起，阿红在镜前梳妆。

"唷，陈大人这么早就来了呀！找毛大人有事吗？"阿红问道。

陈宁从容掩饰道："阿红姑娘，老夫尚未用餐，麻烦你去伙房给老夫和毛大人做两碗莲子羹来，好吗？"

阿红自然要巴结这位财神菩萨，连忙收拾妆台："大人要喝莲子羹呀！我亲自去给您做。"

待阿红出去，陈宁关好房门，至床前和毛骧小声说话。

"大人，什么事这般紧急？"毛骧一面披衣起床一面问。

"胡相爷杀了个车夫，皇上令其偿命，事已急矣！"陈宁凑近毛骧耳边说，"胡相爷决定元宵夜子时举事，以钟楼上的烟花为号，届时要魏文进点齐他的人，乔装耍龙舞狮卖艺的把式等，趁观灯人乱杀入皇宫。你和刘遇贤等要做好内应。"

毛骧担心地说："皇宫禁卫森严，我们这点人马恐不济事。"

"你们只管往里冲，胡相爷说皇宫中还有他的内应。"陈宁给他打气说，"只要抓到了皇上，他纵有百万勤王兵也无奈我何！"

"好，卑职这就去布置安排，元宵夜见到钟楼烟花信号，我就打开宫门，接应大人。"毛骧起身要走，陈宁阻止他。

"且慢，喝完莲子羹再去，以免老鸨怀疑。"

元宵节一天天逼近，胡党叛乱的准备也在紧锣密鼓地进行。胡惟庸又派俞管家去明州催问林贤下海招倭之事，遣封绩致书元主也已启程出塞。纵使这两方面均不能如意，迫于形势紧迫，元宵节举行叛乱已是箭在弦上不得不发了！

掌握强大势力的皇帝与走入穷途末路的丞相，被迫进行的叛乱与有条不紊的反叛乱。一场势力悬殊的角力开始了。

正在这时，又发生了一桩意外的事。

新春正月，南方的占城国国王派遣使臣进京朝贡。由于正赶上朝廷局势动荡的时期，使臣们进京三日尚未安排朝见皇帝，他们闲得无聊，受到京城老百姓正月间舞狮游龙闹新春的启发，也把他们的贡品在大街上展示起来。两位正副使臣穿着鲜艳奇特的民族服装走在队伍的最前面，由礼部的通事们陪着，一路谈笑风生。随后两头大象驮着珊瑚、琥珀、犀角、珍珠、香料等贡品。另一辆彩车上架着两支七八尺长的大象牙，后面是两只兽笼，关着一头狮子和一只猛虎。

京城的市民们难得看见这种稀罕场面，纷纷呼朋唤友夹道围观。孩子们又好奇又惧怕地尾随着狮子、老虎笼跑，偶有胆大的竟用竹棍去撩拨那两头猛兽或往笼子里扔石头爆竹，引起大人们的呵责。

宫中的大太监刘公公出宫办事，碰到街上这稀罕场景，也乐呵呵地驻足观看了好一阵。

刘公公是朱元璋的贴身内侍。回到宫中，他服侍皇上抽水烟，朱元璋惬意地咕噜噜抽了一口，喷出一口烟。

"刘会，你今天出宫去了？"

"回皇上，奴才今天出宫办了点事。"

"看到什么新鲜事儿吗？"朱元璋有打听皇宫外面事情的习惯。

"启禀皇上，奴才出宫正好碰上占城国的使臣用大象驮着贡品游街。贡品真不少咧，那两支象牙足有七八尺长，真是罕见。还有活狮、活虎。老百姓都说托皇上的洪福，四海归心，外国都来称臣纳贡，才有这样的热闹看。"

"你说是哪一国的使臣？"朱元璋警觉地问。

"南洋占城国的正副使臣，还有礼部的通事陪着。"

"占城国使者来朝，怎么朕不知道？"

"奴才听说他们已经来京几天了。"

"哼，占城使臣来京几天还不安排觐见。中书省这班混账东西，朕要他们好看！"

第二天早朝，朱元璋带着太子怒气冲冲地登殿，群臣山呼跪拜后，他就叱问站在前排的大臣们。

"占城国王派使臣入京朝贡,已经到京三天了,你们为什么不向朕禀报?"

左丞相胡惟庸和礼部尚书面面相觑,不敢作声。这几天胡惟庸犹如热锅上的蚂蚁,哪还顾得上这档事呢?

朱元璋就是要借着这事发难,他指着胡惟庸怒叱道:"你们中书省是干什么的?你们眼里还有我这个皇上吗?"

"陛下息怒。此事容臣仔细核实过失环节。占城国使臣进京时,礼部未曾向陛下禀报吗?"胡惟庸企图把责任推给礼部,可朱元璋仍然把矛头指向他。

"哼!按制外国使臣入京,应由中书省禀报朕,由朕钦定觐见时间。"

胡惟庸狡辩道:"陛下曾下令:六部诸司奏事,已不需再通过中书省。占城国使臣来京后自然先去礼部报到,臣以为礼部会直接禀报。"

礼部尚书也不是省油的灯,知道如何推卸责任。他奏道:"占城国使臣来京后,确曾来礼部报到。按照以往惯例,外国使臣面圣需由中书省安排时间。臣已报告中书省,但不知丞相为何没有禀奏圣上?"

胡惟庸道:"中书省诸事繁杂,接待外国使臣,本属你们礼部职责所在,为什么要推别人呢?"

朱元璋在御案上拍了一巴掌,大发雷霆:"哼,你们这些狗官,食君俸禄,竟敢互相诿过!你们结党营私,目无君父。你们到底有哪些阴谋,朕今天要查个水落石出!来人,将胡惟庸和六部堂官统统押入天牢严鞠。"

众臣如闻晴天霹雳,扑通通下跪。殿外武士涌入,将他们一个个摘去冠带,押了下去。

走出殿堂的时候,胡惟庸冷静地安慰六部堂官道:"诸位大人,陛下一时震怒,让大家暂时受点委屈。不要紧,他气消后会让我们回来的。"

这时他用眼睛的余光瞥见御史大夫陈宁,正退朝往殿外走,故意接着说:"明天就是元宵节了,我们该怎么过还是怎么过。"

陈宁会意地点点头,迅速走开。

叛乱失败,三犯被处极刑

商皓举劾胡惟庸七宗罪。涂节收到胡惟庸起事通知后见其被打入天牢,惶恐不堪,为求自保供出胡党叛乱阴谋。元宵夜陈宁在钟楼燃放信号花炮。

麇集皇宫广场的亡命之徒和毛骧等被早有准备的锦衣卫全部歼灭。朱元璋降旨:胡惟庸、陈宁谋反叛乱处以极刑,涂节亦被处死。

胡惟庸和六部堂官被打入天牢，消息传到中书省，官员们惊恐地聚在大堂里，交头接耳，窃窃私语，互相打听这一事件的内幕消息。

正在这时，外面传呼："太子殿下驾到！"皇太子朱标在内侍及卫士的簇拥下步入大堂。中书省的官员们忙按官阶大小排班跪接。

"臣等恭迎太子殿下千岁千岁千千岁！"

朱标摆摆手："都起来吧。"

"谢殿下。"

太子庄重地宣布道："左丞相胡惟庸及六部堂官有罪已被羁押，圣上命本宫暂时代署中书省事。尔等各安职守，照常处理诸司日常事务，勿得懈怠。听到没有？"

众官员应道："臣等遵旨。"

"皇上已有旨意，命中书省大小官员举劾胡惟庸所犯罪行，知情者不得隐瞒包庇。否则一经查出，以同犯论罪。举劾胡惟庸重大犯罪有功者，朝廷给予重赏，现任官员可越级提升，一般舍人皂隶录入官籍，量其才用之，最高可达从六品。"

太子离开后，众官员议论纷纷，都认为胡惟庸这下栽定了。

不久，原御史中丞、谪居中书省员外郎的商皓即去求见太子。

"罪臣商皓给太子殿下请安。"

太子问道："商皓，本宫记得你原是御史中丞，现在中书省任何职？"

"罪臣被贬谪到中书省，现任员外郎。"

"啊，从正二品降到了正六品。你求见本宫，是申诉自己的事吗？"

商皓禀道："臣因过受罚，并无怨言。臣来中书省已有三年，每于公务之暇，冷眼旁观偌大中书省的怪现象，积了一肚子的话苦于无处倾诉。今日殿下的一番话，使臣如沐春风，直欲一吐心中闷气。"

"你有什么话，只管对本宫说吧。"太子吩咐道，"来人，给商大人备坐。"

"谢殿下。"

"商皓，你是要举劾胡惟庸吗？"太子问。

"是。臣要举劾胡惟庸十宗罪状：其一，胡惟庸定远旧宅井中忽生出石笋，出水数尺，又传其祖父三世家上，均夜有火光烛天。消息传到中书省，许多人前去相府道贺，谀为祥瑞之兆。胡惟庸慨然受之，洋洋自得，其异心昭然若揭；其二，御史大夫陈宁不是中书省的官员，胡惟庸却违反规定，任其查阅中书省档案中的军马籍，意在网罗军界中的淮西定远老乡为其所用；其三，胡惟庸经常召陈宁、涂节二人于中书省枢密窑密商，外置岗哨卫兵，任何人不得入内。陈、涂二人系御史台官员，为什么经常出入中书省，且行动如此诡秘，显然是胡惟庸的忠实党羽；其四……"

太子打断他道："等一等，商皓，你举劾胡惟庸的这些情况极为重要。本宫初来视事，还是谨慎些为好。你把这些情况立即写成奏章，条陈清楚，于今晚亲自送到东宫来。本宫为你直呈皇上御览。若你的举劾属实，扳倒胡惟庸之后，本宫在父皇面前保举你官复原职，以资奖掖。"

"臣谨遵殿下旨意。"

太子叮嘱道："回去拟本时小心些，此事禀报圣上之前，不得跟外人讲，知道吗？"

商皓道："臣知道了。请容臣告退。"

御史中丞涂节下朝后回到府中，把自己关在书房里，如热锅上的蚂蚁般来回乱窜。朱元璋在殿堂中的怒吼和胡惟庸等惶恐战栗的影像在他脑海中交叠闪现。

胡惟庸交给他的任务是联络好京城各处的党羽，一旦进攻皇宫得手就齐集宫门外，拥戴胡惟庸登基，然后分头去控制各个政府权力机关。现在行动还没开始，朱元璋就先下手把胡惟庸和六部堂官关到天牢里去了。莫非他已经得知我们举事的信息抢先下手？朱元璋果然厉害！

涂节把菜摊主送来的那封信藏在书架上那个大肚弥勒佛的肚子里。此时，他三番两次走近弥勒佛，想取出佛肚信封中的字条。但一触到弥勒佛，就像被火烫着似的缩了回来。如此者再三，他终于将字条取出。他拿着字条在书房中来回踱步，思忖着在这生死关头，自己下一步该怎么走？

正在此时，涂夫人走进书房，见状甚为诧异。

"老爷，好端端地在屋里兜什么圈子，你没事吧？"

"没事，没事。"

"咦，你手里拿的什么？给我看看。"

涂节慌张地把手往背后缩："本官随便写的，有什么好看？"

涂夫人一把夺了过来："不对，这不是老爷的字呀！老爷的字我认得。啊，这写的什么呀：'元宵夜子时举事。'举事，不就是谋反吗？"

涂节连忙上去掩她的口："你嚷什么？找死啊！"

涂夫人不依不饶地问："你说，这是谁给你写的字条？"

"是……是胡相爷。"

"胡相爷？胡惟庸！你不是说他今天让皇上抓起来了吗，原来他是要谋反呀！老爷，你也是他一伙的？天哪，这可是灭门之罪啊！"涂夫人急得捶胸顿足，撕扯自己的头发。

涂节安慰她说："夫人别急，本官想修本举劾胡惟庸，以图免罪。"

"那你还磨蹭什么？快写吧，要不皇上一审胡惟庸，让他先供出来，咱们就没命了！"

"夫人言之有理，本官这就修本。"

朱元璋借占城国贡使之事将胡惟庸与六部堂官打入天牢，京城形势骤然紧张起来。然而老百姓并不知晓朝廷里正在酝酿一场你死我活的斗争。元宵节来临，街市上张灯结彩，玩龙舞狮，鸣放鞭炮，依然热闹非凡。

正应了"打虎亲兄弟，上阵父子兵"的古理，朱元璋在敌我阵线尚未分明的时候，他更多的是依靠太子朱标和燕王朱棣做他的得力帮手（秦王与晋王已于洪武十一年各自就藩)。一旦有什么疑难，就召他俩入宫议事。

朱元璋对儿子们说："近来你母后身体见好些了。昨天她对朕说，想要召见一些元勋大臣的诰命夫人，赏赐她们一些宫绢福钱，以祈永寿。今日上元佳节，她还想带几个小公主出宫看看花灯，与民同乐。你们以为可否？"

燕王朱棣顿时紧张起来，奏道："启禀父皇，儿臣以为现在母后不宜出宫，召见诰命赏赐之事亦宜缓行。胡惟庸和六部堂官下狱后，京城空气骤然紧张，儿臣感觉这两天会有什么事情发生。母后若召见众诰命夫人，宫门一开，人来人往，若逆党乘隙而入，不但惊了母后，甚至危及父皇，后果不堪设想。"

朱元璋点点头道："那你去禀告你母后，委婉地向她说明理由，不要让她担惊受怕。"

"儿臣遵命。"燕王道，"另有一事禀告父皇，日前父皇想要旌表那个为汪广洋殉死的小妾，经有司查实为罪臣陈县令的女儿。犯官之女恐不宜旌表。"

朱元璋拍案大怒："岂有此理！朕早有明谕没官妇女只给功臣家为婢，文官何以得给？这都是胡惟庸和汪广洋捣的鬼。还有哪些人私占没官妇女，一定要彻查严办！"

太子奏道："启禀父皇，儿臣今日巡视中书省时，原任御史中丞因事被谪为员外郎的商皓面奏儿臣，举劾胡惟庸七宗谋逆罪证，其中有：胡惟庸祖父三世冢上，夜有火光烛天；其定远旧宅井中生出石笋。阿谀者引为祥瑞，群相祝贺，胡慨然受之。又与陈宁坐省中翻阅天下军马籍，凡淮西定远诸县军官悉记之于册，准备结交以为心膂。据商皓暗察，胡党核心为御史大夫陈宁、中丞涂节，三人常聚于中书省枢密室密商，门外警卫森严，虽中书省吏亦不许入内等等。儿臣已命其正式修本奏明父皇。"

朱元璋听了这些眉头紧皱道："罪臣商皓既然早已怀疑胡党谋逆，为何不及时举劾？"

太子道："商皓称：胡惟庸久邀圣宠，其权势如日中天，他仅因细故得罪，即遭其谗害连降三级。更有昔日学士吴伯宗因举劾胡惟庸专恣不法，差点连性命都丢了。若非此次父皇英明果断将胡惟庸打入狱中，谁敢触动他一根毫毛？"

朱元璋叹口气道："唉，胡惟庸骄纵如此，朕实难辞其咎。当年刘伯温力劝朕不要用胡惟庸，说他是一匹会翻车的劣马。朕悔不听伯温之言，致有今日！"

太子又奏道："启禀父皇，今日早朝后，涂节说有事求见儿臣，我问他什么事，他支支吾吾，递给儿臣一个密封的奏折。我猜一定与胡惟庸案有关。儿臣不敢自专，请父皇御览。"

朱元璋接过奏折，拆开一看，里面夹有一片字条。

"涂节举劾胡惟庸与陈宁合谋叛逆。看，这就是胡惟庸手书给涂节的字条：'元宵夜子时举事。'这两天审讯胡贼时他尚负隅顽抗，现人证书证俱在，看他还有何话说？"

太子和燕王传看字条，太子道："果然是胡惟庸的笔迹。"

燕王道："可见他们早有预谋，趁元宵节万民同庆，街上观灯人多，宫中也时有人员出进，疏于防范时动手。只是不知他们到底有多少兵马？何人指挥？在什么地方集结？儿臣以为应立即拘捕陈宁、涂节，蛇无头不行，叛军见他们被捕，知事已败露，可能不敢贸然行动。"

朱元璋想了想，果断地布置道："棣儿，朕命你亲率锦衣卫立即逮捕陈宁、涂节回宫复命。标儿速回后宫，安抚母后，加强宫门戒备，今晚任何人不得出宫，以防万一。"

太子、燕王同声应道："儿臣遵旨。"

这时，元宵节夜幕已深，京城街道上仍然热闹非凡，家家户户灯火通明，争鸣鞭炮。尤其是皇宫前广场上聚集了许多舞狮玩龙，及各类杂耍表演，吸引了许多市民围观，在一处较为宽敞的场子里，魏文进一伙亡命徒也乔装成卖艺把式，舞刀弄棍，吸引了许多围观者，魏文进敞胸露出一身横肉，把一杆大刀舞得呼呼响，围观者纷纷叫好。

这时，在御史大夫陈宁的府前，陈宁的两个孙儿和邻家的小孩也在燃放花炮。

陈宁命家人拎了一竹筐花炮走出府门。

"孙儿，你们过来。"

"爷爷，有什么事？"

陈宁抚着两个孙儿的脑袋，笑吟吟地说："今日元宵节，你们读书读得好，爷爷赏你们一筐花炮，好不好？"

两个孩子高兴得蹦起来："好，好，谢谢爷爷。"

陈宁又对他们说："这儿街巷窄小，周围都是房子，弄不好着火了。你们把这筐花炮抬到钟楼上去玩，那里放得又高又远，更加好看。"

大孙子说："那里好当然好，只怕钟楼的守卫不让我们上去。"

"爷爷给你们写个条子，他们就会让你们上去的。"

"谢谢爷爷。"

陈宁叮嘱道："记住，筐里那个最大的花炮要在钟楼上撞十二下钟的时候燃放，送灶王爷子时上天，大概还有半个时辰吧。"

"孙儿记住了。"

孩子们欢呼雀跃地把那筐花炮抬走了，钟楼就在他们家附近不远。

陈宁站在那里看他们远去，暗自拈须冷笑。

时间紧迫，燕王率领王府护卫和一队锦衣卫穿过街巷，朝陈宁的御史大夫府走来。

街道上观灯玩耍的人见有兵马急驰而来，连忙躲进屋子里，关起门来。

燕王骑在马上，命令锦衣卫："快快，把御史大夫府给我包围起来，不许放走一个人。"

陈宁府府门紧闭，锦衣卫士兵上前"砰砰"打门。

少顷，"吱呀"一声，大门洞开。陈宁知道此时兵马来到，定是来捉拿他的。反抗毫无用处，坦然出迎。

他见燕王高踞马上，也不跪拜行礼，明知故问道："王爷这么晚来了，有什么事吗？"

燕王厉声道："本藩奉旨捉拿逆贼陈宁，与我拿下！"

锦衣卫一拥而上，陈宁昂首挺胸受缚，面带一丝冷笑，望着钟楼方向。

这时，他的两个孙儿和几个邻居的孩子在钟楼上玩得正欢。有了御史大夫的字条，守卫钟楼的兵丁们自然不敢不让他们上去。在钟楼上放花炮果然不一样，那些吱吱叫的花炮带着红光窜到半空中，有的还在夜空中噼噼啪啪炸响，撒下漫天花雨，把那些守楼的兵士们都看呆了。

放了一阵花炮，孩子们又要去撞那口大钟，兵丁们慌了，连忙把他们一个个拽下来。

"我的小爷们，这钟是报时的，可不能乱撞啊！"

"子时还有多久呀？爷爷叫我们子时放那个最大的花炮，送灶王菩萨上天。"

"快了，快了。"士兵说，"等我们一撞钟，你们就去放好了。"

孩子们又在钟楼各处玩了一阵，把筐里所有的花炮都放完了，只剩下那颗笆斗大的六角形的大花炮。他们把它搁在钟楼最高的台子上，只等时候一到就去点燃它。

终于等到几个兵丁抬起那杆撞钟的大木头，"哐"一声撞响了大钟，孩子们就急不可耐地点燃了大炮上的引线，花炮冲上天空，"轰隆"炸响，顷刻间撒下漫天花雨，把钟楼四周都照亮了。

在皇宫前广场上卖艺的魏文进，听到钟楼上响起的钟声，他收住刀势抬头朝那个方向望去，只听半空中一声炸响，天空中升起一片耀眼的礼花。他给同伴们做了个手势，大吼一声："反了！"

众亡命徒立刻打开箱笼，抄起刀枪。玩狮舞龙的也把龙衣褪下，手中的把杆立刻露出明晃晃的枪尖。从广场周围的街巷中也窜出许多手持武器的泼皮来。顷刻间聚集了几百人，在魏文进的率领下，呐喊着朝皇宫冲去。看热闹的市民被吓得魂飞魄散，四散奔逃。

这时，早有准备的毛骧带着刘遇贤等十几名卫士装着巡逻"恰好"走到宫门前，他们突然发难，砍倒两个守宫卫士，冲进宫门。

宫门内的卫士见状不好，连忙与侵入的刘遇贤等拼死肉搏。毛骧等得到亡命徒的支持，步步逼近，卫士们渐渐不支，且战且退，一面招呼宫内把第二道宫门关上。

幸在这时，执行完逮捕陈宁、涂节任务的燕王率领王府三护卫与部分锦衣卫等数千兵马及时赶来，反而把叛乱分子堵在第一道宫门与第二道宫门之间。

擒贼先擒王，燕王身跨宝驹，挺长矛直取毛骧。

"毛骧，你这叛贼，哪里走？"

毛骧一见燕王早已心怯，无奈只得挥刀迎战，只两个回合就被燕王一矛当胸刺死。

魏文进率领的众人，本来是一班乌合之众，哪里是训练有素的精锐卫队的对手，顷刻间被砍瓜切菜似的杀得一个不剩。

随后，胡惟庸的相府和他秘藏在京郊的财宝全部被查抄，共抄出黄金十余万两，白银九十余万两，珍珠宝石、书画古玩、名贵药材、珍兽皮毛等不计其数，马厩里还有十几匹罕见的名马。胡惟庸财产之多简直令人咋舌！一个岁禄仅八百石的左丞相竟拥有富可敌国的财产，可见其贪婪敛财的手段已臻于极致。

一个不平静的元宵之夜过去了。第二天清晨早朝前，朝房中一片紧张气氛，官员们都在交头接耳悄悄议论昨晚发生的事。

"诸位大人听说了吗？昨晚有人谋反被镇压了。到底有没有这回事？"

"怎么没有？子夜时分，听说在皇宫广场前开了仗，燕王带兵镇压了叛党，杀了几百号人。"

"千真万确！刚才我在轿子里还看到有人在洗刷广场上的血迹呢。"

"真有这样的事啊！前两天胡丞相被抓起来了，是不是他手下那伙人急了，想冲击皇宫，逼皇上降旨放他出来？"

"哼，谋反叛乱是十恶不赦之罪，看来皇上要大开杀戒了，只看又有几颗人头落地？"

这时，早朝时间已到，众官员怀着比平日愈益谨慎小心和忐忑不安的心情排班而进，山呼万岁。

只见朱元璋高坐在宝座上，神情异常严峻。

"众位爱卿，左丞相胡惟庸纠结御史大夫陈宁、中丞涂节谋反。昨晚，被他们收买的大都督府金事毛骧率领一批叛变的卫士和亡命泼皮冲击宫门，企图倾覆我大明朝。幸赖燕王朱棣率领禁卫军和王府护卫将其歼灭。逆贼毛骧当场授首，胡惟庸、陈宁、涂节均已被捕。请诸位廷臣议定其罪，明正典刑，以彰国法。"

一位大臣出班奏道："左丞相胡惟庸辜负陛下的信任，专横跋扈，结党营私，贪赃枉法，罪行累累。今又勾结陈宁、涂节谋反，冲击皇宫，罪证俱在。按我朝律法，谋反为十恶不赦之首，该胡惟庸、陈宁、涂节均应问斩、诛族。"

另一位大臣小心翼翼地说："臣闻御史中丞涂节事变前曾向皇上密奏，举劾胡惟庸谋反，并提供罪证。若果如此，是否应赦其死罪？"

又一位大臣出列："臣以为，涂节原与胡惟庸、陈宁合谋叛逆，只因见胡惟庸被捕，恐其供出自己，故而抢先告变。似此投机宵小之徒，不可不诛。"

朱元璋脸色凝重地宣旨道："降旨：左丞相胡惟庸结党叛乱，罪大恶极，着即凌迟处死，诛其三族；御史大夫陈宁亦为叛乱首犯，亦凌迟处死，诛三族；御史中丞涂节斩首弃市，诛三族。三犯均籍没全部家产。钦此！"

群臣一齐高呼："陛下圣裁，吾皇万岁万岁万万岁！"

冬日的阳光照射在白雪覆盖的刑场上，分外耀眼刺目。

士兵们刀枪出鞘，警戒着刑场。不远处有许多围观的百姓。听说处死的是当朝宰相，还听说从他家里搜出了无数的金银财宝。这样的贪官的确该杀。

胡惟庸被赤身裸体地绑在行刑柱上。因为是冬天，行刑的刽子手在他身上盖了一床毛毡。他知道，只要这床毛毡被挑开，他就要面临零刀碎剐的极刑。这时，他自然而然地记起十年前被他凌迟处死的那个梵琦和尚。那和尚仅为争夺区区几亩庙产，就落得那样的下场。而自己却是为了至高无上的皇位，值了！

这时候，他的心里怨恨的只有一个人。是他，把自己由一个小小的奏差捧上丞相的高位，然后却又反复无情，把他从荣华富贵的顶端拉下来，摔进万劫不复的地狱！

他，就是朱元璋。

第十五章

惶悚不安的元勋们

李文忠请辞大都督

朱元璋诛杀胡惟庸后，对朝廷的权力机构实行彻底的改革：撤销中书省，废除宰相制，更定六部官秩，六部尚书直接对皇帝负责。他又把大都督府一分为五，成立五军都督府。李文忠自请辞去大都督职务，得到朱元璋批准。由于政治上的歧见，他已不为自己亲舅所信任了。

洪武十三年正月，左丞相胡惟庸纠结御史大夫陈宁、御史中丞涂节谋反。叛乱平定后，朱元璋诛杀了胡惟庸、陈宁、涂节。接着，他大祀天地于南郊，祭告祖宗，撤销中书省，废除施行了二千年的宰相制，更定六部官秩，改大都督府为中、左、右、前、后五军都督府。对朝廷的权力机构进行一次前所未有的彻底改革。

这些改革并不是朱元璋一时的心血来潮，其实在他心中酝酿已经很久了。他对历史上的宰相专权、权臣当政可谓深恶痛绝。在本朝，胡惟庸在他的宠信下日渐专横跋扈，令他不得不下决心除之而后快。就是大都督府由他的亲外甥掌握着军权，也令他不放心。历史上别说外甥篡舅父的权，亲儿子篡老子权的事例也不在少数。

不过，他这次改革动得太大了，也来得太突然。难免引起政府权力部门的震动和混乱。就拿中书省来说，两个丞相先后被他处死，其他级别的官员如左右丞、参政、主事、员外郎和郎中等先后全部罢职，只留下数百个中书舍人维持日常事务。常言道蛇无头不行，偌大个中书省只剩下一些办事人员，各部和州府的折子只好成堆成捆地往太子朱标的案头上送。加以六部堂官被捕入天牢，他们与胡惟庸的瓜葛有待审查清算。眼看一场铺天盖地清查胡党的活动就要展开，胡相在位时有权势的官员人人自危，他们哪有心思处理公务呢？于是稍大点的事就往朝廷推，太子肩负的担子就更重了。

深夜，太子朱标还在文华殿的御案前批阅奏章，在他面前各地州府及六部、府、院上报的奏折堆得老高。他看得头昏脑涨，不时停笔揉揉太阳穴。望着那堆看了不到三分之一的奏折，不禁摇头叹息。

朱元璋是知道这个情况的，因此深夜还在燕王陪同下过来看视。这一段时间他们父子俩的重点是清查胡党余孽，同样是每天要忙到深夜。

太子见父皇到来，忙离座迎接。

"儿臣给父皇请安。"

燕王也给太子行礼："参见太子殿下。"

"四弟免礼。"

朱元璋瞥了一眼御案上的奏折，皱眉道："怎么？还有这么多折子没有看完？"

太子道："启禀父皇：汪广洋、胡惟庸相继伏诛后，中书省只剩下左、右丞段哲、李素二人，还有一名参政方鼐。他们入阁不久，也难免与胡惟庸有些干系，所以什么事都不敢作主，各部和州府的许多折子都原封不动地呈上来了，儿臣看到这时候还只批完一小部分。"

朱元璋怒道："这班混账东西！非常时期不能为朝廷分忧，朕要他们这些中书大吏何用？下诏统统罢了他们！"

太子忧心忡忡地说："父皇，现在涉案的六部堂官都在大牢里，各部人心惶惶，中书省若再无人主政，这这这……国家如何治理呀？"

朱元璋不能容忍太子如此惊慌失措的表现，他冷笑道："哼，你堂堂一国储君，竟被这一桌子奏折吓趴下了！你去刑场上看看，胡惟庸、陈宁他们的尸血还没干呢！这班乱臣贼子的阴魂还在京都上空游荡。他们看见你这熊样儿，这会儿一定在冷笑：哈哈，朱标这小子离了我们就玩不转了。他永远只配让我们这些权臣玩弄于股掌之中！"

太子见父皇震怒，连忙跪下请罪："儿臣无能，有负父皇圣恩。"

燕王见父皇教训太子，亦陪同跪下。

朱元璋挥挥手，"都起来吧！"

"谢父皇。"

朱元璋一边在殿中踱步，一边教训太子："你呀，不是没有治国的才能，而是缺少帝王的胆识！权臣奸相哪个朝代都有，君相之间的争斗充斥史册之间。你那师傅宋濂老儿成天教你孔孟之道，他身为《元史》总编修，怎么不把前元朝权臣乱国的惨痛历史讲给你听？"

太子不愿父皇误会了师傅宋濂，他说："宋师傅也曾对儿臣说过前元朝的故事。他说前元朝中叶泰定帝死后，枢密院佥事燕帖木儿把持朝政，在短短九年中先后换了五个皇帝，其中文宗、明宗均被他毒死，他还霸占了泰定帝的皇后和四十名皇室女，供其淫乐。"

"你们看，权臣一旦得势，皇家要遭受多大的羞辱！前元朝末代皇帝顺帝即位后，君相之争尤为激烈。宰相伯颜、脱脱与哈麻先后专政，顺帝使出浑身解数，让他们互相攻杀。虽然保住了帝位，但国势因此日渐衰败下来。元世祖忽必烈建立的轰轰烈烈的帝国不到九十年就稀里哗啦垮台了。"朱元璋有意地用这段历史来教育儿子们。

燕王道："父皇对前朝政事了如指掌，是不是有意从中吸取教训，以为殷鉴？"

朱元璋道："朕尝命史官选取各朝各代宫廷政变、弑君谋逆等事例的史册数十部，置于御榻之侧，每天都要抽空看看。前元朝之事就发生在三四十年前，能不让朕引以为戒吗？我朝自朕登基十余年来，中书省实际掌权者由李善长而杨宪、汪广洋以至胡惟庸，他们哪一个在相位上是以佐君利民为己任？无不是急着扩充自己的势力，结党营私，互相倾轧，乃至于谋逆篡国！只是他们谁都还没有燕帖木儿那样的势力，要不早就把朕给废了。有人说胡惟庸谋反是朕设下套子让他往里钻，简直是屁话！棣儿，你负责清查胡党，你说说他们篡权乱国究竟到了何等的地步？"

燕王奏道："禀父皇，各地胡党余孽现已系逮一万六千余人。其中包括六部尚书侍郎八人，御史中丞以上四人，各省布按使六人，州府官四十八人，都督佥事以上武职四人。另有勋臣侯伯七人与胡党关系密切亦在监视审查中。"

"看看！差不多半数的大明官吏竟成了谋逆贼臣党羽，这可是朕的半壁江山呀！再说这次从胡陈乱党府中抄出的金银珠宝，名马字画，其价值抵得上国库一年的赋税收入！这些乱臣贼子，他们就是这样蚕食我们的国家。"朱元璋越说越激动，"在这次清查胡党案中，有人还在窃窃私议，说朕牵连太广、诛杀过甚。对这些蛀食国家的蠹虫，朕不下决心把他们清除干净行吗？"朱元璋越说越激动。

燕王瞟一眼御案上堆积的奏章，也替太子的艰难处境着急。他说："胡惟庸等结党营私，谋逆叛乱，罪不容赦。这次被明正典刑，朝野上下正直的臣民百姓无不拍手称快。只是因为乱党盘根错节，现在六部堂官都在大牢里，中书省亦无人主政。此情况若拖延过久，下面的州府也无所适从，整个国家将陷于无序状态。儿臣以为，当务之急是选拔贤能，更定六部官秩。至于中书省，父皇是否想作根本的变革？"

朱元璋道："前朝权奸乱国之事，一直让朕耿耿于怀。自从得知胡惟庸瞒着朕扣押州府奏章、卖官鬻爵、擅专生杀等情事，朕想到李善长、杨宪任相时挟权自重，总想把朕架空。朕不禁冥思苦想，为什么我朝没有一个既能为朕分忧又无野心的贤相呢？其实纵观历史，像诸葛亮、魏征、房玄龄那样的贤相又有几人？而历朝历代篡权乱国的奸相却比比皆是！朕身为一国之君，为什么一定要养这样一个二皇帝来管辖万民和愚弄自己？因此朕早就动了裁撤中书省废除相位之心，胡惟庸的谋反更坚定了朕的决心。朕倒要看看，没有了这些二皇帝，朕到底能不能治理好国家？"

太子道："父皇拨乱反正，在清除胡党后亲自统驭六部，可以避免过去中书省的诸多弊病。只是这宰相制自周秦汉唐已绵延二千年之久，在我朝突然废止，难免遭人物议。此改制人事，父皇是否可召集一些老臣硕儒共同商议之后，再行诏告天下。"

"你要朕找谁商议？在朕举兵时，朕的身边确有许多谋士献策谋划。可现在，为朕制订'高筑墙，广积粮，缓称王'战略的朱升辞世了；草上'时务十二策'的陶安病故了；刘伯温、叶琛、章溢也都死了。"朱元璋提及这些故去的老臣，颇有些伤感。"致仕的老臣中还剩下两个人，一个李善长，他屁股上还沾着胡惟庸的屎，朕能同他商议吗？另一个就是你的师傅宋濂，他只知诲人道德而不能管束自己的子孙。他的长孙宋慎是胡党干将，即将正法，连他自己也脱不了干系，他能为朕出主意？这个主意只能朕自己拿！朕知道这样做势将遭人物议，说朕不遵千年祖制，说朕专制独裁。但为了朝廷的稳定，为了大明的江山社稷，朕也顾不得世人的毁誉了！"

太子和燕王用尊敬的眼光看着父皇，深为他的坚毅英武所折服。太子谦卑地说："父皇圣虑深远。只是撤省之后，朝廷庶务更加繁杂了，儿臣资质愚钝，若是不慎发生了重大决策失误，危及国计民生，儿臣罪不可恕啊！"

朱元璋问道："你有什么想法说来朕听听。"

"启奏父皇：此次胡惟庸谋逆，四弟燕王协助父皇清查逆党活动，并亲自领兵平叛，立下殊功，也表现了他卓越的才能。当前重定六部官秩，选贤任能，在此新旧交替之际，朝廷事务繁剧，儿臣想请父皇恩准，燕王暂缓就藩，命其与儿臣共同处理朝政，共襄国是。"

"你就是这个要求吗？"朱元璋想试探一下燕王，转而问他道："棣儿，你以为呢？"

燕王毫不迟疑地说："启奏父皇：儿臣身为藩王，责在戍边守土，抚民卫国，屏障中央。前段平叛乃一时之急，关系国家社稷安危，儿臣义不容辞。现叛逆已平，政归父皇与太子殿下，儿臣不敢僭越。若亲王干政之例一开，我等二十余位皇兄弟竞相效尤，岂不会乱了套吗？"

朱元璋对燕王的谦恭明礼深为赞赏，点头道："嗯。棣儿所见极是。为人臣者必须谨守臣道，恃才自傲，倚势僭权皆为自取败亡之先兆。方今塞外边关仍不平静，残元势力时有侵扰。秦晋二王就藩已近两年，但你这两个兄长太不争气，只知营造宫室，声色犬马。朕对北方军务很不放心。故此棣儿须仍按原计划启程就藩。朕将差大将军徐达练兵北平，协助你总领北方军事。你这位岳丈随朕戎马一生，也该到退休的时候了，只要你能接过北方防务的班，巩固塞外边关不受侵犯，就为朝廷立了大功。"

燕王恭谨地道："儿臣谨记父皇圣谕，就藩之后定当严谨自励，爱兵抚民，不负父皇及太子殿下的厚望。"

"三天之后就是癸卯吉日，钦天监奏请大祀天地于南郊，祀天之后你就可辞陛启程就藩了，你要做好各项准备。"朱元璋指示道："你先去吧，我们还要对付完这堆奏折。"

燕王躬身道："儿臣告退。父皇也不要过于劳累，早些回宫歇息吧！"

朱元璋铁了心要撤销中书省，不再设左、右丞相，六部、五府和御史台直接对皇帝负责。即他所谓"事权归于朝廷"，这个"朝廷"自然是指他自己，有时还有协助他处理庶务的皇太子。这种集权于中央的政体自然没有他最担心的大权旁落的弊病。一个尚书纵使要谋逆造反，断没有位居丞相的胡惟庸那么大的能量。这是最使他放心的一点。

不过，所谓"重定六部官秩"并不是一纸诏令就能完事的。原来的六部隶属中书省管辖，权限较小。以后六部长官直接对皇帝负责，只有重大决策要请示皇帝。所以新任的六部尚书和侍郎就要择贤任能，而且必须是与胡党毫无瓜葛的人。例如户部尚书原来任命了看似与胡党没有牵连的徐铎,但不到三个月徐铎仍"坐党逆"被免职。户部尚书是管理全国钱粮财政的头,没有一定经验的人无法充任。朱元璋在原户部与胡惟庸没有关联的官员中挑来拣去,最后挑中了范敏。他是户科一科的郎中,一个正五品的小官。由于皇上的赏识,青云直上当了正二品的户部尚书。

像这种例子还很多。比如刘菘由礼部侍郎提升为吏部尚书;李冕由本部侍郎提升为尚书;胡桢由刑部郎中提升为尚书。这些人大都是试用性质,虽说得到皇上赏识,但没有真本领管理不好部务仍然不行。像兵部郎中高信被提拔为尚书,试用不到两个月就给撤下来了。

撤了中书省,六部尚书成了朱元璋在各部门的帮手。他们的权柄很大,但朱元璋对待他们也格外严厉。从洪武十三年改制到洪武十八年的五年中,先后有工部尚书薛祥、麦至德,刑部尚书开济、吏部尚书余烋、赵瑁,兵部尚书王惠迪,户部尚书郭桓因各种罪名被处死。

这些人中固然有郭桓那样的贪官和开济那样的酷吏,实属罪有应得。但像薛祥那样清廉而又政绩卓著的好官,只因触犯了皇帝的威严而被活活杖死,不能不说是朱元璋的重大失误。

值得寻味的是,参与叛乱的御史大夫陈宁和御史中丞涂节被明正典刑,朱元璋在任命新的左都御史时居然想起了致仕已久的李善长。虽然李善长不能到任,朱元璋还是要他挂了一个左都御史的名。朱元璋明明知道自己的这位亲家翁"屁股上还沾着胡惟庸的屎",为什么还要赠给他一个监督百官的荣誉职位呢?也许是想稳住他,让他在轰轰烈烈开展的清查胡党的运动中安下心来,不要有所动作。真可谓用心良苦。

朱元璋在大幅度改革国家行政机构的同时,又将统一指挥全国军队的大都督府一分为五,下令组建中军都督府、左军都督府、右军都督府、前军都督府和后军都督府。将全国十七个都司和镇守京畿的诸卫所划归五军都督府各管几处。朱元璋这样做也许是惮于大都督府权柄过大,恐生后患。因为当时身为大都督的李文忠在政治上与他有了歧见。譬如李文忠累次进谏要求撤销名声不好的锦衣卫,废除诏狱,恢复法制,就使朱元璋大为恼火。李文忠喜爱诗词文学,府中常有文人墨客聚会。这些人大都鼓吹仁政,反对朱元璋以严治国的政策。朱元璋担心李文忠耳濡目染会受他们的影响。尽管李文忠是他的亲外甥,把全国的军队指挥权放在他手里仍然不很放心(他的亲侄朱文正就是前车之鉴)。因此,他想出了这个把大都督府一分为五的策略,并且严厉斥责李文忠管理不严,以至大都督府竟出了毛骧这样的叛逆分子。骂得李文忠面红耳赤,当场以身体健康为由,请求不再担任军职,仅以曹国公的身份奉朝请,他的请求得到了朱元璋的恩准。

设立五军都督府需要提拔大批都督、佥事等军事领导人员。和选拔六部官员的窘境不同,朱元璋一贯重视武官的培养,他把许多元勋武将的后代或送到大本堂读书,或送到军队当下级军官。到此次改制时,就将他们提拔到五军都督府的领导岗位。譬如徐达的长子徐允恭出任左军都督,并赐名辉祖。徐达的四子增寿后来亦任前军都督府佥事。李文忠请求致仕获准,他的两个儿子李景隆与李增枝也都当上了都督或佥事。

朱元璋这样做，既达到了解除李文忠兵权的目的，又不会贻人口实。年富力强的李文忠被无端解职，难免引起人们的猜疑。可他说：你们看，我把李文忠的儿子们都提拔当了都督，难道这是迫害他吗？李文忠不过是不愿和子侄辈平起平坐才请求致仕的罢了。

这几天，禁卫森严的大都督府门前车马云集，各级武官裨将进进出出，热闹非凡。新组建的中、前、后、左、右五军都督府都派人来领取分管的都司卫所典籍、名册、符牌等等。这是一个极为复杂而庞大的工作。幸喜原来大都督府各司管理得井井有条，办移交的这一天，虽然大堂内人头攒动，吆喝应答之声不断，支领交割的工作倒还顺利地进行。

"前军都督府！前军都督府来人没有？"

"来啦来啦！"一个参将急忙从人堆中挤出来。

"来啦？我认得你是谁呀？有没有盖了前军都督府关防大印的领条？"

"领条？有哇。大人请看，还是咱们左都督亲自盖的关防大印，没错吧？"

官员验过关防大印，把身后准备的一堆前军都督府所辖各都司卫所典籍名册移交给来人。

"现在开始移交。这是前军所辖各都司卫所兵马名册，一份一份点交给你。喏，驻京五卫：天策卫、龙骧卫、豹韬卫、龙江卫、飞熊卫。直隶的九江卫。湖广都司三十个卫所：武昌卫、黄州卫、永州卫、岳州卫、蕲州卫……福建都司十七卫、江西都司五卫八千户所、广东都司十一卫十三千户所。所有名册都在这里。"

前军参将抱着一大堆名册傻了眼："我的妈，这么多呀！"

即将卸任的大都督李文忠仍在案前聚精会神地批阅各地都司的军情报告。这时，他的两位幕僚参将走了进来。

"大都督还在忙呀？"

李文忠对部属一贯很随和，他抬抬眼说："二位将军请坐，稍等片刻，我这就完事了。"

一位参将撇撇嘴："大都督您这是何苦呢？现在督府里人来人往，乱哄哄地像个菜市场，您把这些军情报告转发给新建的各军都督府去办不就得了！"

"二位将军，蒙皇上恩准我致仕，可本帅一天没离任，就得恪尽职守，忠勤王事。正如堑壕里的士兵，就算明天要退役，他还得兢兢业业站好最后一班岗呀！"

这两位参将是李文忠的心腹，说话也就口没遮拦，直来直去。

"也不知皇上是怎么想的，大都督自幼跟随他南征北战，忠心不二，立下赫赫战功。又是自己的亲外甥，这样的人信不过还有谁信得过？怎么这大都督府说撤就撤，大都督年富力强，怎么一奏请致仕就恩准了呢？皇上这样做，未免也太绝情了吧！"

"是啊，卑职实在也是想不通。"另一位也随声附和。

李文忠连忙制止他们道："哎哎，二位切勿乱说，若给别人听到了，侮慢君上可是不小的罪名啊。"

"卑职等实在是为大将军鸣不平。"

李文忠道:"二位将军不必如此。此次胡惟庸谋反,竟在大都督府收买了毛骧作为内应,文忠确难辞失察之咎。皇上治军一贯铁面无私,昔日朱文正大都督就是最好的例证。亲侄子犯了罪过都差一点被他处死,他为什么要庇护我这个外甥?唉,一生戎马倥偬,文忠深感自己知识太浅薄,能有机会脱甲卸兵,静下心来多读些圣贤之书,领略人生真谛,岂不好么?"

"大都督心胸真比大海还宽广啊,卑职等深为敬仰。我等也愿追随大都督辞去军职,同享归隐田园之乐。"一位参将由衷地说。

"不,二位将军在督府参赞已久,对各地都司卫所情况了如指掌。如今五军新建,国家正是用人之际,文忠当向五军都督府举荐二位继续留任,为国效劳。皇上挑选的各军都督府掌军都督和佥事都是功臣之后,其中也有犬子景隆、增枝,他等若得你们这些前辈的扶掖,也可少走些弯路啊!"

参将们感激地说:"大都督如此高风亮节,时时处处以国家利益为重,卑职等敢不从命?遗憾的只是以后不能与大都督朝夕相处,聆听您的教诲了。"

"岂敢,岂敢!"李文忠道,"待会儿我写好举荐信,二位去各军都督府报到吧!"

面对亡父吐心曲

李文忠忙完大都督府的交接回到家中,在梦境中与亡父相见。他吐露自己的心曲,担心皇上要拿他和徐达开刀。朱元璋祀天归来造访徐达府,徐达对李文忠致仕表示惋惜,流露出自己也要交出军权的意思。

李文忠在一片嘈杂移交声浪的大都督府里忙了一天,很晚才回曹国公府。他在府门前下车,拖着疲惫的身体步入府中。

门人高声通报:国公爷回府!

李夫人在厅前迎接李文忠,命丫环捧上香茗。

夫人关切地问道:"老爷今天怎么回来这么晚?"

"今天是向新组建的五军都督府交割典籍名册的日子,督府里忙得不可开交。本帅还要处理各地都司报来的最后一批军情文件,总算忙完了。"李文忠表情轻松地说:"今后可以过过清闲日子啰!"

夫人说:"老爷自幼跟随皇上南征北战,戎马一生,难得有一天清闲。既然皇上恩准老爷致仕了,以后不用起早摸黑上早朝了吧?"

李文忠摇摇头:"身为食皇家俸禄的大臣,早朝还是要上的,我还兼领国子监事哩。只不过不用去大都督府视事,可省心多啦。景隆、增枝呢?回来没有?"

"他们也刚回来不久。"夫人吩咐丫环:"去请二位少爷。"

少顷,各自一身戎装的李景隆和李增枝进来。同为军人,他们对开国元勋的父亲满怀敬仰。

"孩儿给父帅请安。"

李文忠关心地问道:"你们各自督府的情况怎样?左右都督到任了吗?"

"禀父帅:我们左军都督府由定远侯王弼兼领左都督,王老爷子在外统兵惯了,根本不安心坐在督府里,听说他即将同傅友德将军远征云南。孩儿虽忝居佥事,看来不久有望升迁。"李景隆颇为得意地说。

李文忠立刻脸色凝重起来,训诫道:"哼,你别老想着升迁什么的。现在督府初建,百废俱兴,你们要以国事为重,在当差中历练自己的本事,切勿好高骛远。听到没有?"

李景隆被训得低下头来:"孩儿谨记父帅教诲。"

李文忠又问:"增枝你呢?"

年轻的增枝倒很稳重,从容答道:"禀父帅:孩儿年纪轻轻,蒙皇上赐勋,自当兢兢业业,学习办差。我们前军都督府左右都督均已到任。看在父帅份上,他们对孩儿都很关照,不久将派孩儿巡视湖广诸卫呢。"

"如此甚好。"李文忠叮嘱他道,"下去巡视时切勿妄自尊大。下面都司卫所很多人都是身经百战的老军人,要懂得尊重他们。自己也要洁身自好,不做违反军纪的事。总之你们初入军门,一定要兢兢业业,为国效力。切勿好高骛远,自取败亡。你们去吧!"

"谢父帅。"景隆、增枝聆听了老爷子一番教训,如释重负地离去。

李夫人爱怜地望着两个儿子离去的背影。感慨地说:"老爷,我们家两个孩子年方弱冠,只在大本堂念了几年书,要阅历没有阅历,要战功没有战功,竟被破格任命为都督佥事,真是皇上格外的恩典呀!"

"夫人有所不知,此次改大都督府为五军都督府,一下子要新增这么多都督和佥事,皇上也来不及升迁提拔下面的将领,擢升一批功臣子弟也是必然的。毕竟他们有根有底,在皇上眼皮底下读了这么多年书,再错也错不到哪里去。"接着,李文忠苦笑一声:"再说,我掌大都督印这么多年,并无大过,皇上恩准我退下来,让两个孩子当个官也是一种补偿呀!"

"啊呀!"夫人惊呼道:"只顾说话,老爷到这时候还没吃饭呢,快去吩咐伙房上膳。"

李文忠的父亲李贞是朱元璋的二姐夫。李贞于洪武十二年冬天病故。文忠尚在服丧期间,家中供奉亡父的灵位。他还请画师为父亲画了一幅遗像,立于灵堂正中。牌位上书:"大明故陇西王谥恭献讳贞之灵位。"李贞本人在朱元璋军中功绩并不显著,但他为人正直俭朴,虽因是皇姊的丈夫,被封为恩亲侯驸马都尉,在家始终是布衣旧履。朱元璋屡屡用他来教育他的皇子们。李贞死后朱元璋赠封他为陇西王,赐谥恭献,并亲临吊唁。

夜深,李文忠来到亡父灵前,献香跪拜毕,他坐于灵桌旁,在闪烁如豆的烛光下凝视着父亲的遗像,默默地对亡父诉说自己的心事:

"父亲，孩儿看您来了。前不久您的周年忌辰，正值皇上平定胡党叛乱，督府一片紧张忙乱，孩儿腾不出时间陪您说说话儿。现在好了，皇上组建五军都督府，恩准孩儿致仕，总算可以过过清闲日子了。以后孩儿时常来父亲灵前陪陪您，尽尽儿子的孝心。"

烛光摇曳将尽，李文忠站起来换了两支烛。他面对遗像上老父慈祥的面容，心中似有满腔的话要向亡父倾诉，但终究一时没有说出来。他拿着一本书坐在灵桌旁看看，一面为父亲守灵。不久疲倦袭来，手中的书滑落到地上，他手撑着额头睡着了。

灵桌上的烛光摇曳不定，李文忠在虚无缥缈的梦境里和父亲见面了。就像过去父亲健在时，他每天从督府回家必去请安一样。

"孩儿文忠给父亲请安。"

李贞慈祥的面容上显露出担忧，他问道："文忠，为父见你面容消瘦，眉头紧锁，是不是有什么心事啊？"

"父亲，这次左丞相胡惟庸御史大夫陈宁等谋逆，孩儿属下有个姓毛的都督佥事被他们收买参与叛乱，孩儿确有失察之责。皇上下令改大都督府为五军都督府，并恩准孩儿致仕。有人说皇上此举是有意削除孩儿的兵权。难道一直对孩儿宠信有加的舅皇，真会怀疑孩儿有朝一日会拥兵作乱？若真是这样就太可怕了！"李文忠对老父吐露自己的心曲。

李贞默然片刻，沉重地说："孩子，事已至此，为父不得不对你说实话了。为父跟随皇上几十年，又是他的姐夫，对他的性格我太了解了。他生性多疑，起兵后先后归附郭子兴和韩林儿，但一到自己羽翼丰满，或取而代之，或弑君自立，他是不会安居人下的。登基以后，自己做了皇帝，他不怕别人也这样对待自己吗？其实，兔死狗烹，鸟尽弓藏，这是自古帝王的权术，并不自今日始啊！"

李文忠道："我们这班开国勋臣中，除了常遇春早逝，李善长被迫告病致仕，刘伯温不明不白地死了。而历届掌握相权的杨宪、汪广洋、胡惟庸均被诛杀。这次胡党逆案又有一大批侯爷大臣宿将受到株连。难道接下来皇上要拿孩儿和大将军徐达开刀吗？徐达是皇上的儿女亲家，孩儿是他的亲外甥，难道他为了巩固皇权，居然六亲不认？"

"你还记得朱文正在江西的事吗？朱文正是他的亲侄子，被封为镇守南昌的大都督，被人告发有异心，差点被皇上杀了。幸亏马皇后力谏，才把他安置桐州，后来仍然是不明不白地死了。"

"孩儿正是有感如此，此次主动请求致仕，交出兵权，以此来缓解舅皇猜忌之心。"

李贞点头道："你这样做是对的，为父在世时就暗示过你啊。功高震主，从来就是取祸之道。不仅如此，你今后更要注意自己的言行，不要以为淡出朝廷就没事了。"

"孩儿谨记父亲教诲。"

灵堂门开了，一阵冷风吹得差点把烛火吹熄。李文忠一个激灵，从梦中醒过来。

进来的是夫人，她将一袭锦裘披在李文忠身上。

"老爷，夜已深了，安歇去吧。"

李文忠感觉双腿有些僵冷，他蹒跚地站起来，再一次注视父亲的遗像，像是追寻老人家已经逝去的身影。然后和夫人互相搀扶着走出灵堂。

正月癸卯吉日，朱元璋率太子、燕王及众大臣至南郊祀天。这一天雪后初晴，风和日朗。圜丘上陈列着鼎器香炉及三牲祭品，香烟袅袅。协律郎举麾指挥奏乐，一时笙鼓钟磬齐鸣。朱元璋在大祀殿更衣，换上祭天登极大礼时的皇帝通天冠服，独跪于祭坛前进香进爵。太子、燕王及诸大臣环跪于后。朱元璋默祷风调雨顺天赐丰年。须臾礼成。

南郊祀天归途，銮驾浩浩荡荡进行中，朱元璋忽命内侍停辇，宣皇太子及燕王来见驾。

内侍忙跑到后面去传呼："皇上有旨：太子及燕王见驾！"

太子朱标连忙下辇朝前走去。燕王骑马在后，亦下马与太子一同走到父皇銮驾前。

"儿臣叩见父皇。"

朱元璋吩咐道："进城后你们回宫去吧。今日天气晴好，朕想去看看你徐皇叔。"

燕王是徐达女婿，他心想父皇驾幸徐府自己理应陪同前去，于是奏道："儿臣陪父皇同去徐府吧。"

"不用。"朱元璋道："我们老哥俩说说话儿，你去了反而不自在。现在六部官秩新定，五军都督府初建，你随太子回朝处理一些急务吧。倘有疑难未能决断者，待朕回宫再行禀报。"

"儿臣遵旨。"

太子与燕王离开后，朱元璋命令起驾。

内侍高声传呼："皇上起驾魏国公府！"

立刻有内侍飞马前往徐达府宣旨。銮驾来到魏国公府的"大功"牌坊前时，徐达已率妻、子及合府官属俯伏道旁迎驾。

"微臣徐达接驾来迟，吾皇万岁万岁万万岁！"

朱元璋步出龙辇道："徐皇兄平身。难得今日天气晴和，朕想着来看看你啊！"

"臣死罪死罪！"

徐达犹自在地上连连叩头，朱元璋亲自把他扶起，问道："家里人都好吗？"

"托陛下洪福，一家老小都好。"徐达奏道，"孙儿也快五岁啦。钦儿哪去了？快叫他来见过皇祖爷爷。"

徐达陪皇上进府，在大堂上坐定。

家人把在外玩耍的徐钦找来，徐达忙命他道："钦儿，快叩见皇祖爷爷。"

小家伙满不情愿地趴在地上给朱元璋叩头。

朱元璋旋即命内侍赏了孩子一个装满香料和金币的荷包。他对徐达道："允恭就这个孩子吗？允恭他们这一辈出生太晚，未经征战，但听说他在大本堂读书颇有才气，毕竟将门无犬子呀！此次组建五军都督府，朕有意提拔一批功臣子弟，命其副署左军都督府。让他在那里慢慢历练吧，看他有没有造化能接下徐皇兄的班？"

徐达恭敬而又感激地回答道："皇恩浩荡，允恭不敢怠慢。这几天一早就去左军都督府，至晚方归。因此未能前来接驾，请陛下恕罪。"

"朕一贯主张，功臣家的子弟应该继承父业，从小勤习兵法和骑射，千万不能做弱不禁风的纨绔子弟。"

"微臣秉承圣训，也是这样督促犬子们的。"

朱元璋又问道："徐皇兄有四个儿子，老四也快成人了吧？"

"四犬子增寿今年也十八岁了。"徐达连忙吩咐："增寿，还不过来叩见皇上？"

徐增寿忙伏地叩头："小民徐增寿恭请圣安。"

"好好好，起来吧。"朱元璋道："朕听燕王说你在大本堂学业不错，再过两年也可为朝廷效力了。不过朕不会赏你现成的都督、佥事做，你得从参将、把总干起，靠自己的本事升上来。"

徐达训诫儿子道："皇上的教诲听到没有？下去吧。"

"谢皇上。"

徐达吩咐家人备宴，朱元璋阻止他道："且慢。朕今天也累了，你们不必全家人陪着朕饮宴。你让他们在园子里摆几碟果子酒菜，就我们哥俩去那里说说话儿，赏赏梅花多好！今年园子里梅花开得旺吗？"

徐达道："启禀陛下，今年园子里梅花盛开，微臣正要请陛下来赏梅呢。"

"如此甚好，我们就去园子里吧。"

朱元璋将这所府邸赐给徐达后，十几年间他作为皇帝虽然也曾临幸过徐府几次，但很少去过后花园。十几年的光阴花园已经大变样了，到处都是郁郁葱葱的树木花草，看来徐家在园子里下了很大的功夫。

徐达陪着朱元璋在花开得一片灿烂的梅园中漫步。有两株老梅树花开得分外茂盛，它们特别用竹篱围住，与别的梅树隔开。朱元璋注意到这两株梅树上都挂有"圣栽"的木牌。他不解地问："这是怎么回事？"

徐达道："启禀陛下：燕王说这两株梅树是陛下当年手植的。看，它老而弥坚，开得格外茂盛！微臣怕小女和丫环们无知，胡乱折枝插瓶，故而令人围了起来。"

"果真是朕手植的吗？朕记不清了，只记得曾带皇儿们在这园子里栽过些树苗。"朱元璋回忆道，"哈，小苗苗现在都长得这么大了，岁月怎不催人老呢？一眨眼我们都须发皆白了！"

"陛下衔天命而安海内，英明神武，定将万寿无疆。"徐达恭谨地奉承道。

"哈，徐皇兄也学会这一套了。朕有自知之明：人怎么万寿无疆呢？能活个七八十岁就知足矣！"

君臣二人在园子里游乏了，徐达引朱元璋到园中凉亭里歇息。亭子里早备好瓜果酒菜，两张藤椅上铺有虎皮暖垫。皇上的贴身内侍和徐府仆役在亭外远远侍候。

徐达端起酒杯："陛下，请。"

"徐皇兄请。"朱元璋惬意地抿了一口酒："呀，这一阵子让胡惟庸案把朕搅得昏头脑涨，寝食不安。总算天佑我大明，没让他们谋反的阴谋得逞。"

"陛下英明圣断，一举平定胡党叛乱，实乃社稷之福，万民之福！"徐达道："记得四年前陛下召邓愈、冯胜等来臣这里喝酒。那时胡惟庸圣眷正隆，臣等看不惯他专横跋扈，结党营私，诸多不法之事，冒死进谏。幸亏陛下识破了胡惟庸的狼子野心，方未酿成大乱。"

"朕知道，此次赦平叛党诛杀胡惟庸等，除了他们那些党羽，朝野无不称快。但对于朕撤销中书省、废除宰相制，有些人难免窃窃私议。徐皇兄，你认为朕做得对吗？"

徐达没想到朱元璋会拿这个问题来问他。他考虑了一下，颇为审慎地对答道："历朝历代，奸相弄权篡国的事例不胜枚举，而胡惟庸从受宠、专权到谋逆的过程，更令陛下有切肤之痛！故臣以为陛下撤中书省、废宰相制是不得已而为之的弃旧图新之举。"

"哈哈哈，徐皇兄对朕是既褒又贬呀！你这'弃旧图新'的评价是不是敷衍朕？"

"微臣不敢。"徐达谦逊地道："微臣确是佩服陛下敢为人先的胆略和决断。"

"你说朕撤中书废宰相是不得已而为之，难道以天下之大，朕就找不出一个既有宰辅之才又不会弄权篡国的人来吗？"朱元璋狡黠地试探道，"徐皇兄你本来就是朕的右丞相，不过一直在外领兵，只挂个虚名。胡惟庸就诛后，你就没有想过重登相位？"

徐达惶恐地站起来，袍袖把桌上的酒盅都碰落了，"啊呀陛下，臣既无相才又无其德，臣只会带兵打仗，从没想过要当宰相呀！"

"爱卿勿慌，朕一句戏言而已！"朱元璋笑笑说，"撤中书省与你等关碍不大，不过朕改大都督府为五军都督府却与你们这些功臣宿将息息相关，大家反应如何？"

"这个……"徐达一时不知如何回答才好。

"你不必忌讳，有什么想法只管照直说。"

"臣忖度圣意，大都督府统领全国都司卫所，因幅员广大，难免顾此失彼，尾大不掉。陛下分设五军都督府分辖东南西北各省都司，职责分明，练兵屯垦御敌，各有所侧重。且遴选提拔了一批新进将领。犬子允恭及一批功臣后代能进入各军都督府，实乃陛下改革所赐。只是臣觉得曹国公李文忠年富力强，正是为国效力之时，就从大都督任上退下来，殊属可惜。"

"啊，文忠自幼随朕征战，屡立大功。朕并不因他是朕的外甥而略少封赏，朕命他执掌大都督府也是对他的信任。然而他却有负朕望，对下属疏于管理。胡惟庸谋逆竟能收买都督佥事毛骧为内应，几乎酿成大祸，文忠难辞失察之咎。此次改组大都督府，他上疏请求致仕，朕已予恩准，以后就让他以国公身份参与朝政吧。"

"文忠是个将才，近日完者不花、脱火赤等屡屡犯边，陛下莫若遣其帅兵征讨之。"

李文忠曾数度作为徐达副手率兵征战，因此他出于惺惺相惜，为其说项。谁知朱元璋脸色立变。

"哼，他已有六七年没有统兵了。在京城里终日与那班文人墨客吟诗作赋，一位将军竟醉心于孔孟仁恕之道，他还能驰骋疆场杀敌建功吗？况且沐英、蓝玉等大将还能听命于他？"

徐达从朱元璋的话语中听出他对自己的外甥有了很深的成见。一贯谨慎的他后悔自己贸然为李文忠说话了，于是就着朱元璋的话试探地说："是啊，岁月催人老，微臣也日趋老境，面对军中后进新锐，只怕也该退下来了。"

哪知朱元璋并不认同他，却有另一番说法。

"徐皇兄此言差矣！为将者除非年逾耄耋，拉不开弓，跨不上马；否则，一般并不惧怕年岁的老，怕的是心老啊！李文忠他就是心已老了，你可不要学他啊。"

一席话说得徐达既惊又惧，连忙敛眉低声地说："臣谨遵圣上教诲。"

朱元璋又道："燕王不日即将就藩。开春之后，朕拟派徐皇兄练兵北平，总领北方军事。这样，你和燕王妃父女也可朝夕相见，她也好照顾你的生活。"

"感谢陛下无微不至的关怀，圣恩浩荡，微臣无以为报呀！"徐达老泪纵横地说。

朱元璋大笑："今日请朕喝酒，这就是报答呀！哈哈哈哈……"

第十六章

太子的忧虑

燕王朱棣就藩北平

　　燕王朱棣奉命就藩北平，行前拜辞马皇后。马皇后见孙儿脚疾，慨叹孙子辈多残病，恐是杀戮过多，阴气集结，殃及子孙。嘱咐燕王一定要以仁爱为本，恩威并举。太子在送别燕王时对胡党株连过甚深表忧戚。

　　燕王朱棣就藩在即，王府上下一番忙碌景象。
　　燕王亲自指挥家人小厮们把厅堂里挂着的字画摘下来，掸掉上面的灰尘，仔细卷好，然后用油纸包起来装在大木箱里。
　　书房里的东西更为琐碎。有字画绣品，文房四宝，还有燕王珍爱而且日夜研读的各种兵书战论。这些兵法古籍中每本都夹着不少字条，那是他在阅读时随手记下自己的心得。燕王有一个想法：把自己研读《孙子兵法》记下的笔记刊印出来，作为手下的护卫将领提高军事素养之用。只是因为自己实战经验不太多，仅仅把古拗的《孙子兵法》原文做一番浅显的解释，那是远不够的。因此他对各类兵书夹的那些字条非常重视，专命一个小厮分管此事。要求搬迁到北平后，每本书所夹的字条仍旧在原来的地方，否则将施以重罚。
　　王爷和王府的傅相、长史分管外面的事务，徐妃则带着几个贴身丫环在内室清理衣服被褥等物。
　　"秋菊、春香，你们自己的衣物各自整理好，放在这个小箱子里。我的有些旧衣服清出来，我们就不带去北平了，你们爱送给谁送给谁去"，徐妃命令道。
　　"娘娘，听说北平冬天能下两尺厚的雪，我们南方这种小薄棉袄根本不顶事，那怎么办？"
　　"怎么办？到时候给你置一身从头包到脚的大棉袍嘛，冻不死你的。"

"那多难看呀，像个大棉衣筒子一样！"秋菊还在小声嘟囔着。

"你要嫌难看就穿着现在这身水凌凌的掐腰小袄子上街去显摆嘛，回来不冻成个冰美人才怪呢！"徐妃对身边的丫环挺随和，打趣得大家都笑了。

"娘娘，你看两位小少爷这堆乱七八糟的刀枪棍棒怎么办？都带上吗？"春香又问。

"带上带上！一股脑给他们搁那大藤箱里。到北平找不见了，他们不会闹翻天吗？"

"他们小时候穿的衣服呢？这顶小斗篷多可爱！"秋菊举着一件镶了许多珠子的大红披风问。

"这是高炽一岁时他外婆送的，现在高煦都穿不了啦，全拿去送人吧！"

"还有这许多被褥和竹篾席子呢，娘娘你说哪些该带哪些不该带？奴婢搞不清楚。"秋菊又问。

徐妃嗔道："笨蛋！北平天气那么冷，还用得着竹篾席子吗？全扔了！"

"扔了多可惜呀！有的席子还是特地从广东买来的，花了好些两银子呢。"秋菊恋恋不舍地抚摸着那织着美丽花纹的席子。

"你要舍不得，就带到北平去你自各儿用吧。冻死你这贱骨头！"

燕王召见统率王府护卫的两位千户邱能和张玉。

"我们明天就要启程了，各个护卫的人员情况怎么样？有伤病号吗？"

邱能回道："启禀王爷，我们早就做好了准备，王府三护卫人员齐整，只有两个轻伤号，带着上路应无大碍。"

"你们的家眷都安置好了吗？"燕王又问，"此次就藩路途遥远，暂时还不能带他们走。等我们在北平安顿下来了，再让你们回来接他们。"

张玉道："王爷请放心，我们各自都安置好了，不就几个月时间吗？暂时托这边的亲朋好友照顾一下，大概下半年就能来接他们去北平了吧？"

燕王点点头："嗯，差不多。到北平后你们还有不少的事情，还得忙两三个月才能回来接家眷。哦，我差点忙忘了，你们三位千户每人去账房支一百两银子的安家费，三位副千户每人七十两。我已经通知账房准备了。"

二人谢道："谢王爷！"

燕王又嘱咐道："还有，马匹的草料至少得带足十天的，虽然沿途可征集采购，但也要防备万一天气不好，一时采买不到之需。"

张玉道："王爷考虑得真细致，后勤粮秣末将等会做好准备的，请王爷放心。"

对这两位年龄比自己大许多、老练稳重的部将，燕王非常信任。于是他轻松地命令道："好，你们同本藩去巡视一下各个护卫吧。"

"末将遵命。"

这一天燕王和徐妃有许多事要做，收拾完王府的一应准备，他们还要带着两个幼子进宫去拜辞马皇后。

车辇停在宫门前，燕王和徐妃下辇，两个小王子由傅姆牵着抱着跟随进宫。到了坤宁宫门口，燕王按制要宫女前去通报。

宫女连忙跑到马皇后榻前跪禀："启禀娘娘，燕王及王妃前来拜见辞行。"

歪在床榻上的马皇后忙唤宫女们："快扶我起来，请他们稍候。"

宫女们扶起马皇后，为她重整妆容。

燕王一干人随后走进来，对马皇后跪拜行礼。

"儿臣（儿媳）叩见母后，千岁千千岁。"

马皇后喜笑颜开地说："孩子们平身。这是两个孙子吗，长这么大了？"

燕王连忙拉过两个孩子："王儿快叩见皇祖母。"

两个小孩笨拙地叩头，逗得马皇后和宫女们笑声一片。

马皇后招呼道："来来来，让乖孙子坐到皇祖母身边来。"

徐妃和傅姆们忙了一阵，两个小家伙终于偎到马皇后身旁，马皇后爱怜地摸着他们的脑袋，问道："都几岁了？取了名字吗？"

燕王回道："父皇已赐名，老大叫高炽，已满三岁了；老二叫高煦，才两岁不到。"

徐妃吩咐两个孩子："炽儿、煦儿，快请皇祖母圣安。"

两个孩子学语不久，把"皇祖母"这拗口的词叫成了"皇猪母"，又惹得众人笑起来。

徐妃又羞又恼，骂道："掌嘴！这么笨，连皇祖母都不会叫。"

马皇后护着小孩道："他们才多大呀！别难为他们了。叫奶奶吧，奶奶会不会叫？"

徐妃命令道："快叫奶奶。"

两个孩子一边一个，"奶奶""奶奶"连声地叫，马皇后笑着，"唉、唉"地应个不停，终于又引发了咳嗽。

燕王和徐妃惊叫道："母后！"

他俩忙上前拉开孩子，徐妃为马皇后揉胸捶背，扶她到榻上休息。

燕王担心地问："母后，好点了吗？儿臣去宣御医来……"

马皇后无力地摇着头："不，不必。我这是老毛病了，御医们不知进了多少药都不见好。唉，人之生死，受命于天，不可强求啊！好在我已亲眼看到你们兄弟长大成人，一个个陆续成家立业，赴藩就国，母后我也安心了。棣儿，你几时到北平去？"

燕王恭敬地回禀道："启禀母后，儿臣明日即将辞庙启行，今天特来拜辞母后，聆听您的教训。"

马皇后让宫女给她喝了两口调精提神的参汤，然后倚在榻上平缓地说道："棣儿，你在诸兄弟中是最稳重的一个，赴藩就国，母后对你也最有信心。不过，燕国地处边陲，我儿责任重大啊！北平是前元大都所在地，前元的遗民旧吏对我大明或多或少还怀有敌意。你去了之后，必须恩威并重，以中华悠久的文明教化自己的子民。千万不可一味严刑峻法，使百姓和官吏惧你如虎。相反地要做一些为民造福的事情，让你的子民爱戴你、拥护你。只有得到了老百姓的爱戴，你才能进一步巩固边防，消灭前元残余势力，保障国家的长治久安。你说是吗？"

燕王打心里叹服马皇后病中尚能如此思路清晰、明辨事理。他恭敬地回答道："母后的教诲确实给儿臣提了个醒。儿臣到了北平，一定遵照母后的教导，深入了解民间疾苦，以造福于民安定民心为第一要务。在此基础上再图整顿吏治，巩固边防，使燕国成为朝廷的坚固屏障。这样才不辜负父皇和母后对我的殷切期望。"

马皇后听他这么说，脸上露出了欣慰的笑容，"如此甚好，若能做到这样，你一定能得到燕国子民的爱戴，也为你们兄弟们做个好榜样。不要像你的两个兄长，秦王、晋王就藩数年，不但毫无建树，还屡屡做出一些不法之事，使你父皇深为烦恼。"

"请母后放心，儿臣一定遵循您的教导，努力去做。父皇有意将北平定为北方的行都，过几年等北平新城建设好了，儿臣还要接母后驾幸新都，一览北国风光呢！"

马皇后有些伤感地道："难为我儿这份孝心，只怕我这身子骨等不到那一天了。"

这时，一个宫女抱着的大狸猫突然跳到地上："喵喵"直叫。两个孩子高兴极了，立刻跑过去追那猫儿。高炽左脚有点跛，一颠一颠地让马皇后看见了，她深为诧异地问："大孙儿这脚怎么啦？"

徐妃只得如实回答："禀母后，这孩子生下来就这样，一只脚好像短了两分，刚学走路就有点跛，怎么教他也纠正不过来。"媳妇思忖：王爷和我都好好的，生产的时候也顺利，怎么孩子就落下这残疾呢？

燕王忙掩饰地斥责徐妃："在母后面前瞎唠叨什么？哪家的孩子没个三病两痛的？太子殿下的次子允炆不也是个偏脑袋，被父皇戏称为半边月吗？"

提起这事，马皇后更为烦恼，深深叹息道："唉！你大哥几个孩子，世子雄英两岁时受了惊吓，竟然变得痴呆了，恐非寿永之辈，允炆又是这样。你二哥的长子生下来就心跳不匀。我常常寻思：为什么我们家的孩子如此多残多病呢？恐怕是因为杀戮太多，阴郁之气集结，殃及子孙！我经常劝谏你父皇：大明朝立国已久，对待臣下应宽严相济，不能动不动就施以廷杖、流徙，甚至剥皮实草，株连九族！奈何你父皇生性疾恶太甚，不以我的话为然。棣儿，你去北平之后，身为一方藩王，一定要以仁爱为本，恩威并举，省刑勤政，以德服人。你能做到这样，母后即使一病不起，在九泉之下也会安心了。"

马皇后说到最后，已经声泪俱下。燕王连忙跪在榻前泣告道："母后请放心，儿臣一定遵照母后的教导去做。万望母后保重圣体安康，勿使孩儿挂念。"

这时，徐妃及随从宫女均齐刷刷地跪下。马皇后用丝绢拭去眼泪，仍有些哽咽地说："你们都起来吧。我何尝不想多活几年，亲眼看着大明朝的太平盛世到来啊。奈何天不假年，我也没有办法。像你们的乳母申妃，多好的一个人啊，可惜前年她才三十七岁就一病不起，撒手离开了人世。她住的宫院我现在还锁着，没让别的嫔妃住。你父皇在她生前命画师为她画的像，现在还供奉在那里。父皇命你五弟为她服齐衰三年，你们到那边去辞个行吧，也不枉她对你的哺育之恩。"

这正是燕王心中的愿望，他道："儿臣这就过去，母后保重。"

燕王一行在太监引领下来到一处宫院。此处因两年多无人居住，已开始呈现衰败迹象。庭院荒草萋萋，各种树木的枝杈杂乱无序的疯长。燕王挽着徐妃在长着苍苔的石径上缓步徐行，为她讲述童年的故事。

"我小时候和五弟经常在这个院子里玩耍，逮蛐蛐，爬树，和带我们的宫女捉迷藏。有一次五弟把身子卡在假山洞的石头缝里出不来了，急得哇哇大哭。还是几个老太监用锤子砸开石头才把他弄出来。"

徐妃笑起来："王爷那时多大？"

"比高炽大一两岁吧。"燕王道，"他们现在成天还让人牵着抱着，可我们兄弟俩到处跑，和一班小太监玩打仗的游戏。再大一点就让父皇赶到大本堂上学去了。"

徐妃又问："你们兄弟俩从小就是申妃娘娘带着？"

"嗯。我和五弟都是吃她奶长大的。"

"那申妃娘娘自己没有生皇子、公主吗？"徐妃冒冒失失地问。

燕王立即正色斥道："爱妃最好不要问这些事。我们进去吧。"

宫室中摆设依旧，只是显出没住人的寂寥和清静。案室中挂有一幅申妃的画像，徐妃乍见吃了一惊，但她隐忍着没有说出来。

案前香炉燃着袅袅的檀香，还点有两支蜡烛。

燕王解释说："皇阿娘逝世快三年了，五弟奉父皇之命每天都来这里上香守制，他恐怕刚离开不久。"

徐妃端详着画像，不由地说："申妃娘娘长得真美啊！"

"她是父皇后宫中所有嫔妃中最美的，深得父皇宠爱。"燕王看看画像，又看看徐妃，终于忍不住说："我第一次见到爱妃时很是惊奇，觉得你长得太像皇阿娘了！"

"王爷又取笑我了。"徐妃得意地掩饰道，"听说申妃娘娘是高丽人。"

"嗯。她的家乡在长白山下，她深深怀念自己的故乡。"燕王无限感慨地说，"我曾答应过她，待我就藩之后，就接她去北平。我一定亲率车骑送她回故乡看望家乡父老，祭拜祖先。可惜天不假年，她这个愿望无法实现了。"

燕王点燃一炷香，与徐妃双双在画像前叩头辞拜。燕王长跪不起，眼眶里闪着点点泪花。

徐妃轻声道："贱妾看得出来，王爷深深怀念申妃娘娘。我带孩子们到外面看看，让王爷一个人在这里多待一会吧。"

徐妃率宫女们和两个孩子走出来，随手把宫门带上。

两个孩子立即在院中假山石上玩起了捉迷藏的游戏。

"高炽，别带弟弟爬上去，小心摔下来！"

一宫女道："娘娘，您看他们玩得可高兴呢。"

徐妃吩咐道："你们快跟上去，高炽腿脚不利索，煦儿又小，别让他们摔着了。"

"是。"

在寂静的宫室里，燕王跪在那里。凝视着申妃画像喃喃自语。

"母亲，孩儿即将赴北平就藩了，今天特地来拜辞您老人家。母亲饱受十月怀胎之苦，生育和抚养了我和五弟。可是孩儿不孝，直至母亲归天还未能为您正名。孩儿太对不起您老人家了！此次孩儿就藩北平，必将成就一番事业。但愿母亲在天之灵保佑孩儿夙愿得偿，到那时孩儿一定在京都修建一座大报恩寺祀奉母亲神位，让后世子孙永远纪念您的大恩大德，使您懿范永垂，光照千秋！"

这时，徐妃离开了嬉闹的孩子们，悄悄回到半掩的宫门旁，默默地注视着燕王匍匐的身影。

第二天清晨，东边的天际刚泛出鱼肚白，燕王府的数千护卫甲仗鱼贯出城。随后在王旗的引导下，王妃的车辇和骑在马上的燕王，在王府官属幕僚的簇拥下缓缓前行。太子率诸王百官在城门外为前去北平就藩的燕王送行。

城门外朝南的方向，预先设有拜坛。燕王与徐妃在礼部官员的引导下，在此辞拜宗庙的列祖列宗和父皇母后。

行礼如仪之后，燕王跪在拜坛下祝祷道："列祖列宗及父皇母后在上，儿臣燕王朱棣奉旨就藩，在此设坛辞别宗庙，拜辞父皇母后。儿臣祝愿大明国运昌盛，父皇母后圣躬康泰，万寿无疆！"

随后，燕王携徐妃至太子座前行礼道：

"臣弟奉旨就藩，特与弟媳前来拜辞太子殿下。"

太子谦辞道："四弟请起，弟媳请起。"

太子下座来，亲昵地执着燕王的手徐徐前行，与诸皇子及文武官员一一道别。

在热闹的鼓乐声中，徐妃带着两个小王子登上车辇，缓缓启行。可是太子像是舍不得兄弟情谊遽然作别，他紧紧拉着燕王的手，默默地跟在车辇后面走着，护卫们只好牵着燕王的坐骑远远跟着。

太子是个重感情的人，兄弟远别又要好几年才能见面（按制藩王三年进京来朝一次），他像是有满肚子话要说。

"四弟，愚兄真舍不得你走啊！现在朝廷正在改制，百废待举，正是多事之秋。有你在，许多事我们兄弟还能商量着办，你这一走，我就像折去一只臂膀似的，孤掌难鸣啊！父皇脾气越来越大，对臣下也越来越严酷，现在官员们人人自危，我真担心有一天会出什么大事啊！"

燕王道："你是指惩处胡党余孽的事吗？"

"是啊！父皇先是只诛杀参与叛党的首要分子，可现在牵连的人越来越多，只要是与胡惟庸、陈宁过从较密的人，或者是他们准备拉拢以壮声势的人都脱不了干系。而且动不动就诛灭三族。锦衣卫对被捕者严刑逼供，父皇还明诏奖励举劾乱党。一些钻营之徒挟嫌报复，随意举劾他人以图仕进。这样一来，难免产生一批冤案错案。父皇每一次下治罪诏，我都心惊肉跳，忐忑不安数日之久，深恐又有屈死的冤魂来找我申诉。"

"太子殿下太仁慈了。"燕王对太子的处境虽有几分同情，却又不以为然。他接着说："不过清除胡党之事父皇自有他的打算。他为了大明江山稳固，有些事难免做过了头，我们做儿子的也不便违逆他的旨意啊！待父皇百年之后，太子荣登大宝，再来收拾人心吧。"

太子望着燕王道："四弟，我真羡慕你和诸位皇弟们，一个个成年之后，离开京城这块是非之地，赴自己的封国就藩，清净自在地开创自己的新天地，多好啊！"

燕王笑着反驳他："大哥说笑了！太子殿下身为储君，奄有天下；臣弟等虽为藩王，却都是父皇和太子殿下的臣子，你怎会羡慕我们呢？"

太子叹口气道："唉，这纷纷扰扰充满仇恨与杀戮的天下，何喜之有？四弟，不瞒你说，有时我真想奏请父皇破了这'立储唯长'的老规矩，在诸兄中另选一位贤能者立为太子。愚兄情愿北面称臣，在自己的封地里躬耕读书，与民同乐，终老一生。"

燕王听了太子这番话，着实吃了一惊。他道："太子殿下千万不要有此想法，若无意间在父皇面前流露，必遭父皇斥责。若因此而引发储位之争，影响国家安定，社稷危亡，太子殿下不是更会负疚终生吗？好了，护卫与车辇已经走远，臣弟也要上马启程了，太子殿下请回吧！"

太子无奈地松开燕王的手："贤弟一路顺风啊！"

"太子殿下多多保重。"

燕王命亲兵牵马过来，太子目送燕王引缰上马，在亲兵护卫下绝尘而去。

宋濂被连坐安置茂州

宋濂因长孙宋慎是胡党被连坐逮捕至京，太子长跪不起，泣求父皇赦免师傅，朱元璋不允。马皇后讲情也遭他冷酷拒绝，吃饭时难过得不进酒食，朱元璋恻然投箸，赦免了宋濂死罪，将其安置茂州。太子送师傅启程，宋濂谆谆告诫他施仁政安天下。

朱元璋为了肃清胡党余孽，成立了专门的机构，把胡惟庸任左丞相期间与其关系密切的朝廷各部官员，以及各行省、州府曾向胡惟庸行贿送礼和上表称颂的官员，笼虫子似地逐个缉捕审讯，以胡党论罪，轻则丢官入狱，重则杀头，有的还要株连三族。朱元璋同时还颁诏令百官检举暗藏的胡党，其中更难免有投机钻营之辈乘机污陷他人，以求得到皇上的赏识。

与各地官员同时遭到打击的还有当地的绅商大户。挂上胡党恶谥的大地主大富商们除了遭受刑罚，还要抄没全部家产。数以百万亩计的私田被充为公田，无数的黄金白银被收缴入国库。朱元璋在肃清政敌的同时平空敛集了大量财富。

是时缇骑四出，通向京城的官道上，不时可见到被锦衣卫押着的披枷带锁的犯人，不用问，他们都是胡党！

然而朱元璋对待军中可能存在的亲胡分子却比较慎重。除了几个经常在丞相府喝酒的大都督府的军官被暗暗地处置了，侯爷们一个也没有动。受了胡惟庸贿赂的吉安侯陆仲亨与平凉侯费聚见风声不对，躲到临清练兵去了。他们被从兵营里抓了回来，朱元璋狠狠地骂了他们一顿，却没有把他们做胡党处置，只是发配到四川和云南去剿匪，令其戴罪立功。

由此可见，在第一波清洗胡党的高潮中，朱元璋对于那些跟随自己打天下的功臣宿将还是网开一面。洪武十五年，他还把自己的女儿汝宁公主嫁给了陆仲亨的儿子陆贤。洪武十九年又将他最为钟爱的寿春公主下嫁颍国公傅友德之子傅忠。可见至少在洪武朝的前二十年，朱元璋还没有诛戮功臣的想法，否则他绝不会与他们结成儿女亲家，使自己的女儿蒙受苦难与羞辱。

然而，仅仅在三年之后，洪武二十三年发动了又一波清除胡党高潮，在这一年内被诛杀的功臣就包括韩国公李善长、南雄侯赵庸、营阳侯杨璟、延安侯唐胜宗、吉安侯陆仲亨、平凉侯费聚、河南侯陆聚、荥阳侯郑遇春、宜春侯黄彬、靖宁侯叶升。已死的侯爷被追认为胡党的有：济宁侯顾时、永城侯薛显、巩昌侯郭兴、临江侯陈德、汝南侯梅思祖、宣德侯金祖兴、永嘉侯朱亮祖、淮安侯华中等。这些安享尊荣的公侯中，好几位还是皇亲国戚（李善长、陆仲亨、梅思祖之子均娶了公主，郭兴妹为皇妃），如果说他们都是胡惟庸阴谋篡国的党羽，显然是难以令人信服的。党狱大兴的契机只能这样来解释：一贯猜疑心重的朱元璋时年已六十三岁，濒临老境的他此时不再信任那些跟随他打天下的将领了，开始用各种借口大肆屠戮功臣，以此来维护他羸弱子孙未来的皇权统治！

这些都是后话，暂且不提。

在清查胡党的高潮中，大学士宋濂的获罪最出人意外，也最令人惋惜。宋濂学问和人品深受朱元璋的赏识。自从他与刘伯温、章溢、叶琛四人被礼聘出山，朱元璋始终用其所长。无论是给太子授经，还是出任起居注，抑或命其主修《元史》，以及后来任知制诰兼善赞大夫，宋濂始终长侍其左右，成为他的文学顾问——一个儒雅的近侍。他们君臣俩经常一起饮茶喝酒进膳，吟诗作赋。朱元璋的诗词以及诏书文字功力的长进，很大程度是由于身边有了这样一位文学词宗的熏陶。

洪武十年，宋濂老迈得实在不能侍君左右了，朱元璋方准其致仕。在宋濂回金华故里养老的时候，朱元璋赐他一部《御制文集》及苎丁绮帛。他问宋濂多少岁了，宋濂答称已六十有八。朱元璋道：“卿藏此绮三十二年，作百岁衣可也。"此话虽是玩笑，足见朱元璋对在他身边近二十年的宋濂是没有什么忌惮的。

由于宋濂长年伴驾，他的小儿子宋璲也当上了中书舍人，长孙宋慎也进入礼仪卫任职。坏事的就是这个宋慎，据说他被胡惟庸收买，令其伺机行刺朱元璋。他很快就被处死了，并判坐诛三族。在京的宋璲被捕之后，锦衣卫立即前往浙江金华，把白发苍苍年已七十一岁的大学士宋濂用囚车押解进京，并当场宣布了他的死刑！

宋濂被捕，急坏了太子朱标。他先到锦衣卫的狱中探望师傅，不许对他用刑逼供。然后急急地进宫，在朱元璋面前长跪不起。

"父皇……"

"起来，起来。你要干什么？"朱元璋看着泪流满面的儿子。

"儿臣……"太子声泪俱下地说，"儿臣恳求父皇赦免宋濂师傅一死。"

"你去诏狱了？宋濂招供了吗？"朱元璋冷冷地问。

"启禀父皇，宋师傅致仕归乡，父皇对他优礼有加，赐《御制文集》及绮帛，这是何等的荣耀，师傅他怎么会参与谋逆反对父皇呢？宋慎在朝中附逆之事，他哪会知道啊！求父皇念其教诲儿臣及诸王十余年的功绩，免其一死吧！"

"哼，他教你十几年，给你灌输了一些什么，朕暂且不去管他。"朱元璋冷冷地说，"他的劳绩朕已经论功行赏，给了他足够的荣誉和赏赐，朕和他两清了。身为侍御大臣，他不知管束好自己的子孙，居然听任他们参与谋逆，他难逃连坐之罪！"

太子为师傅辩护道："启禀父皇，宋师傅年过七旬，早已不预政事。回乡之后他潜心读书，寄情山水。他本不愿子孙在朝做官，是父皇恩赏他们在中书省当差，才和胡惟庸搅在一起……"

朱元璋怒拍御案道："大胆！照你说，是朕陷他们于不义吗？"

"儿臣该死！"太子低头道，"儿臣没有这个意思，儿臣只是想说，宋慎他们在朝中之事师傅是不知道的。他若知道了，一定会制止他们参与谋逆。"

"哼，难说！"朱元璋撇一撇嘴，"你知道吗，胡惟庸本来就有意把他和李善长这两个老东西抬出来。一旦谋逆得逞，他就要宋濂草诏檄告天下废了朕，另立新君。"

太子一闻此言如遭雷殛，顿时跪坐于地。

"父……父皇，你是说……儿臣……"

朱元璋背转身冷冷地道："朕没有说你。你也不要管宋濂的事，听到没有？"

太子知再求也无益，喏喏地应着："儿臣……遵旨。"

太子心急如焚地夜闯坤宁宫，泪流满面地跪倒在马皇后面前。

"母后，父皇把宋师傅抓来了，要杀他。请母后救救他吧！"

"标儿起来，慢慢说。"马皇后命宫女扶起太子，问他道："你说你父皇要杀宋师傅，为什么呀？"

太子急切地禀道："宋师傅的孙儿参与了胡党谋逆活动，已被处死；锦衣卫抓了他的次子中书舍人宋璲，又到金华乡下把师傅抓了来，祖孙三代都要连坐处斩。"

"啊，又是诛三族！阿弥陀佛，这血光孽债何时得了？"慈善心肠的马皇后不禁念起佛来。她问太子道："你向你父皇求情了吗？他怎么说？"

"父皇……父皇不但不允，甚至还说……"

"还说什么？"

"父皇还说胡惟庸若谋逆得逞，准备让宋师傅草诏檄告天下，拥立新君。父皇这是怀疑儿臣呀！"

"标儿勿急！"精明的马皇后安慰太子道，"这是你父皇以进为退的策略。他怕你纠缠不休，这样一说，你就没法给宋濂求情了。"

"可是宋师傅确实没有参与谋逆呀！他勤勤恳恳教诲儿臣十余年，七十多岁还要惨遭诛戮，儿臣于心何忍呀！母后，儿臣现在心乱如麻，只有求母后救救他吧！"

马皇后安抚他道："标儿，母后深知宋师傅的为人，他是个好人，母后一定设法相救于他。"

这时，内侍高声传呼："皇上驾到！"

太子立即慌乱无措，马皇后镇定地命他回避，叫宫女领他由后宫出去。

太子走后，马皇后立即率宫女们出去迎候皇上。

"臣妾恭迎陛下。"

朱元璋："坐下说话吧。"

"谢陛下。"

朱元璋关心地问："皇后近来感觉身体好些了吗？"

"有劳陛下挂念，臣妾还是老样子，这咳嗽老不见好。只怕是灯枯油尽，大限快到了。"说起自己的病体，马皇后的语调有些凄伤。

"你怎么老说这种丧气话"，朱元璋嗔怪她道，"你身为皇后，母仪天下，万民称颂，老天自会降福于你，赐你永寿的。朕经常对你说，你只需管好后宫，不要为朝中政事操心，你偏偏不听，老是担心这担心那。忧患郁结于心，对你的身体没有好处啊！"

"陛下是天下万民之父，妾虽不才，辱为万民之母。为父母者哪有不为子女担心的？妾虽因此而屡遭陛下呵责，心中终不后悔，即令忧郁伤身，但比起子民的哀乐，社稷的安危，妾的身体又算得了什么呢？"

马皇后据理力争，朱元璋只得苦笑地说："难怪有人说你是我朝的长孙皇后啊！"

"长孙皇后嘉言进谏，深明大义，辅佐唐太宗任用贤臣，励精图治，达成贞观之治，为后世后妃的楷模，臣妾哪能比得上呢？不过臣妾读圣贤书，尝闻夫妇相保易，君臣相保难。陛下不忘与妾同贫贱的日子，妾深为感激；但妾更愿陛下不忘与群臣同艰难之时啊。"

朱元璋见她话里有因，率性问："皇后今天又要为哪位获罪的臣子说情吗？"

"正是。臣妾闻陛下要杀大学士宋濂是吗？"

"宋濂纵容其孙宋慎参与胡党谋逆，经刑部审鞫，罪迹昭彰，按律当斩。你有什么理由要保他？"朱元璋理直气壮地说道。

"宋学士为当代第一大儒，道德文章世所景仰，四方学者悉尊他为'太史公'，连高丽、安南、日本等外国使臣也出巨金购买他的文集。若因子孙牵连而受诛，必大伤天下士子之心，乃至影响天朝在国外的声誉。这是臣妾保他的第一个理由。"

"还有呢？"

"还有，宋学士一生正气凛然，襟怀坦白，他对陛下一片忠心，却从不阿谀奉承。陛下也曾在朝堂上称赞他'事朕十九年，未尝有一言之伪，诮一人之短，始终无二，非止君子，抑可称贤。'像他这样的贤者，千百年难得一人，若仅因子孙之罪而遭诛戮，天下人岂不会笑话陛下气量太狭小，容不下贤哲之士吗？这是臣妾保他的第二个理由。"

朱元璋对批评他气量狭小大不以为然，他说："朕心能包天地，还狭小吗？"因此鼻子里哼了一声说："还有吗？"

"还有臣妾认为是最重要的一条。宋先生辛勤教诲太子十余年，把一个懵懂无知的孩子培养成我大明朝的储君，他倾注了多少心血啊！普通百姓家为子弟延请师傅，尚自始至终以最崇敬的礼节待之，何况我们帝王家呢？再说，宋先生致仕后住金华乡下，路隔千里，他的子孙辈在朝中所作所为他必不知情，为什么陛下要罪及于他呢？"马皇后越加说得情真意切。但朱元璋似乎无动于衷。

"皇后讲的这些，于情于理，似无不合。但是你想想，我大明的典律，能因他宋濂一人而改动吗？在洪武六年刊定的《大明律》中，谋反为十恶之首，参与者一律诛三族。此次惩处胡惟庸逆党，牵连者甚众，朕若因皇后求情放过宋濂，何能以法治天下？此事不必多说了，朕已经饿了，吩咐备膳吧。"

马皇后无可奈何，只得凄惶拭泪道："臣妾遵旨。"

宫人抬上御膳。朱元璋吃得很香，还喝了两小杯酒，马皇后却怔怔地坐在一旁，没有动一下筷子。

朱元璋问："你为何不吃啊？"

马皇后默然低头，嘤声答道："臣妾……吃不下。"

"来人！为娘娘斟酒。"朱元璋举起酒杯，"朕敬你一杯。"

马皇后端起酒杯，将酒洒于地上。

朱元璋恼怒道："你这是干什么？"

马皇后敛容禀道："启奏陛下，宋先生将死，臣妾无能为力，只能为他祈福于地下。"

"这……"

朱元璋不禁也有些恻然，他投箸而起，默默地走了出去。

第二天，朱元璋赦免了宋濂的死罪，下令将其安置茂州。

茂州在四川北部蛮荒之地，从京都溯江而上，迢迢万里，年逾七旬身心遭受了重创的宋濂，能不能抵达流放地还是个问题。解差押送他启程时太子朱标赶来送行，与蓬头垢面形容憔悴的师傅相拥而泣。

"师傅！"

"罪臣叩见太子殿下。"宋濂方欲行礼，被太子拉住。太子见深受身心折磨的师傅是这般模样，不禁潸然泪下。但他还是强忍内心痛楚嘱咐道："师傅，此去茂州，路途遥远，您要多保重啊！"

宋濂道："罪臣命中该受此磨难，我心中早已有备，请太子放心。"

"一路之上，我已命解差备好车马船只，以免你徒步跋涉之苦。到达茂州之后，我会饬令地方有司妥为安置一切，俾使师傅居有定所，安度晚年。"

"感谢太子殿下为罪臣所做的一切。罪臣深知皇上网开一面，赦我不死，全赖太子殿下与皇后娘娘倾力相救。罪臣只有在有生之年，于万里之外的茂州为皇后娘娘祈福，祝她千秋永驻，健康长寿。"宋濂遥对皇宫方向深深一揖。

太子道："母后对师傅的道德文章极为倾慕，尤其感谢师傅十余年来对我和诸皇弟的苦心教诲。本来期望师傅致仕之后荣归故里安享田园之乐，岂料胡党谋逆事发，累及师傅于垂垂暮年还要遭受流徙之苦，真令我心痛欲裂啊！"

宋濂毕竟是看破世事的高人，他转而安慰太子道："太子殿下不必伤感过甚。罪臣今年已七十一岁，即使无此次之厄，我也如风中残烛，去日无多矣！臣自至正二十年与刘基、章溢、叶琛一同受皇上礼聘出山，历任儒要提举、起居注、《元史》总裁、翰林学士、知制诰兼赞善大夫等职，以平生所学效力朝廷。然而最令我欣慰的是教授太子十余年，使我朝未来的君主牢固树立圣人治国之道。不知经此波谲云诡的政治动乱，太子殿下能否仍然坚持自己的信念？"

太子答道："师傅的谆谆教诲，莫敢相忘。只是父皇嫉恶太甚，每每对我省刑修德以仁恕治天下的劝谏深不以为然。父皇从杀伐中得天下，坚信只有严刑峻法才使臣下畏惧他、服从他。像此次胡党一案，连坐诛杀达一万五六千人。朝野上下，人人自危，不知哪一天灾祸降临到自己头上。长此以往，民何以安，国何以安啊！"

宋濂见太子吐露心扉，因而大胆进谏道："太子殿下，严刑峻法不足以服人心啊！昔日秦嬴政焚书坑儒，不让士子说话；收尽民间铜铁，严防百姓造反，他自号始皇帝，以为自己的高压政策能使秦嬴政权千秋万代地传下去。谁知仅传至二世就有陈胜、吴广揭竿而起，四方响应，天下大乱，一个强大的秦帝国顷刻间灰飞烟灭！皇上怎不想想，他这次诛杀了一万多人，可这一万多人的子孙后代、亲戚朋友、门生学子和同情者何止几十万！在这几十万人心中种下仇恨的种子，这是一股多么可怕的力量！秦朝是因为这种仇恨灭亡的，历朝历代实行高压统治的君主无不因这种仇恨遭到报应。老夫以戴罪之身是无法向皇上进言了，但愿太子殿下能记住老夫这一番话，若能引以为教训，及早改弦更张，则是天下万民之幸，社稷之幸！"

"师傅这番肺腑之言，我一定铭记在心。"太子道，"此去茂州，还望师傅节哀顺变，保重身体，我还望将来临朝当政时师傅助我一臂之力啊！"

宋濂凄然一笑："只怕宋濂等不到那一天了。"

这时，解差过来请示太子。

"启禀太子殿下，天色不早，宋大人可否启程？"

宋濂道："太子殿下，老臣要走了，殿下请回吧。"

"师父……"

太子驻足望着宋濂蹒跚离去的身影，不禁泪如泉涌。

宋濂和解差走不多远，一名太监骑马追上了他们。太监在马上高呼："宋大人慢走一步！"

宋濂回头惊问："公公，是叫我吗？何事？"

太监跳下马来，递给宋濂一个包袱。

"宋大人，皇后娘娘赐你一些衣物和银两，还有一些途中吃的食物。"

宋濂涕泪俱下地接过包袱。

"请公公为我转告皇后娘娘,罪臣宋濂深感娘娘大恩大德。风烛残年,遭此厄运,罪臣只有来生图报了!"

说罢,他伏地朝南叩头谢恩。

荒草萋萋,鸦声不断。宋濂和解差在路上慢慢地走着。

纵然有太子的百般关照,宋濂的流徙之旅仍然走得十分艰难。载着他的船溯江而上,刚到夔州,风烛残年的老学士终于病倒在流徙途中。勉强拖到第二年,一代文宗遽然辞世。当地的县知事叶以从执弟子礼将他葬在莲花山下。若干年后,蜀王朱椿慕其文名,重新将他移葬于华阳城东,世给祀奠。

第十七章

跋扈将军与倔强县令

倔强县吏惩治豪强遭辱

　　永嘉侯朱亮祖出镇广东，番禺县令道同怒惩强抢古董店货物的恶霸张八，将其绑在街心示众。张八家送了朱亮祖一千两银子央其出面说情，倔强的道同不允，朱亮祖竟派兵抢走张八，还打了道同二十军棍。

　　明朝朱元璋统治的三十年间，南方各省少数民族聚居的地方叛乱经常发生，一般均称之为"洞蛮"。在洞蛮骚乱时有发生的省份，朝廷常派一名大将任总兵官镇守之。洪武十二年，永嘉侯朱亮祖出镇广东，总兵官府设在番禺县。

　　朱亮祖原是前元朝的义兵元帅，朱元璋攻克宁国时将他擒获，因爱他勇敢剽悍，招入帐下，仍然任命他为元帅。谁知数月之后，他又叛归元室，率部占领了宣城，与朱元璋为敌。朱元璋攻取南京后，派徐达率兵包围宣城，朱亮祖突围出来，身边士卒全都战死了，但他匹马单枪仍作殊死斗，毫无惧色。猛将常遇春上前擒他，反被他刺伤了。朱元璋亲自前往督战，终于把他擒获。士兵们将他绑缚去见朱元璋，朱元璋问他道："现在你打算怎么样？"朱亮祖脑袋一扭，说："生则尽力，死则不过一死罢了！"

　　当时正是用人之际，朱元璋打心里喜爱这样的好汉，于是下令给他松绑，把他收在帐下为将。朱亮祖后来果然累立战功，成了独当一面的大将。洪武三年他被封为永嘉侯，是开国功臣二十八位侯爷之一。

　　朱亮祖是个粗人，作战骁勇过人，但却经常干些恃功自傲不守法纪的事。洪武四年他奉命增援汤和、傅友德，率部入川，打下了川东的一些州县。后来在论平蜀功时却因为他擅杀军校等不遵法纪的事，其他将领都得到了厚赏，他却被晾在一边，没有得到任何赏赐。

朱亮祖被派到广东任总兵官，因为他是侯爷，是朝廷的大臣，即使是广东省的最高行政长官布政使和按察使，其官阶都矮他好几级。因此他在小小的番禺县时，自然是没把那些地方官放在眼里，飞扬跋扈，为所欲为了。

当时，番禺县是广东省的首府，商业颇为发达。在一条长约数里的大街上，各种大大小小的商家铺户鳞次栉比地挨着，街市上推车挑担的买卖人也川流不息。

这天，大街上一家颇具规模的珠宝店开张，在一片热闹的鞭炮声中，众商贾前来贺喜，店门前甚是热闹。

这时，当地恶霸张八爷肩头上架着一头鹞鹰，身后跟随着四五个帮闲青皮在大街上游荡。

一行人走到珠宝店前，一个帮闲伸脑袋到店里贼头贼脑地瞅瞅，然而出来对张八爷说："八爷，这家新开的珠宝店好气派呢，您进去看看？"

张八爷肩头一耸，那鹞鹰扑剌剌飞起，又落到他另一边肩头。

"珠宝店？有什么好货？进去看看。"

一行人涌进珠宝店，店里的伙计见来了顾客，忙满脸堆笑上前招呼。

"几位爷，里边请，里边请！"

张八爷傲气十足地往店里的太师椅上一坐。原来在柜台里面算账的朝奉见来了贵客，忙撂下账簿过来应酬。

张八爷斜眼瞧他一下，问道："你们这店是新开张的？老板呢？"

"老板刚陪贺喜的客人喝茶去了，请多海涵。"朝奉在一旁赔着笑脸。

一个帮闲趾高气扬地搭腔道："你们店子开张，怎么没请我们八爷？"

"八爷？"朝奉连忙赔不是，"啊，这是小的失礼，多有得罪，多有得罪！快给八爷上茶！"

小学徒连忙给张八奉上香茗。

张八漫不经心地一边给他的宝贝鹞鹰梳理着羽毛，一边问道："你们店里都有些什么货色？给八爷说说。"

"启禀八爷，敝号经营的有珠宝玉器、古董陶瓷、名人字画。要不小的领八爷看看？"朝奉乍一下摸不清八爷的来路，小心谨慎地应对着。

"好吧。"

张八站了起来，一耸肩把鹞鹰扔给帮闲架着。朝奉领着他在店里看货。

"八爷您看，这串珍珠项链一百零八颗珠子，颗颗都是千里挑一的南海大珍珠，晶莹剔透的贡品哪！"

张八拿起那串珠子掂了掂："嗯，不错。这卖多少银子。"

"小人对八爷这样的主顾不敢报虚价，实价三百两。"

"这个我要了，给老太太上寿。"

朝奉嘱咐身旁的伙计："快给八爷用檀香盒子包好。"

张八在店里货架上搜寻宝物，看中了一对青釉盘龙花瓶。

"掌柜的，这对花瓶古香古色的倒还不错，这是哪个朝代的？"

"八爷好眼力！"朝奉奉承道："这是北宋官窑的贡品瓷，专给皇宫里烧的。传世的已经很少啦，成对的蟠龙瓶更是稀罕。"

"这对瓶卖多少银子？"张八问。

"不瞒八爷您说，这是小店装门面的几样东西，一时还舍不得出手的。不过既然八爷您喜欢，小号也只得割爱啰。这价钱嘛，小店定的是一千二百两，八爷您要，就算个总数，一千两吧。"

"好，我要了。"

"快给八爷包好这对瓶。"朝奉叫过一个老成熟练的伙计，"小心点哪，里外用丝棉裹好，装柳条筐子里。"

张八道："不用，喂，你们俩一个人给我抱一个。"

两名帮闲上前小心翼翼地抱着花瓶，另一个人捧着珍珠项链盒子往外走。

朝奉忙赔着笑脸问："承蒙八爷关照，这货款一共一千三百两银子，是差伙计同您到府中去取呢，还是带有银票？"

"爷带着啦。喏，给你！"

张八扔给朝奉一袋银子。朝奉习惯地看看银子的成色，放到柜台的银称上称一称。

"八爷您这是给小人的赏银吧？这才一百二十两银子呀？"朝奉发急地问。

"赏你个头！"一个帮闲恶狠狠地说道，"你不知道在番禺我们八爷的银子从来就是一两当十两吗？"

"这怎么行？"朝奉急了，"这不是明抢吗？伙计们，快去把东西追回来！"

店里所有的伙计连忙追到街上拦住张八和众青皮，要抢回货物，却被他们打得一个个鼻青脸肿，满街乱爬。

朝奉冲上去死死拉住张八的衣袖不让他走。

"去你的吧！"张八抬腿恶狠狠一脚踢去，只听得"哎哟"一声惨叫，弱不禁风的朝奉被踢进了街边的沟里。

众帮闲青皮拥着张八扬长而去。被打得鼻青脸肿的伙计们忙从沟里把朝奉拉出来，他已满身泥污，两颗门牙也被磕掉了。

"反了，反了！光天化日之下，这是明抢呀！这，这还有王法吗？"朝奉捧着满嘴血牙嚷起来。

"爷，这怎么办？"店伙计们都没有主意。还是朝奉头脑清醒些，吩咐伙计道："快去鸿运楼请老板回来，我们得去报官。求新上任的知县老爷他给我们作主。"

新任番禺知县道同，先祖是蒙古人，故素有草原汉子的憨直梗正。他曾被荐担任过太常司的赞礼郎，外放到广东当了知县。他来番禺不久就干了几件惩治地方豪强的事，因此在百姓中口碑甚好。

珠宝店老板带了被打伤的朝奉、伙计和街市上的目击证人前来县衙告状。道同听了苦主的申诉和目击者的证词，不禁怒发冲冠，拿起惊堂木重重地拍下去。

"岂有此理！光天化日之下竟敢如此讹抢货物，还打伤货主，这还有王法吗？来人！"

"小的在。"衙役们应声道。

"你们多带些人去，给我把张八拿来，先绑在大街灯柱上示众，杀杀他的威风！"

"是。"

于是，县衙捕快带领数十名衙役冲进张八的府中。那班护院的帮闲青皮见了带刀持棒的衙役丝毫不敢乱动。

张八正和他的妻妾们在欣赏讹来的珍珠项链和蟠龙花瓶，衙役们冲了进来，不由分说地将张八一链子锁住，推推搡搡地把他带走了。

衙役们按照县太爷的吩咐，把张八带到一个十字街口。平时县衙里经常在这里张贴告示，衙役们把张八绑在粗大的灯柱上，在他胸前挂上一块写有"讹抢货物，打伤人命"字样的牌子。

道同这样做，就是有意惩治和羞辱县里这些无法无天的豪强恶霸。他怕恶势力铤而走险来劫人，还派了十几个带刀持棒的衙役在旁边看守。

这时，张八家里妻妾子女们乱成了一团，派去县衙打探主人消息的家丁回来报告。

"禀报主母，老爷被他们抓去，现在正绑在大街上示众，听说还要游街呢！"

"这这这……怎么办呀？"张八的老妻急得团团转。

张八的二房妾是个颇为能干的女人，这时出主意道："老爷仗着他在地方上的势力，从没去拜会过新上任的知县。事到如今，我看还是由大少爷给他送一份厚礼去，说几句好话，请他把老爷放了再说。"

张大少爷一撇嘴："姨娘你懂什么？新任知县叫什么道同的是个蒙古倔头，他从不吃这一套，求他一点屁用都没有。"

张妻一听急了："儿呀，那你说怎么办？总不能让你爹在番禺城里游街示众，我们家丢不起这个脸呀？"

"母亲，如今之计，只有一个人可以求。"

"大少爷，你说说谁可以救老爷出来？"张八的几房小妾异口同声地问。

"永嘉侯朱亮祖，朱大帅出镇广东，是封疆大吏，又是我朝功臣，是皇上亲封的二十八位侯爷之一。他的话知县道同再傲气也不敢不听。"

"朱大帅与我们非亲非故，他会管我们的事吗？"

"母亲有所不知，这位朱大帅虽然年近六十，可他好色贪财，只要有银子、女人孝敬他，他自然会上钩。"

张妻发话道："那好吧！你去账房取一千两银子，连同那串珍珠都带去，求朱大帅给知县发个话，放了你爹。"

张大少爷点头道："儿子这就去办。"

朱亮祖受了张八家的贿银，旋即在总兵府设酒召知县道同赴宴。道同不知为什么事，但也只得怀着颗忐忑不安的心来了。

席间，道同谦恭地一揖道："大帅乃朝廷重臣，敝县官卑职小，何劳设宴相召？卑职心存不安啊！"

"哪里，哪里？贵县乃地方父母官，本帅奉旨出镇广东，有许多事还要仰仗贵县支持。略备水酒相邀一聚，也是应该的。"这时朱亮祖倒还温文尔雅。

"如此请容卑职借花献佛，敬大帅一杯。"

"同饮，同饮。哈哈哈……"

"大帅，卑职是直性人，不惯喝这闷酒。大帅召见卑职，不知有何教诲？"酒过一巡，道同终于忍不住地问。

"哈哈哈，也没什么大事。今日本帅出巡，见通衢大街上绑了一个士绅模样的人，围观的人众多。此地民风强悍，恐怕激起什么事端来不好收拾，贵县还是将此人放了吧。"

道同心里纳闷：张八这厮怎么把这尊神也搬动了？但他生性梗直，因而耐心解释道："大帅有所不知，此人是本地有名的恶棍，他强买他人珠宝玉器，不，不是强买而是强抢！他的一两银子要当十两使，不是强抢是什么？他不但抢了人家东西，还打伤好几个店伙计。这样的土豪恶棍，卑职不绳之以法行吗？"

朱亮祖不耐烦地一挥手，道："行了行了！什么强买强抢，一两十两的？实话说吧，这个人与本帅有些瓜葛，你就看本帅的面子，把人给放了吧。"

"大帅，你是朝廷大臣，怎能受这般恶棍小人的驱使，为他等讲情？此事断难从命，卑职告辞了。"

倔知县道同朝上一揖，离席而去。把个朱亮祖气得七窍生烟，顿时暴跳起来。

"反了，反了！他妈的一个小小知县，竟敢驳老子的面子。来人！"

"末将在。"一名偏将应声而至。

"带人去大街上把张八爷给我放了。有人阻拦格杀勿论！"

"遵令。"

偏将立即带了一标兵勇，骑马疾驰到县城的十字街口。士兵们用刀枪逼开围观的百姓，割断绳索打破枷具把张八放了。看守张八的衙役见势不妙，仓皇逃回县衙报告道同。

"老，老爷，不好了！有一位将官带了许多兵马来，不由分说打破枷具，把张八给抢走了。"

道同惊问道："知道是哪来的兵马吗？"

"听围观的百姓说，是总兵府朱大帅军营里的人。"

道同一听就火了："哼，他身为朝廷命官，说情不成竟然强抢罪犯，如此目无国法，这还了得！速速备轿，随我到朱亮祖那里去要人。"

道同的轿子在众衙役的簇拥下来到总兵府衙门，要门口的军士去通报：番禺知县求见。

朱亮祖心想一定是那个倔知县找麻烦来了，他哼了一声道："你小子不识抬举，竟敢跟老子作对。不给你点颜色看看不知道马王爷三只眼！传本帅将令："番禺知县私闯军营，杖责二十军棍！"

道同下了轿，正盘算着朱亮祖出来如何与他辩理索要人犯，却被如狼似虎的军士们不由分说按倒在地，一五一十打了二十军棍，众衙役在刀枪威逼下，眼睁睁看着主官受辱敢怒而不敢言，只好把被打伤的道同扶上轿子抬回县衙。

朱亮祖庇护张八之事传开来，番禺的百姓们暗暗切齿，而那些平日欺压鱼肉乡里的豪绅富户这一下可乐了，纷纷用各种手段结交既贪财又好色的朱大帅，作为自己的靠山。

这天，番禺县有名的富豪罗员外在自己的庄园里宴请朱亮祖。宴席异常丰盛，各种海鲜鱼翅、鲍贝齐全；更有熊掌蛇羹，山猫果子狸等山珍。广东人的会吃使朱亮祖大开眼界。

年过六旬、瘦猴似的罗员外给坐在上席的贵客敬酒道："大帅出镇广东，实我粤民之福。久闻大帅好酒量，今日光临寒舍，一定要尽兴而归。大帅请！"

朱亮祖也端起酒杯："员外请。"

那些连名字也没听见过的山珍海味使朱亮祖食欲大开，他大快朵颐地尝了个遍，连声赞叹着："美味，美味！"

一妙龄女郎过来为朱亮祖斟酒，酒壮色胆，朱亮祖色眯眯地望着她，一直目送她离开。

美人离去，朱亮祖忍不住开口问道："员外，刚才为本帅斟酒的女子是什么人？"

"大帅觉得此女如何！"他的馋相罗员外自然看在眼里，故意问道。

"嘿嘿嘿，真乃风姿绰约，国色天香啊。她是府上什么人？"

"啊，嫣红是个无父无母的孤女，老夫从小收养了她，认为义女。如果大帅喜欢，我明日将她送到帅府，给大帅做个小妾，以慰帐前寂寞，如何？"

朱亮祖喜不自禁，居然顾不得自己的身份，手舞足蹈地说："庄主如此抬爱，朱某受宠若惊。如此说来，今后您就是我的老泰山了。哈哈哈，泰山大人在上，请受小婿一拜。"

罗员外连忙谦让："啊呀大帅，使不得，使不得！"

"应该的，应该的。"

二人哈哈大笑。

第二天，罗员外用一顶小轿吹吹打打将嫣红送到总兵府，并差其子罗汉骑马送亲，后面跟随家人抬着嫁妆什物。

朱亮祖笑得合不拢嘴，披红挂彩地做老新郎。他让使女扶嫣红进新房休息，自己陪送亲的舅爷和前来趋奉贺喜的宾客喝酒。

罗员外为什么要这般卖力地巴结朱亮祖？原来他们父子看上了海边一大片足有几十顷的滩涂地，想要据为己有。那海滩上有许多户渔民在那里打鱼采珠养贝。从他们破烂的窝棚看，他们在那里有很多年了。而且那片滩涂还有别的富户觊觎，有了朱亮祖这个靠山就不怕别人和他们争夺，也不怕官府干预了。

这一天，罗汉带了几十名庄丁来到那片海滩上。他仗着朱亮祖的势力，要在这里演一出"跑马圈地"的戏。

罗汉骑着马，从海边朝岸边跑，每跑一段路就叫庄丁插上一面小旗，一直跑到高高的海堤下。然后又沿着海堤往东跑，一路插上十数面小旗，一直跑到看不见的另一端海边。那些小旗圈下的滩涂地少说也有五六十顷了。

这时，从海边那些破烂的茅草棚里站出来一些渔民，惊恐地望着这一帮入侵者。

罗汉命令道："去把他们都叫过来。"

在庄丁们的吆喝下，渔民们畏畏葸葸地聚拢在一起。

罗汉板着脸对渔民们说："你们听着：老爷我奉总兵府朱大帅之命，将这片滩涂划为练兵场。尔等今后未经许可不得在此捕鱼拾贝，违者格杀勿论。听到没有？"

渔民们顿时鼓噪起来。

"我们在这里打了一辈子鱼，从没听说过这样的事。"

"这荒滩上练什么兵呀，分明是想霸占这块地方！"

"我们在海里养了贝，就等着收珠子，这怎么办呀？"

渔民们七嘴八舌，罗汉不耐烦地宣布："尔等听着，自今日起，凡在这里捕鱼捞海的每条船交三两银子，养珍珠一律交纳半数的上等珠子。现在就挨棚挨户去收，如有不从者，别怪我老爷不客气，给我毁船烧屋！"

庄丁们立即如狼似虎地奔向那些茅棚，逼迫渔民交银子和珍珠。有一个倔强的青年渔民挡在茅棚前不让他们进去，被庄丁们围住一阵暴打后扔到海里。庄丁们搜刮尽茅棚里值钱的东西，临走还从灶里点一把火扔到茅棚顶上，那破烂的茅棚顿时在海边的大风中烧得干干净净。

夜晚，滩涂上一盏孤灯，遭受洗劫的渔民们聚在一起，个个气愤填膺。

"本来就生计艰难，这一来叫我们怎么活呀！"

"这帮狗娘养的，什么官军？简直就是强盗！"

"那个为头的他爹是番禺县有名的富户，姓罗。听说他把女儿送给总兵官朱大帅做了小妾。难怪他们打着朱大帅的旗号来跑马圈地，欺压百姓。"

"听说番禺县的县太爷是个不畏权势的主，上次就顶撞了朱大帅，不给他面子。"

"对，我们明天就找他告状去。"

朱亮祖父子死于鞭下

朱亮祖庇护富户，派兵冲击县府监狱，抢走犯人，被道同修本向朝廷参劾。他却抢先参劾道同横行无礼诽谤大臣。朱元璋降旨处斩道同又下令赦免他。朱亮祖在赦旨到后仍斩了道同，朱元璋非常恼怒，借故将他召回，朱亮祖父子俩死于廷杖之下。

番禺县知县道同仿效朝廷的登闻鼓，在县衙门口设置了一面大鼓，方便百姓击鼓鸣冤。这天，海滩上的众渔民赶到县衙，"嘭嘭嘭"敲响了大鼓。

知县道同随即升堂，众渔民七嘴八舌将昨日有人带领庄丁闯到海滩上跑马圈地，勒索强抢珍珠银两，烧毁棚屋，打伤人命之事告状，求县太爷为他们作主。

道同是个火爆性子，一听这事就火冒万丈。连声问道："你们给本县说清楚：那跑马圈地、抢掠烧屋、打伤人命的是什么人？"

渔民们回道："禀老爷，是本县富户罗庄主的大少爷罗汉。"

道同随即命衙役前去缉拿罗汉到案。

没多久，衙役们将罗汉带到。

道同拍案道："大胆狂徒，你目无王法，竟敢跑马圈地，强抢渔民的珍珠银两，还烧毁棚屋、打伤人命，该当何罪？"

罗汉仗着有朱亮祖做靠山，没把小小县衙放在眼里。他翻着白眼道："我是奉永嘉侯朱大帅之命行事，你去找朱大帅好了。"

"你休得胡言狡辩！永嘉侯乃朝廷大臣，他会叫你如此为非作歹吗？来人，将罪犯罗汉押入县牢，听候发落。"

"是。"

衙役们把罗汉带走了，道同复又安抚渔民们说："众位乡亲，本县为你们做主。罗家所圈滩涂地亩无效，尔等仍可在那里捕鱼拾贝，各安生计。至于罗汉所抢银两珍珠，待本县审结此案后，令其如数退还尔等。"

众渔民趴在地上连连叩头："谢谢青天大老爷！谢谢青天大老爷！"

罗汉被捕下狱，罗家庄园里乱成了一团。

瘦猴似的罗员外急得捧着水烟袋在厅堂里乱转。罗汉的妻子一把鼻涕一把眼泪地说："爹爹，听说那道同知县素来强悍，大少爷不肯招，只怕他要动刑呢！再说这牢里臭烘烘的，蚊子咬得人死，大少爷如何受得了啊！"

罗员外的老妻倒很精明，她说："我们把嫣红送给朱亮祖做妾，不就是想靠着他这棵大树吗？老爷，快给嫣红送信去，让他在朱大帅面前求情，让大帅出面救罗汉出来呀！"

一句话提醒了罗员外，他忙命罗汉的妻子带着些新买的绫罗绸缎，亲自去总兵府找嫣红。

年方十八的嫣红嫁了个六十岁的糟老头，心里总觉得有些委屈。但她原本是罗员外家买来的丫头，总兵官府里的锦衣玉食，永嘉侯的专房之宠使她慢慢地安下心来。

夜里，嫣红只穿个小小的红抹胸，半裸地倒在朱亮祖怀里撒娇。

"大帅呀，番禺县道同把我哥抓去坐牢了，你知道吗？"

朱亮祖正把他的大手伸进嫣红的抹胸里，抓着那两只小白兔，不想听这扫兴的事。他嘟囔着说："听说他假借我的名义去海边跑马圈地，抢了渔民的珍珠银两，还烧人家的屋。唉，怎么能干这些破事呢？"

嫣红不依地扭着身子撒娇："可他是我哥，大帅你无论如何总得救他呀！"

"番禺县这个倔知县很不好说话，上次他就让我下不来台，让我打了一顿。"

"是呀，他一个小小知县，七品芝麻官。帅爷您堂堂侯爷难道还怕他不成？上次那个非亲非故的张八你都敢抢，明天你不把我哥弄出来，我就回娘家去，不理你了！"

这时朱亮祖已把嫣红压在身下，正是欲火中烧时，哪有什么不答应的？"好好好，我的小乖乖，明天我把你哥弄出来就是。今天你先让我快活快活……"

"你坏！咯咯咯……"

第二天，朱亮祖派了一名亲信偏将，率一标兵勇来到县衙监狱。

狱官不知他们要干什么，惊诧地问道："这位将官，你们有何贵干？"

那偏将冷冷地说："奉总兵官朱大帅之命，前来提取罪犯罗汉。"

狱官道："罗某是待审的犯人，知县大人命令严加看管，任何人不得探视。他与朱大帅何干？"

"少啰唆！你敢违抗大帅的命令吗？"

偏将拔剑直逼狱官，兵士们均亮出刀刃叫狱卒们不许动。狱官无奈只得屈服于淫威之下。

"好好好，我放放……放人。"

狱卒打开牢门，给罗汉开了枷锁。

偏将和士兵们簇拥着他扬长而去。

狱官气极败坏地赶去县衙向道同报告。道同正与僚属们议事，一听这事"啪"的一声猛拍案桌，从座位上跳了起来。

"反了，反了，反了！他朱亮祖竟敢派兵从监狱里把罪犯劫走。如此无法无天，还要我们地方官何用？我这知县不当了！"

说着，他把头上的官帽摘下随手一扔，正好扔在前来报案的狱官怀里。狱官连忙把官帽放在案桌上，口齿不清地说话：

"谢谢……大大人栽培，卑卑职也不敢当当……这劳什子县令，刚才朱亮祖派派的人好凶啊！卑卑职差点被他杀杀了！"

县主簿呵斥道："啰唆什么，下去。"

狱官走后，道同余怒未息地道："有烦主簿替本县修本辞官。身为一县之主，竟要受这种鸟气，我还不如回蒙古草原牧马去！"

主簿安慰道："大人息怒。依卑职之见，大人确实应该修本上奏朝廷，但不是辞官，而是举劾朱亮祖的诸多不法之事。您想那朱亮祖出镇广东之后，干了多少坏事呀！他剿匪不力，听任海上倭寇滋扰边民；他收受贿赂，纵容豪门跑马圈地，欺压百姓；他还强娶民女，整日花天酒地。尤其不能容忍的是目无国法，派兵冲击地方监狱，抢走罪犯。这些事让皇上知道了，不治他的罪才怪呢。"

道同猝然猛省："对呀！本官一时气糊涂了，怎么没想到修本参他？来人，笔墨伺候！"

自从前次与道同发生冲突，朱亮祖也知道这个番禺县令是个倔头，哪有地方官不奉承结交封疆大吏的？把罗汉从县监狱弄回之后，朱亮祖赶紧让他在总兵府挂了一个闲职，使他跑马圈地合法化，道同要来闹就有了推托之词。可是过了两三天居然风平浪静，没见道同来找他。

"咦，奇怪！那道同这两天怎么没来闹事呀？依他的脾气，这件事他不会就这么善罢甘休？"朱亮祖与他的幕僚们谈及此事时说。

"这小子怕是给大帅的军棍打怕了，不敢再来要人了。"

"我看未必。"一位心有城府的幕僚说，"道同这人是个有名的强县令，从来不畏权势，跟谁都敢斗。这事他决不会就此罢休。只怕这会儿他在寻思修本上奏朝廷，举劾大帅的诸多尴尬事。大帅倒是不可不防啊！"

"哼，一个小小七品芝麻官，人微言轻，他能告倒我吗？"朱亮祖不屑地说。

"大帅，不是卑职多心，当今皇上对功臣多有疑忌。胡惟庸案就牵连到好几位侯爷。他们中有的不过在相府喝过几次酒而已，大帅还是小心些为好。"那位心有城府的幕僚接着建议道，"依卑职之见，大帅还是先下手为强，修本上奏皇上，参劾番禺县令道同横行无礼，诽谤大臣。还要说道同是蒙古人之后，对朝廷怀有异心，皇上最忌讳这个的。"

朱亮祖点头道："好，就请师爷为本帅修本，派人以紧急军情密报六百里加急直送京都。"

朱亮祖恶人先告状，他的奏章很快就传到了京都。那位刀笔吏出身的师爷果然恶毒，奏折中除了给道同罗列出傲慢无礼、扰乱军营、诽谤大臣等罪状，还无中生有地捏造道同因与朱亮祖结怨，背地曾对人说过"姓朱的非奸即贼，没一个好人"等语。究其根源，实因他是蒙古人的后裔，对我大明朝心怀不满，趁机发泄。

奏折是由兵部转呈上来的，太子看到此折不敢自专，呈给父皇御览。朱元璋草草看完，勃然大怒。

"这个道同胆子不小呀，一个七品县吏竟敢与封疆大吏抗礼。他还竟敢说姓朱的非奸即贼。这不是拐着弯骂朕吗？我们在各地留用了一些蒙古人，看来他们仍然贼心不死。这等逆贼留他何用？斩了！"

"父皇，也许朱亮祖的话只是一面之词，不可全信。要不要问问吏部和广东布政使、按察使，道同此人官声政绩如何，再行定夺？"太子审慎地劝谏道。

"哼，处置一个小小县令，何用费那些周折？降旨让刑部派个人去杀了就是。"

朱元璋在朱亮祖的奏折上批了朱批，掷还给太子。

过了几天，太子匆匆赶进乾清宫来找朱元璋。

"启禀父皇，那朱亮祖果然是恶人先告状。今日广东按院衙门转来番禺县令道同的奏章。举劾永嘉侯朱亮祖出镇广东后专横跋扈、目无国法等六大罪状。最为可恶的是他受了罪犯家属的钱财美色贿赂，居然派兵冲击监狱把待审罪犯抢了出来，还欲盖弥彰地委以军职。这还有王法吗？广东布政、按察使都证实确有此事，看来道同所言非假。"

"嗯，这种事朱亮祖做得出来。"朱元璋沉思道，"洪武四年朕命他增援汤和、傅友德伐蜀，他没立多少战功，途中却把几个军校杀了。一到外面他就飞扬跋扈，为所欲为。他与胡惟庸也不干不净。这种人，将来终是祸患。看来，这个番禺县令官卑职小，竟敢不畏权势，斥言大臣不法之事，倒是个骨鲠可用之人。可惜我朝这样的臣子太少了！"

太子发急道："父皇降旨令刑部派人去广东诛杀道同，已经走了二日，这便如何是好？"

朱元璋果断地说："立即再降一道赦旨，赦免道同死罪。过一段时期找个由头令兵部召朱亮祖回京，朕倒要看看他怎么专横跋扈、无法无天！"

太子恐道同生命有虞，亲自到刑部催促立即发出赦旨。因而出现了下面颇为滑稽的一幕。

刑部的两个特使，一个捧着杀道同的圣旨，一个捧着赦道同的圣旨，一前一后地在京城至广东的官道上奔驰。

毕竟前一个特使先走两天，朱亮祖派人在官道上接到他，立即派偏将率兵护送其前往番禺县衙颁旨。

"钦差大人到，番禺县接旨。"

道同没想到自己上奏朝廷之后，使臣来得这样快。慌忙匍匐接旨。

"臣番禺县令道同恭请圣安，吾皇万岁万岁万万岁！"

使臣展开圣旨，厉声宣读道："奉天承运，皇帝诏曰：番禺县令系元朝之后，对我朝心怀不满，一贯横行无礼，诽谤大臣。着即裁撤并就地正法，钦此！"

道同跪在地下，顿时如遭雷殛。他原本不是那种逆来顺受，丢了脑袋还要叩头谢恩的人，对着钦差大声抗议道："皇上啊，朱亮祖欺君罔上，诬陷为臣，皇上受了他的蒙蔽呀！"

那偏将上前踢了道同一脚，恶狠狠地道："哼，你敢抗旨吗？与我拿下！"

士兵们如狼似虎地将道同五花大绑押出县衙。

朱亮祖恐事久生变，立即陪同钦差将道同押赴刑场。

朱亮祖坐在监斩台上，喝令："带犯官道同！"

众兵丁将道同推到朱亮祖面前，朱亮祖冷笑一声说："道同，你一个小小县令，自不量力，竟敢犯上作乱，与本帅作对，你想到过今日的下场吗？"

道同此时心中已没有了对死的恐惧，只有对眼前恶人的憎恨。他厉声骂道："朱亮祖，你身为封疆大吏，专横跋扈，目无国法，陷害忠良，蒙蔽皇上，我道同即使到了阴间，也与你这样的国贼势不两立！"

朱亮祖被他骂得恼羞成怒："你这厮死到临头还这般嘴硬！刀斧手，时辰已到，快与我行刑！"

刀斧手们将道同押上刑台，道同仰天长啸。

"苍天啊，你睁眼看看，忠于君国者死，横行不法者生！朱亮祖你这狗贼，你会遭报应的！"

被士兵们刀枪拦住在台下的百姓们纷纷呼喊着。

"道同是好官！"

"道同是清官！"

"不要杀他！"

这时，刑场外响起急骤的马蹄声。刑部颁赦旨的使臣奉太子严令，一路换马不换人，披星戴月地急驰，恰好在此时赶到。使臣远远地在马上高呼："刀下留人！皇上有旨赦道同！"

百姓们立即欢呼雀跃地闪开道，跟着高喊"皇上有旨赦道同！""清官有救了！"

朱亮祖明知是怎么回事，但阴险毒辣的他绝不愿放过道同，未等使臣驰近，他冷笑一声，喝令刀斧手："行刑！"

刀斧手的大刀寒光一闪，血光迸溅，道同人头落地。

颁赦旨的使臣气喘吁吁地跳下马，高举圣旨赶到刑台前。他见道同已死，厉声责问朱亮祖道："永嘉侯，皇上有旨赦免道同，你为什么把他杀了？"

朱亮祖肆无忌惮地冷笑说："只怪钦差路上打盹来迟了。皇上又不是小孩子，一会儿要杀，一会儿要赦，他不知道人脑袋砍下来是没法接上的么？钦差大人，下官军务繁忙，失陪了。"

朱亮祖走后，百姓们冲破士兵的阻拦一拥而上，哭喊着为道同殓尸。

刑部使臣在一旁默默看着，百姓们对道同的爱戴令他感动。他走上前把圣旨覆盖在道同的尸身上。

百姓们抬着道同的尸体为他送葬，人越聚越多……

朱元璋对于外放出镇的武臣们素来不很放心。一方面怕他们拥兵自重对抗朝廷，形成唐朝节度使割据一方的可怕局面；另一方面他很清楚这些武臣们多是粗蛮狂傲之辈，他们自恃开国之功，在京都时处于皇上眼皮底下只得循规蹈矩，一旦外放出镇边省，犹如开笼放虎，没有人敢管他们。各种骄恣不法之事都做得出来。朱元璋对付的办法，一是经常换防，不让武臣们在某处地方镇守太久；另一个办法就是在军中安置自己的耳目，随时掌握将军们的动态。

朱亮祖在广东贪佞不法之事朱元璋早有所闻，这次又有地方官的奏报。带兵冲击监狱抢走罪犯这样的事朱亮祖都干得出来，可见他蔑视国法到了何种程度！刑部使臣亲眼看到番禺百姓对道同的爱戴，朱亮祖挟一己之私嫌，竟在皇上赦旨已经到达时抢先杀掉这样一名清官，使刑部使臣非常愤慨。后来，他在番禺逗留期间，搜集了大量朱亮祖贪佞横行的证据，回京后狠狠地奏了朱亮祖一本。

洪武十三年九月，朱元璋命兵部借个由头召朱亮祖回京。

在早朝的朝会上，朱元璋阴沉着脸坐在宝座上，开口问道："朱亮祖来了没有？"

朱亮祖连忙出班跪奏："臣朱亮祖奉召还京，恭请皇上圣安。"

朱元璋并没叫他平身，反而劈头就骂："朱亮祖，你好大胆子，朕赦免番禺知县道同的旨意已到，你竟然故意抗旨把道同杀了，是何居心？"

朱亮祖早已准备如何应答，他在下面嘟囔道："启禀皇上，杀道同也是皇上的旨意啊。皇上一会儿要杀，一会儿要赦，这人死了不能复生，臣有什么办法？"

朱亮祖的讥讽口吻更让朱元璋火冒三丈，他重重地拍着龙案道："大胆朱亮祖，朕命你出镇广东，你边备不修，剿匪不力，却上与胡惟庸逆党沆瀣一气，暗通声息；下与豪门恶霸勾结，欺压百姓。最令人发指的是派兵冲击监狱，劫走人犯。目无国法，陷害忠良。如此逆臣，要你何用？来人，给朕拖下去廷杖八十！"

这时，站在殿外武臣班尾的府军卫指挥、朱亮祖长子朱暹跌跌撞撞抢上殿来匍匐跪奏："启奏万岁，家父年老体衰，求万岁恩准微臣代父受杖。"

朱元璋正在气头上，他冷笑一声道："哼，好个孝子，与我一并拖下去打！"

武士们将朱亮祖父子双双拖出殿外施行廷杖。一阵阵惨厉的号叫声传入殿内，群臣悚怵。

须臾，武士上殿禀报："启禀万岁，二人均在杖下毙命。"

朱元璋面无表情地说："退朝！"

不过，朱亮祖死后，为了安抚武臣们，朱元璋仍命以侯礼安葬他，还亲自为他撰写圹志，既记叙了他的战争功绩，又指斥他出镇岭南后"作为擅专，贪取尤甚"，自取其败。

到了洪武二十三年，死去十年的朱亮祖又与众多功臣一道追论为胡惟庸党，他的另一个儿子朱昱亦被坐诛。

第十八章

战争和孔孟之道

明军远征云南，梁王自缢

战争可以转移人们的视线，朱元璋发兵远征云南。梁王两次杀了朱元璋的使臣，自知投降也难得到赦免。达里麻的十万精兵全被明军消灭，梁王君臣在滇池边自缢身亡。沐英奉命镇守云南，累破蛮兵，威镇边疆，也脱离了朝廷的风风雨雨，免遭劫难。

洪武十三年冬天，元朝的残余势力趁着朱元璋镇压胡惟庸叛乱后大力清洗胡党，朝野上下人心惶惶之际，又派了平章完者不花和乃儿不花挑动边衅，进犯永平。驻守永平的指挥使刘广不幸阵亡，但他手下的一名千户王辂借助地形地利竟将来犯者击退，还在战斗中俘虏了元平章完者不花。元军的另一名平章乃儿不花率师退回塞外，准备进行反扑。

朱元璋正为清除胡党和朝廷的政治体制改革焦头烂额之时，闻讯元军来犯，他倒高兴起来。他是个马上皇帝，最擅长的就是打仗，而且战事一起，可以掩盖政治斗争中许多为人诟病的东西。只可惜此时残元势力不大，打不了什么大仗。但他仍然大张旗鼓地于洪武十四年正月派遣徐达为征虏大将军，汤和、傅友德为左右副将军，帅领二十万大军出塞，征讨乃儿不花。

这一仗原不经打，徐达率兵出塞，乃儿不花不敢正面接战，明军迅速占领了全宁四部，残余的元军又龟缩到沙漠深处的老巢里去了。徐达乐得在北方休整了几个月，避开京城里的麻烦争斗，直到十月份奉命出镇北平，与燕王会合。

战争的确可以转移人们的视线，朱元璋尝到了甜头，立刻准备发动另一场规模更大的战争——远征云南，把迄今唯一由元朝余孽盘踞的省份收归大明帝国的版图。这也是他七八年前早就想完成的一桩心愿，只是因为云南路途遥远，且地处蛮荒，地形复杂，他想借时间的推移，残元复国无望，不战而屈人之兵，让盘踞云南的梁王折节来降。

云南古滇国地，汉武帝时彩云现南方，因而设置云南郡。三国时诸葛亮南征七擒孟获，蜀汉在此设郡，然历代均为各姓土酋管理。元世祖南下，打败段氏土酋，封第五子忽哥赤为云南王。现承袭王位的把匝剌瓦尔密被元顺帝封为梁王。梁王一直效忠于残元政权，每年通过海路向龟缩塞外的元主献纳饷银数十万两。元宫中所需的锦缎衣料及各种奢华的生活用品几乎全由梁王供给。

洪武六年，北平守军截获了梁王派往元庭的使者苏成，朱元璋派遣能说会道的待制王祎偕同苏成去云南谕降梁王。开始时梁王对王祎待之以礼，恰好这时元朝廷派丞相脱脱来云南征饷，知道朱元璋也派使者来了，脱脱厉声威胁梁王道："殿下匿藏明使，难道是想背叛祖宗社稷吗？"梁王无奈，只得在朝堂上当着脱脱的面要王祎投降元朝，这自然遭到王祎的严词拒绝。梁王下令将他杀了，然后以国使之礼敛葬之。

虽然出了这件事，朱元璋仍然不想对云南用兵。三年之后明军又截获了云南派往元庭的使臣铁知院等。朱元璋复派湖广参政吴云随同铁知院再次去云南谕降梁王。一行人到达云南境内后，铁知院想遮掩自己被明军截获投降的丑行，胁迫吴云修改诏书，遭到拒绝后遂把吴云杀了。梁王也未深究此事，只是将吴云骸骨安葬了。

有了这两番谕降使臣被杀之事，朱元璋知梁王是不可能降顺的了。恰巧这时的政治形势需要他打一场规模较大的战争，因此他在洪武十四年九月，派遣颍川侯傅友德为征南将军，两位新锐猛将蓝玉和沐英为左右副将军，率领步骑三十万大举进攻云南。

傅友德有常胜将军之誉，擅长险隘山地作战。大夏明升小朝廷据四川天险力守，他率兵从陇西间道暗渡陈仓直扑川北，为荡平西蜀立下首功。云南地势较四川尤为险峻，无论从湖广或贵州四川入滇均需翻越崇山峻岭。大军至湖广，傅友德兵分两路：一路命都督胡海、郭英等率兵五万由永宁攻滇东北的乌撒，而亲率主力沿沅水辰水河谷进入贵州，连克普定、普安等城，直逼滇东重镇曲靖。

曲靖是云南的门户，梁王见明军来袭，急忙派遣司徒平章达里麻领精兵十余万到曲靖布防。达里麻是梁王手下最有经验的将领，梁王闻知明军到达贵州就慌了，他却深不以为然。他说：黔西北遍布崇山峻岭，那里数不胜数的苗蛮部落就够明军对付的，他们哪能那么快到云南来？他率领十万大军到达曲靖后，也不忙着布防，整天沉溺在当地官员绅商的接风把盏中。当地的青楼妓馆相当发达，达里麻和他的下属们自然少不了在那里倚红拥翠，夜夜笙歌，尽情享乐。

明军占领黔西重镇普安后，原准备在那里休整几天。沐英对主帅傅友德建议道："元兵估计我军远来，不熟悉地形，一时不能深入滇境，必定疏于防范。我军若出其不意，以部分兵力倍道急进，打他一个措手不及，定能破敌致胜。"傅友德很欣赏这位青年将领的睿智果敢，于是差遣他为先行，连夜进军曲靖。

大军进入滇境，已近拂晓时分，忽然天降大雾，四面茫茫不见人。明军冒雾前进，至天明时抵达一条水流湍急的大河。沐英一查地图，原来这就是曲靖城东北的白石江。

明军的神速推进使达里麻大吃一惊，他急忙亲率精锐部队万余人在白石江西岸布防截击来犯之敌。两军隔河相望，壁垒森严。傅友德命士兵在山中砍伐树木，扎成数百木筏，准备乘势强行渡河。但由于白石江水流湍急，木筏刚放下河离岸数尺即被冲向下游。而对岸敌军的箭矢却如蝗虫般射来，木筏上的士兵皆被射倒，葬身急流之中。沐英遂向傅友德建议暂停攻击，而令士兵们在江边大张旗帜，擂鼓呐喊，装成随时要发动总攻的模样，造成对岸敌军的高度紧张。这时，他派遣一支奇兵从下游偷偷潜过江去，每个人身上都裹着几层旗帜，身背铜号。这几十个人潜入元军身后，在山林中散开来，到处挥舞旗帜，吹响铜号。达里麻以为被明军抄了后路，连忙分兵去抵敌。江边的防御也一时乱了阵脚。

这时，沐英下达了总攻击令。伏在江东岸的弩弓手以强劲的箭雨压得元军抬不起头来。然后，傅友德从全军中挑选出来的熟悉水性的士兵身背大刀泅过河去，一阵疯狂砍杀，把守在江西岸的元军杀得落花流水。这时，潜伏山中的明军乘势杀出，元军腹背受敌，在慌乱中拼命往曲靖城内逃去，任凭达里麻怎样弹压也制止不住。

沐英控制了白石江两岸，接着数万大军陆续以各种方式渡过河去。骑兵的马匹也纷纷下河泅渡，一时间数千匹战马充塞不太宽的河面，激流都为之阻塞，场面蔚为壮观。

达里麻见白石江失守，急忙返回曲靖，调遣他所辖的十万大军在曲靖城下布下阵势，准备作殊死抵抗。这时，傅友德已率大军渡过白石江，在他的指挥下，沐英亲率铁骑冲入惊魂未定的元军阵中，而傅友德从容布置左右两翼合围。曲靖城下一场鏖战，元军横尸十余里，被俘二万余人，主帅达里麻连举刀自杀都来不及就被沐英活活擒拿于马下。

曲靖距云南城不过数百里，且一路坦途，无险可守。达里麻兵败的消息传来，梁王把匝剌瓦尔密的王宫中立刻像炸了的马蜂窝，乱成了一团。因为达里麻率领的十几万精兵是梁王赖以生存的全部卫戍，现在却被明军一举击溃，连主帅都做了别人的俘虏，还有什么力量可以阻挡明军长驱直入呢？

梁王把匝剌瓦尔密两次杀了朱元璋的使臣，知道自己虽为元朝宗室，即使投降也难得到明军的宽待。这时，他派到前线监军的右丞驴儿从曲靖军中侥幸逃回。驴儿禀告梁王道："千岁，达里麻司徒是极会用兵之人，白石江失守之后他将我军精锐布于曲靖城下，深壕坚垒，誓与明军决一死战，奈何明将沐英骁勇异常，亲率铁骑冲入我阵中，而明军主帅傅友德指挥两翼包抄。他们的士兵装备精良，骁勇善战，炮矢弩箭直压得我军抬不起头来。没多久就把达里麻将军的战阵冲得支离破碎。达里麻得知必将陷入铺天盖地而来的明军包围之中，情急之下要微臣脱下官服从战阵缝隙中觅机逃回，禀告殿下他将与阵地共存亡。微臣后来得知，达里麻身陷重围，未等他拔刀自尽即被明军擒去。"

梁王听了驴儿的报告，心中更是惶恐惊悚，连夜出西门逃往罗佐山中的忽纳寨。过了数日，探知明军已入驻云南城，正在搜寻他们君臣的下落。梁王在逃难中仍放不下他的王爷架子，带着他的臣僚宫室随从一大帮人，哪能不露踪迹？眼看明军将追缉到此，梁王慨然长叹道："孤生为元裔，死作元臣，岂能做朱元璋的阶下之囚？"言罢，他脱下身上的龙衣，命人举火烧掉，然后令军士将他的王妃嫔妾及子女统统赶到滇池深处溺水而亡。

梁王把匝剌瓦尔密站在滇池边上，满脸流泪地看着妻儿们投水的涟漪消失。然后与他的大臣左丞达的、右丞驴儿扑通跪在地上，朝北叩拜。在不远处的草舍中，他已命人在屋梁上挂上三幅白绫。他们君臣三人迈着沉重的脚步走进草舍，各自踏上早已准备的凳子，从容把白绫套进自己的脖子。这时梁王在中央，两边是他的左丞右相，他们朝远处的青山绿水看了最后一眼，各自用力一蹬脚下的凳子，沉重的身体立即高高悬挂在房梁之上，三魂七魄追随万里之外草原上的蒙古列祖列宗去了。

蓝玉、沐英由曲靖进军云南城（今昆明市），一路没有遭遇抵抗。军至板桥，没有跟随梁王逃亡的右丞观音保带领一些官员出城迎降。

打下曲靖后，傅友德亲率一支军队北上攻乌撒。蓝玉、沐英接受了观音保的投降，然后整军入城。按照傅友德的指示，对入城部队严饬纪律，张贴安民告示，同时积极追捕逃亡的梁王及元室官员。后来，沐英得知梁王君臣已经自缢身死，他下令将他们的尸体妥善安葬于罗佐山中。朱元璋一贯善待元宗室，也经常旌扬为元室尽忠死难的忠臣烈士，沐英自然知道该怎么做。

傅友德攻下乌撒后远近蛮部如东川、乌蒙、芒部等，陆续望风归附。沐英又分兵攻取临安诸路。至此，云南境内，除边远蛮荒部族，大部皆已平定，只剩下大理这个重要据点没拿下来。

大理世为段氏所据。梁王为了拉拢段氏，曾将女儿嫁给大理土酋段得功，借此倚仗段氏的强大兵力和影响统治云南。后来梁王怀疑段得功造反将他诱杀了，因此与大理段氏结下冤仇。明军袭来时大理段氏也就隔岸观火，不来援助梁王了。

当时大理的统治者为段明、段世兄弟。朱元璋登基称帝时，他们的父亲段宝曾遣使奉表归附。因此傅友德攻克云南后，以朝廷名义授予段明大理宣慰使之职。谁知段明竟回信说：大理自唐宋以来就是与中原交好的外邦，汉武帝和元世祖亲征都只到达鄯阐（即今昆明），未及大理。请依唐宋故事许我纳贡称臣，每年一小贡，三年一大贡，乞赐班师云云。傅友德当即回书怒斥道：

> 大明龙飞淮甸，混一区宇。陋汉唐之小智，卑宋元之浅图。大兵所至，神龙助阵，天地应符。汝段氏接武蒙氏，运已绝于元代，宽延至今。我帅已歼梁王，报汝世仇，不降何待？

段氏兄弟他们倚仗大理城背靠点苍山、西临洱河的险峻地势，对傅友德的最后通牒不予理会。他们知这一仗不能避免，集中蛮兵主力扼守在易守难攻的龙首关和龙尾关，借以阻抗明军。

傅友德命蓝玉、沐英率师进攻大理。沐英来到龙尾关下，果然该地山势极为险峻，两边悬崖峭壁，只有一个狭窄而居高临下的关口是通往大理的唯一通道。关前还有水流湍急的洱河横亘于前，作为守关者的天然屏障。而关上的蛮兵防卫极为森严。远远望去，关上刀枪林立，垛口里暗藏弩弓毒箭，甚至还有数尊能发射铁籽霰弹的火炮。

蓝玉、沐英召集众将计议，决定派遣定远侯王弼率一支军溯洱河而上，去攻打设防相对薄弱些的龙首关，牵制段氏土酋的兵力。又遣骁将胡海率数百健卒于夜半四鼓由石门间道渡河，绕至点苍山后，攀树援岩而上，在龙尾关后的山顶上遍树明军旗帜。只待天明，胡海一声号令，数百士兵在树林间大声鼓噪，挥舞旗帜，使关上的蛮兵以为被明军抄了后路。而攻关的将士则大受鼓舞，准备好攻关的云梯火器，强弓弩箭，只待沐英一声号令，立即渡河攻关。

这时，沐英观察到守关的蛮兵出现惊乱现象，只见他令旗一挥，身先士卒，策马冲向洱河。一时间，河水几乎淹没了马腹，关上的蛮兵也纷纷向河中射箭。沐英大喝一声，挥动长枪拨开迎面而来的箭矢，带领士兵们奋勇冲上河岸。这时，明军强大的火炮弩箭已将关上的蛮兵压得抬不起头来。接着，训练有素的攻城部队抬着云梯、火器蜂拥而上，关上的蛮兵本已军心动摇，在明军强大的压力下纷纷溃逃作鸟兽散。

王弼顺利攻下龙首关，与沐英合兵一处直袭大理城。这时点苍山上的胡海也挥军驰下，前后夹攻，段世在明军的包围下企图作垂死挣扎，终于力尽被擒。另一个土酋段明也在他的官衙中被捉到。后来他们兄弟俩被解送到京都，自以为没有了生路。朱元璋却传谕道："尔父段宝曾有降表，朕不忍废汝。"于是赐他俩一个名归仁，一个名归义，均授镇抚之职，只是调到永昌雁门等地，不令其回归大理，免得他们再纠集蛮夷兴风作乱。

大理平定后，沐英又分取鹤庆、丽江等城，破石门关，下金齿，滇西南诸蛮部一律降服。自此云南全境除边境少数蛮荒之地外尽皆平定。

沐英偕蓝玉回军云南城，与傅友德等会集滇池，联名向朝廷报捷。平定云南之功以沐英最大，且沐英原是朱元璋的义子，让他镇守边疆甚至比自己那些未经战阵的藩王儿子都放心。于是朱元璋颁诏，令傅友德、蓝玉等班师，留沐英镇守云南，并将元朝所设的中庆路改为云南府，大理路改为大理府，设都指挥使司管辖之。

云南是个多民族的边远省份，许多与缅甸、安南交界的地方世为部落土酋统治。元朝政府对这些部落遣使招降，授土酋宣慰使之职。宣慰使是朝廷承认的少数民族部落土官的最高职务，明代在吐蕃和云南都设有。

在沐英镇守云南时，边境蛮部时有叛乱。在中缅交界处有个较大的蛮部百夷，元朝授予的宣慰使叫思伦发。该地与金齿接壤，金齿降明后，思伦发恐大军入境讨伐，连忙派遣使者入京朝贡，表示愿归顺新朝。朱元璋见他态度这么积极，于是仍然授他为明朝的宣慰使，还让他兼统邻近的麓川诸部。谁知思伦发野心勃发，以为明朝政府软弱可欺，仗着自己有十几万蛮兵，居然造起反来，发兵劫掠和占据邻近的景东等地。

沐英自然不能容忍思伦发的叛乱，派遣了都督冯诚率兵去清剿。谁知景东一仗，冯诚差点全军覆没，手下的一名千户王升也战死沙场。

沐英一面把战况禀报朝廷，一面四处调兵，准备亲自率军前去清剿思伦发。此时思伦发已退回自己的领地。可能是朱元璋不愿扩大事态，命令沐英暂不发兵，而是屯兵要害之地，以逸待劳，采取观衅后动的策略。

沐英奉旨行事，自楚雄至景东，每六十里设一营堡，率兵屯守，令思伦发无懈可击。

过了一年，狂傲好战的思伦发纠集了其他蛮部入侵摩沙勒寨。沐英早有准备，命都督宁正迎头痛击，大破群蛮，斩首一千五百余级。思伦发吃了败仗，深以为奇耻大辱。竟然倾寨而来，气势汹汹地率领号称三十万蛮兵入侵定边。

沐英闻定边告急，亲率三万精骑前往驰救。沐英心里很清楚，所谓三十万蛮兵完全是虚张声势，只要狠狠败它一阵，各部蛮兵就会各顾各地作鸟兽散。

都督冯诚率部刚与蛮军接触，忽见蛮军阵内冲出数千人，身披藤甲，脸上画着花花绿绿的鬼脸，驱赶着数十头大象，象身上也披着竹子做的护甲，竹筒上绑着锐利的标枪。象群气势汹汹地冲过来，都督冯诚从没经过这样的战阵，他的士兵虽备有强弓弩箭，但听说象皮刀枪不入，心中颇有些疑惧。这时，有一名指挥张因率弩箭手来到阵前，只见他弯弓搭箭，瞄准冲在前头的大象，叫一声："着！"箭矢恰好射正大象的眼睛，那头象痛极吼叫着乱冲乱突，倒把来不及躲避的蛮兵踩死了几个。士兵们见张因得手，竞相瞄准大象的眼睛膝头等处施放弩箭。明代军队中的弩箭有极强的穿透力，任凭象皮坚厚也能穿透，军中更有火铳手，他们投入战斗后，更是炮声震天，硝烟弥漫，大象们被吓懵了，不再听蛮兵的驱使，反而掉头来乱冲乱跑，它们身边的蛮兵躲避不及，反被踩死和标枪戳死不少。

破了大象阵，沐英更命三军奋勇向前。这时，敌军中冒出一名叫昔剌亦的蛮将，他带的本部蛮兵也异常骁勇。都督宁正的左军将士被逼得节节后退。沐英骑着马在高处望见此情况，立即剑眉倒竖，从小校手中取过佩刀，喝声："左右随我取贼首来！"他带领一拔亲兵从高岗上急驰而下。

昔剌亦忽然瞥见明军中一勇士握刀驰来，他在惊恐中还没来得及抵敌，只见沐英手中刀光一闪，昔剌亦的人头已滚落马下！

明军将士见主帅冲锋在前，士气陡然高涨，宁正将左军，汤昭将右军，冯诚居中，一齐掩杀过去。蛮兵虽有藤甲护身，禁不住明军的强弓利弩，一个个刺猬般被钉在地下。骑在象背上的蛮军头领更成了活靶，个个身中十数箭，伏在象背上死去。

一场恶战，明军大获全胜，共斩首四万余级，生获三十七头大象。其余的大象尽皆死去，后来堆在一起焚化，恶臭远处皆可闻到。

没有被歼灭的蛮部纷纷逃入山中，从此再也不敢兴风作乱。罪首思伦发索性越过边境，逃到缅甸去了。若干年后方回来上表乞降，贡献了大量的麝香宝石等物品。

那年冬天，诸蛮平定后沐英入朝复命。朱元璋特别赐宴奉天殿，赏黄金二百两、白银五千两、钞五百锭、彩帛百匹。沐英返回云南陛辞的时候，朱元璋下座亲手将他扶起，拍着他的背说："使我高枕无南顾忧者，沐英也。"表示对他极度的信任。

沐英于洪武二十五年病逝于云南，朱元璋颁诏令他的子孙世代镇守云南，沐氏因而脱离当时朝廷的风风雨雨，在屠戮功臣的腥风血雨中，得以免遭劫难。

"孟轲若活到现在，非严惩不可。"

朱元璋废丞相，设四辅官。老先生不通庶务被礼送回家。不拘一格选人才，他亲选乡村秀才曾泰入主户部。朱元璋巡视国子监时说："孟轲鼓吹'民为贵，君为轻'的谬论，有失人臣之道。孟轲若活到现在，非严惩不可。"

朱元璋是一个勇于创新的皇帝，他在诛杀胡惟庸，撤销中书省，废除丞相制以后。一直在探索国家政权机构改革的新路。他的一个重要举措就是"更定六部官秩"。原来的吏、礼、户、兵、刑、工六部都属中书省管辖，现在中书省撤销了，六部的权限也大了。各部尚书直接向皇帝负责，各部管辖范围内发生的重大问题也直接向皇帝奏本，由皇帝御览批决。加上新建的都察院和没有一个总头头的五军都督府，所有大事都直接向皇帝报告。这样一来，朱元璋"事权归于朝廷"的目的达到了，可是，偌大一个国家的管理，所有的重大抉择都系于他一身。尽管他在这段时间内确实做到了"宵衣旰食，日勤不息"，御案上积下待批的奏折却越来越厚，精力充沛的他终于吃不消了。

这时，朱元璋是否暗自反省历代皇帝设丞相做自己助手的合理性不得而知。总之，他又想出了一个新的办法，在自己身边设置四辅官。每个季度设三个辅官做自己的顾问兼秘书。这种辅官地位在公、侯、都督之下，而且只任一季不能连任，以避免他们擅权专政，成为变相的丞相。

负责举荐辅官的吏部官员深谙朱元璋的心思，他们在众多博学的儒士中推荐了王本、杜佑、龚敩为春官，杜敩、赵民望、吴源为夏官，并兼太子宾客。这些儒士都是学富五车满腹经纶的老夫子，年龄最小的也有六七十岁，高龄者已八十有余。让他们草拟诏书文告，辅导太子学业自然足可胜任，但若要处理国家政务、批决各部请示题奏等实务，老夫子们自然是一头雾水，无从下笔。

于是，几位老先生在当了两任春官夏官之后，终于被朱元璋礼送回家。四辅官制随之夭折。这次尝试虽然不成功，但却成了两年后恢复宋朝殿阁大学士制的契机。

洪武十五年，朱元璋任命礼部尚书邵质为华盖殿大学士，翰林院检讨吴伯宗为武英殿大学士，翰林院学士宋讷为文渊阁大学士，翰林院典籍吴沉为东阁大学士。又征耆儒鲍恂、余诠、张长年为文华阁大学士，专事辅导太子。这些大学士基本上都是精通文史的饱学之士，且毕竟曾在政府部门和翰林院任职，比四辅官又强多了。

直到明成祖朱棣即位，命几位翰林院学士解缙、胡广、杨荣、杨士奇等入值文渊阁，参与军机要务，内阁制从此代替了过去的宰相制，成为皇帝处理政务的主要助手。不过，到了明朝末叶，内阁中渐渐沦为一人专权，张居正、严嵩等强势殿阁大学士也就成了没有丞相头衔的权相了。

洪武十五年，经过两年多的选优汰劣，朝廷的六部长官基本稳定下来。这时朱元璋任命的吏部尚书是李信，礼部尚书刘仲质，户部尚书郭允道，兵部尚书唐铎，刑部尚书开济，工部尚书刘俊。

这一天，皇上召见六部尚书。尚书们乘坐饰有金银螭绣带的青缦官轿，不约而同地来到乾清宫外。

工部尚书刘俊是五人中年纪较轻的一个，他拱手问道："诸位大人，知道皇上召我们入宫是什么事吗？"

吏部尚书李信道："召见的都是六部堂官，还有什么事？皇上例行听取我等汇报六部政事嘛。"

年纪较长一把白胡子的礼部尚书刘仲质说："咦，户部尚书郭大人怎么没来？"

李信说："郭大人因病告假了。"

"哼，郭允道这个老滑头，当了三个月尚书倒有两个半月告病在家休养，分明是去年工部尚书薛祥被皇上杖毙把他吓怕了。他想告了假什么事都不管，也就犯不了错，怎么也不会受到皇上的处罚了。"

刑部尚书开济一贯说话尖刻，他这样一说倒真把刘仲质吓住了。老头拉着吏部尚书李信央求道："李大人，仲质本一介腐儒，不通庶务，皇上命我主部务事实在是勉为其难。老夫体弱多病，虽未告假实乃勉强支撑。烦李大人在皇上面前进言，解除老夫尚书一职，就让我去国子监讲'五经'、'四书'，要不当个打更看门的都可以。"

开济笑道："看刘大人说得多可怜。其实呀，刘大人和郭允道患的是一样的病。哈哈！"

到了宫门口，李信忙道："诸位大人，说笑归说笑，在皇上面前，还宜小心应对才是。"

内侍传呼："诸位大人晋见皇上！"

李信等跪拜如仪："臣等叩见陛下，吾皇万岁万岁万万岁！"

"众爱卿平身，赐座。"

朱元璋看看诸位臣子，没有发现户部尚书郭允道。

"怎么，郭允道还是没有来？"

李信奏道："启禀陛下，郭尚书病未痊愈，仍然告假在家休养。"

朱元璋眉头紧皱，恼怒地说："他既然任而不能视事，就免了吧，不能让他占着茅坑不拉屎，误了朕的事。"

"启禀陛下，户部尚书一职，不好物色人才。选道德文章之彦者都又不通庶务，难以胜任举国钱粮赋税之繁。选一个精明的人又容易在贪婪二字面前栽跟斗。前任尚书范敏、徐辉皆以不称职被免。郭允道又是连连称病，为臣不才，一时实在是找不出适当的人选。"李信小心地应对着。

"老在朝中这些现任官员中转圈子，当然找不出适当的人来，你不能把思路放开一点吗？"朱元璋指示道，"今年春天，朕派行人司三百多人分赴各地遍访经明行修之士，不久前你们吏部上报了三千七百余人的名单。难道朝廷花了大力气找来的这许多人中间没有可用之才？你们没有发现，朕倒发现了一个人可以当户部尚书。"

刘仲质等齐声道："啊，陛下慧眼识珠，臣等愿闻其详。"

"户部的人选难觅，主要是因为他主管全国钱粮赋税，既要善于理财，又要端正廉洁，心如止水，绝无贪念。朕于地方举荐的人中发现了一个叫曾泰的秀才，他出身贫寒，自幼丧父，以苦读举孝廉。尝为族里理庙产，数十万分毫不爽，而其所取仅每日三个馒头而已。像这样能干而又廉洁的人，朕深爱之。昨日令有司召见，果然年轻俊朗，对答称旨。朕决心启用他，诸位爱卿以为如何？"朱元璋说及自己亲自发现的人才，颇有几分自得。

李信问："陛下可曾问过，这个曾泰，举孝廉之后他曾在县州府担任过什么职务没有？"

"朕曾问过。他说因家境贫寒，无力捐荐，至今仍是白衣秀士一个。卿等应知天下英才因此埋没的不在少数。"

吏部尚书李信管着朝廷官员的任免。他是个很坚持原则的人，因而固执地劝谏道："陛下想任用秀才曾泰为户部尚书，臣以为欠妥。国家官吏，必须循序渐进，方能积累经验，胜任更高一级的职务。曾泰一白衣秀才，连一个县乡的财赋都没有理过，遑论举国之大？臣以为，最多让他在户部任一主事或员外郎，历练几年之后，方可视其政绩予以擢升。"

"迂腐之见！"朱元璋有些发怒了，"像你这样，何论不拘一格选人才？曾泰出身贫寒，深知稼穑之艰辛，细民之疾苦。他又是读书人，明礼义之道，具廉耻之心，所缺的只是经验。一个人只要根基好，经验是可以在实干中积累的。朕意已决，明日早朝，即颁诏任曾泰为户部尚书。此举将在士子中引起多大的震动啊！"

李信面有愧颜地说："陛下圣明。臣担心的是曾泰年纪轻轻的，难于胜此重任啊！"

朱元璋嘴一撇："哼，别看你们都年纪一大把了，就都那么称职吗？"

大臣们见皇上面有愠色，忙跪下惶恐谢罪："臣等有负圣恩，请陛下责罚。"

"罢了罢了，都起来吧。只要你们是兢兢业业地为朝廷办事，朕不会无缘无故责罚你们的。"朱元璋缓和语气道："自撤中书省之后，六部直接对朕负责，你们的责任更大了。现在缺员很厉害，吏部可于此次各地举荐的三千七百余人中，挑选一些人试做地方布政、按察使、参政等官，亦可补充各部属员。另外，国子监了这许多年，也该为国家贡献人才了。朕明日去国子监看看，刘爱卿，你随朕去一趟吧。"

刘仲质连忙答应："老臣遵旨。"

朱元璋是很重视教育的。他虽是个马上皇帝，以武功取天下，但登基之后，深知治理国家需有大量合格的人才。而人才的一个来源是"开科取士"。洪武三年，他颁布诏令道：

> 汉唐及宋，取士各有定制，然但贵文学而不求德艺之全。前元待士甚优，而权豪势要，每纳奔竞之人，夤缘阿附，辄窃仕禄。其怀材抱道者，耻与并进，甘隐山林而

不出。风俗之弊，一至于此。自今年八月始，特设科举，各取经明行修、博古通今、名实相称者。朕将亲策于廷，第其高下而任之以官。使中外文臣皆由科举而进，非科举者毋得与官。

诏令一下，京师及各省都于当年八月举行乡试，每个省取中举人二十五至四十名不等。第二年，举人们齐集京城会试，甚至连邻近属国高丽、安南、占城都派了学子前来赶考。会试举子取中一百二十名参加殿试，朱元璋亲自出题策问，最后午门外高挂黄榜，浙江的吴伯宗高中一甲进士第一名，他被授礼部员外郎之职。一个白衣秀士依仗自己的锦绣文章做到从六品的高官，这大大鼓舞了那些刺股悬梁、寒窗苦读的士子们。

然而朱元璋的行事常常令人难以捉摸，轰轰烈烈的会试试行两年之后，他感觉科举所取中的多为后生少年，能以所学为国效力者不多，于是又下令停止科举取士，仍然采取由地方政府举贤荐能的办法，来满足后备官员的需要。

科举考试一停十年，也许是因为广大士子的强烈要求，洪武十七年恢复各省州府乡试，第二年八月在京城会试。毕竟开科取士是读书人谋取前程的唯一途径，禁令一开，群英毕至，科场网罗了许多青年才俊。像后来辅佐建文帝的两位名臣，兵部尚书齐泰就是洪武十七年应天府乡试第一名。太常卿黄子澄是洪武十八年会试第一，由翰林院编修伴读东宫，成为辅佐建文帝登基的主要谋臣。

朱元璋尽管一时摒弃"科举取士"的方法，对于教育仍然不遗余力。洪武二年他指示中书省道：

> 学校之教，至元其弊极矣。上下之间，波颓风靡，学校虽设，名存实亡。兵变以来，人习战争，惟知干戈，莫识俎豆。朕惟治国以教化为先，教化以学校为本。京师虽有太学，而天下学校未兴。宜令郡县皆立学校，延师儒，授生徒，讲论圣道，使人日渐月化，以复先王之旧。

他命令各地大建学校，府设府学，州设州学，县设县学。学校生员数十百人不等。凡入学生员有司发给月廪食米六斗，教官月俸若干。鼎盛时全国教官达到四千二百余员。朝廷还任命有学问的儒士担任教授、学正、教谕等官职，分别管理州、府、县的学堂。

国子学相对于府、州、县学，是设于京都的最高学府。原来国子学设在应天府学内，朱元璋嫌它规模太小，容纳生员不多，不够气派，下令在鸡鸣山下大兴土木兴建新的国子学和太庙，并将国子学更名为国子监，设祭酒、司业、监丞等官管理之。这些学官都是饱学的鸿儒，最著名的一任祭酒宋讷还被封为文渊阁大学士，可见其地位的崇高。

国子监规模宏大，有六座堂馆是祭酒、司业和博士、助教们为监生授课的地方。另有监生宿舍若干栋，名为"号房"。

国子监的数千名监生来源有三种。一种是府学曾中举人的叫"举监"，未中举的一般生员叫"贡监"。这算是凭真才实学取得入学资格的正宗监生。另一种是三品以上官员的子弟恩准入学的叫"荫监"。而一些富家子弟也可借捐资入学，或对国子监的兴建做出贡献，这类人叫"例监"。

监生们在国子监的生活费用全部由国家供给，按时发放"布帛文绮、袭衣巾靴"，正旦元宵还发放"节钱"。监生还可每年回家归省父母，由国家发给新衣和路费。后来，马皇后念及许多监生家境贫寒，在监中建红板仓二十余座，积粮供贫困监生养家。

国子监是国家培养官吏的摇篮，有科举考试时监生通过科考会试进入官场，即使是在科举考试停止后，监生也可通过派往国家机关实习，这种方式叫作"监生历事"，"历事"成绩优渥者即可留下当官。

洪武十五年，规模宏大的新国子监于鸡鸣山下落成。国子监的旁边就是供奉大成至圣先师孔圣人的太庙。朱元璋曾多次临幸国子监。他幼年时没读多少书，对自己为士子们创造这么好的条件深感自豪。

朱元璋在礼部尚书刘仲质的陪同下，轻车简从来到鸡鸣山下的国子监，事先没有得到通知的国子监祭酒大学士宋讷和司业王嘉会慌忙率领五六位老先生跪伏道旁迎驾。

朱元璋颇为怜惜地下的那几把白胡子，和颜悦色地道："众位老先生请起。"

"谢陛下。"

宋讷请皇上到监舍中安坐，即有小学童献上香茗。

朱元璋首先问道："朕令曹国公李文忠兼领国子监事，近日他可曾来此巡视？"

宋讷奏道："禀陛下，曹国公对监事关怀备至，经常来监与老臣等切磋商讨。大至教授的聘任、功课的设置，小至诸生的饮食沐浴，无不关切。唯闻他近日身体违和，未能前来视事。"

"宋爱卿，朕于国家艰难之际，不惜斥巨资兴修太学，只缘人才乃国之根本。请诸位老先生善体朕意。"

司业王嘉会奏道："陛下尊儒重文，老臣等深为感佩。惟有尽臣等平生之学，训诲学子，为国家培养栋梁之材，以慰圣衷。"

"是啊，国子监集全国士子之精英，更复有勋臣品官子弟入学，朕是寄予了厚望的。朕闻诸位老先生兢兢业业，终日端坐课堂为诸生讲解稍无懈怠，有时甚至夜晚还留宿于学舍。你们都是年逾古稀之人了，全是国之瑰宝，可要注意身体啊！"

朱元璋素来尊重饱学的鸿儒耆宿，对待他们从未像对大臣们那么严厉。他们在学监中的一些小事皇上都知道了，这使宋讷深为感动。

"老臣等深知陛下寄望之殷切，惟有呕心沥血，兢兢业业从事。明年陛下重开进士科，全国人才荟萃，若国子监诸生不能名列前茅，老臣等有何颜面见国人？"

"哈哈哈，但愿监生们不负宋爱卿所望啊！"

这时，礼部尚书刘仲质请示道："启禀陛下，是否要巡视一下监生们受业的课堂、号房等处？"

朱元璋摇摇头，道："朕已多次来过，若再视临，必然影响诸生学业，还是不去为好。

烦宋爱卿领朕到太庙去瞻拜一下孔圣人吧。"

"老臣遵旨。"

宋讷、王嘉会等陪同朱元璋从国子监出来，经棂星门来到气宇轩昂的大成殿前。这里供奉着大成至圣先师孔子的塑像，两旁配享的是他最有名的四位弟子：复圣颜子、宗圣曾子、述圣子思和亚圣孟子。

礼部尚书上前代皇上进香行礼。礼毕，朱元璋与诸儒臣徘徊殿中，瞻仰诸位圣贤。

"诸位爱卿，历代对于祀孔多有争论，唐代尊孔子为文宣王，宋代甚至要尊其为帝。朕以为，孔子之功绩在于以教化育人，故世人尊他为万世师表。封王封帝固显尊贵，但历朝历代，帝、王数不胜数，而万世师表仅孔子一人，究竟何为尊贵？故朕以为尊孔子为大成至圣先师是最为恰当的称号，应去文宣王等虚衔。"朱元璋滔滔不绝地表明自己对尊孔的看法。他又提起一件往事："宋濂任国子监司业时，这老先生过于迂腐，他认为孔子及圣徒塑像均为后世凭空臆想捏成，殊属不伦不类。他居然奏请大成殿里去掉孔子及圣徒塑像，以画像和神位代之。此论一出，读书人一片哗然。朕顺应民意不准此奏，并处罚了宋濂，这塑像方保留下来。否则，今日这大成殿就空荡荡只剩几个神位了。"

王嘉会连忙奉承道："陛下圣虑深远，天下士子于读圣贤书之余能一睹至圣先师及其弟子的丰采，皆拜陛下所赐啊！"

"哈哈，想不到朕无意中倒为读书人做了一件好事，孔夫子在天之灵也会庇佑朕吧。宋爱卿，朕对从祀孔圣人的这几位弟子还是不甚了解，卿能为朕解说一二吗？"

"老臣领旨。"宋讷指点着四位圣徒的塑像解说着，"这位是颜回，是孔子最欣赏的嫡传弟子，人称复圣。这位是宗圣曾子，名参，以孝著称，相传《大学》是他所著。这位是述圣子思，孔子之孙，《中庸》是他最著名的著作。这位是孟子，名轲，他后于孔子约一百年，被公认为孔子学问和道德的继承人，故称亚圣。"

朱元璋笑笑说："这位倒是朕打过交道的。洪武五年，朕偶读《孟子》，一气之下，下令罢其配享，大成殿里也一度没有了他的塑像。孟轲主张'法先王，施仁政'，要求'省刑薄赋'，鼓吹'民为贵，君为轻'的谬论，甚至还煽动细民犯上作乱，推翻他所说的'暴君'。他这些话，有失人臣之道，孟轲若活到现在，非严惩不可！"

他这番话弄得几位老先生面红耳赤，颇为尴尬。宋讷只得顺着他的话呐呐地解释说："皇上圣明。然老臣以为古贤哲之言，均据当时时势而发，不足以做万世。对一千八百多年的孟子，陛下不能求全责备啊！"

"诚因为如此，朕后来仍然恢复了他的配享。不过，"四书"是国子监生员必修之课，《孟子》中许多过激的言论必须删改，不能任其流毒后人。"朱元璋转过头来指示同行的礼部尚书："刘爱卿，朕命你负责此事，望善体朕意，与诸位老先生仔细斟酌，择其要者删改之，报朕审定后刊行。"

刘仲质与众儒臣面面相觑，但他此时不敢作丝毫辩驳，只得低着头嚅嚅地应答："臣……遵旨。"

朱元璋起驾回宫后，国子监的几位老先生围着礼部尚书取笑。

"皇上命刘尚书删节《孟子》一书中的过激言论，哎呀刘大人，删削圣贤之书，这可是个扬名立万世的优差啊！"

刘仲质急得脸红脖子粗，连声道："哎哎，诸位老先生，你们就别再取笑下官了。这这……昔日秦始皇焚书坑儒都没有做到的事，下官也是个读书人呐，你们说我敢做吗？那岂不遭天下的士子骂死！看来我只有借个由头辞官不做，告老还乡了。我要走了，这事儿就落到诸位老先生头上啰。"

"这种事老朽是宁死也不做的。"宋讷挺认真地说，"连这点骨气都没有，还读什么圣贤书，当什么祭酒、司业？岂不误人子弟么？"

王嘉会道："不过看来皇上似乎是挺认真的。他以为把圣贤书中那些不合自己口味的东西删掉，重新刊行一遍，就能消除其影响。殊不知读到士子们肚子里的东西是消除不掉的。就以'重民轻君'之说而论，它已流传千多年了，恐怕历朝历代的暴君都对它恨之入骨，变着法子想要削弱它的影响，以维护至上的皇权。结果怎么样？看来孟夫子的一句话胜过无数帝王的刀剑斧钺啊！"

宋讷也同意他的见解，他补充道："若是强权终能压服真理，我们都这么一把年纪了，守在这里谆谆教诲这些生员还有什么意思呢？这就是先圣先贤的博大精深思想的力量所在啊！"

刘仲质摇头感叹道："为人君者往往希望借助先圣先贤思想的力量为其所用，都又不喜欢其中的某些部分，这就难为我们做臣子的了。"

宋讷虽能体谅他们这些部臣的难处，可老先生拗劲一上来，却不管不顾地说："不过，刘尚书，依老朽之见，无论怎样读书人的气节不能随便丢掉，那会遭致万世骂名的。你说是么？"

刘仲质拱手一揖谢道："老先生至理名言，下官承教了。"

删节《孟子》一事由于儒臣们的抵制，直到洪武二十七年，方由有些昏聩的八十二岁老儒刘三吾编成一册《孟子节文》，刻板颁行全国。被删削的孟子言论有"民为贵，社稷次之，君为轻"；"桀纣之失天下也，失其民也。失其民者，失其心也"；"君有大过则谏，反复之而不听，则易位"；"君之视臣如草芥，则臣视君如寇仇"等八十五条。被删节的部分虽未下令焚毁禁绝，但也规定了"学校不许以之命题，科考不许以之取士"。不过，纵使有这样的严令，孟子顺应历史潮流的重民轻君思想远不是朱元璋的大棒所能扼杀的。而那本丑陋的《孟子节文》终为时代的烟尘所湮没，成为后世读书人的笑柄。

大明帝国

下 血雨腥风

周建行 ◎ 著

上海社会科学院出版社

目录（下）

第十九章　马皇后驾崩 …………………………………… 1
　　　　　　宁妃兄长装疯脱祸 ……………………………… 1
　　　　　　朱元璋沉痛哀悼亡妻 …………………………… 7
　　　　　　用钢刀和铁腕回击标榜仁政的黑手 ………… 12
　　　　　　怪异和尚语出惊人 …………………………… 18

第二十章　"空印案"和"御河死婴案" ……………… 26
　　　　　　枉杀百官的"空印"大冤案 ………………… 26
　　　　　　御河中漂来一具死婴 ………………………… 32
　　　　　　给皇上戴绿帽的胡妃 ………………………… 38

第二十一章　元勋的厄运 ………………………………… 44
　　　　　　李文忠交结文人墨客获罪 …………………… 44
　　　　　　徐达患背疽被接回京城 ……………………… 50
　　　　　　"皇上赐的鹅羹真鲜啊！" ………………… 57

第二十二章　"郭桓案"大惩贪 ………………………… 63
　　　　　　投机取巧，郭桓荣升侍郎 …………………… 63
　　　　　　盗卖官粮，全国二万官员被杀 ……………… 69

第二十三章　执拗文臣　血溅御阶 …………………… 75
　　两个皇上亲自提拔的读书人 …………………… 75
　　还笏辞官却被掼死阶下 …………………… 80

第二十四章　大将军乐极生悲 …………………… 87
　　冯胜率师征伐金山 …………………… 87
　　名马宝珠，贪婪的胜利者 …………………… 93
　　十五岁小妾与老帅的悲哀 …………………… 100

第二十五章　蓝玉北征大捷 …………………… 106
　　有勇无谋的蓝玉哪能跳出他的手心 …………………… 106
　　元主妃子遭蓝玉奸污羞惭自尽 …………………… 111

第二十六章　老太师之死 …………………… 119
　　江上杀人灭口，螳螂捕蝉黄雀在后 …………………… 119
　　李善长修府第向汤和借三百兵丁 …………………… 126
　　怀抱免死铁券的老太师被赐死 …………………… 131
　　王国用冒死上疏为李善长鸣冤 …………………… 138

第二十七章　雏鹰试飞 …………………… 145
　　朱元璋第一次命藩王领兵出征 …………………… 145
　　"燕王很会用兵，肃清沙漠就靠他了" …………………… 151
　　嗜血的蓝玉把怒气全都撒在叛番身上 …………………… 156

第二十八章　淫邪藩王与宽仁太子 …………………… 162
　　跳裸体舞与米脂选秀女的王爷 …………………… 162
　　左都御史举劾秦王六大罪状 …………………… 168
　　秦王施美人计命宫女为太子侍寝 …………………… 174
　　太子考察秦陕染疾回京薨逝 …………………… 180

第二十九章　谁都想登上储位 …………………… 187
　　秦晋二王密议立储之事 …………………… 187
　　刘三吾拥立允炆为皇太孙 …………………… 192

| 第三十章 | 蓝玉——又一起谋逆案 | 198 |

　　他战功愈多，愈是心腹大患 ………… 198
　　春狩遇刺，蓝党伏诛 ………… 204

| 第三十一章 | 四位老将的悲剧 | 211 |

　　秽乱宫闱的孽子连累老父 ………… 211
　　傅友德镇定自若："皇上，老臣去了！" ………… 217

| 第三十二章 | 纵欲过度的王爷 | 223 |

　　秦王奉命征剿洮州叛番 ………… 223
　　他和四名妓女折腾了一夜，天明一命呜呼 ………… 228

| 第三十三章 | 皇上指挥的最后一战 | 235 |

　　蒙古骑兵侵扰，边塞烽烟四起 ………… 235
　　燕王彻彻儿山擒斩孛林 ………… 240
　　大会试惊现"南北榜" ………… 246

| 第三十四章 | 怒斩驸马欧阳伦 | 251 |

　　驸马公主手头拮据想发财 ………… 251
　　一趟走私赚了二万四千两银子 ………… 256
　　朱元璋大义灭亲赐死欧阳伦 ………… 262

| 第三十五章 | 危机潜伏 | 268 |

　　父皇七十寿庆，燕王敬献大明皇舆图 ………… 268
　　他隐隐感到自己百年之后潜在的危机 ………… 273

| 第三十六章 | 卸去铁血君王外衣 | 280 |

　　老天为什么这样惩罚朕？ ………… 280
　　一封敕书引起的震动 ………… 285

| 第三十七章 | 皇上龙驭归天 | 290 |

　　噩梦丛生亡灵索命 ………… 290
　　美丽女人们伴随皇帝同行 ………… 294

后记 ………… 300

第十九章

马皇后驾崩

宁妃兄长装疯脱祸

郭德成犯了皇上的忌讳，慧黠的宁妃暗嘱他装疯脱祸。马皇后病逝，临终遗言恳求朱元璋求贤纳谏，省刑修德。宫女太监怀念贤后对他们的好处，齐集宫门外一面流泪一面唱颂："我后圣慈，化行家邦，抚我育我，怀德难忘……"

八月，万春宫外面花木葱茏，浓荫匝地。宫内帷幕低垂，一片幽雅恬静。太监宫女们走路都轻悄悄的，唯恐影响主子娘娘的休憩。万春宫的主子郭宁妃是朱元璋最为宠爱的妃子之一。她十六岁就嫁给了朱元璋。那时，朱元璋还是郭子兴手下的部将。宁妃的老父郭山甫极会相面。他一见朱元璋就断言他将来贵不可言。于是老人差遣自己的两个儿子郭兴、郭英跟随朱元璋渡江作战。老人私下对儿子们说："为父相你们必将封侯就是因为这个人。"不但如此，他还将自己十六岁的小女儿许给朱元璋做妾。

郭兴、郭英兄弟跟随朱元璋累立奇功，先后被封为巩昌侯和武定侯。美丽聪慧的郭宁妃也深受朱元璋宠爱，洪武三年她为朱元璋生下一位皇子，刚满两个月即被封为藩王。从此，宁妃的地位日益尊荣。随着时光的推移，郭宁妃已三十余岁，论青春美貌自然比不过后来进宫的那些丽人，但她善于保养自己的容颜，也深谙朱元璋的脾气习性，对他分外温柔体贴。因此比别的妃嫔能够得到皇上更多的宠幸。

这天，郭宁妃在宫中百无聊赖，命宫女架好瑶琴，焚点檀香，自己坐在琴台前弹起琴来，那琴声徐缓幽怨，透露出宫廷生活的慵懒与无奈。

朱元璋忙完一天政事之后，来到宁妃宫门外。这时，悠扬的琴声从宫中飘散出来。内侍正要入内通报皇上驾临，被他示意制止了。他站在宫门外听了一会儿琴，等到琴声奏完一小段，他才缓步走进宫中。

宫女们见皇上驾到，慌忙跪下迎接，并报告宁妃。宁妃立即中止了弹琴，袅袅娜娜地前来接驾。

"臣妾接驾来迟，请万岁恕罪。"

朱元璋将她扶起道："是朕在宫门外听你奏琴，没让他们通报。爱妃，你的琴声为何如此忧伤啊？"

"深宫寂寞，又难得见到万岁的身影。琴为心声，臣妾弹得出欢乐的曲子吗？"宁妃搀扶朱元璋坐下，倚在他身旁撒娇地说。

"看来朕得下令宫中不许抚琴，把这些琴都烧了，免得你们借此发泄心中幽怨。"

"男人借酒浇愁，女人抚琴诉怨。在这深宫中又没有别的消遣，万岁爷，求您别剥夺了臣妾这点小小的嗜好，好不好？"宁妃故意嘟起好看的小嘴，摇着朱元璋的大腿说。

"罢了，朕跟你开开玩笑而已。难道堂堂大明天子，不知道焚琴煮鹤是最煞风景的事吗？"

宫女捧上皇上爱喝的安徽红茶，宁妃接过茶盅，亲自捧给朱元璋。

"万岁，请用茶。"

宁妃身上散发着淡淡的幽香，朱元璋故意嗅嗅鼻子，说："爱妃，今日宫中好香啊！你熏的什么香，如此芬芳扑鼻，令朕心醉神迷？"

"臣妾宫中是从不熏香的。"宁妃半开玩笑地说，"皇上怕是在别的妃子宫中待长了，鼻子里还留着她们身上的香气吧？"

"爱妃又冤枉朕了。这一向国事繁忙，朕除了偶尔去探视皇后的病情，哪个妃子宫中都没有去。有时间就到你这里来，你还不知足吗？"

乖巧聪慧的郭宁妃马上见风使舵，挨到朱元璋身上，款款玉臂挽住他的脖子。

"皇上的恩典，臣妾哪能不知道呢？臣妾是故意逗皇上开心才这么说的，皇上就当真了？"

"你要知道，朕在朝中处理政务，内忧外患，水旱灾情。有时还要与心怀叵测的逆臣们钩心斗角，多少烦心的事啊。回到宫里来，只希望看到一张张美丽的笑脸，从温香软玉中得到一点安慰，哪有闲心同你们争风怄气？"

"臣妾下次不敢了。"宁妃见他要生气，赶紧施展软功，在他满是胡须的脸上亲了一下。"今天臣妾吩咐御膳房做了几款皇上最爱吃的小菜，臣妾陪皇上喝酒好吗？"

"好，让他们就摆在这里吧，朕也真是饿了。"

内侍奉上酒肴，郭宁妃亲自为朱元璋把盏斟酒，把各种他爱吃的小菜夹到他的碗中，甚至喂到他的嘴里。精美的菜肴和爱妃甜甜的笑靥使朱元璋深感惬意。

一宫女走到宁妃身边低声禀告："娘娘，郭德成舅爷进宫来看您，现在宫门外候旨。"

宁妃低声恼怒地道："蠢奴才！皇上在此进膳，让他候着吧。"

朱元璋问道："是谁来了？"

"臣妾的三哥郭德成。"宁妃无奈禀道，"臣妾让他办点事，特此前来复命，不想冲撞了圣驾。"

"让他进来一道陪朕喝酒吧,有个男子汉陪着喝才有劲。"

宁妃急了,忙道:"皇上,我这个兄长一介市井小民,孤陋无知,不堪陪伴圣驾,还是不宣的好。"

"哈哈哈,市井小民何妨?朕不也是布衣出身吗?他既是爱妃的兄长,也就是朕的国舅爷了,见见何妨?"

"谢皇上恩典。"宁妃只得吩咐宫女,"宣他进来吧。"

内侍走到宫门外高声传呼:"万岁宣郭德成晋见!"
矮矮胖胖的郭德成随着宫女进来。

"微臣郭德成恭请圣安。"他匍匐在地,口中喃喃念着,"吾皇万岁万万岁!娘娘千岁千千岁!"

见他一团肉丸似的缩在地上,朱元璋顿觉好笑:"郭德成,不必拘礼,起来一道陪朕喝酒吧。"

"微臣不敢。"

"朕叫你喝你就喝,有什么敢不敢的?你还是朕的舅兄嘛。来来来,朕将这一金樽酒赐给你,我们君臣先对饮一樽。"

"谢主隆恩!"郭德成跪接金樽,仰头一饮而尽。

朱元璋吩咐:"赐座。"

"谢皇上。"

宁妃笑着对朱元璋说:"皇上,臣妾这位兄长,别的不会干,您叫他喝酒倒是颇能奉承圣意的。"

"是吗?"朱元璋不经意地问,"他现在当的什么官?"

"他能当什么官?蒙圣上恩典优礼外戚,挂了个骁骑舍人的虚衔而已。"

"你们的两位兄长,都是朕的大将。郭兴封了巩昌侯,郭英从小就是朕的侍卫,跟随傅友德征云南论功朕也将封他侯爵。你怎么也是将门之后呀。郭德成,朕赐你当个都督佥事,怎么样?"

听说皇上要赐他官爵,郭德成悼恐离席一揖道:"启禀陛下,微臣实在不敢担当此任,请陛下收回圣命。"

朱元璋眉头一皱,颇为不悦:"朕念你妹伴驾有功,两个兄长又是朕的将领,好意授你这个职位,让你享点俸禄。你如何还要抗旨?"

郭德成跪奏道:"陛下对微臣一家圣眷甚隆,微臣岂不知应感恩图报?但微臣生性喜爱杯中之物,一贯散懒成性,不能治事。若身居高位,误了朝廷的要事,必将招来杀身之祸。人生在世,只要有金钱美酒足矣,其他功名利禄非我所望。所以还是请陛下收回成命,另选贤能吧。"

"嘿,你这个人疯疯癫癫,说的倒还有点道理。起来吧,"朱元璋点头道,"倘若臣下都像你这样不争官位,也省得朕用刑罚来对付那些追名逐利之徒。好啦,朕就不要你做官了。不过你抗旨不遵,朕要罚你三杯!"

"谢皇上,臣愿领罚。"郭德成乐呵呵地说。

内侍在郭德成面前一连斟满三樽酒,他端起"吱吱吱"一饮而尽。饮毕醉态毕露,踉踉跄跄地离席匍匐谢恩。

"微……微臣………谢皇……皇上……赏赏酒……"

郭德成一面口齿不清地说着,一面叩头谢恩。一头叩下去,冠帽脱落在地,光秃秃的脑门上滑稽可笑地耷拉着几根稀疏的头发。朱元璋看了觉得好笑。

"看这个醉疯汉!头发秃成这样,是不是因为酒喝多了!"

郭德成摸着自己的秃头说:"禀陛下,这几根毛微臣还嫌它碍事,想把它剃光成个和尚才痛快呢!"

一听他提"和尚"二字,朱元璋骤然色变。郭宁妃偷偷看他的脸色,知道哥哥闯祸犯忌了,连忙喝止他道:"德成,你喝醉了,别在这里丢人现眼了,回家去吧!"

郭德成犹自懵懂强辩:"我我……没醉!我还要陪皇上喝个痛快!"

"回去!"

郭宁妃示意宫女强行把他架走,然后赶紧去安抚余怒未息的朱元璋。

"这个酒疯子,他经常是这样疯疯癫癫,皇上千万别生气。酒喝得差不多了,臣妾陪皇上歇息去吧。"

在凤榻上和朱元璋一番颠鸾倒凤之后,半裸的宁妃紧贴着朱元璋,纤手玩弄着他浓黑的胸毛,娇滴滴地说:"皇上,臣妾兄长是个混蛋,您千万别见怪啊!"

朱元璋含混地"嗯"了一声,立即响起了鼾声。

朱元璋出身微贱,自己原本并不以为耻。他曾多次在檄文中自称"淮右布衣""江左布衣",但在皇帝的宝座上坐久了,便以继承天命的圣主自居,再也不愿人家提起他年轻时落魄当和尚四处云游乞讨的事。他怀疑文人们有意在奏章贺表中讽刺挖苦他,因此和"僧""贼"谐音的"生"字、"则"字等都成了忌讳,有几个人还因此丢了脑袋。

郭德成不小心说自己想剃光成和尚才痛快,自然犯了朱元璋的忌讳。宁妃见他脸色遽变,心中小鹿直撞,为自己兄长的性命担忧,当时掩饰过去了,第二天她仍不放心,派了一名太监出宫去郭府,秘密地传达宁妃懿旨,交待郭德成必须如此如此,方能脱祸免灾。

郭德成当时吓呆了。他脸色凝重地连连点头,作揖打躬地送走了太监。

打那天起,郭德成就经常出现在街头,他光秃着脑袋,穿一件又破又脏的黄色袈裟,颈项上挂着一串蒜头串成的佛珠穿街走巷,嘴里疯疯癫癫地唱经念佛。有时还胡乱捡起地上的脏东西往口里塞。

郭府周围认识他的人们都诧异地说:"这郭三爷平时就爱喝些酒,怎么无缘无故地疯了呢?"

他的这些举动自然有人报告给皇上。

几天后朱元璋又临幸宁妃的万春宫，他问宁妃道："爱妃，那天朕还以为你哥哥喝多了说醉话，这两天很多人看到他在大街上疯疯癫癫，还捡脏东西吃。他果真疯了？"

郭宁妃伤心地拭着眼泪禀道："家门不幸，三哥竟因酗酒过量而致疯癫。臣妾自会让两位兄长派人去照料他。他既已如此，皇上就饶恕他冲撞之罪吧！"

"罢了，难道朕还要和一个疯子计较？"朱元璋显得很大度。

"臣妾代兄长叩谢皇上。"

郭宁妃庆幸自己兄长脱灾免祸，正要以柔情缱绻来答谢皇上，忽有内侍匆匆进来禀报。

"启禀皇上，皇后娘娘不好了！"

朱元璋骤然色变，手中茶盅砰然落地。

"起驾！"

马皇后卧病已久，朱元璋担心她的病情有什么急剧的变化，闻报急匆匆来到马皇后的寝宫，只见宫中一片慌乱。

内侍传呼："皇上驾到！"

朱元璋心慌意乱地直趋马皇后病榻前，只见她仰卧在床上，面如纸色，已不省人事。太子夫妇正跪在床前一面哭泣一面呼唤："母后，母后……"

"你母后怎么啦？还不快传太医？"朱元璋厉声地问太子。

"父皇，母后病重以来，一直不让太医看病。儿臣命太医开了方子，她老人家也把煎好的药打翻了。她说自知病入膏肓，服药是死，不服药也是死。大明典律森严，她何必因自己的病害御医们丢了性命呢？"太子说完这些话已是泣不成声。

"皇后身边这些服侍的奴才怎么不早来向朕禀报？"朱元璋厉声道，"传旨：都给我杖毙了！"

"禀父皇，母后怕父皇迁罪他们，早已命宫正司把服侍她的宫女打发回原籍，几个老太监也调到别的宫里去了。这一批宫人都是儿臣从东宫带过来的。"

这时，马皇后从昏厥中苏醒过来，轻轻咳嗽了几声。朱元璋忙为她抚胸舒气，在朱元璋和太子夫妇的呼唤声中，马皇后终于睁开了眼睛。

见朱元璋坐在床前，她气若游丝地挣扎着说道："陛……下、臣妾……害你……受惊了……"

朱元璋紧紧拉着她的手，像是害怕死神重又把她夺走。他老泪纵横地说："秀英，你……你不能走啊！"

马皇后艰难地摇摇头，使出胸腔里的最后一点力气，凑在朱元璋耳边缓缓地说："臣妾常说，死生由命，这都是天意，不可强求啊。臣妾辅助皇上，由布衣而定鼎天下，现在天下一统，四海归心，众皇子都已长大成人，臣妾死而无憾了。"

说完这些话，马皇后脸上露出一丝安详的微笑，这使朱元璋欣喜若狂。

"秀英，你笑了！你笑起来多美啊！不，你不能死，朕不许你死！朕这就传旨把普天下的名医都请进京来为你治病。就是把整个国库都花光，朕也要治好你的病！"

"皇上，来不及了，臣妾就要走了……"

马皇后说毕又昏厥过去。朱元璋又是拍她的脸，又是摇她的身子，急切地喊着：

"秀英，秀英！你醒醒，醒醒！"

"母后，母后！"太子一面喊着一面伏在床头痛哭。

马皇后复又苏醒过来了，嘴唇翕动着。朱元璋知道这是她生命最后的回光返照，忙凑近去问她有什么遗言。

"秀英，你想对朕说什么？"

马皇后出现了弥留时的景象，她的嘴唇翕动着，吐出一些断断续续的语句："愿……陛下……求贤纳谏……省刑修德……使天下……臣民……能过……太……平……日……子……"

她强撑着说完这些，脑袋一歪，溘然长逝。

朱元璋和太子夫妇伏在她身上号啕痛哭。宫人们齐齐跪倒在地，哀声一片。

皇宫中为马皇后举行丧礼，坤宁宫宫门外一片素白。灵堂中敬立着"孝慈昭宪至仁文德承天顺圣高皇后"神位，马皇后的楠木灵柩安置在高大的灵堂内，当时正值仲秋八月，南京暑气未消，灵堂下面连夜发掘数口深井，白森森的冷气由地底下冒出，使灵堂内凉气飕飕。皇太子率太子妃、皇太孙及在京的诸皇子、公主，都着厚厚的白色棉袍披麻戴孝匍匐守灵。

这是大明朝第一次帝后丧葬大礼，礼部参照宋朝礼制，在京文武官员及候补吏、监贡生等食皇家俸禄的人，每人发白布一匹，令自制丧服，服丧百日。武官五品以上、文官三品以上及其命妇，都要以麻布盖头，着麻草鞋至乾清宫哭临。京城与外地，禁屠宰，停音乐、嫁娶，官与民或百日或一月不等。

京城各大寺、观的僧侣道士都自动摆开法场，为已故皇后念经超度。百姓们入不了宫，也就在那里烧纸钱纪念贤后。寺观中法号长鸣，纸幡飞扬，热闹非凡。

最怀念马皇后的是宫中的宫女太监们，想起贤后对他们的好处，他们自发地编写了歌谣，又去请翰林学士们润色后，齐集在宫门外一面流泪一面唱颂：

我后圣慈，化行家邦，
抚我育我，怀德难忘。
怀德难忘，于万斯年，
瑟彼下泉，悠悠苍天！

宫人们对已故皇后的怀念与歌颂，吸引了京城里无数的绅商百姓甚至贩夫走卒，他们不能入宫吊唁，只能远远地站在宫门外看热闹。渐渐地，他们也被那些泪流满面的宫人们感动了，也跟着咿咿呀呀唱颂起来。

朱元璋沉痛哀悼亡妻

掌宫太监跪呈当日侍寝妃嫔的名牌，朱元璋暴怒地一脚把他踹翻，怒吼一声："滚！"他呆滞的目光在马皇后的遗物上一一扫过。斯人已去，睹物思人，朱元璋平日满含杀气的眼神变得那般茫然无助。"朕的皇后只有一个，朕再也不会立皇后了！"

入夜，宫中的哀乐渐渐隐去。遭受丧妻之痛的朱元璋待在马皇后的寝宫里，对着一盏孤灯怔怔地坐着。

烛光摇曳，四周静寂无声。戴孝的宫女太监们静穆地远远侍立，走路时都是小心翼翼地踮着脚步悄悄移动，不敢有一点声音打破这宫中可怕的寂静。谁都知道他们的皇上正处在深深的哀痛中，心情很不好，惹恼了他说不定要招致杀身之祸。

可是有一个人不得不硬着头皮来见皇上。他便是服侍皇上起居的掌宫太监。他静悄悄地来到朱元璋面前，按例跪呈当日侍寝妃嫔的名牌。因见皇上神情不悦，他禀报时声音细得像蚊子嗡嗡："奴婢请皇上示下，今晚临幸哪位娘娘？"

朱元璋突然暴怒地站起来，一脚把掌宫太监连人带牌子踹翻，怒吼一声："滚！"

掌宫太监吓得屁滚尿流，他连爬带滚地溜出了宫，宫女内侍们瑟瑟地抖着连忙跪下。

暴怒过后，朱元璋怅然若失地坐下来，久久注视着马皇后卧病已久的凤榻，现在那里已人去榻空。他走过去深情地摸摸榻上的枕头和被褥，摸摸马皇后用亲手织成的麻布做的帐子和帐檐上光滑冰凉的流苏。

他在床沿上坐下来，呆滞的目光在室内马皇后的遗物上一一扫过：那雕刻着两条金凤的梳妆台；那面架上金光闪闪的铜盆；那张扶手已被磨旧的藤椅，马皇后生前最爱坐在那张椅子上小憩，和颜悦色地跟前来请安的儿女们说话。

如今斯人已去，睹物思人，朱元璋平日里满含杀气不怒自威的眼神，变得是那么沘然无助，他的眼眶慢慢地湿润了。他一声长叹，索性闭目凝神，让过去岁月那些难忘的记忆在脑海中一一闪过……

朱元璋二十五岁那年离开皇觉寺到濠州去投奔郭子兴的红巾军。那时濠州正被元军围困，守城义兵误认他是元军的奸细，将他捆绑请示郭子兴处置。郭子兴见他相貌奇异，神色镇定毫不惧死，且又自述是同乡汤和写信介绍来的，遂将他收入军中。后来他累立战功，深得郭子兴喜爱，被擢升为亲兵九夫长，调至帅府当差。

朱元璋在郭子兴身边表现更为优秀，不久便成了郭子兴的心腹部将。在一次战斗中斩获立功回营禀报时，郭子兴命义女秀英为他斟酒贺功，秀英对他含情脉脉地莞尔一笑。秀英姑娘虽然姿色平平，谈不上娇艳美丽，但也足使从没近过女色的朱元璋心旌摇动亢奋不已。

后来，郭子兴与夫人张氏计议，将秀英许配元璋为妻，把他招做上门女婿。婚礼上他俩拜过天地、高堂及诸将亲朋后进入洞房，朱元璋揭开新娘盖头，将她拥入怀中亲吻，然后抱上牙床，同赴巫山云雨……

朱元璋成了郭府姑爷，人称朱公子。他原名朱重八，元璋之名也是郭子兴给他取的。郭府关系复杂，郭子兴的两个儿子天叙、天爵和妻弟张天佑对朱元璋心存嫉恨，经常在郭子兴面前说他的坏话。有一次他们挑唆郭子兴把朱元璋囚禁起来。部队打仗去了，朱元璋在囚室里一天一夜没有吃东西，秀英跑到厨房拿了一块热气腾腾的炊饼揣在怀里，偷偷溜进囚室送给元璋吃。朱元璋饿急大口大口地吃炊饼时见她捂着胸口呼痛，一看原来她的胸乳被炊饼烫伤，朱元璋感动地紧紧拥抱她……

郭子兴死后，朱元璋统领义军渡江南下，开辟新的根据地。诸将挂念滞留和州的家眷仍处在饥饿之中，准备弄些粮食返回江北。朱元璋决断地砍断船缆，将渡江船只放于急流中，激励将士一举攻下太平（今安徽当涂）。而此时马秀英也率领将士妻妾冲破层层险阻渡江来与他们会合，从而稳定了军心。

在艰苦的战斗环境中，秀英常常是自己饿着肚子，却给朱元璋准备充足的饮食酒脯，让他有足够的精力投入战斗。她还发动将士家属缝制新衣新鞋送往前线慰劳战士们，还给每个士兵发一串钱，大大鼓舞了士气。

朱元璋登基后册封马秀英为皇后，虽然做了一国之母，她仍然保持俭朴之风，不事奢华。她在宫中备一架织机，亲手织造粗麻布，除了自己家居服用，还分赠给其他妃嫔、公主们，勉励她们崇尚俭朴，杜绝奢华。这一点深为朱元璋所赞许。

马皇后主持后宫，凡是因得朱元璋宠幸怀孕生子的妃嫔、宫人，她都一视同仁地体贴照顾，毫无嫉妒之心。对所有皇子公主，她都视同己出，关心和操持他们的学业和嫁娶。朱元璋常与群臣谈及马后之贤，将她与唐朝的长孙皇后类比。她却谦逊地说："妾常闻夫妻相保易，君臣相保难。陛下不忘与妾同贫贱，愿无忘与群臣同艰难。且妾何敢比长孙皇后呢！"

马皇后的父母早已故去，朱元璋要访寻其家族的后人封官赐爵，马皇后辞谢道："爵禄应赐有功之臣，给外戚家封官爵是不合法的。"但朱元璋还是封其父马公为徐王，其母为王夫人，在他们的家乡宿州立庙，并亲自撰文祭奠。

朱元璋暴怒时常常随意杖罚宫人，马皇后却将宫人交宫正司处理，朱元璋质问她为什么，她说："帝王不以喜怒加刑赏。陛下发怒时恐怕处罚过重，妾交宫正司按律办事，就像臣子犯了罪要交有司勘问一样。"朱元璋无言以对。

马皇后好几次劝谏朱元璋，阻止诛杀无罪的臣子。宋濂因其孙宋慎是胡党要被连坐处斩，马皇后极力劝谏，朱元璋始终不从，她因而悲愤绝食，终使朱元璋赦免了宋濂死罪，安置茂州。

马皇后累累劝谏朱元璋省刑修德，少杀人。朱元璋恼羞成怒，令人在宫中遍竖黑底金字铁牌，上写"后妃不得干政"字样。马皇后知道这是针对她的，看到后默然不语。

马皇后病重，自知不久于人世。因此每当御医前来诊问，她都在病榻上挥手令他们退下。宫女进汤药，马皇后故意把药水打翻在地。

马皇后弥留之际，挣扎着在朱元璋耳边嘱咐他省刑修德，善待臣民，话未说完就溘然长逝，撒手人寰……

回忆斯人往事，看着空空如也的凤榻，朱元璋这个铁石心肠的汉子不禁忍不住心中的悲痛，呜呜咽咽哭出声来。

"秀英，你走了，朕该怎么办？呜呜……"

朱元璋抽泣了一阵，因为过度的忧伤和疲劳，竟靠在凤榻上昏昏沉沉地睡着了。

一个小小的白色人影精灵般来到朱元璋的身边。他就是太子朱标的第二个儿子，年方六岁的朱允炆。他的哥哥朱雄英三个月前死了，他成了未来皇位的继承人，不过这时的他还是个不懂事的孩子。

小允炆摇着朱元璋的膝头，用稚嫩的童声叫着他："皇爷爷，皇爷爷，你睡着了吗？"

朱元璋一个激灵醒过来，"啊啊，是允炆啊。你不是跟你父王在皇祖母的灵堂守灵吗？怎么进来了？"

"那些和尚道士一个劲地'嘛哩咪奄嘛哩咪奄'念经，念得孙儿脑壳都要炸了。父王见孙儿不耐烦，就叫孙儿来陪陪皇爷爷，怕皇爷爷一个人寂寞难过。"

在孙子辈中，朱元璋最喜欢聪明乖巧的允炆，他一来到身边，似乎心中的愁云就散了许多。

"朕的好孙孙，守灵守累了吧？来，让皇爷爷抱抱你。"

朱元璋抱起小允炆，允炆撒娇地摸他的胡子。

"皇爷爷，怎么你的胡子全白了？昨天还好好的呀，看你的头发也白了！"

"是吗？"朱元璋苦笑着说，"当年伍子胥过昭关，一夜之间须发皆白。看来你皇爷爷也应着那故事了。你皇祖母这一走呀，一夜之间朕像老了十岁。"

"皇爷爷，你刚才睡着做梦了吗？"

"好孙孙，你猜对了。皇爷爷确实做了一个梦，梦见你祖母好像是站在缥缈的云端上，身边有好多仙女陪着。她向朕招招手，只说了句'臣妾走了，陛下保重！'就驾着祥云走了。朕随即骑上皇宫里最好的马，快马加鞭追上去，可怎么也追不上。"

允炆听得很入神，然后挺认真地问："孙儿听老和尚说，皇祖母是被天上的王母娘娘接到西方极乐世界享福去了。皇爷爷，这是真的吗？"

朱元璋叹口气道："唉，但愿这是真的。你皇祖母这一辈子呀，可没享什么福。她从小就是个孤儿，父母都被元军杀害了，多亏父亲的好友收养了她。她嫁给皇爷爷以后呢，也没有过上舒坦日子，成年累月跟着我在战场上颠簸。枪林弹雨，粗衣陋食，有一点什么好东西都留给我和将士们吃。你皇祖母特别节俭，当了皇后还在宫中支起一架织布机，亲自织布缝衣裳，自己穿不完就分赐给嫔妃公主们，教她们身居富贵不要忘本。"

"是咧。孙儿母妃也穿了皇祖母赐的粗布衣裳，袖子老大老大的，腰间系一根布带子。"允炆从朱元璋身上挣了下来，边说边学那衣服的样子。"孙儿每天来给皇祖母请安，她老人家都要问孙儿：今天念了什么书？识了几个字？还让宫女把进贡的果子给孙儿带回去吃。皇爷爷，老和尚说王母娘娘接皇祖母到西方极乐世界去了，她还会回来吗？"

"啊啊，你皇祖母到那里享福去了，只怕不会回来了。"

"那以后孙儿就不进宫来给皇祖母请安了，"小允炆眼睛湿润了，几乎要哭出来，"孙儿想念皇祖母……皇爷爷，你想念她吗？"

"想念。怎么会不想念呢？"朱元璋背过脸去，不想让孙儿看到自己眼眶里的泪花。他又长长地叹了一口气，"唉——皇爷爷我真后悔呀！这些年朝廷里事儿多，朕老怕你皇祖母在耳边絮絮叨叨，今天保这个大臣，明天保那个将军，劝朕省刑修德，以仁为本，因此有意疏远了她。加上被后宫那些年轻妃嫔缠住，我都一年多没到你皇祖母这里来住过了。这次一来，却已人去楼空，再也见不到我的皇后了！我……我真后悔呀！"

允炆天真地说："皇爷爷，你有那么多妃嫔，可以再立一个皇后呀。"

朱元璋立刻警觉起来："小孩子怎么会懂这个？你是听谁说的？"

"孙儿听见父王跟母妃在说悄悄话，说皇祖母去世后，皇爷爷会立哪位妃子做皇后，或是李淑妃，或是郭宁妃。"

朱元璋正处在对患难与共的发妻极度思念之中，他发誓般斩钉截铁地说："不，朕的皇后只有一个，就是你死去的皇祖母。谁也不能代替她，朕再也不会立皇后了！孙儿，去跟你父王说，谁也不许议立皇后的事，违者处以重典！"

皇后驾崩的讣闻由礼部遣使飞送各藩国。当身披黑纱的使者到达北平时，燕王宫里正在悬灯结彩准备过中秋节。

使者在宫门前滚鞍下马，高声呼叫："报——"

见是朝廷使者，又是这般装扮，王府长史亲自上前接过讣闻，展开一看，忙去向燕王朱棣禀报。

"启禀王爷，大事不好！皇后娘娘已于八月初十日驾崩于坤宁宫。"

朱棣踉跄抢前一步，夺过讣闻，只看了一眼，顿时面容苍白，哭喊一声："母后！"随即向南长跪不起，号啕大哭起来。

徐妃及在场的王府官员尽皆跪倒垂泪。

随后闻讯赶来的王府傅、相左右扶起燕王，竭力劝慰他。

"王爷请节哀，千万不要哭坏了身体。"

"皇后娘娘大仁大德，懿范长存，她老人家在天之灵一定保佑王爷。请王爷节哀顺变。"

朱棣止住悲泣，抬起泪眼，手指府中的彩灯节饰道："这些……快给我统统撤掉！"

徐妃一边扶住燕王，一边吩咐道："快撤！换上孝幛、黑纱。府门外悬挂孝灯，搭建灵堂。全府上下人等一律穿戴孝服。"

王府长史等官吏连忙分头指挥下人行动。顷刻间王府上下一片白色。

从北平各大寺观召来的和尚道士立刻吹吹打打做起了法事。

朱棣决定连夜进京奔丧。入夜，在王府临时搭起的灵堂前，身披重孝的朱棣亲点了十二名护卫随从，他们每人备马二匹，在王府前坪待命启程。

朱棣虽然身陷极度哀痛之中，但在临行前不忘对王府官属及徐妃一一交代。

"丘福将军！"

老年持重的丘福应声上前："末将在。"

朱棣特别嘱托他道："皇后殡天，消息传到塞外，元朝残部可能伺机蠢动，将军持我节令，速与燕山诸卫指挥使联系，部署兵力严加防范。"

"末将遵令。"

朱棣又对王府傅、相、长史等道："王府各位官属，本王赴京奔丧，府中一切事务及与地方有司的联系均有劳各位了。"

长史代大家回答道："王爷请放心，卑职等一定恪尽职守，小心从事。"

"如此拜托了。"

徐妃见燕王启程在即，依依地嘱咐道："王爷一路保重，千万不要急着赶路过于劳累伤了身体。"她又嘱咐随行的太监，"狗儿，你负责王爷的饮食起居，夜晚千万不要着了凉。"

狗儿答应道："奴婢记住了。"

"爱妃放心。"燕王说，"府中一切事务全仗爱妃操心了。还有两个王儿，要督促他们读书识字，不能放任他们一味贪玩。"

"臣妾记住了，王爷请放心。"

朱棣临行前再一次来到马皇后灵位前叩拜，一面喃喃地说道："母后，不孝孩儿朱棣前来看您了。"

接着他站起身，对整装待发的随从护卫下达命令："上马，出发！"

护卫们高举火把，蹄声"嘚嘚"地出了王府。

在府门前的街道上，尚有许多不知情由的百姓，惊诧地目送这一队白袍骑兵疾驰而过，少不得聚在街头悄悄议论起来。

"这一队白盔白甲的骑兵是干什么的？哪里又打仗了？"

"没看见王府门前挂孝幛子吗？皇后娘娘殡天了，敢情是王爷带人连夜赶去京城奔丧呢。"

"咦，听说燕王不是马皇后亲生的儿子，用得着这么急吗？"有人压低声音悄悄地说着，立刻引起别人的警告。

"老兄，千万别道听途说瞎胡编，小心惹祸上身啊！"

"在下千真万确是听王府里知情的人说的。说咱们燕王爷和开封的周王爷是一母所生，那位贵妃娘娘早死了。因为皇后娘娘没有生育，所以他们生下来就认马皇后做亲娘，自己生母反倒成了奶妈。这自然是皇上的意思，谁也不敢挑明这事儿。"

"这事燕王爷自己不知道吗？"

"嗨，王爷那么聪明的人，哪能不知道自己的出身？要知道皇家这嫡出庶出的地位是大不相同的。别说王爷的生母已经去世了，就是她还在，谁会傻到说自己不是马皇后的嫡子呀？所以皇后娘娘殡天了，咱们燕王爷哪能不连夜进京奔丧，以表孝衷呢？"

"承教，承教。"

燕王的奔丧队伍在北平通往京都的驿道上急驰。披麻戴孝的朱棣策马跑在最前面，后面跟定高举黑底白字"燕"字王旗的护卫及随从。他们每人骑一匹马牵一匹马。马队在北方久旱未雨的干燥土地上扬起阵阵尘烟。

两天后，马队到达河南开封境内。燕王没有进城，却令狗儿单独去周王府通报，说燕王赴京奔丧已达开封境内，请周王爷速来会合，一同进京。他还特地嘱咐周王的卫队每人要带上两匹坐骑。

燕王在开封城外驿站中用餐小憩后继续赶路。不久，后面尘烟起处，黄底黑字"周"字王旗飘扬，周王朱橚率十余骑护卫随从急驰而来。燕王勒住马缰，众护卫立刻停止前进，环立于燕王身后。

不一会儿，周王及其护卫驰近，朱橚下马至燕王面前行礼。

"小弟参见四哥。"

"五弟免礼。"

朱橚解释道："小弟得到母后宴驾的讣闻后，本来可以早些去京城奔丧，我想四哥一定会尽快赶到，故而在此等候。"

"你我兄弟一道进京太好了。秦王、晋王他们路程远一些，只怕还要迟几日方到。"

"哼，二哥他们最爱讲排场，连马也不愿意骑，一路上车驾浩浩荡荡，还不定什么时候才到呢！"

"不管他们。"燕王着急道，"母后殡天已六七日了，一路上我恨不能马生双翼，立刻飞到她老人家灵前。这些天，父皇不知是怎样的哀痛欲绝，盼着我们这些儿子早些回到他的身边，分担他的痛苦呢！"

"如此，我们赶紧启程吧，争取在明日薄暮时分赶到应天。"

燕王命令道："上马！"

两支马队会合在一起，两面王旗在风中呼啦啦响，数十匹战马卷起一路烟尘，向着南方急驰。

用钢刀和铁腕回击标榜仁政的黑手

"回顾过去和你母后的冲突，每次朕都感觉在她的妇人之仁后面，有一只标榜仁政的黑手在向朕挑战。朕能退缩吗？不，朕只有用钢刀和铁腕来回击！"朱元璋此时在感情上对亡妻感到深深歉疚，纵使这样他也不会在既定的国策上后退一步。

燕、周二王的奔丧队伍一路风尘，果于傍晚时分到达京城。

马队穿过百姓围观的街道，直奔皇宫。在宫门口，二位王爷将护卫随从安置在宫门外，在宫门太监的陪同下急急地穿过午门、奉天门、三大殿进入乾清门。

马皇后的灵堂设在坤宁宫外，在坤宁宫外的甬道上，两位王爷立即跪跌尘埃，号啕匍匐而进。

哀乐低回，法号呜咽。两位王爷爬起来跌跌撞撞，直奔马皇后梓宫前，以头撞棺，伏棺大哭，一面断断续续泣号着：

"母……后，儿子们……有罪，儿子们……来迟了！"

守灵的人慌忙上前拦阻，不让他俩以头撞棺。太子及太子妃左右两边拉住两位皇弟。

"四弟五弟，不要悲伤太过，先给母后行过大礼吧。"

燕王和周王止住悲恸，按制在灵前叩拜上香。拜毕复至一旁给太子及太子妃行礼。

"臣弟朱棣、朱橚叩见太子、太子妃殿下，千岁千千岁！"

太子扶起他们道："四弟五弟不必拘礼。我日夜盼着你们回来，心中唯恐礼部的讣闻迟缓，没想到你们这么快就到了。"

太子妃道："看两位叔王满身尘土，胡子拉碴，只怕是日夜兼程，连饭也没来得及吃吧？内侍，快给二位王爷备膳。"

燕王承认没吃晚饭，他道："我等确是饿了，不过我们还是应先见过父皇。"

太子道："父皇悲伤过度，已辍朝数日。这几天他把自己关在宫里，什么人也不见。火气特别大，这两天连续杖毙了两个宫人。若无特别重大的朝政需做决断，我也不敢去烦他老人家。你们还是先休整休整，明日再去觐见吧。"

燕王点头道："太子所言极是。父皇悲伤至极，我们也须准备准备小心应对，免得惹他老人家生气。"

周王说："我与四哥的护卫还在宫门外待命，一路劳顿，先要把他们安顿好。"

太子随即降旨："内侍，传旨命礼部会同宗人府安排好诸位王爷进京接待事宜，不得有误。"

"奴婢遵旨。"

翌晨，燕王、周王进宫觐见父皇。内侍小心翼翼地走近正在窗前发怔的皇上，轻声禀报：

"启禀皇上，燕王和周王殿下进京奔丧，在宫门候旨。"

朱元璋猛地转过身来："快叫他们进来。"

燕王和周王随内侍走进，匍匐叩拜道："儿臣朱棣、朱橚叩见父皇，吾皇万岁万岁万万岁！"

"起来吧。"

"谢父皇。"

朱棣抬头，见父皇形容憔悴，须发皆白，一把胡子乱蓬蓬的，不禁心中酸楚，声音发颤地道："父皇，您受苦了！"

按说在这种情况下父子相见，朱元璋应当感到欣慰，可这时他却黑着脸冷冷地道："你们是昨晚到的吧？怎么没及时来见朕？"

朱棣低头禀道："儿臣们星夜兼程，旅程疲惫，仪容不整，恐惊了圣驾。故而昨夜在母后灵堂叩拜后遵太子之嘱，今晨方来觐见，请父皇治罪！"

听他这么一说，朱元璋语言缓和了些："你们总算还是到了，可秦王、晋王他们，据报还在河南境内，慢腾腾地摆他藩王的臭架子，连楚王朱桢顺江而下都没有到！你们这些逆子呀，怎不想想你们的母后躺在冰冷的棺材里等着你们见上最后一面，怎不想想须发皆白的老父在苦苦盼着你们回来！"

朱棣、朱橚兄弟俩连忙伏地请罪："儿子们不孝，愧对母后在天之灵，愧对父皇。"

让自己的感情发泄一通之后，朱元璋稍稍平息下来，对内侍摆手示意："扶他们起来，坐下说话吧。"

"谢父皇。"

"唉，其实叫你们回来又有何用？"朱元璋伤感地说，"你母后已经撒手西去了，她永远离开了朕，永远离开了你们这些儿女，也永远离开了大明朝的亿万子民！"

朱棣字斟句酌地安慰他道："母后辅佐父皇平定天下，经历了千辛万苦，她老人家是我大明朝的最大功臣！不仅我们儿女们忘不了她老人家的恩德，大明朝的亿万子民也忘不了。她老人家将懿范长存，光照千秋。像唐代的长孙皇后一样成为后世后妃的楷模。儿臣以为，能得到这样的评价，母后在九泉之下也会含笑瞑目的。"

朱元璋摇摇头，苦笑着说："不，你们还不了解你母后，她是带着不满和怨恨离开这个世界的，她在九泉之下也不会瞑目！这几天，朕在反思，你母后病重之际为什么不让太医为她诊治，为什么拒服汤药，为什么遣散服侍她的宫人。这不只是表现她的仁爱之心，而且是对朕严刑峻法的无声抗议。她在临终时拖着一口气留下遗言，劝朕招贤纳谏，省刑修德，善待臣民。唉，长期以来我们为此争吵怄气，以致朕渐渐地疏远她。对她的病也没有很好地照顾，导致病入膏肓，药石无效。想起这些，朕真后悔呀！"

"儿臣以为，母后说的不错：人之生死，受命于天，是无法强求的。况且儿臣近来研读医书，感觉母后患的是肺痨。这种病到了后期确非药石可治，父皇不必因此而自责。"喜好读古书的朱橚这样宽慰父皇。

"不，使朕后悔的不仅是没有及时治好你母后的病，而且让她带着怨恨离开这个世界。这几天，朕回顾过去和你母后的争论与冲突，每当她为获罪的大臣求赦时，朕就反感地意识到，在她的妇人之仁后面隐藏着一只标榜仁政的黑手在向朕挑战。朕能退缩吗？不，朕只有用钢刀和铁腕来回击！当朕在宫中遍竖'后妃不得干政'的铁牌后，看到你母后面对铁牌无可奈何的苦笑，朕暗自得意自己的权威占了上风。遗憾的是朕始终不能说服她。我的贤后啊，你一再要朕'省刑修德，以仁为本'，朕能依你吗？就在两年前，你不是亲眼看到了胡惟庸、陈宁是怎样篡权祸国、谋反叛乱吗？到现在他们的党羽远未肃清，他们的后台还未挖出。还有那些身居高位的潜在危险分子，那些遍及全国的大大小小的贪官污吏，朕不动用严刑峻法的铁腕清除他们行吗？"

朱元璋此时也许在感情上对亡妻感到深深的依恋和歉疚。纵使这样，这位铁血君王也不会在他既定的国策上后退一步。当他的皇后离他而去时，他忏悔的不过是对她的"妇人之仁"过于简单粗暴罢了。朱棣骨子里也不认同"以仁为本"，这从他当了皇帝以后的作为可以佐证。他现在能做的就是劝慰父皇多想想母后的好处。

"父皇的英明决策，实为我大明立国之本。儿臣以为，现在形势已经好转，奸党首恶已除，余孽陆续伏法。父皇撤中书省，设五军都督府，重定六部官秩的改革已初见成效。全国民心安定，府库充盈，老百姓很快就能如母后所盼过上太平日子了。儿臣深信，她老人家在九泉之下也会含笑称许的。对于过去了的事情，父皇不必想得太多。庄户人家过日子，夫妻俩总还有些磕磕碰碰呢！现在母后已经走了，父皇多想想她在生前的好处，儿子们更是怀念她老人家的恩德。不管用什么方法，能使我大明国富民强，江山永固，就是对母后最好的纪念和报答。"

朱棣接着也劝道："四哥说的很有道理，儿臣斗胆请父皇一定要节哀顺变，从伤痛的阴影中走出来。若是老待在宫中生闷气，不理朝政，底下的臣子不定又趁机胆大妄为，生出什么事来危害国家社稷。"

"谁说朕不理朝政？"朱元璋生气地说，"你大哥太子殿下每天代朕听取五府六部奏事，还让允炆把各地最重要的奏章送来给朕批阅。只是一静下来眼前老晃着你母后的影子，心里这疙瘩解不开罢了。"

恰在这时，皇孙允炆"噔噔噔"地跑了进来。

"皇爷爷，皇爷爷，孙儿又给你送奏折来了。"

朱元璋爱怜地拉过小允炆："允炆，快来见过两位叔王。"

允炆很懂规矩地行礼："侄儿叩见四叔五叔。"

朱棣亲昵地摸着他的头顶道："两年不见，允炆又长高了许多。嗬，还能帮皇爷爷办差了。真行呀允炆！"

朱棣开玩笑道："允炆从小就跟皇爷爷历练着办差，是不是将来想接你父王的位当皇上呀？"

朱元璋从来就忌讳儿子们议论皇位继承问题，脸色顿时阴沉下来。朱棣碰一碰坐在身边的朱棣，低声叱喝道："五弟，不许乱说！"

接着他禀告道："父皇，儿臣与五弟该去为母后守灵了，我们去接替太子殿下，他这几天太辛苦了。"

朱元璋道："你们去吧。有允炆在这里陪朕，朕心里也会好受些。"

"儿臣告退。"

从父皇宫中出来，兄弟俩一面走一面谈话。

"四哥，你发现没有，母后薨逝后，父皇一下子就老了许多。"

朱棣点点头："是啊，我就藩时他尚仅鬓边有些许白发，现在须发全白了，而且容颜特别苍老憔悴，母后去世对他老人家打击太大了。"

"奇怪，母后在世时父皇对她很冷淡，恐怕一年没临幸过坤宁宫几次。为什么母后一旦去世，他却这样悲伤呢？"朱橚诧问道。

"这也难怪，他们是三十几年的患难夫妻，一起在战争中相濡以沫过来的。父皇登基以来，国事虽繁忙，但父皇精力旺盛，母后身为正宫，却总是把他推到其他妃子宫中去，让他得到女性的温柔和情色的愉悦。"

"母后真是个标准的贤妻良母型皇后。"朱橚赞叹道，"她对父皇宠幸的妃子一点也不嫉妒，反而勉励她们好好侍奉父皇，谁侍奉得好她还给予赏赐。她就像个大家庭的家长带着一群女儿一样对待她们。"

朱棣笑笑道："这有什么奇怪的，父皇有些妃嫔美人不是比她女儿临安公主还小吗？据我观察，在后宫中，父皇除了对李淑妃和我们故去的皇阿娘还有点夫妻的意思，其他妃嫔虽然名分上贵贱有分，说得不客气一点，似乎都只是供他愉悦的工具，姿色可人时喜欢一阵，姿色褪了恩宠就消失了。"

周王朱橚纳妃妾颇多，他好像是为自己"寡人好色"辩护："历史上有为的君王都是这样，对女人拿得起放得下；反观一些缠绵女色自认为多情的风流天子，像唐玄宗李后主之流大都没什么出息。四哥，你发觉没有？父皇似对母后深怀歉疚之情。"

"是啊。由于政见上的分歧，父皇有意躲避母后劝谏，故意疏远她，有时甚至还很粗暴，像他在宫中竖立'后妃不得干政'的禁牌，实际上就是针对母后来的。母后在世时父皇还不觉得这是对她的伤害，一旦母后去世，他念及夫妻情分，就觉得自己做得太过分了。"

"不过，父皇对自己推行严刑峻法国策的信念是不会动摇的。这从他刚才的一番话里也听得出来。"朱橚道。

朱棣嘱咐地说："五弟，我们守灵时在太子面前，尽量不要提这些事。"

"嗯，为弟记住了。"

停灵七七四十九天之后，马皇后的梓宫移葬钟山下的孝陵，京城举行了有史以来最隆重的葬礼。

像所有皇帝一样，朱元璋即位之初就开始为自己营建陵墓。最初他想将自己的陵墓建在他的故乡濠州，与他的皇考、皇祖考和曾祖考的陵墓一起组成一个庞大的皇陵区，借以光宗耀祖。这种想法有些不切实际，历代皇帝的陵墓都建在都城附近，他这一想法随着临濠罢建中都而流产。龙盘虎踞的钟山本是他赖以建立帝业的形胜之地，于是在精通勘舆的刘伯温等大臣陪同下他亲自在钟山之阳选定了建陵区。他把自己的陵墓定名孝陵，大概是为了弥补未能和自己祖先归葬一起的遗憾。

钟山之阳岗峦起伏，连绵数十里，均是很好的建陵区，将来他的子孙各代皇帝死后均可拱卫在他的周围。只是世事难料，他的儿子朱棣迁都北平后，北平西郊的天寿山成了明朝各代帝后最后的栖息地，那里陆续建成了蔚为壮观的明十三陵。而在孝陵旁边，只有他没当上皇帝就中途薨逝的长子朱标的懿文太子墓，孤零零地陪伴着他。

马皇后出葬时，孝陵规模宏大的地宫和遍竖石人石马的长长神道均已完工，但明楼外的礼殿尚在紧张的施工中，直到第二年才最后完工。

从皇宫到孝陵的路上，为皇后送葬的队伍绵延数里。前面是数百名兵丁组成的卫兵执旗幡开路，和尚道士吹打响器法号跟随前进。灵柩前由一位亲王执引幡前导，皇孙允炆手捧神主，太子披麻执杖三步一叩，九步一跪。后面按长幼跟定二十余位身穿孝服头披麻布的亲王和公主（由于路途较远，恐失礼仪，三岁以下的皇子公主未来送葬）。数十名宫人一面扶柩缓行，一面流着泪唱着那首怀念贤后的歌谣。文武官员的送葬队伍按着官秩排列成长长的一群，最后是京城的绅商百姓和学生士子。一些看热闹的路人也尾随在队伍的最后面，一直送到钟山脚下尚未完全竣工的孝陵。

送走了亡妻，宫中的哀乐声渐渐远去，朱元璋在老太监刘公公的扶持下来到坤宁宫前。看着已撤去神主和梓宫的空荡荡的灵堂。他一声叹息，朝着孝陵方向喃喃自语：

"秀英，朕的贤后！你终于走了，告别了尘世的繁华和纷争，孝陵山下冰冷幽深的地宫成了你最后的安息之所。你在那里会寂寞吗？不要紧，朕会把已经去世的申妃迁过来陪伴你。她在世时，你们关系挺好的。她为朕生了棣儿、橚儿，却只能认作他俩的乳母，她因此郁郁而亡，朕始终觉得欠着她的情。不要紧，人的一生是如此短暂，用不了多久朕就要来陪伴你们了。在你的梓宫旁边不是留着朕的位置吗？到那时，我们在地宫里相会，让朕也享享一妻一妾宜室宜家的天伦之乐吧……"

太监刘公公远远听着皇上这番充满感情的自白，不禁潸然泪下。他又有些惊异，原来我们威猛神武人人都惧怕的皇上，竟也有和凡人一样的儿女之情……

这时，一阵秋风袭来，他连忙走近皇上：

"万岁爷，外面风大，您穿得单薄，咱们还是回宫去吧。"

朱元璋若有所思地点点头，临走前再看了看灵堂一眼：

"秀英，朕走了，你安息吧。"

马皇后葬礼过去之后，按制各地藩王均要辞别宗庙返回各自的封地。燕王朱棣深深感到京城臣民对母后的深切哀悼与崇敬，各大寺观里僧众自发组织为已故皇后祈福的百日法会给了他启示，回北平后也要组织盛大佛事为母后诵经祈福。可是北方寺庙多信喇嘛黄教，缺少有道行的高僧经师。于是他与周王楚王等商量联名向父皇上奏，请朝廷选派江南高僧随同归藩，设坛为母后诵经祈福。

奏折写成后，朱棣考虑周全地请两位兄长秦王朱樉和晋王朱㭎领衔署名具奏，然后亲自去东宫送呈给太子朱标。

朱标不敢怠慢，随即进宫向父皇禀奏。

"父皇，母后葬礼过后，诸弟即将归藩，这是四弟发起与秦、晋、周、楚诸王联名递的奏折，奏请父皇恩准派遣高僧经师随同归藩，设坛为母后诵经祈福。请父皇御览。"

朱元璋接过奏折看了点头称许。

"嗯，难得你这些弟弟们有如此孝心。他们心中有逝世的母后，也就有父皇和朝廷，少做些飞扬跋扈、胡作非为的事。朕准其所奏，可是京城各寺庙是否有这许多高僧可供派遣？若是派去一些滥竽充数之徒，做不好法事，岂不辜负了你弟弟们纪念母后的一番诚心？"

"儿臣以为，父皇可颁旨令僧录司左善世宗泐在江南各大寺挑选德行高尚、经学渊深的高僧，举荐来朝，由父皇亲自审定后再派随诸王归藩，为母后诵经祈福。"

"嗯，就照你说的颁旨下去吧。"

怪异和尚语出惊人

朱元璋派高僧随藩王回去为马皇后祈福。一个形如病虎的怪异和尚要送顶白帽子给燕王戴。"王"字头上戴顶"白"帽，不是个"皇"么？燕王竟惊出一身冷汗！回到北平，燕王借为母后做佛事赴大庆寿寺与道衍密谈。

平江府（今苏州）西山海云寺，坐落在翠绿的山谷中，四周清泉淙淙，松涛阵阵，鸟儿在树林间啾啾鸣啭，环境极为幽静。

朝廷管理僧侣寺庙的官员僧录司左善世宗泐奉诏为诸王选聘高僧，他在山门外很远就下了官轿，沿着清幽的山径走过来。宗泐本人不是僧侣，但他精通佛经，与江南各大寺道行高深的著名住持法师都是朋友。朱元璋成立僧录司的时候，任命他担任左善世一职确是选对了人。

宗泐在海云寺的山门前碰到一个洒扫庭院的小沙弥，便按佛门规矩合十问讯：

"阿弥陀佛！请问这位小师傅，贵寺住持道衍法师现在寺中吗？"

小沙弥打量一下宗泐，答道："师傅正在禅房打坐诵经，敢问施主是从京城来的吗？"

宗泐吃了一惊："咦——，你怎么知道我是从京城来的？"

"今天早晨师傅命我将山门打扫干净，说今天京城有贵客来访。"

"嘿，这个道衍！神通越来越广，竟能未卜先知了。"宗泐惊诧道，"小师傅，烦你通报一下，就说僧录司宗泐来访。"

"这么说施主是僧录司的官员啰，是不是来请我师傅出山的？"

宗泐不耐烦小和尚的啰唆劲，便说："你也不用通报了，就带我去见道衍法师吧。"

"请跟我来。"

宗泐随小沙弥进寺，越过那些大殿，左弯右拐来到一处僻静的禅房。

宗泐推门而入，在佛龛前的蒲团上，一个长着一对三角吊睛眼、形如病虎的和尚正在闭目打坐，手里捻着胸前的佛珠。听见门响，他并未睁眼，开口说话声如洪钟：

"何方俗客，打扰贫僧好梦？"

宗泐戏问道："大师诵经，何来好梦？莫非经书中也有黄金屋和美娇娘？"

道衍和尚这才睁开眼，从蒲团上站起来。

"左善世大人别来无恙？贫僧算定你今日要来的。看茶！"

小沙弥捧上寺产香茶，两人坐下寒暄。宗泐未在朝廷任职时就是个亦僧亦俗的人物，与道衍交往甚密，两人以兄弟相称，宗泐年岁稍长。他笑道："和尚果然未卜先知啊，那么你可知愚兄此来何意？"

"莫非你那僧录司还要添个吃闲饭的人？"道衍声明说，"官场是非之地，我可不去。"

"非也！"宗泐也故意卖关子，"对你来说，这是一个莫大的机遇，道衍兄欲展平生所学，一遂经天济世的伟大抱负，此其时也！"

"真有这样好的机遇吗？说来听听。"宗泐的话引起了和尚的兴趣。

"马皇后驾崩，皇上悲痛万分，要为众藩王聘请高僧为经师，随诸王归国，日夜诵经为皇后祈福。这不是道衍兄择明主而事的好机会吗？"

"宗泐兄知道小弟的志向，我若出山绝不为贪图富贵，而是要做一番轰轰烈烈的事业。小弟素以辅佐元世祖一统中原的刘秉忠和尚自励，那么在这些皇子中，有我心目中的忽必烈吗？"

"在皇上的十几位皇子中，自然是已经封藩就国的几位年长的王爷最为重要，他们也是太子之后皇位的有力竞争者。二皇子秦王朱樉驻西安，地扼秦关之险，虎视汉中，土地宽广，国富民强。只是秦王就藩这几年，只知享乐，沉溺声色犬马之中。他扩建宫室，广纳嫔妃，国事不修，秦民怨声载道。皇上很不喜欢他，屡屡颁诏予以申斥。秦王若不改弦更张，弄不好连这王爷的封爵都会被废了。"

"那三皇子晋王呢？"

"晋王朱棡在京城就是有名的小霸王，整天舞枪弄棒打打杀杀，无法无天。就藩后脱离了皇上的管束，更是刚愎自用，什么不法的事都干得出来。皇上给他委派的傅相屡遭他殴辱驱逐，还有地方官告他有异谋，因此遭言官弹劾。幸亏太子念在同胞兄弟分上，在皇上面前为他转圜解脱，方未获罪。"

道衍叹息道："我朝典律森严，诸王有罪，王府官属未举发者连坐。跟了这样的主子，弄不好连脑袋都丢了！怎么皇家子弟都是这么个德行？当今皇上以布衣取天下，英明天纵，文武全才，难道就没有一位皇子能继承他的衣钵？"

佛门讲究传承衣钵，道衍竟用于皇室了，宗泐笑笑道："也不尽然，四皇子燕王朱棣就颇有乃父的风范。他自幼天资聪慧，在大本堂师从宋濂、孔克仁等大儒习经史，诸皇子中只有他和太子朱标得到师傅的赞许。他尤其喜好兵法骑射，春猎秋狩的骑射比赛，每每独占鳌头，成为诸王与众多功臣后嗣中的翘首。他的驻地北平是前朝大都所在地，残元势力还很大；尤其燕地形势险要，背后就是元朝残部盘踞的塞北大漠。皇上把这个极为重要的地域封给他镇守，对他是极为信任的。"

"不知燕王政治才干如何？是否礼贤下士？"道衍感兴趣地问道。

"哪一个贤明而有抱负的主子不为自己网罗人才呢？怕只怕明珠暗投，未得其人而已。若论燕王的政治才干，就藩前他奉旨负责清查胡惟庸党羽，并参与粉碎其叛乱阴谋。然而胡惟庸伏诛后，他毫不贪恋权力，审时度势地迅速离开京城的政治漩涡，由此可见一斑。"宗泐总结道，"这样的主子，若得能人辅佐，其前途不可限量。"

"宗泐兄来此，是敦促小弟出山，准备把我荐给这位贤王吗？"道衍问道。

宗泐剖肝沥胆地道："你我这么多年的交往，我还能不了解你的抱负吗？有此机会，我当然要一试。我的职责只是遴选高僧，皇上选中后分派给哪位藩王还须他自己说了算。当然愚兄也可从中推荐。不过，不是愚兄泼你的冷水，道衍兄即使能投一位明主，想做刘秉忠那样的人物也不现实啊！帝位继承长幼有序，当今太子殿下春秋正盛，他下面还有秦王和晋王，这两位王爷对皇位也是虎视眈眈，燕王他只是老四啊！"

宗泐说的确是实情，可道衍听了却咧开大嘴一笑：

"呵呵呵，事在人为，元世祖不也是蒙哥汗之弟吗？"

这时宗泐抱怨道："道衍兄，你只顾问这问那，也不问问我吃过饭没有？害我饥肠辘辘，请赏碗斋饭吧。"

"呵呵呵！只顾谈话，倒忘了这一茬，多有得罪了。"道衍连忙起身带宗泐去寺院斋堂用膳，"左善世大人，请吧。"

僧录司在江南各名山古刹选定了四位高僧，左善世宗泐带着和尚们进宫觐见皇上和太子。

在宫门前，卫士对四名身着宽大袈裟袍的和尚一一搜身，然后放其进宫，至乾清门外候旨。

过了许久，内侍出来宣旨："万岁有旨，宣僧录司左善世宗泐及众僧人进殿。"

宗泐领四位僧人进殿山呼跪拜："吾皇万岁万万岁！太子殿下千岁千千岁！"

这是朱元璋当皇帝后，第一次在宫中接见和尚，望着伏在地上那几个身着袈裟的身影，他心里有一种异于寻常的感觉。他缓缓说道：

"宗爱卿及各位法师平身。"

"谢陛下。"

"宗爱卿，他们都是哪个寺庙的，让各位法师自报一个家门吧。"

"遵旨。"

在宗泐的示意下，僧人们一一上前合十自报家门：

"贫僧乃杭州灵隐寺住持印空。"

"贫僧是镇江西华寺住持慧明。"

"贫僧是金华天宁山万寿寺住持梵觉。"

"贫僧乃平江西山海云寺住持道衍。"

众和尚一个个慈眉善目，显现出道行高深的样子，唯独道衍和尚自报家门时，他那副相貌着实让太子朱标吃了一惊。朱元璋则颇感兴趣地认真端详这个和尚，他似乎联想起自己在皇觉寺为僧时，也因相貌凶恶奇特被人视为和尚中的另类。

众和尚既然都是江南各大名寺的住持僧，对于经文佛理自然烂熟于心，无须朱元璋来一次"殿试"，于是他问道：

"众位法师，汝等皆自愿随诸王归藩，为皇后娘娘诵经祈福吗？"

众和尚异口同声答道："贫僧愿意。"

于是太子宣布道："汝等先回僧录司候命，待皇上派定人选后即随诸位王爷一同归藩。你们先下去吧。"

和尚们走后，朱元璋给宗泐赐座。

"宗爱卿，这几名僧人都是德行高尚、经学渊深之辈吗？"

宗泐恭敬地奏道："回陛下，他们是僧录司从江南各大名刹二十余位高僧中精选出来的。他们能做各大名刹的住持，自是道行高深，经学精湛，无可挑剔。微臣不敢有辱圣命。"

太子插话道："前面三位倒也慈眉善目，一团法相。只是那道衍和尚长着一双三角吊睛眼，一副病虎模样，乍看怎么也不像个念经拜佛的和尚。你倒说说他的来历。"

"微臣遵命。"宗泐娓娓道来，"这道衍和尚俗姓姚，名广孝，祖籍河南汴梁，自幼家境贫寒，四岁即出家当了小和尚。他曾师从有名的道教高人席应真，向他学习阴阳术数之学。当时江南群雄崛起，他便有心认真研习兵法，并与吴中文人高士杨基、王宾等结为好友，互相唱和。因其相貌奇特，又兼放浪不羁，在僧侣界也被视为另类。他曾游方至嵩山少林寺，遇到著名的相面术士袁珙，袁珙见他面含杀气，便对人说：'这是哪来的怪和尚？一定是个嗜杀成性的刘秉忠之流的人物……'"

朱元璋问道："刘秉忠？是辅佐元世祖平定中原的那个僧人刘秉忠吗？"

"正是。道衍从此便以刘秉忠自励，祈望能辅佐明主，成就一番事业。"

太子朱标似乎不喜欢这个和尚，他道："出家人以慈善为本，哪能嗜杀成性呢？"

朱元璋却对这怪和尚有好感，他对太子道："标儿，你还记得朕写的《示不惹庵僧》那首诗吗？'杀尽江南百万兵，腰间宝剑血犹腥，山僧不识英雄汉，只凭哓哓问姓名。'哈哈，朕不也曾是个嗜杀的和尚吗？"

宗泐连忙奉承道："皇上圣明。"

"宗爱卿，朕一贯信奉不拘一格选人才。何况我们只是为诸王选派诵经祈福的高僧，又不是为他们选妃子，管他长得丑与俊？只是把这个道衍分派给哪个皇儿呢？"

太子道："二弟秦王是不会要他的。他连宫娥太监都要选江南的俊男靓女，哪里容得这么一个又丑又恶的和尚。"

知子莫若父，朱元璋道："你三弟晋王更不成，他自幼粗暴成性，动辄打人杀人。要让道衍去了太原，说不定，经还没诵完，他这嗜杀的和尚早让那位嗜杀的藩王给宰了！"

这时，宗泐相机进言道："微臣以为，道衍不但经学精深，而且熟谙兵法。燕国地处元朝前线，莫若把他分派给燕王。若得王爷赏识，他或可一展平生所学，为国效力。"

朱元璋准奏道："嗯，就这样吧。其余几个僧人，你就分别选派给秦王、晋王和周王就是。没什么大不了的，不过几个诵经的和尚罢了。"

宗泐叩首道："臣遵旨。"

道衍领到僧录司选派前往北平的度牒后，前往南京的王府去觐见燕王。他在大堂里碰到一个值班的小太监。他怕自己这副尊容吓着久居宫中没见过世面的小孩，尽量装出一副笑脸和颜悦色地上前问讯。

"这位小哥，烦你通报一声，贫僧平江海云寺住持道衍求见燕王千岁。"

小太监打量着这个怪人，嘀咕道："奇怪，你一个和尚，求见我们王爷干什么？"

道衍心想跟小孩说不清，便道："烦你报知王爷就知道了。"

这小太监就是后来大名鼎鼎的郑和。他这时还不姓郑，宫中都叫他三宝儿。他聪明伶俐，深得众人喜爱，入宫不久就被赏赐给了燕王徐妃。

燕王朱棣正在书房整理文籍准备回藩，小三宝进来禀报。

"启禀王爷，外面有一个叫道衍的和尚求见。"

朱棣头也没抬，吩咐道："叫他进来吧。"

"王爷，那和尚一双三角眼，形如饿虎，好怕人啊！"小三宝瞪大着眼描述那人的模样。

"异人异相嘛，有什么大惊小怪的？"

小三宝只得出去把道衍领进书房。

"贫僧道衍参见王爷。"

"免礼。"燕王吩咐道，"给师傅备座。"

"谢王爷。"

燕王朱棣虽然早听宗泐禀报过道衍的情况，乍一见面对他的长相还是有些吃惊。他尽量平静地问道："道衍师傅，皇上派遣师傅随小王远赴北平，为母后诵经祈福。燕地路途遥远，边藩属国，远不及京都繁华，生活多有不便。师傅可是自己情愿去的？"

道衍从容答道："出家人云游四方，岂能贪图安逸？小僧久慕王爷英名，能为王爷效力，岂有不情愿之理？"

朱棣早已从宗泐那里得知，这道衍是个志向高远的异人。可是在京城自己的一言一行都要谨慎，因此他只把话局限在为母后诵经祈福上，因问道："为母后诵经祈福，大概需要多少时日？"

道衍答道："民间丧制父母停灵建醮做法事七七四十九日，设坛诵经祈福一年的也有，三年的也有，这就看王爷的孝心了。"

"按制父在为母服齐衰三年，师父就准备随小王北上过三年清苦生活吧。"

燕王说得平平淡淡。在此期间，道衍一双三角眼目光炯炯地注视着他，终于耐不住起身伏拜于地，激动地说出一番话来："出家人不打诳语，道衍身怀绝学，平身未遇明主，今日得见王爷骨相，英武冠世，一如潜龙在渊，定有腾飞之时。王爷若许贫僧长期追随，日后一定奉献一顶白帽子给王爷戴。"

燕王惊异地扶起道衍，暗自思量这个相貌怪异的和尚的这番话：什么"潜龙腾飞""奉献一顶白帽子"又是什么意思？"王"字头上戴顶"白"帽，不是个"皇"字么？莫非他暗示我日后将……这道衍自称身怀绝学，未遇明主，难怪他以辅佐元世祖定鼎中原的刘秉忠自居。想到这里，燕王竟吓出了一身冷汗，他连忙机敏地把话岔开：

"师傅请起。师傅此言差矣！小王此刻孝服在身，白衣白帽，还劳师傅奉献什么啊？"

道衍叹服燕王的深含不露，尴尬地道："那是，那是。贫僧失言了，请王爷雅谅。"

"好吧。师傅若有心随小王赴北平做法事，回去准备准备，后日即启程归藩。"

道衍合十道："贫僧记下了。"

道衍随燕王到了北平，被任命为大庆寿寺住持。大庆寿寺是金元两代国师挂锡住持的皇家寺院，规模宏大，气宇轩昂。道衍随即在寺内建坛，设立已故皇后神主，开始诵经祈福。

开始一段时间，燕王虽然关注大庆寿寺为母后诵经祈福之事，但一直没有单独召见过道衍。在南京和这个相貌怪异的和尚的那次谈话，至今还让他心有余悸。道衍也许如他自称的身怀绝学未遇明主，急切地想帮助自己成就一番事业。但是那样的话岂是能随便乱说的？所以回北平后朱棣有意冷一冷他，很久没有给他与自己单独接触的机会。

直至两个月后，他经过深思熟虑，选择了在母后的忌日去大庆寿寺上香。

初冬的大庆寿寺内，地上已铺了一层薄薄的雪。寺内香烟缭绕，木鱼磬声不断。道衍法师正率领全寺僧人在大殿内诵经，为已故马皇后超度亡灵。

一个小和尚走近道衍身边报告说："启禀大师，王爷前来上香，现已入寺内。"

道衍忙从蒲团上站起来，向旁边的大和尚交代一下，匆匆去殿外相迎。

这时，燕王朱棣带着几个随从侍卫正向大殿走过来。道衍抢上一步，合十施礼道："贫僧正为皇后娘娘做法事，不知王爷驾到，有失远迎。"

燕王道："大师挂锡不久，即为母后做起了法事，小王甚为欣慰。今日为母后忌日，小王特来为母后上香，日后王妃与府中眷属也都要来。"

道衍道："届时请王爷派人通知一声，贫僧好提前清寺，叫闲杂人等回避。"

燕王大度地道："倒也不必。给皇后娘娘做法事，老百姓知道得越多越好，通过来往商贾传到京城里去，父皇也会感到欣慰。"

"王爷所虑极是。请王爷进殿给皇后娘娘上香吧。"

燕王在道衍的陪同下步入大殿，诵经的和尚们早已闪至两旁。燕王在佛祖像下供奉的皇后神主前跪拜上香，默默祷念。

上香完毕，道衍陪同燕王走出大殿。寺廊上有许多历代石刻，道衍在一块石刻画像前停步。

"王爷请看：这是前元朝国师海云法师的画像。海云法师当时是本寺住持，刘秉忠就是他的大弟子，海云法师圆寂后由他接任住持。您看，画像旁的赞文就是刘秉忠撰写的。"

燕王细细读过那篇赞文，笑道："嗯，本寺出过两代有名的国师，皆辅佐君王成就大业，看来这大庆寿寺是出人才的地方啊！"

道衍天生狂傲，他毫不谦虚地说道："北平这么多寺院，王爷独命我为本寺住持，贫僧自能领会王爷的深意。我再领王爷去看看寺后的塔群好吗？"

"好，听说和尚们圆寂后骨灰都葬在砖塔里，小王倒未曾见识过。"

道衍领燕王转至寺后，这里密密麻麻耸立着大大小小的砖塔。道衍带燕王来到一座九级砖塔前。

"这就是海云法师圆寂后朝廷敕建的九级砖塔，这也是佛门的最高礼遇了。旁边那座七级砖塔就是刘秉忠的。当时刘秉忠已入朝为相，本可礼葬于功臣墓，但元世祖仍按其遗愿任其火化后葬于本寺，建塔陪伴海云法师。"

燕王感叹道："是啊，人生自古谁无死，留取丹心照汗青！你看，这里埋着这么多和尚，为什么独有这两位被人记住呢？就是因为他们立下了不朽的功业，才能名垂青史啊！"

道衍心领神会道："王爷的一番话，贫僧铭记在心。请进方丈用茶吧。"

在寺院深处幽静的方丈里，小沙弥献上清茶水果，燕王命随从们退下，与道衍两人对坐侃侃而谈。

燕王问道："大师来北平，对此地感受如何？"

"贫僧闻自元顺帝弃大都北逃之后，此城已是败垣残壁，满目疮痍。来此之后，却陡见宫室修葺一新，街市繁荣兴盛，百姓安居乐业。王爷就藩方两年多，能有如此成就，可谓治国有方。"

"燕国地不过千里，口不过百万。如此弹丸小国，治理好并不难。本王忧心的是，我大明天下仍是多事之秋，何时方能海内靖一，举国百姓共享太平？"

燕王的话虽说得囫囵而得体，不会授人半点把柄，但道衍认为，他肯降尊到这里来和自己会面，说明那顶白帽子已经令他动心了。于是他不动声色地说："王爷志存高远，忧国忧民，然而现在偏藩一隅，难有所为。但贫僧深信，潜龙在渊，必有腾飞之日。王爷宜少安毋躁，徐徐图之。"

燕王压低声音道："大师在京城时称要奉献一顶白帽子给小王，着实令我吃惊不小。小王自束冠以来，确以江山社稷为己任。然而皇家法度立储唯长，现太子殿下已确立储君之位，小王前面还有秦、晋二位皇兄，即使父皇百年之后，这帝位无论如何也轮不到小王。大师对此有何见教？"

道衍侃侃而谈："佛学的理论认为世界上一切事物都在不断地轮回变化之中，任何东西没有一成不变之理。自周秦汉以来实行了千余年的宰相制，洪武十三年皇上不是于一夜之间把它废了么？历史上就有许多贤明的皇帝为了社稷万民，冲破过立储唯长的藩篱，唐太宗就是最著名的一位。他自己就是从妒贤嫉能的兄长建成手中夺得皇位的，他又在自己几个儿子中选择贤能有德者为继位之君，甚至不惜废了太子。当今太子殿下固然有德，但贫僧观其面相郁郁寡欢，恐非寿永之辈。而秦晋二王在国中多有不法之事为皇上所不满。

因此王爷切勿放弃希望。现在皇上在北方防务上对你寄予厚望，要在此基础上进一步建功立业，博得皇上的充分信任，以积极的态度静观其变。"

燕王担心地说："自母后殡天之后，父皇明显衰弱了许多，脾气也越来越暴躁，只怕未来几年内，朝中必有一些惊天动地的大事发生。"

"所以，王爷在平定胡惟庸叛乱后迅速就藩，脱离京城是非之地，实是明智之举。"道衍继而告诫道，"胡党一案株连三万人之多，而且以后不定还有别的什么党，还不定要杀多少人。杀人越多，自然种下更多的仇恨，最后不是激成巨变，就是靠一位明主来收拾残局，挽回人心。历史就是这样的轮回，愿王爷好好把握。"

"与君一席话，胜读十年书。"燕王深为感慨地道，"今后小王还要常向大师讨教。只是我们之间的谈话幸勿与外人知之。"

"这个自然，"道衍笑笑说，"王爷不是为皇后娘娘佛事来的么？贫僧亦不过一诵经念佛的和尚而已……"

第二十章

"空印案"和"御河死婴案"

枉杀百官的"空印"大冤案

各地计吏带盖有印章的空白表册进京与户部核对钱粮，怀疑心重的朱元璋在刑部尚书开济的挑唆下颁了道杀气腾腾的严旨，将户部尚书、侍郎和使用空印表册的地方官一律处死，副职各杖一百棍充军，制造了一场骇人听闻的"空印"大冤案。

马皇后薨逝后，朱元璋心情坏透了，在皇后停灵期间就有宫人因为细故被他下令杖毙，致令太监宫女们人人胆战心惊，走路说话都小心翼翼，唯恐惊动了心情烦躁的皇上，惹来杀身之祸。

不久，朱元璋恢复了临朝听政。大臣们从他容颜苍老的脸上感觉出比以前更盛的冷峻和严酷，因此奏事和应对时加倍小心谨慎，生怕一句话说错惹得龙颜大怒，轻则丢官罢职，重则连性命都不保。各部尚书、侍郎等官员遇有需作决断之事，大家都不约而同地事先向太子殿下请示后再在朝堂上奏闻皇上，谦卑地恭请皇上做最后的决定。这样，即使皇上责备各部处事不当，也有太子殿下先挡一阵。

总之，在这非常时期，谁都不愿意惹是生非。皇上压在心里的那团郁闷烦躁的火一旦被点燃，不知道会有什么震惊朝野的大事发生，甚至不知有多少颗人头落地！

可是，偏偏有一个人在这时逞一时口舌之快，使得洪武十五年在马皇后辞世之后发生了一次震惊全国的大灾难。

这个人就是当时试任刑部尚书的开济。开济是很受信任的御史大夫安然推荐给朱元璋的。此人办事很有才干，入阁以后，他不仅刑部的事处理得当，凡国家经制、田赋、狱讼，甚至河渠工役等事，别人感到棘手的，一到他手里都能拿出很妥善的方案来。因此朱元璋很赏识他的才能，常命他顾问其他部的事。他的试任尚书很快就转正了。

只是开济这人天生忮刻,毫无仁者之心。朱元璋命他增补大明律中的诈伪罪条文,他议法细密到商贾百姓随时可犯诈伪罪的程度。朱元璋斥责道:"作为法律,你张一副细密的网去兜捕老百姓,行吗?"后来他在刑部别出心裁地设置一种"寅戌之书",规定僚属要登记自己由寅时到戌时的活动情况。这也受到朱元璋的批评:"你管得这么严,人家拿什么时间侍奉父母和会妻教子呢?"

纵然如此,开济总想在朱元璋面前表现自己的才能,不仅刑部的事他管,别的部许多事他都想插手,总想在朝廷里闹出点大动静来。

这年秋天,刑部查处了陕西一名贪官利用手中印信伪造增税令,贪污了数十万斤公粮案,在查案过程中,开济了解到各地布政使司每年派员到户部核对上缴赋税钱粮时,都带着预先盖好印章的空白表册,核对好再填写。惯于深文周纳的开济觉得这是一个讨好皇上的机会,便煞有介事地将这个发现禀奏朱元璋。

"启禀陛下,微臣最近在查案中发现了户部的一个重大问题,涉及国家钱粮赋税收入。若不及时堵塞其中的漏洞,后果不堪设想。"

朱元璋深知开济喜欢夸大其辞和喜好表现自己,但他提到涉及国家钱粮赋税收入,这是国家的血脉,不由得提高了警觉,因而冷冷地问道:"你发现了户部的什么重大问题?"

"各布政使司和其下辖州府每年都要向户部上报全年钱粮赋税收支表册,本应在各地如实填报盖具官印后送部核查。但微臣发现几乎所有布政使司和州府来京的计吏都带有事先盖好官印的空白表册,遇有部驳,即废了原表,重新填写。户部允许这样做,其中难免没有猫腻,请陛下明察。"

朱元璋最恨臣僚们弄虚作假把他当阿斗哄瞒,加之开济为了显示自己的政绩,又绘声绘色地把查处陕西那个贪官利用手中印信伪造增税令吞没数十万担公粮之事详禀一番。朱元璋越发觉得其中有鬼,顿时龙颜大怒,立即传旨把户部尚书曾泰和左右侍郎叫进宫来。

曾泰就是朱元璋不顾群臣反对由一个白衣秀才提拔为户部尚书的。他上任才几个月,两位侍郎却是朝中老臣,一见皇上把他们一齐宣进宫来,心里就在扑通乱跳,不知皇上又有什么事要训斥他们。

朱元璋板着副黑脸,也不给几位大臣赐座,劈头就问:"朕问你们,各布政司和州府每年来户部核对上缴赋税钱粮时,都带有盖好官印的表册和部里核对好了再填写,是这样吗?"

曾泰一时还摸不着头脑,这时一位侍郎怯生生地试图解释:"启禀陛下,是这样的,各布政司离京路途遥远,少则千里,多则数千里……"

朱元璋厉声喝他道:"朕不听你这些屁话,朕是问你们,有没有这回事?"

"有……有这回事。"两位侍郎声音像蚊子样地应着。

"赋税钱粮是国家血脉,朕命尔等主持户部之事,本应从严审核各布政司和州府上报的表册,勿令赋税流失。尔等竟敢伙同作弊,弄虚作假欺骗朝廷,该当何罪?"

朱元璋愤怒地在御案上击了一掌,三位户部大臣吓得往地上一跪。

"臣等罪该万死……"

朱元璋在盛怒之下，立命侍卫将三位大臣拉出去，投入诏狱。可怜那刚刚由白衣秀才平步青云当上户部尚书的曾泰，又糊里糊涂地被赏识和提拔他的皇上置之重罪，在阴森黑暗的诏狱里，他只有哀叹自己命运多舛和君王是多么难以伺候了。

太子朱标不敢在朱元璋气头上为大臣们说情，但他后来了解到各布政司和州府空印表册的做法由来已久。因为各地上缴户部钱粮赋税情况极其复杂，其中有粮、钞折算，抵扣军饷，供应边防需索等原因，还有州府和行省互相调拨抵扣等因素。所以往往报来的表册要经与户部仔细核算才能确定数字。如果不带空印表册，来部申报的计吏，在核定数字后必须返回本省或州府重新用印。各布政司离京少说以千里计，有的远在数千里外，往返时日太多，这样就影响户部汇总全国粮赋收支。所以户部长久以来默许了这种做法。

太子朱标了解了这些情况，他试着向父皇解释道："空印之事，户部和各布政司计吏这样做，确是欺君罔上，违反法纪。但据儿臣了解，这种做法由来已久，其中未必均有贪污作弊情事，是否可对户部和各布政司予以申诫，或降职罚薪处理，以儆效尤。"

朱元璋眼睛一瞪："你怎么知道其中没有贪污作弊？印信是朝廷颁给地方官的权力象征，陕西那个狗官不是利用手中的印信贪没了数十万担公粮吗？户部是为朝廷管粮赋的，他们不严职守，上下串通，故意违犯国法，欺君罔上，其中不知道有多少贪污违法之事。朕如不严惩他们，以后这样的事还会源源不绝地发生，我大明朝就将被他们搞垮！"

太子朱标终于未能说服父皇，朱元璋杀气腾腾地颁了一道前所未有的严诏：将户部尚书、侍郎及有关官员以及使用空印表册的地方主印官一律处死，佐贰官（副职）各打一百大棍，然后充军戍边。

严旨一下，朝野震惊。曾泰等被从大牢里提出来枭首弃市。他们未经一场审讯，临到刑场还不知道自己是为什么被杀头的。因为涉案的布政使和知府知州等官员遍及全国，锦衣卫缇骑四出也抓不过来，朱元璋甚至动用了各地都司的部队去执行他的命令。一时因空印案被杀和被杖后流徙的地方官数以千计，许多清廉勤政的好官在这场大灾难中罹难。比如建文朝重臣方孝孺的父亲方克勤，时为山东济宁知府，他是有名的廉吏。他日不食肉，一件布袍穿十年也不肯更换。他因清廉和政绩卓著，洪武八年入朝，朱元璋曾赐宴嘉奖。这样一位好官竟因莫须有的空印案白白丢了性命！

因为地方官诛杀过多，弄得国家机器也无法正常运转了。正好那年吏部在各地征得经明行修之士三千七百余人，于是经过选拔，其中许多人竟一下被授予布政使、参政、知府、知州等职。其中固然有一些颇具才干的读书人，但也有不少滥竽充数者。尤其可笑的是朱元璋令他亲信的两个和尚吴印、华克勤还了俗，派到山东去当了布政使。朱元璋认为和尚一无后人，与世俗绝缘，可以赤胆一心为朝廷效命，所以一贯甚为宠信。

空印案明显是个冤假错案，一下未经审判杀了这么多朝廷官员，自然朝野人心惶惶，怨声四起。但是在当时的情况下，竟然没有以国体为重的公卿御史和功臣宿将敢于出面来劝谏似乎疯了的皇帝。这是一个很不正常的现象，后世被认为是明朝言官的耻辱。

但是人心终究不会泯灭，终于有一个不畏死的小人物挺身而出向朱元璋冒死进谏。

郑士元是一个刚直而有才的读书人,他曾考中进士,被派往湖广任按察使佥事,因兼布政司事,空印事发,作为佐贰官员也被打了一百棍,准备发往边远省份充军。郑士元有个弟弟叫郑士利也在湖广当官。他对荒唐的空印案不胜愤慨,但他仍然相信皇上的"圣明",他对人说:"皇上不知实情,以为空印是大罪,若有人上表说清此事原委,圣明的皇上哪有不醒悟过来的?"于是他携侄子来到京城,在旅馆里关门奋笔疾书为兄长辩诬的表章,其大意为:

> 陛下欲深罪空印者,恐奸吏得空印纸,为文移以虐民耳。夫文移必完印乃可,今考校书册,乃合两缝印,非一印一纸比。纵得之,亦不能行,况不可得乎?钱谷之数,府必合省,省必合部,数难悬决,至部乃定。省府去部远者六七千里,近亦三四千里,册成而后用印,往返非期年不可。以故先印而后书。此权宜之务,所从来久,何足深罪?且国家立法,必先明示天下而后罪犯法者,以其故犯也。自立国至今,未尝有空印之律。有司相承,不知其罪。今一旦诛之,何以使受诛者无词?朝廷求贤士,置庶位,得之甚难。位至郡守,皆数十年所成就。通达廉明之士,非如草菅然,可刈而复生也。陛下何以不足罪之罪,而坏足用之材乎?臣窃为陛下惜之。

奏章写成后,郑士利在旅舍里关起门来痛哭流涕。同行的侄子问他为何痛哭,他说:"我有书奏上,必然触天子之怒,性命难保。然而纵使杀了我一个人,能挽救数百官员的生命,我毫无遗恨!"

郑士利的奏章终于被呈到朱元璋面前,一意孤行的朱元璋或许会觉得这个年轻人所言在理,但为了维护自己的尊严,他丝毫没有改变决定的意思,反而命令把郑士利抓起来,问他受了什么人指使敢如此大胆上书?此时郑士利已将生死置之度外,笑着说:"皇上但看我的上书有没有道理?可否采纳?我为国家言事,自知必死,有谁指使我呢?"

结果,郑士利因为斗胆上书,被削去官职,和兄长郑士元一同被押送到浙江去修海塘,而空印案被降旨处死的数百名官员终于没能得救。

朱元璋是一个生性极倔强,从来不肯认错的人。他在盛怒之下轻率地做出诛杀数百名户部与地方官吏的决定。在执行过程中,考虑自己这道旨意对国家政治生活巨大的破坏作用,不能说他毫无悔意。他也不相信被他处死的这些人都是贪官,这从此案中他没有对他们抄家连坐就可看得出来。不能说他有意视臣下士夫如草菅,但他就是要让他们畏惧他。为了树立自己的无上权威,让数百上千的人丧生流血也在所不惜。

毋庸讳言,空印案是洪武朝一个令人痛心的冤案。朱元璋在《大诰》中列了后来发生的郭桓贪污案,却对空印案只字未提。后代的史家也有意避开这桩冤案,只在刑法志中用寥寥数语略略提及。

也许朱元璋在悔恨之余对此事的始作俑者开济暗恨在心,一年之后,这位在朝中红极一时的刑部书尚书也栽了,而且栽得很惨。

在京城的大狱里，关着一名秋后待决的死囚王某。这名死囚的家境非常殷实，其老父王员外是京城有名的富豪，南京城里整条整条街都是他的产业。俗话说富家出孽子，王某仗着家里有钱，又是家里娇生惯养的独子，长成二十多岁既不会读书求仕进，又不能帮老父经营打点家中产业。整日带着一些狐群狗党茶馆进酒馆出，嫖赌逍遥，无恶不作。他因喝醉了酒在妓馆中争风吃醋，用刀子捅死一名嫖客，外带把两名妓女脸上划伤毁了容。那妓馆老鸨也是有靠山的主，当场将王某扭送官府，告他一个"一命两伤"。明朝的法律对民间刑事案例订得很细，像王某这种情节恶劣的犯罪，府里一审就判了"斩监候"，将其投入京师大狱，只待秋后处决。

王家老父只有这个孽种儿子，若任其处决，万贯家财都没人继承了。商贾人家笃信有钱能使鬼推磨，于是遍撒金银进行疯狂的营救活动，一心要把王某从大狱里捞出来。

平时王某在狱中，天天吃着家中送来的酒肉饭菜，又没有活动，反倒长得膘肥体壮，细嫩白胖的。突然从某天起，家里再没有人送酒菜来了，王某这养尊处优惯了的大少，狱中那粗糠拌烂菜的牢饭叫他怎能下咽？开始他在三尺死牢中疯闹了两天，渐渐也就有气无力地躺倒了。这时狱卒向大司狱仇衍报告：待决死囚王某病了。为了防止瘟疫在狱中蔓延，仇衍命令将王某关在一间与其他犯人隔离的单独囚室。过不了几天，狱中传出王某因病死亡的消息。仇衍按规定通知家属前来领尸，一面按照规定向刑部报告，注销待决死囚王某的监籍。

王家得信，哭哭啼啼抬着一口棺材到狱中来领尸。按照规定任何送进狱中的东西，哪怕是一饭一粥，进狱门时都需严格检查，以防夹带。何况偌大一口棺材？狱卒正要王家打开棺盖验看时，大司狱仇衍立遣亲信来催促赶快抬棺进狱，以防尸体腐败狱中蔓延瘟疫。当时正是大热天，既然有大司狱的命令，狱卒们也就只在棺材上敲了几下马虎放行了。

过了半个时辰，王家来人又哭哭啼啼地把棺材抬出来了。看守狱门的狱卒喝令他们揭开棺盖检查。那些人磨磨蹭蹭地打开了棺盖，里面果然躺着一具穿着囚服的男尸，脸面已经发肿，隐隐可闻恶臭。狱卒们验过认为与王某长相个头无异，且身穿王某的囚服，也就匆匆放行了。

其实这是王家玩的一出"以尸换囚"的闹剧。王家深知京师大狱管理极为严密，要想把儿子救出来只有买通管理监狱的狱官狱卒，其中最关键的人物是大司狱仇衍。他们以五百两黄金的贿赂买通仇衍后，仇衍考虑监狱中耳目众多，又兼卖放死囚责任重大，只要狱中有一个人出来揭发，他仇衍就是死罪难逃。若要使狱中铁板一块无人举报，唯有把刑部尚书开济拉下水，方能把任何举报的声音压制于无形。

王家听了仇衍的话，便遵照仇衍的嘱咐开始打开济的主意。仇衍告诉他们：开济不是不爱钱不受贿，但他受贿必须是隐秘而绝无人发觉，亦无证据落在送贿人之手，另外他受贿必须是他能办到的事。从大狱中捞出一个死囚来，这事仇衍确有能力办到，但没有开尚书的默许，他也没有胆量做这事，那五百两黄金只能奉还。

商贾人家自有商贾的智慧，他想自己一介平民想和尚书大人说上一句话都难，何言向他送贿？于是他通过仇衍，一次给开济送去千两黄金，一次送去家传镇宅之宝：一只羽翼上镶满宝石，口中含着一颗硕大夜明珠的金凤凰。开济颇谙古董宝玉，自然识得此物为稀世无价之宝。无端收受如此贵重礼物，送贿者必有所求。仇衍仗着是他的心腹，于是将王家"以尸代囚"之计如实相告。求尚书大人网开一面，予以成全。开济默然无语，半晌只嘱咐一句："你们要小心些，不要让人知晓内情。"

谁知就在王家"以尸换囚"阴谋得逞后的一天晚上，京师大狱的副典狱官张羽突然来到尚书府，求见开济。他一见开济就跪倒在地，口称："狱中出了惊天大事，卑职不敢不报。"

开济一听就知道是王家换囚之事走漏了风声，但他仍然镇定地问道："什么事令你如此惊慌？"

于是张羽一五一十将那日的疑点一一道来。他说：其一是那天王家抬棺进狱时显得很沉，不像一口空棺，且有人仿佛闻到棺中有腐臭气味，只是因为大司狱仇衍派人催着抬进去，守门狱卒们才未按照规定开棺验看。其次，王家将死者装棺抬走时，仇衍以牢狱窄小为由不让其他狱官入内，后来张羽却发现一个陌生的狱卒随同仇衍从牢房里出来，此人面形消瘦很可能是饿了许多天的死囚王某，而棺中抬出的尸体原本是王家从狱外抬进来的。张羽还说，监狱中有不少狱卒悄悄议论这桩奇事，只是碍着大司狱仇衍不敢明说罢了。

开济作奸犯科惊慌之余，嘱咐张羽道："此事再不要和任何人说，本官查明真相之后，刑部必将严惩作奸犯科之人。大司狱仇衍身为刑部官员执法犯法难保身家性命，届时本尚书论功行赏，可在皇上面前保举你继任此职。"

张羽离开之后，开济立即叫来仇衍，将他劈头大骂一顿，然后责令他和刑部侍郎王希哲、主事王叔征去摆平此事，无论如何要压住狱中的议论，不能让换囚真相外泄。

第二天晚上，在监狱内的一口池塘边，人们发现了副典狱官张羽的尸体。草草查验后，狱方宣布张羽夜晚回家时，因眼睛模糊一脚踏空，后脑栽在塘边石头上，跌入池塘淹死。

监狱中从此人人噤若寒蝉，再没有人敢议论王家"以尸换囚"之事。

不过张羽的妻子总觉得丈夫死得蹊跷，张羽从小识水性，即使失足落入池塘也不致淹死。若说他一脚踏空也应该是前额栽伤不会是后脑。她在为丈夫装殓时，发现他颈部有紫红勒痕，而他的左臂脱臼，双臂都有被人强扭的痕迹。总之，她怀疑丈夫不是失足落水，而是被人谋害的。

张羽家的隔邻住着一位姓陶的御史，他们邻里关系甚睦，当张妻把自己的怀疑向陶御史哭诉时，平生耿直刚正、不畏权贵的陶铸代张妻写了状纸，教她去大理寺击鼓鸣冤。经大理寺派仵作勘验，证实张羽确系被人谋杀。

不久，大司狱仇衍和主事王叔征相继被大理寺拘鞫。"以尸代囚"的惊天大案渐渐浮出水面。

这时，仇衍等口风甚紧，尚未供出开济。不畏权势的陶铸御史义愤填膺，奋笔疾书，上奏朱元璋直指刑部尚书开济与此事有牵连，并斥指"济奏事时，置奏折怀中，或隐而不言,觇伺上意,务为两端,奸狡莫测。役甥女为婢,妹早寡,逐其姑而略其财"。

大理寺的官员平时嫉恨开济对朝廷刑事一手遮天,必须将其扳倒而后快。他们通过严刑逼讯,取得了仇衍、王叔征受开济、王希哲指使杀害张羽以灭口的口供。又抓到了出狱后避居淮安扬州等地重过花天酒地生活的王某。其老父自然更经不起刑审,一五一十地供出行贿开济的事实。这时开济早已将赃物转移,也都一一被大理寺在郊外他的亲戚家起获。

至此全案大白,朱元璋一怒之下,降旨将开济凌迟处死,王希哲和仇衍等皆枭首弃市。

御河中漂来一具死婴

御河里漂来一具死婴。不想让丑事张扬的刘公公被暴怒的皇上杖毙。朱元璋命令在宫中进行大抄检。"要有人敢给朕戴绿帽子,朕灭了他的九族!"大抄检抄出了怀有龙种的宫女。朱元璋不放心自己那些年轻貌美的妃嫔美人,莺莺燕燕的宫苑里,一场骇人风暴就要到来。

洪武十七年,朱元璋的后宫中出了一件骇人视听的丑闻。

初秋的清晨,皇宫内的御河上飘着一层薄雾,河边的垂柳和亭阁在雾气中隐约可见。

万春宫的两个宫女趁早上凉快来河边洗衣服,忽见河中漂来一物,花花绿绿的,像个包袱。两个宫女心生好奇,互相猜测那里面是什么东西。

"兴许是宫中哪位娘娘穿旧了的衣服,扔河里了。"

"你真是个猪脑子,娘娘穿旧的衣服赏给服侍她的宫人嬷嬷得了,干吗往河里扔?"

"要不昨晚上盗贼在宫里偷了东西,让巡视的追急了,只好往河里扔。兴许里面是值钱的金银珠宝呢?我们捞上来看看。"

她们伸手仍够不到那漂浮物,就跑回宫里拿来一根竹竿,三拨两拨把它拨到了岸边。原来是个长圆形的包袱,外面缠着一个粗粗的绳扣。

她们小心地解开绳扣,发现包袱里面还有一层麻布紧紧裹着一个软乎乎的东西。打开麻布一看,两个宫女"哇"地怪叫一声,一屁股坐在水里。

"死……死……一个死孩子!"

"妈呀!这……这……怎么办?"

"我看,只有把它照样包好,扔到河里去。"

"不行呀,刚才我去拿竹竿,宫里那俩小太监问我干什么用,我说捞宝贝。他们要跟着过来,说见者有份。"

这时果然有两个小太监朝河边跑来,他们跑过来一看,捞上来的不是什么宝贝,而是个死孩子，顿时四个人都傻眼了。

恰好服侍皇上的老太监刘公公因事打这里经过，见河边围着一群人，心生诧异，停住脚步询问：

"喂，你们在干什么？"

宫女和小太监们张口结舌："没……没干什么……"

"你们手里拿的什么东西？"

见隐瞒不住，宫女们只好承认："回公公，是个死孩子。"

"死孩子？在哪里发现的？"

"我们在这里洗衣服，看见一个包袱漂在河里，把它捞上来一看，谁知竟是个死孩子。"

宫中发现死婴，这可是件了不起的大事。面慈心善的刘公公深知宫禁的厉害。他暗自思忖，这事肯定是宫中耐不住青春寂寞的某个宫女所为。一旦查出来，那可怜的宫女和她全家必遭诛戮，甚至还要累及她的主子娘娘。久居深宫，老人的怜悯之心促使他想把这事隐瞒起来。他向那四个孩子道："你们捞死婴时，有别的人看见吗？"

"没有。"宫女们连摇头，"知道这事的就我们四个人。"

"那好。你们年纪还小，不知道宫禁的厉害。宫中出了这种事，势必来个大抄检，所有的宫女都要验身。查出来的当事者满门抄斩不算，你们四个人也脱不了一死。怕你们把宫中的丑事说出去呀！"

四人一齐跪下："那怎么办？刘公公，你救救我们！"

"现在只有这么办：你们去找个僻静地方把死婴埋了，然后回去装成什么事都没有发生，尽量少跟别人说话。这事只有我知道，放心，刘公公不会害你们。"

"谢谢公公。"四个孩子道了谢，揣着包袱要走。

"回来。"刘公公把他们叫住叮嘱道，"要是万一有人看见，你们就说埋一只死猫。记住了。"

四个孩子沿着河边没人处溜达着，终于找到一处僻静的树林。见四周无人，他们用竹竿和石头挖了一个浅坑，把裹着死婴的包袱掩埋好，然后在上面撒些枯枝败叶。

他们怀着恐惧不吭声地干着，干完这一切，四个人坐倒在地长呼一口气，然后以指压唇，表示谁也不许泄露秘密，以免招来杀身之祸。

可是，当他们蹑手蹑脚地回到万春宫时，掌宫太监安仁吊着一副瓦刀脸堵在宫门口，一双鹰隼般的眼睛怀疑地打量着他们身上的泥巴和水渍。

"站住！你们干什么去了？"

"回安公公，我们去河边洗衣服了。"

安仁又问两个小太监："你们呢？也是去洗衣服？"

小太监们手足无措："回，回安公公，我们去看……看她们洗衣服。"

"哼，洗衣服有什么看头？分明是撒谎。掌嘴！"

两个小太监左右开弓打自己的耳光。安仁仍然不饶，揪住其中一个的耳朵。

"你说，到底干什么去了？"

那小太监顿时吓得两腿哆嗦，尿从裤管里流了出来。

"公公，别打我！我……我怕……"

"怕什么？讲！"

"一……一个……一个死孩子……"

"什么？死孩子！"安仁打量着他们身上的泥渍，"你们把死孩子埋了是吗？"

"是……"

"谁叫你们埋的？"

"是皇上跟前的刘公公，他说这事不能声张，要死很多人……"

安仁恶狠狠地骂道："好你个刘会！你身为御前太监，竟然有意把这种乱宫的大事隐瞒起来，咱家要你好看！"

四个孩子扑通跪下，胆稍大些的一个宫女，求告道："安公公，求求您，刘公公是怕我们脱不了身。他是个好人。"

"哼，他是好人，咱家偏不做好人！"安仁命令道，"听着，你们四个快去把死孩子挖出来，然后听候发落。吴二良，你跟着他们去挖，带把锹去。"

"奴才明白。"那叫吴二良的太监应着，"走吧你们。"

没多久，吴二良把那裹着死婴的包袱带回复命。安仁一看是个女婴，他命吴二良弄一坛酒把死婴泡好，然后去禀告万春宫的主子宁妃娘娘。他怂恿宁妃请皇上驾幸万春宫，然后禀明这件事。皇上必然震怒，在宫中来一次大抄检。马皇后薨后，六宫无主，宁妃正好借此事树立威信。而安仁也趁机告发刘会隐匿不报之罪。去年皇上有意提升安仁为大内副总管，是刘会在皇上面前说他刻薄贪财，把事情搅黄了。因此安仁对刘会怀恨在心，这次可是个报复的好机会。

万春宫内，郭宁妃神色紧张地在等候皇上驾临。

终于听到内侍远远传呼："皇上驾到！"

郭宁妃率领众宫娥在宫门跪接："臣妾恭迎圣驾，吾皇万岁万岁万万岁！"

"起来吧。"朱元璋道，"这几天朕忙着呢，爱妃风风火火地催朕来，有什么事？"

郭宁妃禀道："皇上，宫中出了一件天大的事，臣妾不得不惊动圣驾。"

"什么天大的事，朕怎么不知道？"朱元璋皱起了眉头。

"今天早上，臣妾宫中的两名宫女去御河边洗衣服，见河里漂浮一物，她们捞上来一看，原来是一具死婴。"

朱元璋骤然一惊："啊！居然有这种事？你说是谁发现的？"

郭宁妃如实禀道："臣妾宫中两名宫女，还有两个小太监。"

"他们人呢？"

"臣妾已将四人都关起来了。"

朱元璋降旨道："赶快将他们处理掉！不能让此事流传出去。"

这时，安仁将泡死婴的酒坛和麻绳、包袱等物呈上："奴才安仁斗胆禀告皇上，那四个奴才在河边捞上死婴，正要回宫禀报娘娘，恰遇刘公公从那里经过。刘公公怕此事被皇上知道，就出主意教他们把死婴埋在树林里，说是埋的一只死猫，是奴才发现破绽，才让他们重新挖了出来。"

朱元璋立即剑眉倒竖，喝问身边的御前太监："刘会，果有此事？"

刘公公惶恐跪下回道："皇上，皇后娘娘殡天不久，皇上心情不好，老奴怕事情闹大了，影响圣躬不安，故而让他们掩埋了。老奴死罪！"

朱元璋暴怒地一脚将他踢翻在地："哼，大胆刘会，你明知道朕容不得宫里发生这种丑事，竟敢故意隐瞒，欺君不报，包庇罪犯，你该当何罪？来人，把他拉出去杖毙了！"

刘公公伏在朱元璋脚边起禀道："皇上，老奴死不足惜，老奴是可怜这些宫人呐！请皇上就杀老奴一个人，千万不要在宫中大抄检。那样皇后娘娘在地下也会不安心。"

朱元璋一脚把他踢开："哼，还敢拿皇后娘娘来压朕，拉下去，给我往死里打！"

侍卫们把刘公公拖出去，外面立刻传来棍棒齐下的声音和凄厉的惨号。顷刻间，侍卫进来禀报：刘会已经杖毙。

"把他装进麻袋沉到河里去，就说是淹死一条狗！"朱元璋怒犹未息，"哼，狗还不会背叛它的主人呐。"

"皇上圣明。"安仁乘机进言道，"皇上，死婴究竟是什么人扔进河里的？您看这事要不要……"

"宫中十几年从未出过这种丑闻，一定要给朕查个水落石出！先查宫女，再查后宫妃嫔。哼，要有人敢给朕戴绿帽子，朕灭了她的九族！"

郭宁妃忙出来和缓气氛："皇上请息怒。臣妾以为，后宫妃嫔皆出于礼教之家，绝无人敢做秽乱宫闱之事，一定是那些耐不住青春寂寞的宫女所为。"

"哼，说不定。这几个月朕没进宫来，有些人不是就怨声载道了吗？"朱元璋一点也不给她面子，弄得郭宁妃满脸通红。

"臣妾知罪。"

"安仁，朕命你负责清查此事。先从御河上游各宫宫女查起。"朱元璋警告道，"要是把消息走漏到宫外去了，朕要你的脑袋！"

"奴才遵命。"

安仁奉了圣命，开始在后宫中进行大抄检。他带了一帮太监打手，把位于万春宫上游各宫中的宫女的住处抄检了个遍，看宫女们是否私藏男女情爱的违禁物品。然后在万春宫设立了一个验身房，令宫女们一一到那里去验身。

安仁召来宫中为后妃生产接生的稳婆，对她们说："两位嬷嬷听清楚了：咱家奉皇上圣谕审理宫里的风化案。外面这些宫女你们要一个个仔细检查，若有破了身不是处女的，怀了孕的，肚子上有妊娠纹生过孩子的，都要如实禀报。若有人包庇隐瞒事情，你们可小心了！"

安仁在宫中是有名的凶神恶煞，稳婆们低头应声："奴婢知道了。"

安仁吩咐："现在一个个叫她们进来，你们俩到那布幔后面让她们脱了裤子验身。"

稳婆望望安仁身后那帮太监打手，迟疑地说："总管大人，屋里这么多男人，叫她们怎么好意思脱裤子？"

安仁叱道："别废话！他们是男人吗？你就给他一个黄花闺女也干不了呀！"

众太监挤眉弄眼狠亵地大笑。

安仁命令："开始吧。"

一名太监按照花名册叫号，宫女们一对一对地被叫进来。稳婆把她们带到布幔后面，低声叱喝着："脱呀，磨蹭什么？"验身完毕，宫女们面红耳赤地走出布幔。

一连验了七八名宫女都是女儿身，安仁难免有些失望。

这时，一个稳婆把一名叫琴书，长相俊俏丰满的宫女拉出布幔。

"启禀总管大人，这个姑娘已有身孕。"

安仁从座位上跳起来："啊哈，果然有这种事！过来让咱家看看，长得蛮俊俏嘛！"

他突然扬起手臂，狠狠地打了琴书一个耳光，凶相毕露地骂道："臭婊子，你活得不耐烦了，居然敢在宫里偷人养汉！说，这野种是谁的？"

琴书见他举脚要踢，忙用双手护住肚子，跪地求饶。

"安公公，你饶了我吧！我不能说……"

"不说？不说我踢死这野种！"

琴书急了："不，安公公，你不能踢呀！我……我怀的是皇上的龙种……"

"什么？你不要打急了胡说。污蔑皇上可是杀头之罪，你懂不懂？"

这时琴书胆子倒大了："我不是胡说。我确实是怀了皇上的龙种。不信你去问皇上是不是宠幸过我。"

安仁颇为尴尬地吩咐道："吴二良，速将琴书送到宁妃娘娘那里去，请娘娘问个明白。"

郭宁妃将那自称怀了龙种的琴书仔细问个明白后，命太监把皇上请进宫来。

"爱妃，你又请朕来干什么？"朱元璋问。

郭宁妃颇有几分神秘地笑着说："臣妾恭贺皇上又添龙儿啦。"

朱元璋惊讶地问："什么？爱妃又怀上了？"

郭宁妃嘴一撇："哼，皇上还是什么时候宠幸过臣妾的？臣妾怎么会怀皇子呢？"

"那爱妃说的是谁？"

"皇上三个月前宠幸过谁呢？"

朱元璋有些茫然："三个月前？那还是夏天啊，朕宠幸过谁？不记得了。"

"皇上记性怎么这么差呀？"郭宁妃提醒他道，"今年夏天，皇上喝醉了酒躺在凉亭里，是不是宠幸过一个送水果的宫女？"

"夏天？朕喝醉了酒？在凉亭里？"朱元璋拍着脑袋回忆着，"啊啊，记起来了。果有此事，果有此事……"

那是在一个夏日的午后，朱元璋酒后坦腹躺在花园的凉榻上，蒙眬中见一美貌宫女手捧果盘婷婷娉娉朝他走过来。宫女见皇上坦腹而卧，抿嘴一笑。朱元璋顿时躁动起来。拉住她的纤手摩挲着，亭外的太监侍卫见状连忙退下。朱元璋搂过那宫女，顺势把她压在身下……

郭宁妃笑问："皇上记起来了？"

朱元璋道："只怪朕喝多了酒，见她窈窕可爱便偶尔荒唐了一次。难道她这就怀上了朕的龙种？这宫女叫什么名字？现在哪里？"

郭宁妃命身边侍女："去，命琴书前来见驾。"

少顷，侍女领着身孕隐约可见的琴书进来。

"奴婢叩见皇上、娘娘。"

朱元璋仔细端详跪在地上的琴书。

"嗯，果然是她。哈哈，偶然一度春风，你便怀上了朕的龙种了，难得，难得。"

宁妃在一旁奉承道："皇上神威盖世，干这种事都是百发百中，要不哪来几十位皇子公主啊。"

朱元璋得意地说："算来这是朕的第三十二个皇儿了。你叫什么来着？"

"奴婢叫琴书。"

"那朕就封你为琴美人吧。"

郭宁妃连忙叫琴书谢恩。

"奴婢谢主隆恩。"

"你身子重，起来吧。"朱元璋把她拉到身边，"今晚再来侍寝，让朕再宠幸你一回，哈哈哈……"

安仁在宫中进行大抄检，闹得鸡犬不宁，结果并无所得，只是误打误撞抄出个怀了龙种的宫女来，也算是为皇上立了大功。他被升为大内副总管，得以经常接近皇上，奉命继续追查死婴一案。

一天，朱元璋问安仁："那死婴案查得怎么样了？"

"回皇上：奴才在宫内进行了大抄检，查出了几名行为不检的宫女，但都与弃婴案没有干系，奴才以为，奴才以为……"

见安仁欲言又止，朱元璋骂道："混账东西！吞吞吐吐，想说什么？"

"奴才以为，此事或与后宫妃嫔娘娘有关。"安仁欲邀圣宠，壮着胆子说出自己的想法。

"什么？你说这死孩子是朕的后宫妃嫔扔的？"

一见皇上发火，安仁连忙自己掌嘴："奴才该死！奴才该死！"

朱元璋对自己那些年轻貌美的妃嫔美人并不完全放心，她们深宫寂寞，难得君王宠幸一回，有那大胆的难免做出越轨之事。因问安仁道："你怀疑死孩子是后宫妃嫔扔的，有什么证据吗？"

"回皇上：奴才仔细琢磨，捆在死婴包袱外面的那根麻绳成个松松垮垮的绳扣形，显然原来是坠着石头。石头在水中滑落了，包袱才浮上来的。这种事女人干不好，像是受了主子恩惠的奴才干的，还有裹死婴的那块粗麻布宫中少见，只有皇后娘娘当年手织过这种麻布，她老人家经常赐给宫中的妃嫔公主们，一般宫人是得不到的。奴才有心在这上面查一查，只是以奴才的身份，怎敢去查问娘娘们呢？"

朱元璋认真听了安仁的话，赞许道："嗯，你倒很细心，从这上面找出了蛛丝马迹，这好办，传朕的旨意，就说朕为了纪念马皇后，敕令把她的遗物统统收集起来供后世瞻仰，让各宫的妃嫔把皇后赏赐的麻布，不论做成衣裳还是没做的都交出来。谁要是交不出来，就是心里有鬼了。"

安仁连忙奉承道："皇上圣明！奴才愚蠢，不能想出这样的妙计。"

朱元璋又指示道："你还要给朕查明：最近有些什么人到宫里来过，不论是外臣或皇亲国戚，都要一一查清楚。"

朱元璋精得很，若是宫中妃嫔与外人勾搭成奸，死婴被发现，他们一定惊慌失措，想办法一起商量对策。只要查清入宫的外人就能找到疑犯。

宫墙内外，静谧如常。可是莺莺燕燕看似平静的宫苑里，一场骇人的风暴就要到来……

给皇上戴绿帽的胡妃

大内总管安仁在景福宫找到了一件撕去了半边后襟的麻布衣裳。宫女在严刑拷打下招供："麻布撕去包了小公主。"红杏出墙的胡妃和潜入宫中的情人双双殉情而死。胡妃父临川侯赐死，全家遭屠戮。

御河惊现死婴，安仁对宫女们大抄检没有结果，使朱元璋怀疑起他的后宫妃嫔来。随着自己年近六旬，须发皆白，精力已大不如前了。而他那些后宫妃嫔，年纪大的不过三十来岁，她们虽曾替他养育了不少皇子公主，随着年华逝去，早已恩宠不再；而后进宫的妃嫔美人，一般均在十几二十岁的妙龄时期，初进宫时可以得到皇上一两次宠幸，新鲜劲头一过去就被他忘到脑后了。她们青春年少，耐不住深宫寂寞，完全有可能铤而走险做出红杏出墙的事。

不过要让安仁去查妃嫔们谁是弃婴案的疑犯确实很难。好在死婴包袱里出现了一块麻布，于是他想出了让安仁以收集马皇后遗物为由着手调查的主意。

安仁领着一帮太监开始到妃嫔们住的各个宫去收集马皇后生前赐给她们的麻布衣裳。这天他们来到景福宫。

景福宫住的胡顺妃是朱元璋还是吴王时纳的妃子。现在身份是贵妃，在宫中地位仅次于李淑妃、郭宁妃等之后。她为朱元璋生了第十二皇子朱柏，十二岁即被封为湘王。她的父亲是临川侯胡廷瑞（因避皇上字国瑞之讳易名胡美），子婿均为朝廷重臣，是皇亲国戚中权柄较大的。

安仁到了景福宫门口，即令太监们止步，自己上前拜见胡妃。

胡妃闲着无聊，正在逗她养的狮毛狗玩。安仁见她玩得高兴，不敢上前造次。直待那狗儿跑开了才上前行礼。

"奴才安仁给贵妃娘娘请安。"

胡妃话带讥讽地："嚍，小安子发达了，当上大内总管，还没来得及给你道喜呀！"

安仁连忙一脸谄笑："娘娘说哪里话来？什么大内总管，不过一个替主子们跑跑腿的奴才罢了。"

"你干得不错呀！听说你查抄宫禁，一耳光打出个怀了龙种的宫女来。是不是呀！"

胡妃话里明显带着敌意，安仁连忙低头："奴才惭愧。"

"今儿到我这里有什么事吗？"

"回娘娘话，皇上为纪念已故的皇后娘娘，决定将娘娘生前手织并赐给妃嫔公主们的粗麻布衣裳收集起来，以供世人瞻仰。皇后娘娘曾赐给娘娘一件衣裳，想必还在吧？"

胡妃鄙夷地撇一撇嘴："我当什么宝贝呢！那衣服穿着像什么呀？只怕早当抹布撕了。"

安仁赔着笑脸道："娘娘还是让她们找找吧，不然奴才难以复命。"

胡妃命令宫女们："你们去找找，哪怕是做了抹布，也给安公公拿去。"

宫女们找来找去，在装杂物的柜子里翻出一件撕去半边后襟的麻布衣裳。当时那宫女神情极不自然，似想对胡妃说什么又不敢说。安仁用鹰隼一样的目光看了这宫女一眼，将衣服接了过来。

"谢娘娘。奴才告退。"

到了晚上，安仁领着一帮太监打着灯笼来到景福宫宫女们住的地方。他把宫女们赶到一起，高举灯笼逐个照着她们的脸看，终于找到了白天拿麻布衣裳的那个宫女。

"就是她。带走！"

在大内总管处，安仁高坐在上，桌上摆着那件撕去半边后襟的麻布衣裳。太监们把那个吓得半死的宫女带进来，命她跪下。

安仁厉声问道："说，这件麻布衣是谁撕去了半边后襟？撕去干什么了？"

宫女低头望着地面，声音细得像蚊子："奴婢……奴婢不知道。"

"你不想说是不是？把她的衣服给我扒了！"

安仁一声命令，太监们一拥而上，如狼似虎地扒去宫女的衣服，让她露出光光的脊梁和雪白的胸乳。一个太监在旁边火盆里抽出一把烧红的烙铁，在她胸前晃了晃。

安仁叱喝道："到底说不说？不说让她尝尝厉害！"

烧红的烙铁在她脸前晃着，几乎触着乳头，宫女恐惧万分地大声哭叫起来。

"安公公饶命，奴婢愿说！那麻布衣的后襟是我撕的。"

"撕去干什么？"

"撕去包了小公主。"

"什么小公主？说！"

"娘娘……娘娘亲手把没足月的小公主掐死，叫我们包好交给李公公，以后的事情奴婢就不知道了。"

"哪个李公公？"

"娘娘跟前的大太监李槐。"

安仁审问得手，命令把宫女带下去。然后把几名打手叫到跟前。

"你们去几个人，到李槐住的地方把他抓来。"

太监们问："安公公，刚才这小娘儿们怎么办？"

安仁恶狠狠地说："反正是死罪，把她做掉算了。"

身边的心腹宫女和太监相继被抓，胡妃料知大事不好，连忙派人出宫送密信给她父亲临川侯胡廷瑞，要他进宫来商量对策。

胡廷瑞原是陈友谅的江西行省丞相，朱元璋打下九江后，驻守龙兴（今南昌）的胡廷瑞请降。当时天下形势未明，降将往往屡降屡叛。朱元璋为绝了胡廷瑞的退路，命他率兵去打张士诚，取淮东，下湖州，围平江。后又进军福建与陈友定作战。胡廷瑞作战勇敢，功勋卓著，初封豫章侯，后又改封临川侯，增禄加爵。他将女儿嫁给朱元璋为妃后更有皇亲国戚之宠，其子、婿等人都被授予指挥、佥事等职。

他收到胡妃密信后，匆匆赶进宫里。一见面就问胡妃道："女儿呀，出了什么事，这么着急叫为父进宫来？"

胡妃一面哭一面埋怨道："父亲，就是你！当年为了巴结朱元璋，生生拆散女儿与阮郎的婚姻，把我送进宫给朱元璋做妃子。谁知他这荒淫暴君，三宫六院，妃嫔成群，女儿自生下柏儿以后，他就再没到我宫里来过。父亲，你们只顾自己享受高官厚禄，全然不顾女儿在这暗无天日的深宫里，过着以泪洗面的日子……"

每次见面都要听胡妃诉苦，胡廷瑞心里也不胜其烦。"行了行了！当妃子的哪个不是这样的遭遇？谁还能恩宠永驻？再说，你比别人还好些，我和你哥不是常进宫来看你吗？谁知你胆大包天，竟敢让阮武冒充你姐夫进宫来幽会。你这样风风火火叫我进宫来，是不是你们的行径被皇上发现了？"

胡妃承认道："是，女儿怀了阮郎的身孕后，服了许多药都没有打下来。孩子不足月掉下来，女儿不得不把她掐死了，让奴才们处理掉。他们绑着石头沉到河里，结果浮了上来，被那坏透顶的安仁发现了。这两天他带了人到女儿宫中来查这查那，女儿怕极了。这事若给查出来，朱元璋这杀人魔王会饶得了我吗？呜呜……"

胡廷瑞一听惊出了一身冷汗，顿足道："你这祸闯大了！朱元璋心狠手辣，胡惟庸一案杀了一大批人，连吉安侯、平凉侯都下了大狱。后来又杖毙了朱亮超父子。有迹象他就是要对我们这些功臣下手。你还给我捅了这个漏子，那魔王杀机一动，我们家非给他灭了不可!"

胡妃心一横道:"哼,怕什么?人总有一死,在这地狱般的深宫里,女儿早就活得不耐烦了。父亲,你就让阮郎再进宫来一次,女儿能见他一面,即便死而无憾!"

"你发疯了?让他进宫来见你,若是给逮住,岂不是捉奸在床人赃俱获吗?"

胡妃蛮横地说:"我不管!女儿就是要见他,死也要和他死在一起。你就把我的话告诉他,他会有办法的。"

胡廷瑞直摇头:"我看你真是疯了!"

胡妃斩钉截铁地说:"我告诉你,今晚你若不是让阮郎来看我,明天就来给女儿收尸吧!"

胡廷瑞无奈地直摇头,踉踉跄跄而退。

在安仁阴森恐怖的刑讯室里,受刑的大太监李槐已经晕死过去了。一个打手给他兜头浇了一桶凉水,一个激灵,他又悠悠地苏醒过来。

安仁用鞭子拨着他的头:"招不招?"

李槐抬起头,轻蔑地望望他,慢悠悠地说:"安公公,你我都是奴才,何必相煎太急?"

安仁恼羞成怒:"好,你还嘴硬,让你尝尝厉害。"

他亲自抄起在火炉里烧得通红的烙铁,伸向李槐裸露的背脊。只听得"嗤——"一声,李槐背上冒起一股青烟,空气中弥漫着难闻的焦肉味。李槐顿时痛得满地乱爬。

"噢——噢——噢!我招!我招!"

安仁吩咐:"拿纸笔来,让他自己写供状。"

第二天,安仁带着李槐的供词和证物,兴冲冲地去见朱元璋。

"启禀皇上,奴才奉旨彻查死婴一案。奴才按皇上旨意到各宫收集皇后娘娘所赐麻布衣裳,各位贵妃娘娘都保存完好,只有景福宫的胡妃交了一件撕去一半后襟的破衣,奴才拿包死孩子的麻布一拼对,大小完全吻合,皇上请看。"

安仁把那块包死婴的麻布与胡妃交来的破衣拼给朱元璋看,朱元璋立刻暴跳如雷。

"这么说,死婴是胡妃叫人扔的?"

安仁得意地给自己表功道:"奴才见那个拿小破麻布衣裳的宫女神色慌张,像是想对胡妃娘娘说什么,觉得她心里有鬼。奴才连夜把她抓来一审,她就招认了小公主是娘娘自己掐死后,命她们用麻布包裹交太监李槐去扔的。她们还以为那死孩子是小公主呢。"

朱元璋恼火地道:"什么小公主?这个贱货,朕从没宠幸过她。胡妃这臭婊子,竟敢给朕戴绿帽子,朕要灭她的满门!"

安仁更加得意地说:"奴才把李槐抓来,经过拷问,他全都招认了。这是他的供词,请皇上御览。"

"这些狗奴才,竟与淫妃狼狈为奸,通通给朕杀了!"

安仁又奏道:"奴才还询问了宫门守卫,他们说胡妃的父亲临川侯和他的子婿经常进宫。因为他们是皇亲国戚，又给了宫门好处，他们未加阻拦。临川侯今天还进了宫，也许是胡妃见死婴事发，叫他父亲进宫来商量对策。这两天也许他们会有所行动。因此，奴才斗胆请皇上暂时息怒，待奴才人赃俱获再行降罪不迟。"

朱元璋点点头："嗯，准你所奏，朕即命宫中侍卫与你配合行动。"

入夜，一辆黑布篷车悄悄驶进皇宫外墙。一个黑衣人从车中出来，一纵身跳上宫墙，刹那间消失在宫内的树林中。

黑衣人躲闪腾挪在树林中穿行，蹑行至景福宫的后门，藏身在宫墙阴影中。

"喵呜——喵呜——"黑衣人装着猫儿叫了数声，一会儿，披着斗篷的胡妃从门影中闪出来，一头扑进黑衣人怀中。

胡妃刚要说话，黑衣人按住她的嘴唇，将她带到远离景福宫的树林中，二人立刻紧紧拥吻在一起。

胡妃紧紧偎在黑衣人怀里，喃喃地说："阮郎，你来了我真高兴！我还以为你不敢来呢，那样我即使死了，到阴间也饶不了你这负心汉！"

黑衣人便是与胡妃私通的京卫经历阮武，他急切地问胡妃道："玉娘，到底出了什么事？是不是我们的事被皇上发现了？"

胡妃流着泪道："阮郎，你没听说过御河中发现死婴的事吗？那是我干的。我亲手把我们的孩子掐死了！啊，我亲手掐死了她，呜呜……"

"玉娘，别难过……"阮武为她拭着脸上的泪水，安慰她，"是不是皇上查出来死婴是你扔的？"

"嗯，那个大内总管安仁在查这件事，那家伙一肚子坏水，我怕极了。"

阮武道："这事肯定会被查出来，我备了一辆车在宫墙外面，只要逃出宫墙，我俩就离开京城，远走高飞。"

"逃？你纵使逃得出京城也逃不脱朱元璋的魔掌！阮郎，我只求你来见上最后一面，我就心满意足了！不死不活地待在宫里，这样的生活我已经厌倦了。即使朱元璋不杀我，我也不愿再活在这个世上。阮郎，在诀别之前，你让我再做一次你的女人吧！"

"玉娘……"

胡妃果断地卸去了自己的衣服，露出雪白的肌肤，紧紧地抱着阮武在草地上翻滚……

这时，树林外响起了嘈杂的人声，刹那间无数火把点燃了，一大群侍卫和太监们正在向他们包围过来。

缱绻过后，胡妃觉得周身无限的畅快，她亲吻着阮武道："阮郎，他们一定会发现我们的，你快逃吧！"

"玉娘，我带你一起走。"

胡妃不知哪来那么大的力气，一把将他推开："不要管我，你自己逃命吧！"

阮武逃出树林，朝没有火光的方向奔去。但是，立刻有人追杀过来。

"抓刺客，别让他跑了！"

"他在那里，快追！"

阮武见四周都是高举火把持刀的侍卫，逃是逃不脱了，只得拔剑相迎。他本是武将出身，一阵搏杀砍倒几名侍卫。但终究寡不敌众，被一拥而上的侍卫们乱刀砍死。

这时，安仁又指挥太监们往树林扑来。

"快去抓淫妃，别让她跑了！"

胡妃跑出树林后，面对无数高举火把渐渐逼近的太监们，并没有慌乱，反而冷笑一声，一步一步朝后退，退至月光照射下闪着粼粼波光的人工湖边，猛然往最深处纵身一跳，这位桀骜不驯的贵妃娘娘，立刻香消玉殒，葬身湖底。

安仁率侍卫太监们追至湖边，胡妃沉没处泛起了最后几圈涟漪。他们只能望着悄无声息的湖面发怔。

胡妃死后，朱元璋查悉临川侯胡廷瑞曾于前一天到宫里来，一定是他策划了这出企图劫走胡妃的丑剧，而那个阮武平日就是冒充他的子婿进宫来与淫妃私通，给他制造了这顶绿帽子。朱元璋盛怒之下，派遣锦衣卫连夜包围了临川侯府。胡府的家丁卫士试图抵抗，被锦衣卫砍瓜切菜般全都杀了，然后冲进府中把胡廷瑞的儿子女婿全都捆绑起来。

安仁趾高气扬地走进大厅宣读圣旨。

"圣旨下！罪臣胡美接旨。"

胡廷瑞知自己大祸临头，只得跪下接旨。

安仁用他那鸭公嗓音高声宣读圣旨："奉天承运皇帝诏曰：临川侯胡美心怀鬼蜮，纵容子婿入乱宫禁，秽乱宫闱，罪不容诛。其子胡进、婿单昌着即枭首弃市。籍没全部家产，眷属流徙三千里。胡美以战功赐其自裁。钦此！"

胡廷瑞始而满头大汗，战栗不已。听宣完毕，他踉踉跄跄站起来，接过太监捧着的宝剑，仰天长笑几声：

"哈哈哈！皇上，朱元璋！我胡廷瑞身为汉王行省丞相，领十万兵镇守龙兴，竟瞎了眼相信你，听信了你的花言巧语，背叛汉王投奔于你。我为你东征西讨，征武昌、取淮东，围平江、攻福建，立下赫赫战功。谁知你狼子野心，借故屠戮功臣。今天为了屁大一点事，竟要杀老子！朱元璋，你这贼秃驴听着：老子今日落在你手里，老子到了阴曹地府也要找你算账，剥你的皮，食你的肉……"

安仁连忙打断他叱喝道："大胆狂徒，竟敢辱骂皇上，罪加一等！"

胡廷瑞哪里把一个太监放在眼里，指着安仁骂道："你这阉货，也敢训斥老子？也不撒泡尿照照你是什么货色！"

安仁被他骂得一阵脸红，一阵脸白，他忙给锦衣卫指挥使眼色。

"胡美，你不遵旨自裁，难道要我们动手？"

锦衣卫指挥命士兵们用刀枪逼着胡廷瑞。胡廷瑞无奈，抽出宝剑横在自己脖子上。

"朱元璋，你这王八蛋！老子在地下等你！"

骂毕，他把剑往颈上一横，顿时血光迸溅，他的尸身仆倒在地。

第二十一章

元勋的厄运

李文忠交结文人墨客获罪

李文忠与文人墨客诗酒唱和遭猜忌。朱元璋突然驾临曹国公府，李文忠直言进谏反遭斥责。文人墨客惨遭暗杀。李文忠忧郁成疾，皇上亲来探视，并命淮安侯华中负责其医药。数月后李文忠沉疴不起遽然长逝。皇上归罪华中将其流放，诸医及家属均被杀。

洪武十三年平定胡党叛乱后，朱元璋撤销一统兵权的大都督府，改建五军都督府。曹国公李文忠辞去了大都督职务，赋闲在家。后来因为国子监里勋臣子弟增多，担任祭酒司业的老儒们管束不了他们，朱元璋命李文忠兼领国子监事。这个职务正对了李文忠的胃口，一方面他深知舅皇对包括自己在内的功臣们猜忌日盛，要消除他这种猜忌，只有尽量减少与原来的部将及其他武臣的联系，多与文人墨客交往，谈经论道，赋诗饮酒，使自己恂恂有儒者之风。国子监是文人荟萃的场所，多与那里的老儒们接触，耳濡目染，岂不大有裨益？另一方面有他这位国公爷坐镇国子监，那班勋臣子弟谁也不敢倚仗老子的势力逃学偷懒，不服老师管教。

李文忠在国子监结交了许多文人，京城也有一些读书人希望在国子监谋个助教、学正、典籍之类的职位，乐于与他交往。因此曹国公府经常汇集了许多文人墨客。李文忠生性大方慷慨，常常用美酒佳肴招待他们，酒酣之后，客人们往往各展才华，即席吟诵自己最近的诗作；或令家人备好纸墨，当众挥毫书写出来，粘贴在墙上供大家欣赏批评。

过去金戈铁马赳赳武夫来往不绝的大都督府顿时充斥着书香翰墨，真可谓"谈笑有鸿儒，往来无白丁"。这个改变令李文忠甚为受用。而朱元璋对外甥的弃武从文也表示赞赏。因而"雅爱重之"，不止一次表扬过他。

这天，李文忠在家里宴请几位文人，酒酣饭饱之后，他于席间说："诸位，文忠昨夜读《汉书·卫青霍去病传》，偶有所感，胡诌了一首七言诗，请诸位给我斟酌斟酌如何？"

客人们异口同声地说："国公爷有新作，岂能不拜读？快拿来看。"

李文忠令书童去书房中取来一方诗笺，给客人们传观。

"好诗！立意奇峻，且与国公爷的身份切合。"一位曾中应天府解元的客人读完立即赞誉有加。

另一个客人附和道："嗯，寥寥数语间，犹闻金戈铁马之声，的确是有感而发。这种诗句未曾身历战场者是写不出来的。"

"不过，拙见这末尾两句还可再推敲推敲，还可用气势更恢宏些的句子。国公爷以为如何？"提出批评的是曾在翰林院任待诏的秦某。

李文忠虚怀若谷地说道："嗯，秦翰林毕竟是方家法眼！我自己对这两句也不满意，苦于一时没找到合适的句子，只得暂时以它凑数。"

解元公不失恭维地道："慢慢斟酌吧。国公爷一夕成诗，已经是快的了。咱们又不是李白、杜甫，还不得苦吟一个字，捻断数根须啊！"

另一位客人搭讪道："照你这样说，国公爷写出十来首诗，不得把胡须都揪光了？"

"哈哈哈……"

李文忠举起杯子："喝酒，喝酒。"

那位解元公恐怕是急切地想谋到国子监某个位置，吹捧李文忠不遗余力："国公爷，不是学生有意恭维您。听说你从小就入了军伍，跟随皇上南征北战，戎马一生，哪有时间读多少书呀？偏偏您的诗却写得这么好，真的难得，难得！"

"是呀！就是我等这样在翰林院滥竽充数的人，写出的诗文也不及国公爷这般有灵性，至少是没有这种气势。"翰林待诏也不甘落后。

"二位过奖了。文忠不过得益与诸位饱学之士的交结，耳濡目染，学得一点皮毛而已。哪里真像你们夸赞的那样呢？"李文忠说的倒是大实话。

"国公爷不必自谦，依在下之见，并非每个熟读"四书五经"的人就能写诗。有的人有一种与生俱来的诗人气质，尽管他读书不多，甚至还不太懂平仄和韵脚，但偶尔写出一首诗来，却能振聋发聩，令人耳目一新。"

"听说皇上有时也写诗，国公爷见过皇上的诗吗？"秦翰林问道。

"舅皇正是袁兄刚才所说的那种人，读书不甚多，却颇有诗人气质。他写的诗有时很粗放，甚至不合平仄，却很有新意，很有气势。他写过一首《菊花诗》：'百花发时我不发，我花发时都吓杀。要与秋风战一场，遍身穿就黄金甲。'即是此类。"

一位客人笑道："嘿嘿，皇上的《菊花诗》与昔日黄巢的《咏菊》有异曲同工之妙啊！"

"当今皇上与唐末的黄巢同是出身草莽而登大位，自然是英雄所见略同啰！哈哈哈……"

尽管历经政坛风雨的李文忠有意识地把他家的这种聚会限于纯艺术探讨范畴，品诗文之得失，探意境之悠远。然而他家的文人食客大多是官场落魄的失意者，对社会现实多有不满，又兼朝政波谲云诡，胡党案的肆意株连，官印案的滥杀无辜，由此造成的动荡不安，无不在这些落魄文人的言谈与诗文中流露出来。

朱元璋的耳目无处不在，他本来对自己的外甥、解职回家的大都督存有戒心，听说他养的文人食客居然借谈诗论文攻讦朝政，而李文忠也受他们的影响，对朝廷的一些举措屡有不满。因为这样，朱元璋对李文忠的艺文活动不再"雅重"了，而且有意敲打敲打他。

这天，李文忠正在厅堂和几位儒生谈得高兴，门人匆匆进来禀报，说皇上轻车简从突然来了。

李文忠的老父李桢在世时，朱元璋常常这样轻车简从来到李家，与自己的姐夫聊聊天，君臣甚为相得。李桢于洪武十二年逝世后他再也没来过了。

李文忠忙令儒生们回避，自己整顿衣冠出迎。刚走到大门口，朱元璋已经进来了，他忙拜伏在地："甥臣不知舅皇驾到，有失远迎，望乞恕罪。"

"起来吧。"朱元璋道，"朕在府门外就听见你笑声朗朗，是不是又在和那班文人食客谈古论今啊？"

李文忠奏道："甥臣最近读了几篇汉赋，对其中一些典故不甚明了，正向他们请教呢。"

"朕日前去了国子监，宋讷说你近日身体违和未去视察，现在都好了吗？"

"有劳舅皇挂念，甥臣偶感风寒，现已康复，没事了。"

朱元璋又问："景隆和增枝他们还住在府内吗？"

"景隆、增枝均已别府居住。增枝最近又奉派往南方视察军事，甥臣唯望他们兄弟忠勤王事，办好各自的差事，毋负圣恩。"

李文忠想借儿子们的事向皇上示忠，可朱元璋却不领情，表情严峻地说："他们的事你不必管，朕既授之以军，自会严格要求他们循规蹈矩，毋负朕望。你自释兵居家以来，流连书史，恂恂有儒者之风，这本是好事。但有人反映，你那些食客文人，吟诗作赋之余，常常借古讽今，信口雌黄地攻讦朝政。果有此事否？"

面对这样的指责，李文忠急忙解释："甥臣所交宾客文人，虽非学贯古今的鸿儒，然都是规规矩矩的读书人。且甥臣从来不许他们妄议朝政。即使言谈中涉及前朝史事，亦力诚其借古讽今，妄论是非。不知是什么人在陛下面前拨弄是非，诬害甥臣，大概又是那些宦官吧？"

"哼，你只须检点自己的言行，管它是谁向朕反映的！"朱元璋生气地道，"你是朕的大臣，又是朕的外甥，难道朕不该管束你么！"

"甥臣绝无此意。"李文忠申辩道，"但甥臣请舅皇不要过分信任那些宦官。就说那个安仁吧，他绝不是个好东西！一个阉人，居然作威作福，在宫外买大宅子，娶几房妻妾，还让文武百官去送礼道喜。世上竟有这样无耻的人！舅皇宠信这样的人，只有让他蒙蔽圣聪，使天下臣民深受其害。也违背了圣人所言'天子不近刑人'之义啊！"

朱元璋恼怒道："宫里的事你少管！"

"还有，延安侯唐胜宗和吉安侯陆仲亨久随甥臣征战，前年胡惟庸谋逆想拉拢几位侯爷，他们去相府喝过几次酒，但这不足成为他们附逆的佐证。吉安侯还是皇亲国戚，他们虽然粗鲁贪杯，还不至于糊涂到跟着别人谋反吧？甥臣以为，胡党一案株连过甚，致令人人自危。锦衣卫权势日重，俨然超乎刑法之上。这些绝不是圣朝应有的现象。"

朱元璋顿时拉下脸来，质问道："这些话都是谁教你的？"

"甥臣自幼跟随陛下，舅皇难道不知甥臣生性耿直，心里有什么就说什么。这件事臣如骨鲠在喉，久欲奏明陛下，何用别人教我？"

李文忠据理力争，愈益使朱元璋恼羞成怒：

"哼，你为什么总要和朕作对？是朕改建五军都督府，剥夺了你的兵权，因此怀恨在心吗？"

李文忠不想为自己申辩，只说了句："甥臣不敢。"

"哼，谅你也不敢！"

朱元璋拂袖而起，喝令："回宫！"

因为这次冲突，朱元璋对李文忠的"弃武修文"更加感到不放心了，认为他对自己正值盛年并无错罪被解除兵权心存怨艾，而他身边那帮文人食客都是反对朝廷的落魄人物，在他们的教唆下李文忠会越滑越远。

朱元璋回宫后立即召见锦衣卫指挥蒋献。

"经常在李文忠府中出入的那些文人食客，都查清楚了吧？"

"回皇上，曹国公府内早有臣的内线，经常出入府中的食客文人均在掌握之中。"

朱元璋指示道："你去挑两个平时言词激烈出轨的教训一下，以为摇唇鼓舌犯上作乱者戒！"

"臣遵旨。"

第二天傍晚，李文忠的两位文人宾客张解元和华学士在曹国公府前揖别，各自回家时即为锦衣卫乔装的无赖盯上，分别尾随其后。

张解元发现身后有人跟踪，心里有些慌乱，加快脚步仓皇急走。走过几个街口，急急避进一僻静巷口。

谁知巷内竟有两个恶汉在等着他，他们狞笑着向他逼近。张解元方欲呼救，恶汉用布巾塞住他的嘴，然后将他塞入麻袋中扛走。

华学士浑然不觉有人尾随，一面吟咏着自己写的一首新诗，一面摇摇摆摆往前走。至一巷口，一个流氓突然从他身后窜出。

"秀才老爷，来来来，给你看一样东西？"

学士愕然："看什么？"

他的话犹未了，流氓一把将他拉入巷内，另一流氓一砖头将他砸昏，塞入事先准备好的麻袋中。

当夜，两位学士的家人见他们久未回家，以为他们在国公府喝醉了，便打着灯笼到李府来接人。

门人惊诧地说："我明明看到张解元和华学士在府门前揖别各自回家了呀！"

"那他们去哪里了？"两个妇人焦急地问。

门人不敢怠慢，立即将她们带去见李文忠。李文忠告诉她们，张解元和华学士确是在饭后即告辞回家了，而且他们并没喝多少酒。

"国公爷，那他们到哪里去了呢？"两个妇人不禁悲泣起来。

门人猜测说："不会是遇到强人绑架勒索吧？"

李文忠斥道："胡说，他们一介书生，身无半文，绑他做甚？"

这时，夫人在李文忠耳边悄悄地说："老爷，此事只怕与锦衣卫有关。"

"啊……"

李文忠顿觉头昏目眩，跌坐在椅子上。

"老爷！老爷！你怎么啦？"

众人慌作一团，夫人命丫环取两盘银子给两个妇人。安抚他们道：

"你们暂且回去吧。国公爷明日会差人去打听两位学士的下落，再告知你们。"

两个妇人眼泪汪汪地走了，夫人和丫环们忙扶着头昏目眩备感不适的李文忠回房休息了。

曹国公李文忠病倒了。他的长子、左军都督府佥事李景隆回来看他时，他正服完药闭目躺在卧床上。

"父帅，孩儿景隆回来看您了。"

"啊，是九江回来了。"李文忠吩咐丫环道，"扶我起来。"

"父帅，孩儿早几天来家里，您还好好的，怎么突然就病成这样？"

李文忠没法把家里发生的事告诉儿子。他咳嗽了几声，道："为父偶感风寒，没什么，不久就会好的。你明日上朝记得替为父告假，若皇上问起，只说是一时小恙，毋劳圣虑。听见没有？"

"孩儿知道了。父帅，待孩儿去太医院请个御医来为父帅看病。即使是风寒症，也要早些治愈才好。"

"不必。"李文忠阻止他道，"御医是为皇上看病的，为父一介武夫，还没有那么娇贵！景隆，你和增枝军务繁忙，要时时处处以王事为重，谨慎小心，切勿跋扈自专，自取其祸，你回去吧。"

李景隆在床前给父亲叩了个头："孩儿牢记父帅教诲。父帅，您安心养病，孩儿会常回来看您的。"

李景隆从父亲卧房出来，问默默走在身旁的母亲："父帅身体挺结实的，怎么突然就病了呢？"

夫人拭泪叹息道："唉！这……也许是天意吧？"

"父帅一病，那帮文人食客不来了，府里也清静了许多。"李景隆道，"也好，这些人口没遮拦，孩儿深恐他们给父帅惹祸啊！"

夫人默然抹泪，欲言又止。

朱元璋得知李文忠病倒，亲临曹国公府探视。

夫人见驾后，领朱元璋到卧室看望李文忠，李文忠挣扎着从床上坐起来。

"甥臣卧病，不能全礼，请舅皇恕罪。"

"罢了，你躺着吧。"朱元璋半认真半开玩笑说道，"文忠，朕那天骂了你几句，你就病了，是不是跟朕生气啊？"

李文忠咳嗽着说道："甥臣确是偶感风寒。舅皇教训，甥臣岂能生气？"

"你不生气就好。朕看你还病得不轻啊，吃药了吗？明日，朕令太医院的御医来为你看病。"

李文忠闭口不语。

李夫人送皇上出来时，朱元璋对她说："华云龙之子淮安侯华中原是大都督府的侍卫长，朕命他督理文忠医药之事。文忠是国之重臣，草率不得啊！"

"谢舅皇。"

之后，朱元璋果然命太医院派了两名御医来为李文忠诊病。淮安侯华中也常到府中来督视为李文忠治病的事，但是李夫人因为儒士们无端失踪之事，心里对皇上的关怀存着几分警觉，丫环们煎好汤药，她借故将她们支开，关好门，亲自将药端到李文忠的病榻旁，和他悄悄说话：

"老爷，这两天妾身观察皇上派来的这两位御医，诊脉处方说话间都有些躲躲闪闪不自然，那方子有些药名怪里怪气的，妾身有些放心不下。"

李文忠抬起身问："药方华中看过了吗？"

"看过了，他也没有说什么。要不这药妾身先尝尝。"

夫人端过药碗要尝，李文忠忙制止她：

"你不要尝。这不会是毒药。谁也没有那么傻，一下子把我毒死。"

夫人悄声说："老爷还记得洪武八年刘伯温之事吗？"

"那是胡惟庸下的毒。他对刘伯温怀恨在心，必欲置之死地而后快。"

夫人心直口快地说："没有皇上的默许，胡惟庸有那么大的胆吗？"

李文忠沉默半晌，叹了一口气：

"唉——皇上若成心要我死，这碗药明知是毒药我也要喝下去。夫人，我看现在皇上心里也很矛盾啊！他既然担心我在军中的威望会对后继之君构成威胁，为什么又对景隆、增枝委以重要军职呢？皇上明知我和徐达不会造反谋逆，所以对我们的下一代很放心。夫人，即使我们对皇上有什么怀疑，也不能让景隆和增枝知道。让他们忠心耿耿为皇上效力，方为保全我李家的万全之策。"

"妾身记下了。老爷，药快凉了，喝吧。"

李文忠是洪武十六年冬天病倒的，华中和两个御医开了许多药方，病势始终不见好转，到了第二年三月春暖花开的时候，一代名将李文忠竟沉疴不起，遽然长逝！

这一年他才四十六岁，朝野一片叹息之声，哀悼他的英年早逝。

朱元璋对李文忠的病故感到非常悲痛，他亲临李府吊唁，并亲自撰写了祭文，命太子朱标和皇孙允炆代他上香致祭。他追封李文忠为岐阳王，谥号武靖，配享太庙和肖像功臣庙皆列第三位，仅居徐达和已故的常遇春之后。

祭吊之后，朱元璋郑重地召见李文忠的三个儿子景隆、增枝、芳英，对他们说："汝父十四岁即随朕辗转军中，南征北战，立下赫赫战功。朕与汝父以甥舅之亲，虽为君臣，恩同父子。天下大定后朕命他执掌大都督府，晋封曹国公，恩宠有加。奈何天不永寿，汝父英年早丧，使朕如折股肱。幸汝等均已长大成人，将门之后，理应为国家建功立业。朕已颁诏：命景隆袭曹国公爵，增禄八百石。增枝升任前军都督府右都督，芳英至中都留守司效力，任千户长。希尔等各皆兢兢业业，忠勤王事，以慰乃父亡灵于地下。"

景隆兄弟拜伏道："微臣谢主隆恩。"

朱元璋将李文忠的病故迁罪于淮安侯华中和御医们。就在第二天，锦衣卫指挥蒋献率兵包围了华中的府邸，向华中宣读圣旨：

"奉天承运皇帝诏曰：朕令汝华中为曹国公李文忠督理医药，汝竟心怀叵测，纵庸医误投药石，致令文忠一病不起。国家痛失栋梁，汝难辞其咎。敕令削除华中淮安侯爵禄，贬为庶民，并家属迁建昌卫。太医院院判崔佑、御医陈思邈枭首弃市，妻子连坐。钦此！"

华中目瞪口呆地跌坐地上，无奈地喃喃道："谢主……隆恩。"

这桩不明不白的疑案就这样了结。不过，纵使朱元璋对李文忠之死表现得那么悲痛，他在后来发表的诰书中对李文忠却作了这样评价：

"前朕姊之子李文忠，朕命居群将之列，历至公位。呜呼，非智非谦，几累社稷，身不免而自终。"

这种谴责难免使人们对华中被贬谪和御医们被处死产生了怀疑。洪武二十三年华中最终被划成胡党分子，难逃诛戮的命运。

徐达患背疽被接回京城

徐达在军中身患背疽，朱元璋命其子后军都督徐辉祖接他回京治疗。徐辉祖与燕王发生冲突。朱元璋亲来徐府探病，徐达感激涕零，请求解甲归田。朱元璋重游曾与徐达下棋的得胜楼。他拿起一粒棋子杀过去："老伙计，你的棋走完了。"

燕王朱棣到北平就藩之后，朱元璋命大将军徐达出镇北平，总领北方军事。这时在大明版图内，除了贵州、广东等地时有洞蛮叛乱，需派兵镇压，国家的主要兵力仍是对付窜居塞外的残元势力。朱元璋为了让自己的儿子逐步从大将们手中接过军事指挥权，敕令各地的将军在与元军作战中必须听从藩王的节制。好在徐达与燕王朱棣本是翁婿关系，年岁渐趋老境的徐达也乐于让燕王取代自己总领北方军事。打了一辈子仗，他确实身心俱疲了。

不过，皇上一天没让自己休息，忠于职守的徐达仍然不辞劳苦地驰骋在边塞疆场。这天，他带领众将巡视古北口外的前沿阵地。塞外的天气非常恶劣，大风不时卷起阵阵黄沙，让人睁不开眼。徐达策马登上一座高丘，迎着风沙向四方观察良久。

他对驻扎此地的部将说："你们看，这里地势险峻，前面有沙丘阻隔视线，若元军从这里掩护进攻，山下的军营定遭袭击。你们须于此处置一哨所，并在这高丘的南面修筑工事，以御来犯之敌。"

"末将领命。"那名将领深深钦佩大将军观察细致，"大将军放心，明天就可修好工事，安置哨所。"

徐达鞭梢一指道："你们再陪我往前面看看。"

那名将领劝道："大将军，这会儿风沙太大，看样子会有黑风暴来袭，我们是不是暂回军营避避风？"

"好吧。"

徐达在众人的簇拥下往回走，走着走着，他突然感到一阵昏眩，眼前一片漆黑，身子摇晃着差点从马上栽下来。亲兵们连忙上前将他扶住。

"大将军，您怎么啦？"

一将领说："快，送大将军去就近的军营休息。"

在附近一个简陋的军营帐篷里，徐达仆倒在地上，额头上沁满汗珠。

众将七嘴八舌焦急地问他："大将军，您哪里不舒服？"

徐达断断续续地回答："背……背痛……"

亲兵向众将解释："大将军背部受过箭伤，是不是箭疮发了？"

将领们商议道："军营里又没有医生，赶快备车送大将军回北平。"

他们临时在附近征用了一驾车马，将徐达安置在车上，派遣一队骑兵护卫着朝北平疾驰而去。

徐达染病回到北平驻地，燕王及徐妃闻讯赶来探视。徐妃见父亲紧闭双目躺在床上，立刻扑向床前，止不住地悲泣。

"父亲，你怎么啦？"

徐达睁开眼睛，见燕王来了，他挣扎着要起来："王爷……"

燕王忙叫徐妃扶他躺下，关切地说："您好好躺着休息。副将，大将军是怎么病的？叫医生来看了吗？"

"启禀王爷，大将军在塞外巡视时突然发病，医生说可能是因为劳累过度，且兼塞外风寒瘴气侵袭致病。也许他在军营里被蚊虫叮了，背部有一个指盖大的背疽，发作起来疼痛难忍。"副将详细地向燕王报告徐达的病情。

"服药了吗？"

"服了两剂调理的汤药，大将军感觉稍好些了。医生们还在配制治背疽的草药。"

鉴于北平地处边塞前沿，军中主帅染病是不可泄露于敌的军事机密，燕王晓谕诸将道："传本藩命令，大将军患病之事任何人不得外传，违令者立斩不赦！立刻以六百里加急飞报朝廷，另外，请各位将领及卫所指挥官速来王府议事。"

众将一齐答应："卑职遵令。"

燕王转过头来问躺在床上的徐达："大将军，小王这样安排是否妥当？"

徐达在卧榻上点点头。

徐妃对燕王说："王爷，臣妾留在这里照顾父帅，你自去忙吧。"

燕王道："有劳爱妃辛苦。大将军，小王先走了，明日再来看您。"

兵部收到北平六百里加急军情报告，称大将军身患背疽急症，燕王已对外封锁消息，奏报朝廷请示对策。朱元璋当即决定由宋国公冯胜暂时接替大将军总领北方军务，命徐达长子、后军都督徐辉祖亲自去北平接其父回京治疗。

徐辉祖奉旨，随即启程赶赴北平。他记挂着老父的病情，只带少量精干的随行人员日夜兼程疾驰，数日内即抵达北平郊外的行辕。

徐达卧病在床，燕王妃在一旁亲侍汤药，徐辉祖风尘仆仆地闯了进来。

"父帅！"徐辉祖跪倒床前，给胡子拉碴、面容憔悴的父亲叩头。

"大哥！"亲人突然从千里之外来到眼前，徐妃也不胜惊喜。

辉祖急切地问："二妹，父帅是怎样染病的？"

徐妃道："父帅是去塞外巡视因劳累过度突然发病的，经过几天服药调养，已见好些了。但背上的一个背疽却越长越大，仍不见好。"

"皇上命我来接父帅回京治病，并带来兵部关防和诏书，命宋国公接替北方防务。"徐辉祖向父亲报告。

见有旨意，徐达不敢怠慢，也不顾辉祖路途劳顿，催促地道："你速去见燕王，传达皇上的旨意，速召宋国公来北平交接防务要紧。"

"孩儿领命先去王府。"辉祖交代说，"二妹，烦你将父帅返京所需一切准备好，我们好早早启程。"

"知道了，你去吧。"

徐辉祖随即进城去见燕王。他是第一次来北平，见在元大都宫殿基础上修葺而成的燕王宫，规模宏大，气宇轩昂，绝非其他藩王府邸可比拟。他心里想：秦王朱樉企图恢复原唐朝宫室模样而大兴土木，受到严厉申斥，为什么皇上对燕王却如此宽容呢？看燕王宫宫殿的规模形制，除了屋顶盖的是青色琉璃瓦，有别于皇宫的金色琉璃瓦；另外，殿前没有群臣入拜的丹墀罢了。

徐辉祖通报后由宫人引进殿内向燕王行礼。

"臣后军左都督徐辉祖参见殿下。"

燕王朱棣笑容可掬地下座相迎："舅兄免礼请坐。舅兄是什么时候到的？"

"臣奉皇上旨意前来接父帅回京治病，同时带来兵部关防文书，殿下请看。"

徐辉祖递上兵部关防。燕王看了看说："嗯，皇上命宋国公冯胜代理大将军之职，总领北方防务，并听小王节制。宋国公现在大同练兵，他接到兵部关防两三天内即可来北平交接防务。"

徐辉祖听朱棣话里并没有因父帅患病离职略有伤感之意，因此话带讽刺地说道："父帅告病之后，北方防务均由殿下节制，从此半壁江山均在殿下掌握之中，可喜可贺。"

燕王一惊，但仍镇定地说道："小王奉父皇之命藩镇北平，此前赖大将军运筹帷幄，威震北疆，残元不敢侵犯，今后仍需宋国公及全军将士戮力同心，半壁江山不失乃我大明之福，岂独小王一人之喜？"

"嘿嘿，在诸位藩王中，有的沉溺声色犬马，有的骄横跋扈，有的懦弱无能，唯有殿下励精图治，使北平成为除京城外另一聚敛人气之都。殿下久怀鸿鹄之志，今又继家父之后总制北方军务，声势益壮，前途不可限量，岂不可喜可贺？"

徐辉祖挑衅的话语着实使朱棣恼了，他反问道："舅兄难道希望小王庸庸碌碌一生，无所作为？"

谁知对朱棣积有成见的徐辉祖竟逞口而出道："我徐家世代忠于朝廷，唯望舍妹能辅佐殿下做一个忠臣孝子，不遭后世唾骂而已。"

燕王愤然大怒："你！你是什么意思？本藩身为皇室后裔，难道会不忠不孝，背叛朝廷？"

徐辉祖对朱棣发难是早有准备的，他不慌不忙地说："我身为后军都督，殿下有些作为卑职有些不解。比如我后军所辖燕山、密云诸卫，殿下关怀过甚，经常前往犒赏慰问；北平都司指挥、佥事等经常成为王府的座上客，这是何故？"

"本藩奉圣命镇守北平，自应经常巡视慰问附近驻军，鼓舞其士气。都卫指挥及其他将领亦有责任经常向本藩报告军情，听取本藩的指示，加强防务，这又有什么可指责的？"

徐辉祖并不清楚皇上将军事指挥权转换给藩王的意图。他本着对皇上的愚忠，深恐燕王军事力量的膨胀将会对朝廷造成威胁。他由着自己直来直去的火暴性子，把对燕王的怀疑一股脑倒了出来："还有，殿下将王府护卫扩充了近一倍，又派人训练戍边的降卒和民团乡男，发给他们武器粮饷。乃至北平城郊各寺院的僧人都竞相习武，这又是何故？"

燕王不屑地答道："王府护卫扩编是奉父皇明诏进行的。哼，守卫辽东的宁王府护卫还多达八万人呢。北平地处抗击元朝前线，本藩奉朝廷之命推行全民皆兵的战略又错哪里？何劳徐都督如此挂怀？"

燕王说得滴水不漏，徐辉祖悻悻地道："哼，殿下巧舌如簧，我说不过你。"

燕王不耐烦地站了起来："告诉你，大明江山是我朱家的天下，做臣子的尽你的本分好了。送客！"

此刻正是严冬，北平飘起了纷飞的大雪。徐辉祖启程护送父亲回京，徐达躺在车中与送行的人一一道别。因为他患背疽，在车上趴伏着长途颠簸实在难受，徐妃准备了一张靠背上挖了洞的软靠椅，这样他趴累了可以坐在靠椅上休息。

宋国公冯胜已于日前赶到北平，与徐达完成了交接，此刻也赶来为老友送行。

"大将军回京养病，北方防务您尽管放心，黑胜虽不才，绝不会让元鞑子占了便宜，他们要来扰边，叫他有来无回。"

徐达叮嘱他道："黑胜，我知道你打仗是出名的勇敢，但当主帅可不能逞一时之勇，还要注意按照皇上的战略部署去做。要不然，你就是打了胜仗，皇上也不会高兴的。知道吗？"

冯胜道："大将军放心，黑胜也胡子一大把，不再是从前那个莽撞的毛头小子了。"

"还有，皇上有旨意，北方军务一律听从燕王节制。老夫即使与燕王有翁婿之分，也还是要尊重他，凡有重大行动都要向他报告。你切勿见其年轻就不把他放在眼里。"

"黑胜知道了，大将军放心吧。"

冯胜退下后，徐妃上车来给父亲披好御寒的毛毯，拨燃铜烤炉里的炭火。

"父亲，一路上您一定要注意别着凉啊。到了驿馆歇息一定要生炭火。女儿派了一个稳重的仆役来侍候，他就跟在车后一路照顾您。"

徐达道："女儿放心，为父虽然生病，但毕竟戎马一生，还不是那么娇贵。明年为父恐怕不会再到北平来了，你要好好辅佐燕王，带好三个小外孙。待为父病好了，你把他们送到京城来，我还要给他们传授弓马兵法呢。"

"父亲放心，女儿在北平很好，您不必挂念。回京以后让大哥和四弟邀请江南名医为您治病。"徐妃继而小声嘱咐父亲，"父亲别找太医院那帮人！就是皇上派御医来也不要服用他们开的药，我们要记取刘伯温和李文忠的教训。"

徐达不以为然地说："难道皇上会加害为父吗？"

"圣心难测，谨慎些为好。"

"为父记住了，你放心吧。"

这时徐辉祖过来催促道："父帅，一切都安排停当，我们可以启程了。"

徐达点点头："走吧。"

徐妃似有一种生离死别的预感，抱住父亲依恋不已。

"父亲，女儿舍不得您走啊！"

徐达拍拍她的头："好好，乖女儿，等为父病好，你回家来看我们吧。"

马车辗着地上的积雪徐徐启动，徐辉祖亲自率领十余人的卫队前后护送，在白茫茫的雪野中渐行渐远。

徐达回到京城后不久，朱元璋只带几名太监和侍卫亲自来魏国公府探病。

徐夫人忙率家人出府跪接。

"臣妾不知皇上驾到，未曾远迎，请皇上恕罪。"

朱元璋道："嫂夫人起来吧，徐皇兄好些了吗？"

夫人奏道："托皇上洪福，回京后正请江南名医诊治，服了一些药，病情已见好转，只是背疽未消，仍然疼痛难耐。"

"带朕去看看他吧。"

夫人带朱元璋进入卧室，在幽暗的光线中，他看到胡子拉碴的徐达以一种怪异的姿势歪在卧榻上。朱元璋故作轻松地问道："徐皇兄，怎么啦？你这身经百战铁打的汉子也病倒了？"

徐达在病榻上挣扎着要起来行礼，但动一动就痛得他呲牙咧嘴。

"臣贱躯微恙，竟劳皇上亲自来探望，死罪死罪！"

朱元璋关照说："你别动！朕听说你在北平病倒了，立即命辉祖亲自来接你。这些年你年年春天去，冬天回，为北方防务辛劳。毕竟五十多岁的人了，长年在塞外颠簸，朕也过意不去。这次回京治好了病，你再也不用出去了。北方的军事就让冯胜、蓝玉他们顶着，你在家好好休养休养。"

听了这番暖心话，徐达不禁老泪纵横："皇上对臣如此关怀，臣虽肝脑涂地，无以为报啊！"

朱元璋笑笑说："哎，你是我朝的大功臣，理应受到朕的关心嘛！听说你的背疽还未见好，朕明日命太医院的御医们来为你诊治好吗？"

徐达忙奏道："启禀皇上，辉祖他们多方延请了江南专治背疽的名医为臣治疗，就不麻烦御医们了。"

朱元璋也不勉强他，道："那就依你的，赶快把背疽治愈，好好陪朕下几盘棋。你一个身经百战的英雄铁汉，岂能让一个小小的背疽撂倒了。"

徐达摇摇头，神情悲怆，声音哽咽地说："皇上，臣老了，不中用了！这次即使病痊愈了，也请皇上解除大将军之职，让为臣解甲归田吧。"

"徐皇兄国之栋梁，何必因一点小病萌生退意呢？"朱元璋安慰他道，"这事以后再议吧，朕还会来看你的，你好生养病吧。"

朱元璋起身要走，徐达谦恭却又无奈地说："皇上，请恕臣不能起来送您。"

"你躺着吧。朕很久没来这里了，还想四处看看呢。"

朱元璋在徐夫人的陪同下走在花园的回廊上。雪后初晴，园子里各种树木上的积雪开始慢慢地融化，噗噗地滴入泥土的声音清晰可闻。朱元璋似有感触地说道："朕离开这里快二十年了，想不到园中景物依旧，朕和徐皇兄却都老了！"

徐夫人说："岁月流逝，园子也会慢慢破败，这回廊也新修过。因为是皇上住过的地方，修葺时我们也格外小心，务求保持原貌。"

"朕赏这园子给你们，却让你们这么费心，真难为你们了。"

朱元璋在徐夫人的陪同下来到过去和徐达下棋的"得胜楼"。这是花园里一处幽静的楼亭，楼亭门楣上挂有朱元璋亲笔题写的匾额。

"这里还是原来的样子啊。"朱元璋四处望望说。

"此处是皇上和大将军下棋的地方，皇上好多年没来过了吧？臣妾吩咐家人经常打扫，但任何人不得在此逗留，所以一切还是原来的样子。"

朱元璋道："嫂夫人，你忙去吧。朕想一个人在这里坐一坐。"

"臣妾告退。"

徐夫人走后，朱元璋在精致的镂空雕花窗前坐下来，下意识地一颗颗摆好桌上那棋盘上的棋子。他的脑海中顿时涌现十年前和徐达下棋时的情景——

二人对坐窗前，徐达谦恭地说："皇上请先行。"

"徐皇兄，朕久未行兵，弓马生疏了，你可要手下留情啊。"

"皇上乃当今天下盖世英雄，未战先怯，可不是皇上的性格啊！"徐达善用激将之法。

"哈哈哈！"朱元璋笑着下了第一颗棋子。

徐达下棋如用兵，棋风犀利，运子如飞。朱元璋紧皱眉头苦苦应战，不久即居下风，最后不得不拨乱棋子耍赖。

"这盘是试手，不计输赢。朕与你再下一盘一决胜负。"

徐达笑着说："好，不过皇上若再输了，须给臣赏赐。"

朱元璋道："好你个徐达，过去打了那么多胜仗没有讨过赏，下一盘棋倒索要起赏赐来！说说看，你要朕赏什么？"

徐达指着亭子上方道："皇上请看，这座楼亭建好以后，挂匾额的地方还空着，正待皇上给它赐名。"

朱元璋道："好吧，这盘棋你若赢了，朕就赐你一匾，题名'得胜楼'；你要是输了呢，朕就写'输棋楼'三个大字挂在这里，你的客人看了可是大大的不光彩哟！"

徐达一面在棋盘上布置巧妙的杀着，一面轻描淡写地说着："嘿嘿，做臣子的输给皇上，没有什么不光彩的。可若是臣赢了皇上，那就是天大的荣耀啊。将！"

朱元璋一看盘上的棋局，懊丧地说："啊！朕的老帅倒让自己的仕相别住没路可走了。唉，这盘棋果真又输了！"

徐达笑逐颜开地说："承让，承让。"

"如此，朕只得给你题'得胜楼'三字啰。拿纸笔来。"

徐达吩咐家人："笔墨伺候！"

家人捧上文房四宝，很快磨好墨，朱元璋卷起袖子，在宣纸上写了"得胜楼"三个大字。

他搁下笔，退后几步端详着自己的翰墨，颇为得意地说："徐皇兄，天天批奏折，你看朕的字有长进吗？"

徐达不失时机地恭维道："天子御笔，气吞山河！制成匾往这儿一挂，可为臣这座楼亭生色不少啊！"

往事如烟。朱元璋感慨地摇了摇头，桌子对面徐达的影像消失了。想起缠绵病榻意气消沉的徐达，朱元璋冷笑一声，拿起面前的一粒棋子杀将过去，吃掉对方的老将。他在心里得意地说："老伙计，你的棋走完了！"

"皇上赐的鹅羹真鲜啊！"

胡惟庸事件前后，朱元璋对功臣宿将的态度是很宽容的。他的公主们多数嫁给了功臣后代，借此笼络他们。一个可怕的计划在他脑海中渐渐地形成。太阴犯上将，主大将谋逆。他命太监给徐达送去一只蒸鹅。"这鹅羹真鲜啊！"徐达大块撕吃着鹅脯，然而闭目躺倒，等待死神召唤。

朱元璋从徐府探视回宫，正在批阅奏折的太子朱标请安后问道："父皇今天去看徐皇叔了？他那背疽好些了吗？"

朱元璋显得很轻松地说："他让这病折磨得够呛，意志也消磨了。他说病愈之后，求朕解除大将军之职，让他解甲归田。"

朱标在大本堂也曾受教于徐达，听他讲授兵法战例，传习弓马。徐达与他已故的岳父常遇春是他最景仰的两位开国元勋。对他身患重症太子深为惋惜。他深怀感情地说："徐皇叔是我朝第一功臣，他辅佐父皇平定天下，人皆比之为'汉初三杰'中的大将军韩信。不过儿臣以为，韩信虽辅佐汉高祖有功，但他桀骜不驯，居功自傲，终遭吕后诛戮。而徐皇叔始终对父皇极为恭顺忠诚，没有一点居功自傲的表现。为大将者能做到他这样，实属难得。"

朱元璋也承认道："是啊！在战争中他与你岳父常遇春是朕的左右膀。可常遇春脾气暴躁，打仗时经常顶撞朕，一言不合拉起队伍就走。若是他现在还在世，朕还真不太放心他。可你徐皇叔对朕可谓百依百顺，从来没有反对过朕。不过他在军队中的威望太高了，几乎所有的将领都曾是他的部下，都曾受其提携和恩惠。这样的人难免功高震主啊。"

朱标为父皇话里的潜意识所震悚，他尽量为徐达说好话："父皇，徐皇叔这些年也够辛苦的，每年春去冬回，不是领兵征战就是戍边练兵。这次病愈之后，父皇还是恩准他辞去大将军之职吧。也好让他待在京城里享几年清福，安度晚年。"

朱元璋想想点头道："他自愿退下来也好，反正你四弟燕王经过这几年历练，可以全面节制北方军务了。朕已命宋国公冯胜代行大将军之职，他若表现好可以正式晋升大将军。徐达交出兵权，朕要重重地赏赐他。李善长这老东西致仕朕都赐了几百亩庄园和金帛等物。何况徐达跟朕还是儿女亲家呀，岂不更得重赐？"

听父皇这样说，太子欣然释怀道："父皇圣明，这样他们徐家更会为朝廷效忠尽力，也为众多功臣宿将树立一个榜样。"

徐达和朱元璋是濠州老乡，但不是同一村子的。朱元璋在郭子兴的红巾军中当上总管后，二十二岁的徐达邀约同乡少年前去投奔他。这些人后来都成了朱元璋麾下的将领，而徐达从一开始就成了他们的头。当时盘踞濠州的五个红巾军元帅互相火拼，郭子兴被孙德崖扣押，孙部也扣押了朱元璋。在双方谈判放人过程中，徐达挺身赴孙德崖军营，自愿做人质换取孙部先释放朱元璋，促使这一事件得到解决。自此，徐达更得朱元璋的信任。渡江前后的许多次战役更展现了他异于常人的领军才能，奠定了他在朱元璋军中的领袖地位。后来虽因谢再兴的叛变，使生性多疑的朱元璋对徐达产生了猜忌（因为徐达是谢再兴的女婿）。但在刘伯温睿智的斡旋下，朱元璋恢复了对徐达的信任，任命他为中书右丞相兼征虏大将军，率师北伐，攻取大都，驱逐元主，取得对前元政权战争的决定性胜利。

徐达治军严谨，令出不二，诸将没有谁敢不服从他的。可是一旦到了朱元璋面前，他往往恭敬驯顺得连话都说不利落。由于长期相处，徐达对朱元璋的为人秉性了解得相当透彻。尽管朱元璋在战争时期常常许下"取得天下愿与诸将共享之"的诺言，徐达根据自己对他的了解，始终是将信将疑。他把自己定位为朱元璋赢取天下的一把利刃，在他目的达到后能把它擦拭干净束之高阁就算万幸了。每当听到人们将自己比为"汉初三杰"中的韩信他就不寒而栗，功高盖世的韩信，最终不是被处死在未央宫吗？纵使他不像韩信那样恃功自傲，行为不检，与叛将陈豨等勾勾搭搭。但是已经取得天下的皇帝想要除掉一个人，欲加之罪何患无辞啊！因此徐达十分注意自己的言行，从不参与朝廷的权力和宗派斗争。他每年春天去冬天回，或征战或练兵，回来即郑重其事地将大将军印上交，闭门谢客，与妻儿们共享天伦之乐。

在胡惟庸事件前后，朱元璋对功臣宿将们的态度还是很宽容的。虽然他们中一些人的劣迹也被惩处和警告，但整体来说，在海晏河清征战甚少的情况，他仍愿用高官厚禄养着他们。有不少人还成了他的儿女亲家，他的那些公主们多数是嫁给了功臣后代。其实这也是他笼络勋臣们的一种策略。

变化的契机出现在马皇后薨逝之后。当朱元璋心中满含悲痛把自己关在宫中悼念亡妻时，他从铜镜中忽然发现自己须发皆白、面容极其苍老憔悴，他意识到已是五十五六岁的老人了，死神的脚步已经向他逼近。一旦自己像马皇后一样离开了人世，仁弱而优柔寡断的太子能够驾驭这个国家吗？阴谋篡权乱国的胡惟庸刚刚被诛戮，可是面对皇帝宝座的巨大诱惑，难免会有第二个胡惟庸会铤而走险。特别是那些与自己一同起事的公侯宿将，他们会乖乖地臣服于从未经历过战争的继位之君吗？标儿的仁慈宽厚只会被他们认为是软弱可欺。到那时，自己当政时对他们的恣肆不法的惩处就会被他们当成对抗朝廷的借口。他们在各地的都司卫所都有可以一呼百应的部属。至于自己精心设计的调兵符牌之类的规定，到那时都会成为任人肆意践踏的摆设了。

想起这些他不寒而栗！难道自己创建的朱明王朝也会像嬴秦一样二世而斩？面对这样严峻的现实他将怎么办？在为马皇后举丧的那几个哀乐低鸣的夜里，在空寂昏暗的宫室中，他在冥思苦想。渐渐地，一个残酷可怕的计划在他脑海中渐渐地形成。

也许他也曾犹豫过，他不想像汉高祖刘邦一样背上诛戮功臣的骂名。但是为了江山社稷，为了朱明王朝千秋万代，他别无选择。

于是，他开始借清查胡惟庸党羽的机会实行自己的第一步计划。原来被饶恕了的曾与胡惟庸有过往来的功勋宿将重新列入了黑名单。被锦衣卫监视居住的吉安侯陆仲亨和平凉侯费聚干脆被投入了大狱。他拟定为胡党，将在适当时机逮捕治罪的公侯们还有一串长长的名字。

不过至少在他初步的整肃计划中没有李文忠和徐达的名字。这是由于他们功勋卓著，为人正直，深受朝野爱戴。且一个是自己的外甥，一个是亲家翁，他没有动他们的理由。

当耿直敢言的李文忠触犯了他时，他还只想给予一个严重警告了事，谁知心怀愤懑的李文忠竟因此而染病，这就给了他机会。现在轮到徐达了，他又面临艰难的抉择。朱元璋想：只要自己活在世上一天，憨直的李文忠和恭顺的徐达都不会叛变他。可是如果自己走在他俩的前头，事情就难说了。万一继任之君控制不了局势，叛逆四起，以他们的声望和影响，难道不是取代朱氏王朝最适合的人选吗？即使他们自己不愿做皇帝，届时陈桥兵变黄袍加身的故事也会重演，他们或许也要被迫当一回赵匡胤了。

世上的事也许都有一些机缘巧合，朱元璋从徐府探病回宫几天后，内侍禀告钦天监令郭衍在宫门求见。

朱元璋是极为崇信天象之学的，刘伯温谪居京城时，朱元璋不让他参与朝政，却叫他天天去钦天监观察天象，以卜天下吉凶。

朱元璋命宣郭衍晋见。

内侍领郭衍进宫。那老头见了皇上，连忙惶恐拜伏于地。

"臣郭衍恭请圣安，吾皇万岁万岁万万岁！"

"起来吧。"朱元璋道，"你有何事要见朕？"

郭衍神神秘秘地奏道："启奏陛下，昨晚臣夜观天象，太阴犯上将，且周围有黑雾状云翳，恐非吉兆。"

"那此天象预示有什么凶险呢？"朱元璋问。

郭衍解释说："按天象星变说，太阴犯上将，主大将谋逆，危及天潢大统。"

"主大将谋逆？这天象是应在当前呢，还是以后？"

郭衍不懂皇上所问何意，圆滑地对答道："天象之兆，可以应在当前，也可应在三五年后。"

朱元璋问清楚了，便道："朕知道了，你下去吧。"

"微臣告退。"

郭衍走后，朱元璋在室内思索良久，太阴犯上将，主当前或三五年内将有大将谋逆，这是应在胡党的陆仲亨、费聚等人身上呢，还是另有其人？现在在外统兵的冯胜、蓝玉等人都不是很令他放心的主。至于染病在床奄奄一息的徐达，若说现在应在他身上，几乎全无可能。三五年之后呢？那时他也是五十多岁的人，朕若恩准他病愈解甲归田，经过数年归隐生活，他已锐气全消，还会成为社稷之患吗？

可是，朱元璋一想起自己那时已是六十多岁的老迈之人。甚或天不假年，竟像马皇后一样撒手西去，留下孱弱的继位之君继承大统。那时貌似恭顺的徐达凭着他的功勋与人望，或许会成为朝廷心腹之患。自己为什么不在他无力反抗的时候消除这种可能呢？

这只能怪他病得不是时候，就像自己的外甥李文忠一样。

朱元璋下定了决心，立刻命内侍去太医院召一名御医来。

须臾，一名御医以为皇宫里有什么人要看病，提着药箱匆匆赶到。

"臣太医院院判胡萧恭请陛下圣安，吾皇万岁万岁万万岁！"

"起来吧。"朱元璋直截了当地问他，"胡院判你能不能告诉朕，患背疽的病人忌食什么东西？"

胡萧禀道："启奏陛下，凡痈疽之症，忌食发物甚多，如辣椒、葱蒜、公鸡、鲤鱼等，尤以蒸鹅为最。"

"真是这样吗？"

"对于痈疽患者，一勺鹅羹犹如一勺毒药，万万碰不得的，"胡萧小心地问，"是否宫中有谁患了痈疽需要诊治？"

朱元璋不经意地道："没有，朕随便问问，你下去吧。"

第二天，朱元璋令御厨烹制了一只蒸鹅，用精美的银器盛着，派太监送至魏国公府，宣皇上口谕道：

"为了慰问徐爱卿的病情，特赐御厨佳肴一樽，望徐爱卿好好养病。钦此！"

徐夫人接旨后将银器捧到徐达的病榻前。

徐达问："这是什么？"

夫人答道："皇上刚才派宫内太监送来赐给你的，说是御厨烹制的佳肴，还热着呢。"

夫人揭开银器的盖子，里面竟是一只整鹅，余在半盆鹅羹，汤里还加有人参、肉桂等补药，发出诱人的香气。

徐达啧啧称赞："这真是难得一见的佳肴啊，到底是御厨的手艺与众不同。"

"可是……可是皇上为什么不送别的食物，偏偏送一只鹅呢？妾身听说鸡鸭鹅之类都是发物啊！"夫人产生了疑虑。

徐达吩咐道："你到书房里去找找，家里好像有一本叫《百病禁忌》的书，拿来给我看。"

那本书很快找到了，徐达戴上老花眼镜，伏在枕上翻阅。书上的一行字赫然凸显在他的眼前：

凡痈疽症，忌食发科之物，如辣椒、葱、蒜、公鸡、鲤、卿、蒸鹅等。

徐达惊呆了，书上那"蒸鹅"二字越放越大，直刺入他的眼睑。书从他手中颓然掉下。他的目光转移到那盛着蒸鹅银光锃亮的器皿上。那闪闪发亮的银光刺得他的眼睛发痛，他似乎看到它幻化成了一把放在圣旨上出鞘的宝剑！

前来宣旨赐物的太监还在厅堂里，可是徐达此时却幻觉他们已闯进房里来，把那把赐他自裁的宝剑"当"地一声掷于地下！

徐达仰天长叹一声，顿时老泪纵横，抱拳恭揖：

"皇上，臣领旨谢恩！"

这时，出去招待钦差的夫人走了进来。徐达大声嚷道：

"我饿了，将皇上所赐蒸鹅拿过来。"

夫人犹疑地说："老爷，吃这个……没事吧。"

徐达暴躁地命令道："我说拿来就拿来，啰唆什么？"

夫人将银器端至榻前，徐达抢过汤勺仰头喝了一勺鹅羹。

"这鹅羹真鲜啊！哈哈哈！"

接着他大块大块地撕着鹅脯，吃了个痛快淋漓。吃完，接过夫人递来的毛巾抹抹嘴，长出了一口气。

"完啦。哈哈哈，完啦！"

说完他让夫人将银器皿拿出去交给钦差复命，然后安详地闭目躺倒，等候死神的召唤。

一个时辰后，徐达突然大叫一声，不顾一切地在病榻上来回翻滚。

"嗷！嗷！痛死我了！"

家人闻声一齐拥进房来。

"老爷，老爷，你怎么啦？"夫人紧张地问。

徐达痛得五官都歪斜了，额头上沁出豆大的汗珠。他不停地翻滚着，嚷叫着：

"痛死我了！嗷嗷，痛死我了！"

夫人扶着他问："就因为吃了那只蒸鹅吗？这可是皇上赐的啊！"

"皇上！就是皇上要我死啊！"徐达口齿不清地嚷着，"皇上……皇上……臣走了，你，你该安心了！"

徐达翻滚一阵后，痛得龇牙咧嘴地仆在床上死去，他那沾满汗珠赤裸的背上绽开了朵吓人的萝卜花。

夫人一面号啕大哭，一面赶紧把徐达睁大的眼睛和大张着的歪曲的嘴弄得闭合上。

国公府里哭声一片，家人一齐跪倒举哀。

魏国公徐达的病故成为京城一大新闻，太医院的御医们也聚在一起悄悄议论魏国公的猝死。

"听说了吗？魏国公去世了。"

"他不是患背疽从北平回京诊治吗？这病一时难愈，但也不至于死人呀！"

"听说是吃了一只蒸鹅,背疽猛然发作没救了。"

"嘿,患背疽还吃蒸鹅,这不是存心找死吗?"

院判胡萧在一旁听见这话,心里猛然一惊,连忙悄悄走开了。

这天,胡萧走在回家的路上,回想起那天皇上召见时自己说的话,不禁惊出一身冷汗。他心虚地四处张望,总觉得有人在跟踪他,大祸就要临头!

果然,他的预感灵验了。在一个僻静的巷口,猛然窜出两个黑衣人,把他拖进巷内。

"你就是胡院判?"

胡萧惊恐地瞪大眼睛:"下……下官便是,二位是?"

两个黑衣人一个亮出利刃,一个手持绞索步步向他逼近。

"啊呀,我的妈!你,你们是皇上派来的?"

"哼哼!"

胡萧立即跪倒,叩头如捣蒜。

"皇,皇上,臣没有对任何人说过这件事。确实没有呀!皇上,请饶臣一命吧!"

黑衣人不由分说,一脚将他踢倒,极为熟练地用绞索勒住他的脖子。胡萧踢蹬了几下就一命呜呼了,黑衣人扬长而去。

魏国公府为大将军徐达举办丧事,灵堂中设立了"大明故中山王大将军徐谥武宁讳达"之灵位。中山王和谥号是朱元璋在徐达死的第二天命礼部降旨颁赐的封号。生封公,死封王,大明去世的功臣只有常遇春和徐达享此殊荣。

朱元璋因为徐达的逝世悲恸不已,亲自带领太子朱标和皇孙允炆前来徐府吊唁。朱元璋身着素服,与挂孝的太子、皇孙缓缓走进府门,徐达的三个儿子辉祖、膺绪、增寿强忍着悲痛至门前跪迎圣驾,灵堂里的孝妇们一齐举哀。

朱元璋命太子及皇孙允炆代他至灵前致祭。祭礼毕,所有的人都望着皇上,看他有什么举动。朱元璋走进灵堂,扶着徐达的灵柩,声泪俱下地说:

"徐皇兄,你怎么这么快就去了呢?去年文忠没了,今年你又走了,一下子折断了朕的两只臂膀啊!朕不能忘了我们一起南征北战的日子,你是我朝的第一功臣啊!你走了,朕能为你做什么呢?朕要为你辍朝三日,还要亲自为你撰写神道碑文,赐葬钟山之阴。你的神主配享太庙,肖像功臣庙,均位列第一。卿的祖上三代均赐王爵。你的三个儿子,朕命辉祖袭魏国公爵位,增禄一千石,增寿升任前军左都督,膺绪任尚宝司卿,以此来安慰你的亡灵。"

这一回,皇上的感情流露不可谓不真挚,他对死者和家属的封赠不可谓不丰厚。也许他是在为自己的所作所为忏悔吧!

不知道,君心似海,深不可测。

五年后,当朱元璋的第十三位皇子代王朱桂成年时,他又册封徐达的一个女儿为代王妃;后来又纳徐达侍妾所生遗腹女为安王妃。这些举动也许是在企图弥补自己心中的歉疚吧。

第二十二章

"郭桓案"大惩贪

投机取巧，郭桓荣升侍郎

　　山西为官有廉声的郭桓得皇上赏识，钦点为户部左侍郎。宝钞提举司是他最感兴趣的地方。书柜中哪来"四书五经"，全是一捆捆崭新的宝钞。郭桓奉命巡视灾区，核减粮税，这又是搜刮发财的好机会。知府黄文通派四名妙龄少女侍候钦差大人。

　　朱元璋出身平民，深知地方官吏中贪赃枉法、残害百姓者甚多。而这些人又是老百姓的父母官，国家要靠他们来管理一方。一个地方的官吏如果不廉洁、能干，这个地方就管理不好，就像国家肌体上的一处癣疥和脓疮。因此他想了很多办法来整顿吏治。他规定：天下所有的布政使、按察使和知府、知州、知县，每三年进京朝觐一次。所谓朝觐，就是向皇帝报告自己的政绩。自然，他不可能亲自聆听数千人的汇报，而是由朝觐的官员各自书面向吏部报告自己的政绩。诸如该地农桑生产是否发达，夏税秋粮有无增长，治安情况如何，人民能否安居乐业等。都要与前届进行比较，罗列具体数字进行硬指标考核。

　　官司员们自报之后，再由吏部会同都察院的监察御史进行详细审查考核，将官员们的政绩表现评定为数等上报皇帝。然后正式通知上述官员于某月某日正式入京朝觐。

　　洪武十一年朝觐的这一天，各地的数千名官员密密麻麻地把奉天殿前的广场都跪满了。朱元璋照着预先准备好的讲稿对他们三年来的辛劳抚慰一番之后，宣布赐宴几筵殿。

　　正当这些地方官员兴高采烈准备按照官阶大小依次赴宴时，负责宴飨的光禄寺卿却宣布，皇上诏令：官员无论职务大小，称职而无过者为上等，入殿中赐座赴宴；有过而称职者为中等，宴而无座；有过而不称职者为下等，不许入宴，序立于殿门之外。这一部分人只能看着人家吃，而且不许走，其尴尬表情可想而知。

　　朱元璋这一次的做法还算是比较温和的，不称职的官员只是受到一次羞辱而已。到了洪武十七年，吏部奏报，天下布、按、府、州、县朝觐官共四千一百一十七人，其中称职者约占十分之一，平常者占十分之七，不称职者有十分之一，而贪污、昏庸者也占十分之一。

朱元璋立刻决定：称职者给予奖掖升职，知县可升知府，布、按使可升京官侍郎级的职务；表现平常者仍任原职，责令兢兢业业坚守岗位；不称职者立即降职使用，并予申斥以观后效；昏庸无作为者免职为民；而贪污违法者交付法司严究，依律定罪，绝不姑息。

皇上的诏令一下，自然有人欢喜有人愁。升官者平步青云在亲朋好友的一片祝贺声中走马上任，而那些倒霉蛋则不是卷起铺盖回家种地，就是到铁窗中去度过他的余生了。

在吏部上报升任京官的名单中，山西按察使佥事郭桓引起了朱元璋的注意。吏部的考核材料说他在山西为官特别清廉。他从来不答应参加地方绅商的宴请。平时居家永远是一件不知穿了几年的粗布长衫，上面已经有了几个不太显眼的补丁。他身居按察使衙门要职，难免有遭到弹劾的官员和其他犯了罪的人前来求情送礼，他总是喝令家丁将来人轰出去，然后把门一关，门上赫然贴着一副对联："廉洁夜安枕，贪婪步步惊魂。"

朱元璋看了这些材料立即召见了郭桓，发现他年纪才三十余岁，面呈敦厚老实之相，应对之间，也十分恭谨得体。这正是他喜欢提拔的年轻人。于是在吏部呈报的几个缺员职位上，御笔钦点提拔郭桓为户部左侍郎。

由于皇上的赏识，一下从五品的行省按察使佥事蹿升为位列公卿的正三品侍郎，这是郭桓做梦也没有想到的。他当初揣着银子到京城里来活动，原来只是想弄个京官当当而已，哪知竟有这么大的造化。也不知老郭家哪代祖坟开了裂，官运来了门板也挡不住！

郭桓走马上任，故意只从山西带来几件寒酸的旧家具，摆在偌大的侍郎府邸中显得空落落的。他寻思自己得到皇上赏识，大概与那件粗布衣衫和大门上的对联有关。于是到京城后依然如法炮制，每天穿着光鲜靓丽的侍郎官服上朝，回到家里立刻换上那件打了补丁的粗布长衫接待同僚宾客。至于大门上那副对联，他寻思在京城如是那般张扬，难免得罪许多人，成为众矢之的。于是将它改写成一张条幅挂在书房里，客人们看见了，自然会想到他因此受到皇上嘉奖和破格擢升的故事，因而肃然起敬。

不过那两句关于廉洁与贪婪的格言，郭桓完全是写给别人看的，他自己从来没有相信过。否则，他在山西也聚敛不了十几万两银子，也没钱打通吏部考核的关节，平步青云得到这个令人钦羡的侍郎之位。

不管怎么样，郭桓的目的达到了，上任伊始，他开始意气风发地巡视户部的下属部门。户部总管全国钱粮赋税，是都中最大、官员人数最多的部。它设有十三司分管各省户口钱粮赋税；另设四总部：民部主管山川土地户口数量；度支部分管夏税、秋粮、官禄经费；金部主管市舶、鱼、盐、茶钞税课等；仓部主管漕运、军储料粮等。此外还有宝钞提举司主管宝钞印制发行，总督仓场分管国家仓场粮储。每一个部门动辄成百万银子的出出进进，难怪自上任以来，其他各部的官员见面都尊敬或戏谑地叫他一声财神爷。

这许多下属部门中最为神秘的当属宝钞提举司，它也是最令郭桓感兴趣的地方。试想想，市面上流通的那一些从"一百文"到"一贯"的宝钞都是那里造出来的，一张张的宝钞都是真金白银呀！而现在这个造宝钞的机构就在自己管辖之下，能不令人兴奋吗？

洪武八年朱元璋命中书省造大明宝钞，以利民间商贾流通之用。宝钞是以桑穰为原料造的一种特种纸印制的。钞高一尺、宽六寸，呈青色，上印"大明通行宝钞"，分为一贯、五百文、四百文、三百文、二百文、一百文六种。钞面上印有"中书省（洪武十三年后改户部）奏准印造大明宝钞，与铜钱通行使用。伪造者斩，告捕者赏银二十五两，仍给犯人财产"。规定一贯宝钞与一千文铜钱或一两银子等值。并且申令禁止民间直接用金银做买卖，鼓励百姓将金银向国家兑换成宝钞。由于宝钞携带轻便，深受官商欢迎，户部所属的印钞厂不得不日夜赶工印制。郭桓对印钞过程极感兴趣，他还没来得及视察别的重要部门便先去了宝钞提举司。

宝钞提举司的提举冯良只是一个"从七品"的小官，郭桓一见此人感觉他的派头比四五品的官员还神气，听其谈吐似乎朝中公卿大夫他全都熟识。这使郭桓猛然一惊：此人绝不可小觑！

冯良向郭桓介绍：提举司下属钞纸局、印钞局负责印刷宝钞。宝钞用纸是安徽一家造纸厂用桑穰做原料手工抄制的，那家厂由兵丁把守，任何人从厂里偷取一张青色的成品纸就要杀头。钞纸局的管理更加严格，每天按户部规定向印钞厂交付的纸张都有定数，印钞工人每天印出的成品和废纸都有官员监收。印钞工人出印钞房时均赤身裸体经过一个兵丁把守的通道，然后到外面来穿衣服回家。

冯良介绍到这里，郭桓打断地问："印坏的废纸是怎么管理的？"

冯良不动声色地答道："印坏的废纸由副提举马铎负责管理，每月废纸多少斤大抵要与成品重量契合。"也就是说，成品钞重量与废纸重量加起来应与钞纸局供纸重量相符。

重量？钞票还论斤两是从来没听说过的事。郭桓敏锐地感觉到，这位衣着光鲜气势不凡的冯提举若要在自己管的宝钞上发财，必定是在这上面捣鬼。不过现在不便揭穿这个秘密，他继续听完冯良的介绍。

宝钞印制出来后，由印钞局交付宝钞广源库保管。广源库自然戒备森严，每年因偶然接近它被卫兵射杀的百姓不在少数。宝钞的发出则由广惠库根据户部的移文支领，其中还有一个行用库，兑换破旧昏钞。总之宝钞的管理是极其严格而慎重的。那一叠叠散发着油墨香味的新宝钞出了库门就是真金白银，谁也不敢怠慢。

其实郭桓是一个十足的财迷，他在印钞厂看到那一叠叠崭新的宝钞，眼睛就已发直了，恨不能当时就把它们搬到自己的轿子上去。三品大员乘坐的四人官轿，放置十来万贯的宝钞绰绰有余。若果能如愿，自己就是放下官架子下轿步行也都情愿啊！

他的这番神情，自然被善于察言观色的冯良敏锐地捕捉到了。冯良也已经发现，尽管自己把宝钞的印刷管理说得滴水不漏，但其中的破绽已经被这位精明的上司看出来了。他既然为皇上所赏识，要想扳动他极为困难。那么，唯一的办法就是把他拉下这摊浑水，自己既然过去凭借手中的王牌——一叠叠崭新的宝钞，让京城的许多大官们统统成了自己的保护伞，又何嫌增加这后来的一位？

于是，经过若干次试探和心灵沟通之后，冯良终于向郭桓承认了在宝钞的印制和出库过程中稍有一点"赚头"。不过并非他一人中饱私囊，而是朝中许多大员人人有份。这些大员的名头使郭桓大吃一惊，他们中竟然有礼部尚书赵瑁、刑部尚书王惠迪、工部侍郎麦至德等人！

比起这些大人物，后进新秀郭桓难免自惭形秽。但是他又有自己的优势，他是冯良的直接顶头上司。他若犯了横，谁也别想在这里弄到一张宝钞。

不过手眼通天的冯良深信他不会这么做。一方面冯良从他的眼睛里读出了比别的官员更加炽热的贪婪；另一方面冯良在这位侍郎下来视察之前早已摸清了他的底细。他绝不会在山西带来的十万两银子还未捞回本时就切断自己的财路。

于是不用多久冯良就通知郭桓，已为他搞到了十万贯宝钞。郭桓欣喜若狂，自己的判断是对的，京官的财路就是比地方上宽广。刚刚上任不久就把自己在吏部活动的花费捞回来了。可十万贯宝钞太扎眼，总不能公然从印钞厂直接拉到家里来吧？于是他和冯良想了个巧妙的法子。郭桓为了充实自己的书房，在木器作坊定做了一整套书柜，准备放置"四书五经"及前朝二十一史。他差遣亲信从木器作坊把刚刚漆好油光锃亮的书橱拉到冯良指定的地点，在那里放了一夜。第二天书橱运回家时显得格外沉重，仆人们感到奇怪，管家说："里面全是老爷的"四书五经"，哪能不沉？"等到夜深人静时，郭桓和侍郎夫人打开橱门，哪来什么"四书五经"，原来是一大捆一大捆散发着油墨香的宝钞静静地躺在里面。

"呀！这么多……"

从未见过这么多宝钞的侍郎夫人兴奋地叫出声来，她的嘴立刻被一只大手掩住了。郭桓心里早有准备，但是这么多宝钞放在家里终究是危险的事，于是他悄声地与夫人商量怎样把它们运回山西，慢慢设法兑换成金银窖藏起来。

印钞厂源源不断地印宝钞，郭桓寻思冯良这小子不知给别人弄了多少，我这顶头上司他既然孝敬了一次，就应该还有第二次、第三次，自己必须在山西建立起一个洗钱的机制，把这些滚滚而来的赃钱变成可以藏之永久的真金白银。好在他认识一班在外跑码头的晋商，他们为了便于携带倒乐意把沉甸甸的银子兑成纸币。

若说郭桓是个敛财的天才这不为过。他凭着自己敏锐的嗅觉，能够发现属下的部门有没有油水。承运库官范朝宗是一个与冯良截然不同的人物。他一点也不张扬，老是穿一件陈旧邋遢的官服，显得可怜巴巴的。但这种伪装丝毫蒙蔽不了同样精于此道的郭桓。他很快抓到了范朝宗可能贪赃的命门——在承运金银中做手脚。而且他还打听到，范朝宗把偷盗国库的金银私藏到山东老家的乡下。

通过一两次交锋，范朝宗从冯良那里知道这位精明上司原来与自己是一丘之貉，也是银子可以买通的。这个守财奴纵有一些不很心甘情愿，也只得忍痛给郭桓孝敬了三千两银子和五百两黄金，换取他对自己这个可以源源生财的承运库官位置的关照。

郭桓就这样把自己管辖的部门巡视了一遍，也搜刮了个遍。他发现户部没有一个官员敢于声称自己是廉洁的，只是贪赃的多少而已。因此他感到自己很安全，不担心有朝一日下属会出来揭发他。

洪武十七年全国许多省份遭遇了十年不遇的大旱，北平、河南偏又遭洪灾。黄河、滹沱河决了口，灾民流离失所。许多省份已有饿死人的消息传来。朱元璋非常着急，他一口气颁了几道蠲免北平、河南等省赋税的诏书，又决定派遣亲信大臣去邻近省份的州府了解灾情，安抚民众。

郭桓身为户部侍郎，与各省粮税收入息息相关。朱元璋派他巡视江苏的应天、淮安、广德、扬州诸府和浙西的衢州、金华等地。这些地方邻近京都，均是土地肥沃粮产丰盛之地，可是那里的州府地方官也在趁着灾情叫苦，企图减免赋税。若是这些地方都收不上来足够的粮税，京都的官员百姓岂不都要饿肚皮了？朱元璋深谙官场恶习，有些朝廷钦差派下去了，为了自己中饱私囊，竟敢与地方官串通一气，蒙蔽朝廷。朱元璋就是看中了郭桓清廉的官声和干练才派他去这几处地方的，谁知这一次这位精明的皇上也大大地失算了。

水旱灾情让灾民流离失所，国家要拿出大量银子来赈济救助灾民，还要大面积地减免赋税，损失很大，但这又是官员们趁火打劫发国难财的机会。郭桓在奉命下州县巡视之前就尝到了甜头。他与北平布政使李彧、按察使赵全德做了一笔见不得人的交易。李、赵二人以境内的桑乾河、潮白河水患为由，谎报扩大灾情，骗取户部调拨数十万石救灾粮，并由郭桓奏报皇上蠲免全年秋赋。只此一宗李、赵二人就亲自赴京给郭桓送上了二十万贯以为酬谢。李、赵二人在其中贪没多少更是无法考察。

郭桓带了户部的司务、郎中等几个亲信启程巡视灾区。应天府就在天子脚下，在这里他要树立一个清廉刚正的钦差形象。第一天他就演出了一出罢宴的闹剧：应天知府按照惯例大摆酒宴为钦差大人一行洗尘，郭桓当众不留情面地训斥了他们，强令撤去席上所有美味珍馐，只留四菜一汤方肯入席。他又亲冒烈日泥泞到乡间慰问灾民，把府库存粮一升一斗地发放给灾民。府库存量不够，他又以户部名义向当地富户借得大批粮食，充当临时赈济之用。他还叫手下人找来乡间教私塾的老先生，趁灾民们领得赈济粮，对钦差大人千恩万谢的时候，让老私塾代灾民上书叩谢皇上布施雨露之恩。这封写在丈余长白布上的感恩信密密麻麻地按了数千灾民的指印。当郭桓派人把它送回京城呈给皇上的时候，朱元璋遍示群臣道：你们看，老百姓是知道感恩图报的。要是我们的大臣都像郭桓这样深入民间，了解和关心百姓的疾苦，有什么艰难不能渡过呢？他还下令立即拨三十万石粮食给郭桓去归还所借富户的粮食，以昭信用，剩余部分皆由郭桓支配。

郭桓取得了皇上的信任，他就好和州府官们讨价还价了。他在广德府检查该府的赋税收缴情况时，敏锐地发现了一个大问题。广德府有十多万亩没收蒙古王公的没官田，每亩按一斗二升纳税，但知府张钦打了个马虎眼，仅按官田标准每亩五升三合五上交税粮，其中差额即达数万石未上缴国库（后来朱元璋的罪诏中称"应天等府数十万没官田地夏税秋粮无一粒上仓"，言过其实），郭桓查出这个大窟窿，立即声色俱厉地声称要上奏朝廷严厉查办。张钦吓坏了，只得乖乖地奉献出五千两银子给钦差大人来买回自己一条命。

郭桓在广德府尝到了甜头，马上杀一回马枪，重新对应天府、扬州府、淮安府等五府如法炮制。这些州府官无不在没官田地夏税秋粮上吞没不少。他们早已得到张钦的秘密通报，也心知肚明这位铁面钦差是可以用银子买通的，于是只得纷纷割肉放血，拿出银子来消灾。

不过精明的钦差大人是老于此道的主儿，不是谁想送多少就送多少的。各州府的没官田亩户部都有鱼鳞图册记录在案，他比照广德府张钦献纳的标准，谁该出八千两，谁该出一万两，一个子儿都不能少。

在江苏各州府捞足之后，钦差大人移驾南下前往浙西。那里离京城已有千里之遥，天高皇帝远，更是他可以大大施展拳脚的地方。

第一站是衢州。衢州知府黄文通是由山西调来任职的。朱元璋很忌讳文武官员在他们的原籍做官，他认为这样容易形成官员与当地绅商地主勾结，百姓更为遭殃。武官在一个地方（特别是他的家乡故土）当总兵当久了，更容易形成割据一方之弊。所以他制定了一个官员南北更调之制。吏部新选的官员，凡是南方籍的一定派往北方当官，北方籍的派往南方任职。各地的总兵官更是经常对调，不让他们在一个地方待得太久，形成割据势力。他还把北方一些地方的现任州、府官调到南方任职，与南方的州府官员对调。黄文通就是这样从山西忻州调到浙江来的。

官员调动要听取按察使衙门的意见，当时黄文通就走过郭桓的门路，因为从贫瘠的山西调到富庶的江南为官，可是个千载难逢的机会。郭桓已不记得黄文通为了得到这个机会往按察使衙门跑了多少趟，给自己送了多少礼。看着衢州境内的青山绿水和肥沃良田，他心里在盘算：黄文通这知府一定当得很滋润，这次看他怎样感谢自己的举荐之恩。

钦差大人的车队进入衢州城，黄文通早率僚属们在城门口迎接，郭桓在轿中瞥见红光满面整整胖了一圈的黄文通，心想自己的预见果然准确。

"卑职衢州知府黄文通恭迎钦差大人。"黄文通欲在轿前行大礼，郭桓连忙把他扶起，笑呵呵地说："黄大人几年不见，简直让下官吃了一惊，山西的黄土地果然不如江南的青山绿水滋养人啊！哈哈……"

"惭愧！惭愧！若非郭大人提携，卑职岂有今日。"黄文通满脸堆笑，两只小眼睛眯成了一条缝。

黄文通将钦差一行迎至衢州最大的酒楼，设宴为他们洗尘。衢州府所有同知、通判、推事、经历等官员悉数出席作陪。酒席丰盛得令人吃惊：燕窝、鱼翅、闸蟹、牡蛎、鹿脯、果狸等山珍海味应有尽有。这一回郭桓再也不罢宴了，一樽樽喝着地方官员敬献的美酒，听着他们阿谀奉承的颂词，眼角还捎带瞟几眼厅堂外随着音乐翩翩起舞的江南美女，钦差大人心里美滋滋的，旅途的劳顿和灾民的饥号早已抛到九霄云外去了。

夜晚，钦差的随行人员被安顿在驿馆里，郭桓则被黄文通接到自己豪华气派的知府官邸中，那里早已备好钦差大人下榻的地方。在黄文通官邸的后花园中一座小巧玲珑的楼馆中，四名绝色的妙龄侍女服侍钦差大人的洗漱起居。黄文通早已悄悄地暗示郭桓，他看中了哪个侍女就可令她侍寝。巡视在外、饥渴了不少日子的郭桓戏谑地说："下官若都看上了呢？"

"哈哈哈，卑职早知钦差大人精力旺盛，故而令四人服侍。倚红拥翠，双宿双飞，大人想怎么来都行啊！"

盗卖官粮，全国二万官员被杀

黄文通把郭桓请到一个密室中，打开两口大木箱，里面竟是五十万贯宝钞！贪得无厌的郭桓，栽在八万贯渔税课钞上。大理寺遵旨出动，在郭桓府中掘地三尺，搜出大量黄金、白银及数十万贯宝钞。朱元璋大开杀戒，郭桓凌迟灭族，六部左右侍郎以下官员全部处死，全国贪污八十贯以上斩两万余人。

且不说钦差郭桓在府衙中享尽人间艳福，就是那几位住在驿馆中的随从官员也不敢怠慢。黄文通令人于本地青楼中选了几名颇有姿色的妓女前去陪宿，一应开支皆由府衙负责，令他们皆大欢喜。

钦差下到州府，照例要去巡视灾情，以定蠲减税粮额度。衢州本来灾情不重，好在本地山青山秀，可供游览之处不少。于是黄文通陪同钦差大人优哉游哉徜徉于山水之间。每到一处，下面的知县必穷搜山珍海味，佳肴美酒，盛情款待。唯恐怠慢了钦差大人，惹自己顶头上司不满，于自己仕途不利。

巡视一番回来，就要谈及正事了。郭桓私下问黄文通说："本钦差奉旨巡视各地灾情，贵府估计今年要减产几何？"

黄文通喏喏地答道："据卑职估计，全州大概要减产一成多吧。"

郭桓笑笑说："贵府倒还是个老实人。不过本钦差上体圣意，下恤黎民，准备上奏衢州今年因灾减产二成。这样贵府大概可少缴税粮五六十万石吧？"

黄文通顿时笑得眼睛眯成一条缝，作揖打躬丑态百出："全凭钦差大人体恤下情，卑职感恩戴德，没齿不忘！"

随后的几天，郭桓和他的随行官员对衢州上缴国库的夏税秋粮进行检查。查实共应上仓四百五十万石，到检查日止，实际仅上仓六十万石，另以钞折粮八十万石，按国家粮价可折粮二百万石。实际还有一百九十万石粮未曾上仓。郭桓对黄文通说："贵府这一块还有这么大一个窟窿，你说怎么办？"黄文通顿时吓出了一身冷汗。

夜晚，黄文通把郭桓请到自己官邸的一个密室中，屏退所有家人，二人秉烛密谈。

黄文通说："卑职能有今日，全仗大人鼎力扶持。卑职深知大人在京都上下应酬，花费不少。卑职本应尽己所能孝敬大人，怎奈手头一时拮据，暂只筹措得宝钞五十万贯，请大人笑纳。"

说着他打开身旁放着的两口大木箱，里面是成捆成捆崭新的宝钞，每口箱子有数十捆。

老实说，郭桓也从没一次见过这么多属于自己的宝钞。精明的他计算黄文通吞没的粮税远还不止此数。不过有了这么个开头总算不错。因此他笑着说："贵府能体谅我在京的艰难，盛情实实难却。只是你让我拿这两箱宝钞怎么办？钦差驮着两只沉甸甸的箱子回京，就说是下面孝敬的山货土产也有违清廉之道啊！"

"那……卑职该怎么办？"

郭桓与黄文通悄悄耳语一番，让他设法找在浙江经商的山西商人，将宝钞兑换给他们在这边支付货款，然后在山西老家按官价每一贯兑付银一两，每四贯兑黄金一两。郭桓自会差人在那边收取。宝钞虽惹人爱，但总不如真金白银能藏之久远。

郭桓的这一巧妙洗钱方法使黄文通茅塞顿开，他正愁自己的贪墨所得没法弄回老家藏匿呢，于是欣然同意按郭桓的指示去做。他还串连了浙西各府的贪官们，告诉他们这位钦差可不是省油的灯，每个州府的粮税他心里都有一本账，你们若想坐稳官位只能从自己的贪墨所得中分给他一份，以图脱祸消灾。

于是，郭钦差心满意得地从浙西满载而归，返抵京城后将巡视灾情一一向皇上报告。各地的赋税蠲免额度自然是视其贡献多寡而定。郭桓不愧为中过乡举的才子。在他的奏折中把灾区赤地千里饱受饥饿煎熬的百姓如何迎接钦差叩谢皇恩的情景写得活灵活现。精明的朱元璋居然被他骗过了，对其所请一一准奏。还对他不辞辛劳深入民间宣扬朝廷威德给予勉慰嘉奖。

得到皇上的褒奖，已经把户部各部门的管辖权牢牢掌握手中的郭桓虽然还是侍郎名分，实际上已代行户部尚书之职了。他在官场的迅速蹿红，大出人们的意外。

俗话说：月圆则亏，水满则溢。郭桓的败露竟源于他肆无忌惮的极度贪婪！

郭桓在巡视扬州府时，查得瓜埠河泊所欠缴渔课钞四万贯。明初开征各种商业税，大体是取交易额的三十分之一。各行各业的征税纷繁复杂，朝廷管理也很松散，很多税往往被经管者吞没不报。瓜埠河泊所欠缴的这笔税款若非郭桓这样精明的人根本查不出来。

四万贯虽不是个大数目，但此时郭桓捞钱已捞红了眼，他想了个妙法要让四万贯变成八万贯。本来漏收税款是经办湖官的责任，他叫扬州知府暂不找湖官，而是直接令当地富裕渔户补缴这四万贯税款，否则就要拿人。当地渔户无奈，大家凑足了这笔税款交到府衙。在此之前知府放出风声要拿湖官治罪，湖官闻声逃往江西，江西布政司与他有亲戚瓜葛。郭桓以户部的名义，责令江西布政使追缴这笔税款。江西布政使也不敢得罪这位钦差大人，只得忍气吞声让那湖官亲戚出点血，自己也凑一点，凑足了四万贯钞送往扬州。

扬州知府原以为这笔跨州越省的钱郭桓不敢要，谁知郭桓利令智昏，认为各省各府的税收皆在自己管辖之下，商业权税纷繁复杂，这项那项缴了没缴谁也弄不清。况且这八万贯是自己设法追回的，若不去追国家一个子儿也得不到。于是他便和扬州知府心照不宣地把这八万贯私分了。自然，他分得了大头。

那个躲在江西的湖官赔了钱后偷偷回到瓜埠，原想在任上再把这笔损失捞回来。谁知知府已将这个肥缺委派了自己的亲信。气得他连夜赶回江西，向布政使倾诉自己的满肚怨气。

江西布政使是从二品的封疆大吏,对于郭桓这个暴发户既心怀鄙视又有所忌惮。他不知从什么渠道探听到郭桓在毗邻的浙西诸府大肆敛财的事。正好那位湖官从扬州回来,打听到郭桓在逼他们赔偿四万贯渔税之前,又让当地富裕渔户补缴了四万贯。布政使想:以郭桓的贪婪狡猾,这重收的四万贯肯定进了郭桓和知府的腰包。于是他从中怂恿,让赔了钱又丢官的湖官亲戚找一位胆大敢言的监察御史举劾这件事。

洪武十六年,朱元璋将御史台改为都察院,下设十二道监察御史,每道三至五名御史。这些御史虽只是正七品官,但可以纠察举劾本省上至布政使下至州县官,以及朝廷的任何官吏。各道监察御史是朝廷派驻地方的监督者,他们拿着低微的薪俸,都有严格的纪律,不许置田买地,不许接受地方官员的任何馈赠和宴请。而且朝廷有规定,凡军民向监察御史举劾各级官员,监察御史不得因循卖放,一律要进行调查。调查清楚属实的,监察御史可直接向皇帝密奏举劾违法犯纪的官员。正直廉洁、不畏权势的监察御史往往是贪官们最惧怕的人。一名监察御史能扳倒一个大官,就有机会获得升迁的机会,调到京城的都察院任职。

浙江道的一位监察御史接受了湖官的控告,有江西布政使这样的大官做后台,他开始秘密调查瓜埠河泊所八万贯渔税课钞之事。这位御史四处奔走,取得了郭桓重复收取瓜州富裕渔户四万贯渔税银的证据,还设法打听到扬州府并未将这一税项上报,八万贯渔课税银去向不明。这位监察御史怀着"绳衍纠缪"的忠诚和勇气,向皇上密奏一本,举劾户部侍郎郭桓和扬州知府涉嫌贪污渔税课钞八万贯。

朱元璋本是个猜疑心极重的人,对于自己赏识和提拔的郭桓,他在信任之余尚怀有几分戒心。总觉得他在家穿补丁的衣服,门上贴对联拒贿及巡视灾区罢宴等故事显得有些做作。自古以来读书人都信奉"书中自有黄金屋"的道理,士子们十年寒窗苦读,就为了升官发财,难道唯独他郭桓能超然物外?这次郭桓巡视灾区带回的万民感恩信,固然满足了朱元璋百姓称颂的圣主仁君的虚荣,但他冷静地一想,这会不会是郭桓为获取自己欢心的一个手段高明伎俩?

朱元璋仔细地读着那位监察御史的密奏。区区数万贯算不了什么了不起的大贪污案,但这却是深受自己赏识和信任的廉吏所为。想到郭桓那些为自己涂脂抹粉的行为,他更有受骗上当的感觉。他常常教训太子:"大奸似忠,极善伪。要善于辨识奸伪之人。"谁知自己竟中了郭桓那厮的蛊!

朱元璋压住心头的火气,把主持都察院的大臣詹徽召来,让这位负责纠察百官的右都御史谈谈对户部侍郎郭桓的印象。

詹徽不知皇上是什么意思,眨巴眨巴眼睛,不敢贸然作答。他用眼瞟一眼御案,见案上摆着一个通常用来盛密奏的盒子,聪明绝顶的他心想有可能是这位皇上的红人被人举劾了。

"启奏陛下,郭桓任户部侍郎以来,确实表现精明能干,颇有廉声。"詹徽一面观察朱元璋面部的表情,字斟句酌地说着,"然而朝中亦有人对他此次衔命巡视灾区有些议论,微臣不敢不报。"

"什么议论?"

"主要是有人谈论郭桓与下面一些州府官的关系。衢州知府黄文通与郭桓是山西老乡，郭桓于他有举荐之恩。有人怀疑郭桓收受了黄文通的贿赂，虚报衢州灾情，骗取朝廷蠲免赋税。且去年衢州秋粮征收数与实际上仓数差额甚大，以郭桓的精明岂能不察觉，其中有与黄文通勾结作弊之嫌。"

"你们既已发觉弊端，为什么没及早禀报朕知道？"朱元璋听詹徽这么说，顿时眉毛倒竖，发起怒来。

詹徽连忙小心翼翼地为自己辩护，恭奏道："因案涉大臣，且真相尚未明了，微臣不敢造次惊动陛下。微臣已致信浙江按察使，要他们查明此事后再行禀告圣上。"

这时朱元璋才将那封密奏给詹徽看了，并说："人心殊不可测，郭桓表面上清正廉明，许多人都为其假象所迷惑。朕总觉得他那些显示自己清廉的故事有些做作。殊不知一朝权柄在手，贪婪的本相就显露出来了。渔税课钞一案，奏本的这个浙江道监察御史调查得很扎实，郭桓若连这几万贯渔税都要贪入私囊，遑论其他方面？苏浙两省夏税秋粮何止数百万石，他若伸出黑手染指必然是一桩惊天动地的大案！都察院要从速调查，毋得懈怠，一有结果从速向朕禀报。"

詹徽忙不迭地躬身作答："微臣领旨！微臣领旨！"

朱元璋丝毫也没有惊动郭桓，在朝会上还假惺惺地对他巡视苏浙灾区的"辛劳勤勉"给予口头褒奖，一方面却令锦衣卫加强对郭府的监视。其时正值春节前后，那些来郭府进贡的地方官员络绎不绝。他们往往赶着大车小车，给侍郎府送来满车的土特产"年货"。这些"年货"的下面，不是成捆的宝钞就是沉甸甸的黄金白银，郭桓夫妇俩每天晚上都为藏匿它们忙到深夜。

到了洪武十八年的三月初，都察院向朱元璋报告：他们在浙江收审了衢州知府黄文通，经过严鞫，黄文通供认了向钦差郭桓行贿五十万贯宝钞的事实。并供认伙通郭桓盗卖了一百九十万石官粮不上仓。都察院还顺藤摸瓜，查出了浙西各州知府对郭桓均有贿赂，以换取他虚报灾情，蠲减税粮。

朱元璋闻报勃然大怒。他已掌握了郭桓在府中私藏大量贿银的情报，现在是收网的时候了。他下令大理寺立即拘捕大赃官郭桓严鞫，其家属一并羁押，追缴他所藏匿的赃资。凡向郭桓行贿的各州府官一律收审，并案处理，尽快查实他们的罪行，按《大明律》贪赃贿赂罪从严惩处。

大理寺立即遵旨出动，以迅雷不及掩耳之势，包围了郭桓的侍郎府。郭桓和他的老婆被抓到大理寺，严枷大锁地看管起来。数十名锦衣卫的士兵根据他们掌握的线索和逼问郭桓老婆的口供，在侍郎府里掘地三尺，当时就在郭桓夫妇卧房的青砖地下、小花园的假山洞中等处搜出黄金三千余两、白银一万余两。成捆成捆来不及兑换的宝钞数十万贯，在书橱中、阁楼上塞得到处都是。

郭桓家崭新的宝钞从何而来？印钞厂和宝源库、广惠库都归户部的宝钞提举司管辖，莫非他们上下勾结监守自盗？于是宝钞提举司的冯良等均被抓起来严鞫。冯良依仗着朝中有那些大人物做靠山，开始还没把大理寺放在眼里。大理寺的主审官请出了圣旨，又把披枷带锁的郭桓故意从廊下牵过。郭桓家中抄出的新宝钞也成堆地码在堂下。在铁证面前冯良终于蔫了，他也不知道哪些大官被捕，为求自己减罪，他一股脑把他送过宝钞的权贵们全供了出来。

那几天京城里缇骑四出，百姓们惊奇地看到，一座座门楼上挂着镏金匾额的尚书府、侍郎府被锦衣卫士兵团团包围，那些大官和他们的眷属一串串被押解出来，灰溜溜耷拉着脑袋。

不久，从山西传来消息，郭桓家和他老婆娘家里都抄出了大量的金银、宝钞。直到郭桓被捕后，还有没听到消息的商人给他家送银子来。郭桓还用赃银在山西置买了一处大田庄，昔日一介穷儒摇身一变成了拥有数百顷良田的大财主。

主审郭桓的大理寺审刑司右审刑方庸是个异常狠毒的人物，人称"活阎罗"，案犯到了他手上不死也要脱一层皮。可是郭桓案是皇上交下来的大案，牵连各地州府官员众多，刑审中绝不能让他死了。所以郭桓抓来之后方庸并不忙着审他，而是从给他行贿的各级官员痛下毒手，抽丝剥茧层层逼供。皇上已给郭桓定了调子：他是贪婪成性，无所不贪，无处不贪，所有与他接触过的地方官员，没有不给他行贿的。这些人被抓到大理寺来，只要让他们看看披枷带锁的郭桓，他们心里的防线必然崩溃，再经方庸的刑讯一吓，立即一五一十将贿赂郭桓之事供认不讳。

方庸有了这些人证和从郭桓家抄出的金银宝钞等物证，开始升堂提审主犯郭桓。郭桓自然是死猪不怕开水烫。既然东窗事发，他自己忖度认罪是死，不认罪也是死，索性来个顽抗到底，在大堂上一言不发。

这一下惹火了"活阎罗"方庸，你一个罪恶昭彰的大赃官想要让我下不了台吗？他跌下脸来一声"大刑伺候！"命衙役先打了郭桓一百大棍，这时郭桓已是血肉模糊，但他在迷迷糊糊中仍然硬撑着不肯招供。方庸冷笑一声，拶具、夹棍一齐扔下堂来。最后衙役把一支烧红的烙铁伸向郭桓赤裸的背脊。郭桓终于在绝望和极度的恐惧中一一招认了自己的罪行。

大理寺的刑讯像一部绞肉机，因郭桓一案被捕的官员越来越多。这些人耐不住刑讯拷打，又陆续供出犯有贪污贿赂罪的同僚和下属。被揭发的贪污罪行像瘟疫一样迅速遍布六部侍郎以下的官员，几乎人人有染。朝廷的官员又牵连出许多向他们行贿的州、府、县官，连一些布政使等封疆大吏也都脱不了干系。

大审讯进行了两个月，最后据大理寺和都察院统计，京师六部和各省、州、府、县犯有贪污受贿罪，按《大明律》贪八十贯以上应获斩罪者达两万人之多。这个数字使太子朱标深感震惊。他向朱元璋禀奏道：

"父皇，郭桓一案牵出全国犯贪污罪按律应斩的官员多达两万。若真将他们全都杀了，儿臣恐引起人民恐慌，时局震荡，动摇国之根本。是否可挑罪行严重如郭桓等明正典刑，一般贪污数目不大的命其戴罪治事，以儆效尤。此亦父皇以前曾行之有效之法。"

朱元璋看了大理寺与都察院的报告，正在气头上，听太子这样说，眼睛一瞪，怒斥他道："迂腐之见！你没看见礼部尚书赵瑁、刑部尚书王惠迪他们，身为公卿大夫，国之栋梁，竟然敢将国库宝钞据为己有，他们还有礼义廉耻之心吗？京师六部侍郎以下的官员几乎无官不贪，我们的国家机关全烂透了！法纪何存？朝纲何在？这次我们若不按律施刑，一味姑息养奸，那才会真正动摇国之根本！不用说了，给朕拟旨。"

太子无奈低头道："儿臣遵旨。"

朱元璋铁青着脸宣旨："将奸贪首犯户部侍郎郭桓处以磔刑，尽诛三族，抄没一切财产，礼部尚书赵瑁、刑部尚书王惠迪、工部侍郎麦至德、北平布政使李彧、北平按察使赵金德枭首弃市；六部左右侍郎以下官员全部处斩。凡在郭案中犯贪污贿赂罪的各省、州、府、县级官员，赃满八十贯者一律处死！"

一听要杀这么多人，太子拟旨的手都在颤抖，他嗫嚅地谏道："父皇，若如此诛杀，朝中将无人处理庶务了！"

朱元璋不为所动，厉声道："杀！这班蠹食国家危害社稷的赃官，朕就是要杀他个干干净净，一个不留！"

朱元璋在他编写的《大诰》中曾两度宣布郭桓等案犯的罪状：

> 户部官郭桓等收受浙西秋粮，合上仓四百五十万石。其郭桓等只收交六十万石上仓，钞八十万贯入库，以当时折算，可抵两百万石，余有一百九十万石未曾上仓。郭桓等受要浙西等府宝钞五十万贯，致使府、州、县官黄文通等通同顽劣人吏沈源等作弊，各分入己。

> 其应天等五州、府、县数十万没官田地夏税秋粮，官吏张钦等通同作弊，并无一粒上仓，与同户部官郭桓等尽行分受。

> 造天下之罪，其造罪患愚者，无如郭桓甚焉。其所盗官粮，以军卫言之，三年所积卖空。前者榜上若欲尽写，恐民不信，但略写七百万耳。若将其余分并十二布政司，通同见在盗卖仓粮，及接受浙西四府钞五十万张，卖米一百九十万石不上仓，通算诸色课税渔盐等项，及通同承运库官范朝宗偷盗金银，宝钞提举司提举冯良妄支钞六百万张，除盗库见在金银宝钞不算外，其卖在仓税粮及未上仓该收税粮，及鱼盐诸色等项课税，共折米算，所贪者二百四十余万石精粮。呜呼，古今贪者有若是乎？

朱元璋在郭桓案中下令追赃七百万石，他怀疑各州、府、县的贪官们与当地的地主富户勾结瞒交税粮，寄借贪污所得。于是把矛头指向江南富户，没收其田产，抄家驱逐，甚至将其投入监狱。三吴一带，浙东、西的巨室富户，"多以罪倾其宗""豪民巨族，划削殆尽。"

这样，朝廷和老百姓的矛盾被激化了，许多知识分子不敢说朱元璋的不是，却把攻击的矛头指向主审法官和推波助澜的御史们，说他们刑讯逼供，滥杀无辜。朱元璋为了平息舆论，降旨把右审刑方庸杀了。那位"活阎罗"带着满肚子的委屈，果真到阴间会见阎罗王去了。

第二十三章

执拗文臣　血溅御阶

两个皇上亲自提拔的读书人

砍掉手指不当官的儒士被处死。一条奇怪的法律"寰中士夫不为君用者诛"。朱熹理学传人得到皇帝破格提拔，当了大理寺卿。李仕鲁、陈汶辉惺惺相惜。道士们游行要求设道官。和尚吴印被朱元璋派去当布政史，恃宠把上司告了。

郭桓盗卖官粮案东窗事发，朱元璋大开杀戒，下令诛杀了上至中央六部下至地方府、州、县的两万余名贪官。这样骇人听闻的肃贪行动导致的直接后果正如太子朱标所担忧的，六部侍郎以下各级官员，那些郎中、司务、员外郎、主事等全给杀了，朝中处于无人管理政务的状态。

朱元璋并没有慌乱，他下令国子监的祭酒和司业选送一千余名监生到吏部，有的充当六部的见习官员，有的派往外省担任知府、知县。洪武十八年正是恢复科举考试后的第二年，那一年会试和殿试高中的进士们正赶上朝中缺员的好时机。他们不必像往常到翰林院去苦熬青春了，直接派往六部担任员外郎、主事一级官员的大有人在。像后来辅佐建文帝的名臣齐泰、黄子澄就是那一届的进士。齐泰因殿试文章颇具韬略被朱元璋赏识直接任命为礼部主事，后又转任兵部主事。黄子澄则由翰林院编修成为东宫伴读，最后迁升太常寺卿。

朱元璋除了由国学、科举途径遴选官员，又恢复了大明王朝建立初年的荐举制度，要求各级地方政府举荐有才能有学问的人出来做官。在洪武十五年前，荐举制度曾盛极一时。那时朱元璋还派出一些特使分行天下，访求贤才。这种办法确实很见成效，那些年各地举荐到吏部的人才最多一次竟达三千七百多人，次多的一次也有一千九百多人。经举荐当上大官的民间布衣不在少数。像老儒鲍恂、余诠、张长年等老先生被任命为文华殿大学士，儒士王本、杜敩、赵民望、吴源任四辅官兼太子宾客，秀才范敏、曾泰、赵瑁被任命为尚书。还有任副都御史和佥都御史、侍郎、郎中及派至地方任布政使、参政等官职的。

可是这一次朱元璋下诏令各地举荐官员却应者寥寥。因为经过空印案和郭桓案的两次大杀戮，读书人对仕途已经胆寒了。而举荐者因为怕负连坐责任，也不敢贸然引荐他人。

因为诛戮官员太多，惯于愤世嫉俗的读书人自然给他们的皇帝扣上一顶"暴君"的帽子。读圣贤书的士子岂甘为暴君卖命？于是有些愤懑之士做出了一些走极端的行为。

广信府有两位夏姓儒士，叔侄两人同举孝廉，在乡间颇有些名气。他们闻知朝廷诏令各地举荐贤才，当地官府可能会把他们的名字报上去。为了逃避做官，叔侄俩一咬牙各自剁去了一根手指。为官者必须仪容方整，缺一根手指连字也没法写了，哪能做官？

这个断指辞官的新闻自然迅速传播开来，朱元璋闻知非常恼火，他知道这是那班刁顽文人蓄意抵制他的一种恶意抗议。好吧，你们既然可以剁去自己的手指，朕也可以剁去你的脑袋！因为你们的行为已经触犯了法律。

就在这一年早些时候，朱元璋亲手撰写的《大诰》颁布了十宗罪，其中第十条罪就是"寰中士夫不为君用"。条律说："率土之滨，莫非王臣。寰中士大夫不为君用，是自外其教者，诛其身而没其家，不为之过。"根据这条法律，夏姓叔侄被锦衣卫抓去无情地处死，还被抄没了家产。

朱元璋在以严刑惩处贪官整顿吏治的同时，自己也常发现和提拔一些廉洁有为的青年官吏，时任大理寺卿的李仕鲁和少卿陈汶辉就是其中的两个。

朱元璋虽然出身微贱，做了皇帝后总想攀附一个较有名气的祖先，南宗时的儒学宗师朱熹是徽州婺源人，也许五百年前他与安徽濠州的先祖们是一家哩。于是朱元璋对这位本家老夫子的程朱理学产生了兴趣，下令在江南各地遍访其传人。

程朱理学在北宋和南宋时盛极一时，被读书人奉为圭臬。但经过元代蒙古族入主中原和数十年的战乱，强调"存天理、去人欲"的程朱理学日渐式微，研究它的人已不太多了。偏偏濮阳有一个叫李仕鲁的年轻人却对它着了迷，足不出户地在家里研习了三年，后来听说江西鄱阳郡朱公迁得了朱熹的真传，便弃家前往拜师，朱公迁当时已届耄耋之年，他念李仕鲁的至诚，倾其所学传授给他之后就与世长辞了。

当地有司听说有这么个人，正是皇上要访求的程朱理学传人，于是便把李仕鲁推荐上去。

李仕鲁到了京城，朱元璋一见这个仪表堂堂的青年人就满心欢喜，拉着他的手说："朕找你很久了，真是相见恨晚啊！"

因为李仕鲁太年轻，虽有学问但缺少当官的经验，于是朱元璋派他去黄州任同知，并且明确地告诉他："这是朝廷的制度，朕先让你去下面熟悉一下民情，不久就会召你回来。"

果然不到一年，李仕鲁在同知任上做出了成绩，朱元璋随即把他召回，一下由从六品的同知提拔做了正三品的大理寺卿，大理寺是朝廷极为重要的部门，这一出人意外的破格升迁令人瞠目结舌。

朱元璋又给李仕鲁找了一个同样年轻而又清廉的得力助手。陈汶辉也是下面推荐上来的读书人，被授予礼科给事中之职，他的几次上书议事被朱元璋认定是可用之才，被破格提拔为大理寺少卿。

这两个年轻人因为是皇上亲自选择提拔的官员，加以自身廉洁自好，从不参与朝中党派争斗和贪贿之事，他们的地位自然是非常稳固。

不过他们也有自己的烦恼。这一天，陈汶辉去大理寺卿府拜访，二人在李仕鲁的书房中叙话。

陈汶辉浏览着书房四壁悬挂着李仕鲁用工整的隶书手书的朱子格言条幅和满柜的经史子集，慨叹地说："中丞大人，你这哪像一位三品大员的官邸，简直就是一个理学泰斗的书斋嘛！"

"我本来就是一个读书人嘛。"李仕鲁淡淡笑着说，"怎奈皇上礼贤下士，一定要我出山。像我们这样的人当个学政、提举也就罢了。皇上偏偏要把我摁在大理寺卿这个位子上。审案问狱哪是我的专长，简直就是赶鸭子上架啊！"

"是啊，下官原是个礼科给事中，给皇上递过两次折子，皇上一赏识，就派我来大理寺当少卿。对刑狱这门学问我们俩都是外行，万一把差事办砸了怎么办？"陈汶辉也深有同感。

李仕鲁安慰自己的同僚道："好在万岁对我们信任有加，既来之则安之。只要我们办事处以公正，不贪污，不受贿，秉公断案，小心谨慎，不草菅人命，也出不了大的纰漏，你说是吗？"

陈汶辉笑着说："如此说来，李大人以为这当官并不比做学问难，是吗？"

"当官要说不难也难，我俩幸亏是万岁自己赏识提拔上来的，有了皇上撑腰，自己不图私利，廉洁自好，差事就好办多了。"李仕鲁道，"别看皇上出身微贱，他非常好学，也很尊重读书人。"

"不过，下官有一种感觉，皇上提携读书人是要为他所用，并不是对你从事的学问有什么认识。最典型的是他遵孔孟之道，但后来一接触到孟夫子'重民轻君'的学说，他就不高兴了，甚至一度把孟子的塑像从孔庙里赶出去。"

李仕鲁笑了笑说："为帝王者都是唯我独尊，哪能容轻君之说啊！"

"还有，皇上的兴趣并不稳定。原来他对程朱理学很感兴趣，认定是修身齐家治国之道。可是最近一向他又迷恋起释、道出世之说来。原来他讳言自己当和尚的经历，现在却在钟山下修了个大皇觉寺，召来数百名东南戒德僧，在那里大办法会，讲经授道。闹得乌烟瘴气，不成体统。"

"前一向皇上还任命了两个和尚去当地方官呢，真是乱来啊！"李仕鲁摇头叹息，"据我所知，寺庙中的和尚潜心念佛修研经学者有之，但乌七八糟的事情也不少。至于释、道等出家人竟然还俗去当官就更属荒唐之举了，出家人的本意就是'去世''无为'，怎么能到官场上来追名逐利呢？"

"也许皇上只是一时迷恋，我们做臣子的既蒙皇上信赖，也要伺机加之劝谏才好。"陈汶辉说出了自己的想法。

李仕鲁欣然同意："下官也有这个念头，什么时候我们联名给皇上上个折子吧。"

南京钟山在三国时因避吴王讳改名蒋山，陈汶辉所说的那个大皇觉寺就建在蒋山南麓。寺庙占地宽广，气势恢宏。这些天由朝廷的僧录司出面主持，召来了东南各大寺院的数百名戒德僧在此大办法会。大殿中，高大庄严的释迦牟尼金身佛像下，有三名高僧身穿皇上御赐的金斓袈裟，带领数十名和尚在吟诵经文，顶礼膜拜。而在庙前坪中，数百名和尚由几个身着红色袈裟高举法幡的大和尚领着，一面绕着插满香烛的大香坛转着圈子，一面喃喃地诵经作法。殿前台阶上，一排藏僧打扮的和尚把七八尺长的法号竖向天空，呜呜地吹响。

如此从来没有过的热闹场面，吸引了四面八方的百姓来看热闹。做小买卖的、玩杂耍戏法的都在庙前摆开了摊子，形成了一个名副其实的庙会。庙前的通衢大道都被阻塞了，经常有过往车辆的车把式跟赴会者发生冲突。

这天恰逢太子朱标巡视孝陵，以六面龙旗和黄、红、青、黑、白五色旗为前导的銮驾途经这里，因道路被看热闹的人阻塞无法通行，只得停下来。

太子从銮驾中探身出来，问侍卫官是怎么回事。

侍卫官禀道："启禀太子殿下，应诏来京的东南戒德僧数百人在此设坛开法会，引来百姓围观，銮驾行动受阻。微臣拟调护卫马队前来驱散人群，请殿下稍待。"

太子制止道："不可。这里人多秩序又乱，马队驱赶人群，更会令其自相践踏，造成妇孺死伤。速令銮驾调头，以前为后，绕道而行。"

"这……龙旗仪仗在后面，岂不有失威仪？"

太子断然道："有失威仪要什么紧？总比伤了百姓强啊。"

"微臣遵旨。"

太子回宫后，正好吏部尚书陈敬前来奏事，他问太子道：

"殿下今日巡视孝陵，礼殿、神道等皆竣工否？"

太子道："礼殿、神道均已竣工，殿堂气宇轩昂，石人石马巍然耸立，两旁所植松柏已如亭亭华盖，郁郁葱葱。皇陵规模逾于前期，堪慰母后懿灵于地下。只是钟山脚下新建庙宇，众多僧侣在那里建法会，杂乱喧嚣，俨如乡间集市。本宫车驾亦受阻于此，只得绕道而行。"

陈敬奏道："那些和尚是皇上下诏召来的东南戒德僧。臣闻皇上登基之初曾戒谕释、道不得预政，并禁止一切民间邪教会道门活动。但不知近年皇上为何突然崇尚起释教来？先是下令将管理僧侣的善世院改为僧录司，宗泐等任六品善世，下面还设从六部的左右阐教、八品的讲经、觉义等官。一大批僧侣出入朝堂，殊为不雅。更令人啼笑皆非的是，有两个和尚吴印和华克勤被任命为山东、浙江的试任布政使。朝廷官吏的任命需经铨叙、考核、廷对等严格的程序，皇上的旨意叫全免了，我们吏部也徒唤奈何。"

太子道："卿家执掌吏部，还是应该坚持原则，据理力争啊！否则吏治紊乱，纲纪松弛，危及社稷安危，卿家心何以安？"

陈敬两年前已经致仕了，郭桓案中吏部尚书赵瑁罪诛，实在无人执掌吏部，又把他请回来。这位刚直不阿的尚书深为目前的情况忧虑，他说："臣谨聆殿下教诲。令臣益为心焦的是：朝中冗员太多，俸禄有增无减，国库不堪重负。这不，京城神乐观等处的道士们见释教设了许多僧官眼红，上书皇上要求释、道同等待遇，道录司衙门也要设左右正一、左右演法、神乐观提点等六品官；至灵、玄义、知观等八品官。臣这里有一张他们要求设置官职的名单，殿下请看。"

太子接过名单看了看，生气地说："简直是胡闹！竟想出这么多稀奇古怪的官名来。朝廷设立品官是为百姓办事，他们能为百姓办什么事？即使死了人办丧事，也用不着请一批六品官八品官来画符念咒、降妖捉鬼呀？"

陈敬忧心忡忡地奏道："太子殿下，皇上沉溺释、道，臣等若竭力阻谏，恐令皇上更增反感，最好有几位深得皇上信任的官员恳切陈词，力陈其弊，或可令皇上回心转意。殿下以为如何？"

"嗯。父皇英武威断，他认定的事是很难听得进别人劝谏的，除非是他特别欣赏特别相信的人。可眼下到哪里去找这样的人呢？"

"臣闻当年皇上遍访朱熹学派传人，有司推荐了濮阳人李仕鲁。李仕鲁进京陛见，皇上旋即派他做了黄州同知，一年后即以政声卓著被召进京，委以大理寺卿的重任。他应该是皇上目前最为欣赏和信任的大臣。朱熹学派同样崇尚伦理道德，视佛徒弃家修行为不忠不孝，李仕鲁一定对僧侣入朝从政甚为反感。李仕鲁的属下、大理寺少卿陈汶辉听说也很为皇上器重。若得他们二人出面劝谏皇上，或可制止这股逆流。"陈敬娓娓地向太子建议。

太子点头道："嗯。这两位官员年轻有为，确是有学问又很正直的人，我印象中李仕鲁曾经上疏亟言僧侣从政之害，当时未曾在意。明日待本宫巡视大理寺与刑部时与他作一次深谈，看他对目前愈演愈烈的现状态度如何。建道录司职官之议卿家暂且拖一拖吧，僧道之间也有矛盾，和尚们势力虽大，但他们也不会为道教说话的。"

"微臣遵旨。"

释教在蒋山大开法会，其热闹红火使京城各道观的道士们大为眼馋。这天，京城及附近道观的数百名道士上街游行，要求朝廷僧、道一视同仁，尽快成立道录司，设置州府道官。

走在游行队伍最前面的是京城最大的道观神乐观的道士们，他们打着"敕建神乐观""天下第一道场""僧道平等，天下大同"等横幅标语。队伍中还有"江西龙虎山敕封张天师""太和山白云观"等字样的法幡。道士们身穿道袍，头戴道冠，有的披散长发，有的绾髻冲天。有手执木剑的，有高举符旗的，叮叮当当敲着法磬的，呜里哇啦吹着唢呐法号的，不一而足。队尾照例有一群穿着破烂的亡命叫花跟着呐喊助威，他们给道士们壮了声势，据说每人可到道观里吃一顿饭，领十文辛苦费。

市民们纷纷驻足围观这奇异的游行队伍，街道两旁的人越来越多。

大理寺卿李仕鲁和少卿陈汶辉的官轿由此经过受阻，两位官员只得下轿，寻个人少的地方驻足旁观。

陈汶辉小声对李仕鲁说:"李大人,你看这班僧道闹得越来越不像话了!和尚们在蒋山大开法会,道士们又上街游行要求增设道官。出家人以清净无为为本,为什么要争着当官呢?"

李仕鲁摇摇头,无可奈何地说:"唉,这都是皇上沉溺于释教的恶果。下官为此已上过好几次折子劝谏皇上,结果却是石沉大海。皇上是没有看到呢还是对下官的话心存反感,不愿搭理?"

"汶辉虽入朝不久,但蒙皇上恩宠屡召应对,深感当今皇上是个极有主见的人,他认定要做的事,不愿听任何人的反对意见,只要听附和赞颂之声。哪怕是那件事事后证明他做错了,他也改正了,他同样不会承认自己犯过错。宠信胡惟庸养虎成患就是突出的例子。所以汶辉以为,此事中丞大人不宜操之过急,不要再上书谏阻了,以免拂逆圣意,徒生意外。"两位青年官员惺惺相惜,所以陈汶辉对上司说出了掏心窝的话。

"不,下官生性耿直,眼里揉不得沙子。这班僧道如此嚣张,实在不能容忍。他们不但争官夺爵,还肆无忌惮地构陷大臣。那个浙东来的和尚吴印刚到山东试任布政使,就恃宠把他的上司张孟谦告了。"

"张孟谦人称天下第二才子,文名仅次于太史公宋濂。像他这样有名望的文人,当然不屑与僧道为伍,自然会得罪小人得志的吴印。"

李仕鲁愤愤地说:"这些僧官如此嚣张,我等身为朝中大臣,食皇家俸禄,岂能坐视不管!陈大人,你的文笔较下官更为犀利,你也给皇上上个折子吧。"

陈汶辉苦恼地说:"唉,只怕皇上听不进我们的劝谏啊!当今皇上英武威断,常以唐太宗汉高祖自比,他为什么就没有李世民那样从谏如流的度量呢?我等空有济世之才,若不能辅佐主上解民倒悬,亦不过蝇蝇食禄而已。若如此,还不如归隐山林,实实在在做些学问好得多。"

李仕鲁道:"陈大人,你我都是读书人,既怀匡时济世之志,入朝为官,就应尽自己的力量为黎民百姓说话。我们再进谏一次,若皇上仍固执己见,拒不采纳,下官和你一同辞官归隐,仍然研究我的程朱理学去。"

"李大人拳拳报国之心,汶辉自愧不如。既如此,今晚我就挑灯夜战,给皇上上一道言辞激烈些的折子,哪怕因此获罪也在所不惜!"陈汶辉慨然说道。

"如此国家幸甚!"李仕鲁抱拳一揖,"下官先在这里对大人表示谢意。"

"李大人,下官先走一步,告辞了。"

还笏辞官却被掼死阶下

李仕鲁、陈汶辉上疏痛陈僧道从政之弊。"这俩书呆子,简直是一派胡言!"难怪很多人反对僧官,他们反对得愈厉害,就愈加说明朕做对了。李仕鲁在朝堂上慷慨陈词,见皇上不听谏言,交还朝笏辞官。朱元璋恼羞成怒,喝令武士将他摔死阶下。陈汶辉惊惧投金水河自溺。

陈汶辉回到家里,在书房中熬了一个夜班,挥洒激情痛陈僧道从政之弊害,写成奏折,几经修改,自己感到满意了,又恭楷誊录了一遍。

陈汶辉的奏折由通政司送达太子案头。朱标阅后认为奏折说出了自己心里想说的话。在向父皇汇报军国大事时,他先提起道士们在京城街头游行的闹剧。一般情况下,朱元璋对此类事件深恶痛绝,是从不予宽待的。

"启禀父皇,据京城有司奏闻,前天京郊神乐观道士纠集外地道士数百名在京城大街上游行,打出'僧道平等,天下大同'的标语,要求成立道录司,设置各级道官。并有众多亡命参与其中寻衅滋事。有司拘捕了一批亡命和数名为首的道士。儿臣以为这些人应予严惩,以为寻衅滋事者诫。"

朱元璋眉头紧皱:"胡闹,简直是胡闹!朕不是跟吏部打过招呼吗?既然已经成立了僧录司,设置了各级僧官。在朕平定天下时,僧道都起过作用,何厚此而薄彼?怎么不顺便也给道录司挂块牌?一个衙门两块牌子。反正朕说过了,设官不给禄,又不用国库花银子,何乐而不为?赶快把那几个道士放了,好言抚慰他们,以免酿成更大的骚乱。"

太子没想到父皇素来以铁腕著称,对闹事的道士却这般宽容,他深不以为然地奏道:"儿臣以为,此风切不可长。今日道士游行,得遂其愿,难免明日又有人竞相效尤,打着别的什么旗号来索讨官爵。那样岂不乱套了?对于此事,百官议论甚多。昨天大理寺少卿陈汶辉又上了一疏,言辞甚为恳切,忧国忧民之心跃然纸上。此人官风廉洁正直,不枉父皇慧眼识珠亲自提拔了他。"

朱元璋问:"他说些什么?念来朕听听。"

"陈汶辉的奏疏洋洋洒洒,下笔千言。儿臣择其要者念给父皇听。"太子拿起那本字迹工整的奏折一面看一面念,"前面是讲他目睹道士们游行滋事的丑态与民众的反映,儿臣就不念了。后面是他对此事的意见。他说:古帝王以来,未闻缙绅缁流,杂居同事,可以相济者也。今勋旧耆德咸思辞禄去位,而缁流竟夫乃益以谗间。如刘基、徐达之见猜,李善长、周德兴之被谤,视萧何、韩信,其危疑相去几何哉?伏望陛下于股肱心膂,悉取德行文章之彦,则太平可立致矣……"

太子还没念完,朱元璋立刻不耐烦地打断他道:"这个书呆子!简直是一派胡言!哼,他还为李善长他们抱不平呢。要不是朕深知他是个读书人,与勋臣们没什么瓜葛,朕要他的好看!还有那个李仕鲁,朕见他是朱熹学派的传人,对他特别礼遇,破格提拔为大理寺卿。你好好做你的官,管你该管的事算了,偏偏朕任用了几个僧人,他就如丧考妣,一个劲地上疏反对。他好几封奏折朕都压在那里没理会,这个陈汶辉又来了。为什么朕提拔和信任的人都要与朕作对呢?"

太子乘机进谏道:"父皇,不仅他们俩反对任用僧人,许多大臣都认为僧人们平日所学仅限于佛经教义，不通庶务；且他们多性情幽闭狭隘，一旦任职，难于公允断事。所以对任用僧人为官，大多持反对意见。"

"哼，他们为什么偏偏没有看到僧人做官的天然优势呢？和尚是出家人，无家无室，绝了尘缘，没有妻室女儿与亲戚的牵扯，为官自会清廉公正。再者你要记住，朕在朝中设了这些僧官，可以利用他们了解大臣们的举止，及时掌握文武官员的情况。难怪很多人反对僧官呢，他们反对得愈厉害，就愈加说明朕做对了。你懂了吗？"

太子敦厚的本性跟不上父皇如此活跃的思路，只有默然无语。朱元璋又说道："不过朕想李仕鲁、陈汶辉二人深沐圣恩，是不会执拗地反对朕的。明天下朝后你召他们俩进宫，朕与他们好好谈谈。"

"儿臣遵旨。"

李仕鲁和陈汶辉被皇上召见，在进宫的途中，两人忐忑不安地小声谈话。

陈汶辉道："李大人，皇上召见我们，肯定是因为奏疏的事。你猜他是会考虑我们的意见呢，还是会大发雷霆？"

李仕鲁摇摇头："天威不可测，我们走着瞧吧。"

"李大人，听下官一句话：皇上若依然固执己见，千万不要顶撞他！"陈汶辉用央求的口吻对自己的上司说，"皇上是很要面子的人，容不得臣下冒犯他的威严，容易恼羞成怒。过去朝中因应对忤旨获罪的人不在少数。"

"这也吓唬不了我，该说的我还要说。"李仕鲁倔强地说，"我这个人天性如此，若要我辨黑为白、指鹿为马，为邀圣宠去说违心的话，我做不到。"

"唉，这……"陈汶辉摇头叹息。

客门口，内侍对他俩说："二位大人，皇上在等你们呐。"

李仕鲁说："烦公公领路吧。"

朱元璋在殿外的廊亭上接见他俩，这使他们感到轻松了许多。

"臣李仕鲁、陈汶辉叩见陛下。"

朱元璋指指他身旁的石凳："二位爱卿不必拘礼，坐下说话吧。"

"谢陛下。"

朱元璋开宗明义的说："二位爱卿的奏折朕都看过了。到底是饱学之士，引经据典，文采灿然，读来令人感动啊！"

朱元璋说得很轻松，脸上带着一丝笑意。陈汶辉听朝中传言：皇上笑眯眯夸奖一个人，十有八九要动杀机了。因此心中甚为恐惧，说话也有些结结巴巴了：

"那……那都是……是臣的肺腑之言。"

"哈哈哈，肺腑之言！你有些话说得很难听啊。"朱元璋直视陈汶辉道，"什么刘基、徐达之见猜，李善长、周德兴之被谤。告诉你这话要是别人说的，朕立马要治他离间君臣之罪！以上四人都是跟随朕打天下封公拜侯的勋臣。谁猜忌他们？谁谤告他们？刘基早死了不说，徐达、周德兴一直是朕倚重的大将。李善长……李善长怎么啦？他一介文臣，一无汗马之劳朕却给了第一功臣的厚禄，让他致仕后优哉游哉，还要怎么样？要朕把天下让给他才行吗？你们入朝较晚，不要道听途说人云亦云地瞎起哄啊！"

陈汶辉俯首认错，额头上沁满汗珠："微臣知罪。微臣错了，应该就事论事，不应提他人之事。"

朱元璋知道他说的"就事论事"所指为何，他不依不饶地教训道："就拿你们反对任用僧官的事说吧。凭什么说自古以来缙绅缁流不能同事相济？古之贤臣，就拿你疏中提的萧何、韩信来说吧，萧何是什么人？沛县一小吏。韩信更是淮阴街头的小混混，他们为什么可以和公卿之家出身的张良同事汉主？他们为什么能当丞相和大将军？要按你们的说法，朕起自布衣，也没资格做皇帝君临天下了？"

听朱元璋这么说，陈汶辉顿时汗流浃背，战栗不已："臣……臣绝无此意。"

"朕也知道这是你们读书人的臭毛病，只图文气通畅，不惜夸大其词！你们要朕股肱心膂悉取德行文章之彦，并说这样便可致天下太平。也未见如此吧？朕不是不尊礼重文，你们自己受到重用便是最好的例子。但天下之大，不是单靠几个文人就治得了的；也不是只有读书人中间才有能人。就在你们看不起的僧侣中也有能人啊！辅佐元世祖平定中原的刘秉忠不就是个和尚吗？朕也不是曾经当过和尚吗？所以你们的奏折看起来冠冕堂皇头头是道，其实完全是一堆废话！你们反对任用僧官是偏隘之见，是没有道理的。"

李仕鲁执拗地坚持己见说："陛下任用的这些僧官，恃宠骄纵，作威作福，有失人臣之道，朝中许多大臣对他们都有意见。"

"有这样的事吗？"朱元璋狡黠地反问，"怎么没见地方官和监察御史弹劾他们呢？"

"嘿，人家不过是见皇上宠信他们，不敢说罢了。"

李仕鲁口没遮拦的直率，立刻激怒了朱元璋，他双目圆睁，恼怒地斥道："这么说朕是个任用小人的昏君了，岂有此理！"

李仕鲁慌忙站了起来："微臣不敢！臣知陛下是圣明之君，但圣主也有失聪的时候。陛下方创大业，凡意向所指即子孙万世所效法，为什么要舍圣学而崇尚异端呢？"

"住口！你太狂妄了！"朱元璋指着李仕鲁骂道，"你们就是读书人唯我独尊，把别人都视为异端。朕就是要不拘一格选人才。你们在朝为臣，就要学会与别人共事。下去吧！"

李仕鲁还想争辩，陈汶辉忙拉扯一下他的袍袖。

"臣等告退。"

他俩出宫以后，李仕鲁独自摇头叹气，陈汶辉还能较为冷静地劝慰他。

"李大人，关于僧官的事我们就不要管它了吧。我说过，皇上是容不得有人跟他唱反调的。江山是他姓朱的江山，朝廷是他姓朱的朝廷，管他用什么人，僧官也好，道官也罢，坏了事也碍不着我们什么，何苦操这份闲心呢！"

李仕鲁执拗地说："不行，我们身为朝廷命官，怎能眼见明明不对的事却绕着弯子走？皇上久居深宫，可能是一时糊涂。劝谏的人多了，他终会明白过来的。"

陈汶辉笑笑："皇上才不糊涂呢。李大人，可能糊涂的是我们自己。这会儿皇上也许正在后悔提拔了我们两个人，不但不能奉承圣意，还专门与他作对。说不定他正在动脑筋，怎么找个借口废了这俩小子呢？"

李仕鲁一愣："没这么严重吧？皇上不至于专横阴险到这个程度。"

"这不是专横不专横的问题，而是帝王的权术！我们奉事的皇帝不是唐太宗李世民，我们也不是魏征。弄不好会惹来杀身之祸的，我的李大人！"陈汶辉忧心忡忡地警告道。

"怕什么？大不了掉个脑袋吧！"李仕鲁斩钉截铁地说，"明天上朝，我再当着众大臣面谏最后一次，若是皇上仍不听忠言劝谏，我就辞官回家。"

陈汶辉点头道："我们是该做这样的打算了。"

次日早朝，朱元璋端坐龙庭，神情十分严峻，似乎还在为昨天召见李仕鲁、陈汶辉，他俩应对忤旨生着闷气。

内侍传呼：万岁临朝，众臣有事早奏，无事退朝！

这时吏部尚书陈敬出班奏事。

"臣吏部尚书陈敬启奏陛下：臣奉圣谕筹建道录司一事，按圣上旨意，比照已建僧录司体例，朝廷于礼部下设道录司，其职官为：正六品左右正一二人，从六品左右演法二人，正八品左右至灵二人，从八品左右玄义二人。神乐观设正六品提点一人，从八品知观一人。江西龙虎山张天师敕封正一真人，援前朝例秩正二品。另设法官、赞教、掌书各一人，阁皂山、山茅山各设灵官一人，太和山设提点一名，以上各职均为正八品。各省援僧官体例，于府设道纪司，任正付都纪二人，从九品。州设道正司，任道正一人。县设道令司……"

朱元璋听得厌烦了，不耐烦地打断道："行了行了，道录司人选都定了吗？"

陈敬继续奏道："禀陛下，人选因各大道观内部争执不休，迄今尚未举荐定妥，吏部只得将他们所荐十余名单呈上，请陛下圣裁。"

陈敬奏毕，朝臣们对这些乱七八糟的道官设置甚为不满，有哑然失笑的，有嗤之以鼻的，但由于这是皇上的旨意，谁也不敢公然反对。朱元璋坐在上面颇觉尴尬。这时，大理寺卿李仕鲁突然出班打破了殿堂里的沉寂。

李仕鲁举笏奏道："臣大理寺卿李仕鲁启奏陛下：臣以为昔日僧官之设，启僧人从政之门，已属大谬，且贻后患。今又凭空增设这许多道官，实有违众望。这些道士未到任即争权夺利，可见其素质之低下，何堪为官？臣请陛下立废此议，令道人们各自返回观庵，潜心修道，勿做荣华富贵之梦。则天下幸甚，万民幸甚！"

朱元璋十分恼火：李仕鲁这个倔头，朕昨天跟他说那么多都白说了！他看到李仕鲁还跪在下面，像是非让自己收回成命撤销设道官之议不可。他眉头紧皱，朝跪在下面的李仕鲁斥问道："李仕鲁，昨天朕召见你，给你讲了那么多道理，你为何还要到朝堂之上，公开与朕作对？你到底想干什么？"

李仕鲁并没有被皇上严厉的质问语气吓住，反而慷慨激昂地说出了一番激怒他的话来。

"臣不想干什么。臣只想以一己血肉之躯，力劝陛下改弦更张，不要任用僧道为官，贻害百姓！若陛下一定要设，臣誓不与侪辈同朝为官。臣敢断言：若任僧道炽焰嚣张，我大明朝国将不国！"

朱元璋气得从御座上跳了起来。

"你大胆！胡说！你你你……"

李仕鲁见皇上这样，知自己的劝谏无任何作用。他早已准备了在这种情况下该怎么做。他朝上面叩了三个头，声泪俱下地跪奏道："陛下深溺释道之教，无怪臣言不入耳啊！臣愿归还陛下所赐之笏，请陛下赐臣这把骸骨回归田里！"

说完这番话，李仕鲁把朝笏放在殿中央，脱下朝冠袍服和朝靴，蓬头跣足地朝朱元璋又叩了三个头，转身朝殿外走去。

他的叛逆举动把群臣惊呆了，一齐目瞪口呆地望着他。静默中忽闻朱元璋在御座上暴喝一声：

"李仕鲁，你这逆臣！这里是朕的金銮殿，你当是你家的后花园，你想来就来，想去就去？武士，将他拿下！"

两名殿前武士冲进来扭住李仕鲁的双臂，将他五花大绑捆起来。李仕鲁突然转过身来，一甩长发，朝着惊呆了的群臣慷慨激昂地说：

"武死战，文死谏，我李仕鲁愿以身试！"

朱元璋站起来用手指着他，气得手直发抖。他暴喝道："大胆逆臣，将他拉下去，立摔阶下！"

这时又从殿外进来两个武士，他们将李仕鲁高高举起，来到殿外，朝丈余高的殿阶下用力掼去。只听得一声惨叫，李仕鲁头颅破碎，血肉横飞地死于阶下。

殿内群臣战栗不已，没有一个人敢抬头，更没人敢再说话，站在后排的大理寺少卿陈汶辉更是吓得浑身抖个不停。

"退朝！"

朱元璋大喝一声，余怒未息地冲下了御座，差点打了个趔趄，太子和内侍们连忙扶着他匆匆回宫。

朝臣们默默无言地退出大殿，在经过殿阶时，目睹李仕鲁横尸阶下的惨状，有的人以袖掩目，不忍卒睹；有的人摇头叹息，踽踽而行。但谁也不敢出声谈论刚才发生在他们面前的这幕惨剧。因为万一有什么不适当的言语让皇上的耳目或自己的政敌听到了，也许下一个倒霉的人就轮到自己了。

没多久，殿前空旷的广场上已空无一人，只有李仕鲁头骨破碎的尸身横陈在血泊中，血水沿着石阶的缝隙慢慢地向外浸渗，流向广场各处。

陈汶辉跟在众大臣的后面出了大殿，下了一级级的石阶。他不敢多看躺在石阶下的李仕鲁一眼，他甚至不敢相信刚才发生在眼前的一幕是真实的。难道石阶下那具血肉模糊残缺不全的尸体真是自己那位刚直不阿深受皇上信任的上司？他因为什么罪过招致这样的惩罚？难道我们的皇上真的疯了吗？

走出殿前广场，穿过午门，陈汶辉拖着沉重的脚步，梦游似的昏昏沉沉走着。尽管他不情愿，他的眼前却老在晃动着刚才殿堂上的一幕。

李仕鲁慷慨陈词，诤言抗谏……

朱元璋暴跳如雷，戟指大骂……

李仕鲁弃笏脱冠，蓬头跣足地朝殿外走……

武士们凶恶地将李仕鲁高高举起……

一声惨叫，李仕鲁头颅破碎，掼死阶下……

陈汶辉走着走着，豆大的汗珠从他脸上额上沁出来。他不知道皇上还会不会追论他与李仕鲁连坐之罪。要知道激怒皇上的那份奏折正是自己草拟的。皇上早已显露猜忌功臣的苗头，徐达之死不是有这样那样的传闻吗？自己为什么偏偏要揭这个脓疮呢？皇上虽然明说我们是人云亦云跟着瞎起哄，说不定心里在怀疑我们已经背叛他倒向反对他的勋臣一边。要不然他亲自提拔的大臣李仕鲁仅因在朝堂举止不恭就受到那么严厉的惩处，得到那么残酷和令人不忍卒睹的下场？

陈汶辉越想越害怕。他踉踉跄跄惊魂未定地走到金水桥边。桥下是黑幽幽的一泓死水，那里潜伏着一尊死神，正用狠毒幽暗的眼光盯着他。

这时，一阵秋风呼啸而起，卷起了他的袍服。他蓦然转身，瞪大惊恐的眼睛，似乎身后有急促的脚步声。有人追杀过来了，那是奉旨命取他首级的锦衣卫无情的杀手！

他绝望地仰天长叹一声："仕鲁兄，等着我！"

陈汶辉撩起袍角，跨过金水桥的玉石栏杆，纵身一跳，一头栽进了冰冷黝黑的金水河中……

第二十四章

大将军乐极生悲

冯胜率师征伐金山

元太尉纳哈出屯兵二十万于金山,朱元璋派冯胜率兵出征。他应该感谢纳哈出,战事一开,立即吸引了朝野上下的注意力。冯胜筑四城对金山形成合围。乃剌吾前往说降。"怎么是你?不是说你被俘后被朱元璋大卸八块喂狗了吗?"

继胡惟庸党案之后,洪武十五年和十八年连续发生了"空印案"和"郭桓案"。两次大案清洗和杀戮各级官吏达数万人之多。朱元璋如此大开杀戒,意在用严刑峻法来惩治贪污、廓清吏治。尽管贪官污吏被诛杀了不少,但在审理事案过程中,在肆无忌惮的严刑逼供之下,案犯为求脱身减刑,胡咬乱攀的现象时有发生,因而错杀了许多官员。面对皇帝的威严,动不动就是廷杖、族诛乃至枭首剥皮、凌迟处死的酷刑,朝臣们无不胆战心惊,惶惶不可终日。他们每天怀着一颗忐忑不安的心情去上朝,时刻注视着皇上的一举一动。据说哪一天皇上的腰带系在肚皮上面时心情较好,这一天可能平安无事;若是这天皇上的腰带垂在肚皮下面大家可要小心了,说不定他就要找茬子杀人。朝臣们能够平平安安没事回家,就庆幸自己幸运地挨过了这一天。

百官如此人人自危绝非正常现象,这时皇帝的《大诰》一篇篇向外颁布,各级官员受刑人数之多,范围之广令人毛骨悚然。人们自然不敢向皇帝发难,谴责他的严刑峻法造成朝野人人自危、动荡不安的局面。但一些儒臣却借读书人之口愤怒抨击审案的官员"不由法度,滥用酷刑"。尤其是皇上宠信的锦衣卫大兴诏狱。他们既抓人又审案,其手段残酷绝伦,臭名昭著。儒臣们强烈要求废除锦衣卫的诏狱,把一切审讯权归于刑部和大理寺,并惩处那些借办案中饱私囊和穷凶极恶的锦衣卫官员。

朱元璋见朝野反对锦衣卫的声势浩大,他怕事情越闹越大,索性召集儒臣们宣布接受他们的意见，自即日起取消锦衣卫管辖的诏狱，狱中的数百名囚犯全部移交刑部。还象征性地把锦衣卫使用的刑具一把火烧了。至于儒臣们要求惩办以蒋献为首的锦衣卫官员，朱元璋是这样对儒臣们说的："卿等只当他们是朕豢养的几只看家狗，俗话说'打狗犹如欺主'，你们就放过他们了吧，朕自会处置的。"

皇上的话说到这个分上，儒臣们也无可奈何。这场斗争，表面上他们大获全胜。皇帝不受法律管辖的诏狱在洪武朝再没有恢复。但锦衣卫仍然存在，他们仍然可以接受皇帝密令，逮捕和诛杀任何臣民。到了永乐皇帝朱棣夺得政权后，由于镇压建文党的需要，锦衣卫的诏狱和后来由太监控制的东厂、西厂变本加厉，成了人见人怕的特务组织，一直流毒到明朝灭亡。

在大明朝国内斗争激烈、局势动荡不安的时候，逃窜塞外的残元政权觉得这是一个好时机，开始蠢蠢欲动。元太尉纳哈出盘踞西辽河南岸的金山已有十余年。他在那里休养生息，养精蓄锐，势力范围日渐扩大，逐渐聚合了二十万人。蒙古人亦民亦兵，除去老幼妇孺，能投入战斗的精兵不下十五万。与其对峙的明军大宁、开平诸卫所只能龟缩驻地，时刻提心吊胆防其侵袭。

纳哈出是个老谋深算的人，他知道仅凭自己积蓄的这点力量，还不足以抵敌明朝的百万大军。他只能静待机会。一方面期望残元嗣君能团结各旗蒙古王公重新奋起，一方面期待明朝朱元璋的高压政策引发内乱，他方好举兵图之。为了试探明朝廷对他日益扩大势力的反应。他派出五千骑兵夜袭松亭关，斩杀了守关明军五百余名，缴获粮草辎重数车，还放一把火把松亭关烧了。

这已不是纳哈出侵袭边关的第一次了，大宁总兵官将战报迅速传到京城，太子朱标听取兵部报告后不敢怠慢，随即回乾清宫禀报朱元璋。

"启禀父皇，据兵部及后军都督府报告，残元太尉纳哈出屯兵二十万于金山，声势日渐壮大，屡屡侵袭我松亭关和大宁诸卫阵地。纳哈出还扬言，待他养精蓄锐羽翼丰满，要率领各旗蒙古王公打进关里来，挥兵直下，一统黄河以北版图，与我朝分庭抗礼，进而实现复兴元室的野心目的。"

朱元璋依照他的老习惯，在占着一面墙的地图前查找西辽河、金山及松亭关、大宁等地各卫所的位置。大概他对那一方向明军的兵力布置和链式防守充满信心，看完并不十分着急。

"这个纳哈出是前元朝名相木华黎的孙子，原任太平路万户之职。太平一战被我俘获。朕念其系名臣之后，遣其北归与亲人团聚。谁知竟纵虎归山，今日竟成了大患！"

朱标纳闷道："儿臣实在不明白，我朝立国已二十年，历经数次北征，已将元朝余孽赶到大漠深处，形将奄奄一息。元室嗣君死了一个又一个，可今天冒出个丞相，明天冒出个太尉，相继率兵与我为敌。这些蒙古人为何如此顽强？"

朱元璋深有感慨地道："一个民族是最难征服的。昔日辽金入侵中原，南宋朝廷偏安江南一隅，连徽、钦二帝都被敌俘去，仍然在风雨飘摇中整整维持了一百五十年。而元朝立国不到一百年就被我们推翻了。蒙古人本来强悍，他们以游牧为主，居无定所，全民皆兵。只要有一位王公领袖登高一呼，就可啸聚几万人马与我为敌。这一点也不为奇，我朝数代之内还会要劳师远征，和他们打仗。"

太子担心地问道："父皇，这次纳哈出声势不小，依儿臣看，若不及早打下他的气焰，待其羽翼丰满真会难以收拾。父皇准备派谁去征讨纳哈出？"

"朕要好好考虑筹划。万一没有适当的人领兵，朕就来一次御驾亲征也未尝不可。"

按说一般的战事，储君太子理应代替皇帝出征，怎奈朱标无半点征战经历，哪能在战场上统率三军运筹帷幄？他因此颇为感慨地道："闻鼙鼓而思良将，儿臣在想，若是徐达、李文忠还在，区区纳哈出何劳父皇亲征呢？"

"哼，你别看他俩统兵北征打了几次大胜仗，朕怀疑就是他们故意留了一手，以大漠不宜深入为借口，放走了元朝余孽，方留下今日之患。"

朱元璋出语惊人，太子朱标完全懵了。

"真有这等事？"

"据朕在军中的内线密报，徐达追击元兵时曾在大漠中遇见一个老僧，那老僧文绉绉地说了句：'将军穷寇勿追。岂不闻兔死狗烹，鸟尽弓藏故事乎？'徐达果然就没追了。有人怀疑那老僧就是他的岳父、叛将谢再兴。"

"难怪父皇要……"太子自觉失言，忙掩饰改口道，"儿臣以为宋国公冯胜方领大将军印，正图立功建业，似可令他挂帅出征。"

朱元璋点点头："嗯。纳哈出不过如此，冯胜应能拿得下他，派哪些人随他出征朕还要仔细斟酌，明日朝会上定吧。"

在第二天的朝会上，朱元璋任命宋国公冯胜为征虏大将军，颖国公傅友德及永昌侯蓝玉为左右副将军，率步骑二十万出关征讨纳哈出。南雄侯赵庸、定远侯王弼等从征。另外还叫三位袭爵的青年国公爷：常遇春之子常茂、李文忠之子李景隆和邓愈之子邓镇随军去锻炼。

这一年朱元璋已经六十岁了，如果不是年纪太大，同时以皇帝的威严不宜亲自出征，他真想再去那遥远的边塞打一次仗，为自己戎马一生做一个漂亮的总结。朱元璋不太放心莽撞而又好酒贪杯的冯胜。虽然此时他身在北疆，没有回朝领命。朱元璋对出征诸将一再叮咛，要他们按自己的战略部署行事。

"傅友德，尔等出京与冯胜、蓝玉会师后，不要急于向金山敌巢进击。可趁冰雪未消时先修复松亭关，然后在大宁、宽河等处四面筑城，对金山形成步步合围之势。在纳哈出感觉恐慌之时，可先遣降将乃剌吾奉朕的诏书前往金山谕降，与此同时大军三面进击，包围金山。若能不战而降其众，兵不血刃以定金山，是为上策。若不果则采取屠城政策，不能让一个蒙古人再次窜入大漠。"

傅友德等率众将匍匐金殿领命，特别是三位第一次出征的年轻国公情绪异常激动，他们扯着嗓子高喊："陛下圣明！微臣等遵旨。"

朱元璋应该感谢兴兵犯境的纳哈出。因为战争的动员令一发出，立即吸引了朝野上下的注意力，那些对锦衣卫、酷刑、冤案等的议论立刻烟消云散。偶有上书者朱元璋立即眼睛一瞪斥道："现在什么时候，还拿这些事来烦朕？不理它！"

大将军冯胜在与北征各路大军会合后，在春寒料峭的三月领兵出松亭关，巩固与修筑了大宁、宽河、会州、宽峪四座城垒。基本上形成了对金山的合围态势。四月初，各路军马齐集大宁誓师出发。

在大宁郊外的一片高岗上，大将军冯胜率领众将登上一座小丘。他的左边是须发皆白的老将军傅友德，右边是赤面长身的悍将蓝玉。他们身后，"冯""傅""蓝"三面帅旗被大风刮得哗哗响。南雄侯赵庸、定远侯王弼和三位年青国公常茂、李景隆、邓镇亦勒马分列两旁。后面是成几路纵队的数千骑兵和连营结寨的步卒，军威十分雄壮。

因为风大，冯胜扯着苍老的嗓音喊道："诸位将军，我等奉圣命出征以来，两个月内已分筑大宁、宽河、会州、富峪四城，对金山形成包围之势。蓝玉将军率轻骑袭庆州，杀元平章果来并擒其子。现在金山人心惶惶，是我们发动攻击的最佳时期。遵照皇上圣谕，本帅将遣纳哈出旧将乃剌吾奉皇上玺书前往谕降。为对纳哈出施加压力，除请傅将军率兵五万留守大宁，其余诸将由本帅率领全师压金山，直趋敌后，断其逃路。纳哈出自度不敌可能不战而降。若其负隅顽抗，傅将军从大宁出兵，我军前后夹击，必将其一举歼灭。"

老将军傅友德在马上拱手："老夫愿遵大将军将令。"

众将领同声呐喊："我等愿遵大将军将令！"

冯胜命令道："除傅将军率部留守大宁，其余各部出发！"

冯胜率先跃马向前，诸将及大军紧紧跟随。顿时旌旗遍野，数万大军在关外点缀着少许绿色的荒漠上逶迤前进。

作为先锋的南雄侯赵庸按照冯胜部署率部迂回越过金山，于清晨抵达一个叫女直苦屯的地方。在弥漫的晨雾中，赵庸鞭梢一指，两路骑兵迅速包围了屯子里的十余座元军帐篷。

这里的元军守将全国公观童尚在帐篷里拥衾高卧，一名偏将慌慌张张地掀开帘门闯了进来。

"全国公，全国公，明军把我们包围了！"

观童一惊而起，他一面穿衣一面探头到帐篷外观察，只见明军骑兵蜂拥而至。几名在外轮值的哨兵已被他们杀死。

偏将道："全国公，我们怎么办？跑也来不及了。"

观童叹息道："唉！如今之计，想要不遭杀戮，只能投降了。"

偏将会意，马上在帐篷的门上插出去一面白旗。接着附近的几个帐篷也都插出了白旗。

不一会儿，观童带领他的部属高举白旗、手捧符玺印信走出帐篷。观童对身边的通事讲了几句蒙语，通事随即向对面的明军大声喊话：

"明军主帅听着：我朝枢密院佥事、全国公观童愿率部归顺天朝，请派员受降。"

站在高处的南雄侯赵庸命令身边的副将道："命令部队暂停进攻。去，带观童到我这里来。"

副将带了几名卫兵策马来到元军帐篷前。对那喊话的通事说："我们侯爷叫降将过去。"

通事翻译给观童，观童骨碌着小眼睛迟疑了一会，只得无奈地跟着副将走到赵庸面前。

赵庸问道："你是全国公观童？"

通事翻译后，观童点头称是，并奉上符玺印信表示率军投降。

赵庸饶有兴趣地看了看那几颗蒙文印玺："官儿不小嘛！你手下有多少兵？"

通事翻译观童的答话说："驻扎在此处的有八百名士兵。"

赵庸命令道："叫他们统统从帐篷里走出来，交出所有武器兵刃。全国公随本侯去见大将军，大将军必将优礼于你，知道吗？"

通事叽咕了一阵后，观童露出放心的笑容，竟说出一句汉语："好，好，好！"

观童对自己的副将下达全军投降的命令，不一会儿，数百名蒙古兵从帐篷里列队而出，把手中的武器扔于地下。顷刻，弯刀弓箭堆成了一座小山。

纳哈出盘踞金山十几年了。他家世代为元室公卿，其祖父为辅佐元世祖的一代名臣木华黎。朱元璋就是仰慕木华黎的盛名，将被俘的纳哈出释放，令其北归以奉宗室祀祭。纳哈出在元顺帝身边未受到重用，他便自告奋勇带着自己的部族到远离上都的金山一带去开辟新根据地。金山原属辽金的属地，离明朝已经设置官卫的辽东较近。经过纳哈出在这里辛苦经营十余年，金山一带的畜牧业越来越兴旺，聚集拢来的蒙古部族也越来越多。许多蒙古王公相继前来依附，金山成了元室在上都以外的另一个都城。后来在上都也待不住了的元嗣君脱古思帖木儿一度也曾来金山依附纳哈出，并封他为太尉，命其执掌兵权。后来才在另一派王公势力的胁裹下远飏塞外漠北。

纳哈出从得知明朝大军将对他讨伐之后，心情非常紧张，他知道以自己聚集的二十万蒙古部族，能打仗的不到十五万人。怎能与朱元璋久经征战的举国之师抗衡？自从冯胜领兵出关以来，他无日不在紧张和焦躁不安中度过。

这天，纳哈出正和他的幕僚们在太尉府里议事，他派出的一名探马进来禀报军情。

"启禀太尉，今晨女直苦屯遭明军袭击，全国公观童被俘。"

纳哈出惊呼道："观童被俘？明军什么时候到了我们后面？再探！"

女直苦屯是据金山以北约二十里的据点，观童所带人员是他不得已从金山撤出时负责掩护的部队。这么说明军已经抄了他们的后路。纳哈出告诫自己在这危难时期要保持处变不惊的大将风度，他的幕僚们却惊恐地窃窃私语起来。这时，值日军官进来报告。

"启禀太尉，城外守卫部队擒获一个蒙古人，他说自己是明军派来的使臣。"

纳哈出又是一惊："明军的使臣？怎么会是蒙古人呢？带他进来。"

身穿蒙古袍服的乃剌吾被两个蒙古兵捆绑着带过来。乃剌吾原来是纳哈出的部将，洪武八年被明军俘获。因他申明自己是明军的使臣，纳哈出命令替他解了缚。

乃剌吾从蒙古袍里掏出一卷诏书呈上道："太尉，卑职乃剌吾奉大明皇帝之命，给太尉带来皇上亲笔谕降诏书一份。"

纳哈出打量一下变老了的昔日部将，惊呼道："乃剌吾？怎么是你？不是说你被俘后因应答不恭被朱元璋大卸八块喂狗了吗？你怎么没死呀？"

"太尉，那些都是谣言。那次我中了伏兵被俘后朱元璋对我以礼相待，说他继承元室大统，汉人、蒙古人与色目人一样都是他的子民，只要是有才者一视同仁录用。我被任命为参军，后擢升礼部主事，管理前朝典籍。皇上……"乃剌吾意识到在纳哈出面前称朱元璋为皇上不妥，连忙改口："噢，朱元璋对太尉的印象很好。说他最钦佩的元室名臣就是令祖木华黎。所以太平之战听说你是木华黎之后马上以礼相待，资遣北归。这次听说你当了元嗣君的太尉，屯兵金山。他的第一句话就是：毕竟是名臣之后，朕没看错人。只可惜元室已是日薄西山，纳哈出是明珠暗投了。他当时若肯留下来，朕也要重用他。"

纳哈出一听这话，顿时沉下脸来："大胆乃剌吾！你被俘之后丧失民族气节，卑躬屈膝地做了明朝的官，现在竟敢来游说本帅。来人，拉出去砍了！"

立刻有手执圆月弯刀的士兵一拥而上，将乃剌吾捆住往外推走。

乃剌吾不慌不忙地说道："且慢！太尉请听我把话说完再行刑不迟。下官这次奉朝廷之命，给太尉送来皇上的谕降诏书。皇上在诏书中对太尉的才德甚为渴慕，只要太尉弃暗投明，承诺赐以上赏厚爵。但若负隅顽抗，则无异以卵击石。太尉，你不看看现在的严峻形势：大将军冯胜的二十万精兵已将金山四面包围。昨日，居于金山后方的全国公观童已束手就擒，这说明你们的归路已断。太尉若不速作决断，金山的陷落是早晚的事。太尉应记得：太平的城池远比金山坚固吧，何况此时的明军何止比那时强大十倍？到那时不仅太尉的一世英名毁于一旦，金山的二十万军民及王公贵族妇孺玉石俱焚，太尉真要成我蒙古族的罪人了！"

这时，又有探子进来慌慌张张禀报军情。

"报——明军数万步骑离金山只有十五里。"

纳哈出忙问："统兵的是谁知道吗？"

"明军打的是'蓝'字帅旗。"

"蓝玉？这个杀人如麻的魔王！糟了！"

纳哈出的几名僚属窃窃私语，惊恐万分。这时乃剌吾被晾在一边没人管了。他不禁在一旁窃笑。

纳哈出与幕僚们悄声商量一阵，然后命令道："先把这个人押到后堂去。"

"是。"

乃剌吾被幽禁在太尉府的一间房子里，这里并不是囚室，室内四壁还有一些字画古玩之类。不时还有仆役送来茶水瓜果。只是门外站着两个挎刀的蒙古兵，让乃剌吾意识到自己已暂时由使者变成了纳哈出的囚徒。

乃剌吾知道纳哈出正在和他的幕僚及在金山安家的王公们紧张商议，面对朱元璋的谕降诏书和冯胜日益逼近的二十万大军，他们是选择献城投降还是坚决抵抗？还有一条路是杀出重围向远在塞外大漠深处的元嗣君小朝廷靠拢。可是在金山的二十万蒙古人当中，那些养尊处优的王公贵族早已把弓马遗忘得干干净净不能征战了，他们和城中的大量妇孺只能成为突围和长途跋涉的累赘。更何况冯胜早已防备了他这一着，派遣重兵切断了他北上窜逃之路。

乃剌吾猜度：蒙古人七嘴八舌的争议之后，纳哈出此时也许一个人独自待在书房里，把朱元璋的谕降诏书字斟句酌地看了一遍又一遍，直到确认他本人和家族的安全利益得到切实保证之后，纳哈出一定会派人请他去或屈尊到这里来。

果然，乃剌吾正百无聊赖地欣赏着壁上那些字画的时候，纳哈出在一班随从的保护下进来了。

纳哈出歉意地笑着道："乃将军受惊了！"

乃剌吾从他脸上的表情看出了他的来意，从容地说："太尉，下官衔圣命而来，为了拯救金山二十万军民免遭涂炭，早将生死置之度外，受这点惊吓算什么？太尉终于想通了啊？"

"大明皇帝圣德宽洪，对我纳哈出如此厚爱，为了金山二十万军民不致被兵燹，生灵免遭涂炭，我纳哈出只得忍辱负重，有负于元君了。"纳哈出说完这番话，竟挤出了几滴眼泪。

乃剌吾劝慰道："唉，顺应天命，顾恤子民，拯生灵于战燹，太尉功莫大焉，何负之有？"

纳哈出道："尚烦乃将军前往明军大营与冯胜大将军一通款曲，就说我纳哈出愿以城降，但要保证我金山将士妻子生命财产之安全。否则我纳某只有率部决一死战，与城共存亡！"

"如此烦太尉修降表一道，遣使随我一同去见大将军。"

纳哈出点点头："这个自然，乃将军稍事休息，待我去把这些准备好将军即可启程。"

名马宝珠，贪婪的胜利者

纳哈出后路被断，被迫与明军议降。副将军蓝玉设宴招待他。席间纳哈出受不了蓝玉的骄横傲态与部将商量要离席，被常茂挥刺伤。纳哈出终于投降，冯胜率军进驻金山。巧使调包计盗窃纳哈出十匹名马，又诈取纳哈出家藏珍宝夜明珠。

纳哈出派遣了一位左丞塔马赤，带着他的降表随同乃剌吾来到明军大营。

乃剌吾先进帐向冯胜报告了谕降纳哈出的经过。他自然把纳哈出翻脸要斩他的惊险历程描述了一遍，然后说多亏大将军进军神速，断了纳哈出的后路，才迫使他不得不作出献城投降的决定。

乃剌吾说："纳哈出为表示自己的诚意，派了一位叫塔马赤的左丞带着降书和贡献的礼物来见大将军，现在帐外候令。"

冯胜高兴地命令道："请太尉的使者进帐。"

立刻有副将传达下去，只听到外面士兵们高呼："大将军有令：元军使臣进帐。"

塔马赤带着两名随从步入中军帐，他双手高举纳哈出的献降书，用流利的汉语说道："元枢密院事、太子太保纳哈出将军致信大明军主帅冯大将军帐前，并遣下官带来名马十匹，玉璧一双，请大将军笑纳。"

冯胜道："有劳贵使了。请乃剌吾将军陪同贵使下面洗尘。"

"谢大将军。"

塔马赤走后，冯胜拆阅纳哈出的降书后，对众将说："嘿，有趣！这个纳哈出既要当婊子又要立牌坊。分明是我军兵临城下不得不降，他偏要给自己涂脂抹粉，说什么为了顾恤金山二十万军民免遭涂炭，不得不忍辱负重，背着后世的骂名辜负了他那草包嗣君。"

申国公邓镇道："只要他肯降，省得打仗，我们兵不血刃平了这场乱，也是大好事啊！"

年轻的曹国公李景隆兴奋地道："大将军赶快把这喜讯飞报朝廷，皇上正等着我们的捷报呢。"

冯胜毕竟是主帅，凡事都要考虑周到些，他说："且慢。纳哈出信中还提出献城投降的一些条件，诸如要保证金山将士眷属的生命财产安全等。弄不好还有可能谈崩呢。我们一方面要紧缩包围圈，继续施加军事压力；一方面和他谈投降条件。本帅暂时还不宜和他接触，留点最后谈判的回旋余地。先让他就近和蓝玉谈吧，让蓝玉吓唬吓唬他。"

郑国公常茂道："对，只要他交出城池和军队，还不由着我们揉搓？叫他圆就圆，叫他扁就扁！大将军，末将也去协助蓝玉接待纳哈出。我那里有个通蒙古语的赵指挥，我带上他好听听他们私下里商议些什么。"

常茂是冯胜的女婿，惯常争功好胜，冯胜对他也无可奈何，便道："那好，你也去蓝玉那里吧，记着别给我闯祸！"

右副将军蓝玉的大营已逼近金山城下。蓝玉所部是明军的精锐主力，一连数十座大营帐气势十分壮观。"蓝"字帅旗在塞外的寒风中飘扬。帐篷外士兵环立，剑戟如林，军容十分严整。

纳哈出约好前来谈判投降条件。蓝玉和他麾下的一些将领以及郑国公常茂在中军大帐中等候。

蓝玉是个急性人，等了好一会儿不见来人，急躁地说："纳哈出这个龟儿子！约好已时一刻来，现在时辰已过，怎么还没见他的影子？"

他身旁一位将领道："纳哈出老奸巨猾，是不是答应投降只是缓兵之计，他还在想法突围溜走呢？"

另一将领道："末将以为不然。纳哈出在金山盘踞了十几年，将士都拖家带口，城里还有一些手无缚鸡之力的王公贵族。带着这些累赘他想逃也不容易。"

蓝玉是常遇春的妻弟，常茂和他是甥舅关系，因此常茂在蓝玉面前也很放肆。他说："依我看他要再不来降，干脆四面包围，端了他的金山老巢，学当年秦国白起坑赵降卒，把他们全部坑杀得了！"

"别胡说八道！"蓝玉虽然爵位不如常茂高，但他毕竟是主帅，且又是他亲舅舅，外甥出言不当他自然要喝斥一下。

正在这时，有探马进帐禀报：有大约五百名骑兵出城来了。

蓝玉问："五百名骑兵？打的什么旗号。"

"距离太远，看不清楚。"

"速去探明再报。"

蓝玉估计是护送纳哈出的骑兵，他随即命令偏将军耿忠："耿将军，命你率部朝蒙古骑兵迎去。如果是纳哈出前来投降，你将他的人马夹在中间，严加防范。只让纳哈出及他的随从人员来中军大帐。"

"末将得令！"

耿忠率所部千余骑兵迎着依稀可见的蒙古人驰去。不久耿忠的骑兵果然分成两列纵队将蒙古骑兵夹在中间缓缓转回来。

耿忠领纳哈出及其随从来到中军大帐前下马，鱼贯进入大帐。

纳哈出朝蓝玉行了一个蒙古礼，道："元枢密院事、太子太保纳哈出奉大明皇帝之诏，愿率金山全体将士弃暗投明，归顺天朝，特来拜谒蓝将军。"

蓝玉语带讽刺道："哈哈哈！太尉终于来了，本帅还以为太尉听信了什么人的话，又举棋不定了呢？"

纳哈出是懂汉语的，也不用通事翻译，答道："纳某受皇帝陛下感召，愿化干戈为玉帛，以免金山二十万军民生灵涂炭，焉有不来会蓝将军之理？"

"如此甚好。蓝某欢迎太尉的酒宴已准备好了。"蓝玉命令道，"来人，上酒！"

军士们端上早已准备好的酒菜：烤全羊、驼肉等佳肴。蓝玉居中而坐，右边是常茂、耿忠等将领，两人一席。右边纳哈出和乃剌吾一席，其他随行人员依次入座。

蓝玉端起酒樽："太尉请。"

纳哈出："蓝将军请。"

军营中难得如此佳肴，常茂等撕肉喝酒，开怀畅饮。

纳哈出为了表示谢忱，亲自斟酒一樽，直至蓝玉座前敬酒。

"蓝将军征途劳顿，老夫借花献佛，敬献将军美酒一樽。"

蓝玉并未接他的酒，却乜斜着眼道："且慢。太尉既然前来归顺我大明，就是我大明的臣子了。本帅看着你这蒙古的官服总觉得刺眼。来人，把本帅的斗篷拿去给太尉穿上，我再喝你这樽酒。"

纳哈出讨了个没趣，讪讪地回到自己座位上，但他也拒绝披上蓝玉命人送来的斗篷。他说："蓝将军，老夫虽愿顺应天命归降大明，但我们尚未开始谈判归降的条件，老夫尚来接受大明的封赏，怎么就穿你大明的官服呢？此事老夫恕难从命。"

这时已喝得满面通红的常茂插嘴道："你怎么这般不识趣？投降就是投降，还谈什么条件？你回去让士兵放下武器兵刃，王公们交出金银财帛，随爷们入关去就是，还啰唆什么？"

纳哈出惊诧地问道："这位小将军你是何人，说话如此唐突？"

常茂一面用刀子切下一块羊肉，骄傲地说："本将军乃郑国公常茂，威震天下的常遇春之子。哼，要是我父帅还在，早把你们那破朝廷连锅端了，还等到今天？"

纳哈出脸涨得通红，愤愤地将手中的那樽酒泼洒在地上，然后用蒙语和乃剌吾嘀咕了一阵。

常茂把站在身后的赵指挥叫过来，问道："那龟儿子说些什么？"

"他说将军不怀好意，他们要走。"

常茂闻言大怒，跳起来冲到纳哈出面前骂道："龟儿子想走没那么容易！"

纳哈出站了起来："你想干什么？"

纳哈出对他的随从嘀咕了一句什么，他们一齐离席朝帐外走去。

"哪里走！"

常茂冲上去，拔出腰间佩剑朝纳哈出刺去。纳哈出用手一挡，右臂中剑，鲜血直流。他的几个随从一面拔出弯刀与常茂格斗，一面保护纳哈出上马。一声呼哨，纳哈出在众多骑兵的保护下，疾驰而去。

常茂冲至营外，跨上一匹战马扬起鞭子。喝令士兵们："随我来！龟儿子看你跑到哪里去！"

蓝玉见状不好，下令道："不许追，违令者斩！耿将军，速去将常茂追回来。不，你直接带他到大将军那里去。这个成事不足败事有余的东西，让他岳老子自己去处理。"

纳哈出被明军刺伤的消息被讹传到一些蒙古兵营里。有人一路狂呼："纳哈出太尉被明军杀了，快逃吧！"

兵营中一阵大乱，蒙古人慌忙收拾东西，丢弃了帐篷和辎重，纷纷上马往北溃逃。数千人的溃逃队伍卷起了阵阵烟尘。

纳哈出回到金山，犹自惊魂未定，立刻命令紧闭城门，在太尉府里疗伤。所幸伤势不重。只敷了些金疮药，用纱布将手臂吊起来。

这时有人报告：全国公观童求见。

纳哈出顿时怒道："哼，他还有脸来见老夫？将他押进来！"

两名军校扭着观童进来。观童行礼道："参见太尉。太尉，听说您受伤了，您的伤势无碍吧？"

纳哈出怒气冲冲地：“哼，冯胜这老东西言而无信，叫我们去谈判，老夫差一点被那个常茂杀了！"

观童显然是冯胜派来劝降的，他耐心地解释道：“太尉受惊了。常茂对太尉无礼，绝非冯将军本意。他已将常茂关起来了，准备械送京都治罪。冯胜将太尉归顺大明的诚意奏报朝廷。皇上对太尉体恤属下子民化干戈为玉帛的举动再三嘉奖，并敕令冯胜：只要太尉真心归顺朝廷，一定要保障太尉及属下官兵生命财产安全。现在明军兵临城下，太尉的许多部属闻讯溃逃，大多数均被明军收容俘虏。金山一座孤城，明军一旦发动攻击，是守不多久的。依下官之见，太尉仍宜不计前嫌，安心归降为好。"

观童这一席话令纳哈出安心了许多。但他仍埋怨道：“全国公所言固有道理，但蓝玉、常茂那些人趾高气扬咄咄逼人，老夫受不了他们的气！"

观童进一步劝解道：“常言道，宰相肚里好撑船，太尉何苦跟那班粗人一般见识。等太尉进了京，朱元璋少不了封您一个侯爵，岂不一样与他们平起平坐？眼目下呢，我们毕竟是败军之将，受点气也是没办法的。"

纳哈出权衡再三，叹口气道：“唉，为了金山二十万生灵免遭涂炭，老夫不得不忍辱负重，只恐还要遭后世史家的唾骂哩。罢罢罢，你回去转告大将军，老夫仍按原约归降，即日起通告各营放下武器停止抵抗。但请大将军亲自率部入城受降，以保证我军民的安全。"

观童欣然答应道：“下官一定向大将军传达太尉的要求，请太尉在府中静候佳音。下官告辞。"

纳哈出命令道：“送全国公出城。"

纳哈出终于投降了。除了一部分驻扎金山城外的部队没有得到消息，仍然在向北溃逃外，城中的蒙古兵纷纷排着队在入城明军的监督下交出武器，街边堆集了成堆的蒙古弯刀和弓箭盾牌。交出了武器的元军官兵被明军集中押送，准备送进关内划定的区域屯垦。

一队队刀枪出鞘的明军在大街上巡逻。他们四周睃望，警惕可能有不服投降令躲在阴暗角落里放射冷箭的蒙古人。

城门口张贴出明军进城后的第一份安民告示。一名军官在高声宣读，周围有一些胆子稍大些的蒙古人和汉人围观。

"大家听着：纳哈出将军顺应天命，弃暗投明，归顺大明，使我金州百姓免遭兵燹。征虏大将军冯胜率部进驻金州，王师军纪严明，秋毫无犯，望我百姓各安其业，切勿惊扰。元军官兵一律交出武器兵刃，集中待命。若有私藏武器，隐藏逃匿或负隅顽抗者，一经查出格杀勿论。"

市民们听完默默地散去，无人敢于议论。

冯胜接受纳哈出降书，以胜利者的姿态进驻金州城。他把大将军行辕设在太尉府。除了纳哈出派有专人监护，准备与投降的一些元室王公官吏一同解送京都外，他的家属们也被赶到太尉府后一个简陋的院子里暂住。

冯胜手下的将领都被派去追剿溃逃的元军和清查收容元军官兵，只留大将军在行辕坐镇指挥。此时征战大局已定，纳哈出经营金山十余年，他在此积累的巨大财富是冯胜最为关注的。

一名军官进来禀报道："启禀大将军，纳哈出酷爱名马，他的马厩里有十匹从高丽和西域等地高价购来的名马。据马倌们说，这些马比人还贵气，每天要吃掉太尉百余两银子。请大将军示下，这些马如何处置？"

冯胜身为武将，自然也酷爱名马，只是他没那么多钱去买，只能在打仗时掳掠一些。洪武五年征扩廓时，他与徐达、李文忠的三路军只有他打了胜仗，但因为有人告发他匿藏了缴获的驼马未上交，朱元璋不但未奖赏他还给予申斥。这一次他能不能吸取教训呢？

冯胜指示道："立即派专人护送这批马去北平。将马倌们也带去一路照料。路上不许有一匹马发生意外，违令者军法从事。"

那军官又问："大将军，这批名马送往北平，是送去燕王府还是交北平有司饲养？"

冯胜眼睛一瞪："谁叫你送燕王府？给我直接送到蓟州行辕，待本帅班师回京后再行处理。关于这些马的事不许对别人讲。这些名马本帅是要献给皇上的，懂吗？"

"末将遵令。"

几天后的一个晚上，那十匹名马被秘密地送走了。冯胜深知爱马的人总惦记着自己的宝贝，一旦纳哈出发现它们不见了，将来在皇上面前提起此事，一贯猜疑心重的朱元璋定会怀疑是自己吞没了，岂不又要坏事？

于是冯胜和他的心腹副将商议，悄悄从缴获的蒙古骑兵马匹中弄来十匹马拴在原来的空马厩中。一个月黑风高的夜晚，太尉府的马厩忽然发生了火灾，一时烈焰冲天。等到士兵们把大火扑灭，厩中的"名马"有一些挣脱缰绳跑散了，有一些烧得只剩一堆骸骨。

冯胜特地把这个不幸的消息告诉了纳哈出，正准备启行前往南京的纳哈出一阵愕然。纳哈出是个很精明的蒙古人，那十匹名马又是他的挚爱。开始时他似乎对冯胜导演的这出马厩火灾案未生疑虑，认为是自己命运不济，几十年未发生过火灾的太尉府竟然无端着起火来，连累了这些畜生。后来他渐渐产生了怀疑：火灾中走失的名马为什么始终没有找到？那几名马倌又到哪里去了呢？他恍然大悟这是冯胜使了个调包计，那场马厩火灾和几匹烧死的马儿骸骨不过是他玩的障眼法而已。

身为阶下囚的纳哈出，纵然心里明知自己心爱的名马为冯胜诡计夺去，他也不敢公然去跟冯胜理论。第二天，冯大将军就打发他跟蓝玉等到外地招抚降卒去了，省得他待在太尉府里瞅着烧焦的马厩怀念良驹。他若起了疑心将来在朱元璋面前告一状，可不是好玩的事。

冯胜跟他的几名亲信待在太尉府里，见府中屋宇陈设极尽奢华。纳哈出在江南当了好几年官，蒙古人一到中原就都学会了享受，把江南那些精雕细琢的园林建筑都移植过来了。太尉府里的厅堂卧室装饰得金碧辉煌，里面的高贵陈设应有尽有，看得冯胜都傻眼了。

"纳哈出这厮在金山搜刮得真不少啊！老子南京那国公府比起来太穷酸了。看来一个人官衔大小不管用，还是要当独霸一方的地头王。"

"大将军说对了。纳哈出盘踞金山十几年，在这里他就是皇上，几十万蒙古人给他纳税，他哪能不富得流油？"亲信们也随声附和。

冯胜又问："纳哈出名马都养这么多，他家里值钱的古玩之类一定不少，你们听人说过吗？"

一副将道："卑职进驻太尉府时，纳哈出一家人还住在前院，大将军来之前才让他们搬到后院去住。搬家的时候那些珠光宝气的衣物和绫罗绸缎不算，光古玩字画就装了好几大箱。听他家人说，太尉的古玩中最值钱的是一颗鸡蛋大的夜明珠，可谓价值连城。纳哈出的夫人把珠子藏在自己的梳妆盒里，还有一个会武功的蒙古使女专门保管守护呢。"

"噢，这样的宝贝，本帅倒没见识过。"冯胜饶有兴趣的说，"你过来。"

冯胜对那副将附耳说了几句话，副将连忙点头称是。

"卑职去试试看。"

那副将受命穿过太尉府的后堂，来到略显破旧的后院。这里原来是下人住的地方，大将军进驻太尉府后，纳哈出一家只得屈尊在这里安身。

这时，纳哈出的夫人正和女儿们焦急地等待太尉回来。

副将恭敬地问候道："夫人，大将军让卑职来探望夫人，你们在这里过得还好吗？"

"有劳大将军挂念。妾身过得好不好无所谓，只是担心我家老爷还没有回来。"纳哈出夫人虽是个蒙古女子，在江南待了那么久倒也学会了一口流利的汉语。

"太尉跟蓝玉将军招抚降军去了。夫人请放心，太尉是很安全的，不久就会回来。"

"老爷安全就好。请问将军进来找妾身有什么事吗？"夫人心怀忐忑地问。

"嘿嘿，是这样的：大将军听说夫人有一颗大如鸡卵的夜明珠。大将军说他从没见过这么大的珠子，想借去瞻仰一下。"

很可能纳哈出把痛失名马的猜疑对夫人说过，她想：这个贪得无厌的冯胜又来算计我们的东西了！她只得硬着头皮拒绝道："这个……不瞒将军说，这珠子是我家的镇宅之宝，不便借与别人观看。请将军见谅。"

"夫人，请听卑职一句话，现在外面乱糟糟的，保不定什么时候有乱兵闯到这里来行抢。您不如将珠子交由大将军保管，以保万无一失。"副将用威胁的口吻道，"再说，太尉本人和您全家的安危全系于大将军手中，何惜这一颗珠子呢？请夫人三思。"

对这种恬不知耻的公然勒索，无助的夫人只有流泪叹息！

"好吧！你拿去吧！乌云琪，去把珠子拿来。"

丫环乌云琪无奈地从夫人手中接过钥匙，到房间取来一只精致的锦盒。

副将打开盒盖看了看。

"谢夫人慷慨。不然卑职难以向大将军复命了。卑职告辞。"

副将喜滋滋地将锦盒捧到冯胜面前。

冯胜惊喜地问："这婆娘肯了？"

"有大将军一句话，她敢不肯吗？"副将得意扬扬，"她现在最担心的是她丈夫的安全，卑职稍微吓吓她，她就乖乖地把珠子拿出来了。"

冯胜："快打开看看。"

副将打开锦盒，一颗硕大的夜明珠在绿丝绒衬垫上熠熠生辉。

冯胜小心地拿起宝珠仔细地看，"果然名不虚传，价值连城啊！"

副将连忙奉承道："这是大将军的洪福啊！平定金山，又得异宝。"

"嘻嘻，这回你立了一大功，等班师回赏的时候，本帅保举你做个万户。"

"谢大将军栽培！"副将得到升官的许诺，又涎着脸道，"如果大将军喜欢，卑职还给您去那婆娘那里诈些好东西来。"

"适可而止吧。"冯胜有些担心地说，"这事千万别让外人知道。万一有人在皇上面前参我一本，也吃不消啊。"

十五岁小妾与老帅的悲哀

蒙古王子病逝，冯胜看中了他家的小格格。一顶小轿把十五岁的蒙古小姑娘送进帅府，做了冯胜的第八房如夫人。冯胜不由分说把格格扔在床上，野兽般地扑上去，洞房里传出几声尖厉的哭喊。一道圣旨下来，冯胜被夺去大将军印，谪居凤阳思过。

大将军冯胜喜欢用一种胜利者的姿态巡视被他征服的城市。在部属前呼后拥的簇拥下，面对那些俯首帖耳不敢仰视他的蒙古人，他有一种战胜者的快感。

在一处蒙古王公的府第前，看着那豪华气派、挂着一块蒙文金匾的大门，他感到很诧异：金山城里竟还有这么好的府第，与我们的藩王府都不相上下了！因而问道："这是什么人的府第？好气派哟。"

"回大将军，这是一位蒙古王子的府第。这位王子还是当今嗣君的叔父呢。"他的一位副将道，"王子和他的家属都已列入俘获的王公宗室名单，都要解送京城的。不过这位王子纯粹是个没用的草包，成天养着一批清客斗鸡走狗吃喝玩乐，解回京城也是白食皇家俸禄而已。"

冯胜似听到府内有嘤嘤的哭声。

"怎么回事？进去看看。"

部属们簇拥着冯胜走进王府，果然见里面许多蒙古男女围着一个死者哀哭。副将找来一个懂汉语的管事询问。

"大将军来这里巡视，你禀报一下怎么回事？死者是谁？有什么事大将军替你们做主。"

"回大将军：死者是巴剌木帖木儿王子，他是当今元主的叔父。这几天大军进城，王子本来体弱，受了些惊吓，今天突然去世了。府中尽是些女流，兵荒马乱的怎么办丧事？王妃正急着呢。"

"这是什么时候，还办什么丧事，拉出去埋了算啦？"冯胜皱着眉头说，"死了是他的造化，否则过几天跋涉万里解送京都，路上够他受罪的。"

副将对管事说："听见没有？大将军吩咐把死者拉出去埋了。府里除了王妃还有些什么女眷？叫她们都来见过大将军。"

"奴才就去叫。"

管事将王妃和两个穿着蒙族服饰的格格带了过来，两个小姑娘低着头不敢看人。

"见过大将军。"王妃对冯胜施礼，她竟也懂一些汉语。

"免礼。"冯胜问道，"你这两位格格多大了？"

"回大将军：一个十五岁，一个才十岁。"

"她们怎么都不敢看人，怕羞啦？"

王妃道："她俩很少与汉人打交道。这些天兵荒马乱的，她们都给进府来搜查的大兵吓怕了。女儿，快叩见大将军。"

两个少女畏畏葸葸地给冯胜行礼。

冯胜目不转睛地盯着那位大格格："这位格格长得蛮不错嘛！她十五岁了？有没有许人家？"

王妃答道："还没有。"

"嗯。好！"冯胜陡然来精神了，吩咐道，"传本帅将令，以后所有官兵不许进王府骚扰。王妃，现在非常时期不宜大办丧事，王子遗体就由本帅派人去城外安葬。既然王子已死，本帅就许你们不用解送京都了。收拾一下行李财物，到草原上去投亲靠友吧。"

得到这个恩赦，王妃转悲为喜。

"谢谢大将军的恩德，妾身给您叩头了。"

王妃对格格们说了一句蒙语，两个小姑娘也跟着叩头。

冯胜道："好啦，本帅军务繁忙，就不陪了。"

不过，临走时他还恋恋不舍地盯着那大格格："嘿哪，长得真不错，一个小美人。"

回到太尉府，冯胜似有点坐立不安怅然若失的模样。那位机灵的副将在心里揣摩：大将军一定还在想那蒙古格格。

"大将军，那蒙古小妞长得水灵灵的，真不错啊。"

"是啊，是啊，不错，不错……"冯胜蓦地问道，"王子派人去安葬了吗？"

"卑职已经派人去办了。大将军，您要是看中了那蒙古小妞，卑职去给王妃说说，让她送过来给大帅做一房小妾，以慰帐前寂寞如何？"副将为了冯胜许诺的万户将军之职，挖空心思地奉承谄媚。对冯胜来说，这可正是瞌睡来了有人给送枕头。

"啊啊，这倒是个不错的主意。"冯胜涎着脸说，"嘿嘿，本帅每次出征这方面都有所斩获，就让他做我的第八房小妾吧。不过那王妃新近丧夫，会答应吗？"

"卑职去说，她不敢不答应！大将军给了他们家多大的恩惠呀，她要不答应就威胁仍要解送他们一家子到南京去。"

冯胜满心欢喜："那好，你明天去办吧。今天她家才死人，怎好又嫁女呢。哈哈哈！"

"大帅放心，卑职明天一定用一顶小轿把格格接过来，大帅等着做新郎官就是。"

"好，若办成这件事你又立一大功，看来升万户还不够，本帅保举你当一名提督。"

副将笑得咧开了嘴，连连说："谢大将军！谢大将军！"

第二天，果然一乘青衣小轿把蒙古格格送到太尉府来了，副将得意扬扬地骑在马上在后面护送。

等在府门口迎接的士兵们欢呼雀跃："来了！来了！"

府门口噼里啪啦地燃起了鞭炮。

大将军冯胜今日脱下戎装穿起了长袍马褂，一副新郎官打扮设宴招待他的下属们。

立了功的副将端起酒杯来给新郎敬酒："大将军今日大喜，卑职敬您一杯。"

冯胜乐呵呵地冲着大家举杯道："哈哈！大家多喝几杯啊！"

另一位部将对冯胜说："大将军今日又要攻下一城啰！"

"好说好说，哈哈！"

喜宴过后，副将把醉醺醺的老新郎送入洞房，然后把雕花木扇门带关。

冯胜跟跟跄跄地走向坐在床前的新娘子。

"我的小乖乖，你怎么还不把盖头拿掉，让本帅看看你的俏脸蛋儿？啊，你不懂汉语，来，让本帅给你拿掉盖头。哟，真，真漂亮！呃！"

冯胜打着酒嗝，饿狼扑食似地去抱格格。格格吓得直躲，但娇小的格格怎么躲得开熊一般的冯胜！

冯胜一面亲着浑身颤抖的小格格，一面哄她道："啊，乖乖，你是我的第八房如夫人，也是最小的一个。你才十五岁？嘿嘿，和我孙女儿一样大。啊，你不懂汉语，跟你说也白搭，我们还是上床吧。"

冯胜不由分说地把格格横身抱起扔在床上，然后扒掉自己身上的衣服，露出一身蛮肉，野兽般地扑上去……

躲在洞房门外的副将听到格格几声尖厉的哭叫，淫笑着哼起小调走开了。

"嘿嘿，大将军今天又尝到新鲜了。"

八月，秋高气爽。冯胜奉诏班师，他率领大军离开洗掠得只剩一座空城的金山。冯胜在诸将的簇拥下骑马走在队伍的最前头，数百名卫队跟随其后。士兵们荷枪执戟押解着十几万投降的元军官兵、王公贵族和他们的家属，以及缴获的牛马骆驼等辎重，绵延数十里洪流般地前进，景象蔚为壮观。

按照朱元璋诏令的指示，十几万元朝降卒被安置在河北一些人口稀少的州县，划分土地，发给种子牛畜实行屯垦，令其逐渐与汉族通婚同化。其中一些慓悍勇武之士后来被燕王在扩充护卫部队时招募入伍，成为燕军中的有生力量。

冯胜将降卒安置关内后，奉皇上命令右副将军蓝玉留驻北方，自己和左副将军傅友德及李景隆、邓镇两位年轻国公，带着纳哈出等降将及蒙古王公妃嫔班师回京。朱元璋得到捷报龙心大悦，派遣礼部尚书为使臣，前往龙江迎劳。

是日，长江边上旌旗蔽日，人声如潮。渡过江来，冯胜在诸将簇拥下骑一匹扎着红绸的骏马缓缓而行。守候在江边的使臣上前问候：

"大将军辛苦了！诸位将军辛苦了！"

冯胜在马上揖道："尚书大人辛苦了！"

冯胜等下马与使臣及欢迎的官员们见面。

礼部尚书捧出圣旨高声道："征虏大将军接旨。"

冯胜及众将连忙俯伏接旨。

"奉天承运皇帝诏曰：宋国公冯胜等奉命北征金山，万里行兵，收服强虏，扬我国威，功莫大焉！拟俟兵部具报诸将战功，朕将论功行赏，各施奖掖，以励忠勇。元太尉纳哈出顺应天命，弃暗投明，有功于国，暂居馆驿以待封赏。郑国公常茂不遵军纪，莽撞激变，致令元军溃逃，都督濮英中伏殉国，论罪当诛，念其系功臣之后，削禄五百石安置龙州任指挥使佥事，以示惩戒。钦此！"

冯胜及诸将叩头谢恩："吾皇万岁万岁万万岁！"

士兵们一同高举刀枪，喊声震天："万岁！万岁！万岁！……"

冯胜班师不久，兵部就将此次北征将士的战功一一具册请赏。虽然因为纳哈出献城投降，冯胜率领的大军没打什么大仗，但毕竟纳哈出的投降是明军合围威逼所致。拔除了金山这个据点，残元政权更加奄奄一息了。所以朱元璋对此次北征的结果异常满意。

太子朱标也趁着父皇心情舒畅去和他商讨赏赉北征将士的事。

"父皇，兵部已将北征将士请赏的花名册报到儿臣处，此次冯胜、蓝玉、傅友德等帅师平定金山，为国家立了大功。李景隆、邓镇等年轻国公也经受了战争的锻炼。除了常茂犯事谪配龙州外，诸将均应受赏。父皇如何定夺？"

朱元璋道："此次北征，冯胜处置得当，恩威并施，不战而降纳哈出之兵，拔除了朕的心头之患，的确是立了大功，诸将应予奖赏。但是另一方面却有人报告说，冯胜自总兵以来，全然没有徐达那般恭谨事主的心思，骄横日甚。朕命他受燕王节制，他许多大事不向燕王请示报告，独断专行，狂妄不法。他心目中不仅没有燕王，连朕也似乎天高皇帝远管他不着了。平定金山后他更会尾巴翘到天上去，一定要杀杀他的威风才行。不然，依他的秉性，将来难免发生拥兵自重，甚至于谋反叛逆之事。"

父皇这样说，使太子甚是为难，他说："冯胜是个粗人，他没有徐达那么心细，懂得小心事主。不过他跟随父皇征战多年，想必对父皇还是忠心的，不会做出叛逆之事吧？"

朱元璋教训道："人的心思是会随地位的升迁而变化的。朕对冯胜总有些不放心。此次北征之后，北方大概可以清静一个时期，朕打算让冯胜留在京城，不去北方了，这样杀杀他的风头。至于奖赏嘛，敌人已经投降还无端折损了濮英的三千兵马，冯胜有不容推卸的责任。另外朕还听说他在金山有诸多不法之事，还要查明再说。"

太子道："不过儿臣以为：兵部既已拟报功赏，也无法拖得太久啊！"

"你不用管，朕不颁诏，他们能奈何朕吗？"

这时，内侍进来禀报。

"启禀皇上，礼部尚书李原名要求觐见。"

"他有什么事？叫他进来。"朱元璋命令道。

礼部尚书李原名进来给皇上和太子行礼："臣恭请圣安，吾皇万岁万岁万万岁！太子殿下千岁千千岁！"

"李爱卿，什么事？"

李原名奏道："臣奉命将降将纳哈出及其眷属安置驿馆，皇上命臣多安抚他们，等待朝廷的封赏与安置。这几天纳哈出有些躁动不安，他的夫人也唉声叹气。臣试着问他们是不是有什么事，臣可以奏明皇上为他做主。他们终于说出了两件事，臣不敢自专，不得不进宫奏明圣上。"

"什么事？"

"纳哈出喜好名马，他花巨金购得十匹中外名驹，大将军说是要献给皇上，派人将这些马送往北平。但这些天他在京城从未听说给皇上献马之事，于是他怀疑这些名马究竟到哪里去了。另外，他夫人还说大将军派副将将他家一颗价值连城的夜明珠借去了，至今未还，是不是也献给皇上了？"

朱元璋听说有这样的事，勃然大怒道："冯胜这个老贼，竟敢假借朕的名义勒索降将，中饱私囊。如此贪婪不法，朕饶不了他！"

太子见父皇动怒，情知冯胜犯的事无法遮瞒了，因道："对了，父皇，有一事儿臣忘了禀报。儿臣去看常茂，毕竟他是功臣之后，他因过发配龙州，儿臣想还是应该去看看。常茂在儿臣面前大骂冯胜，说冯胜在金山横行不法，却把他推出当替罪羊。有个蒙古王公死了刚一天，冯胜看中了他的女儿，就命人把她强娶过来，做他的第八房小妾，还在太尉府大办婚礼。那蒙古格格才十五岁，比冯胜的孙女还小呢！常茂骂他的岳父是恬不知耻的老色鬼，一怒之下还要休了他的女儿。"

"岂有此理，简直是无法无天！"朱元璋怒气冲冲地说，"哼，他以为到了外面朕就管不着他了。像他这样的狂妄不法之徒，把军队交给他朕能放心吗？李爱卿，你下去吧，朕自有处置。"

李原名："微臣告退。"

国破家亡的纳哈出受尽冯胜的欺凌，自然对他心怀怨恨。冯胜夺去他的爱驹和宝珠，演了一出拙劣的纵火调包计来掩饰真相。到了京都，纳哈出知道朱元璋即将封他为海西侯，他要报复冯胜，一泄心中怨气。于是他假装询问名马宝珠是否献给皇上了，来激起朱元璋的怒火，他的目的达到了。

班师回京以后，冯胜和他的亲信偏裨们整日在府中饮酒作乐，等待皇上的封赏。

一位偏将说："大将军此次北征立下不世之功，大家猜猜皇上会怎样给大将军加官晋爵？"

另一偏将说："徐达故去后大将军已擢升我朝统兵元帅，又是国公爷，皇上再要加封就只能封王了。"

"我朝不封异姓王，照我看大将军最可能加封大国，比如说吴国公呀、越国公呀，增禄两千石，赐黄金铠甲，铁券丹书，世袭罔替。哈哈，多荣耀呀！"

冯胜听着他们的议论，心里美滋滋的，笑着说："你们跟着本帅北征都立了大功，我已报到兵部为你们请功。等皇上的封赏敕诰下来，大家等着升官吧。"

那位揣着都督梦的副将带头给冯胜敬酒："大将军功高盖世，今日卑职等每人敬您一杯。"

偏裨们都端着酒杯拥上来。冯胜急了，道："不行不行，一人一杯岂不把本帅灌醉了！要喝大家一齐喝。俗话说：姜还是老的辣，看你们能不能喝过本帅？哈哈！"

酒喝得差不多了，一位偏将乘兴提出来："大将军，卑职等听说大将军新收的小夫人蒙古格格会跳舞，今日大家高兴，请格格来跳支蒙古舞如何？"

冯胜道："你们听谁说的？本帅也没见她跳过舞，不知她会不会跳！"

"蒙古族的女孩子从小就会跳舞和骑马，格格准会跳。只怕大将军金屋藏娇，不舍得让卑职等看见。"

"嘿嘿，看又看不去她身上哪一块肉。"冯胜说，"格格近日在南京到处游玩，看新鲜景致，尝小吃，心情好多了。我去叫她，看她肯不肯跳！"

不一会儿，冯胜领着格格来了。大家一齐欢呼鼓掌。众人乘着酒兴，跳起了在金山学的摔跤舞，逗得格格抿着嘴笑。慢慢地她也受到感染，走到这帮人中间跳起了姿态优美的蒙古舞。众人都看傻了眼，一面喝酒一面大呼小叫鼓掌击节。

忽然，外面一阵骚乱，一名御前太监在侍卫们的护送下走进府来。

御前太监道："圣旨下！宋国公冯胜接旨。"

众人都僵住了，顿时鸦雀无声。格格也停住舞步，眨巴着眼睛看着太监，不知发生了什么事。

冯胜忙扔下手中的酒杯，整理衣冠跪接圣旨。众将也跟着一齐跪下。

太监板着面孔宣读圣旨："奉天承运皇帝诏曰：大将军冯胜北征期间专恣不法，假朕之名掠匿良马，勒索降臣古玩异宝，强娶蒙古王公幼女，干犯法律，按律当诛。念尔从朕多年，略著功勋，从宽宥罪，令即日交出大将军印，谪居凤阳，奉朝请，闭门思过。钦此！"

豆大的汗珠从冯胜的脑门上沁出来。他被这突如其来的打击吓呆了，张大嘴巴望着宣旨的太监。

御前太监把圣旨收起厉声说："冯胜，还不叩头谢恩？你想抗旨吗？"

冯胜如梦方醒，连忙叩头如捣蒜，结结巴巴地说："臣……谢……谢主隆恩。"

太监宣旨毕，和侍卫们扬长而去。冯胜泥一样地瘫坐在地上……

第二十五章

蓝玉北征大捷

有勇无谋的蓝玉哪能跳出他的手心

蓝玉于军中接了大将军印。朱元璋心中早已有了一个隐秘计划，他不相信有勇无谋的蓝玉能跳出自己的手心。蓝玉给燕王献上两匹名马，倒还受到他的申斥。蓝玉奉命北征，茫茫塞外荒原，残元小朝廷在哪里？明军探马在捕鱼儿海找到了蒙古人的踪迹。

朱元璋收回冯胜将印，将他谪居凤阳之后，再委派谁继任大将军呢？当时武臣中资历和战功最卓著、已封国公者仅汤和、傅友德二人。汤和那年已六十三岁，垂垂老矣，早已不能统兵打仗；傅友德虽已年迈，倒还精神矍铄，不过他历来北征总是当副帅，不能独统大军。当时军中将领永昌侯蓝玉的势力已无人可及，加以讨伐纳哈出他也立了大功。总不能因为冯胜犯了事，把其他人的战功一概抹杀吧？眼看对窜逃塞外的残元政权，必须抓紧时机完成最后一击，还有一次恶仗要打，不把这颗大将军印授给蓝玉是不行了。

蓝玉这个人赤面长身，生就一副凶悍相貌。他是常遇春的妻弟，早年是常遇春帐下的一名悍将，临战非常勇敢，所向披靡，建功不少。他曾跟随傅友德伐蜀和征云南，从大将军徐达北征，也曾独当一面。这次征讨金山，他亲率轻骑乘大雪取庆州，杀元平章果来，生俘其子，给纳哈出极大的震慑。按说冯胜之后令蓝玉总摄北方军事，在能力上他是没有问题的。让朱元璋担心的是：蓝玉既无徐达、李文忠对主上忠诚恭谨的品质，又不像汤和、冯胜那样知根知底。把几十万军队交给这样一个人，朱元璋能放心吗？

不过，此时的朱元璋心中早已有了一个隐秘的计划，他不相信有勇无谋的蓝玉能逃出他这如来佛的手心。

于是，他派遣了使臣带着诏书来到蓟州，于军中授予蓝玉大将军印，命其总领北方军事并听燕王节制。

蓝玉备下丰厚的礼物送走钦差大臣之后，他麾下的亲信将领景川侯曹震、鹤庆侯张翼前来祝贺，蓝玉兴高采烈地设宴招待他们。

席间，曹震多喝了几杯，口没遮拦地说："冯胜这老儿犯事了，皇上当机立断地于军中拜蓝兄为大将军。蓝兄在徐达、冯胜手下熬了这么多年，总算熬出头来了！"

张翼道："嗨，这大将军印早该由蓝兄接管了。想想看，洪武三年封的二十八位侯爷，死的死，杀的杀，贬的贬，只剩下汤和、傅友德两个糟老头了。再往后就数沐英和蓝兄，沐英当了皇上也管不着的云南王，这大将军印不给蓝兄给谁？"

曹震仍有些不满道："蓝兄现在是永昌侯，皇上该颁诏给蓝兄进封公爵，增添俸禄呀！"

蓝玉大度地笑笑道："二位侯爷，你们急什么呀？皇上这么急着就在军中拜我为大将军，还不是因为元朝余孽又在侵扰塞上吗？只要皇上命我率师北征，把他们灭了，还能不给我国公的称号么？"

这时，又矮又胖的舳舻侯朱寿闯了进来，接着话茬道："对，他不给我老朱都不答应！"

"朱寿，你这小子怎么也来了？知道这里有酒喝啊？"曹震问道。

"蓝兄高升大将军，我老朱能不来祝贺吗？大将军，恭喜了！"

"同喜，同喜！"蓝玉忙吩咐为朱寿备座。

张翼见朱寿到来，高兴地说："人家都说我们哥仨是蓝兄的死党，现在蓝兄掌兵符了，我们跟着再打一回胜仗，皇上不也该提升提升我们呀？"

朱寿道："照我看，你就别指望皇上了。封公拜爵还不先轮到他的小舅子、干儿子郭英、沐英他们？照我说皇上年事已高，太子殿下也该接位了吧！只要太子接位，大将军是太子妃的舅舅，又掌着兵权，还不是说一不二？那时候就是我们哥仨的出头日子啰！"

蓝玉听他们讲话太肆无忌惮了，忙制止道："喂，这种事不许乱说！喝酒，喝酒！"

"大将军说的没错，千万不能得意忘形。蓟州离北平这么近，这方圆州县都是燕王的属地，再说皇上的封诏也明说大将军要受燕王节制。燕王虽然年轻，但在诸皇子中他是最受皇上看重的。蓝兄新接大将军印，我看还得主动去拜见他，否则让他传令召去汇报军务，蓝兄倒被动了。"老成持重的曹震建议道。

蓝玉点点头："曹兄所说甚是，我明日即去北平拜见燕王。"

第二天，蓝玉首次以大将军的身份去见燕王朱棣，他对这位二十五岁的年轻藩王执以臣礼。

"末将参见殿下。"

"蓝将军辛苦了，请坐。"朱棣态度很和蔼。

"谢殿下。"

"蓝将军，父皇遣使至军中授予你大将军印，同时也给小王颁诏，命小王节制北方军务，今后你我要同舟共济了。"

朱棣的话说得很得体，既体现了对老将的尊重，又不失藩王的威严。蓝玉于是也说了一番客套话。

"启禀殿下：蓝玉一介武夫，蒙万岁恩典授以大将军印，今后愿听王爷驱使，鞍前马后，万死不辞！"

朱棣正色道："蓝将军言重了！父皇既授你大将军印，总领北方军务，行军打仗还是由你指挥。小王身为一方藩镇，居中协调节制，一些重大决策与你商量着办，岂敢轻言鞍前马后驱使你呢？"

蓝玉颇有些尴尬："末将言语不当，请王爷原谅。"

朱棣又问："蓝将军今日来北平，还有什么事吗？"

"末将一则来拜见王爷，请王爷对当前北方军务给予指示，另外带来两匹高丽产的名马，请王爷笑纳。"

蓝玉指指殿外院中拴着的两匹配有华丽鞍辔的雪青马。朱棣不经意地扫了它们一眼。

"哦，这两匹马是哪来的？是蓝将军买的吗？"

"不，这是末将北征时缴获的。"

朱棣顿时跌下脸道："蓝将军，缴获名马理应进献给朝廷。你若私下送给本藩，岂不是有慢君父？蓝将军应以冯胜之败为戒啊！"

挨了这顿训斥，蓝玉本来赪红的脸涨得发紫了，呐呐地道："这……末将考虑不周。"

"蓝将军，本藩据边关报来消息，辽东平定之后，这边的元朝余孽又有伺机蠢动的迹象。作为主帅，你应早赴京都请示朝廷，商定征讨大计。"朱棣指示蓝玉道，"还有，冯胜强夺纳哈出的名马珠宝，连同这些缴获的驼马，你也应一并解送京城，由朝廷处置。"

朱棣的一连串指示，使蓝玉领略到这位年青藩王的精明之处。他低头应声道："末将遵命。就按王爷的吩咐去办。"

"蓝将军，你我身负朝廷重任，丝毫松懈不得啊！本藩也不留你了，速去办事吧。"

"末将告辞。"

蓝玉就任大将军后去京城陛谢皇上并汇报北方军情。朱元璋考虑到新近拔除了纳哈出这个钉子，躲在大漠深处的残元小朝廷势单力薄，正是收拾它的好机会。况且自己年过六旬，春秋无多，若把铲除残元的任务留给后继之君，对他这英明神武的开国皇帝来说，可是个莫大的遗憾！于是他决定在第二年的春天命蓝玉率领精兵十五万北征沙漠。

洪武二十年九月，朱元璋任命永昌侯蓝玉为征虏大将军，延安侯唐胜宗和武定侯郭英分任左右副将军。后来复以定远侯王弼顶替唐胜宗出征。当时唐胜宗镇守辽东，亦是边陲之地，不得脱身，另一个原因可能是唐胜宗涉嫌与胡惟庸有牵连，朱元璋对他已不太信任了。果然两年后唐胜宗与陆仲亨、费聚等七侯因胡惟庸党案伏诛。

这个冬天，蓝玉在京城做北征的各项准备工作。因为他是太子妃常氏的亲舅舅，虽然常妃早已薨逝，但凭着这层亲戚关系，他经常出入东宫觐见太子。他也自视为太子系的人，在太子朱标面前说话比较随便。

这天在东宫，蓝玉对太子说："臣这次回朝，见皇上须发全白，身体和精神都大不如前了。"

太子道："父皇毕竟是六十余岁的人了，国事操劳，耗费了他老人家太多的精力。以前他每天要花几个时辰批阅奏章，处理政务，现在一般的奏折都由本宫批阅，只择其重要的禀报父皇定夺。这样，才稍稍为他分担一部分重负。"

蓝玉脱口而出道："皇上春秋日高，为什么不早一点传位于太子殿下，退居后宫享享清福呢？"

太子一听这话，正色斥道："你身为大将，这种事情不要由着性子乱说。"

"臣正是为殿下着急呀！虽说殿下的皇储名分已定，但现在皇上最看重燕王。燕王在北平善抚民众，深得军心民心，见者皆说他大有君王气度。还有星相术士传言燕地有天子气。"蓝玉压低声音凑近太子说，"依臣看，若是皇上百年之后，对殿下构成威胁的定是燕王。"

太子急得从座位上跳起来："蓝将军，你一派胡言乱语，怎么冲口而出？此话若是给父皇知道了，你就犯了离间君臣父子骨肉情谊的重罪！你想重蹈叶伯巨的覆辙吗？"

蓝玉尴尬地道："啊，臣倒没有想到这一点。"

太子严令道："以后不许对任何人说这种话。再有，你在军事上必须接受燕王节制，不能有抵触情绪。朝廷命你统兵出征，不要流连京师，赶快打你的仗去。若是这一仗打不好，你的大将军之位就保不住了，知道吗？"

蓝玉被太子劈头盖脑训了一顿，只得低头认错。

"臣谨遵殿下教训。"

"你去吧。"

"臣告退。"

洪武二十一年三月，征虏大将军蓝玉率十五万大军出征。由塞外边城大宁至前年他曾雪夜奇袭大获全胜的庆州，这里已是残元余孽盘踞的最前哨了。目前，虽然残元小朝廷嗣君脱古思帖木儿仍保持着皇帝的称号，但迫于明军的压迫已经没有固定的都城，成了东躲西藏居无定所的畸形政权。百余年前他们的老祖宗领着自己的部落逐水草而居。现在脱古思帖木儿也把他的都城宫室都放在大大小小的蒙古包里，他寄望自己能像他那位伟大的祖先成吉思汗一样重新崛起。

在塞外蒙古的茫茫荒漠中，要寻找残元小朝廷躲在什么地方，确是不太容易的事。蓝玉派了众多的探子四处去打探。

几天后，有一蒙古人装扮的探子回大营复命。

"启禀大将军，小的探得元朝余孽有七八万人聚在捕鱼儿海周围。"

"捕鱼儿海在哪里？"蓝玉问。

参将立即铺开地图，将那地方指给主帅看。

"捕鱼儿海俗称鱼儿泺，蒙古人叫贝尔湖，离这里三百余里。"

蓝玉命参将在地图上的几处地名做好标记，然后对围拢来的部将们说："蒙古人居无定所，七八万人聚在一起实属少见，可以肯定是元嗣君宗室所在地。传本帅将令：命各军分三路兼程朝捕鱼儿海方向进发，两日内到达百眼井。"

诸将领命应道："遵令。"

茫茫荒原无边无际，蓝玉安排武定侯郭英率大队人马及辎重断后，自率轻骑向地图上标定的捕鱼儿海方向进发。两天以后，他们到达有一块木牌标示"百眼井"的地方。

这里实际上是一处废弃的定居点，也不知道是什么年代曾经繁荣过，如今沙丘上只剩下数截断垣和几个井台残迹。要寻找活物只有几只秃鹰在沙丘中争食死去的驼马残骸，其状甚为凄凉。

蓝玉令将向导叫过来问话。

"这里就是百眼井？这么个破地方，连一个像样的井台都没有，哪来的一百口井？"

"禀大将军，这里原来是人烟稠密的集镇，后来给外蒙古来的流沙淹没了，人们只好迁往别处，只留下原来的地名。"

"这里离捕鱼儿海多远？"

"这里离海南岸大约四十里。要到海边才有水草和人家，还都是一些在海边打鱼的渔民。"

"海边没有蒙古兵吗？"

"最近海南岸没见过大队的蒙古兵，只有少量牧民的帐篷，不过牧民都是有武器兵刃的。"

蓝玉下令在这里扎营，等候派出的几批探马回来报告海边的情况。

不久即有一名乔装牧民的探马从远处飞马前来，卫兵把他带到蓝玉面前。

"禀大将军，小的奉命至海边打探敌情，海南岸只有一些渔民，没有蒙古兵。"

蓝玉闻报有些沮丧："他妈的！又让这帮龟儿子溜了！"

诸将窃窃议论着这次颇为不顺利的远征。景川侯曹震对蓝玉说："大将军，我们深入漠北已经很远了，十余万人马劳师远征，粮草供应是个大问题。末将兵营中人吃的粮食只够维持两天了，马料更加匮乏。元朝余孽跟我们捉迷藏，没法逮到他们，看来只有先回师大宁休整，多派几路人去打探清楚他们的去向再做定夺。"

蓝玉有些犹豫不决，他想得最多的是劳师动众无功而返怎样向朝廷交代？太子对他说的那番话犹在耳。

这时右副将军王弼开口道："大将军，朝廷派我等提十余万大军出征，深入漠北千里，若一无所获就班师，过去徐达、李文忠将军从来没有过这样的事。我等拿什么话向皇上交代？请大将军三思。"

蓝玉恼怒地道："这些元朝余孽，为什么独独与本帅为难？定远侯所说甚是，我等若是劳而无功地班师，朝廷里会闹得沸沸扬扬，皇上的降罪诏马上会下来。不仅本帅的帅印保不住，诸位将军恐怕也要受连累了！传我的将令，三军立即埋锅造饭，穴地而炊，不许有烟火外泄。吃完饭连夜向海南岸进军。老子就是掘地三尺，也要把他们揪出来！"

众将立即抖擞精神："遵令。"

辽阔的贝尔湖在夜色中黑沉沉地一望无际，只听见阵阵惊涛拍击海岸的声音。

蓝玉率大军于夜半到达被称为捕鱼儿海的贝尔湖边，在湖岸上扎下大营。

帅帐中松明高照。为要了解蒙古人的情况，蓝玉命士兵们从湖边的窝棚里抓来一老一少两个渔民。

蓝玉问他们："你们俩真是渔民吗？不是蒙古人的奸细？"

那个老渔民见是官军，倒不很害怕了。他从容答道："将军老爷，我们都是内地的汉民，听说鱼儿泺鱼多得棍子都扑得着，就相约着到这里捕鱼来了。"

青年渔民补充道："我们打的鱼多了就用盐渍了，经常有骑骆驼的鱼贩子来收购，运到关内去卖。"

蓝玉又问："最近这一带有蒙古兵来过吗？"

老渔民说："早十来天有一支蒙古骑兵到达这里，四处瞧瞧，好像是观看地形，见这里一望无际就走了。听说有几万人的大队人马往海东边去了。"

"对了，最近几天我们捕的鱼都不用腌了，有人来收购鲜鱼。听说海东北离这儿八十多里的地方住了几万蒙古人，帐篷连绵好几里地。嘿嘿，我们几个小伙子还准备明天亲自去那里卖鱼，瞧瞧热闹。"

青年渔民无意中提供了很有价值的情报。蓝玉还想问个仔细：

"你们知道去那里怎么走？"

"听渔贩子说，沿着海岸一直奔东北就是。"

蓝玉与诸将交换眼光，喜形于色。

"有劳二位了。"蓝玉吩咐道："来人，给他们每人赏十串钱。"

"多谢帅爷！多谢帅爷！"

待渔民们走后，蓝玉与众将议事，他异常兴奋地说："这么荒凉的海边怎么可能有几万人聚居，肯定是残元嗣君的小朝廷流落在那里了。他们决想不到我们的大军会这么快追到这里。八十里路不算远，哪位将军愿带精锐骑兵直扑敌营，于拂晓前到达，乘他们还在睡梦中打他个措手不及，本帅率大军随后赶到。"

一贯勇于冲锋陷阵的定远侯王弼自告奋勇道："末将愿往。"

"好，那就有劳王老将军了。你领五千骑兵带好干粮立即出发！"

"末将遵令！"

元主妃子遭蓝玉奸污羞惭自尽

数千骑兵成扇面向蒙古人的帐篷包抄过去。元嗣君脱古思帖木儿带着太子和随从往北飞逃，消失在沙漠深处。蓝玉被她的美貌惊呆了，他野蛮地将她压在身下，寝帐中立刻传出她被奸污时绝望的悲泣。

定远侯王弼是军中有名的猛将，他善使双刀，在战斗中往往身先士卒，挥舞双刀冲入敌阵斩将折旗，故有"双刀王"的美称。他在临淮归附朱元璋，参加了渡江后的许多战役，以临阵勇敢著称。王弼年已五十余岁，其女被册封为楚王妃，也算是皇亲国戚了，但他不愿安享尊荣，天生爱打仗爱冒险爱冲锋陷阵。

　　连夜奔袭深入虎穴，这正符合王弼爱冒险的性格。他点起了五千名精锐骑兵，叫士兵们吃得饱饱的，战马也喂饱了草料。一切准备停当，他一声号令，这支长途奔袭的铁骑踏着清冷的月光出发了。

　　向导领着王弼的骑兵沿着贝尔湖东岸衔枚疾走。三月的塞外依然寒风刺骨，马蹄下的沙砾结满了冰碴，经过连续两个时辰的急行军，士兵们浑身都发热了，丝毫不觉得寒冷，他们已得知奔袭的目标是元朝皇帝、后妃所在地，自然十分兴奋。要是能亲手抓到皇帝老儿或蒙古王公，立功受赏的机会就到了。

　　临近拂晓时分，队伍到达一片湖边高地。向导指着不远处一个个圆形的黑影，告诉老将军王弼那就是蒙古人的帐篷。

　　王弼将几名千户指挥召到身边，用手势命他们分兵从两翼包抄上去，蒙古人若敢于抵抗，就把他们往海里赶！千户们点头会意。

　　王弼部署完，低声号令："出击！"

　　数千骑兵成扇面向蒙古人的帐篷包抄过去，得得的马蹄声惊醒了帐篷外打瞌睡的哨兵，他们连忙用蒙古语惊呼报警，但随即被冲到面前的明军挥刀砍死。

　　帐篷里的蒙古兵穿戴不整地拿着弯刀钻出来，慌忙迎敌。但没等他们弄清方向就被旋风般冲过来的明军无情地砍杀。

　　王弼指挥他的骑兵攻杀了十几座蒙古兵营的帐篷，然后把那些帐篷点火烧着了。熊熊的火光围成了一圈，在火光圈内那些帐篷里的蒙古人已经没有退路，他们的后面就是海！面对步步逼近的明军，他们只得乖乖地举手投降。

　　王弼驰马赶到湖边，发现湖岸最北边有几座大帐篷，这时天已微明，能依稀看到那几座大帐篷上的华丽装饰和旗帜。他命令道："最北那几座大帐篷肯定是元嗣君和他的后妃住的，赶快到那里去，别让他们跑了。"

　　一部将应声道："末将领命，随我来！"

　　部将带领一队骑兵疾驰而去，追到那里时，只见前面荒漠中远处有十几骑仓皇逃逸。原来南岸帐篷起火时，元嗣君脱古思帖木儿知大事不好，他只来得及带着太子天保奴和十几名随从往北飞逃。明军追了一阵，蒙古人马快，一会儿就消失在沙漠中不见了踪影。

　　晌午时分，蓝玉率大军赶到，王弼向他报捷道："启禀大将军，末将攻杀了十余座帐篷，元太尉蛮子率众抵抗，被我当场杀死。我军共杀伤数百名蒙古人，其余的都缴械投降了。"

蓝玉下令道："命全军清点战场，看抓了哪些蒙古王公官吏，听说元嗣君跑掉了是吗？"

王弼道："那家伙狡猾得很，他的帐篷在最北边，他趁南边打得欢，带着太子天保奴和十几个随从溜进海北的沙漠里去了。末将派人追了一阵，没能追到。"

"便宜了那厮！不过他那些后宫妃嫔、符玺重宝总跑不了吧？老将军辛苦了，先下去休息休息吧。"

由于王弼连夜奔袭，盘踞在贝尔湖东北海岸的残元小朝廷既未抵抗，又来不及有组织地逃亡。元嗣君脱古思帖木儿仅带着太子天保奴在十几个随从保护下仓皇逃窜，他的次子地保奴和所有后妃王公全被明军俘获。经清查其中有元主的十多名后妃、公主，吴王朵儿只、代王达里麻及平章以下官属约三千人，士兵及男女共七万七千余人。并缴获元主来不及带走的宝玺、符敕金牌、金银印章数十枚、战马、骆驼、牛羊共十五万头。还有堆积如山的弯刀、弓箭、甲仗等。蓝玉从俘获的蒙古官员口中得知：平章哈剌章另率几个部族约六万人驻扎在百里之外的闪电河北岸，以与朝连互为犄角。蓝玉立即派遣曹震、张翼等前往清剿。那里的蒙古人得知海岸边的朝廷已全军覆没，早已心无斗志，哈剌章未做抵抗即率部投降，六万人畜全部为明军俘获。

打了这么大的胜仗，明军还很少伤亡，蓝玉不用提多么高兴。他是个爱讲排场的人，命人搭起一个检阅台，用缴获元主金銮帐里的毡子铺在台上，还命人把元主的宝座搬来放在台上。他在诸将的簇拥下端坐宝座上，逐一检阅此战所有虏获。

最先是士兵们用盘子端着缴获的元主宝玺、符敕金牌、金银印章，一一献给大将军过目。旁边一个蒙古通事还把宝玺印章上的蒙文念给他听。接着命投降的蒙古人将元帝所用黄罗伞、銮舆、各利颜色的旗帜等一一献于检阅台下。

最后，俘获的王室成员，包括元嗣君次子地保奴、吴王朵儿只、代王达里麻等王公贵戚一一从台下通过向他们的征服者行蒙古礼。元主的十几名妃嫔、公主都穿着艳丽的蒙古服装前来觐见大将军。她们一个个婀娜多姿、美艳动人，走到蓝玉面前深深地行蒙古礼。站在蓝玉身后的通事一一向大帅介绍她们的名字。

当元主的第七个妃子乌云琪格走到蓝玉面前时，蓝玉当时被她的美貌惊呆了。通事把她的名字报了两遍，蓝玉犹自呆呆地望着她没有听见。待她走过去之后，蓝玉把通事叫过来，对他附耳悄声吩咐着什么。通事点头哈腰地连连称是。

入夜，通事把乌云琪格带进了大将军的寝帐，自己点头哈腰地出去了。蓝玉正在就着一盘手抓羊肉饮酒，乌云琪格畏葸地给他行了个蒙古礼。

"贱妾乌云琪格见过大帅。"

她竟然会说汉语，这令蓝玉格外兴奋。

"你叫乌云琪格？好名字！人漂亮，名字也漂亮。来来来，陪本帅喝酒。"

"禀大帅，贱妾不会喝酒。"

"本帅听说蒙古女人喝酒就像喝马奶子一样，你怎么不会喝？"

乌云琪格低着头说："贱妾不是蒙古人，贱妾本是汉人，是元主从关内选来的。他命人给我取了这个蒙古名字。"

蓝玉粗鲁地骂道："他妈的！脱古思有那么多蒙古妃子还不够，还要搞我们汉族的女人！你今后就跟着本帅吧。"

蓝玉说着，伸出油腻腻的手把乌云琪格拉到自己怀里就要亲她。

乌云琪格左遮右挡地央求道："大帅，不可！蒙古人的规矩，失节的女子要被抛到山上喂野狼的。"

"哈哈哈，本帅就是狼呀！你先喂了我吧。"

蓝玉狞笑着扑过去一把抓住娇小玲珑的乌云琪格，几下扒去她身上的衣物，将她扔在寝榻的羊皮褥子上。乌云琪格拼命挣扎着，但她哪能抵敌野熊一样的蓝玉？寝帐中立刻传出乌云琪格被强行奸污时绝望的悲泣声……

半夜，兽欲得到满足的蓝玉死猪一样地趴在羊皮褥上打呼噜。乌云琪格小心地搬开压在她身上的一条毛腿，从他身下溜了出来。

四周静悄悄的，衣不蔽体的乌云琪格从帐篷里踉踉跄跄地溜出来。在草原清冷的月光下，她流着泪毅然解下身上的衣带，在一个高高的井架上悬梁自尽，让自己被污辱的灵魂升入天国。

蓝玉在做班师前的准备。此次战役捣了残元小朝廷的老巢，元嗣君只身逃脱，撂下了皇室历年积下的无数珍宝和金银器物。除了内库储藏的大量金条、金砖和金银元宝，还有元朝历代皇帝收藏的海内外贡品。其中有金佛像、金香炉、金箔制的佛经、金制马车和大量的金银祭祀器皿。还有精巧的西洋钟表、波斯金神像和安南、缅甸等国进贡的猫眼宝石和彩色珍珠等，这些东西堆满了十几座帐篷。在收缴战利品时，有两个百户之类的小军官藏匿了几个小金元宝，企图据为己有，被人告发了，蓝玉立命将他们斩首示众。

可是面对如此丰富的财宝，蓝玉无法抑制自己的贪婪和占有欲。他命一个心腹副将将一些太显眼的奇巧珍宝清点造册，上缴国库，而将大量金条、金砖及许多体积小价值高的珍珠宝石隐匿不报，另外用十数辆马车装好，派遣亲兵卫队押送，秘密地运到自己家中去。

另外，缴获的数万匹骆驼、牛马，蓝玉命令挑选其中一部分优良驼马补充军用，数万匹驼马上缴朝廷，另一部分就令亲信一路偷偷地卖掉，卖得的数十万贯金钱无声无息地进了大将军的私囊。

这时，传来了元嗣君脱古思帖木儿被杀的消息。原来脱古思帖木儿带着他的太子随从仓皇出逃，摆脱明军追赶后又折回逃往和林方向。那里尚有皇亲也速迭儿率领的一支部队，他们想投靠也速迭儿重整旗鼓。谁知也速迭儿与脱古思帖木儿素有积怨，他更不愿因为供奉这样一位皇上，招来明军的讨伐。于是他使了一个毒计，在招待脱古思帖木儿一伙人的酒菜中下了毒，脱古思帖木儿和他的太子天保奴，丞相失烈门等统统中毒七孔流血而死。几名中毒较轻的随从也被也速迭儿无情地杀死。后来，也速迭儿虽又拥立了一位元朝宗室坤帖木儿，但始终不成气候。至此，北元政权终于在洪武二十一年寿终正寝，从历史的舞台上消亡了。

夏四月，蓝玉胜利班师。凯旋的大军及俘获的七万七千名男女，离开捕鱼儿海，迤逦南下，塞外荒漠里从未有过如此壮观的队伍。

经过十余日的行军，大军终于到达喜峰关外。这时暮色沉沉，前面的雄关已只见模糊的黑影，前军一偏将前来请示蓝玉。

"启禀大帅，前面已是喜峰关，入夜关门已闭，是否在关外安营扎寨，待天明后入关？"

蓝玉在马上暴躁地说道："他娘的！老子在塞外打了这么久的仗，回来了还要吃闭门羹？传我的命令，叫关吏开门。"

偏将遵令回到关下，对着关上打灯笼的巡兵高声喊话：

"关上听着：大将军蓝玉班师回来了，叫你们长官赶快开关迎接！"

关上的巡兵迟疑了一会，高举灯笼回话道："黑咕隆咚的难辨真假，谁知道是不是真是大将军回来了？你们暂且在关外扎营，天亮再说吧。"

偏将无奈，只得转身去向蓝玉禀报，称关上守兵说黑夜难辨真假，不肯开关。

身为统帅的蓝玉见守关兵卒如此貌视自己，不禁勃然大怒："他娘的！连老子也敢挡在外面！传令发射火箭，给我放火烧关！"

旋即调来一队火箭弓手，为首的一声令下，扑哧哧一阵火箭齐向关上射去。关楼顿时燃起大火，那些巡兵急忙扑救。

蓝玉手下的攻城部队在塞外没有仗打，这时攻打自家的城关倒来劲了。士兵们纷纷架起云梯，用钩索钩住城头一跃而上。他们砍翻几个巡兵，打开关门。大队兵马立即一拥而入，把守关的关吏和士兵通通捆住。

守关的关吏一见果然是大将军，连忙跪地请罪。蓝玉下令将他们各打二十军棍，并且厉声警告他们："毁关的事不许上报，否则老子要你们的脑袋！"

蓝玉率师回到蓟州大营，按照朱元璋的旨意照例先要把俘获的数万蒙古人安置好。这时朝廷派遣礼部王侍郎带着圣旨来到北平，燕王朱棣在王府大张宴席为北征将士庆功。

燕王府因是在元大都宫室基础上修复的，其恢宏气度不亚于国都。燕王令在便殿中设宴，各种山珍海味颇为丰饶，钦差大臣带来的钦赐御酒更令宴会生色。

燕王端坐中央，他的左边是蓝玉，右边是朝廷钦差王侍郎。郭英、王弼、曹震等将领及北平布政使、按察使等地方官吏分列两旁。

燕王朱棣首先致词说："蓝将军此次率师北征，深入漠北千里，全歼元军于捕鱼儿海。元嗣君仅十余骑逃脱，俘获其次子地保奴、吴王朵儿只、代王达里麻及平章以下官属三千人，男女七万七千余人，并宝玺、符敕金牌、金银印诸物，马驼牛羊十五万余，焚其甲仗蓄积无算。捷报奏至京师，父皇龙颜大悦，立派礼部王侍郎为钦差大臣来北平颁诏，永昌侯蓝玉进封凉国公，领兵部尚书衔兼太子太傅，增禄一千石。诸将由兵部具册报功请赏。今日本藩设宴为大将军及诸位将军庆功。大将军、钦差大臣，请！"

蓝玉听了这番话，似乎不太高兴，闷声闷气地应道："钦差大臣、殿下请。"

钦差王侍郎似有所察觉，故意问他道："大将军，皇上龙恩浩荡，你不想请燕王殿下代为望阙谢恩？"

蓝玉道："末将自当亲赴京都谢恩。不过，蓝玉是一介武夫，有一事请教钦差大臣：皇上封我为凉国公，这凉国在什么地方？"

王侍郎被他问住了："这……下官也不清楚，大概是西凉一带吧！"

蓝玉以嘲讽的口气说道："哼，我朝的功臣勋将过去封的都是中原大国，如韩国公、魏国公、宋国公、颍国公、信国公等，轮到我蓝玉，大概是中华的国土不够封，封到西凉外国去啦！"

钦差王侍郎见他如此狂傲，索性揭他的伤疤道："大将军，据下官所知，皇上本来打算封你为宋、齐、梁、陈的梁国公，朝中有御史按问你侵占东昌民田之事，竟遭你凌辱驱逐。还有其他过失，故皇上改封你为凉国公。此事还镌刻于皇上赐你的铁券丹书之上，望大将军省察。"

蓝玉得知原委，更加不满："哼，这些御史，老抓一些鸡毛蒜皮的破事跟我过不去。以后蒙古人来了，让他们带兵打仗去！"

燕王正色道："蓝将军，守土卫国是你我藩镇武臣应尽之责。你是国之重臣，又是皇亲国戚，理应带头遵纪守法，接受言官监督，怎么能说出这样的话来？今天是为你和北征诸将庆功的日子，朝廷对你们的战功给予褒奖，这是莫大的荣誉。但小王想奉劝各位一句：切勿恃功自傲。恃功自傲从来就是为将者自取败亡之道。远的不说，前任大将军冯胜的削职被贬就是一个近在眼前的教训。你们说小王说得对吗？"

蓝玉忿忿地低头不语。其他将领慑于燕王的威严，异口同声答道："末将等谨遵王爷教诲。"

蓝玉回到蓟州行营，犹自忿忿不已，当着他两个心腹将领的面骂开了。

"他娘的！这叫什么庆功酒？简直是让老子受气的酒！"

"燕王也太不给大将军面子了，当着那么多人让他结结实实训了一顿。"曹震埋怨道，"论辈分，大将军是太子妃的舅父，又是蜀王的岳父，朱棣他还是小辈呢！"

张翼叹气道："咳，帝王家只论君臣之礼，岳丈老子见了当皇帝的女婿，照样也得三跪九叩首。你别看朱棣年纪小辈分低，可他是王爷，大将军还要受他节制啊。"

"皇上也是。论功行赏，给大将军封个凉国公好像不甘愿似的。丹书铁券上还要刻上过失，他这一招够损的！"

蓝玉对皇上封他太子太傅的事也忿忿不平，"哼，过去哪一次北征走我们这么远？徐达只到和林，冯胜只达金山，傅友德老给人家当副手，为什么他们俩能封太师，我却只能封太傅？呕了这一肚子气，还叫我亲自到京都去谢恩哩。"

曹震他们却想着自己的封赏还没拿到，忙劝道："大将军，京都咱们还是要去的。咱们缴获了这么多元室的王公后妃，重宝印信，解送到京都，还不去风光风光？现在，开国勋臣只剩下大将军您与汤和、冯胜、傅友德几位，他们老的老，贬的贬，统兵打仗皇上不靠你还靠谁？什么太师也好，太傅也罢，都不过只是个虚衔，兵权在握才是实实在在的权力。咱只要有了兵权，将来什么事不好办？"

张震也劝道："是啊，大将军消消气，还是让军中主簿代你写个谢恩表章，带到京城去就是。"

不久，燕王得知喜峰关被焚毁之事，亲自下去视察。守关官员因为惧怕蓝玉报复，不敢据实报告，谎说是被天火雷电烧毁的。

"天火雷电烧毁的？这是哪一天发生的事？为什么未见报告？"燕王见疑，细追原因。

"是……是大将军班师回来那天，卑职还没来得及报告"关吏胡乱回答搪塞。

"胡说，大将军班师那几天北方到处万里晴空，哪来雷电？莫非你玩忽职守，或者有意放火烧关？来人，把他捆起来带回严审！"

"王爷，卑职冤枉啊！"关吏只得如实报告："这关楼实在是……实在是大将军烧毁的。"

"一派胡言！大将军身为三军主帅，岂不知边关的重要，他怎会烧毁关楼？"

"那天晚上大将军班师凯旋，大军到关外已经天黑了，守关的士兵辨不清真假，怕是元朝余孽或响马贼假冒诓关，于是让他们在关外扎营。大将军火了，就下令发射火箭把关楼烧了，不由分说地冲进关来。还把卑职等每人打了二十军棍。"

"岂有此理！此事你等为什么不向北平都司报告？"燕王见关吏走路还一瘸一拐，开始相信他的话，于是继续追问。

"大将军说过，这事谁敢上报就要谁的脑袋。因此卑职不敢上报。"关吏无奈道出了实情。

燕王指示关吏立即报告北平都司，从速派人把关楼修好。还令他们把那天放火毁关的详情写成报告，被杖者均按上手印，直接送到北平王府来，关吏们唯唯遵令。

不久，燕王府的六百里加急密折呈送到了朱元璋的案头。

朱元璋拆开密折阅后，生气地掷在案桌上：

"蓝玉这混账东西，他居然把喜峰关给烧了！"

太子一惊："有这等事？"

"你自己看吧。"

太子拿起燕王密折细看，朱元璋又气呼呼地说："钦差礼部侍郎王彬回来说，蓝玉在燕王为他举行的庆功宴上言语倨傲不恭，对朕封他为凉国公甚为不满。另据军中内线密报，蓝玉在俘获蒙古王室后强行奸污了元主的一名妃子，令其羞愧自缢而死。他还在军中威胁说，谁若泄露此事以军法从事，看起来打了这次胜仗，他的尾巴就翘上天了，比冯胜有过之无不及。"

太子小心翼翼地问道:"父皇如何处理此事?是否有意降罪于他?"

朱元璋竭力让自己冷静下来道:"方今国家多事,北方虽暂时平定,元朝仍然有一些王公贵族的残部存在,他们定会东山再起与我为敌。南方各处亦时有洞蛮叛乱。蓝玉过失虽多,令朕愤慨,但这些事毕竟难掩其平定元朝之功。况且有经验的将领所剩无几了,朕还得容忍他几年,朕先把他调回南方平叛,他自然知道朕的谴责之意,以视其后效吧。"

太子道:"父皇圣明,待蓝玉回京后,儿臣严词告诫于他,令其改过自新,勠力平叛,不负父皇的恩典。"

蓝玉终于班师奏凯回京,他与郭英、王弼、曹震诸将骑着披红挂彩的骏马接受京城百官和军民的欢迎,后面跟着仪仗和北征俘获的元室重宝印信符旗,元宫后妃王公官属等数千人。蓝玉在马上趾高气扬,谈笑风生,全然不知风光后面潜藏着危机。

第二十六章

老太师之死

江上杀人灭口，螳螂捕蝉黄雀在后

蓝玉的俘虏中有一个叫封绩的人，他的出现令某些人紧张万分。李善长用一千两银子将封绩赎出，欲于江上杀人灭口。螳螂捕蝉，黄雀在后，封绩落入锦衣卫手中，供出胡惟庸致元主的信。李善长营建新府第，向汤和借了三百名兵丁。

在蓝玉俘获押回京都的三千余名元朝官属中，有一个名叫封绩的谏议大夫，此人的出现在南京引起了一些人极度的恐慌。

洪武十三年胡惟庸结党篡国叛乱事发，中书左丞相胡惟庸、御史大夫陈宁、中丞涂节被处死。当时胡惟庸虽被处以极刑，胡党的许多罪行并未查清。十八年太仆寺丞李存义被人告发，朱元璋念其是皇亲国戚，免死安置崇明。十九年明州卫指挥林贤被捕下狱，供出胡惟庸命他下海招倭支援叛乱的事实，林贤及许多参与其中的军官被处死。元故臣封绩当时受胡惟庸之托，携带胡惟庸致元主的书信，向元主称臣并请求发兵以为外应，这一里通外国的严重罪行当时并未暴露。但这次蓝玉北征封绩又被俘获押回京都，就使当年与胡党有关联的一些人神经高度紧张起来。

洪武十三年以来，清查胡党的行动一直没停止过。因此涉嫌是胡惟庸的党羽被诛杀、流放的各级官员已达两万人。胡惟庸当时未被揭露的罪行暴露得越多，牵涉的人就越广。林贤在下海招倭案的审讯中供出胡惟庸曾致信北方的元主请求外应，胡惟庸这封信是怎样写的？他又派遣谁去塞外传递这封信？这些似乎已随胡惟庸伏法成了永远的秘密。但是蓝玉北征俘获了前元朝的三千名官属，这些人也许能破解这个秘密，负责清查胡党的原来锦衣卫的那班人此时或许还不知道有封绩这个人的存在，但只要封绩还羁押在俘虏营中，总有一天他们能找到，并毫不费力地撬开他的口。

这对某些人就是大难临头了，他们必须采取行动清除这一隐患。

这一天，在崇明岛监视居住的李存义借口给先祖上坟，悄悄潜到临濠的韩国公府，蓦然出现在李善长的面前。

这一年，德高望重的韩国公已经七十七岁了。韶华岁月的无情消逝似已彻底摧垮了昔日的雄心壮志，他的背也驼了，牙齿也脱落完了，浑身骨瘦如柴。他再也没有兴趣让青春年少的侍女来陪伴自己，而是经常把自己关在黑沉沉的密不透光的暗室里，半躺半卧在太师椅上，掐着一串佛珠念经，一面怀念着过去的风云岁月。

一天，黑暗的密室忽然射进一线白光，一个黑色的人影走了进来。李善长微微睁开眼，发现原来是他的弟弟李存义。

"你怎么又来了？"李善长的语气里透着不高兴。

"兄长，出了一件大事，我不得不来见你。"

"什么事？"

"当年胡惟庸举事，曾派遣一个叫封绩的人致书元主，称臣求助。此人在那边当上了谏议大夫，这次蓝玉北征，又把他俘虏了，现已解回京都。"

"此事与我等何干？"

"兄长有所不知，当年胡惟庸被诛，此事并未暴露。这次封绩被抓回来，若审出此事，兄长就有危险了。"

李善长嘴角搐动了一下又一下，但强自镇定地说："我有什么危险？"

"他们审讯封绩，必然逼他交代当时写在他衣襟上的那封信。"李存义不由自主地压低声音道，"胡惟庸在信中对元嗣君说，兄长被迫致仕后对朱元璋心怀怨恨，也支持他推翻洪武另立新朝。"

李善长急了："我什么时候说过这样的话？"

"到那时皇上会由得你分辩吗？"李存义道，"现在唯一的办法只有兄长出面，让蓝玉把封绩放出来。反正两三千人关在那里，放走一两个人也没人发觉。"

"蓝玉现在尾巴翘上了天，他会听我的吗？"

"他好歹也是你提携的定远老乡。只说封绩是我们家一个远房亲戚，再给他送上两千两银子，蓝玉贪财，没有不答应的。"

李善长沉吟半晌。

"那你去办吧，人放出来了，你知道该怎么办。"

李存义连连点头："兄长放心，不会留后患的。"

李善长知道李存义不便出面办这件事，说不定他的一举一动还有人监视呢？他差了一个干练的老管事带两千两银子去和蓝玉的手下人打交道，很快就如愿以偿，把封绩从羁押俘虏的地方弄出来了。

在长江边一处僻静的码头，李存义带着被释放的封绩匆匆走向停在码头边的一艘乌篷船，假惺惺地嘱咐他道："封大人，李相爷给你雇了船，送你回定远老家去，以后在家里安度晚年，不要再去投元主了。"

封绩也不知道他是何许人，忙拱手相谢："多谢兄台，多谢李相爷。"

封绩走下小船，钻进船舱，小船立刻吱吱呀呀地驶离码头。

此时，没有人注意到相邻的码头上也有一条船悄悄地启动，尾随着驶入长江水道。

载着封绩的乌篷船驶了一段水程后，在长江岸一处茂密的芦苇丛边停住。

船舱里的封绩不解地问："船家，怎么停住不走啦？"

船头船尾两个船工望着封绩嘿嘿狞笑。

封绩发觉他俩不怀好意，在船舱里恐惧地退缩着。

"你……你们是什么人？你们要干什么？"

船头的船工狞笑着说："大人，你的日子到了，我们奉相爷之命送你上路。"

"相爷？李相爷不是叫你们送我回定远吗？"

"嘿嘿，不是定远，是丰都城。"

另一船工说："我们奉命送你去丰都城鬼门关，懂吗？"

那个船工亮出雪亮的匕首朝封绩逼过来。封绩刚要喊救命，另一船工用一个大麻袋将他兜头套住。

封绩在麻袋里呜呜哇哇喊叫救命，拿匕首的船工举刀欲刺，另一船工连忙制止他，示意将麻袋扔到河里去了事。

二人将麻袋抬起，欲向河中扔去。正在此时，江边的芦苇丛中突然冲出一艘巡江快艇，船头上站着锦衣卫指挥蒋献和几名持刀的士兵。

蒋献大喝一声："大胆图财害命的蟊贼，还不给我放下？"

两船工受惊，麻袋跌落船板上。他们见官军要靠船拿人，互相使个眼色，突然"扑通""扑通"一个猛子扎入江心，潜入水中。

蒋献冷笑一声，从士兵手中接过两支长枪，待两个船工刚从水中冒出头来，"嗖""嗖"两枪射过去。只听得那两个船工"哎呀"惨叫两声，立刻浮尸水面，染红周围一片江水。

蒋献命士兵们靠船，把那个麻袋扛到巡江船上，士兵们用刀割断袋口的绳索，封绩惊魂未定地从麻袋里钻了出来。

蒋献道："封大人受惊了！"

封绩连忙对站在船头的这位官员千恩万谢："多谢恩公搭救，恩公若迟来一步，封某就葬身江底了。"

蒋献问："你知道要置你于死地的是什么人吗？"

"是李相……"封绩话刚出口，心中忽对这位兀突出现的恩人产生了疑窦，因而呐呐问道，"请问恩公尊姓大名？救命之恩，封某当结草衔环相报。"

蒋献冷冷笑道："我吗？你可能不认识下官，可下官认识您。您不是元朝的谏议大夫封绩封大人吗？"

"您是……"

"下官是锦衣卫指挥蒋献，奉皇上之命在此等候大人多时了。"

"啊！"听到这个令人头皮发麻的名字，封绩颓然跌坐在船甲板上。

"封大人，请吧！"

刚脱虎口又入狼窝，封绩脸色变得死人一样苍白，他被士兵们挟着押进船舱，巡江船朝码头驶去。

李存义在码头上送走封绩后，又返回临濠给李善长复命

李善长仍然半躺半坐在太师椅上，用那固定的姿势掐着佛珠。

"封绩送走了吗？"

"送走了，我亲自送他上了船，安排了两个可靠的人'送'他。"

"两个什么人？"

"都是长江上杀人越货的惯匪，拿了我的银子，办完事就远走高飞。"李存义有些得意。

"嗯，你快回崇明去，不要再露面了。"

"是，兄长保重。"

李存义作为胡惟庸的死党，又经人告发，朱元璋没有杀他，以皇亲国戚之故将其安置在崇明这个离京都不远的地方是怀有深意的。说白了，皇上心中时刻挂记着临濠安享尊荣的李善长，那个帮他打下了江山却又最有可能颠覆他皇位的人。随着清查胡党活动的深入，种种迹象表明，李善长和这场叛乱不会没有关系。留着李存义不杀，就是留一个窥视李善长行动的活口。

李存义打从离开崇明岛起，他的一举一动就在锦衣卫的监视之下。他受李善长之命带了大批银两去贿赂蓝玉，把封绩从俘虏营里救出来。这个封绩是什么人，值得李善长如此重视？锦衣卫指挥蒋献亲自出马跟踪封绩的行踪，直到遭遇江上那一幕，才知道是个杀人灭口的阴谋！

封绩在锦衣卫的审讯室里开始时并没有吐露实情，他心知肚明承认了替胡惟庸给元主传递书信准是杀头之罪。他只说自己年迈受不了拘禁之罪，因此央求同乡的李相国相救。那两千两银子回乡后会立即奉还。可是随着前元朝许多官员被俘，当年胡惟庸遣使致书元主之事逐渐浮出水面。朱元璋命蒋献一定要撬开封绩的口，并且下令去崇明秘密拘捕了李存义。

蒋献再一次提审封绩，现在锦衣卫的刑讯室虽然不再有那些令人毛骨悚然的火烙等刑具，但从封绩那衣裳褴褛、浑身血渍看来，其残酷程度比从前也好不了多少。

蒋献对封绩说："封绩，你还不肯说实话吗？好，我带你去见一个人。"

蒋献命士兵押着封绩到了另一处监牢。

"你看看那是谁？"

封绩隔着栅栏望去，在监牢里那人正是送他上船的李存义。

"这个人你该认识吧？"蒋献威胁道，"他已经全招了，你不说只有自讨苦吃。"

封绩的脑袋顿时耷拉下来："下官……愿招。"

在审讯室里，蒋献趁热打铁问道："说，李存义到底为什么去求蓝玉放你出来？他又为什么叫船工淹杀你？"

封绩结结巴巴地说："他……他不是已经招了吗？"

"我要听你说。"蒋献一拍桌子。

"大概……大概他们怕……怕我泄露了……"

"泄露什么？"

"泄露胡惟庸写……写给元主的那封信。"

蒋献乘胜追击："胡惟庸信中说了些什么？"

"胡惟庸向元主称臣求助，并说朝中诸多大臣勋将对皇上有怨恨，支持他们推翻洪武，另立新朝。"

"支持他的大臣勋将指哪些人？"

"自然是指李善长他们。"

"李善长怕你交代这封信牵出他来，因此派李存义先救你出来，然后杀人灭口，是吗？"

"我想就是这个原因。"

蒋献接着追问道："从京都到塞外，万里迢迢，那封信你是怎样带给元主的？"

"胡惟庸叫陈宁把信写在棉袄里襟上，我穿在身上方才混出关去。"

"来人，"蒋献吩咐手下，"给我取一件白里子的长衫来。"

不一会儿，有人取来了长衫。

"封大人，烦你把那封信一字不漏地写在这件长衫的里襟上。"

封绩颇有些为难的说："这……年代久远，信中的话下官也许记不全了。"

"哼，少写一个字，我扒了你的皮！"蒋献顿时跌下脸来，"来人，笔墨伺候。"

蒋献逼得了封绩的供词，喜滋滋地去向朱元璋报告。

"启奏万岁：前元谏议大夫封绩被蓝玉将军俘获押解来京，李善长和李存义等恐其泄露胡惟庸勾结元主之事，以两千两银子贿赂蓝玉将封绩放出来，准备杀其灭口。辛臣奉圣命对李存义的行动早有监视，将封绩捕获。经审讯，封绩交待了胡惟庸当年写给元主称臣求助的信，其中词连李善长等，请皇上御览。"

蒋献将封绩写在长衫上的信呈上，朱元璋一看怒不可遏。

"胡惟庸这个厚颜无耻的东西，身为天朝宰相，竟然奴颜婢膝地向流亡塞外的元朝余孽称臣，摇尾乞怜，丑态百出。朕都为他汗颜！这封信是谁执笔写的？"

蒋献奏道："据封绩交待，当时是冬季，胡惟庸请御史大夫陈宁亲笔将信写在一件棉袍的里襟上，他穿着这件棉袍辗转万里逃出塞外，字迹都磨蚀了。是他凭记忆重抄一遍才呈送元主的。"

朱元璋冷笑道："陈宁果然不枉朕赏识其才,这封信骂朕骂得够刁毒的,简直可以与骆宾王的讨武曌檄媲美。只是这信里并没有提李善长呀?"

"陛下请看这里:朱……"蒋献差点把骂朱元璋的话念出来,连忙改口道,"他说陛下'屠戮功臣不遗余力,不仅臣等悬心吊胆,不安于位,朝中诸多大臣勋将亦心生怨恨,祈望早日推翻洪武,另立新朝'。这大臣勋将自然是指李善长、陆仲亨那伙人,不然李善长怎会令李存义去杀人灭口?"

"尽管如此,凭这封信也无法定他们的罪。他们可以辩解说是胡惟庸有意陷害,拖他们下水,必须查出当时胡惟庸与李善长暗中勾结的罪证。"

"臣遵旨。"

见李存义把封绩这档事摆平了,李善长心安了不少。其实他并不知道胡惟庸致元主的这封信里写了些什么,他担心的是胡惟庸为壮声势,在信里提到自己的名字。这就让朱元璋抓到了一个可置他于死地的把柄。现在与这件事相关的人中,胡惟庸、陈宁早成了枯骨,元嗣君脱古思帖木儿听说也死了,只剩下这个送信人封绩,幸得存义办事利索,把他送去了该去的地方。以后纵使有人翻出这桩事来,也都只能是猜度、揣想,没有了黑纸白字的证据。

李善长知自己来日已无多,他要抓紧这点有限的时间做些使自己心情感到畅快的事。

他令家人唤侄儿李佑来见他。他的儿子李琪于洪武九年娶了临安公主,皇上给他敕建了驸马都尉府,早已不和他住在一起了。

少顷,李佑拿着一卷图纸进来。

"佑儿给伯父请安。"

李善长问:"新府第的设计图画好了?"

"画好了,伯父请看。"

李佑在桌上摊开图纸。这是一座宏大的府邸设计图。图中楼台屋宇、花园亭阁跃然纸上。

李佑解释道:"按照伯父的意思,新府第比旧邸大了一倍。虽然前厅正房未超过朝廷一品官邸的规格,但其他居室杂屋、走廊、花园、亭阁等不在制式范围内的均可以与亲王府媲美,请伯父审阅看是否满意。"

李善长把图纸展开仔细看过一遍道:"嗯,不错。估算过没有,新邸建造大概要花多少银子?"

李佑道:"侄儿粗略地估算了一下,包括开山凿石挖地基的人工,大约需十五万两。"

"嗯,不算多。其实,我还能活多久?这些都是为了你们子孙后代。我若不在了,这等规模的府邸恐怕很难建起来了。"

李善长说得有些伤感,李佑连忙扶他在太师椅上坐好,安慰他道:"是啊,我等子孙全赖伯父的庇荫。不过,新邸建得快,伯父还可以好好地住在里面安度晚年哩。"

"那你们就赶快动工吧。先把基地开挖好,银子到库上去支取就是。"

"伯父，开挖地基要搬去一座小山头，若能征用一些屯兵来开挖，倒是能节省不少银子。"

李善长摇摇头："凤阳只有皇陵卫和留守司的士兵，那些老爷兵个个娇贵得很，哪会来给你干活？"

"侄儿倒有个主意，信国公汤和刚从福建海疆回来，好像他手下还有几千卫卒。伯父何不同信国公商量一下，跟他借几百人用用。"李佑建议说。

"嗯。汤和也在凤阳新修了府第，准备回来安度晚年。我和他比邻而居，大概他会卖我这个面子的。"

"最好是伯父给信国公写一封信，请驸马都尉亲自出马去商借，他一定不好意思拒绝。"李佑出主意道。

"好吧。就让李祺去一趟好了。"李善长道，"皇上虽然在京都给他建了驸马府，但将来落叶归根，后代子孙还是要回凤阳的。"

老将军汤和这年已经六十五岁了。他是朱元璋同村的开裆裤玩伴，也是荐引朱元璋参加红巾军的引路人。他对朱元璋的性格了解得最透彻，徐达和李文忠之死对他的震撼极大。生性懦弱胆小的汤和心想：朱元璋本来就不待见我，说不定哪天徐达、李文忠的厄运就要轮到我头上了。于是他以病老为由请求皇上彻底解除他的兵权，准其归隐田园以终余年。朱元璋正希望功臣中有人带头这样做，很高兴地批准了他的请求，厚给赏赐，并下令在凤阳给他营造府第，让他回乡安度晚年。

后来海上倭寇日渐猖獗，朱元璋又请汤和出山，去闽浙沿海防御倭寇，并给他配了一个懂海事的助手方鸣谦。在方鸣谦的建议下，他在福建沿海选壮丁三万五千人，筑卫所城五十九座，并征集了戍兵五万八千七百人守之。汤和回京复命，朱元璋对这位能干的老伙计大加赞誉，降旨褒奖。汤和也未被荣誉冲昏头脑，再度请求解甲回乡。这时皇上敕建的凤阳府第也完工了。其气派远远超过国公的待遇，使他十分高兴。

这天，家人通报：驸马都尉李祺来访。

汤和一怔："驸马都尉？哈哈，给我道喜的来了。快请！"

李祺是皇上贵婿，平时是没把他们这些公侯将领们放在眼里的，可今日奉父命有求于汤和，竟备了两担贺礼来见他。

"世伯平倭凯旋，又是乔迁新邸，小侄特来拜贺，聊备薄礼，不成敬意。"

汤和乐得嘴都合不拢了："哎呀！驸马都尉亲自来了，老臣已经消受不起，还送什么礼啊？"

李祺命随从将贺礼呈上请汤和过目，无非是绫罗绸缎金银珠宝之类。李祺道："这是家父的一点心意，请世伯收下吧。"

"啊，老太师现在身体还好吗？我算算看，老臣今年六十五岁，他比我整整大一轮，七十七岁了，唉，开国勋臣中就剩下我们两个孤老了。"

李祺递上父亲的书信道："家父有一封亲笔书信给世伯，请世伯赐览。"

"啊，不怕驸马笑话，老汤是个粗人，本来识字不多，老了眼睛更不好使。老太师的蝇头小楷只怕我认不全了。师爷来给我念念。"

侍立一旁的师爷忙将书信内容念给他听。

"啊，原来是这么回事，老太师新建府邸要借兵。我这里倒是还有一些卫卒尚未回归都司卫所，你们要借几个月？"

李祺道："少则三个月，多则半年足矣。"

汤和毕竟有些老懵懂了，不假思索地说："好吧，看在老太师和老臣同是邻里的分上，我就借给你们三百名卫卒吧，不过你们可要管饭啊！"

李祺连连点头："那个自然，为此多谢世伯了。请世伯给个手令，小侄即差人来领兵。"

汤和叫师爷写了调兵手令给李祺，李祺揖谢道："小侄告辞了。"

"驸马走好。"

李善长修府第向汤和借三百兵丁

李善长借兵的事，汤和越想越害怕，连夜驱车进京去见朱元璋。朱元璋为他交出兵权归隐田园给予重赏。老汤和感激涕零地交代了李善长借兵之事。蒋𤩽奉命搜集十年前胡惟庸暗中勾结李善长的证据。曾在胡惟庸相府当差的丁斌被判流徙，托李善长为他讲情。

汤和是个头脑简单的人，洪武三年朱元璋逼李善长病退，交出相权。汤和站在武臣的立场，认为老子们卖命打天下，李善长一介儒生凭什么独揽大权，还称"第一功臣"？给朱元璋赶下台来活该！可是到了洪武九年，李善长又跟皇上结成了儿女亲家，他息政归隐多年忽然又神气起来，被任命与李文忠同总中书省大都督府、御史台，议军国大事。李善长营建中都宫殿时，朱元璋还派汤和做他的助手。

朱元璋对待李善长的态度令头脑简单的汤和百思不得其解。如果说朱元璋对李善长有猜忌，为什么要把自己的女儿临安公主嫁到李家去？胡惟庸叛党伏法后，有人举报李善长之弟太仆寺丞李存义是胡惟庸死党，却被安置崇明。当时朝野也有对李善长不利的风言风语，不久就平息了下来。汤和想：到底李善长树大根深吹不倒。那天驸马李祺来借兵，汤和让驸马爷几声"世伯"叫晕乎了，不假思索就答应了他，事后仔细一想，心里难免有些忐忑不安。

汤和好色，蓄有媵妾百余名。他虽因年迈，精力已不济了，但每晚还得有个年轻美貌的侍妾伴在身旁，方能酣然入睡。

这天晚上，他在睡梦中忽见有一太监来府中宣旨：

"万岁有旨，信国公汤和进宫见驾。"

汤和随着太监来到朱元璋的寝宫："老臣汤和恭请圣安。"

朱元璋突然转过身来厉声叱喝：

"大胆汤和！你竟敢背着朕借兵给李善长，你们俩互相勾结谋反叛逆，该当何罪？"

汤和一时竟不知怎样为自己辩护，只知一味地叩头："老臣知罪，老臣该死！"

朱元璋不由分说恶狠狠地下令："来人！将这逆臣拉出去砍了！"

两个浑身赤裸、胸前长着黑毛的武士手提鬼头刀应声上前，把汤和挟着往宫门外拖。

汤和吓得魂飞魄散，连连叫着："皇上饶命！皇上饶命！"

武士们把汤和拉出宫门，举起寒光闪闪的大刀就劈。汤和情急，以手抱头狂呼："救命！"

……

汤和从噩梦中惊醒坐起，犹自抱住自己的头，额上沁出颗颗冷汗。

侍妾被惊醒了，忙拉过被单遮住赤裸的胸部："老爷，你怎么啦？"

"我……我做了一个噩梦，皇上要杀我。"

"老爷平定海疆立了大功，皇上正要奖赏你，怎么会杀你呢？"

"啊，李善长这老东西一直是皇上的心头之患，我竟然昏了头借兵给他。万一皇上追究起来，这事怎么说得清啊？"

汤和越想越害怕，突然急火攻心，晕眩在床上。

侍妾急忙给他揉胸口掐人中，一面哭叫道："老爷！老爷！来人呀，老爷昏过去了！"

苏醒过来的汤和越想越害怕，第二天就急急地驱车前往京城。两年前他带头交出兵权归隐田园以求自保，实在不愿因为这点小事让他那位猜疑心重的皇上误会自己，引发什么不良后果。

朱元璋倒是很高兴他的到来，和颜悦色地接见他，念他年迈，还特地命太监搬来了一个软墩给他坐。

朱元璋笑眯眯地说："汤和，此次你以垂暮之年，衔命经略海疆、平定倭犯。一年多的时间里，不辞劳苦，修筑城池，建立卫所，征集了五万余名戍兵。使东南沿海防御力量得到很大的提高，倭寇不敢来犯。捷奏传来，朕甚感欣慰，正在与廷臣们商议怎样嘉奖你呢。"

汤和谦逊地道："老臣愚钝，不敢有负皇上的嘱托，总算尽我所能为闽浙海疆的安定做了点事吧。现在蒙陛下赐建的凤阳府第已经竣工，这一次老臣真要率全家归隐田园了。请陛下恩准。"

"好好好。朕本来早已答应你退隐的，现又为朕立了大功，卿可谓功成名就，垂世不朽矣！朕赐你黄金三百两，白金（银）两千两，钞三千锭，丝缎四十匹，安安心心回乡享福去吧。"

汤和连忙跪倒，叩头如捣蒜。

"不不不！老臣值不得皇上如此重赏啊！"

朱元璋命太监将他扶起来，深有感慨地说道："唉，和朕一道举事的开国勋臣中，只剩下你这个老伙伴了。难得你忠心不二追随至今，在你解甲归田之际，朕能不重重地赏赐你吗？听说你媵妾颇多，你的夫人还在吗？"

汤和欠身答道："老妻胡氏今年六十二岁，随臣飘零军旅十余年，幸还健在。"

"啊，难得难得！为妇之道，专内政而无妒，勤劳持家，夫妇同心，古已有之，今天则少见矣！"朱元璋赞叹道，"信国夫人亦应受赏，朕再赐其黄金两百两，白金一千两，钞五百锭，丝缎三十匹，以资表彰。"

汤和俯伏在地，涕泪俱下："啊呀！皇恩如此浩荡，老臣实在……实在对不起圣上啊！"

朱元璋感觉他神态有点不安，于是问道："你有什么事要对朕说吗？"

汤和一把鼻涕一把眼泪地道："啊啊，老臣有罪，要请皇上宽恕。"

"说吧，有什么事朕都宽恕你。"朱元璋答应道。

"前几日，驸马都尉李祺来老臣家，带来他父亲的一封信，说他因要营建新府邸，与老臣商借三百名卫卒。老臣碍着驸马的面子，未经报告圣上就同意借给他了。老臣有罪，请陛下处置。"

"啊，这么回事。你知道李善长借这三百名卫卒干什么吗？"

"他信中说营建新府第开山凿石挖基需要兵丁。"

"啊，这也没什么，不过孙子曰：兵者凶也，凶器落在好人手中没事，一旦落在坏人手里就后果不堪设想啊。此事你回去后不必声张，朕自有处置。"

汤和心里仍不踏实，还在忐忑不安地问："皇上不怪罪老臣？"

"你对朕老实说了就好，朕不怪罪你。"

"如此老臣就放心了。"汤和拭去额头的汗珠，颤颤巍巍站了起来，"老臣告退。"

封绩的供词使胡惟庸叛乱集团勾结元主的罪行大白于天下。加以此前林贤下海招倭一案，胡惟庸、陈宁等丧心病狂地里通外敌，出卖国家和民族的利益，这使朱元璋清查胡党更加显得理直气壮了。胡惟庸致元主的信中说有一些大臣勋将支持他反对朱元璋的暴政，可惜的是没有提他们的名字，这使朱元璋深感遗憾。要不然，他要扳倒心中想要砍伐的那棵大树就会容易多了。

锦衣卫指挥蒋献奉命搜集十年前胡惟庸与李善长暗中勾结的证据。只有找到那些证据，朱元璋才能实施他心中早已计划的一步。

近日，京城里有一批罪人要迁徙云南。有个叫丁斌的富户没有按期去镇抚司报到，反而一再托李善长到镇抚司说情，要求解除其迁徙令。据蒋献查实，这个丁斌曾经在胡惟庸的相府里当过差，他也是因此被流放。

蒋献将此人的情况报告朱元璋，朱元璋断定：丁斌既在胡惟庸相府里当过差，现在又托李善长说情，如果李善长与胡惟庸勾结，他很可能知道内情。

蒋献兴奋地道："皇上圣明！臣马上把丁斌抓来严审。"

当时镇抚司碍着老太师的情面，已经解除了丁斌的迁徙令，可蒋献不问青红皂白，又派兵把他从家里抓来审问。

"丁斌，你身为流徙罪徒，不按时向镇抚司报到，反而一再托李相爷去说情。你和李相爷是什么关系？"

丁斌不知审他的是什么人，他仗着李善长的牌子，傲气地答道："我是李相爷的姻亲故旧，曾在相府供职，怎么哪？"

"哦。那你后来为什么又去胡惟庸相府当差呢？"

"李相爷致仕之后，旧相府要裁减差人，按例被介绍到新相府的。"

蒋献见他答得滴水不漏，索性径直问道："胡惟庸谋反之事，当时你知道吗？"

"胡惟庸谋反当时朝廷都被瞒得严严实实，我们下人哪会知道。"

蒋献心想：这个人油滑得可以。他接着问："在你当差时都有哪些人经常到胡惟庸相府去？这你总知道吧？"

丁斌仍然面不改色："胡惟庸当宰相六七年，那时满朝文武哪个不巴结他？经常去相府的人可多了，小人哪能记得那么多？"

蒋献不想再跟他兜圈子了，板着脸问："你既在李相爷手下当过差，又是他介绍你去胡惟庸那里的。李善长家里有哪些人经常去胡惟庸那里，你总该记得吧？"

丁斌眨巴眨巴小眼睛，狡猾地回答说："李善长家的人？啊，李善长的侄儿李佑算一个，他三天两头要来胡相府。"

"李佑？他来胡惟庸家那么勤干什么？"总算从这滑头嘴里诈出点有用的东西来了，蒋献趁热打铁地问。

丁斌显得很老实的样子："他每次来胡相爷……啊，胡惟庸都得单独和他谈话。"

"哦！他们都谈些什么？丁斌你听着：你要是愿和我们配合，把你知道的都说出来，我一句话就叫镇抚司注销了你的迁徙令，你们全家都不用去云南了。"

"谢谢长官。"于是，丁斌绘声绘色地说："李佑那小子横得很，他每次来就大吵大闹，说他老婆不守妇道，不孝顺公婆等。胡惟庸越是好言劝慰他，他越要大声嚷嚷。"

"他老婆是谁？"

丁斌得意地笑起来："他老婆就是胡惟庸的女儿呀！"

蒋献受了愚弄，恼羞成怒道："丁斌，你存心耍我是不是？你给我老实交代，李善长家还有谁去过胡惟庸那里。"

"长官，相府里文武官员来来往往有如过江之鲫，小人哪能记得那么多？倒是万岁爷几次驾幸胡府小人还记得清清楚楚。万岁爷对胡惟庸可亲热呢，拉着他的手说：爱卿……"

蒋献在桌上猛拍一掌，冷笑说："好你个伶牙俐齿的丁斌！你牙痒痒了是不？来人，给他治治牙！"

立刻有两个打手把丁斌的头按在桌上，另一个人使一把钳子敲敲他的嘴巴。

"小子，识相点，把嘴张开。"

丁斌企图抬起头来，恐惧地问："你们要干什么？"

打手们不由分说地掰开他的嘴，将钳子伸进他口里，使劲一撬，把一颗血淋淋的门牙撬了下来。丁斌捂着满口血污的嘴痛得在地下打滚。

蒋献狞笑着问："丁斌，你说还是不说？胡惟庸阴谋叛乱期间，是谁在他和李善长中间沟通信息？"

丁斌仍然捂着嘴死扛："小人……小人不知道。"

"哼，不想说是吗？来人，把他满口的牙都给我拔掉！"

"不！不要，不要！"

丁斌捂着血污的嘴巴满屋乱窜，终于被打手们按着跪在蒋献面前。他绝望地看着伸向他嘴边的铁钳，恐惧得变了形的脸上大汗淋漓，终于在铁钳伸向他嘴里的那一刹那投降了。

"我说，我说！是李存义。胡相爷……啊，胡惟庸叫李存义去劝李善长和他们一起谋反。"

"李善长答应没有？"

"小，小人不知道。"

蒋献威胁地瞪他一眼："嗯！"

丁斌可怜巴巴地："小人确实不知道，我又没随他去。你们去问李存义就晓得李善长答没答应。"

"哼，不打不识相！"蒋献叱喝道："丁斌，下去把你在胡府看到和听到的一切都给我写出来，如有隐瞒，小心我灭了你全家！带下去。"

蒋献秘密地从崇明岛把李存义抓来，又获得丁斌的供词，知道李存义曾奉胡惟庸之命去临濠与李善长沟通。皇上想要查明李善长是否与胡惟庸叛乱集团有染，必须从李存义身上打开缺口。只可惜李存义不是丁斌那样的小混混，蒋献不能用对待丁斌的办法去撬开李存义的口。李存义是朝廷公卿大臣，六品太仆寺丞，又是皇亲国戚，蒋献区区一锦衣卫指挥，连审问他的资格都没有。

由于李存义是涉及谋反大案的要犯，朱元璋命刑部尚书与大理寺卿联合主审。在临审前皇上突然亲临现场。

"诸位爱卿，你们今日审的是皇亲国戚，朕来看看，你们不要碍着朕的面子，该怎么审就怎么审。"

两位主审官请皇上升座，他们躬奏道："陛下亲审，犯人慑于天威，必不敢狡辩而认罪伏法。"

朱元璋道："但愿如此。开审吧。"

刑部尚书宣布："带犯人李存义上堂！"

狱卒将李存义带上，衙役们高喊堂威。

主审官问："下面犯官可是李存义？"

李存义答道："正是下官。"

"大胆李存义，到了刑部大堂为何不跪？"

李存义傲然嗤笑道："我乃朝廷命官，皇亲国戚，为什么要向尔等下跪？"

"李存义你抬头看看，上面是谁？"

李存义抬起头见皇上端坐中央，连忙瑟瑟地跪倒。

"罪臣不知皇上驾到，罪该万死！"

朱元璋骂道："李存义，洪武十八年有人举发你父子是胡惟庸党羽，参与了谋反活动。朕念你是皇亲国戚，免你一死，将你安置崇明。可你和李善长一个谢字都没有，难道朕还冤枉了你吗？"

李存义一味地叩头："罪臣该死！罪臣该死！"

"现在已有人证实，亲眼见到胡惟庸叫你去说服李善长支持叛乱。今日当着诸位大臣的面，把你是怎样去说服李善长的讲清楚，听到没有？"朱元璋声色俱厉地喝道。

"罪臣遵旨。"李存义低头擦着额上的汗珠，"胡惟庸知道罪臣只当个管马政的太仆寺丞不满，他让罪臣去说服李善长联名发檄声讨皇上，许以事成之后让我位列三公之职。但罪臣见李善长后，一提此事，他就叱责我：你胡说什么？这事只要露一点风声，抓去一审，这可是灭九族的罪啊！"

"哼，到底是老奸巨猾。"朱元璋自言自语道，"难道胡惟庸就这样算了？"

李存义道："后来胡惟庸又遣李善长的好友杨文裕去说服他，并答应事成后封他为淮西王。李善长有些心动。后来我再去说时，他叹口气说：'我老了，不中用了。等我死了，随你们怎么干去。'"

朱元璋恨恨地道："这么说，他是默许了你们谋反。胡惟庸自己没去说他吗？"

"胡惟庸……他……"李存义有些吞吞吐吐。

"说！胡惟庸去没去？"朱元璋厉声道，"你还想犯欺君之罪吗？"

"他……他去了。"李存义承认道。

"他和李善长谈些什么？"

"他们俩单独谈的，罪臣没有在场，不知他们谈些什么。"

"启奏万岁，"刑部尚书奏道，"李存义勾结胡惟庸，策动李善长参与叛逆，罪行昭彰，按律当斩，请陛下圣裁。"

朱元璋降旨："暂将李存义打入天牢，待案结后与李善长一并治罪。"

"遵旨，"刑部尚书道，"来人，将犯官押下去。"

怀抱免死铁券的老太师被赐死

李善长派家奴去崇明岛打听消息，卢仲谦落到锦衣卫手中，被迫举劾当年胡惟庸来会见李善长的情况。山雨欲来风满楼，朝中御史大臣交相劾发李善长。朱元璋削荆棒教育太子。钦天监奏言星变，应在大臣身上。怀抱免死铁券的李善长终究难免一死，他全家七十余口惨遭屠戮。

临濠韩国公府。

李善长闭目躺在太师椅上，干枯的双手颤颤巍巍地捻着佛珠，口中喃喃地背诵佛经——他本来是个不信神佛的人，刀光剑影的战场上称雄的是武力，瞬息万变的政坛上讲究的是谋略和尔虞我诈，与你神佛何干？可是当他被朱元璋赶回临濠，一切抗争和委曲求全均无济于事时，他开始相信冥冥中有神灵在掌握自己的命运，历史上许多叱咤风云的英雄人物最终皈依佛法绝非偶然。一次，他在一座寺庙里捐了五百两香火银子，从方丈那里讨回了一本佛经。他也不管这本佛经与自己的心境是否合适，天天照本宣科地背诵，没多久就能倒背如流了。

只是这佛经显然难于使他"置身三界外，跳出五行中"。念着念着，他忽然想起什么事，睁开眼睛怔怔地盯着前方。

他用嘶哑、阴鸷的声音呼唤道："来人！"

管家走了进来："相爷，什么事？"

"这几天崇明那边怎么没有消息了？"

管家回道："相爷不是要二老爷不要出来吗？"

李善长显得有些烦躁，他似乎预感到会有什么事情发生，吩咐道："快派人去打听一下二老爷的情况怎么样？"

"是。"

锦衣卫密捕李存义的行动非常诡秘，他在崇明岛上的家属也都被严密地控制，绝无给外面通风报信的可能。至于丁斌，他的全家都很快从京城里消失了，李善长的说情倒还加快了他们举家被押解去云南的进程。

管家奉李善长之命，挑选了干练机灵的年轻家奴卢仲谦去崇明岛打探消息。

"卢仲谦，老爷命你去崇明岛一趟。若见到了二老爷，让他给老爷写封信捎回来。"

"是。"

管家又叮嘱道："到了崇明岛，若发现什么异常现象，比如二老爷家有人监视，见不到他，一定要不露声色，别让人家逮住了，赶紧回来报信。"

"小人知道了。"

傍晚时分，卢仲谦从后门牵着马出去，上马转过一个街口，他就被监视李府的锦衣卫截住，估摸十有八九是李善长派出外面联络的人。于是连夜被解送往京城。

蒋献亲自审问他：

"你叫什么名字？是韩国公府里什么人？"

卢仲谦一见这阵势，知是落到了锦衣卫手中，不禁心中胆寒，浑身哆嗦起来。

"我叫卢仲谦，是老相爷跟前的仆人。"

"李善长叫你出府来干什么？"

"这……"

蒋献眼睛一瞪："不想说是吗？来人，让这小子开口。"

一个牛高马大的打手上前来，左右开弓两巴掌扇过去，卢仲谦立即嘴角流血。

"我说，我说。"他捂住嘴巴直往后退缩。

"讲！"

"老爷命我去崇明岛，打探二老爷李存义的情况。"卢仲谦怕挨揍，只得老实交代。

"不用去打听了。告诉你，李存义参与叛乱，已定了死罪，在大牢里候斩。"

卢仲谦闻讯，吓得心惊肉跳，跪下央求道："啊！大人，我只是个奴仆，您高抬贵手，放我回去吧。"

蒋献鼻子里哼了一声，威吓道："李善长派你与李存义通消息，看来你一定是他的贴身奴仆。你若想留条活命，赶快举发李善长勾结胡惟庸谋反叛逆的罪行。否则，你也要成为给老狐狸陪葬的刀下鬼。"

卢仲谦吓瘫了，忙说："大人，大人，我说，我说！"

"好。你知道胡惟庸到过府里吗？"

"来过。那一天还是我给胡相爷上的茶。"

"李善长和他在什么地方谈话？"

"就在书房里。他俩东西对坐。"

蒋献乘胜追击："他俩谈些什么？"

卢仲谦无奈地说："他们谈话的声音很低，我在外面伺候，听不到谈些什么。"

"他们谈话时李善长的表情怎么样？"

"我进去送茶时只听到胡相爷一个人在说，李相爷只是摇头。到最后才叹叹气，点了点头。"

卢仲谦交待的这些显然使蒋献很满意，他要的就是李善长点那一下头。他知道面前这小子是个怕吓的软蛋，继续威吓道："李善长和胡惟庸的交往还有什么情况，你知道的统统给我说出来。如果别人说了你没说，小心我剥了你的皮！"

卢仲谦连忙补充道："我说，我说。胡惟庸还给李相爷送了一车金子，是放在车座底下的，相爷命我点好数送进了库房。"

"好。"蒋献兴奋地说，"你把刚才讲的这些全部写下来。会写字吗？"

卢仲谦点点头。

"会写就好。我派个师爷教你怎么写，要用举发的口气。这对你有好处，知道吗？"蒋献竟有点喜欢这个年轻仆人了。

卢仲谦忙不迭地点头："谢谢大人！谢谢大人！小人这就写。"

这些天，京城里的政治空气骤然紧张起来。封绩事件被传得神乎其神，胡惟庸致书元主称臣求援的卖国罪行大白于天下。那封被皇上称为文词可与骆宾王的讨武曌檄媲美的信，自然迅速流传开来，一时也出现了好几个版本。有的版本中胡惟庸称对朱元璋心生怨恨的大臣勋将竟列出了一长串名字！还有传言锦衣卫在胡惟庸相府中掘地三尺，搜出了一份胡党倚为心腹和亟待发展的名单。皇上亲审李存义的详情也被有意无意地透露出来。人们还发现，李存义供出来的那位八十岁高龄的老学究杨文裕突然失踪了。

这一切，对在临濠安享尊荣的韩国公李善长极为不利。于是，许多大臣御史们交相给皇上上表举劾李善长，大有风雨欲来之势。

太子朱标不敢怠慢，将这些奏折送呈朱元璋，"父皇，不知为什么，这几天都察院的御史们交相上表参劾李善长，说他与胡党有牵连。"

朱元璋冷笑道："御史们都会跟风向嘛！这几天朕亲审了李存义，又抓了封绩，把胡惟庸当年向元主上表称臣求助的事抖搂出来了。胡惟庸在给元主的信中说朝中诸多大臣勋将祈望早日推翻洪武另立新朝，这些大臣勋将指谁呀？胡惟庸、陈宁他们谋反，深知自己号召力不够，几次派人去说服李善长，还送他一车金子。我们的证据一天天增多，这些证据足够扳倒这个老狐狸了。"

太子戚容满面地奏道："父皇，李善长老谋深算，且深受皇恩，儿臣以为他不会轻易地和胡惟庸走到一起去，犯下叛逆之罪。"

"哼，你要知道，他虽老谋深算，但他对朕的怨恨更深。朕剥夺了他的相权，他就给朕安下胡惟庸这颗钉子！"朱元璋恨恨地说，"他可能不屑于与胡惟庸、陈宁等为伍，但却乐于利用他们。万一他们叛乱成功，给他出了一口恶气，他便死也瞑目了。"

太子见父皇决心加罪李善长，忧心忡忡道："李善长若有罪，临安公主妹和驸马怎么办？"

朱元璋淡然处之："这个朕自有处置。"

"父皇还要降罪吉安侯陆仲亨和延安侯唐胜宗等七位侯爷。他们都是立下战功的开国勋将，有的虽收受了胡惟庸的贿赂，但毕竟未参与叛乱。若一律处以死罪，将来史家会不会说我们借胡案杀戮功臣？"太子接着吐出了心中的忧虑。

朱元璋斩钉截铁地说："哼，朕为了江山永固，会怕若干年后史家的一支笔吗？你想想，他们几个混蛋既然收受了胡惟庸的贿赂，自然对朕处死胡惟庸不满。他们都是武将，唐胜宗、赵庸还屯兵在外。他们既心怀不满，难道你不怕他们拥兵作乱吗？"

太子仍然据理力谏："他们虽收受了胡惟庸的贿赂，或是一时糊涂贪图小利。儿臣以为还是要以是否参与了叛乱活动为定罪的依据。若不分罪行轻重，一律加以诛戮，是否失之过严？一旦错杀了忠臣良将，且勿论后人非议，也是我朝莫大的损失啊！"

朱元璋对太子的冥顽固执非常恼火，他在御案上击了一掌，站了起来："哼，朕宁肯错杀几个人，也不放过一个叛党！这些人既对朕心怀不满，即使现在未叛，以后也会叛；即使朕在有生之年未叛，待朕百年之后也会肆无忌惮地谋反叛乱！朕为的是你，为的是子孙后代，你懂不懂？"

太子见父皇震怒，只得跪下道："儿臣愚钝，不堪教诲。"

朱元璋也许预料到会有这样一场父子冲突，他取出一根早已准备好的荆杖。太子以为父皇要怒杖他，连忙抱住了头。

朱元璋将荆杖扔在地上，命令道："拾起来！"

太子不知父皇是什么意思，畏畏葸葸地伸手去拾，不小心让荆杖刺伤了，手一松复又掉到地上。

"哼，刺伤了吧？"

朱元璋用袍袖包住荆杖，抽出壁上的挂剑，几下将荆条上的刺削光，扔到太子面前。

朱元璋得意地说："现在它没法刺你了吧！你呀，身为储君，优柔寡断，心怀妇人之仁，哪是这班逆臣悍将的对手？朕不在有生之年把这些恶刺全给你削掉，大明江山还保得住吗？"

太子这时不知哪来的胆子，小声地嘟囔道："上有尧舜之君，下有尧舜之民——"

"大胆！你竟敢自比尧舜，视朕为桀纣吗？"朱元璋顿时暴跳如雷，举起座椅就要朝太子砸去。太子见势不好，离座就朝宫外跑。仓促间一幅画卷从他怀中掉落地上。

内侍捡起太子所遗画卷，小心翼翼地呈献给余怒未息的朱元璋。原来画面是战乱中马后背负着年幼的儿子朱标。这张"负子从军图"使朱元璋追忆起亡故已久的妻子，抚今思昔，使朱元璋从暴怒中清醒过来，不再追责太子。

但是，铁石心肠的朱元璋仍然不理会太子的劝谏，他在心里已下定决心：这一次朕决不能放过李善长这个老狐狸，不管他是不是参与了叛党！别看他已是垂死之年，只要李善长还有一口气，就是对我大明王朝最大的威胁。

"来人，宣锦衣卫指挥蒋献进见。"

蒋献奉旨匆匆进宫请安后报告道："臣已遵陛下的旨意一切准备停当。"

朱元璋问："李善长借汤和的那三百兵丁呢？"

蒋献奏道："汤将军借口自己解甲归田，那三百名兵丁已划归原卫所，全部索要回去了。"

"这样好。有一兵一卒在他那里朕都不放心。"朱元璋又吩咐道，"还有，你去钦天监看看，朝中出了这样大的事，天象没有变故吗？"

"臣遵旨。"

晚上，钦天监令郭衍正在露台上用望远镜观察星象，蒋献突然来访。

"郭大人，晚上还在忙呀？"

"啊，蒋大人。"郭衍离开他的望远镜招呼来客，"下官得记录每天的星象，蒋大人，您这大忙人也有兴趣来看看星星啊？"

"我才没这份闲心呢。下官受万岁差遣，不得不来呀。"

郭衍立刻双腿哆嗦："皇上有什么旨意吗？"

蒋献宣道："郭衍听旨：皇上口谕，你去钦天监看看，朝中出了这样大的事，天象没有什么变故吗？钦此！"

"臣领旨。"郭衍小心地问,"蒋大人,朝中出了什么大事?"

"有人勾结外国谋反叛逆。"

郭衍惊问道:"啊!什么人这样大胆?"

"自然是权臣悍将嘛。所以万岁问你天上的星象有什么变故没有。"蒋献用威胁的口吻说道,"郭大人,你身为钦天监令,可不要失职啊!"

郭衍慌忙拿起望远镜瞄向满天的繁星。

"有……有星变!有星变!"

郭衍瞄了一阵,颇为兴奋地叫起来。

"我说嘛,这满天的星星飞过来飞过去,哪能不变呢?还是皇上圣明啊。"蒋献道,"郭大人,这星变应在什么人身上,你赶快占卜。然后,进宫去向皇上报告吧。这可是你立功的机会啊。下官告辞了。"

新一轮对胡党的审判紧锣密鼓地进行,偏偏钦天监又奏言星变,占象应在大臣身上。谁都知道当今皇上是极为迷信星象的,似乎那瞬息万变的星空总能昭示国家的危亡。这使人们记起了徐达死前的那次星变。一时间京城骤然风声鹤唳,草木皆兵,空气中弥漫着死亡和浓浓的血腥气。

身居临濠韩国公府的李善长被封锁了消息,但是这几天连连出现的怪事:李存义失踪,连派去联络的家奴也没了踪影;汤和不留情面地索还借给的三百名兵丁,新建府第被迫停工;子侄们惶惶不安,下人们窃窃私议……这些不寻常的征兆使他预感到会有大祸临头。

李善长一连几天把自己关在书房里,以一种怪异的姿势躺在太师椅上,佛珠也不数了,经也不念了,恐怖地瞪大眼睛,不时用嘶哑的鸭公嗓子自言自语着:

"嘿嘿嘿,朱元璋你终于耐不住了要来杀我吗?我提心吊胆等了十年,这一天终于来了!嘿嘿嘿,你自比汉高祖刘邦,把我比作帮他出谋献策的萧何。刘邦杀了韩信、陈豨,杀了彭越、英布,唯一没杀的就是萧何。可你比刘邦还狠毒,连你的萧何都要杀了!你登基才三年就逼着我告病致仕,为自己挑选一个易于控制的宰相。为了安抚我,不惜把临安公主下嫁给我的儿子,还赐给我免死的丹书铁券。啊,那铁券在哪里?我要把它找出来,找出来……"

李善长突然从太师椅上跳起来,迸发出全身力气翻箱倒柜地寻找。终于找出那块高一尺宽六寸的瓦状铁券。他用袍袖拭去上面的灰尘,睁大昏花老眼辨认上面的文字:

李善长,授银青荣禄大人,上柱国,录军国重事,任中书左丞相,兼太子少师。封宣国公,子孙世袭。予铁券,除谋逆外免二死,子免一死。

"哈哈!朱元璋,'免二死'这不是你自己已许的吗?你杀不了我啦!你杀不了我,杀不了我……"李善长捧着铁券歇底里地在屋里手舞足蹈,眼泪鼻涕横流,染湿了那几绺稀疏的白胡子。

跳了一阵之后他终于安静下来，一屁股颓丧地坐到椅子上，那块铁瓦也"哐啷"一声掉落地下。基于自己对朱元璋的透彻了解，他终于承认这只是徒劳的幻想，朱元璋想杀他照杀不误，铁券管屁用！于是他一屁股瘫坐在地上，老泪纵横地呜咽起来。

就在此时，蒋献正带着圣旨朝临濠赶来。

翌日，数百名锦衣卫士兵将韩国公府团团围住。士兵们刀出鞘，箭上弦，如临大敌，把过路的市民吓得纷纷逃窜。

蒋献骑在马上，他一声令下，士兵们立即冲进韩国公府，把刀架在守门的家人脖子上。府中男女见状立即尖声喊叫，乱成一团。

蒋献从容下马，手捧圣旨至中堂宣旨。

"圣旨下，李善长接旨。"

家人们把李善长从书房里搀了出来，让他半跪半坐在地上。

蒋献展开圣旨，高声朗读。

"奉天承运皇帝诏曰：李善长身为元勋国戚，任其弟李存义勾结胡惟庸、陈宁等叛国谋反，知逆谋不举发，狐疑观望怀两端，犯下大逆不道之罪。朕仁宽为怀，赐李善长自尽，除其爵禄。驸马李祺奉临安公主及二子安置崇明，李存义、李佑、李伸等全家处斩，并籍没全部家产。钦此！"

这时，虚弱不堪的李善长拼着最后一口气站了起来。

蒋献厉声喝道："李善长，还不谢恩领旨。"

李善长仰天大笑一声："哈哈！他还要我谢恩呢？回去告诉你的皇上，他要杀我，不能找个更好些的理由吗？什么狐疑观望怀两端，我早把他这得志的小人看透了！"

蒋献原以为李善长会乖乖地接过那根赐他自尽的白绫叩头谢恩，没想到他死到临头还如此狂傲。他气急败坏地喝道："大胆老贼，竟还敢辱骂皇上，快与我执刑！"

两个士兵扑上去，老鹰扑小鸡般把李善长按倒地上，将皇上所赐丈余长的白绫往他脖子上一套，两端用力一勒，李善长舌头都被勒了出来，两脚踢蹬了几下，当即毙命。他揣在怀里的那块免死铁券掉落地上，也被士兵们踹破了。

这时，一些士兵把驸马李祺和他的两个儿子押解着，用一乘小轿将哭泣不止的临安公主送出府门。

只等公主走后，蒋献一声号令，士兵们立即亮出兵刃，扑向韩国府的七十余口男男女女。偌大的国公府刹那之间变成了屠场。被追杀的仆役丫环们凄惨哀号。有的奴婢被追得无处躲藏，跳进池塘淹死。也有企图翻墙逃命的仆人被士兵发箭射杀，刺猬似的钉在墙垣上。一场屠杀下来，府中各处横七竖八地堆着尸体，鲜血溅满了雪白的墙壁和窗棂，惨不忍睹！

在赐死李善长的同时，早已被朱元璋列入死亡花名册的吉安侯陆仲亨、平凉侯费聚、延安侯唐胜宗、南雄侯赵庸、荥阳侯郑遇春、宜春侯黄彬、河南侯陆聚等七位功臣也以附逆胡党罪被处死。

后来，不知又发现了什么证据，一些已故的将领也被追论为胡党，如洪武十二年亡故的济宁侯顾时,其子顾敬坐死;十五年卒的营阳侯杨璟、十二年卒的靖海侯吴桢、十九年卒的六安侯王志、二十年卒的永城侯薛显皆追论胡党爵除;临江侯陈德早死,其子陈镛随征纳哈出阵亡,亦因陈德追论胡党爵除;十五年卒于云南的汝南侯梅思祖之子梅义因父追论胡党被灭族;十七年卒于云南的宣德侯金朝兴追论胡党,其子金镇降职;靖宁侯叶升至二十五年坐交通胡惟庸事觉,被诛。

皇亲国戚中亦有人在这次大清洗中被牵连进去。邓愈之子申国公邓镇因娶了李善长的外孙女,籍名奸党被诛;郭宁妃的长兄巩昌侯郭兴于十七年病故,也莫名其妙地被追坐胡党。就连朱元璋的第八个儿子,此时已就藩长沙的潭王朱梓,娶了都督于显之女,于显父子均任指挥之职,这时均坐胡党被诛。朱梓自然惶恐不安,恰在这时朱元璋召他回京,朱梓恐遭废黜,竟与于妃双双自焚而死!这是藩王牵连党案的第一人。

胡惟庸叛乱案发十年之后,朱元璋终于借此案大开杀戒,连坐诛杀心怀怨望可能危害其统治的功臣勋将、文武官员及大族地主等共约三万人。朱元璋这年已经六十三岁,他感觉自己在世上的日子已经不多了。也许他的步履已开始蹒跚,但是,老皇帝的心硬如铁石,他要把自己心中那个隐秘的计划一步步付诸实现,不惜让血水染红他的江山,让死亡填满每个沟壑。

王国用冒死上疏为李善长鸣冤

一年之后,户部郎中王国用公开上书为李善长鸣冤叫屈。朱元璋并没有杀他。王国用的奏疏是狂生解缙代写的。解缙曾进万言书指摘皇上诸多错误。朱元璋深爱其才,但他这般狂妄在京城势难立足,遂命其父领其回乡,让他十年后再来为朝廷效力。

朱元璋赐死李善长并杀戮他的全家七十余口之后,索性大开杀戒,以勾结胡惟庸叛乱篡国的罪名,诛杀了大批功臣勋将、文武官员。使洪武二十三年成为明朝历史上最为血腥黑暗的一年。朱元璋还亲自撰写了《昭示奸党录》布告天下,公布被诛杀的这些功臣勋将的"罪状"。其实这些罪状很多完全是莫须有和臆想的。比如追论临江侯陈德为胡惟庸党,诏书称他"征西时有过被镌责,遂与惟庸通谋";营阳侯杨璟"诏书坐胡惟庸党,谓以瞿塘之败被责,有异谋云"。这真是欲加之罪,何患无辞!然而在朱元璋的高压政策下,朝野上下噤若寒蝉,谁也不敢出来说一个"不"字。因为你若敢于为被杀的胡惟庸党鸣冤叫屈,自己就有亲胡党的嫌疑。一旦惹恼了皇上,他随时可命锦衣卫捕杀你。

然而仅过一年,居然冒出了一个敢公然上书为李善长鸣冤叫屈的人。

这天,太子朱标在文华殿处理政务,内侍禀告有一个叫王国用的户部郎中求见。

太子诧异道:"一个郎中有什么事要见我?宣他进来吧。"

矮小而其貌不扬的王国用随内侍进了殿。

"微臣王国用叩见太子殿下。"

"王国用，你是在户部供职吧？有什么事应该由本部堂官转奏，何须来见本宫？"

王国用恭恭敬敬地道："臣有一奏疏想请殿下转呈皇上御览。"

"什么奏疏，呈上来。"

王国用呈上奏疏，太子看了个开头，立即大惊失色。

"你、你、你这不是为李善长鸣冤叫屈吗？"太子厉声叱道，"王国用，你好大的胆子，你不想要命了？"

谁知矮小的王国用平静地奏道："启奏殿下，臣情知此疏若送呈御前，皇上必赐臣一死。因此臣离家之时早已嘱咐家人，准备棺木给我收尸了。"

太子道："本宫有些不解，你与李善长非亲非故，肃清胡党又没有整到你的头上，你为什么要干这样的蠢事呢？"

"太子殿下，此次因胡党案株连者数以万计，其中既有勋臣贵戚，也有普通官员，缙绅大户。因而朝野惊恐，人人自危，不知厄运何时降临自己头上。这场大灾难实由李善长而起，但臣无论怎样也找不出垂暮之年的李善长谋反叛逆的理由。所以臣愿以蚁蝼之身冒死上疏，若皇上能以臣言不妄而为将来之戒，则臣死不足惜矣！"

太子这时方把奏折草草看了一遍，然后对他说：

"你说的不无道理，但本宫可以告诉你，父皇对自己做过的事是从不后悔的。你回去等着吧。"

"臣遵旨。"

王国用走出文华殿，正巧遇到十四岁的皇孙允炆进来，他垂手恭立一旁，等允炆入内方走。

允炆给太子请安后好奇地问道：

"父王，刚才出去的那个矮子是什么人？"

太子正看着奏折，不经意地答道："他啊，一个死人。"

允炆诧异问道："奇怪！他明明活得好好的，怎么会是死人？"

"唉，那颗脑袋不过暂时寄在他颈上罢了。"太子道，"他上奏为李善长鸣冤叫屈，你说这不是找死吗？"

"他就是那个户部郎中王国用啊？儿臣听说这个人不畏死，要为李善长鸣冤，但他文笔不行，因此请狂生解缙代笔写了一份奏折上奏皇祖，以求一死。"大概这事已在京城传开了，小允炆消息倒还灵通。

太子把王国用的奏折递给允炆。

"这就是那份奏折，父王都没敢读完，你念念吧。"

允炆拿起奏折："前面儿臣就不念了，这儿才是要紧之处：'善长与陛下同心，出万死以取天下，勋臣第一，生封公，死封王，男尚公主，亲戚拜官，人臣之份极矣。藉令欲自图不轨，尚未可知，而今谓其欲佐胡惟庸者，则大谬不然……'嗯，他说的有一定的道理。儿臣也听说李善长从来看不起胡惟庸，称他为鼠辈小人。"

太子道："你继续念下去。"

允炆又朗朗念道："人情爱其子，必甚于兄弟之子；安享万全之富贵者，必不侥幸万一之富贵。善长与惟庸犹子之亲耳，于陛下则亲子女也。使善长佐惟庸成，不过勋臣第一而已矣，太师国公封王而已矣，尚主纳妃而已矣，宁复有加于今日？且善长岂不知天下之不可幸取？当元之季，欲为此者何限，莫不身为齑粉，覆宗绝祀，能保全首领者几何人哉？善长胡乃身见之，而以衰倦之年身蹈之也？凡为此者，必有深仇激变，大不得已，父子之间或至相挟以求脱祸。今善长之子祺备陛下骨肉亲，无纤芥嫌，何苦而忽为此？若谓天象告变，大臣当灾，杀之以应天象，则尤不可。臣恐天下闻之，谓功如善长且如此，四方因之解体也。今善长已死，言之无益，所愿陛下作戒将来耳。臣王国用泣血顿首。"

允炆念完奏折，父子俩都默默无语片刻，少顷，太子开口问："怎么，你说这份奏折是解缙代王国用写的？洋洋洒洒，真像是他的文笔。"

允炆大人似的摇摇头："只有他才这么狂啊！"

太子道："解缙二十岁举进士，以庶吉士侍驾。你皇爷爷深爱其才，有一天你皇爷爷对他说：'朕与你义则君臣，恩犹父子，当知无不言。'解缙得了这句话可来劲了，第二天就上了一封万言书，开头就说：国初至今，将二十载，无几时不变之法，无一日无过之人。尝闻陛下震怒锄根剪蔓，除其奸逆；未闻褒一大善，赏延于世，复及其乡，始终如一者也。"

允炆笑道："父王为什么记得这般清楚，是不是很欣赏他这段话？"

"你别打岔。我跟你说完他这万言书。你皇爷爷不是叫解缙知无不言么？于是他仗着自己肚子里的才学，对你皇爷爷该读什么书，该尊什么圣贤，祀奉什么神，禁绝倡优官妓，勿近寺阉小人，提出一连串建议。又对他用人非贤，严刑峻法，崇信神佛，乃至于税收、刑法、兵政、职官名称等不当之处一一批驳。我当时吓了一大跳，很为解缙捏一把汗，可你皇爷爷一笑置之，并没有责备他狂妄，反而连声称赞：才子！才子！"

太子的这番描述引发了少年允炆的强烈兴趣："父王，那万言书还在不在？儿臣倒想找来看看。"

太子道："这解缙太狂了！这次只怕要惹祸上身。你皇爷爷可以容忍他信口雌黄，却不能容忍别人对他的政治决策指手画脚。其实十年前他就怀疑李善长是胡惟庸的后台，只是当时没有找到胡惟庸勾结他的证据罢了。"

小允炆着实为他心仪的才子解缙担心，他天真地问："王国用这封奏折，我们能藏起来不给皇爷爷看吗？"

太子为难地摇摇头："这事既已在京城传开了，若把奏折压下不让父皇看到，岂非欺君之罪！允炆，莫若你去把奏折送给皇爷爷，你相机行事，若能平息父皇的怒气，就是他们俩的造化了。"

"儿臣遵旨。皇爷爷今天好像心情还不错，我就给他送去。"

允炆赶到乾清宫时，朱元璋处理政事累了，正好在庭前舞剑消乏。

允炆站在一旁观看，见朱元璋收了剑，他"啪啪"地鼓掌叫好。

"皇爷爷，您六十多岁了，剑法还如此精湛，真令孙儿羡慕！"

"不行了。"朱元璋喘着气说，"允炆，皇爷爷到底老了，在家里比划比划还像个样子，若要上阵杀敌可不行了。"

允炆不以为然地说："皇爷爷手下有那么多将领，还用得着您亲自上阵吗？"

"哼，将领虽多，可惜他们不与朕一条心。徒为后患啊。"朱元璋见允炆拿着奏折，问道："允炆，从你父王那里来吗？今日有什么重要奏疏？"

太子命小允炆相机行事，他见无可躲闪，索性挑明奏道："有一份为李善长叫屈的奏章，父王命孙儿送呈皇爷爷御览。"

朱元璋已整理好衣服，听允炆这么说，颇为惊异："什么人这么大胆，竟敢为李善长叫屈，呈上来。"

朱元璋仔细阅读允炆呈上的奏折，允炆目不转睛地注视着他的面部表情。

"允炆，你看过这份奏章没有？"

"孙儿听说这个吃了豹子胆的王国用竟敢为李善长鸣冤叫屈，不觉好奇，在来之前也曾看过。"

朱元璋非常喜爱允炆，认为他在很多地方强过他的父亲。因此常常刻意培养他判断事务的能力，因而问道："允炆，王国用说李善长决不会现成的富贵不要，去图那虚无缥缈的富贵；又说李善长深知天下不可幸取，决不会以身蹈险。你觉得他讲得对不对？"

允炆从容对答道："王国用只是个俗人，他用俗人的眼光来看这件事，这样讲似乎很有道理。但孙儿觉得皇爷爷站在江山社稷的高度看，李善长和胡惟庸沆瀣一气又是必然的。皇爷爷杀他一点也不冤。"

"知朕者吾孙也！"朱元璋不胜欣喜，一把搂过允炆，又考验他的智慧似的问道："那你觉得皇爷爷该不该处罚这个胡说八道的王国用？"

允炆翘着小嘴说："无奈这个王国用并不怕死。他对父王说：他已命家人把棺材都准备好了。孙儿还听说，王国用并无文才，这份奏章是请别人代笔写的。"

"他请谁代写的？"

"就是皇爷爷赞为才子的解缙。"

"解缙写的？难怪文笔如此洋洋洒洒。这个解缙，朕如此厚待他，为什么也要赶这趟浑水？"

允炆小心地问："皇爷爷也要处罚解缙吗？"

朱元璋不屑地道："哼，王国用、解缙两个混蛋，他们不是想借此事声震朝野，扬名立万吗？朕岂能成全了他们。朕杀的只是危害君国的逆臣悍将，他们这样的小泥鳅翻不起大浪，朕杀他做甚？"

允炆到底是小孩，喜怒形于色，咧嘴笑道："皇爷爷圣明！这下孙儿就放心了。孙儿虽然不喜欢解缙那样张狂，但也不想见他身首异处啊！"

第二天，朱元璋命宣王国用入宫。

王国用情知皇上一定看到了他的奏折了，自度召见必死无疑，因此在官服下面穿了一件白袍，意在为自己服丧。他一进宫就跪地请罪。

"罪臣王国用恭请圣安，吾皇万岁万岁万万岁！"

朱元璋不屑地瞅着他那滚圆矮胖的身体："王国用，你的奏折朕看到了。你一个户部郎中，怎么想起来为李善长翻案的？"

王国用跪在地上不抬头，只说："臣有罪，请皇上处罚臣吧。"

朱元璋又问："是不是有人指使你？"

"没有。罪臣不过觉得李善长深受皇恩，没有理由跟随胡惟庸谋反，故而冒死上疏。"

朱元璋又问一句："是这样吗？"

"罪臣是这样想的。"

"那好。退下去吧。"

朱元璋一挥手，内侍忙示意王国用谢恩告退，可他仍然执拗地跪在地上不起来。

"罪臣不惧一死，请皇上当面赐罪。"

朱元璋被他惹火了，一拍御案："王国用，你想用你的头颅来证明朕素喜滥杀无辜，因此杀李善长也是杀错了，是吗？"

这下王国用倒被吓得抬起了头，呐呐地奏道："罪臣不敢这样想，只是……"

朱元璋不想听他啰唆："告诉你，朕不杀无罪之人。你既不是受人指使，只是对李善长的死有怀疑。有些内情你哪能知道，不知者不罪，回去吧，今后不要多管闲事了。"

"臣记住了，容臣告退。"王国用连爬带滚地往后退。

走出宫门，王国用怎么也不相信皇上会这么放过他。他擦擦额上的冷汗，不小心一个趔趄，差点给自己的袍角绊倒在地上。

解缙是江西吉水人，他的祖父是前元朝安福州判官，死于兵乱。他的父亲解开曾受朱元璋召见，但不愿入朝做官。解缙在洪武二十一年考中进士后，解开亦来京居住。

解缙恃才傲物，谁也看不起。你道他连皇上这样那样的错误都敢指斥，还有谁不敢骂？他得罪了兵部尚书沈溍，被沈溍告了一状，朱元璋遂不再让他常侍身边，将他改任御史。在御史任上他仍然毫不收敛锋芒，听到同僚夏长文对左都御史袁泰有怨言，解缙不分青红皂白，又代夏长文写奏疏举劾袁泰。由此得罪了顶头上司，解缙在京城里越发难以立足。

于是朱元璋将解开召来，颇为委婉地对他说："你家解缙很有些才气，朕很喜欢有才华的青年人。然而他年轻得志，在京城里很容易染上沽名钓誉的恶习。俗话说：大器晚成。你暂且将他带回家乡去，让他多读些书，多学些东西，改掉身上的浮躁气息。十年以后再来，朕重用他不迟。"

朱元璋的话说到这个份上，解开心知肚明，儿子在京城里待不下去了。趁他还没闯大祸，赶紧收拾行囊回到了江西乡下。

后来，朱元璋与太子及允炆谈及解缙之事，允炆读了解缙的万言书和后来进献的《太平十策》对他的文才颇为倾倒。听说解缙解职回乡去了，允炆深感遗憾。

"皇爷爷，您打发解缙回乡下去了？"

"是啊，他待在京城里，恃才傲物，这也看不惯，那也要管，像个刺头儿似的，迟早要闯祸啊。"

"皇爷爷，您叫解缙十年以后再来，那时也许……"允炆说了半句又止住了。

朱元璋笑笑，道："允炆，你不用忌讳，你想说那时朕也许不在了是吧？"接着他严肃地对太子和允炆说，"尔等若继承大统，对解缙这样的人，要用其才而挫其锋，懂吗？"

允炆似有些不懂："用其才而挫其锋？"

朱元璋若有所思地道："唉，经过这一次挫折，也许他会把那浑身的刺磨去一些吧。"

太子忙道："儿臣等谨遵教诲。父皇，儿臣还有一事禀奏。"

"说吧。"

"近日兵部累接边关奏报，元嗣君脱古思帖木儿死后，平静了一段日子。最近又有元太尉乃儿不花和丞相咬住在蒙古境内聚集了数万人，时有扰边。兵部请示父皇早定征伐之计。"

朱元璋皱着眉头道："朕早就说过，一个朝代是不会那么容易消亡的。这不，蓝玉在捕鱼儿海抄了元庭的老巢，脱古思只身逃脱。尽管内讧中他又被人杀了，可是蒙古人是以一个个部族聚居的，那些溃散的前元朝官吏又可聚众为患，鬼知道他们有多少丞相，多少太尉？朕对此早有准备，去年就命雄武侯周武往河南，全宁侯孙恪往陕西，分别训练兵马，随时听征漠北。今年又命辽东指挥使司调集三万匹军马入关。这一回朕要剪灭元朝余孽，令其在十年内不得为患。"

"父皇圣明，"太子躬奏道，"只是此次北征，父皇拟差何人挂帅？现在有北征经验的将领只剩下傅友德和蓝玉二人。傅友德年事已高，难胜塞外征战之苦。蓝玉现在贵州征剿西番蛮，要不要将他调往北方？"

"哼，死了张屠户，就吃混毛猪啊？"朱元璋不满地瞪了太子一眼，"这次若再差蓝玉北征，他的尾巴更会翘上天了！"

"父皇准备差遣何人？"

"晋王、燕王就藩多年，统驭属地兵马也有一定的经验了，为什么不能命他们统兵出征，而辅以傅友德、王弼等老将呢？我们迟早要走这条路的。"

"父王圣明。"太子道，"只是……"

"只是什么？"

"儿臣担心，三弟和四弟年纪太轻。实战经验全无，军中的老将都是跟随父皇征战多年的功臣，能不能服服帖帖听其指挥？"

听太子这么说，朱元璋有些生气了："等一等，朕来问你，朕百年之后，为你统兵征伐，守卫江山的是谁？是蓝玉吗？哼，他未必靠得住！只能是你的皇弟们。朕把他们封于北疆前线意即在此。这一次,朕就是要考察一下军中的老将功臣能否安然地听从诸王的指挥节制。若他们此时就不服诸王,岂非后患无穷?那样的话,朕就不得不采取断然措施,预为防范了。"

太子知道父皇所说的"断然措施"就是新一轮的诛戮功臣,那是他最不愿看到的事。于是他转口道:"儿臣多虑了。晋王和燕王自幼勤习兵法,弓马娴熟,父皇此次命他们统兵北征,对他们确是一次很好的实战锻炼,儿臣也为他们高兴。"

朱元璋踌躇满志地道:"这次北征朕已筹划多时,若非年事已高,朕还准备来一次御驾亲征呢。元朝余孽不彻底覆亡,总归是朕的一块心病,朕还能把它带到棺材里去吗?这样吧,明天朝会上宣布北征部署,同时遣使赴乃儿不花和咬住军中谕降。朕仍然先礼后兵,务求毕其功于一役。"

"父皇圣明。儿臣这就召兵部与五军都督前来面驾,议定出征事宜。"

允炆年纪虽小,可是很有心计。他听祖皇与父亲谈话,今后将由藩王统兵征战,执掌兵权,小小的心里就有一些担忧。

允炆待太子议事完毕回到东宫,亲自捧上一盏香茶,屏退内侍,对父王说:"孩儿听说这次元朝余孽虚张声势,号称数万,其实只有五千骑,连家属才一万多人。皇爷爷年事已高,父王何不以储君的身份代天行讨。这样军中诸将也不会有不服的。一旦奏凯班师,父王威望也会大大提高啊。"

太子对允炆的建议不以为然,他道:"嘿,你不是不知你父王从未涉猎兵法,不知兵为何物,一旦到了战场怎去统兵?再说我每天处理政务忙得昏天黑地,难道这摊子事又让你皇爷爷管去?"

允炆道:"听皇爷爷的意思,今后军权要由大将功臣手中转由藩王掌握。那些功臣宿将再怎么说都是臣子,有了过失要贬要杀都不难;可藩王就不同了,三叔晋王骄纵惯了,不久前还有御史参他擅自扩充护卫,图谋不轨。皇爷爷本来要召他来京罚斥,是父王保了他。四叔燕王更是心有城府,见过他的人都说他越来越像皇爷爷。孩儿担心以后若由二位叔王掌握兵权,他们若欺父王仁厚,拥兵自重,岂不是更大的后患?"

太子斥道:"小孩子不要瞎说!二位叔王与我骨肉之亲,哪会有此等事情发生?你皇爷爷深谋远虑,什么都考虑周全了。以后别再乱说这样的话,惹得你皇爷爷不高兴,又要责怪父王对你疏于教育。"

小允炆挨了训,不服气地说:"其实元朝余孽没多大势力,用得着举国上下兴师动众来对付吗?"

"你呀,到底是年幼无知,哪知你皇爷爷的用意啊!"太子压低声音说道,"胡党案诛杀了这么多人,朝野惊恐,人人自危。和蒙古人一打仗,把大家的视线转移到边关战事上去,不是很好的缓解吗?"

允炆恍然大悟:"啊,原来是这样。"

第二十七章

雏鹰试飞

朱元璋第一次命藩王领兵出征

朱元璋第一次命藩王领兵北征。老将军的心愿：像杨令公一样捐躯疆场。"晋王所部迟迟未到，我们几万人马能在这沙漠里等他们吗？"草原深处的风雪中出现了几个黑点。兵贵神速，燕王下令骑兵冒雪急驰迤都城。

翌日早朝，兵部尚书沈溍出班奏事。

"臣兵部尚书沈溍启奏陛下：洪武二十二年，窜逃塞外的残元余部又发生了一次内部倾轧。也速迭儿鸩杀了元嗣君脱古思帖木儿及太子天保奴，立了坤帖木儿。后来也速迭儿又让太尉乃儿不花杀死。乃儿不花与丞相咬住纠集了数万兵马，又有南下袭我边关之势。臣以为元朝残部不能任其死灰复燃，应在其声势尚未壮大之时一举歼灭之，俾使我大明永绝后患。"

对于这件大事，朱元璋觉得有必要对他的臣子们进行一番教育。他命沈溍归班，不急不缓地说道：

"沈爱卿所奏极是。蒙古人在我们中原当了近一百年皇帝，他们先后在我们的国土上分封了六十六位王爷，什么燕王、秦王、晋王、梁王、安西王、镇南王等，把我们的国土全瓜分了。各省的大官全是蒙古人。他们怎能忘记中原土地的肥美富庶，哪像他们那里白茫茫一片雪原？他们做梦都想再来当这儿的主子啊！前年蓝玉在捕鱼儿海让脱古思帖木儿溜掉了，朕就料想他准会有一天卷土重来。他是让人杀了，可那些丞相啊、太尉啊都是在我们中原尝过甜头的，谁不想再来重温旧梦呀？别看他们现在只几万人，蒙古族像他们养的牛羊一样，特会生养繁殖。说不定再过几年他们又纠集几十万人了。蒙古人是没有什么军民之分的。十几岁的蒙古娃子个个都会骑马射箭。所以朕这次下了决心。要把乃儿不花他们彻底剿灭,所有宗室官员男女全部内迁。让他们经过几代彻底归化为汉民。把他们宗室的土地财产分给牧民们,叫他们在草原上专门喂牛羊,不再与天朝为敌。"

听了朱元璋这番讲话,众臣齐声称赞:

"皇上圣明。此策为万安之计!"

沈溍奏道:"臣秉承圣意,已与户部将北征的兵马钱粮准备就绪。臣请陛下诏告天下,由哪位将军挂帅率师北征?"

朱元璋宣布道:"现西南不靖,蓝玉等诸将均在征讨西番诸蛮。此次北征朕拟命晋王朱㭎和燕王朱棣挂帅,分两路出兵。晋王统山西诸卫出左路,以定远侯王弼为左副将军,雄武侯周武为左参将,听晋王节制。燕王统河南北平诸卫出右路,颖国公傅友德为征虏前将军,怀远侯曹兴为右副将军,全宁侯孙恪为右参将,听燕王节制。齐王朱榑也率山东指挥使司及本部护卫精锐马步军随燕王出征。两路兵马分兵进发,于蒙古境内会合,包围元军,务必一举而定之。"

在朝的傅友德、王弼、曹兴等将领出班领旨道:"臣等谨遵圣谕,必一举而克顽敌!"

朱元璋说:"朕即敕令晋王、燕王做好出征准备,大军于三月初誓师出征。"

满朝文武齐声道:"陛下圣明。吾皇万岁万岁万万岁!"

年届二十八岁的燕王朱棣接到朝廷的北征敕令,心情既兴奋又紧张。他从小在大本堂读书时,对兵法弓马等武备的兴趣就远比经史和诗词歌赋高。就藩以后担负着巩固北方边塞的重任,他有意地跟出镇北平的大将军,也是自己的岳丈徐达学习治军之道,积累了许多经验。不过,真正地执掌三军领兵出征这还是头一遭,内心的紧张与兴奋是可以想象的。

接到朝廷敕令后,他就叫人去大庆寿寺将道衍和尚请到王府来,第一时间把这个消息告诉了他。

道衍兴奋地说:"老衲甚为王爷高兴,这正是王爷在皇上面前立功的好机会。不立功怎能使圣眷更隆呢?王爷说是与晋王各统一路兵马前往吗?那王爷更要争先发兵抢立头功,至少不要输与了晋王。"

燕王担忧道:"蒙古人是很狡猾的。塞外茫茫雪原,地广人稀,他们若不与我军正面抵敌,而是凭着熟悉的地形跟我们捉迷藏。我军数万人深入漠北,一旦师劳兵疲,后勤困难,反遭敌人偷袭而落败,本藩有何面目去见父皇?也会在众兄弟面前声誉一落千丈啊!"

道衍安慰他道:"王爷不必过虑。王爷不是说有傅友德将军辅佐你么?傅友德多次随徐大将军北征,他对付蒙古人肯定很有经验。王爷多听取他的意见,也显得王爷尊重前辈虚怀若谷啊。"

"大师能随本藩同去么?小王也好随时向你讨教。"

道衍一笑道:"大军中带个和尚算什么呢?不太扎眼了么?王爷只须牢记一条:深入敌人腹地,兵贵神速。多派斥堠探马,一旦探寻到了敌军驻地,一举包围歼灭之,勿任其逃脱。王爷大胆统兵前去,贫僧在后方为王爷祈祷早日奏凯班师。"

燕王诚心一揖道："多谢大师！"

春节过后，各路兵马齐集北平。齐王朱榑也率山东诸卫所马步军随征，燕王令其断后。春寒料峭中大军从古北口出关。天上还飘着断断续续的雪粒，燕王在傅友德、曹兴、孙恪等众将簇拥下冒着风雪驰马前进。

出关不久，道旁高高的山崖上，突现出一座破败的祠庙，燕王驻马用鞭一指，问身旁的老将军傅友德。

"颍国公，您曾多次北征，这塞外荒凉之地哪来这么一座祠庙，它是为谁而立？"

傅友德在马上躬身道："禀王爷，北宋年间，老将杨业率领杨家将在此抵抗辽兵，两河口战败，杨令公以身殉国。杨家将的孤儿寡母前仆后继镇守边关，保卫北宋疆土不受侵犯，名垂千古。后人为了纪念杨业，在此建祠，以期时时祭奠。只是从元朝以来，此地汉人已经很少了，香火断绝，祠宇破败不堪。杨业的塑像都让蒙古人给毁了。"

燕王听了这番介绍，不胜唏嘘感叹。他对身后诸将道："对此为国捐躯的民族英雄，我等应去凭吊一番。众将下马。"

众将跟随燕王，踏着崎岖不平的石子路爬上山崖，来到那座破祠前。祠门上"杨令公祠"几个字斑驳可见。士兵们使劲推开铁枢已锈蚀的祠门，里面扑喇喇飞出一群蝙蝠，让大家猛然一惊。士兵们用枪矛拨开尘封的蛛网。燕王带领众将在破坍的拜坛前，对着黑魆魆空荡荡的神坛深深施礼，向四百年前为抗击外寇战死沙场的民族英雄致敬。

从山崖上下来的时候，因为石子路面上晚间冰冻未完全融化，走在前面的好些士兵都滑倒了。山路又窄，旁边是陡峭的危崖乱石，跌落下去非死即伤。亲兵们忙过来搀扶燕王，燕王道："本藩年轻能站立得稳，你们快去搀扶好傅将军。"

年过六旬的傅友德对燕王如此谦恭敬老甚为感激，从山崖上下来时，他对燕王说："王爷，老臣追随皇上大小历百余战，至今已垂垂老矣！此次恐是老臣最后一次出征了。此次若遇蒙古人有备反扑，请王爷一定派老臣出战。"

燕王笑道："颍国公，您这话小王有些不解，我们麾下有那么多年轻战将，难道您老还要与他们争功啊？"

"王爷说笑话了。老臣已官至国公、太师，还需争什么功呢？不过，老臣给王爷说句掏心窝子的话：开国功臣中俞通海、张德胜他们在战场上阵亡了，有人说他们不值，跟着皇上打江山，却没来得及享受爵禄富贵，封公封侯。老臣却不这么想。这几位算有福的人了，他们的塑像在鸡鸣山的功臣庙里占了一席之地，子孙也稳稳当当袭了爵。而我们这些在世的却保不住啊！像陆仲亨、唐胜宗他们随了逆党，落个身首异处多不值呀！老臣若是像杨令公一样在这冰天雪地的塞北疆场为国捐躯了，以后说不定会有人建祠来纪念我，说有个傅友德在跟蒙古人打仗时阵亡了……"

老将军说出这番出自肺腑的话，他那布满沧桑的脸上禁不住老泪纵横。

"呸，呸，呸！我们刚刚出关，老爷子怎么说这种不吉利的话？"怀远侯曹兴连连对地上吐了几口唾沫。

"啊啊，老臣没想到这一点，该打嘴巴。"

燕王在崖边停住步，若有所思地望着朝下走去的傅友德，摇了摇头。

燕王率大军出关后，向北行军数日，已经到达沙漠深处的蒙古境内。

夜晚，中军大帐外面朔风呼啸，帅旗被刮得呼喇喇响。燕王正召集众将议事。

燕王问曹兴道："曹将军，往西去与晋王所部联络的哨骑回来没有？"

"禀王爷：昨天派出去的哨骑西行二百余里，沙漠里没遇到一个人影儿，哪有什么兵马？末将今又派了一拨人出去了。"

燕王沉吟道："奇怪，晋王从太原出发，出雁门关、大同，应该比我们还近，怎么现在还没到呢？"

老将军傅友德道："王爷，若晋王所部迟迟未到，我们几万人马能在这沙漠里等他们吗？请王爷从速定夺。"

燕王果断地说："我们当然不能待在这儿老等。能和晋王会师当然好，万一不能会师，我们也要直捣元军巢穴。问题是蒙古草原这么大，现在还没有探明乃儿不花和咬住在什么地方。我们必须先探明敌人的驻地才好定奔袭之计。"

傅友德建议道："王爷所言极是，我们应立即向正北、东北、西北三个方面派出小股兵力做哨探，一路向所遇蒙古人或汉人盘问，查悉元军踪迹，探明其驻地。"

深入蒙古腹地武装侦察，这是个危险的任务。燕王为了锻炼自己属下护卫军的战斗力，特地差遣燕山左护卫千户朱能、燕山右护卫千户丘福和燕山中护卫副千户火真，各率二百名骑兵，向正北、东北、西北三个方向探察敌情，若探得元军的驻地或动向，立即飞报大营。燕王告诉他们，大营将以一个时辰约十里的速度向正北方向进发。燕王给他们每人发了一个指北针，并警告他们：若迷失了方向不能完成侦察任务军法从事！

副千户火真是蒙古族人，燕王命他在军营中选几个蒙古族的士兵，装扮成迷路驼商，一路遇有牧民就向他们打听元军的去向。迅速向大营报告。

二十岁才出头的火真是个愣头愣脑的蒙古大汉，他俏皮地用蒙语回道："末将遵令！"

三支轻骑立即顶着呼啸的狂风，从大营疾驰而去。

天明后大营继续开拔，两个时辰后天色骤然阴沉下来，突然下起了鹅毛大雪，呼啸着的狂风把纷飞的雪片打在人们脸上，让人睁不开眼。

率领前军的曹兴驱马至燕王面前，在呼呼的狂风中大声喊叫：

"王爷，雪下大了，是不是叫大营人马停下来埋锅造饭，避避寒。"

燕王抬头望着天际黑压压的云头，估计风雪一时停不了，命令道："全军停下来做饭吧，吃完饭再走。"

朱能和丘福他们离开大营已经五六个时辰了，至今还没有回来，也没有捎回任何信息，燕王不禁焦急起来，趁着扎营的时候，他带着几个亲兵驰至不远处的一座沙丘上，焦急地向前方眺望着。

狂风卷着飞雪和刮起的砂石无情地向燕王脸上扑来，他用几乎冻僵的手拂去脸上的雪粒和战盔上掉来的冰碴，又提起缰绳让战马轮换地踏动双蹄取暖。尽管环境如此恶劣，他那双炯炯有神的眼睛仍然透过漫天飞舞的雪花，牢牢地盯着前方，期盼着他的爱将们归来。

蓦然，草原深处的风雪中出现了几个黑点。

"王爷，王爷，看，那个方向有人来了！"

风雪中的黑点慢慢地驰近。

"看那马上的装扮像是火真火大人！"

不久，果然是蒙古商人打扮的火真带着几个部属，急驰至沙丘前滚鞍下马。憨憨的蒙古大汉掩饰不住内心的喜悦，大声向燕王报告。

"禀报王爷，末将已探得乃儿不花所部驻在迤都城。"

"你是怎么探知的？"

"末将一路碰到牧民就问太尉和丞相在哪里，说我们是给朝廷贩运火石香料的客商。有几个牧民说太尉带了几千兵马驻扎在迤都城，每天都有蒙古兵出来收购牛羊食物。末将冒险到离迤都只几里的小山上观察了一下，城里除了原来的房屋，果然新添了大大小小数百个蒙古包。"

燕王兴奋地命令道："好。速传傅将军、曹将军他们到中军帐来。"

不一会儿，诸将匆匆赶到帅帐。燕王已在地上铺开军事地图。

"各位将军，本藩派出的哨探已经探明，乃儿不花所部驻扎在迤都城。各位请看。"燕王用马鞭指着地图，"这是我们现在所处的位置。迤都在这里，距此约八十余里，若发动奇袭我们的骑兵部队两个时辰内即可到达迤都，后续大军亦在一天之内可达迤都城外，对其形成包围。"

前军主将曹兴听着帅帐外猛兽般呼啸的风声，面有难色道："王爷，现在雪下得正紧，马步军行军艰难，也容易迷失方向。末将主张暂且在此扎营，等雪停了再走。"

燕王征询老将军傅友德的意见道："傅将军，您的意思呢？"

傅友德仔细地端详地图，审慎地思考着。

燕王道："兵贵神速。这么大的雪，乃儿不花怎么也想不到我军会冒雪而来，正是出奇制胜的好机会。再说，我军数万人马驻此，动静很大，若给敌人反侦察得知，他又会趁机溜走，所以必须冒雪加速驰进，打他一个出其不意。"

这时傅友德表态道："王爷的主张乃兵法上出奇制胜之策，老臣甚为赞同。三路哨探都回来了吗？"

这时，朱能和丘福相继驰马回营。

朱能进帐全身已成雪人，浑身都冒着热气，他摔打着身上的冰雪，报告道："禀王爷，末将探明乃儿不花所部驻在据此约八十里的迤都城。"

丘福胡子上都结满了冰碴，他兴奋地报告："禀王爷，末将已探明元丞相咬住所部在迤都城北约二十里的地方，与乃儿不花互为犄角。"

燕王嘉奖道："好。你们速去吃饭，休息待命。"

朱能和丘福请命道："末将等熟悉地形，请准许我们率部攻击迤都。"

"你们先下去歇歇，换一身干衣服，把饭吃饱，仗有你们打的。"

打发完两位爱将，燕王与傅友德商量后，高声宣布道："各位将军请听本藩将令：命现在埋锅煮饭的各部迅速进餐。进餐后曹将军率所部骑兵并统率燕山三护卫骑兵冒雪急驰迤都城，抢占城外高地。在风雪掩护下尽量不让敌军发现。本藩和傅将军率大营于四个时辰内赶到，从四面包围迤都。齐王朱榑押辎重断后。各部均带足干粮行军。"

年轻的燕王号令分明，众将齐齐应声道："遵令！"

数千骑兵在曹兴和朱能、丘福等率领下，冲进茫茫风雪中，不久就消失在远方。

薄暮时分，大军也在风雪中到达迤都城外。先期到达的曹兴、朱能、丘福迅速来到燕王马前禀报军情。

曹兴道："禀王爷：末将等到达迤都城外，蒙古人的哨兵还未觉察就被我们悄悄地干掉了。现已分兵四路监视着迤都城的四门。我们在风雪的掩护下隐蔽得很好，蒙古人好像还未发觉我们的到来。"

燕王嘉许道："很好。傅将军，迅速分派各路马步军将迤都团团围住，营寨军帐上多张旗帜，擂鼓造势。量必乃儿不花这会儿也知我大军从天而降，可惜他想逃已经迟了。众将布好防速来中军帐议事。"

燕王的中军帐里灯火通明。这时肆虐了一天一夜的风雪也停住了，众将围在燕王周围议事。

经过一夜风雪中的急行军，六十多岁的老将军傅友德仍然精神矍铄。面临大战，他异常兴奋地建议道："王爷，我军现已将迤都团团围住，我众敌寡，依老臣之见，不如趁敌人慌乱之际，发起突袭，杀入城中，擒获乃儿不花。"

众将也大都摩拳擦掌地附和老将军的意见，踊跃请战。

燕王经过一番思索，却说："傅将军，本藩以为不然。我军虽对敌形成合围，但经过长途跋涉，已经人马疲惫，若再施攻击，势成强弩之末。若敌人拼死突围，或许会被其逃脱，再与那咬住合兵一起就麻烦了。"

傅友德说："依王爷之见怎么办？"

燕王从容道："兵法上说，不战而屈人之兵，善之上善也。大军骤至，乃儿不花必然惊慌失措。此时我若施以诱降，在反抗无望的情况下，事或可成。"

对年轻藩王的从容度势，傅友德心存佩服。他道："嗯，老臣太急于求成了，王爷说的在理。洪武二十年我们征讨纳哈出也是围城后派降将全国公观童进城去劝降，结果兵不血刃地拿下了金山。"

燕王问："观童还在吗？"

"观童还在老臣军中效力。"

燕王高兴地说:"好,待本藩修谕降书一封,再派观童去迤都城走一趟。若能说服乃儿不花投降,本藩给他记一大功。"

傅友德道:"老臣就去叫他来,王爷做好准备。"

虽如此,燕王仍令诸将做好两手准备。如谕降不成,即开始攻城,务将城中元军全歼,并采取严密措施,严防乃儿不花趁机逃出城外。

"燕王很会用兵,肃清沙漠就靠他了"

元太尉发现一夜之间被从天而降的敌军包围了。全国公观童进城谕降。在明军重重包围下,元太尉丞相皆降。朱元璋笑逐颜开:"朕的燕王很会用兵。今后肃清沙漠就靠他了。"晋王率部在草原上转悠了几天,却始终没见元军踪影。

迤都城里,元太尉乃儿不花和他的部属们在一场风雪过后,突然发现城外人马喧哗,四周遍树旗帜,明军营帐连绵数里。他们在一夜之间被从天而降的敌军包围了。

乃儿不花和他的部属们顿时惊恐万状,乱糟糟吵成一团。

乃儿不花狂暴地抓住守城部将的衣领,把他提了起来。

"明军是什么时候进来的?你为什么没来报告?你的那些哨兵呢?"

那部将可怜巴巴地辩解道:"禀、禀、禀太尉,夜里有几个步哨不见回营,卑职以为他们到蒙古包里避风雪去了,到天明才发现他们的尸体。可是这时城外四周都发现了明军,而且越来越多,把我们围得水泄不通了。"

乃儿不花泄气地放了那倒霉蛋,一屁股坐下来。

另一部将说:"太尉,现在明军估计有数倍于我们的兵力,迤都城小,守是守不住的。想突围吧,只怕也突不出去。"

"咳,我们拖家带口的,突什么围啊?那不是找死吗?"

大家七嘴八舌,吵吵嚷嚷,有位部将建议说:"太尉,要不末将带几个人化装成驼商混出城去,明军或许会放行。只要太尉在城里守住一天,末将去咬住丞相那里搬救兵,给他来个里应外合。"

这个主意立刻有人反对:"瞎胡闹!看这阵势明军没有十万也有八万,咬住那几千兵马顶什么用啊?说不定没等你到他那儿,他自己早让明军吃掉了呢!"

大家一听这话泄了气,都不吭声了。

这时,一军卒进来报告:

"启禀太尉,明军派使者打了一面白旗进城来了。"

乃儿不花紧张地问："使者？他带了多少人？"

"只有两个骑兵护送，送到城门边就回去了。"

部将们悄悄地议论："八成是来劝降的？"

乃儿不花忙在帅座上坐定，示意部将们大家镇静。然后吩咐："带他进来。"

几个军卒把使者观童押了进来。

观童仍然穿着蒙古服饰，他朝上一拱手：

"太尉久违了！别来无恙啊？"

乃儿不花一阵愕然。

"全国公！怎么是你？不是说你在金州被冯胜杀了吗？"

观童笑笑说："我若被杀了还能到你这里来啊？我现在是颍国公傅友德帐下的一名指挥使，今日特地救你这位老朋友来了。"

"救我？"

"是啊。"观童从容道，"你想现在燕王统十万大军从天而降，把个小小的迤都城围得水泄不通。你这几千兵马若想要抵抗，真不够明军撒野的！城破之时，不仅你的部将士卒，连你们的家小都要遭殃呀！为了救你这位老朋友和城内万余同族生灵，我在燕王跟前讨得一封谕降书。燕王答应，只要你率部投降，免动刀兵，就能得到朝廷的封赏。你知道吗？洪武二十年纳哈出太尉在金山被包围，归降后朝廷还封了他海西侯呢。"

乃儿不花听了观童这番话，自是怦然心动。他知道朱元璋素来是礼遇归降的元朝宗室重臣的，但他不能只顾自己甩开手下的部属不管。于是问道："那我下面的部将呢？"

观童对答道："朝廷对降将一律量才录用。能带兵的仍然像我一样带兵；若想解甲归田的带着眷属迁到关内，朝廷分给田亩房屋驼马，还发给钱钞种子等妥善安家。"

众部将悄悄议论着："若能这样，倒还不错。省得在塞外提心吊胆，整天让人撵兔子似的赶来赶去。"

观童见他们心动了，接着劝谕乃儿不花道："不花呀，你我是老朋友了，我不会害你的。你认真看看燕王的谕降书吧。燕王可是个说一不二的贤王，威严诚信，你可不要失去这个机会呀！"

乃儿不花道："全国公暂请到后面歇息一会儿，容我等商议以后，再给你一个满意的答复吧。"

乃儿不花是前元朝廷覆亡后孑遗的几个将领之一，他自诩要担当复兴元室的重任。不过在眼前兵力悬殊而又处于明军重重包围的情况下，他已别无选择了。于是在和手下部将们商量之后，当即答应了燕王谕降书提出的献城投降条件。

第二天，迤都城头三声炮响，城门大开，乃儿不花率领城中文武官员十数人，手捧符玺印信出城，来明军大营投降。

经观童回来报告他劝降详情，燕王及傅友德、曹兴等都为不战而克敌之兵感到高兴。的确他们的部卒虽然英勇，但在风雪中长时间艰苦行军之后实在已疲惫不堪，能够避免即将来临的攻城恶战何乐而不为呢。

燕王得知乃儿不花出城来降，晓谕诸将整肃军容，他率领诸将在中军帐外迎降。

乃儿不花一行来到燕王面前，深施一礼道："元枢密院佥事、太子太保乃儿不花率所部将领士卒及迤都文武官员一万五千人，遵燕王殿下手谕，弃暗投明，归降天朝。特献上符玺印信以表赤诚，望贤王笑纳。"

燕王命人接过乃儿不花等献上的符玺印信，春风满面地笑道：

"哈哈哈！太尉审时度势，弃暗投明，使迤都城免遭兵燹，实蒙古军民之幸！为庆祝我等化干戈为玉帛，本藩特备酒筵，为太尉及诸位将军压惊。"

乃儿不花感激不迭道："王爷宽宏大度，对我等降将如此礼遇，真过意不去啊！"

燕王道："太尉归顺大明，我们就是一家人，理应如此啊！"

中军帐中早已备好酒席，双方将领进入落座。燕王居中，左边是傅友德、曹兴、孙恪等明军将领；右边是乃儿不花和其他降将。

酒过数巡之后，燕王开口说道：

"太尉，本藩探知丞相咬住还有几千兵马，他驻此不远，想必很快就会得知太尉归降之事，你想他会不会负隅顽抗呢？"

乃儿不花道："大兵压境，势力悬殊，抵抗又有何意义？不过咬住这人性子有点犟，不肯轻易认输。"

燕王轻蔑地笑道："他不认输又怎样？老实说咬住的退路早已被我军截断，他那几千兵马我要力取又有何难？他应知道，螳臂当车何益，徒使蒙古生灵涂炭而已！"

乃儿不花想了想说："殿下贤明。降臣深感王爷厚德，无以为报，愿意前往咬住营中劝他来降。"

燕王道："如此甚好。咬住若肯归降，也和太尉一样能得到朝廷的封赏。本藩受命于天子，决不会食言的。"

乃儿不花亲自去丞相咬住营中劝降后，燕王还恐有变，调动土力部队加强对咬住的压迫，使他不敢存侥幸脱逃的心理。三天后，咬住果然在乃儿不花的陪同下率领部属来明军大营投降。燕王执着咬住和乃儿不花的手道："丞相辛苦了！太尉辛苦了！丞相深明大义，弃暗投明，使两军免动干戈，蒙汉人民免遭兵燹，本藩当在父皇面前为丞相报功请赏。"

他同样设宴招待咬住一行。至此，北征以兵不血刃告获全胜。燕王传令各营杀牛宰羊，备酒整肴，犒劳三军。

在迤都获得休整的将士们兴高采烈地在营帐外的草地上摆开筵席。当一只只烤得焦黄酥脆的烤全羊端上席时，将士们也学着蒙古人一样用刀子割下一块块香喷喷的羊肉，就着大碗的马奶子酒大嚼大喝起来。他们满怀胜利的喜悦，也算是对近一个月艰苦进军沙漠的补偿。

燕王及时将胜利的消息传回北平，以最快的速度向朝廷报捷。

这一天，兵部尚书沈溍兴冲冲地来见皇上。

"启奏陛下：臣收到边廷捷报，燕王率师深入漠北千里，乘大雪奇袭迤都城，将元太尉乃儿不花所部包围。乃儿不花被迫献城投降。元丞相咬住迫于我军强大压力，亦听从了乃儿不花的劝告率部来降。燕王此次出征仅二十九天，兵不血刃地大获全胜，获丞相咬住、太尉乃儿不花及元室王公酋长男女数万人，骆驼数千，羊马无数。臣特向陛下报喜。"

"好！好！好！"朱元璋喜笑颜开，连声道好，"看来，朕的燕王很会用兵了。今后肃清沙漠就靠他了。有晋王那边的消息吗？"

"晋王……"沈潜支支吾吾，"臣不敢奏报。"

"什么敢不敢？如实报来！"

"晋王奉朝廷之命后，迟迟未出兵。出雁门关以后，又在大同盘桓了几天，以致未能与燕王会师。他领着军队在草原上转悠了几天，没看到敌人的身影。后来得知燕王已深入敌境，围困元军，他胡乱在草原上围住一个蒙古部族，掠了几千头牛马骆驼，抓了几百名牧民做俘虏，就宣称大胜元军，班师回到了大同。也许他们自己心虚，未敢传来捷报。陛下赐给晋王的一百万锭钞银也没用上。"

"可恼！孺子不可教！"朱元璋恼怒道，"将那一百万锭钞银速运北平，赏给燕王手下的将士。"

"臣遵旨。"

"传旨晓谕燕王：令傅友德等将咬住、乃儿不花等前元朝王公官属礼送京都，由朕分别予以封赏。所有元军士兵及其家属全部迁入关内，在北平附近划两个县安置他们，分给土地房舍耕牛种子等物，使他们永远结束居无定所与我为敌的生活，成为天朝的顺民。"

沈潜称颂道："陛下圣德，恩施海内，实乃异族万民之福！"

燕王班师后执行朱元璋的命令，傅友德等解送咬住、乃儿不花及蒙古王公降将二百多人入京，由朝廷分别赐予相应的官职，奖励骏马、衣帽、钞锭、布帛等物。当时天气已转热，迁入关内的蒙古士兵只带有冬衣，朱元璋即命工部郎中杨冀赶运二万套夏衣至北平，发给安置北平附近两个县的蒙古士兵和他们的家属。现在北京的怀柔、昌平估计即当时划给内迁蒙古族居住的地方。

晋王朱棡比燕王大两岁。他在大本堂师从宋濂学文，跟随杜环学书法，他自幼聪慧，字写得很好，经常得到父皇的称赞。但是这个颇有天赋的小王爷，脾气非常暴烈，十岁封王之后，经常鞭挞王府中的仆役丫环致死。在京都，因为要受到朱元璋的管制，不能为所欲为。洪武十一年就藩太原之后，他就像一匹脱缰的野马，从此肆无忌惮地显示他的大王威风，颐指气使，为所欲为。还在赴藩的路上，他就因为饭菜不合他的口味，把厨师徐兴祖叫来打了一顿。谁知这个徐兴祖大有来头，他是专门服侍朱元璋的厨师，因为家在山西，这次顺路跟晋王一道回家探亲。受了这么大的屈辱，他一气之下跑回了京都，在朱元璋面前告了晋王一状。朱元璋随即派使者驰谕晋王道："吾帅群英平祸乱，从无姑息。独膳夫徐兴祖，事吾二十三年未尝折辱。怨不在大，小子识之。"

一次警告改变不了朱棡狂暴的性格，到了太原，他成了头上没人管的孤家寡人，愈益为所欲为。首先是嫌朝廷派人监建的晋王府太寒酸，没有堂堂王府的气派。尤其是得知他的兄长秦王朱樉恢复唐朝宫室，他亲自跑去看了一趟，羡慕得不得了。回来以后竟然大发雷霆，下令要将已经建成的晋王府拆了重建。幸亏他的傅、相苦苦哀求，才采取部分改建扩大的方案。

那几位傅、相有他们的苦衷，若真按照朱枫的意图把已经建好的晋王府拆掉重建，耗费的大量帑币从哪里开支？况且朝廷对亲王府的建筑是有制度规定的：亲王府宫殿为三殿四门，屋一百三十八间。殿后前、中、后三宫共屋九十九间，一律覆以青色琉璃瓦。无疑晋王要拆掉重建，就是想突破这个规制，建得更加宏伟高大，宫殿更多，占地更广，直比皇宫的规模。这样做即算人工币帑靠东挪西凑可以凑齐，就论那逾越规制之罪就没人可承担得起。要知道，一旦藩王犯了这样的罪，首先要杀头的就是他的傅、相。难怪那几位年过六旬的左右傅、相老泪纵横地劝说晋王，并以向皇上辞职和告发相威胁（因为藩王有罪，他们事先举发即可免死）。晋王拗不过才没有将王府拆掉重建，只是下令将宫殿装饰得金碧辉煌，追比皇宫的气魄。而那些后宫花园的亭榭楼阁，则无限制地扩大和极尽奢华，以满足朱枫要与西安的兄长秦王宫室攀比的欲望。

朱元璋虽然给了他的儿子们"亚天子一等"的崇高地位和每年五万石的俸禄，然而藩王的封国土地并不属他们所有，仍由朝廷委派省、府官员管理，赋税收入亦归中央户部收缴。至于驻在王国境内各卫所的军队，其管理权在五军都督府及其下设的都司。战时军队的调动要凭中央的命令（以走马符牌的形式）和驻地藩王的手令。这项规定更多的是限制统兵将领，他们除了听命于中央，还须接受藩王的节制。

朱元璋的这些规定无疑也使地位至高无上的藩王处于地方官员的监督之下。后来燕王起兵靖难时，朝廷命北平布政使和北平都司调动兵力包围王府，就是地方钳制藩王的极端例子。除此之外，朱元璋还通过地方御史和无处不在的检校特务们监视藩王们的不法行动，因此朱枫他们在藩国内的一举一动并不能脱离父皇的视线。

山西是个多天灾的地区。那几年连续发生大旱，自春至夏没下几滴雨，汾河里都可以跑车了。自古丰饶的晋中平原几乎颗粒无收，饥饿的灾民们以树皮、野草充饥，在偏远山区甚至出现易子而食的惨相。饥民被迫携儿带女外出逃荒，在漫漫的逃荒路上随处可见遗下的一具具饿毙的尸体，其景象惨不忍睹！

自然，灾荒、饥饿决不会影响晋王朱枫骄奢淫逸的生活。王府中照样莺歌燕舞，酒池肉林！

太原的官员们也让连续几十天的毒太阳晒得坐不住了，大家纷纷议论着设醮筑坛求雨。太原府的一位姓丁的臣僚一本正经地上书晋王，请他带头斋戒七日，祈求苍天降雨。

这本是一个再平常不过的请求，谁知晋王认为这位姓丁的臣僚上书求他斋戒，是暗寓他身为藩王失德引起天公震怒，普降旱灾，必须亲自斋戒祭天，向天公谢罪。晋王因此大发雷霆，下令将丁某抓来，杖脊一百下，并削职为民，将其赶出太原。

洪武二十年晋王动用万余名民工，在太原西郊的龙山下修建夏天避暑的行宫，历时三年方成。其中殿宇楼阁，花园亭榭，人工开掘的池塘，堆砌而成的小山，据说完全是仿照唐高宗为杨贵妃修的华清池建成。他为此挪用了山西全省三年的赋税收入和历年的积蓄。

至于各州府征用的民工，数万人胼手胝足白白地为他干了三年。

因为这所行宫完全是按照帝王的规格修建的，后来自然成了晋王违制僭越的罪证。

洪武二十三年有人告发晋王朱棡私自扩充护卫军兵员，并以春秋霸主晋文公自居，意图叛逆谋国。加以御史及地方官吏举劾朱棡的上述各种不法事情，朱元璋觉得有必要惩戒这个嚣张不法的逆子，准备将其召回京都，废黜其王爵，交宗人府看管，甚至有将他废为庶民，流放云南的打算。

太子朱标虽然也恨这个桀骜不驯的弟弟不争气，但毕竟是同胞一母所生，他生性仁慈懦弱，不愿看到亲弟弟受到这样的严惩，于是在父皇面前泣血跪请，替朱棡讲情。加以当时正是在大批诛杀胡党的紧要关头，朱元璋不想让人把晋王的被黜与胡党联系起来，因此准了太子的说情，暂时把处置朱棡的事搁置起来。太子也及时遣人告知晋王，要他赶紧收敛自己的行为，同时上书给父皇恳切请罪。

无法无天的小霸王经过这次险过剃头的危机，倒也循规蹈矩了许多。后来太子巡视西安后将他带回京都，竟然一改过去横暴无理的习惯，对待朝廷官属彬彬有礼，对父皇和太子更是恭谨折节，与从前相比，俨然换了一个人。至此，他也渐渐得到了朱元璋的信任，命他与燕王一起主持北方的军事。

嗜血的蓝玉把怒气全都撒在叛番身上

朱元璋发现蓝玉北征中的许多过错：如焚毁喜峰关，奸污元妃致使其自缢，私匿驼马金银等，一怒之下，将他贬为凉国公，调往四川剿匪。嗜血的蓝玉把一肚子怒气撒在叛番身上，烧杀抢掠，无所不为。

洪武二十一年大将军蓝玉率师北征，在捕鱼儿海抄了元廷的老巢，大获全胜归来。开始时朱元璋满心欢喜，对蓝玉的功劳大加褒奖，在敕词中甚至将他比作汉代扫荡匈奴的卫青，唐代远征西域的李靖。但后来发现蓝玉在北征中的许多过错，诸如焚毁喜峰关，奸污元妃致使其自缢，以及私匿驼马金银等。朱元璋一怒之下，将其贬封凉国公。虽因北征功大未予处分，但原准备的一切赏赉都取消了。并将他调往四川修筑城池，预防匪乱。对于一位大将军来说，这一举措含着明显的警诫之意。

蓝玉抱着一肚子委屈去见太子朱标（他是已故太子妃的舅舅）。谁知太子不但没有抚慰他，反而兜头大骂他一顿。

"为将者不仅要英勇善战，克敌制胜，还要遵纪守法，谨言慎行。你以为你远在千里之外的战场上，就没人管得了你吗？你这是痴心妄想，自欺欺人。大将军徐达领军十多年，大小百余战，功勋彪炳，无人能出其右。可是他在父皇面前始终恭谨服从，从无居功自傲狂妄之态。故父皇赞他'不矜不伐，妇女无所爱，财宝无所取'。你为何不学学他？"

蓝玉不屑地撇撇嘴，低声嘟囔着："哼，他那么好，还不是赐了一只蒸鹅……"

"住口！"太子发急了，怒声叱喝道，"看你做的那些事，简直是无法无天，令人发指。若不是念你北征扫荡元廷之功，父皇早就将你问罪了！让你去四川修筑城池，就有警诫之意。你只有认真反省自己的过错，一心一意在那里清剿叛蛮，维护地方的安宁，才能获得父皇的原谅，朝廷的信任。切勿再惹什么麻烦了，你去吧！"

太子拂袖而起，蓝玉碰了一鼻子灰，只好讪讪地告退。

后来听说北方又有乃儿不花和咬住犯边，朝廷准备再次北征，蓝玉和他麾下的那几位侯爷兴奋了好一阵。

景川侯曹震是四川的地头蛇，他在四川疏治河道交通，颇有成就。蓝玉奉诏来四川，带着满肚子怨气，曹震整天在衙署设宴款待他，为他消愁解闷。他最早从朝廷邸报上看到乃儿不花犯边的消息，便向蓝玉报喜。

"大将军，好消息！前元又冒出一个太尉乃儿不花和一个叫咬住的丞相聚集了几万人，侵扰边廷，朝廷又准备遣将北征了！"

"真的？"正喝着酒的鹤庆侯张翼差点让酒呛着了，他跳了起来兴奋地说，"老子又有仗打了！"

"你保得住皇上又会征召我们吗？"蓝玉让朱元璋一闷棍打蔫了，有点不自信。

"皇上要北征，不召你挂帅他找谁去？"曹震分析道，"您还是大将军，不像冯胜那样被勒令交出了大将军印。即算皇上觉得你有些行为不检，大敌当前，他也没法计较了。"

"是啊！谁叫他把那些功臣勋将都送到阴间去了，留下傅友德呀，王弼呀，还有李景隆他们，老的老，小的小，谁能替他分忧解难？大将军你等着吧，过不了几天皇上就要差使臣来召你的。"张翼满有把握地说。

可是过了几天朝廷传来的邸报让他们的满腔希望落了空。朝廷命晋王、燕王挂帅北征。看来皇上是有意冷落骄横跋扈的蓝玉。接着对他的敕令来了，让他率部立即出发，去扑灭已成燎原之势的施南、忠建地区叛蛮。而且诏书中说得很严厉：若以凛凛王师不能肃清蟊虱般的叛蛮，将军就难于向朝廷复命了。

蓝玉本来就是以勇猛和嗜血著称。初出道时他隶属于常遇春麾下。常遇春本身就是一个冲锋陷阵不避炮矢的猛将，蓝玉也得了他这位舅兄的真传，打起仗来往往是骑一匹追风烈马冲在士兵们的前头，生生地闯进敌人阵中大砍大杀，每次战斗归来都是血染征袍，也不知道是溅了敌人的血还是自己负伤流出的血。等他当上军中主帅了，有时为了激励将士们英勇杀敌，他把身上的战袍扒下来，他那身上竟然有密密麻麻五十多处伤痕！刀伤、箭伤、火伤，有的结成了一线线鲜红的肉瘤，真是令人触目惊心！他用自己的浑身伤痕来激励麾下的将士：老子身为主帅尚如此冲锋陷阵，你们还敢惜命吗？

失意而又嗜血的蓝玉是可怕的，这一次该那些叛蛮倒霉了。

朱元璋于洪武四年征服了盘踞四川的大夏王朝，在富饶的天府之国建立州府管辖之。

但和历代王朝一样，明朝的统治也只及四川盆地的平原地区。四川与云南、四川与贵州交界处的崇山峻岭中仍由土司统治，有的地方朝廷设立宣抚司，也是委任当地有名望的土司担任宣抚使或安抚使，而以流官辅佐之。朝廷那时的少数民族政策是"附辑诸蛮，谨守疆土，修职贡，供征调，无相携贰。有相仇者，疏上听命于天子"。可是这些地区物产贫瘠，往往由于征调税役等发生矛盾，加以种族间的纠纷，经常发生武装叛乱。所以明朝历史上少数民族地区所谓"洞蛮"叛乱此起彼伏，从未消停过。

这一次四川西部的岩川、施南、忠建、散毛洞连续发生蕃军叛乱。也不知因何而起，但一个地方开始了，立成燎原之势，遍及附近所有的县份。

所谓"蕃军"，实际就是土司用以维持治安的少数民族武装。他们平时照样耕地打猎干农活，一旦有事，土司一声号令立即啸聚成一支军队，扛起长矛大刀投入战斗中。"蕃军"对叛乱造反很积极，因为一旦攻入城里，他们可以肆无忌惮地抢掠财物。金银宝物固然是首要的抢掠目标，其次是布匹、粮食等生活用品。他们每攻下一座城镇，往往动员村寨里的男女老少赶着牲畜来驮粮食布匹，连城里人的大床、衣柜和马桶都一件不落地往寨子里驮。

"蕃军"都是由少数民族的青壮后生组成，刺激他们打进城去的另一个目的就是搞城里的女人。这往往还是发生在劫掠财物之先。蕃兵们冲进人家屋里，先把男人们用刀砍死，然后把那些吓昏过去的女人摁在地上强行奸污。他们一般不管什么漂亮不漂亮，只要见到穿着城里衣服的女人，掀翻就干。因此被强奸的虽大多是妙龄女郎和中年妇女，但也有五十多岁的老妇和十来岁的幼女。被蕃兵强奸的妇女只要不剧烈反抗一般不会被杀，但是饱受摧残之后，面对亲人被惨杀的尸体和抢掠一空的家，她们往往没有继续生活下去的勇气，投河、跳井了此一生便是她们的选择。

蓝玉率军抵达施南时，正是叛军攻下该城的第三天，听任蕃兵们尽兴地奸淫掳抢一番之后，叛军头领觉得此城地势险峻，城墙坚固，易守难攻。于是有心将此城作为叛乱的根据地。为防止官军进剿，他们加固了城防，日夜派遣蕃兵巡逻把守。还准备了一些滚石檑木，弩箭火药，防备官军前来攻城。

蓝玉奉平叛的诏令，调集了明军中的精锐部队。南方山地作战，骑兵已无用武之地，他所倚仗的是训练有素的攻坚部队。当时明军已经拥有先进的攻城火炮，凭着自己是大将军，他调集了三十门这种威力强大的火炮，对着叛军守卫着的城墙轮番射击，只见火光闪处，城墙上的城楼炮垛首先炸坍起火，城墙上那些准备用滚石檑木抵抗攻城的蕃兵惨叫着飞上半空。不用多久城墙就被炸开了一个丈余宽的大豁口。

蓝玉一声令下，在一片如蝗的弩箭掩护下，攻城敢死队推着云梯车直奔城墙根下，十几架登城云梯的搭钩牢牢地抓住城垛，敢死队的士兵口里衔着大刀，蝗虫一样地往上爬。偶尔有几个士兵被躲在城垛后面的蕃兵用箭射中，惨叫着从半空中摔下去，可后面的敢死队员像没看见似的，一个接一个往云梯的上端爬。城墙上的蕃兵在头目声嘶力竭的指挥下，企图砍断云梯，可云梯的上端都包着厚厚的铁皮，砍上去火花四溅。他们拼死想将云梯掀下去，让爬到半道上的敢死队摔死。可城下的明军早有准备，哪里有蕃兵掀云梯，明军的弩箭就集中向那里射去。密密麻麻的箭雨飞蝗一样地扑向城墙，哪里还能容下一个活着的人？

不一会儿，第一个敢死队员扑上城头。接着是第二个，第三个……十几架云梯上的敢死队员陆续抵达顶点，一跃而上，追杀着城楼上残存的蕃兵。这时叛军头目见大势已去，示意手下的蕃兵丢下兵器跪地投降。可是杀红了眼的敢死队哪管这些，冲上去一刀一个把他们砍翻在地。

这时城墙的一角已被火炮轰垮，轰隆一声倒了下来。蓝玉带着他的卫队骑马冲到跟前，见垮塌的城墙砖支棱着，骑马难于通过，便跳下马来，顺手夺过一把大刀，大喝一声："不怕死的跟老子来！杀进城去，叛军一个不留，财宝任兄弟们拿！"

说话间他已带着自己的卫队，踩着砖石堆往城里冲去。嘴里大声喊杀，遇见有敢于抵抗的蕃兵就一刀砍下，血光四溅！

这时敢死队的士兵打开了城门，明军士兵如潮水般地涌进了城。他们高声呐喊，杀声震天，直往城中扑去。

叛军头目见城已破，明军来势如此凶险，自知没有投降求生的可能，只能鱼死网破作困兽斗。他们倚仗对城里街道房屋熟悉，往往躲在暗处施放冷箭，射杀了一些明军。可这样更激起了明军的杀念。虽然后来蓝玉也下命令对肯降的叛兵不杀。但执行这个命令的部将没有几个。许多跪地投降的叛军往往也被砍倒在血泊中。

蓝玉亲自带着几百名士兵去搜寻叛军的指挥部。他从濒死的蕃兵口中得知叛军头领在宣抚司衙门，便骑着马直向那里扑去。谁知刚到衙门前，墙头上"嗖嗖嗖"射出一支支冷箭。蓝玉骑在马上，自然是叛军射杀的主要目标。第一支箭射到他的面门时，他凭着长期征战的经验，听到箭风时弯腰一躲，箭矢刚好擦着面皮过去。他知道骑在马上会成为敌人的箭靶，纵身从马上跃下。可是正在这时，第二支箭跟随而至，正射在他的左臂上，顿时鲜血如注。

他咬牙把刺进左臂一寸多深的箭矢拔了出来，似乎还听到铁矢擦着骨头的声音。根据他多次受伤的经验，幸好这支箭矢还不是蘸过毒汁的。

他让卫士胡乱包扎了一下，然后一跃而起。

"跟我来！冲进府去把他们通通杀光！"

主帅受伤更激起了明军士兵的斗志，他们立即包围了宣抚司衙门。顷刻之间就撞开衙门冲了进去，把负隅顽抗的叛军头领和百余名蕃兵追得满衙乱转。虽然叛军头领最后愿意缴械投降。但被箭伤激怒了的蓝玉忘记了自己就在不久前发布的命令，把叛军头领和投降的蕃兵一个个拉到宣抚司衙前砍头示众。

最后清点战果，盘踞县城的叛军被杀死两千多人。投降的一千多俘虏命运也好不到哪里去。因为他们都是野蛮不化累降累叛的蕃民，朱元璋可没有诸葛亮七擒七纵的耐性，后来他密令蓝玉将他们秘密地处决，抛尸山莽中喂了野狼。

一名衙役向蓝玉密告，叛军头目搜刮全城的金银财宝全都收藏在一个秘密的地库内。

蓝玉闻报大喜，命他带领军士们去打开那座地库，果然是满库灿烂夺目的黄金白银，估计有数十万两之多。还有大量的珠宝玉器、珍珠玛瑙。

蓝玉一见这些财宝，似乎臂上的箭伤也不那么痛了。他当即命令拿出一部分金银去犒赏有功的将士，另外，阵亡者每人恤银五十两，伤者除功赏外，另给二十两。其余则上缴朝廷小部分，大部则归入他的私囊。

那个密告金库所在的衙役，眼巴巴望着大将军，冀望得到他的赏赐，那黄澄澄的金子能得到那么一块也好啊。蓝玉对他的副将使了个眼色，副将会意地悄悄走到衙役背后，干净利索地执行了大将军的封口令。那个倒霉的衙役背上插进了一把钢刀，穿透前胸，仆地而死。

士兵们在城中大抢三天，又得到大将军的赏赐，士气自然格外高涨。他们一鼓作气拿下了毗邻的忠建宣抚司。盘踞在那里的叛军远远望见明军的旗帜就一窝蜂作鸟兽散，蓝玉又缴获了大量的金银和牛羊战马。

叛蕃本来就是没有战术素养的乌合之众，所持的又是藤牌、砍刀、鸟铳等落后武器，哪里是蓝玉的精锐之师的对手？经过施南、忠建之战，溃不成军的零散叛蕃，纷纷夹着尾巴往大山里逃窜。

接着，蓝玉命凤翔侯张龙分兵平定贵州的都匀安抚司、散毛洞等处的叛蛮。至此川黔边境地区的叛乱全部扫平，原来嚣张一时攻城略地的蕃军顷刻销声匿迹。侥幸逃脱了杀戮的洞蛮连原来在山下的村寨也不敢停留，生恐明军再来进剿，纷纷逃往大山深处。据说后来很长一段时间，蕃寨中小孩夜啼，只要听到蓝玉的名字，就闭住嘴不敢哭了。

两个月后，蓝玉班师回到京都。兵部尚书代表皇上去迎接时恭维他说："大将军神威英武，剿灭叛蕃，厘定边患，皇上甚为欣慰啊！"

蓝玉傲气十足地笑着说："嘀嘀嘀，中堂大人过誉了。末将忝列大将军之位。皇上叫我去对付那些洞蛮蟊贼，这叫杀鸡用牛刀啊！"

虽然话里透露出明显的傲气和不满，朱元璋仍然对他平蛮之功给予了奖励。颁旨："凉国公蓝玉增禄五百石，赐黄金五百两，织金文绮五十匹。"

蓝玉装模作样地伏阙谢恩，朱元璋哪里知道，这次战场上的缴获，被蓝玉纳入私囊的何止数十倍于此！

不过，燕王领兵北征的胜利，坚定了朱元璋将军权转移到藩王手中的决心。他制定的策略是：今后的边廷征讨大战皆由藩王领兵出征；国内的蛮蕃叛乱则派功臣大将去清剿。将军们没有战争时也不让他们闲着，轮流派他们去练兵备边，借以提高前哨卫所士兵的战斗力。

洪武二十四年正月，朱元璋派遣颍国公傅友德、定远侯王弼、武定侯郭英去北平练兵备边。过了两个月，又诏令魏国公徐辉祖、曹国公李景隆和凉国公蓝玉备边陕西。

这时，蓝玉心里不用提有多窝火。刚刚在四川平定叛乱回来，又让他去陕西练兵备边，名字还列在两个后生晚辈徐辉祖和李景隆之后，且圣旨中还有"诸将皆听秦王节制"

的话。皇上这一招真巧妙，岂不是无形中把他这大将军给撸下来了？

蓝玉心里憋屈，但又不敢发作抗旨。他借口四川平叛还有遗留事务要处理，没有跟徐辉祖、李景隆一道走中原大道去陕西。而是优哉游哉溯江而上，先到风光明媚的峡江上游览一番，然后与曹震等部将会合由川入陕，并美其名曰考察阴平古道以为战备之需。

曹震是四川镇抚，为解蓝玉心中的郁闷，带他遍访四川的美景胜地。什么峨眉金顶、乐山大佛、都江古堰都游遍了，怎奈蓝玉始终郁郁寡欢，视胜景如无物。曹震知道大将军叱咤风云，只有蛾眉秀色能打动他。于是把成都城里各大青楼的头牌妓女陆续招来陪伴大将军。这一招果然奏效，蓝玉整天坠入莺莺燕燕的销魂阵中逍遥快活，把心中的烦恼顿时全部抛到九霄云外去了。

在那段时间，四川全省的最高军事机关外面是三步一岗五步一哨，刀枪剑戟威风凛凛；里面却是将军们和莺莺燕燕的妓女们打情骂俏，变着花样淫乐，享用着肉体的盛宴，把个镇抚将军的大院闹得乌烟瘴气。

蓝玉的"遗留事务"总算处理得差不多了，朝廷也接二连三传来了催促他赴陕的文书。在启程之前，蓝玉想起要去武侯祠参拜一下赫赫有名的诸葛丞相。

武侯祠掩映在松柏翠竹之中，诸葛亮的塑像羽扇纶巾神态安详，全然不像一位叱咤风云的军事家。蓝玉拜读了镌刻在墙上的出师表，尽管他是个粗人，对诸葛孔明"鞠躬尽瘁，死而后已"的名句仍然看得懂。不过他想到诸葛亮对后主刘禅那样毕恭毕敬，就摇摇头发起感慨来：

"唉，诸葛亮英雄一世，没想到却犯下了一个大错啊！"

"大将军有何高见？"陪同他来参拜的曹震连忙问。

"刘禅是个扶不起的阿斗，明显是个昏君。要换了我，按照刘备临终托孤之言，见他不值得我辅佐，早就取而代之了！"

曹震吃惊地朝四周望望，看周围随从中有没有靠不住的人。他们的皇上可不是个昏君，他早就怀疑蓝玉有取他而代之的异志。

幸而没有什么外人，只有诸葛亮睿智的目光安详地看着他们，稍带一点讽刺和怜悯的意味。

第二十八章

淫邪藩王与宽仁太子

跳裸体舞与米脂选秀女的王爷

淫荡的秦王在宫中与十多名女子通宵跳舞，然后一一与之交合。陆怀奉命到米脂选秀女，从花轿里把漂亮的新娘拉下来。"宽衣！"秀女只得把衣服全脱掉，赤裸裸地站在床前，秦王喘着粗气，把秀女压在身下。黑暗中传来秀女被奸污的痛楚哭叫声……

洪武二十四年，朱元璋将自己尚未封王的儿子们，从大到十四岁的朱㰘到小至仅仅三岁的朱㰘均封为藩王。至此，他的二十五个儿子均分封完毕，他们的封国星罗棋布地撒在全国各地。这一年朱元璋已经六十五岁了，他估计自己虽贵为天子，总难拗精衰力竭之常理，纵使妃嫔成群，大概再也不会生儿育女了。谁知大谬不然，两年后他以六十七岁高龄又得了第二十六子，取名皇子楠。不过这位迟到的皇子生下来一个多月就夭殇了，省得再为他单独举办一次封王庆典。

朱元璋自己是马上皇帝，以为他的儿子们个个都能继承他的衣钵，纵使书念不好也要学会带兵打仗。这年五月，他把刚刚封藩的汉王、卫王、庆王、谷王、宁王、岷王等六位藩王派到临清去练兵，让他们体验军旅生活，算是这些在宫廷中长大的皇子们就藩前的一次军训吧。

朱元璋一心想让他的儿子们从功臣勋将手中接过军权。让他欣喜的是地处边塞前沿的燕王和晋王能够领兵征战了。齐王朱榑在跟随燕王北征时经受了锻炼，后又率护卫骑士出开平巡边。在此之前，楚王朱桢曾与信国公汤和、江夏侯周德兴率师讨伐铜鼓叛蛮，擒其魁首而归。朱元璋满心高兴，以为这几个儿子堪当大任。后来古州蛮叛，他就遣楚王为主帅，湘王为副帅前往征讨。谁知楚王不争气，他请饷三十万，却不亲赴战场，结果吃了败仗，受到朱元璋的责罚。

藩王中最让朱元璋感到羞辱的要算秦王朱樉。朱樉仅比太子朱标小两岁，朱元璋把他封到百二河山形胜之地的西安是对他寄予了厚望的。怎奈朱樉从小就是个浪荡子，他最羡慕的就是父皇拥有三宫六院，无数的妃嫔美人环绕身边，任其享用。朱樉于洪武十一年就藩西安。他脱离了父皇的管教与羁绊，成了唯我独尊的大王。他做的第一件事就是嫌朝廷为他建的王府太小，显不出他大王的气派。于是命人搜集唐朝宫殿图样。要按盛唐长安宫室重建。朱元璋听到这个消息急了。若任他这样胡来，在西安再建大唐宫室，岂非国中之国？于是连忙赐玺书制止："关内之民，自元氏失政，不胜其弊。今吾定天下，又有转输之劳，民未休息。尔之国，若宫室已完，其不急之务悉已之。"

尽管这样，朱樉还是不顾父皇的禁令，按唐制建了一座矗立在高台上的巍峨宫殿，接受臣僚们的拜贺，让自己在宝座上过了一把称孤道寡的瘾。

朱樉做的第二件事就是试图建立自己的三宫六院。本来朱元璋很早就为他娶了扩廓帖木儿之妹为妃，后又纳大将邓愈之女为次妃。两位妃子都很漂亮，希望以此来拢住他的心。谁知朱樉仍不满足，当上大王之后，竟然试图建立帝王的遴选秀女机构，来为他扩充后宫。

淫荡的君王身边必有狎邪佞臣相伴。朱樉身边正有这样一个人物，他就是右长史陆怀。这个专会窥伺主子所好逢迎拍马的六品小官，为了满足三十六岁的朱樉"寡人好色"之癖，想尽办法满足他的声色之欲。他经常物色一些女子到宫中来给王爷唱歌跳舞，极尽挑逗引诱之能事。朱樉淫心发作，就留着这些女子在宫中过夜。如此玩过几天，他觉得厌了就赏赐些金银打发出宫去。

这天，陆怀又玩了一个新花样。他一下带了十几个女子进宫来。宫中帷幕低垂，华灯流光溢彩，一班乐手在帷幕后面吹奏着软绵绵的笙乐，这群女子在波斯地毯上翩翩起舞。

秦王朱樉在陆怀的陪同下，一面饮酒一面观舞。

看了一阵，朱樉问陆怀道："这些跳舞的女子你是从哪里弄来的？她们的长相似乎与平日的舞女不大相同。她们跳的这是什么舞啊？"

陆怀谄笑道："大王，这叫十六天魔舞。原来是元顺帝的西番大国师从外国带来十六名西洋美女，跳给皇上看的舞。嘿嘿，微臣不是西番大国师，没法弄到西洋美女。但这些舞女都是从西域招来的，经过专门训练，其妖冶放荡，自是内地的女孩没法比哕。大王慢慢就会发现其妙处的。"

随着帷幕后的乐师奏出的音乐旋律，那十几个舞女做出耸肩扭胯等各种挑逗的舞蹈动作，一一来到朱樉面前挺胸露脐，抛掷媚眼，尽情挑逗献媚。

朱樉一面饮酒一面笑着："哈哈哈！她们果然与其他舞女不同，有点意思！"

陆怀卖着关子道："大王别急，好玩的还在后头呢！"

舞女们跳着跳着，开始一层层抖落身上的饰带和衣服，最后一个个只剩下遮住胸部和臀部的金银色饰带。白晃晃的胴体，挑逗撩人的肢体动作，顿时令秦王心旌摇动，不能自持。

"哈哈，妙妙妙！顺帝这老东西真会玩儿！"

陆怀道:"大王,等会儿她们就会来邀大王一起跳舞。大王跳热了她们就会给大王宽衣。"

"这这……"秦王顾虑道,"宫中灯火通明,还有这么多宫人乐师在旁边,孤家怕难为情啊?"

"这个大王不必过虑,微臣自有安排。来人!"

陆怀命令道:"你等将宫中里外三层帷幕尽皆放下,然后统统退出宫外。"

"奴婢遵旨。"

陆怀安排妥当后道:"大王,现在臣与乐师均告退,魔女们自会唱歌助兴,大王只管和她们放肆行乐吧。大王若累了,在榻上歇一歇,饮一阵酒。微臣准备了助性的西洋大力丸在此,每服一丸,必令大王神威大振,可连御数女而不倒。"

秦王惊喜地:"真的?"

陆怀道:"以大王的神威,必令顺帝那老小子甘拜下风。微臣告辞了。"

这时,宫中的灯火暗淡下来。那些几乎全身赤裸的舞女们蜂拥而上,将秦王拉到舞池里,一面跳舞,一面为他脱卸冠带。

陆怀悄悄步出宫门,同时令乐师退下,然后将宫门徐徐关上。里面顿时响起舞女的尖叫呻吟和淫秽浪荡之声……

第二天,陆怀进宫给折腾了一夜的秦王请安。

"大王,微臣的十六天魔女滋味如何?"

秦王摇头道:"唉,这些女孩子太淫荡了!她们一个个争相献媚,抢着往孤家身上扑。搞得孤家晕头转向,也不知到底御了几个。后来她们见孤家食大力丸,像发现宝贝似的一拥而上抢着吃。结果一个个淫性大发,差点把孤家撕碎了。"

陆怀得意地笑道:"嘿嘿,微臣多有得罪。"

"那些西域舞女把她们打发走算了。"秦王吩咐道,"陆怀,孤家这偌大的宫中,除了两位王妃和几个侍妾,空荡荡的。卿家能不能去江南选些秀女来?还是江南女子温柔美丽,惹人爱啊!"

"大王,依微臣之见,大王不宜去江南遴选秀女。皇上对大王动用库银广建宫室已有诫谕,那些爱管闲事的言官御史也因此屡屡参劾大王。若再大张旗鼓去江南选秀,他们一定会说大王效君王选秀之成法,有僭越之心。若因此激怒了皇上,那就糟了。"别看陆怀满肚子坏水,倒还有些心计。

"嗯,此事不可不防。"

"依微臣之见,大王要征选秀女充实宫廷,何必一定要去江南呢,以秦国之大,怎会连百十名秀女都选不到?咱们陕西就有个出美女的地方。"

"真有这样的地方?"秦王惊喜地问。

"此地老百姓流传一句谚语:米脂的婆姨绥德的汉。听人说,米脂县的姑娘个个丰臀细腰,皮肤白嫩得能掐出水来。到咱秦国属地选秀,那些长舌御史们总没法干涉吧?"

"好，好，如此就烦卿家亲自去米脂走一趟，给孤家选一百名秀女回来。"

陆怀为难地说："大王，这选美的费用……"

秦王道："你们去了那里，见了漂亮女子，也不能强抢硬征，每名给十锭银钞。如果宫中库银短缺，就以孤家名义去西安府支借一些吧。"

"微臣领旨。"

秦王道："陆怀，孤家警告你：在外人面前千万不能这般应答，小心给孤惹祸啊！"

"嘿嘿，微臣这是言从心发。皇上春秋已高，总有一天要撒手归天。当今太子身体孱弱，大王是二皇子，荣登九五不是迟早的事吗？"

陆怀的献媚让秦王心里痒痒的，不禁嘿嘿笑起来。

陆怀奉了秦王之命来到陕北的米脂县选秀。按照明朝的制度，藩王并不能管辖封国的地方官吏。但小小一个米脂的县令，哪有不巴结秦王的道理？他也闹不清王爷该不该像皇上一样选秀女，兴许还以为本县被秦王看上，在这里选秀是一种荣耀。于是以县太爷的名义，在米脂城里张贴选秀告示。

盖有鲜红的县府大印的布告贴在人来人往的城门口。这张既非征粮又非征兵的布告引来了不少围观者。

一个乡下老者巴巴地挤进人丛中。

"各位兄台，老朽眼睛不济，这是贴的什么告示呀？"

一位识文断字的路人告诉他说："老人家，这是咱县太爷巴结秦王殿下，在我县为王府选秀女一百名的告示。告示上说要千中选一，务须遴选相貌端庄秀丽，年满十五岁，温柔娴静的闺秀。您老人家有孙女儿吗？"

那老者颇为骄傲地说："老朽正有一双孙女儿，一个十五岁，一个十六岁。嘿嘿，长得都还算不难看，四方八邻来求亲的把咱家门槛都踏破了。"

有人揶揄道："那您老快送她们俩去应选呀！告示上说，一经选中，每名立赏十锭钞银。这还不算，一旦给王爷看中，还有选为嫔妃、才人的可能。那时您岂不就是皇亲国戚了？"

一个生员模样的人谨慎地瞅瞅四周小声说："哼，皇亲国戚，做梦去吧！谁不知道一入宫门深似海，黑发人熬成白发婆！一个如花似玉的黄花闺女，一旦送到王宫里，就是活活断送了青春啰！"

那老者摇着头往外挤，一边说："真有这么凶险呀？那岂不是十锭钞银把闺女卖了？还不如老老实实嫁个庄户人家和和美美过日子呢。"

看来这选秀女的告示不受人们待见，贴出去三天没一个人到县衙里来应选。

那陆怀一头钻进青楼鬼混了几天之后，随从们就给他报告了这个不好的消息。

"老爷我不是叫你们带上银子到街上去访吗？你看这街头来来往往的女子，碰到面貌姣好的只管给我拦住，赏他十锭银子，把人带到县衙里去。"

"要是人家不乐意呢？"

"不乐意你就给他发横，说这是王命，谁敢不从？"

第二天陆怀亲自带着几个随从去街上到处逡巡。也许是选秀女的布告一贴，四处传开了，街道上再也见不到几个女人。要有也是蓬头垢面的半老徐娘，要不就是出来打油买酱的媳妇和追打吵闹的碎碎娃。

在一个街口，他们看到一个卖柴的老头身边带着一个头上扎着羊角辫的小丫头。

一随从对陆怀说："大人，那边有个小丫头，长得倒还清秀，只是年纪嫌小一点，看上去怕只有十三四岁。"

陆怀选不到秀女，有些着急，便道："小点儿不要紧，只要长得好，带回去在宫里调教调教，过一两年就成人了。"

于是那随从便走近卖柴老汉，跟他搭讪："老人家，卖柴啊？这是您的孙女儿吧，多大了？"

小丫头吓得往老汉身后躲。老汉无奈答道："才十三岁半呢。乡下丫头，不懂事儿，官爷别见怪。"

这时陆怀也走过来了。他把小丫头细细端详一番，说："嘿嘿，年纪是小点，长得倒还清秀。老人家，你没看到城门口的告示吗？"

"什么告示啊，老朽倒没留意。"

"就是你们县太爷为王府选聘秀女出的告示。我看你这孙女儿长得颇为秀丽，可以选到宫里去。"

老人问："选到宫里干什么呀？"

"就是服侍王爷嘛。"一个随从抢着说，"嘿，她若有造化，能讨王爷欢心，说不定将来还有嫔妃之份呢！"

这时老汉才晓得来者不善，他紧紧搂住孙女儿，央告道："老朽只有这么一个孙女儿，不愿意她小小年纪就离开家。老爷您就开恩放咱一马吧！老朽给你们叩头了！"

随从们马上变了脸："好个老头儿，你若胆敢违抗王命，我们就把你关到县衙大牢里去！"

陆怀装着一副笑脸道："好好，好好。你们别吓着老人家了。这是好事嘛，他会想通的。来人，把赏银给老人家。"

"喏，这是十锭银子，你拿回去好买几头牛了。"

陆怀又说："老人家，你孙女儿就随我们回宫里去。放心，我们不会亏待她的，您每年还可以到西安来探望她一次。"

随从们强行把女孩拉过来，女孩恐惧地哭叫着爷爷。

老人无奈地瘫坐在地上。

"天呐！我这是干什么？我不是十锭银子把孙女儿卖了吗？"

老人顿足捶胸，眼巴巴地看着他们把哭哭啼啼的孙女儿架走了。

转到一个街口，陆怀和随从们碰到一队抬着花轿吹吹打打的迎亲队伍。

陆怀灵机一动，吩咐道："去看看，那新娘子长得怎么样？"

随从们上前把迎亲队伍拦住。

"停！停！"

迎亲管事出面问他们："几位官爷，有什么事吗？"

"县太爷出的告示，你们看过吗？"

"看过看过，是为王宫选秀女的是吗？"

"我们老爷要看看新娘长得怎么样，符不符合选秀女的标准？"

管事怔住了："这，这……我们迎娶的新娘子是经双方父母之命媒妁之言早就定了亲的呀！"

"废话！父母之命媒妁之言大得过王命吗？"

几个随从走到新娘花轿边，一把掀开轿帘揭开新娘的头盖。

"啊呀，老爷，这新娘子长得真漂亮呀！"

陆怀也过去看了看，"果真美貌！像是个大家闺秀。选进宫去一定能得到王爷的欢心。把管事的给我叫过来。"

管事过来一揖："小人见过老爷。老爷您是……"

"我们老爷是秦王府的长史，正五品，比你们县太爷还高出一大截呢，还不叩头？"

管事无奈："小人给老爷叩头。"

陆怀打着官腔说："你回去对主家说，王府选秀期间，一切婚嫁暂停，这门婚事老爷我做主废了。这位小姐美貌贤淑，岂能下嫁民间。她已被聘为王府的候选嫔妃。来人，拿三十锭银子来。"

随从们奉命搬过三十锭银子。

陆怀不由分说地道："这是王爷的赏银，让男家另聘新娘，你们就放在花轿里抬回去吧。"

管事目瞪口呆："这这这，小人如何向主家复命啊！"

陆怀眼睛一瞪："这是王命，你们还敢不从吗？走！"

迎亲的一干人敢怒而不敢言，只得眼巴巴地看着他们把新娘子架走了。

陆怀在米脂县折腾了半个月，连哄带骗好歹选定了二十几名秀女带回了西安。

在秦王宫中，陆怀从秀女中挑选了十名最靓的姑娘，给她们盛装打扮后请王爷过目。

秦王看着这么多水灵灵的美女，喜得合不拢嘴。

陆怀跟在他身后奉承道："大王，您仔细挑挑，看最喜欢哪一个，好令她薰香沐浴，今晚给大王侍寝。"

"好好好！"

秦王走到低头含羞的美女们面前，一一仔细端详。

他少不得夸奖一番给他送来这多宝贝美女的陆怀。

"陆怀，你真会办事啊！她们一个个都长得仙女一般，倒叫孤家拿不定主意选哪个。"

陆怀谄笑着说："嘿嘿，王爷，她们都还是黄花闺女，到了王府反正都是您的，您就一个个挨着享用吧，哈哈哈！"

秦王终于挑出了一个。

"好好好。今晚就她吧！"

当天夜晚，秦王在寝宫中喝酒，宫女们将他选定的那个秀女送进宫来。显然事先有人教过礼仪，那秀女婷婷娉娉走到秦王面前叩拜。

"奴婢叩见王爷。"

"站起来孤家仔细看看。果然美貌无双啊！会喝酒吗？来，陪孤家喝两盅。"

秀女羞涩地答道："禀王爷，奴婢不会喝酒。"

"不会喝也得喝一盅，喝了酒才能助兴啊！"

秀女无奈，勉强喝了一盅酒，呛得花枝乱颤，秦王觉得很有趣。

"哈哈哈！你把头上这些珠宝统统卸掉吧，戴着怪累赘的。"

秀女遵命卸去头饰，一头乌黑的秀发瀑布般泻下来。

秦王命令道："宽衣！"

秀女没听懂，一怔。

"没听到吗？孤家命你宽衣，就是把衣服脱掉。"

秀女怯生生地脱去外面的衣服。

秦王厉声道："再脱，统统脱光！"

秀女只得把里面的裹衣全部脱去，赤裸裸地背向着秦王站在床前瑟瑟发抖。

秦王喝完最后一盅酒："到床上去！"

秀女颤抖着爬上宽大的床，本能地拉过绫被遮住赤裸的身体。

秦王顿时淫性大发，扔掉手中的酒盅，迅速扒掉身上的衣服，扑到床上。秀女惊恐万状地躲闪着，一面嘤嘤求告：

"小女今年才十五岁，请王爷怜惜……"

"哈哈哈，我的宝贝儿……"

秦王喘着粗气，把秀女压在身下……

这时，站在门口的宫女把宫灯移走，悄悄地关上寝宫的门。黑暗中立即传来秀女被奸污的痛楚哭叫声……

左都御史举劾秦王六大罪状

秦王淫声远播，巡道御史们紧张起来。左都御史举劾秦王六大罪状。朱元璋降旨：立召朱樉回京，由宗人府议罪。"虎毒尚不食子，他还能杀了我吗？"朱元璋要废秦王为庶民，太子长跪求告。朱元璋派太子赴陕西调查秦王罪行，并考察西安建都条件。

秦王朱樉米脂选秀女之事不久就在坊间流传开来。这倒不打紧，一般老百姓并不清楚只有皇帝才有选秀女充后宫的权力。以为藩王也是一国之君，他要选几名秀女也无可厚非。不过后来又传出这位王爷和西域女跳裸体舞通宵淫乐的事。民间绯闻传得有鼻子有眼：说王爷边吃大力丸边和一丝不挂的"西域女"干那事，一气干了十六个金枪不倒，不过人差点脱阴而死，经过西安城里许多名医号脉才抢救过来。

这些事在老百姓口中只是笑谈，至多是骂他们的王爷是个"骚叫驴"。可是陕西道的监察御史们却紧张起来。陕西道有监察御史八名，他们负有"绳衍纠谬""督察百官"的责任。而且朱元璋的法律规定，巡道御史管辖范围内有官吏严重违犯法纪而巡道御史未能举劾者，御史应坐罪。秦王淫逸至此，必然秽声远播。将来传到京城，传至皇上耳朵里，皇上一怒，必令都察院查劾事实，那时他们就难辞其咎了。

朝廷有规定：诸御史纠劾，务明著实迹，开写年月，毋虚文泛诋，讦拾细琐。于是这八名巡道御史分头行动起来，有的赴米脂访查秦王选秀女的详情，连城门上风吹雨打字迹模糊的布告也撕了回来作为证据。有的设法抓来秦宫中的乐师，查问跳裸舞的详情。他们甚至还找到一个流落当地青楼的舞女，以重金利诱她讲出与秦王裸舞交合的详情，并做了画押笔录。

正在这个时候，陕西布政使因为累年完不成朝廷下达的赋税受到降职处分。户部派人来西安催交粮税，一下子查出秦王历年截留陕西省上交国库赋税十余万两。这些情况御史们自然知道。于是连同他们调查落实的秦王其他劣迹，一一写进了他们的举劾奏疏中。自然，他们不敢公然举劾秦王朱樉，而是把矛头指向王府的官员，特别是引诱怂恿秦王淫荡作恶的右长史陆怀。

一日，朱元璋与太子正在乾清宫议事，内侍进来禀报。

"启禀万岁，左都御史袁泰宫门求见。"

朱元璋有些惊异："袁泰？他有什么事？宣他进来。"

袁泰随内侍进来向皇上和太子殿下请安，朱元璋给他赐座。

朱元璋问："卿家入宫有何启奏？"

袁泰奏事总喜欢卖点关子，他毕恭毕敬地道："臣蒙圣恩总都察院，奉旨绳衍纠谬、督察百官，然不知皇亲国戚有违法乱纪可否举劾？请陛下明示。"

朱元璋有些生气地道："卿家此话问得好奇怪！朕设都察院，养了遍及天下的十三道监察御史，就是要你们这些言官为朕监察百官，举劾违法犯纪的行为。皇亲国戚上至藩王公主，下至县郡中尉，他们也都是朝廷封的官赐的爵呀。他们若有违纪法纪的行径，监察御史自然有权举劾。不仅如此，若他等犯有严重罪行，当地监察御史未能发现或故意包庇者，将处以连坐之罪。这是朕早给你们明示过的，卿家何须再问？"

袁泰似乎满意皇上的答复，道："如此，臣要斗胆举劾一位藩王。"

朱元璋惊问："你要举劾谁？"

袁泰从袖中抽出一份厚厚的奏折来："启奏陛下，这些是陕西道监察御史曾棣等八人及西安府、汉中府巡察御史和朝中多位佥都御史托臣转呈朝廷的奏章，臣汇总他等举劾皇次子秦王朱樉听信任用奸佞，违犯国法六大罪状：其一，不遵圣命，逾制大建宫室。陛下曾于秦王就藩时赐玺书命其体恤民艰，缓建宫室。可王不遵圣命，竟按帝宫体制恢复唐朝宫室。现秦宫之宏伟可比京都，劳民伤财之巨至今犹为后患。其二，勒索州府，截留赋税。秦王每年假借王及王妃生寿之名，命各州府贡献贺礼，少者千两，多者万两，州府不堪重负，叫苦不迭。另外因修建王府支绌，几度截留陕西省、西安府上交国库的赋税银达十六万余两，户部均记录在案。其三，恣意游乐，侵占民田。秦王为建一跑马场，任意强拆民居，侵占民田数十顷。其四，大肆选美，强抢民女。秦王为充实后宫，派右长史陆怀去米脂县，以十锭银一名选购秀女入宫，甚至连人家新嫁娘也从花轿中拉下，强行选入宫中。其五，宠信奸佞，罢黜傅相。陛下先后为秦王选拜两任傅相，均因谆谆劝诫惹恼秦王，被其罢黜驱逐。现王府相位已空，而秦王宠信品质极恶劣的右长史陆怀，任其在王府一手遮天。其六，淫歌艳舞，败坏纲常。陆怀唆使秦王仿效元顺帝十六天魔舞故事，召来十六名西域舞女边舞边交合，历时一昼夜方休。以上诸罪均为陕西道御史及都察院御史举劾，均按规定明著实迹，开写年月及证人，实证存于都察院可随时调阅。臣身负皇命，对秦王所为痛心疾首。然而秦王位高爵尊，臣无力纠察之余，只得连夜草就奏章，伏乞陛下圣裁！"

袁泰一口气奏完，捧着奏章，伏地连连叩首。太子在一旁看着父皇的脸色剧变，战战兢兢地接过奏章，呈于御案之上。

朱元璋面色由黑转红，由红转为苍白。左都御史亲自奏劾过不少大臣，可哪一个犯有这么严重的罪行呀！偏偏犯罪的又是自己的儿子。他简直无地自容，气不打一处来。

"哇呀呀！这等孽子，把朕气死了！"

太子见父皇气成这样，连忙上前劝慰："父皇暂息雷霆之怒，儿臣……"

朱元璋见太子上前，突然找到了一个发泄怒气的对象，他指着太子怒吼道："都是你！都是你！朕一斥责他们，你就为他们讨饶。你看，今天把他们纵容得如此无法无天了！"

太子扑通跪在父皇面前："儿臣有罪！罪在儿臣，请父皇责罚。"

袁泰连忙陪着跪下奏道："秦王远在外藩，太子身居朝廷，鞭长莫及，臣以为罪不在太子。臣身为都察院首脑，应负失察之罪，请陛下处罚。"

朱元璋深知这一切既怪不了太子，也怪不了袁泰，只怪朱樉自己太嚣张跋扈了。要论失察之责，首先在自己。举朝之上，除了自己，谁又能管得了他这位居于藩王之首的霸王呢？他深深歉疚地叹口气，挥手道："罢了，你们都起来吧。"

"谢父皇。"

"谢陛下。"

这时，朱元璋恢复了他一贯的镇定，铁青着脸宣布道："传旨：立召秦王朱樉回京，由宗人府会同都察院议罪。右长史陆怀立即由西安府逮捕械送进京候斩！"

太子和袁泰同时躬身道："遵旨。"

秦王朱樉奉诏回京后先到东宫觐见太子。由父皇诏书中的严厉词意，他意识到自己被告发了。可他就是那么飞扬跋扈的禀性，以为老子天下第二，谁也奈何不了。召回京不过让老头子臭骂一顿，虎毒尚不食子，他还能杀了我吗？进京后他先到东宫探探风声。谁知太子的神情比他还急。

"二弟，你这是干些什么事啊？惹得陕西各州府和监察御史们都来举劾你。父皇见了那一堆奏章大发雷霆，恨不得立时把你废了。愚兄也无话可说，只好跪地请罪。"

朱樉语带讽刺地道："哼，殿下在京城里，太子爷当得好好的，你有什么罪啊？有罪的只是我们这些发配到外藩的儿子！"

太子不计较他语中带刺，苦口婆心地规劝道："你有些事也做得太过了。你不是不知道父皇出身寒微，崇尚节俭，就藩之初就谕诫你不要大建宫室。你偏要恢复唐朝宫殿规模，大兴土木。亏空了又到州府去截留上缴国库的赋税。人家州府官挨了朝廷的申斥处罚，当然要诉苦告状了。"

"让他们去告吧！"朱樉不屑地道，"惹毛了老子，回去整死那些王八蛋！"

"二弟，你在藩王中是最年长的。前年父皇还任命你为宗人令，就是希望你各方面都成为皇弟们的表率。可你有些事情做得太出格了。什么公开到米脂选秀女，从花轿里抢人家新娘。还弄些舞女在宫中跳裸体舞，白昼宣淫，这太不成体统了！我们可不是蛮夷之邦的藩王呀，怎么能淫荡不堪有伤风化呢？"太子仍然是循循善诱地劝诫秦王。

"哼，太子殿下倒是蛮清高的哟！要知道，殿下是一国储君，父皇百年之后，整个天下都是你的。为弟的却一无所有，玩几个女人都不行吗？"

秦王的蛮横态度把太子气得几乎要哭出来。

"你你你……太不讲理了！好好好，愚兄管不了你，你去吧！"

秦王气咻咻地一甩手就往外走，太子忍不住又叫住他。

"站住！二弟，为兄奉劝你一句：你怎样顶撞我都可以，父皇正在气头上，你觐见时一定要惶恐请罪，千万别再惹恼他。那时愚兄也无能为力了！"

秦王仍然傲气十足地抱拳道："承教。"

太子念在手足之情，仍然没有让秦王朱樉立即去觐见父皇。他知道朱元璋执法甚严，他无情地诛杀了那么多大臣勋将，哪一个有朱樉这么严重的罪行！这事经都察院举劾已满朝皆知，朱元璋纵使不想处置秦王也不可能了。太子想要寻求一个转圜的契机，他再次进宫与朱元璋商量此事，想为秦王讨一个较轻的处罚。

他怯生生地禀告朱元璋道："父皇，二弟秦王朱樉已奉召进京，儿臣叫他先认真写好请罪书再来觐见父皇。父皇真要把他交付宗人府议罪么？"

朱元璋气犹未消："哼，王子犯法与庶民同罪。他犯的这些事，搁在别人头上，八个脑袋也让朕砍下来了！朕若姑息养奸不处置他，面对朝廷大臣何以服众？朕已命都察院将所有举劾罪行一一落实后，诏告天下将他废为庶民，安置五千里外，永远不许入朝。"

太子一听垂泪跪奏道："父皇，二弟堕落至此，儿臣身为兄弟和储君，疏于教导，实难辞其咎。儿臣恳请父皇顾念母后在天之灵，对二弟法外施仁，网开一面。可对其所犯之罪处以削禄降爵之处分，以观后效。儿臣亦愿受同等处分，但务请父皇不要将他废为庶民。那样，母后在九泉之下也会不安的。父皇若不俯允儿臣所请，儿臣只有长跪不起了。"

朱元璋虽是铁石心肠，不免也为儿子们的深厚情谊所感动，尤其想到死去的马皇后，心中更觉恻然。他深深叹了口气道："唉——你起来吧。朕知道你们兄弟感情甚笃，朕也何尝愿意如此严厉处罚朱樉啊！他是诸藩之长，朕将他封于秦国百二河山形胜之地，就是寄厚望于他。谁知他这样不争气，把朕的脸面都丢尽了！他犯的这些事，不处置又无法服众。怎么办？朕想命你带几位大臣去陕西和太原巡视一趟，就地查明秦王所犯之罪。若民愤甚大就再不能让他待在那里了。择一个小国让他易地而王。朕要你去不止于此，更重要的是为朕查明关中的山川形势如何，是否适宜建立都城？朕居安思危，总觉得金陵这偏安之都不应是我大明皇朝久居之地。"

太子道："父皇圣虑深远，儿臣愿遵旨巡视西北。不知父皇拟派哪些大臣随同前往。"

"秦地险隘，民风不靖，朕准备多派几位将领去，反正他们在朝中没多少事。就让傅友德、郭英、耿炳文随行护驾好了。文官嘛可让齐泰去，他处事缜密，一贯事你甚为恭谨，一路上可做你的得力帮手。"朱元璋作了周密布置。

太子又想为秦王争取较好处境，复奏道："是否让秦王随儿臣回陕交代自己的过失？"

"哼，他会听你的吗？他是地头蛇，只怕他回去了还会与你为难呢。"朱元璋不以为然地说，"就让他羁留京都，闭门思过，听候处分吧。"

"父皇圣明，儿臣遵旨。"

朱元璋于元至正十六年攻下金陵。当时元朝在这里设集庆路，朱元璋改为应天府，以此作为与张士诚、陈友谅诸雄逐鹿江南的根据地。谁知这里竟是朱元璋的福地。十数年间，他逐渐剪灭群雄，成了江南的唯一霸王。他在这里自立为吴王，又于至正二十七年受群臣劝进当上了大明朝的开国皇帝。

金陵素有五朝古都之美誉。但朱元璋统一全中国之后，从地图上看金陵偏于东南一隅。前朝的统治者疆土狭仄，北仅及河北山西，西只达河南四川，南至湖广，连广东广西都是化外蛮荒之地。以那样的疆域，金陵尚在幅员中心地带。可现在，大明的版图向北、向西、向南扩展了一倍有余。朱元璋从一个军事家的角度看去，京城太偏于东南一隅是颇为不利的。所以他在建立大明王朝后即钦定金陵为南京，开封为北京，而以他的家乡安徽凤阳为中都。

朱元璋不愿以金陵做固定的首都还有心理上的原因，他翻阅史籍，凡是定都在此的朝代都是短命王朝。孙权的东吴六十年即亡，东晋几经兴废维持了一百零四年，梁武帝在此仅五十五年，取代他的陈朝更短，仅三十年即为隋文帝所灭。

朱元璋想让自己的大明王朝千秋永驻，能把都城定在这个晦气的地方吗？

从中国地图上看，陕西的西安地处全国的正中央，就像一个人的心脏部位。英明天纵的唐太宗舍弃父皇李渊的封地太原选取长安为国都不是没有道理的。西安自古即有百二河山形胜之地的美誉，崤关函谷之险足以屏卫都城，朱元璋早就想亲自去陕西考察一下，但始终未得机会。所以这次他让太子朱标亲自去查明秦王所犯之罪，顺道完成考察关中山川形势的任务。韶华易逝，他若不赶紧把定都之事落实，再也没有时间了。他也许是不敢相信子孙后代的智慧，总想把所有的大事在自己盖棺之前定下来。

秦王朱樉被羁留在京城闭门思过，听候处理。京城的王府很久没人居住，到处一股霉味，这座工部按制建造的王府他小时候觉得很气派，但它哪能和西安的秦王宫比呀？简直连它的一个偏殿都不如。更可气的是，府中除了秦王自己带来几个服侍的人外，府门外还有宗人府的官吏和兵丁把守。按说秦王是宗人令，可这会儿人家有皇上的谕旨，谁也不认他这个宗人府的最高领导了。

秦王养尊处优惯了，哪里受过这种气？于是终日捧着酒壶酗起酒来，喝得醉醺醺的，随行人员只得小心翼翼地伺候着他。好在这几个人都是秦王的心腹，深谙王爷的脾气。

秦王酒喝得差不多了，忽然想起了什么事，吆喝道："来人！"

一个随从赶紧过来道："奴才在。"

"你们打听到了吗？陆怀押解回京后怎么样了？"

"禀王爷，奴才听说陆大人回京后在刑部审过一堂，就被皇上下令处斩了。"

秦王狠狠地骂道："老头子果然心狠手辣，不给我留一点面子。朝廷里还有什么动向吗？"

"听说皇上派太子爷去西北巡视，还有一大帮文武官员随行护驾。这两天就要启程了。"

"哼，他去巡视！还不是去揭老子的疮疤。"秦王恨恨地说，"老子不在西安，那帮地方官员又会找他诉苦了。"

这随从倒还会安慰主子："奴才以为，太子爷与王爷是一母所生的同胞兄弟，纵使下面有人说王爷的坏话，太子爷也会在万岁面前替王爷遮瞒圆通的。"

"哼，孤家要给他下个套，让他不得不替我说话。"秦王狞笑一声道，"你马上替我回去。过来，孤家告诉你怎么做？"

秦王附耳低声嘱咐那随从，可他有些将信将疑。

"王爷，听说太子爷从来不好女色，您这招行吗？"

"哼，我就不信世上真有不吃腥的猫！你只管照孤家的吩咐去办。"

"是。奴才遵命。"随从接过秦王给他的一锭金子，揣在怀里，"奴才这就动身回西安。"

秦王施美人计命宫女为太子侍寝

　　太子至西安接见秦王二位王妃。宫女春娥要为太子侍寝，太子顿时明白这是秦王施的美人计。"奴婢还是处子身，若殿下不肯让我侍寝，他们会杀了我全家。"太子巡视州府，知府禀奏不堪秦王府勒索：去年王爷做寿要送金猴，今年王妃三十岁生日，岂不又要送头金牛？

　　八月下旬，京城溽暑未消之时，太子朱标启程巡视西北。因为这是朱标第一次出京巡视，又担负着重大的使命，临行前朱元璋谆谆告诫太子，从怎样考察下面官员的勤与惰、忠与伪、不要一味听信他们为自己涂脂抹粉、文过饰非的谎言，到如何注意旅途的安全，防止意外事件的发生。他又对随行文武官员们一一训示，要他们尽心尽力护卫太子，切勿麻痹大意。武臣们要将晋陕两省的边塞卫所兵力布置等情况了解清楚，如需调动，奏明太子敕令执行。

　　太子朱标及随行诸臣对皇上的谆谆嘱咐均恭谨从命。

　　在渡江的龙舟上，太子和随从的文武官员正在船头上观赏江景，忽然天空"霹雳"一声，划出一道闪电，豆大的雨点开始洒在船头甲板上，江面上风浪骤起。

　　齐泰见状忙奏道："殿下，请速进舱避雨。"

　　内侍张开銮伞，护送太子入舱。群臣也相继进入舱内。只有荷枪执戟的卫士们仍然屹立在风雨中，注视着江面，警卫龙舟的安全。

　　八月的雷阵雨坚持不了多久，不久又是阳光普照。第二天，太子的銮驾行进在江北的官道上，文武官员均骑马相随，他们在马上有说有笑，并不寂寞。

　　忽然后面尘土飞扬，有数骑人马从后面追上来。断后的耿炳文警惕地列好骑阵，临近才发现是太常寺卿黄子澄及其数员随从。太子遂命令停銮。

　　太子在銮轿上问："黄爱卿匆匆赶来，有什么事吗？"

　　黄子澄拜见太子后道："臣奉旨传圣上口谕：你昨日渡江时，震雷忽起于东南，导尔前行。此乃上天威震之兆也！然近一旬来久阴而不雨，朕屡令人占卜均非吉兆。你此行应防有阴谋，行动要谨慎，要严加戒备。所到之处施仁布惠，以回天意。钦此！"

　　"儿臣领旨。"太子面南叩首。

　　"黄爱卿，看你跑得满头大汗，辛苦了！"

　　"王命在身，何言辛苦？"黄子澄又向众臣宣道，"诸位大人听旨。皇上口谕：尔等此行须严谨护驾，行程里发生什么事情，须按日向朝廷报告。钦此！"

　　众臣皆下马叩拜："臣等领旨谢恩。"

　　黄子澄对太子道："殿下，微臣宣谕已毕，须赶回朝廷复命，不再远送了。"

　　"黄爱卿请回吧。"

黄子澄及其随从上马，目送銮驾启动，继续前行。

经过十数日行程，太子銮驾到达西安，陕西布、按使等官员及秦王府官属均出城迎驾。稍事休息后，太子及诸臣在年老的秦王师傅陪同下巡视秦王宫。

看了一圈，众臣都不敢作声，最多是暗自啧啧称赞，他们都等待太子开口说话。

"二弟的王宫果然如此规模宏大，金碧辉煌，别说我那东宫没法比，就是父皇的乾清宫也没有这般富丽堂皇啊！"

秦傅解释说："启禀殿下，此宫是王爷按照史籍所载唐朝长安宫室图重建，自洪武十一年王爷就藩后，前后历十年才建成。贞观盛世的唐朝国力强盛，自然非后世可比。"

太子瞪了那白胡子老头一眼道："本宫记得秦王就藩之初，父皇即赐玺书给他，称'关内之民，自元氏失政，不胜其弊。今吾定天下，又有转输之劳，民未休息。尔之国，若宫室已完，其不急之务悉已之'。秦王年轻浮躁，你等身为傅相，应该极力劝阻他才是。"

秦傅立即跪下谢罪："臣有罪。"

傅友德道："殿下，您也别怪他了。据臣所知，皇上先后给秦王派了两任傅相，都因为劝谏他，被他赶跑了。这位师傅也是最后才派来的，相位还空着呢。"

太子有些歉然："啊，本宫错怪老师傅了。请起来吧。"

"谢殿下。"

太子又吩咐齐泰道："齐大人，我看王宫里空房子很多，我们就不必麻烦有司安排行宫驿馆。我和诸位爱卿就在宫内歇息，随行人员怎么办，你们再去安排一下。"

齐泰道："微臣遵旨。"

太子在宫中住下后不久，内侍即来通报。

"启禀殿下，二位王妃求见。"

太子忙吩咐："请她们进来。"

不一会儿，秦王妃王氏与继妃邓氏双双入内拜见太子。

"臣妾等叩见太子殿下。"

"二位弟嫂免礼。"太子道，"快坐下说话。"

那王妃是元朝河南王王保保（即扩廓帖木儿）之妹，是有名的女中丈夫，果然快人快语。她劈头就问："太子殿下，皇上召我们王爷入京，听说王爷遭到御史参劾，皇上一怒要废黜他。太子此来是要褫夺我们姐妹俩的封诰，废我们为庶人吗？"

太子连忙解释："二位弟嫂不要听信传言。二弟遭御史参劾是真，但父皇并没有说要废他，只是命其在京闭门思过，远小人而近君子。本宫此次北巡，一来是看望和安抚二位弟嫂，二则负有父皇托付的重大使命，实与二弟之事无关，请你们放心好了。"

温柔贤淑的邓妃说道："太子殿下，您与秦王是同胞兄弟，自然深知他的秉性。王爷刚愎自用，独断专行，他做的那些荒唐事我们姐妹也曾多次劝说过，奈何他把我俩的话都当作耳边风。"

王妃急风急火地说:"哼,我们多说几句他就急了,说我多搞几个女人你们嫉妒什么?我要是像父皇那样三宫六院纳一二十个妃子,让你连面都见不着!他把我惹火了,我说你臭显摆什么?你有父皇的本事南征北战把天下打下来吗?光学那亡国之君跟那些西域婊子乱搞算哪门子功夫?说得他恼羞成怒,竟扇了我一耳光。呜呜呜……"

见她眼泪下来了,太子忙安慰道:"弟嫂不必难过。二弟受坏人唆使,骄奢淫逸,有违国法。经过此次朝中文武的弹劾,父皇的严厉训诫,他一定会幡然醒悟,痛改前非。愚兄北巡回朝之后,也会把二位弟嫂的贤德禀告父皇。父皇一定会责令二弟返国后向二位弟嫂赔礼道歉。俾使你们夫妇琴瑟和鸣重归于好,共同治理好藩国。"

王妃又道:"太子殿下,弟妇从小没了父母,跟随兄长河南王在军营中长大。我兄长跟大明打了一辈子仗,至死未降。父皇称赞他是天下奇男子,不计前嫌让我做了他的儿媳妇。弟妇纳闷的是,我们王爷跟太子殿下一母所生,为什么殿下如此温文尔雅,他却是那么个德行呢?"

邓妃劝说道:"好了好了!姐姐,太子殿下刚到,旅途车马劳顿,还没好好休息呢。我俩只要听到王爷的确实消息就放心了。别再打扰殿下,让他好好休息吧。"

"好了,太子殿下,弟妇们告辞了。"王妃道,"殿下在西安的一切起居,弟妇会安排底下那些人服侍。王爷不让我们管外面的事,弟妇我也落个清闲。可宫里有谁不好好服侍殿下,你告诉我,我撕了他们的皮!"

"二位弟嫂费心了。来人,送二位王妃。"太子起身送她们。

太子朱标夜宿秦王宫,见四周书柜中藏书甚为丰富,他从中取出一部《战国策》,见书面上沾满了灰尘,不禁自言自语道:

"这些书积了这么多灰尘,只怕二弟从来没有翻过。唉,他若是多读些圣贤书,又何至于此呢?"

太子在灯下认真看书,不觉已闻二更鼓响。他觉得有些口渴,伸手去端茶几上的茶杯。立刻有一面容姣好的宫女捧上一杯热茶。

"太子殿下,请喝这杯吧。那杯茶已经凉了。"

太子不经意地瞥了她一眼,心里想这宫女可能是秦王妃差来服侍他的。他端起茶杯喝了一口,继续聚精会神地看书。

过了一阵,太子有些倦了。站起来伸了一个懒腰,蓦然发现那宫女还在旁边站着。

"咦,你怎么还在这里?下去吧。"

那宫女禀道:"殿下倦了请安歇吧,奴婢已把床给您铺好了。"

太子道:"嗯,知道了。你下去吧!"

宫女有些羞涩地跪奏道:"请容奴婢侍候殿下。"

太子十分惊诧:"什么?"

宫女低下头,轻声道:"请容奴婢为殿下侍寝。"

"荒唐！"太子是个正派人，没想到一出来就有这样的事，他问道，"是谁派你来的。"

"是奴婢主子派我来的。他说这是王爷的命令。"

太子开始意识到这是秦王所为。也许他以己之心度人，怕太子旅途寂寞；但也可能是他另有所图，自己不能不提高警惕，洁身自好。

太子板着脸对那宫女说："你回去告诉你主子，就说本宫素喜独眠，不要你陪侍。去吧！"

宫女闻言背转身去，嘤嘤泣下。

太子好奇地问："你哭什么？"

宫女泣诉道："殿下，您是一个好人。但是您若赶奴婢走，明天奴婢全家就要遭殃。那些人是说得出做得出的。殿下，您就可怜可怜奴婢吧！"

那宫女说得凄婉悲切，让太子不得不相信她的话。他沉吟片刻，吩咐道：

"你起来吧。"

"奴婢谢殿下大恩。"

"你叫什么名字，是哪里人？"

"奴婢名叫春娥，姓田。是上月从米脂选进宫的。"

太子顿时明白了这是秦王施的美人计，企图把他拖下水。自己这位弟弟施的诡计真让他哭笑不得。他吩咐春娥道：

"好，本宫答应你今晚就留在这里侍候。你找一床被子，就在椅子上睡一觉，明天好去给你的主子复命。"

宫女连忙摇头："殿下，不行，不行！"

"怎么啊？"

"奴婢还是个处子身，若殿下不肯让我侍寝，他们验出来，真会杀了我全家的。"宫女边说边流泪，"殿下，奴婢真那么叫您讨厌吗？"

"不，不，你很美。说实在的，本宫很喜欢你。"太子承认道，"但是我若纳了你，恐会招人非议的。"

"殿下，奴婢倒有个主意。"

"你有什么主意？"

"殿下不是有很多侍从吗？明天一早您就叫他们送一套侍从的服装来，奴婢混在侍从队伍里，到晚上就来侍候您，这样就没人知道了。"

太子不禁笑了："你倒挺聪明啊！"

春娥挨近太子道："殿下，已经不早了，让奴婢侍候您就寝吧。"

春娥为太子卸去冠带朝服，服侍他在榻上睡好，然后吹熄了灯，在朦胧夜光中脱光了自己的衣服，扑入太子的怀中……

太子朱标在西安首先巡视了秦王的宫殿建筑，其规模因是按唐朝皇宫重建，确实有逾制僭越之嫌。但秦王纯粹是为了显摆大王的威严，并无任何叛逆称帝的迹象。比如大殿中的王座和殿柱他从未用龙来装饰；殿瓦及城门楼皆用青色琉璃瓦，而没有用皇宫的金色琉璃瓦。在这些方面秦王还是有分寸的。

太子还带领诸臣巡视了西安的城墙。由于秦王好大喜功，就藩十几年来对西安规模宏大的城墙、钟鼓楼等进行了修葺。巍巍的西安城墙其规模让南京新建的城墙都相形见绌。太子在城墙上对众臣慨叹道："西安不愧为大唐古都，真有大国都城风范啊！"他想：单就这一点而言，父皇是会非常满意的。

在西安盘桓数天后，太子开始巡视陕西各州府。

銮驾至汉中府，府尹芮荣率官属在府衙外出迎，衙门外跪了一大片。

"都起来吧。"太子吩咐道，"芮知府，领我们到府衙里看看吧。"

"卑职遵命，殿下请。"

太子率众臣来到汉中府正堂，只见堂中油漆剥落，石阶残破，一副颓败之相。

太子摇摇头道："芮知府，汉中也算是富饶之乡啊，怎么你这府衙竟是如此破败？"

"唉，殿下，一言难尽。"芮荣奏道，"殿下到里面大堂坐下，容臣细禀吧。"

太子及诸臣进入府衙，在大堂中坐下。府尹芮荣命下人献茶。

"太子殿下，诸位大人，秦王殿下应召入宫还好吗？听说许多御史参劾了他？"芮荣开口就这样问，似乎有些投石问路之意。

太子颇有点生气地道："秦王所犯之罪错，皇上和朝廷自会处理。但是你们地方官吏没有把自己的州府治理好，弄得本来富庶之地也民不聊生，也是难辞其咎的。不能把什么都一股脑儿推到藩王头上。"

"殿下，微臣知罪。"芮荣从容禀道，"汉中本是富庶之地，本府所交赋税历年居全省之冠。奈何自秦王就藩以来，本府除了比照洪武元年至十年的赋税增交了二成，还为王宫修建无偿供给木材、石料及劳力总值达十数万两银之巨。不但百姓深受征税之苦，我们州府也只得艰难度日，有时连各级官吏衙卒的薪俸也发不出。这就是殿下惊诧的我们府衙如此破败的原因。卑职拿什么钱来修它啊？"

芮荣的叙说不由得让太子不同情。

"如此本宫错怪卿家了。除了这些，王府对你们还有什么索求吗？"

"王爷膺天命镇守一方，我等臣下自应恭敬事之。去年王爷三十五岁华诞，王府长史陆怀命人发下话来：给王爷庆寿乱七八糟的东西不要送，王爷属猴，你们就送个金猴吧。要拿金子铸个猴，少说也得七八十两吧？卖了我全部家产也凑不来这么多金子呀？卑职无奈只好命全府大小官属按人头凑份子，好歹铸了个金猴送去。可是今年又是王妃三十岁生日，王妃属牛，那陆怀岂又不会命卑职送头金牛呀？幸亏那陆怀速进宫问罪去了，要不卑职又要为此事犯难呢！"

傅友德道："芮大人，那陆怀已经被皇上问斩，你就不必为此事着急了。"

太子道："芮卿，以往秦王多有不当之处，本宫代他向贵府上下官属致以歉意。本宫此次奉旨北巡，就是要体察民情，革除弊政。今后秦王府再也不会对下面州府有不当的苛求索取了。望贵府从此要带领民众休养生息，尽快让老百姓过上安康日子。另外，本宫还有一事相求贵府。"

芮荣对太子亲切和蔼的态度感激涕零，听说太子有事相求连忙答应道："殿下有什么事尽管吩咐，卑职尽力做到。"

"本宫奉皇上之命，乘此次巡视的机会，绘制秦地山川河岳地图。烦卿组织相关人员在一个月内将汉中府地图绘制好，交本宫带回朝廷复命。"

芮荣满口应承："卑职即日就召集有关人员绘制地图，一定不负殿下所托。"

太子欣慰地道："如此有劳贵府了。"

太子朱标不辞辛苦地在三秦大地上奔波，连续巡视了陕西省的西安府、凤翔府、汉中府、延安府、庆阳府、平凉府、巩昌府和临洮府。傅友德等武臣视察了各地的都司卫所，检查兵员装备和训练情况，特别是边寨守御千户所对边境的警戒防御。太子巡视各府除了了解各地民情及物产的丰歉和吏治的好坏外，一个重要的目的是收集和绘制各州府的地形图册。这是朱元璋临行前嘱咐他要完成的一项特殊任务。

太子还率领诸臣前往拜谒中华民族的始祖黄帝轩辕氏的陵墓，还去临潼瞻仰了巍峨壮观的秦始皇陵山。

太子朱标生性仁慈爱民，在各州府巡视时常常要州府官带他去看望和慰问附近农村的父老乡亲，每每见到乡民们衣衫褴褛，茅屋破旧不堪，他不禁潸然泪下。他亲手给乡民们发送几尺布、几斗粮的救济。虽然他十分清楚这样做只是杯水车薪，无济于事。只有祈望老天保佑风调雨顺，地方官吏廉政爱民，老百姓才有稍微宽松的日子过。

经过两个多月巡视完各州府，已经到了树叶稀疏、寒风萧瑟的深秋。回到秦王府，太子兴高采烈地把各州府绘制好的地图一一拿过来细看。因为室内光线不好，他吩咐春娥道：

"春娥，掌灯！"

春娥点燃一盏大烛台，照着太子细看地图。

春娥果然装扮成侍从干了一段时候，后来随行众臣都识破了她，大家笑一阵后命她恢复了女儿装扮，以秦王妃派遣的宫女身份服侍太子起居。

"太子爷，这图上画的是什么呀！"

太子朱标把那些地图一张张铺接在地上，一边看一边兴奋地说道："这是陕西的山川地形图。你看，秦地东有崤山函谷之险，南有终南之阻，泾、渭、沪、灞四水纵横于境，孕育着古老的文明。夫百二河山之胜，举天下莫若关中也！难怪我们的先祖轩辕黄帝发迹于此，强秦盛唐等数代于此定都。父皇真有远见呀！喀！喀！喀！……"

太子因过于兴奋，不禁咳嗽不止。春娥忙放下烛台，扶他坐下，为他抚摩胸口，捶背缓气。

"太子爷，您怎么啦？"春娥焦急地问。

"没什么，路上偶受了一点风寒。喀！喀！"

"太子爷，奴婢还是去请大夫来看看吧？"

太子摇头道："这么晚了，别麻烦人家了。一路上你照顾我也够辛苦的，早些歇息吧。"

春娥急得嘤嘤哭泣起来。

"太子爷，您若病了，都是奴婢的罪过啊！"

"傻孩子，不关你的事，哭什么啊？"太子转而安慰她道，"你看，这会我不是好多了吗？"

太子考察秦陕染疾回京薨逝

> 太子归途中染疾，春娥吸痰救主。太子回京献上陕西地图，并求父皇从轻处罚秦王。太子病重临终求父皇善待臣民。春娥上吊为太子殉身。朱元璋沉痛哀悼亡儿，接见大臣时痛哭失声。

太子朱标结束了在陕西的巡视。本来他还要顺道巡视太原，因为北方天气日冷，太子的病情也日渐加重，傅友德、齐泰等众臣商议改变行程，尽快返回京都为太子延医看病。

晋王朱枫得到太子患病不来太原视察的消息。他感激太子在父皇面前为他说情辩护，也挂念大哥的病况，于是自己带了一队护卫急急地追赶上来，在洛阳追上了太子的銮驾。

兄弟相见自有一番离愁别绪倾诉。但此时太子的病情日益加重，于是晋王主动提出护送銮驾进京，一并向父皇请罪。

在中原大地的官道上，太子的銮驾缓缓前进。晋王和群臣骑着马一路观赏着沿途的景物。不过因为太子的病情，他们心里都很沉重。

在宽敞的辂车内，太子病卧在榻椅上，不时咳嗽几声。春娥在一旁照料煎药的炉子。听见太子又咳嗽了，忙过来为他捶背抚胸，一面轻声呼唤着：

"太子爷，太子爷，您好点么？"

太子无力地点点头。

"奴婢叫车驾走慢点，让您好好休息。"

太子有气无力地摇摇头。

"不不……快……快回京……喀！喀！"

春娥噙着眼泪跪下为太子抚摩胸口。太子抓着她的手闭目养神。春娥望着太子日渐消瘦的脸颊，背过身去偷偷拭泪，直到太子松开她的手昏昏睡去。

车驾驶过一段失修的驿道时，因为道路崎岖不平，辂车颠簸得很厉害。

昏睡中的太子被一阵强烈的颠簸惊醒了，突然猛烈地咳嗽起来。春娥噙泪惊呼：

"太子爷！太子爷！您怎么啊？"

太子咳得满脸红涨，突然一口痰卡在他的喉管里咳不出来，他被憋昏了过去。

春娥慌了手脚，连忙掀开车帘狂呼：

"太子爷不好了，快来人呀！"

叫完她又俯下身来看太子，见他憋昏在榻椅上仍然不醒。春娥急中生智，不顾一切地伏在太子身上，口对口用力为他顺气吸痰。堵在太子喉咙里的一块浓痰居然被她吸了出来，"叭"地一声吐到痰盂里。

这时，晋王和群臣已纷纷下马拥至车驾前焦急地探问：

"大哥！""殿下！"

太子咽道疏通以后，终于长吁了一口气，睁开了眼睛。他见众人拥到车前探问，有气无力地指指春娥对他们说：

"多……多亏了她……"

春娥跪倒在车厢里，泪流满面：

"太子爷，您把奴婢吓死了！"

这时齐泰挤过来奏道："殿下，臣召随行太医来为殿下把把脉吧。"

"不用了，多亏春娥救了本宫一命。"太子道，"众位爱卿，没事了，我们继续赶路吧。"

太子銮驾抵京，文武百官齐集江边迎接。太子强打精神，由内侍搀扶着接受百官的叩拜。傅友德、齐泰等随行众臣也与前来迎接的五府六部官员互道辛苦。

太子回朝后，不顾病体未愈，挣扎着进宫觐见父皇。

内侍连忙传呼："启禀万岁，太子殿下驾到。"

朱元璋挂念着太子的病体，忙放下手中的奏折道："快让他进来。"

太子进来叩拜于地："儿臣叩请父皇圣安。"

"快扶太子起来！"朱元璋吩咐内侍，"标儿，听说你在西安就病了。朕命齐泰缩减行程，赶快护送你回京，并派了御医到西安来替你瞧病。现在好点了吗？"

太子怕父皇为自己的病体着急，强行掩饰着说："启禀父皇，儿臣无碍。只因儿臣久居南方，乍到秦陕，有些水土不服。加之旅途中偶感风寒，断断续续地咳嗽一直没好。"

"回来了让御医院太医们给你好好会诊一下。听说陕西的各个州府你都跑到了，除了巡视各地衙门，还到乡下看望了乡村父老。朕一句话，竟难为你了。"

太子恭敬地奏道："儿臣不敢有负父皇的嘱托。全赖父皇圣明，儿臣这次去北方乡下看了看，方深知百姓稼穑之艰辛，生活之困苦啊！"

太子有这种感觉，朱元璋很满意，他道：

"嗯。朕出身寒微，虽然现在贵为帝王，奄有天下，却始终难忘少年时的艰难。那时，碰到饥荒年月，朕甚至还有过沿门乞讨的日子呢！"他话锋一转，又道："可你的一些弟弟们，在京城当皇子的时候，才十几岁的人吧，每年数万石的爵禄还不够他们花的。一旦就了藩，像你二弟那样，更是骄奢淫逸，无所不用其极！他心里哪有一点顾惜百姓稼穑艰难的影子啊！这样他们怎能治理好藩国，为朕分忧呢？"

太子忙惶恐谢罪道："儿子们不孝，有负父皇的期望。"

"不谈这些令朕心烦的事了。"朱元璋挥挥手,"你视察秦陕山川形势如何?"

太子献上秦陕地图。

"儿臣巡视各州时命他们各自绘制本州的山川舆图,回到西安汇总成了一幅秦陕山川形势图,父皇请看。"

朱元璋戴起老花镜,在御案上仔细观看地图。太子在一旁指点重要的山川关隘的名字,如崤山、函谷关、终南山、泾、渭、沪、灞河等。朱元璋用军事家的眼光一一对其审视。

"好!好!好!秦陕果然居百二河山之胜,进可以攻,退可以守,难怪强秦、盛唐均定都于此。秦始皇和李世民都是一代圣君,他们的眼光果然不错。"

太子复又奏道:"儿臣对经略建都之事有一番详细的思考,父皇请容儿臣过几天细细地禀奏。"

朱元璋赞许道:"好,好。秦王朱樉那些劣迹你考察得怎么样?"

"启禀父皇,二弟骄奢淫逸、靡费享乐过度之事确有之,但有些事没有御史们弹劾的那么严重。儿臣此次赴陕,已严令各级有司遵守国家律法,王府不得任意截留赋税,乱征徭役。以后若再有此类事情发生,布政使衙门有权拒绝并立即上报朝廷,从而根本杜绝此类事情发生。儿臣以为,现在封藩日多,众多兄弟良莠不齐,秉性各异,朝廷应建立监督藩王的机制,定时派员巡视,以防微杜渐。不要等到发生了大事再来处理,那时就迟了。"

朱元璋点头道:"尔言甚当,朕也在考虑此事。依你之见,秦王之过应如何处理?他在陕西的影响太恶劣了,是否把他挪个地方,让他易地而王,以示惩罚?"

太子经过巡视陕西,对秦王的罪过有了更深入细致的了解。然而他终难割舍兄弟之情谊,仍然在父皇面前百般维护。他道:"儿臣以为,秦王为诸藩之首,若令他易地而王对他太难堪了,更会令他自暴自弃。二弟现已有悔改之意,莫若父皇对其颁诏严加训斥,并处以削禄和减少护卫之处分,镌其过于宗人府之庭。仍然令其归藩,以后定期来朝。我想经过此次教训,二弟必会改邪归正,痛改前非。"

朱元璋叹口气道:"唉!朱樉虽不肖,毕竟是自己的儿子,朕何尝真愿意废黜他呢?若真犯了谋逆大罪那又另当别论了。那就照你奏的这样办吧!"

太子欣喜地道:"父皇圣明!儿臣代二弟顿首谢恩!"

太子回京后病情并不见好转,虽经御医多方诊治,咳嗽日益严重。实际上他是郁结多年的肺结核病灶,因北巡劳碌过度引发,御医们的药石投之无效。眼见太子一天天消瘦下去,拖到第二年四月,他已病入膏肓了。只见他面如金纸,手脚浮肿,躺在东宫的病榻上,不停地喘气。

太子妃吕氏坐在床前偷偷垂泪,春娥噙着泪水手捧刚煎好的汤药侍立一旁。太子已经服不进汤药了。

弥留之际,太子微微睁开双眼。眼前的人物形象已经模糊不清了。

太子的嘴唇翕动着,发出微弱的声音:"允炆……叫允炆过来……"

十五岁的世子允炆跪到病榻前，见父王这个模样，他已泣不成声了。

"父王！父王！孩儿在这里，弟弟们也都来看您了。"

他的三个十岁以下的幼弟允熥、允熞、允熙也跪在榻前哭泣。

"父王！父王！"

太子伸出一只枯瘦的手在被子上摸索着，握住允炆的手，泪水从他深陷的眼睛里沁出来。"允炆，父王……要走了。你也快……快长大成人了。你要……要孝敬……你母妃，辅佐……你皇爷爷……"

允炆拭着止不住的泪水频频点头：

"父王，孩儿记住了。"

太子嘴唇动了动，似乎在欣慰地笑了笑：

"孩子，你去……请皇爷爷……来……父王有话……要对……皇爷爷说……"

"父王，您等着，孩儿这就去。"

允炆站起身，飞也似的跑了出去。

太子示意吕妃拢来，他拉住吕妃的手，无神的眼睛望着站在一旁垂泪的春娥。

吕妃道："殿下，你想嘱托什么话，就对臣妾说吧。"

"春……春娥……是个苦人家……孩子，她在……路上……曾经……救了我的命。你们……一定要好好……待她……"

吕妃拭泪道："臣妾一定照殿下的话去做。"

这时，春娥再也抑制不住悲痛，"哇"地哭出声来，跪倒在地。

"太子爷！太子爷！您不能走啊！"

朱元璋得信，冠服不整地随允炆急急朝东宫奔来，几名侍卫小跑着紧随在后面。

走进太子病室，朱元璋在门口就发急地喊起来：

"标儿，标儿，你怎么啦？"

众人见皇上来了，均退下跪在一旁。只有吕妃上前请安：

"臣媳叩请父皇圣安。"

朱元璋在床前坐下，握住太子干枯的手。太子想欠身起来，但他已没有那份力气了。

"父……父皇，儿臣……不孝……不能侍奉您……到老……"

朱元璋见太子随时可能撒手而去的样子，于是急急地问他：

"标儿，标儿，你有什么话想对父皇说吗？"

太子勉强睁开眼睛望着父皇，从胸腔里挤出最后一丝力气，说出他心里想说的话来。

"儿臣……只有……一个愿望，就……就是请父皇……善……善待诸弟……善待臣下……施……施行仁政……俾使国家……安定，人民……安居……乐业。那样，儿臣……死……死也……瞑……目……了……"

太子断断续续说完这番话，突然脑袋一歪，溘然逝去！

朱元璋连忙去抓他那僵硬地耷拉下去的手，高声呼喊着："标儿！标儿！"

吕妃及允炆兄弟不顾一切地扑了上来。
"殿下！殿下！"
"父王！父王！"
允炆见唤不醒逝去的父王，泪水涟涟地扑进朱元璋怀里。
"皇爷爷，父王走了，孙儿怎么办？"
朱元璋声音沙哑地安慰着他：
"孙儿别哭。你父王走了，还有皇爷爷我呢。"

在众人的一片哀哭声中，外面忽有宫女惊叫起来。
"不好了！春娥上吊了！"
原来春娥见太子已经到了弥留之际，她纵然痛彻心扉，却不能走拢去和他告别。她在见过他最后一面之后，悄悄地溜进自己住的房中，用早已准备好的白绫在房梁上自尽了。
朱元璋问道："这个为太子殉身的宫女是什么人？"
吕妃奏道："启禀父皇，她叫春娥，是太子殿下从陕西带回的侍女。她在路上还救过太子殿下的命呢。"
朱元璋道："此女忠心殉主，节烈可嘉。朕赐她郡主名讳，陪葬太子陵。并命有司对其家人厚加抚恤。"
吕妃叩谢道："父皇圣明。"
朱元璋下令道："来人！传旨命各部大臣进宫为太子筹备国葬。"

嗣后的十几天，礼部按制为皇太子薨逝举办盛大的丧葬仪式。东宫中到处纸幡飞扬，哀乐阵阵。
哀乐声由远而近地传到朱元璋耳里。这几天，他一直未从丧子的巨大悲痛中解脱出来。他把自己关在宫中不见任何人，只有身着孝服的侍卫们木头人似的远远站着，陪伴着深陷哀伤中的皇上。
朱元璋与他的长子朱标一直有着很特殊的关系。朱标生性仁慈平和，甚至还有些懦弱，并不是朱元璋心目中理想的接班人。但他为了不让几个年长的儿子发生争夺储位的悲剧，在自己还没当皇帝时就把朱标立为世子，并且要其他儿子们像尊敬自己一样尊敬皇太子。他精心地教育和培养朱标，聘请饱学鸿儒孔克仁、宋濂等做他的师傅。选取青年才俊之士充任他的伴读。后来还以自己的左丞右相和大将们兼任东宫的少师、少傅、詹事等官职。等到朱标二十岁时，他即将朝廷政事交给他处理，逐步培养他的治国才能。纵使明知朱标从骨子里反对自己的严刑峻法方针，朱元璋从没想到要处分或废黜这个违抗自己意志的储君。而是采取削荆棒之类的办法教育他。可是太子朱标直到临死一刻还在谏劝父皇要善待臣下、施行仁政。这对朱元璋是一个莫大的讽刺。他温驯、仁慈、平和的爱子却有着至死不悔的倔强！
夜已经很深了，没有人敢来劝皇上就寝。一夜之间，朱元璋本来已经花白的须发全部变白了，面容也苍老了许多。他怔怔地坐着，耳中鸣响着远处传来的哀乐声，精神恍惚地回忆起有关爱子的往事——

元至正十五年，朱元璋渡江不久从太平打了胜仗回来，听说爱妃李氏为他生了个儿子，他戎装未解就冲到产妇床前，抱起刚出生不久的朱标，二十八岁的他笑得合不拢嘴……

战斗闲暇中，朱元璋把刚刚五岁的朱标抱到马上，教儿子骑马……

洪武元年正月，奉天殿举行册封皇太子大典。朱元璋身着衮冕端坐皇帝宝座，内赞领着十三岁的朱标由殿东门入，跪于御座前，拜受皇太子金册宝印……

少年时的秦王朱樉因恶作剧受到朱元璋的责罚，太子朱标率领弟弟们跪在父皇面前为朱樉求情……

弱冠的太子第一次坐在他的身旁处理政事，代朱元璋批阅奏章……

朱元璋挥剑削荆棒，太子顶嘴时他勃然大怒，举起座椅朝他掷去……

太子临终时蜡黄的脸，嘴唇翕动着艰难地对朱元璋说出自己的临终遗言……

"标儿！"朱元璋声音颤抖，伸手去抓幻觉中弥留时的太子，却抓了个空。他这才回到现实中，意识到爱子已离他远去了。

他跟跟跄跄地站起来，极度的哀伤写在他苍老的脸上。

"来人！"他厉喝一声。

内侍慌忙跑过来："奴才在。"

朱元璋强忍着内心的悲痛，面无表情地道："传旨，各部大臣东角门见驾！"

大臣们齐集东角门便殿候驾。太子丧礼期间，大臣们一律身着白色孝服，乌纱帽缠黑角带，大殿内一片白色。

大臣们不知皇上为什么召见他们，心中都有些惶恐。他们交头接耳低声议论，惴惴不安地等待着皇上到来。

这时，内侍传呼："皇上驾到！"

众臣跪接："吾皇万岁万岁万万岁！"

朱元璋乘坐太监抬的软轿入殿，两名宫女扶着他在龙椅上坐定。朱元璋俯看地上跪成一片白的群臣，不禁悲从中来：

"诸位爱卿，你们……失去了太子，朕……失去了……儿子……"

他声音哽塞，顿时泪流满面，再也说不下去了，痛彻心扉地号啕痛哭起来。

大臣们一面叩头，一面跟着哀哭。

"陛下！臣等……请陛下节哀。"

君臣们哭了一阵，礼部尚书李原名拉了一下身边司礼仪的阁门使、刘伯温之子刘璟，两人一同趋前奏事。

李原名奏道："启奏陛下，太子殿下殡天已有十二天了，按礼制，父在为长子服齐衰期年，皇帝当以日易月。今服期已满，陛下宜除去丧服，节哀临朝。"

朱元璋拭着婆娑泪眼道："二位爱卿，你们也是为父之人了，怎不替朕想想：朝堂之上，再无太子身影；帝位之侧，再无太子为朕传旨的声音，朕心里好受吗？"

刘璟举笏奏道："臣斗胆启奏陛下：孔子曰：政者正也！陛下命臣为阁门使，负责整肃礼仪，匡正纲纪。临朝议政乃国之大礼，陛下若不按礼制办事，日后何以令群臣遵守礼制呢？"

朱元璋屈服道："唉，卿既这么说，朕只好明日除服临朝了。"

"吾皇圣明。"

李原名和刘璟并未退入班中，他俩异口同声道："陛下，臣等还有事启奏。"

"还有何事？"

"太子薨后，储位空悬，请陛下早立储君，以安天下。"

朱元璋眉头一皱，面露愠色："此事朕不急，你们急什么？"

刘璟固执地奏道："陛下，立储君执掌东宫，协助天子统辖百官，这是千百年来的祖宗成制啊！"

朱元璋的拗劲上来了，他不屑地道："哼，朕不按祖宗成制做的事可多啦！胡惟庸伏诛后，朕撤了中书省，不再设丞相，不也过来了？皇后驾崩后，朕不再立后执掌后宫，不也行吗？"

礼部尚书李原名见皇上语气中带着不满，怕刘璟多言惹祸上身，暗暗拉扯他的袖子，让他不要再跟皇上争辩。但生性刚拗的刘璟仍然不管不顾地奏辩道：

"纵然如此，但臣以为，朝廷的官职设置可以变，国之大体不能变。家有长子，国有储臣，仍宜早立为好。"

朱元璋一听这话，又勾起了心中的悲伤，他惨然地道："朕的长子殁了！朕已没有长子了！"

刘璟又奏道："陛下殁了长子，还有长孙啊。"

朱元璋勃然变色："朕的长孙雄英也早已夭亡了！刘璟，你非要逼朕吗？"

李原名和吏部尚书詹徽出来打圆场，他们把刘璟挡在身后抢着奏道："陛下息怒。此事可容再议。此处夜晚风寒甚重，请陛下回宫休息吧！"

"起驾！"

朱元璋厉喝一声，气冲冲地坐上软轿走了。

第二十九章

谁都想登上储位

秦晋二王密议立储之事

太子去世后,朱元璋为选择新的储君而苦恼。宁妃拐着弯让他调齐王朱博回京协助处理政务,意在为儿子争储。朱元璋识破其野心,给她斥责和责罚。秦王被赦回西安,途经太原与晋王密议立储之事。"宁愿让他们拥立允炆这崽子,也不能让老四登上储君之位。"

朱元璋是个意志极为坚强的人。他终于从丧子的巨大悲痛中解脱出来,每日临朝听政,处理国家大事。只是令他头痛的是每天御案上的奏章堆积如山。太子在世时,批阅奏折是太子做的事,朱元璋只聆听太子的汇报,批阅太子送呈的重要奏章。现在这一切都要他亲力亲为了,又回到二十年前太子还在大本堂读书时的情况。可惜岁月催人老,他已经没有那时那种充沛的精力了。

朱元璋戴着老花眼镜批了两个时辰的奏章。尽管每份奏折臣子们都是恭楷书写,没有谁敢用潦草的字迹来折磨皇上。但看的时间长了,他终于感到头也昏了,眼也花了,手腕也酸痛起来。

他下意识地抬头看看平时太子的座位,现在那里已是空空如也。他不禁又伏在御案上暗自悲伤。也许是太疲倦了,慢慢地他竟伏案睡着了。

一个老太监轻轻地走过来。他不敢唤醒皇上,只是轻轻地把一袭锦袍盖在他身上。

皇孙允炆走进殿来。老太监施礼后示意皇上睡着了,让他走路轻一些,别惊醒了皇上。

允炆走近御案,见祖皇睡着了手里还捏着朱笔,便轻轻地抽了出来,放在砚台上。他看到案上还堆着一大叠未批阅的奏折,歪着头想了想,便轻手轻脚地把几十份奏折搬到父王空着的案桌上,一份一份仔细看起来。看完一份就用一张白纸写上代祖皇拟的批语,夹在奏折里。

一连看了十来份奏折，允炆颇觉得意。一不小心，把砚盖碰掉在地上，"叭"地一声响，朱元璋被惊醒了。他睡眼蒙眬地看到太子座位上有个人影，竟以为爱子重生了！

"标儿！标儿"他揉揉眼睛，惊呼起来。

允炆忙下座施礼道："皇爷爷，不是父王，是孙儿啊！"

朱元璋摇摇头让自己清醒些："啊，是允炆！朕还以为你父王念朕孤寂，又回来陪朕了。你在干什么？"

"孙儿学着父王帮皇爷爷看奏折呢。"允炆不无骄傲地道，"看，孙儿已看过十来份了。"

"允炆，别胡闹。"朱元璋忙制止道，"你没在奏折上乱写乱画吧！"

"孙儿把替皇爷爷拟的御批写在纸条上。皇爷爷您看孙儿批的错没错？"

朱元璋看了一份奏折和里面夹的字条，不禁点头称许。

"嗯，没错。该这样批。"

得到祖皇的赞许，允炆越发得意。

"那孙儿就代皇爷爷写上好吗？您就用朱笔画个圈得了。"

"好孙儿！"朱元璋道，"当年你父王到二十岁才开始代朕批阅奏章，处理政务。可你还不到十六岁呀！"

允炆认真地道："皇爷爷，父王殁了，皇爷爷没了帮手，孙儿愿代父效力。"

朱元璋动情地把允炆搂在怀里。

"好孙儿，你还是个孩子啊！皇爷爷忍心把这样的重担压在你肩上吗？"

"皇爷爷，您这么大年纪了，还要没日没夜地处理政务。每天睡不好，吃不好，看您都瘦成这样了，孙儿于心不忍啊！您就让孙儿帮帮您吧。"

朱元璋被他这一席话感动得老泪纵横。

"允炆，朕的好孙儿……"

朱元璋自觉日趋老境，身体也一天比一天衰弱，自从太子朱标薨逝后，他不得不忧心于自己的继位人到底选择谁。在东角门便殿朱元璋对奏请早定储位的李原名、刘璟发脾气，便说明他还没有下定决心让谁做继位之君。

朱元璋在太子生前对他多有不满，一旦他逝去又怀着深深的眷恋和歉疚之情；加以他对聪明懂事的允炆十分喜爱，所以大臣们请求按照礼制立允炆为皇太孙，他从感情上并不反对。可是遍观历史，大凡幼主登基，有几个不被朝中权臣所挟持？况且还有蓝玉这样虎狼般的悍将拥兵自重，幼弱的允炆能对付得了他们吗？另一个朱元璋不愿想却又始终回避不了的问题，就是他的二十几个被封为藩王的儿子。他们有的桀骜不驯，有的狂妄不法，有的智虑绝伦，有的骁勇善战。一旦允炆继位，他们享有皇叔之尊，能规规矩矩听命于朝廷吗？弄得不好，汉七国之叛、西晋八王之乱完全可能重演，那时大明的江山社稷岂不会毁于一旦？

为了不让这样的悲剧重演，朱元璋一直在考虑能不能在他的儿子中选一位贤明的藩王继立为皇太子。自己百年之后，国家在一位坚强有力的长君领导下方能走向稳定。朱元璋并不怕大臣们的反对，他愁的是自己下不了决心，选谁做继位人。秦王朱樉是在世诸藩中的长子，他的过失和罪错太多，自然得不到众多藩王弟弟和大臣们的拥护，遴选新太子可以把他排除在外；可是秦王以下的晋王朱棡和燕王朱棣就令他难于取舍。朱棡自幼好习弓马，聪慧而颇有智数，朱元璋很喜欢他。虽然后来屡有御史参劾他居国骄横，甚至有不轨情事。经过朱元璋召回京严加训诫后，他能一改过去的骄横暴躁，变得有礼有节，因而这几年朱元璋令他与燕王共同担负北方防务的重任。与晋王朱棡相比，燕王朱棣更为稳重优秀。就藩以后更是善抚人民，颇具雄才大略。朱元璋也隐隐地感觉朱棣越来越像自己了。若将国位传给燕王，他是能够安心瞑目地去另一个世界的。

　　然而，朱棣也有他的劣势。首先，他是庶出的皇子。而晋王朱棡与已故太子是同胞一母所生，允炆是他的亲侄子。若由他继位，允炆和朝中的亲太子党也好说服一些。一旦选择燕王朱棣，不但朝中守旧的大臣们以他为庶出而强烈反对，朱元璋自己也会觉得对不起泉下的长子朱标和那个聪慧识事的幼孙允炆。

　　这些日子，朱元璋日夜为这个问题的决断思虑着、苦恼着。可是留给他考虑的时间已经不多了。大臣们的催促，储位空悬可能引发的争斗不容他将这个问题拖宕过久。

　　朱元璋想解解心中的烦闷，信步来到后宫，年纪大了，精力日渐衰颓，他越来越少召幸那些年轻美貌的后宫妃嫔了。几位地位较高的妃子中，郭宁妃素以她的聪慧得到他的宠爱。他也很久没去她那里了，于是信步来到她住的万春宫。

　　郭宁妃听说皇上驾临，喜出望外地整妆出迎。

　　"臣妾恭迎皇上。"

　　朱元璋道："爱妃起来吧。"

　　"谢皇上。来人，给皇上宽衣。"

　　宫女们为朱元璋卸去冠带，换上松软的常服。郭宁妃亲自为皇上捧上香茶，扶他在软榻上靠着。

　　郭宁妃挨在朱元璋身边，温香软玉地说道："皇上，自从太子殁后，您很少进宫来。没了个帮手，您一定很忙吧？看您的龙颜都消瘦多了。"

　　朱元璋无奈地叹息："唉，你们待在深宫，怎么知道朕的难处啊！"

　　"皇上，国事固然重要，您的龙体安康更要紧啊！"郭宁妃关切地道。

　　"唉，年纪大了，到底没有从前那样的精力了。每天清早上完朝，还有看不完的奏折、处理不完的政务，有时还要接见进京的封疆大吏和外国使臣。把朕这副老骨头都快累散架了！"

　　郭宁妃忙道："皇上，您躺好，臣妾给你按摩按摩吧。"

　　"好，好，好。很久没让你给朕按摩了。"朱元璋道，"不是朕不想，没时间啊！"

　　郭宁妃卷起袖子，给朱元璋轻轻地按摩肩、背、四肢，使得他不时舒服地哼哼起来。

宁妃为了讨皇上欢心，跟服侍自己的侍女学会了按摩的方法。不一会儿，她就累得手腕酸疼，香汗淋漓，轻轻地喘气了。

"怎么样？皇上，您动动看，是不是舒坦多了。"

朱元璋夸赞她道："爱妃果然身手不凡。可惜朕没有时间天天来让你按摩啊。看你额头上都出汗了，快去洗洗吧。"

宁妃道："您躺着休息休息，臣妾一会就来陪您说话儿。"

郭宁妃梳洗以后，换了一身更为香艳撩人的衣服，挨着朱元璋坐下，抚着他的胡须，在他耳边轻声说："皇上，您很久没有宠幸臣妾了，今晚就别走了啊。"

朱元璋拍拍她的手道："你知道吧，朕已是快七十岁的人了，不要勉为其难啊！"

"哪里啊！皇上神威盖世。哼，听说葛丽妃又怀上龙种了。"郭宁妃话里明显满含醋意。

"怎么？她比你小了十几岁，你还吃她的醋啊？"

郭宁妃可怜巴巴地说："其实，臣妾自知容颜已衰，不堪伴驾。念在皇上昔日对臣妾的恩宠，就让臣妾为您按摩按摩，陪皇上说说话儿散散心也好啊。"

"好吧，朕今日就不走了，明日直接从你这里去上朝。"

"臣妾谢皇上圣恩。"郭宁妃喜滋滋地道，"皇上，您这样没日没夜地忙于国事。太子殁后又没个人帮您。依臣妾之见，皇上可以调一位皇子回京给您做帮手啊。"

朱元璋摇摇头："唉，储位未定，朕调谁回来好呢？让谁回来都不妥当。"

郭宁妃故意试探地问道："秦王就在京中啊。他是皇次子，太子过后让他辅佐皇上顺理成章啊。"

"哼，你真不知道还是假不知道？朱樉干了那么多坏事，不是看在太子的分上，朕差点废了他！"朱元璋生气地说，"若不是为了他，太子也不至于在北巡途上染病不起啊！"

"秦王不行，晋王和燕王该可以回来辅佐皇上啊。皇上不是挺器重他俩么？"

"晋王和燕王担负着北方军务重任，要时刻防范蒙古人入侵，怎么能调回京来助朕？"

"那么皇五子周王朱橚和皇六子楚王朱桢也不行吗？"

"他俩呀，两个书呆子，不通庶务。况且朱橚因罪召回京反省，刚赦其回藩，楚王朱桢因为他母妃的事还在记恨朕呢。朕能用他们？"

郭宁妃亲昵地挨在朱元璋身旁款款地说："皇上啊，这几个兄长都不行，您不能让齐王朱榑来试一试呀？不是臣妾夸自己生的这个儿子，前年他随燕王北征立了功，去年又率护卫骑士出开平巡边，得到皇上的嘉奖。按说他的文韬武略，不输几位兄长。现在皇上正是用人之际，您就让他到京城里来历练历练吧。"

朱元璋警惕地问："你是说让朕召齐王朱榑进京来顶替太子留下的空缺，协助朕处理政务？"

"皇上啊，榑儿虽是臣妾所生，并非皇后娘娘嫡出，但他总是您的儿子啊！如今储位已空，您总得从您的儿子中选一个继位的储君啊。"

朱元璋霍地从榻上坐起，生气地道："郭妃，你绕了这么大个弯，原来是想让齐王朱梂进京来争夺储君之位！哼，你这样一个柔弱的女人，野心倒不小啊！"

郭宁妃连忙跪在榻前："皇上息怒！臣妾绝无此意。臣妾不过……"

"住口！你忘了朕严令后宫后妃不得干预朝政的规矩吗？"朱元璋怒斥道，"去，自己到宫门口的禁牌前背诵《女则》一百遍！"

"皇上！"郭宁妃泪水涟涟地还想求饶。

"来人！给朕更衣起驾！"

郭宁妃呆若木鸡地望着朱元璋气冲冲地拂袖而去。

太子去世后两个月，朱元璋在严厉地训斥了秦王朱樉一番之后，敕令他返回西安。

朱樉在京城里被禁闭了这么久，心里非常郁闷。归途中特地绕道太原去会他的同胞兄弟晋王朱棡。朱棡为了安慰乃兄，留他在太原多玩几天。无非是投其所好，流连声色犬马，补补他这几个月被拘禁在京城里的亏欠。

不过，兄弟俩少不了要谈论当前他们最关心的大事。

"二哥，今日京城回来的消息说，朝廷大臣们又在议立储君的事哩。"晋王告诉朱樉。

"他们要立谁？"

"刘三吾、朱善那班老东西，还有刘伯温的儿子阁门使刘璟，引经据典说太子殁后当立皇长孙为储君。还有齐泰、黄子澄那班太子党新贵也想借拥立允炆那小崽子继位，执掌朝纲。"

秦王泄气地说："若允炆登了位，我们这些叔父都得三跪九叩首称臣。那也太晦气了吧？"

晋王道："不过，据我在京城的内线说，父皇并没有答应他们，我看父皇另有想法。"

"父皇是怎么想的？"

"你在京城也看到了，父皇这几年身体每况愈下，老得非常快。"

秦王撇撇嘴："他呀，都奔七十岁的人了，后宫里还养着那么多小妖精，那把老骨头能不给她们掏空了吗？哼，他还好意思为这种事情责罚我呢！"

"总之，父皇知道自己日月无多了，可允炆还是个十几岁的毛孩子，懂什么呀？他一伸腿，朝政不就会被一班权臣把持了吗？父皇一生防的就是权臣悍将，生怕他们篡夺了大明江山，所以变着法儿除掉他们，甚至连至亲的李文忠、徐达都不放过。你想允炆小小年纪继承帝位他能放心吗？何况按帝位传承礼制，长子死后继位的储君可以立长孙，也可以立次子。所以父皇现在还在犹豫，没有答应朝臣们立储的请求。"晋王说了这一大段话，又试探地说，"看来，二哥你还有希望。"

秦王嗤地一声："你说父皇会立我为太子？死了这份心吧！这一次没让他废为庶民我已算万幸了。你知道我们兄弟中父皇最属意谁吗？"

"那还用说，自然是四弟燕王。"晋王道，"自从徐达死后，父皇把整个北方的军务大权全交给了燕王。我这做兄长的只能给他敲敲边鼓，有时甚至还要听他的指挥。"

秦王道："最近有个狗屁文人上书称颂燕王'智虑绝伦，雄才大略，行事颇类陛下'。父皇对此深为赞许，还给这人升了官。说不定父皇真的正在考虑怎样说服那班老顽固，让他们主动请立燕王为储君。"

晋王点点头:"嗯,是有这个可能。因为父皇担心允炆纵使被扶上帝位,也压服不了我们这些强藩叔王。弄得不好,西汉七国之乱又会重演。与其那样还不如现在选一个有势力的藩王继位,既可抑制权臣,又能抚定天下。至于什么祖宗成法,帝位传承礼制之类,父皇向来不会受制于此的。几千年的宰相制也不让他废了吗?"

秦王给晋王打气道:"三弟,你别长他人志气。老四再怎么讨父皇欢心,他也不能逾越你我两个兄长啊!就算父皇不愿立我为太子,三弟你总没有什么大的过错吧?何况父皇一直是喜欢你的。再说,老四再怎么说也是庶出,哪像你我和太子是一母所生。这名分上他也胜不过我们。"

"嗯,这点很重要。所以我们要对那些朝臣们先做工作,让他们无论如何不同意废长立幼,万不得已时宁愿让他们拥立允炆这个崽子,也不能让老四登上储君之位。"晋王说得斩钉截铁。

"是啊,让他当了皇帝我们可惨了。老四的秉性酷似父皇,只怕他的手段会比父皇更毒辣。不仅要削除异姓功臣,连我们这班皇兄皇弟也会是他刀俎下的鱼肉。"

晋王曾师从宋濂习经史,对历史上的典故颇为熟悉。他道:"唐朝李世民杀了他的兄弟建成元吉,为自己登位扫除障碍,史称玄武门之变。若老四得势,只怕玄武门之变又会在大明重演,我俩也会是建成元吉那样的下场!"

秦王似乎感到了刀斧加颈的恐惧,他焦急地道:"三弟,我在父皇跟前是说不上话了,你赶快借回京参加太子葬礼的机会,在父皇面前多说些老四的不是。最好买通御史或朝中大臣参他一本,说他觊觎帝位什么的。父皇年纪越老猜疑心越重。徐达的事在他心里还是个疙瘩,要能让他怀疑起老四就再好不过了。"

晋王点头道:"二哥放心,京城里我有一些信得过的大臣。我自会多与他们联系,让他们在立储的关键时刻站出来为我们说话。要是天从人愿,我能把储位争下来,那时看我怎样收拾老四!"

晋王恶狠狠地说着。他天生神力,一使劲,把手里攥着的一颗硕大的玉珠捏得粉碎。

刘三吾拥立允炆为皇太孙

燕王与道衍密议立储形势。道衍分析皇上不可能择贤而立的道理,燕王颇为失望。晋王遣长史给最有权势的大臣詹徽送礼。朱元璋在东角门便殿召集重臣议立储君。三派势力针锋相对,翰林学士刘三吾坚持礼为立国之本,拥立允炆为皇太孙。

八月十五夜,一轮明月高悬在燕王宫的宫阙之上,宫墙外隐隐传来民家庆贺中秋节的鞭炮声。在燕王朱棣隐秘的起居室中，桌上摆着几色精致月饼和瓜果，应召进府的道衍法师与燕王对面而坐，他俩边吃边谈。显然，这是一次极为重要的谈话。

燕王亲自用小刀切开盘中的水晶月饼，给道衍递上一块，请他尝尝，然后把话引上正题。

"大师，太子亡故后，立储之争已提上议事日程，对于此事大师有什么看法？"

道衍反问道："请问王爷，现在京城里有些什么动静？"

"京城里的宿儒老臣，特别是那班迂腐的翰林学士刘三吾、朱善等，死抱着立储唯长的礼教，极力主张立皇长孙、我的侄儿允炆为储君。但父皇始终没有表明圣意，可能他另有深思熟虑。"

"王爷认为皇上顾虑的是什么？"

"允炆未满十六岁，稚气未脱；且其秉性极像乃父，文弱儒雅，优柔寡断。若选他为储君，据我猜测，父皇顾虑者有二：其一，恐大权落于辅佐他的权臣之手，这是父皇最为担心的。以父皇的英明神武尚需处心积虑地与每个时期的宰相权臣斗个你死我活，何况允炆这黄口孺儿，他哪是人家的对手？"燕王停了一下接着说："父皇的第二个顾虑嘛，自然是怕我们这些拥有重兵的尊属藩王不服他的统驭，将来发生内乱。"

"王爷以为会有这种可能吗？"道衍神情诡秘地问。

"大师你以为呢？"燕王同样不动声色地反问。

二人心照不宣，莞尔一笑。

"按照传位礼制，太子薨后，皇上可以立允炆为皇太孙，继承大统，也可以立皇次子秦王。因为秦王是太子的同胞兄弟，而允炆并非嫡出，所以秦王与允炆就继承帝位的资格来说，是不相上下的。可惜的是秦王并非贤王，他若有王爷这样的贤德和雄才大略，贫僧敢说皇上会力排众议，毫不犹豫地立他为储。"道衍显然对这个问题早有准备，他头头是道地分析着。

燕王又问："那么依大师之见，父皇是否会按长幼之序，选立晋王呢？"

道衍从容答道："依贫僧看来，若皇上真下决心择贤而立，那他也不会立晋王而会选择王爷。其实皇上百年之后只有让王爷继承大统，大明江山才能贻一世之安。可要皇上做出这样的抉择太难了！他须要与满朝文武为敌，与朝野舆论为敌，更要与数千年的宗法礼教为敌。再说皇上对太子之死极为悲痛，他在感情上是倾向允炆这一边的。他要顾及允炆的利益，也要顾及其他二十多位皇子，首先就是晋王的利益。所以贫僧以为，要皇上择贤而立是不太可能的。"

听了道衍这番分析，燕王顿感失望："这么说，本藩完全没有希望了。"

道衍安慰他道："王爷稍安忽躁。依贫僧预料，此事的转机当在皇上百年之后。王爷现在能做的只是积蓄力量，做好准备，静待时机。"

"据本藩在京城的密报，近日晋王派了他的长史带了许多珠宝美酒去京城活动。他也许是在这立储的紧要关头去拉拢收买一些大臣，争取一些人为他说话。"

"蠢货！简直愚不可及！"道衍毫不留情地骂道，"王爷想想看，他们这样做能瞒得过皇上的耳目吗？只有徒然增加皇上的反感而已。贫僧担心的倒不是这些，而是怕秦王、晋王联合起来在皇上面前说王爷的坏话，甚至制造一些不利于王爷的谣言。"

"哼，本藩行得稳，坐得正，怕他们造什么谣？"燕王怒形于色。

道衍劝他道："王爷，小心无大碍啊！总之，王爷对此事虽不宜过分操切，但也应密切注意京城的动向，静观其变。在一些正直的大臣中，该做的工作也要做。务使他们在紧急抉择关头站在王爷这一边。"

"大师所言极是，本藩当谨慎为之。"

燕王的情报无误，在立储的紧要关头，晋王果然加紧了在京城的活动。

一乘官轿在吏部尚书兼左都御史詹徽的府前停下。晋王府长史下了官轿，一面命随从去递手本，一面指挥手下将两抬礼盒抬进府去。

稍顷，尚书府管家出来迎接长史。

"大人请。我家老爷在中堂恭候。"

詹徽是目前朝廷红极一时的人物，既是六部首领吏部尚书，又兼都察院的左都御史。他出身名门，才智超群，行事刚决果断。洪武二十三年李善长之死与他有很大的关系。从那以后，他就进了朱元璋朝廷重臣的核心班子，在朝中颇有话语权。以他的智数，见晋王遣使登府拜访，心想必与立储之事有关。作为朝廷大臣，与有势力的藩王联系必然更能巩固自己的地位。故此他欣然出来接见晋府长史。

"下官奉晋王之命，前来拜见中堂大人。"

詹徽笑眯眯地下座相迎："晋王殿下太客气了！王爷不久就要进京参加太子葬礼，本该下官前去给王爷请安才是。怎能有劳大人亲到舍下呢？"他又指指抬进来的礼盒："这是什么？"

长史道："王爷素知詹大人有杜康之癖，特命下官送来杏花村百年陈酿。"

"山西的杏花村百年陈酿？好酒！好酒！知我者晋王也。这个呢？"

长史揭开另一礼盒的一角，里面装的全是晶莹夺目的珠宝翡翠。

长史笑着说："一点山西的土特产，请大人笑纳。"

詹徽官位虽高，也是见钱眼开的主，见了这些"土特产"，自然受宠若惊："啊啊啊，詹某何德何能，敢受殿下这般赏赐？"

"王爷有一封书信给大人，请大人过目。"

长史呈上晋王的书信，詹徽草草看后纳入袖中。

"请长史大人代下官禀呈王爷，王爷的意思我明白了。詹某一定尽力相助，按王爷的意愿行事。"

"如此，下官告辞了。"

八月底，已故太子朱标下葬于孝陵旁边的懿文太子墓。朱元璋对爱子充满感情，死后都让他葬在自己的陵寝旁边。

太子下葬了，储位空缺将近半年，无论朱元璋愿不愿意，立储必须提上议事日程。这些天，朝堂内外议论得最多的就是这件事。

这天早朝之后，几位侍郎主事之类的官员边走边小声议论。他们因不在决策范围之内，对立储之事少有发言权。因此闲谈中凭着自己的臆想，难免信马由缰，瞎侃一通。

"诸位大人，今日朝会上礼部尚书和阁门使刘璟奏请早立储君，皇上仍然以太子葬礼方过，立储之事需从长计议为由，未允发廷议。你们说，皇上到底是怎样打算的？"

"依下官之见，刘璟他们奏请立皇孙允炆为皇太孙，这正合了朝中宿儒老臣立储唯长的主张。皇上若属意允炆，答应他们就行了，这事也用不着一拖再拖。"

另一位官员神秘兮兮地说："据说吏部尚书詹徽也联合了一批人请立晋王为太子。他们的理由是：允炆虽是太子根苗，但他是庶出，也不是长子，太子的长子雄英八岁时就夭亡了。按说皇次子秦王朱樉比允炆更有资格当太子，但秦王有过，而晋王朱棡继任太子的资格与允炆不相上下。这样皇上就不得不权衡立哪个更合适了。"

一位颇为激进的官员插言道："要依下官看，既然允炆不是皇长孙，晋王也不是皇长子，还不如在皇上众多皇子中择贤而立。哪一位皇子最贤明，最有本事治理好国家，皇上心中自然有数，颁诏天下，立他为太子就得了。"

"真要是那样，新太子就非燕王莫属了。皇上不是对外国使臣夸赞过燕王'智虑绝伦，雄才大略'么？大将军死后又把北方防务全交给了他。现在燕王圣眷正隆，兵权在握，登上太子位也是实至名归啊！"

"哼，老兄你也想得太天真了！即使皇上属意燕王，他能不顾虑秦王、晋王和其他皇子的反对吗？秦王虽有过，但他现在毕竟是皇长子，是最有资格继承储位的人。而晋王才智胆略过人，素为皇上所钟爱，最近皇上令他与燕王一同节制北方军务，就是不愿冷落了他。若越过他立了燕王，依照晋王爷暴烈的性格，兄弟之间不刀兵相见才怪！皇上会愿意这样的情景发生吗？"

他们争议得正激烈时，吏部尚书詹徽从大殿里出来，见这伙人谈论得正欢，他正在为晋王拉票，不愿得罪任何人，因而放下阁臣架子，赶上一步来跟他们套近乎。

"诸位大人聊得这么热闹，都聊些什么呀？"

那几名官员自然不敢说实话，于是运用官场的机智，哼哼哈哈地应付他。

"啊啊，下官等闲得无聊，正在讨论南京城里哪个地方最好玩，是秦淮河呢还是玄武湖？"

"对了，玄武湖许多楼台亭榭都是詹尚书题的楹联，看来詹大人一定属意玄武湖的湖光山色啰。"

"那也未必。秦淮河的青楼书寓、水上人家别有一番风味，詹大人风流倜傥，想必也是情有独钟啊！"

詹徽见他们打哈哈，恨得牙根痒痒的："诸位大人见笑了！下官有事先走一步。"

"詹大人请。"

詹徽走后，官员们一个个吐着舌头道："好险！"毕竟人家是有权有势的人物，惹他不高兴了扣你一个"妄议国事、燔乱朝纲"的帽子就受不了。

朱元璋虽年已老迈却并不糊涂。立储之事闹得沸沸扬扬，他的儿子们在朝中的活动也瞒不过他。历朝历代，因立储引发的兄弟阋墙悲剧并不鲜见，难道在自己咽下最后一口气之前这种事就要发生？这是他最不愿看到的事情。

出于形势所逼，他必须早做抉择。否则，目前的混乱局面可能引发灾难！他决定在东角门便殿召集重臣们商议立储之事。与会的有詹徽领衔的六部尚书及左右都御史、五军都督、阁门使刘璟、翰林学士刘三吾、朱善及新进的太常寺卿黄子澄、兵部侍郎齐泰等。朱元璋为表示尊老，命备绣墩让年逾八旬的刘三吾、朱善赐座前排。

朱元璋开门见山地道："诸位爱卿，朕今日召你们来商议立储之事。你们在朝会上三番两次地奏请立储，朕之所以未发廷议，就是不愿当着满朝文武的面让你们争得面红耳赤，你们没想过那会留下什么后患吗？以后人家会说，某某是皇孙党，某某是秦王党，某某又是晋王党、燕王党。储位只有一个，争胜了的自然高兴，将来是拥立新君的功臣；而落败者又何以自处呢？失宠降禄削官夺爵也不一定啊！"

听皇上这么说，礼部尚书李原名和阁门使刘璟忙出班谢罪："陛下圣虑深远，臣等愚昧无知，请陛下责罚。"

朱元璋道："你们俩职司礼官，储位未定有些着急情有可原。朕说过此事非同小可，必须从长计议。今日召众卿来，就是听取方方面面的意见。你们各自拥立谁，有什么理由，尽管放胆在这里说，说完由朕来决定，大家在这里的争议谁也不许外传，外传者以燔乱朝纲论处！"

群臣众口一声："皇上圣明！皇上圣明！"

"好，你们开始说吧。"

仍然是李原名和刘璟打头炮。由李原名代表二人出班奏道："臣等身为礼官，唯宗制礼法是从。按照嫡长继承祖制，太子薨后，应立太子之嫡长子为储君。今皇孙允炆已年满十六岁，且天资仁厚，儒雅聪慧，仁明孝友，故臣等请立允炆为皇太孙，绍承大统，以安天下。"

朱元璋在御座上道："嗯。你们的主张是立允炆为皇太孙，以接储君之位。有人附议吗？"

兵部侍郎齐泰第一个站出来奏道："臣附议。"

太常寺卿黄子澄高声道："臣附议。"

坐在前排绣墩上的老学士朱善捋捋白胡子，欠身道："老臣附议。由皇孙允炆继承大统，礼仪所系，众望所归。"

朱元璋望望众臣，陆续有许多人大声或小声地附议。

这天，朱元璋决心让朝臣们畅所欲言，他在御座上欠欠身，大声地问："有不同意见吗？"

这时，詹徽不得不站出来奏道："臣以为立允炆不妥。按李尚书所说，太子薨后，应由其嫡长子继位。太子的嫡长子雄英早夭，允炆在现在四兄弟中虽居长，但他是继妃吕氏所生，并非嫡出，何能继承大统？其实太子薨后，皇上可援汉唐先例，于诸皇子们按长幼之序，择而立之。这样可以避免将来幼主临朝、权臣当道之弊。使我大明江山父传子、子传孙，一代一代循序渐进地传下去。"

朱元璋眉头紧皱："你的意思是要朕立秦王朱樉为储君啰？你不知道他因为犯了严重的过失，差点为朕所废？试问：朕能把这江山交给他吗？"

詹徽上前一步奏道："秦王自知德能不逮，自愿举荐皇三子晋王朱棡取代自己。晋王是太子的同胞兄弟，且威严多智，胆略过人，素为皇上所喜爱。若皇上立他为储君，必孚天下所望。"

这时，兵部尚书茹瑺出班奏道："臣以为，皇上若于诸皇子中择贤而立，最适合者莫如燕王。燕王智虑绝伦，雄才大略，辅佐皇上藩镇北方，累立奇功。他在诸皇子中威望最高，亦为中外臣僚所爱戴。皇上若立燕王为储君，实为我大明贻一世之安的英明举措。"

群臣又有许多人附和茹瑺的提议。朱元璋见坐在前面的老学士刘三吾没有表态，特地点名问他。

"刘老先生，你自号'坦坦翁'，一贯以直言不讳著称于朝。此事众卿各抒己见，你为何一言不发呢？"

刘三吾艰难地从绣墩上站起来奏道："陛下，请恕老臣直言。立储之事自太子薨后，陛下无时不萦系于心，此时主意早定矣！何用老臣说呢？"

"噢。朕倒想听听你的意见是否和朕想的一样？"

刘三吾道："陛下以布衣定鼎天下，开创我大明江山，自然希望选一个贤明的继位之君绍承正统，弘扬帝业。然礼为立国之根本，选储也不可逾礼。燕王诚贤，但若立燕王，将置秦王、晋王于何地？废长立幼，非礼也！更易引发祸乱纷争，那情景是陛下不愿看到的。皇孙允炆业已成人，由他世嫡承统，礼也！他天资聪慧，若再在陛下卵翼之下历练几年，可期成为一位年轻的英主。实乃大明江山亿万臣民之幸也！"

朱元璋莫测高深地微微一笑："刘老先生，你能断定朕和你想的一样吗？"

"天威不可测，皇上的睿智老臣难及于万一。老臣相信陛下一定能为亿万臣民选定一位合格的储君。"老谋深算的刘三吾最后没忘记恭维一下他的皇上。

朱元璋见再没有人出面反驳刘三吾的话，终于宣告道：

"好吧，诸位爱卿，辛苦你们了！朕将于明日朝会宣布继位储君，并诏告天下周知。"

皇上的这次召见结束了，大臣们纷纷活动着站麻木了的双腿，参差不齐地祝颂：

"皇上圣明！吾皇万岁万岁万万岁！"

第三十章

蓝玉——又一起谋逆案

他战功愈多，愈是心腹大患

朱元璋在朝会上宣布诏书立允炆为皇太孙。允炆已十六岁，他期望自己多活几年，为孙儿剪除可能为害的权奸悍将。蓝玉战功愈多，愈成了朱元璋的心腹大患。蓝玉越想越害怕，瞅着机会跟他的党羽密议对策。

第二天早朝，文武百官齐集，山呼跪拜之后，朱元璋端坐御座之上，神情严肃地宣告道：

"诸位爱卿，朕今天要向你们颁发一份重要的诏书。你们听好了。"

满朝文武立即静穆肃立，鸦雀无声地听着御侍官捧着诏书宣读：

奉天承运，皇帝诏曰：曩古列圣相继驭宇内者，首立储君。朕自甲辰立王位，后于戊申即帝位，于今二十九年矣。前者操将练兵，平天下乱，偃天下兵，奠生民于田里，用心多矣！统一以来，除奸暴，去豪强，亦用心多矣！迩来苍颜皓首，储嗣为重。嫡孙允炆，以九月三日册为皇太孙，奉上下神祇以安民庶。昭示臣民，想宜知悉。钦此！

御侍官宣诏完，大殿内外的文武官员，不管是愿不愿意听到这个消息的，一齐举笏欢呼：

"皇上圣明！吾皇万岁万岁万万岁！"

数日后，经过礼部的精心准备，在奉天殿隆重举行了册封朱允炆为皇太孙的盛大典礼。从此十六岁的允炆代替他故去的父亲，以储君的身份站在朱元璋的御座前辅佐朝纲。

朱元璋是经过长期深思熟虑才做出这个抉择的。大明王朝建立之初，他吸取了元代储位未定引起纷争的教训，很早就确立了长子朱标的储君地位，并要他的皇子们像尊敬自己一样地尊敬皇太子。孰料太子中途薨逝，他那些年长的皇子们暗地里饿狼扑食般争夺起储位来。这是他始料未及的。当他得知晋王朱㭎贿赂詹徽，燕王朱棣在朝中也有动作时，他对这两个平时非常器重的藩王十分反感：你们兄长的尸骨未寒，尔等就来抢夺他的座位了，真是岂有此理！

这使朱元璋从感情上更倾向于皇孙允炆。刘三吾那些礼与非礼的论调虽然迂腐，但至少有两点他说对了：其一是晋王与燕王有着不可调和的矛盾，立谁都不得安生；其二就是允炆并不是襁褓婴儿，他年已十六岁，只要自己再硬朗地活几年，为他剪除一切可能为害的权奸悍臣，扫清一切障碍，一个二十多岁年轻有为的君主是可以治理好国家的。

至于允炆将来怎样对付他那些强悍的叔王，朱元璋一时也想不出什么好办法。不久之后有一天，朱元璋对身为皇太孙的允炆说："四周均有藩王镇守，边房安靖，尔可安享太平矣！"

允炆却忧心戚戚地道："边房不靖，靠诸王；诸王不靖，孙儿又靠谁呢？"

朱元璋被他问得很尴尬，他故意考允炆道："你说该怎么办呢！"

"孙臣当遵祖皇圣谕：诸王不靖，当以德怀之，以礼待之。"允炆答道，"不可，则削其护卫，迁其国土。"

"他若不服呢？"

"藩王若叛，则将自绝于朝廷。孙臣无法，只得举兵讨伐之。"

朱元璋在生的最后几年，似乎已经隐隐预感到可能会有这样的情况发生。但对于未来的事，他已经无能为力了。无论怎样，他总不能像对付功臣一样，为了防患于未然，把自己那些心怀异志的儿子全都杀了吧！

晋王派到京城的长史火速返回太原，第一时间把立储的消息报告给晋王朱㭎。

"什么？父皇已决定立允炆为皇太孙，让他继承储位？"晋王一听立刻火冒三丈。

"是。皇上亲口在朝会上宣布的，过几天就要举行册封大典。"留着两绺鼠须的长史可怜巴巴地站在晋王面前，时刻担心脾气火爆的王爷会拿他撒气。

"詹徽他们没有替孤据理力争吗？"

"詹尚书他……"

晋王"啪"的一声把佩剑摔在案桌上。

"你吞吞吐吐，是不是你把老子的珠宝吞没了没给詹徽？老子宰了你！"

长史吓得"扑通"跪下。

"大，大王，您就是借个胆子给我，卑职也不敢这样做呀！卑职一到京城就去尚书府送礼，詹尚书很高兴，说一定不负王爷所托，还答应去联络一班朝臣力荐王爷登上储位。"

"那结果怎么又立了允炆？"

"詹尚书告诉卑职，说皇上在东角门召集重臣商议立储之事，本来王爷已占得上风，也有人主张立燕王。结果刘三吾那老东西跳出来，说立燕王和王爷都不合礼制，更易引发祸乱争端。只有让允炆嫡承正统，方合乎礼，顺乎天意民心。他还说这原是皇上的本意。这样一来，皇上也就顺驴下坡，定下了允炆。"

晋王气冲冲地发出宝剑，"噌"的一下把案桌剁去一角。恶狠狠地骂道："刘三吾这老狗，孤与你势不两立！"

长史呐呐地问："王爷是否进京参加立储大典？"

"滚！你滚吧！"

"卑职告退。"长史赶紧夹着尾巴溜了。

得到这个坏消息，晋王满肚子郁闷没处撒，他吩咐侍从拿酒来。

他一面喝着杏花村为他特酿的上等好酒，一面骂骂咧咧：

"哼，允炆，你这黄口孺儿，老子看你能坐稳天下……刘三吾，你这老狗，有朝一日老子活撕了你！"

晋王撕下一只肥硕的熏鹅腿，恶狠狠地咬着。他一樽一樽地灌着烈酒，最后索性抱起酒坛往嘴里倒。接着把酒坛高举过头，"叭"地摔得粉碎。

晋王喝得满脸通红，趔趔趄趄地走出大堂。在石阶前，他醉眼蒙眬地看着门楼屋顶上的狻猊、麒麟、狮子等兽饰，一个个张牙舞爪，对着他咆哮。

"你们这些畜生也敢嘲笑孤？"他命令道："拿孤家的大弓来！"

侍从们连忙抬来弓箭，晋王弯弓搭箭，"啪，啪，啪！"把那些兽饰射得粉碎，然后纵声猛笑："哈，哈，哈！"

侍从们连忙奉承道："大王好箭法！"

一匹备好金鞍的雪青马拴在大门边，晋王射得性起，又弯弓搭箭瞄准它。左右连忙惊呼道：

"大王不可！那是您的坐骑。"

可是，在晋王蒙眬醉眼中，明明看见刘三吾那厮从马背上下来，对着他拱手。他怒目圆睁，"嗖"地一箭射过去。

"老狗，看箭！"

雪青马痛啸一声，带着箭应声倒下，马身周围立刻流下了一摊血。

燕王的心腹小太监郑和在京中打听到立储的消息，便匆匆赶回了北平。还没顾上喝一口水，就急切地报告：

"启禀王爷、娘娘，万岁已立皇孙允炆为储君了。"

燕王眉头一皱："这消息确实吗？"

徐妃在一旁对郑和说："郑和，你别急。把你探知的情况详细禀报王爷。"

"奴才遵命。"郑和道，"奴才赴京时，京城的官员们天天在议论立储之事。据说礼部尚书和阁门使刘璟多次在朝会上请立储君，万岁一直拖着没有答应。后来万岁突然在东角门召集重臣商议立储之事。那班守旧的老臣拥立皇孙允炆，吏部詹尚书也纠合一些朝臣拥立晋王。兵部茹尚书说，皇上若择贤而立，唯有立王爷才是万民之福。万岁让大学士刘三吾表态，刘三吾说：燕王诚贤，但若立燕王将置秦王晋王于何地？废长立幼，非礼也，且易引发祸乱。今皇孙已长成，由其嫡世承统，礼也！他还断言万岁想的和他一样。万岁当面虽然未置可否，却在第二天朝会上突然宣布立允炆为皇太孙，令礼部择吉日行册封大典。奴才得知这一消息，不敢耽搁，连夜赶回禀报。"

徐妃道："啊，原来如此。那么估计一两天内朝廷的廷寄就会到了。"

燕王喃喃思索道："果然不出道衍所料。郑和你辛苦了，下去休息吧。"

"奴才遵命。"

郑和走后，燕王有些懊恼地说："唉！我原想父皇为求一世之安，会考虑择贤而立。谁知他老人家终究拗不过朝中守旧的势力，不敢改变立储唯长的祖宗成法。明知皇孙允炆孱弱，将来难免大权旁落，也不得不立他为储君。真是人算不如天算啊！"

徐妃道："妾身以为，父皇下不了决心立王爷，主要还是顾虑秦王与晋王反对。一旦他们不服带头闹起来，分封各地的楚王、齐王、珉王等出于各自的利益，各拥一派，剑拔弩张，必将天下大乱，一发不可收拾。父皇是不愿看到这种情况发生的。"

"父皇也许寄望于自己身体硬朗，能再活上十来年，等允炆老练些了，再找几个信得过的大臣辅佐他，顺利地完成皇位过渡。其实这不过是父皇一厢情愿罢了！世事如棋，谁知道十年以后又会发生什么变化呢？"

"允炆这孩子天资还是很聪慧的，只是生性仁弱，这一点和太子爷倒很相像。父皇不为这个担心吗？"

"怎么不担心呢？父皇的担心可大呢。"燕王解释道，"父皇对大哥的感情是很深的，这从太子殁后父皇哀痛欲绝就看得出来。但是他们父子俩在治理国家的方针策略上存在着根本分歧，一个要施仁政，一个要严刑峻法。你听说过父皇削荆棒教训太子的故事吗？太子已成年，尚且如此，面对孱弱的幼孙，父皇不会更担心将来权臣悍将篡他的位吗？看来父皇这荆棒还要削下去。"

徐妃想起父亲徐达的死，不禁黯然神伤，转而又为自己的兄弟担忧。

"那以后倒霉的又会是谁呢？啊，妾身的大哥辉祖和四弟都已做到府军都督，掌握了一定的兵权，不会祸及他们吧？"

燕王怕徐妃因此郁结于心，落下病来，忙解释道："那倒不会。他俩是父皇亲自提拔的新进将领，辉祖又深得父皇信任，据说已内定为辅佐幼主的武班首领。更何况父皇对大将军之死心存歉疚，辉祖他们提升得这么快，就是父皇存心对你家的抚恤与补偿啊。"

"王爷这么一说，妾身就放心了。"徐妃道，"那么下一步遭厄的会是谁呢？"

"自然是那些手握兵权又一贯飞扬跋扈的人。"燕王胸有成竹地说，"他们呀，不仅将来是幼主的后患，就是当前父皇也怀疑其心存不轨，不得不除掉。"

"啊，妾身知道了，像凉国公……"

燕王忙制止她道："爱妃，隔墙有耳，不要乱说！"

"好好好，妾身不说。"徐妃认错似的说，"不过要论兵权，现在北方军务是由王爷与晋王共同节制，驻守各地的将帅都要听你们的。会不会有一天父皇为了维护幼孙的利益……"

真个是妇人多疑！燕王苦笑着说："哪能呢，爱妃放心好了。俗话说，虎毒不食儿。秦王犯了那么大的罪，父皇终究还是饶恕了他。父皇深知，无论我们权柄有多大，只要他老人家在世一天，做儿子的不可能加害于他。他现在要对付的还是那些异姓的权臣悍将，至于他百年之后怎么样，只怕他老人家自己也顾不得那么多了。"

"尽管如此，王爷还是小心些为好。"徐妃进言道，"现在允炆已定，反对也无意义了。妾身以为，册立皇太孙大典，王爷如不亲临，也该上表派傅相进京祝贺，让父皇对你没有疑心。"

"嗯，若非爱妃提醒，我真想赌气不理这事。"燕王道，"待我和道衍商量一下如何对策，派谁去才好。"

朱元璋为了抑制燕王在军队中的势力，在洪武二十五年重新任用贬谪多年的宋国公冯胜，命他带领十四名武将去视察陕西、山西、河南等地卫所的军务，并诏令全国卫所以十分之七的兵力屯田，只留十分之三用于御敌。允炆被立为皇太孙后，朱元璋宣布任命冯胜、傅友德兼任太子太师，而蓝玉仅为太子太傅，这使居功自傲的蓝玉甚为不满。

这时蓝玉正率领兰州等地卫所的兵马西征罕东，追击逃寇祁者孙。后来建昌指挥使月鲁帖木儿叛乱，声势很大。朱元璋不得已只得再度重用蓝玉，命他移兵征讨月鲁帖木儿。

在蓝玉未率大军到达建昌时，当地驻军的都督聂纬、瞿能等已将月鲁帖木儿的叛军击溃，蓝玉坐收渔利，他差遣百户毛海去诱降月鲁帖木儿，将其父子缚送京都请功。这一仗又使蓝玉名声大振。

然而，蓝玉战功愈多，便愈加成了朱元璋的心腹大患，别的武臣纷纷被他派到外省去练兵戍边，蓝玉却一打完仗就把他召回京都，不让他长期手握重兵。洪武二十五年八月，靖宁侯叶升因查出交通胡惟庸党被杀。蓝玉和叶升是儿女亲家，蓝玉虽然装得和没事人一样，但内心却非常紧张。

蓝玉知道朱元璋在防他，这使他非常郁闷和害怕。好在京城里还有他的一些部将经常来看望和安慰他。

这天，在京城憋久了的蓝玉在凉国公府的庭院里练武。五十五岁的他赤面长身，宛如铁塔。只见他身手矫健，腾挪纵跃自如，手中那柄四十斤重的大刀舞得虎虎生风。满院中只见他黑色的身影和闪闪的刀光。庭中落叶都随着他的动作旋风般飞舞。

刚进入府门的景川侯曹震、舳舻侯朱寿，他俩一高一矮的身形站在府门口为他的精湛武艺鼓掌叫好：

"好！好！好！"

蓝玉见他俩来了，使一个漂亮的招式收住刀势。

曹震跷着大拇指道："大将军不愧我朝武功第一！"

朱寿附和道："那还用说。当年威震天下的常遇春也不过如此啊！"

"不行，到底老了！"蓝玉谦逊道，"要搁在十年前，八十斤重的大刀耍它几趟，我还脸不发红心不跳呢。"

"大将军威风不减当年啊！"朱寿奉承道，"这几年云南贵州洞蛮作乱，西番土酋造反，气焰再凶，大将军率兵一到，尽皆望风披靡。这次又擒了建昌卫指挥月鲁帖木儿，送到京城砍了他父子的脑袋。说句不客气的话，朝中这些武将，老的老得马都骑不动了，小的乳臭未干。要没有大将军，谁替皇上领兵打仗！"

"哼，就这样，皇上还对大将军一点也不待见。爵位俸禄不如冯胜、傅友德两个糟老头不说，还时不时对大将军下诏横挑鼻子竖挑眼。"曹震也替蓝玉抱不平。

蓝玉见庭院中人多，忙给二人使眼色。

"二位侯爷，里面说话，里面说话。"

蓝玉领二人进府，在一间密室中坐定。家人献茶后，蓝玉谨慎地把门关好。

"二位侯爷，知道我为什么请你们来吗？"

曹震问："是不是皇上立储后，朝中有什么重大变故涉及大将军？"

朱寿不解地道："且慢。皇上立了允炆为储君，大将军是已故太子的舅舅，皇太孙的舅公，您在朝中的地位岂不是更为稳固了吗？"

蓝玉解释道："你们只知其一，不知其二。允炆是开平王常遇春的外孙，名义上要叫我舅公；但他并非常妃所生，他的母妃是吕氏，与我并无亲缘关系，其次他还是个黄口孺儿，一切都要听命于皇上。而皇上因为允炆年幼，怕他将来受制于人，要为他扫除障碍。"

曹震紧张地问："大将军是否探知皇上会有什么不利于我们的举措。"

"皇上？皇上是既要用我，又要防我怕我。比如去年平定贵州洞蛮之后，他给我增禄五百石，却又颁诏斥责我诸多不是，比如擅杀军校、进止自专等。他怕我统兵在外过久，月鲁之叛刚平息就急急地召我班师回朝。这都是怕我防我的迹象。"

"是啊！皇上不只是防着大将军，连我们辖的兵马部属都变着法子调防或者解散，明摆着是怕我们拥兵作乱嘛！"朱寿也附和道。

"大将军，皇上的所作所为不可不防啊！"曹震给蓝玉进言道，"他越是年岁大了，越是猜忌心重。太子在世时，或许碍着太子的面，他不会对您下手。可现在遍观朝中文武，只有大将军的地位权柄对他威胁最大。想想看，徐达对他那么顺从，李文忠跟他亲如父子，只因他俩兵权在握，对他构成了威胁，他终于不肯放过他们。恕末将直言，皇上若盯上您了，只怕还不会像对徐达、李文忠那般客气啰！"

蓝玉气鼓鼓地道："他敢动我，老子反了他！"

曹震道："大将军，您若拥兵在外，皇上或许莫奈你何；可在这京都地面，您纵有通天的武艺，也逃不过那班锦衣卫的毒手啊！"

气壮如牛胆小如鼠的朱寿不由得摸摸自己粗短的颈脖道："这事越想越玄乎，看样子朱和尚真在打我们的主意了。我们可不能像李善长那样坐以待毙，等着挨刀呀！"

蓝玉也是越想越害怕，心想这两年他专门奉命剿灭各省的叛蛮，也剿灭得差不多了。

俗话说："狡兔死，走狗烹。"在朱元璋眼中，他就是一条凶狗、恶狗，弄得不好连主人也要咬的狗。依着朱元璋一贯的性格，逮着机会不拿他开刀才怪呢！所以这几天他频频与关系密切的部属将领联系，试探他们的口风。这些将领也都知道自己的命运跟蓝玉连在一起，一荣俱荣，一损俱损。

沉默半晌，曹震开口说话了："大将军，这事呀，您仔细琢磨琢磨吧！只要您拿定主意，我们一定跟着您干，万死不辞！"接着他又压低声音道："除了我们这班拜把子的侯爷，朝中还有一班文臣也受到朱元璋的威胁，像吏部尚书詹徽、户部侍郎傅友文等人，我们可以联络他们一起行动。若真是要改朝换代，没有文官也不成。"

蓝玉告诉他们，皇上最近要去紫金山围猎，我们要动手这可是个绝好的机会。

曹震道："皇上每次围猎只带皇子皇孙们去，况且禁卫森严，一般人是无法接近他的。"

朱寿道："所以一定要在亲军诸卫中有内应。末将倒有一个从前的部属在金吾左卫任指挥，名叫庄成，每次皇上出巡他都担任禁卫。若得他相助，大事可成。"

蓝玉兴奋地道："是么？你一定要设法把这个人拉过来，可在事成之后许以万金和都督之位，只要他答应了，届时我们就叫他这么办。"

三个人围拢来悄悄密议。蓝玉说后，曹震、朱寿频频兴奋地点头，好像看到他们的计划已经顺利实施了。

春狩遇刺，蓝党伏诛

阳春三月，朱元璋带着他的皇子们去紫金山围猎时险遭暗箭。蒋献检查山下负责警卫士兵的箭矢，抓获放暗箭的指挥者庄成。庄成被迫在一长串名单上画供。以蓝玉为首的一公十三侯二伯及吏部尚书詹徽、户部侍郎傅友文、都督黄辂、汤泉、聂纬等三十余人被处死。蓝党连坐族诛一万五千人。

阳春三月，莺飞草长，林木茂密的紫金山经常有獐、兔、狐狸等小动物出没，正是围猎的好去处。

这天，紫金山四周站满刀枪出鞘的卫卒。他们的任务是警卫皇家围猎活动的安全，防止不轨之徒谋刺皇上，也阻止附近农民樵夫上山，以免发生误伤。

巳时时分，在大队带刀侍卫的保护下，朱元璋带领七八名十五至二十岁的皇子皇孙戎装骑马来到山上的一处空地上。这里是围猎的出发点。朱元璋为了培养子孙后代的尚武精神，每年都要亲自带领他们进行围猎。

朱元璋身着皮弁猎装，显得格外精神矍铄。他巡视了一遍皇子们的弓箭装备，宣布道：

"皇儿们，今日举行围猎，看谁射中的猎物最多，朕将给予重赏。但若射伤兵士行人就要受罚，听到没有？"

众皇子齐声应道："儿臣等遵旨。"

朱元璋像往日指挥一次战役一般将手一挥："开始吧！"

众皇子一个个跨上骏马，跟随着保护他们的士兵们跃下山岗。顿时，山中一片人马欢腾。

待皇子们出发后，朱元璋在数十名身着飞鱼服、佩绣春刀的锦衣卫保护下飞马驰向山顶。朱元璋虽年已老迈，当年的武艺尚保留了几成。参加围猎的士兵们要取悦皇上，设法把山上的獐、兔、狐狸等小动物往皇上身边赶。朱元璋弯弓搭箭瞄准射击，屡有收获。每当他射中一只猎物时，山中四处骤然响起欢呼万岁之声。

围猎进行了大约一个时辰之后，朱元璋感觉有些累了，立马在一棵大松树下面稍事休息。正在这时，突然"嗖"地一支冷箭朝他脑门飞过来。凭着过去在战场上的经验，他下意识地将头一偏，一支带羽箭镞"噌"的一声钉在大松树上。

护驾的锦衣卫指挥蒋献大叫一声："有刺客！赶快护驾！"

锦衣卫们一拥而上，把皇上扶下马来，将他严严实实地围在中央。他们一个个如临大敌般拔出刀来严阵以待。

蒋献一脸煞白地过来搀扶朱元璋："皇上，您没受伤吧！"

朱元璋没好气地道："混蛋！快查箭是从哪里射来的？"

蒋献命令那十余名锦衣卫："你们保护好皇上，其余的人随我来！"

蒋献随即召集参加围猎的锦衣卫士兵们在周围的树林、草丛里四处搜捕刺客。闹腾了好一阵，他们一无所获。

蒋献耷拉着脑袋回来向朱元璋复命。

"启禀皇上，围猎区内无任何可疑之人。臣以为此箭一定是卫士中有人被收买了，行弑君之大逆。"

朱元璋在战争期间，经历过部下将领的几次叛变，时时要提防暗算。当上皇帝之后，他再没有遭遇这样的险境了。但他经验丰富，命令道："把树上的箭镞拔下来。"

蒋献命几个士兵搭成人梯，小心翼翼地将钉在树干上的箭拔下来。随后他命人牵来一头喑喑狂吠的猎狗，在皇上的示意下，他猛地将箭矢在猎狗屁股上刺了一下。

只见那头猎狗狂吠几声，渐渐声音喑哑，瘫倒在地上，四支脚爪剧烈地搐动，口、眼、鼻中流出血来。

蒋献道："果然是毒箭！"

"阴谋！"朱元璋厉声喝道，"一个弑君谋反的大阴谋！"

蒋献"咚"地跪倒在地。

"皇上，臣就是掘地三尺，也要把这伙逆贼挖出来！"

朱元璋生气地道："起驾回宫！"

蒋献封锁了皇上遇刺的消息，以免朝局动荡。他坚信那支企图射杀皇上的毒箭定是当天负责山上警卫的士兵所为。那天派往紫金山围猎现场担任随驾警卫的，是京卫指挥使司所辖金吾左卫和金吾右卫的几百名士兵。蒋献请了皇上圣谕，到这两个卫所去进行搜查。

金吾左卫的指挥名叫庄成，他一见蒋献率领锦衣卫到来就显得神情有些紧张。但表面上装作若无其事地问道："蒋大人，难得来的稀客呀？下来查案子吗？"

蒋献板着脸道："奉皇上圣谕，金吾左卫全营集合，缴验所发弓箭。请庄指挥配合一下。"

庄成脸色煞白地去传令全营士兵列队听候检查。

蒋献亲自一个个检查士兵们箭袋中的箭，不一会儿，将两个少了箭矢的士兵拉了出来。

"说！你们俩的箭为什么少了一支？"

"大人，我……"

"啪！啪！"蒋献狠狠地抽了他们两马鞭。

"捆上，带走！"

锦衣卫押着那两个士兵走了，金吾左卫的士兵们窃窃私议，庄成在命令他们解散后随即从营中消失了。

在锦衣卫的刑讯室里，两个抓来的士兵被打得遍体鳞伤，几度昏死过去。接着又被一桶凉水浇醒过来，直到他们招供。

这时，金吾左卫指挥庄成丧魂落魄地冲进自己家中，翻箱倒柜地拿了一些钱物拔腿就走。

庄成的老婆哭喊着："老爷，你要到哪里去呀！我不让你走。"

"放手！"庄成警告道。

"不，我不让你走！"

庄成一咬牙，拔出佩刀将老婆刺倒在地，夺门而逃。但他发现锦衣卫已堵在门口，于是张皇失措地转身往后院跑。后院有一堵矮墙，他跳上墙头，看到一个锦衣卫正骑在马上张望，庄成从墙上一跃而下将他扑倒，夺缰而逃。

刹时间，包围庄宅的士兵们一齐高呼："庄成跑了！庄成跑了！"

守在前门的蒋献喝令："上马！追！"

庄成骑马驰过街道，蒋献率数骑疾追，渐成包围之势。庄成恐惧地回头惊望，蒋献马快，驰近从马上一跃而起，将庄成扑倒在地。众锦衣卫一拥而上将其擒获。

庄成被绑在锦衣卫刑讯室的木桩上，他抓来以后立刻被打得遍体鳞伤，奄奄一息。

蒋献在扑擒庄成时也受了伤，一只胳膊用白布吊着，他亲自审讯庄成。

"庄成，识相一点趁早把指使你谋刺皇上的人交出来，不然有得你受苦的。"

庄成有气无力地："没……没人指使我。"

"好，你还敢嘴硬！把他的牙给我敲掉！"

两个打手从火炉里抽出烧红的铁钳，恶狠狠的伸向庄成嘴边。

极度的恐惧和烟火烤炙，使庄成的脸歪曲得变了形。他把眼睛一闭，还想舍命挺过去。

烧红的铁钳毫不留情地伸到庄成大张的嘴里。"嗤——"立刻发出难闻的焦肉味。

这是锦衣卫百试不爽的酷刑，庄成闭着的眼睛立刻恐惧地张开了，"啊啊——"地惨号起来，脑袋疯狂地两边乱甩，绑在木桩上的四肢痛苦地搐动着。

蒋献凑到他面前问："招还是不招？"

庄成知道招了准是死罪，但至少可以不受眼前的酷刑了："招……我招……我招……"

蒋献冷冷地命令打手们："放他下来，让他画供。"

庄成被拉到他原来受过刑的血迹斑斑的案前，那里已摆好一张供状，上面有皇上精心准备的一串长长的名字。

蒋献把一支笔塞到庄成手中。

"你看好，这上面的名字是谁指使你就在谁头上画个圈。"

庄成无奈，在曹震、朱寿二人名字上画了个圈。

"他们的党羽还有谁？"

庄成口齿不清地说道："卑职不清楚。"

蒋献催命恶魔似的本相立即出现，他冷笑一声："不想说是吗？这上面都是他们弑君谋逆的党羽。你是执行者，不能不知道。告诉你，你若少画一个圈，老子就在你身上卸下一个零件。你掂量掂量，画还是不画？"

一个打手扔过一把尖刀来，蒋献将刀锋往庄成的左耳上一按，一缕鲜血立刻顺着耳根流了下来，庄成痛得本能地用手一摸，立刻满手满脸都是血。恐惧使他别无选择。

"我……我画，我画……"

他一咬牙，在供状上以蓝玉为首的十几个名字上一一画了圈，按上了手印。

后来，蒋献还从庄成口中诈出了蓝党的另一个大阴谋，他们以重金买通了金吾左卫的另一个指挥孙让，在皇上围猎回宫的路上布置伏兵，中途劫驾。后来由于蒋献率领锦衣卫护驾严密，这一阴谋才未得逞。

朱元璋以迅雷不及掩耳之势，连夜在东角门召见蓝玉。

宣旨的太监引领蓝玉来到宫门外。

"大将军，皇上召见您和府军都督商议征伐苗疆洞蛮之事，正在东角门等着呢。"

蓝玉问道："这么晚了，皇上还没有休息呀？"

"军情紧急，不得已啊。"

"公公请在前面带路吧。"

蓝玉随大太监走到东角门内，只见殿门紧闭，几个侍卫木头人似的肃立殿外。

大太监道："大将军请进吧。"

蓝玉推门进殿，只见四壁灯火通明，殿中空无一人，哪有什么皇上。

蓝玉转身要走，只听见"呀"的一声，殿门已经紧闭，他怎么拉也没拉开。

蓝玉情知不妙，他对着空无一人的御座冷笑一声："皇上，臣奉召进宫商讨军情，若没事臣就走了啊。"

空旷的大殿里忽然传出朱元璋瓮瓮的声音。

"蓝玉，你知罪吗？"

蓝玉茫然四顾，想看看朱元璋藏在什么地方说话。但望了半晌，大殿内仍是空无一人。他只好硬着头皮回答：

"臣奉圣命东征西讨，为大明立下不世之功。臣不知有罪。"

朱元璋的声音从殿后出来："住口！你纠结党羽，阴谋弑君谋反，还说没有罪！武士，给朕将乱臣贼子拿下！"

刹那间四面殿门大开，数十名穿着飞鱼服、手执绣春刀的锦衣卫一拥而入。

蓝玉见势不妙，仗着自己的盖世武功，连连抢占有利地形，掖起袍角，怒目而视骂道：

"哼，你们这帮兔崽子，想拿你爷爷，没那么容易！"

锦衣卫吆喝着持刀杀上，蓝玉毫不畏惧，施展钢拳铁腿，一下就打翻几个。

一拨拨锦衣卫轮番杀上，蓝玉打得兴起，竟抓住一个小个子锦衣卫抡开来当武器。毕竟好汉难敌四手，他的臂上也着了刀伤，鲜血直流，但他仍然背靠御座作困兽斗。

僵持了一阵，一个锦衣卫士兵趁蓝玉不注意，偷偷绕到御座后面扳动一个机关，突然从殿顶落下一张大网，蓝玉躲闪不及，刚好被大网罩住。士兵们一拥而上，将他压倒在地，同时将网绳紧紧缠住了他的脖子。蓝玉在网中被勒得口吐白沫，窒息而死。

这时朱元璋从殿后走出，身后跟着皇太孙允炆和内侍们。

锦衣卫们跪倒禀奏道："启禀皇上，逆贼蓝玉已除。"

朱元璋看了一眼网中蓝玉的尸体道："蓝贼死了吗？传朕的旨意，将其尸首绑在午门外石柱上，明早和其党羽一道明正典刑，碎尸万段！"

"吾皇万岁万岁万万岁！"

就在这天夜里，京城里缇骑四出，锦衣卫分别包围了景川侯府、舳舻侯府、鹤庆侯府、普定侯府、怀远侯府，将曹震、朱寿、张翼、张桓、曹兴等侯爷及在京的都督黄辂、汤泉、聂纬等人悉数逮捕，并封了他们的家门，任何人不许出进。

武将们率先被捕，是防止他们得知蓝玉死亡的消息，狗急跳墙地孤注一掷，在京城举行暴动。每个武将家中都有许多兵勇家将，一旦作起乱来也不可收拾。

第二天，与蓝党关系最为密切的吏部尚书詹徽尚不知道昨晚发生的变故，尚书大人照例还在府中接见前来拜访的客人。

在詹徽颇为雅致的书房里，山东济州的一位候补知府方某将带来的一幅古画小心翼翼地展开：

"中堂请看。"

詹徽是一位著名的书画收藏鉴赏家。他仔细察看着古画的画笔、纸质、题印等。然后满心惊喜中又带着几分怀疑地问来人：

"这果真是宋徽宗的御笔花鸟啊！不会是可以乱真的赝品吧？"

方某急切地道："大人请看这几方收藏的印章题款，卑职敢拿赝品来糊弄中堂大人吗？"

詹徽仔细鉴定后满心欢喜道："果真是真品，这幅画可是价值不菲啊！"

"嘿嘿，只要中堂大人喜欢，卑职就是倾家荡产孝敬大人，也在所不惜啊！"

詹徽冷笑道："哼，老夫还不晓得你心里的小九九，这幅画只不过花你三五千两银子吧，你在济州府任上不用半年就捞回来了。"

方某谄笑道："全仗中堂栽培！全仗中堂栽培！"

"看在你诚心孝敬之情上，明天来吏部取升调文书吧。"詹徽不忘提醒心花怒放的方某道，"听着，你可不要一锤子买卖，以后有什么好的字画，还是给老夫留着点神。"

方某屁颠屁颠地答应着："那是一定，那是一定。"

"老夫就不留你了，请回吧。"

"卑职告辞，卑职告辞。"

"送客。"

詹徽刚送客出门，蒋献就率锦衣卫闯进府来了，一见詹徽就高声宣旨：

"圣上有谕，詹徽接旨。"

詹徽不知什么事，忙匍匐在地："吾皇万岁万岁万万岁！"

蒋献厉声宣旨道："查尔詹徽，身居台省，久沐皇恩，不思勉力效忠，反而勾结蓝玉、曹震等阴谋弑君篡国，实属罪大恶极。着即缉捕论罪，并抄没全部家产。钦此！"

詹徽如闻晴天霹雳，顿时尿湿了袍服，一屁股瘫倒在地。

锦衣卫开始如狼似虎地锁拿詹徽及其家人，接着又闯进詹徽的书房中抄查，包括刚才受贿的那幅徽宗花鸟在内的大量书画珍品及其他珍贵物品被成捆成箱地搜出来。

朱元璋随即召集满朝文武，宣布以蓝玉为首阴谋弑君的叛乱集团的罪行。数日之内，在全国各地大肆搜捕蓝党成员。

午门外的刑场上，以蓝玉绑在木桩上的僵尸为首，曹震、朱寿、张翼、陈桓、曹兴等十三侯、二伯以及吏部尚书詹徽、户部侍郎傅文友、都督黄辂、汤泉、聂纬、马俊等三十余人犯，一溜排开受刑。

午时三刻，三声炮响，监斩官掷下令牌，刽子手们举起雪亮的大刀，手起刀落，顿时鲜血飞溅，颗颗人头滚落下来……

不到两个月，朱元璋雷厉风行地完成了继胡惟庸党案后的又一次全面大清洗，族诛者达一万五千人。至此，所有元勋宿将，军中刚勇之士，几乎诛夷殆尽。

两个月后，朱元璋命翰林院将蓝玉等数百名被处死罪犯的罪行和所谓"口供"及审讯记录编成一书，取名《逆臣录》公诸于世，并且亲自撰写《逆臣录序》刊于卷首。也许他觉得后世可能对他这次大规模屠戮将会质疑，他的序言将此事件的原委写得非常详尽，以为自己辩护：

> 朕观自有载籍以来，乱臣贼子何代无之，然未有不受诛戮而族灭者何？人君开创基业，皆奉天命，故遣将出师，无征不克，无坚不摧。其乱臣贼子，初无它意，因奉君命，总数十万精锐以出战，将不下数千百员。所向成功，皆战将与士卒之力也。及其功成，归之大将，见其若此，以为己能，遂起异谋。孰不知君奉天命则昌，臣奉君命则胜，若违君命，逆天心，安有不灭亡者乎？呜呼，朕本布衣，因元纲不振，群雄蜂起，所在骚动，遂全生于行伍间，岂知有今日者邪！继而英俊来从，乃东渡大江，固守江东五郡，日积月增，至于数十万。修城池，缮甲兵，保全生齿，以待真人，此朕之本意也。奈何皇天眷命，兵威所加，无坚不摧，疆宇日广，为众所推，元归深塞，遂有天下。自巳未渡江，至今洪武癸酉，已三十九年矣。即位以来，悖乱之臣，相继迭出。杨宪首作威福，胡陈继踵阴谋，公侯都督，鲜有不与谋者，赖天地宗庙社稷之灵，悉皆败露，人各伏诛。今反贼蓝玉，又复逆谋，几构大祸。其蓝玉幼隶开平（王），数从征伐，屡有战功。初与胡陈之谋，朕思开平之功及亲亲之故，宥而不问，累加提擢。因诸将已逝，命总大军，号令所加，孰不听其指麾，故所向有功。蓝玉见其若此，自以为己能。殊不知此乃皇天后土福佑生民，眷顾我朝及将士之力所致。设使不授以命，不与士卒，纵有勇力，能敌几何？此等愚夫，贪赃无厌，钱财奴田，肆意搜刮。且不学无术，勇而无礼，或闲中侍坐，或饮宴之间，将以朕为无知，巧言肆侮，凡所动作，悉无臣礼。及在外，非奉朝命擅将官员升降，黥刺军士，不听诏旨，专擅出师，作威作福，暗要（邀）人心。朕数加诫谕，略不知省，反深以为责辱，遂生忿怒，乃同曹震、朱寿、祝哲、汪信等合谋，阴诱无知指挥庄成、孙让等，设计伏兵，谋为不轨。其公侯都督皆系胡、陈旧党，有等愚昧无才者，一闻阴谋，欣然而从，有等无义公侯，虽不为首，谋危社稷，任他所为，坐观成败，欲为臣下之臣。岂期鬼神不容，谋泄机露，族灭者族灭，容忍者容忍。其容忍者，若能知感，省躬自责，则必永远无患，与国同久。特敕翰林将逆党情词辑录成书，刊布中外，以示同类毋得再行异谋。洪武二十六年五月朔日序。

照朱元璋这篇序文所说，蓝党一案诛杀那么多人似乎杀得并非无理，可是到了当年九月份，他突然下诏说："蓝贼为乱，谋泄，族诛者万五千人。自今胡党、蓝党概赦不问。"

族诛也有理，概赦也有理，皇上既然这样说了，朝臣们在松了一口气之余，自然齐声恭颂："皇上圣明！"

第三十一章

四位老将的悲剧

秽乱宫闱的孽子连累老父

京城又发生秽乱宫闱案,老将军周德兴的幼子和一位宫妃在御花园假山洞被捉住。无良孽子犯下灭门之罪,周德兴以"帷薄不修"的暧昧罪名被赐死。《功臣簿》里跟随朱元璋打天下的元勋们,除了老死病故,大都在胡、蓝党案中被诛戮了。

朱元璋于洪武二十六年九月颁布诏令:"今后胡党、蓝党,概赦不问。"这使两次党案中侥幸未被牵涉入内的少数功臣暗自松了一口气,一个个都有了劫后余生的感觉。

因为皇上为了给自己羸弱的子孙清除后患,有计划地屠戮功臣已经是不争的事实。而谋反叛逆的党案像一张难以逃脱的大网,皇上要加你一个"胡党"或"蓝党"分子是很容易的事。纵观洪武朝二十几年,被杀的数十位功臣十之八九是因为牵涉到党案中,因其他罪名被杀的仅廖永忠、胡美、朱亮祖等少数几例。也许是皇上日趋老境,心存几许慈善了,今后不再追索胡党、蓝党分子,大家只要安分守己,领着朝廷的俸禄,老实待在家里养养花、带带孙子,也就不再会有身诛族灭的灾祸临头。

当时确有一点天下太平的意思。朱元璋用心培养的国子监生开始得到重用,一次就有六十四人被委任为各地的布政使、知府等官爵。另遣一批国子监生分行天下,考察庶政,他们随时可以成为朝廷的新鲜血液。各省的洞蛮叛乱被蓝玉剿灭得差不多了,北方一时也没有边患。前年发布各地卫所的军士以十分之七屯田生产的政策也在逐步施行。

朱元璋以四方底平,象征性地举行了一次"收藏甲兵,永不复用"的仪式,将一副盔甲和一支矛、一把弓收藏在奉天殿的殿阁中。文武官员一齐向皇上祝颂天下太平、国泰民安。

当时京城里孑遗的功臣尚有江夏侯周德兴、定远侯王弼、宋国公冯胜和颍国公傅友德。这四位老将军都已年近古稀，且都是皇亲国戚。他们经历了胡惟庸和蓝玉两次党案浩劫尚能幸存下来，一方面是因为他们能够谨言慎行，不与叛党发生任何瓜葛；另一方面与他们是皇亲不无关系。

周德兴是朱元璋同村的老乡，少年时的玩伴，也是同时参加郭子兴红巾军的战友，他与朱元璋的关系自然较其他将领更为密切。他在平定四川与讨伐楚地的洞蛮战斗中均立了大功。洪武二十年周德兴告老还乡时，朱元璋厚赐他黄金两百两、白银两千两、文绮百匹，以慰其劳。

过不了多久，福建沿海倭寇猖獗，朱元璋又要请这位老将军出山，写信给他说："福建功未竟，卿虽老，尚勉为朕行。"周德兴去了那里，训练了十余万民兵，筑城十六座，设置巡检司四十五处，使福建海防得以完善。三年以后，功成归来，这时周德兴已年近七十，在存世诸勋臣中是年岁最高的。朱元璋还让他发挥最后一点余热，命他节制凤阳留守司，训练卫属军士。

这样一位受人尊敬的老将军，谁知却在生命的最后一刻栽在了子孙后辈身上。洪武二十五年八月，京城发生了一起"秽乱宫闱"案，主角即是周德兴的幼子周骥。这位周大少不知什么鬼撞了头，玩女人竟玩到了皇上的宫苑里。据说他与朱元璋一位深宫寂寞的嫔妃在御花园的假山洞里被人捉住，当即被杀了头。而周德兴竟也因为此事被皇上以"帷薄不修"的暧昧罪名赐死。"帷薄不修"是古王公大臣生活淫乱的代名词，按说淫乱的只是周德兴的儿子，怎么能移植在他这七十老翁头上？其缘由盖因当时朱元璋正大开杀戒，无良孽子犯下灭门之罪，周德兴虽已年迈，故也难逃此劫了。

蓝玉党案发后，宋国公冯胜与颖国公傅友德因未涉案，又被朱元璋派到山西、北平备边。两位老将军能够离开京都那令人提心吊胆的是非之地，自然是非常高兴。练兵打仗本是他们熟悉的分内之事，何况现在皇上并不让他们独当一面：在山西有晋王，在北平有燕王。他们上面有两位王爷节制指挥，下面有新起来的一拨新进将领，他俩乐得在军营这个极为安全保险的地方过着舒坦的日子。

可是到了冬天，皇上照例又要把他们召回了京都。在北平郊外的一处练兵场上，燕王与两位老将军在阅兵台检阅兵阵时谈及此事。

燕王十分谦恭地说："两位老将军奉旨备边山西北平，今日得见各都司兵马阵营严整，弓马娴熟，本藩不胜欣慰。二位世伯练兵有功，本藩一定奏明圣上，为二位请功。"

冯胜道："王爷，皇上让我们出来备边练兵，是看我们在京城闷得慌，给我们找点事干。带兵打仗是我们的本分，这如今没仗打，带着这些娃娃兵练练阵式什么的，还不是小菜一碟，挺轻松的事儿。王爷就不必费心为我们请什么功啦！"

傅友德接着说："是啊，我等一介武夫，跟随皇上起事，现已官至国公、太师，位极人臣，还需要什么封赏啊？回想这些年来，和我们一起追随皇上打天下的那些老伙伴。病的病死，活的获罪，一个个都陆续故去，只剩下我们两个老孤种了。"

燕王道："二位老将军对朝廷一片忠心，深令本藩感动。现深秋已过，隆冬将至，父皇召二位世伯回京，本藩当备酒为二位世伯饯行。"

傅友德辞谢道："王爷不必如此客气。"

"哎，老傅，王爷赏酒，哪有不去喝之理？"

"就你嘴馋！"傅友德嗔责冯胜，"王爷，我倒想求您一件事。"

"什么事？老将军请讲。"

"现在蒙古人在塞外又有蠢动的迹象。若明年边关有事，请王爷奏明圣上，仍派老臣随王爷一道出征。"傅友德颇为伤感地说，"王爷还记得洪武二十三年北征途中，我们在口外见过杨令公祠的事吗？身为武将，若能像杨令公那样血洒疆场，为国捐躯，得到后世的敬仰，也不枉我这一生啊！"

老将军说得有些凄凉，也有些无奈。燕王赞许道："老将军忠勇可嘉，不愧为我大明朝的栋梁啊！"他又指着正在紧张操练的士兵们说："二位世伯请看，这些操练的士兵，他们是不会忘记两位须发皆白还在这里备边练兵的国公爷的。"

冯胜、傅友德那年冬天被召回京都后，第二年朱元璋再也没有派他们出去练兵备边，代替他们的是新进将领李景隆、徐辉祖及安陆侯吴杰等人。朱元璋在陆续将功臣勋将诛戮几尽，只剩下他们几个孤种之后，忽又宣布今后无论胡、蓝余党，概赦不问。照这样说，他们这位高深莫测的皇上，也许真是大发慈悲，会让他们在晚年享几年清福然后寿终正寝了。若真是这样，可算是万幸！

傅友德是安徽宿州人，他曾请求皇上赐给他怀远的田地千亩，让他解甲归田，做一个真正的田舍翁。可朱元璋很不高兴地说：朝廷给你的爵禄已不薄了，为什么还要侵占民田与民争利呢？于是傅友德隐居到乡下去的愿望落了空，只好乖乖地待在京都的国公府里，每日读书写字解闷，时刻担心着政局的变动，提心吊胆地害怕他这位高深莫测的皇上对自己有什么不利的举动。

傅友德吸取了过去许多功臣行为不检、好结交权贵以至身陷胡党和蓝党的教训。他在京城一直谨言慎行，从不与其他文武官员有什么私交。在朝中也从不附和哪一派朝臣的意见，任何大事也从不发表自己的看法。军事的决策他总是顺应皇上的意思，皇上说让他去哪里练兵备边，他从不提反对意见，立马就走。过去在征战四方时，由于他的资历高深，往往被委任为主帅，而以其他后进将领为副手。他也很尊重自己的副手，在每次战斗获胜后也尽量多为属下将领请功，从不以主帅的身份居功自傲。他总是说自己已老朽了，功至国公太师还有何求呢？

也许正是这种低调的韬晦之策使他在历次惊涛骇浪中能够平安地渡过。纵使这样，徐达、李文忠莫名其妙的死仍然在他心里投下了沉重的阴影。原因是，他们的皇上所作所为太令人恐惧、太神鬼莫测了！

宋国公冯胜却是个性格与傅友德完全相反的人。他投奔朱元璋更早，立的功多，但犯的错罪也多。洪武二十年冯胜挂帅讨伐金山，降纳哈出，本是不世之功，却被揭发贪匿良马、勒索珠宝及强娶蒙古王公的幼女等罪。朱元璋一怒之下，不仅降服金山之功未予奖赏，反而收回他的大将军印，命他居住凤阳闭门思过。

被贬谪的冯胜幸运地逃过了胡惟庸和蓝玉两次党案的牵累。有谁会去联络一个失势和处于禁闭状态的过失将军呢？这对冯胜说来，真是应了"塞翁失马，焉知非福"这句谚语。否则以他凡事莽撞、好出头争胜的性格，又怀着一肚子对朱元璋的不满，难免成为奸党网罗的对象。一着不慎，就会坠入万劫不复的泥潭！

至蓝玉势大，朱元璋又把落寞寡欢的冯胜抬了出来，命他以总兵官名义带领傅友德、王弼等老将去山西、河南练兵。所到之处，各地的公侯均听其节制。洪武二十五年立允炆为皇太孙，朱元璋又加封冯胜、傅友德为太子太师，而当时的大将军蓝玉仅封太子太傅，明显比他们低一级，使得蓝玉大为不满。

蓝党被诛之后，朱元璋随即将在外练兵的冯胜、傅友德召回，并以年迈为由再不让他们外出练兵。这使好动的冯胜很是苦闷。他是粗人一个，既不读书写字，也不会其他风雅勾当。年近古稀，对那些年轻貌美的媵妾也是心有余而力不足了。

冯胜是耐不住寂寞的人，他常差人请傅友德、王弼等老伙伴过府来喝酒闲聊。可总是被多一个心眼的傅友德婉言谢绝了，不是推说身体不适，就是凑巧家里来了客人。在傅友德看来，纵使是他们这些老战友之间的聚会，也难免被那班蓄意讨好皇上的小人不怀好意地盯住，一旦被他们诬为"密谋私聚"就跳进长江也洗不清了。

冯胜实在闲得无聊，记起小时候农家的碾米场，他们一帮小孩子争相在碾米的碌碡上用竹枝赶牛为乐的情景。他突发奇想，命家人在府门外筑了一个大稻场，在稻场四周挖出壕沟，壕沟中埋下几十口大水缸，上铺木板，然后用土填平，他自己骑着马在上面走过时，木板撞击水缸唧当作响。他竟像小孩子一样地纵马来回奔跑，以此取乐。谁知这一返老还童的小小恶作剧，后来却给他惹来一场灾难！

这时，他们的皇上在干什么呢？年近七十的朱元璋自度苍颜皓首，来日无多，快到人生的终点站了。他怕自己有朝一日一口气接不来，整个朝廷会乱了套。于是忙着交代许多后事。

最重要的是国家体制，他召集群臣宣布道："朕罢丞相，设府、部、都察院分理庶政，事权归于朝廷。嗣君不许复立丞相。臣下敢以请者置重典。皇亲惟谋逆不赦，余罪宗亲会议取上裁。法司只许举奏，毋得擅逮。勒诸典章，永为遵守。"

朱元璋一生坚持以严猛立国的方针，实行严刑峻法。过去他在惩治奸贪时无所不用其极。什么剥皮实草、抽肠、黥刺、剕、劓、阉割、挑膝盖、锡蛇游种种酷刑，其野蛮残暴程度远远超过前朝。到了晚年，他似乎也有所悔悟。因此诏谕群臣："朕起兵至今四十余年，灼见情伪，惩创奸顽，或法外用刑，本非常典，后嗣止循《律》与《大诰》，不许用黥刺、剕、劓、阉割之刑。臣下敢以请者，置重典。"意思就是他过去用过的那些不人道的酷刑，今后不许再用了。

洪武二十八年九月，他更颁布《皇明祖训条章》于中外，给后嗣君主规定了必须遵守的许多条例，并预先警告"后世有言更祖制者，以奸臣论"。朱元璋企图在自己最后的岁月里，尽量为后嗣君主铺平道路。

但是，他最忧虑的还是在他百年之后，可能威胁允炆皇位的人，现在他已经不在乎人家议论他为保朱家王朝屠戮功臣了。反正骂名已经在世，他为什么不干脆做个彻底，永除后患？历史上的贤明君主如唐太宗、宋太祖在这方面不也要为人所诟病吗？

朱元璋经常翻阅《大明功臣簿》。在那本厚厚的烫金精致的功臣簿上，每页都记载着一位功臣的名字及其封赏爵禄，背面则是礼部宣诰的赞词。

第一位功臣就是五年前被他杀掉的致仕宰相，他的儿女亲家李善长。

庄重的暗红色簿页上用金粉隶书写着：

李善长，授开国辅运推诚守正文臣，银青荣禄大夫、上柱国，录军国重事，兼太子少师，中书左丞相。宣国公（后迁韩国公）。岁禄四千石，予铁券，免二死，子免一死。

背面的赞词是：

君臣际遇，方当开创之初，辅弼尊荣，在得勋庸之日。以掌邦治，以亮天工。矧朕股肱之资，垂此钧衡之任，弘扬大诰，昭布朝廷。

中书左丞相李善长，柱石良材，国家宿望。投于举义之始，即推佐命之诚，军幕奇谋，鼓舞风云。于淮甸省垣综理，收藏图籍。于京师出入载星，精诚贯日。礼乐刑政，悉总其纲维。钱谷甲兵，必经于筹划。意气浮于将帅，惠爱被于黔黎。当朕亲征之秋，居中控镇。及朕治国之际，遇事敷陈。华发丹心，其勤如一日，清风黄韵，仪表于百僚。金鼎调元，斡熙和于世远，青官养德，取法则于师模。领此兼官，加其封国。于戏！汉廷命相，萧何在曹参之前，唐室纪功，玄龄居李靖之上。益恢远治，以副至怀。可授银青荣禄大夫，上柱国、录军国重事，左丞相兼太子少师，封宣国公。

朱元璋自然不会再去看那些溢美的赞词。乱臣贼子，夫复何言？尽管后来有人为他申冤，但朕一点也不后悔。他那时不死，现在朕也不能容他啊。

《大明功臣簿》上第二页写着：

徐达，授开国辅运推诚宣力武臣，银青荣禄大夫，上柱国，录军国重事。中书右丞相，兼太子少傅。封信国公（后迁魏国公），岁录五千石。予铁券，免二死，子免一死。

对徐达之死，朱元璋心中总有一种歉疚之情。徐达谦恭事主，从不居功自傲，是为臣下者的楷模。要说只能怪他那背疽得的不是时候。不过也好，那时一了百了。要是徐达还活到现在叫朕怎么办？

第三位功臣是常遇春。凡是在战争期间死去的功臣，朱元璋都非常礼遇。在鸡鸣山新建成规模宏大的功臣庙里，有常遇春威武肃穆的高大塑像，供人瞻仰，朝廷四时祭祀。只可惜常遇春的后辈不争气，袭了爵的常茂因罪安置龙州，于洪武二十四年死去，其弟常升改封开国公，又堕入蓝党的泥潭而不能自拔。

第四位是李文忠。朱元璋每逢想起他的这位盛年病逝的亲外甥，总觉得愧对自己的姐姐和姐夫，他们在另一个世界里必定无情地谴责自己的薄情寡义。朱元璋现在能做的是，尽量优抚他的后代，让李景隆兄弟成为嗣君可以依靠的国之栋梁。

第五位是邓愈。邓愈是朱元璋最喜爱的战将。他为人简重缜密，不畏危苦，对主上忠心耿耿，论战功，他可能不比汤和他们多，但朱元璋把他封为卫国公，命他兼领御史台事。可惜他在洪武十年讨伐吐蕃归途中染病英年早逝。更为惋惜的是他袭爵的儿子邓镇，娶了李善长的外孙女，也随着李善长的败亡，以奸党坐诛，国法森严，这也是无可奈何的事。

《大明功臣簿》中初封的二十八位侯爷，中山侯汤和现已进封信国公，颍川侯傅友德后进封颍国公，他们与原封宋国公的冯胜是朝中仅存的三个孤老。

其余的人怎么样了？他怀着一种复杂的心情，按着《大明功臣簿》的顺序一页页翻下去。

德庆侯廖永忠，洪武八年用僭用龙凤等不法事，赐死。

南雄侯赵庸，洪武二十三年坐胡惟庸党死。

营阳侯杨璟，洪武二十三年坐胡惟庸党死。

豫章侯胡美，洪武十七年因长女为贵妃，偕其子婿入乱宫禁，赐死。

江阴侯吴良，女为齐王妃，洪武十四年卒于青州。

蕲春侯康铎，以父康茂才功封侯，洪武十三年从征云南卒于军。

长兴侯耿炳文，守长兴功高，附徐达为一等，现仍健在。

淮安侯华云龙，洪武七年卒，子华中袭爵，因侍李文忠医药，坐贬死，二十三年追论胡惟庸党。

东平侯韩政，洪武十一年卒，子韩勋袭爵，二十六年坐蓝党诛。

广德侯华高，洪武四年卒，无子，爵除。

济宁侯顾时，洪武十二年卒，二十三年追论胡惟庸党，其子顾敬坐死。

靖海侯吴桢，洪武十二年卒，二十三年追论胡惟庸党，爵除。

永城侯薛显，洪武二十年卒，二十三年追论胡惟庸党，爵除。

巩昌侯郭兴，洪武十七年卒，二十三年追论胡惟庸党，爵除。

临江侯陈德，洪武十一年卒，二十三年追论胡惟庸党，爵除。

六安侯王志，洪武十九年卒，二十三年追论胡惟庸党，爵除。

汝南侯梅思祖，洪武十五年卒，二十三年追论胡惟庸党，子梅义为辽东都指挥，灭族。

延安侯唐胜宗，洪武二十三年坐胡惟庸党诛。

吉安侯陆仲亨，洪武二十三年坐胡惟庸党诛。

平凉侯费聚，洪武二十三年坐胡惟庸党诛。

河南侯陆聚，洪武二十三年坐胡惟庸党诛。

荥阳侯郑遇春，洪武二十三年坐胡惟庸党诛。

宜春侯黄彬，洪武二十三年坐胡惟庸党诛。

永嘉侯朱亮祖，十二年出镇广东，明年召回父子俱鞭死。二十三年追论胡惟庸党，次子昱坐诛。

江夏侯周德兴，洪武二十五年其子周骥乱宫，并坐诛死。

宣宁侯曹良臣，洪武四年伐蜀阵亡，其子曹泰袭爵，二十六年坐蓝玉党死。

洪武十年以后，朝廷又曾两次大封功臣，共封了侯爵二十四名，伯爵两名。其中朱元璋的两名义子——西平侯沐英已于洪武二十五年病逝，其子沐春袭爵永镇云南；武定侯郭英从小跟随他，且以其妹郭宁妃之故深得他的信任。仇成、张龙、吴复、周武、胡海、张赫等人先后病故。而金朝兴、叶升坐胡惟庸党死。蓝玉纠集曹震、张翼、张温、陈桓、朱寿、陈兴等十三侯谋反伏诛。剩下的只有永定侯张铨和定远侯王弼。张铨是个老实人，朱元璋派他率领一批致仕武臣去广东备倭。而定远侯王弼，朱元璋虽然与他结了儿女亲家，纳其女为楚王妃，却始终对他放心不下。

《大明功臣簿》里这些跟随朱元璋打天下的功臣勋将，除了老死病故的，大都在胡、蓝两次党案中被诛戮了。可是剩下的冯胜、傅友德、王弼这几个孤老，看来他们比自己活得更加硬朗、滋润。他们一辈子置身军伍，部属遍布天下各地都司卫所，他们若存异心，或者被人利用，岂非后嗣之君的最大隐患？

这个问题始终在朱元璋的脑海中盘旋着。

傅友德镇定自若："皇上，老臣去了！"

傅友德似乎预料到会有这一天到来，镇定自若地叩头谢恩，"皇上，老臣去了！"冯胜猎场跑马闯了祸，被人告他家居不法，稻场下密藏武器。朱元璋召他入宫抚慰赐宴，回家即暴毙。朱元璋向群臣历数其罪，宣布已赐其自尽。

朱元璋经过反复思量，终于下了决心要赐傅友德、王弼和冯胜自裁。但是他这个决定首先就遭到了皇太孙允炆的极力反对。

这几天朱元璋的哮喘病又犯了，歪在病榻上喘一阵好一阵。御医们看完脉后手忙脚乱地聚在一起商量着开药方。哮喘病不是致命的病，可御医们一个个战战兢兢如履薄冰。皇上的任何小病治不好都有杀身之祸。

待御医们走后，允炆走近病榻，对祖皇命他颁诏赐死三位老臣，显然面有难色。

"启禀祖皇，冯胜和傅友德两位老臣追随祖皇征战多年，立过不少战功，现他们年逾古稀，早已息兵解甲归田，若要赐其自裁，诛之无罪，这诏书怎么写啊？"

朱元璋一听他这么说，喘也顾不上喘了："允炆啊，你怎么也和你父王一样的糊涂？冯胜、傅友德他们统兵多年，部属遍及国中。朕若走了，这都是留给你的隐患啊！他们活在世上，就要危及国家社稷，这就是最大的罪过。能说他们没有罪吗？"

"可这些话没法在诏书中明写啊。"允炆坚持道，"若传至后世，世人会骂孙儿为了巩固帝业，用莫须有的罪名屠戮无罪功臣。"

朱元璋顿时跌下脸来："你！你为什么这样迂腐？"

允炆连忙跪下："孙儿有罪。"

朱元璋叹息道："好吧，你就不用下诏，让蒋献传朕的口谕令其自裁。唉，朕也快要走了，就让他们随行护驾吧！"

说完，他生气地挥手令允炆退下，自己转身朝里侧卧。

第二天，锦衣卫指挥蒋献率兵包围了颖国公府。士兵们迅速进入府内，控制了府中所有的人。

蒋献踏上台阶宣读圣谕。

"圣旨下，颖国公傅友德接旨。"

有些感到突然的傅友德匍匐在地："吾皇万岁万岁万万岁！"

蒋献面无表情地宣旨："皇上有谕：傅友德有罪，赐其饮鸩自尽。钦此！"

傅友德似乎想到会有这一天到来，镇定自若地叩了一个头："老臣谢主隆恩。"

白发苍苍的傅友德艰难地从地上站起来，这时才显现出他心底的悲怆。他踉踉跄跄地从锦衣卫手中接过毒酒，供奉在香案上，然后强压住内心的悲愤和痛楚，对天叩拜道：

"皇上，老臣自归降以来，略庐州，战鄱阳，征武昌，下淮东，守徐州；复从大将军北征，败扩廓，伐蜀降明升；后又率师征云南，讨纳哈出，出塞擒乃儿不花。大小历百余战，喑哑跳荡，身置百死。奈何未能战死疆场，马革裹尸，实为终身遗憾！今以古稀之年，尚劳圣心牵挂，老臣知罪。皇上，请恕老臣从来滴酒不沾，这鹤顶红就奉还皇上。为上将者不能喋血沙场，也当轰轰烈烈饮剑而亡！蒋大人，老臣借你宝剑一用。"

蒋献一怔，他似乎也被征战一生的老将军这番话感动了。他稍作犹豫之后，解下佩剑掷给傅友德，赞叹道："老将军不愧我朝大将，有志气！"

傅友德"唰"地摘下青锋，捧剑对天叩拜：

"皇上，老臣去了！"

说着，他将剑锋往颈上一抹，顿时鲜血四溅，仆地而亡。

傅家眷属扑向尸体哭成一团。

蒋献有些恻然地率领锦衣卫悄悄离开了颖国公府。

朱元璋于洪武十九年将他的第九个女儿寿春公主下嫁傅友德的儿子傅忠，盖因那时他对忠诚老实的傅友德并无所猜忌。寿春公主素为朱元璋所钟爱。出嫁后曾赐给她吴江县上腴田一百二十余顷，岁入八千石，超过其他公主数倍。奈何寿春公主及驸马傅忠均早亡，亲情断绝，也许这是促使朱元璋对傅友德痛下绝手的原因之一。

傅友德死后，朱元璋又因公主的缘故，将其孙彦名录为金吾卫千户，继承傅家香火。

傅友德的赐死使朝中老臣们又紧张起来，特别是与傅友德一同在外练兵被召回的定远侯王弼，更是整日忧心忡忡。他心里明白这是皇上为绝后患的釜底抽薪之计。他不禁忿忿然地想：皇上啊皇上，你的手段也未免太毒辣了。在你百年之后，新皇登基，纵使有人谋反篡位，也不会是我们这些年逾古稀的老人啊！为什么要拿我们开刀呢？

一日，有客来访。王弼心情不好，不禁对客人诉起苦来，嗟怨道："皇上春秋日高，喜怒无常，看来我们这些人没有什么活头了。"谁知这话很快传到朱元璋耳中，他立刻以"心怀怨望，包藏祸心"为由头，下诏将王弼赐死。

傅友德和王弼相继赐死，使宋国公冯胜紧张万分。他再也没心思去稻场跑马作乐了。过了两个月，忽传有人告发他家居不法，稻场下密藏兵器，图谋不轨。冯胜这才意识到自己孩子气的恶作剧闯了大祸，连忙差遣家人把那个稻场拆了，把那埋在地下的瓦缸全挖了出来，摆在自己的府门前，以示清白。他还主动要求去见皇上，把这件事情说清楚。朱元璋派太监来召他入宫，赐宴安抚他道："卿尽可放心，此事虽有人议论。悠悠众口，他们要说随他说去，朕何至于无端轻信呢？"

直性子的冯胜听皇上这样说，终于一块石头落了地，不再担惊受怕了。于是开怀畅饮，直至喝得迷迷糊糊，几个太监把他扶上车回家。

谁知就在当夜，冯胜竟得暴病，七孔流血而死。而朱元璋在一次朝会上，历数冯胜过去的许多罪错，把他作为大将恃功自傲、不由法纪的典型。并说朕多次宽宥他，希望他回头，可他在晚年仍然恣意妄为，且心怀异志，情不可恕，故赐其自尽云云。用这套冠冕堂皇的话掩饰了自己卑鄙的鸩杀手段，了结了这桩公案。

冯胜、傅友德、王弼这三个老倔头去掉了，朱元璋陡然松了一口气，似乎病也好了许多。不知道为什么，他又想起了早已告老还乡的信国公汤和。

汤和是最早交出兵权告老还乡的功臣，是朱元璋为功臣勋将们树立的一个榜样。不过后来他又不想把年迈的功臣们放回家乡故里去了，他觉得还是让他们在京城里放心些。洪武二十三年他听说汤和因病失音，说不出话来了。于是命其子备车把他接到京城，用安车将他迎入宫中，百般抚慰赏赐后将其送回凤阳。

这个老孤种现在到底怎么样了？朱元璋忽然又想起他来。汤和的两个儿子都是武将，官至都督佥事，一个在征云南时染了瘴气病故了，一个征五开叛蛮卒于军。汤和有一个孙子在朝中任职，奏称爷爷现在病得更厉害了，不仅不能说话，索性神智昏迷，连人也认不清了。

果真是如此吗？朱元璋越老疑心越重，深恐被人家欺骗了。他执意要见汤和一面才放心，于是汤和的孙子只好从凤阳将爷爷接来，用安车推入宫中去觐见皇上。

朱元璋乍一见那萎缩在车椅上宛如小孩既不能行礼也不能说话的老人，他几乎不相信自己的眼睛。难道这就是那个叱咤风云、桀骜不驯的汤和？人们不会在乡下弄个不死不活的老头来欺骗朕吧？

朱元璋下意识地摸摸他那双干枯的手，问道："卿家还记得小时候我们在一起放牛玩耍的事吗？"

汤和眼睛眨了眨。他的孙子连忙大声把皇上的问话凑在他耳边复述了一遍。那张干瘪的脸上似乎露出了一点笑意，接着他那小脑袋艰难地点了点头。

朱元璋又问："卿家还记得你投了郭子兴的义军，然后写信叫我们一起去干那时的情景吗？"

汤和听皇上提起往事，思维似乎活络了一些，频频点首。他那干瘪的嘴角也在搐动，似乎想说点什么终究说不出来。

朱元璋见此凄惨景象也很伤感。于是命太监厚赐金帛给他的孙子，作为汤和死后的安葬费，并命有司备车船礼送他回凤阳。

汤和在洪武二十八年病故，终年七十岁，被追封为东瓯王，成为朱元璋的功臣中唯一因功成身退能得善终者。

以后，朱元璋很少翻阅那本厚厚的《大明功臣簿》了。那簿上的功臣们，除了战死的，病故的，除了少数几个留下将来可以辅佐皇太孙，十之八九都因犯各种罪行被处死（有些公侯为保留其面子名为赐其自尽）。朱元璋知道自己在后世难逃"诛戮功臣"的骂名。他已不很在乎这个了。秦始皇统一华夏的丰功伟绩足以掩盖他焚书坑儒的瑕疵；在唐太宗辉煌的文治武功面前，谁又会去穷究玄武门之变的血腥呢？

在他看来，他杀的这些人都是有罪的。在他亲自编写的《大诰》及其续编、《大诰武臣》、《昭示奸党录》和《逆臣录》里，有每一个被处决或赐死者的罪状。他把《大诰》与《大明律》定为国子监生必修的课目，就是想让自己的滥施诛戮合法化。

在翰林院的文史馆中，有以年逾八十的学士刘三吾为首的史官十余人。他们除了奉命修各种专题史集外，还负责把本朝每天发生的大事记录下来，作为编写本朝《实录》的依据。不阿谀皇上秉笔直书是历代史官奉为圭臬的职业操守，南宋文天祥《正气歌》中"在晋董狐笔"的名句最为史官们津津乐道。

刘三吾因为大义凛然拥立皇太孙在朝中名声大噪。朱元璋担心这位号称"坦坦翁"的史官会怎样来记录赐死冯胜、傅友德等人的事，掌握无上权威的皇帝其实还是有些忌畏那些史官手中的秃笔的。

几年前就发生了这样一件使朱元璋颇为尴尬的事。

有一个洪武十八年的进士，本名王权，朱元璋觉得权字刺眼，命他改名王朴。王朴原官吏科给事中，他生性耿直，因直谏忤旨降为御史。可这位老兄并不因这次挫折略有收敛。有一次竟因奏事当殿与皇上激烈争辩起来。朱元璋勃然大怒，从来没有任何臣下敢这样顶撞他，他当即命令武士将王朴牵出去斩了。当王朴被带到市曹，朱元璋似乎消了些气，觉得这个倔头还罪不至死，又派人将他召回。

王朴到鬼门关走了一遭，侥幸回到金殿，他也不谢皇上不斩之恩，仍然倔强地直立在那里。

朱元璋在御座上问他："朕赦你不死，以后知道改正吗？"

谁知王朴竟昂首答道："陛下不以臣为不肖，命臣为御史。设若臣没有罪，陛下为什么无端地要杀臣；如果臣有罪，又为何要赦我呢？臣不愿受辱，宁愿速死！"

朱元璋被问得很尴尬，脸色突变："哼，你以为朕不敢杀你吗？快将这逆臣拉出去弃市！"

朝中文武谁也不敢作声。倒是街市上的百姓围观者甚多，都为这个倔强御史洒下了同情的泪水。行刑队伍刚好走过文史馆前，王朴突然大声喊道："学士刘三吾记住了：某年某月某日，皇上杀无罪御史王朴！"

尾随的百姓们一阵叫好，行刑的武士们手忙脚乱地把王朴的嘴巴捂住，这时，史馆的那些修撰、编修、检讨们都拥出来看热闹。此事他们到底是怎样记的不得而知，但这个故事能在正史中流传下来，王朴也名列铮铮铁骨的御史行列，说明刘三吾们并未失职。

后来朱元璋仍然以"诽谤"罪将王朴列入《大诰》中，显然是试图为自己辩护：我杀的是有罪的逆臣而非无罪的御史。奈何悠悠青史，有时并不是帝王完全可以按照自己的意志来涂抹的。

朱元璋下狠心处置完几位老将，心里似乎踏实多了。眼下海宴河清，各省的洞蛮早已剿灭得差不多了。北方的边患纵使时有发生，但也已建立了以燕王、晋王节制各地驻军的防御体系。而长城内外的诸重镇：大同、宣府、宁夏至广宁、开平、大宁，均由代、谷、庆、辽、宁诸王镇守。随着他的儿子们逐渐长成，他倾心打造的以诸藩屏卫中央的体系已经基本完成。即使自己现在撒手归西，皇孙允炆也可以安安稳稳地当几十年太平皇帝了。

他为了树立皇太孙允炆的权威，煞费苦心地制定了亲王觐见储君的礼仪。规定亲王来朝，先冕服叩拜天子后，由引礼官引至东宫文华殿朝见储君。皇太孙冕服执大圭，升座，接受亲王及其臣属的跪拜。行礼毕才各换常服到后殿行家人礼。这时，允炆就要向各位叔王跪拜请安了。

朱元璋为了贯彻这种礼仪制度，使他的儿子们习惯对自己所立皇太孙的尊重，先召秦、晋、燕、周、齐五王来朝，后又召代、肃、辽、庆、宁五王来朝。朝觐仪式进行得很不顺畅。本来就对允炆立储满肚子不高兴的藩王们变着法子不去东宫朝觐或对年轻的允炆冷嘲热讽。允炆为了不跟他们发生冲突，也只好强忍着。

有一次燕王朱棣在宫中向朱元璋汇报北方边防军务时，恰好允炆来了。

允炆行礼道："孙臣给祖皇请安。原来四叔也在啊！"

朱棣开玩笑说："父皇刚讲到后继之君，后继之君就来了。"

允炆满脸通红道："侄儿不懂四叔说什么啊？"

朱棣走近允炆，戏谑地拍拍他的肩膀："想不到我儿竟有这样的出息。"

朱元璋对朱棣的轻薄行为甚为不满，顿时跌下脸来："放肆！你怎敢对皇孙如此不恭！"

朱棣受到申斥，面红耳赤讷讷道："儿臣……"

允炆乖巧地为他解围道："祖皇别生气，叔王不过是跟孙臣开开玩笑罢了。"

朱元璋仍然板着脸训斥燕王："以后当着别人的面，尔等一定要君臣有别。听到没有？下去吧！"

"儿臣遵旨。"燕王悻悻而退。

朱元璋处心积虑不择手段地诛戮功臣勋将，意在为后嗣之君消除隐患。然而，日渐长大的皇孙允炆清楚地意识到，自己未来的隐患不在这些老迈龙钟的公侯们，而是那些手握重兵觊觎帝位的藩王。

这天，允炆命人找来一卷军事地图，摊在案桌上细细观看。

看着看着，他不时眉头紧蹙，惴惴不安地摇头叹息。担任东宫伴读的编修黄子澄见皇太孙若有所思，便上前问他："殿下这是在看什么？"

允炆是非常信任和敬重自己这位师傅的，便把自己的心事坦然告诉他。

"祖皇命我熟悉一下军事防务方面的事，我叫人找来一幅天下都司卫所分布的地图。我发现我的十几位藩王叔父分封各地，尽皆拥有重兵。他们有的一贯恣行不法，有的则深受祖皇器重，委以节制军务大权。现在祖皇健在，他们自然还有所顾忌，不敢胡作非为；倘若祖皇百年之后，他等若拥兵自重，对抗朝廷，怎么办才好呢？"

黄子澄是个绝顶聪明的人，他自然早已意识到这个危险。但此时他必须先让年轻的皇太孙安下心来，以徐图良策。

于是他安慰允炆道："殿下勿虑，按我朝制度，诸位藩王虽受命节制地方军务，但并无调动军队的权力。他们自己所辖护卫多则万人，少的不过三千，仅供保卫王府安全，怎敢对抗朝廷？"

"历朝历代都有谋反叛逆的藩王，何况我这些叔父对祖皇立我为储口服心不服，时刻在觊觎着皇位。他们万一有变怎么办？"

"万一有变？哼，陛下一纸讨逆诏，把大明六军开过去平叛，任何强藩也抵挡不住！"

"倘若藩王联合起来，共抗六军呢？"允炆担心说。

"那又如何？西汉七国之乱，吴王刘濞他们兵力并非不强，最终还是被消灭了。为什么？以正义的国家军队去讨伐邪恶的叛逆之师，哪能不胜呢？"

黄子澄是个完全不懂军事的秀才，他只能用这套大道理来安慰忧心忡忡的皇太孙。

听他这么说，允炆始稍为宽慰："先生这么说，我就放心了。"

第三十二章

纵欲过度的王爷

秦王奉命征剿洮州叛番

> 洮州番民造反,秦王领军平叛。羌民把叛番头目绑来请罪。朱元璋一道密令:所有降卒及叛番首领,一律迁入陕西境内伺机坑杀,以绝后患。班师途中,征战半月未尝荤腥的王爷和将军们经不住诱惑,进了临洮最大的妓院。

洪武二十八年,皇太孙允炆年纪已十九岁了,而朱元璋因终生处于紧张的杀戮争斗中,衰老得很快。六十八岁的老皇帝此时已面现痉挛,口眼有些歪斜,手也不时地颤抖,不方便握笔。因此批阅奏章之事概由皇太孙代行,有些重要的事最后由他画个圈。

不过,老皇上的思路还很清晰,朝廷的重大政事他都要过问,皇太孙每日必须详细地向他禀报,所有重大决定都由他作出,并口述谕旨。

朱元璋是个卓越的军事家,晚年他热衷于指导他的儿子们领军治兵之法。他像一只久经风雨的识途老鹰,领着它的雏鹰们搏击长空翱翔万里。

朱元璋把北方防务大权全部交给他的两个儿子燕王朱棣和晋王朱㭎,并于洪武二十六年诏准晋燕二王相机行事,军务极为重要者才向朝廷报告。但他在信任二位藩王的同时又恐他们经验不足,特地给他们下了一道敕书,晓谕以"备边十要"。诸如:沿边境普遍设置哨所,昼夜观察敌情,毋容懈怠;在有敌警时选取精明强干的将校,领精骑数千,在边外隐蔽设伏,侦察敌情;所有边哨预置薪柴,若有警则举烽火以报;亲王应率精兵亲自参与巡边防备……

朱元璋不仅对燕王、晋王委以重任,还命镇守广宁、大宁、宣府、大同等处的辽王、宁王、谷王、代王等陆续赴京当面聆听他的教谕,授予镇边之计。他除了教给燕王、晋王那几项重要军事措施外,还针对关外屯军的特点,教给儿子们屯垦种植粮粟、繁殖军马等生产事宜。这时，他已不像一个皇上，倒像一个循循善诱的老教师。

朱元璋笃信天象学，他往往把天象与边境安宁联系起来，警告守边的藩王们。他曾以天象之变敕谕燕、晋、代、辽、宁、谷等六位藩王说：

观历代天象若如今岁这样的，往往边戍不宁。今年的天象正与往昔有边患的年份相同，不可不谨慎提防。天象的应验不一定就在今年，也可能在今后两三年内。因此尔等宜命令军马自东至西布阵防御，各守其地。现在尔等所守地域，东西防线不下六千里，紧急时军马难以集结。每处军马多者不过一两万，而胡人的军马集中起来十余万。其不出扰则已，若是南来侵扰，若无机智谋划，深思熟虑，如何能克敌制胜？兵法云："谨慎周密者不致为人算计""多思考算计者胜，少者不胜"，现在朕已年迈，精力不逮，难于思虑运筹。尔等受封北方，藩屏朝廷，若不能深思远虑，精于谋划，一旦失机误事，不但使朕忧虑牵挂，尔等自身立蹈险境。为此，能不谨慎从事吗？

朕教尔等一个简单的办法。眼前或近两三年内大军未集结就绪时，仅本护卫及附近都司军马驻守，多不过一两万人。若胡人有十余万侵扰边境，不宜直接抗击。或收兵入堡垒城池，或据山谷险要之处，以骑兵埋伏山隘待之。胡人见我军不与其交战，必然四处抢掠，俟其懈怠分散，军容不整时，我以步骑堵截要道，必能袭破其进攻。如一见胡人骑兵来侵，动辄以三五千或一两万军马轻易与之交战，非但不能取胜，反易导致失败。只有采取深深埋伏设计智取，等得他们肆意驰骋混乱之时，再行出击，则一战而可擒其首领。

后来，朱元璋又修书警告燕王、晋王及边塞诸王：

如今塞外草原丰茂，山峦地高，夏季亦不甚炎热，正是胡人侵扰的好时机，尔等要用心防备。苍天以天意示警，不可有片刻疏懒偷安。尔等应令守将认真训练军士马匹，手执弓箭御敌，这时才不致有大患。

老皇帝在他的晚年有着很强的忧患意识。

洪武二十七年秋天，陇南的阶州、文州驻军发生叛乱，朝廷命沐英手下的平羌将军宁正率川陕各都司兵马讨平之，擒杀叛军首领张者。没过多久，附近的洮州又发生番民叛乱，皇太孙允炆得报，匆匆进宫奏明朱元璋：

"启禀祖皇，刚才兵部转呈的陕西指挥使司六百里加急奏报，称：洮州番民因抗税反叛朝廷，劫持官吏，袭击卫所，其势愈演愈烈，请朝廷早定征剿之计。"

朱元璋闻报震怒道："岂，岂有此理！这些番民越来越嚣张了，动不动抗税造反。阶、文之乱刚平这里又来了！传朕的旨意，召兵部尚书及府军都督进宫商讨平叛之计。"

"启禀祖皇：这里还有秦王给祖皇的请安奏折。秦王在奏折中也言及洮州之变，他说愿率一支兵马前往平定叛乱，戴罪立功。并且说如若战败，情愿祖皇将其废为庶民。"

"唉，你二叔见晋王、燕王节制北方军务，累立战功，他心中有股怨气，怪朕没有重用他。"朱元璋思索了一会儿，决定说："好吧，这次就让他率平羌将军宁正统五万兵马去打这一仗。他若能平定叛乱更好，倘若他拿不下来，朕再命晋王统兵去支援就是。"

允炆道："祖皇圣明。孙臣即拟旨发兵。"

秦王朱樉接到朝廷命他领兵平叛的旨意，甚为得意。出发前他与王妃王氏、邓氏商议此事。

朱樉意气风发地在两位妃子面前炫耀道："父皇准了我的奏折，命我率平羌将军宁正统五万兵马去洮州平叛。此去千里迢迢，两位爱妃就在家里静候我的捷报吧。"

邓妃担心地说："王爷，你从来没带兵打过仗，听说洮州那地方民风强悍，你干吗要自己请旨去冒那个险呢？"

"你知道什么？晋王和燕王累次统兵征战打了胜仗，受到父皇器重，把整个北方军务都交给他俩节制。我是兄长，却寸功未立，反遭父皇斥责处罚。长此以往，我在朝廷中还有什么地位？这次我要把那帮叛番斩尽杀绝，不留后患，出出心中的恶气！"

王妃本是女中豪杰，这时跃跃欲试道："王爷，让臣妾随您去吧。在军中也有个人照应您。"

秦王道："打仗的事你们娘们掺和什么？"

王妃岂甘受这等蔑视，她气鼓鼓地道："哼，昔日我兄长河南王还让我训练女兵营。王爷您别瞧不起臣妾，要不我俩比试比试武功如何？"

说着她就要去摘壁上挂的剑，跟秦王比剑法。

秦王忙推托道："行了！我要去临潼检阅出征士卒了，哪有时间跟你瞎闹。"

"王爷，我不去可以。"王妃道，"在外面您可要注意自己的身份，千万别去逛窑子什么的。"

"看你净胡说八道！孤家是那样的人吗？"秦王心虚地嘟囔着。

"哼，就您那德行难说。"

邓妃劝解道："算了算了！姐姐，随王爷去吧。王爷，我们等着你平安凯旋。"

秦王带着自己的护卫军和从川陕各都司调集的五万兵马，从西安誓师出发，直奔千里之外的洮州卫。平羌将军宁正不久前曾在那一带平叛，威名正盛。但是他深知这是秦王第一次率师出征，处处小心维护这位千岁殿下的权威。

誓师出发时，秦王全副戎装骑在马上检阅兵马，意气风发地对全军将士发布命令道："宁将军，此次本藩奉圣命统军讨伐洮州叛番，请宁将军与诸将勠力同心，奋勇杀敌。若能一举平定叛乱，本藩一定在父皇面前保举各位将军加官晋爵，获得上赏。但若有临阵脱逃或畏葸不前者，本藩绝不轻饶，一律军法从事！"

宁正带领全军将领应声道："末将等谨遵千岁殿下军令！"

数万大军在苍凉的黄土高原上逶迤行军，半月后抵达毗邻西番（今青海）的洮州卫。这里已是明朝版图的最西端，不属州府管辖，仅置军卫。洮州城实际是由边民居住的无数低矮土屋组成，城内街巷纵横，沟壑杂陈。因不明叛番情况，秦王与宁正商议，将数万大军在城外高地扎营，连营数里，声势甚为壮观。

宁正是平叛有经验的将军，他知道边境番民无知且生计艰难，往往由于官府压迫，易于受人煽动蛊惑，群起叛乱，所以他常采取剿抚结合的手段，大军一到，先用军威镇慑叛番，然后擒获处决几个叛番头目，余党往往一哄作鸟兽散。

大军驻扎在洮州城外。秦王毫无作战经验，自然听从宁正的献策，由他去调动军队对城内叛番施加压力，观察其动静，然后采取围城作战的办法平定叛番。

这一天，秦王正与诸将在中军大帐议事，一军校喜滋滋地进帐报告。

"启禀王爷，洮州城里的叛番迫于大军兵临城下，他们害怕了，有十几名番军将他们的头目捆绑了前来请罪投降，现已到了大营外。"

秦王与诸将个个面露喜色。

秦王问："这些人有没有带兵器？"

"他们所带兵器均已收缴了。"

秦王与宁正交换了一下眼色，命令道："让他们进来。"

"是。"

不一会儿，一队士兵押着十几个羌民打扮的叛番进帐。

"小的等叩见王爷。"

秦王问："你们是什么人？"

一个为首的叛番答道："小的等原是洮州老实羌民，只因本州恶霸马三鼓动抗税，扣压了前来征税的官员。如今大军压境，马三还鼓动杀了税官逃往西番。小的等知道错了，所以大家齐心将马三制服，绑来大营请罪。"

"那个马三在哪里？让本藩看看他是何等人物。"

众叛番道："现绑在帐外。"

"带上来！"

士兵们将捆绑着的马三推进来，喝令他跪下。马三倔强地挺立不肯下跪。

秦王喝道："大胆狂徒，竟敢煽动边民反叛朝廷，罪不容赦。刀斧手，立即将马三拉出去斩了！"

两名手执大刀的刀斧手将马三挟出帐外，只听见"啊——"一声惨叫，刀斧手行刑完毕，进帐将人头呈上。

"禀报王爷，叛匪已斩讫。"

秦王吩咐："将他的首级悬挂在洮州城门上示众。"

秦王与宁正商量了一下，对前来请降的众叛番宣布道："你等随马三叛乱，触犯了朝廷法律，本应从严治罪，念你等有悔改立功表现，本藩不予追究。回去晓谕所有参加过叛乱的人，一律交出武器，当街请罪。被抓去的税官及其他官员，披红挂彩送来大营。他们若有任何损伤，本藩决不轻饶，听到没有？"

众叛番鸡啄米似的连连叩头："小的们听到了。"

秦王宣布道："你等回去，立即通知城内各族居民，张灯结彩，迎接大军入城。"

"是。"

降服叛番后，秦王率领诸将以胜利者的姿态进入洮州城。被叛番释放的官员们在城门外迎接，而投降的叛番们在街边跪成一溜儿请罪。老百姓们敲锣打鼓，燃放鞭炮，趁此热闹一番。还有踩高跷的，唱甘南藏戏和青海"花儿"的，不一而足。

叛番头目马三的首级挂在城头示众。秦王后来又查出与马三一起发动叛乱的首领，也一一处决了，降卒一万余人发往军中效力。

秦王首次征战没费一兵一卒就取得胜利，自然非常兴奋，赶紧向朝廷报捷。

皇太孙允炆得到前方捷报，异常兴奋地去向朱元璋报告。

"启禀祖皇，陕西都指挥使司六百里加急捷报：秦王率师征洮州叛番，至陇南后只用五天时间就包围了洮州城，一举擒杀叛番头目马三等多名，降叛卒一万余人，解救了被囚的官员，特向朝廷报喜。"

秦王故意隐瞒了叛番自己绑献匪首投降的情节，造成战而胜之的假象，朱元璋果然非常高兴。

"好，好！允炆，你二叔果然不负朕望，为朝廷立了功。传朕的旨意，命秦王与平羌将军宁正即日班师回朝，听候封赏。"

"祖皇圣明！孙臣即刻拟旨。"

"慢。你二叔初次入边蛮之地征战，许多事不知该如何处理。另传一道密旨，所有降卒及叛番首领，一律迁入陕西境内，伺机坑杀之，以绝后患。"

对于这种惊心动魄的密令，允炆听起来就感到浑身震悚。这可是一万多条生命啊，尽管他们是投降的叛番！但是他在祖皇这个六十八岁老人的脸上，看不到任何怜悯与慈悲的迹象，有的只是可怕的冷酷与无情。

秦王平定洮州叛乱后，率大军在这里驻扎了十来天。他恢复了被叛番赶跑的军民指挥使司，给他们增添兵力，命令他们以更严酷的手段统治镇压当地番民。接到朝廷的班师诏令后，随即押解着万余名投降的叛番启程返回陕西。

大军离开洮州地界不远的一个夜晚，降卒们被命令在冻土地上刨出一里余长的大坑。接着残酷的大屠杀开始了。埋伏在两边山头上的士兵乱箭齐发，刨坑的降卒一排排倒在他们自己刚刚刨好的大坑里。偶有未被箭射中侥幸爬出土坑的也逃不脱士兵们的锋利的刀剑。

处理完降卒，秦王与宁正率领大军向陇南首府临洮进发。

临洮府是西北最热闹的商业重镇，人口稠密，街市繁荣。凯旋的秦王与众将领骑马驰过市中心，街道两旁的百姓商贾争相驻足瞻仰秦王的威仪。两边的店铺也燃放鞭炮迎接王师。

秦王与众将在马上谈笑风生，怡然自得。

他们经过城内有名的一条勾栏妓院街时，众妓女有的在门前，有的在临街的窗口搔首弄姿，向秦王和将军们抛掷瓜果和香帕，高声浪笑。

"王爷征战辛苦，到这里来歇歇吧！"

"将爷们，上来吧！让小女子好好陪陪你们。"

"来呀，来呀！我们这里有吃有喝。看呀！嘻嘻！"

还有妓女故意敞开胸怀，半掩半露地引诱他们。

宁正早知秦王好色，征战数月未尝荤腥的他们哪里经得住这样的诱惑，早已按捺不住淫心荡漾，马也骑不稳了。

宁正道："王爷，走这么久您也累了，要不我们进去喝杯茶，看看这里的窑姐儿长得怎么样？"

一位老马识途的副将介绍说："宁将军，您别小看临洮这地方，这里的青楼花馆远近闻名，窑姐儿很多都是从江南挑来的，西安太原的许多达官贵人都慕名而来哟。王爷在这里歇歇脚也不虚此行啊。"

宁正怂恿道："王爷，怎么样，进去看看？"

秦王一听副将这么说，早把王妃临行时的告诫忘到九霄云外了。他勒住马道："嘿嘿，是不是大家都打熬不住了？那就进去看看吧。不过得让老鸨把闲杂客人都赶走啊。"

宁正连忙道："那是自然。"

宁正与那个副将商议挑了临洮城中一家最大的妓院春艳楼。他下令士兵们在四周布好岗，然后与几名部将簇拥着秦王，大摇大摆地走进了这座上下两层、富丽堂皇的妓院。

妓院的老鸨一见来了这么多贵客，慌忙迎出来。

"啊呀！我说怎么今天一早喜鹊围着咱春艳楼叫个不停呀！果然有想不到的贵客要来。这位是王爷啊？老身给王爷请安了。丫头们，快来拜见王爷呀！"

十几名打扮得花枝招展的妓女一拥而上，叽叽喳喳地把秦王围住。

宁正吩咐老鸨："妈妈，你听我说，这三天春艳楼本帅征用了，不许接别的客人。"

老鸨悄声说："宁将军，你们打仗辛苦了，该叫丫头们慰劳慰劳。可她们的脂粉钱……"

"废话！本将军会少你们银子吗？去，按本帅吩咐去做。你们要是没把王爷服侍好，小心你的脑袋！"

"是。王爷这样千载难逢的贵宾，老身能不尽心服侍吗？"老鸨道："我让春艳楼三位头牌姑娘，还有一个没破身的雏儿去服侍王爷，包管他老人家这几天过着神仙般的日子，嘻嘻！"

他和四名妓女折腾了一夜，天明一命呜呼

几杯掺了春药的酒下肚，秦王立即感到无比燥热、冲动。众妓女一摸秦王鼻子底下，果然没有了鼻息。朱元璋歇斯底里地狂笑："哈哈哈，朕的好儿子，死得多体面！"

在洮州平叛中，秦王与宁正缴获颇丰。叛番首领马三是洮州的恶霸富户，洮州整条整条街的商铺属他所有。秦王将他斩首后，宁正派兵抄了他的家，将他所有金银财宝洗劫一空，还把属马三名下的所有商铺，连同他家的所有女人仆役悉数卖掉，所得钱财连同抄掠的金银珠宝装了满满两车，随军运往陕西。

春艳楼的老鸨索要粉脂钱，宁正也懒得与她计较，令士兵从车上卸下一百串钱，外带几个金银元宝给了她。老鸨见钱眼开，笑得脸上搽的那一层厚厚的白粉扑扑往下掉。

在老鸨的指挥下，四名妖艳异常的妓女簇拥着秦王，进了楼上一间富丽堂皇的香闺。在绮红拥翠的快乐时分，秦王倒没忘了他的下属。他问："宁将军他们呢？"

"王爷尽管放心，进了春艳楼，还亏得了他们吗？妈妈早就给每位将爷安排了两个绝色的姐妹服侍。将爷们不是饿得慌吗？这会儿只怕早就……嘻嘻！"

春艳楼的几位头牌妓女长得艳丽，口齿也格外伶俐。她们几个人围着秦王，给他宽衣净面，献茶斟酒，一面打情骂俏，嘻嘻哈哈笑个不停。

秦王在宫中不缺女色，但因征战憋得太久，在洮州虽抓了两个叛番的女子来泄欲，那些粗俗的番女怎能与这些香艳动人的尤物相比。几杯掺了春药的酒下肚，秦王立刻感到无比燥热、冲动，如饿虎扑食般扑上去，对着一张花朵般艳丽的脸又咬又啃。

夜渐渐暗下来，春艳楼红灯高照，笙歌不绝，服侍秦王和将军们的妓女嬉戏浪笑的声音陆续传到楼外。可怜那班在瑟瑟寒风中站岗守卫的士兵们，手中握着冰冷的兵器，他们只能拼命跺着脚取暖，护卫着正在寻欢作乐的王爷和将军们的安全。

夜已经很深了，秦王和四个半裸的妓女在那张硕大的牙床上翻滚嬉戏已有两个时辰。

第二天上午，早已日上三竿了。鸨母准备了冰莲燕窝等上等甜品，准备让龟奴送到姑娘们房中去。她寻思王爷和将军们在战场上饿了这么久，这一晚岂不拼着老命在姑娘们身上撒野，这会儿只怕还春梦未醒呢？她让龟奴们别忙着送去，万一耽搁了王爷和将军们的回笼觉，不但没有赏银，还要挨一顿臭骂。

直到晌午，横七竖八躺在秦王身边的四名妓女才陆续醒过来。这一晚她们对秦王的服侍可算得尽心尽意，拿出了浑身本领来讨好他。虽说她们在勾栏中阅人无数，睡过不少富商巨贾、王孙公子，但真正的皇室贵族这还是头一遭。可惜她们都是不会孵蛋的鸡，要不然一不小心怀上一个龙种该有多好！

妓女们见秦王赤裸的身体直挺挺地躺着，便莺声燕语地去叫他。

"王爷，王爷醒醒！"

秦王没有应声，连呼噜都没打一个。

妓女们七嘴八舌议论着。

"看王爷睡得多香，跟死人似的。"

"也难为他了，我们轮番每人服侍他两次，还让他破了一个瓜。"接着她们又打趣那雏妓："王爷破瓜疼不疼？以后你不用接客了，跟王爷到宫里享福去吧。"

一个细心的妓女见秦王一动不动，想去拨动他一下，突然惊呼起来。

"咦！怎么王爷底下流了一摊？那活儿也不见了！"

"不好！莫非王爷昨晚纵欲过度，缩阳而死？"

众妓女摸一下秦王鼻子底下，果然没有了鼻息，立刻尖声惊叫起来。

"啊——妈妈，王爷死了！"

顿时春艳楼一阵大乱，许多蓬头散发赤裸着上半身的妓女纷纷跑出来看个究竟。

老鸨听到这个吓人的消息，掉了魂似的不知该怎么办好。等到宁正等将领披衣赶来一看，秦王确已气绝身亡。

宁正和部将们悄声商量了一下，命令道：

"快给王爷把衣服穿好。春艳楼所有的人一律待在各自的房间里，谁也不许动，听候发落！"

一脸吓得煞白的老鸨对着宁正作揖打拱地求饶道："宁将军，老身可没有害王爷呀！是他自己纵欲过度……"

宁正"啪"地给了她一记耳光。

"老妖婆，你把本帅害苦了！"

老鸨抽抽搭搭地呜咽着："呜呜，老身只叫女儿们服侍你们快活些，我有什么错呀？"

宁正"噌"的一声抽出腰间的佩剑。

"再号，老子宰了你！"

宁正与众部将走出春艳楼，秦王之死使他们昨晚享受的柔情快乐全飞到九霄云外去了。他们立刻加强了春艳楼周围的警戒，一辆用黑色篷布遮挡得严严实实的马车驰到春艳楼的后门，立刻有几名士兵将秦王的尸体抬出来放进车里。

宁正与众部将低声商量着对策。

"王爷到底是怎么死的！是不是那几个婊子谋害的？"

"谅他们也没这胆子，其中有一个还是十几岁的雏儿呢。左不过是互相争宠，你一回我一回地把王爷给榨干了。"

"榨干了也不至于要命呀，我昨晚也让那俩婊子弄得够呛。"

"没见陪王爷那几个婊子有多妖艳吗？她们功夫又好，王爷一高兴纵欲过度，一下泄而不止也是可能的。相传宋朝那大淫棍西门庆就是这样死的。"

"别废话了！"宁正越听越心烦，"这事的真相绝不能泄露出去，我们回到西安，就说王爷半途水土不服，得了暴病，不幸去世了。"

一部将担心地道："春艳楼的老鸨龟奴和婊子们都知道这件事，难保他们不会传到外面去。"

宁正盼咐道："今天派人守住春艳楼的前后门，任何人不许出进。还叫那班婊子在里面像往常一样浪笑喝酒，使路人不起疑心。到了晚上我们就这么做……"

宁正对众将面授机宜，众人想起昨晚那些给他们柔情快活的妓女，觉得手段过于残酷了些，但事已至此，却也无可奈何。

平时车水马龙门庭若市的春艳楼这天变得悄无声息。门外布有层层岗哨，市民们只知道王爷和将军们包了这窑子在里面快活，一般嫖客不许入内。谁也不知道里面出了大事。老鸨和妓女们被士兵们看住，困在里面急得团团转，想给外面支个信，请临洮城里有势力的后台来向宁正他们求情都不成。

后来，老鸨支使一个口齿伶俐的妓女去求守门的士兵。

"军爷，行行好，让我出去一趟好吗？"

"不行！回你的房间去。"

妓女撒赖地从胯下抽出一张秽纸："老娘身上来了，出去买点纸都不让呀？"

士兵拿刀一横："不行，快回去！"

妓女没法，只得悻悻地转了回去。

一直到晚上戌牌时分，夜色深沉。驻守在春艳楼外面的岗哨突然撤走了。接着，守门的士兵们也一声吆喝，列队上马疾驰而去。这时老鸨和妓女们方回过神来，惊魂未定地挤到门口观看。

"妈妈，他们真的撤走了呢！"

"阿弥陀佛！这些兵凶神恶煞似的，我还真怕他们动刀动枪呢！"

老鸨经历了这场凶险，呸呸连声道："真晦气！老身原指望接待了这位王爷，会给咱春艳楼大长名声。谁知道摊上一个不中用的死鬼！让他们这样一搅，把客人都赶跑了。姑娘们，快收拾打扮好，到外面拉客去！"

众妓女重新回到自己房里，一个个打扮得花枝招展，娇艳迷人。正准备到外面去站街拉客。这时，一群头罩黑纱的蒙面盗手持利刃闯了进来。

"都不许动！把值钱的东西都给老子交出来！"

众妓女不知所措，只得纷纷摘卸身上的耳环首饰放在盗匪的黑布袋里。

老鸨一面摘首饰，一面暗地使眼色，叫一个站在后门边的龟奴溜出去报信。强盗头发现蹑手蹑脚偷偷溜走的龟奴，冷笑一声，赶上去一刀把他砍翻在地。

"老子叫你溜！去，都给我到房间去拿银子。"

匪首押着老鸨到楼上她住的房间里，用刀逼着她打开钱柜，把里面的银票和金银珍宝统统取出来。

"都在这儿？没有了？"匪首把刀架在老鸨脖子上厉声问。

老鸨战战兢兢地抖个不停："老，老身的全部家当都在这里了，求大爷饶老身一命吧！"

"老妖婆，你还想活命啊？去你的吧！"

匪首狞笑一声，手中刀一挥，老鸨"救命"二字尚未喊出，脑袋就被砍了下来，尸身"扑通"倒地。

匪首扯了块桌布把那一大堆银票和金银珠宝包裹起来，走到房门口揭开面纱打了一声长长的唿哨。一听到这个暗号，各个房间的蒙面盗毫不留情地一齐举刀，将所有的妓女龟奴尽皆杀死，夺门而出。

匪首临走时在鸨母房间里被单上撕下一块白布，醮着满地流淌的人血写上几个歪歪斜斜的大字：

山西七大王取此不义之财！

抢劫进行得迅雷不及掩耳。在浓浓夜色的掩护下，匪首带领一干蒙面盗骑上了拴在外面的坐骑，一阵风似的消失在黑暗中。

这时，春艳楼里外依然灯火通明，只是往日的莺歌燕语景象不再。这里成了尸体横陈血流满地的一座"死楼"，那些习惯半夜来鬼混的嫖客将会吓个半死！

数日后，平羌将军宁正率部凯旋回到西安，在王旗的导引下，诸将骑在马上，后面跟着车门紧闭的秦王车驾。

前来欢迎的文武官员没有见到王爷，不免纷纷议论。

"王爷惯常喜欢骑马，今日平叛打了大胜仗回来，怎么没在马上？"

"听说王爷在征战途中病了，不见后面跟着车驾么？"

"王爷得了什么病啊？"

"咳，洮州茅塞之地，天气寒冷，瘴气又重，王爷从来没打过仗，哪里受得了那个苦啊！"

也有官员悄声宽慰地说："上回我们王爷犯了事，差点让皇上给废了；这次征番立了大功，保住了爵位，王爷就算吃点苦也值啊。"

秦王宫中张灯结彩，准备迎接王爷凯旋。二位王妃邓氏和王氏在厅堂中一面指挥下人做事，一面喜滋滋地谈话。

王妃道："妹妹，咱们王爷这次出征，兵不血刃就让叛番投降了，擒杀了他们的首领，给朝廷立了一大功啊！"

"谢天谢地，王爷这次立了大功，地位就稳固了。"邓妃道，"本来我还替王爷担心啊。因为王爷在父皇面前立了军令状，说如果打了败仗情愿废为庶民。这打仗的事谁能说得准呀？姐姐你说是不是？"

王妃老记挂着秦王的痼疾，她与邓妃商量道："妹妹，王爷这次得胜回来，我们姐俩还得劝劝他，以后心思多放在建功立业上，那些花花肠子的事少沾些，免得人家说闲话。"

"是啊，王爷都四五十岁的人了。我们尚炳的世子妃都怀了孩子，王爷就要做爷爷了。府中除了我们姐俩，还养着一大群媵妾，还要到外面沾荤染腥干什么呀？弄不好染一身脏病回来，才丢人呢！"

她俩正说着闲话，王府门口传呼："王爷车驾到——"

"车驾？"王妃一脸愕然，"王爷不是骑马去的吗？"

"莫非他病了？我们快去迎接。"

两位王妃急急走出中庭。随秦王出征的家将们护送着秦王车驾驶进府门，王妃们心里着急不见秦王下车，怕真是途中病倒了。

家将们抢着上前向王妃们跪倒禀报。

"禀告两位娘娘，王爷他……"

邓妃着急地问："王爷怎么啦？是不是病了？"

王妃忙唤身后的丫头们："快去扶王爷下车。"

家将们一齐跪倒叩头。

"奴才们罪该万死！王爷他……在途中染上恶疾，已经不治了！"

"啊！"

宛似晴天霹雳，王府中一片惊呼。体弱多病的邓妃立刻晕厥在地，王妃忙命使女们将她抬进中堂抢救。

这时，亲兵们慢慢从车上抬下秦王用白布盖着的尸体，径直抬到大堂里。王妃这时镇定地仔细察看着已死去数日的秦王周身上下，接着将随行的家将们叫过来讯问。

"你们这些狗奴才，王爷到底得了什么病？不讲个一清二楚，小心我揭了你们的皮！"

家将们互相推搡，推出一个人来答话："启禀王妃，王爷他……他在洮州就染了风寒，一到临洮就转为恶疾，奴才们请医给药无效……"

"胡说！偶感风寒算什么大病，还能死人吗？你这狗奴才不说实话，我宰了你！"

王妃顺手拔出壁上的挂剑，剑尖指着家将的喉咙。

"王妃饶命！王妃饶命！奴才说实话，奴才说实话。"

"说！王爷在临洮住在什么地方？"

家将吞吞吐吐说："王爷和宁将军他们住在春艳楼。"

"春艳楼？是不是妓院窑子？"

"是。那里的老鸨派了四名头牌妓女服侍王爷，她们同王爷狂欢了一夜，第二天早晨起床，就发现王爷……"

"王爷怎么样？"

"王爷因泄精过度脱阳而死。等奴才们去看时，人已经没救了。"

王妃铁青着脸走到秦王尸体前。她见使女们跟在身后，喝令她们走开。王妃解开秦王下衣摸了摸，见秦王果然是缩阳而死。这时她愤慨万分地仍然提着剑走到已经醒过来的邓妃身边。

"妹妹，你知道王爷得的是什么病吗？你去看看他就知道了！我们满怀高兴地等着他回来，他却在临洮的妓院里一晚睡了四个婊子，弄得脱阳而死！"

邓妃又羞又惊道："啊，这是真的？"

"不信你去问那些奴才，再不信去看看王爷的下身！"王妃这会儿已是口不择言了，"妹妹，这事传出去不是给天下人笑话吗？一个堂堂的王爷，却是这样的死法！我王小妹好歹也是名门之后，我受不了这样的羞辱。妹妹，我先走一步了，请你和尚炳主持王爷的后事吧！"

邓妃仓促间还没弄清她话里是什么意思，烈性子的王妃义愤填膺地举起手中宝剑，猛然往脖子上一抹，只见一条血柱喷涌而出，王妃仆倒在庭堂上，立刻香消玉殒！

邓妃被这突如其来的变故吓呆了。

"姐姐，姐姐！你这是干什么呀？"

府中女眷们和世子尚炳忙上前扶住哭呆了的邓妃。

"娘娘醒醒！娘娘醒醒！"

"母妃！母妃！"

秦王宫中立刻乱成了一团。

懦弱的邓妃和世子尚炳不敢隐瞒真相，连夜把秦王暴薨和王妃身殉的真相密报京都。朱元璋看到秦王府的密报，气得脸色铁青，在龙案上猛击一掌。正在奏事的兵部尚书茹瑺吓得"扑通"跪下。

"竟有这事？气死朕了！"朱元璋气得双手颤抖，口眼都歪斜了。

"臣罪该万死！罪该万死！"茹瑺不清楚皇上为何突然发怒，一个劲地叩头。

"茹瑺，你这兵部尚书是怎么当的？你刚才还在奏称秦王和宁正奏凯班师回京，朕告诉你，秦王已经死了！"

茹瑺直挺挺地跪着，目瞪口呆。

"什么！秦王已经死了？微臣怎么不知道？他得了什么急病？"

"什么病？"朱元璋歇斯底里地狂笑："哈哈哈，朕的好儿子，死得多体面啊！哈哈哈！"

茹瑺仍然不解："陛下，请恕臣愚钝……"

"茹瑺，你刚才不是为宁正他们请求封赏吗？"朱元璋厉声说："告诉你，等宁正回京，立刻把他送到刑部大牢去！朕要借他这颗脑袋避避晦气！你滚吧！"

几天后，朱元璋派使臣去西安为已故秦王颁赐谥册诏书：

奉天承运，皇帝诏曰：哀痛者父子之情，追谥者，天下之公。朕封建诸子，以尔年长，首封于秦。期永绥禄位，以藩屏帝室。夫何不良于德，竟殒厥身，其谥曰"愍"。王妃节烈可嘉，令予旌表。着世子尚炳承袭秦王爵禄，永镇西安。钦此！

第三十三章

皇上指挥的最后一战

蒙古骑兵侵扰，边塞烽烟四起

朱元璋把武臣们领到地图前，亲自指挥他的最后一战。允炆心事重重："这十五万兵马在燕王手里，可是朝廷的大患啊！"朝廷派阉门使巡察诸藩。刘璟棋风绵密，处处见杀着。他语意双关："殿下，臣当让处则让，不当让处则不敢让。"

秦王率师平定洮州叛番的消息，燕王朱棣是从朝廷的邸报上得知的。但是不久又传来秦王病逝的噩耗。燕王想大概是自己这位兄长养尊处优惯了，一旦远离西安去洮州那种蛮荒之地剿匪平叛，必定不服水土，且兼鞍马劳顿，途中染病不治身亡。他万万没有想到秦王竟死得那般蹊跷，他还对父皇给秦王颁赐谥诏颇有意见。朱樉虽有罪错，父皇也召回京都谴责禁闭了，你既已原谅了他，人家平叛也立了功，为什么病逝后还要加以"不良于德，竟殒厥身"这样恶劣的评语？这对秦王未免也太不公平了。

后来，燕王派往西安吊唁的官员回到北平，隐隐约约地向王爷报告了秦王真正的死因，朱棣才意识到谥诏中那八个字用得再恰当不过了，自己是错怪了父皇。

秦王的死虽令朱棣颇为伤感，但对他心中那个隐秘的目的的实现未尝不是件好事，至少又少了一个横亘在前面的竞争者。尽管那目的是那么遥不可及，但道衍法师不是一再告诫自己切勿放弃希望，要以积极的态度静观其变么？

眼下，燕王真还顾不上这些，洪武二十九年春天，远窜塞外的元朝残部中又冒出来一个叫孛林帖木儿的大将，啸聚了数万蒙古骑兵侵扰燕辽边境。他们并不占领城池，只采取对边民及关塞烧杀抢掠的办法。一时北平周围烽烟四起，喜峰口和古北口相继告急，大宁、开平等前沿城市更是危在旦夕！

燕王不敢怠慢，一面履行藩王节制各地守将之职，把他们都召来北平，研究分析敌情，商讨军情对策，部署积极的连锁防御。另一方面迅速向朝廷告急。连绵千里的北方边塞，烽火频传，广阔的北方大地，一时又被战争阴云所笼罩。

在京都，皇孙允炆接连收到燕王、宁王与边关诸将的告急文书，这在他理政以来还是第一次。年轻的皇孙不免有些慌张，拿着那几份奏折进宫向病卧在床的朱元璋禀报。

"启禀祖皇，不好了。燕王、宁王及镇守边关诸将纷纷上书告急，蒙古人又兴兵犯境，到处烧杀抢掠，我军折损官兵数百人，还被烧了两座边城和一处关头。"

朱元璋正躺在睡榻上让一名宫女捶背，见允炆这样的惊慌神态，霍然坐了起来。

"你，你慌什么？这还像个储君的样子吗？"

允炆连忙跪下："孙臣无能，孙臣有罪！"

朱元璋叫允炆把燕王他们的告急奏折念了一遍，随后果断作出决定。

"速召兵部及府军都督们前来见朕。"

"孙臣遵旨。"

没过多久，兵部尚书茹瑺、侍郎齐泰及徐辉祖领衔的府军都督们应召进宫。他们向圣上请安后，朱元璋开口就问：

"你们都知道边关的情况了吗？"

众臣齐声禀奏："臣等均已知晓。"

朱元璋像是考问他们应付突如其来的外患的能力："你们打算如何应对？"

徐辉祖上前禀奏道："启禀皇上，今春胡骑患边与从前有所不同，他们并不占领城池，只是实行烧杀抢掠，抢了就跑。臣等遵循皇上旨意及燕王的节制部署，在未做好充分准备之前，也不敢深入沙漠追赶他们。只能加强防御，据关力守。"

朱元璋此时突然振作起精神来，把武臣们领到挂在壁上的地图前，亲自指挥可能是他此生的最后一次战役。

"这几个月孛林帖木儿率领的数万胡骑，连续袭击我大宁、开平外围城镇，甚至窜到喜峰口、古北口附近骚扰，这只是一种试探，随后恐还有大的动作。我们若只是据关力守，被动挨打，必然助长其嚣张气焰。务必以较大的兵力予以应对，相机歼灭其主力。朕意可调西凉都督庄德、张文杰率部为左翼，武定侯郭英率辽东都司兵马为右翼，都督杨文为总兵官，统领北平都司兵马居中，辅以燕、代、辽、谷、宁五王护卫中的精锐，总兵力约十五万人。进驻边境各关隘据点，统由燕王节制，相机行事。度势若敌强则坚守，敌弱则驱军进击，直捣沙漠，务必歼其主力。"

众臣没想到老病的皇上竟还能如此犀利地分析指挥战役，不禁齐声赞服道："皇上圣明！皇上圣明！"

朱元璋经过这一阵亢奋，不禁腰背酸痛起来，不得不让允炆扶着回到榻旁休息。

"朕累了，你们下去拟旨吧。"

众臣识趣地悄悄告退。

征讨大计既定，皇孙允炆心里却存在个疙瘩，把他的亲信大臣齐泰、黄子澄召到文华殿书房中来议事。

允炆心事沉沉地道:"二位爱卿,为了应付此次边患,祖皇调集各路兵马,总共十五万大军交给燕王统一指挥节制。二位爱卿也知道,我的这位叔王野心勃勃,现在正值祖皇圣躬欠安,倘有不豫,这十五万兵马在他手里,可是朝廷的大患啊!"

允炆长期以来的伴读、翰林院修撰黄子澄道:"臣以为殿下的顾忌不无道理。可是目前边患紧急,皇上既已下诏,还是要以平定外患要紧。现在朝中已无可领兵挂帅的大将,皇上不倚重燕王又靠谁呢?"

兵部侍郎齐泰是这次调集兵马的执行者,他熟知内情,安慰皇孙道:"此事殿下无须过虑。皇上这次调派的几路兵马,武定侯郭英是皇上的亲信,一贯恃宠傲上,连燕王都不放在眼里。西凉都督庄德、张文杰是拥兵割据的地头蛇,万一有变他们就会一溜烟回去保他们自己的地盘。再说代王、辽王、宁王、谷王这几位王爷,皇上让他们去对付胡骑不得不从命,但若燕王让他们对抗朝廷就未必肯从了。"

允炆点头道:"齐爱卿这么说,倒令我心稍有安。不过,你们看朝廷是否可派个文官去前线监军,也好对燕王有所制约。"

齐泰道:"此议臣以为不妥。盖因此次调兵只是备边防御,并非出征。若王师大规模远征,朝廷派文职官员监军或参赞军务尚或有之;现在既派了都督杨文为总兵官,藩王本身就是监军,再派个文官去就太扎眼了。"

黄子澄道:"不过臣曾听皇上说过,想派一位朝廷特使巡行提调北方的燕、代、肃、辽、庆、宁诸王府事。皇上的意思很明显,此举实际上是代表皇上了解观察诸王动向。只是很难有这样合适的朝臣,既要是皇上的亲信,又能为诸位藩王所尊重,镇得住他们。"

"这样的人有啊!"齐泰献策道,"皇上专门任命整肃朝纲的阁门使刘璟,他既是开国勋臣之后,人品又刚直不阿素为朝野敬重,就是藩王们也不敢怠慢三分。皇上若授予密诏,令其巡察北方六王行止动向,最起码对他们也是一种震慑啊!"

允炆高兴地道:"好,二位爱卿同我一起去奏请祖皇定下此事,立即叫刘璟奉诏出京。"

燕王朱棣得知朝廷征调各路兵马备边的消息,心情非常复杂。一方面他知道这是父皇对自己的信任,使自己有机会在军事上一展统帅才华。若能挥兵出塞一举击溃孛林帖木儿,自己在朝中威望必然大增;另一方面他对朝廷调的这几路兵马的组成却大皱眉头,像赴一次盛宴却吞了只苍蝇般不痛快。为此,他与道衍密商了一次。

道衍得知朝廷已发调兵诏令,也为燕王高兴不已,他道:"王爷总说朝政为敌视你的一班人操纵,但看来皇上还是器重王爷的。此次调集各路兵马备边,还是诏令王爷统一节制指挥。这可是王爷在朝廷文武百官中树立威望的一个好机会呀。"

燕王道:"这也是父皇不得已而为之,朝中无大将嘛。更何况郭英、杨文这几个人都不好相处。我的那几位皇弟他们奉诏而来,不过凑凑热闹而已。就这样,朝廷还不放心嘛,还派了个钦差来巡察监督。名义上是巡视诸王府事,哼,实际还不是来观察了解我们这些藩王的动向。"

"啊，皇上派什么人来了？"道衍惊问。

"阁门使刘璟。"

"原来是刘伯温的儿子，听说他为人刚直不阿，颇有乃父的风范。"道衍问道，"这个人倒不会很坏，是吗？"

"哼，一个食古不化的家伙。"燕王鄙夷地道，"本来父皇要他承袭刘伯温的爵位，他却让给了长兄的儿子。所以，他顽固坚持嫡长继承制，带头拥立允炆就不足为奇了。"

道衍叮嘱燕王："如此王爷在接见他时可要小心应对，不要让他抓着什么把柄回去密告皇上，对王爷不利。"

"这个自然。"

几天后刘璟果然来了，燕王在议事厅接见他。

刘璟不枉为专管礼仪朝纲的大臣，他毕恭毕敬按君臣礼仪拜见燕王。

"臣御前承奉阁门使刘璟参见千岁殿下。"

燕王忙离座道："啊呀，刘爱卿是钦命巡视大臣，小王怎好承此大礼？父皇有旨意吗？小王当恭迎圣旨。"

"没有，没有。"刘璟解释道，"只因谷王殿下就藩宣府，皇上命臣出任谷王府左长史，顺道看望一下北方六位王爷，看诸王府有什么事，需朝廷协调。臣哪是什么钦差大臣呀？"

燕王笑笑道："刘爱卿是父皇驾前的心腹大臣，此番衔圣命而来，刘大人若想了解什么尽管问吧，小王当如实禀报。"

"殿下言重了。"刘璟一揖道，"不过，此次朝廷为防御胡骑侵扰，皇上已诏令都督杨文、武定侯郭英等，调集各路兵马备边布防，统一由殿下节制指挥。不知眼下进展如何？"

"本藩已接到父皇诏令。但是不知朝廷的军令是怎么下的，迄今为止，我还未接获东西两路兵马集中的消息。也许是有人不放心这十五万大军置于本藩节制之下吧？"

燕王正为此事窝火，故意朝这位钦差大臣撒气。刘璟是个老实人，连忙分辩道：

"殿下说哪里话来？朝廷若不相信殿下，会做出这样的决定吗？"

这时，燕王也有些为自己刚才的冲动懊悔，赶紧做些解释："本藩绝不会怀疑父皇对我的信任。抵御外侮，为朝廷分忧，是我为臣子应尽的义务。我不过不愿意有人在此紧急时刻故意横生枝节，从中掣肘，贻误国家大事而已。"

刘璟不是皇孙集团的核心人物，并不清楚他们与藩王们的根本分歧，因而以劝解的口吻道："殿下，牢骚归牢骚，不管怎样，整军备边，抵御胡虏，这副担子还得靠你担起来啊。臣对军事是外行，此次皇上令代、辽、宁、谷诸王精选各府护卫与燕府护卫会合，齐赴开平御敌，不知殿下是怎样安排的？"

燕王道："军情紧急，本藩已令千户朱能、张玉率领燕府五护卫之精锐随同北平都司兵马提前赶赴开平前线布防去了。至于代、辽、宁、谷各府护卫是否已开始行动，刘大人此次巡察各王府时，正好予以协商督促，庶几不负朝廷之托。"

王府管事前来禀报。

"启禀王爷，酒筵已经备好了。"

燕王起身让刘璟道："刘爱卿旅途劳顿，小王略备水酒为你洗尘。请吧。"

"殿下太客气了。"

燕王为钦差大臣洗尘的酒宴，北平布政使、按察使及北平都司的文武高官均来作陪。这些官员深知钦差奉旨巡视各藩王府的目的，席间对燕王居藩期间的文治武备自是赞誉有加，众口一片颂声。本来刘璟在离京之前，都察院的御史们对各藩王府毁誉不一，差不多都有一些案底，需要钦差去调查落实，对年轻的藩王们敲打敲打，以资儆惕。唯独燕王没有这些记录，但刘璟心里知道：尽管如此，皇孙允炆和他周围的心腹已经把他视为藩王中最危险的人物！

酒宴之后，燕王与刘璟在花园的凉亭中品茗下棋。凉亭中焚了一炉檀香，摆有瓜果等食物。几个妙龄使女在旁伺候。

燕王与刘璟在棋桌两边对面而坐，边聊天边下棋。

刘璟道："殿下还记得吗？我们还是在大本堂读书时一起下过棋的。那时殿下才八九岁，臣痴长几岁，也不过十一二岁。"

儿时的温馨回忆把他俩拉近了一些，燕王笑道："是呀，那时我的棋很臭，老下不过你，我们俩有一次还为了悔一着棋打起架来，挨了宋老夫子一顿臭骂。"

"唉，世事如梦，一眨眼快三十年了。那时给我们授课的宋濂、孔克仁、李希颜几位老先生骨头都能打鼓了。"刘璟冷不丁地叫一声，"殿下，将！"

"哈哈，刘爱卿你真滑头呀！一面跟小王慨古叹今，一面暗施杀招，一下就叫我的老帅无路可走了。"燕王推枰道，"好，这盘我认输，再来再来！"

刘璟笑道："殿下，现在不悔棋了？"

"不悔了，不悔了！我若悔棋怕你又和我打架啊！"

"哈哈哈，那时我欺你年纪小嘛。"刘璟道，"现在殿下是三军统帅，臣乃一介文弱书生，哪敢跟你打啊？"

"再下！再下！"

两人连续下了两盘，刘璟棋风绵密，处处都见杀着，落子如飞，燕王的老帅又被逼得无路可走了。

燕王眉头紧皱道："卿家为什么逼得这么狠？不可少让些么？"

刘璟语意双关地说："殿下，臣当让处则让，不当让处则不敢让。"

燕王一怔。听他话外有音，颇有些恼怒，但仍强作笑容，推枰而起。

"罢罢，刘爱卿棋艺高超，小王敌不过你，只有认输。"

"哪里哪里？是殿下谦让啊，臣何敢言胜？"

有心的藩王遇上倔傲的臣子，他们的这次聚会也就不欢而散。

刘璟走后，燕王开始一心准备北征。关于此次北征的战略他与道衍作了一次详谈。

道衍问："王爷打算什么时候出征？"

燕王道："朝廷已敕令周王朱橚遣其世子有燉亲率护卫及河南都司精锐来北平巡逻守卫各塞口，接手北平地区的防御。待他到达布防后本藩即可启程。"

道衍谨慎地问："周世子这人可靠么？"

燕王道："大师有所不知，周王橚与本藩是同母兄弟。父皇就是考虑我们的关系才做这样安排的。我这位五弟是个书呆子，成天吟诗作赋，并潜心于本草医药的研究。他不懂军旅之事，故令世子有燉代其巡边。"

"啊，这样贫僧就放心了。"

道衍很清楚此次北征燕王麾下的十五万大军中，真正能为燕王亲自指挥的仅王府护卫约三万人。北平都司的燕山诸卫、密云卫二万余人，虽为总兵官都督杨文所辖，但卫所上下平时和燕王关系密切，届时可指挥调动与护卫军并肩作战。虽然如此，军中的主力精锐也仅五万多人，若与孛林帖木儿号称十万胡骑在沙漠中决战，胜负实难预料。

可是，现在已是箭在弦上，不得不发。道衍对燕王的坚毅与决心十分钦佩，在出征之前，他再一次为燕王鼓气。

"王爷，如果左右翼不能给予你实际的支援，敌人的兵力可能会压你一头。不过兵法有云：兵不在多而在于精；将不在广而在于谋。贫僧相信王爷一定能运筹帷幄，精心谋划，一战而予敌重创，再战而将其击溃，取得全局性的胜利。"

道衍所说与燕王心中想的不谋而合，燕王十分感谢他的鼓励与支持。

"大师，此次你能否随本藩前往军中襄赞军务？若得大师相助，小王会信心更足，谋划更精，定能破敌如摧枯拉朽，获取全胜。"

道衍语重心长地道："王爷须以长远目标为重啊。军中耳目甚多，何必要引起圣上的疑虑呢？况且贫僧留在北平，也可协助世子护卫王府安全。现在王府护卫力量减弱，万一有变，贫僧可集合城内外各大寺的僧兵前来救援，以保王府无虞。"

燕王见道衍所言在理，也就不再相强，拜托道："如此有劳大师了。"

道衍郑重地祝福道："王师誓师出发时，请恕贫僧就不再相送了。贫僧将日夜敬奉佛祖，保佑王爷旗开得胜，全歼胡虏胜利凯旋！"

"谢大师！"

燕王彻彻儿山擒斩孛林

探访朵颜三卫归来，燕王暗自下了决心：一定要将此骠勇之劲旅收归自己帐下。孛林帖木儿没想到明军来得这么快，他只能在彻彻儿山摆开架势和燕王决一死战了。皇孙允炆对朱元璋如此信任燕王忧心忡忡，但他没有胆量反对祖皇的决定。

洪武二十九年二月，北平的初春时节仍然飘着纷飞的雪花，在南郊的阅兵场上，数万名出征的士兵，精神抖擞地挺立在寒风飞雪中，接受总兵官杨文和燕王的检阅。

燕王全身甲胄，身佩宝剑，骑在一匹高大的红鬃马上。他目光炯炯地注视着一队队荷枪执戟的兵士，从他的马头前一直排列到远方。后面的士兵已经很难分辨他们的面容，只能看到他们手中密林般的刀枪和旗帜。他知道无论是王府的五护卫还是北平都司所辖各卫的士兵，都还未曾经历太多的实战，这从一些士兵们稚嫩的脸上就可看出来，可是自己就要带着他们去辽阔的塞外荒原上接受战争的残酷洗礼。

经过简短而庄严的誓师典礼，北征大军开始出发了。燕王在总兵官杨文和一干将校的簇拥下，骑马走在队伍的最前头。士兵们一个方阵一个方阵地陆续离开了阅兵场，空阔的场地上只留下前来送行的北平布、按使和其他文武官员。

浩浩荡荡的大军日夜兼程，出喜峰口，逶迤行进在苍凉的塞北古道上。前些日子，这些地方经常有胡骑侵扰，古道两旁不时可见到被他们劫掠烧毁的房屋。可能是近日风闻大军即将前来征剿，蒙古人早早奔窜到大宁以北很远的沙漠深处去了。燕王派出的斥堠巡逻至百里之外还没有碰到一个胡骑的踪影。

行军数日后，大军抵达大宁城外。大宁城是洪武二十五年冯胜征伐金山所筑四座城堡之一，是明军防御流窜塞外的残元侵袭的前沿基地。朱元璋把他的十七皇子朱权封为宁王，驻守于此。朱权年纪虽轻，但他文武双全，善于谋略，故朱元璋把他置放在大宁这个重要的军事重镇，令他直接统制附近的卫所驻军，连同王府的五护卫，号称"带甲八万，革车六千"，是藩王中所辖兵力最强的，其中朵颜、泰宁、福余三卫兀良哈骑兵，尤以剽悍猛勇著称于世。兀良哈人世居东起黑龙江西至额尔齐斯河的森林地带，以狩猎为生，明初在朵颜山地区设置朵颜卫，与毗邻的泰宁卫、福余卫，合称朵颜三卫。宁王闻其威名，调他们来守卫大宁。在与蒙古骑兵的交锋中，他们的马更快、弓箭更利，屡屡取得胜利。

燕王率领大军在大宁城外安营。宁王朱权早率文武臣僚出城廓远迎，在他们后面是抬着劳军的粮食和牛酒的慰问队伍。燕王远远看到宁王前来，亲自出中军帐迎接。兄弟俩亲切相拥，互道离衷。

"四哥辛苦了！"

"十七弟，你来此就藩两年，长结实多了，也黑多了。"

"嘿嘿，愚弟奉父皇之命在此镇守，成天要防蒙古人来袭，自然老得快啊！"

燕王在中军帐中设宴款待宁王及其臣僚。宁王谈及他曾亲率部出城巡边，在蒙古人侵扰后撤退的道上曾发现有脱落的车辐。

燕王道："这说明蒙古人仓皇撤退，驰之不远，贤弟有没有发兵追击？"

"愚弟在此与蒙古人多次交锋，发现他们颇为奸诈。像这样故意脱辐于道，装成溃败收拾不及的样子，故意示弱于我，很可能在前面设有埋伏，我若轻骑贸然追击，就会中了他们的诡计。"

燕王赞许道:"贤弟没有枉读兵书,虚虚实实用兵之道,为将者切不可大意。此次愚兄率师出塞征剿孛林帖木儿,还望贤弟多献良策,共商大计,以期一举歼灭顽敌。"

燕王决定大军在大宁休整数日,同时派出探马,深入沙漠探寻孛林帖木儿主力行踪,以便追踪进剿。

这一天,燕王在千户张玉的陪同下去探访驻扎在大宁郊外的朵颜三卫。他们事先通知了宁王。宁王没有让朵颜三卫的士兵们骑马列队欢迎,而是举行了一场别开生面的演习招待燕王一行。

燕王和张玉到达朵颜卫的驻地时,演习已经开始了。

靶场上竖着两排一人多高的木桩(木桩是质地较松柔的小树),指挥一声号令,从小岗背后冲过来一名骑兵,骑兵驰近木桩,一俯身,雪亮的马刀左右挥动,唰!唰!唰!唰!……两排木桩齐扎扎都被削去了一截,无一遗漏。

燕王正惊愕间,又一名骑兵从岗背后冲过来,在马上俯身冲向木桩,照样挥动马刀,唰!唰!唰!唰!……又把两排木桩统统削短了一截。

如此循环到第五个骑兵冲过来时,两排木桩离地只有尺多高了。这位勇士砍削木桩的难度更大。只见他悬身在马镫的一边,挥刀一路砍过去,把右边的这排木桩齐齐地削掉,然后调转马头,又挥刀把左边那排木桩一一削去,才纵身上马,驰向指挥,用兀良哈语报告交令。

燕王不禁为朵颜骑兵精湛的武艺拍手叫好。心想他们有这样出神入化的骑术和刀法,在战场上何愁不叫敌人闻风丧胆!

后来朵颜骑兵又表演了箭术。靶场上的杨树树干上用白灰涂了大中小三个圆点,每名骑兵在六丈外驰马跑过,各射三箭,要分别射中三个靶心。

燕王本身是射箭好手,也觉得颇有难度,在急驰中能三靶中二靶就算不错了。可是参加表演的五名射手全部射中了三个靶心,令燕王大为惊异。他想:他们一定是在密林与猛兽的较量中才练成如此精良的箭法的。

最后是徒手肉搏表演,由二十名朵颜战士捉对厮杀。战士们都脱去了上衣,露出一身古铜色的腱子肉。他们在搏击中凶狠、快速,地面上被踢起一层厚厚的灰尘,只见两个带汗的肉团在地上翻滚、缠斗,其激烈程度简直令人惊心动魄!

燕王心想:我们的战士在战场若都有这种拼死搏斗的精神,何愁无往而不胜?

探访朵颜三卫归来,燕王暗暗下了决心:无论如何必将此骠勇之劲旅收归自己帐下。嗣后二日,派往沙漠深处寻觅敌踪的探马相继回来报告:离此约八百里的彻彻儿山下的一条小河两岸,发现了绵延数里的蒙古包,有些蒙古包上插有蒙文旗帜。燕王与宁王断定,那必是孛林帖木儿驻军所在。

于是二王升帐召集手下将领,谋划调集优势兵力,在敌军来不及逃窜前急驰前往彻彻儿山，围歼孛林帖木儿主力的战略部署。

宁王首先报告前线敌情道："前数月孛林帖木儿号称十万铁骑倾巢来犯，全线攻击我各边关城堡。大宁城外所有据点，包括全宁均陷于敌手。但闻知我朝廷调集大军征剿，狡猾的孛林又急速后退数百里，避免与我军决战。蒙古人所谓聚十万之众，是把蒙古包里所有的妇孺都算在内的。蒙古女人孩子虽都能骑马射箭，但毕竟缺乏战斗力。据本藩估算孛林帖木儿所集兵力最多不过八万，论其战斗力自然在我训练有素的大明军之下，皇兄可在此基础上调配兵力。若需调我大宁守军，包括宁府护卫军前往，本藩在所不辞。"

燕王道："宁王爷所做的敌情分析很重要，如果我们将孛林帖木儿军力估计过高，势必力求征调过多兵力，使战线拉长，辎重补给困难；反之若估计过低，以小部队前往奔袭，弄不好会让他吃掉。若依宁王爷估算，孛林所聚兵力在八万左右，本藩亲率六万精兵往剿，即可出其不意战而胜之。诸位将军以为如何？"

燕王麾下的重要将领朱能、张玉等都清楚王爷的意图，一定要借此次战役锻炼自己的部队，不到万不得已时不会借重友军之力。总兵官杨文率领的河北诸卫数万人作为后续部队现在还没有到达大宁，朝廷所调东西翼部队可能还在路上，他们的任务也仅是抵达东西两翼备边，燕王是不会指靠他们的，所以他们异口同声地赞同燕王的战略部署。

不过燕王脑海里仍然盘旋着朵颜三卫的勇猛形象，于是他以退为进地说："宁王所部艰苦卓绝地抗击孛林帖木儿的侵袭已有数月之久，均已相当疲惫，亟须休整。依本藩之见，此次深入敌境追剿，不再征调宁王各部。但昨日本藩观看了朵颜三卫的战斗演习，该部精湛的骑射和猛勇剽悍作风足以使蒙古人闻风丧胆。故决定征调朵颜三卫充任征剿孛林帖木儿的先锋部队，如此安排，十七弟以为是否妥当？"

宁王本来舍不得让朵颜三卫去充当先锋打一场恶战，但自己既已说了大话，不能不兑现，况且燕王作为北征统帅，有权征调所有兵马。宁王因此也只能豁达地表示：

"愚弟听凭四哥调遣。"

接着，燕王与众将商讨了此次战役的具体战斗部署，并请宁王负责督促后方的辎重运输。

计议已定，燕王传令，全军拔营启程。在数名熟悉地形的向导的引导下，马不停蹄地向蒙军盘踞的彻彻儿山方向急驰。

塞外的二月天气尚寒，路上的沙砾结满了冰碴子。好在人马践踏迅速变成了泥浆路，尚不致影响行军的进度。数日后，前面影影绰绰出现了一溜驼峰似的山峦。据向导称那就是彻彻儿山。

沙漠里的山峦都不很高，山上光秃秃的，不长树木，至多是一丛丛的荒草遮挡人们的视线。

燕王为了能亲自观察地形，带领卫队驰至队伍的最前面，小心地接近彻彻儿山。为了不让蒙古人发现，燕王下马在山峦上的荒草丛中朝北观望，果然山下是星星点点的蒙古包，一直撒向天边。远处有一条闪闪发光的小河，许多牛羊和马群在小河边悠闲地吃草。倘若不是眼前即将发生的一场残酷战斗，这是一幅多么美的塞外风景画啊！

明军的大规模来袭不可能躲过蒙古探子的眼睛，看得出远处的蒙军已在紧张地布阵防御。战马驰骋，马声嘶鸣，各种颜色的三角军旗到处闪现。孛林帖木儿没想到明军来得这么快，他只能在彻彻儿山摆开架势和燕王决一死战了。

　　燕王观察完毕，即令炮队架起二十尊大炮对准敌人的阵地实施轰击。刹那间炮声隆隆，火光冲天，蒙古人的军阵陷入一片混乱之中。这时，燕王令旗一挥，作为先锋部队的朵颜三卫万余名骑兵似离弦之箭，挥舞着弯刀吆喝着冲向敌营，顷刻之间他们就像一阵狂飙掠过敌营，杀向敌人的心腹地带。

　　燕王站在彻彻儿山的高处观察，见蒙古人的军阵已被冲得七零八落。立刻传令千户朱能率左路军二万人从彻彻儿山西侧出击，包抄蒙军右翼，张玉率右路军二万人沿小河方向攻击蒙军左翼，把孛林帖木儿的数万蒙军挤压在他们驻地的狭小地带围而歼之。

　　被朵颜三卫骑兵冲得七零八落的蒙古人正试图组织起顽强的抵抗，忽然又遭到明军两路主力的夹击，顷刻间乱了方寸，骑着马像无头苍蝇似的在阵地中乱窜。这时明军的喊杀声震天，刀枪碰击之声和受伤落马者的惨叫声交织成一片。在一场惊天地泣鬼神的恶战之后，蒙军已被完全击溃，丢盔卸甲纷纷逃窜。

　　这时，明军阵中战鼓紧擂，燕王亲率中路军投入战斗。燕王早就观察到孛林帖木儿的帅旗从战阵中央悄悄向后翼移动，可能是想趁乱溜走。他在马上大喝一声："随我来！不能让孛林帖木儿跑了！"燕王率领亲兵卫队勇猛地扑过去。孛林帖木儿和他的亲随只得仓皇应战，但没过多久，渐渐体力不支，全部被明军生擒活捉。

　　被明军团团包围的蒙古人得知主帅被擒，再也无心恋战，纷纷掷去刀枪，下马投降。事后清点战场，蒙军除极少数趁乱逃跑，绝大部分在这场战斗中被歼灭。生俘蒙古人二万余人，缴获牛羊驼马无数。孛林帖木儿及其他十余名将领在验明身份后，被燕王喝令斩首于阵前。残元小朝廷覆亡后，朱元璋再也不对蒙元贵族施仁政了。

　　燕王得知附近的兀良哈秃城还驻有蒙军残部数千人，不能任其窜逃滋生后患，于是亲率主力前往进剿，将其全歼而还。

　　三月下旬，燕王率领大军凯旋。按照既定的策略，他要将俘获的蒙古人统统迁入北平附近人口稀疏的县份，利用缴获的牛羊驼马，再发给他们种子农具，使其由游牧改为务农，逐渐与汉人同化。

　　大军经过大宁城，宁王率领臣僚敲锣打鼓迎出郊外，老百姓抬着羊羔、美酒慰问凯旋之师。燕王如约将立了大功的朵颜三卫将士披红挂彩送归原营地。凡在战斗中牺牲的朵颜士卒每人发放恤金三百两，任其家属领回尸体按照民族习俗下葬。

　　燕王率领大军经松亭关浩浩荡荡入关，关内外饱经胡骑侵扰的百姓欢欣鼓舞喜迎王师凯旋。孛林帖木儿被消灭，今后他们又能过上安居乐业的日子了。

　　燕王和他的部将们在马上谈笑风生，完全没有了出征时的沉重心情。此次大捷有数百名战士在激战中捐躯疆场，战友们细心地将他们殓葬了，用白布裹好放在马车里拉回家乡。那成百辆承载着阵亡将士英灵的马车令人惊心动魄！欢迎的人们纷纷将初春刚刚盛开的迎春花洒在马车上，寄托自己的敬仰之情。

最使燕王欣慰的是此次战役用血与火考验了他的将领和士兵。燕府的五护卫是这次战役的主力部队。朱能、张玉等将领也在激烈的战斗中经受了锻炼，成了燕王今后可以信任和依靠的骨干。

燕王率部深入沙漠千里，全歼字林帖木儿的捷报，早已传至京都。北方边患的解除使老病的朱元璋宛如服了一剂良药，顿时轻松了不少。他意识到他的儿子们已经成长，并能统辖一方的军队，自己所憧憬已久的诸王藩屏中央的局面已经基本完成，而这条防御链的中心就是累建功勋变得越来越老练成熟的燕王。

朱元璋还要求其他将领服从这个中心，后来他在给总兵官杨文的信中说：

兵法有言：贰心不可以事主，疑志不可以应敌。为将者不可不知也。朕子燕王居北平，彼处为中国之门户。今以你为总兵，赴北平参赞燕王。于北平都司、行都司并燕、谷、宁三府护卫中，优选精锐马步兵军士随燕王赴开平备边。一切号令皆出于王，尔须依命执行，大小官军均听从节制。其慎勿存贰心疑志。

朱元璋知道武定侯郭英仗着是自己的亲信嫡系，素来与燕王有些摩擦。为了北方防备的统一部署，他不得不写信命令镇守辽东的郭英：

朕自一统天下，胡虏远窜塞外已久，然其残部未克全歼，不可不防。兹命尔为总兵官，都督刘真、宋晟为副，禀知辽王，以辽东都司、护卫各卫所步兵，除守城骑兵及原留百名存守斥堠处，其余均要选拔精锐，由你统领随辽王开赴开平以北，择险要处驻屯防御。一切号令均听燕王节制。

皇孙允炆对朱元璋如此信任燕王始终忧心忡忡。他没有胆量反对祖皇的决定，更不敢公开说出自己心中的担忧。他的那些谋臣齐泰、黄子澄却知道他的心事，一天，黄子澄安慰他道：

"殿下，皇上近日调动军队备边，令各都督及诸王均受燕王节制，臣深知殿下对此心怀戚戚。其实皇上的这些命令很难完全执行。众藩王各守自己的封国，若强令他们将自己护卫军的精锐都抽调去开平，置于燕王节制之下，他们是不会心甘情愿的。不仅是藩王们各打各的算盘，就是郭英、杨文等带兵的将领似也看出燕王心怀异志，不肯乖乖地将所部置于他的节制之下。人概燕王到皇上面前告了状，故而皇上写信告诫他们要服从燕王的指挥。"

"唉，祖皇是有些老糊涂了，只顾整天伏在地图上指挥边防，也没考虑把军权集中到一位藩王手中的危险。幸亏我们有些将领是明白人。最近齐泰到北方去了一趟，也对他们做了一些工作，否则后果不堪设想。"允炆心有余悸地说，"祖皇对异姓功臣防得那么严，对自己的儿子却百般信任毫无防范，难道只因为他们姓朱就不会危害朝廷？现在祖皇在世，他们可能不敢贸然蠢动；一旦祖皇百年之后，我真不敢相信我的这些桀骜不驯的叔王们会干出些什么事来。"

"人一入老境脑子糊涂了，很容易行事乖僻，即使英明如皇上也概莫能外。"黄子澄道，"殿下，臣以为今后殿下千万不要惹怒皇上，有些事情能不让他知道就不让他知道。

切切不能让皇上产生易储的想法。"

"啊！有这样的可能吗？"允炆惊得张开了嘴。

"燕王北征连续取得胜果，现在皇上特别相信他。他在朝中也有一些势力，我们必须千万小心啊！"

大会试惊现"南北榜"

洪武三十年大会试，春闱发榜，录取的五十二名举子全是南方人。一场风波，朱元璋大发雷霆，将考官白信蹈、张信等处死，八十五岁的刘三吾流放边地。皇上下令会试重考，考官们秉承圣意，这次录取的全是北方举子！新科状元打马游街时很不自在，总觉得头上的乌纱沾了白信蹈等人的鲜血。

洪武朝自从十七年重开科举考试以来，士子们踊跃应试，冀图皇榜高中，从此登上做官的阶梯。三年一届的京城会试轰轰烈烈，然后是三月朔日的廷试，皇上亲自出题策问，于会试高中的数十名举子中选拔出该科的状元、榜眼、探花等进士若干名，成为翰林院的修撰、编修、检讨。这些人往往以其才学为皇上所赏识，逐渐提拔为朝廷的重臣。

朱元璋在洪武三年初创科举时曾下诏说："自今年八月起，特设科举，务取经明行修、博古通经、名实相称者。朕将亲策于廷，第其高下而任之以官。使中外文臣皆由科举而进，非科举者毋得与官。"这使天下寒窗苦读的学子欢呼雀跃，庆幸自己有了通过科考步入仕途的希望。可是科举考试刚实行几年，朱元璋就以科举"所取多为后生少年，能以所学措诸行事者寡"为理由下令停止科举取士，直到洪武十七年才恢复。

恢复科举确实让朱元璋尝到了甜头。因为每届科考能为他遴选一大批青年才俊之士，充实朝廷各个部门。同时科举考试也促进各省兴办学校成风，广纳英才，促使民风向勤学斯文方向发展，鄙夷那些野蛮抗上的行为，社会治安也得到很大程度的改善。尤其是每届殿试之日，皇帝以总考官的身份亲自出题策问那些青年学子，用朱笔点出状元、榜眼、探花并为他们封官的那一刻，对于没读多少书的朱元璋确是莫大的欣慰，难免有些飘飘然的感觉。

洪武三十年又是一届会试，各省的举子们会集京门，熙熙攘攘，竞登龙门。朱元璋这年已经七十岁，身体又不好，心想这可能是自己的最后一届殿试了，会试的主考官是由礼部提名皇帝圈定的。他挑选来挑选去，最后选定德高望重的大学士刘三吾任主考官，韩王府纪善白信蹈任副主考官，另设同考八人。力求这次会试将天下英才一网打尽，绝无遗珠之憾。

二月下旬的一天，各省及国子监的举子云集贡院，排着长长的队伍进院参加会试。进院时有监试官在门口验对参考资格，搜检有无夹带，然而发给密封的试卷，放行入内。每一名举子进入一鸽笼式的号房，到里面方许开启试卷，冥思苦想，提笔作文。为了防止举子买通考官作弊，文章中不许自叙门第出身，卷面上不许有墨点记号。有的举子文思敏捷，一个时辰左右即可交卷。但也有到天黑还未完卷者，考官竟还给蜡烛三支，从小小的望风口中递进去，让他从容写完。想想那是什么样的锦绣文章，竟要写一天一夜？只怕那举子早已文思枯竭，不能完卷，干脆在里面睡起觉来了。

按规定每个举子的号房外面应有一名号军监视。这一年会试经费拮据，减少了一些人手，每一排号房派了四名军士在外面来回逡巡，监视着号房里应试举子的行动。

戊字六号房里一名胖胖的举子瞅着监视他的军士刚刚走远，迅速地掀起里衣，低头偷看写在肚皮上的夹带文字。

一名监试官也许是早就盯住了他，轻手轻脚地蹑近，突然踢开号房门，将那个吓得魂飞魄散的考生揪出来，以不容反抗的威严命令他把身上的衣服全部脱光。

胖举子无奈，脱得只剩一条短裤头，在料峭的春寒里瑟瑟发抖，他拼命躬着腰，试图遮掩肚皮上密密麻麻的文字。

监试官厉声问道："你知道考场作弊该当何罪吗？"

胖举子跪下求饶："学、学生下次不敢了。"

"哼，你还有下次吗？来人，把他关到刑部大牢里去！"

胖举子还在拼命叩头："大、大、大人，饶了学生这一次吧！"

监试官铁面无情道："哼，我饶了你，至少是个卖放舞弊之罪，皇上会饶得了我吗？带走！"

军士让作弊的举子穿上衣裳，把他押出贡院。

每年会试都有些这样小小的插曲，买通考官作弊的事也常有发生。朱元璋痛恨有人欺骗他，故惩处舞弊案格外严厉，通常有考官被揭发贪赃舞弊是要杀头的。

考官们集中在一处神秘的地方阅卷，几百份密封的试卷通过几度筛选由正副主考官判定名次后，最后由礼部监试官打开密封，此次会试高中者的名字才入白于天下。

三天后是张榜日期，一大早，数百名从各省来参加会试的举子齐集贡院大门外。等到贡院开门，他们便一拥而进，争着到张贴黄榜的照壁下伸长脖子仔细观看，人人揣着一颗忐忑不安的心在密密麻麻的名单中搜寻自己的名字。

黄榜上用工整的楷书写着此次会试高中者的名字和籍贯：

第一名　宋　琮　江苏泰和
第二名　钱三益　浙江海盐
第三名　冯　琪　浙江湖州
第四名　许士谦　江西弋阳

第五名　吴俊杰　福建南平
……

有的举子在榜上找到了自己的名字，欣喜若狂地挤出人群，欢呼雀跃。

"哈哈哈！我中了第十八名，中了！中了！"

更多的人是失落和愤愤不平。他们把愤怒发泄到那位喜极失态的举子身上，他的鞋子被人踩掉了，长衫上被吐了一口口的浓痰。此后，在榜上看到自己名字的幸运儿再也不敢张扬，只能暗自压抑着心里的喜悦，悄悄地从人群中挤出来，再去呼唤二三好友到酒楼上大肆庆祝一番。

中榜的人走了，留下的是那些失落者。他们用仇恨的眼光看着那张没有自己名字的黄榜。他们毕竟是饱读诗书的斯文人，不敢采取撕榜之类的激烈行为，只是企图挑这张榜的毛病。

果然有人独具慧眼，一名操北方口音的举子扯着嗓子说："诸位年兄，你们看这榜上，第一名：宋琮，江苏人；第二名，钱三益，浙江人；第三名，还是浙江人；第四名，江西人；第五名，福建人。榜上的五十二人，从头到尾都是南方各省的人，这是咋回事呀？"

另一名举子反应极快，他把怒气全都撒在主考官身上："哼，这次会试主考官刘三吾是湖南茶陵人，副主考官白信蹈是福建人。难怪取录的全是南方举子，这里面一定有鬼！"

也有人对这点心存疑虑："考卷是密封的，考官也看不到姓名籍贯呀，也许这只是巧合吧？"

"呸！巧合？五十二个人全是南方各省的，没有一名北方籍的，哪有这么巧啊？"

"难道咱们北方人全是草包、笨蛋？咱也读圣贤之书。再说，孔子、孟子，咱们的至圣先师，哪位不是北方人？咋到咱们这一代就不会读书了？这里面一定有鬼！"

"对，刘三吾、白信蹈他们一定受了贿，咱们到御史衙门告他去。"

"去，大家都去！非把这事闹个水落石出不可！"

一石激起千层浪。十年寒窗苦读，谁都想谋个出人头地，封妻荫子，却无缘无故被人刷了，哪能忍这口气？举子们年轻气盛，一个人带头百人跟，数百名落榜举子一窝蜂拥上了大街。

虽然起了风波，高高在上的礼部官员们全然不把它当作一回事。三年一届的会试是寒窗苦读的举子们登龙进仕的希望所在，奈何熙熙攘攘进京应试的数百名举子中，只有十分之一能荣登黄榜，失意者总是绝大多数，他们哪能没有怨气呢？

三月朔（初一）日，廷试如期举行。廷试是由礼部在"四书五经"的经义范围内拟四道策问，由皇帝圈定其中一题，考生临场做一篇八股论文。这时原来会试的主考官就要避嫌回避，另由礼部在翰林院及富有文才的朝臣中聘定十人为读卷官。读卷官们共同阅读评判试卷的优劣，定出名次，然后恭请皇帝临轩。皇帝一般只看前几名的卷子，他或依读卷官们的判定，或者有所更定，最终在卷尾用朱笔御批第几名。这时本科的状元、榜眼、探花就产生了，名为一甲进士及第。状元授翰林院修撰，榜眼、探花均授编修。第四名至六名为二甲进士出身，六名以后为同进士出身，皆为翰林院庶吉士。

廷试的气氛极为严肃紧张。大殿之上，坐着礼部大臣和八名宽袍广袖的读卷官，他们是代表至高无上的皇帝主持考试的，四周还站着维持秩序的卫士。应考的举子在贡院鸽笼似的号房里不受外界干扰，可以集中思想写出锦绣般的文字。到了这里，有的竟然紧张得手颤得老高，拿不稳笔。平时做惯的八股文也不知从何下笔了，等到他慢慢清醒过来，时间已过去了大半，只得草草成篇，其效果就可想而知了。

这次廷试的结果陈郊为第一名。参加廷试的五十二名举子皆为南方省籍的人，他自然也为南方人争了光。

廷试也举行过了，北方籍的举子们更加愤慨，他们居然扯起横幅在大街上请愿，惊动了官府。同时也有同情他们的御史接受了他们的申诉，同意向朝廷奏本，把状告到皇帝老子那里去。

皇太孙允炆接到告状本章，不敢迟延，马上去向朱元璋禀报。

"启禀祖皇，都察院右都御史杨勉奏称：有数百名各省举子请愿，京城百姓哗然。盖因此次会试取录的五十二名举子，自第一名宋琮起全部是南方各省籍的，北方籍的举子无一人入选。他们称因主考官学士刘三吾、副主考官纪善白信蹈均是南方人，故有私于南方籍举子。现在事情闹大了，礼部也无可奈何。请祖皇圣裁。"

"竟有这等事？按说南方诸省多才俊，读书风气好一些，可能多出些人才。但也不至于这般邪乎，入围的五十二个人里面没有一个北方的？举子们在京城闹起来成何体统，弄不好会被奸人利用。"朱元璋果断降旨道："传朕的旨意，命侍讲张信为首，翰林院所有修撰、编修十二人将此次试卷全部覆阅一次，如发现刘三吾等确有营私舞弊情事，朕将严惩不贷！"

"祖皇圣明，孙臣即令礼部去办。"允炆唯唯而退。

朱元璋此举意在笼络北方的读书人，平息事端。翰林院那些儒官们为了表现自己的清高与公允，把堆了满屋子的落第考卷重新筛选一次，又选出数十份较好的。可是这些书呆了翰林官不懂得奉承圣意，没把密封卷子事先拆开看看。结果选出的几十份优卷呈给皇上御览，打开密封一看，仍然全是南方籍举子，北方没有一个。朱元璋眉头紧皱，神情非常尴尬。

这时又有人揭发：张信等受了恩师刘三吾的嘱托，故意将次卷拿来复评，以证明他们初榜的正确。朱元璋骤然大发雷霆，不问青红皂白，降旨以营私舞弊罪处死副主考官白信蹈及复评主考官张信，及参与复评的修撰陈郊。可怜这个朱元璋御笔亲点的状元公还没来得及回到家乡光宗耀祖一番就糊里糊涂丢了性命。

刘三吾原来是本案的首犯，这年他已八十五岁了，皇太孙允炆念他力主立嗣之功，在祖皇面前援引大明律耄耋罪减一等之例，勉强给刘三吾讨了个流徙戍边的处罚，保住了他这条老命。他把会试第一名的宋琮也判了戍边流放，顺便去照料刘三吾。两年后，允炆登位做了皇帝，自然不忘将有恩于他的刘三吾赦回，让他在京都终老，不致客死他乡。

这件案子这么一折腾，转眼就到了夏天。朱元璋一不做二不休，干脆把这年的会试推倒重来！这可是明清五百多年科举考试史上破天荒的第一例，也是唯一的一例。

这次，朝廷任命了新的主考副主考，由皇帝亲制策问题，各省数百名举子颇觉新鲜地有了第二次赴京赶考的机会。不过，最受益的是京都那些客栈的老板们。举子们赶考在京都一待就是半个月，有的还带着家人书童服侍。届时房源奇缺，客栈老板们乘势涨价。这样的赚钱良机居然一年中竟有两次，老板们赚得盆满钵满，连呼："皇上圣明！皇上圣明！"

刘三吾、白信蹈他们的遭遇让新的主考官学乖了。他们深知南方各省文化底蕴深厚，世代书香门第较多，且由于经济势力雄厚，各级学校也办得更好。若规规矩矩地考，只怕中的又会全是南方举子。皇上若发起怒来，他们吃饭的家伙又会保不住。

怎么办？他们干脆来个釜底抽薪，在密封考卷时做手脚。考生在考卷首页书有三代姓名及籍贯年岁。只要授意做密封三合字的军士留意一下籍贯，凡南方籍的考卷另放一个筐箩。这一部分考卷阅卷官干脆不用看了，或者装模作样地瞅一眼就刷下去。这样，阅卷官们的工作也轻松了一大半，而且保证不会有违圣意。

三天后贡院里又一次张贴黄榜，取录任伯安等六十一人。没说的，一色的北方士子！

这一次没有发生任何骚动。看榜的南方省籍的举子默默地离开了。南方多泽国，南方的举子更是温文尔雅，火气没那么大，最根本的是他们不敢跟皇上叫板。

六月初廷试，皇上亲点山东韩克忠为第一名状元进士及第，以下一二三甲若干名，皆是北方士子。

接着便是新选的状元公和其他翰林官披红挂彩，赐宴游街，接受市民们的欢呼。身材魁梧的韩克忠骑在马上觉得很不自在，他总觉得自己头上的那顶乌纱沾了白信蹈、张信等人的鲜血。刘三吾、张信、白信蹈都是他景仰的学界泰斗，而那个莫名其妙被杀的陈䢴，三个月前不也曾像自己一样以状元的身份骑在马上接受众人的欢呼么？

这个稀奇古怪而又惊心动魄的丁丑年科举考试闹了半年之后终于结束了，它在明清五百多年的科举史上书写了独特的一笔。由于前榜所取全是南方士子，后榜所取全是北方士子，时人称它为"南北榜"，或称"春夏榜"。

第三十四章

怒斩驸马欧阳伦

驸马公主手头拮据想发财

安庆公主的生活奢华靡费，她和驸马欧阳伦的岁禄根本不够花。朱元璋派欧阳伦巡视陕西灾区，发财的机会来了。汉中知府心领神会地送了一万斤茶叶给驸马做走私生意。两个女郎都让他拖进澡盆里，尽情猥亵嬉戏，最后连水也来不及拭干，双双爬到床上翻滚起来。

朱元璋在洪武三十年除了"南北榜"这件荒唐事，还因处死了一名驸马引起朝野震惊。这名驸马恰巧正是十六年前那届科考会试夺魁被招为皇家婿的。

朱元璋晚年非常器重他的驸马们。除了长女临安公主错嫁李善长之子李祺（李善长被赐死后公主被安置在崇明岛居住）外，二公主宁国公主是马皇后所生，所以地位尤为尊贵。宁国公主于洪武十一年下嫁汝南侯梅思祖从子梅殷。虽然后来梅思祖死后还被追为胡惟庸党羽，其子辽东指挥使梅义遭灭族，但身为驸马都尉的梅殷却安然无恙，深受朱元璋器重，后来还成了他临终托孤之臣。

四公主安庆公主也是马皇后所生（马皇后只生了这两个女儿），十四年朱元璋亲自挑选了品貌才学兼优的欧阳伦做驸马。欧阳伦在朝中虽没有担任显要职务，但驸马都尉禄位在公侯之下、伯之上，与原来的丞相地位相等。明朝为了防止外戚专权，规定他们可以享俸禄，但不得参与政事。朱元璋常常派遣他的驸马们出去代表他巡视天下、赈济水灾等。在别人眼中，驸马爷当然是皇上最亲近信任的人。

朝廷为每位出嫁的公主建了驸马府。每位公主赐岁禄一千五百石，驸马亦享禄七八百石，富贵可比公侯。朱元璋的妃嫔都是大美人，所以公主们容貌都很出众，唯独马皇后所生的两位公主，长相平常些。四公主安庆公主承继了母亲的一张柿饼脸，再加上一个跟父亲朱元璋一模一样肥硕而突出的下巴。男人下巴尚可用胡须遮挡一二，可怜的公主却只能任它像个鞋拔子一样翘着。

公主们经常要进宫给父皇请安。姊妹们相聚宫中是件很快乐的事。她们互相炫耀自己的夫婿奉父皇之命为朝廷建了什么功绩，也炫耀自己身上的华丽新装和光耀夺目的首饰。在这方面安庆公主从不输给她那些皇妹们。她自认比脸蛋漂亮比不过她们，反正自己已经三十来岁人，青春不再，可身上的衣饰是身份尊贵的象征，她哪能输给别人？最近她听说苏杭的丝绸甲天下，便叫驸马欧阳伦去了一趟苏州，在那里花五百两银子买来一套丝绸衣裙。当她穿着这身衣裙在宫中出现时，众公主都惊呆了。

"哟！四姐，你这身衣裙多漂亮啊！"

"看，一动起来熠熠发亮，上面还镶着珠子呢！这要花多少银子呀？"

"你们猜猜。"安庆公主骄傲地昂起头，故意把双耳上镶着两颗红宝石的耳坠亮给她们看。

八妹福清公主怯怯地摸了摸四姐的裙子，小心地猜道："只怕要花四五百两银子吧？"

安庆公主鄙夷地撇撇嘴，意思是这点银子哪够。

"八百两？"

"一千两？"

众公主七嘴八舌地猜起来。她们一个个眼里露出羡慕的目光，但在嫉妒中又有几分猜疑：老四家为什么那么有钱，他那个老公欧阳伦最近颇得父皇宠信，莫非他也做起了收受贿赂卖官鬻爵的勾当来了？

不过这种猜度，公主们谁也不敢说出口来。安庆公主在姐妹们中间是个惹不起的"刺头"。她仗着自己是皇后所生，在宫中身份高人一等，别的公主们自然不敢惹她。

其实安庆公主奢华靡费的生活完全是打肿脸充胖子。她与驸马欧阳伦的岁禄根本不够驸马府的开支。欧阳伦虽然能说会道，颇得朱元璋的宠信，但纵使这样他也不能多赚回一份俸禄，为此公主经常找他吵架。

"你老说父皇怎样信任你，派你做这样，派你做那样，为什么没见多给你一些赏赐？"

"为臣子者食国家俸禄，理应为国效力，多做一些事是应该的，怎能多求赏赐呢？真个是妇人之见！"

欧阳伦摇头晃脑地用大道理搪塞着。安庆公主可不吃他这一套，大嘴一撇，鄙夷地道："哼，我还不知道你那点能耐？什么为国效力？找不着来钱的门路罢了。驸马府开支这么大，我们这点俸禄入不敷出，看你怎么办？"

"你既知我们的俸禄入不敷出，为什么一定要穿几百两银子一条的丝绸裙，要戴价值千两的首饰呢？不是打肿了脸充胖子吗？"

"我不管。我是公主，结交的不是宫中的妃嫔就是达官贵族的夫人小姐，她们哪一个不是绫罗绸缎珠光宝气？你要让我在人家面前丢人现眼啊？"

安庆公主一要横，欧阳伦就只好低声下气地求饶："好啦好啦！公主娘娘息怒，就算下官无能好了。不过，在这京城里，朝廷纲纪甚严，下官实在难有作为啊。"

"那你让父皇放你到外省去做个布政使、知府什么的不成？俗话说：三年清知府，十万雪花银。驸马爷去当知府，巴结的人岂不更多？那咱们不就大发了吗？"

"你真是想发财懵了头！难道不知道我朝不许外戚与政的规定？"欧阳伦讥讽公主的愚昧无知，"不过，只要父皇差遣我任钦差出外巡视，我们的机会就来了。"

"现在有这样的机会吗？"

"有。今年陕西大旱，朝廷拨粮数十万石赈济饥民，准备派钦差大臣前往灾区巡视赈灾情况。这种差事平时多是驸马干的，父皇可能会派我去。"

安庆公主怀疑道："到那种饥荒遍野赤地千里的地方当钦差大臣，有什么油水捞吗？"

"你这就不懂了！越是穷的地方，人家越要求你这个钦差大臣。不说别的，这几十万石赈灾粮我抠个零头就够你穿金戴银花几年了。何况陕西那地方是茶马市出关之处，我听说很多人运私茶发了财，我随便弄点私茶出关，何愁不能赚钱？"

夫妻俩财迷心窍，越说越兴奋，似乎眼前就有白花花的银子等他们去拿。他们急切地等着朝廷任命欧阳伦为钦差大臣出外巡视的那一天到来。

朝廷的任命终于下来了，欧阳伦虽是朱元璋晚年身边颇为信任的重臣，临行时朱元璋仍谆谆告诫说："汝此次代朕巡视陕西灾区，一定要谨言慎行，切实督促将赈粮发放到灾民手中。沿途官员或有迎送接待，切勿贪图享乐，接受贿赂馈赠。庶几不失我皇家之大体！"

欧阳伦心里一惊：难道父皇是火眼金睛，能看出我想趁此机会捞一票，预先给予警告？他连忙装出一副诚惶诚恐的模样叩拜道："儿臣谨记父皇训诫，定不负圣恩做好此次巡视，将朝廷的恩惠带给灾区黎民百姓。"

欧阳伦衔命出京，路经各地均有州府官员迎送。驸马爷出任钦差大臣，谁不想巴结一下？于是每经一地必有丰盛的酒宴招待，驿馆中经常有当地官员遣来美妓陪宿。欧阳伦对这些虽然早已心向往之，但他总觉得朱元璋临行的告诫并非无的放矢，说不定他早已遍设耳目，只等你犯下事就可拿个正着。于是他每每义正词严地拒绝了这些奢侈的宴请和馈赠，更不敢受美色的诱惑。以至从京城到陕西，一路上都盛传着驸马爷钦差大臣的清廉故事。这些，自然都会传到京城朱元璋的耳朵里，令他倍感欣慰。

欧阳伦到达陕西首府西安后，了解到朝廷的赈灾粮已经发放到受灾各州府。由于受灾面积大，这几十万斤赈粮已是杯水车薪，早已分发告罄，亟待朝廷再次拨粮赈济。欧阳伦心想：赈粮这一块暂时没什么盼头了，他便借视察灾区之名首先来到了汉中府。

汉中府不是什么重灾区，钦差大臣为何首先垂顾？原因是这里是陕西的产茶区之一，欧阳伦要做私茶生意赚钱，先要有茶源。若从江南运茶来，路途遥远不算，还得掏钱先请"茶引"。江南邻近京畿之地，朝廷对盐茶两大宗赋税来源管得很严，一般茶商贩运茶叶出省，查出货与"引"不符，可处杀头之罪！所幸近年茶马市红火，川陕很多地方都种起茶来，陕西汉中、金州、石泉、汉阳、平利诸县均产茶。这些县多为汉中府所辖，驸马爷可以在这里大展拳脚。

汉中府知府卢正元是欧阳伦同科的进士，欧阳伦做了驸马都尉以后，对自己这位郁郁不得志的"同榜"颇多照顾，帮他在吏部疏通放了个外省的实任知县。卢正元是个脑子活络的人，善于利用驸马都尉这个显赫的关系，在知县任上干了几年就爬上了汉中府知府的位子。他听说自己的恩人、驸马都尉以钦差大臣的名义来本府视察，哪有不曲意奉承之理？

当欧阳伦带着他的随从来到汉中府时，卢正元早已率领一干僚属出廓恭迎钦差了。他恐怕驿馆招待不恭，亲自把欧阳伦接到府衙，安置在一座典雅幽静的阁楼里。这座阁楼四周树木葱茏，花草蓊郁，更难得的是厅堂四壁悬挂着名人书画翰墨，浓郁的书香墨气正合状元公出身的驸马爷的身份。卢正元的马屁可算拍到家了。

例行的接风盛宴之后，卢正元把欧阳伦接到这座名为"尔雅楼"的小楼里。欧阳伦一见四周优雅的环境，心中十分欣喜，赞叹道："卢兄在此边远州府，竟能觅得如此优雅处所，可谓不忘书生本色啊！"

"哪里哪里。卑职能有今日，全仗驸马爷提携之恩。难得驸马爷来汉中，卑职虽倾家侍奉亦不为过呀！"卢正元谦卑地诌笑着问，"驸马爷看这里还勉强住得吗？"

"住得住得。我那驸马都尉府也不过如此呀！卢兄太客气了。"

"驸马爷一路巡视而来，风尘仆仆，车马劳顿，到了卑职这边远州府，也该歇歇脚了。至于赈灾之事，卑职这几天可以从容禀报，也不用钦差大臣到处跑了。"卢正元似乎很得意自己的安排。

欧阳伦见卢正元出手阔绰，一定在这知府任上捞了不少银子。这汉中府并不是什么丰腴之地，他想大把大把捞钱，大概少不了也在私茶上面下功夫。于是装着闲聊般地试探着问道："卢兄，听说汉中诸县盛产茶叶，势必这是贵府一大进项吧？"

卢正元一双小眼睛骨碌碌转动着，在心里琢磨欧阳伦问这话的意思。钦差大臣什么事都可以查，他该不会是来查私茶的吧？事到临头，怕也没用，他只含糊糊地回答欧阳伦。

"自从我朝与番人启动茶马市交易，在川陕设立茶马司以来，我们这些地方种茶的多了，自然成了滋养地方的一大进项。钦差大人若须了解这方面的情况，卑职明日差遣分管的吏司前来禀报。"

欧阳伦一笑道："卢兄别误会了，本宫无意查这方面的事情。不瞒你说，我在京中就听说有些官员因私茶发了财，不免有些眼红。但一直苦于无门得进，故特地来此产茶之地向你讨教。"

卢正元见他说了实话，心底的石头放下了。却又故作惊讶地问他："驸马爷和公主娘娘贵为帝胄，锦衣玉食，难道也缺银子花？"

欧阳伦叹口气道："唉，卢兄有所不知，我家那位公主娘娘在宫里穿金戴银惯了，养成了一掷千金的坏毛病，花钱如流水。驸马府开支又大，我那点俸禄哪够使呀？早就债台高筑了。"

卢正元道："不瞒驸马爷说，做私茶生意确实能赚大钱。不过以驸马爷的身份，怎好出面做这样的事？"

欧阳伦道："这你放心，我有一个贴心家奴叫周保，他曾经跑江湖做过生意，我想把他放在这边做私茶生意，不过一切均须卢兄提携指教。"

卢正元自然满口答应这件事。他这人野心大，知府当腻了还想弄个布政使当当。他想升官朝中要有人，自然想死死抱住当朝驸马这棵大树，哪怕自己要破些财也在所不惜。

欧阳伦只知道私茶赚大钱，并不知如何赚法。于是卢正元令人献上香茗，一面品茶一面细细为他解答其中的奥秘。

明朝疆域西至陕甘止，陕甘以西的青海、新疆、西藏均为西番。番民嗜食乳酪，吃到肚子里不消化，必须大量饮茶。所以自唐宋以来，朝廷都限制茶叶出口，定出严格规则，以中原的茶叶换取西域的马匹供军用。到了明初，朱元璋更加重视茶马交易，在陕西和四川两省的秦州、洮州、河州、雅安等地设立茶马司，严格管理出口西番的茶叶和马匹交易。

朝廷规定的茶马交易原则是：上马一匹给茶一百二十斤，中马七十斤，马驹五十斤。但由于走私活动猖獗，茶叶出口越多马价上涨越厉害。洪武三十年朱元璋敕谕右军都督："近者私茶出境，互市者少，马日贵而茶日贱，启番人玩侮之心。檄秦、蜀二府，发都司官军于松潘、碉门、黎、雅、河州、临洮及入西番关口外，巡禁私茶之出境者。"

了解了这些情况，欧阳伦不禁有些失望："唉，什么事都要赶早，现在查私查得这么严，我们还有什么钱好赚啊？"

卢正元不屑地道："这样正好啊，查私查得严，别人的私茶少了，咱们不是能卖更好的价钱吗？我不信谁敢查驸马爷的车！"

卢正元慷慨地承诺，无偿赠送一万斤茶叶给欧阳伦做本，至于运载工具，就在汉中县征调马车三十辆，交给周保押运由秦州茶马司的隘口出关。

"关口不会有阻碍吗？"欧阳伦听说最近私茶查得严，仍有些担心。

"嘿嘿，不瞒大人说，卑职平时派人运点茶出去，尚能畅通无阻，遑论驸马爷的车呢？就是不巧碰上巡查的官军，他也不敢认真查的。"

欧阳伦放心了，他决定第二天即着周保前来拜见卢知府，趁着自己在汉中督阵，把第一批私茶运出去。

走私赚钱的事落实了，欧阳伦心情畅快。在京城里眼见许多官员不顾朝廷禁令偷偷去秦淮河畔那些灯红酒绿的场所寻找快活，他哪能不眼馋？只是家里有安庆公主这只河东狮管得严严的，又兼囊中羞涩，只得装出一副驸马爷的正派样子，暗地里空怀羡慕之情。到了这天高皇帝远的地方，他想卢正元定会给他找两个妞儿解解馋。谁知让他住到府衙中如此清幽寂寞的地方，卢知府可谓卿卿不解吾意也！

卢正元带着欧阳伦在厅堂中欣赏壁上那些字画翰墨。这位知府大概爱好收藏古董，对每幅字画的来历讲得唾沫横飞头头是道。欧阳伦在宫中名贵的字画见过何止万千，听着听着就有些厌倦了，手掩着口打起哈欠来。

卢知府倒还识趣，赔着笑脸道："卑职只顾唠唠叨叨，驸马爷旅途劳顿，请到楼上卧房休息去吧。"

欧阳伦道："也好，实在也是有些困了。"

卢正元领着欧阳伦上楼，在楼上的回廊上可以欣赏整个花园的景色。步入一间宽大卧室，里面的陈设异常华丽，一张镶嵌着金玉的大床丝帐低垂，温馨而神秘。欧阳伦心里想：让我一个人孤零零住在这地方，岂不可惜了？

卢正元像是看出了驸马爷的心事似的，他微微一笑，走到卧室门边轻轻击了两下掌，随着轻轻的脚步声，只见两个十七八岁的妙龄女郎婷婷娉娉地走了进来。

卢正元命她们道："见过钦差大人。"

两个女郎含羞带怯地给欧阳伦行礼。

"你们听着，这几天你们就在这楼上服侍钦差大人。若得大人喜欢，本府重重有赏，听到没有？"卢知府给欧阳伦使了个眼色，便匆匆下楼去了。

两个女郎答应着，立即挨到欧阳伦身旁，一边一个，娇声娇气地给他更衣盥洗。

卧室后面是盥洗室，里面有个大木盆，早已盛满了清水。欧阳伦脱光衣服后泡在香气馥郁的水里。这时两个女郎也脱下身上的纱裙，只剩下半遮住胸前的小小抹胸。她们一边一个用浴巾替欧阳伦擦洗全身。

饥渴已久的欧阳伦哪里受得住这般诱惑？手和嘴也不老实起来。结果两个女郎都让他给拖进了木盆里，先是尽量猥亵嬉戏一番，最后连身上的水也来不及拭干，就双双滚进卧室的大床上翻滚起来。

这一夜欧阳伦大饱艳福，翻云覆雨，极尽欢娱。他那心情真比当初金榜题名又被选中为皇家驸马还惬意。因为入赘为皇家婿的洞房之夜，那位安庆公主的尊容，差点让他把婚宴上喝的酒统统呕了出来，哪有今日怀抱美艳娇娘纵情享用的快乐？

第二天，欧阳伦把住在驿馆的家奴周保叫来，让他拜见了卢知府，和他细商运茶出境诸多事宜。卢正元从驸马爷春光满面的脸上，得知他昨晚过得十分潇洒得意，没有辜负自己的一番苦心。他想：攀稳了欧阳伦这棵大树，头上这顶乌纱自然会戴得更稳了。

一趟走私赚了二万四千两银子

周保凭着卢知府一张调令，就在茶库里领到了一万斤上等茶叶。茶马司官员早就给钦差大人准备了赚钱的回头货。周保一趟走私净赚了二万四千两银子。驸马爷悄悄来到秦淮河畔的书寓里。两个妓女挨在欧阳伦身边，令他按捺不住心中的欲火，一双手顿时在她俩身上忙碌起来。

周保是驸马欧阳伦发迹前从山东老家带来的家人。此人精瘦精瘦，一张刀条脸，两撇八字胡，从外貌上就透着精明能干，而且不乏几分狡诈。他原是个跑买卖的，后来做了欧阳伦老家的账房。欧阳伦命他拜见卢知府后，不用多久他就把茶叶走私的各个环节弄了个明明白白。这次欧阳伦奉钦命来陕巡视，自然有一些官员随行，这些人都住在驿馆里。周保带的一拨家人名义上是驸马爷的仆从，实际上就是来做茶叶生意的。他们也住在驿馆里，不过，在周保见过卢知府以后，这一拨人就神秘地消失了。

周保凭着卢知府的一张调令，在汉中府的茶库里提领了一万斤上等茶叶。卢正元不是说，私人赠送欧阳驸马一万斤茶叶作为做生意的资本吗？为什么这些茶叶竟到府库里去拉呢？卢知府在其中玩了一个什么花招，用什么冠冕堂皇的理由"调"走这些茶叶，旁人不得而知，周保自然更不会在意。他只是十分诧异：驸马爷在京城里虽是皇亲国戚，冬天想到户部要几篓木炭都难，到了这里，居然万把斤的茶叶一句话就弄出来了。

拉茶叶的马车也是卢知府从州里的驮马队调来的。卢知府当着周保的面对欧阳伦说："贵价初来西北，对此地驮马市场不熟悉，好人做到头，我就先帮一次忙，下次贵价自己就可去雇车了。"

一切准备停当。这几天沉湎在温柔乡里的驸马爷总算没有忘记眼前这件大事，把周保和几个家人叫来叮嘱了一番。

"这次多亏知府卢大人鼎力协助，你们终于可以启行了。一路上一定要按卢大人的安排谨慎小心行事。你们在外不许擅自打着我和公主娘娘的招牌，仗势欺人，寻衅滋事，如有违犯者一定严惩不贷。听到没有？"

周保和家人们自然唯唯答应。他们是驸马府的家仆，在驿馆里少不了要受那些钦差随行官员的白眼，巴不得早点动身。

车队从汉中出发，北上至秦州茶马司市场，途中行程约七八百里。周保心细，私下问欧阳伦："驸马爷，奴才听说万岁严禁私茶，着川陕两省官军加强巡查，这几百里途中难免不被他们碰到。到时候奴才是亮出驸马爷的名号呢？还是仅凭卢大人的路引就可通过？"

欧阳伦斥道："蠢奴才，卢大人叫你怎么说就怎么说。无论河州、秦州，都是陕西地界，卢大人和别的州府官员都有密切的关系，他开的路引自然通行无阻，你等何必亮出本宫讳号来呢？万一让那些地方监察御史们抓到我做私茶生意的把柄，本宫在万岁面前也难于交代啊。"

"奴才自然不一定提驸马爷，就说是公主娘娘所派。宫中那么些公主，派人在外面做点生意也是常事，人家还敢细细盘问是哪位公主娘娘吗？"

欧阳伦吩咐道："不到万不得已的时候，千万别提谁派你来的。在外面小心无大碍，听到没有？"

欧阳伦这些天在府衙中目睹卢知府生活的阔绰，丝毫不比京城的公侯差。家里同样养着大群妻妾仆役，经常举行大小宴会，其排场讲究，奢侈靡费，自己的驸马府自叹弗如。这偌大的开销岂是一名知府微薄的薪俸能够承担的？欧阳伦在京城就听说川陕许多地方官都因做私茶生意发了财，自己才起了这份心。从卢知府传授私茶经的熟练程度，能猜度得到他是老于此道的。在一次闲谈中，卢正元得意地自炫他这里是陕西最重要的产茶地，其他州府官要做私茶都得有求于他，比如秦州、河州是茶马司所在地，那里的地方官员自然会对他的贩茶商队予以特别关注，以换取卢知府供给他们茶叶。这就是朱元璋切齿痛恨的"官官相因，互相勾结，遏乱茶政"。

周保和手下的几名家人押运着三十驮茶叶，经过十来天行程，终于到达秦州境内。当时的秦州辖地很宽，洪武三十年将秦州茶马司改设西宁，直抵西番边境。这里是全国交易量最大的茶马司。朝廷一再严申要禁绝走私茶叶，迫使番民遵守一百二十斤茶换一匹马的规定。但是各种权贵和地方官员为私利所驱，纷纷闯关走私。出关的私茶越多，番民自然乐得压低茶价，渐渐地四十匹劣马即可换一万斤上等茶叶了。尽管市价这么低，但走私商队在境外耗不起，也只得忍痛成交，驮着银子回家。纵然这样，由于他们的茶叶来得容易，同样可以赚取成倍的暴利。至于欧阳驸马这做无本生意的，其利润则更可观了。

在秦州西南不远处，两山夹峙间有一条水流湍急的河流穿过，河上修有一座石桥。这座桥虽不甚宽，却是西行商队出境必经之路。朝廷在这里设立有高桥巡检司。巡检司是明朝军事卫所下面的一种特设机构，一般设在边境险隘之处，驻有少量士兵，盘查行人，防止敌人渗透。这个高桥巡检司却同时担负着检查商队防止走私的任务。因为行前卢知府曾特为嘱咐，周保率领车队到达这里时，心里自然有些紧张起来。

当他们的车队快到桥头时，桥头的栅栏立即放了下来。

"停下！停下！"

几位巡检司的军士摇着小旗喊着。

三十辆堆得高高的茶叶车一溜在路旁停了下来。周保按照卢知府事先的指示，故意显冠华服地坐在车上不动，巡检司军士们见他那派头，忙不迭地跑到他跟前请安。

"请问大人，这是运往哪里的什么货物？"

"没看见这一车车鼓鼓囊囊的茶叶包吗？"周保故意颐指气使地翘翘下巴，"喏，这是汉中府的路引，拿去看看。"

巡检司的人见他那派头，拿着那路引瞅瞅也没看出什么名堂来，就双手恭敬地递还给他。

"茶叶还用抽验吗？"周保车也没下，高傲地问。

"不用了，不用了！"巡检司的人忙不迭地应着，"开栅！"

周保押着车队顺利地过了高桥巡检司，再有一日行程就到了秦州。周保叫家人们把车队停在伙店，自己先到茶马市场去探探形势。

茶马市场设在一个干涸的河床上。茶马司在这里搭了几溜大棚子，供前来交易的汉藏商人陈列货物，洽谈生意。棚子外傍河滩一线的白杨树上则拴着大大小小各样毛色的马匹。公马母马倒还规规矩矩低着头嚼草，那些毛色斑驳的马驹儿却不耐烦地嘶鸣着，互相踢踏取乐。

周保一进那大棚脑袋都懵了。只见那些商人蹲在各自成堆的茶叶包和各种山货、药材、皮毛堆中，操着不同的语言大声嚷嚷着，一面借助手势在讨价还价。周保想了解一下时下陕西汉中茶的市价，问了半天还没弄清楚。他想找个直接销往西番的大买主，专门盯着那些穿着阔绰前呼后拥的藏族商人。可是人家理也不理他。虽然他自觉穿着光鲜，但他那瘦弱矮小的身形，身边既没带通事，也无仆役跟随，哪能看出是个几十车茶叶的大卖家？

他在市场里转悠了半天，终究没有瞧出什么门道来，只得返回伙店，吃过饭以后再按卢知府的吩咐去拜会茶马司的官员。

一见面，茶马司的官员就说："周大人叫我们好找啊！"

原来他们早已收到秦州的通知，说朝廷钦差欧阳驸马派人到茶马司私访，官员们立刻紧张起来，四处派人寻找。周保是何等机灵的人物，率性端着架子道："驸马都尉欧阳大人奉旨巡视陕西，久闻茶马市场比较混乱，故命下官亲率车队跑一趟，以便沿途考察茶政。"

茶马司官员见果然是他们要找的人，连忙将他请入最好的酒楼殷勤款待："大人旅途劳顿，卑职等理当为您洗尘，先喝一杯薄酒，容卑职等从容禀报。"

"你们这里茶马市场确是兴旺热闹，只是市场中闹哄哄的，不甚利于客商大户谈生意。"

茶马司官员一听就知他是个外行，不懂茶马市的生意就是在这闹哄哄的环境里，买卖双方捏着拳头在袖筒里谈拢的。但碍着他是钦差大人派来的使者，不便驳他，便赔笑说："大人的意见甚是。市场里那些西番商人甚为狡诈，大人带了多少茶叶？不必亲自与他们交易，全部由我们按江南茶最高等级的价格代收，大人看可以吗？"

周保虽不懂茶叶市价，但江南茶的质量远远超过陕西茶他是知道的。况且三百斤一车茶叶他们按四百斤收，这一万斤茶不说运输损耗，倒多出来两千斤！世上哪有这般好事？分明是茶马司官员为了讨好他做的折本买卖。

于是，周保再也不用到那臭烘烘的大棚里去卖茶叶了。他想带点赚钱的回头货，还没等他开口，茶马司的官员们一脸谄笑地说："大人不必费心，卑职等早已为大人准备好了三十车货物，全是市场里的上等货。有西番过来的各种貂皮、虎皮、羚羊皮，有冬虫夏草、雪莲等名贵药材，还有藏民手织的地毯、挂毯。这些都是秦州知府刘越刘大人吩咐置办的，是他对钦差大人的孝敬。刘大人还特地选购了印度进口的一串蓝宝石项链，两串红宝石手链，请周大人代他孝敬公主娘娘。"

周保煞有介事地道："嗯。贵司和秦州刘大人的美意，本官一定向驸马爷和公主娘娘转达。驸马爷巡视陕西灾情还有一段时期，以后本官还会带车队到这里来的。"

"大人能常来是我们的荣幸。卑职等恭候大人的光临。"茶马司的官员们说着，马上吩咐给周保的车队装上他们赠送的货物，送他们启程返回西安。

周保遵照欧阳伦的指示，将带的回头货悄无声息地在西安、河南的市场上抛售一空。虽然那些皮货药材运到京都好卖个大价钱，可多赚几千两银子，但欧阳伦不愿冒险，万一有人把他做生意的消息捅到朱元璋耳朵里，那他就得不偿失了。

周保回到京城，先向欧阳伦汇报了此行的收获。运往秦州茶马市的三十车茶叶连同秦州知州刘大人赠送的回头货，除去开支净赚了二万四千两银子。欧阳伦喜出望外，称赞周保会办事，当即赏给他二千两银子，同时附耳授计，让他将一万二千两银子连同秦州孝敬的项链等物用车拉回驸马府去送给安庆公主，剩下的一万两银子则替他兑换成宝钞备用。

安庆公主正为手头拮据发愁，一下得到几箱光灿灿的银子，自是欣喜若狂。等到欧阳伦上朝复命回来，她喜滋滋地问道："父皇对你此次巡视陕西灾区满意吗？是不是还会要你出去？我看还是到外面去好啊！"

欧阳伦故作委屈地说："公主不知下官在外面吃了多少苦啊？要到那些穷乡僻壤去视察灾情，给那些衣衫褴褛臭气熏人的灾民施粥发救济粮。有时回到驿馆都已是深夜了。"

这些都是子虚乌有的凭空杜撰，欧阳伦想让安庆公主去父皇面前为自己请功，以掩饰他那些见不得人的丑恶勾当。可是安庆公主最感兴趣的还是做私茶生意赚钱的事。

"周保很能干啊！这次做一趟生意就为我们赚回这么多银子。你赶紧再让他出去啊！"安庆公主贪得无厌地说。

"公主有所不知，做私茶生意固然好赚钱，但也有很大的风险。现在父皇颁发了禁私茶的敕令，沿途官军查得很紧呢。"

"哼，谁还敢查我们驸马府的车吗？何况你还是巡视陕西的钦差大臣呢。"

无论怎样，安庆公主看在那一万二千两银子的分上，总得好好地犒劳驸马爷一回。她在府中备下了丰盛的酒宴为驸马洗尘。晚上也极尽缱绻地和他缠绵一番。久别胜新婚，三十刚出头的安庆公主激情澎湃地抱着欧阳伦又啃又咬，可是欧阳伦一想起汉中府小阁楼上那两个迷人的小妖精，面前公主这肥母猪般的躯体令他觉得索然寡味，只得草草应付一番了事。

第二天，周保禀报：京城新开张的一家书肆送给驸马爷一套史书，共有十大柜。书肆老板亲自送上门来，欧阳伦致谢勉慰一番后，令周保将书柜放进他的书房里间。安庆公主从来对驸马的书房不屑一顾，自然也想不到书柜中的猫腻。原来那个书柜中放的不是历朝史册，而是一叠叠的十贯面值的宝钞！

南京的烟花业渊源已久，玄武湖边、秦淮河畔青楼妓院一家挨着一家，每天总有京城的达官贵人、富商巨贾光临潇洒。入夜莺声燕语，歌弦不绝，湖中和秦淮河里更有大小不等的花船，载着客人在水中游荡，妓女们一面陪客人喝酒，一面挨在客人怀里撒娇亲吻，情急了就在船舱里颠鸾倒凤。当时南京的居民轻易不取秦淮河里的水饮用，原因是每天河中不知要掺入多少男女交合的秽物，以致河水都有一股隐隐的酸味儿。

挨着秦淮河有些精致的青瓦小院，门前挑个灯笼，白底黑字写着"书寓"二字。书寓是妓院的上乘者，里面的妓女是色艺俱全，一应弹弦歌舞棋琴书画皆会。她们接待的自然也多是达官贵人，高雅名士。不过由于朱元璋严禁官员嫖娼宿妓，许多朝廷官员和皇亲国戚纵使厌倦了家中的黄脸夫人，想要来这些地方开开荤也多不敢。但也有那胆大的悄悄乔装打扮一番前来探险。渐渐地效尤者多起来，故到洪武晚期青楼之禁也开了不少。有些胆大而又富有的官员竟把眠花宿柳当成了常事，他们不过将官轿改成青衣小轿，从这个书寓抬到那个书寓，将那些京城名妓的胭脂统统尝个遍。

驸马欧阳伦常常听到别的官员炫耀自己的艳遇，心里不禁痒痒地非常羡慕。一则他是皇家女婿，在这方面不敢越雷池一步；另外，在驸马府里安庆公主放任自己奢侈糜费，却不让丈夫身上有一个多的子儿。驸马爷囊中羞涩，他纵有野心也没法涉足青楼一步。

自从周保给他弄回了价值万两银子的宝钞，欧阳伦的底气就足了。每每忆起汉中府阁楼中那两个小妖精，心里就像猫儿抓挠一样。他决心到秦淮河畔的书寓里去冒一次险。凡事都有第一次，闯过头关就好了。

这天下朝后他借口奉皇上之命去户部督促赈粮之事，在官服里塞上一卷宝钞，乘着官轿在外面晃过一巡，径直来到南京大街上的一家绸缎店号，买了一身簇新的绸缎袍服，乔装打扮成一位阔绰富商，改雇一顶青衣小轿，悄无声息地来到秦淮河畔一座不太显眼的书寓前。

按理说所谓"书寓"是那些名妓为了提高自己身价取的雅号，有的还请名人雅士题写寓名楹联等。只是到后来有些滥了，那些老鸨们租了座青瓦小屋也都号称书寓，其实就是养几个标致妓女没日没夜地接客而已。

书寓里的生意有些清淡，老鸨见有客人光临，忙令姑娘们出来接客。

欧阳伦虽然乔装打扮，仍怕有人认出自己来，不敢去嫖宿那些顶顶红火的名妓。好在这里的几个姑娘都还艳色撩人，也还都比他日思夜想的那两个汉中小妞强多了。他立刻从她们中间挑了两个，一个叫小凤，一个叫燕儿。

虔婆又惊又喜道："看来这位官人爱玩双飞燕啊，姑娘们，好生服侍着！"

两名妓女把欧阳伦领到她们的闺房中，立刻一边一个挨在欧阳伦身边，一人给他一个香吻。

"官人，让奴家敬你一杯酒。"

欧阳伦问："这是什么酒？"

"自然是给官人助兴的酒啰！"燕儿笑着说，"要不官人能对付咱姐儿俩吗？嘻嘻嘻！"

欧阳伦一把将她搂过来，嘴巴狠狠压在她的香唇上，将她弄得透不过气来。

"叫你看看老爷我能不能对付你们俩！"

三个人打闹嬉戏不止，渐渐地身上的衣物都脱得差不多了。这会儿欧阳伦喝下的那杯春酒也起作用了，他再也按捺不住心中的欲火，把两个推到了床上……

事后，欧阳伦将身上带的一卷宝钞全赏给了那两个带给他快乐的妓女。妓女和鸨婆见他出手如此阔绰，不知是哪个埠头来的富商巨贾，热情地邀他在这里过夜。可是欧阳伦哪敢这样做，他在书寓里鬼混到傍晚时分便急匆匆地离开了。

朱元璋大义灭亲赐死欧阳伦

朱元璋决心严禁私茶，派遣铁面御史邓文铿坐镇川陕茶马司。周保走私车队在河桥巡检司被拦，他竟打伤巡检官吏毁坏栅栏扬长而去。邓文铿不畏权势逮捕周保，在他的车座下搜出了秘密账簿。锦衣卫把正在嫖妓的欧阳伦逮到皇上面前，朱元璋大义灭亲赐死欧阳伦。

　　欧阳伦在那书寓里第一次偷腥得手，以后就一发不可收拾了，反正书柜里成捆成叠的宝钞够他花的。从此秦淮河畔的头牌名妓都认识了这位出手阔绰的"傅大官人"。她们谁也不知道他是何方人氏，做的是什么生意。只知道他花钱如流水，喜欢上哪位妖娆艳丽的姑娘立刻掏出一叠宝钞塞进她的胸乳之间，毫不吝惜，好像那宝钞是他家印刷的一样。

　　奇怪的是"傅大官人"从不在妓院或书寓里过夜。他像个秦淮河畔的撒财童子，总是匆匆而来，匆匆而去。"傅大官人"从不跟别的嫖客称狠斗富，特别是听到龟奴们迎客时叫"……大人到"，不管是哪一级的朝廷官员他都避而远之。尽管那些来嫖妓的官员也违反了皇上的禁令，毕竟跟他这位驸马爷大有区别。若让皇上知道他背叛公主流连花街柳巷，别说他的官宦前程，只怕连小命也保不了。

　　安庆公主挥霍无度，炫富成瘾，一万二千两银子也不够她花的；"傅大官人"在青楼妓院里一掷千金，那满书柜的宝钞也玩不了多久。于是，欧阳伦接二连三地派周保出去做私茶生意。仗着汉中知府卢正元的关系，陕西各产茶县的知县无不想攀驸马爷这棵大树，周保在那里收购茶叶全是半买半送。他又开辟了河州茶马司这条销路，在秦州、河州交替走私运茶，每次视收茶数量，三五十车不等。

　　朱元璋严令查禁私茶，采取了许多举措，每个月朝廷派遣四员行人，分别巡视河州、临洮、碉门、黎州、雅安等茶马司。行人虽官阶不高，但毕竟是朝廷所派，对一些靠私茶赚钱的地方官吏颇有震慑作用。欧阳伦哪会把这些从九品的行人放在眼里，周保的私茶车队打着驸马府的牌子横行如故。

　　走私的地方官员少了，周保的私茶更能卖出好价钱。每次茶马司的官员都要半卖半送地孝敬一些回头货。有了头一回的经验，他把一些价值不高的皮货药材在西安河南等地卖掉，另外一些珍贵药材如上等冬虫夏草、藏红花，以及京城罕见的极品雪貂等毛皮，装成两三辆车，偷偷运到京城和杭州高价出售。

　　这样连续跑了几个来回，周保总共给欧阳伦赚回将近十万两银子。乐得安庆公主整天笑得合不拢嘴。周保这样能干，而且忠心耿耿，公主除了每次赏赐数千两银子，还给他谋了一个驸马府参军的从五品官职。周保这个做买卖出身的家奴从此沐猴而冠，头顶乌纱神气起来。

　　朱元璋晚年沉湎于北方军事，他想学汉武帝建立起强大的骑兵一举扫荡蒙古。他幻想用铁腕使番人屈服，乖乖地用他们的马匹来换中国的茶叶。他对户部尚书郁新说："我们用陕西汉中茶三百万斤，可易马三万匹。四川松潘、茂州的茶也一样。因此对贩运私茶的禁令，不可不严。"鉴于派遣行人巡视各茶马司仍旧无法禁绝私茶，朱元璋又派了素以强硬著称的佥都御史邓文铿到川陕各茶马司去，临行授权他"无论何人贩运私茶，哪怕是皇亲国戚，卿都可代朕查处"。

邓文铿领了这样的"尚方宝剑"，于是带了一批人马，分头到四川、陕西各茶马司设卡严查走私茶叶。

周保当上从五品官以后，在陕西各地搞茶叶更加神气了。一般知县都只有七品官衔，一见他穿着绣有白鹇的五品官服，又打着驸马都尉兼钦差大臣的旗号，无不毕恭毕敬地满足他的要求。这次他在陕西金州县以低贱价格弄到五十车上等茶叶，奈何该县茶库没有驮队，知县向周保赔着笑脸道："大人是否可到驴马市场去雇几十辆车？"

周保亲自带几个人去了驴马市场，那里有几家大车店，见有主顾来雇车，店主人连忙笑脸相迎。

"请问大人要雇几辆车？去什么地方？"

"本官要雇五十辆车，运茶叶去秦州茶马司。"

"五十辆？嘿嘿，不瞒大人说，咱这几家大车店归齐还凑不满五十辆车。再说，秦州茶马司路恁远，又是运茶叶，可不好走呢！小的们不敢去。大人另想法子吧。"

大车店老板一个劲地摇头。周保心想：老子给钱雇你还不去，反了你啊！他眼睛一瞪，随即跑回县衙，逼着知县派一队衙丁同他返回驴马市场，拿着县太爷的手令，强行征用那里所有的驴马大车，凑拢来刚好五十辆。车老板们还想讨价还价，求个合理的价格和草料钱。周保在这条路上已经跑熟了，既是"征用"他哪会便宜了车老板们。

"听着，这趟差是钦差大人当今驸马爷征用的，每辆车赏你们草料费一千五百文。"

车老板们还在小心嘀咕："一千五百文，够人吃还是够马嚼的？但是老百姓就是怕官，有县太爷护着他，明知是折本买卖也只得忍气吞声认了。"

第二天周保顺利地押着装满茶叶的五十辆车启程。他在每辆车上插一面小旗，上书"钦命巡视陕西大臣驸马都尉"几个字，自己身着五品官服端坐在押运的座车上，后面有几个家丁跟随。沿途一些奉命检查的关哨一般见这阵势都顺利放行，一直往秦州路上都无阻碍。

几天后车队到达秦州南面的高桥巡检司。因天色渐晚，周保不打算在这里停留了。平时只要他跟巡检司的人打个招呼便可立即放行，可是今天桥头的红色栅栏拦得严严的，把驶在前面的车堵在那里。

"怎么回事？"周保端坐车上，质问走过来的巡检人员。

"回周大人，是这么回事。朝廷新派的巡按邓大人昨天来我们这里下了死命令：一切私茶均不许过关，不管是谁开的路引都不成。巡检大人的布告还贴在里面呢，大人是不是去看看？"

周保也没闹清朝廷是不是真派了巡按，他仗着驸马爷的势蛮横地命令巡检人员："快给我把栅栏打开！"

"大人，不成呀！巡按大人布告上说了，巡检人员擅放私茶一百斤以上就要坐牢，一千斤以上还有杀头之罪哩。大人不要为难小的们呀！"

那两个四十多岁的巡检人员知道周保是当朝驸马爷的人，只得好言好语地来求他。可周保以为他们是有意刁难，气势汹汹地走下车来，"啪，啪！"给了他们一顿鞭子。

"给我开栅！"

周保一声命令，他那几个家丁不由分说地跑到桥头去打开红色栅栏。两个巡检员抢上去把那栅栏木死死按住，一面哀求着：

"不能开呀，大人！"

周保吆喝道："给我滚开！"

"不，不！不能开！"

两个巡检员把身子伏在栅栏木上。周保见他们不肯让开，顿时恼羞成怒，喝声："给我打！"

几个家丁一拥而上，一顿拳打脚踢，将他俩打得鼻青脸肿，趴在地上嗷嗷直叫。

那几个家丁在周保的示意下，将那用粗木做的红色栅栏也"咔嚓"一声扳折了。

周保得意地望一眼跌仆桥头奄奄一息的两个巡检员，趾高气扬地登上座车，押着五十辆茶车驶过高桥，消失在河对岸的山崖转角处。

朝廷委派的巡按佥都御史邓文铿来到陕西后，先到各茶马司搜集了大量官员贩运私茶的证据：各州府为各级官员私茶车队开出的路引，贩运私茶的车队既有陕西各州县官员的，也有亲王府、驸马府及朝廷有关部门官吏的。邓文铿不动声色地拿了这些证据来到秦州，将有关州府官召来，请出圣旨，将他们严词训斥了一番。

"本巡按奉旨查禁私茶，你们作为茶马司所在地的主管官员，对私茶泛滥负有不可推卸的责任。你们过去做了些什么见不得人的事，自己向朝廷交待。本巡按严格执行圣命，自今日起，陕西各茶马司、关隘、哨口，不许有一斤私茶过关！如有胆敢放卖私茶者，本巡按请圣旨就地法办！"

那些州府官员个个都有一屁股屎，自然吓得战战兢兢的，只有低着头听他训斥的份。

邓文铿将巡按官署安在秦州的驿馆里，他从陕西都司调来数百兵马，分派到各茶道上巡逻，准备随时缉捕胆敢抗命贩运私茶的人。

这天，高桥巡检所的人将被打伤的两名巡检员抬到秦州巡按官署来告状。邓文铿一听，不由得一股怒火从心中蹿起：这还了得！本巡按奉旨严禁贩运私茶的告示刚贴出去，居然有胆大歹徒敢擅自闯关，还打伤巡检人员，毁坏栅栏，这些人眼里还有王法吗？

他立命陕西都司的一名参将率领五十名骑兵，连夜驰往秦州茶马司，将正在指挥卸货的周保及手下几名家丁抓获。邓文铿对被打伤的巡检人员嘉言抚慰，并每人赏钱十贯，奖励他们忠于职守，维护正义的行为。

邓文铿从巡检员们那里得知周保已多次贩茶从高桥巡检司通过。他们打的是"钦命巡视陕西大臣驸马都尉"的旗号，还持有秦州知府免检放行的路引。这位素以强硬著称的铁血御史这次奉旨而来，他不仅下决心禁绝今后的茶叶走私，还要查办几桩官官相护的私茶大案上报朝廷。这个胆大妄为的周保正好撞在他的枪口上，他哪有不查究到底之理？

这周保如此嚣张，一定是仗着自己有强硬的后台。邓文铿不敢怠慢，审问周保时，在公堂上请出圣旨来压制他的威风。

被抓来的周保虽然五花大绑，但在公堂上傲然站着不肯下跪。

邓文铿喝问道："你是什么人？见本巡按为何不跪？"

周保昂头傲气地道："我乃朝廷命官，五品驸马府参军，岂能轻易向你下跪？"

"你既是朝廷命官，难道不知皇上严禁官员百姓一切人等贩运私茶牟利？老实交代你受何人指派？"

周保知道无论如何不能牵扯到欧阳驸马身上，他胸有成竹地答道："下官受公主娘娘差遣在这里做茶叶生意以弥补公主家用的不足，你要问自己向公主娘娘问去。"

"哪位公主娘娘？"

"当今皇上与马皇后亲生的安庆公主殿下，你敢去问她吗？"

"胡说！公主贵为帝胄，怎会违抗皇上的严令走私茶叶牟利？你这狂徒竟敢胆大闯关，打伤巡检人员，毁坏栅栏，如此蔑视国法，本巡按可以立即将你法办！"

周保巧舌如簧地辩道："大人，下官在高桥巡检司遭巡检人员刁难，首先是他们以下犯上。栅栏是在互相推搡中折断的，在口角中双方人中均有损伤，大人怎能听一面之词说我们打伤巡检人员呢？"

邓文铿正拿这个刁员没办法，前去抓捕周保的参将走过来附在他耳边说了几句话。他立刻喜形于色地停止了审讯，命令将周保关押起来。

原来那参将抓捕周保时，命人将周保那辆插着"钦命巡视陕西大臣驸马都尉"旗子的座车带回作为罪证。在邓文铿审讯周保时，参将把那辆座车来回检查了一遍，结果在坐垫下的暗层里搜出了一本账簿，里面记载着周保替欧阳伦历次走私的详细收支情况。有了这个铁证，邓文铿还用审这刁员做甚？

周保这厮心细，他随身带了个秘密账簿，把历次走私的进货途径、某官员赠送茶叶若干和茶马司回笼货数量，卖货的收入和上缴公主驸马银两数，一一详记在账本上。这既是他过去做生意养成的习惯，也是他向欧阳伦邀功请赏的根据。他把这个账簿随身携带，暗藏在车的坐垫下的夹层里。

这个账簿的出现，暴露了驸马欧阳伦在他巡视灾区期间大肆走私茶叶的罪行，也牵涉到许多州府官员向他行贿的事实。这可是邓文铿奉命严禁私茶查获的第一大案，又兼欧阳伦的家奴无视朝廷禁令擅闯关禁、打伤关员、毁坏栅栏等极为恶劣的罪行，作为奉旨缉私的巡按，邓文铿不办是不可能的。于是他随即会同陕西检察使就地设立公堂，对周保等案犯进行严鞫。在白纸黑字的铁证面前，周保再也无法狡辩，只得一一画供交代几个月来历次为欧阳伦走私茶叶的经过。

邓文铿又根据周保的交代及茶马司收缴的路引等证物，对向驸马欧阳伦行贿的州府官员罪行进行调查。他虽无权罢黜这些官员，但根据他掌握的证据，在办欧阳伦案的同时必然揭开陕西各州府官官相护走私牟利的关系网。

一切调查清楚后,邓文铿随即押解着一干人犯返回京城,准备拟本向朱元璋奏明此案。因为这一大案的主角欧阳伦身为驸马都尉,如何处理他都察院无能为力,只能由皇上亲断。

邓文铿原来是刑部的一名主事,因为官正直、不畏权贵为朱元璋所赏识,擢升金都御史,调到都察院主持院务。后来朱元璋又任命杨靖为左都御史。邓文铿回京后便与杨靖商议怎样向皇上奏本弹劾驸马欧阳伦。

杨靖深知此案案情牵涉到皇亲国戚,关系重大,按说都察院根据案犯周保供词,应该进一步搜查欧阳伦走私所得赃银,以为物证。但即使都察院发出搜查令,谁又能去搜查安庆公主的驸马府呢?

杨靖是个心有城府的人,他与邓文铿商量道:"下官之意,你先拟好弹劾欧阳伦的奏折,准备好充足的证据。这几天我们要盯紧驸马欧阳伦看他有些什么动向。"

于是,都察院派出一班密探严密监视驸马欧阳伦的行动。一连几日,密探们回来报告:在秦淮河畔各个妓院中,一个眉心有颗黑痣的"傅大官人"在那里喝花酒、嫖宿头牌妓女,出手极为阔绰。杨靖和邓文铿大喜,认定此人必是欧阳伦无疑,因为欧阳伦十多年前会试高中一甲头名,就以眉心有颗状元痣闻名。朝廷禁止官员嫖宿娼妓,欧阳伦身为驸马,竟然背弃公主在青楼鬼混,这就不难扳倒他了。

邓文铿一不做二不休,差人画下眉心有颗黑痣的"傅大官人"的图像,到京城所有青楼妓馆一一调查,居然有数十处青楼的百余名妓女承认与"傅大官人"有染,嫖资总计达万贯之多。都察院一一取得妓院鸨婆的画押供证。

邓文铿拟好弹劾驸马欧阳伦的奏章,拢在袖中去乾清宫觐见朱元璋的时候,心中难免有些忐忑不安。

朱元璋闻知派邓文铿去陕西严禁私茶已初见成效,很高兴地接见了他。

"邓爱卿,你去陕西这几个月,雷厉风行地执行朕严禁私茶的决策,采取了诸多措施,听说现在各条茶道上走私现象已经绝迹,茶马市的茶价骤升。这就达到了朕以茶制番的目的。如此坚持数月,番人打熬不住,不得不按等价以马易茶。卿为朕立了大功啊!"

邓文铿躬身奏道:"启禀陛下,臣此次虽然秉承陛下圣旨,采取断然措施,取得了一定的成效。但私茶由来已久,官官相护,盘根错节。虽禁绝一时,只恐将来这些人在利益的驱使下,仍会卷土重来啊!"

朱元璋眼睛一瞪:"国法威严,朕就不信有人敢于公然对抗朝廷的决策?"

"陛下不信,就在臣贴出严禁贩卖私茶的告示才两天,就有一支五十辆茶车的车队,打着朝廷官员的旗号,在秦州高桥巡检司强行冲关,并打伤巡检人员,毁坏栅栏,扬长而去。"

"竟有这样的事?什么人竟敢如此猖狂,他们眼中还有王法吗?卿应该立即将他们捉拿法办。"

"臣按陛下授命将此车队扣押,并从中查出一桩涉及官官相护、行贿受贿的走私大案。

现此案已查清，涉及走私金额达十余万两之多。因案涉皇亲国戚，都察院不敢自专，故臣等拟就弹劾奏章送呈陛下圣裁。"

邓文铿说毕，从袖中取出奏章呈上。朱元璋草草看了一眼，气得一屁股坐在御座上。

"这，这这这是真的吗？"

"陛下，臣很痛心这确是真的。因为这个案子牵涉的官员众多，影响又极其恶劣，臣奉圣命严查走私，若此案不办何以服人心、平民愤？驸马欧阳伦身为巡视陕西大臣，居然勾结州府官员，接受贿赂，派遣家奴肆无忌惮地走私茶叶，牟利达银十余万两。回京之后又行为不检，在京城青楼院大肆挥霍贪赃所得，嫖宿妓女百余名。本案一干人犯俱已缉捕审讯，所有赃证均已查清，唯公主居于驸马府，都察院未予搜查。臣等故拟就弹劾奏章，请陛下圣裁。"

邓文铿奏完叩了一个头，退下观察朱元璋的脸色。只见他那苍老褶皱的脸上，一阵红一阵白，阴森森的吓人得很。邓文铿的腿肚子不禁颤抖起来。

"你下去吧。"朱元璋沉吟半晌，阴着脸吩咐道。

"臣领旨。"邓文铿低着头退了下去。

第二天，朱元璋召见左都御史杨靖和金都御史邓文铿，把该案的一切供词证物全部调去审看了一遍。最后他颇为平静地对两位提心吊胆的都察院官员道："二位爱卿忠于职守，勤勉可嘉，你们放心，王子犯法，与庶民同罪，朕绝不会放过任何一个危害国家的蠹虫，不管他是什么人！"

接着，驸马欧阳伦在一家妓院里被锦衣卫逮个正着。据说锦衣卫把他和那个妓女绑在一起带到了皇上面前。欧阳伦还以为仅是自己的风流事被察觉了，拼命地叩头求饶。

"父皇请饶了儿臣这一次，儿臣下次不敢了。"

"畜生！你作恶多端，还想朕饶过你吗？"朱元璋恨恨地骂一句就走了。

结果，欧阳伦被朱元璋以"违法乱纪，指使家奴贩卖私茶，收受巨额贿赂，道德沦丧"等罪行赐死。周保被处极刑，他手下的家人也全被斩首。汉中知府卢正元、秦州知州刘越等给欧阳伦行贿的官吏也被削除官职，交刑部议罪。

朱元璋大义灭亲，无情地处死自己的女婿，使人们看到了他惩治贪污的决心。在一段时期内，茶马市场得到了整顿，官员们再也不敢倚仗自己的权力走私贩私了。朱元璋一生杀人无数，被人视为嗜杀的暴君，唯有这次的诛戮，没有受到人们的非议。

第三十五章

危机潜伏

父皇七十寿庆，燕王敬献大明皇舆图

朱元璋七十大寿庆典，燕王敬献了一幅大明皇舆全图，他想激发父皇开疆拓土的帝国梦。朱元璋本是个雄心勃勃的人，没想到儿子的野心更大。他真想在父皇面前拍胸脯："只要您把帝位传给儿臣，您的愿望就不难实现！"

身处北平的燕王朱棣对朝廷中的这些变故甚为关注。朱元璋四十一岁登帝位，在位已近三十年，七十岁对于常人已属古稀，何况他这日理万机，宵衣旰食的皇帝，自然衰老得更快。民间传说：人生七十是一道坎，朱棣时刻关注着父皇能不能越过这道坎。虽说五年前在老臣们的力主坚持下，朱元璋已立允炆为皇太孙，但从当时抉择的艰难和他的犹豫彷徨来看，皇太孙允炆是不是他百年后的继位之君还存在变数。为此，燕王朱棣时刻关注着朝廷中的动向，小太监郑和就是他安插在京都的一只眼睛。

郑和从京城回来了，燕王与徐妃立刻召见他。郑和毕竟年纪还小，这次回来像是受了满肚子委屈似的，噘着嘴对燕王和徐妃说：

"王爷，以后别差奴才去京城了。"

"怎么啦？"

"也许是奴才去京城的次数多了，我们大舅爷，不，国公爷对我很不耐烦。一见我就虎着脸说：郑和你这奴才怎么老往京城跑？我赶紧说是王爷和王妃差我给老夫人送寿礼来的，还把主子送给他的礼物呈上，他才没有话说。奴才猜想大舅爷对奴才有几分疑心了。"

徐妃埋怨自己的兄长道："大哥为什么这样不近人情？"

燕王道："他是允炆的死党，自然对本藩存有戒心。郑和，是不是你这奴才说话不检点，问这问那的，让他起了疑心？"

郑和急急地辩曰:"没有呀!奴才在府里只说家事,从不打听别的。住了两晚,我就告辞,他们以为奴才走了。我悄悄溜到四舅爷府中待了半个月。"

"嗯,还算机灵。"燕王赞许道,"增寿告诉你一些什么情况?"

"四舅爷有一封密信给王爷,奴才怕路上有什么闪失,把它缝在贴身的袄子里了。"

郑和撕开小背心,取出密信呈上。燕王并没有急着看。

"四舅爷还对你说了些什么吗?"

"四舅爷说,皇上龙体越来越差了,坐朝时一双手颤抖个不停。说话有时说了上句忘了下句,有时还流哈拉子。四舅爷有一句话奴才不敢学,但又不得不讲给王爷听啊!"

燕王恼道:"废话!他无论说什么你如实讲来。"

"他说:皇上怕是没有多少日子了,让王爷心里有个准备。"

"知道了。你下去吧!"

"奴才告退。"

郑和走后,燕王和徐妃仔细看了四弟增寿的密信。燕王沉吟半晌,对徐妃说:

"爱妃,我们去花园走走吧。"

他们常常在进行重要机密的谈话时到花园里去,一边散步,一边说话,宫中的侍从们是不该听到这些东西的。

徐妃见燕王浓眉紧蹙地想心事,上前挽着他的手臂轻声问道:"王爷,朝中形势如此,你打算怎么办?"

燕王道:"爱妃,我想我应该尽快去一趟京城,亲自多方面了解一下朝中局势,方好审时度势,作出正确的决策。"

徐妃问道:"王爷,圣上立允炆为皇太孙,已有五年之久,难道到这个时候,储位还会有什么变化吗?"

这时他们已来到水榭边,池中有许多红色、黑色的鲤鱼在浮萍间游动。他们一面说话一面饶有兴趣地看鱼儿争食。

燕王分析道:"爱妃,你想想,父皇当年采纳刘三吾的建议立允炆为储君,犹豫了很久才做出决定。父皇那时是何等精明,太子死后,他哪里想让一个十儿岁的孩子继承储位啊!面对这么多强势的尊属藩王,性格像太子一样柔弱的允炆玩得转吗?那样岂无后患?可偏偏秦王不争气,而本藩与晋王又无法逾越秦王这道门槛,所以父皇立允炆为皇太孙是不得已而为之。现在秦王已死,难保父皇不会重新考虑这个问题。这次他借会试'南北榜'之事处置了刘三吾,也许就是一个信号。无论如何,我也要去试探一下,父皇有没有易储的想法。如果有,我们就要赶快动作了,可不能让三哥晋王占了先机。"

"可是王爷未曾奉诏进京,朝廷有制,藩王三年一朝,贸然前去合适吗?"

"废话!父皇圣躬有恙,我当儿子的闻知不该去探视问安吗?"燕王振振有词道,"再说,本藩奉旨节制北方军务,还有不少事情要与兵部和五军都督府协商哩。"

徐妃婉转地劝道:"王爷,再过两个月,就是父皇七十大寿的寿诞了。王爷借庆寿之机进京，岂不更为名正言顺吗？"

燕王拍着脑袋："啊，不是爱妃提醒，差点忘记这桩事了。这可能是父皇最后一次庆寿了，我们得好好准备一下寿礼啊！"

"王爷这一次准备向父皇敬献什么寿礼呢？"徐妃开玩笑地说，"不会又是几束嘉禾吧？"

"嘉禾有什么不好？它代表着我们国家物饶年丰，人民安乐。可惜这些年战乱不息，水旱不调。我大明朝三十年了，老百姓仍然过不着舒坦的太平日子。元朝余孽未扫平，四方番夷未臣服，尚时起边衅，这恐怕是父皇此生深为遗憾、只能寄望于后继之君的事了。可允炆这乳臭未干的小子能完成这样的大业吗？真不知道父皇是怎么想的。"

徐妃深知燕王容易激动，不得不时时提醒他："王爷，在皇位继承问题上朝廷中对你很有疑忌，你可要谨慎从事啊！千万不能让父皇怀疑你在他在世时有异心，弄不好就会大祸临头了。"

"爱妃放心，我不会让父皇怀疑我的。"燕王好言安抚她，却又坚定地道，"但是我要让他看看，谁才是最有能力继承他未竟之业的接班人。"

洪武三十年九月丁丑（十八日），朱元璋迎来了他七十岁的生日。人生七十古来稀，历朝历代年满七十仍在位的皇帝更属凤毛麟角。朝廷决定大办寿庆，由礼部、太常寺牵头筹办庆典，向全国发了庆寿文告，并举行大赦。一些牢狱里的犯人托皇上寿庆的福侥幸得以出狱或减刑，皆大欢喜。

寿庆大典来临之前，不仅皇宫内外一片喜气洋洋，皇宫外通衢大街上两旁的店铺也都悬红挂彩，一番热闹景象。从没见过御驾的市井百姓听说是当今皇上做七十岁的寿庆，禁不住啧啧称赞："他老人家真高寿啊！"

朱元璋是不喜欢人家给他举办寿庆的。他生性节俭，办一次庆典要花费成千上万两银子，他觉得心疼。过一次生日又老了十岁，有什么可庆祝的？不过这次允炆提出来他却默默地答应了。他自度身体日渐衰弱，春秋已无多日，趁办寿庆之机，众藩王都要进京拜寿。他就可以和自己成年的儿子们见上最后一面，听他们禀报治国的成绩。分封诸王藩屏中央是他三十年前制定的国策，如果一切概如自己当时所谋划的平安无事，自己也就能够安心地走了。

庆寿大典在奉天殿庄严隆重地举行。朱元璋高坐在宝座上，接受皇太孙、诸王及文武百官、外国使节的贺拜并敬献寿礼。

礼部官员宣读庆寿献辞后，在礼乐声中拜寿开始。司礼官首先高呼：

"皇太孙率先向万岁拜寿并敬献寿礼！"

皇太孙允炆由殿东至御前跪拜。

"孙臣允炆恭祝祖皇寿诞，祝祖皇万寿无疆！"

东宫太监随即呈上皇太孙的寿礼，御前太监接礼呈送御览后陈于礼案上。司礼官高唱："皇太孙敬献寿礼：恭楷手书祈寿佛经一部、百寿图一幅！"

皇太孙拜寿之后，司礼官宣布："诸位皇子藩王按长幼之序向万岁拜寿！"

各位藩王依次上前跪拜行礼，秦王已薨逝，最年长的是三皇子晋王朱㭎。

"儿臣朱㭎恭祝父皇寿诞，祝父皇万寿无疆！"

司礼官宣布："晋王敬献寿礼：玉璧一双，百年陈酿美酒十坛。"

接下来是四皇子朱棣和五皇子周王朱橚。

"儿臣朱棣恭祝父皇寿诞，祝父皇万寿无疆！"

司礼官宣布："燕王敬献寿礼：恭绘大明皇舆全图一幅、元宫重宝四件。"

"儿臣朱橚恭祝父皇寿诞，祝父皇万寿无疆！"

周王敬献的寿礼是：商鼎一尊、洛神绣像一幅。

随后，六皇子楚王朱桢、七皇子齐王朱榑、十一皇子蜀王朱椿、十二皇子湘王朱柏、十三皇子代王朱桂、十四皇子肃王朱楧、十五皇子辽王朱植、十六皇子庆王朱㮵、十七皇子宁王朱权、十八皇子岷王朱楩、十九皇子谷王朱橞等十一位已就国的藩王一个接一个地祝寿献礼。之后几位年幼的皇子一窝蜂上前跪拜祝寿。在他们后面是允炆的三个弟弟及几个在京读书的藩王之子给祖皇拜寿。

朱元璋在御座上眼见这一大群子孙都来京聚会，给自己拜寿献礼，不禁捋须微笑，心中颇为自得。

庆寿活动在继续进行，司礼官宣布："朝廷五品以上的文武官员向万岁拜寿！"

以六部、五府堂官为首的文武官员立刻跪成一大片。

"臣等恭祝皇上寿诞，祝吾皇万寿无疆！万寿无疆！"

朱元璋事先下令：朝廷各级官员及进京祝寿的地方布政使等均不得贡献寿礼。他想自己做个榜样，带头抑制逢迎媚上之风。

文武百官贺拜后，司礼官最后宣布："各国使臣向万岁拜寿！"

陆续有朝鲜、安南、日本、琉球、爪哇、占城、苏门答腊、乌斯藏等国使臣上殿觐见拜寿，敬献奇珍方物。

最后，在礼乐声中，司礼官宣布：

"祝寿礼成，万岁赐宴几筵殿。"

在皇子们敬献的寿礼中，朱元璋最感兴趣的是燕王献的大明皇舆全图。他命宫人们将这幅高八尺宽一丈的绢制大地图挂在乾清宫的墙上，燕王朱棣陪着他从东到西从南到北地仔细观看。他一面看一面问：

"朱棣，这幅地图是什么人画的？"

"启禀父皇，儿臣在元故大都弃置的典籍中见到一幅元人绘制的中华疆域图。那幅图是元世宗时绘制的，幅面较小，上面全是蒙文，可笑元朝的历代皇帝把中华疆土仅限于由上都到荆楚巴蜀间的中原一隅，但却又狂妄地把他们的祖先铁木真曾经征服的中亚花刺子模、波斯划入自己的版图，由此儿臣萌生了绘制新的中华疆土图的念头。儿臣找了一些地舆学家，在元朝地图的基础上，花费了几个月工夫，制成这幅大明皇舆图在父皇七十大寿庆典献上，以彰父皇开国承运，一统天下，缔结我大明朝的丰功伟绩。"

"嗯，你笑元人好大喜功，可你这图上也有不实之处呀！"朱元璋指着塞外的蒙古草原，"比如元朝余孽仍然盘踞塞外，蒙古草原大片土地尚未归我管辖，你却把它划入了我大明的版图。"

"启禀父皇，虽然元朝余孽仍然盘踞塞外草原负隅顽抗，但元朝气数已尽，他们不过是秋后的蚂蚱，蹦跶不了多少日子了。儿臣迟早要剿灭他们，蒙古各旗盟早晚是我大明的属地。"

对燕王这种豪气干云的抱负，朱元璋自然感到欣慰。他把目光停留在地图的东北角，在他心中那里是一大片待开拓的疆土，可燕王已把国界线画到那里。他故意用质疑的语气问道："东北黑龙江流域这大片土地现在也未归我管辖吧？"

燕王从容答道："启禀父皇，现我辽东都指挥使司辖地已东至鸭绿江，北抵开原。而女真族各部落的势力已扩展至整个黑龙江及乌苏里江流域，他们的一支还越海占领了库页岛。女真族是我中华民族大家庭的一分子，我朝理应在该地区设都司管理，将其划入我国版图。"

朱元璋笑道："你的胃口倒不小啊！"

燕王郑重地道："父皇戡定宇内，一统华夏，创造我大明王朝。儿臣常想，我大明应继承汉唐帝国的伟业而更加发扬光大。我大明的版图不应拘于中原一隅，而应将历代视为夷狄的化外之邦逐一归化，组成一个地域更广的多民族统一国家。既然蒙古人能入主中原，我们为什么不能将蒙古纳入自己的版图？依此理推之，东北的女真部落、南方的安南交趾、西域的吐鲁番等小国、西南的乌斯藏等，尽皆可以逐一归化统一。因此儿臣绘制了这幅大明皇舆全图，作为激励自己的一个目标。"

朱元璋原本是个雄心勃勃的人，没想到儿子的野心更大。他赞许道："你的想法当然是好的，只是朕已经老了，真要让地图上这些化外之邦全部归入大明版图，就靠朕的子孙后代的努力了。谁知道他们能不能完成这一伟业呢？"

"皇天佑我大明，父皇的宏愿一定会实现的。"

燕王口里是这样含混地应答，其实他这时心里真想在父皇面前拍着胸脯说："只要您把帝位传给儿臣，您的愿望就不难实现啊！"

然而这几乎是一个无法实现的梦想。允炆被立为皇太孙已有五个年头了，随着年岁的增长和全面介入朝政，他在朝廷中的地位日益巩固。父皇一旦龙驭归天，由允炆继承皇位已是顺理成章的事。

这次燕王借父皇寿庆绘献大明皇舆图，目的就在借开拓疆土的话题，或可让父皇重新审视，为他百年之后寻找一个刚毅英武的继位人，实现自己把大明建成国土辽阔、四夷臣服的伟大帝国之梦。看起来父皇的态度有些消极，他深知允炆过于文弱，只能寄希望于后世子孙。父皇的态度让燕王既无奈又愤慨：他难道真是老糊涂了，根本没想到眼前就有能够为你完成伟业的人？

在前军都督府里，燕王与徐妃的四弟增寿秉烛夜谈。徐增寿是他在京中最亲信的人。

徐增寿问："四殿下，此次回京，皇上单独接见了你吗？"

燕王道："见是见了，可父皇对我这儿子还不如对我献的大明皇舆图感兴趣。"

徐增寿直率地道："看来皇上心思全放在皇太孙身上了，允炆已经完全取代了太子的地位。他的那些亲信，像黄子澄、齐泰等都成了朝廷的重臣，皇上对他们言听计从，朝廷的许多决策都是皇太孙和他俩商量做出的，不过通过皇上点头颁旨罢了。"

燕王皱眉道："父皇真的想让乳臭未干的允炆继位，他不怕自己死后天下大乱吗？那他为什么又把刘三吾流放了呢？"

"嗨，这件事若不是皇上老糊涂了，就是他一贯的猜疑心大发作。"徐增寿解释道，"今年春闱，刘三吾、白信蹈主考会试，一发榜取录的全是南方的士子，没有一个北方籍的。于是有人攻击主考官有私于南方士子，甚或是受了贿。皇上一怒，就把白信蹈、张信等人问斩，刘三吾因年老流放戍边。皇上亲自命题又发了个复榜，这回录取的六十一个人全都是北方士子。天下英才哪会全出在一个地方的？此事只能用皇上的昏聩和固执蛮横来解释。刘三吾遭贬全属偶然，和他拥立皇太孙并无关系。"

"嗯。"燕王点点头，复又关切地问，"你现在的处境怎么样？"

"不好，由于我与殿下关系密切，皇太孙和他那帮当权的人对我存有戒心，最近居然以加强前军都督府为名，又加派了一名左都督。看样子是想逐步把我架空，褫夺了我的权柄以绝后患。"

"你大哥是武班首领，他不为你说话吗？"燕王故意地问。

"哼，你就别提他了！他是皇太孙的死党，一直对殿下心存芥蒂。他常对人说，我大明将来若有篡位者不会是别人，就是燕王朱棣！真后悔二姐嫁了你。他时常派人监视我的行动，把我防贼似的。我怀疑派人来前军都督府就是他的主意。"

燕王道："辉祖怎么这样不近人情？看来他会是我将来的心腹之患。嘿嘿，弄不好我们郎舅会在战场上兵戎相见啊！"

他隐隐感到自己百年之后潜在的危机

燕王在拜谒孝陵时密会兵部尚书茹瑺，感谢他对自己的支持。晋王、燕王等不把小辈的允炆放在眼里，使朱元璋隐隐感到自己百年之后潜在的危机。武定侯郭英被人告发私养家奴，擅杀男女。皇太孙对皇亲国戚飞扬跋扈疾恶如仇，却不得不容忍和拉拢郭英。

燕王离京回藩前，在随从人员的陪同下前去拜谒孝陵。他在孝陵宏大的礼殿中马皇后的神主前叩拜进香后，守灵官请他去殿后更衣。

"请王爷至下官住处用茶。"

燕王谢道:"大人辛苦了。"

"王爷请。"

在守灵官居住的屋子里,侍者奉上香茗。守灵官退入后堂,这时屏风后闪出一位官员,燕王一看,竟是兵部尚书茹瑺!

"茹尚书,你怎么在这里?"

"微臣参见殿下。"茹瑺行礼道,"微臣得知殿下前来谒陵,故在此等候多时了。"

燕王道:"洪武二十五年议立储君之时,茹大人仗义执言,力荐本藩,其后皇孙允炆得立,使大人在朝中遭到一些人的排挤歧视。本藩实在过意不去,屡次来朝,都想去拜会茹大人略表谢忱,但想在此形势下,还是不给你添麻烦的好。此中隐曲,想茹尚书一定能见谅。"

茹瑺拱手道:"殿下何出此言?茹瑺之所以力荐殿下为储君,完全是为大明社稷着想,并非为一己之利。幸亏皇上了解臣是拥立贤君心切,仍然信任如初。只是皇太孙始终对臣耿耿于怀,怀疑臣不能为他所用。前年齐泰由兵部郎中擢升为左侍郎,实际上已与我同掌部政。此人才具非凡,但门派之见太浓。他与黄子澄自视为皇太孙的左膀右臂,未来朝廷的掌权者。因此对殿下多有猜忌,谓殿下将是藩王尊属中对皇太孙最大的威胁。"

"可恨这班小人竟敢如此仇视本藩,离间我皇室亲情!"燕王恨恨地道,"茹尚书,在此情势下,你将何以自处呢?"

茹瑺无奈地说:"做臣子的只知尽自己的本分效忠主上,若不容于人也不能强求啊!现在眼见皇上龙体日衰,说句不敬的话,只怕他老人家撑不过多少时日了。下官想找个机会递上一本,求皇上准我致仕告老归田,把尚书位子让给别人,省得牵入朝政是非之中。殿下以为如何?"

燕王道:"据本藩观察,朝中诸臣,茹尚书是仅有的几位正直而有才干的大臣之一。当今边患频仍,兵部责任重大。大人既为父皇所信任,为了苍生社稷,茹大人当忍辱负重,坚持职守,而不应自行引退,致令宵小乘虚而入。即使后嗣之君继位,对你们这些先皇老臣,他也要敬重三分啊!"

"殿下之言不无道理,唉,若是有殿下这样的贤君继承大统,我茹瑺自当鞠躬尽瘁,为国捐劳至死而不悔,哪里还会萌生退意呢?"

燕王意味深长地道:"茹大人,天下事上苍冥冥中自有安排,非常人所能选择。你记着好了:若真有那一天,本藩绝不会有负于你。"

"微臣素知殿下心怀鸿鹄之志,今日既然来此,就是想把朝中险要形势告知殿下,请殿下审慎,善自处置之。"

"感谢茹大人的好意。"燕王低声道,"锦衣卫耳目众多,本藩不便在此久滞,就此告辞了。"

"后会有期,殿下保重!"茹瑺将燕王送出来,消失在屏风后。

燕王走后,朱元璋不时拖着病躯,站在那幅大明皇舆图前发愣。他作为大明朝的开国皇帝，怀有超越前朝帝君的雄心大志。燕王所描述的开疆拓土、建立一个远远超越前朝的中华帝国的前景，确实令人豪气干云。只是看着自己胸前那把稀疏的白色胡须和蹒跚老病的身躯，朱元璋清楚地意识到要完成这一伟业只能是子孙后代的事了。可是，自己选定的继位储君皇太孙允炆，继承了乃父懿文太子的仁慈儒雅性格，他可以做一个勤政爱民的好皇帝，却远非勇武刚毅、心存大志的开疆拓土之君。自己百年之后，允炆还有多少事要做啊！他那柔弱的肩膀，能担负起这副沉重的担子吗？

这次庆寿大典，藩镇各地的诸王都回来了，济济一堂，令老病中的朱元璋甚感欣慰。他逐一召见了镇守北疆的晋、燕、代、肃、辽、庆、宁、谷诸王，要求他们集中精力巩固边防，"毋有他念"。他甚至还亲手画出北方沿边要害图形，指示辽王朱植和宁王朱权：

> 自东胜以西至宁夏、河西、察罕脑儿，东胜以东至大同、宣府、开平，又东南至大宁，又东至辽东，抵鸭绿江，北至大漠。又自雁门关外，西抵黄河，渡河至察罕脑儿，又东至紫荆关、居庸关及古北口，又东至山海卫，凡军民屯种地，毋纵畜牧。其荒旷地及山场，听诸王驸马牧放樵采，东西往来营驻，因以时练兵防寇，违者论之。

老病中的朱元璋孜孜不倦地关注着北方的防务，他对藩王们批示得最多的也是军事防务方面的事。藩王们在京期间经常与皇太孙允炆及其亲信大臣发生一些小摩擦。特别是年长尊属的晋王和燕王根本不把小辈的允炆放在眼里，更何况他手下的臣僚？这些事情朱元璋也时有耳闻，这使他隐隐地感到自己百年之后潜在的忧患：掌握北方军事大权的燕王和晋王能否听命于朝廷？他们与继位的皇太孙之间的矛盾会不会激发？一旦矛盾激发那将会是一场怎样的灾难？……

朱元璋身体虚弱但脑子却很清醒，他发现了存在于朝廷内部的这种隐忧，但自己对它已无能为力了：他不仅无法制约羽翼丰满的藩王儿子们，连身边的皇孙允炆通过他的一帮亲信也逐渐掌控了朝廷的大权，不是他这老弱多病的皇帝所能驾驭的了。因此，他只能强迫自己少想将来的事，而用全部精力关注北方的防务。只要不让异族的敌人入侵肆虐，关起门来怎么样也是我朱家的天下！

祖皇的七十寿庆着实让皇太孙允炆紧张了一阵。藩镇各地的十几位叔王都来到京城，朝廷要照顾好他们的起居生活，安排他们觐见皇上。本来按照朱元璋立的规矩，各藩王来京谒拜父皇后需朝觐东宫，对皇太孙行君臣礼。不知怎的，允炆怕与这些年长他十来岁的尊属叔王单独见面，怕听他们的冷嘲热讽，其中尤以燕王与晋王为甚。故此允炆以众藩王旅途劳顿为由，下令礼宾司取消了东宫朝见礼。同时他也尽量避免在宫中碰见他们，那样他也不必对他们行叔侄礼了。

允炆深知自己虽然在储位上已经坐稳了，但是种种迹象表明，三叔晋王和四叔燕王并未放弃继承皇位的野心。他们深得祖皇信任，总领北方军务大权，在朝臣中也各有自己的支持者。这次进京庆寿，是他们进行各种联络活动的好机会。允炆无法禁止和限制他们的行动，只有想方设法派一些人秘密盯梢监视。朱元璋尚在世，允炆跟藩王们的关系即已如此紧张，以后会怎么样发展真令人担忧。

正在这时，朝中又出了一件令允炆棘手的事。身为皇亲国戚的武定侯郭英被人告发了，御史裴承祖奏本举劾郭英私养家奴一百五十余人，并肆无忌惮地滥用私刑，擅杀男女五人。这事一时在京城引起轩然大波。

朱元璋借胡、蓝党案，无情诛杀了绝大部分功臣勋将，其中有些人还是与他结了儿女亲家的皇亲国戚（如李善长、陆仲亨、傅友德等），就连郭英的长兄巩昌侯郭兴死后还被追论为胡惟庸党。唯独郭英始终受到朱元璋的宠信，为他统领禁兵，守卫京畿。究其原因，郭英从小被朱元璋收为义子，成为他的贴身侍卫。其妹郭宁妃一直受朱元璋宠爱，马皇后与李淑妃薨后由她掌管后宫。朱元璋还把他第十二个女儿永嘉公主嫁给了郭英的长子郭镇，又册封郭英的两个女儿为辽王朱植的妃子，君臣俩结成了双重儿女亲家。

皇太孙允炆一贯对皇亲国戚们的飞扬跋扈嫉恶如仇。他接到御史弹劾武定候的奏章后随即呈给朱元璋御览。朱元璋一见是弹劾郭英的奏折，随便瞟了一眼也不征求允炆的处理意见，便随手搁在了一边。

允炆很纳闷：通常祖皇对此类干犯国法的事处置是很严厉的，犯者轻则交部议罪，重则立招杀身之祸。为什么对武定侯的罪行却不闻不问呢？

可能是郭英私养的那些家奴在京城里仗着主人的势力作恶多端，激起民愤甚大，御史裴承祖的弹劾奏章被朱元璋压下后，陆续又有其他御史忿忿不平地站了出来。都察院佥都御史张春是个不畏权势的铁面御史，他在弹劾郭英的奏章中话说得很重："陛下若为亲亲故一意曲护郭英，则恐天下民心尽失矣！"

朱元璋无奈，只得命诸皇亲大臣议定其罪。皇亲大臣们都知道皇上曲意庇护武定侯的意思，也不敢得罪掌握禁军权势正炽的郭英，大家议定：由皇上敕令武定侯遣散私养家奴百名，抚恤被杀男女家属每人纹银百两。朱元璋还借口备边，把郭英调离京城这是非之地。他下了一道谕，令都督杨文统兵跟随燕王，武定侯郭英跟随辽王，备御开平，俱听燕王节制。

皇太孙允炆对朱元璋徇私庇护武定侯很是不满。他很想借御史们的弹劾把飞扬跋扈的郭英整肃一下。没承想祖皇倒还让他统兵备边，去和燕王搞到一起，这使允炆的神经顿时紧张起来。

兵部侍郎齐泰与太常卿黄子澄被召到东宫商量对策。

允炆对两位亲信大臣道："二位爱卿，这次燕王来朝，送给祖皇的寿礼中有一幅大明皇舆全图。目的就是要激起祖皇开疆拓土建立大明帝国的宏愿，将皇位传予他这样穷兵黩武的藩王。其用意何其毒也！"

齐泰奏道："殿下所虑甚是。目前皇上又下了一道谕旨，命都督杨文率兵从燕王，武定侯郭英从辽王，备御开平，俱听燕王节制。这样更遂了燕王的心意。十几万大军掌握在他的手中，皇上龙体又日见衰弱，万一有变确是朝廷心腹之患啊！"

允炆忿忿地道："祖皇是想为武定侯开脱。哼，像郭英这样专横跋扈之徒，本应绳之以法，为什么还要叫他统兵备边？辽王本来就是他的女婿，到了开平，他岂不为所欲为？若再与燕王勾结在一起，确实让人担心。"

黄子澄道："殿下，武定侯虽有诸多不法，但他是皇上的亲信爱将。纵观朝中开国功臣勋将中仅剩下他和耿炳文两位，这两个人我们一定要争取过来。否则将来一旦局势有变，朝廷连一个有经验的将领都没有，靠谁来领兵征战呢？至于他那些不法之事，皇上都睁一只眼闭一只眼，我们何必较真呢？"

允炆担心地说："祖皇一心只想到当前边患，下旨让镇守辽东的都督杨文和郭英都受燕王节制。燕王早已觊觎辽王和宁王的地盘，他欺我这两位叔王年轻，且就藩不久。现在有了父皇这道谕旨，他就可以名正言顺地一统北方天下了！"

兵部侍郎齐泰奏道："殿下不必过虑。辽王和宁王虽都很年轻，然皆胸怀大志。宁王在都督杨文辅佐下迅速扩充兵备，现已号称带甲八万，革车六千。燕王未必能指挥得动他；辽王是郭英的女婿，郭英因皇上宠信，历来不买燕王的账。所以虽有皇上谕旨，他们最多是在抗击边患时遵循燕王的统一布置，若要他们把军队交给燕王是绝不会从命的。"

黄子澄插言道："尽管如此，臣以为我们必须在武定侯离京之前，请齐大人去他府中一趟，郑重表达皇太孙对他器重之意。这样他就会和朝廷同心同德，对燕王保持一定的警惕了。"

允炆问齐泰："齐爱卿以为如何？"

齐泰点头道："嗯，臣也觉得郭英这人在武臣中举足轻重，他若倒向燕王那一边，实是朝廷的一大灾难，我们一定要争取他。"

"如此就请爱卿去一趟武定侯府吧。"

"臣领旨。"

武定侯郭英是洪武末年硕果仅存的功臣之一。他仗着受朱元璋的宠信，不免有些骄奢恣肆。洪武二十六年因强占官田佃户被告发，他自动地交还佃户，补纳税款了事。这一次又被御史弹劾私蓄家奴、擅杀男女之事，在京都闹得沸沸扬扬，使他十分恼火。他躲在府中不敢上朝，深恐被那些不依不饶的御史们揪住不放。幸得朱元璋的庇护，皇亲大臣会议仅仅作出让他遣散家奴、抚恤死者的决定。皇上又以边患为由，令他率兵赴开平备边。事关边防大计，御史们纵仍有不甘心，又哪敢再事纠缠？

郭英妻妾子女众多，这几天府中正乱哄哄准备侯爷离京赴北方前线的事，忽闻门人禀报："兵部侍郎齐大人求见！"

郭英一怔："兵部侍郎？齐泰来见我干什么？"

他在中堂接见齐泰，宾主坐定后，郭英直率地问："齐大人到敝府来，是不是皇上又有新旨意，不叫我去备边了？"

"不，不。武定侯乃国之栋梁，朝廷所依赖的大将。皇上的这一决策关系国家的安危，卑职等和皇太孙都认为只有武定侯才能堪当重任。皇太孙特命卑职过府来为侯爷送行。"齐泰谦恭地说着。

"皇太孙不是支持那班御史们弹劾本侯吗？"

齐泰连忙解释："侯爷也知道，皇太孙现在代皇上执掌朝政，对都察院的工作也不能不支持。其实他与皇上内心都是曲护着侯爷的。皇亲大臣会议作出的决议就是想大事化小，应付一下御史们了事。朝廷的苦心请侯爷体谅一二。"

齐泰接着又道："皇太孙为了让侯爷一心一意准备备边之事，特命卑职以兵部名义给侯爷拨付了四万贯安置费，明日即会送过府来，侯爷叫下人们把那些抚恤等琐事处理了吧。"

郭英没想到朝廷对他这样慷慨，四万贯不是小数目，遣散家奴和抚恤用不了一个零头。看来皇孙允炆和他的亲信们秉承皇上的旨意，不把他当成外人看待。因此，他满心感激道：

"朝廷如此厚待于我，叫我何以为报？"

"侯爷远赴北疆为国辛劳，朝廷理应予以关怀。皇太孙常对卑职等说：我朝有经验的功臣战将已是凤毛麟角，武定侯和长兴侯对于朝廷的重要堪比当年辅助陛下平定天下的徐达、常遇春。由此可见皇太孙对侯爷是何等的器重啊！"

郭英原来想象，一旦朱元璋去世，自己就会失去朝廷的宠信，很可能只能去依附女婿辽王了此残生，没承想皇孙允炆竟还如此看重自己。皇上目前的身体状况已是江河日下，撑不了多少时日。皇上龙驭归天之后由皇太孙继位几成定局。原以为皇太孙对前朝的公侯宿将颇有成见不可能重用，但从兵部侍郎齐泰的话里听得出来：他们对朝中新进的年轻将领颇不放心，还得依靠他和耿炳文这样的老将来保天下。这样一想，他就觉得那区区四万贯也受之无愧了。

齐泰又试探地问郭英："侯爷是否曾进宫面圣？此次备边调动了辽东诸卫的兵马约十万人，杨文都督本在宁王爷属地，过去又是侯爷您的部属，本来兵部是奏请由侯爷您挂帅去开平。后来不知怎的皇上又下旨令杨文从燕王，侯爷从辽王，统由燕王节制。皇上这样谕旨把我们都弄糊涂了，本来是辽东方面的事，这里有两位王爷坐镇，又有侯爷您这样有经验的将领领军，为什么一定要燕王来插一手呢？"

"哼，皇上怕是不放心我这外姓人，只相信他的亲儿子吧？"郭英一贯与燕王朱棣面和心不和，酸溜溜地说。

"辽王和宁王也是皇上的亲儿子呀！"齐泰继而郑重地对郭英说，"皇上虽有那样的谕旨，但兵部和朝廷的意见是，此次调派的十万兵马仍然由侯爷和杨文都督指挥备御开平，兵部直接输送后备给养给侯爷，侯爷统军直接对朝廷负责，没有朝廷的命令谁也无权调动兵马。这是皇太孙亲口交代卑职的，其中足见皇太孙对侯爷的信任。"

齐泰的这番嘱咐使郭英目瞪口呆。原来，皇上尚还健在时，朝廷中的权力斗争就已经开始了！自己成了双方争相笼络的对象。

郭英并非一介莽夫，而是一个很有心计的人。宠信他的老皇上行将谢世，能找到一个新的靠山是继续享受爵禄和荣华富贵的保证。看来在争夺继位权的斗争中皇太孙允炆已经占得上风，另一方的燕王或其他人成了失败者。更何况燕王历来不是他所喜欢的人。

于是他向齐泰表忠道:"齐大人,郭某是一介武夫,承蒙朝廷不弃,委以备边重任。请齐大人转奏皇太孙,郭某领十万兵马,唯朝廷之命是听,誓死效忠于朝廷,绝不会听其他任何人驱使。"

齐泰很满意他这些话,临行时喜滋滋地道:"侯爷准备哪天离京,卑职等将来为您饯行。"

"岂敢,岂敢!"

"卑职告辞了。"

第三十六章

卸去铁血君王外衣

老天为什么这样惩罚朕？

驸马欧阳伦被杀，疯癫的公主穿了丈夫的官服来见朱元璋，使他联想到另两位嫁到罪臣家的女儿和举火自焚的儿子潭王。慨叹杀人一万，自损三千！晋王暴薨，他哀痛欲绝："老天为什么这样惩罚朕？难道真是因为杀伐过重，老天要折我朱家的寿！"

七十寿庆过后，朱元璋的身体时好时坏，阴晴不定。太医们诊断，皇上主要是因为数十年国事辛勤，操劳过度，导致气血亏虚，偶有风寒侵袭，衰老的身体机能就会挡不住。太医们还私下里询问大内值宫太监，皇上是否还临幸妃嫔？对于七十岁的老人，那档事要禁着些才好。

这一阵皇上尚还健旺，他又照常披星戴月地坐朝处理国家大事。他的耳朵不那么聪顺了，大臣们奏事虽然语速很慢，仍然需要坐在身前的皇太孙给他复述一次。

朱元璋暗自庆幸自己平安跨过了七十岁这道坎。他虽然不期望自己真能万寿无疆，但再活个三五年总还有希望吧？有时他站在乾清宫墙壁上那张大明皇舆图前，看着地图上标着的红色国界线，建立一个疆土广袤的大明帝国的豪情壮志油然而生。自己时日无多，要达到这个宏远目的只能期待子孙后代了。那天他把允炆带到这张地图前提及此事。允炆知道这幅地图是燕王献的，也能猜度他献此图的用心何在，因此态度十分冷淡地奏道："孙臣唯望能小心谨慎守住皇爷爷创下的这份基业，何敢穷兵黩武好大喜功？"

朱元璋对允炆的话自然不很满意：这小子太没有远大志向了！这时他脑海里自然闪过一个念头：五年前自己若是没屈从刘三吾等老臣的压力立允炆为皇太孙，而是在诸子中择贤而立，现在会是什么形势？自己百年之后会有一个英勇坚毅、雄才大略的接班人吗？正因为担心允炆仁弱守不住江山，他把那些强悍的功臣勋将一一诛杀干净。尽管他给那些人加上了各种各样的罪名，但终究难逃后世的诟骂啊！

他常常处在这种思前想后神情恍惚的状况中。过去的许多人和事奔涌而来：臣僚、部将、皇亲国戚、藩镇在外的儿子们……这中间自然包含着许多杀戮、刑罚和血腥的回忆。仅仅在时光倒转数年前，他还在六十几岁的时候，从没有这种现象。那时他杀伐专断，雷厉风行，从来不计后果，也没有任何怜悯与后悔。他这是怎么啦？难道人一旦老了就该这样软弱与无奈？

一天下午，他正在宫中打盹，老太监轻声禀报："万岁爷，安庆公主宫门求见。"

朱元璋一怔：驸马欧阳伦被他赐死后，安庆公主进宫来找他哭闹。那时他正在气头上，词严厉色地骂了她一顿，斥责她生活不该骄奢淫逸，逼着欧阳伦去干贪赃枉法之事。不过他仍给安庆公主留了面子，没让抄检驸马府。后来安庆公主竟然发起疯来，他令京中的其他公主们轮流去守着她，不让她闹事。她是不是现在好些了？其实朱元璋心里还是惦记着这个失去丈夫的可怜女儿的。

"宣她进来吧。"

老太监引着安庆公主进宫。朱元璋第一眼见到女儿就觉得她瘦了许多，脸上异常憔悴，衣着饰物也没有从前那么讲究。朱元璋心想：女儿的病该好了吧！

谁知安庆公主一到朱元璋面前，就把外面的女装脱掉，露出里面的一品官服，然后跪倒请安。

"驸马都尉欧阳伦叩见父皇。吾皇万岁万岁万万岁！"

"呸，呸！你你你这是干什么？"朱元璋一惊而起，面色陡然煞白。

"公主！公主！你别吓了万岁啊！"老太监忙去拉安庆公主，倒被她推了一个趔趄。

"父皇，儿臣冤枉呀！是安庆公主逼儿臣去倒卖私茶的。儿臣受贿也是为了她。她要穿金戴玉，她贪得无厌！父皇您饶了儿臣吧！"安庆公主一个劲地跪在地下叩头。

"呸，呸！快！快把她弄出去！"朱元璋拼命往后退缩，深恐安庆公主扑上来缠住他。

几名宫女连忙过来，连拖带哄地把安庆公主拖了出去。她还赖着不肯走，一面声嘶力竭地高喊着：

"父皇，你饶了儿臣吧！别杀我呀！"

以后几天，朱元璋提心吊胆地深恐他这疯子女儿来闹事。但他又挂念着她，下令入医院赶快去寻医觅药，治好她的疯病。

这件事对朱元璋的刺激很大。驸马欧阳伦是朱元璋晚年亲信的重臣之一，他派去巡视陕西灾情的钦差大臣。谁知他竟然利欲熏心，收受巨额贿赂，指使家奴贩卖私茶，且兼道德沦丧，大肆嫖宿娼妓。如此罪恶昭彰，他不得不下令将其赐死。可是驸马欧阳伦一死，自己的宝贝女儿安庆公主就被逼疯了。平民百姓家的女人死了丈夫，还可以再醮重嫁，皇家的公主可没法再嫁人。再说谁还会要一个徐娘半老的疯子呢？

朱元璋由疯了的安庆公主联想到自己另外两个落难的女儿：下嫁给吉安侯陆仲亨之子陆贤的汝宁公主和最早嫁给李善长长子李祺的临安公主。她们在夫家因罪灭族后虽被妥善安置，然而其丧家之痛哪是常人所能体会的。每逢春节公主们聚集进宫请安拜节时，朱元璋都不敢打听她们的情况。

还有，他的第八个皇子潭王朱梓，他生性胆小怯弱，只因纳都督于显之女为妃，洪武二十三年于显父子坐胡惟庸党伏诛，潭王惶恐不安，竟然在父皇召见他时夫妻双双举火自焚！

想起自家子女的这些遭遇，朱元璋不禁慨然长叹：真个是"杀人一万，自损三千"啊！大概只有他这样经历了长期血腥杀伐的人才能冷眼面对如此残酷！

晚年的朱元璋是否对自己三十余年以严猛治国、大量诛戮功臣宿将的行为有所反省呢？至少从他写的文告谕旨中找不出深自内省的蛛丝马迹。那血迹斑斑的《大诰》《大诰续编》《大诰武臣》仍然被他奉为圭臬。只是在洪武三十年，《大明律》历经三十二年间几度修改最后刊定时，朱元璋采纳了皇孙允炆的意见，将原来苛严的刑法改轻了七十三处之多。这一改动体现了即将继承帝位的允炆改变朱元璋严猛国策的决心。朱元璋并未因此不高兴，反而表现出顺应潮流的态度，他晓谕群臣道：

> 朕自起兵至今，已五十余年。亲理天下庶务，人情善恶真伪，无不涉历。其中奸顽刁诈之徒，罪行深重，灼然无疑者，特令法外加刑。意在使人知所警惧，不敢轻易犯法。然此乃临时举措，是为顿挫奸顽之嚣张气焰，非守成之君应予效法之规。以后嗣君统理天下，应遵守《大明律》与《大诰》，不许用黥刺、剕、劓、阉割之刑。善于治国之君，应以道德化民，不以刑杀立威。求救于重典酷刑，犹索鱼于釜，得活难矣！

这番话从朱元璋口中说出来，似乎有些讽刺意味。早在二十年前的马皇后、太子朱标和他的老师宋濂，不是用这类话谆谆劝谏他却始终不入他的耳吗？这些人泉下有知，也该为他迟到的醒悟感到欣慰了。确实，从赐死驸马欧阳伦之后，朱元璋再也没有杀过一个大臣。也许是七十岁的老皇帝一生杀人太多杀得手软了，也许正应了那句俗谚："人之将死，其行也善。"

朱元璋告诫后嗣之君"应以道德化民，不以刑杀立威"，使他选定的储君皇孙允炆可以理直气壮地"遵循祖训"来施行仁政。朱元璋在世的最后几年，皇孙允炆和他的政权班子逐渐掌控了朝政，首先就从改变《大明律》的严刑峻法开始。允炆继位为建文皇帝后，陆续施行了许多仁政。比如：颁诏天下实行宽政，赦有罪，蠲逋赋；赐天下明年（建文元年）田租之半，释黥军、囚徒还乡里；均减苏、松及江浙的惩罚性赋税；录用洪武被戮功臣之后，恢复其爵位。建文实行的这些措施，都是为了补救洪武朝严刑峻法带来的灾难性后果，让久经高压的人民松一口气。

洪武三十一年正月，京都一直淅淅沥沥地下着雨。朱元璋的心情像天气一样阴沉。他的病时断时续，从没好利索过。胸口老像有什么东西堵着，有时候咳一阵，咳得额头上青筋凸显，勉强咳出一块浓痰来，才稍微舒服一些。御医们商量着给皇上开了些调气养神的补药，但不敢补得太厉害。他们清楚皇上的身体像一架零件腐蚀了的钟摆，只能不时点一些润滑油让它维持艰难的摆动。

这时，在千里之外的太原城，红墙碧瓦的晋王府里，三十九岁的晋王朱枫正走向他短暂人生的尽头。

自从朱元璋在东角门召集朝臣议立储君，在刘三吾等老臣力主下决定立皇孙允炆为嗣后，原本满怀希望的晋王彻底泄气了。晋王生性狂傲暴躁，但他自知无力反对父皇的决定，便变得消极颓废起来。朱元璋为了安抚他，特别下诏将北方军务大权交付他与燕王决断，大将如宋国公冯胜、颖国公傅友德等均受二王节制，军中事大者方奏闻皇上。可是这时晋王彻底心灰意冷了，把一切军务全任燕王一个人管理，自己竟走火入魔，偏信江湖道人炼食仙丹以求长生不老。他以千两黄金聘请江西龙虎山张天师正一道教的两名嫡传弟子在晋王宫中架起熊熊炉火炼制仙丹。那仙丹本是红汞等金属原料炼制而成，服食在肚子里哪能不坏事？晋王虽然日见精神焕发，须发乌青发亮，脸上光彩照人，但沉郁在肠胃里的铅汞毒素却悄悄要了他的命。

三月初的一天早晨，服侍晋王的几名宫女备好洗漱盆汤，进王爷卧室去服侍晋王起床时，发现衣衫凌乱的王爷直挺挺地躺在床上，已经没有鼻息了！侍女们立刻惊声尖叫起来。

王爷因误食丹药暴薨的消息立即传遍了太原城。那两个闯祸的道士立即被抓起来，脾气与父王一样暴躁的晋世子济熺，不由分说地将他俩摁在炼丹炉口活活烧死了！

身穿丧服头缠黑纱的报信使者日夜兼程地驰赴京城，几天后便到了皇宫的宫门外。

宫门太监接过使者的文书，不敢怠慢，立即急步跑进宫去，呈报皇太孙允炆。

"启禀殿下，这是太原晋王府遣使送来的特急文书。晋王已于三月四日薨逝！"

允炆双手颤抖地接过文书看了看。他知道这个消息对于病中的祖皇将是个无情的打击，他真不忍心把这消息告诉他。但这无论如何是无法瞒着他老人家的，于是，他只得狠狠心带着侍从三步并作两步赶着进宫去。

这天朱元璋自觉病体好了些，便打起精神靠在御座上批阅允炆送来的一些重要奏章。皇孙允炆跌跌撞撞地闯进宫来，泪流满面地跪倒在他的脚下，泣不成声地奏道：

"启禀祖皇，三叔他……已于三月初四在太原薨逝了！"

"什么？你再说一遍！"朱元璋呆呆地坐在御座上，手中的朱笔连同奏章从御案上滚落下来。

允炆强忍悲痛再奏："太原急报，三叔晋王于三月初四突然去世！"

"啊！这是真的吗？"朱元璋从御座上站起来，只觉得天旋地转，脑袋昏沉沉地就要倒下。允炆连忙从地上爬起来，与两个随身太监一同协力把他扶住，顺势倚靠在旁边的软榻上。

朱元璋颤颤巍巍地接过允炆呈上的晋王府急报，那上面的几行字像钢钉一样扎在他的心上。两行泪水蓦然从他干枯的眼眶里流出来。

"枫儿，你怎么就走了？你还只有三十九岁啊！"他用沙哑的声音哭喊起来。

"皇爷爷，您一定要节哀，别哭坏了身体。"允炆从没见过祖皇这样悲伤。即使他父亲——太子逝世的时候，祖皇虽然心中有着剧烈的悲痛，却很难从表面看得出来。果然人一入老境，感情就脆弱了。

朱元璋泪眼婆娑，他在心里念叨着："天啊！你为什么对朕这样残酷啊！朕的皇后那么早就离开了人世，这还不算，朕的长孙雄英也夭折了。接着又是朕的太子英年早逝。朕的二儿秦王、三儿晋王陆续离开了朕。真是白发人送黑发人啊！老天为什么这样惩罚朕？难道真是因为朕杀伐过重，老天要折我朱家的寿吗？"

太子朱标在世时常用"杀伐太重，恐伤和气"委婉地劝谏父皇，那时被朱元璋斥之为"妇人之仁"，自以为膺天命来统治万民的刚猛之君是不相信什么因果报应的。现在，老病之躯是否令他的钢铁意志一点点地在磨蚀呢？他会忏悔自己所做的一切吗？

晋王朱枫长得仪表堂堂，一双丹凤眼，顾盼有威，是朱元璋二十六个儿子中他比较喜欢和钟爱的一位。然而就藩以后，禀性高傲的朱枫常做出一些出格的事，比如违制大建宫室、擅自扩充侍卫军等，被人告发他有谋反的迹象。朱元璋大怒，当即召其来京，准备将他废黜为庶民，禁锢在宗人府。幸亏太子朱标念在同胞兄弟分上，泣血跪谏，才把朱枫救下来。太子巡视陕西后，晋王朱枫受了那次警告，像变了一个人似的，不仅对父皇和皇兄恭谨顺从，诚恳自责，对朝廷的官员们也彬彬有礼。朱元璋其实是个护犊的父亲，于是又恢复了对晋王的信任和宠爱，甚至把北方军务的重任交付给他和燕王共同领导。

后经朱元璋严厉询问，晋王府不得不禀报了朱枫因误食金丹暴薨的真相。朱元璋虽然对儿子的无知摇头叹息，却并不过分谴责他这种愚蠢行径。他在颁赐给晋王的谥册诏书中写道：

朕回性先王之典，生有名，殁有谥，所以彰其德表其行也。昔日封建诸子，封尔为晋王，使为之国家藩屏，至今多年矣。今尔因疾而薨，特遵古制，赐谥曰"恭"。

呜呼，谥法者古今之公议，不可废也。尔若有知，服斯宠命。

这篇谥文虽对晋王没有太多的赞颂，但较之秦王死时，谥文中直贬其"不良于德"，且赐给一个不雅的谥号"愍"大不相同。晋王被赐谥为恭王，也说明朱元璋对这个儿子的偏爱。作为垂暮之年的父亲，他痛惜晋王的早逝，不忍再去责备他的荒唐和过失。不仅如此，他还亲批八百亩土地为晋王敕建规模宏大的陵园，使晋国子民得以常年祀奉和纪念这位并没有多少德政的藩王。他还辍朝三日以示对晋王去世的哀悼。真可谓恩宠有加，异于寻常。也许这些都是他借以释放自己心中郁积着的老年丧子悲痛的举措吧？

一封敕书引起的震动

朱元璋颁赐燕王敕书引发朝廷震动。"谁叫你扣发敕书？你不知道这是欺君大罪吗？"燕王接到敕书欣喜若狂，对道衍说："你不认为父皇有将天下托付本藩之意吗？"道衍却恭贺他有机会掌握十万兵马，成为与朝廷抗衡的重要力量。

晋王的突然暴薨使老病中的朱元璋哀痛欲绝，他那布满沟壑的脸颊上终日愁云密布，干枯的眼眶里不时滚出一滴滴泪珠来。这时的朱元璋，谢去了他叱咤风云的铁血君王外衣，还原了一个七十岁老人的脆弱心肠。他为一个个早于他离开人世的亲人伤心：和他患难与共的马皇后，患有先天惊厥症的长孙雄英，他最钟爱却又怒其不争的太子，他的二皇儿秦王、三皇儿晋王。此时此刻，他不得不对轮回报应之说将信将疑：果真是因为自己杀人过多，折损了亲人们的寿命吗？不过，纵使是这样，后悔也无益了，自己已快到生命的尽头，唯愿到了另一个世界里，能与在地下等着的亲人会见……

受了晋王暴薨的打击，病中的朱元璋日益虚弱了。三四月正是江南的梅雨季节，南京城始终笼罩在绵绵不断的蒙蒙细雨中。每天晚上，朱元璋总感到浑身冰凉，侍寝的宫妃都无法捂热他的身体。一旦入眠，往往被纷至沓来的噩梦所缠绕，有时甚至因此而惊醒。

尽管如此，他仍然挣扎着病体处理一些必要的政务。皇太孙允炆坐在御榻旁，将事先准备好的一些重要奏章念给他听，一般允炆都会把自己的批复意见一并上奏。朱元璋或是点头默许，或是指示允炆召集有关大臣从详计议，再行上奏。

最近北方边关时有骚动，北平都司和辽东都司都有告急文书报来。朱元璋深知允炆不熟悉军事防务，兼之领导北方防务的各个藩王他也指挥不动。于是他忘了自己的病体，以一种亢奋的状态开始调兵遣将，频频对北方的燕、辽、宁、谷、代王等发出敕书，指示他们巩固边防，抵御来犯之敌。

这时已是洪武三十一年的五月份，也许朱元璋预感到自己的病体无法支撑到这次战役的结束（他果真在不到一个月后就驾崩了）。他必须指定一位领导指挥战争的继任者，五月廿九日，他召来草拟敕诏的官员，让其给燕王朱棣发出一份敕书：

> 朕观成周之时，天下治矣。周公告成王曰："诘尔戎兵，安不忘危之道也。"朕之诸子，汝独才智，秦晋已薨，汝实为长。攘外安内，非汝而谁？朕已命都督杨文率北平都司及行都司兵马、郭英率辽东都司及辽王府护卫备御开平，俱听尔节制。尔其总率诸王，相机度势，用防边患，奠安黎庶，以答上天之心，以副吾付托之意！其敬慎之，毋怠！

这封敕书在朝廷中引发了一场小小的震动。兵部侍郎齐泰把即将发往北平的敕书扣下了，他与翰林学士黄子澄赶进东宫去见皇太孙允炆。

"殿下，皇上今日谕旨发给燕王的这份敕书您仔细看过吗？"

允炆听齐泰这么问，接过已由兵部封好准备以六百里加急发出的那份敕书仔细看了看，"这份敕书是祖皇令制诰学士按照他的口气草拟的，二卿以为有什么不妥吗？"

黄子澄奏道："皇上现在在病中，心情有些急躁。请恕微臣唐突圣驾，他老人家似乎有惶惶然临终托孤之意。敕书中称燕王为诸藩王中独有才智者，秦晋去世后他又是长兄，负有攘外安内之重任。要他总率诸王，相机度势，下安黎庶，上答天心，不负皇上付托之意。这些话简直把臣看得触目惊心啊！臣怀疑是那个制诰的老先生只顾笔头子顺溜，曲解了皇上的意思！"

齐泰道："所以臣等商议，这样重要的敕书还是不要仓促发出的好。臣暂时把它扣下来，请皇太孙仔细斟酌再发。"

允炆把那封敕书拿过来字斟句酌地仔细看了一遍，那些刺眼的字句果然使他心惊肉跳。祖皇欣赏燕王才智过人这原无可厚非，谁叫我那些叔王大都不争气。但祖皇要他总率诸王，相机度势，攘外安内，下安黎庶，上答天心。天啊！燕王本就野心勃勃，觊觎庙堂，还叫他相什么机？度什么势？攘什么外？安什么内？这份敕书一下去，岂不会更助长其狼子野心，不把朝廷放在眼里吗？尽管他的心被这些问题咬噬着，但他清楚自己的地位只是一个储君，决不能违抗祖皇的命令——哪怕是损害自己利益的命令。

"齐泰，谁叫你把敕书扣下不发出去的？"允炆板着脸斥责道，"你不知道这是欺君大罪吗？"

齐泰没想到皇太孙会变脸，扑通跪下奏道："臣知罪……但臣以为是制诰官文词考虑不周，会造成不应有的后果。只要臣所作所为有利于匡扶大明正统，臣请殿下赐罪。"

黄子澄也一同跪下奏道："启禀殿下，齐大人一片忠心，为的是国家社稷。臣以为，这封敕书的词句确实考虑欠周，会令那些有野心的人想入非非。"

允炆叹口气道："二位爱卿起来吧！我何尝没有这种疑虑呢？草拟敕书时我也在场，祖皇为使燕王担负边防重任，确是讲了那些赞扬和鼓励他的话。我们为臣子的哪能说主上的错？况且敕书里也提到了具体的兵力布置，然后才命燕王统领诸王，相机度势，用防边患。祖皇明确的指示燕王在防御边患上相机度势，并无其他喻义。人家要往歪里想，只能说他蓄意玷曲圣意罢了。"

允炆指示道："齐卿回去，速将敕书以六百里加急发出。"

"臣遵旨。"齐泰又禀奏道，"皇上近日已令都督杨文出朝任总兵官，统率北平都司及行都司五万兵马赴开平御边，又调令武定侯率刘真、宋晟等都督自辽东赴开平。"

"辽东那边的兵马有多少？"

"辽东都司兵马连同辽王护卫共五六万人。"

"开平有多大地方，需十来万人守卫？"允炆皱起眉头，忧心忡忡地道，"燕王接到敕书后肯定会到开平去，这么说十来万兵马都在他节制之下啰？"

齐泰深知皇孙允炆担心的是什么。他和黄子澄交换了一下眼色，然后禀报允炆道："殿下毋须过虑。辽王与武定侯现驻兵大宁，离开平仅四五百里。实际上开平的防务尽在辽王与武定侯掌控之中。辽王殿下虽然年轻，但有岳丈武定侯给他掌舵，凭着他'带甲八万，革车六千'的军事实力，雄踞一方，想让他们听从燕王的节制，恐怕只是一句空话。"

"那都督杨文统率的兵马呢？北平都司和行都司各卫所素与燕王比较亲近，皇上既有明谕杨文所部须受燕王节制。这部分兵力燕王能控制吗？"允炆又问。

齐泰奏道："这两年，都督杨文南征北讨，先是代替齐让为平羌将军，后讨平古州叛蛮，二月份才回京师。皇上也知道杨文与燕王素有不睦，但朝中没有有经验的大将，皇上不得不派他统兵备边。为此还特地敕谕告诫他不要'贰心事主'，要他绝对服从燕王的王命，大小官军都听从燕王的节制。杨文离京前的那晚，臣到他府中拜访，转达朝廷和殿下对他的寄重。他是个有心计的人，眼见皇上的病已是这个模样了，他能不为自己的前程着想？他领兵到了开平前线，将在外君命尚有所不受，更何况燕王只是个藩王呢？殿下尽可放心。"

齐、黄二人接着密奏皇太孙，在皇上重病期间，必须加强京畿的警卫，以防在发生重大变故时措手不及。允炆当即与齐泰、黄子澄商定，请皇太孙奏明圣上，从江西、浙江两都司暂调数十营精锐布防于京畿外围，以防万一。这是朱元璋在朝局动荡时屡屡采取的措施。只是这一次掌控着朝廷大权的皇太孙和他的左辅右弼想要防范的是什么，倒颇为耐人寻味。

几天后，皇上赐谕燕王的敕书抵达北平，以前朱元璋多次发给燕王敕书，对北方防务作周详缜密的指示。有些涉及军事机密，燕王一般不让所有臣僚知晓其中内容。然而这份敕谕他觉得有必要让大家都知道。他特地选取了一个有北平布政使、按察使和北平都司、行都司官员全部在场的时候，让王府长史认真宣读皇上圣谕。宣读完毕，长史将皇上的敕书恭呈给燕王，燕王双手毕恭毕敬地捧着供于堂上，然后躬身跪拜于地。

"儿臣朱棣蒙父皇赐谕，委以总率诸王，攘外安内之重任。臣身负圣恩，当赴汤蹈火，在所不辞。率领三军远赴开平备边，重创敢于犯境之胡虏，扬我国威，下安黎庶，上答圣心，庶几不误父皇之付托！"

燕王誓拜完毕，北平布政史率先对他表示祝贺道："当此圣躬欠泰，国家多事之秋，皇上他老人家深谋远虑，特地赐谕给王爷，委以总率诸王，攘外安内之重任，实属可喜可贺！卑职等忝为地方官员，定当各尽职责，听命于王爷的驱使，协助王爷完成备边驱虏的使命。"

北平按察使和各都司的指挥使也都作揖道："卑职等皆愿听从王爷驱使！"

"各位大人辛苦了！"燕王谦逊地表示，"小王既膺圣命，到时少不得有劳各位了。"

当燕王把敕书拿给徐妃看时，他忍不住心中的喜悦字斟句酌地把它念了一遍又一遍。

"爱妃，你看出了父皇这封敕书字里行间的深意吗？"

徐妃有些懵了："父皇一直对王爷很信任，将北方防务交给你和晋王。现在晋王去世，王爷身上的担子更重了，父皇自然要赐谕勉励你。这中间有什么深意呢？"

"不，从去年到今年，父皇对北方防务非常关切，每次敕书都有具体的指示，比如城垒烽燧的设置，比如步骑兵的巡逻出击等。这次父皇却明示秦晋二王薨逝后，我已是诸藩之长，应负起总率诸王、攘外安内之重任。攘外是防御边患，安内是指什么呢？他老人家这般郑重地托付于我，难道不是另有深意吗？"

"王爷是指父皇或许会考虑储位的更迭？"徐妃小声地问。她素知燕王心怀异志，因而委婉地劝谏道："臣妾以为，父皇立允炆为皇太孙已经五年了，他在文武大臣中已经树立了威信。现在朝政基本上为允炆所掌控。况且父皇现在重病缠身，朝不保夕，即使他老人家有易储的念头也是不可能实行的。更何况父皇从来就只希望王爷替他管好北方军务，抵御胡虏，藩屏中央，丝毫没有要王爷入主京都的意思。王爷还是要审慎从事才好。"

燕王让徐妃泼了一瓢冷水，心里很不高兴。他差人去大庆寿寺召道衍和尚进府，在书房里与他密谈。

道衍看了朱元璋赐谕燕王的敕书，笑逐颜开地向燕王祝贺道：

"贫僧恭贺王爷！"

"大师是否从父皇敕书的口气看来，有将天下托付本藩之意？"燕王直率地问道衍。在这个和尚面前，他没有必要掩饰心中的想法。

"这个贫僧倒看不出来。"道衍老老实实地答道，"皇上当时在选择继位储君问题上的确还有些犹豫，他既属意于王爷的贤明睿智，文才武略，但又碍于秦晋二王以兄长居前，难于决断；现秦晋二王均已去世，挡在王爷前面的绊脚石已经没有了。但允炆立为皇太孙已经五年，他的储君地位已经牢固。朝政已完全为其亲信大臣所把持，即使皇上有心易储也是很难的事了。这一点王爷必须有清醒的认识。"

燕王顿时有些泄气："既然如此，大师有何可以恭贺本藩的？"

道衍从容答道："对于庙堂大事，贫僧不是以'积极准备，静观其变'八字献给王爷吗？皇上此敕将'总率诸王，相机度势，用防边患'的重任托付于你，且明令杨文所率北平都司、行都司兵马及郭英率辽东兵马俱听你节制。王爷可借此次备御开平之机将十万大军控制在手里，静观朝局的变化。据说皇上病疴日沉，大有朝夕不保之势。万一龙驭归天，这十万大军虽不足以与皇太孙允炆争皇位，却是王爷与其抗衡的重要力量。"

燕王摇摇头道："大师有所不知，那杨文原是辽东总兵，与辽王关系密切。辽王年纪轻，一切均由他岳父武定侯郭英掌控。虽然父皇分别诏谕他们二人所率兵马均要听从本藩节制，但军队布防在开平一线，本是在辽王辖区内，郭英、杨文他们能听从本藩的指挥么？据我在京城的耳目报告，他们俩出京前与齐泰、黄子澄等均有秘密接触，只恐早已被他们所收买。"

道衍默然颔首道："皇上晚年杀伐太重，纵观朝中，有经验的将领已经不多了。皇太孙若继位登基，自然要物色几个护驾的武臣。那齐泰是兵部侍郎吧？他与杨文、郭英等皇上点名指派的将领自然方便接触，皇孙允炆许他们高官厚禄完全可能。看来皇上敕谕王爷总率诸王节制诸将，他完全没想到这些情况啊！"

"父皇戎马一生，号令天下，无将不从，无令不行。他哪里会想到自己所指派的将领会成为一些人争夺权力的工具？"燕王愤愤地说。

"那杨文既奉旨离京，来北平觐见王爷了吗？"

"据我所知，他领着朝廷的调兵走马符牌，在北平都司和行都司的各个卫所挑选和调集兵马，已经忙乎好些天了，大概要把调集的兵马准备停当了，再来北平见我一下。"燕王道，"到时候本藩倒要考考这位大都督对备边御敌的常识知道多少，他若胡乱回答，本藩就把皇上历次的敕谕请出，让他下不来台。"

"那样王爷与他的关系岂不会搞得更僵吗？"

"哼，小人不与为谋！有些人是终究会成为死敌的。我不相信郭英他们会始终守在辽东。十五弟（辽王朱植）生性优柔寡断，不足为虑。倒是十七弟（宁王朱权）他那甲兵八万革车六千，特别是骁勇善战的朵颜三卫，本藩必将取之而后快。有了辽东的大片土地和人民为后盾，何愁大事不成。"

在道衍面前燕王丝毫也不掩饰自己夺取天下的目的。后来靖难兵起，建文帝恐辽王与宁王跟燕王合流，用黄子澄之计召辽王、宁王入京。辽王朱植听信岳丈郭英之言，走海路回到南京，建文帝将他改封到荆州去了。宁王权不从朝廷召唤，招致削去三护卫的处罚。后来朝廷又派江阴侯吴高攻永平，燕王派兵往救。燕王置朝廷围困北平的严重形势于不顾，决心先夺取辽东。燕王亲率大军自刘家口间道急趋大宁，宁王邀请燕王单骑入城。燕王对年轻的宁王说起被逼起兵的缘由，请宁王代写请罪书向朝廷请罪。燕王在大宁待了三天，他的部将暗地串通了朵颜三卫及其他戍卫。燕王临行时宁王念兄弟之情送出城去。谁知降卒们一声呼啸，拥着他和他的妃妾世子随燕军入松亭关。至此，宁王所辖辽东领地和剽悍的朵颜三卫尽归燕王所有，壮大了燕王抗击朝廷的军事力量。其实这是燕王早已谋划好的一次成功的行动。

第三十七章

皇上龙驭归天

噩梦丛生亡灵索命

　　朱元璋病情加剧，思绪紊乱，迁至西宫寝殿静养。他在梦境中见到徐达、刘伯温，对他们的死强加辩解。随后胡惟庸、李善长的冤魂把他追到御花园，所有被诛杀的文臣武将都跟在后面高喊："朱元璋，还我命来！"

　　朱元璋的病时好时坏，到了洪武三十年五月夏初，他虚弱的病体已经没法支撑着去上朝了。皇太孙允炆每天在他的病榻前，将朝中发生的大事——禀奏给他。自然，为了使祖皇能心情舒畅些，不增加他病中的焦虑，允炆尽量报喜不报忧，一些不好的消息就不禀报给祖皇听；一些棘手的政事也由他与大臣们商量着去处理，干脆不让病中的朱元璋知道。

　　其实这时候允炆心里颇为不安，他们这样做也不是犯了欺君之罪吗？可是黄子澄、齐泰坦然辩护道："按理殿下应将朝政——细禀皇上，然而朝中那些不愉快的事皇上听了徒增焦虑不安，使他的病情更形加剧。对于殿下来说，确实是忠孝难两全啊！"

　　五月初云南传来了好消息，沐春率军击败了叛乱的刀干孟，杀其弟刀名孟，降众达七万人。允炆兴高采烈地把这个消息报告朱元璋时，病中的老皇帝甚感欣慰，传旨赐西平侯沐英金帛文绮以为嘉奖。

　　皇孙允炆一愣道："启禀祖皇，沐英已于洪武二十五年病故了，西平侯已由其长子沐春袭爵。您不是拜他为征虏前将军，率何福、徐凯讨平麓川之乱吗？"

　　朱元璋茫然地愣了一阵："啊，沐英已经死了。现在镇云南的是他儿子……他叫什么？"

　　"袭任西平侯的是沐春。他还有个弟弟沐晟在后军都督府任职。"允炆见祖皇意识紊乱，连沐氏父子都搞混了，只得耐心给他解释。

以后，屡有这样的事情发生，皇太孙与众大臣商量。鉴于皇上思绪紊乱，已无法正常听取汇报处理国家大事，只得暂把他从乾清宫御书房迁出来，搬到后宫寝殿静养。自然，从此以后就正式由皇太孙代替他临朝听政，文武大臣上朝时对着空空的皇帝御座三跪九叩，行礼如仪之后齐颂"吾皇万岁万万岁"。然后一切政事均由设在旁边座位上的皇太孙和他的左右辅臣齐泰、黄子澄裁决。

这种形式有点滑稽，但殿上的文武官员们都知道，他们的皇上已经病入膏肓，皇太孙由那个侧座上正位坐到中间的皇帝宝座上去，也只是个时间问题了。因为皇太孙在摄政之初已经表现出施行仁政的倾向，皇帝宝座上那个天威莫测的老皇帝已不复存在，大臣们上朝时顿时觉得轻松了许多，至少没有了那种刀斧加在颈上战战兢兢的感觉。

朱元璋躺在西宫的寝殿中，他的病在五月初九骤然加重，经过御医们手忙脚乱地抢救，总算渡过险关。但是御医们会商之后，不得不向皇太孙奏明：皇上的病已入膏肓，臣等已无能为力了，现在只能用药尽量维持他的生命。好在皇上体质异于常人，这段时间会拖得比较长些。皇太孙闻奏默然无语良久，他知道现在就是降旨把御医们全都杀了，也无法挽救祖皇的生命，他只是下了一道封口令：谁要是将这个消息泄漏出去，必将遭受最无情的惩罚：身诛而族灭！

皇太孙允炆仅将这个消息告知了他的两位辅弼大臣齐泰和黄子澄。他们必须做好祖皇随时随地可能龙驭归天的准备。

朱元璋仰躺在御榻上。他每天的进膳越来越少，渐渐地只能进些养神提气的参汤之类了。他慢慢地变得形销骨立，气如游丝，苍老干枯的双眼紧紧闭着，经常处在一种半睡半醒的梦境中。

在梦中——他绝不像现在这般苍老虚弱，仿佛又回到了几年前，仍然保持着帝王的威严和杀气。

他看到一个臣子惶恐匍匐在自己面前。当那人慢慢抬起头来，他惊异地发现原来是已经死去十余年的大将军徐达！

徐达仍然一如既往地谦恭有礼："臣徐达恭请圣安！"

朱元璋颇为尴尬地："啊，徐皇兄，你怎么来了？你不是已经……"

徐达变戏法似的从宽大的袍服中捧出一个银光铮亮的银盘，银盘里盛着一只热气腾腾的蒸鹅。

"陛下赐给臣的蒸鹅，味道极其鲜美。臣蒙陛下如此厚爱，能不前来叩头谢恩吗？"徐达恭恭敬敬地叩拜在地。

朱元璋颇有些无地自容，忙下座扶他起来，尴尬地解释道："喀喀，徐皇兄，朕知你对此心存怨恨，朕也是不得已啊！太子孱弱，对你们这些手握兵权的大将朕不得不防着点。唉，也只怪你那背疽生得不是时候啊！"接着，他又抚慰徐达道："再说，卿死后朕也没有亏待你们徐家呀！朕为你辍朝三日，亲自为你撰写神道碑文。并封你为中山王，为你的儿子们加官晋爵。辉祖袭魏国公之职，现已成为我朝武班领袖。你在九泉之下，也应该为此感到宽慰啊。"

"皇恩浩荡，臣无话可说。"徐达仍然是那样谦恭有礼，"只是臣担心朝中大将，像李文忠、冯胜、傅友德、蓝玉等先后都获罪死了，剩下的人也都惶惶不可终日，一旦边关有事，谁替陛下领兵御敌啊？"

"徐皇兄过虑了。自你去世之后，燕王朱棣接掌北方军务，他率师北征，取迤都降元太尉乃儿不花和丞相咬住，后又在彻彻儿山擒斩孛林帖木儿，累立殊功。朕有智虑绝伦，雄才大略的燕王坐镇北平，藩屏帝室，还有什么不放心的？"

徐达竟然放肆地大笑起来："哈哈哈，四殿下是臣的女婿，臣与他相处多年，岂不知他心里是怎么想的。陛下在世一天，燕王自会恪尽臣子之道，一旦陛下龙驭归天，他还会像忠于陛下一样忠于他的侄子吗？"

一句话激怒了朱元璋，他恼怒地喝道："大胆徐达，尔竟敢妖言蛊惑，离间皇室骨肉之情，该当何罪？"

徐达连忙匍匐请罪："臣失口直言，请陛下治罪。"

朱元璋毕竟对徐达心存歉疚，因而宽恕他道："念你昔日之功，朕暂不追究你。你去吧！"

"谢陛下恩典。"

匍匐在地的人抬起头来，竟然不是徐达，忽然刹那间变成了身着乡间布衣的刘伯温。

"草民刘伯温叩见陛下。"

朱元璋甚为诧异："咦！怎么会是你？刘老先生，你不是洪武八年就因病去世了吗？"

刘伯温抱拳一揖："草民荒冢寂寞，难忘昔日你我君臣情谊，特来看望陛下。"

朱元璋心有愧意地问："刘老先生，你是不是也对朕有怨气啊？"

刘伯温微微一笑道："陛下，臣自幼熟读经史，岂不知历代君王素有兔死狗烹鸟尽弓藏之权术。故而陛下登基之后，臣一心效法汉留侯张良，激流勇退以求避祸。可谁知陛下终究不肯放过臣这羸弱之躯，先是有'谈洋王气'之谗，后又假手胡惟庸赐臣草药，致使臣服后一病不起。"

朱元璋为自己规避罪责道："喀，都是胡惟庸这逆贼，假借朕的名义去看老先生，在你的草药里下了毒。朕后来不是诛杀了胡惟庸，给你报了仇么？"

刘伯温岂能不识他这推托罪责之辞，他冷笑道："陛下，你不用宽慰为臣了。胡惟庸纵是一条恶狗，没有见到主人的眼色，它也不敢乱咬人啊！"

这时，刘伯温身后蓦地冒出一个人来，原来是身穿囚服披锁带枷的胡惟庸。

"是啊，若非皇上授意，我胡惟庸胆子再大也不敢对刘大人下毒啊！可到头来皇上拿此事当成我的一大罪状，我冤不冤呀？"

朱元璋见胡惟庸竟敢出来捣乱，戟指着他喝骂道："大胆逆贼，你篡权乱国，结党营私，卖官鬻爵，还勾结陈宁、涂节等逆臣阴谋叛乱，还不是死有余辜吗？"

胡惟庸为自己辩护道："皇上，那还不是你设个套子让我们往里面钻呀！你无缘无故杀了汪广洋，又发动御史大臣们交相弹劾臣，逼得臣等不得不铤而走险以求自保。你又借此事大肆株连，杀了七位侯爷和李善长以及大大小小文武官员三万余人。哼，我胡惟庸要真有那么多党羽，还轮得到你来杀我吗？"

"住口！"朱元璋火冒三丈，"胡惟庸你这逆贼，你生前对朕唯唯诺诺，阿谀奉承，死后竟然敢这样顶撞攻击朕，朕能将你明正典刑，就不能再杀你一次吗？"

朱元璋抽出身上的佩剑朝胡惟庸砍去。突然，跪跌地上的胡惟庸摇身一变，变成了满面血污的李善长，用一双枯槁的手架住了寒光闪闪的宝剑。

"且慢！皇上，我李善长协助你平定天下，又率众将再三劝进，把你捧上大明朝皇帝的宝座。可是，你登基不久就处心积虑地剥夺我的相权，逼我称病致仕。最后竟然以莫须有的罪名赐我死罪，还惨无人道地杀了我全家七十余口人！朱元璋，朱重八，你好狠毒啊！你还我命来！"

李善长竟然舞动着一双血污的手向朱元璋扑过来。他那十个干枯的手指变成了锐利的钢爪，"嗤——"的一声抓破了朱元璋身上的龙袍。这时胡惟庸也从身后钻了出来，他那被凌迟现出枯骨的尸身鬼魅般直扑朱元璋。

朱元璋高喊卫士前来护驾，可是他的喉咙像窒息了一样喊不出声来。他只得惊恐万分地往御花园奔逃，脚下却全是刺人的荆棘挡住他的出路。李善长和胡惟庸的身后又出现了汪广洋、朱亮祖、胡廷瑞、李仕鲁、陈汶辉等被杀的文臣武将，一个个满身血污扑将过来，口里一齐高喊："朱元璋，还我命来！"

朱元璋被他们围着追打撕扯，极为狼狈地从御花园这棵树下逃到那棵树下，这个角落藏到那个角落，一面嘶声叫喊："卫士，快来救驾！"……

寝宫四壁的烛光闪烁摇曳，老皇帝终于从缠绕他的噩梦中醒过来。他气喘吁吁，浑身湿淋淋惊出了一身冷汗。他呆呆地望着寝宫屋顶上的雕梁画栋，不敢去回想梦中的情节和那些追逐他的人。对丁他们的死，有的他心怀歉疚，但他并不后悔。谁让他们在朕驾前为臣，又恰好遇上了朕需要大开杀戒的时候。

朱元璋晚年常侍左右的张美人带着三岁的宝庆公主来看父皇，冰冷的寝宫里陡然增加了一点亮色。

朱元璋六十七岁时得了最后一个皇子朱楠，不幸生下一个多月就夭亡了。这时朱元璋身边虽然美姬环绕，但他自度年迈精亏，再不会有生育皇子公主的能力了。孰料偶尔临幸了年轻貌美的张美人，第二年他六十八岁之际竟又得了一个白白胖胖的小公主，他亲自命名为宝庆公主。小公主越长越惹人喜爱，朱元璋每于国事忧烦之时，一看到小公主胖嘟嘟的小脸蛋气就消了一半。因此在他晚年，没多少名分的张美人母因女贵，能得以常伴皇上的左右。

张美人听说皇上病重，带着宝庆公主来到皇上寝宫探视。她在御榻前跪请圣安后，不谙世事的宝庆公主就爬到父皇跟前，顽皮地抚弄着他杂乱的花白胡须问道："父皇，你的胡子老长老长，怎么不剪呀？"

朱元璋艰难地抬起手臂摸着爱女的头，颇为伤感地说："父皇……我要走了，没时间剪胡子了。"

宝庆公主不懂父皇的话，眨巴眨巴眼睛问："父皇，你要到哪里去呀？"

朱元璋面对天真无邪的女儿，露出一丝苦笑："父皇……要到很远很远的地方去。"

小公主望望父皇，又望望母亲，仰起小脑袋问："那妈妈也去吗？"

朱元璋无情地回答："当然，你妈妈也要去。"

宝庆公主赖在母亲身上说："那我也要跟你们去。"

"孩子，那是不行的。"

小孩子天性不愿离开自己的母亲，紧紧抱住背过身去为自己的命运暗自垂泪的张美人，哭闹着不依："不，我要去！我要妈妈！"

心如铁石的老皇帝这时也为这凄惨的一幕动容，他不忍看小女儿的啼哭，在病榻上艰难地转过身去。他那枯槁干涸的眼眶里，隐隐地沁出了闪亮的泪花。

美丽女人们伴随皇帝同行

朱元璋在昏迷时突然呼唤："四儿……四儿……来没有？"，皇太孙和他的臣僚们一阵紧张：他是想召见燕王吗？临终前他托孤给驸马梅殷："若有人敢违天命，汝可代朕举兵伐之……"总管太监宣布遗诏："所有妃嫔美人一律为皇上殉葬。"宫中白练飞舞，美丽的女人们凄惶地陪伴皇上去另一个世界。

洪武三十一年这个漫长的五月，朱元璋都是在病榻上度过的。在这段时间，他仍然关注国事，每天要求皇太孙来他榻前把大臣们的重要奏章念给他听。当他神智清楚的时候，也口述御批，要允炆为他代笔写在奏折上。不过这些御批多数要经皇太孙和他的辅弼大臣仔细斟酌才发下去执行。如果他们发现皇上因老病思绪紊乱使御批有不当之处，仍由皇太孙在老皇上御批后面再写几行字。这样的方式大臣们都习以为常了，他们都原谅老皇上的颠顶昏聩，人不能精明一世，总有退出历史舞台的一天。

朱元璋在缠绵病榻期间，觉得一天的日子特别长。阳光从寝殿东边的窗棂中照射进来，慢慢地在铺着红毯的地面上移动，到中午时刻才消失，他才意识到这一天已经过了一半。

打从他二十五岁投红巾军起，四十六年间有哪一天曾经这样悠闲过？这时他不免也像常人一样，颠三倒四地回顾起那些逝去的岁月来。

他最不愿意回忆的是充满艰难屈辱的青少年时代，尽管他在许多文告中以"淮右布衣""江左布衣"自诩，那不过是更加彰显取得天下的艰难和可贵。他的父辈和祖先都是乡间泥土地里胼手胝足劳作的农民，自己当皇帝后立即将他的四代祖先分别封为仁祖、熙祖、懿祖和德祖。把他们的枯骨搜集拢来建立规模宏大的陵园。可惜由于国事繁忙，这些祖陵建成后他一次也没有去瞻拜过。

回想起来最能让他感到兴奋的是渡江后与群雄逐鹿江南的那些年月。虽然是屡逢惊险几陷绝境，充满血腥杀戮的回忆，然而最后剪灭群雄定鼎天下的快慰是只有他能够体会到的，因为登上皇帝宝座的只有一个人，就是他朱元璋！

以后的三十年有余，他是在乾清宫并不轻松的皇帝生活和后宫的倚红拥翠中度过的。数不清的美丽女人给性欲极强的皇帝带来了感官上的快慰，让他常常有不虚此生的感觉。然而他从来没有体会过唐明皇和杨贵妃那种痛心彻肺的爱，为此不免有些遗憾。他想：凡事不能两全，自己要做威猛的开国之君，大概就不能像唐明皇那样倾情。

最使病中的老皇帝惴惴不安的还是自己这一生诛杀的那些文臣武将。当时为了坚持自己刚猛的国策，为了给仁弱的继位之君清除障碍，诛杀功臣勋将他毫不心慈手软，制造一些莫须有的罪名和株连过甚的党案也毫不脸红。现在他后悔了吗？未见得如此。只是那天晚上被李善长他们追杀的噩梦使他产生了一些莫名的恐惧。朱元璋是很迷信的人，他迷信天象，也迷信蛊魇之术，在建中都宫殿时还因此杀了许多匠人。将来到了地府，胡惟庸、李善长他们若再来追杀他怎么办？那时他已不是皇上，也不再有御林军和锦衣卫保卫。想起这些他就不寒而栗！

在老皇帝的枕边有一件极为重要的东西，那就是藏在锦盒里用蜡封好的遗诏。这是他在这次重病前就准备好了的。遗诏中他已确定把皇位传给他的孙子允炆，这是无可更改的事。然而当他想到自己栖身孝陵之后，自己那些强悍的儿子将会与新君发生怎样的冲突？他们能相安无事吗？他记起了五年前允炆初立时祖孙俩的谈话，允炆问他："边境不靖靠诸王，诸王不靖，孙臣又靠谁呢？"如果在那次东角门立储会议上，自己不感情用事，排除干扰为求以后一世之安择贤而立，现在岂不没有这样的忧虑吗？

许多问题在他脑子里杂乱无章地冲突着。这还是他病情稍有缓解神智比较清醒的时候，一旦病情加重，神智马上趋于混杂紊乱，脑子里想的许多事情就混沌不清地扰在一起了。

闰五月初八日，一个阴霾满天的日子。朱元璋的病情急转直下。他形容枯槁，面如金纸，已经服不进汤药了。御医们向皇太孙禀告：皇上疾大渐，已无可挽回了。皇太孙急命召大臣们进宫，他自己跪在朱元璋的病榻前，准备聆听祖皇弥留之际的最后遗命。

朱元璋在一阵间歇的昏迷中，忽然挣扎着说出几个令皇太孙甚为震惊的字眼：

"四……四儿……"

允炆忙凑上去，凑在他耳边问："皇爷爷，您想说什么？慢慢说。"

"四……四儿……来没有？"

允炆警觉地看看病榻旁边，只有一个老太监和自己两人。他示意老太监照料皇上，自己起身走出宫外。

齐泰和黄子澄刚刚闻讯赶进宫来。允炆把他俩拉过一边。悄声地说："齐大人，祖皇刚才问四儿来没有？他老人家好像要召见燕王。怎么办？"

黄子澄焦急地说："皇上这时候召见燕王干什么？是不是他又变卦了，想传位给燕王？"

齐泰倒较为镇静，他道："皇上现在病入膏肓，神志不清，什么古怪的想法都有可能产生。我们只能拖时间，拖到他……"

允炆道："祖皇若坚持要召见燕王，我也不能忤旨呀！"

齐泰问："皇上是指名叫燕王吗？"

"不，他是问四儿来没有？"

"四儿？殿下，依臣之见这么办。宫中有叫四儿的人没有？"

允炆道："啊，我记起来了，长春宫有个叫四儿的宫女，长得很美，祖皇还临幸过她。"

齐泰兴奋地说："快去把她叫来！"

允炆立即让老太监招来几名太监。

"你们谁看见四儿了？快去把她找来，皇上宣她呢。"

太监们急忙分头四处去寻找，终于在御花园找到了宫女四儿。

老太监和允炆将四儿领到朱元璋病榻前。

"皇上！皇上！四儿来了。"

四儿连忙在榻前跪下。

"奴婢四儿给皇上请安。"

朱元璋在迷惘中睁开眼。

"你？谁叫……你来的………"

"李公公说皇太孙吩咐，万岁爷要召见奴婢。"

朱元璋向允炆望去，允炆低着头躲开他的目光。

四儿试图挨近皇上一些。

"皇上，奴婢……"

朱元璋厌恶地："拉……拉出去……"

两名太监立刻将四儿架走。

在宫门口，四儿恐惧地大喊起来：

"皇上饶命！皇上饶命！"

顽强的生命力让朱元璋又在死亡的悬崖上挣扎了两个昼夜。闰五月初十，他出现了最后的衰竭和回光返照征象。大臣们齐集在宫里送他们的皇上启行。他们静静地围立在一起，有时悄悄地互相低声耳语，唯恐破坏他们的皇上通往另一个世界时的庄严肃穆。

朱元璋挣扎起最后的一点精神，用游丝般的声音发出最后的诏令。

"召……驸马……梅殷。"

老太监忙向宫外的官员们宣旨：

"万岁召驸马都尉梅殷晋见！"

年近五十的梅殷是朱元璋二女儿宁国公主的丈夫。他原是汝南侯梅思祖的从子。洪武二十三年梅思祖追论胡党，其子辽东指挥使梅义竟被灭族，而梅殷因公主的缘故丝毫未受波及。他文武兼备，曾经出任山东学政，现在总兵淮安一带。他虽受皇上亲信，但终究不是皇太孙辅弼大臣的核心。所以众大臣听到皇上在弥留之际宣他不免有些诧异。

梅殷随老太监走近御榻，跪倒在地。

"臣婿梅殷恭请圣安，吾皇万岁万岁万万岁！"

朱元璋示意梅殷将右手放在他的被子上，他勉力伸出自己干枯的手握着他，断断续续地说："朕……要走了……你是……朕最……信赖的……女婿，朕托孤……于你，扶保……幼主……登基……"

梅殷连连叩头泣道："臣婿领旨，一定不负父皇圣恩。"

朱元璋用眼光示意老太监，老太监取出床头的密旨交给梅殷。

朱元璋的声音颤抖而又坚定："若……有人……敢违天命……汝可代朕……举兵伐之……"

梅殷捧旨再拜道："臣叩受圣命，虽粉身碎骨，万死不辞！"

这时朱元璋用细细的安详的声音道："叫……他们……都进来……"

老太监忙出去宣旨："皇上召各位大人晋见！"

齐泰、黄子澄和六部大臣、五军都督、都御史们一齐拥进寝殿，分成几排在御榻前跪下。

"臣等恭聆圣谕。"

朱元璋唤道："齐泰。"

"臣在。"

"代朕……宣……遗诏……"

"臣遵旨。"

老太监从朱元璋枕边取出装遗诏的锦盒，撕开漆封，取出遗诏交齐泰宣读：

奉天承运皇帝诏曰："朕膺天命三十有一年，忧危积心，日勤不怠，务有益于民。奈起自寒微，无古人之博智，好善恶恶，不及多矣。今得万物自然之理，其奚哀念有之？皇太孙允炆，仁明孝友，天下归心，宜登大位。内外文武臣僚，同心辅佐，以安吾民。丧葬仪物，毋用金玉。孝陵山川因其故，毋改作。天下臣民，哭临三日，皆释服，毋妨嫁娶。诸王临国中，毋至京师。诸不在令中者，推此令行事。钦此！"

齐泰宣诏完毕，众臣再三叩拜："吾皇万岁万岁万万岁！"

允炆跪在榻前，涕泪俱下。

"祖皇，您还有话要对孙儿说吗？"

朱元璋艰难地摇摇头，这时他已命悬游丝，再也说不出一个字来了。他缓缓地抬眼望着梅殷，梅殷上前跪下。朱元璋竭尽最后一丝力气将允炆的手交到梅殷手中。然后脑袋一歪，一代铁血君主溘然长逝，永远地离开了他的国家和臣民……

"祖皇！祖皇！皇爷爷！您不能这样就走啊！"

允炆立即扑上去，号啕大哭起来。

众臣虽然早就在等待这一刻的到来，以结束他们两天两夜辛苦的守候。可是在他们的皇上撒手西去的这一刻，他们难免有些茫然。不知没有皇上的明天会是什么样子。

现在他们唯一可做的，就是用哭声表示自己的悲哀，为他们的皇上送行。

皇宫中顿时哭声震天。

老皇帝走了，新皇帝还没有登基。在这几天中，南京城中的官员百姓怀着各种心态送走他们的皇上。有些官员庆幸从此得到了解脱，上朝时再不必提心吊胆地瞅着皇上的腰带了。其实朱元璋晚年时，除了那个贪赃走私的驸马爷被赐死外，以严刑峻法对待臣下的事情再也没有发生。年轻的皇太孙在老皇帝在世时就摆开了要施行仁政以收揽民心的架势。现在祖皇的遗诏给了他实现自己政治抱负的机会。唯一可虑的就是他的那些强藩叔王们，他能挟朝廷之力，在与他们的角斗中占得上风吗？看来死去的老皇帝都有所担忧，要不然为什么在遗诏中他一定要"诸王临国中，毋至京师"。儿子们为老子奔丧是天经地义的事，他如此小心翼翼是为什么？他托孤于驸马梅殷：若有人敢违天命，让他代天行讨，举兵征伐。这个敢违天命的人会是谁？梅殷能胜此重任吗？

这些都是京城一些官员百姓耿耿于怀的问题。终究，带给他们许多血腥记忆的洪武朝已经过去，新的朝代即将到来，他们只能期待新的皇上给他们带来新的生机。

老皇帝的灵柩停在皇宫中，等待举行葬礼的那天到来。

皇宫中到处挂满白色的孝幛。各个宫中朱元璋的数十名妃嫔美人在悲哀的哭声中怀念着得到皇上宠幸的那些美好日子。她们有的为他生育了皇子公主，在过去已尽享尊荣；有的入宫不久还只有十几二十岁。她们或是偶沾雨露，或是连皇上的面都没见着。不管怎样，作为皇上的妃嫔、美人，她们是一群令人羡慕的美丽女人。

她们在嘤嘤悲泣中，心怀忐忑，不知将会有怎样的命运降临到自己身上。

宫中的总管太监来了，他用冷酷的声音宣读了老皇帝的遗旨：内宫中所有妃嫔、美人及皇帝临幸过的宫女，一律为皇上殉葬。因宝庆公主年幼，留其母张美人抚养，免其自尽。钦此！

顿时，伴着一片凄厉的哭声，一匹匹白绫在宫中的雕梁画栋间高高飘悬。太监们用冷冰冰的声音催促着："娘娘，请上路吧！"一个个美丽的女人们在凄惶的哭声中陪伴她们的皇上前往另一个世界去了。

六天后，朱元璋的遗体移葬孝陵。从皇宫到孝陵的路上，孝幡飞舞，哀乐震天，载着已故皇上的灵车缓缓移动，送葬的皇室及文武百官都穿着白色的孝服，一路举哀。灵柩两旁是荷枪执戟的士兵，默默地拱卫着他们的统帅通往天国之路。两旁的百姓扶老携幼，怀着诸种不同的心情来送走他们的皇帝：有的唏嘘，有的敬仰，有的暗自庆幸再也不必在这个暴君的阴影下生活了。

　　洪武三十一年闰五月初十，大明帝国的开国皇帝朱元璋驾崩于南京西宫，享年七十一岁。这位出身微贱的马上皇帝，历经十六载艰难百战，剪灭群雄，登上了皇帝的宝座。他登基以后，推行严刑峻法，处心积虑地诛杀功臣，集大权于一身，企图让朱明王朝的统治一代一代顺利地延续下去。谁知事与愿违，在他死后不久，一场惨烈的皇位争夺战立即在他的子孙间爆发，腥风血雨复又笼罩着中原大地……

后 记

　　退休以后，蜗居陋室数年，翻破了多册厚厚的《明史》及其他参考资料，终于完成了这部书稿。

　　对于明朝开国皇帝朱元璋，历史上的评价甚多。记得小时候看的一本演义小说《大明英烈传》对他诛戮功臣就有倾向性的批评。可骂虽遭人骂，明太祖朱元璋的名气和影响远胜其他君王，无疑，他是一位卓越的天才人物（依我看，历朝历代的开国君主都是旷世奇才）。不是天才，他能由一个红巾军的"九夫长"开始打拼，短短十六年就剿灭群雄定鼎天下，开创一个长达二百七十余年的大明朝吗？

　　领衔编撰《明史》的清代名臣大学士张廷玉是这样称颂他的：

　　　　太祖以聪明神武之资，抱济世安民之志，乘时应运，豪杰景从，戡乱摧强，十五载而成帝业，崛起布衣，奄奠海宇，西汉以后，所未有也！……

　　赞文的后半部还举了他许多文治武功的事例。唯一略带褒贬的一句是："惩元政废弛，治尚严峻。"就是这"治尚严峻"四字涵盖的实质内容，成了后世批评朱元璋，甚至称他为暴君或准暴君的由来。

　　暴君喜杀人，朱元璋则以"屡兴党狱，诛戮臣民"著名。洪武朝期间发生了几起大案：十三年至二十二年胡惟庸党案、十五年空印案、十八年郭桓案及二十六年蓝玉党案。朱元璋在位的三十一年间，据吴晗先生统计，这几起大案被诛杀的就达十几万人。如此瞎折腾，社会人心何能不动荡，还能建成什么"治世"呢？洪武二十四年户口调查，全国人口比十年前锐减三百一十万就是明证。

　　具有讽刺意味的是，朱元璋在逐一剪灭群雄时，总结其成功之道有二：一是不嗜杀人，二是能团结将帅。看来当上皇帝之后这两条他都忘得干干净净了。

　　朱元璋是个勤奋的皇帝。他常以自己"忧危积心，日勤不怠""戴星而朝，夜分而寝"来教育儿子们。他又是个不贪奢华享乐的皇帝，他命尚膳司每餐只给自己和皇后上八道菜，多了就要撤下去。有人献给他一张陈友谅的金镂床，他鄙斥说："如此淫巧之物，与孟昶的七宝溺器何异？"意思是陈友谅沉溺于此类东西，哪得不亡国？他命将那架床打烂，取下珠宝交马皇后保管。

　　朱元璋很重视聘用文人儒士来治理国家，他打下集庆后即多方礼聘江南名儒宋濂、刘基、章溢、叶琛出山，筑礼贤馆待之。后来江南文士集团成了他治理国家的重要力量。他也很重视教育和科举考试。在因杀人太多、各级官员匮乏时，数千名国子监生成了补充官员的重要来源。他还强令各省州府举荐读书人为朝廷所用。对于不肯合作的文人，他还特别制定一项特殊的法律："寰中士夫不为君用，是自外其教者，诛其身而没其家，不为之过。"

总之，朱元璋是个不同寻常、性格特别复杂的皇帝。就拿他诛戮功臣这个最大的劣迹来说，也经历了一个复杂的过程。开始时，朱元璋还是采取联姻的办法笼络功臣们，并没想到有朝一日要对他们大开杀戒。

自然，几十万字的小说，绝不拘泥于某一方面。明史浩瀚如烟海，各种重要的事件、各种不同境遇的人物、历次重要的战役……史实有据，只需要作者去想象和描写其中的细节，当然还需要适当组织一下。因为正史是由帝王本纪、人物列传和各种志、表组成，弄得不好就写成了大段大段的白话版人物列传，读来索然无味。

到底应该怎样评价朱元璋？首先是看他的成就。推翻腐败的异族统治，创建一个新的王朝，结束了混乱的军阀割据，这就是个了不起的成就。他的坚毅与魅力，勤奋与节俭，在管理国家和军队方面的创新精神，对培养和利用人才的执着，对官吏的使用和驾驭等，都足以为后世人主景仰效法。《明史·选举志》载："洪武间定南北更调之制，南人官北，北人官南。"异地为官制度就是他发明的。另外，各地的总兵官他也不让待久了，时行调迁。不过他最明显的缺点就是太爱杀人了，草菅人命，所以难逃暴君的恶谥。

另一个小小的缺点就是：寡人好色。大概这也是帝王的通病。

随着朱元璋去世，多灾多难的洪武朝终告谢幕。孱弱而有书生气的建文帝觉察了前朝的痼疾，决心逐步施行仁政以收揽民心。然而，面对崛起于北方的强藩，他和他的臣僚们显得束手无策。靖难烽烟骤起，又一个论其成就不逊于乃父朱元璋的人物走上历史的前台，演出一幕幕悲壮的活剧。

这是另一部小说的题材。

作者于长沙

图书在版编目(CIP)数据

大明帝国：上、下/周建行著. —上海：上海社会科学院出版社，2019
ISBN 978-7-5520-2772-3

Ⅰ.①大… Ⅱ.①周… Ⅲ.①中国历史-明代-通俗读物 Ⅳ.①K248.09

中国版本图书馆 CIP 数据核字(2019)第 097885 号

大明帝国(上、下)

著　　者：周建行
责任编辑：王　勤
封面设计：周清华
出版发行：上海社会科学院出版社
　　　　　上海顺昌路 622 号　邮编 200025
　　　　　电话总机 021-63315900　销售热线 021-53063735
　　　　　http://www.sassp.org.cn　E-mail: sassp@sass.org.cn
照　　排：南京理工出版信息技术有限公司
印　　刷：上海景条印刷有限公司
开　　本：787×1092 毫米　1/16 开
印　　张：40
插　　页：4
字　　数：893 千字
版　　次：2019 年 7 月第 1 版　2020 年 12 月第 2 次印刷

ISBN 978-7-5520-2772-3/K·517　定价：148.00 元(全两册)

版权所有　翻印必究